六安市乡村记忆文化工程

霍山县乡镇志名村志丛书

但家庙镇志

《但家庙镇志》编纂委员会　编

方志出版社
Publishing House of Local Records

图书在版编目（CIP）数据

但家庙镇志 /《但家庙镇志》编纂委员会编.
北京 ：方志出版社，2024. 7. -- ISBN 978-7-5144-5779-7

Ⅰ. K295.45

中国国家版本馆CIP数据核字第20244FJ616号

责任编辑：高孟君
责任校对：张玉霞
责任印制：梅中英
出 版 者：方志出版社
地　　址：北京市朝阳区潘家园东里 9 号（国家方志馆4层）
邮　　编：100021
网　　址：http://www.zgfzcb.cn
发　　行：方志出版社图书营销中心（010-67110500）
印　　刷：安徽江汽印刷有限公司
开　　本：889毫米×1194毫米　1/16
印　　张：46.5
字　　数：1170千字
版　　次：2024年7月第1版
印　　次：2024年7月第1次印刷
定　　价：360.00元

霍山县行政区划图

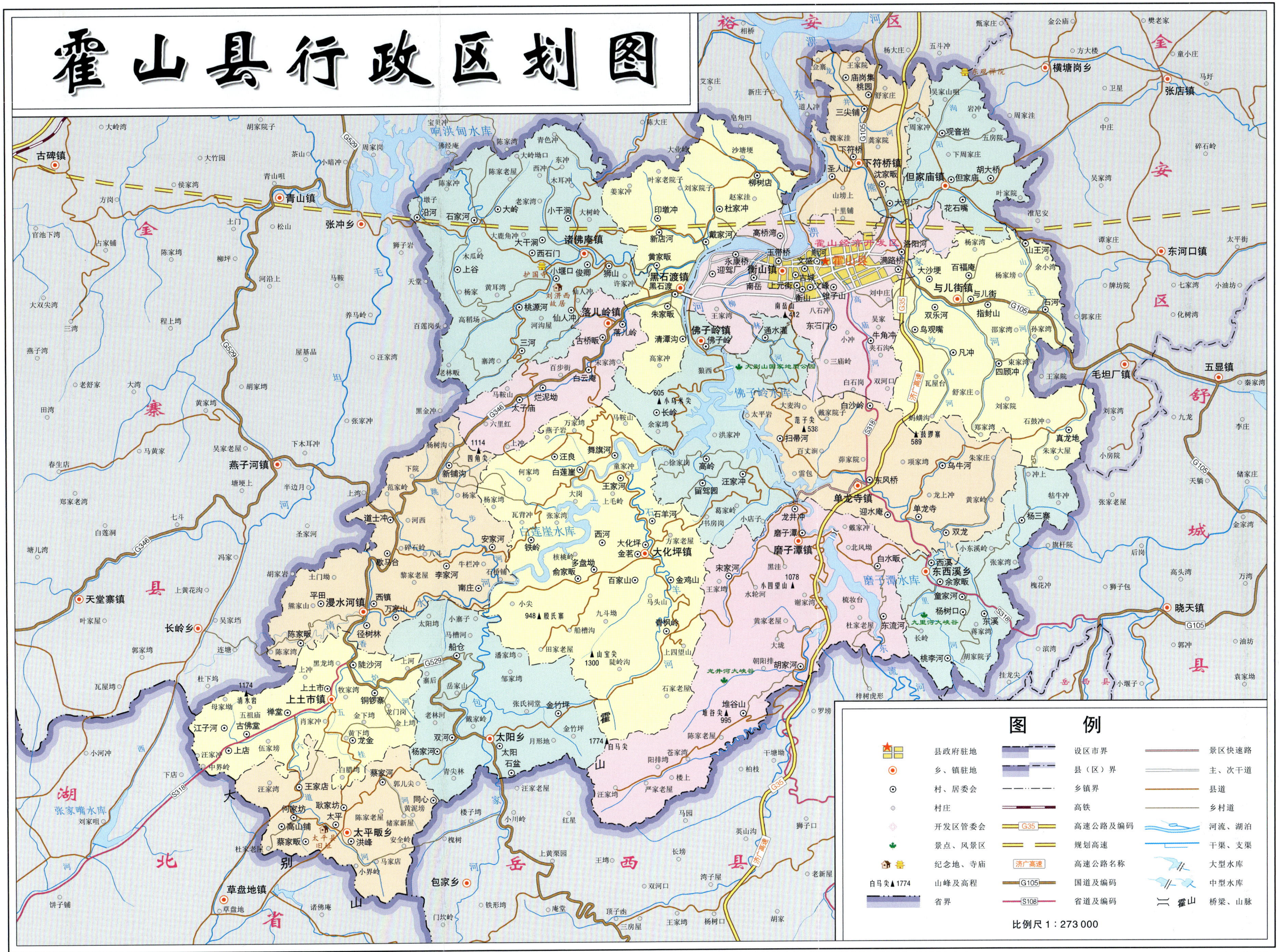

霍山县民政局 策划　安徽省第四测绘院 编制　审图号：皖六S[2018]004号

二〇一八年十月

霍山县但家庙镇村庄布点规划（2012-2020）

远期村庄布点规划图

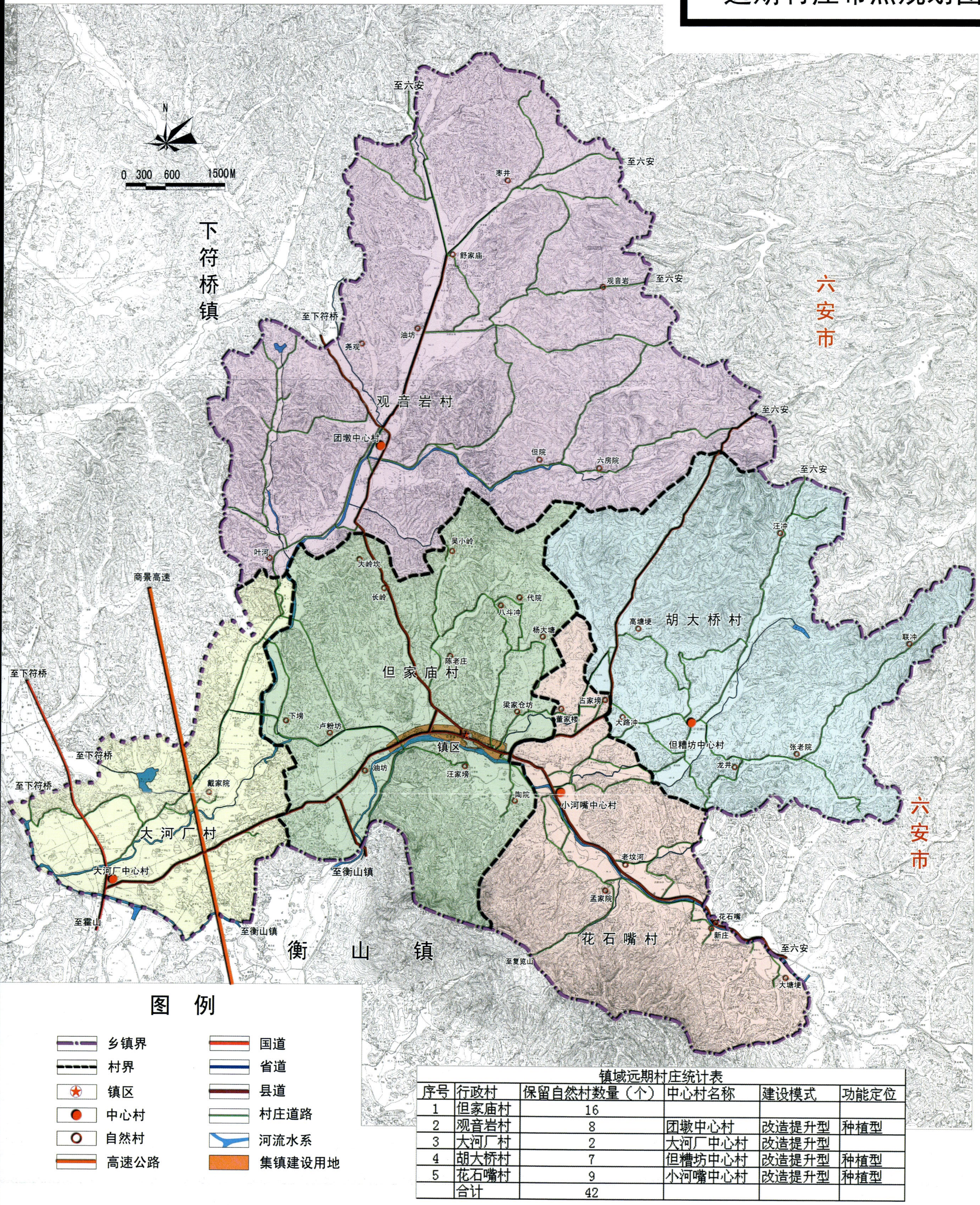

镇域远期村庄统计表

序号	行政村	保留自然村数量（个）	中心村名称	建设模式	功能定位
1	但家庙村	16			
2	观音岩村	8	团墩中心村	改造提升型	种植型
3	大河厂村	2	大河厂中心村	改造提升型	
4	胡大桥村	7	但糟坊中心村	改造提升型	种植型
5	花石嘴村	9	小河嘴中心村	改造提升型	种植型
	合计	42			

霍山县住房和城乡建设局　　合肥工业大学建筑设计研究院

但家庙镇“五园”“五线”“一核心”位置图

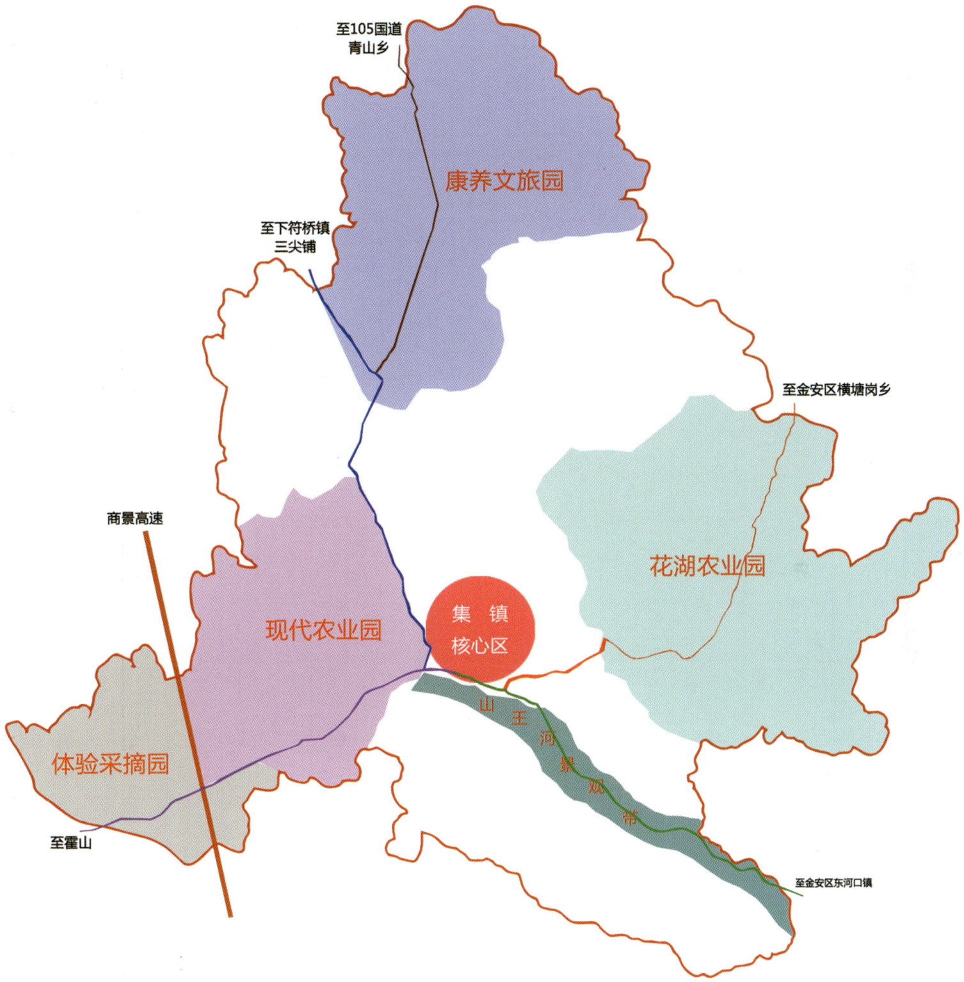

但家庙镇土地利用总体规划图

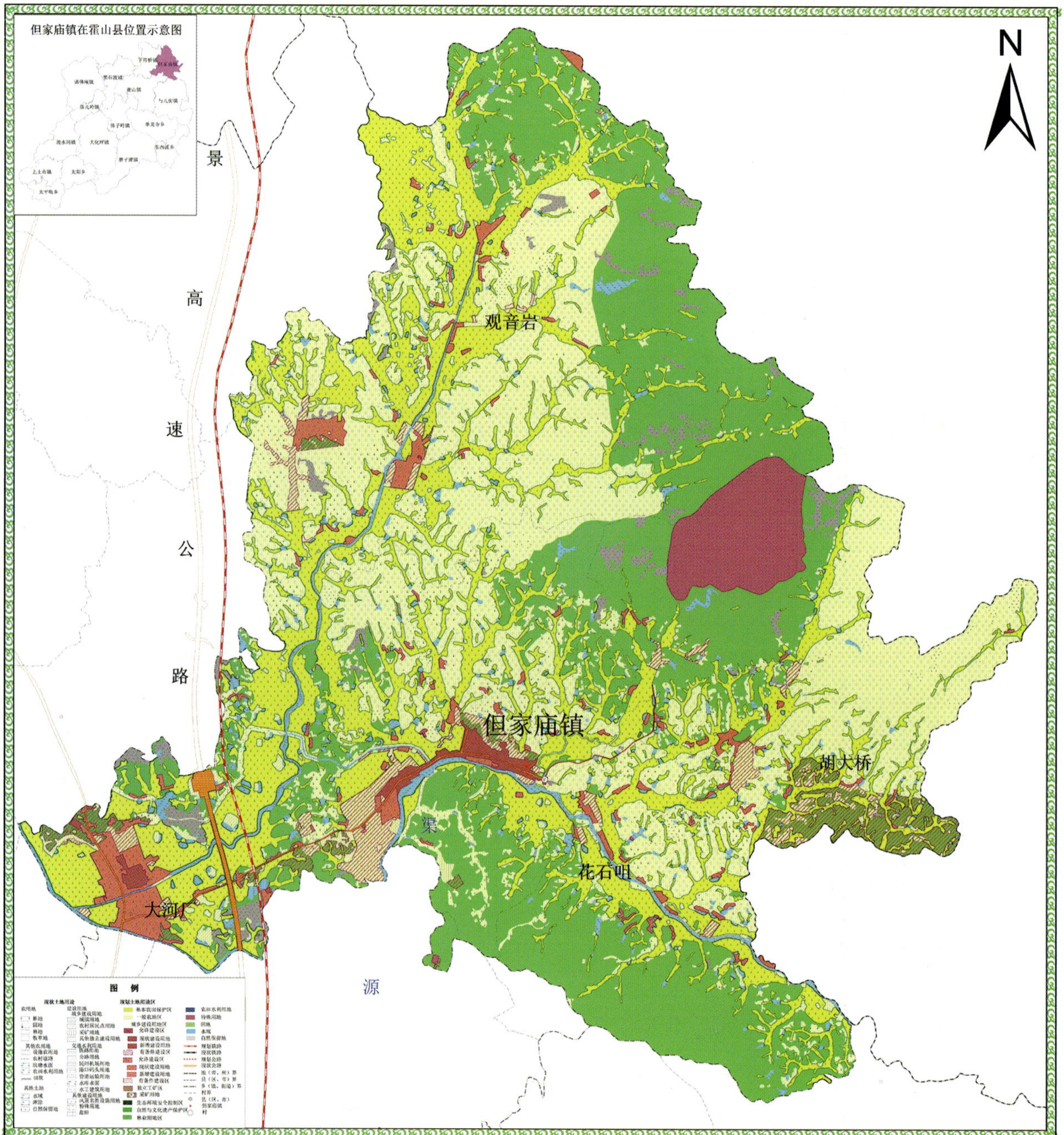

采用2014年土地变更调查成果为工作底图
但家庙镇人民政府　编制
二〇一七年九月

1:15 000

霍山县国土资源局
黑龙江省时代国土资产评估咨询有限责任公司　制图

2013年4月26日，安徽省人大常委会主任孟富林（前排右二）视察观音岩万亩油茶基地

2013年6月21日，六安市委宣传部部长何颖（前排右三）到但家庙镇中心学校调研

2015年6月15日，省委书记李锦斌（右二）在但家庙镇胡大桥村考察

2016年7月9日，县委书记梁国金（右二）到但家庙镇调研

2017年2月，胡大桥村扶贫专干杨凤（前右）走访胡大桥村梁乃运（前左），为其填写相关资料

2017年7月4日，但家庙镇举办健康脱贫政策巡回宣讲会

2017年12月7日，胡大桥村扶贫工作队向支持胡大桥村扶贫工作的安徽中擎建设有限公司赠送锦旗

2018年3月，镇政府组织召开但家庙镇·野山牧业2017—2018年度鹅产业扶贫培训会

2018年暑假，镇关工委组织留守儿童举行“平安暑假　快乐相伴”活动。图为全体留守儿童与带队教师一起在岳西县烈士纪念馆前合影

2018年8月，在镇政府会议室召开全镇脱贫攻坚工作调度会

2019年7月，在花石嘴文化乐园召开的但家庙镇乡村振兴暨脱贫攻坚推进大会上表彰脱贫之星

2019年冬，花石嘴村开展就业扶贫车间人员技术培训

2019年春节前夕，市纪委常委卢向阳慰问胡大桥村贫困户

2020年7月18日洪灾发生后，但家庙镇党委镇政府召开会议，部署防汛救灾工作

2017 年 10 月，但家庙镇举行金融扶贫带资入股分红发放仪式

2018 年七一前夕，镇机关党员到位于独山镇的六霍起义纪念塔敬献花篮

2018 年 7 月 1 日，举办“新时代　新担当　新作为庆祝建党97周年”主题党日活动，镇主要领导率机关党员参观舒传贤纪念馆

2019年七一前夕，镇党委组织机关党员到舒传贤纪念馆举行宣誓活动

2019年7月，镇政府召开乡村振兴暨脱贫攻坚工作推进大会

2019年12月28日，但家庙镇第十九届人民代表大会第四次会议在花石嘴村新时代文明大讲堂召开

2021年5月26日，中国共产党但家庙镇第十八次代表大会召开

2021年6月30日，庆祝中国共产党成立100周年文艺晚会在镇政府广场举行

2022年7月29—30日，但家庙镇第二十届人民代表大会第二次会议召开

豪珠岭会议旧址

舒家庙农民夜校旧址——舒家庙小街

中共霍山县第一届党员代表大会旧址——位于观音岩村肖家冲的舒盛仓故居

学术研究会旧址——舒家庙小街

但家庙红色旅游集散中心

矗立于霍山县红源广场的舒传贤塑像

位于舒氏宗祠内的农民夜校旧址

舒传贤烈士革命活动旧址，舒氏宗祠于2015年重建

霍山烈士陵园内陈列的舒传贤回乡传播马列主义场景

位于观音岩村李家院村民组的舒传贤故居，于2020年7月重新修建

（邓宏超　摄）

大河厂市级新农村规划图

大河厂新村

复览山公园

观音岩美丽乡村——中国梦主题雕塑

花石嘴新村新时代文明实践站

观音岩村部篮球场

但家庙集镇鸟瞰

断山堰美好乡村

音乐喷泉

观音岩广场

油坊新居　石斛基地

大美花石嘴

燕窝冲休闲娱乐中心的民宿

农民健身工程

但家庙集镇新貌

美丽村居

1999年建成的世林小区连排别墅

晨光中的小镇

宜居新农村

花石嘴村群众采收洋甘菊

花石嘴村菊花基地

希望的田野

美丽乡村一瞥

半山禾生态园

万亩油茶基地

艾草

板栗

韭菜沟珍稀药材——贝母

石斛

挂满果实的山茶

韭菜沟里的“神韭菜”——山韭

灵芝草

集市上销售的虾田米

团墩新村的映日荷花

黄心油桃

石斛大棚

花石嘴全程机械化农事服务中心

桥上青合作社

优质稻米田

小龙虾养殖

伟亚禽业

韭菜沟内百年古藤

观音岩村板漫沟的蝙蝠洞

参天古木

海螺啸天的岩洞群

岩洞中的鸟巢

野草莓（俗称小麦泡）

鸟瞰豪珠岭

夏日田园风光

韭菜沟内的锁蛇石

悬崖上的“神韭菜”

一线天

复览山

巍峨复览山

云雾缭绕复览山　　　　（王玉生　摄）

复览山下的春天

2013 年 4 月 24 日，“双拥”公交专线开通

2015 年八一前夕，但家庙镇举行军民共建晚会

2018 年八一前夕，举行文艺进军营双拥晚会

2018年9月，县人武部领导为但家庙镇学子发放助学金

2021年4月，镇军共谋发展大计

胡大桥双拥广场

双拥路

2009年国庆前夕，在红源广场举行“爱国歌曲大家唱”活动

2014年5月30日，但家庙中心学校举办儿童节庆祝活动

2016年9月22日，但家庙代表队参加“南岳·倾城之恋”杯全民健身运动会

2016年11月15日，送戏下乡活动到但家庙镇

2016年11月，“文化惠民乡村行”但家庙镇专场

2017年4月，花石嘴村农民文化乐园的文艺演出

2016年11月28日，法制教育走进但家庙中心学校

2017年5月13日，在花石嘴村农民文化乐园举办但家庙镇首届“华安杯”农民运动会

2019年9月，庆祝国庆70周年晚会

2019年11月，在观音岩村举办的纪念舒传贤烈士诞辰120周年暨“华安”杯八公里乡村越野赛

2020年元月，在但家庙镇专场春晚上的配乐诗朗诵——《青春中国》

2020年正月，在但家庙镇首届春晚上，东乡艺术团表演舞龙节目——《红金龙》

每年农历二月十九和九月十九，豪珠岭上东观禅院举行盛大庙会

骑行主题雕塑

2018年2月13日，但家庙镇召开“贤德之星、孝顺之星、脱贫之星、帮扶之星”表彰大会

2017年11月，志愿者走访敬老院

2015年1月，全镇开展“爱我家园 美化乡村”宣传活动

2017年4月28日，在花石嘴村农民文化乐园举办“传承中华美德 树立良好家风”主题演讲比赛

2018年5月，镇共青团组织“传诵红色经典　立我青年志向”诗歌朗诵比赛

2018年七一前夕，在全镇党员干部中广泛开展“庆七一　树新风”党员干部签订移风易俗承诺书活动

2018年12月，党委、政府召开“但家庙镇推进移风易俗　反对丧葬陋习工作动员会”

2018年7月15日，镇团委爱心圆梦走访

戴家院西周遗址

记载岁月痕迹的团墩古井

东观禅院

碓窝泉

复览山巅

豪珠岭石刻

观音岩村牛鼻岩附近的古树

高墩大柳树古桥

花石嘴村张墩村民组的皂荚树

复览山巅的龙泉禅寺门头上镌刻“汉帝重游”四个字

卢家院遗址

胡大桥高塘埂村民组三步两个桥

胡大桥村旱冲村民组的孟德树故居

赵兴龙古宅雕刻

序

“郡邑之有志，犹国之有史。”一方历史沿革，地理环境，政治、经济、文化生活、风土人情，常以志记之，以求通古今、观兴废、知得失、察未来。在全镇深入贯彻落实习近平新时代中国特色社会主义思想、奋力建设幸福美好但家庙的关键时期，历史上第一部《但家庙镇志》在县委、县政府的领导及地方志主管部门的精心指导下，编修者们经过五年的辛勤努力，终于纂修成书、付梓问世，令人不胜欣慰。志书的出版，必将起到存史喻今、经世致用的重要作用！

但家庙镇地处淠河以东、复览山北麓，历史悠久、人杰地灵。在境内的团墩、戴家院，考古发现的商周时期古村落遗址迄今已有3000多年历史。海拔391米的复览山，作为霍山县东域最高峰，犹如一头雄狮俯卧大地，守卫在但家庙南侧，千百年来，精心呵护着但家庙人民在这里安居乐业，生生不息。美丽的复览山，还有着许多美丽的传说和故事。公元前106年，汉武帝南巡回銮重游复览山，至今已逾2100年，仍传为佳话。观音岩的“九峰十三洞”，壮美神奇、风景秀丽，令人神往。作为江淮果岭的观音岩万余亩油茶基地，山花烂漫，硕果累累。自行车越野赛道蜿蜒其间，每年吸引着全国各地数以千计的体育健儿在此比赛。

作为但家庙人民乃至霍山人民的骄傲，革命先驱舒传贤就是土生土长的但家庙人。舒传贤是皖西革命根据地的主要创始人之一，是红四方面军三大主力之一红三十三师的创建者，领导了著名的六霍起义。舒传贤还是安徽省学生运动、工人运动、农民运动的领袖。大革命失败后，舒传贤在家乡舒家庙点燃了革命火种，在舒家庙创建了中共霍山县第一个党小组、第一个党支部。中共霍山县第一次代表大会在这里召开，第一届、第二届霍山县委在这里光荣建立，声势浩大的东北乡农民武装暴动在这里取得辉煌胜利……在舒传贤的引领下，朱雅清、朱体仁、戴克隆、舒盛仓、陈清如等一大批仁人志士为谋求人民解放，坚定地走上了革命道路，他们中的绝大多数为革命献出了宝贵的生命。登记在册的全镇革命烈士就达168人。这些革命志士的崇高精神我们应永远牢记！这浸染着烈士鲜血的红色基因要世代传承！

中华人民共和国成立以来，尤其是改革开放以来，但家庙人民在党的领导下，发扬“坚定信念、勇于奉献、艰苦奋斗、求实创新”的革命老区精神，致力于全面建设小康社会，全镇经济社会得到快速发展，经济结构调整步伐明显加快。以“古、红、绿、金、白”五色为代表的特色产业势头正劲；以革命摇篮舒家庙为中心，结合“九峰十三洞”景点的深度开发，集红色教育、游园观光、农事体验为一体的生态旅游示范区建设已初现雏形；全镇面貌焕然一新。改革开放40年，是但家庙历史上综合实力提升幅度最大、经济发展速度最快、群众得到实惠最多的时期。

盛世修志，志昭千秋。《但家庙镇志》融思想性、科学性、资料性于一体，还历史本真，书时事以确凿，兼容并蓄、秉笔直书。客观、真实、全面地记述了但家庙镇的自然、历史、文化、政治、经济、风土民情等方面的独特风貌和发展详情，并重点记述了中华人民共和国成立后尤其是改革开放后，但家庙镇的政治、经济、文化及社会发展轨迹。内容丰富，体例恰当，文风端正，语言凝练，具有较强的资料性和可读性，为人们了解但家庙打开了一个窗口。在《但家庙镇志》编写过程中，编纂人员严谨周密、去伪存真、呕心沥血；镇村各单位、社会各界人士都给予了大力支持和帮助，在此一并表示敬意和衷心感谢！

鉴古知今，继往开来。希望但家庙镇广大人民以史为鉴，同心同德，与时俱进，开拓创新，为全面建设社会主义现代化国家、建设“魅力、幸福、活力”但家庙再谱新篇章！

中共但家庙镇委员会
但家庙镇人民政府
2022年8月

凡　例

一、本志以马克思列宁主义、毛泽东思想、邓小平理论、“三个代表”重要思想、科学发展观、习近平新时代中国特色社会主义思想为指导，坚持辩证唯物主义和历史唯物主义的立场、观点和方法，客观、系统记述但家庙镇自然地理、政治、经济、文化和社会的发展变化进程和改革开放成果，传承和抢救乡土历史文化，激发爱国爱乡情怀，力求思想性、科学性和资料性相统一，为推进社会主义新农村建设和乡村振兴提供服务。

二、本志记述范围以2021年但家庙镇行政区域为准。

三、本志遵循详古略今、详近略远的原则进行编纂。为全面反映入志事物发展脉络，各类目内容上限尽量追至事物发端；下限断至2021年底，少数重要事项延至搁笔时。

四、本志横排门类，纵述史实。统一采用章节体，设章、节、目三个层次。依照突出时代特色、地方特色的原则适当加以调整。

五、本志博采有关档案、文献，广征民间口碑，实地勘察访问，考证古迹碑帖，参阅书刊报纸，做到志则有据。本志采用的书刊报道资料，均作过反复考证，杜绝以讹传讹。

六、本志“大事记”内容，凡不涉及篇目的，从详记述，涉及篇目的，记述从略。

七、本志遇到内容交叉情况，根据需要，将内容侧重分述，以减少重复累赘。

八、本志中的数字资料，均以县档案、各村、镇直各单位“年报”数字为准。无政府统计部门数据，选用主管部门正式提供的数据。

九、本志对标题、目录、文字、标点、术语、时间、数字、计量单位、注释、引文等，均按《中国名镇志丛书行文通则》处理。数字用法、标点符号分别采用国家标准《出版物上数字用法》（GB T15835—2011）、《标点符号用法》（GB T15834—2011）、计量单位采用国家技术监督局1993年12月发布的《量和单位》系列国家标准。

十、本志中中华人民共和国成立以前的纪年，先书历史纪年，其后括注公元纪年。中华人民共和国成立后的纪年，均使用公元纪年。本志中“某某年代”，凡未加世纪者，均指20世纪的年代。

所称“中华人民共和国成立前（后）”，以1949年10月1日为界；“改革开放前（后）”，以中共十一届三中全会召开的1978年12月为界。

十一、本志以“实事求是”的精神，对事物只作记述，不作议论，秉笔直书。

十二、本志记事概以第三人称记述。人名直书其名，必要时冠以职务职称。地名以现行标准地名为准。如使用历史地名，于每个条目首次出现时括注现行地名。对于称谓过长而又频繁使用者，于首次出现时使用全称并括注简称，之后使用简称。

《但家庙镇志》编纂委员会

《但家庙镇志》编纂委员会办公室

《但家庙镇志》编辑部

主　　编：程业清　陈廷璋

编　　辑：卢世潮　刘圣兵

特约编辑：王玉生　陈以田　广存祥　张　敏　但修成　孟繁武
刘全军　张晓东　倪克刚　卢兴念　傅本法

审定单位：中共霍山县委党史和地方志研究室
中共六安市委党史和地方志研究室

目　录

概　述

但家庙镇位于霍山县东北部，东邻六安市金安区东河口镇，西接霍山县衡山镇，南连与儿街镇，北靠下符桥镇和六安市裕安区青山乡、横塘乡，总面积72平方千米。但家庙镇地处大别山余脉，属于外畈区。东北部以丘陵低山为主，海拔200～400米，西南为平原畈区。但家庙镇地处北纬31°25′26″～31°32′20″、东经116°22′18″～116°30′03″。2021年，全镇总人口为15947人，其中男8282人、女7665人。但家庙镇下辖大河厂、但家庙、花石嘴、胡大桥、观音岩5个行政村，148个村民组。但家庙镇具有独特的区位优势，紧邻霍山经济开发区，距县城仅14千米，距六安37千米，距合肥120千米，105国道穿境而过，商景高速公路横跨境内，交通便捷，为发展经济、加速区域经济发展和社会文化交流提供了优越的条件。

历史悠久，人文荟萃。据《霍山县志》记载，早在200万年前的旧石器时代，长江和淮河流域就有原始人类活动的踪迹。但家庙镇正处于江淮之间。观音岩村的团墩古村落遗址，2005年发掘的大河厂村戴家院古村落遗址，经考古专家鉴定，皆为商周时期古村落遗址，距今已有3000多年。元封五年（前106），汉武帝南巡回銮登临镇最高峰——复览山，距今已有2100多年。这些都有力证明了但家庙具有悠久的历史。几千年来，但家庙的祖祖辈辈就在这块土地上辛勤劳作，生生不息，涌现了许多人才。清朝末年的涂宗瀛，官至湖广总督，在官善理交涉，不受外洋非礼之求；同时又是知名学者，曾编著《涂大司马年谱》《涂郎轩尚书政书》《重建江宁普育堂志》《蒙童必读书》等书籍，刻印书籍20余种。清末的赵宗道，曾任上海道道台。土地革命时期，但家庙涌现了以皖西革命根据地创始人舒传贤为代表的一大批革命先驱。中华人民共和国成立后，各类人才和英雄模范人物更是群星闪耀：周基运，大河厂人，1955年，在全县率先创办农业生产合作社——红星初级社，被安徽省政府评为特等劳模，出席华东劳动模范表彰大会，获得金质奖章。孟德恕，2009年被授予武警少将军衔，曾任上海市武警总队副政委，宁夏武警总队政委。桑世林，安徽世林集团创始人、董事长，曾获“全国劳动模范”“全国发展乡镇企业先进个人”称号，被授予“全国扶贫贡献奖”，为但家庙镇和霍山县的工业发展做出了重大贡献。但家庙的杰出企业家还有中国银联总裁助理舒世忠，世林集团总经理桑永树，华安公司总裁倪克元，霍山县唯一的女农机手、全县最大农业合作社的掌门人、巾帼创业之星、六安青年五四奖章获得者“90”后女孩陈来凤等。此外，该镇文学艺术方面也是人才辈出。有参与编写、审定民国《霍山县志》的舒传轼，安徽省作家协会会员、中国报告文学学会会员褚进龙，著有《笔剑风流》《前路如歌》的军旅作家涂必国，有乡土诗人李燕来，有中国翰墨文化促进会会员、书法家翁元彪。此外，还有高宗炳，曾任霍山县文教局局长，创作现代庐剧《转变》《方小五》，退休后在观音岩深山养羊，获全国“老有所为奖”。教育方面，有霍山教育工作者的杰出代表、特级教师倪克胜，先后荣获中宣部授予的“2017中国好校长”、教育部授予的“活力校园大使”等荣誉称号；同时，他还是安徽省“语言文字先进个人”“六安市拔尖人才”“六安市倪克胜名师工作室首席名师”。有被教育部、人事部授予“全国优秀教师”称号的刘友住。有特级教师涂必应、戚宝琴，省级“教坛新星”涂必高。科技方面，有医学博士马克龙，有获“科技精英奖”和“全国五一劳动奖章”的广家权，“全国蚕茧收烘先进个人”曹俊卿，有开发“宏坤”牌系列茶叶产品，并获2014年国家发明专利的郭宏坤……他们是但家庙人民的杰出代表，他们将永远激励但家庙人不断开拓进取、勇创辉煌。

红色土地，革命摇篮。1927年秋，革命先驱舒传贤就在自己的家乡舒家庙创办学术研究会、农民夜校，传播马克思主义、宣传革命的真理，带领一大批有志之士走上革命的道路。同年9月，舒传贤在舒家庙建立了霍山县第一个中共党小组。10月，舒传贤又在舒家庙创建了霍山县第一个中共党支部，使全县从此有了统一的中共党组织。1929年1月，中共霍山特别区委在舒家庙肖家冲召开霍山县第一次党的代表大会，选举产生了中共霍山县委第一届委员会，舒传贤任书记。中共霍山县委隶属中共安徽省委临时委员会领导，县委机关设立在舒家庙的肖家冲。舒家庙成了全县的红色革命中心。1929年8月，六霍起义在豪珠岭开始策划。革命的星星之火，由这片古老的土地开始向广阔的皖西大地燎原。1930年4月7日—12日，舒传贤领导赤卫队和革命群众几千人，在大河厂集结，并以舒家庙为中心，发起了声势浩大的东北乡农民暴动。暴动胜利后，立即在团墩曹家茶行成立苏维埃政府霍山县第一区（原东北乡），并在党的领导下，进行了土地改革。这次暴动沉重打击了残酷压榨人民的反动势力。在整个土地革命战争年代，但家庙有成百上千的优秀儿女投身革命，以舒传贤、陈清如（舒传贤夫人）、刘发枝、朱雅清、朱体仁、戴克隆、戴克杰等为代表的近200名党员干部为革命献出了宝贵的生命。这些先烈的英名，将永远载入史册，为后人所景仰。他们的革命精神，将不断发扬光大，代代相传。

环境优美，资源丰富。但家庙镇是皖西大地上一颗璀璨的明珠，其独特的优势可概括为“五色”：古色、红色、绿色、金色、白色。具体为：“古色”，境内有戴家院商周时期古村落遗址和始建于唐代的东观禅院、牛鼻岩古刹，以及保存较为完好的位于胡大桥村的明清时期古民居——赵新农古宅等；“红色”，但家庙镇曾是霍山县红色中心，以舒传贤为代表的早期革命者，在但家庙一带留下了许多红色革命遗址；“绿色”，但家庙镇有全省最大的观音岩万亩油茶基地，成为一片绿色的海洋；“金色”，但家庙镇的万亩水稻，到了秋天，田野上一片金黄；“白色”，在观音岩村大龙井勘探发现的矿泉水是大别山地区罕见的优质矿泉水资源，具有极高的开发价值。但家庙镇属典型的亚热带半湿润气候，四季分明，雨量充沛，年平均气温13℃～15℃，全年无霜期平均达220天，常年平均降雨量1400毫米。全镇为典型的低山丘陵地形。生态系统相对完备，生态环境优良，生态经济特色明显。2006年，但家庙镇被评为“全国生态镇”。2009年，该镇被命名为“安徽省环境优美乡镇”。充沛的水资源：境内有小（2）型水库7座，另有17座小型水库、800余口大小山塘。大小河流川流不息，但家庙河、浔阳河（又称牛屎河）两条主要河流和淠源渠为全镇带来了充沛的水源。充足的林业资源：2021年，全镇森林覆盖率达63.35%，森林总面积65991亩，木材积蓄量148677立方米。主要树种有马尾松、桦树、栎树、枫香树、板栗、油茶等。丰富的旅游资源：但家庙镇自然景观独具特色，是皖西风景旅游圈的重要组成部分，是休闲、探险的理想之地。地处观音岩村的“九峰十三洞，两沟一线天”，集峡谷地貌和洞穴景观于一体。景区内，重峦叠嶂，群峰兀立，山势秀丽多姿，原生植物丰富，生态环境极其优良，是天然氧吧。在方圆10多平方千米的范围内，有天台山、龙凤尖、肚痛寨等9座别具一格的山峰，有观音洞、牛郎洞、嫁女洞、狮耳洞等幽深的天然岩洞，还有韭菜沟、板墁沟、一线天等深谷幽峡。神秘莫测，野趣十足。大大小小的水库，形成旖旎动人的人工湖，犹如一颗颗晶莹剔透的明珠镶嵌在群山之中，让人沉醉。但家庙镇人文景观厚重雅致，有大河厂、团墩的商周古村落遗址，舒家庙的革命遗址群，观音岩的骑行赛道，但家庙后街的古驿道，胡大桥的明清古民居，复览山的龙泉禅寺及豪珠岭的东观禅院。这里，观光农业蓬勃发展，有万亩油茶、万亩稻田、千亩石斛，各种景观，风情万种，游历其间，如置身人间仙境。这里，土特产品风味独特，蒿子粑粑、南瓜粑粑、石斛、绿色油茶、板栗、毛栗、八月楂、百合、松菇、洋姜、山羊、皖西白鹅、麻鸭、白爪土鸡、小龙虾……令人遐想无限，想要亲临一番。

经济发展，成就斐然。但家庙镇是传统农业大镇，是霍山县粮仓，拥有耕地23000余亩。中华人民共和国成立后，农业基础设施得到大力改善。20世纪60年代中期，但家庙境域首次通电后，由公社集体创办的企业迅速兴起，陆续建成了马氏祠茶厂、马氏祠粮食加工厂、团墩茶厂、花园畈油坊、但家庙铁器社、但家庙木竹社等小企业，为促进农村生产力发展起到了积极作用。中共十一届三中全会后，农村改革开始在神州大地拉开帷幕。1980年，该区域部分生产队开始实行多种形式的家庭联产承包责任制。此后，第一轮土地承包在本区域内迅速推行，农民生产积极性得到了空前调动，农村生产力迅速得到释放，广大农民的温饱问题也彻底解决。随着经济体制改革的逐步深入，但家庙人民又以极大的热情投入新的创业大潮之中。1986年，社办集体企业但家庙木竹社负责人桑世林、冯修俊等人，克服重重困难，创办了但家庙境域内第一个乡镇企业——霍山县灯泡厂。该厂建成后，迅速发展壮大，到1990年，就实现产值500余万元。1999年，霍山县灯泡厂进行股份制改革，成立安徽世林电光源股份有限公司集团（简称“世林集团”）。在整个20世纪90年代，世林集团的发展突飞猛进，成为全县仅次于迎驾集团的大型集团公司。2007年，世林集团创产值达5.59亿元，上缴税金2790万元，跻身安徽省民营企业50强行列。正是安徽世林集团的迅速崛起，使但家庙镇于1997年就跻身“皖西十强乡镇”行列。但家庙镇绝大多数剩余劳动力在世林集团就业，创造了“一人进厂，全家致富”的奇迹。在霍山县灯泡厂（世林集团）的带领下，从20世纪80年代后期开始，本区域的各类企业如雨后春笋般涌现出来：霍山县团墩电珠厂、霍山县雁江彩印厂、海宏电器厂、但家庙颗粒饲料厂、复览山黄酒厂等先后创办。但由于市场不成熟，管理不完善等原因，除了霍山县雁江彩印厂、华安公司等少数企业在市场竞争中不断发展壮大外，其余大部分乡镇企业先后停办或破产。2003年年底，全县乡镇区划调整，作为但家庙镇龙头企业的世林集团划归衡山镇，但家庙镇工业经济变得相对薄弱。但家庙镇人民在镇党委政府领导下，面对新的挑战，更加坚定了发展信念，提出了“工业强镇，招商兴镇，农业富镇”的发展思路。把招商引资作为工业发展的主要抓手，政府及时转变职能，积极为经济发展搭建平台，搞好服务。2008年，镇党委、镇政府决定在但家庙镇工业集中区内建凤还巢农民工创业园，总投资4000余万元，于2009年建成了粗具规模的但家庙工业园，并采取一系列优惠政策，吸引农民工回乡创业。2008—2021年，先后有10多名该镇农民工返乡创业，兴办企业。宏翔织造、华成皮具、安全家俬、华美服饰、金天磁业等企业陆续入驻园区。但家庙镇农民工创业园的兴起，是但家庙镇工业再次崛起的标志，也是全镇经济跨越发展的引擎。2010年10月，在大河厂以雁江彩印印务有限公司为中心，规划了2000亩的工业集中区。在但家庙镇党委政府的推动下，全镇工业经济再次踏上发展的快车道。从2012年至2016年，规模工业产值从0.45亿元迅速增长到4.2亿元。全镇经济实力再次跻身六安市前列。

在工业经济快速发展的同时，全镇农业也由传统的生产经营方式逐渐向现代农业转变。2000年农村税费改革以后，但家庙镇农业加快了向产业化、规模化、集约化、品牌化经营的方向发展。通过土地流转，形成了“公司+基地+农户”的产业模式。先后涌现了一批种植大户和养殖大户，创办了农业企业、农民专业合作社。经过10多年的培育发展，全镇形成了万亩高效油茶基地、万亩优质水稻、3000亩茶园、3000亩药百合、1000亩近郊蔬菜、1000亩水产养殖六大主导产业，建成了油茶产业示范园、近郊蔬菜示范园、休闲农业示范园、畜禽水产养殖示范园、优质稻米五大产业园区。2014—2017年，通过招商引资，又建成了占地面积300亩的但家庙镇石斛生态园。至2016年年底，先后有4家公司落户但家庙镇石斛生态园。分别是：2014年9月，新疆阿克苏市人罗长林投资5000万元建成的龙头山石斛开放有限公司；该镇农民企业家程永锋于2005年创办的龙头山石斛农民专业合作社；该镇返乡农民工马克敏于2015年创办的金霍斗中药材开发有限公司；霍山县太平畈乡农民企业家李有田于2016年创办的凯福堂生物科技产品有限公司。2021年年底，全镇农民专业合作社示范社有：观音岩油茶产业安徽金马农业科技发展有限公司被安徽省林业厅授予“安徽省林业产业龙头企业”称号，其万亩高效油茶基地成为全省面积最大的油茶基地；大河厂村“霍山县映山红农业科技有限公司”“百匠农坊”、观音岩村的“霍山县亚青生态养殖场”均为省级农业产业化示范基地。2016年，但家庙镇开始实施推动全镇现代农业发展的“1246”工程。具体内容是：建设一个大园区——但家庙镇现代农业产业示范园；发挥两个作用——一是推动乡村旅游的发展，二是促进精准扶贫的实施；建设四个特色示范园——以高效油茶为主的观音岩油茶产业园区，以反季节蔬菜大棚栽培为主的近郊蔬菜园区，以黑毛猪、土鸡为主的胡大桥养殖园区，以珍稀苗木培植繁育为主的珍稀苗木示范园区；实施六大项目：2000亩无公害蔬菜、水果种植，10000亩有机水稻种植，20000亩油茶基地休闲观光，2000亩无公害畜禽养殖，珍稀苗木花卉种植，大别山矿泉水开发。在注重产业化基地建设的同时，但家庙镇还加强了对农业品牌的培育。至2016年，注册了“贺府农庄”“桥上青”“复览山”等绿色农业品牌，全镇农业生产形成了优质稻米、油茶、茶叶、百合、蔬菜、畜禽、水产养殖、休闲农业八大支柱产业，2017年，农业总产值达17268万元。但家庙的经济实力在全县名列前茅，并在健康、快速、可持续发展的轨道上阔步向前。

镇村面貌焕然一新。2006年起，先后实施了“村村通”水泥路工程、“村村通”延伸工程、“村村通”畅通工程。至2021年年底，但家庙镇境内村级公路里程达111.41千米，实现了村村通、组组通的目标。公路总里程达212千米。形成了六潜高速公路、国道105线、县道002线、县大循环路龙三路为骨架，乡村道路四通八达的交通格局。1992年，撤区并乡以后，但家庙乡（镇）政府提出了“围绕两点一线，精心部署全局”的发展思路，着力打造但家庙商贸小区、大河厂工业小区，把002县道沿线作为发展的重点区域。20世纪末期至21世纪初，但家庙集镇、大河厂集镇的发展进入了快车道。2015年起，但家庙镇以推进美丽集镇建设为突破口，狠抓集镇基础设施建设和环境综合整治，有效地提升了集镇品位。2015—2021年，但家庙镇共投资1700万元对集镇实施了拆迁、改造，配套新建了停车场、旅游驿站、休闲文化广场、公园、绿化、供水排水等基础设施，集镇环境得到明显改善。新农村建设快速推进。2010年，建成了大河厂新村。2013年，被评为省级美好乡村中心村。全村总体规划为5个区：民营工业集中区、商贸仓储服务区、综合商业开发区、现代农业示范区、人口文化展示区。2015年、2017年、2019年，又先后建成了花石嘴中心村、团墩中心村、胡大桥村但糟坊中心村3个省级美丽乡村示范点。2021年年底，全镇各中心村达到了“村美、业兴、人富”的目标。

社会进步，文明和谐。中华人民共和国成立后，尤其是改革开放以来，文化、教育、科技、体育、卫生、计划生育和社会保障等各项社会事业蓬勃发展。生态创建、文明创建、社会治安综合治理等各项工作取得了显著成效，民主法治建设不断推进，人民生活水平不断提高，一个安定、和谐、文明、进步和走向富裕的社会氛围正在形成。乡村文化空前繁荣。镇综合文化服务中心于2010年建成并投入使用，配套有图书室、电子阅览室、文化共享室等，全部向广大群众免费开放。各村建有农家书屋。结合美好乡村建设，各村建成了以宣扬中华传统文化、传统美德为主题的文化墙、文化广场。2000—2021年，文化艺术活动蓬勃开展。镇文化站每年组织一次文艺演出进军营活动，成为但家庙特有的“双拥文化”；元旦、国庆、“六一”等节日的群众联欢，广受欢迎；送电影下乡、送戏下乡等，极大丰富了人民群众的文化生活。

在文化事业发展的同时，教育事业也取得了显著成就。中华人民共和国成立以来，扫除了青壮年文盲、普及了九年义务教育和学前教育。学校消灭了危房，优化了布局。2012年，各校的硬件设施均实现了标准化。“班班通”、录播教室等现代多媒体教学设施完备。2017年，但家庙镇中心学校在全县率先通过了“数字化校园”验收，教育教学质量始终在全县名列前茅。2010—2021年，但家庙镇中心学校连续12年中考成绩在全县名列前茅，多次被评为“全县教育教学先进单位”。2012年，但家庙镇中心学校留守儿童之家被全国妇联、教育部、中共中央文明办授予“全国基层示范留守儿童之家”称号。2013年，又被省教育厅授予“示范留守儿童之家”称号。2014年，但家庙镇中心学校的乡村少年宫被安徽省文明办、安徽省财政厅、安徽省教育厅授予"安徽省优秀乡村少年宫"称号。20世纪90年代以来，但家庙初级中学学子在高考、中考中捷报频传，曾涌现高考全省文科状元吴宏涛（1991年），中考全县状元杨敏（1998年），高考全县理科状元孙超（2014年），被中国科学技术大学少年班录取的卢世银（2013年）。北京大学、清华大学、复旦大学、中国人民大学、同济大学等中国顶尖名校都有但家庙学子频频被录取。

社会保障制度已逐步完善，人民生活不断改善。农村最低社会保障、五保供养、新农村合作医疗做到了应保尽保、全面覆盖。社会治安综合治理、司法调解、普法宣传等，让广大群众在和谐、公正的社会环境中安居乐业。所有这些，都为加快发展、建设美好家园、全面振兴乡村，营造了良好的社会环境。中华人民共和国成立70多年来，尤其是改革开放40多年来，随着经济的快速发展，人民生活水平有了很大提高。中华人民共和国成立之前，战乱频仍，民不聊生；改革开放前，还有相当一部分人民群众没有摆脱贫困；中共第十一届三中全会召开前的1978年，农民人均收入不足100元（全县人均收入为77元）。而到了2017年，全镇农民人均纯收入达到了12164元，比1978年增长了150倍以上。2014年至2020年年底，但家庙镇实施脱贫攻坚战略，全镇贫困人口"两不愁三保障一安全"问题得到全部解决，贫困发生率从2013的12.16%下降到0%，从而真正实现了全面建成小康社会的宏伟目标。至2021年，全镇90%以上的农户住上了装修考究的楼房，空调、彩电、电脑等现代化电器进入了寻常百姓家，绝大部分家庭有了小汽车。同时，居民家庭用于食品的支出与家庭消费总支出的比值持续下降，恩格尔系数已降到2021年的29%左右，生活越来越富裕。

但家庙是块古老神奇的土地，有几千年的文明历史，也经历过无数次风霜雪雨的考验和革命斗争的洗礼；但家庙，是块美丽富饶的土地，有丰富的自然资源，还有旖旎的山水风光；但家庙，是块红色火热的土地，过去曾是革命的发祥地，今天又是投资兴业、发展经济的宝地。她犹如一颗璀璨的明珠，镶嵌在皖西大地，熠熠生辉，闪闪发光。1.6万名但家庙人民正在中国共产党的领导下，以特有的勤劳、坚韧和智慧，投身于建设美好家园、全面振兴乡村的伟大事业中去，为实现中华民族伟大复兴的中国梦而做出自己的贡献。但家庙的明天将会更加美好！

大　事　记

西周

3000多年前商周时期，但家庙镇境域即有人类生活。

春秋

楚穆王四年（前622），楚灭六、蓼等诸侯国，设灊邑，邑城位于下埠口（今县城东北15千米的下符桥），本区域属灊。

西汉

元封5年（前106），汉武帝南巡回銮登临但家庙镇最高峰——复览山。

南北朝

南朝梁天监六年（507），侨置北沛郡，治所在沛县（今下符桥镇境内）领沛县、曲阳、相县、顺县（均属梁侨置县），属霍州。

南朝梁太清二年（548），入东魏，历南朝陈、北齐、北周。

隋朝

隋开皇元年（581），废岳安、北沛两郡。改岳安郡为霍山县（最早出现的霍山县名），属庐州。改北沛郡为淠水县，县以淠水为名，时直属庐州。

唐朝

武德四年（621），改淠水县为开化县。

贞观元年（627），废开化等县，统入霍山。

元朝

至正十二年（1352），霍山崩（大地震）。前3天，山如雷鸣，鸟兽惊散。

清朝

顺治九年（1652），正月初一夜，地震，屋瓦坠地，四日复大震，碗碟皆碎，州界石桥尽裂。

光绪二十五年七月三十日（1899年9月4日），舒传贤出生于舒家庙。

中华民国

民国3年（1914），入夏后，久旱不雨，塘堰干涸。1月22日清晨，白朗义军由西门攻入霍山城。次日早晨，义军出康乐桥向六安进发，经大河厂，沿线烧毁一些地主豪绅的房屋，又将六霍沿线的电话杆砍断，使官军通信联络瘫痪。

民国4年（1915），开征屠宰税。实行烟酒公卖制。

民国6年（1917）农历正月初三日（1月25日），霍山发生6.25级地震，烈度8度，40%的房屋倒塌或受损，震中在落儿岭。

民国10年（1921）10月，经过“六二”学潮，舒传贤被选为学生联合会会长，负责领导全省学生运动。

民国11年（1922）秋，舒传贤赴日本东京高级工业学校读书。

民国15年（1926）3月18日，舒传贤同北京学生一起在天安门“三一八”惨案中受伤被捕。后经北京党组织全力营救，舒传贤等被捕学生获释。

民国16年（1927）7月，大革命失败后，舒传贤回到家乡，以“交换知识，联络感情，砥砺学术，主张公道”的名义，在舒家庙创办了学术研究会，传播马克思主义。并由舒家庙逐步发展到与儿街、山王河、三尖铺一带，吸收广大农民参加。

是年9月，舒传贤在舒家庙创办了农民义务学校，这是霍山县第一所农民夜校。舒传贤亲自给义务学校讲课。后来，学术研究会和农民义务学校的很多成员加入中国共产党，绝大多数后来成为皖西革命根据地和中国工农红军第三十三师的骨干。

是年10月，舒传贤在舒家庙成立了霍山县第一个党支部，并担任支部书记。

是年冬，舒传贤在舒家庙组织成立农民协会，并在豪珠岭大庙里召开了霍山县第一届党员会议。与会9人，成立了舒家庙党支部，舒传贤任党支部书记。全体党员划分为3个小组：舒家庙小组、团墩小组、水口寺小组。

是年年底，舒传贤召集霍山县全体党员40余人在舒家庙开会，正式成立中共霍山县支部，舒传贤任书记。中共霍山县支部隶属六安特别区委，下辖西镇、西乡、城关、南乡4个组。中共霍山支部的正式成立，是霍山历史上的一件大事，从此全县有了统一的党组织。

民国17年（1928）6月，共产党员朱体仁打入东北乡舒家庙地区民团，并担任队长，掌握了兵权。从而为党开展武装斗争、组织武装暴动创造了条件。

是年农历六月初六，在舒传贤的领导下，以反对土匪李老末为名，借机开展一次大规模的反帝反封建斗争，进行游行示威。游行队伍多达1000余人，为东北乡暴动进行了一次实战演习。

是年冬，在舒家庙组建第一支农民武装——舒家庙武装小分队，由邓海清、李茂明、舒传笏等9人组成。这是霍山县第一支完全由农民组成的革命武装雏形。

民国18年（1929）1月，中共霍山特别区委在舒家庙肖家冲杨伯平家召开霍山县第一次党的代表大会。会议讨论了党的六大发布的反对帝国主义、封建主义，实行土地革命，建立工农专政的民主革命十大纲领，分析了全县的革命形势。会议选举产生了中共霍山县第一届委员会，舒传贤被选为书记，刘淠西、徐育三、高雅琪、喻石泉、朱体仁、朱雅清为委员。县委设组织部、宣传部、农运委员会，职工委员会，隶属中共安徽省临委领导。县委机关在肖家冲（观音岩村境内），下辖东北、西镇、南乡3个区委和西乡、城关两个特支，党员200余人；中共东北区区委成立。

是年2月，舒传贤领导发动了抗夫斗争。

是年4月，大河厂、团墩、舒家庙等地与周边农民在中共霍山县委统一部署下，开展了声势浩大的春荒斗争，组织了侦探、扒粮、纠察等分队，打土豪、分粮食。在此基础上，党组织又乘胜领导农民开展抗税、抗债、抗捐斗争，同时发动群众开展清账斗争。由群众、党代表召开群众大会，责成保董交代经营账目，清算其侵吞的公款，限期交还。春荒斗争持续两个多月，农民获得了很大的利益。

是年5月，红三十二师党代表、但家庙乡大河厂人戴克杰在向光山转移途中被错误杀害。

是年7月，中共霍山县委、中共六安县委在豪珠岭召开会议，会议决定成立中共六安中心县委，舒传贤任书记，并着重研究农民暴动问题，成立六霍暴动总指挥部，总指挥舒传贤，要求各地积极开展农民运动，做好起义前的各项准备工作。

是年9月，中共霍山县委第二次党代表大会在东北乡枣树井（今但家庙观音岩村枣树井村民组）召开，选举产生中共霍山县第二届委员会，喻石泉为书记。辖5个区委、2个特支、25个支部。

是年10月，独山暴动总指挥舒家庙人朱体仁在六安郝家集与杨杰三部队作战时牺牲。

是年11月，东北乡掀起大规模扒粮斗争以支持独山起义，500多人参加，扒粮3000多石，并杀死豪绅3人、县差役4人、侦探7人。

是年，在舒传贤领导下，东北乡组建了侦查、扒粮、纠察、保卫等半武装性质的小分队，配合游击队，武装保卫扒粮群众。

民国19年（1930）2月，秦华轩带领自卫团将豪珠岭古庙烧毁。

是年元宵节，吴泽民、李茂明带着十几个便衣队员潜入舒家庙，趁灯场活动，铲除了盘踞在舒家庙欺压人民群众的3个地头蛇。

是年4月7日，东北乡暴动开始，舒家庙赤卫队打垮了民团的数次进攻，捣毁青山街的反动局子，一直打到苏家埠东的马家庵子。暴动胜利后，霍山县第一区（原东北乡）苏维埃政府在团墩曹家茶行成立。主席朱祥太、游击纵队队长戴克杰、大队长李茂明。

是年4月27日，在戴家院子召开中共霍山县委会议，改组第二届县委，成立了第三届委员会。选举芦舒（吴仲孚）为书记，芦舒、曹品三、潘臣、陈先权、刘时佑5人为常委。

是年4月27日，县委在戴家院子召开代表大会。会议决定“今后党组织的迫切任务就是进一步深入加强党的教育工作”。会议选举产生中共霍山县委第三届委员会，芦舒当选为书记。

是年8月5日，在豪珠岭大庙里召开了中共六安县（又称六霍县委）第三次代表会议。会议主要研究在六安、霍山地区举行农民起义的问题，正式成立红军独立第一师。这次会议与1929年10月上旬在六安郝家集附近的老母猪岭召开的中共六安、霍山、英山、霍邱、合肥、寿县六县的代表会议，成为决定六霍起义的两次重要会议。

是年秋，受立三路线破坏，革命力量遭重大损失。国民党各级设立“清共”组织，使以舒家庙为中心的革命老区的大批党员干部、革命群众被杀害，当地500余户人家遭到残害。

民国20年（1931）3月20日，东北乡游击队在舒家庙打死铲共局长刘汉青、特务戴干成和山王河、凤凰台等地的“红学”“黄学”头子。

是年4月，中共鄂豫皖中央分局成立，舒传贤任分局委员兼组织部长。

是年10月，曾任中共霍山县委机关报《雪花报》社长戴克隆，在英山县张家嘴被夏三峰土匪杀害。

是年11月，因抵制张国焘的错误路线，舒传贤与妻陈清如（时任霍山县苏维埃妇女主任）和芦舒等190余名党员干部被诬陷为“改组派”，并被秘密杀害。

是年，县政府征集民夫修建六（安）霍（山）公路；冬，舒盛仓（曾任舒传贤秘书）在张国焘制造的大“肃反”冤案中被杀害于麻埠。

民国21年（1932）3月8日（农历二月初二），区游击队利用“玩灯”，在舒家庙将产共局长舒传钊就地镇压。

是年5月8日，霍山一区第二届苏维埃政权在舒家庙成立。

是年7月，红四方面军某师副师长但家庙乡黄檀树人刘发枝，在湖北黄冈指挥作战时牺牲。

是年，六（安）霍（山）公路建成通车，该路经大河厂，现为105国道；霍（山）舒（城）公路通车，经山王河、但家庙，在大河厂同六（安）霍（山）公路连接。

民国22年（1933），保董制改为联保制。

民国25年（1936），天花流行，但家庙镇境内多人死亡。

民国27年（1938）春，储鸣谷、张志一率领的皖西抗日独立第一大队第五中队到但家庙、山王河、三尖铺一带活动。

是年农历七月十二，驻霍山城关3000余日军，由汉奸周麻子带路，扫荡大河厂，烧杀抢掠，无恶不作，其中万吉发一家13人藏在山洞里，被日军炮火炸死。

是年8月27日上午，日本侵略军由桃溪镇经山南馆组织步骑兵约500人，携山炮5门，进占但家庙；同时，另一步兵师约800人，山炮数门进犯舒家庙。10时，进至吴家冲附近。省保安五团及国民党七十一军宋希濂部由大河厂、下符桥等地分别向该敌迎击，激战三小时，即成对峙状态。28日，但家庙被日军占领。

是年10月，省动委会总务部长朱蕴山，以动委会名义派汪道涵、谭光廷、朱世昌到山王河，在舒、六、霍交界处收编一支七八十人的抗日武装，3个月后赴皖东编入新四军四支队第七师。

民国28年（1939），撤区，改区联保制为乡联保制。

是年8月，安徽省民族革命战争战场总动员委员会（简称动委会）配合霍山“动委会”组建工作团，其中第三十五工作团在但家庙、大河厂、洛阳河等地活动，宣传抗日。

是年，实行“政教合一”，小学改名“国民学校”，乡保长兼任校长。

民国29年（1940），境内麻疹暴发，患者约半数死亡。

民国36年（1947）9月，霍山解放，霍山县成立县民主政府和工作委员会，本区域组建第二区民主政府。

是年10月7日，刘邓大军三纵七、八、九旅在山王河从东、西、北三个方向包围敌八十八师六十二旅，后追至张家店，进行了有名的张家店战斗。9日激战一天，于10日拂晓全歼六十二旅，俘敌旅长以下官兵4700人，同时缴获大批武器和军用物资。

民国37年（1948）秋，中国人民解放军刘邓部二十七团三营的一个连驻守复览山，在洛阳河袭击驻在该地的敌48师某部，歼敌200余人。

是年12月4日12时，中国人民解放军华中野战军独立旅20团2营在大河厂与国民党军526团发生战斗，俘敌30余人，缴获电台1部、步枪80多支。

是年年底，但家庙全境解放。

民国38年（1949）2月6日，县委发出“全县人民团结起来，不惜一切疲劳与负担，全力支援解放军打到南京去，彻底消灭国民党反动派，解放全中国”的号召。并于23日成立支前指挥部，区设支前委员会，各乡设支前小组，各交通要道设支前分站或支站。

中华人民共和国

1949年

10月，中华民国原乡、保建制撤销，本区域设但家庙乡、大河厂乡，团墩乡，归属下符桥区管辖。

1950年

1月，中共霍山县下符桥区委、下符桥区公所正式挂牌成立。下辖8个乡，本区域设大河厂乡、团墩乡、花石嘴乡。

5月，原属六安县的花石嘴村划归本区域的花石嘴乡。

6月，国家颁布了《中华人民共和国土地改革法》，本区域也全面展开了土地改革。将农村社会各阶层划分为地主、富农、中农、雇农、贫农五种成分，并按成分划分土地，确定地权，颁发土地证。无地、少地的农民通过土地改革，真正有了自己的土地。

1951年

1月，宣传贯彻新《中华人民共和国婚姻法》。

春，土改工作胜利完成。

冬，在农村开始组建临时互助组和季节性互助组。

是年，但家庙境域增设花园畈乡。

是年，该区域办起了基层供销合作社，各村办起了亦商亦农代销店。

1952年

1月，全区开展“三反”运动，即：反贪污、反浪费、反官僚主义运动，一直延伸到乡、村队。

春，乡与乡、组与组之间开展爱国丰产连环竞赛运动。

12月23日，霍山县召开七届二次人民代表会议，成立常务委员会。乡农民代表大会也随之过渡为乡人民代表大会。

1953年

1月，开展宣传贯彻《婚姻法》运动。

7月，各乡分别召开人民代表大会，历时1天。

是年，镇域内但家庙农村信用社和团墩农村信用社成立。

1954年

2月，平息“毛人水鬼”谣言。少数反革命分子和敌对分子利用群众的封建迷信思想，制造传播“毛人水鬼”谣言，造成群众思想上、行动上的极大混乱，严重破坏了统购统销与普选工作的开展。

7月，连续13天降水372毫米，其中7月2日一天降水117.7毫米，山洪暴发，冲毁大量农田和房屋。

8月，大河厂至但家庙板车路建成。这是中华人民共和国成立后霍山县修建的第一条板车路。

10月，本区域试种红花草（紫云英），为粮食生产积绿肥。

是年，但家庙乡、团墩乡分别建立了联合诊所。

1955年

2月4日，但家庙乡、大河厂乡召开第一届中共代表大会。

8月，团墩乡第一座水库也是霍山县第一座小型水库——观音岩水库开工兴建。

是年，大河厂乡人民在周基运的带领下，创办了霍山县第一个农业生产合作化社——红星初级农业合作化社。

是年冬，周基运被安徽省政府授予“特等劳模”称号，并参加华东区劳模表彰大会。

1956年

1月，该区域连同整个下符桥区并入城关区。

8月，中共但家庙乡委员会开展整党建党工作，目的是加强党的内部团结，纯洁党的组织，强化党在农村的堡垒作用。

1957年

3月，该区域连同整个下符桥区并入与儿街区。

6月至次年2月，全县开展“整风运动”和“反右派斗争”。

1958年

3月，大河厂乡深入开展爱国卫生运动，人人动手除“四害”，消灭老鼠、麻雀、苍蝇、蚊子。

5月下旬至8月中旬，未下透雨，旱灾严重。

8月，在全国开展“大跃进”运动中，中共大河厂乡委员会根据霍山县委指示，开展抗旱保苗、抗旱抢种为中心的超额增产运动。要求大量培育“卫星”，要晚稻亩产达1万公斤，玉米亩产4000公斤，山芋亩产10万公斤。“浮夸风”盛行。

11月，全县实行人民公社化，第一次撤区并社，下符桥区改为火箭人民公社。全公社设10个大队。本区域设大河厂、团墩、但家庙、花石嘴4个大队。

是年，淠源渠工程在该区域开始建设。

是年，开始以生产队为单位办农民食堂。在中共中央的号召下，但家庙境域内掀起轰轰烈烈的全民“大炼钢铁”运动。每家每户除了烧饭用的锅，几乎所有铁器都拿出来交给公社炼钢铁。山上几乎所有大树被砍去烧炭作为炼钢燃料。在马氏祠建有炼铁厂，收集来的铁器、废铁集中在该处进行冶炼。

1959年

6月30日，花石嘴大队七星寨生产队实行包工包产责任制。县委批转调研组《关于下符桥公社花石嘴大队田间管理到户试点工作报告》，要求各地要积极推广试点工作经验，做好田间管理到户工作等包工包产责任制。

7月30日下午3时左右，该区域遭受大风冰雹袭击。冰雹大如鸡蛋，打坏早稻、中稻、玉米等农作物，刮翻房屋。

冬季，开展反右派斗争运动，一些乡村干部被莫须有罪名打成“右派”。

1960年

10月，为克服缺粮困难，提倡“瓜菜代粮”，区域内大种蔬菜，开展大规模的“小秋收”运动。

12月，农民食堂全部解散。

1961年

12月，火箭人民公社恢复为下符桥区，该区域设但家庙乡、大河厂乡、团墩乡。

1959—1961年，因粮食严重不足，大河厂公社，但家庙公社出现饿死人现象。同时，出现大量消瘦病人和浮肿病人，死亡率很高。

是年，推行“责任田”办法，实行包产到户。

1962年

2月，但家庙公社、团墩公社实行农业生产包干制度，并以生产队为基本核算单位，各生产队与大队签订包干合同。

5月，各公社召开中共第三届代表大会。

8月，精简下放城镇人口。

秋，对反“五风”错误处分的党员、干部进行甄别、平反。

1963年

1月初至2月5日，但家庙镇境内连续37天无雨，小麦、油菜受旱，田裂、塘涸，粮食大幅减产。

8月5—6日，山王河、但家庙连续两次降冰雹，最大的有乒乓球大，粮食损失较多。

1964年

3月11—19日，安徽省农业先进集体代表大会在合肥召开，但家庙公社的吴长恕出席会议。

5月17日，特大暴雨，日降水170.4毫米，大量农田被淹。

8月，但家庙公社开始架设电线，于1965年2月开始通电。

1965年

3月4日，大河厂公社在大河厂大队断山堰生产队召开由全公社生产队长、大队干部、公社干部参加的红花草种植现场会。

7月，在但家庙公社但家庙大队三根桥生产队建55千瓦高压电力排灌站一座。

是年，在小河嘴大队马氏祠茶厂创建了一所半耕半读的学校——茶林中学。詹学球任校长。

1966年

3月，召开第四届中共代表大会。

8月，原花石嘴大队更名为长丰大队，原小河嘴大队改名为永丰大队，原胡大桥大队改名为林峰大队，原倪家畈大队改名为东风大队，原花园畈大队改名为先锋大队，原但家庙大队改名为顶峰大队，原黑虎山大队改名为高峰大队。

9月，但家庙公社改名为东升公社，团墩公社更名为东方红公社，大河厂公社更名为红星公社。

1967年

1月，“文化大革命”深入开展，各乡（公社）造反派组织相继成立。乡主要干部被揪斗，工农业生产和社会事业遭到严重破坏。

1968年

3月，公社成立革命委员会。

4月，城乡大造“宝书台”，放置毛主席塑像和“红宝书”（毛主席语录）。大规模开展“三忠于”（忠于毛主席、忠于毛泽东思想、忠于毛主席革命路线）、“四无限”（无限热爱、无限信仰、无限崇拜、无限忠诚）活动，大搞“红海洋”（标语）。

12月，军宣队、贫宣队进驻各单位、学校，开展斗、批、改运动。

1969年

1月29日，县革命委员会研究同意，将原但家庙、团墩、洛阳河、大河厂4个公社合并为但家庙公社革命委员会。

2月，但家庙公社接收霍山县下放干部25人、淮南下放干部8人、省下放医务人员20人、霍山县城镇居民80人、淮南市居民40人，计173人。

4月开始，公社开始筹建贫代会，生产大队筹建贫代分会，生产队筹建贫代小组。

7月14日，全境遭遇百年不遇特大洪涝灾害，当天降水480毫米以上，相当全年降水量的三分之一，农田被淹，道路桥梁被毁，许多房屋倒塌。

9月24日，刘为奇、邓兆荣、唐扬发被霍山县革委会授予“抗洪抢险，英勇战斗英雄”称号；大河厂大队断山堰生产队被评为“抗洪抢险，英勇战斗先进集体”称号。

10月14日，但家庙公社召开第五届党代会。

10月，但家庙公社开始建广播站，站址在但家庙老街的公社机关内。

12月，但家庙公社“五七”中学（今但家庙镇中心学校初中部）在马氏祠创办。

是年，小河嘴大队书记马德炉在小河嘴大队的马氏祠创办了马氏祠农中。第二年，马氏祠农中迁址至但家庙街道并更名为但家庙初级中学。

1970年

3月，但家庙境域开始推广双季稻。

3月，开展“一打三反”运动（打击反革命破坏活动、反对贪污盗窃、反对投机倒把、反对铺张浪费），1971年结束。

11月，刘友珍作为代表出席中共霍山县委员会第三次代表大会。

是年，各大队相继成立毛泽东思想文艺宣传队，并在各地大演样板戏。

1971年

1月，开展“农业学大寨”、赶郭庄运动。

2月，发生地震，群众住防震棚。

4月，开展清查“五一六”反革命集团的群众运动。

5月6日，但家庙公社接收上海知青120人。

10月7日，霍山县革命委员会交通局拨款500元，整修但家庙至舒家庙道路。

11月7日，霍山县革命委员会农水局“1971年植保工作总结”中，就节约成本，降低农业成本表彰了但家庙公社红星生产队。

12月，为纪念毛主席《在延安文艺座谈会上的讲话》发表30周年，但家庙公社将《红心向阳》刊发在《连环画》上。

是年，全民大挖防空洞。

是年，但家庙公社、团墩公社分别建立8.75毫米电影放映队。

1972年

2月29日，霍山县革委会生产指挥部下达但家庙公社生产计划：其中，耕地面积28166亩，经济作物2070亩，粮食作物26096亩，水田面积25144亩，双季早稻16950亩，双季晚稻14500亩。

9月28日，章复海任但家庙公社书记、革委会主任，吴运来任团墩公社书记，吴长恕任革委会主任。

9月30日，霍山县人武部举办第一期民兵干部集训，但家庙公社有9人参加。

10月，恢复区建制，该区域但家庙公社、团墩公社隶属下符桥区。

1973年

3月6—25日，霍山县境内共发生900多次地震，其中11日一天共发生303次，最大震级4.5级。近两个月，人们住在防震棚。

3月22日，但家庙公社委员会由章复海、宋宜升、郭厚贵、但心忠、周基运、张宜庆、周基德、余在江、张从文等11人组成。团墩公社委员会由吴运来、吴长恕、俞德春、吴宗林、陈忠孝、杨开枝、李大英等9人组成。

8月13日，但家庙公社花石嘴大队副书记涂和修出席霍山县革委会政工组召开的贫下中农代表大会。

9月—10月，霍山县革命委员会生产指挥部下达但家庙公社的计划任务：生猪收购850头；民工建勤任务工时为12925个；造纸原料300吨。

12月6日，全公社开展推广省柴（草）灶的工作。

是年，在境内山地丘陵大造大寨田（水平梯田），并种上粮食和经济作物。

1974年

4月，成立“革命大批判战斗队”和“文艺批判队”，开展“批林批孔”运动。

4月12日夜，本区域遭暴雨、冰雹袭击，庄家、房屋和水利设施损失严重。

7月，但家庙公社开始建立社办公助文化站，曹俊卿任站长。

1975年

4月，成立团墩公社农机站，拥有中拖上海50一台。

8月12—16日，遭受暴雨灾害。境内普降大雨和暴雨，雨量达400毫米。

是年，农村大搞以改方块田和园田化为中心的农田基本建设并开展党的基本路线教育运动。

1976年

1月，周恩来总理逝世，但家庙人民自发悼念。

4月，成立但家庙公社农机站，拥有丰收-35、东方红-40、江淮-50拖拉机各1部，江淮汽车2部，农机修配厂1家。

9月9日，毛泽东主席逝世，但家庙人民沉痛悼念。

12月，全县上下集会庆祝粉碎江青反革命集团的伟大胜利，开展揭批“四人帮”罪行的活动。

1977年

4月下旬，团墩公社鲍家洼生产队熊家拆墙时，发现舒传贤烈士遗物，有手抄本《革命理论大纲》以及《资本论》（日文版）等书籍，后送霍山县革命烈士纪念馆陈列。

1978年

2月28日，县委组织部任命宋宜升为但家庙公社革委会主任。

4月27日，但家庙公社《民兵“要不要贯彻劳武结合”的原则教育情况汇报》，被县人武部发至全县各公社武装部，要求各人武部认真学习。

12月2日，县委组织部任命万正炳为但家庙公社党委书记。

秋、冬季节，遭遇百年一遇严重旱灾，境内水库、山塘、河流全部干涸。

是年，当地驻军南京军区后勤部83485部队在胡大桥村的新塘埂与地方群众共同兴建一所学校——但家庙军民小学（1991年12月该校并入胡大桥小学。校舍改为但家庙镇敬老院）。学校为砖瓦结构，马德溥担任第一任校长，有教室14间。

1979年

2月23日，在共青团霍山县第七次代表大会上，团墩公社观音岩大队团支部、但家庙公社小河嘴大队团支部被评为“先进单位”。

3月17日，团墩公社召开舒家庙农民暴动50周年纪念大会。

9月起，但家庙公社对所有语录牌和标语口号进行清理。

是年秋，但家庙公社民工建勤整修六佛路，起桩39号，讫桩41.5号，建勤工日1800个。

1980年

3月，但家庙公社黄檀树大队、团墩公社观音岩大队被评为“霍山县农业战线先进单位”。

5月8日，下符桥区在但家庙公社召开全区茶叶现场会。

6月，全面摘除“地、富、反、坏”四类分子帽子。

7月，开展中华人民共和国成立三十一年来的第一次地名普查工作。

9月，但家庙公社开展人口普查工作。

10月，林业“三定”（稳定山林权、划定自留山、确定林业生产责任制）工作取得积极进展，公社进一步推行林权责任制；根据霍山县革委会通知，但家庙公社实行选举人民陪审员制度。

12月，根据农业税“依率计征，依法减免”政策和当年农业生产受灾情况，实行灾减123007斤，社减35000斤。

是年，中共霍山县委组织部调整中共但家庙公社委员会机构：书记万正炳、副书记吴长恕、组织委员邓兆阳、宣传委员臧良高；但家庙、团墩两公社分别派代表参加霍山县妇联组织的“民主和睦先进家庭”代表大会；但家庙公社、团墩公社部分生产队实行“联产承包责任制”，由此拉开了农村经济改革的序幕。

1981年

4月24日，但家庙公社与全县6个公社及城关镇一起，被中共霍山县委员会、霍山县人民政府，确定到1981年年底，在全县率先普及小学教育。团墩公社到1982年普及小学教育。

10月21日，但家庙公社完成户口整顿工作，对辖区内人口进行了普查登记。

11月，霍山县人民政府《关于加强文物保护工作的通知》中，把位于团墩公社的以下旧址列为文物保护单位：中共霍山县第一届委员会成立旧址（1929年，但家庙肖家冲杨伯平家），豪珠岭会议旧址（1929年，观音岩村豪珠岭）。

1982年

1—2月，根据中央1号文件《全国农村工作会议纪要》精神，但家庙公社、团墩公社进一步完善农村责任制：一是划出机动田，用小面积的不稳定来保证大面积的长期稳定；二是签订合同，建立制度，保证大面积承包土地长期稳定。

1983年

3月15日，团墩公社组建林业站，陈兆怀任林业管理员。

4月25日，该区域内6小时遭7级以上大风袭击，刮断大树、水泥电杆、损坏房屋、死伤人员，小麦油菜倒伏，损失严重。

7月，但家庙公社开展“维护妇女儿童合法权益宣传月”活动。

8月23日开始，全面开展严厉打击刑事犯罪活动（简称“严打”和“拉网”），惩处了一批犯罪分子。

8月30日至31日凌晨，境内连降暴雨，山洪暴发，特大洪水为百年罕见。

10月，中共团墩乡第六届代表大会选举汪帮岭为书记；中共但家庙乡第六届代表大会选举万正炳为书记。

是年，第三次全国人口普查，团墩公社共913户，人口4256人，其中男2186人、女

2070人。

是年，进行人民公社体制改革，中共但家庙公社委员会、团墩公社委员会分别改称中共但家庙乡委员会，中共团墩乡委员会。但家庙公社管委会、团墩公社管委会分别改称但家庙乡人民政府，团墩乡人民政府。实行农村经济体制改革，政社分设，人民公社不再是政社合一的组织，高度集体化经营体制宣告解体，统分结合的双层经营体制正式确立。

是年，但家庙乡、团墩乡分别成立计划生育相关小分队，但家庙由翁兴开、崔玉花、程洁组成，团墩乡由刘永清、吴怀绵、杨树英组成。

1984年

1月8日，连续3天普降大雪，最深积雪厚度达49厘米。

1月，中共但家庙乡委员会成立社办企业党支部，邓兆阳任书记；但家庙初级中学吴正怀被中共霍山县委、县人民政府记大功奖励一次，同时，军民小学的王其贵、团墩乡的严家宽获得记功一次的奖励。

7月，团墩乡倪冲组养猪专业户倪克军、但家庙乡花园畈村养殖专业户余昌权、但家庙初中涂习林被评为县级“新长征突击手”。

8月30日，突降暴雨，雨量集中在午夜12时至次日3时，降雨185毫米，受灾严重，洪水毁坏房屋，冲垮塘、堰、坝、河渠，冲走大量家禽、家畜、鱼等财物，有人员死伤。

9月10—12日，全县统一行动打击流窜犯罪。

9月20日，但家庙乡组建林业站，张敏担任林业管理员。

10月，团墩乡倪冲村倪建庭、朱祖之被评为下符桥区杂交水稻生产先进个人。

10月，但家庙小学少先大队、观音岩小学少先大队、但家庙中学少先大队三中队受到共青团霍山县委、县教育局命名表彰。

12月27日，但家庙乡被霍山县人民政府批准为普及初等教育乡镇。

1985年

1月1日，开始取消农产品统、派购制度，工业生产资料价格实行“双轨制”。

3月25日，中共霍山县委组织部任命邱万杰为但家庙乡乡长；26日，花园畈村的董德年在霍山县第九届人民代表大会常务委员会第七次会议上，被任命为霍山县人事局局长。

4月，财政招聘干部李孟刘在但家庙乡财政所任会计，阮成国、汪正义任助理员；朱兴好任团墩乡财政所会计，广圣裕任助理员。

5月7日，但家庙、团墩两乡代表参加为期4天的霍山县第九届人民代表大会第二次会议。

7月22日，但家庙、团墩两乡书记参加中共霍山县委员会六届三次全委扩大会议。

8月12日，霍山县教育局任命李学平为团墩乡辅导校长，吴绪山为团墩初中副校长。

8月19日，但家庙乡成立第二次全国工业普查领导组，万正炳任组长，并按统一部署，在全乡进行工业普查。

9月10日，庆祝建国后恢复建立的第一个教师节。但家庙乡、团墩乡组织干部对13所小学、2所中学的100多名教师进行慰问。

1986年

3月，但家庙乡胡大桥村团支部被评为霍山县“先进团支部”。

7月1日，教育费附加全面开征。

8月5日20点40分左右，但家庙镇境域突发狂风冰雹。

12月，但家庙街道居民王邦忠建起全乡第一幢楼房，为砖混楼板结构。

是年，桑世林、冯修俊等木竹社负责人开始创办霍山县灯泡厂。

是年，在舒家庙众多群众的支持下，佛教界人士在豪珠岭重建“东观禅院”。

1987年

3月31日，但家庙乡党委、政府召开会议，研究落实《关于减轻农民负担的若干规定》的措施。

8月21日，但家庙乡召开“改沤（沤水田）扩午（午季作物）”工作会议，进一步扩大“秋种”面积。

9月，但家庙乡木器社派人到合肥灯泡厂学习灯泡生产技术，并引进设备，当月投产。

9月，国家和省工作组在但家庙乡验收节能灶工作的开展情况。

9月22—25日，安徽省教育厅检查组到但家庙乡检查危房情况。

10月，首次开展教师专业技术职务评审工作。

11月下旬开始，但家庙乡开展冬季计划生育突击月活动，严惩弃婴行为。

1988年

1月1日，全面开征农林特产税、私营企业所得税，农业税全面恢复征收。

2月，遭受特大雪灾，交通、供电、通信中断。山林、茶叶受害，房屋倒塌，灾情历史罕见。

7月，境内发生严重旱灾，35℃以上高温天气持续25天，其中连续高温38℃达9天，山塘、河渠断流。

7月，但家庙乡、团墩乡被推广为全县活拔鹅毛的重点乡镇。

9月，团墩初中在组织学生劳动时，危房突然倒塌，2名学生不幸身亡。时任校长被拘捕。

是年，但家庙乡花石嘴村获全县“精神文明单位”称号；观音岩村、胡大桥村获全县“精神文明建设先进单位”称号。

1989年

3月，开展茶叶税征收管理工作。任务数：但家庙乡29116元、团墩乡12315元。

5月，全面实施“三年绿化荒山，五年绿化霍山”的“三五”规划。

8月31日，进行居民身份证和常住人口登记管理工作。

9月，开展居民身份证申领、变动、管理等工作。

10月，进行民用爆炸物品清理整顿工作。

1990年

4月，开始创办团墩乡电珠厂。

5月20日，但家庙乡获得县委、县政府记功一次奖励的人员：但家庙乡人大主席王帮领；但家庙乡财政所广圣裕；团墩初中李燕来；但家庙初中刘宜文；大河厂小学刘友佳；团墩乡卫生院刘永清。

5月，全面开展严打专项斗争，至10月结束。

7月，但家庙灯泡厂被中共霍山县委、县政府授予“取得优异成绩的县乡工业企业”和“文明单位”称号。

11月，下符桥区公所计划在大河厂集镇建立乡镇企业小区。

是年，但家庙乡完成低产茶园改造300亩。

1991年

7月8—11日，但家庙境内3日内降雨量达500毫米，这是中华人民共和国成立以来第三次特大洪涝灾害（前两次分别为1954年和1969年）。

10月，霍山县灯泡厂厂址迁移到105国道边的大河厂村，扩大了生产规模，拓展了发展空间。

是年，在但家庙乡推广烟草种植。

1992年

2月，实行撤区并乡，原团墩乡与但家庙乡合并，组建新的但家庙乡。

3月24日，郭红坤、代宗开代表但家庙乡参加霍山县政协四届三次会议。

4月6日，安徽省委宣传部到但家庙乡了解基层宣传队建设情况。

5月，中共但家庙乡委员会组建了3个新的支部：企业支部、财贸支部、文卫支部。

是年，但家庙灯泡厂利税超过500万元。

是年，全乡有养蚕户320户，户均蚕桑收入722元，另有225户1993年才开始饲养。

是年，全乡13所小学、2所初中全面实施“六配套”工程。

是年，全乡大面积种植烟草失败，农民损失无可挽回。

1993年

3月29日，霍山县乡镇企业局通报，但家庙乡1992年度工业总产值首次超过2000万元。

5月13日夜零点时，位于观音岩村的霍山县特种电珠厂职工倪早红（男）舍身扑救车间突然燃起的大火，救出10名女工，自己全身65%烧伤。为表彰倪早红的英勇事迹，同年10月，省委、省政府、省军区授予他“学雷锋先进个人”称号。1994年3月，县委、县政府、县人武部授予他“舍身扑火好民兵”光荣称号。

9月，国家教委副主任柳斌到但家庙初级中学视察工作，慰问教师，并题字。

秋，但家庙乡政府办公大楼开始兴建，1994年10月投入使用，大楼占地面积近2000平方米，建筑面积1330平方米。

是年，但家庙乡小河桥小学教师刘友佳被国家教委、人事部授予“全国优秀教师”称号。

是年，全镇密植茶园达到1000亩，茶叶产量达到150吨，在黑虎山村大量种植大白茶。

是年，农民万光友自筹资金6万元购置一辆红色飞虎面包车，从事出租业务，这是但家庙乡第一辆出租车，也是霍山县第一辆出租车。

1994年

9月5日，六安地区行署专员助理、计划委员会主任胡胜祥到但家庙乡检查以工代赈工作。

9月8日，时任全国人大常委会副委员长、中国民盟中央常务副主席丁石孙一行8人，受中共中央、国务院委托，到霍山慰问中小学教师，并到但家庙初级中学视察，赠送几十件体育器材和全体教师每人一块石英手表。

1995年

3—4月，但家庙乡105国道拓宽工程开始实施，填方总量为11635立方米。

6月10日，但家庙镇遭受特大龙卷风、冰雹袭击。大量农作物受灾，大树折断，甚至被连根拔起，上千户民房被掀翻。

8月8日，霍山县雁江彩印厂创办投产，当年5个月创产值35万元。

年底，但家庙开通有线电视信号。

是年，但家庙乡大力推进“工业富乡”战略，全年实现工农业总产值1.3亿元，比上年增长78%，实现历史性跨越。

是年，以村民组为单位，开展了土地二轮承包工作。

是年，但家庙乡普及九年义务教育，初中适龄人口入学率达到98%以上。

1996年

3月，孙佳平任但家庙乡科技副乡长。

4月，但家庙乡综治委员会、政法委员会成立。

4月，但家庙乡被列为霍山县农机耕作四个重点乡镇之一。

4月，但家庙镇获霍山县“农田水利建设先进乡镇”“畜牧业生产先进乡镇”“农科教统筹结合工作先进乡镇”“实施粮食自给工程先进乡镇”等称号。

6月，但家庙乡劳动服务所挂牌成立。

7月，但家庙乡创办乡镇企业“海宏电器厂”。

7月，但家庙乡司法所挂牌成立。

8月，根据《国家公务员暂行条例》和《霍山县国家公务员制度实施方案》，但家庙乡全面实施国家公务员制度。按照二类乡镇的标准，乡党政机关公务员定编30人，其中党群10名、政府20名。

9月，但家庙乡在中心小学创办了附属幼儿园，也是该区域历史上第一所幼儿园。

10月，离休干部高宗炳在观音岩库区创办霍山县但家庙镇晚霞渔牧场。

是年，南京军区后勤部捐资20万元在大河厂村002县道南侧兴建一所希望小学，建一幢教学楼、校舍20间。这幢教学楼也是但家庙镇历史上第一幢教学楼。该校第一任校长是刘宜文。

1997年

2月25日，全乡上下收看邓小平追悼大会实况，沉痛悼念邓小平同志逝世。

4月20日，全国政协常委、国务院政策研究室原主任袁木一行5人视察了但家庙乡世林集团。

5月，但家庙乡老年大学成立。

7月，但家庙乡义务消防队成立。

8月，霍山县灯泡厂获“全国文明乡镇企业”称号，首次获得国家级荣誉表彰。

9月，开始实施对全乡供电台区及低压线路整改工程（“农网改造工程”）；中共但家庙乡委员会、人民政府向全乡人民发出“立足自救、早作行动、狠抓秋种、增产增收”的号召，大力开展秋种工作，并规划了3个面积分别达2000亩以上的示范片：大河厂片、花但片（花石嘴村、但家庙村）和双嘴片（花石嘴村、小河嘴村），全乡播种小麦7260亩。

10月，霍山县团墩砖瓦厂、霍山县颗粒饲料厂被霍山县工商行政管理局注销。

11月，但家庙乡农田水利基本建设指挥部成立。

是年，中共但家庙乡委员会书记杨奉海受到安徽省政府表彰，被授予“全省农田基本建设优秀基层领导”称号。

是年，霍山县灯泡厂厂长桑世林获得安徽省政府颁发的“优秀乡镇企业家”称号。

是年，进行第一次全国农业普查。

是年，团墩乡政府的涂友法、舒家庙小学的鲍丙林、但家庙小学的马克权、但家庙初级中学的胡宗初、团墩初级中学的陈廷璋受到县委、县政府记功奖励。

是年，但家庙乡跨入“皖西十强乡镇”行列。

1998年

1月22日，霍山县灯泡厂成功改制为安徽世林电光源有限公司，注册资金增至912万元，共44名股东持股。

3月28日，但家庙乡第十三届人民代表大会召开第三次会议。

3月，中共但家庙乡委员会、乡人民政府印发《加快发展个体私营经济实施细则》的通知，把发展个体私营经济作为“兴乡富民”的战略举措，并在创造宽松环境、引导健康发展、保护合法权益上下功夫，大力发展个体私营经济。

5月，对生猪实行“定点屠宰，集中检疫，统一纳税，分散经营”。

7月23日，省人大常委会副主任季昆森一行在六安行署和霍山县人民代表大会常务委员会领导的陪同下，到但家庙乡视察工作。

8月13日，中共但家庙乡委员会，但家庙乡人民政府召开联席会议，就如何“面向新世纪、培育新优势、创造新机遇、实现大跨越”进行了专题大讨论。

10月，但家庙成立政务公开、财务公开和民主管理工作领导组，规范“三公开”工作。

11月30日，但家庙集镇至大河厂集镇公路拓宽铺油工程竣工通车。

12月，安徽世林集团通过ISO 9001国际质量管理体系认证，从而提高了企业质量管理水平。

12月，开展打击取缔邪教组织，制止非法宗教活动的专项斗争。

年底，完成了大河厂至但家庙段10千伏线路改造工程。

是年，离休老干部高宗炳被全国老龄委授予“老有所为奉献奖”。

是年，安徽世林集团产值突破1亿元，利税超700万元，自营出口创汇突破100万美元。

是年，世林集团捐资23万元，在但家庙街道修建水泥路，全长720米，被命名为“世林大道”，这是但家庙历史上第一条水泥路，也是全县第一条乡镇水泥路。

1999年

1月18日，但家庙乡召开第十四届人民代表大会一次会议，选举产生新一届政府班子。刘长卫任镇长。

1月，孟祥宏在花园畈村创办霍山县祥宏养殖场。

2月，但家庙镇开展主干线公路绿色长廊建设。

3月，但家庙乡第四届村民委员会换届，各村的村民代表会议，村民小组与村委会同期换届。

3月，乡党委、政府抓住春季植树造林的有利时机，狠抓板栗生产。组织了全镇板栗生产经营大户40余人前往金寨青山镇参观学习板栗嫁接、栗园管理技术，引进蜜蜂球、大红袍等优良穗条，聘请45名湖北罗田的板栗嫁接技术员，分成5个组，对花石嘴、团墩、小河嘴等七村板栗嫁接基地进行嫁接，全乡嫁接5.8万枝穗条，共2160亩。

4月，撤销但家庙乡，设立但家庙镇，并于5月28日举行撤乡建镇挂牌仪式。

5月18日，中共但家庙镇委员会召开第十四次代表大会，选举产生新一届镇党委班子，卢俊任书记。

5月25日，安徽省人大常委会副主任陈瑞鼎一行到但家庙乡开展村务公开、民主管理工作调研。

6月，但家庙镇开始对机关事业单位不在编人员进行“双清”（清理、清退）。

6月7日，但家庙镇遭遇强降雨，至6月28日16时，全镇受灾人口15148人，造成直接经济损失2200余万元。

9月，民师转正、学习和退养工作全面完成，使“民师问题”得到彻底解决。

10月16日，安徽世林集团董事长桑世林在第十六届全国十大扶贫状元颁奖大会上获得“98年度全国扶贫贡献奖”。

11月24日，安徽省省长王太华一行到世林集团视察，调研扶贫开发工作。

11月，有安徽世林集团投资的安徽世林制衣有限公司建成投产，标志着安徽世林集团开始跨行业经营。

12月30日，但家庙镇被安徽省社会治安综合治理委员会授予“综治工作先进乡镇”。

是年，但家庙镇实施“科教兴农”战略，抓好新品种、新技术的推广运用，实施“种子工程”，坚决淘汰老品种，大力推广旱育稀植、地膜覆盖等先进实用技术，全镇推广旱育稀植5000亩。

2000年

2月22日至4月30日，全镇开展以“讲学习、讲政治、讲正气”为主要内容的党性党风教育活动。

3月8日，安徽省委副书记、组织部部长乔传秀、副部长朱成林一行到但家庙镇视察工作。

3月，农村税费改革，取消乡统筹、农村教育费附加、屠宰税和农民集资项目。

6月8日，但家庙镇、村农网整改通过县级验收。

7月26日，安徽世林集团上海嘉尼公司开业。

8月，但家庙镇党委（扩大）会议研究决定，在全镇范围内开展创建“十星级文明户”活动。

8月，但家庙镇人民政府决定，加强对生猪定点屠宰的管理，确保人民群众吃上放心肉；中共安徽省纪律检查委员会领导到但家庙镇指导工作。

9月，但家庙村及团墩村茶区实施有机茶生产。茶园禁止使用化肥、除草剂，一律用农家肥代替化肥。茶树修剪由春茶前轻剪改为春茶或夏茶后轻剪或深剪。老茶园实行重修剪，留桩高度5～10厘米，修建时间在春茶后。

10月18日，但家庙镇成立会计结算中心，在全县率先实行“零户统管”；10月30日，但家庙镇干部职工住宅楼竣工并交付使用。

10月，雁江彩印厂完成股份制改革工作。改制后，成立了雁江印务有限公司，职工自愿入股，成为企业的主人。

11月1日，全国第五次人口普查工作开始。

是年，但家庙镇大力开展全镇机关事业单位作风整顿，成立了领导组，镇党委副书记钱长青任领导组组长。

是年，但家庙镇中心小学被评为市级“红领巾学校”；但家庙初中被评为市级“文明学校”。

2001年

1月12日，天池书画社会员一行12人到但家庙镇为全镇义务写春联。

2月13日，中共但家庙镇委员会召开“三个代表”重要思想学习教育活动动员大会，机关、站、所“三个代表”重要思想学习教育活动全面展开。

3月，中共但家庙镇委员会、镇人民政府为了个体私营经济发展取得新突破，决定依托本地资源，重点扶持建筑建材，农产品加工，黄酒生产等私营企业。

4日，但家庙镇事业单位机构改革结束。

5月，迎驾酒业总工程师观音岩村人广家权被全国总工会授予“五一劳动奖章”。

6月1日，中共叶集镇纪律检查委员会到中共但家庙镇纪检委观摩学习。

6月3日，安徽省人大常委会原主任王光宇一行到但家庙镇指导工作。

6月12日，六安市人大常委会副主任曹承芳一行到但家庙镇开展《中华人民共和国教师法》执行情况调研。

7月18日，省公安厅一行到但家庙镇派出所视察工作。

8月13日，安徽省人大常委会一行在市、县领导陪同下，到但家庙镇开展《劳动力市场管理条例》宣传工作调研。

8月，但家庙镇第一所民办幼儿园——宝贝幼儿园创办，该园坐落于但家庙镇大河厂村，大河厂明德小学东侧，北临002县道。

9月27日，中共合肥市委书记车俊在六安市委书记洪文虎等陪同下视察世林集团。

10月15日，畈区10个乡镇在但家庙镇召开改水改厕现场会，县长张祖旺等到会指导。

秋，全镇小学实行由五年制向六年制过渡的学制改制，至2005年，全镇小学“五改六”工作完成。伴随小学学制“五改六”，儿童入学年龄由原来的7周岁改为6周岁。

12月30日，但家庙镇党委被市委授予“六个好乡镇党委”“思想政治工作先进单位”称号。

是年，但家庙镇实施退耕还林工程。

是年，但家庙派出所获省公安厅颁发的“人民满意公安基层单位”称号。

是年，但家庙镇开展“严打”整治斗争，共破获各类刑事案件21起，其中辖区内5起，刑拘2人、劳教1人、治安拘留6人，收缴私人非法持枪11支。

是年，观音岩村村民徐伟在原团墩电珠厂创办霍山县伟亚生态养殖场。

2002年

1月5日，中共但家庙镇委员会召开第十五次代表大会，选举产生新一届镇党委、纪委班子：卢俊任党委书记，胡安胜任纪检委书记。

1月18—19日，但家庙镇召开第十五届人民代表大会第一次会议，选举产生新一届政府班子：杨启志任镇长，会议进一步明确了“加快发展，富民强镇”的主题。市、县人大常委会领导到会指导。

3月12日，六安市副市长蒋立平在县领导陪同下，到但家庙镇指导“退耕还林”工作；20日，在全县三干会上，但家庙镇授予综合考评“先进乡镇”称号。

4月14日，省委常委、政法委书记任海深一行在市、县领导陪同下到但家庙镇视察工作。

6月20日，全县司法调解中心建设现场会在但家庙镇召开。

8月8日，中共六安市委副书记、六安市纪委书记汪永义在县委领导陪同下到但家庙镇指导工作。

9月2日，参加全省文明创建现场会的领导视察世林集团。

9月5日，中共安徽省委纪律检查委员会常委杨晓珊一行在市、县领导陪同下到但家庙镇指导工作。

10月27日，但家庙镇组织100人到迎驾厂观看中央“心连心”艺术团慰问演出。

11月1日，参加全省纪检监察工作会议的各级领导到但家庙镇纪委指导工作。

是年，但家庙镇卫生院购置了心电图机、输氧设备。

是年，但家庙镇花石嘴村人但心厚，被卫生部等五部委授予“全国农村初级卫生保健工作先进个人”称号。

是年，但家庙镇观音岩村人周基潮，被全国第五次人口普查领导小组授予“第五次全国人口普查先进个人”。

2003年

4月，全国多地暴发非典，但家庙镇党委、政府积极应对，采取果断措施，实行严密防控。

7月10日，境内普降暴雨，河水猛涨，山塘被冲垮，桥梁损坏，电线杆倒断，农作物受灾。

10月，实行农村义务教育管理体制改革，撤销但家庙镇教育组，成立但家庙镇中心学校，建立了由中心学校管理幼儿园、小学、初中的新的管理模式。

10月，全县乡镇区划调整，大河厂村的丁家山坎、果园场两村民组划归衡山镇，坐落于果园场的世林集团一并归入衡山镇，全镇的工业实力骤降，但家庙镇跌出“皖西十强乡镇”行列。

2004年

1月15日，中共但家庙镇委员会下设支部调整，安徽世林集团设立党支部，但家庙镇企业支部分设为华安支部和农电支部，财贸支部分设为金融支部和粮贸支部。

2月23日，获得霍山县委表彰的先进个人：招商引资先进个人桑世林、叶俊；招商引资奖励项目世林工业园（桑世林），奖金4.96万元；突出贡献厂长、经理桑世林；优秀村干部汪守发、鲍远平。

2月，实施大河厂至团墩村路改扩建工程，全长7千米，总造价38万余元。同年实施倪冲路改扩建工程，全长5千米，总造价26万余元。黑虎山村公路4千米，投资19.82万元；但凤路5千米，总造价87万元。

3月16日，但家庙镇人民政府确定观音岩村、倪冲村为第一期“家园建设试点村”。

4月，在霍山县交通管理部门的支持下，但家庙7家从事个体客运户实行车辆联运，参照公交车运行模式，适当延长营运时间（早5:30至晚6:00）和营运路线（城关端从老北门口延至大小圆盘），增加发车班次（每15分钟一个班次），大大方便了群众乘车出行。

6月，教育总支下设雁江印务有限公司支部。

6月28日，驻军73823部队开展社区服务活动，走进敬老院，为老人进行义务体检，赠送生活用品，介绍老年保健知识等。

7月8日，但家庙镇遭狂风冰雹袭击。花石嘴、大河厂、但家庙等村受灾严重。

7月23日，但家庙镇人民政府拟定在小河嘴村实施生态养殖计划，新建猪舍3000平方米，开发鱼塘15亩。

9—12月，但家庙镇完成行政区划调整，全镇由原来的13个行政村合并为5个行政村。

是年，复览山石料开采加工项目，由六安市公路局投资，总投资280万元，建立了复览山石料有限公司，于5月正式投产经营。

是年，农业税税率下调2个百分点，全镇减少农业税26.15万元，人均减负16.6元。

是年，但家庙镇对各单位自1997年以来发生的所有财务进行了清理，对所有债权、债务进行了全面界定。共清理出债务636.16万元，债权212.15万元。在此基础上，制定相应的财务管理制度。“政府管权，财政管钱，部门理事”的机制得到强化。

2005年

2月12日，但家庙镇敬老院被评为安徽省二级敬老院。

3月11日，杨启志任中共但家庙镇委员会书记；28日，但家庙镇召开第十六届人大二次会议，朱昌才被选为镇长。

4月，“六潜”高速公路但家庙段开工。施工中，在大河厂戴家院村民组，发现商周古村落遗址。6月底，原倪家畈村通过霍山县“整村脱贫”验收。

10月14日，观音岩中低产田改造项目正式实施，工程总投资800余万元，规划整治面积1.6万亩，其中集中整治2000亩，维修水库1座，山塘50口，堰坝12座，沟渠5.05千米，各类建筑物281座。

10月23日，省文物局，省考古所第二期全省田野考古培训班在大河厂戴家院古村落遗址现场开班。省文化厅副厅长，文物局局长李修松，省考古所所长杨立新，霍山县副县长袁孝友参加。全省20多个县市的文博骨干参加培训，并对戴家院遗址进行考古发掘。发掘面积近700平方米，出土了一批珍贵文物，发现了1圆形祭台，这是在西周遗址中十分少见的。

是年，实施“霍山县但家庙镇团墩生态综合治理项目”。该项目以原团墩村为中心，辐射观音岩、舒家庙、黑虎山等地，涵盖整个浔阳河（牛屎河）流域。总面积1.5万亩，其中山场面积0.95万亩、耕地0.55万亩，总投资720万元。

是年，但家庙小集镇饮水工程开始实施。

是年，但家庙镇“丁”字街二期工程开始实施，打通了镇卫生院与但团路的连接，初步形成了但家庙集镇“丁”字街格局。

是年，安徽世林集团总裁桑世林获全国总工会颁发的“五一”劳动奖章。

2006年

2月，大河厂村、花石嘴村，但家庙村、胡大桥村评为2005年度霍山县“平安村”。

3月12日，但家庙镇实施“五个一”工程，以推进新农村建设。“五个一”即：一个好的带头人、一个好的领导班子、一个好的发展思路、一个好的创业氛围、一套好的扶持政策。

5月18日，霍山县人民政府下达但家庙镇2006年度财政收入计划为：国税25万元、地税95万元，合计120万元。

5月19日，当地驻军73823部队官兵向胡大桥小学捐赠了课桌椅、乒乓球桌、羽毛球拍等物品，霍山县分管教育副县长袁孝友主持捐赠仪式。

10月，霍山县大化坪、漫水河等地的百合种植户到但家庙镇租赁农户的田地，大面积种植百合。

是年，国际小母牛项目落户但家庙镇胡大桥村，该村7个村民组56户成立5个互助生产小组，购买三元杂交仔猪287头、二元杂交母猪12头，开始规模养猪。

是年，但家庙镇公益林面积达到16061亩。

是年，全镇深入开展创建“人民满意的基层站所”活动。

是年，但家庙镇获得六安市“平安乡镇”称号。

2007年

1月，但家庙镇恒丰农机协会成立。

3月28日，美国驻上海领事馆副领事郝忠泽到胡大桥村考察生态养殖专业合作社的生产经营情况。

4月17日5时30分，胡大桥村部，因旁边电路遭遇雷击，引起强电流冲击波，造成村部三间屋面被毁，天棚坍塌，三方墙体移位，开裂。

4月，霍山县利达包装材料厂再生纸生产项目落户花石嘴村马氏祠茶厂原址，项目总投资550万元，法人代表徐益武。

7月3日，国际小母牛项目办主任王凤一行到胡大桥村考察农民专业合作社。

8月，但家庙初级中学与但家庙中心小学合并，组成但家庙中心学校。

9月12日，小母牛捐赠者访问团一行14人，在小母牛项目中国办领导陪同下，到胡大桥村考察小母牛项目开展情况。

11月19日，霍山县政府授予但家庙镇“无毒乡镇”称号。

是年，1月至8月，但家庙镇招商引资项目：1.霍山县华成皮具有限公司，小皮具生产项目由浙江杭州伟华皮业有限公司投资，总投资500万元，落户但家庙镇但家庙村油坊村民组河滩旱地；2.宏翔织造有限公司由广东东莞宏翔织造有限公司投资，总投资1000万元，落户但家庙镇但家庙村油坊村民组河滩旱地；3.8月，五金制品生产项目由上海光羚五金制品有限公司投资，总投资120万元，落户但家庙镇但家庙村油坊村民组河滩旱地。

2008年

1月24日，下符桥公安派出所但家庙警务室挂牌成立。

2月，但家庙镇获霍山县“百家孝星”称号的有但家庙村顾芳，观音岩村杨先珍，胡大桥村曹俊茹，大河厂村张发贵，花石嘴村涂友慧。

6月，但家庙镇开始筹建“凤还巢”农民工创业园。该工业园位于但家庙村油坊村民组境内的工业集中区，总面积100亩，总投资4560万元，安置回乡创业人员12名。

9月12日，国务院扶贫办公室副主任王国良在省市领导陪同下到胡大桥村调研。

10月，国际小母牛北京区域项目伙伴率北京、河北省项目农户到胡大桥村考察国际小母牛项目发展情况。

11月29日，但家庙镇乡村公路管理办公室正式挂牌成立。标志着镇乡村公路管养工作步入规范化轨道。

12月15日，但家庙镇完成集体林权制度方案改革的各项任务：明晰产权的集中林面积51073亩，林权明晰率100%，完成确权发证面积51073亩，林权发证率100%，其中全镇7个镇村林场，面积2700亩，以分股不分山的形式完成确权发证。

2009年

2月22日，但家庙镇确定2009年度生态建设6个工程：生态林业工程，生态农业工程，生态工业工程，生态农园工程，生态旅游工程，生态文化工程。

2月23日，中共但家庙镇委员会印发《2009年但家庙镇精神文明建设工作实施意见》，决定从8个方面开展精神文明建设工作。

3月，国际小母牛项目总部中国办公室财务总监程培琳到但家庙镇胡大桥村指导工作。

4月，霍山县利达纸业有限公司因拖欠债务，被但家庙镇人民政府申请法院临时封存公司资产。

4月，但家庙镇被命名为第三批安徽省“环境优美乡镇”。

5月，但家庙镇按照“依托资源、突出特色、产业先行、项目兴农”的思路，培育和建设“一村一品”特色产业。全镇已建成优质稻米10000亩、百合5000亩、茶叶3000亩、油茶4000亩、大棚蔬菜600亩、水产养殖2000亩六大主导产业基地，扶植龙头大户15家，发展农民专业合作社12个。

6月，贵州省容县代表团到但家庙胡大桥村参观考察农民专业合作社。

7月，但家庙镇设置气象服务站。

7月，大河厂获得中共霍山县委组织部、中共安徽迎驾集团委员会授予“迎驾先锋基石工程先进村”的奖励。

7月，武警指挥学院政治部主任原籍但家庙镇胡大桥村的孟德恕晋升为武警少将。这是但家庙镇历史上出现的第一位将军。

8月6日上午，但家庙镇境内陡降特大暴雨，持续时间达6个小时。境内道路、桥梁、塘库堰坝等公用设施毁坏严重，水稻及旱地作物大面积受灾，直接经济损失1700余万元。

10月，辽宁省代表团一行30余人到胡大桥村调研村民发展互助资金情况。

是年，但家庙镇跻身六安市“综合实力20强乡镇”行列。

是年，共完成“村村通”水泥路工程29条，计47.6千米，其中5米宽2.5千米，4米宽15千米，3.5米宽30.1千米。

是年，但家庙镇城管执法中队成立。

是年，但家庙镇墓园建成，该墓园位于卢氏祠组的庙山，与但家庙渡槽头有5米宽的水泥路相通，占地总面积50亩，总投资14万元。

2010年

1月，但家庙镇综合文化站建成并投入使用。该文化站建筑总面积520平方米。设有群众文化活动室、科技培训室、文化资源共享室、图书报刊阅览室、文娱健身室和文化活动广场。

3月，中共但家庙镇委员会获得六安市2009年农村基层组织建设“‘五个好’乡镇党委”称号。

4月23日，大河厂村116户农民成立霍山县但家庙镇大河厂村扶贫互助协会。同时，花石嘴村95户农民成立霍山县但家庙镇花石嘴村扶贫互助协会。

4月26日，《安徽日报》、《安徽经济报》、《皖西日报》、六安电视台、六安广播电视台等多家媒体记者在中共霍山县委宣传部部长郑保华、县计划生育委员会负责人陪同下，到但家庙镇就“三育关怀”（育龄群众生育、节育、不育行为）行动进行参观访问。

5月5日，CCTV-7栏目组记者在中国人民解放军73823部队主要负责人陪同下，到但家庙镇采访双拥创建工作。

6月16日，《安徽新闻联播》栏目报道了但家庙镇富有特色的创先争优活动。

7月，但家庙镇实施“两非”案件专项治理，加大对“两非”（非法鉴定胎儿性别和非法终止妊娠）案件的打击力度，综合治理全镇出生人口性别比。

8月31日，辽宁省朝阳市扶贫办一行30余人在霍山县政府领导陪同下，到但家庙镇胡大桥村考察新型农业发展模式。

9月，大河厂中心村被确定为六安市新农村建设示范点。

10月13日，六安市副市长王翔、市妇联副主任丁玉玲在霍山县领导陪同下，到但家庙镇督查留守儿童活动中心建设工作。

10月，市级新农村建设示范点大河厂新村建设正式启动。全村整体规划为五区：民营工业集中区，农民康居新社区，商贸仓储服务区，综合商业开发区，现代农业示范区。

12月4日，但家庙镇举行自来水工程开通仪式，标志着街道群众及相关单位告别了长期饮用地表水的历史。

是年，台商王永庆捐资的“明德项目”，在大河厂希望小学兴建教学楼一幢及相关配套设施，后来，大河厂希望小学更名为大河厂明德小学。

2011年

3月，霍山县映山红农业科技有限公司创办。

3月18日，中共但家庙镇第十六次代表大会在镇政府会议室召开。

3月25日，安徽省人口和计划生育委员会副主任殷光亚一行到但家庙镇考察计划生育工作。

4月，但家庙镇实施农村沼气建设民生工程。

9月，但家庙镇村党组织委员会和第八届村民委员会完成换届。

9月，但家庙中心校建成了全县第一个乡村学校少年宫，是安徽省六安市2011年得到中央专项彩票公益金支持的四所项目学校之一。

10月27日，中共霍山县委组织部在但家庙镇开展“三走进三服务”活动，参加了大河厂新农村建设，走访了群众，走访了“双培双带”典型户。

是年，但家庙镇陈来凤联合周边的种田大户和种田能手，成立了霍山县成凤生态农业农民专业合作社，流转承包田地3000多亩，范围涉及但家庙、下符桥、与儿街等数个乡镇，成为全县最大的农民专业合作社。

是年，霍山县衡山镇人陈婉妮流转大河厂村黄家垄组以及下符桥镇沈家畈村杨岗头组总计500亩的山场和林地，成立安徽百匠农坊生态农业有限公司，种植珍稀苗木。

是年，结合农业技术推广，创新现代化管理，但家庙镇注册成立了大江农机、林源农机、自刚农机、春胜农机等农机合作社。

2012年

1月，但家庙镇人民代表大会、镇人民政府换届。经选举，余显平任镇人大主席团主席，郑杰任镇长。

2月，安徽世林集团被中共霍山县委授予“十强工业企业（第二强）”称号，桑永树获“突出贡献企业家”称号。

3月，霍山华美服饰有限公司落户但家庙镇工业集中区。

4月12日，安徽省人大常委会副主任朱维芳率省人大常委会农业执法检查组一行到但家庙镇检查《中华人民共和国农业法》宣传贯彻落实情况，实地参观了镇农技站及土地整理项目现场，听取了相关情况的汇报，并与基层农技人员进行了交谈。

6月15日，但家庙镇桥上青农机专业合作社在胡大桥举行揭牌仪式，六安市农技站站长谢正如，霍山县农业委员会主任张方应，县扶贫办主任叶纯森出席典礼。

6月29日，在庆祝中国共产党建党91周年之际，为推进城乡基层党组织结对共建，县物价局与但家庙镇观音岩村联合党支部正式成立。

8月，但家庙中心学校教师彭传发荣获六安市教育局授予的“基础教育新课程改革市级先进个人”荣誉称号。

9月28日，《但家庙镇总体规划（2012—2030）》在霍山县住房和城乡建设局召开评审会上获得原则通过。

10月14日下午，六安市市长毕小彬一行到但家庙镇断山堰村民组考察“美好乡村”建设，霍山县县长李中华等陪同。

11月8日，全市美好乡村建设动员大会举行集体观摩。中共六安市委书记孙云飞、六安市人民政府市长毕小彬率参加全市美好乡村建设的动员大会的与会人员，到但家庙镇大河厂村断山堰建设点，进行现场参观。

是年，按照省委、省政府发出的“推进美好镇村建设，共建美好幸福家园”号召，但家庙镇党委、政府将全市首批新农村建设示范村大河厂中心村作为首批“美好乡村”示范村，按照“扮靓东大门，对接开发区，融入大城关”的发展定位，重点开展了对境内105国道沿线及断山堰自然村老庄进行集中整治和新村建设。

是年，观音岩、但家庙村结合水土保持和农业综合开发项目，采取“公司+合作社+农户”的形式，由安徽家园有限公司、安徽中绿农业有限公司、霍山县金马生态农业发展有限公司投资2000万元，发展万亩油茶产业示范区。

2013年

2月，大河厂油茶种植大户高文兵、大河厂村种粮大户戴宗明、花石嘴村百合种植大户许丙全、大河厂村蔬菜种植大户贺名胜获得霍山县2012年度农业农村工作先进单位“十佳种养大户”称号。

3月，但家庙镇计生办何秀兰、霍山县雁江印务有限公司雷能菊获得霍山县妇联授予“三八红旗手”称号。

3月，安徽世林照明股份公司节能灯工厂插件班获得“巾帼文明岗”称号。

4月，六安市文广新局授予但家庙镇文化站“先进文化站”称号，但家庙镇文化站成为安徽省第一批文化服务中心示范点。

6月，霍山县雁江印务有限公司获得中共霍山县委宣传部颁发的第六届“文化产业示范单位”称号。

7月，观音岩村党支部获得“迎驾创先争优基石工程先进村党组织”称号。

8月9日，安徽省纪委常委，监察厅副厅长刘萍一行到但家庙镇开展党的群众路线教育实践活动。

是年，霍山县雁江印务有限公司被评为“六安市第二批示范文化生产先进单位”。

是年，但家庙镇中心学校被评为霍山县“实施有效教学，打造高效课堂”课题研究先进单位。

是年，霍山县胡大桥生态养殖农民专业合作社被评为2013年度霍山县“十佳农民合作社”。

是年，霍山金马生态农业科技发展有限公司在观音岩村投资兴建万亩油茶基地。同年，该公司被安徽省林业厅授予“安徽省林业产业化龙头企业”称号。

2014年

1月9日，但家庙镇第三次经济普查“PDA”入户登记启动，该次经济普查对象法人和产业单位129家、个体工商户290家。

2—9月，中共但家庙镇委员会开展了以“为民、务实、清廉”为主要内容的党的群众路线教育活动。

3月，中共但家庙镇委员会被评为“五个好”乡镇党委：1.领导班子好；2.党员干部队伍好；3.工作机制好；4.小康建设业绩好；5.农民群众反映好。

4月，但家庙镇石斛生态园在但家庙镇但家庙村油坊村民组开始兴建。石斛生态园紧邻镇工业集中区，占地面积300余亩。

4月，但家庙镇人民政府妥善解决金天磁业拖欠农民工工资问题。

6月8日，六安市计划生育委员会主任段贤柱一行到但家庙镇走访调研人口与计划生育工作。

8月，六安市文联负责人带领市文化传媒集团到但家庙镇，就如何发挥老艺人作用，挖掘、整理和传承庐剧，进一步创新发展皖西庐剧等问题进行研讨。

8月，县政府委托舒城县宏奇供水设备厂，对但家庙镇大龙井区域进行钻探取样。钻探1#、2#、3#三口探井。经检测，水样中锶含量0.084毫克/升（国标0.2毫克/升），偏硅酸含量63.2毫克/升（国标25毫克/升），出水量约为1000吨/天。大龙井水资源各项指标符合天然矿泉水生产需要。

8月，但家庙中心学校教师谢家明、刘全军、刘圣兵分别获中国关心下一代工作委员会、中华人民共和国司法部、中央社会治安综合治理委员会办公室授予的“第二届‘关爱明天，普法先行’——青少年普法教育优秀辅导员”荣誉称号。

9月，新疆阿克苏市人罗长林创办的“霍山县龙头山石斛开发有限公司”落户但家庙镇石斛生态园。在但家庙镇园区征用土地70亩，建设标准化生态石斛大棚75个，其中66个为米斛、9个为铁皮石斛，成为石斛GAP栽培示范基地。

9月20日，“花石嘴美好乡村建设项目”开始启动。

10月，霍山县农村商业银行但家庙支行（简称“农商行”）成立，该行隶属于安徽霍山农村商业银行股份有限公司。

12月，安徽省土地整理项目验收组对但家庙镇土地整理项目进行验收，对2010年启动的建设规模达735.66公顷，总投资3013.6万元的但家庙镇土地整理项目进行检查评议，原则上同意通过验收。

是年，在安徽合肥举办的龙虾节中，陈来凤的养殖基地被授予“安徽省健康龙虾养殖示范基地”。

是年，大河厂村民委员会成立霍山县河顺土地流转农民专业合作社，农民将土地先流转给合作社，再由合作社与承包人洽谈承包事宜，改变了以往农民与承包人直接发生关系的模式，大大提高了运作效率，农民的利益得到了保障，承包人也省去了许多事。

是年，舒城承包大户郭士金与霍山县河顺土地流转农民专业合作社签订10年的承包合同，每年每亩租金450元。

2015年

1月22日，舒传贤烈士革命活动旧址群被列为第四批县级文物保护单位。

2月，大河厂明德学校教师戚宝琴获安徽省文明办授予的2014年度“安徽好人”荣誉称号。

3月，安徽省司法厅和民政厅联合发文，命名表彰了100个行政村为第六批“安徽省民主法治示范村（社区）”。但家庙镇大河厂村获该殊荣。

3月12日，在观音岩村的“东之源·园林绿化”基地，来自县直系统团组织、中小学生、“豆芽社”及微信、微博等媒体招募的青年志愿者200余人参加植树造林活动。该次活动的主题是“凝聚青春力量，共建生态家园”，是由团县委发布招募信息，全县广大青少年志愿者报名参加的一次公益活动，旨在为生态霍山建设贡献出自己的一份力量。

4月16日，中共六安市委常委，六安军分区司令孟永勇到但家庙镇对民兵应急排进行点验。民兵点验大会在《国歌》声中拉开帷幕。按照点验程序，宣读了受点分队干部任职命令，基层民兵编组，并呼点人员，宣布了民兵应急连活动制度。

5月，全镇实施农村土地承包经营权确权登记颁证工作。

6月，但家庙镇被评定为劳动保障诚信评价C级企业名单：霍山县华安建筑工程有限责任公司、霍山县大冲石料厂、桃园石料厂、华成皮具有限公司、安徽亿佳照明电器公司、霍山县雁江印务有限公司、霍山县宏翔织造有限公司。

6月25日，中共霍山县胡大桥村联合总支部委员会成立，葛子俊任书记。

6月，驻村扶贫队长改任村支部第一书记：陈明格任胡大桥党支部第一书记，程书桓任但家庙村党支部第一书记。

10月，安徽世林集团申报的“国家知识产权优势企业”通过评审，该企业成为霍山县第一家国家知识产权优势企业。

是年，但家庙镇境内先后受第8号台风“鲸鱼”和第13号台风“苏迪罗”影响，遭受特大暴雨袭击，全镇5个行政村不同程度受灾，直接经济损失900余万元。

是年，但家庙镇实施农村危房改造工程，对全镇居住了危险住房的五保户、低保户和贫困户实施改造，政府给予补助，标准为：五保户、农村低保户、贫困残疾人家庭户重建房屋户均2万元，五保户、农村低保户、贫困残疾人集体户，修缮加固户均0.6万元。其他贫困户重建房屋户均1万元，修缮加固房屋户均0.4万元。

是年，霍山县映山红农业科技有限公司得到中国绿色发展中心认可，获得绿色食品认证。

是年，陈来凤被安徽省妇联评为“巾帼创业之星”。

2016年

1月7日，江苏省常州市卫生和计划生育委员会主任赵兴先一行10余人，在六安市卫生委和霍山县相关领导的陪同下，到但家庙镇开展流动人口管理区域协作调研，并到但家庙中心学校为100名留守儿童每人送上一份爱心大礼包。

4月21日，但家庙镇第十八届人民代表大会第六次会议召开，全镇人大代表及列席人员共80余人参加会议。

4月，合肥工业大学、安徽金联地矿科技有限公司对观音岩村大龙井矿泉水进行抽水试验。确定水量为1000吨/天。水中锶含量0.084毫克/升，偏硅酸含量63.2毫克/升，各项指标符合矿泉水开采要求。

4月29日，但家庙镇组织由全体镇村干部、镇内部分企事业单位工作人员80余人组成的志愿者队伍开展“清洁家园，美丽乡村”志愿者服务活动，对但家庙主要道路沿线的垃圾进行清理，并沿途入户开展“三边三线”整治和“爱国卫生月”宣传活动。

5月，但家庙镇村干部及县直包干干部按照精准扶贫“村村到，户户访”要求，进行入户开展“再走访”活动，全面了解结对贫困户家庭情况，做到贫困户家庭状况，脱贫路径，帮扶措施，帮扶责任“四清”。

5月，大河厂明德学校教师戚宝琴被评为“安徽省特级教师”。

6月，陈来凤种的虾田米作为霍山县生态农产品的代表，参加了在合肥举办的全国农业博览会。

从6月30日17时至7月2日12时，但家庙镇连降特大暴雨，总降水量达355.2毫米，但家庙河沿线一片泽国，造成的损失超亿元。

7月30日，六安市人民政府市长毕小彬在霍山县县长项跃文等人的陪同下到但家庙镇开展“八一”慰问活动，毕小彬先后到73823部队驻地、抗美援朝老兵刘行春和对越自卫反击战老兵周自权家进行慰问活动。

8月，但家庙镇花石嘴村党支部书记马克军被评为6月“安徽好人”。

11月9日，原安徽省人大常委会主任省木本油料协会名誉主任孟富林在但家庙镇观音岩村考察油茶基地。

12月，但家庙镇观音岩村大龙井矿泉水勘探报告，在安徽省矿产资源储量评价中心召开的报告评审会上通过评审。

是年，观音岩村村民陈来凤联合周边150户群众，成立了霍山县成凤生态农业农民专业合作社，流转承包田地3000多亩，范围涉及但家庙、下符桥、与儿街等数个乡镇，是全县最大的农民专业合作社。

是年，花石嘴村完成“美丽乡村”建设，并在中心村所在地马氏祠建成乡村健身广场和农民文化乐园。

是年，但家庙镇文化站站长王玉生，被六安市委、市政府授予“‘十二五’期间全市老年教育工作先进个人”称号。

2017年

3月29日下午，但家庙镇召开美丽集镇建设工作会，镇领导班子全体成员参会。

3月，开展石材石料专项整治，依法关闭大河厂辉煌石料厂、但家庙大冲石料厂、桃园石料厂，并全部复耕到位。

4月20日，安徽省农业资源开发局局长孔少林到但家庙镇观音岩村考察霍山县东部果岭田园综合体试点建设项目。

4月28日，为迎接五四青年节，但家庙镇举办“传承中华美德　树立良好家风”青年主题演讲比赛。

4月，大河厂光伏扶贫电站并网发电，该站位于但家庙镇大河厂村新塘组，总投资近1100万元，占地面积50亩，总容量1500KWP，预计年发电130万千瓦·时，可为杜家冲等21个贫困村稳定增加集体经济收入125万元以上。

5月5日下午，镇召开推进“两学一做”学习教育常态化制度化工作会。镇党政领导班子全体成员、各支部书记和组织委员参会。

5月10—11日，全镇开展环境整治行动，对境内但家庙河、浔阳河等主河道及陆冲河、舒家庙河等支流进行了集中整治，共清理生活垃圾、建筑垃圾5吨。

6月16日，县旅游局负责人程红一行到但家庙镇调研指导旅游发展工作，但家庙镇党委副书记、镇长葛子俊等陪同，并主持召开了座谈会。

6月，“贺府农庄”“桥上青”“复览山”等品牌蔬菜12个品种通过绿色食品认证，成功注册。

6月，霍山县成凤生态农业农民专业合作社，参加了中国渔业协会主办的2017中国国际现代渔业暨渔业科技博览会，该合作社种植的优质虾田粳米、黑米亮展博览会，深受与会者的关注与好评。

7月12日，镇党委政府召开了编修镇村志动员会，党委副书记、镇长储著时作动员讲话，但家庙镇地方志编纂工作启动。该次编修地方志包括《但家庙镇志》和《观音岩村志》，上限尽量上溯至事物发端，下限至2016年年底（后来延续到2021年年底，至2022年7月底截稿）。

7月17日上午，为落实金融扶贫政策，实施精准扶贫小额信贷工程，但家庙镇启动金融扶贫“户贷企用”工作，并举行了金融扶贫“四方协议”签约仪式，但家庙镇政府、中国邮政储蓄银行霍山支行、霍山映山红农业科技有限公司、贫困户等共同签订了金融扶贫四方协议。

7月，但家庙镇遭受严重旱灾，全镇水稻受灾面积16000亩，50个村民组、3800头大小牲畜处于缺水、断水状态。

8月9日，但家庙镇党委、政府联合县妇联组织但家庙镇中心学校35名留守儿童开展以“平安暑假，快乐成长”为主题的社会实践活动。

8月，在全镇河流、渠道、水库推行河长制。镇设立总河长，境内但家庙河、浔阳河、陆冲河、淠源渠设立镇级河长，各村设立村级河长。

9月1日，但家庙镇在大河厂村部举行了金融扶贫带资入股分红发放仪式，但家庙镇分管负责人、邮储银行负责人、霍山映山红农业科技有限公司董事长以及带资入股20户贫困户代表参加了仪式。

9月7日上午，市委常委、市纪委书记汪德满一行到霍山县但家庙镇胡大桥村调研并指导脱贫攻坚工作。

是年，按照县民政局要求，全面开展优抚数据核查工作。此次核查范围为全国优抚信息管理系统数据库中所有享受国家定期抚恤补助待遇的各类对象，主要包括复员军人、伤残军人、“三属”人员（烈属、因公牺牲军人家属和病故军人家属）、带病回乡退伍军人、参战参试退役人员、农村籍60周岁以上老兵和烈士子女，全镇共计164人。

是年，但家庙镇实施易地扶贫搬迁集中安置工程，新建安置点2个，18户62人全部搬迁入住，真正实现“搬得出、稳得住、能致富”。

2018年

1月3—5日，但家庙镇境内普降大到暴雪，地面积雪厚度超过14厘米。为保障群众生产生活，但家庙镇立即启动应急预案，全镇干部群众迅速投入暴雪防灾抗灾工作中。

1月9日，市委副书记、市长叶露中到但家庙镇调研指导抗灾救灾工作，县委书记梁国金等县领导陪同调研。

2月12日，团县委联合“豆芽社”在但家庙镇举行受助贫困大学生新春座谈会，县关工委主任邵必贵、团县委书记汪琴、但家庙镇党委副书记、镇长葛子俊等出席该次会议。

3月31日，但家庙镇和县地税局联合举办道德讲堂，在但家庙镇花石嘴村农民文化乐园礼堂开讲，县地税局和但家庙镇镇村干部、中小学师生和当地群众等100余人参加。

4月23日，但家庙镇组织召开社会保障兜底扶贫工作会议，对当前脱贫攻坚形势以及社会保障兜底工作深入分析，精准识别，进一步加强社会保障兜底政策与扶贫开发政策的有效衔接。

5—8月，开展集中式饮用水水源地环境保护专项整治工作：划定了本镇集中式饮用水水源地，完善集中式饮用水水源地宣传标识、地理界标、警示标志、和隔离设施，排查整治饮用水水源地保护区内的排污口和违法违规建设情况，控制农业化肥施用。

7月29—30日，但家庙镇召开第十九届人民代表大会第三次会议。会议听取并审议通过了《但家庙镇人民政府报告》《但家庙镇人民代表大会主席团工作报告》《但家庙镇2017年财政预算执行情况及2018年财政预算报告》。会议选举产生了镇长1名、人大主席一名和副镇长1名。

7月31日下午，但家庙镇组织全体党政班子成员、各村党总支书记、镇卫生院党支部成员共计20余人前往独山镇红色教育基地开展“讲忠诚、严纪律、立政德”专题警示教育活动。

8月15—16日，但家庙镇遭遇强降雨，持续降水造成部分房屋受损坍塌、道路毁损、农作物被淹等灾情，对群众生命财产安全造成威胁。为切实保障群众利益，但家庙镇多措并举，全力应对暴雨灾害。

8月16日，由县委宣传部、县人武部、文广新局、双拥办主办，但家庙镇和解放军驻霍某部队协办的主题为“唱响红色旋律　担当强军使命”的2018文艺进军营双拥晚会举行，县委常委、副县长张润之同部队官兵共同观看了精彩的文艺演出。

8月16日夜间至17日，但家庙镇普降大到暴雨。为切实保障人民群众的生命财产安全，扎实做好防汛工作，但家庙镇立足早动员，早排查，早部署，成立由镇长带队，镇效能办、水保站参与的防汛督察组，对全镇防汛工作进行督查。

8月，陈来凤投资800万元在但家庙镇工业集中区建成了安徽省青山绿水生态农业有限公司。

9月29—30日，在观音岩村美丽乡村示范点举办“华安杯”迎国庆军民融合篮球友谊赛。该赛事由县文广新局、但家庙镇人民政府主办。

11月12日，昆山安徽商会考察团一行40多人到但家庙镇考察，镇党委、政府主要负责人陪同。

12月18日，镇直机关全体党员干部在镇政府会议室集体收看庆祝改革开放四十周年纪念大会实况。

12月23日，“健康安徽”2018环江淮万人骑行大赛暨中国·霍山大别山万亩油茶山地自行车越野挑战赛，在观音岩村万亩油茶基地自行车赛道举行。

12月27日，但家庙镇召开“推进移风易俗反对丧葬陋习”专项整治会。并从2019年1月1日起，进行为期3个月的专项整治，重点整治辖区内沿街步行送丧、沿街燃放烟花爆竹、撒纸钱等丧葬陋习。

是年，成凤生态农业农民专业合作社稻田种养模式获得2018年中国国际现代渔业暨渔业科技博览会“绿色发展突出贡献奖”。

是年，但家庙镇全面推进林长制，设立镇级林长1名、村级林长5名。

2019年

3月8日，但家庙镇组织全体女干部赴漫水河镇开展“巾帼心向党，建功新时代”红色主题教育活动，庆祝“三八”国际妇女节。

4月1日，县委书记项跃文来到但家庙镇调研“扫黑除恶”专项斗争工作。

4月，全镇开展扫黑除恶“五个一”专项行动，对各村各单位扫黑除恶专项斗争进行督查。

6月13日，市委组织部黄文应一行到但家庙镇调研基层党建工作。

7月2日，但家庙镇召开“四最”营商环境座谈会，镇领导班子成员、规模以上企业负责人和部分优秀微小企业主参会。

8月2日，省长李国英率全省农村电商优化升级现场会观摩团到但家庙镇成凤农业现场参观指导。

8月6日，省委常委、市委书记孙云飞到但家庙村、胡大桥村调研督查脱贫攻坚及基层党建工作。

9月17日，县委书记项跃文主持召开但家庙镇农村人居环境改善现场办公会。9月20日晚，在但家庙在镇政府广场举办庆祝中华人民共和国成立70周年文艺晚会。

9月，但家庙镇在花石嘴村推广艾草种植115亩，并成立了花石嘴村艾草种植农民专业合作社。艾草扶贫产业是霍山县重点推进的电商扶贫项目。

10月至2020年8月，实施大张公路（又叫双拥路、002县道）升级改造工程，原路段的路面由7米拓宽至9米，同时，对该路段进行降坡、取直，并予以白（水泥路面）改黑(柏油路面)。工程总造价6000万元。

11月2日，但家庙镇在半山禾生态园广场举办乡村旅游推介会暨半山禾生态园开园仪式。半山禾生态园是县委组织部招商引资项目，该园以休闲垂钓、农耕体验、亲子游等为主要经营内容。

11月16日，在舒传贤烈士家乡舒家庙传贤广场举行“纪念舒传贤烈士诞辰120周年”纪念活动。纪念会上，县委“不忘初心、牢记使命”主题教育宣讲团宣讲舒传贤烈士的革命事迹，舒传贤后人舒绪美发表了感言。纪念会后，立即举行了“纪念舒传贤烈士诞辰120周年8千米乡村徒步越野赛”。

11月17日，徽商银行杯“健康安徽”2019环江淮万人骑行大赛霍山站暨第二届中国·霍山大别山万亩油茶山地自行车越野挑战赛在观音岩举行。

12月27日下午，但家庙镇东乡民间艺术团成立，并在花石嘴村新时代文明实践广场举行成立仪式。但家庙镇东乡民间艺术团由但家庙镇多名中老年传统民俗文艺爱好者自发组建，是霍山县首个由镇政府牵头成立的民间艺术团。成立时，有成员53名，平均年龄在50岁，团长倪守发。艺术团有舞龙、舞狮、花船、打击乐等多种表演内容，旨在用艺术的形式集中展现近年来但家庙镇人民良好的精神风貌，大力宣传歌颂党的富民政策和新农村建设取得的新成就，更好地彰显当地文化特色和传统民俗魅力，丰富人民群众的精神文化生活。

12月28日，但家庙镇第十九届人民代表大会第四次会议在花石嘴村新时代文明大讲堂召开。会议听取并审议了《但家庙镇人民政府工作报告》《但家庙镇人大主席团工作报告》《但家庙镇2019年财政预算执行情况及2020年财政预算的报告》。会议选举副镇长1名、镇人大副主席1名。

2020年

1月17日上午，在花石嘴村新时代文明实践大讲堂内举行2020年安徽省乡村春晚六安市霍山县但家庙镇专场演出。县老年大学领导与但家庙镇离退休干部、镇村干部群众300余人欢聚一堂，共赏节目，喜迎新春。

3月，镇全体帮扶干部对全镇537户建档立卡贫困户、13户边缘户、4096户一般户进行入户走访，对“两不愁三保障一安全”等突出问题全面查摆梳理整改，推进精准扶贫和新农村建设向纵深发展。

3—4月，立足危房拆除，一体化推进“五清一改”村庄清洁行动，对道路沿线、塘坝沟渠、田间地头、房前屋后、村庄边际等重点部位，开展农村存量垃圾集中清理。着力改善村容村貌，按一户一宅政策，对危房拆除后的土地进行复垦。

4月，为防范和减少交叉感染及食源性疾病传播，打好“舌尖上”的防疫战，但家庙镇新时代实践所在全镇范围内推行公筷公勺使用倡议，从餐厅到家庭，从单位到村民，“公筷公勺”成为文明新时尚。

4月10日，但家庙镇举行新时代青年宣讲团战“疫”模范故事宣讲活动。但家庙镇新时代青年宣讲团全体成员、领导班子成员、部分机关干部共计60余人参加该次活动。

4月17日，县人武部“爱心书包”捐赠仪式在镇政府举行。县委常委、县人武部政委张德忠及相关人员参加捐赠仪式。仪式上，张德忠代表县人武部向但家庙镇留守儿童捐赠书包50套。镇党委副书记、镇长储著时代表但家庙镇接受了捐赠的书包。

4月23日，镇组织安监所、派出所、供电所、市场监管所、经济发展办等部门对辖区内企业、在建施工现场、人员密集场所开展拉网式安全生产检查。检查组先后深入敬老院、雁江印务、大张路施工现场、各制衣企业（作坊）等单位企业，仔细查看企业现场及周边生产环境、设备设施运行、作业人员安全防护、消防设施配备、现场安全管理等，还详细查阅了被查单位的安全生产工作资料和台账。该次大排查行动共检查辖区规模企业3家、制衣作坊8家、工地1家，排查发现安全隐患11处，当场整改问题11件，向受检单位负责人下达整改通知书11份。

4月27日，但家庙镇开展集体土地危房拆除专项检查行动，以查促改、边查边改、查改结合，做到全镇集体土地危房拆除任务全部清零、问题全部清零，为决战决胜脱贫攻坚、加快农村环境整治、助力乡村振兴打牢坚实基础。

6月23日，在但家庙镇新时代文明实践大讲堂内，举行了以“迎端午、粽香情”为主题的包粽子比赛，全镇5个村选派的20名包粽子能手参加了比赛。

7月，受持续强降雨影响，境内水库、河流水位猛涨，从18日中午开始，淠阳河、但家庙河洪水暴涨，并因但家庙河上游高河水库溃坝，但家庙河沿岸庄稼、民房被淹，大河厂成为一片泽国。由于洪水来势极其凶猛，很多群众来不及撤离，被洪水围困，危急情况下，县消防救援大队、32515部队、县武警中队、蓝天救援队紧急驰援，成功解救被困群众48名，转移群众430户1290多人。这次洪灾造成直接经济损失10334.5万元。

7月20日上午，但家庙镇防汛救灾工作会议召开，全体镇村干部，派出所、卫生院、供电所、自来水厂、劲旅环卫公司等单位负责人共计90余人参加会议。会上，就当前继续防汛和灾后恢复重点工作作了部署。

10月17日，第7个全国“扶贫日”也是第28个“国际消除贫困日”。但家庙镇采取多种举措切实做好扶贫日活动：开展“扶贫日”主题宣传和“脱贫之星”评选表彰。倪克舟等10名脱贫先进典型被授予“脱贫之星”荣誉称号。

10月，开展“文明超市”积分兑换。在全镇5个文明超市开展文明积分兑换。开展扶贫项目认领和社会认捐。共认领扶贫项目2个，认领资金30万元；县人武部认捐1万元，资助10名贫困学生，社会各界以实际行动支持镇村经济发展，帮助贫困群众减轻家庭负担。

11月4日，是农历九月十九，但家庙镇借东观禅院传统庙会的契机，开展“11·9全国消防安全日”宣传活动，广泛提升消防安全知晓率和逃生自救能力。当天，新时代文明实践志愿者们向来往游客发放精心印制的手册，以图文并茂的方式，让村民看得懂、能领会，广泛宣传消防安全知识，传递消防安全人人有责的理念。

11月5日下午，县关工委联合县林业局、文旅局组织彩虹文艺队演职人员到但家庙镇花石嘴村农民文化乐园开展护林防火宣传演出，县关工委主任邵必贵出席活动并讲话。演出现场，《护林防火最重要》《护林防火进万家》等节目把歌曲舞蹈与护林防火宣传相结合，既给群众带来了视听享受，又宣传了防火安全知识。

11月28日上午，但家庙镇召开第十九届人民代表大会第五次会议，镇人大代表48人出席会议，县人大代表、政协民情联络员、镇直单位负责人、镇二级机构负责人共计39人列席会议。会议听取并审议通过了《但家庙镇人民政府工作报告》、《但家庙镇人大主席团工作报告》和《但家庙镇2020年财政预算执行情况及2021年财政预算的报告》，依法选举产生了镇长、副镇长各1人。

12月24日，但家庙镇天然气管道建设项目举行通气点火仪式，这标志着但家庙镇正式贯通管道天然气，但家庙镇也成为霍山县第二个天然气管道贯通的非城关乡镇。但家庙镇天然气管道建设项目投资约350万元，中压管线全长近10千米。项目运行后，将改善但家庙镇居民的生活质量，有利于提升但家庙镇的投资环境，为但家庙镇高质量绿色发展提供保障。

是年，全面完成农村集体产权制度改革，共成立股份经济合作社5家，发放股权证书

4094份，股东16421人；积极谋划村集体经济项目，全镇村级集体经济收入总量预计达到100万元，其中花石嘴村集体经济达到50万元以上

是年，花石嘴村115亩艾草和50亩金丝皇菊喜获丰收，累计销售额达30万元。

是年，观音岩村万亩油茶林下种植桔梗2000亩，并通过县中药产业发展中心验收认定。

是年，但家庙镇实施“四好农村路”工程，扩面延伸道路9条路9.94千米；实施“四好农村路”建设大中修工程2条10.596千米。

是年，但家庙镇对镇3家水厂进行改造提升，对现有设备进行分类监控，设立水质检测化验室，确保水质达标。

是年，但家庙镇推动“智慧乡村、平安霍山”平安示范村建设，全镇安装监控探头20个。

是年，全镇实现农业产值20632万元。水稻种植面积1221公顷，产量6356吨；蔬菜种植面积381.6公顷，产量6065.7吨；茶叶产量365吨；新注册成立农民专业合作社3家。全镇稻虾养殖面积12000亩，产值2400万元。新建大河厂紫薯种植试验基地480亩。

是年，全镇新增个体工商户34家，私营企业35家，实现规模工业总产值8142万元，同比增长4.7%。金马公司茶油深加工项目投产；总投资1.2亿元的燕窝冲乡村旅游项目开工建设。

是年，实施“雪亮工程”建设，深入推进扫黑除恶专项斗争。

是年，实施脱贫攻坚“四季攻势”，完成9户34人的年度脱贫任务。突出解决“两不愁三保障一安全”问题，实施危房改造9户，住房提升12户，接通自来水57户。实施到户产业扶贫项目5个，发放产业补助资金89.78万元。争取扶贫资金220.85万元，实施基础设施项目5个。开发公益性岗位13个，发放工资3.25万元，光伏收益分红10.29万元。

是年，成立镇生态环境保护办公室。

是年，制定观音岩水库、潘冲水库饮用水水源保护区划分技术报告，加强入河排污口监督管理。

是年，实行秸秆禁烧保证金制度，聘用生态护林员15人，常态化开展森林防火和秸秆禁烧巡查，全年实现连续“零火点”目标。

是年，投资7000万元的大张路升级改造和配套工程全面完工。

是年，胡大桥村但糟坊省级美丽乡村中心村顺利通过省级验收。但家庙镇荣获美丽乡村暨“一谷一带”建设二等奖。

是年，全面完成全镇5个普查区、70个普查小区的第七次人口普查工作。

是年，全年补助补偿类惠民资金发放1347.07万元，惠及全镇4084户。

是年，全镇2020年度城乡居民基本养老保险参保缴费到账5056人，缴费任务完成率92%，人均缴费410元，同比增长10%，城乡居民基本医疗保险参保缴费到账13452人，任务完成率92%。

是年，完成5个村“文明超市”全覆盖规范化建设，累计发放文明存折2000个，文明

币25000个，群众身边的“小真小善小美”得到弘扬。

2021年

3月9日上午，但家庙镇召开2020年度党员领导干部民主生活会暨中央巡视整改专题民主生活会。镇全体领导班子参加会议。县委常委、县人大常委会副主任郑为鹏到会指导。

3月10日下午，但家庙镇召开党委理论学习中心组（扩大）学习会暨党史学习教育动员大会。会上，认真学习了习近平总书记在党史学习教育动员大会上的重要讲话精神，习近平总书记在中央党校（国家行政学院）中青年干部培训班开班式上的重要讲话精神和省、市、县委党史学习教育动员大会精神，部署全镇党史学习教育工作。党委书记储著时主持会议并讲话。会议还邀请了霍山县政协文化文史委汤祖祥主任作舒传贤专题报告。

4月14日，但家庙镇但家庙村仓房村民组陈杰与爱人霍山县医院护士倪翠，向霍山县人民医院捐赠抗疫物资。

4月29日下午，党史学习教育县委宣讲团赴但家庙镇召开宣讲报告会，但家庙镇全体镇村干部听取了报告会。

4月30日上午，但家庙镇组织召开“奋力打造乡村振兴先行区”动员大会，全体镇村干部、离退休老干部、镇内企业及部分村民代表和脱贫户代表参加了大会。

4月30日上午，但家庙镇召开第十九届人民代表大会第六次会议，镇人大代表48人出席会议。会议以无记名投票的方式，依法选举熊义宏为但家庙镇人大主席，邵勋为但家庙镇人大副主席，张婧、汪钰为但家庙镇人民政府副镇长。

5月8日上午，县委副书记、县长张守锐到但家庙镇胡大桥村调研中央生态环境督察组交办件整改工作及巩固脱贫攻坚成果与乡村振兴有效衔接工作开展情况，县政府办、县生态环境分局、县扶贫移民中心和但家庙镇主要负责人陪同。

5月11日下午，但家庙镇召开“四送一服”企业家座谈会，会议由但家庙镇党委副书记、镇长张焱主持，镇内企业代表、相关职能二级机构负责人、村镇银行业务人员等20余人参加会议。

5月26日下午，但家庙镇召开第八届工会委员会一次会议。会议按照有关章程和规定选举产生了新一届工会委员会、经费审查委员会、女职工委员会。

5月26至5月27日，中共但家庙镇第十八次代表大会召开。会议选举产生了中共但家庙镇第十八届委员会和中共但家庙镇第十八届纪律检查委员会，选举产生了中共但家庙镇委员会出席中国共产党霍山县第十五次代表大会代表。县委乡镇党委换届第五督查指导组到会指导。

6月10日上午，但家庙镇组织召开巩固拓展脱贫攻坚成果集中排查工作布置会，全体驻村点长、驻村点员、村干部及第八批驻村工作队参加了会议。会议以“以会代训”的方式对参会人员进行了详细工作安排。镇党委书记储著时主持会议。

6月10日，但家庙镇召开第二次安委会暨“1+10+N”安全生产专项整治三年行动再推进会。镇党政班子成员、二级机构负责人、镇安委会成员单位、村“两委”负责人、和辖区内重点企业负责人60余人参加了会议。会后，邀请了安徽胜维安全技术服务有限公司安全培训讲师对参会人员进行安全生产消防培训，并开展了消防和防汛应急演练。

6月25日上午，但家庙镇组织领导班子到大别山安徽红色区域中心纪念馆开展“重温红色记忆、传承红色基因”主题红色教育活动。

6月29日晚，但家庙镇在政府广场举行庆祝中国共产党成立100周年文艺晚会暨“两优一先”表彰、光荣在党50年授牌仪式。县老年大学校长谭录林、县老年大学副校长周瑞祥、某部队政治部主任王国涛，镇党委书记储著时、镇长张焱等全体党政领导、全体镇村干部、“两优一先”受表彰人员、光荣在党50年老党员等，同现场观众一起观看了演出。

7月7日下午，但家庙镇召开2021年上半年党风廉政建设和反腐败专题工作会议，班子成员、二级机构负责人参加会议。

7月26日，但家庙镇召开防台风“烟花”紧急工作推进会，全面贯彻县防台风“烟花”紧急电视电话会议等会议、文件精神，全面启动镇防汛抗旱应急指挥系统。

7月29日上午，镇党委、政府一行前往县人武部和但家庙镇驻地部队慰问全体官兵，对人武部及部队为但家庙军事及社会发展等各项事业所做出的贡献表达感谢和敬意。

7月30日，六安市林业局局长江善林、县林业局局长彭琼等一行5人到观音岩村调研指导林地确权试点工作。但家庙镇党委书记储著时、副镇长汪钰，以及部分镇村干部和驻村工作队成员参加了会议。

8月4日下午，六安市民政局党组成员、副局长张金全一行到但家庙镇调研民政“三项”（养老服务中心公建民营建设、社会救助权限下放、农村社区建设）重点工作，县民政局局长余显平、镇长张焱陪同。

8月30日上午，霍山县人武部保障科科长张军到但家庙镇开展贫困大学生助学慰问金发放工作。镇人大主席熊义宏、武装部部长魏国全程参加此次活动。

8月31日下午，学习贯彻习近平总书记“七一”重要讲话精神，县委宣讲团赴但家庙镇进行宣讲，但家庙镇全体镇村干部参会。

9月1日下午，但家庙镇召开县委巡察“回头看”反馈问题整改集体谈心谈话会。会议由镇党委书记储著时主持，全体镇村干部共110余人参加了会议。

9月10日上午，但家庙镇在镇办公楼四楼会议室举行2021年下半年新兵入伍欢送会，镇党委书记储著时、党委副书记许政、武装部工作人员、村民兵连长、入伍新兵及家长参加了欢送会。

9月13日下午，省政协副主席李修松到但家庙镇调研红色文化基地建设工作，市政协副主席黄昕、县政协主席尹如江、县政协副主席郭群英等陪同。

9月27日上午，县人大到但家庙镇视察大河厂滨河小区熊家河排污口整治项目，县人大常委会主任李玉武参加视察，镇党委书记储著时陪同考察。

11月12日，省自然资源厅确权登记局刘振民到但家庙镇观音岩村调研农村宅基改革经验做法。

11月19日，但家庙镇召开党委理论学习中心组学习会暨“大学习、大研讨、大转变”活动，县人大常委会副主任郑为鹏到会指导。

12月12日，县委书记张守锐到但家庙乡镇街道检查文明创建、农村人居环境整治成果。他指出，创建全国文明城市是一项民生工程、系统工程和长期工程，必须常抓不懈、久久为功。

12月17日，县委常委、县人武部政委林楠到但家庙镇宣讲党的十九届六中全会精神。全体镇村干部参加。

12月28日，副市长、市级林长胡雪松一行到但家庙镇开展巡林调研工作，副县长鲍耿磊陪同调研。

12月29日，但家庙镇召开第二十届人民代表大会第一次会议。会前集中观看了警示教育片。大会听取、审议并通过了《但家庙镇人民政府工作报告》、《但家庙镇人民代表大会主席团工作报告》及《但家庙镇财政预决算报告》；听取并审议通过了相关决议。大会选举产生了新一届镇人大、政府领导班子成员，张焱当选为但家庙镇人民政府镇长，熊义宏当选为但家庙镇镇人大主席，张婧、杨劲松、汪钰当选为但家庙镇镇人民政府副镇长，邵勋当选为但家庙镇人大副主席。

9—12月，但家庙镇村党组织委员会和村民委员会完成换届选举工作，5个村选举产生村“两委”班子37名。其中，党组织委员会委员27名，村民委员会委员27名，交叉任职17名，书记主任“一肩挑”比例100%。

12月22日，金马公司董事长舒瞻就油茶发展状况接受电视采访，其专题节目《安徽霍山——荒山岭结出富裕果》在央视财经频道《生财有道》栏目播出。

是年，新增民营企业27家、个体工商户49家，成功处置僵尸企业一家，盘活闲置厂房5200平方米，实现规模以上工业企业总产值2600万元，完成固定资产投资2000万元。引进项目2个，其中亿元项目1个、3000万元项目1个，总投资额1.3亿元。

是年，发展稻田养虾面积1.2万亩，累计收益2000万元；新建红薯种植实验基地400亩，累计收益160万元；新增葡萄基地80亩、猕猴桃基地50亩、茶园200亩、蔬菜500亩、生猪年出栏1.5万余头。

是年，完成白江线（白鹤滩电站至江苏）27户房屋征迁及塔基站的征收工作。

是年，持续推进人居环境整治，清理废旧广告100余处，清理路面9.2千米，拆除违章搭设64处，清运农村生活垃圾2.4万吨，完成全镇农村改厕280户。

是年，全镇施划停车位600余个，新建违停抓拍摄像头8处，有效治理流动摊贩、违法搭建、违章停车等顽疾。

是年，持续巩固拓展脱贫攻坚成果同乡村振兴有效衔接，全力抓好防返贫和动态监测工作，坚决做到应纳尽纳。全年实施衔接资金项目12个，投资813万元；发展到户产业292户，发放产业补助资金81.64万元；报送春学期“雨露计划”职业教育补助44人次6.6万元；发放教育资助191人次13.9万元；实施脱贫人口健康体检647人，开展脱贫人口大病专项救治162人，救治率100%；持续推进脱贫人口稳岗就业，全镇脱贫劳动力757人，其中稳定就业709人，就业率达93%。

是年，结合各村实际，制定集体经济五年发展规划及各村产业资源台账，盘活闲置资产，规模化建立种植专业合作社、农产品生产基地，积极探索“村+合作社”联合发展新模式，成立经济联合体，形成“一村一品”发展格局。观音岩村集体经济达50万元以上、花石嘴村集体经济成功突破100万元大关，全镇村级集体经济收入达210万元以上。

是年，实施“四好农村路”扩面延伸道路6.05千米、生命安全防护工程8.8千米、大中修工程2千米。投资965万元，新建汪家榜、老粉坊等桥梁4座。

是年，实施农村危房改造2户，发放危改资金2.6万元。持续推动民生保障，发放补助补偿类惠民资金1326.02万元，惠及全镇4056户。

是年，全镇城乡居民养老保险提档参保缴费到账5056人，缴费任务完成率达95%，人均缴费550余元。

是年，积极践行“两山理论”，全面落实“林长制”，认真做好林权类不动产登记试点工作。

是年，实施但家庙镇大河厂滨河小区熊家河排污口整治项目，新建公厕1座、300吨/日污水处理站1座及配套设施，铺设污水主管网3000米，新建检查井101座。

第一章　基本镇情

但家庙镇位于霍山县东北部，境内地形多低山丘陵。2021年，全镇总面积72平方千米，人口1.6万人。辖5个村、148个村民组，拥有但家庙、团墩、大河厂3个小集镇。

从已发现的文化遗迹可知，早在商周时期，就有人类在这块土地上生活。清咸丰年间（1851—1861），但家庙境域属于北乡。民国时期，归属多变，时为国民政府，时为苏维埃政权，时而两权并存。中华人民共和国成立后，经历了乡、公社、乡、镇的机构变革。2004年至今，建置区划基本稳定。

但家庙镇环境优美，资源较为丰富。自然风景和红色景观独具特色，有一定的开发潜力。四季分明，气候宜人，降雨充沛。

第一节　建置区划

一、位置　面积

但家庙镇位于霍山县东北部，北纬31°25′26″～31°32′20″、东经116°22′18″～116°30′03″，东邻六安市金安区东河口镇，西接霍山县衡山镇，南连霍山县与儿街镇，北毗本县下符桥镇及裕安区青山乡、张店镇。但家庙集镇距离霍山县城仅14千米，距离省会合肥110千米。105国道、六潜高速从本镇西南的大河厂村穿境而过。总面积72平方千米，其中耕地面积2.3万亩、山场面积6.7万亩。

二、建置沿革

夏属扬州，是皋陶后裔封地。

春秋前是六属国，楚灭六后设灊邑。

秦属九江郡。

西汉高祖元年（前206），属衡山国；五年（前202），改属淮南国。文帝十六年（前164），复属衡山国。元狩元年（前122），改衡山国为衡山郡。元封五年，设灊县，属庐江郡。

隋初属庐州，后属庐江郡。开皇元年，改北沘郡新蔡县为沘水县（治所在今下符桥），废岳安郡，改岳安县为霍山县。

唐武德四年，改渒水县为开化县。贞观元年，废开化，入霍山。

北宋开宝八年，霍山并入六安县，属淮南道寿州。政和五年，属淮西路寿春府。

清咸丰年间，霍山县分4乡12团，本区域属北乡12团。

民国元年（1912），霍山县直属安徽省。霍山划东、北、南、西4个乡，本区域属北乡。

民国3年置乡，实行分区自治，该区域属东北乡。

民国19年4月12日，霍山县第一届苏维埃政府成立，全县划分为7个区，本区域为一区。

民国20年，霍山县第二届苏维埃政府成立，辖8个区，该区域属下符桥区。

民国25年，实行保甲制，执行联保连坐办法。该区域归东北联保办事处管辖。

民国27年，改联保为乡、保、甲制。该区域隶属于下符桥乡。

1950年，全县划分为8区、2镇，区镇下设乡。该区域大河厂、团墩2个乡隶属于下符桥区，花石嘴乡隶属与儿街区。1951年，增设花园畈乡。

1956年8月，该区域连同下符桥区并入城关镇，由县直管。

1957年3月，原下符桥区又从城关镇划出并入与儿街区。

1958年6月，撤区并乡，实行人民公社化，原下符桥区成立火箭人民公社，政社合一。

1961年11月，恢复下符桥区。下设公社，该区域设3个人民公社。

1968年，下符桥区的7个小公社并为2个大公社，该区域属但家庙公社。

1969年1月，撤区并社。下符桥区划分为下符桥、但家庙两个大公社。但家庙公社扩大。

1972年10月，下符桥建区划社，建5个公社。团墩、但家庙两公社仍隶属下符桥区。

1983年，机构改革，团墩公社和但家庙公社分别改为团墩乡和但家庙乡。

1992年3月，撤区并乡，团墩乡与但家庙乡合并为但家庙乡。

1999年4月，撤销但家庙乡，建但家庙镇。

三、行政区划

民国时期行政区划

民国初年，霍山县划分为东、南、西、北4个乡，但家庙属北乡，直属霍山第一区，设舒家庙保。

民国3年，实行分区自治，该区域属霍山北乡自治公所管辖。

民国25年，实行保甲制度执行联保连坐办法，该区域属东北联保办事处管辖。

民国27年，改联保为分保甲制，该区域设舒家庙、黄檀树、大河厂、团墩4个保。

民国36年，全县设1镇、7乡、142保，该区域属下洛乡，设大河厂、黄檀树、舒家庙、曹家桥、花园畈、团墩6个保。

1947年但家庙镇乡、保、甲设置情况一览表

表1-1

保名称	地址	甲数
曹家桥保	刘家行	9
花园畈保	卢氏祠	10
大河厂保	周巷口	10
黄檀树保	周氏祠	10
团墩保	桂家畈	10
舒家庙保	舒氏祠	10

中华人民共和国成立后行政区划

1950年，全县划分为8区、2镇，区镇下设乡。该区域设有大河厂、团墩、花石嘴3个乡，其中大河厂、团墩2个乡隶属于下符桥区，花石嘴乡隶属与儿街区。1951年，增设花园畈乡。

1956年，并乡后，设大河厂乡、团墩乡、但家庙乡。

1956年8月，并入城关镇，由县直管。该区域设大河厂乡、团墩乡、但家庙乡。

1957年3月，原下符桥区又从城关镇划出并入与儿街区。原大河厂乡、团墩乡、但家庙乡并为大河厂、但家庙两个乡。

1958年6月，原下符桥区成立火箭人民公社，全公社10个大队。境内设有团墩、但家庙、花石嘴、大河厂大队。

1961年11月，恢复下符桥区，下设7个公社。该区域有团墩、但家庙、大河厂3个人民公社。

1962年，火箭人民公社划分为7个小公社，同时成立乡，实行政社合一体制，该区域设大河厂公社、但家庙公社、团墩公社。

1968年，下符桥区的7个小公社并为2个大公社，该区域属但家庙公社。

1969年1月，撤区并社。下符桥区划分为下符桥、但家庙2个大公社，原洛阳河、团墩、但家庙、大河厂4个公社合并为但家庙大公社。

1972年10月，下符桥建区划社，建5个公社。该区域设团墩、但家庙两公社。

1983年，人民公社改为乡，生产大队改为村，生产队改为村民小组，政社分开。团墩公社和但家庙公社分别改为团墩乡和但家庙乡。团墩乡下设4个村：团墩村、观音岩村、舒家庙村、倪冲村。但家庙乡下辖9个村：倪家畈村、胡大桥村、花石嘴村、小河嘴村、黑虎山村、但家庙村、花园畈村、黄檀树村、大河厂村。

1992年3月，撤区并乡，团墩乡与但家庙乡合并为但家庙乡。乡政府所在地但家庙集镇。下设13个村：大河厂村、黄檀树村、花园畈村、黑虎山村、但家庙村、小河嘴村、花石嘴村、倪家畈村、胡大桥村、团墩村、观音岩村、倪冲村、舒家庙村。

1999年4月，撤销但家庙乡，建但家庙镇。

2003年，全县乡镇区划调整，大河厂村的丁山坎、果园场两个村民组划归衡山镇。

2004年12月，村级区划调整，由原来的13个村合并为5个行政村：大河厂村、但家庙村、观音岩村、花石嘴村、胡大桥村。

2004年但家庙镇村级规模调整情况一览表

表1-2

原行政村	合并后的行政村
大河厂村、黄檀树村	大河厂村
花园畈村、黑虎山村、但家庙村	但家庙村
小河嘴村、花石嘴村	花石嘴村
倪家畈村、胡大桥村	胡大桥村
团墩村、观音岩村、倪冲村、舒家庙村	观音岩村

四、地名由来

北宋初年，但姓自江西都昌县盐田畈迁徙到镇域花石嘴境内定居，和当地居民和睦相处，安居乐业。他们以自己的勤劳智慧，男耕女织，勤奋劳作，家族不断发展壮大，有的成为当地地主或商界精英。民国时期，小河嘴的但正谷（现花石嘴村小河嘴村民组）有良田700余亩；但业芸、但业畴皆是民国时期安徽省第一届议会议员；但芳修为国民时期安徽省政府秘书。但氏一族出于为众生息灾祈福安祥增慧的目的，并为了感恩这片土地，便集资置地，在人口比较集中的现但家庙集镇东侧修建了一座寺庙，叫“南阳禅寺”（详见第十二章《风土民情》中的“南阳禅寺”），距今已有数百年历史。据《但氏三修谱序》中记载：“吾但氏久居斯土故地，……今之但家庙，古之南阳寺也。”这也是目前所能查到的典籍中出现“但家庙”称谓的唯一记载。再查但氏族谱，三修时间为清道光五年(1825)。自南阳禅寺建成之后，寺所在地的小集镇就被称为“南阳寺”。又因“南阳”是但氏郡名，“寺”为庙之意，后就把“南阳寺”叫作“但家庙”。现在的“但家庙”，既指但家庙小集镇，也指但家庙镇所辖区域。

第二节　自然环境

一、地质　地貌

但家庙镇位于霍山县东北，该区域地质构造复杂，活动剧烈。早自元古代开始，先后经历了几期大的构造运动。远古这里曾是一片汪洋大海，大别运动使桐柏——磨子潭深断裂带开始形成；扬子运动结束了本地的海侵历史，即所谓“沧海变桑田”；燕山运动是境内主要成矿时期；新构造运动塑造了现代山地地貌。该区域属于中生代地质构造。霍山县全境属秦岭褶皱系，但家庙镇为淮阳褶皱区。

霍山县总体为山地地貌，地势由东南向西北倾斜。依次可分为中山、低山和丘陵畈区，并间有一些小型的河谷盆地。但家庙镇属于丘陵畈区。区域内海拔400米以下。河谷宽阔，丘岗平地相间，光照、气候、土壤、水源等自然条件优越，是霍山县主要粮油产区。

二、山脉　河流

霍山境内为大别山脉。但家庙镇境内主要山脉有两条：一条支脉从大别山的干脊向霍山县东境的狼子涧入境后，向北延伸，至四股寨、望湖寨、梁家滩、讲叙岭、大龙岗、七星寨、白露岭、复览山；另一条山脉从沙岭向北至平顶山，经过石岭、马厂岗、螺丝台、金家大山至通光山，再经过毛岭、豪珠岭、梅子岭、至五里墩。山脉总的走向是由东南深入西北，境内小支脉一律向北逶迤，形成丘陵起伏，绵延不绝。

境内主干流有熊家河、但家庙河和浔阳河，均属雨源河类型。河水的多少，决定于降雨量的多寡，一年中流量的大小极不平衡。每年春夏季雨水集中，往往河水暴涨，洪水泛滥，淹没田舍，造成水灾。

熊家河上游叫指封河、中游叫洛阳河、下游叫熊家河（与但家庙河交汇处至汇入东淠河这一段叫熊家河），发源于江淮分水岭的郑家湾，向北流经王家院、四顾冲、三河店、与儿街、大沙埂、洛阳河、大河厂，经下符桥镇的窑泥窝，最后汇入东淠河。宽3～30米，平均比降7.1%，洪峰流量1027米^3/秒。干、支流上游水土流失较严重，河道淤积和浅窄，下游地势低洼，又受横排头工程回水顶托，洪涝灾害较多。

但家庙河上段叫石河，中段叫山王河，下段叫但家庙河。发源于金安区望湖寨西侧，向西北流经霍山县与儿街镇的石河、山王河村，入但家庙镇花石嘴村流经但家庙村，绕复览山流经衡山镇的董家畈，在大河厂村的李家湾与洛阳河交汇，入熊家河。境内长9.5千米，宽15～80米，堤顶高程65.075米，河底高程59.903米，平均比降6.4%，洪峰流量436

米^3/秒，形成大拱形，是熊家河最大的一条支流。但家庙河总体流向是自东向西，自古就有“四十里路西流水”一说，全流域面积127.5平方千米。

浔阳河（原名牛屎河）发源于但家庙镇观音岩村与金安区分水岭南坡，经舒家庙、观音岩、团墩、黄檀树，于大河厂的小河桥入熊家河，长11.21千米，宽5～70米，堤顶高程64.04米，河底高程59.96米，平均比降5.8%，洪峰流量153米^3/秒。流域面积33.6平方千米，舒家庙到大河厂段长度10.5千米，河段比降3.73%，是熊家河的主要支流之一。

三、气候　物候

气候

但家庙镇属北亚热带湿润季风气候区，主要气候特征是：季风气候明显，雨量充沛，冷热适中；根据气温划分四季：一般日平均气温在10℃及以下为冬季平均气温；日平均气温在22℃以上为夏季平均气温；10℃～22℃为春秋季平均气温。

影响四时气候的主要因素是季风，一年四季分明，气候各异。春季：天气多变，时寒时暖，乍雨乍晴，雨量多，对农作物返青、生长有利；有时出现阴雨连绵的天气，给常熟作物带来灾害，多西北风。夏季：高温多雨，梅雨季节，云层密，日照少，温度和气压偏低，阴雨连绵，相对湿度较大，有机物质极易发霉，有时出现冰雹狂风，给农作物带来灾害，多东南风。秋季：天高气爽，初秋和晚秋季节，常因来自西北的冷空气与江淮暖湿气流相遇，出现秋雨霏霏、连绵不断的天气，但一经受高气压的控制，多是天高云淡的凉爽天气，气候干燥，有利于农作物的收割晾晒，多西南风。冬季：冷空气南下活动频繁。每次寒流南下，均出现明显的降温，朔风怒吼，寒冷袭人，有时出现江河封冻、白雪皑皑的景象，气温可降到-10℃左右，多东北风。境内早霜期在10月底，晚霜期在4月中旬，全年无霜期约220天。霜期主要在1月、2月、3月和11月、12月间，其中又以1月和12月的霜最大。

境内光、热、水等气候资源丰富，不仅降水多（常年干燥度K值在0.75以下），而且太阳辐射量和气温也较高，尤其是在农作物生长季节，经常高温多雨。同时，光照也充足。优越的气候条件，既适合水稻、玉米、冬小麦、茶叶、桑叶等粮食和经济作物生长，也适宜松、杉、油桐、油茶等经济林木的繁衍。

境内降雨量的特点：夏季多于冬季，一般最大降水量集中在每年的7月、8月两个月，最小降水量在11月、12月。4—8月的降水量占全年的四分之三以上。夏季的雷雨，占全年雷雨的50%左右（雷雨是一种湿热空气和冷空气激烈对流而产生的自然现象，有时伴狂风、冰雹）。

境内降水量多集中在梅雨季节，梅雨多出现在6—7月间，一般入梅在6月15日，出梅在7月11日，梅雨期一般有27天左右。梅雨期的降水特点是：降水集中、强度大、连续时间长，并且大暴雨经常发生，易引起洪涝灾害。1986年后，梅雨量在200毫米左右，占全年总降水量的15%。

但家庙境域常年各月平均降水量统计表

表1-3　单位：毫米

月份	1	2	3	4	5	6	7
平均降水量	56.3	73.0	108.5	108.3	133.3	206.4	196.4
月份	8	9	10	11	12	年合计	
平均降水量	199.9	110.8	65.1	68.6	39.0	1365.6	

湿度　境域内空气的平均绝对湿度为15.9克/米^3，其中1月最低，7月最高。山区绝对湿度较大，最大可达40克/米^{3}以上。平均相对湿度为80%，月、季间的变化不大，但日变化明显，一日可在1%～100%间波动。全年相对湿度≥80%的日数在200天左右，气候湿润，低湿干燥的天气较少。

气压　1986年至2005年间，年均气压1008.1百帕。极端最高气压为1038.0百帕，出现在2000年，极端最低气压为983.9百帕，出现在1994年。

但家庙境域常年各月平均气压统计表

表1-4　单位：百帕

月份	1	2	3	4	5	6	7
平均气压	1018.4	1016.3	1011.8	1006.2	1002.0	997.3	995.7
月份	8	9	10	11	12	年平均	
平均气压	998.3	1005.2	1012.1	1015.1	1008.1	1007.2	

地温　但家庙镇地面平均温度17.5℃，极端最高温度69.8℃，极端最低温度零下21.8℃。冬季面层地温在零度以下为冻土层，土壤冻结平均30天，冻土深度平均8厘米左右，最大深度达15厘米以上。冻土过深对施肥和农作物越冬都有一定影响。

积温　积温持续天数和各界线度数很不稳定。

风　自1986年以来，霍山县年均风速为1.3米／秒，较1954—1985年平均值持平。最大风速为14米／秒，风向为西南（SW），其中最多风向为东、东北（E、NE），出现频率为7。2004年7月8日，最大风速22米／秒，最大风力为9级。

雷　一年四季都会出现雷暴，3—9月为多，最多的为7月、8月两个月。

云　全县累年平均总云量6.6成，低云量3.3成。晴（低云量小于2成）182天，阴（低云量大于8成）57天。

雾　全镇累年年均24～33天。

霜　无霜期平均220天，最多270天（1961年），最少193天（1962年）。霜期平均64天，最多80天，最少41天。

雪　降雪一般在11月至次年2月。初雪最早在11月下旬，终雪最晚在3月上旬。

但家庙镇境域常年各月平均风速统计表

表1-5

单位：米/秒

月份	1	2	3	4	5	6	7
平均风速	1.1	1.3	1.6	1.6	1.5	1.5	1.5
月份	8	9	10	11	12	年平均	
平均风速	1.3	1.2	1.0	1.1	1.1	1.3	

物候

该区域为低山丘陵区，物候情况如表1-6。

但家庙镇境域物候特征表

表1-6

季节	物候
春季（3—5月）	气候转暖，春雷响，冰雪消融。冬眠动物开始活动，布谷鸟叫，燕子飞来。樱桃树、桃树、杏树、梨树以及望春、兰草、杜鹃等，先后结蕾、开花。香椿吐芽，杨柳展叶，毛竹出笋，野草返青。小麦抽穗，油菜结籽，秧苗开始栽插，茶叶上市，春蚕上架，野生中草药已进入生长期
夏季（6—8月）	天气炎热，并进入梅雨季节。苍蝇、蚊子、萤火虫、飞蛾渐多，青蛙鸣叫，蜂蝶飞舞。石榴、枣树开花，杏子黄熟，荷花出水。早稻、麦子成熟，玉米下种，花生开花。西瓜、黄瓜、茄子、四季豆上市，各种植物生长仍很茂盛。夏末家禽开始换毛
秋季（9—11月）	天气凉爽，蝉鸣，燕子南飞。丹桂飘香，茶花、野菊花争艳。秋梨、石榴、柿子、板栗、山楂、乌桕等果实成熟。树叶变黄（四季青针叶、阔叶树除外），并逐渐掉落。野草开始枯萎。中晚稻、玉米、黄豆、山芋、花生等农作物，以及一些药材、瓜果已到收获季节。小麦、油菜下种。秋末开始有霜降
冬季（12月至次年2月）	北风吹，常有冰雪，气候寒冷，土壤冻结，蛇虫冬眠。落叶树木叶子已落尽，百草枯萎（少数耐寒草除外），越冬农作物停止生长。蜡梅花开

四、自然灾害

由于境内气候多变，水、旱、风、雪、雹、清风（低温多两）病虫害、地震等自然灾害频繁，有时交替出现，有时几种灾害同时发生。其中，水、旱、清风病虫害和地震是本区域发生次数最多、危害最大的主要自然灾害，从而限制了各种资源的充分利用，影响了工农业生产，并威胁着人民的生命和财产安全。

严重自然灾害实录

宋开宝六年（973），淮淠水溢，淹民田庐。

明嘉靖十九年（1540）秋，蝗虫落地深2尺，树枝多被压断。

明隆庆三年（1569），秋，大雨，山谷伏蛟尽起，水溢入城，市人作筏以济，漂溺者无数，水退、积尸盈野。

明万历十四年（1586），大水，比隆庆三年高三尺，为害益甚。

明万历十七年（1589），大旱，升米百钱。人相食。

明崇祯十三年（1640）夏，大旱，飞蝗满天……至秋，田禾尽蚀，疫病大作。人相食，有父母食其子女者。次年夏旱，飞蝗所至，野无青草，山中草粮树皮皆尽，斗米千四百钱。

清顺治九年，三月至七月不雨，民采橡子、蕨根为食。

清乾隆五十年（1785），大旱，三月至八月不雨，川竭草枯，斗米千五百钱。

清咸丰八年（1858）春，大饥，夏瘟疫盛行，有遭虫灾。灾民“填沟壑者籍，存者大半鬻妻子以自活”。

清光绪三十年（1904）1月，大雷雨，百草怒生。

民国三年（1914），入夏后，久旱不雨，塘堰干涸、田野龟裂，哀鸿遍野，民不聊生，直至秋后，突然喜降暴雨，再生稻颇有收获。

民国八年（1919），正当秋收季节的一天午后，突然间刮起西北大风，风到之处一片漆黑，风边达10级左右，历时20分钟，从三尖铺到大河厂一线房屋倒塌，大树被连根拔起，甚至一些农家稻场上的稻子也被狂风卷走。

民国二十年七月初，连日暴雨，山洪暴发，农田被淹，房屋倒塌。

民国二十三年（1934），春、夏、秋连旱，塘堰干涸，禾苗尽枯，旱情之重百年罕见。

民国三十五年（1946年）夏季，一天大风过后，接着下起冰雹，最大的有鸡蛋大，本区域内即将成熟的大豆、稻子均被冰雹打落在地，不少树皮被刮破。

1954年5—7月，3个月下雨65天，总降水量1434.2毫米，其中7月连续13天降水372毫米，7月2日一天降水117.7毫米。山洪暴发，冲毁房屋田地无数。

1958年，水旱灾、病虫害同时发生。

1962年7月，该区域内正处汛期，连续强降雨，造成严重内涝，给群众生产生活带来极大影响。但家庙公社受灾水田8895亩，旱地1857亩，旱玉米60亩，棉花45亩，芝麻100亩，中玉米58亩，黄豆76亩，高粱30亩，山芋120亩；团墩公社受灾水田1211.5亩，旱地307.1亩，旱玉米55亩，棉花16亩，芝麻16亩，中玉米23亩，黄豆42亩，山芋93.5亩。

1963年8月5—6日，山王河、但家庙两公社连续两次出现12级大风，同时伴有冰雹，持续2小时，吹倒房屋200多间，损失粮食几万斤，数人受伤。

1964年5月16日夜，但家庙境内普降倾盆大雨，山洪暴发，河水陡涨，这是民国三年以来的最大洪水。洪水造成水土流失，山塘堰坝被冲垮，很多粮田被大水冲成河道，住在河边的农户倾家荡产，给当地生产和部分群众生活造成极大困难。

1969年7月起，连续下雨近半月，7月14日一天降水量480毫米以上（相当于常年全年降水量的三分之一），发生百年不遇的特大洪水，人民生命财产损失极其惨重。

1978年6—12月，大旱，总降水量比常年减少六成以上，7月只有常年同月降水量的十分之一。

1983年4月26日晚，但家庙境内遭受大风袭击。群众住房遭受不同程度的损失。其中草房屋面被大风刮光、桁条刮断的严重受灾户但家庙公社有7户24间，团墩公社有7户21间。

1984年1月20日前后，但家庙境域内出现特大暴雪，连续下了3天，积雪厚达40厘米，房屋倒塌，道路被埋，供电中断。但家庙初级中学学生寝室出现险情，学校迅速组织住校学生转移到教室。

1984年4月22日下午6时30分，该区域内降特大暴雨。有兄弟二人过河，弟弟过去了，可是哥哥却因河水涨得太快而无法过河。雨区最大的在胡大桥大队的高塘埂、赵家老庄、张新庄3个生产队，禾苗被淹，河堤崩塌。

1984年8月30日夜10点到31日凌晨3点，境内持续降雨达185毫米以上，山洪暴发，造成一场较大洪灾，为百年所罕见，大河厂桥头一户居民连同房屋一起被洪水冲走，大量房屋倒塌，但家庙大队仓坊生产队陈绍求2500斤稻子被冲走，稻场上七八个草堆不见踪影；胡大桥大队詹家塝生产队张宜俊3000斤稻谷被冲走；但家庙大队三根桥生产队倪世清900斤稻谷被冲走；仓坊生产队褚先明住房、但家庙街道周维亚商店、后街刘自堂和金海波、下街头殷乃安铁匠铺等房屋被冲毁；但家庙乡马氏祠茶厂后殿、花石嘴茶厂被冲毁，茶厂设备被冲走。全公社死亡4人，1人下落不明。团墩乡（现观音岩村）观音岩小学被大水冲毁，校舍损失殆尽。

1985年2月底至4月初“倒春寒”，9—10月连阴雨，严重影响农作物的播种、生长和收获。境内农作物受灾严重。

1986年8月5日20点40分至21点40分，该区域遭受到百年罕见的狂风和冰雹。顷刻间，大树被连根拔起，道路严重受阻，电信和供电中断，小集镇和农村均出现墙倒屋塌的严重状况。农田作物遭受狂风吹、冰雹打、大雨泼，庄稼损失严重。但家庙乡政府院内，风暴停止后竟清理出三铁簸箕麻雀；大河厂桥两头13户个体商户，一阵狂风竟吹倒11户；境内佛子岭至张冲部队的高压电线杆无一根完好；花石嘴、大河厂两村农户房屋受损严重，农作物严重减产，所在地学校校舍损失严重；企业受灾严重，大河厂村新办窑厂贷款2万元新建的厂房24间全被大风刮倒，生产的砖坯13万块全部被毁；大河厂精干麻厂五口蒸麻锅烟囱全部倒塌，精干麻损失250余公斤，总计损失折合人民币1.9万余元。

1995年旱情极为严重，也很罕见。春旱下不了秧，伏旱高温歉收，秋旱导致蔬菜比猪肉还贵。

1995年6月10日夜11点20分至11点40分，但家庙镇出现强对流天气，冰雹、龙卷风席卷全镇。造成房屋倒塌、庄稼被毁、供电中断。花园畈小学后排教室屋面瓦被刮掉或打碎，为修房导致停课。

1999年6月27日，但家庙镇遭遇强降雨，至6月28日下午4时，全镇受灾人口15148人，造成直接经济损失2200万元。

2007年4月17日5时30分左右，胡大桥村部因旁边电路遭到雷击而引起强电流冲击波的冲击，造成村部3间屋面被毁，天棚坍塌，三方墙体移位、开裂。

2008年1月，但家庙镇境内遭受百年不遇的特大暴雪的袭击。压倒房屋，交通受阻，树木倒覆，供电中断。但家庙镇大河厂村900平方米鸭棚倒塌，1500余株金银花苗被压断、冻死，造成直接经济损失15万元。全镇受灾人口11200人，紧急转移安置31人，倒塌房屋16户34间，受灾房屋78间，企业倒塌厂房21间，倒塌大棚4068平方米，大冲石斛、桃园石斛、利达纸业等企业因灾停产。镇内交通、电力、通信等设施均不同程度受到破坏，给群众生产生活造成严重影响。

2009年8月6日上午，但家庙镇境内陡降特大暴雨，持续6小时，集中的强降雨造成了严重的自然灾害。镇内道路、桥梁、塘库堰坝等公用基础设施毁坏严重，水稻、旱地等农作物大面积受灾，水产、畜禽养殖遭受重创，农业损失惨重，部分低洼地民房被淹，倒塌损坏房屋数十间，群众财产损失较重，强降雨造成直接经济损失达1704.5万元，灾情十分严重。

1.农作物：水打沙压及被淹没面积达6100亩，其中绝收达1500亩，玉米受损达930亩，其中绝收约120亩。棉花受损300亩，大豆250亩，直接经济损失约1075万元。

2.道路：村村通水泥路路面受损10.6千米，路基受损12.5千米。水泥路路面受损情况：大团路1.5千米，三石路3.4千米，观豪路1.2千米，但凤路2千米，团倪路2.5千米。水泥路路基受损具体情况：大河厂村南河堤路路基受损0.5千米；花石嘴马冲路、占家塝路、吴院路等路基共受损3.2千米；胡大桥汪冲路路基受损0.8千米；观音岩旅游路、李冲路共有6.2千米路基受损；但家庙村路基受损1.8千米，其中但戴路受损严重。共造成直接经济损失达302.5万元。

3.桥梁、河坝、山坡：但家庙镇桥梁冲毁18座，河堤损坏30多处，涵洞冲毁受损400余处，山体滑坡50多处，直接经济损失62万元。

4.畜禽养殖业：大河厂养殖大户宋家康3500多只皖西大白鹅被水冲走，厂房受损严重，直接经济损失30多万元；观音岩养鸡大户徐伟3万只出栏鸡被水淹死，直接经济损失60余万元，观音岩龙虾养殖两户受损8万元；但家庙、花石嘴、观音岩等村养鱼大户受损成品鱼约9000公斤；观音岩鹏程养猪场倒塌房屋9间，位于大河厂的皖西大白鹅养殖场场房倒塌350平方米。共造成直接经济损失198万元。

5.损坏房屋、倒塌房屋情况：全镇倒塌房屋12户，其中花石嘴村倒塌房屋4户、但家庙村倒塌房屋2户、胡大桥村倒塌房屋3户、观音岩倒塌房屋3户。房屋受损10户，多为五保户房屋，共造成经济损失27万元。全镇无人员伤亡。

6.企业受损情况：

华成皮具有限公司：原材料被水浸泡，造成经济损失9万元。

宏翔织造有限公司：毛料仓库进水，成品及原材料受损，造成经济损失8万元。

和胜新型环保节能建材厂：部分原材料及成品砖被水冲走，造成经济损失6.5万元。

克春精制木炭厂：围墙倒塌，设备被淹，造成经济损失3.5万元。

大河厂免烧砖厂：原材料及成品砖被水冲走，设备严重受损，造成经济损失11万元。

华安新型墙材厂：部分原材料及成品砖被淹，造成经济损失2万元。

2014年,本区域内的夏天持续低温多雨,水稻从孕穗开花到结实,一直在阴雨中度过。

2015年8月12日，受第八号台风“鲸鱼”以及第十三号台风“苏迪罗”影响，但家庙镇遭受特大暴雨袭击，致使全镇5个村不同程度受灾。经统计，强降雨造成全镇农作物受灾面积近2000亩，绝收300余亩，毁坏耕地600余亩，冲毁田间道路5300米，水毁桥涵闸5座，水毁排灌渠道4300米，滑坡8处，直接经济损失900余万元。

2016年6月30日17时至7月2日12时，但家庙镇境域连降特大暴雨，总降水量达355.2毫米。持续的强降水造成境内浔阳河、山王河两条主河流水位暴涨，其他小河河水暴涨，多处道路严重积水，山王河沿线一片泽国，大面积农田被淹，造成经济损失1.1亿元。花石嘴村全村主干道基本被淹，该村三房院村民组郁建萍蹚水过河（山王河），因水位猛涨，眼看就要被肆虐的洪水冲走，被带领村干部巡查灾情的花石嘴村支部书记马克军救起，幸免于难。

2017年7月，但家庙镇境内自入夏以来，持续高温。特别是气温创历史新高，7月中旬至8月上旬气温都在38℃左右。7月23日，安徽电视台播报当日霍山县最高气温41.7℃。

2020年7月，由于持续强降雨，从18日中午开始，浔阳河、但家庙河洪水暴涨，并因但家庙河上游高河水库溃坝，但家庙河沿岸庄稼、民房被淹，大河厂成为一片泽国。

五、环境保护

环境污染和生态破坏

从中华人民共和国成立至20世纪70年代，该区域环境的污染不明显，也没有引起重视。但家庙镇境内的环境污染问题主要出现在20世纪末期。由于镇办企业、村办企业和个体私营企业发展较快，但环保意识不强，防治不力，措施落实不到位，一度造成污染物（源）增多。一是工业污染。部分企业将工业废水直接排放，造成镇内浔阳河、但家庙河一度受到了严重污染，鱼虾等水生动物大量死亡。同时，但家庙镇地下水资源也受到不同程度的污染。镇内轧石生产造成的粉尘、噪声影响到周边群众生产生活；颗粒厂废渣也曾经乱倒乱放。二是农业污染。境内农业污染主要有化肥、农药、除草剂、农膜，以及农业用品的外包装。农药除草剂的滥用已从田间地头发展到庄前院后；塑料大棚的发展、地膜的广泛使用，产生大量的废弃物，影响土壤结构；农药盛装容器（玻璃、塑料等），除草剂的外包装，不能集中收存处理，造成的污染也不可小觑。养殖业造成的污染分解复原快，对环境影响不大。三是生活污染。境内主要污染源是生活废水和生活垃圾，以及废弃的生活用品等。生活条件的改善，大部分家庭都使用抽水马桶，室内洗衣，淘洗衣物，淘洗食品，造成大量废水排出；生活垃圾多，特别是居住集中区，垃圾更多；日用品和服饰更新换代快，造成的废弃物污染尤为突出，管理无序，随手丢弃现象到处可见。小商店塑料包装袋禁而不止，每次洪水过后，河道两侧草丛和树枝上挂满了各色塑料包装袋、编织袋、旧衣物等。

生态的破坏，一方面，主要表现在森林的砍伐和开荒种地造成的水土流失。民国时期，森林砍伐严重，生态环境遭到一定破坏。中华人民共和国成立后，进行了植树造林、绿化荒山活动，生态得到了一定修复，但1958年“大炼钢铁”时期，树木再次遭到大肆砍伐。“文化大革命”时期，在低山丘陵打造“人工梯田”，毁林也较严重，造成了一定的水土流失。另一方面，野生生物大量被破坏。20世纪90年代以后至21世纪初，人们在利益的驱动下，大肆捕杀青蛙、蛇及其他动物，甚至有人使用电瓶、药物在池塘、河流、水库捕杀鱼类，与此同时，农业生产过程普遍使用农药，这些因素叠加，造成本区域青蛙、蛇、野生鱼类数量急剧减少。同时，山上的兰花、杜鹃花等在本区域较为常见的花草树木也被大量挖下山贩卖，致使本地的植物资源遭到严重损失。

环境保护

1996年起，每年6月5日“世界环境日”，但家庙镇政府都积极组织镇直机关各企事业单位开展“宣传月”“宣传周”活动，重点宣传《中华人民共和国环境保护法》《中华人民共和国水污染防治法》《中华人民共和国固体废物污染环境防治法》，以张贴标语，悬挂横幅，出动宣传车，搭设咨询台等多种方式宣传环境保护知识。同时，不定期地在中小学校开展“保护绿色长廊”“清除白色污染”“保护环境，从我做起”“生态但家庙青少年活动月”等环境保护活动。

1998年后，但家庙镇不断加大对工业企业污染的治理力度，对重污染企业限期实现污染物达标排放。为强化实施污染源头控制，严格要求建设工程必须与防治污染的设施同时设计、同时施工、同时投产使用（即“三同时”），使环境保护工作由工业污染防治扩展到生态环境保护及但家庙镇建设领域。但工矿企业“废水、废气、废渣”（即“三废”）问题仍有不同程度污染；化肥、农药在农业生产中长期使用，造成水体、土壤污染递增；城镇居民的生活垃圾对山场、土地、水体造成二次污染；现代化条件的改善，机动车辆的增加，所产生的有害气体污染大气环境。2017年，镇政府驻地建成区实施整治工程，开展石材石料专项整治，依法关闭大河厂辉煌石料厂、但家庙大冲石料厂、桃园石料厂，并全部复耕到位。开展“集镇环境综合整治突击月”行动，拆除破旧广告牌和违法违章建筑248处，清理“牛皮癣”小广告100余处。投资150万元完成大河厂、但家庙街道门面改造和店招统一。

镇党委镇政府着力实施“生态立镇”战略，打生态牌、走生态路，为保护生态，发展生态农业，让但家庙山更青、水更绿、天更蓝，专门成立生态创建领导小组，镇党委书记任组长，负总责，镇长和分管书记为副组长，具体抓；各职能部门一把手为领导组成员。镇林业站、农技站和林业派出所等抽调有关人员成立生态创建执法中队，并明确农办主任职责。根据村情划定责任区，各村书记亲自抓，并从村民代表中选出5名以上人员，组成生态创建监督组，镇、村、组、户四级联动，齐抓共管，镇党委、政府认真编写《但家庙镇生态创建实施方案》，制定激励政策，进行目标责任考核，奖优罚劣，设立生态创建单项奖，奖励有突出成绩的集体和个人。镇政府投资新建压缩式垃圾中转站1座、村级垃圾中转站5座、新建垃圾填埋场1处，修建了垃圾收集房、增设垃圾收集桶，购置垃圾车等各种工具，聘请20名清洁工和村村通道路养护员，对主要道路和重点区域进行全天候保洁。同时，多举措遏制垃圾乱倒、粪便乱堆、禽畜乱跑、柴草乱放、污水乱泼现象，实现保洁全覆盖，做到绿化、美化、净化、亮化，清洁水源、田园、家园，人居生活环境得到大大改善。

生态农业工程 包括：开展基本农田保护，农田土壤改良，科学施肥，科学用药，控制农业源污染；发展无公害农产品和绿色、有机食品，重点发展油茶、石斛、艾草、养鸡、稻田养虾等产业，推进生态农业的产业化、标准化和品牌化。实施矿产资源保护和总量控制，保持耕地总量动态平衡

生态林业工程 实施“天然林保护工程”，实现由“造、管、封”向“封、管、造”的转变。加强对饮用水水源保护区、生态功能区、森林公园的保护。

生态工业工程 着重在项目建设中，严格执行“项目准入，环保第一审批权”制度，做到“环保不达标，坚决不上马”；对已准入项目，坚持“四同时”（项目建设与污染治理同时规划、同时设计、同时施工、同时使用），严把环保关口，鼓励发展科技型、环保型、资源综合开发型企业。注重发展循环经济，推进减量化、资源化、无害化的清洁生产工艺和ISO 14000环境管理认证，淘汰落后产能，推进重点行业、重点企业产业升级，加快工业经济向开发区集聚步伐，着力打造“生态园区”。

生态家园工程 在村镇，以“一池五改”（沼气池、改水、改厨、改周、改圆、改路）为基本建设模式，推进自然村综合整治；按照“户保洁、组收集、村转运、乡镇处理”的模式，落实农村环境卫生长效保洁机制；应用潜流式人工湿地生活污水处理系统处理农村污水；采取库区移民、旧村改造、新村建设等形式，推进中心村庄建设。在集镇和中心村，重点围绕交通、通信、能源、给排水等公共服务设施建设，加大公共绿地、休闲文化场所建设及生活垃圾、生活污水处理等基础设施、生态型住宅小区建设。

生态旅游工程 以“探访红色故里，醉享天然氧吧”为主题，将生态观念融入旅游资源的保护与建设，适度开发旅游景点，合理利用自然遗迹、水库、森林等旅游资源，积极倡导“绿色消费”，防止水库水体富营养化、自然风景人工化、风景名胜区城化。开展红色旅游景点保护与开发。

生态文化工程 在全镇开展宣传教育培训，将生态知识纳入中小学教育内容，加强对古宅、古刹、遗址的保护，扩大对群众、中小学生的生态环保意识宣传，以绿色学校、绿色企业、绿色社区等绿色系列创建活动为载体，完善生态环保硬件和软件设施，同心协力共创生态文明，努力实现“刀斧不上山，野味不上桌，珍稀林种不外运”的目的。

2017年，在全镇河流、渠道、水库全面实行“河长制”。镇级设立总河长，由镇党委、政府主要负责人担任；设立副总河长，由镇党委常委担任。镇境内但家庙河、浔阳河、陆冲河、滠源渠设立镇级河长，由镇分管领导担任。各村设立总河长及本级河长，由村两委主要负责人担任。构建责任明确、协调有序、监管严格、保护有力的河渠管理保护机制，统筹推进水域管理、资源保护、生态环境治理。其主要任务包括六个方面：加强水资源保护；加强河渠水域岸线管理保护；加强水污染防治；加强水环境治理；加强水生态修复；加强执法监管。

2017年但家庙镇镇级河长一览表

表1-7　　单位：千米、平方千米

河道名称	河道级别	起讫地点	长度	流域面积	县级河长	镇级河长	管理范围	河长职责
但家庙河	县级	本镇和与儿街交界处至和下符桥交界处	9.3	24.2	李志刚	刘益春	但家庙河干流但家庙段水域、岸线及支流河口；胡冲、草塘冲水库水域、岸线	组织领导水资源保护、水域岸线管理、水污染防治、水生态修复、水利工程划界确权、执法监管等
浔阳河	镇级	张管冲江淮分水岭至大河厂小河桥组	8.5	19.5		汪　杰	浔阳河干流水域、岸线及支流河口观音岩村境内各水库水域、岸线	
淠源渠（但家庙段）	县级	本镇与开发区交界处至与下符桥交界处	8.3	9.2	纪昌国	程　浩	淠源渠但家庙段水域、岸线及支流河口；断山堰水库水域、岸线	
陆冲河	镇级	胡大桥村高塘埂组至但家庙三根桥组	3.1	5		徐　磊	陆冲河干流但家庙段水域、岸线及支流河口；陆冲、潘冲、燕窝冲水库水域、岸线	

2017年但家庙镇镇、村两级河长一览表

表1-8

水库名称	河道级别	所属流域	镇级河长	村级河长	管理范围
燕窝冲水库	镇级	但家庙河	徐　磊	周自刚	燕窝冲水库水域、岸线
马冲水库	县级	但家庙河	刘益春	倪　勇	马冲水库水域、岸线
陆冲水库	镇级	但家庙河	徐　磊	彭义香	陆冲水库水域、岸线
潘冲水库	镇级	但家庙河	徐　磊	彭义香	潘冲水库水域、岸线
草塘冲水库	镇级	但家庙河	刘益春	倪　勇	草塘冲水库水域、岸线
胡冲水库	镇级	但家庙河	刘益春	倪　勇	胡冲水库水域、岸线
断山堰水库	镇级	淠源渠	程　浩	陈恩兵	断山堰水库水域、岸线
观音一、二库	镇级	浔阳河	汪　杰	汪帮满	观音岩一库二库水域、岸线
张管冲水库	镇级	浔阳河	汪　杰	汪帮满	张管冲水库水域、岸线
小龙井水库	镇级	浔阳河	汪　杰	汪帮满	小龙井水库水域、岸线
马岩水库	镇级	浔阳河	汪　杰	汪帮满	马岩水库水域、岸线
乌宏洼水库	镇级	浔阳河	汪　杰	汪帮满	乌宏洼水库水域、岸线

2017年但家庙镇村级河长一览表

表1-9

单位：千米、平方千米

河道名称	河道级别	起讫地点	长度	流域面积	县级河长	镇级河长	村级河长	管理范围	河长职责
但家庙河（花石嘴段）	县级	大塘埂组制衣厂至马氏祠组双拥路	4	8.7	李志刚	刘益春	倪　勇	但家庙河干流花石嘴段水域、岸线及支流河口；胡冲、草塘冲水库水域、岸线	组织领导水资源保护、水域岸线管理、水污染防治、水生态修复、水利工程划界确权、执法监管等
但家庙河（但家庙村段）	县级	马氏祠至洛阳河桃园交界	2.3	12.2	李志刚	刘益春	周自刚	但家庙河干流但家庙段水域、岸线及支流河口	
但家庙河（大河厂村段）	县级	马氏祠至洛阳河桃园交界	3	3.3	李志刚	刘益春	陈恩兵	但家庙河干流大河厂段水域、岸线及支流河口	
淠源渠（但家庙村段）	县级	桃园交界处至上塝组交界处	3.3	4.5	纪昌国	程浩	周自刚	淠源渠干流但家庙村段水域、岸线及支流河口	
淠源渠（大河厂段）	县级	肖家圩至沈家畈交界处	5	4.7	纪昌国	程浩	陈恩兵	淠源渠干流大河厂段水域、岸线及支流河口	
浔阳河（观音岩段）	镇级	张管冲江淮分水岭至叶家河组	4.5	15.2		汪杰	汪帮满	浔阳河干流观音岩段水域、岸线及支流河口，观音岩一库、二库、白云、马岩、张管冲、乌宏洼、小龙井水库水域、岸线	
浔阳河（观音岩段）	镇级	叶家河交界处至小河桥组	4	4.3		汪杰	陈恩兵	浔阳河干流大河厂段水域、岸线及支流河口	

第三节　自然资源

一、土地资源

土壤类型

但家庙镇境内最主要土壤类型有黄棕壤、紫色土、水稻土。黄棕壤成土母质为紫色岩及石灰岩以外的各种岩石风化的残积坡积物，为黄棕、淡棕黄或红棕色，多呈酸性、弱酸性反应（pH5～6.5），大部分土层较薄，盐基不饱和。该类土壤以林业用地为主，有普通黄棕壤、精骨性黄棕壤和黏盘黄棕壤3个亚类。紫色土是紫色岩类风化物上发育的非地带性岩成土，呈不连片的块状，分布在海拔200米以下的丘陵岗地。多为紫色、紫红色或棕紫色。矿质养分丰富，但速效磷含量偏低，土壤呈中性反应，土层浅、沙性大、成土时间较短。此类土壤分中性紫色土和酸性紫色土两个亚类，两者呈镶嵌复区分布，以中性紫色土居多。水稻土是各种成土母质在人工水耕熟化条件下形成的，系本区域最重要的耕种土壤。面积2.2万亩，有机质含量较高，适宜种植水稻、小麦、油菜等。水稻土有潴育型和潜育性两个亚类，其中潴育型水稻土分布较广。草甸土、石灰土和潮土分布零星，面积小。

资源状况

但家庙镇历来以农业为主，土地资源是重要的自然资源。全镇总面积72平方千米。全镇耕地面积23190亩，人均1.45亩，其中水田12000亩，主要分布在但家庙河流域和浔阳河流域的但家庙村、观音岩村和大河厂村；林地面积53155亩，人均3.3亩，5个村均有分布，其中胡大桥村和观音岩村占的比例较大，分别为15576亩和25022亩。境内国家公益林基地1处，位于胡大桥村的张冲和陆冲，面积1788亩，属国防特用林；园地16272亩，包括茶园、桑园和果园，各村均有分布，尤其以观音岩村和胡大桥村为最多；草地675.45亩，主要分布在但家庙和大河厂两个村；全镇水域面积5044亩，以坑塘水面和河流水面为主。自1986年以来，由于小集镇建设、2002年开始的退耕还林、近年来的园林面积的扩大、扶贫易地搬迁工程的实施、修建道路等原因，造成本镇耕地面积有所减少。轮窑厂、宅基地等的复垦和油茶基地的开发，增补了一些耕地，但土地杂质多、质量差，种植成本高。

二、水资源

但家庙镇降水量充沛，地表水资源较为丰富。中华人民共和国成立前，主要水源依赖山塘、自然河流。中华人民共和国成立以后，特别是改革开放以来，但家庙镇水资源开发和保护取得了突破性成绩，全镇除了两河流域外，在册水库小（2）型7座、小型水库17座，大小山塘156口，总蓄水量达550万立方米。有效灌溉面积1.6万亩。淠源渠的流经，中小型水库的兴建，以及对山塘和原有水库的扩建与维修，有效地保障了但家庙镇的生产用水和群众的日常生活用水。

但家庙镇小(2)型水库水资源情况一览表

表1-10

水库名称	位置	集水面积(平方千米)	灌溉面积(亩)
观音岩水库	观音岩村	1.05	2000
白云水库	观音岩村	0.13	600

续表 1-10

水库名称	位置	集水面积(平方千米)	灌溉面积(亩)
马岩水库	观音岩村	0.26	1000
潘冲水库	胡大桥村	0.5	300
燕窝冲水库	但家庙村	0.36	300
陆冲水库	胡大桥村	1.09	700
断山堰水库	大河厂村	1.65	1000

但家庙镇小型水库水资源情况一览表

表 1-11

水库名称	位置	灌溉面积(亩)
胡冲水库	花石嘴村	600
朱大塘水库	大河厂村	1000
马冲水库	花石嘴村	700
黄鳝塘水库	但家庙村	800
秋缺塘水库	大河厂村	1400
张管冲水库	观音岩村	800
枣树井水库	观音岩村	1200
乌宏洼水库	观音岩村	800
二斗冲水库	观音岩村	1000
龙畈水库	观音岩村	700
草塘冲水库	花石嘴村	600
七星寨水库	花石嘴村	600
石嘴水库	观音岩村	800
旱冲水库	胡大桥村	500
观音岩二库	观音岩村	1300
油坊水库	观音岩村	500
小龙井水库	观音岩村	1400

此外，境内矿泉水资源较为丰富。

三、动植物资源

植物资源

在中国植被分区上，本区域属于落叶、阔叶、常绿阔叶混交林带。有木本和草本植物2000多种。

但家庙镇是以北亚热带为主的亚热带与暖温带两大植物区系成分过渡并相互渗透的地带，植被较丰富。由于人们长期经营活动，原生植被已多为次生植被代替，森林中天然密林地减少，疏林地增多；原先的成熟林减少，人工营造的用材林、经济林、竹林等中幼年林增多。

植被类型　大面积的植被种类有松林、松栎混交林、杉木林及其他经济林、阔杂林、灌木丛、草本植物和农作物。主要植物科类有雪松科、杉科、禾本科、菊科、豆科、唇形科、蔷薇科、伞形科、玄参科、虎耳科等。

植被区划　在全国植被区划中，但家庙镇属北亚热带常绿与落叶阔叶混交林带。20世纪90年代以后，人工营造了大量松、杉、油茶等用材林和经济林，该区域林种有所改变，绝大多数是针叶和落叶阔叶林。

野菜　有荠菜、马兰头、百合、水芹菜、车前草、马齿苋、苦菜、野蒿等。

林木　有马尾松、东北松、栎树、桦树、枫香树、桑、枫、杨、柳、榆、檀、漆乌桕、槐、柏、水杨柳、白杨、垂柳、泡柳，引进树木有水杉、柳杉、雪松、香樟等。

灌木　杜鹃、黄荆条、野山楂、山胡椒、木姜子、黄杨木、千年矮、纸皮、三丫等。

野生藤科　有葛藤、青藤、纠藤、红藤、爬山虎等。

林果　山核桃、柿子、李、桃、杏、梨、枣、石榴、木瓜、银杏、葡萄、樱桃、柿枣、板栗、油桃、八月楂、毛栗、猕猴桃、桑葚、梅子、油瓶果、山楂、毛桃、无花果、钱串子、拐枣等。

花卉　红杜鹃（映山红）、黄杜鹃、紫杜鹃、白杜鹃、桂花、美人蕉、白梅、南瓜花、炮竹红、太阳花、牡丹、海棠、木香、蜡梅、凤仙、山丹、金丝桃、莲花、菊、葵、紫薇、芙蓉、玫瑰、紫荆、月季、凌霄、山茶花、望春、鸡冠花、蝴蝶、天竺、牵牛、君子兰、吊兰、金边黄杨、仙人掌、仙人球等。

药材　本镇药材资源较为丰富主要有百合、黄精、槐角、白芨、石苇、白头翁、蒲公英、蜂蜜、车前草、白果、金钱草、芍药、牵牛子、杜仲、桑白皮、平地木、贝母、天麻、玉竹、柴胡、苍术、半夏、瓜姜、天冬、麦冬、蒲黄、金银花、无花粉、夏枯草、益母草、香附子、藁本、荆芥、山楂、枳实、山栀子、山茱萸、五加皮、五味子、地骨皮、女贞子、桔梗、野菊花、山桂皮、丹参、板蓝根、仓平子、龟角、枇杷叶、银杏、鸡冠花、追风藤、七叶一枝花、鱼腥草、断血流、仙人掌、丹皮、艾叶、黄芪等数百种。

古树名木选介

1.七星马尾松　位于霍山县但家庙镇花石嘴村七星寨村民组。又名青松、松树、山松，属松科松属。高10米，胸径1米，冠幅平均9米，东西10.5米，南北7.5米，树龄（以2017年算，下同）350年。侧枝细长斜出下垂，针叶稀疏；二主侧枝对称弯曲，形如弹弓。

2.舒家庙枸骨冬青　位于霍山县但家庙镇观音岩村舒家庙白云冲村民组。又名老鼠刺，属冬青科冬青属。高7米，胸径1米，冠幅平均5.5米，东西6米，南北5米，树龄180年。枝下高约1.6米，立于一斜坡处，树体倾斜，树冠茂密。

3.余家湾枫香树　位于但家庙村余家湾组瓦屋院岗头十字路西北侧，2014年11月，霍山县人民政府挂牌。树龄：155年；保护等级：三级；编号：3-23；现状：三人合抱粗。树西面枯腐状态严重，有一底部1米，上部0.4米，高4米的腐烂面。树根下有洞，北侧有一柳树，胸径约1米，长势很旺，影响枫香树的生存。

4.但家庙村长岭邓贤胜、桑世忠屋后交界处枫香树　2014年11月，霍山县人民政府挂牌。树龄：105年；保护等级：三级；编号：2-22；现状：长势茂盛，枝丫多，凸起多，下侧（南边）根裸露多。

5.但家庙戴家院苏福香住处枫香树　两人合抱粗，高10米，挂有红布，树生长旺盛。

6.但家庙村戴家院组戴宗碧屋前西侧枫香树　树围2.5米，树高10米。枝丫繁茂，长势旺盛。旁建小屋，披红挂彩，烧香点烛（民间说这树显灵）。

7.但家庙村吴小岭组隔壁（观音岩村老庙冲组）　江道明左侧屋后枫香树和皂角树两人合抱粗，长势很好，树的根部有个稻箩大小的凸起。江道明房右侧，有一棵龟角树，当地村民又叫“肉龟角”。树有两米粗，高10米，叶对生，向南侧斜的两枝大丫在3米处被锯（以防倾倒），周围毛竹多，亟待保护。

8.花石嘴村张墩黄连树　位于农林村民组张墩张贞发门前土坎上。树干圆润粗健，胸径2.45米；在离地6米处分丫；树丫遒劲有力，向四周飘逸伸展，枝条伞状下垂。人们从树下经过，往往会枝叶拂面，但无被折现象，可见居民对它的喜爱和保护。树上挂条两块金属牌。下面牌子写中国名古树牌，中文名：黄连树；英文名（略）；科目：漆树科；树龄：125年；保护等级：3级；编号：3-30；霍山县人民政府，二〇一四年十一月。这是目前但家庙镇境内唯一的一棵树龄超100年的黄连树。另一块金属牌，挂在树上6米树杈处，有一角已嵌入树干里，从下面无法看清牌中内容。

9.花石嘴村许丙谷家门口枫香树　位于大塘埂村民组许丙谷家上侧6米处水泥路西侧，树高约20米。树根1米处周围有凸起，靠西南边有悬浮状粗根扎入土山之中（因此树生长在路边水沟位置，经年累月，雨水将树根部土壤冲走，侧根裸露在外，东北侧临路，因裸根被毁，故在树根部留下凸起的疤痕）。凸起以下1米原主根（当地叫“定底根”）已演化成树。此树没有大的分枝，周身上下枝丫匀称。霍山县人民政府分别于2014年12月和2021年6月给这棵枫香树挂牌。标牌显示；古树名：枫香；科名：金缕梅科；树龄：205年；保护等级：3级；编号：30046；调查号：3-28；保护责任单位（责任人）：大塘埂组。

名贵植物选介

银杏　银杏树又名白果树，古又称鸭脚树或公孙树。它是世界上十分珍贵的树种之一，是古代银杏类植物在地球上存活的唯一品种，因此植物学家们把它看作是植物界的"活化石"，并与雪松、南洋杉、金钱松一起，被称为世界四大园林树木。我国园艺学家们也常常把银杏与牡丹、兰花相提并论，誉为"园林三宝"，并把它尊崇为国树。银杏树为高大落叶乔木，躯干挺拔，树形优美，抗病害力强、耐污染力高，寿龄绵长，几达数千年。银杏树不仅以其俊美挺拔、叶片玲珑奇特而具有极高的观赏价值，而且适应性强，药用功效大，经济价值亦非常可观。银杏树的果实——白果，品味甘美，医食俱佳。经过加工之后，可以制成色泽鲜艳，气味浓郁，香甜可口的各种风味饮料和老幼皆宜的保健食品。银杏的根、叶、皮也含多种药物成分，临床应用价值较高。

桂花　木犀科，木犀属常绿灌木或小乔木，高1.5～15米。树冠圆头形、半圆形、椭圆形，树冠可以覆盖60平方米。树皮粗糙，灰褐色或灰白。叶对生，椭圆形或长椭圆形，全缘或上半部疏生细锯齿。喜温暖湿润的气候，耐高温而不甚耐寒，为亚热带树种。桂花叶茂而常绿，树龄长，秋季开花，芳香四溢，是我国特有的观赏花木和芳香树。我国桂花集中分布和栽培的地区，主要是岭南以北至秦岭、淮河以南的广大热带和北亚热带地区，大致相当于北纬24°～33°。该地区水热条件好，降水量适宜，土壤多为黄棕壤或黄褐土，植被则以亚热带阔叶林类型为主。在上述条件的孕育和影响下，桂花生长良好，桂花对土壤的要求不太严，除碱性土和低洼地或过于黏重、排水不畅的土壤外，一般均可生长，但以土层深厚、疏松肥沃、排水良好的微酸性砂质壤土更加适宜。桂花是中国传统十大名花之一，集绿化、美化、香化于一体的观赏与实用兼备的优良园林树种，桂花清可绝尘，浓香远溢，堪称一绝。

动物资源

随着植被的恢复与好转，镇内动物的种类和数量都在不断增多。如药用的有乌梢蛇、菜花蛇；国家一级重点保护动物有穿山甲，国家二级重点保护动物有水獭、白冠长尾雉；省二级重点保护野生动物有狗獾、黄麂、画眉；省一级保护野生动物有灰喜鹊、家燕。此外还有甲板龟、八哥、山和尚，绿翠鸟也较为珍贵，当地野猪、松鼠、山雀较多，时常破坏庄稼，致使靠山田块不能耕种。

另外，随着镇环境的不断改善，绿化面积的不断扩大，人民群众环保意识的不断增强，候鸟也开始进入境内。在胡大桥村叶家院村民组的后山，从2000年开始就出现了白鹭按时往返的现象。每年清明节前后回来，直到中秋节前后飞走，而且出现逐年增多的迹象。最多时达1000只以上，覆盖在几个山头的树枝、竹梢上。白鹭飞来绕去，鸣叫不停，成了当地一道靓丽的自然景观。动物资源的无序猎捕不可不重视，再加上生态环境的影响，部分动物种类和数量的锐减：如山鹰、麻雀、老鸹、家燕等都很少出现。

境内动物种类

畜禽　猪、牛、羊、兔、鸡、鸭、鹅等。

鸟类 老鹰、猫头鹰、乌鸦、喜鹊、野鸡（短尾雉）、地鸡、画眉、斑鸠、鹭鸶、杜鹃鸟（布谷）、黄莺（黄鹂）、沙和尚、啄木鸟、八哥、麻雀、燕子、秧鸡、水老鸹、夜莺、鸢、麦哥、黄安（俗名王巴插科）、灰喜鹊、野鸭、天鹅等。

水生动物 甲鱼、青鱼、黑鱼、鲢鱼、鲤鱼、草鱼、鲫鱼、连胡鱼、红梢、翘嘴鲌、武昌鱼（鳊鱼）、青蛙、乌龟、泥鳅、黄鳝、夹板龟、水蛭（蚂蟥）等。

爬行类 乌梢蛇、菜花蛇、泥蛇、水蛇、青蛇、小蟒蛇、蝮蛇、蜥蜴、蚯蚓等。

虫类 蜻蜓、蝴蝶、苍蝇、蜜蜂、赤眼蜂、蚱蜢、蜈蚣、青草虫、甲虫、百足虫、蜗牛、黑蚁、白蚁、蟋蟀、蚜虫、蝉、螳螂、牛虻、蝼蛄、蜘蛛、洋辣子、叩头虫、屎壳郎虫、红丝虫等。

野生兽类 狼、狐狸、野猪、豪猪、狗獾、獐子、斑狗、野山羊、野猫、野兔、刺猬、松鼠、黄鼬（黄鼠狼）、老鼠、穿山甲等。

珍稀动物选介

画眉鸟 是雀形目画眉科的鸟类。全长约23厘米。全身大部棕褐色。头顶至上背具黑褐色的纵纹，眼圈白色并向后延伸成狭窄的眉纹。栖息于山丘的灌丛和村落附近的灌丛或竹林中，机敏而胆怯，常在林下的草丛中觅食，不善作远距离飞翔。雄鸟在繁殖期常单独藏匿在杂草及树枝间极善鸣啭，声音十分洪亮，歌声悠扬婉转，非常动听，是有名的笼鸟。杂食性，主要取食昆虫，特别在繁殖季节嗜食昆虫；兼食草籽、野果。

灰喜鹊 属雀形目、鸦科的中型鸟类。外形酷似喜鹊，但稍小。体长33～40厘米。嘴、脚黑色，额至后颈黑色，背灰色，两翅和尾灰蓝色，初级飞羽外翈端部白色。尾长、呈凸状具白色端斑，下体灰白色。外侧尾羽较短不及中央尾羽之半。栖息于开阔的松林及阔叶林，公园和城镇居民区。杂食性，但以动物性食物为主，主要吃半翅目的蝽象，鞘翅目的昆虫及幼虫，兼食一些植物果实及种子。

猫头鹰 （也作枭“xiāo”，鸮“xiāo”）眼周的羽毛呈辐射状，细羽的排列形成脸盘，面形似猫，因此得名为猫头鹰。它周身羽毛大多为褐色，散缀细斑，稠密而松软，飞行时无声。猫头鹰的雌鸟体形一般较雄鸟为大。头大而宽，嘴短，侧扁而强壮，先端钩曲，嘴基没有蜡膜，而且多被硬羽所掩盖。与很多肉食动物一样，猫头鹰的眼睛位于面部的正前方，这让它们在捕猎过程中拥有出色的深度感知能力，尤其是在光线暗淡的环境下。有意思的是，大大的眼睛被固定在猫头鹰的眼窝里，根本无法转动，所以猫头鹰要不停地转动它的脑袋。它们还有一个转动灵活的脖子，使脸能转向后方，由于特殊的颈椎结构，头的活动范围为270°。左右耳不对称，左耳道明显比右耳道宽阔，且左耳有发达的耳鼓。大部分还生有一簇耳羽，形成像人一样的耳廓。听觉神经很发达。

夹板龟 学名金头龟，学名黄缘盒龟或黄缘闭壳龟，别名夹板龟、断板龟、呷蛇龟、克蛇龟、驼背龟等。养龟界把金头龟称为北系金钱龟，与南方热带南系金钱龟（即三线闭壳龟）并列。近年由于生态环境改变，加上无序滥捕，致使金头龟濒临灭绝边缘。金头龟属陆生龟，很少下水，可以长期脱离水源生活。金头龟最大特征是棕褐色背壳及牙白色背

金头龟（俗称夹板龟）

棱隆起，黑色腹甲中间有一横断沟纹，分成前后两块，使腹甲两头可以似活页一样掀起、闭合。受惊时四肢及头和尾均可全部缩入壳甲内，不露出肌肤，自卫力强，其上下壳甲间闭合力达20公斤，可夹死毒蛇啖吞，一般小型敌害动物奈何不了它。金头龟食性很广，任何食物均可喂养，食量是其自身体重的2%~5%。人工饲养在0℃~43℃内均可，16℃~18℃以上吃饲料，13℃以下转入冬眠，可让龟钻入泥沙或草堆中越冬，也可以放室内容器中越冬，均十分安全。

乌梢蛇　蛇目、游蛇科、乌梢蛇属体形较大的一种蛇，俗称乌蛇、乌风蛇。乌梢蛇分布范围很广，是中国较为常见的一种无毒蛇，长势快、适应性强、抗病力高、市场畅销、很适宜人工养殖。乌梢蛇是典型的食、药两用蛇类。它不仅肉质鲜美，好于其他众多的无毒蛇，而且还具备许多毒蛇所没有的药用价值。传统中药中的乌蛇便是本种处理后的干品，这是其他无毒蛇所无法比拟的。除此之外，乌梢蛇皮还是制作乐器、皮革制品的上好原料。食、药兼备的乌梢蛇越来越受到人们的重视和欢迎。现市面上热销的纯蛇粉，大都以乌梢蛇为主要入选原材料。乌梢蛇主要生活在丘陵地带，肉食性蛇类，以蛙类（主食）、蜥蜴、鱼类、鼠类等为食。由于栖息地破坏及人类大量捕杀，野外生存数量大减，急需保护。

四、矿产资源

但家庙境域内矿产资源有砂石、砖瓦黏土、陶土。镇内大河厂村大面积黄色黏土，曾建有大河厂轮窑厂；但家庙村大冲、小冲（原花园畈村）有大量坚硬的石山。2005年，在该处开了两个采石场，所采石料由于质地好，非常畅销。2017年，因环保需要而停产。另外，在部分河道、河滩有鹅卵石可采，有白、黑、黄、灰等多种颜色，质地坚硬，表面光滑，稍经加工，便是良好的建筑材料。

五、旅游资源

但家庙镇地处大别山余脉，境内地形以低山丘陵为主，植被完好。广袤的原野被小山、丘陵、河流分割成大大小小的无数形状不规则的地块。境内7座小水库和数百口山塘点缀其间，犹如镶嵌在绿色大地上的明珠。这里农耕文明特点显著，红色文化地位独特。因此，独具特色的地形地貌、深厚的文化底蕴和丰富的物产，使但家庙独具魅力，旅游开发的前景十分广阔。

自然风光

但家庙镇生态完好，环境优美，是全国生态镇。2009年，获“安徽省环境优美乡镇”称号。境内资源较为丰富，具有较强的乡村野趣，是皖西风景旅游圈的重要组成部分。

复览山　位于衡山镇东部的洛阳河村与但家庙镇南侧的但家庙村交界处，距离霍山县城约10千米，海拔391米。复览山原名扑龟山。据光绪《霍山县志》记载：西汉元封五年汉武帝刘彻南巡回銮登此复览南岳而得名。人们习惯上把东到与儿街境内，西到洛阳河境内的所有山峰叫作复览山。如站在但家庙村仓房村民组等地观望：大小峰尖，犬牙交错，横亘排列，组成一道壮观的屏障。古往今来，就有“山（复览山）前”“山（复览山）后”（“山前”指洛阳河一带，“山后”指但家庙一带）之称谓。此山犹如一头雄狮俯卧在大地上，甚是奇特。山的南北脚下均有小河流过，由东向西流去。山下四周为开阔地，田垄一片，阡陌交通，远衬此山之秀。该山为霍山县境内东域最高峰，海拔391米。复览山具有悠久的历史。南宋时有人置戍守于此，明代有南侯黄得功罢戍，解甲归田，在此建室，修身养性，收徒传艺，终其天年。清咸丰初年，邑诸生龚春艺等以黄土结石，就原寨墙加高，设四门，略具城垣规模。寨东门坡陡路窄，很难攀援；北门控但家庙；西门扼洛阳河；南门伺大沙埂。据险扼守，固若磐石，曾数次抵御太平军。（据传，抗日战争时期，途经但家庙的日本侵略军用“小钢炮”把复览山北门炸毁）寨墙依山势地形垒筑，高约4米，顶宽1米，总长1500米。历经战乱和风雨侵蚀，寨墙现仍依稀可辨，四门框架仍保留完好，门框均为石砌。寨内有三眼天然水井，名曰“圣泉”，清馨异常，游鱼可数，久旱久涝，不涸不溢。又有“龙井”“龙眼”“龙泉”之称。据说病恶之人用此水沐浴，可洗去疾病和邪恶；健康的人用此水沐浴，可使身心更加健康和纯洁。西侧有一块巨石，高约4米，上面有天成的一排7个石臼，据说可供插旗用，时至今日，完好无损。山顶原建有复览山寺，不知其始建年代，民国19年（1930）被大火烧毁，寺原为四合一庙宇式的造型，条石根基，砖木结构，雕花镂纹，图案精致。有前后殿包厢，有14间房，中有天井院。大殿上供奉佛像，约40尊，树立石碑20多块，记功德布施，修建概况等内容。现存的寺门楼，砖木结构，造型雅朴，是被焚后所建。门首嵌有横匾，正面书刻“汉帝重游”，背面书刻“龙泉禅林”字类颜体，质为细青石，今横匾尚存，经鉴定为清代遗物。中华人民共和国成立初，寨中尚有生铁铸成的古炮1门，大铁钟1座，重量各有250公斤以上，1958年被毁。在寺房四隅，是4米高的石壁，成斜坡延伸渐次平坦，约有10平方米，外表光滑如石板。该山西边有一个山沟，名曰“红水沟”，因终年流淌的都是红水而得名。在山的南面半山腰，有一个天

遥望复览山　　（王玉生　摄）

然洞穴，地面平坦，2米多高，能容纳下20多人。在复览山从西向东第二峰北侧，朝西北侧面，有一块巨石，光滑无比，常年有泉水自石顶漫石而下，从远处看，呈现出银灰颜色，好似一块明镜，被称为“月亮石”。相传该石发出的光能穿过山峰照在山前一户大家的厅堂。又据传说，这里常有仙人在此对弈。一次，一个农民在此处砍柴，看到两位老人在此下棋，他将尖担（两头用铁包成尖状的扁担）插在石旁土里，观起双方下棋。等两位老人下完一盘棋后，他拔出尖担准备打柴，却看到尖担插在土里的那部分已经腐烂了，才知道下棋的两位老人是仙家，他俩的一盘棋已经下了好多年。现今复览山，苍松连片，绿竹成海，路通电达，环境极其优美。

九峰十三洞，两沟一线天 位于但家庙镇北部的观音岩村，这里重峦叠嶂，群峰兀立，山势秀丽多姿，原生植物丰富，种类繁多，空气清新宜人，生态环境极其优良。同时，集峡谷地貌和洞穴景观于一体。这里与大别山石窟、嵩寮岩等景区同属大别山东部余脉。在方圆10多平方千米的范围内，有天台山、龙凤尖、肚痛寨等9座别具一格的山峰，有观音洞、牛郎洞、嫁女洞、狮耳洞等幽深的天然岩洞，还有韭菜沟、板壜沟、一线天等深谷奇峡，吸引了河南户外飞行俱乐部、足仆俱乐部等10多家户外爱好者团队到此探险猎奇。

九峰之天台山 又名豪珠岭，位于观音岩村北端，海拔209.5米，向四周延伸成为9座山峰，豪珠岭庙（今改名东观禅院）即建于其上。位于观音岩村部偏北方约4千米处，属岭坎村民小组。东面与六安横塘乡凤凰台、雷冲（岩湾水库）连接；西与青山乡钢山寨、豹子岩风景区相连；北面与长岗头、九里冲相依；南方与金杯山、芝麻尖相望（占地纵横5千米之余）。

天台山沟壑纵横，地表大多为红沙土壤。山上树木丛生，除松树外，还有多种杂木；山间四季花卉不断，春天杜鹃、秋天菊花更是漫山遍野；树林中间生多种中药材，如杜仲、桔梗、黄精等。山上还有两棵古枫，树龄均在百年以上。山林间常有野生动物出没，如野猪、豪猪、灵猫、黄羊、野兔等。鸟类也很多，如画眉、乌鸦、喜鹊、野鸡等。

又传说古时有神人“九华老祖”到该地选址建庙，坐下后数数龙脉只有8条，却将自己坐下的一条没有数上。然后起身走向复览山，只因他这一坐，山顶被压陷下数丈（现在山顶一块平坦之地，后建有庙宇）。他站起来用手指向与儿街的指封山，又将山指歪了。一路建庙未成，他就一直奔向江南，在九华山立庙修身，传为佳话。

九峰之牛鼻山 坐落在观音岩村石嘴村民组境内，山峰海拔242.7米。它的东面山岭起伏，小溪顺山而下。山上有名贵植物葛藤，其根可制成葛粉，有很高的药用和保健价值。中药材品种也很多，如金银花、黄精、苍术、天冬、麦冬，等等。牛鼻岩四季风光旖旎，花香醉人。

九峰之金杯山 坐落在观音岩村北面张管冲村民组境内，海拔212.9米，属于天台山支脉。东与芝麻尖大山相连，西与胡家洼村民组小十山接壤，南面延伸到舒祠村民组藕节地至舒氏宗祠，北面就是天台山主峰。该山有一方为陡峭石壁，其余地表为砂石土壤，生长着杂木林，以黄栗树为主。过去村民在这里烧制木炭，现在已开辟为梯状茶园。

关于金杯山有一个“金杯助客”的传说。很久以前，山间有一处石洞府，府门由一位老者看守。石洞府内有10只金酒杯，老者许诺可以借给邻近村民招待贵客，但必须用后即还。村民们也都信守承诺，借了就还，再借再还。但后来有一户人家非常爱财，竟将借来的“金杯”扣下一只不还。从此以后，洞府的石门关闭，老人也不知去向。这神奇的故事一直流传至今。

九峰之杨家大山　坐落在观音岩村，团墩小街西500米的杨家行村民组，主峰海拔171.5米，似一条巨龙横亘于但家庙、下符桥两镇之间。山上物产丰富，是著名的油茶基地，还盛产茶叶、板栗、毛竹等多种经济作物。登上杨家大山顶峰，近看，可见观音岩村服务中心大楼、团墩小学、村卫生室的全貌，三星赶月、金龟听笛等美丽风光尽收眼底；远眺，在晴朗的天空下，复览山峰、南岳美景、淠河秀色等著名景观都一览无余。

九峰之肚痛寨　位于观音岩村北面的沈家院村民组，顶峰海拔218.4米。东边与韭菜沟、观音岩相连；西边可俯视枣树井村民组；北边与白云岩相望；南边就是小寨。山顶平坦，主峰周边存有古时寨棚遗迹。山上生长着杂木、茶叶及多种中药材，林间时有野兔、雉鸡等动物穿行。

民间传闻：明太祖朱元璋母亲怀孕时，有官兵追赶，从凤阳逃难到该处，肚痛难忍，即将分娩，所以后人就将此山称为肚痛寨。

九峰之龙凤尖　又称沈家大寨、护国寨。与牛鼻岩山峰遥遥相望，位于毛岭、黄冲、石嘴三村民组境内。山上树木丛生，四周为陡峭嶙峋的石壁悬崖。远在明清时期，深山茂林中常有土匪在此作乱，为害乡邻，后来有一位仗义匪首在该山寨称霸，专打土豪劣绅，并未欺压百姓。

抗日战争时期，有一股日寇从六安沿横塘至霍山的山间小路进犯乡民。有一天，得知有一股日寇到舒家庙小街，计划自舒家庙经毛岭通过石嘴，往但家庙方向行进。当地游击队配合地方保安，组织了几百把枪支、长矛、大刀，埋伏在山寨中，只待日寇来犯。不出所料，第二天早晨，这股日寇大摇大摆地出现在龙凤尖东北方的山路上。中国军民密切配合，奋勇出击，逼着日寇向西北方向逃窜。自那以后，人们称该山为护国寨。

九峰之海螺啸天（观音尖）　位于观音村东北边的观音岩村民组境内。沿三拐洞下峡谷顺势而上至“一线天”，可见一座形似海螺的山峰，该山即为海螺啸天。主峰观音尖，海拔276.1米。该山东邻观音岩水库（一库），西连观音岩洞后山，南接韭菜沟的山崖，北靠裕安区九十里画廊的“一线天”和岩湾水库，是观音岩景区的重要组成部分。山中的动植物资源极为丰富。动物有黄羊、野兔、松鼠、野猪、灵猫、黄鼠狼、青蛇、白鹭、野鸡、画眉、山雀等；植物种类繁多，不仅有大片成材松树以及毛竹、白桦、榆树、栗树等树木；还有黄精、天冬、麦冬、桔梗、苍术、断血流、天南星、金银花等名贵中药材，也有兰草花、映山红、野菊花等四季花卉。

在山峰顶端有一座古冢，据说是大户人家的祖坟。墓碑上刻着“皇上御赐”的字样，其余文字则模糊不清，难以辨认，故亦无从考证。

九峰之庙岗头 坐落在观音岩村石嘴、黄冲、六房院3个村民组境内，十二道山梁由此呈放射状向四周延伸，顶峰海拔249.3米，山上景观成条块状分布：山顶松林，山腰竹林，山脚梯田，峡谷小溪边，红瓦白墙的楼房掩映在绿树丛中。

从南面看，3条垄冲将山分割为四条山脉，正南面的两山之间有一挂瀑布，阴雨天气则呈飞流直下之态。蜿蜒的水泥路把山间村庄连成一体。从西面看，林木茂盛，山脚的垄冲田块由高至低连绵成片。

九峰之大山尖 坐落在观音岩村正北方，在小广冲村民组境内，海拔186.1米。山上生长着茂密的马尾松，山顶有约1000平方米的平台，呈网球拍形，周边有木板铺成的栈道，栈道两边有仿木护栏。该栈道设计颇具匠心，栈道围成的形状，即是万亩油茶基地整个区域的缩影。平台西侧的山顶建有一座观景台。在观景台上眺望，万亩油茶尽收眼底，甚为壮观。大山松涛为观音岩九大景观之一。春天，和煦的阳光照射松林，微风吹过松梢，松针沙沙作响，随风翻滚；夏天，绿树成荫，远远望去，大山尖像一艘绿色的巨轮扬帆待航；秋天，松果挂满枝头，松子散发出点点清香；冬天，白雪飘洒在松林上，一片银装素裹，美不胜收。

2013年，大山尖万亩松涛流转给金马公司开发，建成万亩油茶基地。仅几年时间，油茶郁郁葱葱，硕果累累，经济效益初步显现。至2019年，年产油茶籽达200余吨。社会效益也日益明显，为周边200余人提供了就业机会。依托油茶基地，建成骑行赛道（分为专业赛道和业余赛道），并于2018年和2019年两次举办省级自行车越野赛。

十三洞之观音岩石洞群 位于观音岩水库上游尾部、海螺啸天山腰上，距谷底20～30米。在苍翠的树林中，有一个阔大的山洞像一只正在觅食的雄狮张开的大口。石洞内，开阔敞亮，足有500平方米，人们称为中央大厅。在中央大厅中间原有一尊观世音塑像，前面设有香案、烛台。因此，这个岩洞又被称为“观音洞”。

观音洞

老君洞

八仙洞

三星赶月　（党政办　提供）

观音洞左、右各有两个石洞，约有60平方米，原来是观音岩庙僧尼的宿舍、厨房。在观音岩主峰上，有5个自然形成的石洞，加上与主峰相邻的两边山峰上各有一个石洞，共有7个天然山洞，合称为观音岩石洞群。这些石洞早在20世纪20～30年代，是舒传贤等宣传发动革命的秘密场所。据查，舒圣保、王仁贵等人曾在观音岩洞中秘密开会，后因叛徒告密，被逮捕而就义于青山之中。

嵌在石崖里的牛鼻岩寺——古佛禅寺

（刘　明　提供）

十三洞之牛鼻岩　牛鼻岩位于但家庙镇观音岩村毛岭村民组境内，又叫留碧岩。因处于牛鼻山的半山腰处，岩洞形状如牛鼻，故得名。岩洞对外有两个圆洞并列，叫“牛鼻孔”；两孔中间隔1米厚石壁，有一个圆孔，直径2米，人称“牛鼻眼”，现作为过道用。右下方有一小洞，从鼻孔通往外侧，叫“牛耳孔”。洞内最高处8米，最低处1.5米，洞深40米，总面积200平方米左右。据传，清朝时此处曾建有寺庙，名古佛禅寺。夏道姑在此修炼，供奉菩萨，后毁于“文化大革命”。1997年，九华山欧姓僧人（家住裕安区苏埠镇，于2001年圆寂）在这里修建寺院，洞口用红砖砌墙。洞内置大菩萨7尊，依岩设计，称“海棠山”。岩洞对面（小塘洼山脚）建有纪念塔，内置夏道姑坐缸遗体（百年不腐）。夏道姑遗体于2000年前后被盗往岳西。2017年7月，当地信众对纪念塔进行重新扩建。牛鼻岩周围青山绿水，古木成荫。寺阶高远，塔蕴古风，岩下溪流环绕，林间鸟语蝉鸣。每逢节日，这里热闹非凡，平时，香客络绎不绝。

十三洞之蝙蝠洞　在古战场西面，观音峰北面。洞东侧长着一棵直径约12厘米的纠藤（紫藤）。

蝙蝠洞是一座宽10米、长60米的三角形石洞。洞里面全是一层厚厚的鸟粪。洞口遗留着一段厚50厘米、高150厘米的土垒墙。中华人民共和国成立初期，舒家庙保的反共头目储子钊在此就擒。

十三洞之织女洞、牛郎洞 即水洞和旱洞，在板墁沟中部。靠西边山崖上有一个洞，名为“水洞”。洞内有水，越往里走洞身越往下，里面的水也终年不干。20世纪70年代的干旱时期，人们曾从洞里打水抗旱。水洞长22米，宽8米，高2.4米。在水洞对面（隔着板漫沟，相距20多米）的山坡上，也有一个山洞，洞内终年干燥，名为“旱洞”。旱洞长10.5米，宽9米，高2.5米。当地人戏称这水、旱两洞为“牛郎织女洞”。

十三洞之嫁女洞 又叫獐子洞，位于观音岩村白云水库东南100多米处的山崖上，周围山清水秀，景色宜人。洞外是一片茶梯地，洞口朝北，洞内面积约150平方米，呈三角形，地形奇特，宽阔平整。早在清末时期，有人在此生活。据传，有一户人家穷得居无定所，落住此洞。他家的女儿长大成人，就在此洞将女儿出嫁，嫁女洞由此得名。中华人民共和国成立前，当地居民高永富父母因家庭异常贫困无所可居，也曾在此处安身。数年后生下高永富、高永贵、高永厚三子，不久双亲去世。高永富带着两个幼弟四处乞讨，晚归此洞休息。他们一直避难于此直至中华人民共和国成立。

十三洞之白云岩一洞 位于观音岩村白云村民组境内白云水库上游的半山腰上，每逢雨后天晴，岩洞外都呈现出白云飞腾的景象，故得名。岩洞面积约60平方米。内有厨房、床铺等生活设施。20世纪70年代，退休老干部高宗炳曾在这里放羊、养鱼，创办生态养殖业，让自己的余生发光发热，传为佳话。

十三洞之白云岩二洞 紧挨着一洞，其面积稍小一些，里面放着一些生产生活用具，俨然是一洞的“附属房”。

十三洞之狮耳洞 位于观音岩村东北方石嘴村民组，在岩石山中间，天然生成一个像狮子耳朵一样的山洞。洞内面积约30平方米，里面留有人们生存的遗迹。

十三洞之大岩洞 又称长岩，位于板墁沟深处，洞口向北。洞口留有土围墙，洞宽约12米，洞深5～7米不等，顶高2米以上。洞内平坦，可容百余人，是当年老百姓逃荒避难之地。该洞有人行道通往大冲，是旅游观光的好地方。

十三洞之三拐洞 在“海螺啸天”西北一侧，距沟底20多米高的山崖上，有3个山洞，呈三角形分布，名为“三拐洞”。这些洞的洞口为绿树掩映，只能隐约见其轮廓。其中一洞高约2米，宽10～20米，深不可知。因山崖陡峭，难以攀爬，不能到洞内一探深浅。有民间传闻，民国时期，曾有盗匪藏身洞内，危害人民。

两沟、一线天之韭菜沟 因沟谷及两边崖壁上长满韭菜而得名。位于观音岩村白云组，夹于大山埂（方言读“亘”）、中山埂两山之间。韭菜沟大致为西北—东南走向，全长约1.5千米。从传贤广场沿观豪路往东北，行车5分钟左右即到韭菜沟入口处。

一入沟内，就可看见这里标志性的植物——韭菜。传说很久很久以前，有一对神仙夫妇，他们想找一个没有人打扰的地方生活。当他们从韭菜沟飞过时，见一条山沟就像一条龙睡在两座大山之间。四周都是高山，没有人可以进来打扰他们。于是他们飞入沟底，建起了房屋后便住了下来。起先是吃山上的野果，渐渐地，山上的野果都被吃光。于是，便只好自己种菜。他们发现山上有种草可以食用，并且容易种植，这种草就是韭菜。于是他们便开始大面积种植，从那以后，他们便不再为吃而烦恼了。后来，天上下来的神仙多了，韭菜种多了，便长满整座山。后来人们发现这条山沟，将它命名为“韭菜沟”。

沟内还有其他一些喜阴的植物，如水荷叶、黄精等。刚进入韭菜沟时，沟的宽度为2米左右。沿着曲折的沟谷往里走，两边山势越来越高，沟两侧的崖壁也越来越高耸。其高度从几米到十几米、几十米。到沟谷中间地段，谷底的宽度有所增加，有的地方宽度达3～4米。这里有一方倒塌的石块倚在崖壁上，石块与崖壁之间仅有几度的夹角，因此石块看起来几乎是垂直地立在那儿。传说原来有一条大蛇在这块石头缝里修炼，就要修炼成精了，它却危害乡民，结果遭到雷劈。这石块就被从石崖上劈下来，斜倚在那儿，人称“雷打石”。而那蛇也被打进了边上的石洞里，洞口被石头堵住，蛇永远出不来了。这洞也就被称为“锁蛇洞”。还有传说，那长在高高的崖壁上的韭菜有神奇的功能，可以治疗疾病。人们到崖壁上采韭菜之前，都要先在沟旁的一个小洞里点燃香烛，向神灵祷告，请求赏赐一点“神韭”，这样才能保证攀爬悬崖时没有危险。而如果有人贸然去采摘韭菜，则往往会有意想不到的灾祸。

悬崖生长的神韭菜　　（陆皖玉　提供）

沟内较宽阔的地方，生长着一些珍稀的植物，包括一些名贵的中药材。有的树木长得奇形怪状，形成奇特的景观。沿沟谷而上，两边的崖壁越来越陡峭，峡沟也越来越窄。有的地方抬头只能看到一线的天空，真的给人以“自非亭午夜分，不见曦月”的感觉。越往上走，坡度越大，陡峭处则近乎笔直，且上下落差达5～6米。人们只有借着采药人搭的简易木梯，手脚并用，下面的人托着上面人的脚，上面的人拉着下面人的手，大家相互帮忙，才可勉强爬上。更为惊险的是，有的地方不仅陡，而且非常窄，宽度仅有20厘米左右，稍胖一点的人只有斜着身子才能通过。

板墁沟和一线天　从观音岩洞沿着盘旋而上的竹林小道，可达板墁沟。板墁沟四面群山环绕，位于韭菜沟东北，与韭菜沟仅隔一道山梁，长约2千米。相传这里曾是古战场，依稀可见古炮台、壕沟等遗迹。因为这里竹木丛生，沟壑相连，为野猪、野兔等动物提供了理想的活动场所。

雷打石　　（邓宏超　摄）

白云村民组的韭菜沟　　（邓宏超　摄）

沿着崎岖的林间小道一直往东走，便到了久负盛名、风景奇特的峡谷“一线天”。“一线天”两边是陡峭的石崖，有的地方高达百米；沟底是曲折蜿蜒的溪流。峡沟宽敞处不过两三米，窄的地方大约1米。一线天长约1000米。此处山高谷深，从沟底抬头仰望，有时只能看见一线的天空，峡沟也由此得名。

万亩油茶基地　位于但家庙镇观音岩村西冲等22个村民组，距镇政府4.5千米。2011年10月开始建设，2014年9月建成。共栽种万余亩油茶，层层梯田都建有U型梁、排水沟。全景共有18口山塘、3个观景台，远眺全景，气势恢宏，场景壮观。

七星寨　距花石嘴村村部东南角6千米处，有7座山峰相连。据相关资料记载，清咸丰四年（1885）7月，东北乡农民商从俊、李之鹏、郑承恩、余元景等人，借太平天国义军之势揭竿而起，聚集贫苦乡民占山为王，在这7座山峰安营扎寨，取名七星寨，后作为地名沿用至今。

圣泉　位于但家庙镇境内的复览山顶。距离复览山寺门楼约15米，有口天然水井，久旱久涝，不涸不溢，此水清凉甘甜，旧传常饮此水可消灾祛病，延年益寿，故名“圣泉”。旧时又称为“龙泉”“龙眼”。

碧波荡漾的洞天湖——观音岩水库
（刘　明　提供）

观音岩万亩油茶基地
（刘　明　提供）

人文景观

古迹遗址　有位于大河厂村戴家院村民组商周古村落遗址、团墩遗址、卢家院遗址。2005年，因修035高速公路进行抢救性发掘。红色遗址群，包括舒传贤故居、舒家庙农民夜校遗址、霍山县第一次党代会旧址、皖西党小组会会址、舒家庙农民夜校旧址、东北乡暴动旧址、豪珠岭会议旧址等。人文建筑有：位于观音岩村北部的豪珠岭上的东观禅院，位于但家庙村南部的复览山上龙泉禅寺，位于胡大桥村赵老庄的赵兴龙古宅。

红色遗址群　（详见第九章“文化”第五节“文物　遗址　寺庙”）

东观禅院　建于豪珠岭上，据禅院内石碑记载，唐贞观年间，尉迟恭建寺于豪珠岭上，取名曰“东观禅院”。“文化大革命”时期，该禅院遭严重毁坏。1986年，当地信众与佛教界人士在该寺旧址合力重建寺院。现该寺建筑面积达950平方米，各类用房44间，常住僧众5人，是目前全县境内最大的佛教寺院。土地革命战争时期，“豪猪（珠）岭会议”即在该庙二楼召开。每逢农历二月十九、九月十九举行庙会。在这里能买到木屐、草鞋、蓑衣、斗笠、牛轭、马扎（秧板凳）。2015年7月，镇人民政府又征集1.55亩土地，筹措资金30多万元，扩建了从团墩到东观禅院的水泥路，交通更为便利。

位于豪珠岭的东观禅院　　（刘　明　提供）

断山堰美好乡村　位于但家庙镇大河厂村断山堰村民组，共有47户134口人。该点2012年10月动工修建，东西向长条，建有4个景观塘和2个广场。房屋依山而建，白墙红瓦，绿树成荫，环境优美。

第四节　人　口

一、人口概况

民国时期，因人口统计不够规范，该区域人口大致为不到1万人。中华人民共和国成立后，人口统计逐步科学规范，人口增长较快。但在1958—1960年3年间，人口出现大幅下降。此后10多年，人口快速增长。1977年后，由于实行计划生育，人口过快增长势头得以控制。据1982年全国人口普查，本区域人口总数为14310人，其中男7289人、女7021人。2000年第五次人口普查，全镇户籍人口为15846人，其中男8277人、女7569人。常住本地人口13647人，其中男6918人、女6729人。常住人口中农业人口13283人，非农人口626人。2010年第六次人口普查，全镇户籍人口15762人，其中男8209人、女7553人。常住人口3787户，计12141人，其中男6111人，女6030人。2017年7月5日，全镇总户数4100户，户籍总人口数16098人，其中非农业人口数742人（观音岩村146人、大河厂村99人、但家庙村321人、胡大桥村91人、花石嘴村85人）。2021年，全镇人口总数为15947人，其中男8282人，女7665人。

1982年但家庙、团墩公社第三次人口普查数据表

表1-12

	户数（户）	人口数（人）	男		女	
			人数	占比%	人数	占比%
但家庙公社	2092	10053	5108	50.81	4945	49.19
团墩公社	880	4257	2181	51.23	2076	48.77
合计	2972	14310	7289	50.93	7021	49.07

2000年第五次人口普查但家庙镇分民族及城乡人口统计表

表1-13　　单位：人

少数民族			城乡人口		
小计	男	女	小计	农业人口	非农人口
4	1	3	13917	12589	1328

2010年第六次人口普查但家庙镇分性别分城乡户口统计表

表1-14　　单位：人

总人口				农业人口			非农人口		
户数	合计	男	女	小计	男	女	小计	男	女
3787	12141	6111	6030	11700	5806	5894	424	296	128

2017年但家庙镇流动人口情况统计表

表1-15　　单位：人

村别	流出人口数	跨省流动人数	省内流动人数
观音岩村	1749	1425	324
大河厂村	519	329	190
但家庙村	830	696	140
胡大桥村	848	699	149
花石嘴村	832	697	135
合计	4778	3840	938

二、人口构成

年龄构成

2000年11月第五次人口普查，全镇常住人口13827人。其中0～14岁3631人，占总人数的26.1%；15～64岁9036人，占总人数的65.6%；65岁以上1160人，占总人数的8.3%，其中85岁以上人口30人，男10人、女20人。2010年第六次人口普查，全镇常住人口12141人。其中0～14周岁2128人，占总人数的17.5%；15～64岁8883人，占总人数的73.2%；65岁以上1130人，占总人数的9.3%，其中85岁以上人口84人。从普查数据看，预期寿命提高，长寿人群女性明显多于男性，人口老龄化趋势明显。

2000年第五次人口普查但家庙镇分年龄、性别人口统计表

表1-16　　单位：人

0岁			1～4岁			5～9岁			10～14岁		
小计	男	女	小计	男	女	小计	男	女	小计	男	女
169	101	68	796	447	349	1194	655	539	1472	848	624
15～19岁			20～24岁			25～29岁			30～34岁		
小计	男	女	小计	男	女	小计	男	女	小计	男	女
600	268	332	747	342	405	1201	578	623	1531	738	793

续表 1-16

35~39岁			40~44岁			45~49岁			50~54岁		
小计	男	女	小计	男	女	小计	男	女	小计	男	女
1282	622	660	646	306	340	1009	542	557	802	425	377
55~59岁			60~64岁			65~69岁			70~74岁		
小计	男	女	小计	男	女	小计	男	女	小计	男	女
625	336	289	593	333	260	511	256	255	303	133	170
75~79岁			80~84岁			85岁及85岁以上					
小计	男	女	小计	男	女	小计	男	女			
238	106	132	78	21	67	30	10	20			

2010年第六次人口普查但家庙镇分年龄、性别人口统计表

表 1-17　　单位：人

0岁			1~4岁			5~9岁			10~14岁		
小计	男	女	小计	男	女	小计	男	女	小计	男	女
90	44	46	438	240	198	683	378	305	917	514	403
15~19岁			20~24岁			25~29岁			30~34岁		
小计	男	女	小计	男	女	小计	男	女	小计	男	女
756	391	365	705	353	352	673	227	246	601	272	329
35~39岁			40~44岁			45~49岁			50~54岁		
小计	男	女	小计	男	女	小计	男	女	小计	男	女
1182	574	608	1387	664	723	1496	748	748	566	265	301
55~59岁			60~64岁			65~69岁			70~74岁		
小计	男	女	小计	男	女	小计	男	女	小计	男	女
997	501	496	720	374	346	515	276	339	412	221	191
75~79岁			80~84岁			85~89岁			90~94岁		
小计	男	女	小计	男	女	小计	男	女	小计	男	女
317	153	164	144	55	89	70	24	46	13	4	9
95~99岁											
小计	男	女									
1	0	1									

2017年但家庙镇人口年龄、性别结构状况一览表

表1-18　　　　单位：人

人口结构状况				
年龄结构（岁）	人口总数	男	女	占人口百分比（%）
0～14	2051	1113	938	12.74
15～60	11140	5839	5301	69.20
61～80	2586	1295	1291	16.07
81～90	303	143	160	1.88
90以上	18	5	13	0.11
合计	16098	8395	7703	

2021年但家庙镇人口年龄结构状况一览表

表1-19　　　　单位：人

年龄结构（岁）	人口总数	年龄结构（岁）	人口总数
0～10	1403	61～70	1547
11～20	1378	71～80	1066
21～30	2110	81～90	400
31～40	2118	90～100	29
41～50	2507	100岁以上	1
51～60	3388	合计	15947

文化构成

2000年第五次人口普查，但家庙镇6岁及以上人口12704人，其中未上过学的1366人（男381人、女985人，分别占6岁以上人口的3.0%和7.75%）；小学5577人（男2693人、女2884人，分别占6岁以上人口的21.2%和22.70%）；初中4401人（男2617人、女1784人，分别占6岁以上人口的20.6%和14.04%）；高中380人（男294人、女86人，分别占6岁以上人口的2.3%和0.67%）；大学专科90人（男76人、女14人，分别占6岁以上人口的0.6%和0.11%）；大学本科7人（男6人、女1人）。2010年第六次人口普查，但家庙镇6岁及以上人口11481人，其中未上过学的877人（男216人、女661人，分别占6岁以上人口的1.9%和5.75%）；小学4385人（男2081人、女2304人，分别占6岁以上人口的18.12%和20.06%）；初中4989人（男2596人、女2393人，分别占6岁以上人口的22.61%和20.84%）；高中992人（男694人、女298人，分别占6岁以上人口的6.04%和2.6%）；大学专科192人（男133人、女59人，分别占6岁以上人口的1.16%和0.51%）；大学本科46人（男38人、女8人，分别占6岁以上人口的0.33%和0.069%）。

2000年第五次人口普查但家庙镇受教育程度人口统计表

表1-20　　单位：人

研究生			本科			专科		
小计	男	女	小计	男	女	小计	男	女
			7	6	1	90	76	14
中专			高中			初中		
小计	男	女	小计	男	女	小计	男	女
174	132	42	380	294	86	4401	2617	1784
小学			扫盲班			未上过学		
小计	男	女	小计	男	女	小计	男	女
5577	2693	2884	709	191	518	1366	381	985

2010年第六次人口普查但家庙镇受教育程度人口统计表

表1-21　　单位：人

未上过学			小学			初中		
小计	男	女	小计	男	女	小计	男	女
877	216	661	4385	2081	2304	4989	2596	2393
高中			专科			本科		
小计	男	女	小计	男	女	小计	男	女
992	694	298	192	133	59	46	38	8

三、计划生育

概况

中华人民共和国成立前，但家庙镇经济落后，医疗条件差，人均寿命短，再加上兵荒马乱，人口增长缓慢。中华人民共和国成立后，特别是20世纪60年代后，人口快速增长，一对夫妇三四个孩子属正常，多的达五六个孩子。20世纪50年代后期，国家开始实施计划生育政策，控制人口过快增长。1962年12月，中共中央、国务院关于认真提倡计划生育的指示下达后，本县成立节制生育委员会。972年县成立计划生育委员会，加强人口控制。

中共十一届三中全会后，计划生育工作进入新的历史阶段，提倡“一对夫妇只生一个孩子”，独生子女可以享受保健待遇，领取“独生子女光荣证”，机关单位按月发给独生子女保健费，农村社员独生子女享受双份自留地，吃平均口粮，承包两份土地，奖给一定的现金。逐渐形成县、区、乡（公社）、村、组五级计划生育工作管理网络，全体镇村干部兼职做计划生育工作。1979年，成立区计划生育办公室（以下简称计生办），乡（公社）有专职保健员。原团墩乡（公社）保健员先后是杨树英、卢玲。原但家庙乡（公社）保健员为汪赟。

1980年5月，县革命委员会颁发关于计划生育若干政策的规定：各公社实行干部计划生育工作岗位责任制，年终总评，奖优罚劣。1985—1992年，撤区并乡前，各乡配有计划生育专职干部。原团墩乡计划生育专干先后是戴宗清、姜文琴；原但家庙计划生育专干先后是周正权、钱玉英。1992年撤区并乡，但家庙乡成立计划生育办公室。计生办主要职责是贯彻执行国家、省、市有关卫生和计划生育、方针政策和法律法规；编制和实施计划生育年度计划；统筹规划全镇卫生和计划生育服务资源配置；指导各村居计划生育体系建设，推进计划生育服务均等化；负责计划生育宣传、健康教育、健康促进等工作，组织开展对外交流合作。从20世纪90年代起，计划生育已成为镇村的一项重要工作，严格执行计划生育政策、法规和各项制度，实现人口“低出生、低死亡、低增长”的目标。从1992年计生办成立至2021年年底，有姜文琴、刘孝富、刘福贞、吕自成、王真伦、朱兴好、耿毅、苏玉东、何秀兰、陈学荣先后任但家庙镇（乡）计生办负责人。2000年，镇成立了计划生育服务所，专门负责全镇计划生育技术工作，计划生育专职人员由1992年的3人发展到2021年的10余人。

工作措施

“村为主”工作机制　结合农村基层组织建设，镇党委、镇政府选派1名青年干部支持后进村，并为3000人以上的村（居）增配一名计生工作专干。在改、扩建村办公场所时，坚持把村计生服务室建设列为重点。在“村为主”经费落实方面，实行计生经费核定到村，结合重奖重罚，激发村干部的内在动力。同时，对外出落实计生工作的村按任务完成情况，给予不同比例的经费补贴。

信息化管理　通过信息化手段，改变传统的人口统计方式，提高人口数据质量，打造统筹解决人口问题的信息平台。镇计生办制定了《计算机操作人员工作制度》《信息交流平台管理与反馈制度》《计算机信息保密制度》等规章制度。村级计生专干配备了计生专用微机，镇计生办对村计生专干进行计算机应用培训。基层计生专干“四网能上、QQ能传、IS能查、全员能建”。各村（居）建立育龄妇女QQ群，微信群和微信公众平台，通过互联网收集育龄群众的怀孕、出生、手术等相关信息。

推进健康脱贫　实施国家卫健委“新家庭计划”项目。加大出生缺陷干预力度。引导有生育意愿的对象提供免费孕前优生健康检查，为育龄妇女免费发放叶酸，提供农村孕产妇住院分娩补助，为适龄儿童免费预防接种。组成医疗技术小分队，开展孕期、产后、术后入户随访和妇科病普查。建立微信公众平台和服务家庭的微信群，针对不同贫困家庭需求定期推送健康知识。利用宣传栏、电子屏、制作并发放宣传单、宣传折扇等方式向全社会特别是每个贫困户家庭宣传健康脱贫政策，重点是宣传、解释“三保障、一兜底、一补充”医保政策。建立兜底保障机制，开展健康体检和家庭医生免费签约服务等十项健康行动。为全镇929户（2128人）建档立卡的贫困群众进行免费体检。为贫困妇女实施“两癌”

筛查，贫困户夫妇提供孕前优生健康检查服务。组织妇联、教育、卫生等部门全面开展贫困留守儿童调查摸底和服务活动。邀请县医院专家开展健康脱贫九大病种集中诊疗服务活动，对筛查出来的大病患者进行治疗，确保贫困人口疾病专项救治工作有序开展。

做好优质服务　利用互联网形成以QQ群、微信公众平台和镇村微信群为中心的计生宣传窗口，让群众零距离获得政策宣传、生殖健康咨询和证件办理等服务。深入村居、组、户，与育龄群众进行面对面交流，发放关于全面两孩、奖励扶助、孕前优生、健康扶贫、健康素养66条等各类计生宣传资料和挂历。2018—2022年，全镇累计为1303人次发放奖扶资金126.816万元，累计为68人次发放特扶资金36.768万元，累计为1934人次发放奖扶扩面资金148.632万元。在“5·29”“7·11”人口计划生育活动日，开展咨询台基层义诊、志愿服务、发放便民联系卡等宣传服务。

2018—2022年但家庙镇奖、特扶及奖扶扩面资金发放汇总表

表1-22

年度	奖扶		特扶		奖扶扩面	
	发放人数（人）	发放金额（万元）	发放人数（人）	发放金额（万元）	发放人数（人）	发放金额（万元）
2018	225	21.912	14	5.376	294	21
2019	236	22.992	14	8.16	359	26.46
2020	240	23.376	14	8.16	396	30.24
2021	250	24.336	13	7.56	438	34.812
2022	352	34.2	13	7.512	447	36.12
合计	1303	126.816	68	36.768	1934	148.632

1990—1999年但家庙镇（乡）出生人口汇总表

表1-23　单位：人

单位	出生人数	一孩出生人数	二孩出生人数	三孩出生人数
合计	2317	1628	667	22
倪冲	152	114	37	1
团墩	182	134	47	1
观音岩	170	120	49	1
舒家庙	193	127	61	5
大河厂	204	150	54	
黄檀树	136	89	45	2
花园畈	227	155	69	3

续表 1-23

单位	出生人数	一孩出生人数	二孩出生人数	三孩出生人数
黑虎山	131	94	37	
但家庙	153	103	47	3
小河嘴	207	142	63	2
胡大桥	187	127	58	2
倪家畈	175	122	51	2
花石嘴	164	115	49	
乡(镇)直	36	36	0	

2021年底但家庙镇人口及育龄妇女情况

表1-24

单位：人

地区名称	育龄		已婚育龄妇女							
	期末总人口	妇女人数	合计	无孩育妇	一孩育妇		二孩育妇		多孩育妇	领取独生子女证
					小计	一女育妇	小计	二女育妇		
但家庙镇	15973	3370	3012	129	1625	491	1188	339	70	799
观音岩村	4809	1006	926	34	484	144	386	77	22	252
大河厂村	2618	590	502	18	270	80	205	66	9	149
但家庙村	3674	792	669	25	366	119	265	94	13	166
胡大桥村	2399	482	446	27	259	82	147	47	13	120
花石嘴村	2473	500	469	25	246	66	185	55	13	112

但家庙镇2020年计划生育基本指标统计表

表1-25

单位	出生率(‰)	死亡率(‰)	自增率(%)	总性别比	晚婚率(%)	已婚育龄妇女占总人口比重(%)
胡大桥村	5.81	7.06	-1.25	133.33	81.82	17.85
花石嘴村	6.07	9.31	-3.24	50	100	18.33
但家庙村	7.05	8.68	-1.63	85.71	75	17.77
大河厂村	6.86	8	-1.14	125	90	19.05
观音岩村	11.58	8.27	3.31	69.7	87.5	18.73

第二章　政党　群团

但家庙镇是红色的摇篮，是皖西革命根据地主要创始人舒传贤的家乡。1927年秋，舒传贤在舒家庙建立了霍山县最早党组织——中共舒家庙党小组。1929年1月至1930年，霍山县第一次、第二次、第三次中共代表大会先后在舒家庙的肖家冲、枣树井，以及大河厂的戴家院子召开，选举产生了中共霍山县第一届、第二届、第三届委员会。

中华人民共和国成立后，从1955年2月召开第一届中共代表大会至2021年5月召开第十八届代表大会，先后产生十八届党的组织机构。

中国共产党但家庙镇委员会坚决执行党的方针政策，团结一切可以团结的力量，领导但家庙地区地方政府和全镇党员、干部群众，积极投身于思想、政治、经济、文化卫生、军事和其他一切领域的社会主义革命和建设事业。

第一节　中共早期党组织活动

一、舒家庙支部

1927年秋，舒传贤受中共安徽省临时委员会派遣回到霍山。他以国民党省党部视察员、省一大代表的资格取得了霍山县东北乡自治公所主任的职位，并以此作掩护，以“交流知识，联络感情，砥砺学术，主张公道”的名义，在舒家庙成立了学术研究会，研究马克思主义，宣传共产党的政治主张，吸收先进分子加入中国共产党。不久，舒传贤在豪珠岭大庙召开党员会议，成立了中共舒家庙支部，驻址肖家冲舒盛仓家。

书记：舒传贤（化名夏唯宁）（1927年10月）

委员：吴泽民（化名潘臣）（1927年10月）

　　　朱体仁（化名张锐）（1927年10月）

　　　舒盛仓（化名杨伯平）（1927年10月）

委员分工不详。下辖舒家庙党小组，组长为舒盛仓；团墩党小组，组长为广燕申；水口寺党小组，组长为余东平。

二、中共霍山县支部

1927年10月，舒传贤与全县各地党的负责人协商，在舒家庙开会，成立了中共霍山县支部。该支部隶属中共六安特区委，下辖5个分支部。从此，霍山有了全县统一的党组织。支部书记：舒传贤（1927.10—1928.1）。支部下辖5个分支部，其中东北乡分支部书记吴承先（化名端平）（1927.10—1928.1）。

三、中共霍山县特别支部

1928年1月，中共霍山县支部书记舒传贤（7月，增补为中共六安县委候补执行委员），在豪珠岭召开全县代表大会，到会代表20余人，会议将原中共霍山支部改组成立中共霍山县特别支部。霍山县特别支部隶属中共六安县委，下辖5个分支部。

（一）特支领导人：

书记：舒传贤（1928.1—1928.6）

组织干事：万子元（1928.1—1928.6）

宣传干事：吴泽民（1928.1—1928.6）

军事干事：朱体仁（1928.1—1928.6）

文化干事：舒盛仓（1928.1—1928.6）

（二）东北乡分支部书记：吴泽民（1928.1—1928.6）

四、中共霍山县委

第一届中共霍山县委

1929年1月，霍山县第一次中共代表大会在舒家庙肖家冲杨伯平家召开，选举产生了中共霍山县第一届委员会。书记舒传贤（1929.1—1929.9），委员刘淠西、徐育三、高维奇、喻石泉、朱雅清、朱体仁。县委机关设在杨伯平家。并成立东北、西镇、南乡3个区委和西乡、城关两个特支，党员200多人。其中中共东北乡区委书记是万子元（1929.1—1929.8），后由吴承先接任。中共东北乡区委（1929.1—1929.9）是在原东北乡党支部的基础上成立的，下辖7个党支部，党员30余人。

本区域大河厂支部、舒家庙支部为区委下辖组织。大河厂支部书记戴克隆（化名项国平）；舒家庙支部书记鲍林森（原名刘海斌）。

第二届中共霍山县委

1929年9月，中共霍山县委在枣树井召开了霍山县第二次代表大会，改选产生了第二届中共霍山县委。第二届县委成立后，为了适应形势发展，将原东北区区委划分为北区、东区区委，后又单独成立大河厂区区委（又称复览区区委）。

北区区委（1929.9—1930.4）：驻团墩、舒家庙等地，以东北乡为中心，下辖6个支部，党员80人。书记：吴承先（1929.8—1929.9），姚家华（姚文彬）（1929.9—1930.4），委员：舒盛仓、姚家华、余东平、蒋同之、梁中如。

大河厂区区委（亦称复览区区委）（1929.9—1930.4）。由于党员人数增加，县委将东北区的大河厂和下符桥划出，单独成立区委，大河厂区委驻大河厂、但家庙一带，书记及委员不详，有党员20人。

第三届中共霍山县委员会

经过六霍山起义，霍山县苏维埃政府成立，霍山全县赤化，各级党、政、军、群组织日臻完善，形势发展很好。1930年4月27日，中共霍山县委在戴家院子（今大河厂村戴家院村民组）召开党的扩大会议，总结县委在领导农民武装暴动中的经验教训，改选产生第三届中共霍山县委，内设组织、宣传、农运、职工、妇女、兵士等部门。书记：卢舒（原名吴仲孚）（1930.4—1931.4），常委：卢舒（1930.4—1931.4）、刘时佑（1930.4—1931.4）、曹品三（1930.4—1930.9）、吴泽民（1930.4—1931.1）、陈法权（1930.4—1931.1）。

1932年10月，鄂豫皖苏区第四次反“围剿”失败，红四方面军主力被迫撤离，霍山全境被敌占领，苏维埃政权坍台，地方武装随红军转移，霍山地方党组织也转移到南部边境山区坚持斗争。本区域完全处在国民党的统治之中，直至抗日战争全面爆发。抗日战争至解放战争时期，本区域中共党组织活动转入地下。

第一区苏维埃政府

1930年4月7日，声势浩大的东北乡暴动爆发。12日，霍山县第一区苏维埃政府在团墩成立，主席朱祥太（1930.4—1930.9）。第一区苏维埃政府下辖13个乡苏维埃。

东北乡农民协会

1927年冬，舒传贤等人创办秘密的农民协会组织，到1929年冬及次年春，东北乡3个区农协会员4000人，苏维埃政府建立后，农协组织撤销。

第二节　中共但家庙镇委员会

一、组织沿革

1950年4月，成立下符桥区委，本区域先后设大河厂乡、团墩乡、花园畈乡3个党支部，均归中共下符桥区委管辖。

大河厂乡党支部：

1950年7月成立。

书　记：广圣明（1953.5—1954.11）

杨本林（1954.12—1955.12）

花园畈乡党支部：

1953年3月成立，1955年12月撤销。

书　记：叶常应（1954.12—1955.9）

　　　　陈余财（1955.9—1955.12）

团墩乡党支部：

1953年1月成立，1955年12月撤销。

书　记：宋同彬（兼，1953.1—1954.4）

　　　　王秉彰（代，1954.4—1954.12）

　　　　胡必银（1954.12—1955.12）

1955年12月，经过调整，该区域大河厂、但家庙两个乡党总支归城关区管辖。1957年1月，大河厂乡、但家庙乡划入与儿街区。

大河厂乡党总支：

大河厂乡党总支部于1955年12月改设党总支，原支部书记汪宜盛继任总支书记，1957年1月大河厂乡划入与儿街区。

书　记：汪宜盛（1955.12—1956.2）

　　　　蒋登榜（1956.2—1957.1）

但家庙乡党总支：

但家庙乡党支部于1955年12月改设党总支，原支部书记胡必银继任总支书记，1957年1月但家庙乡划入与儿街区。

书　记：胡必银（1955.12—1956.2）

　　　　吴长恕（1956.2—1957.1）

大河厂乡党委：

1957年1月前由县直辖，1957年2月成立党委。

书　记：蒋登榜（1957.1—1957.2）

　　　　姜月亭（1957.2—1958.5）

　　　　蒋登榜（1958.5—1958.10）

但家庙乡党委：

1957年1月由县直辖，1957年2月成立党委。

书　记：邓兆阳（1957.2—1958.10）

中共中央《关于在农村建立人民公社问题的决议》颁布后，1958年10月，霍山县将36个乡（镇）（90个高级农业生产合作社）合并为13个人民公社。人民公社的组织形式实行“一乡一社、乡社合一”的体制，合并后公社党委的成员也是乡党委成员，该区域归下符桥公社党委管辖。

下符桥公社党委：

1958年10月成立火箭公社，同年12月，改称下符桥公社。

书　记：金学恒（1958.10—1959.4）

第一书记：金学恒（1959.4—1961.3）

书　记：方世杰（兼，1960.10—1961.5）

副书记：李学增（1958.10—1959.12）

蒋登榜（1958.10—1959.1）

桑万华（1958.10—1961.3）

王习之（1959.6—1961.3）

姚选卿（1959.12—1961.5）

胡必银（1959.12—1960.7）

吴玉山（1959.12—1961.5）

叶常应（1959.12—1960.10）

陈士奇（1960.4—1960.10）

吴长恕（1960.4—1960.12）

林国如（女，1960.4—1960.9）

程希汉（1960.12—1961.5）

陈　俊（1960.12—1961.5）

崔正云（1960.12—1961.5）

但正松（1960.12—1961.5）

辛桂良（兼，1961.3—1961.5）

根据中共中央《农村人民公社工作条例》和省委关于贯彻执行该条例补充意见的精神，经中共六安地委批准，1961年5月，霍山县将原来的9社1场调整为50个公社，原来的9个县直属公社党委继续保留，并行使区委领导职能；同年11月，正式恢复8个区委。该区域的团墩公社党委、但家庙公社党委、大河厂公社党委归下符桥区委管辖。

团墩公社党委：

书　记：程度丰（1961.5—1963.3）

邓兆阳（1963.3—1966.4）

但家庙公社党委：

书　记：程　俊（1961.5—1964.10）

吴长恕（1964.10—1966.4）

大河厂公社党委：

书　记：程希汉（1961.5—1962.5）

俞德春（1962.5—1963.5）

蔡为夫（1963.6—1966.4）

王正刚（1966.4—1966.4）

1966年5月"文化大革命"开始，到1967年年初，区、镇、公社党委工作陷于瘫痪。该区域大河厂公社、团墩公社、但家庙公社归下符桥区管辖。

大河厂公社党委：

书　记：王正刚（1966.5—　）

团墩公社党委：

书　记：邓兆阳（1966.5—　）

但家庙公社党委：

书　记：吴长恕（1966.5—　）

1969年年初，全县撤区并社，该区域设但家庙公社党委。

但家庙公社党委：

1969年5月成立。

书　记：费广庆（1969.5—1971.1）

副书记：章复海（1969.5—1971.1）

　　　　储春全（1969.5—1971.1）

1971年1月中共霍山县委恢复后，该区域设但家庙公社党委。

但家庙公社党委：

书　记：费广庆（1971.1—1972.9）

副书记：章复海（1971.1—1972.9）

　　　　储春全（1971.1—1972.9）

　　　　王正刚（1971.12—1972.9）

1972年9月恢复下符桥区委，该区域但家庙公社、团墩公社党委归下符桥区委管辖。

但家庙公社党委：

书　记：章复海（1972.9—1976.10）

团墩公社党委：

1972年9月成立。

书　记：吴运来（1972.9—1976.10）

1976年10月，该区域的团墩、但家庙公社党委归下符桥区管辖，1983年8月，两个公社党委改为乡党委。

团墩公社党委：

书　记：吴运来（1976.10—1977.1）

　　　　朱绍华（女，1977.1—1977.11兼）

　　　　但心豪（1977.11—1979.10）

　　　　张宜杰（1979.10—1982.3）

　　　　刘守成（1982.3—1983.8）

团墩乡党委：

书　记：王帮领（1983.8—1987.11）

但家庙公社党委：

书　记：章复海（1976.10—1978.12）

万正炳（1978.12—1983.8）

但家庙乡党委：

书　记：万正炳（1983.8—1984.2）

张宜杰（1984.2—1987.11）

1987年11月至1992年2月撤区并乡前，该区域团墩乡、但家庙乡党委归下符桥区委员会管辖。

团墩乡党委：

书　记：王帮领（1987.11—1989.1）

汪正加（1989.1—1992.2）

但家庙乡党委：

书　记：张宜杰（1987.1—1989.1）

甄立荣（1989.1—1991.3）

张绪鹏（1991.3—1992.2）

1992年2月撤区并乡，但家庙乡与团墩乡合并，成立但家庙乡党委；1999年4月，但家庙乡改为但家庙镇，乡党委相应改称镇党委。

中共但家庙乡委员会：

1999年7月改称中共但家庙镇委员会。

书　记：杨德钦（1992.2—1995.1）

杨奉海（1995.1—1998.3）

卢　俊（1998.3—1999.7）

副书记：张绪鹏（1992.3—1992.10）

汪正加（1992.3—1995.12）

杨从柱（1992.3—1992.10）

张继恒（1992.10—1995.1）

郑录平（1992.10—1995.12）

杨从柱（1993.3—1995.1）

桑世林（挂职，1993.7—1999.7）

卢　俊（1995.1—1998.3）

刘长卫（1995.1—1999.7）

钱长青（1995.12—1999.7）

杨从柱（1996.4—1998.12）

魏德明（1998.3—1998.12）

胡安胜（1998.12—1999.7）

吴怀连（1998.12—1999.7）

涂友法（1998.12—1999.7）

纪委书记：张继恒（1992.3—1995.1，其中1992.10—1995.1为兼任）

刘长卫（兼，1995.1—1997.2）
张作宏（1997.2—1999.7）

中共但家庙镇委员会（1999.7—2021.12）

1999年7月，由中共但家庙乡委员会改称。

书　记：卢　俊（1999.7—2003.10）
叶　俊（2003.10—2005.1）
杨启志（2005.1—2009.1）
朱昌才（2009.1—2012.1）
郑　杰（2012.1—2017.1）
葛子俊（2017.1—2020.10，其中2017.1—2018.5为代理书记）
储著时（2020.10—2021.11）
高　阳（2021.11—　）

副书记：桑世林（挂职，1999.7—2000.12）
刘长卫（1999.7—2000.12）
钱长青（1999.7—2002.12）
胡安胜（1999.7—2004.1）
吴怀连（1999.7—2002.1）
涂友法（1999.7—2002.1）
曹衍昭（2001.12—2005.3）
胡朝友（2001.12—2004.2）
涂习胜（2004.1—2007.1）
刘孝富（2003.1—2006.12）
但修祥（2007.1—2009.1）
何必山（2008.1—2011.1）
卢向阳（2011.1—2016.12，其中2013.12起为正科级）
罗　彬（2012.2—2015.4）
彭良清（2016.12—2019.12）
储著时（2017.6—2020.10）
汪　杰（2019.12—2021.3）
张　焱（2020.10—2022.7）
许　政（2021.4—2023.7）
程　浩（2021.4—2023.4）
熊义宏（2022.7—　）
杨　锐（2023.4—　）

纪委书记：张作宏（1999.7—2002.1）
胡安胜（2002.1—2004.1）

曹衍昭（2004.1—2005.2）
杜习怀（2007.1—2009.3）
彭良清（2009.3—2011.2）
涂修明（2011.2—2013.5）
张以平（2013.5—2019.3）
李　兵（2019.4—2021.4）
王伦萍（2021.4—　）

二、历届代表大会

1955年2月4日，但家庙乡召开中共第一次代表大会，选举产生但家庙乡党委会，选出党委会委员和书记、副书记。

1958年10月至1961年，行政区划变动频繁，本区域先后归属与儿街公社、下符桥公社。1960年12月，中共下符桥公社党委召开第二次代表大会，选举产生新的公社党委会，选出党委委员和书记、副书记。

1962年5月，团墩公社、但家庙公社、大河厂公社分别召开第三次代表大会，选举产生各公社党委委员和书记、副书记。

1966年3月，但家庙公社、团墩公社、大河厂公社召开第四次代表大会，改选公社党委、书记、副书记和委员。

1969年10月，但家庙公社召开第五次代表大会，选举产生公社新的党委会。1972年11月，但家庙公社、团墩公社召开第六次代表大会，选举产生新的公社党委会，书记、副书记和委员。

1980年10月，但家庙公社、团墩公社召开第七次代表大会，选举产生新的公社党委会，书记、副书记和委员。

1983年，但家庙公社、团墩公社召开第八次代表大会，选举产生新的公社党委会，书记、副书记和委员。

1987年，但家庙乡、团墩乡召开第九次代表大会，选举产生新的乡党委会，书记、副书记和委员。

1993年，但家庙乡召开中共第十次代表大会，选举产生新的乡党委会，书记、副书记和委员。

1996年,但家庙乡召开第十一次代表大会,选举产生新的乡党委会,书记、副书记和委员。

1999年5月18日，但家庙镇召开中共第十二次代表大会，选举产生新一届镇党委班子，卢俊任书记。

2002年1月15日，但家庙镇召开中共第十三次代表大会。选举产生新一届镇党委班子。卢俊任书记。

2005年3月11日，但家庙镇召开中共第十四次代表大会。选举产生新一届镇党委班子。杨启志任镇党委书记，朱昌才、涂习胜、刘孝富为镇党委副书记。

2008年3月，但家庙镇召开中共第十五次代表大会。选举产生新一届镇党委班子。朱昌才任镇党委书记。

2011年3月18日，但家庙镇召开中共第十六次代表大会，全镇党员109人，其中女党员25名，占代表总数的23%。选举产生新一届镇党委班子，朱昌才任党委书记，朱松如、卢向阳为镇党委副书记，涂修明为纪委书记。

2021年5月26—27日，中共但家庙镇第十八次代表大会在政府礼堂召开

（党政办　提供）

2016年3月30日，但家庙镇召开中共第十七次代表大会，全镇党员109人，其中女党员25名，占代表总数的24%。选举产生新一届镇党委班子，郑杰任党委书记，葛子俊、卢向阳为镇党委副书记。

2021年5月26—27日，中共但家庙镇第十八次代表大会召开。会议选举产生了中共但家庙镇第十八届委员会，储著时任党委书记，张焱、汪杰、许政、程浩任副书记，王伦萍为纪委书记。

三、纪检监察

1955年，霍山县第一次党代会选举产生监察委员会。1956年，各乡党委均设兼职监察员，由乡党委组织委员兼任。1959年，人民公社建立党的监察委员会，开始配备专职监察干部。“文化大革命”时期，纪检监察职能消失。

1979年6月，恢复中共霍山县委纪律检查委员会。1980年，公社党委纪律检查工作由党委副书记监管。1985年，成立乡纪检信访工作领导组。1992年，乡代表大会选举产生纪律检查委员会（以下简称“乡镇纪委”），党委副书记兼任纪检书记，并配备专职副书记。

中共但家庙镇纪检委紧紧围绕全面建设小康但家庙的奋斗目标，服务改革发展稳定局面，坚持标本兼治、综合治理的方针，推进党风廉政建设和反腐败斗争。将反腐倡廉关口前移，“治未病、正歪树、护森林”，把全面从严体现在违纪之初，对出现违纪苗头或倾向性问题的党员干部，进行早提醒、早纠正、早防范，使其受到触动和警醒。

抓学习教育。利用党委中心组会议带领班子成员深入学习中共十八大、十八届四中、五中、六中全会和习近平总书记系列讲话精神，以及《中国共产党廉洁自律准则》和《中国共产党纪律处分条例》等内容，提高班子成员廉洁自律、判断形势、应对复杂局面和总揽全局的能力。以“两学一做”学习教育为抓手，督促党员干部通过各支部“三会一课”、干部教育在线等多种形式学习教育内容，形成全体党员学党章、党规，学习习近平总书记讲话的热潮。组织学习曹发贵、牛玉儒等党的好干部先进事迹，组织镇领导班子、二级机构负责人、各村书记主任到市党风廉政基地参加学习，接受警示教育。组织观看系列反腐电教片及电视廉政教育片《作风建设永远在路上》《千年包公》等，提高全镇干部廉洁意识和风险防范意识。

抓责任落实。制定了但家庙镇《党风廉政建设工作任务分解表》。镇党委书记亲自听取工作汇报，安排部署党风廉政工作。党委先后出台《但家庙镇加强“一把手”监管实施方案》、《但家庙镇党委会议制度》和《但家庙镇“咬耳扯袖、红脸出汗”工作方案》等管理制度，加强反腐败斗争的力度，实现关口前移，防患于未然。将廉洁自律行为作为年终考核一票否决内容，有不检点行为核实的，不论是否够上纪律处分，均不作为评优评先对象。在全镇上下积极营造良好的务实干事的氛围。坚持党风廉政建设工作与业务工作一起谋划、一起部署、一起考核，同党中央保持高度一致，不阳奉阴违、自行其是。坚持集体领导、民主集中、个别酝酿、会议决定的原则，集体决策“三重一大”事项，促进科学决策、民主决策、依法决策。充分发扬党内民主，内部讨论允许有不同意见，同时善于进行正确集中，防止议而不决、决而不行。加强对“一把手”的监督制约，重点加强对执行民主集中制情况的监督检查，对执行不力、出现重大失误的，依照有关规定严肃问责追责。

抓队伍建设。加强党风廉政建设，坚持以德为先，以责为重，以廉为正。全面落实“一岗双责”，不越“雷池”、不踏“红线”，以身作则、以上率下，当好党风廉洁建设责任制的推动者和落实者。积极利用镇党委换届的有利时机，进一步配齐镇纪委班子，充实力量，优化队伍，不断提高镇纪委监督执纪的工作能力。利用“四种形态”扎实开展“咬耳扯袖、红脸出汗”工作。对广大党员干部实现严管厚爱。配合巡视工作，认真抓好中央巡视组对安徽省的巡视整改工作，针对巡视反馈存在的问题，结合本镇实际进行认真的查找和整改，特别是酒桌办公、基层党组织长期不换届、党员党费不及时足额上缴和纪委力量偏弱等问题进行认真研究并制定出整改措施。

抓作风建设。保持反腐败高压态势，严肃查处各类违纪案件，努力营造风清气正，廉政高效的政务环境。完善惩防体制，健全廉政教育，推动工作的有效监督和监控，行政过错追究制，着力整治懒散奢靡之风。不定期开展效能督查，从源头上遏制腐败现象发生。开展民主评议行风、政风工作，加大督查力度，进一步加强机关效能建设。对本地区民政、精准扶贫工作、农业开发等财政专项资金使用情况、土地市场秩序、工程招投标、行政效能等，进行全方位监督检查，促进勤政高效，督查后立即通报，对有问题的立即要求整改并纳入效能考核，对主管的负责人进行组织约谈，要求其加强对单位的管理。2016年，全镇有10人受到通报批评的处理。严格落实厉行勤俭节约、反对铺张浪费的相关规定，严控“三公”经费支出。

四、重大决策

“十三五”规划（2016—2020年）期间，但家庙镇以全面建成小康社会为总揽，坚持

“发展是第一要务”，统筹推进经济建设、政治建设、文化建设、社会建设、生态文明建设和党的建设，落实“全面建成小康社会、全面深化改革、全面依法治国、全面从严治党”“四个全面”战略布局，贯彻“创新、协调、绿色、开放、共享”五大发展理念，奋力开创全面小康建设新局面。

围绕一个目标：全面建成小康社会　紧紧围绕经济发展、社会和谐、生活质量、民主法制、文化教育、资源环境六大指标，深入开展全面建设小康创建活动。保障和改善民生，让全镇群众有更好的教育、更稳定的工作、更满意的收入、更可靠的社会保障、更高水平的医疗卫生服务和更优美的生活环境。

突出两大主题　一是加快发展。抢抓加快发展的机遇，聚精会神搞建设，一心一意谋发展，做大做强全镇经济规模，提升镇域综合实力。二是改善民生。坚持把群众工作当作一切出发点、落脚点，把群众满意作为工作的评价标准，解决群众最关心最直接最现实的利益问题，把保障和改善民生作为长期任务来抓。规划好、实施好、管理好各项民生工程项目，真正为群众解忧谋利，提升群众的幸福指数。

做强三大产业　（一）全面提升现代农业发展水平。培育壮大种养大户、农民专业合作社和龙头企业，推动农业生产向集约化、规模化发展。发挥示范企业的带动作用，突出抓好生态养殖和观光农业的特色培育。完善农技推广体系，推进农田水利基础设施建设，提升农业综合保障能力和抗风险能力。（二）推进工业转型升级。探索培育以商招商、产业招商、资源招商、专业招商，扶持发展返乡创业项目，力争大别山矿泉水等一批大项目顺利实施。进一步做好暖企服务，帮助企业争取项目和资金，指导企业健康运营。（三）加快推进服务业发展。充分利用区位优势，挖掘全镇农业观光、红色旅游等资源，打造集观光、旅游、垂钓、餐饮、采摘、居住为一体的现代服务产业链。

实施四大工程　（一）精准扶贫工程。按照“对象精准、目标精准、内容精准、方式精准、考评精准、保障精准”“六个精准”的要求，实行镇村干部包户到人，采取有效帮扶措施，坚决实现全镇1287个贫困人口成功脱贫。（二）集镇改造工程。立足镇情，集思广益，高标准、高起点规划集镇布局，积极争取项目资金，加快推进集镇道路、污水管道建设，改善乡镇面貌和人居环境，努力打造“环境优美、功能完备、和谐文明”的新型集镇。（三）美丽乡村建设工程。完善花石嘴村美丽乡村建设后续工作，分步实施但家庙、胡大桥、观音岩美丽乡村建设工程。引导群众广泛参与，大力推进城乡环境综合整治，全面提升美丽乡村建设水平。（四）民生工程。严格落实责任，加强资金管理，完善政策措施，创新管养机制，细化管理方式，确保各项民生政策按要求、按时限、有成果地落实到位，真正惠及群众。

“十四五”规划（2021—2025年）时期，全镇工作总体思路和奋斗目标是贯彻新发展理念，加快构建新发展格局，推进生态立镇、旅游兴镇、工业强镇、农业富镇、文化活镇“五镇战略”，加强经济建设、政治建设、文化建设、社会建设、生态文明建设和党的建设，奋力打造红色旅游引领区、稳定脱贫示范区、美丽乡村样板区、乡村振兴先行区和正大（但家庙）现代农业产业园。未来五年，但家庙镇的总体战略和发展定位是“四区一园”建设。

激活文化资源，塑造红色旅游引领区。全面启动传贤广场建设，打造安徽领先、皖西第一、华东知名的党员干部教育基地，红色文化宣传基地，党史革命史研究基地和重要的红色旅游目的地。用好红色资源，讲好传贤故事，重新认识舒传贤在霍山乃至皖西革命史上的重要地位，确立但家庙在霍山红色旅游的源头位置，使但家庙镇成为名副其实的皖西红色旅游圣地，霍山红色旅游第一站。开发文创产品。以自然景色为基础，红色文化为核心，引进“长三角”先进文创研发理念，持续开发但家庙镇特色文创产品、建设文创产业链，不断提高附加值。建设研学基地。以弘扬大别山精神及皖西三十年革命史和西山文化系列为载体，把研究、弘扬传承红色文化、红色基因植根于教育培训之中。打造智慧旅游。利用云计算、物联网等新技术，实现景区的基本信息、历史文化背景、旅游资源等情况和景区最新动态、活动信息等在线发布，全方位展示景区景点细节，实现游客在线畅游景区，增强景区的对外吸引力。

巩固脱贫成果，构造稳定脱贫示范区。保持已有帮扶政策、资金支持、帮扶力量总体稳定，巩固拓展脱贫攻坚成果。健全完善防止返贫监测和帮扶机制，继续加强易返贫致贫人口监测预警，持续跟踪收入变化和“两不愁三保障一安全”巩固情况，制定“一户一方案，一人一措施”，开展有针对性地帮扶，发现问题，立即解决，动态清零。发展壮大扶贫产业，推广“四带一自”“三有一网”模式，促进特色扶贫产业可持续发展。加大对脱贫人口职业技能培训力度，推广“三业一岗”就业帮扶模式，发挥镇村公共就业服务平台作用，鼓励各村利用村集体收益等资金开发公益性岗位，促进弱劳力、半劳力等家庭就近就地解决就业。加强易地搬迁后续扶持，完善安置区公共服务和配套基础设施，因地制宜发展产业，确保搬迁群众稳得住、有就业、能致富。兜住民生底线，保障贫困群众基本生活。

践行“两山理论”，铸造美丽乡村样板区。实施但家庙镇人居环境综合整治项目，巩固大河厂、花石嘴、观音岩、胡大桥省级美丽乡村建设成果，推进但家庙村省级美丽乡村建设，深入开展以“三大革命”“三大行动”为重点的农村人居环境提升行动，着力提升集镇品质和村容村貌。积极推进城乡环卫一体化，鼓励实行农村生活垃圾源头分类和资源化利用。实施但家庙镇污水处理项目，优化污水集中处理设施布局，推动集镇污水管网向周边村庄延伸，努力打造“水清、河畅、岸绿、景美”的村庄水环境。筑牢绿色生态屏障，规划实施淠源渠水生态文明治理但家庙段工程和复览山北坡水土流失治理项目。实施但家庙河综合治理项目，新建汪家榜、老粉坊等4座桥梁，清淤疏浚沟渠，加固河道堤坝，保障河道的防洪、排涝、灌溉、供水等各项功能；实施拥军大道集镇段改线、三石路升级改造、霍山至六安快速通道但家庙段建设工程、但家庙至张店段升级改造工程等项目，进一步拉伸集镇空间，提高对外交通运输能力。

抢抓发展机遇，打造乡村振兴先行区。启动但家庙国土空间规划、集镇修建详规、村庄建设规划编制工作，结合但家庙全域土地综合整治项目，合理调整集镇规划布局，为乡村振兴奠定基础。同时，规划实施村组道路硬化加宽工程、农村饮用水管网提升、卫生院医疗服务能力提升等项目，启动但家庙集镇新区建设，规划建设但家庙中心幼儿园、客运集散中心，促进基本公共服务向农村延伸，打造百姓安居乐业的田园乡村。实施全域土地综合整治项目，建设千亩紫薯基地、千亩金丝黄菊基地、千亩龙虾养殖基地。谋划配套实施“十二五”高标准农田提升工程、农村水系综合整治工程、水土保持工程，提升项目区农业生产能力。推介观音岩矿泉水项目，培养镇域经济新的增长极；依托油茶种植、稻虾养殖等，积极招引深加工企业，延伸产业链条，提高产品附加值。创建“与（儿街）下（符桥）但（家庙）”农业生态观光体育运动主题板块，招商开发燕窝冲乡村旅游项目，打造集休闲度假、旅游运动、儿童娱乐等功能于一体的乡村幸福实践区；招商开发观音岩“九峰十三洞”、万亩高效油茶基地山地自行车公园项目等。

做好安商稳商，创造正大（但家庙）现代农业产业园。积极引进正大集团项目，借势借力深化拓展合作领域，以但家庙镇为产业核心，围绕农业产业提升、农村发展、农旅融合三大方面，布局发展三大产业。建设国家级生态粮油功能示范区。做大优质稻米产业，新建5000亩优质水稻生产示范基地，建立水稻社会化服务体系；发展稻渔综合种养产业，新建1000亩稻渔综合种养示范基地；做强绿色油茶产业，搭建“1+N”示范带动产业发展平台，在观音岩村建立1000亩种子苗繁育示范基地和2000亩全国一流的创新示范基地、在但家庙村建设1000亩低效林改造示范基地，建设油茶产业技术中心、品牌发展中心、产业质量中心和“双创”孵化中心。打造50万头现代4.0生态肉猪全产业链。引进正大育种中心，使用智能化养殖系统，总投资13.5亿元，力争三年时间逐步建成50万头生猪养殖及配套屠宰厂、饲料厂，并实现满建、满产、满销。推动农旅融合发展。将镇内农业资源与旅游资源相结合，作为全县全域旅游农旅板块的有机补充，形成产品互补，流量共享，促进全域旅游发展。建成宜药宜景宜游的道地药材观赏区和油茶生态休闲园，形成一片林一个景，一个基地一个实业。挖掘农业多样化游憩价值，开发集农耕体验、农业科普、农业创意、萌宠嬉戏、共享农庄、精品民宿于一体的市民休闲农场，打造油菜花海、稻田彩绘，定期举办小龙虾垂钓、品鉴活动和农民丰收节，提升土地附加值，提高园区知名度。

五、综合党务

组织建设

2018年，但家庙镇党委有党总支5个、基层党支部16个，分别是但家庙村党总支、花石嘴村党总支、胡大桥村党总支、观音岩村党总支、大河厂村党总支和但家庙村农业支部、但家庙村村务支部、花石嘴村扶贫协会支部、花石嘴村村务支部、胡大桥村农业支部、胡大桥村村务支部、观音岩村村务支部、观音岩生态旅游有限公司支部、观音岩村扶贫协会支部、金马公司支部、大河厂村村务支部、特色农业支部、机关一支部、机关二支部、华安建筑安装有限公司支部、雁江印务支部。党员总数674人，其中女性114人，占党员总数的16.9%；大专以上学历169人，占总人数的25%；35周岁以下117人，占总人数的17.3%。每个村均建有党总支。镇党委以党组织班子建设为核心，以服务发展、服务和

2021年6月30日，中国共产党100周年诞辰之际，中共但家庙镇委员会为光荣在党50周年老党员颁发勋章　（陆皖玉　提供）

谐、服务党员、服务群众为主要内容，深入开展基层服务型党组织建设工作，充分发挥基层党组织和党员的战斗堡垒和先锋模范作用。

选优配强基层党组织班子，选派年轻党员干部到村任职，担任党组织第一书记。建立健全党组织书记岗位责任制，严格执行党组织书记述职、评议、班子年度考核制度，明确党组织书记作为党建“第一责任人”，组织基层党组织班子参加培训学习，提高党员干部的工作能力和水平，适应新时代的发展。通过民主生活会和组织生活会，查找并解决班子存在的问题，尤其是解决“四风”问题，解决服务群众意识淡薄问题等。实行奖惩激励机制，对做出突出贡献的基层党组织和个人进行宣传表彰。提高党组织班子带头服务的能力。在村两委换届选举工作中，镇党委精心组织，严把入口、程序、纪律三关。2018年，全镇选举产生村“两委”成员29人，其中高中以上学历25人，45岁以下13人，村两委成员年龄和知识结构显著优化。2021年年底，村“两委”换届，选出村党总支部委员27名，其中女性11名，35岁及以下10名，大专及以上学历20名。村党总支部委员兼任村委会委员的17名，其中女性5名，35岁及以下的8名，大专及以上学历14名。

强化党员教育管理。2000年，在全镇党组织中开展“三讲”（讲学习、讲政治、讲正气）教育；2001年，开展“三个代表”重要思想学习教育活动，在农村党员中开展“三学三带”（学理论、学党章、学科技；带头调整经济结构、勤劳致富，带领群众发展经济、共同致富，带头遵纪守法、争当精神文明建设标兵），“两会一组”（党员议事会、村民议事会，民主理财小组）活动。巩固党的群众路线教育实践活动成果，健全完善反“四风”的长效机制，改进工作作风，加强学习，调查研究，提高驾驭复杂矛盾、加快科学发展的能力水平。为群众提供优质服务，以成效服务于民。镇党委坚持“三会一课”制度，结合远程教育、万村网页、镇先锋工作站、农村信息服务网络平台，将党员应知应会的知识定期不定期向党员传送，使其随时能够接受教育培训强化考评。自1989年起，每年都开展民主评议党员工作，按“合格、基本合格、基本不合格、不合格”四个层次，逐人进行测评，加强以党支部为核心的基层组织建设，保证党员的纯洁性、支部的战斗堡垒作用。镇党委出台《但家庙镇党建工作考评方案》和《但家庙镇村干部目标责任管理办法》等文件，年终组织对基层党组织进行考核，考核结果予以通报，排名末位的将作为软弱涣散党组织进行整改。镇党委政府完善班子成员联系村和村党组织负责人目标管理制度，实行捆绑责任制和责任追究制。

非公企业党建。建立班子成员联系非公企业党建工作制度，通过深入开展“树天线、接地气、练内功”主题实践活动，全面创建服务型企业党组织。积极引导镇村各级党组织围绕中心，服务大局，切实发挥党组织和党员作用，推动经济社会发展。

政法工作

1962年1月，公社配备专职治安员，大队建立治保会。主要职责：保障各项中心工作顺利进行，防止反革命分子造谣破坏，破除封建迷信活动，打击投机倒把。1992年3月，成立社会治安综合治理委员会（简称综治委），下设办公室（简称综治办）。

2012年4月，社会治安综合治理委员会更名为社会管理综合治理委员会，赋予协调和指导社会管理工作的重要职能，充实领导力量，增加成员单位，加强工作机构。同年10月，设立群众工作站，与综治办合署办公。2012年5月，但家庙镇作为霍山县实施网格化重点乡镇之一，以“网格化定位、精细化服务、信息化管理、全范围覆盖”为要求，以建三级网格管理和服务体系为重点，充分发挥基层党组织和党员核心作用，积极稳妥地构建职责明确、管理精细、信息共享、渠道畅通、服务高效的基层党的建设和农村社会管理务新机制。合理划分网格。全镇5个村，按照150户左右家庭划定为一个基础网格，对区实行“三级”网格管理。镇为第一级网格，镇党委书记为网格长，镇设立社会网格化管理服务中心，各职能部门负责人参加。村为第二级网格，以5个村（居）为单位建立5个二级网格组，由各村（居）党组织书记为二级网格长。以每个村干部所包责任片区为第三级网格（即基础网格），由片长任网格长，聘请村民小组长、部分党员、村民代表等为网格信息员。并在每个基础网格内成立党小组，包组村干部为网格管理员。

组建服务团队。各村组建以基层党员干部为主体，以社会骨干分子为补充的网格管理服务团队5个，各基础网格共明确180名信息员。网格服务团队和网格信息员主要发挥社情民意调查员、矛盾纠纷化解员、政策法规宣传员、民主制度监督员、便民服务员的“五大员”作用。做到事务在网格中办理，矛盾在网格中化解。

2015年5月，社会管理综合治理委员会恢复为社会治安综合治理委员会。工作范围即12个字：打击、防范、教育、管理、建设、改造。

2016—2021年，在全镇安装视频监控，加大对主要道路的安全监控。但家庙镇及各村居均组建每支15人的治安巡逻队，落实设备、待遇和巡防措施。结合辖区发案特点，确定重点巡逻路段和重点防控区域，晚上安排治安巡逻队对重点地区、村镇周边进行巡逻，并加大对村居义务巡逻的督促指导。

宣传工作

1986—1989年，宣传重点在“坚持四项基本原则，反对资产阶级自由化”，在青少年中开展“有理想、有道德、有文化、有纪律”的“四有”教育，在全社会推动精神文明建设。1990—1993年，开展社会主义基本路线教育。宣传教育内容主要是宣传邓小平南方谈话，教育党员提高认识，统一思想，促进改革开放和社会稳定。1995年，结合纪念抗日战争胜利50周年活动，进行爱国主义的宣传教育。1997年，围绕香港回归，作加快改革开放步伐的教育。1999年，揭批邪教“法轮功”，迎澳门回归，在青少年中开展“光辉五十年”的爱国主义教育。2000—2005年，围绕加入世界贸易组织进行世贸组织的宣传教育；开展

“三个代表”重要思想教育；开展“送文化、送科技、送医药”的“三下乡”活动；在党员领导干部中进行“讲学习、讲政治、讲正气”的“三讲”教育；在全镇开展“解放思想、加快发展”大讨论；2005—2011年，在基层党组织深入开展保持共产党员先进性教育，开展科学发展观教育，在广大干部群众特别是青少年中进行“八荣八耻”社会主义荣辱观教育；2012—2016年，开展社会主义核心价值观教育，开展党的群众路线教育、“三严三实”教育和“两学一做”学习教育，在党员领导干部中进行“注重家庭、注重家教、注重家风”家风建设活动；2017—2020年，开展“不忘初心，牢记使命”教育实践活动。

理论学习。理论学习的主要内容：《邓小平文选》、江泽民“三个代表”重要思想、胡锦涛科学发展观，习近平总书记系列讲话精神，中共十三大至十九大文献，中共中央选定的《坚持四项基本原则，反对资产阶级自由化》、《建设有中国特色的社会主义》、《干部理论学习文献选编》、《全面从严治党面对面》和《塘约道路》等读本。理论学习规定了时间，镇党委中心组每月集中学习半天，镇直机关每周半天。

对外宣传。建立健全镇新闻宣传报道网络。2010—2021年，为宣传但家庙，提高但家庙镇的知名度，据不完全统计，向县级以上新闻单位提供各种新闻稿件2000余篇。

统战工作

镇统战工作由镇分管统战工作负责人负责。中华人民共和国成立后，乡（镇）党委始终坚持共产党领导的多党合作制度。历届镇人大换届选举，均有一定的党外各方面人士担任代表和人大主席团成员，并形成制度。

1986年后，落实统一战线政策主要是扫尾工作，为老统战对象落实房产，查找“文化大革命”中被抄走的财物，安置农转非户口和就业，恢复起义投诚身份，补发“文化大革命”期间扣发的工资，等等。立案处理的案件均全部按政策落实到位。

但家庙镇党委建立了党政领导联系党外人士交友约谈制度，每位班子成员保持与两名党外代表人士联系，每年在重要人事安排和重大决策前，召开党外代表人士座谈会，通报情况，协商和征求意见。重视党外人士的培养使用，建立党外代表人士“六支队伍”（民主党派人士、无党派人士、少数民族人士、宗教界人士、非公有制经济人士、港澳台和海外代表人士）梯队名单和党外干部后备队伍梯队名单，动态管理。积极选派党外干部到基层一线、重大工程挂职锻炼或任职，党外人士与担任同级职务的党内干部享受同等待遇。鼓励引导党外人士开展考察调研、扶贫帮困、助学援助等社会服务。县民族宗教科（1996年改称民族宗教事务局）成立后，民族宗教工作归口政府管理，区、乡、镇仍由党委宣传统战委员负责。

信访工作

与派出所、司法所等部门联动管理，梳理矛盾纠纷，及时调处化解。对“钉子案”“骨头案”和“三跨三分离”等疑难复杂案件加大处置力度，落实镇领导包案，有效化解信访积案。全力做好特殊时期信访工作。在全国“两会”以及省、市、县党代会、“两会”期间，加大矛盾纠纷排查化解力度，及时预测预警。

实施基层信访代理。但家庙镇把信访代理工作放到促进全镇社会和谐稳定的大局中谋划和推进，采取“六项措施”，做到“五个及时”。六项措施：一是加强领导，提供组织保证；二是健全网络，实现全面覆盖；三是选好人员，落实保障措施；四是强化培训，提高代理员素质；五是建立机制，完善工作制度；六是加强督导，确保工作落实。五个及时：一是及时登记、代理；二是及时向上反映代理事项；三是及时调查处理；四是及时反馈处理结果；五是及时上报备案。仅2012年，镇、村两级就为群众代理信访65件（次），其中有56件（次）信访通过代理得到解决，有14件（次）征地、林权确认等矛盾纠纷得到化解。

健全信访网络。按照“有人办事，有钱办事，有制度机制保障办事”的要求，健全网络，畅通信访渠道，全面推动信访体系建设。但家庙镇精心组织，制订方案，明确目标，量化任务，全镇5个村同步实施，共同推进。

关心下一代工作委员会（关工委）

但家庙镇关工委成立于2003年。组织健全，制度上墙，活动正常，年初有计划、年终有总结、期中有督查。各项工作，落实到位。领导班子建设好，制度健全执行好、活动经费使用好、积极探索创新好。关工委充分发挥“五老”人员的优势和作用，在未成年人道德建设、关心留守儿童健康成长、特色教育和法制教育等方面，建立“校长亲自抓、分管领导重点抓、班主任具体抓”的联动机制。定期对学生进行爱国主义、革命传统、思想道德、法制等社会主义核心价值观教育。多次邀请老红军、老干部、检察官、交警到学校参加主题教育活动，了解革命历史，学习英雄事迹，做励志好少年。每逢“六一”，专题表彰“优秀少先队员”“优秀留守儿童”。积极营造育人气氛，各种活动，常抓常新。举办校园文化节、阳光体育运动、中华经典诵读、学生画展、迎新年文艺表演等活动，让学生在各种活动中增强体魄，陶冶情操，张扬个性，感受幸福。全镇先后3次开展书画竞赛活动，作品征集200余件，推荐上报50件，获奖作品有市级9件、县级21件，极大地提高了中小学生的综合素质。文明创建你我他，环境保护靠大家。各校小志愿者们为美丽乡村建设，家乡环境保护，森林防火宣传，捐资助学，精准扶贫做好宣传，努力践行，勇于创新，亮点纷呈。

建设留守儿童之家。20世纪80年代，大批农民走出家门，去打工挣钱，服务国家建设。他们的孩子被留在家乡，形成一大批留守儿童。全镇在校生中近半数为留守儿童，他们中有的是隔代抚养，有的是单亲家庭、有的寄养在别人家，或多或少影响留守儿童的心理健康。他们的养育、教育问题给当地政府、学校、家庭造成极大的困惑和忧患。镇党委、镇政府积极行动，开展“关爱明天”行动。各学校成立领导组制定制度保障，建立留守儿童之家和谈心室，备有各类图书资料，建立帮扶措施。每周开展一次谈心活动，对留守儿童实行包人包片管理。定期对留守儿童进行家访，了解情况，加强沟通，及时反馈。每逢“六一”儿童节，镇中心学校都要表彰一批“优秀留守儿童”。

第三节　群众团体

一、共青团

组织建设

1949年6月，成立中国新民主主义青年团霍山县东北乡支部工作委员会（以下简称“团工委”）。1953年，团工委改为团委会；1957年下半年，中国新民主主义青年团更名为中国共产主义青年团；1966—1970年，团的工作瘫痪。1970年12月，但家庙公社团委建立。书记：章复海（兼1970.12—1972.9）。1999年4月但家庙乡撤销，设立但家庙镇，乡团委改称镇团委。镇团委下设团支部。2021年，镇团委共有下级组织25个，其中团总支1个，团支部24个，团员320人。2021年，新建非公企业联合团支部一个，团组织覆盖面不断扩大。胡大桥村团支部书记倪克松，观音岩村团支部书记张冉，花石嘴村团支部书记马寅生，大河厂村团支部书记周宇，但家庙村团支部书记汪钰，但家庙中心学校团委书记余宏生。

镇团委书记：刘孝富（1992.2—1993.2）
杜习怀（1993.3—1998.2）
曹德友（1998.3—2000.12）
徐　磊（2014.10—2017.3）
黄玲玲（2017.4—2020.8）
刘启佳（2020.9—2022.3）
叶宇进（2022.4—　）

组织活动

中华人民共和国成立初期，各级团组织主要是协助党委政府动员青年参军，参加剿匪、镇反、土改、抗美援朝和爱国生产等政治运动。1961年，开展“五好”青年活动。1962—1965年，开展“四好”（思想政治工作好、三好活动好、组织生活健全好、联系群众作风好）团支部活动。1979年后，开展“争当新长征突击手（队）活动”。1993年，在农村基层团组织中推行青年星火带头人、村团支部书记和

2021年3月，但家庙镇新时代青年宣讲战“疫”模范故事宣讲活动　（陆皖玉　提供）

村科技副主任“三位一体”。

2021年暑假，上海交通大学学生来但家庙进行社会实践活动 （刘启佳 提供）

进入21世纪，中国共产主义青年团建设进一步加强，组织活动具有新的时代内涵。把握本镇青年流动分布的新趋势、各类组织运行的新形态，在继承中创新，做好服务社会创新治理的助推器；鼓励学校团组织重点抓仪式教育、实践教育和团员思想教育；企业团组织重点抓青年员工创新创效和婚恋交友；各村团组织、机关团组织围绕各类志愿活动创新活动载体；农村团组织抓致富带头人培养，吸引更多青年返乡创业。组织成立“红领巾宣讲团”，开展“童心向党·党的故事我来讲”红色主题活动，引导学生坚定不移“从小学党史，永远跟党走”。邀请镇司法所、派出所、卫生院、林业站等相关部门举办安全与法制教育报告会，开展卫生防疫及森林防火知识进校园等活动。2021年，镇团委持续推进困难青少年帮扶工作，积极开展“青春扶贫1+2”行动、“爱心圆梦大学”活动、希望工程帮扶活动、春蕾助学活动等，精准帮扶贫困青少年27名共53400元。发挥志愿者工作在服务大局中的积极作用，按照“基层所需、群众所盼、志愿者力所能及”的原则设计志愿服务项目。

二、妇联

机构沿革

1930年南山暴动后，各级妇女组织建立起来。当时，该区域妇女积极投身革命，参加了土地革命，打土豪、分田地，成立妇女赤卫队，参与站岗放哨。组织洗衣队、慰问队、做鞋队、看护队、交通队、侦察队、代耕队，支援前线，拥军优属；组织妇女学文化，参加宣传活动和社会工作；提倡男女平等，婚姻自主，争取自身解放。

1957年10月，该区域各乡成立妇女代表联合会，分别由5～9人组成，除妇联主任一人脱产外，其余从各村不脱产妇女中选调。

1958年，乡妇代会改为人民公社妇女代表联合会，大队有妇女组织，生产队设妇女队长。1958年10月人民公社化后，成立了公社妇联组织。该区域属于下符桥公社。

20世纪50年代至60年代，妇联工作的中心任务是抓“两勤”：勤俭持家、勤俭建国。1960年妇联在大河厂、但家庙、团墩、胡大桥设立全托幼儿园。

1966—1973年，撤销妇联，霍山县革委会政工组群工小组负责妇女工作。

1973年6月，恢复妇联。

1983年，撤销人民公社，设立乡政府，乡政府下设妇联；20世纪70年代至80年代，妇联工作的重点是抓物质文明和精神文明建设。在精神文明建设方面，主要抓“计划生育”工作、“五好家庭”评比、争“三八”活动；1992年2月，撤区并乡，成立新但家庙乡，乡妇联建立。1993年11月，乡（镇）妇联主任、副主任一律改称主席、副主席。1999年4月，但家庙乡撤销，设立但家庙镇，乡妇联改称为镇妇联。

主任（主席）：刘福贞（1992.2—1999.3）

主席：张芳菊（1999.3—2006.9）

郑凤琴（2006.10—2009.9）

刘益平（2009.10—2021.12）

陆皖玉（2022.1—　）

组织活动

开展“巾帼建功”活动。为妇女创业就业提供指导和服务，组织妇女参与技能培训。联合扶贫和农技部门，集中组织开展稻虾综合种养实用技术培训，使贫困妇女了解了如何高产养殖龙虾技能，增强其脱贫增收的信心。开展能人帮扶活动。建立“妇联+合作社+贫困妇女”发展模式，开展技能帮扶、就业创业帮扶。成风女子合作社长期免费为群众传授虾稻连作技术，提供技术指导，帮助群众提升种养水平。至2021年年底，共带动305户农户发展稻田养虾2000余亩。深化“美丽庭院”创评工作。以“院落美、居室净、厨厕清、家庭和、长效好”为创建标准，动员农村妇女积极参与环境整治。2021年，经过户申请、村推荐、镇初验、县审核四个阶段，推荐评选出20户“美丽庭院”示范户，全部挂牌表彰。

实施巾帼维权行动。依托镇、村综治中心建立了妇女儿童维权站，设立婚姻家庭纠纷专门调处窗口，借助大调解的力量，积极开展婚姻家庭矛盾纠纷排查化解工作。做到有专人负责、有职责制度、有登记台账。以“三八”维权周、综治宣传月、“5·29”计生协会、“12·4”国家宪法日等为载体，广泛宣传男女平等基本国策、《中华人民共和国宪法》、《妇女权益保障法》、《反家庭暴力法》等与妇女权益密切相关的法律法规，在全镇范围内开展形式多样的法律宣传活动。并邀请司法所工作人员举办妇女维权知识讲座，提供婚姻家庭关系调解服务和法律知识咨询服务等。创新“互联网+阵地”宣传模式，通过网站、微信群等大力开展妇女权益保障法、反家暴法等法律知识宣传；同时依托妇女之家、儿童之家等阵地，通过设立宣传台、散发宣传单、张贴标语等形式大力开展维权活动宣传。

开展“三治”活动。但家庙镇妇联开展了一系列以“治穷、治病、治愚”为主题的妇女援助“三治”活动，促进妇女综合素质的提高。“关爱女孩”行动。向群众宣传“男女平等、移风易俗、女儿也是传后人”婚育新风尚和“关爱女孩”的相关政策、帮扶措施，提高“关爱女孩”工程的知晓率，营造全社会“关爱女孩”的氛围。镇、村干部和镇直有关单位与独（双）女户建立一对一帮扶联系，镇政府工作人员每人至少帮扶1个女孩家庭脱贫致富。通过向这些女户提供资金、技术和致富信息，使其家庭收入均有不同程度的提高。同时，镇里还把“关爱女孩”工程与“春蕾计划”“希望工程”和妇女连环脱贫项目结合起来，综合实施“关爱女孩”工程。

实施巾帼文明行动。依托“妇女之家”，广泛开展“平安家庭”和寻找“最美家庭”活动，培养和树立移风易俗家庭典型。以“最美家庭”光荣榜为平台，晒幸福生活、讲和谐故事，激励广大群众崇尚文明新风，争当“最美家庭”。2020年，共评选表彰“最美家庭”6户、“最美婆媳”6户、“脱贫之星”10户。

2021年端午节前夕，在花石嘴农民文化乐园举行包饺子比赛 （陆皖玉 提供）

开展关爱妇女儿童活动。开展“守护童年·牵手共成长”暑期儿童关爱活动。巾帼志愿者进村入户发放防溺水宣传扇和暑期安全教育倡议书，向家长和儿童宣传防溺水基本知识，并给孩子们送去书包、文具盒等学习用品。在全镇范围内广泛开展“手拉手传递温暖、心连心共促成长”为主题的留守儿童结对关爱行动。对留守儿童做到在生活上优先照顾、学习上优先辅导、活动上优先安排。同时，积极号召和动员爱心单位、爱心人士参与到关爱活动中来，共同推进留守儿童健康成长。但家庙驻地部队、华安公司等爱心人士纷纷与但家庙镇多名留守贫困儿童结对帮扶。县人武部为但家庙镇50名贫困学生捐赠了书包等学习用品，晟成律师事务所从2015年开始结对但家庙镇两名贫困儿童，每学期都来看望慰问，送去助学金及学习生活用品等。

开展“关爱女性、关注健康”为主题的“两癌”筛查活动，做到有病早发现，早治疗。建立健全贫病妇女档案，积极为“两癌”患者申报救助。2020年，共计为5名贫困妇女提交申报表。开展贫病妇女儿童送温暖活动。2020年春节期间，镇妇联开展走访慰问贫困妇女儿童5名，发放救助资金4000余元。11月，对乳腺癌患者汪要如进行了慰问，慰问金1万元。

在全镇5个村全部挂牌建立妇女之家和儿童之家，建有活动室、图书室、心理疏导室等。做到有组织有队伍、有场所有设施、有经费有资源、有制度有台账、有活动有载体。镇村妇联全部实施“亮牌服务行动”，亮妇联标识、亮组织架构、亮工作职责、亮执委身份、亮活动内容，使基层妇联组织和妇联工作在妇女群众身边有形化、常态化。2020年12月18日，在花石嘴村扶贫驿站成立了妇委会并召开妇委会第一次会议。

部分荣誉称号

王本华荣获2010年霍山县“十大女杰”称号；

汪敏荣获2011年度县“三八红旗手”称号；

何秀兰荣获2012年度“三八红旗手”称号；

王本华荣获2012年度六安市“巾帼创业之星”称号；

梁宏运荣获2013年度“三八红旗手”称号；

陈学荣荣获2014年度“三八红旗手”称号；

2014年3月，大河厂村申报了省级“美丽家园行动”项目；
刘益平荣获2015年度“三八红旗手”称号；
2016年3月，成凤生态农业农民专业合作社申报了女子专业合作社项目；
卢敏荣获2016年度六安市“最美家庭”称号；
周启梅荣获2016年度六安市“最美家庭”称号；
孟祥云荣获2016年度县“三八红旗手”称号；
陈来凤荣获2017年度六安市妇联“巾帼创业之星”“霍山好人”殊荣；
2017年4月，观音岩村申报了省级妇女之家示范点项目；
孙飞荣获2017年度“三八红旗手”称号；
周扬敏荣获2018年度“三八红旗手”称号；
孔祥琦荣获2019年度“三八红旗手”称号；
2019年但家庙镇成功申报了花石嘴村“妇女之家”项目；
张婧荣获2020年度“三八红旗手”称号；
黄玲玲荣获2021年度“三八红旗手”称号。

三、残联

但家庙镇成立残疾人联合会，设主席1人，干事1人，专职委员1人。同时设立残疾人工作委员会，下设主任1人，办公室主任1人，村成立残疾人协会，设会长1人，副会长1人秘书长1人，残疾人助理员1人。主要工作：“代表、服务、管理”三项职能。

第三章 政权 政事

1912年，霍山县以下分区设乡，但家庙地区属于北乡，隶属霍山第一区。1938年，成立下符桥乡公所，但家庙归下符桥乡公所管辖。1945—1948年，先成立下落乡公所，后改为东北乡公所，皆辖但家庙区域。

1949年春霍山县解放，当时区、乡沿用旧制，但家庙境域属于第一区。中华人民共和国成立后，1951—1955年，成立下符桥乡公所区人民政府，但家庙镇境域属于下符桥区。1958年，实现人民公社化，撤区并乡，政社合一，但家庙境域属于火箭人民公社；1961年11月，恢复下符桥区。1983年7月，行政机构进行改革，核复区、乡、村的建制，该区域设但家庙乡和团墩乡。1992年2月，撤区并乡，原但家庙乡和团墩乡合并成为但家庙乡。1999年4月，改为但家庙镇。

1989年1月，开始实行乡镇人民代表大会制度，在乡（镇）设立人大主席团。自1953年至2021年，但家庙境域共召开20届人民代表大会会议，人民代表大会选举产生乡镇长、副乡镇长。1996年开始，镇人民代表大会增加选举镇人大主席。2017年，增加选举镇人大副主席。每次收到的代表议案，均经大会议案审查委员会审查，再由大会主席团审定，会后交镇政府办理；大会收到的代表建议、批评意见，同时交镇政府办理，办理结果，由办理单位书面告知代表本人。

镇党委政府一班人认真学习贯彻党的方针、政策，保持党的先进性和纯洁性，以好的党风促政风带民风，以加强效能建设为切入点，努力构建人民满意政府，切实做到全心全意为人民服务。

1995年年底，根据中共中央“乡镇一级不设政协机构”的精神，由镇党委确定1名副书记负责联系政协工作，确定1名兼职干部办理政协有关业务。遵照“长期共存、互相监督”和“肝胆相照、荣辱与共”的方针，进行政治协商，民主监督，为促进但家庙经济社会发展开展工作。

第一节 但家庙镇人民代表大会

一、代表选举

换届选举前，由镇人民代表大会主席团报经县人大常委会审议同意，成立镇选举委员会，主持镇人民代表大会代表的选举。选举委员会设立办公室，办理选举工作的具体事务。镇选举委员会、镇党委、政府迅速召开联席会议，宣布县人大常委会对镇选举委员会的任命名单，成立以党委书记为组长的但家庙镇换届选举工作领导组并成立各工作指导组。各村、社区及镇直企事业单位相应成立选举工作领导组，选区也相应成立领导小组实行镇村联动。同时实行党政班子成员联系选区制度，对选举任务重的选区由党政班子成员亲自挂帅，负责选区的选举工作，从而为全面工作的开展提供领导和组织保障。

根据全县乡镇人大换届选举培训会的要求，结合镇实际制订工作计划，列出详细的日程安排表，明确每一个阶段甚至每一天的工作任务和要求。镇选举委员会按照自然行政区域和人口比例大体相当，合理划分选区和分配代表名额。本着“便于选民参加选举活动，便于选举的组织工作，便于选民了解代表候选人，便于代表联系选民，便于选民监督代表”的原则，全镇以村委会为单位，共划分5个选区，按照“每个选区选举1名代表”和“每一位代表所代表的人口大体相等”的规定，以每一选区选民的2‰比例分配代表名额，所有应选代表全部分配到每个选区。

分配代表名额时，合理安排工人、农民、干部、知识分子、民主党派及无党派爱国人士、少数民族代表比例。代表中非中共党员比例一般占35%，妇女代表约占25%，适当提高工农代表的比例，适当控制领导干部代表和连任代表比例。选出的代表中，各行各业的先进工作者、改革开放和经济建设中涌现出的先进人物、社会主义精神文明建设的先进个人等占有相当数量，具有先进性和广泛性，知识结构、年龄结构要合理。

采取集中培训，以会代训，分阶段培训等方法，对镇、村选举工作领导组和指导组的全体工作人员进行培训。运用专栏、标语、广播、会议等形式，抓动员、抓宣传、抓教育，增强选民的民主意识和法治意识，激发选民的政治热情和参选积极性。通过制订计划、培训骨干、宣传发动、划分选区、分配代表名额，以选区为单位进行选民登记。采用“全面登记”的方式，做到不差、不错、不漏，于选举日20日前（1995年修订的选举法改为20日前，下同）公布选民名单。指导组成员分别深入选区与村干部一起抓选举工作。从选民登记、选民榜张榜、代表提名、酝酿、公布每一个关键环节，前一天都召集指导组成员开一次会，明确任务和要求。

选举代表是做好乡镇换届选举工作极其重要的环节，各选区由各界人民团体和选民或者代表10人以上联名推荐代表候选人，汇总后，于选举日15日前公布代表初步候选人名单。经酝酿、讨论、协商，于选举日5日前公布代表正式候选人名单，并公布选举日期。镇选举委员会对各选区选民人数进行认真核实，并统一印制选票，民主推荐各选区监票人和计票人，切实做好选举日的各项准备工作，选举日当天，镇村干部全力以赴，各选区因地制宜，设立投票站或流动票箱，选民以无记名方式投票，差额选举镇人民代表大会代表，根据选举结果确定为多数群众所拥护和满意的代表，为开好人代会奠定基础。

二、历届人民代表大会

1953年7月，本区域各乡召开第一届人民代表大会，建立乡人民政府，选出团墩、大河厂、花园畈、花石嘴4个乡的乡长、副乡长。

1956年4月，本区域各乡召开第二届人民代表大会，改选但家庙、大河厂2个乡的乡长、副乡长。

1960年12月，下符桥人民公社召开第三届人民代表大会，选出公社主任1人，副主任11人。

1962年3月，本区域但家庙人民公社、团墩人民公社、大河厂人民公社召开第四届人民代表大会，选出团墩、但家庙、大河厂3个公社的主任、副主任。

1966年3月，本区域各公社召开第五届人民代表大会，改选各公社主任、副主任。

1969年9月，但家庙人民公社召开第六届人民代表大会，选出主任1人，副主任3人。

1972年11月，团墩公社、但家庙公社召开第七届人民代表大会，选出公社主任、副主任。

1980年10月，团墩公社、但家庙公社召开第八届人民代表大会，改选公社主任、副主任。

1983年9月，但家庙乡和团墩乡召开第九届人民代表大会，建立人民政府，选出各乡乡长、副乡长及县人大代表。

1986年，但家庙乡、团墩乡分别召开第十届人民代表大会。

1990年，但家庙乡、团墩乡分别召开第十一届人民代表大会。

1992年，但家庙乡召开第十二届人民代表大会。

1996年，但家庙乡召开第十三届人民代表大会。

1999年，但家庙乡召开第十四届人民代表大会。

2002年，但家庙乡召开第十五届人民代表大会。

2004年3月20日，但家庙镇召开十六届人代会第一次会议，选出人大主席吴怀连。

2007年3月，但家庙镇召开第十七届人代会第一次会议，选出人大主席曹衍照。

2012年1月3日，但家庙镇召开第十八届人代会第一次会议，参会代表51人，列席28人，选举人大主席翟昌友。

2017年1月5日，但家庙镇召开第十九届人代会第一次会议，参会代表51人，列席26人，选举但家庙镇人大主席翟昌友，选举人大副主席刘凯。

2018年8月2日，但家庙镇召开第十九届人代会第二次会议，选举但家庙镇人民政府镇长储著时，但家庙镇人大主席陈波。

2020年1月10日，但家庙镇召开第十九届人代会第四次会议，选举但家庙镇人民政府副镇长魏伟，但家庙镇人大副主席邓宏超。

2020年11月28日，但家庙镇召开第十九届人代会第五次会议，选举但家庙镇人民政府镇长张焱，副镇长杨劲松。

2021年4月30日，但家庙镇召开第十九届人代会第六次会议，选举但家庙镇人民政府副镇长张婧、汪钰，但家庙镇人大主席熊义宏、人大副主席邵勋。

2022年7月29—30日，但家庙镇召开第二十届人代会第二次会议　（王玉生　摄）

2021年12月29日，但家庙镇第二十届人代会第一次会议，选举但家庙镇人民政府镇长张焱、副镇长张婧、杨劲松、汪钰，但家庙镇人大主席熊义宏、人大副主席邵勋。

2022年7月29—30日，但家庙镇召开第二十届人代会第二次会议，选举但家庙镇人民政府镇长熊义宏，但家庙镇人大主席许政、人大副主席陆皖玉。

人大主席团

根据《安徽省乡镇人大条例》规定，1989年1月，开始实行乡镇人民代表大会制度，在乡（镇）设立人大主席团。每届任期3年，2004年起改为任期5年。乡镇人大的职权：保证宪法和法律在本区域内贯彻实施；决定本行政区域内重大事项；选举乡镇人民代表大会主席、副主席；乡长、副乡长；镇长、副镇长；监督本级人民政府工作。

撤区并乡前人大组织

团墩乡人大主席团：主席周燕民（1989.1—1992.2）

但家庙乡人大主席团：主席王帮领（1989.1—1992.2）

撤区并乡后人大组织　1992年撤区并乡，组建新的但家庙乡，建但家庙乡人大主席团。1999年4月但家庙乡改称但家庙镇，乡人大主席团改称镇人大主席团。

但家庙乡（镇）人大主席团：

主　席：王帮领（1992.12—1995.1）
汪正加（1995.1—2002.1）
吴怀连（2002.1—2005.3）
曹衍昭（2005.3—2009.3）
余显平（2009.3—2012.3）
方增如（2012.3—2013.3）
翟昌友（2013.3—2018.6）
陈　波（2018.6—2021.4）
熊义宏（2021.4—2022.7）
许　政（2022.7—　）

副主席：刘　凯（2017.1—2020.1）
　　　　邓宏超（2020.1—2021.4）
　　　　邵　勋（2021.4—2022.7）
　　　　陆皖玉（2022.7—　）

三、人大工作

人大工作围绕全镇发展大局，以推动科学发展观为主线，全力打造工业主导型综合强镇目标，依法行使监督职权，2021年，召开2次主席团会议、4次代表小组会议，听取审议政府及部门专项工作报告6次，配合上级开展执法检查3次，组织视察调研活动2次，作出决议决定2项。

对全镇社会治安防控体系建设工作进行调研，督促镇政府及主管部门进一步健全完善防控网络，不断提高防控能力，加大对盗窃、赌博等突出治安问题的整治力度。开展以“推进法律六进、服务率先和谐崛起”为主题的“江淮普法行”活动，成功举办“江淮普法行”但家庙专场，促进“五五”普法决议的全面落实。按照“谁主管谁负责”的原则，认真做好信访件的登记、转办、交办和督办工作，2016年，共接到人民群众来信2件，接待来访10人次，均按照人大信访工作的要求督办到位。

人大把保障经济又好又快发展作为监督工作的重要任务，多次参加党政联席会议听取审议镇政府及财政、教育、卫生工作。多次参与重要建设项目，依法行使重大事件决定权，促进政府决策的科学化、民主化。镇工业集中区建设是镇域经济发展的重要方面。人大代表多次深入镇工业集中区开展调研，针对集中区建设中遇到的资金、土地等发展瓶颈提出建议。人大代表视察了安全生产监督管理工作以后，立即督促镇政府及主管部门切实提高安全生产意识，完善监督机制，加大执法力度，全力保障群众的生命财产安全和经济的又好又快发展。

强化代表工作，充分发挥代表作用，镇人大进一步推动代表小组规范化、制度化建设，组织代表开展视察、调研活动，推动代表小组活动依法有序开展。建立健全主席团与代表双向互动机制，保持与代表的密切联系。拓宽代表知情知政渠道，注重听取吸纳代表的意见建议，加大议案建议办理的督办力度。切实提高议案建议办理质量。在镇第十七届人大第三次会议上，镇人大先后收到代表提出的多份议案和建议，其中批评意见19件，10人以上联名提案2件。

第二节 但家庙镇人民政府

一、组织沿革

1949年10月后，该区域设有黄檀树乡，归三板桥区管辖。1950年4月，三板桥区改为下符桥区，该区域设4个乡，其中大河厂、团墩、花园畈3个乡归下符桥区管辖，花石嘴乡归与儿街区管辖。

大河厂乡人民政府（1949.10—1955.12）

1950年4月前称黄檀树乡：

乡　长：郑汉卿（1950.3—1950.6）
　　　　张金狗（1950.6—1950.10）
　　　　王寿松（1950.11—1952.2）
　　　　俞德春（1952.3—1952.11）
　　　　广圣明（1952.11—1953.1）
　　　　杨本林（1953.1—1954.12）
　　　　赵启灿（1954.12—1955.10）
　　　　赵士杰（1955.10—1955.12）

花园畈乡人民政府（1949.10—1955.12）

1950年4月成立，1955年12月撤销。

乡　长：邓云昌（1950.4—1950.9）
　　　　叶常应（1950.9—1950.11）
　　　　俞德春（1950.11—1952.6）
　　　　鲁先臣（1952.6—1952.9）
　　　　陈余财（1952.9—1955.9）
　　　　刘会文（1955.9—1955.12）

团墩乡人民政府

1950年4月成立，1955年12月撤销。

乡　长：鲍传发（1950.4—1950.9）
　　　　胡必银（1950.9—1951.9）
　　　　宋同彬（1951.9—1953.2）
　　　　康乐寿（1953.2—1955.10）
　　　　汪建国（1955.10—1955.12）

花石嘴乡人民政府（1950.4—1955.12）

1950年4月成立，1955年12月撤销。

乡　长：但正松（1950.5—1951.7）
　　　　吴长恕（1951.7—1951.10）
　　　　邓兆阳（1951.10—1951.11）
　　　　夏积和（1951.11—1952.11）
　　　　何崇灼（1952.11—1955.12）

1955年12月，城关镇改为区级镇，将大河厂、但家庙乡划归城关镇管辖。

大河厂乡人民委员会（1955.12—1956.8）

1957年1月划入与儿街区。

乡　长：吴玉山（1955.12—1956.2）
　　　　赵启灿（1956.2—1957.1）

但家庙乡人民委员会（1955.12—1956.8）

1955年12月成立，1957年1月划入与儿街区。

乡　长：何崇灼（1955.12—1956.2）
　　　　康乐寿（1956.2—1956.6）
　　　　陈余财（1956.6—1957.1）

1957年1月，该区域但家庙、大河厂乡划入与儿街区。

大河厂乡人民委员会

乡　长：赵启灿（1957.1—1958.10）

但家庙乡人民委员会

乡　长：陈余财（1957.1—1958.10）

1958年10月，按照中央《关于在农村建立人民公社问题的决议》的要求，县委、县政府将全县36个乡（镇）、90个农业生产合作社合并成复兴、下符桥等13个人民公社。该区域的大河厂、但家庙乡与三尖铺乡合并成立火箭人民公社。同年12月，改称下符桥公社。

下符桥公社管委会

1958年10月，成立火箭公社。同年12月，改称下符桥公社。

主　任：但正松（1958.10—1960.2）
　　　　尹德馨（1960.2—1961.5）
副主任：赵启灿（1958.10—1961.5）
　　　　周基德（1958.10—1959.10）
　　　　陈余财（1958.10—1959.2）
　　　　姚选卿（1958.10—1959.12）
　　　　董政才（1958.10—1959.12）
　　　　王永生（1958.10—1959.12）
　　　　舒世英（女，1958.10—1960.9）
　　　　俞宗国（女，1959.8—1961.5）

1961年，中共中央《农村人民公社工作条例（草案）》下达后，为纠正人民公社规模过大等问题，在省地的统一部署下，霍山县对人民公社作了重新规划。原下符桥公社划分为6个公社，该区域设团墩、但家庙、大河厂3个公社。

团墩公社管委会

主　任：赵启灿（1961.8—1961.11）

何崇灼（1961.11—1963.3）

康乐寿（1963.4—1966.4）

但家庙公社管委会

主　任：郑智伦（1961.5—1962.6）

邓兆阳（1962.6—1963.3）

吴长恕（1963.3—1964.10）

何崇灼（1964.10—1965.5）

储春全（1965.5—1966.4）

大河厂公社管委会

主　任：田耀宗（1961.9—1961.11）

赵启灿（1961.11—1966.4）

1966年5月，全县设有8个区、2个镇、56个公社，该区域设大河厂、团墩、但家庙3个公社，归下符桥管辖。

大河厂公社管委会

主　任：赵启灿（1966.5—1968.3）

团墩公社管委会

主　任：康乐寿（1966.5—1968.3）

但家庙公社管委会

主　任：储春全（1966.5—1968.3）

1968年4月，下符桥区革命领导小组成立。1969年1月撤销，该区域但家庙、大河厂、团墩3个人民公社革命委员会归其管辖。

但家庙公社革命委员会

1968年6月成立，1969年1月撤销。主任一职务空缺，副职主持工作。

大河厂公社革命委员会

1968年3月成立，1969年1月撤销。

主　任：王正刚（1968.3—1969.1）

团墩公社革命委员会

1968年3月成立，1969年1月撤销。

主　任：邓兆阳（1968.8—1969.1）

1969年年初，县革委会根据省、地部署，进行撤区并社，该区域原但家庙、大河厂、团墩公社合并为但家庙公社。

但家庙公社革命委员会

主　任：费广庆（1969.1—1972.9）

副主任：章复海（1969.1—1972.9）

　　　　崔从枝（女，1969.1—1972.9）

　　　　王正刚（1970.9—1972.9）

　　　　周基运（1971.12—1972.9）

　　　　吴远来（1972.3—1972.9）

1972年9月，恢复下符桥区（只设区委），同时增设团墩公社。

但家庙公社革委会

主　任：章复海（1972.9—1975.12）

　　　　刘守成（1975.12—1976.10）

团墩公社革委会

1972年9月成立。

主　任：吴长恕（1972.9—1975.12）

　　　　汪传善（1975.12—1976.10）

1976年10月，基层政权机构仍为革命委员会。1980年12月，各公社召开人代会，选举恢复了公社管理委员会，取消公社革委会。1983年公社体制改革，政社分开，恢复乡政府建制。

团墩公社革委（管委）会

主　任：沈传善（1976.10—1980.3）

　　　　经廷良（1980.3—1982.3）

　　　　江建国（1982.3—1983.7）

团墩乡人民政府：1983年8月成立。

乡　长：夏从平（1983.8—1985.2）

　　　　刘发枝（1985.2—1986.3）

　　　　汪正加（1986.3—1987.11）

但家庙公社革委（管委）会

主　任：刘守成（1976.10—1978.2）

　　　　宋宜升（1978.2—1978.4）

　　　　万正炳（1978.4—1978.12）

　　　　胡武祥（1978.12—1980.8）

　　　　杨德钦（1980.8—1980.12）

　　　　但心忠（1980.12—1982.3）

　　　　张宜杰（1982.3—1983.8）

但家庙乡人民政府：1983年8月成立。

乡　长：张宜杰（1983.8—1984.2）
　　　　刘发枝（1984.2—1985.2）
　　　　邱万杰（1985.3—1987.1）
　　　　甄立荣（1987.1—1987.11）

1987年11月至1992年2月，该区域设但家庙乡人民政府和团墩乡人民政府。

团墩乡人民政府

乡　长：汪正加（1987.11—1989.1）
　　　　郑录平（1989.1—1990.1）
　　　　沈家祥（1990.1—1992.2）

但家庙乡人民政府

乡　长：甄立荣（1987.11—1989.1）
　　　　周基潮（1989.1—1992.2）

1992年2月撤区并乡，但家庙和团墩两个乡合并，成立但家庙乡。同时，成立乡人大、政府筹备组。同年12月，乡召开人代会，选举产生乡人大主席和乡长、副乡长，乡人大、政府筹备组随之撤销。

但家庙乡人大、政府筹备组

组　长：杨德钦（1992.2—1992.12）

第一副组长：
　　　　张绪鹏（1992.2—1992.10）
　　　　汪正加（1992.10—1992.12）

第二副组长：
　　　　王帮领（1992.2—1992.12）
　　　　郑国跃（1992.2—1992.12）
　　　　张继恒（1992.2—1992.12）
　　　　汪家祥（1992.2—1992.12）
　　　　张作宏（1992.2—1992.12）

但家庙乡人民政府

乡　长：汪正加（1992.12—1995.1）
　　　　卢　俊（1995.2—1998.3）
　　　　刘长卫（1998.3—1999.4）

副乡长：郑国跃（1992.12—1994.7）
　　　　张作宏（1992.12—1996.1）
　　　　沈家祥（1992.12—1995.1）
　　　　龙恒清（1995.2—1999.4）
　　　　孙家平（女，1995.2—1998.12）
　　　　魏德明（1996.1—1998.3）

刘孝富（1999.1—1999.4）

刘福贞（女，1999.1—1999.4）

但家庙镇人民政府

1999年4月，但家庙乡撤乡建镇。

镇　长：刘长卫（1999.4—2001.12）

杨启志（2002.1—2005.3）

朱昌才（2005.3—2009.2）

朱松如（2009.2—2012.2）

余龙松（2012.2—2015.9）

葛子俊（2015.9—2018.6）

储著时（2018.7—2020.11）

张　焱（2020.11—2022.6）

熊义宏（2022.7—　）

副镇长：龙恒清（1999.4—2002.1）

刘孝富（1999.1—2003.1）

刘福贞（1999.4—2007.12）

胡朝友（2001.1—2001.12）

王真伦（2002.2—2004.2）

卢向阳（2005.3—2011.1）

刘守忠（2004.2—2006.2）

彭三峡（2004.2—2012.10）

康家升（2005.3—2006.12）

王启文（2006.12—2013.2）

彭良清（2011.2—2016.12）

余　英（2012.10—2018.2）

涂修明（2013.5—2016.12）

汪　杰（2016.12—2019.08）

储著时（2017.6—2018.7）

刘益春（2016.12—2020.11）

程　晨（2018.2—2020.1）

魏　伟（2020.1—2021.4）

张　婧（2021.4—2022.12）

杨劲松（2020.11—　）

汪　钰（2021.5—　）

二、机构设置

党政办公室

中华人民共和国成立后，乡镇党委政府办公室只有一名秘书或文书，职责是为公社、乡、镇党委政府领导起草会议讲话稿和重要文件，做好会议记录、处理接待等。20世纪90年代，党政办逐步规范化，其工作职能也进一步完善；在乡、镇党委领导下，具体执行上级的指示，决定和协定相关部门的工作。统一管理文件的印发，组织制定各项规章制度，发布行政事务通知、通告；安排节假日值班工作。做好宣传、信息工作；负责文书档案工作、报刊、信函收发工作、文印工作和机车管理工作；负责车辆的调度安排，维护管理及安全保障工作；严格按照国家相关规定管理，做好机要事务处理和保密工作；各种行政介绍信、证明信和其他函件、党政印章等的管理和使用；处理办公室日常事务工作，做好办公室建设工作；协助党委做好离退休人员和群团组织的工作；协助分管领导搞好后勤接待保障工作；不断提高后勤服务质量；及时完成党政领导交办的其他工作。

政务服务中心

但家庙镇政务服务中心成立于2006年7月，政务服务中心主任由镇长兼任。内设财政、民政、计生、农技等7个服务窗口。具体服务内容为：

财政　惠民“一卡通”农户基础信息变更；农业综合开发项目资金拨付。

国土所　在村庄、集镇规划区修建临时建筑物；构筑物和其他设施的批准。

民政　农村危房改造申请转报；孤儿救助；城市低收入家庭收入核定；现役军人家属和重点优抚对象优待金发放；重点优抚对象临时性救助服务；烈士、因公牺牲军人、病故军人的子女、兄弟姐妹优先批准服现役优待政策咨询服务；社会老人自费代养服务；重点优抚对象政策咨询服务；部分农村籍退役士兵老年生活补贴办理；80岁以上老人高龄津贴办理；参战参试退役人员待遇办理；最低生活保障待遇办理；进入光荣院集中供养申请材料核实转报；分散供养的农村五保对象供养待遇办理；家庭经济困难学生证明出具；带病回乡退伍军人定期定量补助发放；最低生活保障审查；在乡退伍红军老战士、八路军老战士、红军失散人员生活补助发放；自然灾害救助对象审核；医疗救助对象审核；在乡复员军人定期定量补助发放；参战参试退役人员补助发放；带病回乡退伍军人认定；因灾倒损农房恢复重建补助办理；救灾资金发放；“四类”特困群体丧葬救助；残疾人辅助器具适配服务；残疾儿童抢救性康复补助；贫困精神病人医药费补助；精神类残疾人住院医疗救助（贫困精神病患住院医疗救助）；贫困重度残疾人家庭无障碍改造；残疾人机动轮椅车燃油补贴；重度残疾人护理补贴申请受理；困难残疾人生活补贴受理；持证肢体残疾人和听力障碍儿童装配辅助器具补助。

农技　新型职业农民培育；农民专业合作社示范社培育、推荐；示范家庭农场培育、推荐；畜禽标准化养殖示范场创建申报；农村老农民技术员身份和工龄认定及补助发放；农村老兽医身份和工龄认定及补助发放；农村老拖拉机手身份和工龄认定及补助发放。

农经站　农村土地承包经营权流转申报；农村土地承包经营权流转合同鉴证；农村土地承包经营权证颁发；农村土地承包经营权证换发、补发土地承包合同的备案。

但家庙镇政务服务中心　　（王玉生　摄）

人社　城乡居民基本养老保险待遇办理；社会保险查询（证明出具）；被征地农民养老保险待遇办理；失业保险待遇办理；就业创业证办理；创业担保贷款申请及贴息办理；城乡居民基本养老保险待遇领取资格认证；城乡居民基本养老保险补缴办理；就业政策咨询。

计生　计生家庭奖励扶助；持有独生子女光荣证的企业退休职工一次性奖励发放；计生家庭特别扶助（含手术并发症）；生育服务登记卡登记发放；流动人口婚育证明出具；计划生育节育情况证明出具；独生子女父母光荣证办理和补办；计生困难家庭、贫困母亲、留守儿童救助资金发放；计划生育特殊困难家庭老年护理补贴发放；失独计划生育困难家庭紧急抚慰金发放；病残儿医学鉴定；农村集体聚餐厨师备案。

三、施政纪略

但家庙镇第十六届政府（2004—2006年）

2006年，实现地区生产总值2亿元，比上年增长15%；财政收入130万元，比上年增长8.3%。全年共落实招商项目6个，到位内资2800万元，外资140万港币，完成年度任务数的2倍，比上年增长80%。第二产业完成增加值8000万元，比上年增长12%；完成利税803万元，比上年增长15%。实施新建工程项目4个，完成固定资产投资600万元，大河厂集镇综合整治、中心学校教学楼、大河厂村部综合楼、山三路“村村通”水泥路工程等相继开工建设，发展的硬环境进一步改善。全镇农民人均纯收入达3034元，比上年增长7.5%。

三年间，全镇地区生产总值年递增18.5%，年均净增2660万元；财政收入年递增48.1%，年均净增30万元；三次产业结构比例由2003年的38：40：22调整到2006年的23：49：28。工业经济跃上新台阶。工业产值年递增26.0%，年均净增1330万元。三年累计实施投资额100万元以上技改、新建工业项目15个，完成工业投资4000余万元，其中雁江印务三年完成投资600万元，内部扩股100万元。全镇工业企业利税年均递增20.5%，年均净增115万元，其中全镇年纳税30万元以上企业发展到3家，年纳税50万元以上企业1家，骨干企业由2003年的2家发展到华安、雁江、世林设备、利达包装4家。其中华安、雁江连续3年进入“全县先进民营企业”行列。招商引资成果喜人。三年来，全镇累计引进各类项目21个，其中工业项目15个，协议引资2.8亿元，实际到位资金8800余万元，连续两年荣获“全县招商引资先进单位”光荣称号。成功引进康尔美健康奶油、利达包装、洞天湖旅游开发等一批投资额500万元以上的建设项目，从而有效增强了镇域经济发展的后劲。农村经济全面发展。粮食生产克服连续3年的严重自然灾害，实现稳产增产，粮食总产和油料总产分别稳定在8000吨和4500吨以上。结构调整步伐加快，区域特色产业初具雏形。在遭遇禽流感疫情影响的情况下，全镇仍新增各类种养大户50家，其中，栝楼、三黄鸡、生猪种养规模位居全县乡镇前列。农机化率显著提高，无公害种植和健康养殖技术得到广泛推广，组建种养专业协会8家。退耕还林和天然林保护工程全面实施，全镇森林覆盖率达67%，三年间提高6.7个百分点。三年累计发放各类惠农资金近500万元。全民创业成效初显。城镇扩容有效拉动第三产业发展。三年累计新增个体工商户246家，私营企业15家。华联超市、新星机械、克春制炭、免烧砖厂等科技环保型和社区服务型中小企业正成为镇域经济新的重要增长点。

三年来，累计完成50万元以上基础设施项目投资2100万元。交通建设成效显著。全面启动村村通水泥路工程建设。全长14.5千米，总投资480万元的三石水泥路（含团观段）工程实施。相继完成了六黄路、观豪路、但凤路、倪叶路、大黄路等村组干道整修拓宽。三年累计高标准改造拓宽村组干道45千米，新修机耕路35千米。镇村组路网等级、晴雨通车率明显提高，管养水平同步提升。六潜高速公路但家庙段协调工作圆满完成，占地补偿发放到户。集镇建设取得突破。按照但家庙集镇拓展商贸居住区和大河厂集镇筹建工业集中区的总体思路，相继实施了但家庙集镇自来水工程、公用停车场项目、雨淋桥康居点建设和“丁”字街拓展区新区开发，集镇下水道配套改造顺利实施。强力推动大河厂集镇综合整治，集镇下水道、路灯、绿化带配套建设全面到位。两集镇建成区面积三年间分别增加1平方千米和0.7平方千米。新农村建设扎实推进，村庄规划全面编制完成。全镇城镇化率三年提高2个百分点。农田水利建设规模空前。三年投资近千万元，相继实施了断山堰、陆冲、潘冲和观音岩4座小（2）型水库除险加固工程，完成总投资800万元、治理面积1.5万亩的观音岩国家农业综合开发工程，重点实施了50口大山塘会战、水毁桥梁、堤坝等修复工程。三年间，全镇新增和改善灌溉面积15000亩，防洪面积3500亩，有效解决800余人饮水困难，农业基本生产条件得到较大改善。电力通信建设同步发展。团墩大小龙井、胡大桥邓冲、新庄、花石嘴董楼等台区高压线延伸工程相继完成，群众用电难问题得到有效解决。城乡同网同价顺利实施，居民用电负担有效减轻。极力争取相关部门支持，固定电话扩容新增用户600余户，移动、联通无线市话、电信小灵通进入寻常百姓家，全镇固定电话和移动电话拥有量分别达到每百户80部和每百户95部。新建观音岩移动基站1座，全镇移动信号实现无缝覆盖，居民通信自由得到有效保障。

农村税费改革稳步推进，不折不扣执行减、免征农业税政策，全镇农民人均减负近百元。乡镇事业单位下岗分流人员安置任务圆满完成。“镇财县管”体制改革全面实施，财政管理更加规范。村级规模调整成功实施，镇村管理体制和工作机制更加健全。涉农财政补助资金“一卡制”发放方式改革全面落实。教育、卫生、劳动保障管理体制改革顺利实施，教育、卫生工作管理权责更加清晰，新型农村合作医疗试点工作全面落实，政府劳动保障职能得到加强。企业改革取得明显成效。包装材料厂完成集体身份置换，改制为民营企业守德包装厂。大河厂轮窑厂、团墩电珠厂、马氏祠茶厂闲置资产得到有效利用，关停集体企业闲置资产全面盘活。

全镇农民年人均纯收入年递增11.8%，年均净增287元。全镇居民人均储蓄余额年均递增18.6%，2006年年底达10000元。农村居民的消费结构发生明显变化，居住条件和生活环境进一步改善，群众衣食住行在潜移默化中发生改变。但家庙至城关、但家庙至观音岩公交专线的相继开通，极大方便了群众出行。镇村交通条件的不断改善，全镇私家小汽车保有量年均增加几十部。电脑、互联网大量进入家庭，移动电话的日益普及，影响和改变着群众的日常生活方式。新建农村五保之家、改建升级镇敬老院、恢复启动农村社会养老保险制度等一系列举措，有效地解决了困难群众的老有所养问题。扶贫开发扎实开展。整村推进、社区资金和国际小母牛等扶贫项目实施，三年累计投入扶持资金50万元，帮助300多名贫困人口实现稳定脱贫。各项惠农政策全面落实，粮食直补、良种补贴、农机补贴和粮食综合补贴、退耕还林补助以及农村教育“两免一补”等涉农补贴资金全部发放到户，三年共向农村居民发放各类补贴资金500余万元，人均直接补贴300余元。农民工维权扎实有效，安全生产措施落到实处。

人口计划生育基础工作不断加强，出生人口性别比综合治理、社会抚养费集中清收和奖扶政策兑现落到实处，2004年、2005年，连续两年荣获“全县人口和计划生育工作先进乡镇”荣誉称号。远程教育网络落户校园，“两基”成果得到巩固。中小学布局调整稳步推进，危房改造和教学楼建设力度加大。中心学校寄宿制项目、胡大桥、团墩希望小学教学楼工程相继动工和批准立项，教学条件大大改善。教育质量同步提升，三年来，但家庙初中毕业班霍山一中达线率屡创新高，位居全县同类学校前茅。镇、村两级疾病预防和保健网络进一步健全，新型农村合作医疗顺利启动实施。水库移民后期扶持工作开始启动，库区移民生活保障初步建立。生态创建扎实推进。以“三改一建”为主要内容的生态家园建设取得积极成效，以无公害种植和健康养殖为重点的生态农业发展方兴未艾。全省生态示范乡镇和生态示范村申报工作正式启动。文明创建活动深入开展，社会主义荣辱观教育深入人心，但家庙初中等3家镇直单位成功争创县级文明单位。

全面贯彻国务院《全面推进依法行政实施纲要》，依法行政水平进一步提高。镇政务服务中心建成启用，政务、村务、财务公开进一步规范。依法完成第六届村民委员会换届选举，按照“公开、公平、竞争、择优”原则，切实把“政治思想好、致富能力强、真心为民办事”的优秀分子选进村委会班子。扎实开展“四五”普法，顺利启动“五五”普法。全面贯彻实施《信访条例》《中华人民共和国公务员法》。扎实做好社会治安综合治理，平安创建和打击邪教活动卓有成效，市级“平安乡镇”和县级“平安村”创建工作顺利通过验收，综治工作稳步推进，社会和谐稳定局面进一步巩固。

但家庙镇第十七届政府（2007—2011年）

2011年，全镇实现工农业生产总值5.02亿元，比2007年增长2.4倍；财政收入突破500万元，增长3.6倍；全镇工业企业35家，增加20家；其中规模工业企业5家，实现规模工业总产值1.2亿元，同比增长66%；个体工商户达810户，农民人均纯收入6400元，增长17.5%。工业主导地位进一步增强，综合镇力显著提升。

依托区位优势和资源优势，优化投资环境。仅2011年，共引进项目22个，建设项目14个，引资额达1.53亿元，实际到位资金9987万元。

投资115万元新建镇政务服务中心；投资15万元完成镇综合档案室建设；投资3000万元组织实施广播电视“村村通”，农村五保供养机构，一事一议财政奖补试点，农村沼气建设，病险水库除险加固，农村留守儿童之家建设，农村危房改造及清洁工程，校舍安全工程八大类民生工程建设类项目。新建了留守儿童之家、农家书屋、老年活动中心、廉政活动室、科普活动室，少年宫和青少年活动中心等。其中留守儿童活动之家建设在全市领先，老年干部活动中心，从设备配置到资金投入在全县居于领先水平；利用镇综合文化站，创新平台作用，采用“1+X”运作模式，与县新华书店、移动公司、县邮政局建起了农家书屋代销点、中国移动普通代理点、邮政代办点，更好地方便和服务群众，得到了省文化厅的认可。完成了观音岩、胡大桥、花石嘴3个中心村村庄规划及但家庙集镇总体规划。投入资金4000万元完成26条计80多千米的村村通水泥路项目；投资170万元完成大河厂希望小学主体教学楼的新建项目。投资180万元完成敬老院改扩建工程。完成两座大型病险水库的除险加固工程。完成了集镇自来水“管养建”的改制，彻底解决了供水难的问题。完成农村电网提升工程，投资400万元改造线路94.8千米，电力清障工作扎实到位。

按照中共中央“农业现代化、农村社区化、农民居民化”的要求，为强化对大河厂市级新农村示范点建设工作组织领导，利用土地整理项目、土地置换项目、易地扶贫项目、危房改造项目、库区移民后期扶持项目等，全力推进示范点建设。投资3000多万元在大河厂、但家庙、观音岩3个村开展土地整理1.1万亩，实施山、水、田、林、路、宅综合治理，真正实现田成方、路到家、渠相连、沟相通，这是但家庙镇历史上投资最大，范围最广，受益群众最多的项目。结合农田水利建设，投资233万元对示范点前方的浔阳河进行了改造整治。投资150万元扩挖山塘12口。示范点有百匠农坊、曙光、映山红、亿士亿、山野五谷等农业招商企业入驻。成立了2个农民专业协会、3个农民专业合作社。实施土地流转5000亩，建立了优质稻米农业园，珍稀植物园，近郊蔬菜产业园，休闲观光农业园等四大园区。通过加强基础设施和推进农业产业化建设，群众生产生活条件大大改善，促进农村发展、农业增效、农民增收。

开展农村“四创”活动，创建一批生态示范村、文明小康村。进行3个中心村的环境卫生整治，强化村级道路的日常管养。加强学校周边、沿街两旁死角死面的环境整治，加强文明单位、文明村创建。积极开展了结对共建活动。但家庙、大河厂等村分别与县、市级文明单位结对共建，以共建促自建，以自建促创建，使但家庙镇文明创建工作取得丰硕成果。但家庙镇被评为全国生态镇、安徽省环境优美乡镇，全县生态建设先进乡镇，并连续两年获得“全县文明创建先进乡镇”和连续两届获得全县文明乡镇称号。

一是计生工作不断加强。围绕“保先进位”的目标，突出性别比综合治理，集中开展“两查、两补、四到位”活动，认真开展“人见人检、全程服务”和“两非”案件专项行动，做到思想上到位、措施上强化、投入上保障、工作上落实。2009年、2010年连续步入全县先进行列。二是各项改革顺利完成。农村基层卫生医疗机构改革工作顺利完成，解决了老百姓“看病难、看病贵”问题。农村集体“三资”代理扎实开展，圆满完成了各阶段工作任务，顺利通过了省、市级检查验收。建立村务监督委员会和村级事务流程化管理制度，扎实推进“阳光村务”工程，村级财务管理进一步规范。三是社会事业全面发展。劳动和社会保障工作全面推进，就业和再就业工作取得实效；教育教学工作再度提升；各项优扶政策全面落实，“双拥”工作扎实有效，民政工作的“调压减震”作用充分显现；国土资源管理扎实开展，违法违规建房得到有效遏制；社会创新综合治理工作深入推进，落实校园周边环境整治，有力地维护了安定团结的政治局面；武装工作全面加强；广播文化、妇联、共青团、老教委、关工委等工作，做到统筹协调，整体推进，有力地促进了全镇四个文明建设健康发展。

但家庙镇第十八届政府（2012—2016年）

“十二五”规划期间，但家庙镇牢牢把握加快发展这一主题，统筹推进稳增长、调结构、促改革惠民生，大力实施“工业强镇、招商兴镇、农业富镇、和谐建镇”四大战略，实现了经济较快发展和社会全面进步。

五年来，全镇经济始终保持在合理区间运行，形成了经济规模壮大、结构优化、动力转换的良好态势。地区生产总值从2011年的4.5亿元增长到2015年的8亿元；财政收入从2011年的412万元增长到2015年的1010万元；规模工业总产值从2011年的0.25亿元增长到2015年的3.6亿元；城镇居民人均可支配收入从2011年的8511元增长到2015年的15000元；农民人均纯收入从2011年的5921元增长到2015年的9800元。

积极推进土地流转，实行大户承包，机械化作业，提高农业现代化水平，建成优质水稻基地5000亩，实现了增产增收。实行“公司+基地+合作社+农户”种养业经营新模式，全镇新增农业龙头企业6家，家庭农场9家，农民专业合作社40家，其中胡大桥生态养殖农民专业合作社于2013年被评为国家级农民合作社示范社。加大对农业基础设施投入，加快农业产业结构转型，全镇特色种养业不断发展，成为农业增收新亮点。新建高效油茶生产基地2万亩、新增霍山米斛种植基地200余亩，种植药百合2500亩，种植草莓100余亩。不断加强镇村农产品质量安全监管，全面开展了春、秋两季动物防疫工作，防疫密度达98%。

五年来，围绕矿泉水开发、特色农业、生态旅游等产业共引进招商项目20个，累计到位资金5.78亿元，成为全镇新的经济增长极。强力推进工业集中区建设，工业经济稳步发展，镇域经济实力得到有力提升。五年来，全镇累计实现工业总产值20亿元，新增个体工商户242家，新发展私营企业37家，总数达61家；新增规模工业企业4家，总数达5家；解决了2000余名富余劳动力的就业。

五年来，紧跟全县旅游兴县战略，大力发展休闲观光农业和乡村旅游，全镇新增农家乐1家，总数超20家。以舒传贤故居被市委、市政府命名“六安市爱国主义教育基地”为契机，积极争取文化项目支持，修建了舒传贤故居；积极申报发改委红色旅游项目，规划建设霍山县第一次党代会旧址等红色旅游景点。同时，通过招商引资，积极打造东观禅院、牛鼻岩、洞天湖、西周文化遗址等自然人文景观。积极扶持映山红、双霍、百匠农坊等公司壮大，支持中绿公司、金马公司、东之源公司做优万亩油茶示范基地，打造一批休闲农业产业示范园。电子商务健康发展，5个村均建立了农村电商服务站，网络交易额达300万元。

项目争取力度不断加大。五年来，共争取移民、扶贫项目80余个，完成项目总投资2000余万元；实施“一事一议”项目40多个，争取财政奖补资金400余万元；争取资金3100万元，完成7800亩土地整理项目和988亩土地置换项目；争取农田水利建设项目资金7000余万元，为基础设施建设提供了有力的资金支持。大力实施集镇改造，完成人行道亮化、绿化工程。全镇新修村村通水泥路91.6千米，实施路面硬化20余千米。投资800万元完成20个合区农村电网改造工程。新农村建设稳步实施。先后投入8000余万元，完成大河厂村120户拆迁安置工作，建成了184套别墅型房屋，新建了社区活动中心、卫生院、综合性文化休闲广场。完成了第一批美丽乡村示范点大河厂村中心村建设，并通过了省、市验收。初步完成第二批省级美丽乡村示范点花石嘴中心村建设任务，并同步建设了花石嘴村农民文化乐园，新建“一场二堂三室四墙”，为村民提供健身、集会和举办典礼、培训场所，集中宣传展示但家庙镇的历史文化和民风民俗。

五年来，共实施“一事一议”财政奖补项目40多个；农村危房改造600多户；开展农机、农技等培训30场次，培训群众8000人次；投资60余万元建设了标准化留守儿童活动室，并建立了5个留守儿童之家；华安天使民办公助幼儿园已开园招生；病险水库加固、集镇饮用水工程、农村沼气、清洁工程等项目均扎实开展。社会保障日趋完善。新农保参保6541人，领取2752人，新农合参合1.48万余人；通过民主评议，全镇享受农村低保688人，城镇低保38人，五保老人152人；全面推进惠民资金发放“一卡通”，惠民资金管理“一线实”，累计打卡发放各种涉农补偿、补贴资金近4000万元，让农民群众真正得到实惠。

大力实施精准扶贫精准脱贫工程。规范开展民主评议对辖区内的贫困户建档立册，并结合贫困户实际制订脱贫服务计划。制定发展规划，积极争取项目，多方筹措资金，健全扶贫机制，强化扶贫责任，确保到2020年全面完成脱贫任务。2015年，但家庙镇农村商业银行存款总额为1.9亿元贷款总额为3500万元。

民政优抚工作有序开展。镇救灾款本着“专款专用，重点使用”的原则，每年对全镇受灾困难群众进行全面摸底登记造册，通过民主评议、张榜公布、公开发放的形式，自觉接受群众的监督。城镇、农村最低生活保障工作有序开展按时发放城镇居民、农村低保户、农村医疗救助、优抚对象等款项。

文教卫生健康发展。教育教学环境不断改善，师德师风明显提高，教学质量稳中有升。新农合参保率达到100%，有效解决群众因病致贫、因病返贫，群众看病难、看病贵的问题。积极组织开展送文化下乡、送科技下乡活动，共开展送科技文化下乡40余次，放电影50余场次。

社会大局和谐稳定。认真落实安全生产“一岗双责，党政同责”责任制，强化安全监管，全镇安全态势平稳，五年来无重特大事故发生。大力开展社会治安综合治理，深入开展“六五”普法工作，完善了人民调解工作机制，认真化解了各类矛盾，着力提升群众安全感。积极发挥工会、共青团、妇联等人民团体的重要作用，依法保护妇女、儿童和残疾人的合法权益。

严格落实中央八项规定精神。“三公经费”得到有效控制，2015年比2012年同比下降40%。深入开展执法执纪四种形态专项行动，强化干部职工的责任意识、服务意识和大局意识。进一步完善各项规章制度，强化干部管理，保持政令畅通。加强重点项目全程监督，规范资金管理和权力运行，扎实推进政务、村务公开。强化干部为民服务意识，规范办事行为，提高办事效率。

但家庙镇第十九届政府（2017年至2021年12月）

五年来，本届政府坚持以习近平新时代中国特色社会主义思想为指导，紧密团结依靠全镇人民，接续奋斗、锐意进取，较好地实现了经济和各项社会事业的发展。

现代产业体系加速构建。工业经济加速转型。雁江印务技改完成，效益稳健；宏翔织造健康发展，订单充足；华安建筑五年来实现利税超亿元。现代农业提质增效。发展稻田养虾产业，培育虾稻连作面积12000亩，产值3600万元，被省、市和国家级媒体多次报道，并作为市脱贫攻坚典型案例100例收录在册；推行“基地+公司+农户”现代产业发展模式，培育农业龙头企业6家、家庭农场9家、农民专业合作社40家，其中胡大桥生态养殖农民合作社被评为国家级农民合作社示范社，野山牧业家庭农场获省级示范家庭农场称号，成凤生态农业专业合作社获2019全国稻渔综合种养优质稻米评比金奖，全省农村电商优化升级现场会在成凤生态农业专业合作社召开；农业总产值达2.3亿元，年均增长10.4%，农民人均纯收入从2017年的9800元增长到2021年的14000元，增长率30%。招商引资推进有力。全镇地区生产总值从2017年的9.1亿元增长到2021年的10.6亿元，增长率16%；累计引进千万元以上项目7个，实际到位资金1.7亿元，悠然时光生态旅居、金马公司油茶深加工、玖顺消防、燕窝冲乡村旅游等一批重点项目落地生根。全域旅游蓬勃发展。观音岩万亩油茶山地自行车基地连续2年成功举办“健康安徽”环江淮万人骑行大赛，荣获“最美骑行赛道”称号；舒传贤革命烈士故居已经修建完成并对外开放，九峰十三洞探索开发，半山禾生态园、燕窝冲度假山庄声名鹊起。

城乡面貌发生巨大变化。累计投入资金9738.8万元，新修、加宽村组道路65.6千米，但凤路升级改造顺利竣工，大张路（拥军大道）建成使用，但家庙人民的出门大道更加宽广明亮；集镇强弱电入地、敬老院升级改造、农村饮水安全、小水库除险加固、“7·18”水毁修复等重点民生工程稳步实施。美丽乡村魅力绽放。统筹推进美丽集镇、美丽乡村中心村建设和自然村庄整治，多次代表全县迎接国务院和省、市美丽乡村专项督查，建成省级美丽集镇1个、美丽乡村中心村4个，观音岩团墩中心村被评为2019年省级“一村一品”示范村；常态化运行城乡环卫一体化，扎实推进农村人居环境“三大革命”，累计完成844户无害化厕所改造。生态环境持续向优。扎实抓好省环保督察反馈问题整改，全力做好大气污染防治，严控秸秆焚烧，实行秸秆禁烧保证金制度，强化秸秆综合利用；全面落实河长制、林长制，强化松材线虫病防控工作，推动生态环境持续改善；坚守生态红线，先后关停并修复大冲、桃园2家石料厂，加强入河排污口监管，治理淠源渠大河厂段、但家庙村沟塘黑臭水体，实施畜禽养殖废弃物综合利用，全镇利用率达90%以上。

社会各项事业协同进步。脱贫攻坚全面胜利。全镇523户1563名建档立卡贫困户实现脱贫，贫困村胡大桥村成功摘帽；实施光伏电站、绿色减贫等项目，累计带动贫困户300余户，户均增收5000元，荣获“脱贫攻坚先进乡镇”称号。社会事业长足进步。深入实施33项民生工程，累计投入民生工程资金2.5亿元，发展成果更多惠及人民群众；教育教学稳步提升，荣获全县教学管理先进单位；盘活闲置校舍，改善办学条件，支持中心校建成教职工周转房；稳步推进县中医院紧密型医共体建设，不断提高群众医疗健康保障水平，全镇5个村卫生室完成标准化建设；加强就业创业及技能培训政策宣传，确保就业创业惠民政策落地见效。精神文明建设亮点纷呈。不断推进新时代文明实践所（站）建设，全面完成五个村“文明超市”全覆盖规范化建设运行；开展“脱贫之星”“身边好人”等评选活动，成立东乡民间艺术团，举办乡村春晚，定期开展志愿服务活动、文艺会演、送戏下乡等群众喜闻乐见的活动；开展移风易俗，整治丧葬陋习，弘扬文明新风，引导群众向上向善。平安建设成果丰硕。扎实推进扫黑除恶专项斗争，常态化开展重点地段夜巡活动，群众安全感、满意度进一步提升，连续5年实现“零”越级上访，并被评为平安建设工作先进乡镇。

政府自身建设不断加强。始终把政治建设摆在首位。持续加强政策理论水平学习，扎实开展党史学习教育，不断深化“不忘初心、牢记使命”主题教育，持续巩固“严强转”专项行动、“三个以案”警示教育成果，深入推进“两学一做”学习教育常态化制度化，全面加强意识形态工作，进一步增强“四个意识”、坚定“四个自信”、做到“两个维护”。始终把法治建设贯穿到底。不断完善领导干部学法用法机制建设，规范行政执法程序，规范政府重大事项决策行为，认真办理人大代表议案、建议，使政府工作步入法治化、规范化、科学化轨道。始终把廉政建设挺在最前。认真履行政府系统全面从严治党主体责任，全面加强各重点领域和重点环节的监管，持续推动政府系统党风廉政建设和反腐败工作向纵深发展，严格落实中央八项规定精神，强化财政预算管理，“三公经费”持续下降；对农村三资管理、征地拆迁补偿等重要事项及时向社会公布，主动接受群众监督。

2004—2021年但家庙镇所获荣誉一览表

表3-1

序号	获奖名称	授奖单位	时间
1	2004年度社会治安综合治理先进单位	霍山县综治委、霍山县人事局	2005.3
2	2004年度全县农村改厕工作先进单位	霍山县农村改水改厕工作领导组	2005.3
3	2005年度人口计生政务信息工作先进单位	六安市人口与计划生育委员会	2006.2
4	2005年度商务工作先进单位	霍山县人民政府	2006.3
5	2005年度社会治安综合治理先进集体	霍山县综治委	2006.3

续表 3-1

序号	获奖名称	授奖单位	时间
6	双拥工作先进单位	中共霍山县委、霍山县人民政府、霍山县人民武装部	2007.7
7	2007度基层党组织建设“五个好”乡镇党委	六安市基层党组织建设领导小组	2008.4
8	2007年度集体林权改革工作先进单位	霍山县农业工作领导组	2008.2
9	2007年度殡葬改革工作先进集体	霍山县人民政府	2008.3
10	霍山县农民健康素养知识竞赛三等奖	霍山县亿万农民健康促进领导组	2008.8
11	爱国拥军先进单位	六安市委、市人民政府、六安军分区	2008.1
12	安徽省环境优美镇	安徽省环境保护局、安徽生态省建设领导小组办公室	2009.3
13	争创“长安杯”突出贡献奖集体三等功	中共霍山县委、霍山县人民政府	2009.5
14	争创全国社会治安综合治理“长安杯”突出贡献奖	中共霍山县委、霍山县人民政府	2009.6
15	霍山县第二届文明乡镇	中共霍山县委、霍山县人民政府	2009.5
16	2008年度农组工作先进乡镇	中共霍山县委组织部	2009.3
17	2008年度全县村村通水泥(沥青)路管养工作先进单位	霍山县村村通水泥(沥青)路工程建设指挥部	2009.3
18	2008年度征兵工作先进单位	霍山县人民政府、霍山县人民武装部	2009.10
19	2008年度民政工作先进单位	霍山县人事局、霍山县民政局	2009.2
20	2008年度双拥工作先进集体	中共霍山县委、霍山县人民政府、霍山县人武部	2009.2
21	2009年度全县民生工程组织实施工作杰出奖	霍山县人民政府	2010.4
22	2010年度农田水利基本建设工作二等奖	霍山县人民政府	2010.4
23	2009年度“五个好”乡镇党委	六安市基层党组织建设工作领导小组	2010.5
24	人口与计划生育工作三等奖	中共霍山县委、霍山县人民政府	2010.3
25	2009年度经济发展综合实力强乡镇	六安市人民政府	2010.4
26	2009年度武装工作先进单位	中共霍山县委、霍山县人民政府、霍山县人民武装部	2010.3
27	生态建设先进单位	中共霍山县委、霍山县人民政府	2010.3
28	2009年农村土地规模流转先进乡镇	霍山县农业工作领导组	2010.3
29	2009年度水利工作先进乡镇	霍山县农业工作领导组	2010.3

续表 3-1

序号	获奖名称	授奖单位	时间
30	2009年度安置帮教工作先进单位	霍山县刑释解教安置帮教工作协调工作领导组	2010.3
31	2009年度农村基层组织建设一类乡镇	中共霍山县委组织部	2010.2
32	第三批选派干部到农村工作先进乡镇	六安市选派干部到农村工作领导组	2010.2
33	2010—2011年农田水利建设二等奖	霍山县人民政府	2011.3
34	2010年度水利工作先进乡镇	霍山县农业工作领导组	2011.2
35	人口计生宣传信息先进单位	六安市人口与计划生育委员会	2011.7
36	2010年度全县民生工程实施工作一等奖	霍山县人民政府	2011.3
37	2011年度殡葬管理工作先进单位	霍山县人民政府	2011.3
38	2010年度农村基层组织建设先进乡镇	中共霍山县委组织部	2011.3
39	精神文明建设先进单位	中共霍山县委、霍山县人民政府	2011.2
40	2010年度林业工作先进乡镇	霍山县农业工作领导组	2011.2
41	2010年度民兵军事训练先进单位	霍山县人民武装部	2011.2
42	2010年度发展农业生产先进乡镇	霍山农业工作领导组	2011.2
43	人口和计划生育工作三等奖	中共霍山县委、霍山县人民政府	2011.2
44	2010年度农机富民工程先进乡镇	霍山县农业工作领导组	2011.2
45	双拥工作先进集体	中共霍山县委、霍山县人民政府、霍山县人武部	2011.3
46	六安市第六次全国人口普查先进集体	六安市人民政府	2012.3
47	全市“阳光村务工程”建设工作先进集体	六安市纪律检查委员会、六安市监察局	2012.9
48	减灾救灾工作先进单位	霍山县减灾救灾委员会	2012.3
49	创建国家生态县优秀单位	中共霍山县委、霍山县人民政府	2012.6
50	2012年全县民生工程实施工作二等奖	霍山县人民政府	2012.3
51	2012年党报党刊发行工作先进单位	中共霍山县委	2012.11
52	2011年全县政府信息公开工作先进单位	霍山县人民政府	2012.5
53	2011年度扶贫开发工作先进单位	霍山县扶贫开发工作领导组	2012.6
54	2011年度农机化推进工作先进乡镇	霍山县农业工作领导组	2012.2
55	发展现代农业先进乡镇第一名	中共霍山县委、霍山县人民政府	2012.2
56	2011年度水利工作先进乡镇	霍山县农业工作领导组	2012.2
57	拥军优属拥政爱民工作先进单位	中共霍山县委、霍山县人民政府、霍山县人武部	2012.3

续表 3-1

序号	获奖名称	授奖单位	时间
58	霍山县第三届文明乡镇	中共霍山县委、霍山县人民政府	2012.1
59	土地复垦和土地整理工作先进单位	霍山县人民政府	2012.3
60	2011年度林业工作先进乡镇	霍山县农业工作领导组	2012.2
61	2011年度农田水利基本建设一等奖	霍山县人民政府	2012.3
62	2012年度先进基层党组织	霍山县基层党组织建设领导小组	2013.3
63	2012年度林业工作先进乡镇	霍山县农业工作领导组	2013.4
64	2013年度拥军优属拥政爱民工作先进单位	中共霍山县委、霍山县人民政府、霍山县人武部	2013.4
65	2012年度农机化推进工程先进乡镇	霍山县农业工作领导组	2013.4
66	2012年度农田水利基本建设评比一等奖	霍山县人民政府	2013.9
67	2012年度矛盾纠纷调处化解先进单位	霍山县矛盾纠纷化解工作领导组	2013.3
68	人口与计划生育工作先进单位三等奖	中共霍山县委、霍山县人民政府	2013.2
69	2012年度全县政务公开工作先进单位	霍山县人民政府	2013.7
70	2012年度全县政府信息公开先进单位	霍山县人民政府	2013.9
71	2012年度殡葬管理工作先进单位	霍山县人民政府	2013.4
72	美好乡村建设先进单位	中共霍山县委、霍山县人民政府	2013.2
73	2012年度全县耕地保护工作先进单位	霍山县人民政府	2013.3
74	2012年度先进基层党组织	霍山县基层党组织建设领导组	2013.3
75	六安市“六五”中期先进集体	六安市依法治市暨普法宣传教育领导小组	2014.4
76	发展现代农业先进乡镇第二名	中共霍山县委、霍山县人民政府	2014.2
77	2013年度人口和计划生育系统先进集体	霍山县人口和计划生育工作领导组	2014.5
78	优秀基层妇联组织	六安市妇女联合会	2014.3
79	社会管理综合治理先进单位三等奖	中共霍山县委、霍山县人民政府	2014.2
80	2013年度全县民生工程工作三等奖	霍山县人民政府	2014.3
81	全县2013—2014年度森林防火先进单位	霍山县人民政府	2014.10
82	2013年老干部工作先进单位	中共霍山县委组织部、人力资源和社会保障局	2014.5
83	2013年农机化推进工作先进乡镇	霍山县农业工作领导组	2014.5
84	2013年度林业工作先进乡镇	霍山县农业工作领导组	2014.5

续表 3-1

序号	获奖名称	授奖单位	时间
85	关爱明天普法先进　青少年普法教育活动优秀组织奖	中共霍山县委、霍山县人民政府	2015.5
86	2014年度林业工作先进乡镇	霍山县农业工作领导组	2015.5
87	2014年度社区矫正工作先进单位	霍山县社区矫正工作领导小组	2015.3
88	农村留守流动儿童活动室建设先进单位	六安市妇女联合会	2015.3
89	2015年度六安市政务公开先进单位	六安市政务公开工作领导组	2015.11
90	六安市“双创建”活动“五好”关工委	六安市关心下一代工作委员会	2016.12
91	全县防范处理邪教工作先进集体	中共霍山县委防范和处理邪教领导组	2016.3
92	2015年度武装工作先进单位	霍山县委、霍山县人民政府、霍山县人民武装部	2016.4
93	六安市关心下一代工作先进集体	六安市委办公室、政府办公室	2016.12
94	“十二五”期间老年教育先进集体	中共霍山县委、霍山县人民政府	2016.6
95	2015年度征兵工作先进单位	霍山县人民政府、县人民武装部	2016.7
96	2016年度库区移民工作先进乡(镇)	霍山县农业工作领导组	2017.3
97	先进职工之家	霍山县工会第十届委员会	2017.10
98	2016年度全县“银龄安康行动”先进单位	霍山县老龄委办公室、中国人寿保险股份有限公司霍山支公司	2017.3
99	六安市2016年度平安乡镇(街道)	中共六安市委、六安市人民政府	2017.2
100	全市农村土地承包经营权确权颁证试点工作先进乡镇	六安市人民政府、中共霍山县委、霍山县人民政府	2017.2
101	脱贫攻坚工作先进乡镇三等奖	中共霍山县委、霍山县人民政府	2017.2
102	2017年度食品药品安全工作先进单位	霍山县食品药品安全委员会	2018.3
103	2017年度全市无越级上访(街道)创建工作先进单位	中共六安市委、六安市人民政府	2018.2
104	2017年度全市平安乡镇(街道)	中共六安市委、六安市人民政府	2018.4
105	2017年度银龄安康行动先进单位	霍山县老龄委会办公室、中国人寿保险股份有限公司霍山支公司	2018.3
106	发展现代农业先进乡镇三等奖	中共霍山县委、霍山县人民政府	2018.3
107	全县关心下一代暨青少年普法教育工作优秀组织奖	中共霍山县委、霍山县人民政府	2018.4
108	2018年全县民生工程实施工作先进乡镇	霍山县人民政府	2019.3
109	霍山县2018年度民族宗教工作先进乡镇	中共霍山县委统战工作领导小组	2019.4

续表 3-1

序号	获奖名称	授奖单位	时间
110	2018年度全县纪检监察工作先进集体	中共霍山县纪委、霍山县监察委	2019.2
111	2019年度全县纪检监察工作先进集体	中共霍山县纪委、霍山县监察委	2020.3
112	平安建设工作先进乡镇二等奖	霍山县目标管理考评工作领导组	2020.7
113	脱贫攻坚先进乡镇	霍山县目标管理考评工作领导组	2020.7
114	五四红旗团委	共青团霍山县委	2020.8
115	全县关心下一代工作先进关工委	中共霍山县委、霍山县人民政府	2020.12
116	省级示范校	安徽省老年大学协会	2020.1
117	扫黑除恶工作先进乡镇	霍山县目标管理考评工作领导组	2021.3
118	美丽乡村暨“一谷一带”建设二等奖	霍山县目标管理考评工作领导组	2021.3

第三节 军 事

一、军事组织

民国初年，但家庙镇域隶属霍山第一区，区成立团防分局，下辖3个武装壮丁队，但家庙为第三武装壮丁队，设队长1人。

民国16年（1927），区设立人民自卫团，地方成立民团。东北乡成立了舒家庙民团，设团总、队长各1人，有人枪100余。

民国18年（1929），以舒传贤为书记的中共霍山县委在东北乡、西乡、西镇分别组建一支游击队。其中东北乡游击队有钢枪30多支。同年5月，县委成立军事委员会，县委书记舒传贤兼任军委书记，下设组织、训练、机械、交通四部以及士兵委员会和游民无产阶级运动委员会，以发展、训练、指挥各游击队。其后，游击队部分编入红三十三师，部分编入霍山独立团，并不断为红军输送兵员。

民国19年（1930），舒家庙暴动胜利后，但家庙地区划为东北一区，将舒家庙武装小分队改编为一支游击队，有人枪40余，另有赤卫队员4000多人。在中共领导下，配合当地农协会员，开展杀白匪、除奸细、斗地主、打土豪等一系列政治活动。解放战争时期，国民党统治下的东北乡成立自卫大队，乡长兼任大队长，另设大队副1人，分队长3人，副官1人，共计官兵66人。1948年12月27日，大队副杨奉海率部起义，而后改编为霍山县第一区区干队。

1949年，霍山县全境解放，在建立政权的同时，组建了民兵组织。该区域有区干队，任务是打击反动势力，保卫胜利果实，维护社会治安，在新政权走向正规、社会秩序安定后，于1952年收编为县公安队。

1969年年初，撤区并社，但家庙为县直属公社，公社开始设武装部。1972年9月，恢复区武装部，部长张宜庆。1992年，撤区并乡以来，在党委、政府和上级军事机关的领导下，但家庙镇（乡）人民武装部负责民兵、预备役和兵役工作。积极加强民兵组织建设、政治教育、军事训练、武器装备管理。组织带领民兵完成战备值勤任务，配合公安部门维护社会治安。发动和组织民兵参加“两个文明”建设，开展社会主义新农村建设活动，完成急难险重任务。认真做好征兵工作和预备役士兵、预备役军官登记统计工作。积极开展国防教育，协助有关部门做好退伍军人的安置和军烈属的优抚工作。

1971年，南京军区六安军械分库霍山分库在胡大桥村兴建。1971年，张冲生产队搬迁出让水田约76亩，山场约1500亩，拆迁房屋52间，附属房20间。拆迁古建筑1处，属原鲍家碉堡古楼。1973年，陆冲生产队搬迁出让水田约50亩，山场约1300亩，拆迁房屋40间，附属房10间。1978年竣工，组建第325分库，隶属于南京军区后勤部第14分队。1983年7月，并入六安弹药分库，称六安军械分库张冲分库、陆冲分库。1985年11月，转隶属南京军区后勤部第15分部。1986年12月，与六安军械库分库改称为霍山武器分库。1994年8月，改为南京军区霍山军械分库，1997年12月，精简为六安军械分库霍山分库，为副团级单位。

二、兵役

征募兵役

民国27年（1938）以前，自汉代至清朝再至民国时期都是募兵制。各乡设站招募，应招者年龄、身体基本合格者即可入伍。当时敦厚的农民有很多人不愿当兵，所以有“好铁不打钉，好男不当兵”之说。招募使用摊派、抽签的方法，摊到有钱人家不想去，可拿钱买兵；应征者多贫苦百姓，如不从就被“抓壮丁”。

民国27年（1938）后，进行兵役登记，男性18～25岁为甲级班，在甲级现役壮丁中，先是“三丁一抽，五丁一抽”。后来兵源紧张，双子也要应征，唯独子（包括嗣子）和在校学生缓征，其办法是应征者分人标签“下签筒”，中签者为红签先去，以签号依次应征。后来弊端不少，由抽到抓，加之虐待壮丁，造成民怨沸腾，不得不改用买壮丁的办法。壮丁报名给“安家费”，地方按壮丁、田亩、人口出钱，每买一个壮丁约花大米二十石，本籍外籍均可抵数，身体年龄也不苛求，只要接收部队认可。由此又出现了保长与接收部队分割渔利。卖壮丁者，屡卖屡逃，一年数次，“兵油子”之称概出于此。

志愿兵役制

从1949年地区解放到中华人民共和国成立初期，地区范围内的人民政权实行的是志愿兵役制，有志青年为翻身解放纷纷要求入伍。人民政府则对身体、年龄、政治严格审查，批准参军。这种兵员称为“志愿军”。

义务兵役制

1955年7月30日，第一届全国人大二次会议通过了中华人民共和国成立后的第一部

《兵役法》，我国实行义务兵役制。原先是3年，后来改为2年义务兵役制。分军种定服役年限，按期退伍，注重安置，基本上每年征集一次，应征者自愿报名，经过目测、体检、政审，由县批准入伍，应征年龄一般是18～20岁男性公民。本地区每年要求入伍者数百人，实际挑选入伍的仅有几十人，由于兵源足，挑选严格，兵员的素质较好，在人民群众中有极大的光荣感和优越感，类似兄弟相争入伍，父母送子参军、妻子代夫报名的光荣事迹屡见不鲜。青年入伍后，文化知识、技术专长多有提高，退伍回乡后为地方建设都能起到很好的作用。1976年12月，应征入伍的回乡知识女青年但兴国，是中华人民共和国成立后镇域第一个女兵。1984年5月31日，第六届全国人大第二次会议通过新的兵役法，从1984年10月1日施行，我国实行以义务兵役制为主体的义务兵和全国人大第六次会议通过决议，规定我国实行义务兵与志愿兵相结合，民兵与预备役相结合的兵役制度。

三、民兵

民国17年（1928），中共在大别山建立根据地，赤卫队大量发展起来，成为根据地民兵的主要形式。1929年，但家庙及周边地区一带闹春荒，开展扒粮斗争也是以民兵组织为首的。赤卫队等民兵组织在保卫苏维埃政权、配合红军作战，扩大红军队伍等方面，做出了重要贡献。

1949年本地区解放，在建立新政权的同时，层层建立民兵组织，区设武装部，乡设民兵中队，村成立民兵分队，生产队成立民兵小队。在生产、救灾、土改、反霸合作化等运动中，都以民兵为骨干，在人民公社体制成型后，区、乡两级都设武装干部，专管民兵工作。1958年9月，毛泽东号召“大办民兵师”，强调“全民皆兴”。县建民兵师，公社建民兵团，大队建民兵营，下设连、排、班，政治、组织、军事一齐抓。1965年以后，才系统地概括为政治、组织、军事“三落实”为民兵工作的主要内容。政治落实：围绕不同时期的社会形势以及党的中心任务，使民兵组织政治气氛活跃、浓厚，充分发挥民兵组织在维护社会治安，抢险救灾中的积极作用。组织落实：建立花名册，落实工作计划、民兵整组、训练等。要求统计齐全，各种制度健全，干部齐备、官兵相识。军事落实：要求民兵敌情观念强，队伍整齐、刺杀动作一致、有力；兵器知识回答准确，操作熟练；射击、投弹的操作要领熟练，爆破常识熟练；爆破动作勇猛、能根据敌情、地形，采取适当的姿势和方法，发扬火力，隐蔽身体，动作快；训练在敌人火力下的运动、屈身前进、匍匐前进、滚进、跃进等规范动作。“文化大革命”时期，各级党政机关失控，县以上行政机关实行军管，区社大队的行政大权则由民兵组织掌握。

20世纪80年代初，民兵仍以团、营、排、班建制。20世纪80年代中，中共中央、中央军委提出“减少数量，提高质量，抓好重点，打好基础”民兵工作方针。根据这一精神，教育和训练时间缩减对减轻群众负担、促进经济发展起到了重要作用。改革开放后，着重围绕解决军事斗争准备和民兵预备役建设中的新情况、新特点，探索新思路，把“政治合格，军事过硬，作风优良，纪律严明，保障有力”的要求落到实处，坚持以民为本，以军为责，开创了民兵工作新局面。进入21世纪，民兵预备役在抗洪抢险等急难险要任务中，表现出召之即来、来之能战、战之能胜、让党和人民放心的精神面貌，是一支维护地方稳定并能快速反应的应急队伍。

四、重大兵事

抗日烽火

日军侵犯但家庙　抗日战争时期，日寇自侵占华北、华东一些大城市和交通要道后，又在沪宁一带集结陆、海、空三军，溯江而上，向内地侵犯，计划攻占武汉，打通京广线，控制沿线各省，以达到其战略上“速战速决”的目的。1938年7月中旬，日军在占领马当、湖口、九江之后，兵分水陆两路西进武汉。当日军在潜山、太湖、宿松、黄梅一带湖沼地区受阻、迟滞月余后，遂改变侵略计划，即调遣第13师团荻洲之一部、第10师团濑宏支队、第16师团之30旅团、第14师团一部，10万余人于8月初至中旬陆续集结于合肥、舒城一带，企图由江淮孔道，取道豫南，占领信阳，掩护其主力西侵武汉。霍山为大别山腹地，皖西门户，鄂豫皖三省之要冲，为日军必先侵犯之地。

自1938年8月至1943年1月，日寇先后三次侵犯霍山：第一次是1938年8月至10月，第二次是1940年4月，第三次是1943年1月，给霍山人民带来了深重的灾难。

1938年8月27日，由舒城桃溪镇经山南馆西犯之日军13师团荻洲部，步骑兵约500名，山炮5门，侵占但家庙。10时，侵至吴家冲附近，经省保安5团及国民党军第71军宋希濂部之守军由大河厂、下符桥等地分别向但家庙、吴家冲之敌迎击。激战三小时后，即成对峙状态。是晚，占据吴家冲之敌人乘着夜色向下符桥猛攻。国民党军第77师冯治安部、第37师张凌云之一部由青山镇南下侧击。因敌势正锐，国民党正面守军被迫退至圣人山阵地。8月28日午前3时许，下符桥遂为敌占。37师之一部火速转攻但家庙之敌。因当地守军已经奉命转移，致使该部任务未达成，随即撤至马厂岗阵地。侵占但家庙、下符桥之敌于当夜增加后续部队3000余名、炮八九门，大举向霍山县城进犯。县城除守军外，商家居民，扶老携幼，成群结队向西南山区转移。至日军进城时，霍山几成一座空城。同时，敌另一部步骑兵约800名，山炮数门侵犯舒家庙，受到国民党军第77军第37师张凌云部侧击。为防日军进攻，当地驻军挖断舒城至霍山的道路，日军用当地百姓的稻捆、门板垫路。日军沿途枪杀了但心海、卢传世等12人，其中5死7伤，熊氏、鲍氏及一名幼女遭日军强奸。但家庙、舒家庙等地200余间民房被日军焚烧，

日本侵略军侵占大河厂（图为大河厂熊家河）

即将成熟的200余亩庄稼被毁，百姓家庭和家禽家畜损失不计其数。

早在1938年6月，中共六安县委在舒城、六安、霍山边境地区，通过各种关系，收编联保办公署、商团、地主圩子等武装共100多人枪，成立第三行政区抗日自卫军独立第一大队；8月，改编为六安县抗日自卫军第八大队，储鸣谷任大队长，罗平任副队长，六安县委书记程明远任教导员，部队发展到700多人。该部的第五中队主要活动在霍山的三尖铺、但家庙、山王河、与儿街、石河一带，主要任务是宣传抗日、剿灭土匪、夺枪、筹集抗日经费。第五中队的积极活动使得霍山东北区的抗日运动得到发展，并筹集了3万多元的经费交给新四军。新四军四支队成立后，该部分3批编入四支队，储鸣谷将剩余部队带至山王河、石河、管驾渡和六安的毛坦厂一带打游击，建立抗日根据地。

由于日军在霍山盘踞的时间较短，尚未组成汉奸组织，仅仅收买个别民族败类充当奸细，如周大麻子之流。周大麻子为讨好日军，故意将大河厂附近的电线杆砍断7根，旋回县城谎报日军，说是当地群众所为，以表对日军效忠。日军遂派30余人到大河厂肆意烧杀。此处耕牛、粮食被掳掠一空。农民万吉发一家13口人躲避在匡家凹石洞里被日军发现，11人被日军炮击杀死，其余2人受重伤，经救治后痊愈。

1938年10月13日，日军全部撤离霍山，集结于六安，旋又转到合肥。日军途经大河厂卢家小岭时发现对面老皇寺山上有军队把守，便开炮射击。守军死伤多人。

抗日工作团 中国共产党为了实现全面抗战路线，放手发动群众，在皖西地区大力推行与帮助成立各级动员委员会和抗日群众团体，进行抗日总动员，促进抗日民族统一战线全面形成。1938年3月5日，经过协商筹备，第五战区安徽省民众总动员委员会（以下简称“省动委会”）在六安正式宣告成立。省动委会成立后，命令各县、区、乡镇成立动委会。霍山县动委会就是在这样的情况下，于1938年4月成立。之后，为了扩大抗战影响，促进全面抗战，省动委会向各县派遣抗日工作团。

安徽省动委会为了组建工作团，由章乃器等人于1938年3月在六安北大营主持举办了干部训练班。参加学习的大多数为爱国青年，经过短期的政治训练，即组成工作团。全省先后组织41个省直属工作团、30个委托工作团，以及62个县属工作团，共有男女团员1500多人。还有妇女战地服务团、少年抗日宣传团等抗日团体。共产党员成了各工作团的骨干，并担任了多数工作团的负责人。工作团一经组成，即派到各地开展抗日工作。1938年7月至1939年初，在霍山活动的抗日工作团有第19、第20、第29、第35等4个工作团，其中第35工作团在但家庙、大河厂、洛阳河等地活动。第三十五工作团是霍山最后组成的一个工作团。原来的第34、第35两个工作团是国民党军第134师师长、第三行署专员覃寿乔直接控制下的变相的国民党工作队，先在无为、巢湖一带活动，失败后由覃带到霍山。这两个工作团不是共产党领导的，工作无起色。中共安徽省工委通过省动委会于1938年7月派共产党员芦华来霍山整顿这两个工作团。在霍山县工委的帮助下，芦华解散了原第34、第35工作团（团员大多数被覃寿乔招募从军去了），撤销了原第34工作团番号，吸收了一些外地人和本地人参加。如芦焕珍（山东人）、李竹均（合肥人）和霍山的程希敏、程希析等组成新的第35工作团。下设3个股：宣传股，股长李竹均；生活股，股长金学增；文艺股，股长唐鹏。全团有30余人，团长芦华，副团长汤平俞（霍邱人）。芦华生病后由唐鹏继任团长。1938年8月29日，日军侵占霍山县城，该团随县动委会转移到良善铺一带活动。工作团在党的领导下，为抗日战争做了大量的工作。概括起来主要有：以写标语、出墙报、画漫画、教唱抗日歌曲、演文明戏、演讲等形式进行抗日宣传；做上层人物的统战工作，进一步孤立和打击顽固派；发动群众，依靠群众积极支援抗日，走与工农相结合的道路；武装自己，保卫大别山，训练抗日队伍，建立党的地方抗日武装。

抗日战争期间但家庙的人员伤亡（见下表）。

但家庙镇抗战时期直接伤亡人员表

表3-2

姓名	年龄	伤亡时间	伤亡地点	事件	资料来源
但心海	成年	1938.8	胡大桥村	日军进攻	汤祖祥编著《红色霍山》2009年11月出版
卢传世	成年	1938.8	但家庙村	日军进攻	
邓昌凡	成年	1938.8	胡大桥村	日军进攻	
倪姑娘	少年	1938.8	观音岩村	日军轮奸	
熊氏	成年	1938.8	大河厂村	日军轮奸	
卢氏	成年	1938.8	大河厂村	日军轮奸	
鲍氏	成年	1938.8	观音岩村	日军轮奸	
储德富	成年	1938.8	观音岩村	日军进攻	
李树明	成年	1938.8	观音岩村	日军进攻	
卢某	成年	1938.8	但家庙村	日军进攻	
李老二	成年	1938.8	但家庙村	日军进攻	
夏大呆子	成年	1938.8	大河厂村	日军进攻	
刘继堂叔	成年	1938.8	但家庙村	日军进攻	
刘继堂弟	7岁	1938.8	但家庙村	日军进攻	
张某	成年	1938.8	观音岩村	日军进攻	

抗日战争期间但家庙的财产损失 1938年8月，日寇侵犯但家庙，烧毁民房200间，毁坏庄稼200亩。

东北乡暴动

以舒家庙为中心的东北一区，是舒传贤的家乡。大革命失败后，舒传贤就在这一带从事革命活动，群众基础好，革命力量雄厚，发展了一支游击队，另有赤卫队员4000多人。

民国19年（1930）2月26日，秦华轩率敌到花园畈，抄掉了中共区委书记和区委等4家，激起群众公愤。当地集中了百余人准备暴动，进攻霍山，报仇雪恨。

4月6日，东北乡暴动的前一天，六安县的民团头子罗子和率民团到北区（下符桥）搜捕农协会员，杨中三率民团进剿东区舒家庙，抄舒传贤的家，企图镇压农民运动。敌团刚刚动手，就遭到游击队的有力反击，数千名群众将敌民团紧紧围住，激战几个小时。至此，双方形成对垒局势。在此相持的情况下，县委和东北区委召开紧急会议，决定围歼敌人：一面由县委派人去红33、红32师联系，派兵支援，六安中心县委立即派舒传贤亲临指挥，三、四、七区响应，实行全县总暴动。4月7日，南山举行总暴动，东北区人民在党的领导下揭竿而起，手执长矛、大刀、土枪、棍棒等武器，将敌人团团包围，困敌四天。红33、红32师闻讯后于4月11日赶来增援，一举攻克了霍山县城。克城后，又乘胜追击，与舒家庙农民起义武装会合，全歼六安民团，暴动获得全胜。东北乡暴动成功。为了庆祝胜利，东北区革命委员会应群众的要求，于团墩曹家茶行召开各界人民代表大会，正式成立一区苏维埃政府，主席朱祥太。会后，1万多名群众和红军战士一起，由团墩至舒家庙进行了规模巨大的庆祝游行。紧接着，下符桥、大河厂、但家庙、团墩、舒家庙、三尖铺、青山也相继成立乡苏维埃政府。

第四节　公安　司法

一、公安

机构

中华人民共和国成立后，县建立治安保卫委员会，区、乡建立治保会。农业合作化期间，治保会以农业社为单位设立，人民公社时则以大队为单位设立。“文化大革命”时期，基层治保会工作陷于瘫痪。1979年，治保会恢复。到2021年，全镇有治保会5个，成员20余人。2010年以后，治保会与社会管理综合治理、网格化管理、信访维稳紧密结合，相互协调。

但家庙派出所成立于1992年2月，1992年之前归下符桥派出所管辖。2003年，撤销挂靠下符桥派出所。2013年12月恢复但家庙派出所。

位于但家庙工业集中区的但家庙派出所

（王玉生　摄）

历任但家庙派出所所长：

赵凡松（1992—1998年）

张　锐（1998—2003年）

朱　军（2013.11—2020.11）

庞　军（2020.11—　）

治安管理

户籍管理　1952年，进行户口登记。1953年，进行全县人口普查，制定户口管理制度：在农村建立出生、死亡、迁入、迁出登记制度，实行乡、村两级户口管理，建立户口登记册，一式两份，乡、村各自存查备用，户口迁移由乡登记，生、死、迁变动情况由村文书（会计）负责登记。城镇常住户口，根据立户标准，分为家庭户和集体户两类，设派出所的城镇由派出所管理，其余由乡、镇管理；对流动人口实行暂住人口登记和旅客住宿登记。1961年，全县确定专职、兼职户籍员421人。1964年，县人民政府颁布《关于加强户口统计的通知》，指定由公社管理户口。“文化大革命”时期，无人过问户口管理。1979年，恢复户口管理。1982年起，在历次进行全国人口普查的同时整顿户口。2016年开始，公安、统计合署开展人口统计。

社会治安管理　1959年，全面开展安全防护运动，建立安全防护委员会，发动群众订立《治安公约》和抓紧处理违约者，刑事案件大幅度下降。1982年，实行综合治理，农村普遍订立《治安公约》，机关、学校、厂矿、企业实行治安保卫责任制，加强夜间值班巡逻，镇政府还成立了治安办公室。会同工商部门对集贸市场建立组织，制定市场治安管理制度，教育参加交易人员按规定进行正当交易，维护市场经济、治安秩序。中华人民共和国成立以来，对枪支弹药等危险物品管理，公安局制定了“不准私自制造、修理和装配枪支”“经售猎枪商店需在公安局登记注册”“持枪单位和个人须先向公安局申领持枪证”“不准随意鸣枪”“个人专用枪支由个人负责妥善保管，公用统一保管，枪弹分开存放”等制度，并多次对枪支弹药进行调查、统计、调整、检修，建立健全各项制度，以保证安全。

特种行业管理　特种行业在辖区内有旅社、宾馆、浴池、美容美发、印刷刻字、机车修理、开锁等行业。中华人民共和国成立后，公安机关把特种行业管理列为治安管理的一项内容。1985年4月，根据公安部《关于改革和加强特种行业管理的通知》，规定特种行业的管理范围，对特种行业重新调查、登记，问题较多的，令其停业整顿。

严厉打击刑事犯罪　1981年左右，刑事犯罪案件增多，且多为团伙作案，人民群众一度失去安全感，社会治安处于非正常状态。1983年8月，中共中央作出严厉打击严重刑事犯罪活动的决定，要求实现“两年见效，三年好转”的目标。根据统一部署，本区域内实施了“严打”活动。抓获各类违法犯罪人员数十人，收到刑事处罚10余人，其中判处死刑1人。

禁止黄、毒、赌。中华人民共和国成立前，霍山吸食大烟的人较多，主要集中在县城，民国政府严禁大烟，并在县城设戒烟所。本地富商和乡下地主大都吸毒。中华人民共和国成立后，人民政府禁毒力度不断加大；据公安部门资料显示，改革开放以来，本区域没有涉毒案件。中华人民共和国成立以后，禁止赌博一直是公安机关的重要任务，也是维护稳定的根本要求。1983年，又印发了《关于禁止赌博的通告》，并结合严厉打击严重刑事犯罪活动，拘留、逮捕了一批赌头、赌棍，赌博活动受到有力制止。

二、法庭

位于大河厂集镇的下符桥人民法庭

（王玉生　摄）

霍山县人民法院下符桥人民法庭　始建于1981年12月，原址下符桥镇街道，1999年10月，迁至但家庙镇大河厂村街道。2003年12月，霍山县人民法院对全县7个基层人民法庭进行了撤并，撤销了磨子潭法庭、大化坪法庭、诸佛庵法庭、与儿街法庭和西城法庭。下符桥法庭承接了原下符桥、与儿街、磨子潭3个法庭的工作，辖磨子潭、东西溪、单龙寺、与儿街、但家庙、下符桥6个乡镇，外加1个省级开发区，总面积749平方千米，总人口15万余人。法庭建筑面积750平方米，占地面积730平方米，内设审判庭1个。2021年，法庭有工作人员6人，其中审判员2名、书记员2名、辅警2名。先后担任庭长的是：

杨仕福：1981.12—1995.3

熊远辉：1995.3—2001.2

黄炳胜：2001.3—2003.12（副庭长，主持工作）

黄承华：2003.12—2016.5

柯东升：2016.10—

2006—2007年度，下符桥人民法院获得安徽省“优秀人民法庭”称号；2012年度、2013年度，获六安市“优秀人民法庭”，霍山县“第二届文明单位”；2017年，被安徽省高级人民法院授予“优秀基层党组织”称号，是霍山县人民法院“先进集体”、霍山县但家庙镇“最佳服务单位”。

三、司法

司法机构

1981年11月，司法部在《司法助理员工作暂行规定》中规定，基层人民政府管理司法行政职能由司法助理员行使，负责法制宣传、人民调解工作的组织和管理。1986年4月，下符桥区设立司法办公室；1988年更名为司法所，管辖但家庙司法工作。人员编制由司法局收编管理。1996年6月，霍山县编制委员会批准县司法局新建8个司法所，其中就包括但家庙司法所；司法所为副科级单位，职员限2人。

法律服务所与司法所同时建立，实行“两块牌子，一套人马”合署办公，履行两种职能。2016年10月，两所分离，法律服务所财务独立，以所在单位独立建账，司法所、法律服务所人员不得兼职。但家庙司法所建所以来至2021年年底，历任负责人先后为吴长炉、刘大军、葛子俊、余浩、胡红星、曹安平、张兴国。

法律援助

2006年，但家庙镇法律援助工作站成立（以下简称“工作站”）。工作站是服务困难职工、农民、外出务工人员等社会弱势群体的“基层法律援助窗口”，掌握本镇法律援助对象的基本情况，开展法律援助宣传，建立法律援助联系点；接待法律援助对象的来信来访，法律咨询，代写诉讼及非诉讼法律事务对申请的法律援助事项进行初审，符合援助条件的报县法律援助中心审批后指派法律服务人员办理。随着法律援助宣传的力度加强，人们的法律意识增强，每年的援助案件数呈上升趋势。2006—2017年，办理法律援助案件260件，其中诉讼75件，非诉讼185件，内容主要涉及请求给付赡养费、扶养费；请求交通事故、工伤事故、医疗事故等损害赔偿；请求给付抚恤金、救济金、社会保险金、劳动报酬等。

2011—2013年，但家庙法律服务所利用街头咨询、“送法下乡”“江淮普法行”等多种形式，加强对《法律援助条例》等法律法规的宣传。免费发放普法读本，开通法律援助“绿色通道”，做到应援尽援。积极开展法律援助便民系列服务活动，构建“半小时法律援助圈”工作体系。2013年，在全镇设立村（社区）法律援助联络点13个，配合全县开展法律援助工作，形成“一个中心（县法援中心），一镇一站（法援工作站），一村一点（村级联络点），一点一员（村级联络员），一户一卡（便民服务卡）”工作机制，实现法律援助网络全覆盖。

普法宣传

1981年，全县开展较大规模的婚姻法宣传活动。同年12月，司法机关与县妇联、文化馆联合举办宣传《婚姻法》展览，万余名干部、中小学生和群众参观展出。1981年以后，司法部门紧密结合形势，围绕中心工作，开展法制宣传教育。编写印发宣传材料，利用有线广播、宣传专栏、图片展览、报告会、上法制课等形式宣传《中华人民共和国刑法》《中华人民共和国刑事诉讼法》《中华人民共和国民事诉讼法（试行）》《中华人民共和国婚姻法》（2021年1月1日正式并入《中华人民共和国民法典》的婚姻家庭篇）《中华人民共和国经济合同法》《中华人民共和国森林法（试行）》等。组织宣传队深入农村、街道、学校、厂矿、企事业单位，宣传法律知识，加强对青少年的遵纪守法教育。1983年7月，开展维护妇女儿童合法权益宣传月活动。司法部门印制近万份法制宣传材料。1984年，司法局在乡村聘请法制宣传员，开展法制宣传。1985年11月，开展“普及法律常识”（简称“普法”），五年一轮的法制宣传教育活动，即称为“一五”（1986—1990年）、“二五”（1991—1995年）、“三五”（1996—2000年）、“四五”（2001—2005年）、“五五”（2006—2010年）、“六五”（2011—2015年）、七五（2016—2020年）、八五（2021—2025年）。根据“八五”普法规划要求，司法所重点开展了“法律进机关”“法律进军营”“《民法典》进乡村”等法制宣传教育活动。

2006年7月，“五五普法”广泛开展法律进机关、进乡村、进社区、进学校、进企业、进单位简称“六进”活动，通过开展形式多样、群众喜闻乐见的法制宣传教育活动，在全社会掀起学法用法的新高潮。司法所把法律“六进”同普法宣传相结合，建立“镇法制辅导站、村法律图书角、家庭法律明白人”三级宣传体系。通过举办“法律知识送到家”“法律援助帮到家”“调解工作做到家”“帮教工作进到家”等活动，提高居民法律素质。镇关工委配合县“五老”报告团深入中小学校，先后在但家庙中学、中心小学开展专题法制宣传讲座，产生较好的法制宣传效果。“法律进企业”是指对企业经营管理人员进行市场经济法律法规学习培训，组织律师及基层法律服务工作者对企业规章制度、用工、购销合同等进行“法律审计”，提高企业安全生产、诚信经营、依法经营水平。

2011年实施“六五”普法以后，镇司法所组织开展一系列普法宣传活动，除进行规模性的法制宣传外，平日里充分利用广播、电视、报刊、单位学习园地等平台，开展法律法规宣传，通过散发法律宣传单、赠送法律读本等方式，结合法律宣传月、法律宣传周以及相关的节日，开展群众喜闻乐见，通俗易懂的宣传教育活动，营造学法、用法的浓厚氛围。增强全体公民的社会主义法治理念，促进公民依法行使权利履行义务，自觉用法律规范行为，形成遵守法律、崇尚法律、依法办事的社会风尚，增强群众法律意识及维权意识，构建平安的法治环境。至2016年，全镇共举办法制讲座30场次，参加学习6000余人次；出动宣传车100余辆次，制作横幅、标语、展板100余幅（块），散发宣传资料近万份，累计受教育人数达1万余人次。同时，配合上级开展一年一次“民主法治示范村”评比活动，稳步推进基层民主法治进程，加强法治文化阵地建设，编织普法、调解、防控“第一道防线”和“法治连心网”。有效预防和化解一大批社会矛盾与纠纷，“法治但家庙”建设成效显著。

民事调解

1954年，区域内乡、村（大队）均建立有调解组织，主要是对人民内部事务予以调解。1956年上半年，对乡、村调解组织进行整顿。1981年，恢复和组建乡村、企业的民事调解委员会。2003年，但家庙镇成立人民调解委员会，主任由镇分管政法的领导担任，副主任由乡镇相关副职担任，委员由司法所所长，派出所所长，法律服务工作者、综治办、民政办、妇联等部门负责人和有关村（居）人民调解委员会主任等组成。调解办公室设在司法所，由司法所负责具体工作。其工作职责主要有调解民间纠纷、防止民间纠纷激化。通过调解工作，宣传法律、法规，教育公民遵纪守法，遵守社会公德，预防民间纠纷发生；向乡人民政府反映民间纠纷和调解工作情况。2011年，配备1名专职调解员。镇人民调解委员会建立了完善的规章制度，包括岗位责任制度、纠纷登记制度、统计制度、文书档案管理制度、回访制度、纠纷排查制度、纠纷信息传递与反馈制度、调解程序和调解原则。

2006—2017年，全镇调处各类矛盾纠纷500余件，化解群体性事件5起，防止民转刑案件6件。镇、村（社区）、组人民调解网络初步形成。司法所、派出所、信访、土地等部门矛盾纠纷联调机制得到建立和完善。建立和完善人民调解规范制度。采取领导“包片”、措施“分片”、力量“连片”等模式，形成矛盾纠纷大排查、大调处长效机制，发挥人民调解维护社会稳定的基础保障作用。2013年6月，镇党委按照“最大限度激发社会活力、最大限度增加和谐因素、最大限度减少不和谐因素”的总要求，出台《但家庙镇关于深入

但家庙镇司法所　　　　　　　　　　（王玉生　摄）

推进人民调解进社区的实施意见》《“以案定补”实施办法》《专职人民调解员管理办法》，规定社区调解组织的主要任务是及时化解一般纠纷，集中化解疑难复杂纠纷，共同化解行业性、专业性纠纷，着力化解热点难点纠纷。全镇5个村按照“六有”“六落实”“六统一”标准，组织开展标准化人民调解委员会创建活动。强化人民调解预防、化解矛盾纠纷和宣传教育功能，提高群众对人民调解工作的知晓率和面对纠纷的理性程度，充分发挥基层人民调解组织在及时化解纠纷、实现社会稳定方面的“第一道防线”作用，努力把各种矛盾纠纷化解在基层，消灭在萌芽状态。至2017年年底，全镇共建立各类人民调解组织6个，专职调解员7人、兼职调解员10人，形成镇、行（专）业、村（居）调解组织和个人调解工作室的组织体系，实现全镇人民调解网络全覆盖。2011—2017年，全镇共调处各类矛盾纠纷302件，调解成功287件，预防纠纷26件。基本做到“小事不出村、大事不出镇、矛盾不激化、纠纷不上交”，在促进社会和谐、加快但家庙镇经济发展中发挥重要作用。

社区矫正

社区矫正是指将符合法定条件的罪犯（主要有4类人员：被判处管制的，被宣告缓刑的，被裁定假释的，被决定、批准暂予监外执行的）置于社区内，由司法所、行政机关、社区矫正机构，在社会工作者和志愿者的参与下在有关部门、村（居）委员会、社区团体、民间组织、社区矫正人员所在单位、就读学校、家庭成员或监护人、保证人等协助下，在判决、裁定或者决定确定的期限内，矫正其犯罪心理和行为恶习，促使其顺利回归社会的非监禁刑罚执行活动。2007年10月，但家庙镇正式启动社区矫正工作。社区矫正工作主要是强化“七个一”（矫正人员每周口头或用固定电话汇报1次，每个月交1份思想汇报材料，每个月集中学习1次，每个月组织参加公益活动1次，每个月进行1次回访，每个月进行1次考核，每个月进行1次月考察鉴定管理）。通过定期开展社区矫正对象专项摸排行动，搜集矫正对象信息，改善司法所综合管理平台信息，检查社区矫正对象，定位手机运行情况，建立矫正监督人日报告制度，召开重点管控对象训诫会，协调有关部门做好技能培训和就业指导工作等，全镇矫正工作步入规范化、制度化轨道。矫正效果十分明显，重新犯罪率始终控制在1%以下。至2017年年底，全镇有专职从事社区矫正工作人员2名，社区矫正社会志愿者40人。接受社区服刑人员35人，期满解除矫正人员30名，在册人员5人，无重新犯罪。

依法治理

组织开展依法治理工作，为镇、村依法行政、依法管理提供法律意见和建议。2015—2021年，为镇、村提供法律意见30余条，均被采纳。

第四章 镇村建设

至2021年年底，但家庙镇境内公路总里程达212千米，形成了六潜高速公路、国道105线、县道002线、县大循环路龙三路为骨架，乡村道路四通八达的交通格局。

20世纪末期至21世纪初，但家庙集镇、大河厂集镇的发展进入了快车道。2010年以后，伴随着新农村建设的大力推进，团墩成为观音岩村的中心村，小集镇的面貌发生了根本变化。一批省、市级美丽乡村示范点建设通过验收。

2001年以后，自来水管网从集镇向广大乡村延伸，全镇人民喝上了放心的自来水。教育、文化、卫生、通信、绿化等基础设施功能日趋完善。

第一节 集镇建设

由于历史和地理位置的原因，但家庙镇境内在改革开放前就自然形成了3个小集镇：但家庙集镇、大河厂集镇、团墩集镇。明清时期，霍山、下符桥一带通往凤凰台、张店、山王河、东河口、毛坦厂以及舒城、六安等地的商道途经但家庙，南来北往的客商常常云集于此，先后有一些客商、手工业者在这里落户。随着居住人口的不断增加，渐渐形成了但家庙集镇。中华人民共和国成立后，这里一直是但家庙乡镇政府（公社管委会）所在地，所以但家庙集镇就成了本地政治、经济、文化及其他社会服务业的中心。大河厂集镇的形成得益于独特的区位优势。这里靠近霍山城关，与青山、苏埠、独山等远近闻名的历史名镇相距很近。20世纪30年代，六（安）霍（山）公路（中华人民共和国成立后改建为105国道）建成，大河厂是霍山县通往六安、合肥的必经之地。中华人民共和国成立后，这里是大河厂乡（公社管委会）政府所在地。团墩集镇，这里地势平坦，人员居住集中，是当地人们赶集的去处。南来北往的客商也常常来此做生意。中华人民共和国成立后，团墩集镇是团墩乡政府（公社管委会）所在地。

一、集镇建设规划

1992年，但家庙乡（镇）党委、政府按照“围绕两点一线，精心部署全局”的发展思路，着力打造但家庙商贸小区、大河厂工业小区，把002县道沿线作为发展的重点区域。

2006年，但家庙镇完成了集镇建设总体规划、村庄布点规划以及新农村建设规划。2017年5月，合肥工业大学建筑设计研究院为但家庙美丽集镇建设做了详细规划。该规划根据集镇实际情况合理确定基础设施和公共服务设施的规模和建设时序，注重特色空间塑造，规划了复览山公园、政府广场、镇西人口驿站、骑行驿站、停车场等重点基础设施。针对集镇脏、乱的问题提出了解决方案。如铺设污水管网、旱厕改水、强弱电下地等。

二、街道建设

但家庙镇以推进美丽集镇建设为突破口，因地制宜，狠抓集镇基础设施建设及环境综合整治，有效提升了集镇品位。2015—2020年，但家庙镇共投资1700万元，完成拆迁4500平方米，拆除破旧房屋、广告标牌248处，新建集镇停车场2个、旅游驿站1个（三更桥骑行驿站）、休闲文化广场1个（政府广场）、公园1个（复览山公园），完成绿化4000平方米，新铺雨水管网2200米，污水管网2600米，新建公厕4个，完成但家庙集镇店面招牌统一、强弱电入地和环境综合整治工程，集镇环境得到明显改善。

道路　但家庙集镇主干道为大张路（又叫县道X002、双拥路），沿集镇东西向穿过，为柏油路面，路面宽10米，集镇范围内长2000米。次干路主要有“丁”字街，路面宽7米，水泥路；但家庙组循环路，路面宽5米，水泥路；支路胡洼路，路面宽度4米，局部为水泥路；支路但代路，路面宽4米，水泥路。硬化背街小巷：因地制宜，用彩砖或鹅卵石硬化背街小巷，打通断头路，做到“户户通”。完善交通标识：新装摄像头7个，设立规范标识牌23处，对集镇所有道路进行公路标线划定。

立面改造　投入100万元开展集镇建筑外观整治：一是拆除各类广告，店铺招牌进行统一制作，拆除原落水管，整治墙外私拉电线等有碍观瞻物件，沿街空调外机一律移至背面；二是对原房屋外立面、外门窗面进行清洗；三是用外墙专用腻子粉对墙体进行重新粉刷，窗边喷刷浅灰色仿面砖真石漆，对于部分破损墙体进行修补，整治屋面排水管道。

弱电入地　2017年6月，但家庙集镇对弱电项目进行集中改造，总投资29万余元。清理杆线，采用塑料管道敷设（七孔梅花管）10000米，深度为1米，建设接线工作井20座，规格为长600毫米、宽600毫米、高1000毫米，井盖为预制砼井盖。2020年年底，政府驻地建成区已全部实现弱电入地。

停车场　集镇新建停车场4处，设置大小停车位78个。其中，生态停车位30个，在道路沿线规划停车位14个，满足了居民日常需要。

垃圾处理　但家庙集镇共配备垃圾转运电动三轮车15辆、垃圾压缩清运专用卡车1辆，新建垃圾深埋桶2个，累计采购塑料垃圾桶400个，其中垃圾桶发放到户387个，在集镇广场、公厕等处摆放13个；分类式垃圾箱40个，由政府安装在道路、公园周边。2018年，将但家庙集镇整体环卫工作交由霍山劲旅环境科技有限公司负责，建立了政府到公司到保洁员的卫生保洁管理体系，逐步建立起垃圾清理长效管理机制，聘请15名专职环卫工人，对集镇建成区道路沿线、集贸市场、河沟渠塘、公园广场、公共厕所、建筑工地、校园周边、绿化带、人行步道等垃圾进行日产日清，实现了垃圾集中收集、压缩外运。

改厕 但家庙集镇共有水冲式公厕5处，其中，2017年，投资40余万元在复览山公园新建水冲式公厕一处。2018—2021年，在双拥路沿线新建公厕2处，并将原有2座公共旱厕改造成水冲式公厕。2017—2021年，集镇共拆除简易茅厕和旱厕30多座，新建水冲式厕所24处，每户建有化粪池，粪便经化粪池处理后全部排入集镇污水管网，卫生厕所普及率达到100%。

文化休闲设施 集镇西广场，位于镇工业集中区，该广场结合骑行旅游服务驿站，满足居民休闲娱乐，文化健身以及骑行旅游服务驿站举办骑行比赛等有关活动的需求。

政府广场 （详见本章第五节“公用事业”）。

但家庙镇综合文化站 集镇综合文化站向集镇所有居民免费开放，一楼设有阅览室和电脑房，为居民提供书刊阅读、教育培训、网络信息等文化服务；二楼为文体活动室，内配有高档台球桌和KTV；室外广场配有乒乓球桌，让群众体验到丰富多彩的文化生活。

人口文化园 人口文化园设置了一片区域供居民户外锻炼，配备腰背按摩器、双位浪板等户外健身器材，满足热爱运动健身的居民。

综合信息管理中心 在文化站二楼设立综合信息管理中心，定期组织集镇居民和学生参加一些教育活动。如观看普法宣传片、学习科学知识等。

三、集镇简介

但家庙集镇

但家庙集镇位于但家庙村但家庙村民组，向东延伸到三根桥村民组，向西延伸至雨淋桥村民组和油坊村民组。距离县城15千米，为但家庙镇政府所在地。据说，从前但姓人聚居于此，且修庙一座，名曰“南阳禅寺”（庙宇残留的刻有“南阳禅”字样的断牌匾至今仍在老街原灯泡厂南侧墙根）。历史上，但家庙是一个自然村落，古商道经过此地。明清时期，各地商贾云集于此，并有人在此定居下来。渐渐地，这里商铺越来越多，生意也越来越红火，成了远近闻名的商品集散地。20世纪30年代以前，这里仅有沿着但家庙河北岸一条街，商道穿街而过。曾有“但家庙扁担城，富的都是外乡人”之说。1932年，大河厂至但家庙曾建一条土公路，该路撇开老街，沿着老街北侧向东延伸。1938年，为阻止日本侵略军，中国军队将这条路毁坏。中华人民共和国成立后，1954年，又将这条路恢复成板车路。直至1968年，大张公路（即002县道，又叫双拥路）正式修建。但家庙集镇沿着大张公路两侧的民房和商铺从无到有逐步增多。中华人民共和国成立初期，但家庙乡政府（公社）位于老街。人民公社化后，沿着大张公路南北两侧，先后建有但家庙粮站、供销社、信用社、副食品站、茶叶站等。改革开放后，“但家庙贸易货栈”落户但家庙集镇，这是改革开放后此地第一家私人承包经营的商铺。1992年，撤区并乡（但家庙乡与团墩乡合并）后，5月，在但家庙村民组大张路北侧，新建乡政府办公大楼。同时，政府大楼南面开始兴建商住房，并不断向西延伸，集镇的规模快速扩张。

2001年，世林集团在政府大楼西侧统一征地，兴建世林小区。2002—2003年，但家庙镇政府在世林小区对面（大张公路南侧）建成了居民集中区共20户。2004—2005年，村级规模调整后，规划新建了但家庙“丁”字街。2007年开始，但家庙集镇规划开始向东延伸，于2007—2008年建成“三根桥”居民小区。与此同时，集镇继续向西扩展，先后建成了“雨淋桥”居民集中区以及但家庙工业集中区。2015年，重点对集镇基础设施进行升级改造。新建文化围墙200平方米，人行道1700米、下水道1000米，改造人行道3300平方米，安装路灯60盏。2017年，在但家庙渡槽西侧建成了复览山公园。至此，但家庙集镇总体形成了“丁”字格局：东西沿大张公路两侧2千米为“丁”字的“一”，从北向南街道至大团路连接处为“丁”字的竖。

世林小区　但家庙镇世林小区是但家庙集镇第一个居民小区，建于2001年。是世林集团统一征地、统一规划兴建的连排别墅群，小区位于但家庙镇政府西侧，坐北向南。建筑格局统一，一层设前院、客厅、后院、厨房；二楼为卧室。每户占地面积240平方米，总计22户。总投资480万元，建筑为全框架式，屋面起脊，先浇上盖优质红瓦。2002—2003年，但家庙村但家庙组根据小集镇规划安排，征得上级批准，在世林小区对面（公路南侧）自建居民集中区。两年时间，居民集中区建成，入住20户。居民自建小区的建成和世林小区相对称，解决了街道“半边连”的状况，又使小集镇向西延伸了300米。

1999年新建的世林小区连体别墅

（王玉生　摄）

“丁”字街　但家庙原街道属“扁担”街，仅沿大张公路两侧一条街道，没有变化，没有发展空间。2004年村级规模调整以后，但家庙镇政府结合土管部门当时对街道的规划，将原来但家庙街道至观音岩村的路口，由幼儿园向西移400米，至但家庙村民组与雨淋桥村民组之间的公交公司到沙塘处。这样做：一是减少幼儿园前的交通安全问题；二是缩短但家庙街道至观音岩村的距离；三是新修建的道路两边地势开阔，是建居民小区的极佳选择。工程分两期进行，分别于2004年、2005年两年完工，取名但家庙镇“丁”字街。丁字街是南北走向的街道，都是三层建筑，后设小院，统一规划，统一设计。总长度为300米，街道宽为25米，道旁栽种风景树木。1998年，建有镇卫生院、妇幼保健站（后撤销），是全镇卫生、保健中心。

三根桥小区　位于三根桥村民组东端“双拥路”两侧，建于2007—2008年。小区是沿着老集镇向东延伸，南北房距比老街略宽一点，中间路面比两边地基高出3~4米，所以，所建房屋均依地势建有地下室，地面以上都是两层建筑。房屋结构相同，外观统一，都是两间三层（含地下室）为一居住单元。三根桥居民小区总占地面积4.5亩，建筑面积8600平方米，总投资600万元。

公交中转站　建于2017年10月，于2017年12月竣工。这里地处但家庙集镇东入口处，原是但家庙村三根桥村民组倪守祥设立的废品收购站，与居民小区毗邻，废品乱堆乱放，杂物到处都是，严重影响了镇容镇貌和居民生活。另外，原公交车往返掉头都在但家庙中心校门前，存在严重安全隐患。镇人民政府结合《霍山县但家庙镇政府驻地建成区整治建设规划》，决定将废品收购站移至集镇南边汪家榜大河地，在这里建公交车中转站。公交车中转站总占地面积3亩，总投资40万元。停车场由南北两部分组成，在双拥路三根桥村民组段北侧拐弯处为停车场，建标准化停车位36个；南侧有小型广场，广场东侧建有紫藤架，中间设花坛，西边有办公场所，建房3间，外观全为绿色木纹绘饰，与周边环境相协调，再望南边小山顶上，建有精美小亭，飞檐翘角，回廊和下面小广场相连，各种花草树木翠竹交相辉映。

大河厂集镇

大河厂集镇全貌　　（王玉生　摄）

位于大河厂村大河厂村民组境内，距离但家庙集镇5千米，地处105国道与大张公路交会处。南北两侧分别有熊家河和浔阳河流过。该集镇原为自然村落，地理位置十分优越：向北原为霍山县通向六安、合肥的唯一通道，向东是通向山王河、凤凰台的必经之地。中华人民共和国成立后，这里是大河厂乡政府所在地，建有学校、供销社、信用社等。1991年，霍山县灯泡厂（世林集团）搬迁至此。1998年，雁江彩印厂落户该集镇。20世纪90年代后期，大河厂集镇规模快速扩张，先后建成了灯泡厂小区，杨家台居民集中区。20世纪初，陆续建成了南河小区，小河桥居民集中区。2012年，作为六安市第一批美好乡村建设示范点，又建成了大河厂新村。

团墩集镇

（详见本章第七节中的“观音岩村美丽乡村——团墩中心村”）。

第二节　交　通

一、公路

基本情况

中华人民共和国成立前，但家庙镇交通状况十分落后。境内仅有两条公路：一是1932年建成通车的霍（山）舒（城）公路，该路经山王河、但家庙，于大河厂和六（安）霍（山）公路连接；二是六霍公路（后改称六佛路、105国道）大河厂段。除此之外，均为乡间小路。中华人民共和国成立后，人民政府积极支持全县公路建设。交通事业快速发展，境内交通状况持续改善。20世纪50年代至70年代，先后修建了以下公路：大河厂—张冲（大张公路，又名双拥路），长度10千米；但家庙—团墩（但团路），长度4千米；团墩—三尖铺公路，长度6千米；团墩—舒家庙公路，长度2.5千米；新塘埂—张老院公路，长度1.5千米。主要实行民工建勤修路，如1979年，但家庙公社民工建勤整修六佛路（起桩39号，讫桩45号），建勤工日达1800个，搬运沙土、石方210立方米。

改革开放以后，但家庙镇积极争取资金支持，在新建乡村道路的同时，对原有道路进行改造升级。1995年6月开始，以工代赈改建团墩（现观音岩村）至三尖铺公路（团三路），全长6千米，是县大循环道龙三路一部分，形成了乡村与乡村间、乡村与城镇间的大通道，解决了边穷地区出行难问题。

1997年至1998年11月，实施了但家庙集镇至大河厂集镇公路改造，对原有道路进行了拓宽铺油。1999年2月，实施了大河厂至团墩公路扩建工程。另一方面，开始实施“公路村村通”工程，在国家的大力扶持下，村村通公路建设力度不断加大。从21世纪初开始，通过国家补贴与“一事一议”筹措资金相结合进行建设，水泥路向着“组组通、户户通”延伸。2004年2月，开始对大河厂至团墩村路改扩建工程，路段长7千米。同年扩建倪冲路，是原团墩乡倪冲村的主干道，该路段长5千米。2004年9月6日，但凤路（但家庙至凤凰台）扩建工程胡大桥段。该路为重修四级公路，路基宽6.5米，路面宽5米，最大纵坡9%，最小变弯半径15米。2006年起，全面实施了“村村通”水泥路工程。至2021年底，但家庙镇境内公路总里程达212千米，形成了六潜高速公路、国道105线、县道002线、县大循环路龙三路为骨架，乡村道路四通八达的交通格局。

主要公路

105国道大河厂村段　该路段在本区域长1.5千米，始建于1932年，原为军事服务而抢筑的简易公路，原名为六（六安）霍（霍山）路。1931年，由省政府建设厅统一规划，由县政府征集民工兴建。1932年年底，建成碎石路面宽5.5米。其中，大河厂桥桥涵用桐油石灰浆砌条石成桥台和桥墩，以泡桐、松木做桥横梁和桥面的简易桥涵，勉强通车以供军用。1938年秋，为迟延日军进攻临时省会驻地立煌（今金寨），县政府征集民夫把六霍路挖成锯齿状。1946年，省政府令霍山县政府征民夫修复，1947年秋完工。大河厂桥仍为木架，车从河床通过。1979年5月，省政府拨款对六霍路进行改建，按二级公路标准拓宽、降坡、取直，1980年10月完工。改建后路宽8米，厚30～40厘米，渣油路面宽8米，栽植整齐的行道树。2014年春至2015年年底，省政府再次对该路进行改造升级，按照双向四车道的国道标准进行改建，对原路进行了降坡、拓宽、取直、铺油。在熊家河、浔阳河上重建桥梁，建成后的桥梁为钢筋混凝土结构，承重100吨。在此基础上，兴建了绿色安全隔离带，划分了标准车道，完善了各种标识。

椿大路（椿树至大河厂）　但家庙镇境内路段002县道，东西走向，东自胡大桥吴家小庄（霍山县与金安区交界处）起，经但家庙至大河厂止，全长14.15千米，桥梁3座，长33.5米，涵洞37道。路段分为大河厂至但家庙、但家庙至吴家小庄两段。大河厂至但家庙段长5.15千米，始建于1932年，后废弃还田。1954年复修板车道，1968年重建公路。后经1974年、1981年、1997年、2000年、2003年多次拓宽改建。2007年，县委、县政府财政拨款与驻地部队共建，改造成水泥路。2019年6月至2020年10月，投资7100万元实施了白改黑工程。按国家二级公路标准建设，同步实施绿化、亮化，燃气管道、自来水管道敷设等工程。但家庙至吴家小庄段全长9千米，始建于1986年，2006年，被列为“村村通”水泥路改建项目，路基宽8米，路面宽5.5米，为4级公路。

2020年，双拥路改造施工中　（李　文　提供）

大张公路　大河厂经但家庙至张冲部队公路，又名双拥路、002县道，全路段建成于1968年（大河厂—但家庙段见椿大路简介）。

椿石路（椿树至石板冲）但家庙路段　县道，东西走向，东自与儿街镇山王河村（霍山县与金安区交界处）起，经但家庙、团墩、三尖铺至庙岗集（霍山县与裕安区交界处）止，全长22.05千米，桥梁五座，涵洞64道。全路始建于1975年。由但家庙至团墩段（5千米，1969年11月开始建但家庙至团墩板车路）、但家庙至山王河段（6.3千米，始建于1986年）、团墩至三尖铺段（6.75千米），三尖铺至庙岗集段（7千米，始建于1987年），4段路组成。全路段于2006年被列入“村村通”水泥路项目，进行全面改建，路基宽6～7.5米，水泥混凝土路面宽4～5米。

观豪路　观豪路修建于2007年8月，总投资90万元，全长4千米。其中团墩至原观音岩村部路段长1千米，宽5米；原观音岩村部至豪珠岭长2.4千米，宽4米；豪珠岭山脚至东观禅院长2.4千米，宽5米。

但团路　即但家庙丁字街口至团墩街道路。该路修建于2006年10月，总投资120万元，长4千米，宽5米。

世林大道　双拥路穿越但家庙街道的一段，起点为镇政府门前，终点为但家庙中学门前。该路段是1997年由世林集团董事长桑世林捐资23万元修建。路段全长720米，宽20米。这是全县第一条乡镇水泥路。

龙三公路　即霍山县与儿街镇大龙岗至下符桥三尖铺路段。龙三公路但家庙段拓宽改造工程，系霍山县2005年外畈区循环公路建设的重要项目，属县级道。但家庙镇政府利用群众“一事一议”筹资35万元用作启动资金，总投资115万元（不含油罩面投入）。全长11.7千米，途经但家庙镇花石嘴、但家庙、观音岩3个村，共占用水田13.2亩、旱地2亩，直接受益人口近8000人。

六（安）潜（山）高速公路但家庙镇段　六安至潜山高速公路（或商景高速公路，即河南商丘至江西景德镇），是国务院全国公路规划“7918”网络中的9条南北纵线之一，是广州至济南高速公路以及安徽省公路骨架“四纵”公路的重要组成部分。但家庙境内长2.2千米。全线分别采用山岭重丘和平原微丘高速公路标准，路基宽分别为24.5米和26米，双向四车道，沥青混凝土路面，设计行车速度每小时80~100千米。设计时为减少对周边环境的影响，全线采用桥隧连接形式。但家庙境内系列桥2座。一座位于大河厂村李家塝与X002县道交会处，一座位于大河厂村戴家院村民组，六潜高速公路与大团路交会处。

位于大河厂村黄家塝村民组的霍山服务区

（王玉生　摄）

村组道路

村组道路建设又叫村村通工程，简称“村村通”，是国家为构建和谐社会，支持新农村建设的一项重大举措，是一项民心工程。2006年起，开始实施“村村通”水泥路工程。

在“村村通”水泥路的建设过程中，但家庙镇党委政府坚持“三个消化”，解决道路占用田地问题，即“占用耕地组内消化、占用山场户内消化、临时搭建自行消化”的原则。缺口资金筹措，是水泥路建设成败的关键。为此，镇党委政府探索一条“五动四步走”的筹资之路，即：宣传发动、党员启动、典型带动、能人大户推动、干部群众相互促动；政府扛大头，能人大户筹，发动群众捐，社会力量凑。在“村村通”水泥路建设实施过程中，政府不搞大包大揽，把计划申报、资金筹集、质量把关、招标议标等全部交给村，由村民代表参与的建设委员会负责实施，充分调动村和群众积极性。招标议标、阳光操作。在招标议标过程中，一是认真做好工程量测算，准确把握工程预算；二是按照公开、公平、公正的原则，严格程序，阳光操作，村委会、村建设委员会、镇纪委等共同参与，选择“有实力、有技术、有机械”的“三有”企业参与竞标，有效确保工程质量和进度。

2006—2016年，但家庙镇通过实施“村村通”水泥路、“村组通”水泥路等工程，新建农村公路76.3千米，基本实现了村村通、路路通、天天通的目标。2017年，投资128万元对大团路（大河厂经黄檀树至团墩）4.54千米进行拓宽改造，路面宽度扩展到5米。2018年，又对大团路观音岩段进行二期拓宽改造，总长度2千米；同时，对三石路花石嘴段3.2千米进行拓宽改造。新建水泥路4条共3.5千米。2019年，新建水泥路10条共15.53千米。2020年，新建水泥路9条共9.03千米。2021年，再建水泥路4条共6.06千米。至2021年年底，但家庙镇累计新建村组道路111.41千米。

但家庙镇2009“村村通”建设项目一览表

表4-1

村名	线路名称	里程(千米)	路面宽度(米)	类型
但家庙村	渡槽—经济冲	5	4	中心村庄路
但家庙村	街道—戴家院	4	4	中心村庄路
大河厂村	南河堤路	3	4	循环路
大河厂村	广家台路	1.5	4	中心村庄路
花石嘴村	七星寨路	1.8	3.5	中心村庄路
花石嘴村	马冲路	3	3.5	中心村庄路
胡大桥村	胡徐路	1.5	3.5	循环路
胡大桥村	仓汪路	1.5	3.5	中心村庄路
胡大桥村	龙井路	1	3.5	中心村庄路
观音岩村	观音岩旅游路	2.5	5	中心村庄路
观音岩村	石嘴路	1.5	3.5	中心村庄路
观音岩村	李冲路	1.5	3.5	中心村庄路
观音岩村	叶龙路	2.5	3.5	中心村庄路

2011年但家庙镇村组公路建设资金汇总表

表4-2　　单位：元

村名	项目名称	工程预算	资金来源			受益群众（人）
			合计	自筹	财政奖补	
大河厂	黄家垄路基	46544	46544	30970	15485	310
大河厂	周自华村庄路基	59175	59175	39450	19725	361

续表4-2

村名	项目名称	工程预算	资金来源			受益群众（人）
			合计	自筹	财政奖补	
大河厂	周家畈机耕路	62370	62370	41580	20790	305
但家庙	沙联路改造	64200	64200	42800	21400	385
但家庙	大王路改造	64110	64110	42740	21370	350
但家庙	长吴路改造	48720	48720	32480	16240	360
胡大桥	西尧冲塘埂加固	31770	31770	21180	10590	210
胡大桥	张马路基工程	52620	52620	35080	17540	285
胡大桥	胡徐路基工程	58395	58395	38930	19465	350
花石嘴	董家楼路基	54810	54810	36540	18270	180
花石嘴	鲤鱼嘴路基	51450	51450	34300	17150	150
花石嘴	华冲林场路	51180	51180	34120	17060	200
花石嘴	大山洼塘维修	66000	66000	44000	22000	465
观音岩	观豪路水毁工程	147000	147000	98000	49000	1470
观音岩	龙井路基工程	104700	104700	69800	34900	560
观音岩	周冲路基工程	83500	83500	55666	27833	430
观音岩	葛冲路基工程	66201	66201	44134	22067	670
观音岩	沈畈路基工程	78600	78600	52400	26200	380
合计		1191345	1191345	794170	397175	7421

2011年但家庙镇级公路建设“一事一议”财政奖补项目表

表4-3

水泥路名称	长度（米）	宽度（米）	应补资金（元）
但行路	1080.25	3.5	151235
但戴路	3163.15	3.5	44284.10
胡徐路	1670.1	3.5	233814
大团路（二期）	1794.35	3.5	251209
旅游路 含东观禅院路	1279.15	3.5	179081
	2040.8	4	306120
	88.25	5	16546.88

续表 4-3

水泥路名称	长度(米)	宽度(米)	应补资金(元)
八斗冲路	1108.25	3.5	155155
大院墙路	316.5	3.5	44310
	—	4	117532.5
李冲路	1415.2	3.5	198198
马冲路	1057.5	3.5	148050
	1183.5	4	177525
汪冲路	1427.25	3.5	199815
	141.15	4	21172.5
南河路	607.85	4	91177.5

2017—2021 年但家庙镇道路建设一览表

表 4-4

序号	道路名称	所在村	长度(千米)	投资(元)	年度
1	大团路加宽	大河厂村	4.54	1280000	2017
2	三石路加宽	花石嘴村	3.2	799049.69	2018
3	七星寨水泥路	花石嘴村	0.5	203040	2018
4	大团路二期加宽	观音岩村	2	517925.22	2018
5	张管冲水泥路	观音岩村	0.6	263065.9	2018
6	但家庙组循环路	但家庙村	0.7	511959.75	2018
7	经济冲水泥路	但家庙村	1.7	628001.42	2018
8	大岭坎水泥路	但家庙村	1.17	538188.19	2019
9	卢家院组合路	但家庙村	1.04	480945	2019
10	燕窝冲组合路	但家庙村	1.05	489793.75	2019
11	白石岩循环路	胡大桥村	1.27	674976.83	2019
12	但老庄至黄家垄组合路	胡大桥村	0.85	451823.61	2019
13	枣树井东西、下院东西、胡洼组合路	观音岩村	2	98311.22	2019
14	油坊至小广冲	观音岩村	3.57	1929919	2019
15	李家院至倪院、鲍家洼组合路	观音岩村	1.38	652424.6	2019

续表 4-4

序号	道路名称	所在村	长度(千米)	投资(元)	年度
16	黄塝东路、大堰、老庙冲组合路	观音岩村	2.73	134584.05	2019
17	涂小庄、草塘冲鲤鱼嘴组合路	花石嘴村	0.46	221899.83	2019
18	上吴组合路	但家庙村	1.76	867437.75	2020
19	八胡路	但家庙村	1.41	693450.49	2020
20	下前路	大河厂村	0.58	282722	2020
21	赵高路	胡大桥村	0.71	346245.30	2020
22	董家楼、鲤鱼嘴路	花石嘴村	1.13	556700.26	2020
23	白云循环路	观音岩村	1.19	654949	2020
24	大庄马岩水库组合路	观音岩村	0.72	347568	2020
25	吴冲、西冲循环路	观音岩村	1.0	490623.84	2020
26	叶家河五塘冲组合路	观音岩村	0.54	261100	2020
27	王冲路	但家庙村	2.0	1172773.25	2021
28	小河桥沿河路	大河厂村	0.7	412572.46	2021
29	小龙井油茶基地循环路	观音岩村	1.86	1085299.97	2021
30	油坊组组合路	但家庙村	1.5	951468.60	2021

二、桥梁

2021 年建成的汪家塝大桥　　（王玉生　摄）

但家庙镇境内有但家庙河、浔阳河（牛屎河）两条主要河流，境内的桥梁主要集中在这两条河流及其支流上。在胡大桥村还有两座清朝时期建造的石桥至今仍保存完好。1932 年，民国政府修建六霍路，在熊家河（但家庙河下游）和浔阳河（牛屎河）分别建了简易石桥，即大河厂大桥和小河桥大桥的前身。中华人民共和国成立后，六霍路多次改造升级，成为 105 国道。跨越两条河流的公路桥也随着升级。2015 年，105 国道再次改造升级，大河厂大桥和小河桥大桥建成双向四车道钢筋混凝土桥梁。

2021年建成的马家畈大桥(原名孔山嘴大桥)
(王玉生　摄)

历史上，但家庙河、浔阳河上桥梁很少，群众出行非常不便。20世纪70年代，境域内陆续修过几座水泥桥。到21世纪初，大多已损毁，不能通行。改革开放以后，特别是2006年以后，随着“村村通”工程的实施，桥梁建设也进入快速发展时期。至2021年年底，境内但家庙河上建有大桥11座。具体分布为，大河厂村2座：大河厂大桥、李家湾大桥；但家庙村2座：但家庙渡槽、汪家塝大桥；花石嘴村7座：马氏祠大桥、周家院大桥、马家畈大桥（原名孔山嘴大桥）、孟家院大桥、花石嘴大桥、大塘埂大桥、鲤鱼嘴大桥。其中，2021年，新建改建的大桥有4座，分别是汪家塝大桥、马家畈大桥、大院墙大桥、老粉坊大桥。汪家塝大桥长49.5米，宽14米，造价达370.8万元。马家畈桥长51.04米，宽7.5米，造价262.85万元。大院墙桥长11.74米，宽9米，造价77.58万元。老粉坊桥长40.54米，宽7.5米，造价253.8万元。

浔阳河上建有大桥11座，其中观音岩村境内7座，分别为杨家行大桥、团墩老街大桥、油坊人行桥、倪院机耕桥、沈家院大桥、大庄大桥、舒氏祠大桥。大河厂村境内4座，分别为小河桥大桥、红星大桥、胜利大桥、黄檀树渡槽。此外，境内但家庙河、浔阳河的大小支流多达20余条，跨越河流的各条道路都建有桥。位于但家庙街道东端的三根桥公路大桥是双拥路上的唯一一座桥梁，也是但家庙河支流最大的一座桥梁。三根桥公路桥始建于1970年。2020年，双拥路升级改造，三根桥得以重建。其他大大小小的桥梁一般都是水泥平板桥。

三、交通运输

中华人民共和国成立前，交通运输落后，商贩们贩运粮食、布匹、茶叶等物资，通常用毛驴、小独轮车等工具，往返的商道通往张家店、毛坦厂、东河口、青山、苏家埠、六安洲（今六安市）等地。20世纪40年代，境域从事运输的有小河嘴的但正田、胡大桥的龚本青、黑虎山的刘维中、但家庙的梁本立等，他们往往结对而行，被称为“老驴队”。20世纪50年代，大河厂至但家庙之间修建了板车路，于是有了板车运输生产生活物资。1971年年初，但家庙公社在马氏祠建了第一个拖拉机站，并先后添置了东方红牌大型拖拉机5台。从此，但家庙开始有了机动车运输。1974年6月，但家庙公社购置了第一辆江淮牌汽车，汽车运输从无到有逐步发展起来。

1972年，但家庙开始有了客运班车，从霍山至但家庙集镇每天早晨一趟。20世纪80

年代，个体运输快速发展。1984年11月22日，但家庙街道的王帮中买了一辆三轮车从事运输，既拉货又拉人。随后，从事客运的三轮车越来越多。20世纪90年代初，万光友买了但家庙第一辆飞虎牌汽车从事出租车行业。至2004年，但家庙用小型客车从事客运的达20余人。2005年，但家庙公交公司成立，原先从事客运的个体户入股参与经营。2007年4月，但家庙公交公司在丁字街与双拥路交会处南侧，兴建了但家庙客运站，设计为4级客运站，占地面积4000平方米，建筑面积1100平方米，设计日均旅客发送量1500人次。客运站内设办公室、调度室、驾驶员和售票员休息室、车辆维修与养护场所等。客运站主要为当地企业职工上下班、学生上下学及群众出行服务。2017年，投资160余万元建成了但家庙镇三根桥客运站。2018年10月投入运营，具备客运、货运功能。

位于但家庙集镇东端的三根桥客运站

（李　文　提供）

2020年1月，霍山城乡公交一体化项目启动。但家庙镇公共交通客运运营，由原民营股份制企业霍山县顺民公交有限公司移交给霍山县顺通巴士有限公司。霍山县顺通巴士有限公司在但家庙境域开通4条公交线路：县城至但家庙镇301路（文庙—但家庙客运站）、302路（文庙—山王河桥头）、303路（文庙—胡大桥）、304路（文庙—舒家庙）。实现了村村通公交车目标，并将交通、邮政、商贸等物流资源进行了有效整合，使但家庙镇融入了县、乡、村三级农村物流网络，进一步优化了农村客运服务水平。

四、交通管理

按照“县道县管，乡道乡管”原则，农村公路养护依据《霍山县公路日常养护管理办法》，组建镇农村公路管理养护办公室，配备工作人员，负责乡村公路管理养护。为保障农村公路安全通行，建设美好乡村，发挥重要作用。

为加强乡村公路的管理和养护，确保公路完好畅通，镇政府与各村居委会签订乡村公路养护工作责任书。发动群众自觉爱护乡村公路和遵守养护的有关规定，督促检查养护工履行职责，确保辖区内

位于但家庙街道的公交车站牌

（李　文　提供）

乡村公路完好畅通，努力实现乡村公路“村村通、天天通、路路通”的目标。

责任书中明确规定：①路面天天保持清洁，道路无乱堆乱放，无打场晒粮，保洁率达95% 以上；②公路两边的路基范围内无种植作物，路肩、边坡培修到位率达 95% 以上；③搞好沿线设施维护，无交通安全隐患，安全畅通率达 100%；④抓好绿化修剪、涵洞疏通、会车带维护等工作；⑤积极配合水泥路面病害处治、路面改善及大中修工程、危桥改造和安保工程等养护工程的协调处理等工作；⑥加强对养护工的管理与教育，做到安全养护、文明养护；⑦努力完成镇乡村公路管护办公室交办的其他各项工作任务。

镇乡村公路管理办公室将采取“不定时间、不定地点、不打招呼”的方式，对各村路段进行检查，每次检查结果记录在案，年终汇总报镇党委、政府。镇政府根据评比结果，兑现奖惩，对工作好的村和优秀个人给予物质和精神奖励，对表现较差的村和个人提出批评教育，严重者还按有关规定追究责任。

镇乡村公路管理办公室结合“三线三边”工作，制定《但家庙镇道路养护工作实施方案》，形成“畅、洁、绿、美”养护工作机制。

2021 年但家庙镇农村公路养护明细表

表4-5

序号	路线所在村	路线名称	路线长度(千米)	路面宽度(米)
1	观音岩村	大团路	2.60	5.5
2	观音岩村	三石路	2.50	5.5
3	观音岩村	老庙冲东路	0.98	4
4	观音岩村	老庙冲西路	0.68	4
5	观音岩村	刘山路	0.57	3.5
6	观音岩村	刘山路	0.20	4
7	观音岩村	杨行河堤路	0.59	3.5
8	观音岩村	青杨路	0.61	4
9	观音岩村	田院路	0.13	4
10	观音岩村	杨行路	0.25	3.5
11	观音岩村	青苗冲路	1.10	4
12	观音岩村	黄榜东路、中路	1.06	4
13	观音岩村	叶河孙冲路	0.62	3.5
14	观音岩村	叶小路	2.66	3.5
15	观音岩村	小龙井路	0.90	3.5
16	观音岩村	周冲路	0.96	3.5

续表 4-5

序号	路线所在村	路线名称	路线长度(千米)	路面宽度(米)
17	观音岩村	大龙井路	1.35	3.5
18	观音岩村	黄榜至大岭坎	0.70	3.5
19	观音岩村	八斗冲路	0.95	3.5
20	观音岩村	李冲路	1.26	3.5
21	观音岩村	石嘴路	1.09	3.5
22	观音岩村	观豪路	4.50	5
23	观音岩村	倪陈路	1.13	3.5
24	观音岩村	倪院路	0.78	4
25	观音岩村	毛岭路	2.22	4
26	观音岩村	旅游路	0.20	4.5
27	观音岩村	小吴冲路	0.42	3.5
28	观音岩村	沈畈路	0.27	3.5
29	观音岩村	邓舒路	0.91	3.5
30	观音岩村	舒桐路	1.71	3.5
31	观音岩村	胡洼路	0.6	4
32	观音岩村	张管冲路	0.62	3.5
33	观音岩村	张管冲至岭坎	0.58	4
34	观音岩村	岭坎水泥路	0.93	5
35	观音岩村	东观禅院路	1.16	5
36	观音岩村	观音岩路	0.48	3.5
37	观音岩村	桂花冲路	2.23	3.5
38	观音岩村	枣树井东路	0.27	3.5
39	观音岩村	枣树井西路	0.51	4
40	观音岩村	沈院路	0.35	3.5
41	观音岩村	西冲路	0.59	3.5
42	观音岩村	舒祠路	0.17	3.5
43	观音岩村	下院路	1.10	4
44	观音岩村	油坊至小广冲	4.56	4.5
45	观音岩村	青尧路	1.37	3.5

续表 4–5

序号	路线所在村	路线名称	路线长度（千米）	路面宽度（米）
46	但家庙村	大张路	3.00	8
47	但家庙村	三石路	2.70	5.5
48	但家庙村	大岭坎1期	1.00	4
49	但家庙村	大岭坎2期	1.20	4
50	但家庙村	吴小岭路	1.80	4
51	但家庙村	张粉坊路	0.80	3.5
52	但家庙村	张家行路	1.10	3.5
53	但家庙村	大长冲路	0.50	4
54	但家庙村	陈老庄路	0.60	3.5
55	但家庙村	胡家洼路	1.20	3.5
56	但家庙村	但代路	3.00	3.5
57	但家庙村	戴家院路	1.20	4
58	但家庙村	八斗冲路	0.40	4
59	但家庙村	张八路	1.10	4
60	但家庙村	但家垄路	0.50	3.5
61	但家庙村	仓坊路	1.00	3.5
62	但家庙村	陶孟路	1.20	4
63	但家庙村	汪家塝路	1.00	3.5
64	但家庙村	余家湾路	1.00	3
65	但家庙村	龙山路	0.80	3.5
66	但家庙村	加油站中心路	1.00	3.5
67	但家庙村	渭源渠路	3.30	3.5
68	但家庙村	卢家院循环路	1.60	4
69	但家庙村	上下塝路	1.70	4
70	但家庙村	经济冲路	1.80	4
71	但家庙村	草塘冲路	2.00	4
72	但家庙村	大圩中心路	0.40	5
73	但家庙村	沙塘路	0.30	4
74	但家庙村	余家榜路	0.70	4

续表 4–5

序号	路线所在村	路线名称	路线长度(千米)	路面宽度(米)
75	但家庙村	光伏电站路	0.40	4
76	但家庙村	卢粉坊路	0.60	4
77	但家庙村	卢氏祠路	0.50	3.5
78	大河厂村	大团路	4.20	4.5
79	大河厂村	黄檀树路	0.30	3.5
80	大河厂村	周卧路	1.00	3.5
81	大河厂村	周家畈路	0.80	3.5
82	大河厂村	灯盏窝路	1.20	3.5
83	大河厂村	肖圩路	0.80	3.5
84	大河厂村	广台路	1.60	3.5
85	大河厂村	渡槽路	0.40	3.5
86	大河厂村	周家塝路	0.30	3.5
87	大河厂村	代院路	0.70	3.5
88	大河厂村	大谢路	0.20	3.5
89	大河厂村	巷口路	0.30	3.5
90	大河厂村	黄家垅路	1.60	3.5
91	大河厂村	扬堰路	0.50	3.5
92	大河厂村	断山堰路	0.60	3.5
93	大河厂村	下湾路	1.00	3.5
94	大河厂村	中心路	1.60	3.5
95	大河厂村	新村三条路	1.10	3.5
96	大河厂村	新村河沿路	0.50	3.5
97	大河厂村	杨台路(1、2)	1.00	3.5
98	大河厂村	杨台路(3)	0.15	3.5
99	大河厂村	胜利路	1.70	3.5
100	大河厂村	前进路	0.30	3.5
101	大河厂村	李塝路	0.20	3.5
102	大河厂村	曙光路	0.40	3.5
103	大河厂村	新塘路	0.20	3.5

续表 4-5

序号	路线所在村	路线名称	路线长度（千米）	路面宽度（米）
104	大河厂村	但家庙河路	0.50	3.5
105	大河厂村	断山堰上湾路	0.50	3.5
106	大河厂村	但凤路	3.50	5
107	胡大桥村	张老院路	2.00	4
108	胡大桥村	联冲路	3.20	4
109	胡大桥村	张叶路	2.60	4
110	胡大桥村	马头山路	1.00	4
111	胡大桥村	十字岭	0.30	4.5
112	胡大桥村	白石岩循环路	1.10	4.5
113	胡大桥村	大院墙路	0.30	4
114	胡大桥村	但老庄路	0.80	4.5
115	胡大桥村	龙井路 1	0.40	4
116	胡大桥村	龙井路 2	0.30	3.5
117	胡大桥村	黄家塝路	0.30	4.5
118	胡大桥村	涂家湾路	0.20	4
119	胡大桥村	汪冲路	2.50	4
120	胡大桥村	倪仓路	1.50	4
121	胡大桥村	大倪路	2.50	3.5
122	胡大桥村	倪高路	2.00	4
123	胡大桥村	高稻场路	0.30	4
124	胡大桥村	西尧冲循环路	1.20	4
125	胡大桥村	西尧冲光伏电站路	0.20	3
126	胡大桥村	新庄路	0.30	4
127	胡大桥村	赵老庄路	1.20	3.5
128	胡大桥村	徐胡路	1.30	4
129	胡大桥村	邓冲路	1.40	4
130	胡大桥村	胡院循环路	1.10	4
131	花石嘴村	三石路	6.00	5.5

续表 4–5

序号	路线所在村	路线名称	路线长度(千米)	路面宽度(米)
132	花石嘴村	七星寨路	0.50	4.5
133	花石嘴村	七星寨前期路	1.20	4
134	花石嘴村	大塘埂路	1.10	4
135	花石嘴村	鲤鱼嘴路	0.90	4
136	花石嘴村	孙冲路	0.70	4
137	花石嘴村	吴院内环路	1.20	4
138	花石嘴村	花石嘴	0.32	4.5
139	花石嘴村	农林路	2.10	4
140	花石嘴村	大院墙路	1.10	4
141	花石嘴村	老坟河	1.10	4
142	花石嘴村	马家畈	0.90	4
143	花石嘴村	马冲孟院路	2.20	4
144	花石嘴村	草塘冲二期	0.19	4
145	花石嘴村	草塘冲路	0.60	4
146	花石嘴村	小河嘴路	0.30	3.5
147	花石嘴村	周三路	1.40	3.5
148	花石嘴村	和尚冲	0.90	4
149	花石嘴村	马徐路	1.26	3.5
150	花石嘴村	城隍岭路	0.80	4
151	花石嘴村	占家塝路	1.50	3.5
152	花石嘴村	董家楼路	1.40	4
	合计		169.39	

附：但家庙镇村组道路建设养护管理办法

第一条　为加强我镇村组道路建设、规范村组道路管理养护行为，改善交通条件，加快推进小康建设步伐，依据《土地管理法》《安徽省农村公路管理暂行办法》《霍山县村级公路管理办法》和有关法律规定，结合本镇实际，制定本办法。

第二条　凡在我镇境内的村组道路新建、改建、扩建及其配套、养护和管理均适用本办法。

第三条　村组道路建设必须符合《但家庙镇土地利用总体规划》和《但家庙镇村庄规划》。

第四条　因生产、生活、发展经济或其他需新建、改建、扩建村组道路的，须经村民代表大会或户代表会议讨论决定，并报经镇政府批准。对新建、改建的道路由镇政府组织相关部门勘察设计，村委会组织协调、施工。

第五条　有造成水土流失、损坏生态环境和人文环境、损坏国家有关设施的地段，不得新建、改建或扩建村组道路。

第六条　村组道路建设（含新建、扩建、改建、配套、养护等，其中配套包括桥、涵、排水等工程，下同）按照谁受益、谁负担的原则，由道路所在地的村或组群众承担。实行“一事一议”。村委会组织协调、施工。

第七条　因村组道路建设占用土地的，在所在地村民组内调剂，不给予任何补偿；占用地上附属物，是青苗、树木、渔业等不予补偿；是临时搭盖的不予补偿；是合法建筑物，查验相关证件认可后，由村民代表会议研究决定补偿标准，补偿资金在“一事一议”资金中解决。

第八条　村组道路要落实养护管理措施。养护采取定里程、定标准、定资金，实行招标养护或承包养护，村委会与养护工签订合同，养护资金实行“一事一议”。

第九条　村组道路建设、养护实行“三六一”机制。“一事一议”资金筹措标准。使用办法按相关政策规定执行。村委会协助收取，出具统一收据，资金入镇财政结算中心账户，实行取支两条线，专款专用，并接受群众监督。

第十条　镇统一组织实施的干道建设、养护适用本办法，干道实行专业养护，由所在村按里程数统一筹资，从“一事一议”资金中解决，由道路经过的村，按本村村组道路并依据本办法规定执行。

第十一条　村组道路、镇村主干道实行红线控制，道路边沟外5米内不得乱搭乱建、乱堆乱放，不得种植农作物；任何单位和个人不得占道，破坏道路或有其他影响交通行为。否则，除限期改正、恢复原状外，按《霍山县村级公路管理办法》予以处理。

第十二条　本办法由镇村镇建设管理站负责解释。

第十三条　本办法自通过之日起施行。

第三节　供　电

一、农网改造

从20世纪60年代开始通电到1998年农网改造前，农村电网设施十分落后，漏电、电损严重，安全不能保障，部分偏远地区电压不足，居民用电费用畸高。1998年，一期农网改造后，用电安全有了保障，电损明显降了下来。电费回到了合理区间。2003年6月，全部执行了每千瓦·时0.76元的电价。农村居民生活照明电价从2004年4月起执行每千瓦·时0.56元。2005年，完成了农电“双百”工程，即农电改造到户100%，农户电价同价100%，彻底消除农村用电存在的“同网不同价”的现象。

1964年8月，但家庙公社从大河厂架设的高压电线直通到马氏祠，并在这里安装了公社第一台变压器。1965年2月，但家庙境内开始正式通电。此时，电力主要用于工农业生产和粮食加工。20世纪70年代，农村电网建设迅速铺开，电灯开始进入寻常百姓家。至20世纪80年代初，除少数偏远山区外，绝大多数农户用上了电。但全镇100%的农户用上电，直到1994年才实现。从1998年4月开始，域内农村电网先后进行了两期改造。

一期农网建设工程。农网项目：建设项目32个。新增或更换配变32台，容量2550千伏安；改建路线，10千伏12千米，380伏90千米，220伏55千米。一户一表改造：对建设项目台区2300户进行一户一表改造。

二期农网改造工程。农网项目：建设项目38个，新增或更换配变38台，容量7285千伏安；改建路线，10千伏38千米，380伏115千米，220伏98千米。一户一表改造：对38个公用配电台区的2800户进行一户一表改造。

2015年，总投资260万元对但家庙5号、6号、花园畈3号、5号、团墩4号、倪家畈5号配变台区进行全面改造。彻底改变了大河厂至但家庙段10千伏高压线路年久失修导致断线线损过大的状况。2017年年底，完成了对大河厂但家庙段10千伏线路改造。

二、新能源建设

光伏电站

作为霍山县扶贫和移民开发项目，2016—2018年，相继在大河厂村、胡大桥村、但家庙村建了光伏电站。

位于但家庙村经济冲组大塘洼光伏电站

（党政办 提供）

但家庙村光伏电站 位于但家庙村经济冲组大塘洼，建于2017年，总投资740万元，占地面积40亩。在日照充裕的情况下，每日发电量6000千瓦·时，变压后直接输入国家电网。把政府扶贫补贴算在内，每度电0.85元，年收益120万元。但家庙村光伏电站是霍山县发改委立项，霍山县移民局管理的扶贫项目。

大河厂光伏扶贫电站 位于但家庙镇大河厂村前进组，是2017年户户联建（全县78个经济薄弱村中26个）光伏扶贫项目建设点之一，集中建设了26个经济薄弱村光伏电站，关联三无贫困户520户，每个村按100千瓦容量建设，总规模2600千瓦，电站建设用地面积93亩，总投资1854万元。光伏电站于2017年10月开工，2017年12月31日并网发电，年发电260万千瓦·时，年收益221万元，可为每个三无贫困户增加收入4000元，或者为经济薄弱村增加集体经济收入8万元以上。

大河厂新塘扶贫电站 位于但家庙镇大河厂村新塘组，是2016年霍山县贫困村光伏扶贫项目建设点之一，该项目集中建设了杜家冲等21个建档立卡贫困村光伏电站，总规模1500千瓦。新塘扶贫电站建设用地50亩，总投资近1100万元，2016年12月开工，2017年4月28日并网发电，年发电150万千瓦·时，年收益可达140多万元，可为每个贫困村增加集体经济收入5万元以上。

胡大桥光伏电站 位于胡大桥村西尧冲村民组，为2018年民生工程党建引领扶贫项目总造价187.6万元，240千瓦，2018年9月10日建成。

电动汽车充电桩

为响应国家新能源建设以及扶贫战略，2016年在境内的高速公路霍山服务区新建电动汽车充电桩两座。

三、供电管理

机构设置

但家庙镇境内有35千伏变电所2座：大河厂变电所，安装2台6300千伏安主变及设备，10千伏出线5回；但家庙变电所，安装2台6300千伏安主变及设备，10千伏出线5回。供电所1座，但家庙镇供电所为国家电网公司“四星级”乡镇供电所，属于霍山县供电公司在乡镇设立的二级机构，统挂“国家电网”标志，供电所共有员工13人，其中设所长、副所长各1人，下设客户服务班和综合业务班。主要负责全镇低压线路、设备的维护、检修、抢修，以及用电服务、用电业务受理、电费回收、用电管理、电力安全等工作。

位于但家庙工业集中区的但家庙供电所

（王玉生 摄）

电力安全管理

随着居民生活水平的提高和工农业生产需求的增长，用电负荷逐年攀升。2015年，全镇供电量776万千瓦·时，专变电量247万千瓦·时，公变供电量528万千瓦·时。2021年，全镇供电量850.3万千瓦·时，专变电量287万千瓦·时，公变供电量563.3万千瓦·时。

各村（居）结合农事特点，配合供电公司大力开展农村安全用电宣传教育，利用广播、公开栏等宣传方式，广泛宣传用电安全常识；在人员密集场所设立临时宣传点，发放用电安全宣传资料，用电安全基本常识读本，解答用电户安全用电疑问；在人口密集处制作用电安全宣传栏，使人民群众普遍受到用电安全常识、触电急救、电力设施保护知识宣传教育，用电安全意识和安全用电能力明显提高。

村委会工作组充分发挥自己的优势，履行好职责，加强本辖区内供用电安全管理工作，尤其对农村用电安全隐患，及时督查整改。

对村民的家用漏电保护装置进行专项检查。督促村民安装家用漏电保护器，并对使用不规范的行为和室内线路存在的安全隐患及时督促整改；确保家用漏电保护器安装率、投运率、正确动作率达100%。

供电所通过与政府的紧密配合，以及扎实的安全管理与宣传，截至2021年年底，全镇境内未发生一起因用电原因造成的触电伤亡事故。

“村电联建”

2014年，霍山供电公司创新工作思路。全县农村地区实行“村电联建”便民服务工作。为确保“村电联建”活动的顺利开展，真正践行“你用电，我用心”的服务承诺，镇政府发文各村开展此项活动，成立了由镇长任领导组长，分管副镇长任副组长，供电所所长兼任办公室主任的“村电联建”工作领导小组。在各村设立村农电客户经理，公布联系电话。明确职责分工，履行安全主体责任。对辖区内的电力设施和电能保护，施工协调，灾害应急处理联动，抗旱打水临时用电，安全用电等方面进行监督、管理和帮助，合力构建“为民生，保供电，促安全”齐抓共管的工作局面。各村委会与但家庙供电所签订了“村电联建”便民服务协议，充分发挥各自优势，按照产权划分，履行双方的责任和义务。用电安全得到保障。

“全能型”客户经理制

根据《国网安徽省电力公司社区客户经理工作规范》《国网六安电力公司社区客户经理实施方案》，主动转变“以客户为导向”的电能发展要求，提升客户服务水平。但家庙供电所将8名原先的责任电工转型为客户经理展开工作。他们从事农电工作多年，居住地在对应的服务区域，有着丰富的沟通经验和熟练的业务技能。在村部、坐收点等人员密集区域和醒目位置竖立、张贴客户经理公示牌，制作了胸牌和有联系方式的服务卡，规范了客户经理着装和服务规范，并定期参加公司和供电系统组织的业务培训、考核。8位客户经理每季度对辖区内低压用户全部进行一遍走访。截至2021年年底，共走访客户43200人次，在每年迎峰度夏、迎峰度冬，以及传统节假日期间加大走访力度。走访过程中提供多种形式的上门服务，为客户解释用电疑问，应客户要求代办用电业务，为客户解决用电故障。同时，对欠费客户柔性催费，取得了良好效果。客户经理还对辖区内低压电网进行巡检，发现问题及时排除，无法排除的上报供电所和区域配电所解决。在故障抢修工作中，严格执行“故障抢修工单的协调工作要原则”，客户经理响应和抢修工单的派发和处置按照“就近响应，协调跟进，现场对接，共同处置”原则组织实施。

智能电网

2014—2016年，供电所对70个公用配电台区的5400户以及21个专用变压器客户统一更换为智能电表，实现了远程抄表，远程监控，远程停复电等功能。同时，电力客户可通过“掌上电力”App、“95598”网站、电E通、支付宝等互联网平台，足不出户实现电费电量查询，用电业务办理，电费缴纳等功能。

第四节 邮政 通信

中华人民共和国成立后，但家庙、团墩等地的邮电业务都由下符桥邮电支局经办。随着社会经济的不断发展，邮电业务不断扩大。20世纪50年代至60年代末，特别是撤区并社后，但家庙、团墩、花园畈公社合并为但家庙人民公社。社会经济发展迅速，邮电业务量不断增加。20世纪70年代初，南京军区后勤部在胡大桥大队的张冲、陆冲驻军建设后勤战备仓库。随着驻军人数逐渐增多，邮电业务不断加大，应驻地部队的要求，遂在但家庙人民公社驻地（但家庙街道中心地段）修建3间红砖瓦房，作为但家庙邮政所。其中两间为办公场所，另外一间为休息室或作其他用途。创办之初，县局、下符桥分局挑选出一名年富力强、具有一定业务素质的冯姓业务员来到但家庙邮电所负责业务经营。先后在但家庙邮电所工作的有冯家奎、朱家地、陈培康、罗永才、江金海、马兵、项虎、陈鹏等。

一、邮政

邮政的发展及邮路

清康熙年间（1662—1722），霍山县始设驿站，主要驰递地方军政重要文件。雍正年间（1723—1735），县设铺递，本区域设北望山（县东北20里，通六安州）铺。民国3年，县设电报局。民国9年（1920年），县设邮政局，本区域邮政业务归下符桥代办所。民国38年，县邮局隶属皖北邮政办事处。1951年，县邮局改名为邮电局。1951年，全县境内设6条邮路，经过本区域有两条邮路：一是城关—三板桥—大沙埂—与儿街—石河—毛坦厂—东两河口—凤凰台—团墩—大河厂—三板桥—城关（环形线路），全程77.5千米。二是城关—鸟观嘴—樊冲—与儿街—石河—毛坦厂—两河口—山王河—花石嘴—但家庙—落阳河—三板桥—城关（环形线路），全程71千米。

1958年，全县农村投递路线全面铺开。1964年，本地设下符桥—团墩邮路（逐日班）。1966年，增设但家庙—团墩邮路（逐日班）。1985年，全县自行车邮路32条，本地路线为但家庙—团墩，单程27千米，为逐日班。2005年起，本区域的乡村邮政投递路线为下符桥—但家庙（全程50千米）。

邮政业务

1.函件。函件的业务种类有平信、挂号、保价、快件、特快专递、明信片、印刷品等。1998年，特快专递替代了邮政快件。1990年7月，函件业务资费进行了调整，平常信件由8分调到2角，到1996年12月又调到5角，1999年3月再次调到8角。2.包裹。分为民用包裹和商品包裹两大类。2000年，利用盛产茶叶、中药材等优势，实行普包向快递小包转变，促进了包裹业务发展。3.汇兑。但家庙邮政所20世纪80年代即可开展普通汇款业务，电报汇款只能在县局营业厅办理。4.报刊发行。中华人民共和国成立前，报刊作函件邮寄。中华人民共和国成立初期，邮局办理报刊代购、代销业务。1950年12月，“邮发合一”。霍山县每年发行报刊几千种，常见的报纸为《人民日报》《安徽日报》《皖西日报》《经济日报》《光明日报》《参考消息》《文摘周刊》等，杂志为《求实》《长安》《半月谈》《读者》等。每年的第四季度是报刊征订旺季，县邮政局要制定征订工作计划，召开报刊发行会议，邮政所张贴或者悬挂报刊征订公告、条幅，散发和寄递宣传广告、报刊续订通知和报刊简明目录。邮局派人到机关、厂矿、农村、学校征订报刊，同时聘请编外报刊推广员，负责本单位的报刊收订。2000年，开展了订报赠送报箱、订报有奖和回收旧报纸等活动，用以促进报刊征订工作。5.邮政储蓄。20世纪80年代末，但家庙邮政所就开办了邮政储蓄业务，储蓄种类有定期、活期和定活两便三类。初期人民对邮政储蓄认识不够，业务发展缓慢。进入20世纪90年代末期，邮政储蓄快速发展。

邮递员交通工具

中华人民共和国成立前长期由人力运输，每人每次负载邮件30公斤加上油布、雨伞，负重约35公斤，每日行程50千米左右。邮件超载时，可雇民夫助送。解放初，规定每人每天行程25～40千米，负重20公斤。自行车邮运始于1952年12月。1957年，全县仅两辆邮运自行车，驰走70千米邮路，占全县1088千米邮路的0.64%。1965年，在县到区7条邮路中，自行车邮路占5条，配备自行车7辆。此后，汽车邮路大量开通，大部分自行车便转为投递工具，只有少量自行车担当县局、支局到邮政所的邮件运输。1985年，全县有邮政用自行车41辆，仅有5辆投入邮运，在总长378千米邮路中，只有76千米用自行车运输。其余36辆全部作为投递工具。20世纪90年代至今，到但家庙集镇邮件有物流和邮政专车送达，到村邮件主要由邮政局投递员摩托车送达。自2018年，本区域邮递员统一驾驶汽车开展投递业务。

快递、物流

但家庙镇快递于2010年就有代办点。到2017年，圆通速递、韵达快递、顺丰速运、申通快递、中通快递纷纷进驻但家庙。快递行业的快速发展，极大地方便了辖区居民小件物品的接收和发送。2021年，但家庙快递业务完成超过10万件。

2021年，但家庙物流年吞吐量达5000吨以上。

位于但家庙街道的圆通速递网点

（王玉生　摄）

二、通信

1950年12月，在霍山到六安的电话线路上加挂电话线路。随后，本区域的但家庙等乡开始与县直通电话。1985年，全县农话交换点更新，但家庙开始设交换点。1995年，农村电话线路建设进入新时期，本区域架设下符桥—但家庙线路，实现交换程控化、长途传输数字化，形成长话、市话、农话为一体的自动通信网。固定电话开始走进寻常百姓家，并快速普及。1998年8月，邮电体制改革，邮政、电信分营。1999年上半年，扩容光缆程控电话800门，实现了村村通电话。2000年，开通接入网设备，建立基站，进一步加强了通信网络的深度覆盖。

移动通信业业务于1994年年初开通。1998年，移动通信归县电信局。2000—2001年，县移动通信公司新建了但家庙基站。2001年，霍山移动通信公司配合六安移动通信分公司，开始自建移动通信传输网络。首期工程为南环工程，于2001年年底竣工运营。连接霍山县的基站有六安—下符桥—但家庙—三板桥—与儿街—霍山城关1站—霍山城关2站—舒城—六安。同年，但家庙基站建成并连接霍山县基站。

2000年年初，中国联通有限公司霍山分公司成立。2002年，但家庙镇设联通专营店。

2021年，但家庙镇境内移动基站、C＋L网直放站以及光缆覆盖每个行政村、自然村、村民组。全镇移动用户5000余户，FTTH、IPTV用户2000余户。

第五节　公用事业

一、供水

但家庙镇境内祖祖辈辈以来饮用水大多是地表水，也有生活在山区的部分居民直接取山泉水饮用。畈区、丘陵地区居民大多从河流、池塘取水，肩挑手提，家家户户有水桶、水缸。如中华人民共和国成立前，但家庙集镇居民就在“鹰不下河”（详见第十二章“风土民情”的第四节“但家庙古驿道拾遗”）里取水。也有少部分居民饮用井水。中华人民共和国成立后，尤其是20世纪80～90年代至21世纪初，有条件的居民陆续在村庄、庭院里打井，从而喝上了干净的地下水。但农村居民饮用水安全问题一直没有得到根本解决。

2001年，但家庙村开始实施以工代赈人畜饮用水工程。修建长25米的截水墙1座，50立方米集水井1个，修建50平方米泵房1处、水塔1座，安装11千瓦电机2台，30千瓦变压器1台，配电柜1台及配套电线，铺设1500米的主供水管道、1200米支供水管道，添置水表200只，总投资60多万元。

2008年，镇政府在观音岩村境内建设水厂，政府投入资金50万元，敷设管道14千米。

2015年改扩建，又投资114万元解决了但家庙镇大部分村民组安全饮水问题，其中观音岩村90%以上的村民用上了自来水。

2013年，但家庙集镇实施集中供水设施改造，新建日供水300吨水厂1座，逐步完成水源地至供水厂、水厂至集镇10000米供水管网建设，主要采用直径125毫米、100毫米、75毫米的PE管，自来水水源地观音岩水库的水经过自来水厂处理后流入集镇自来水管网。至2020年年底，集镇389户住户全部通自来水，水质符合国家《生活饮用水卫生标准》，水压水量能够较好满足群众生活需求，集镇安全饮水普及率达到100%。同时，但家庙镇强化对水源地生态环境保护，在水厂取水口设置了保护区域，安装了维护设施、警示标志，禁止在取水口堆放、填埋、倾倒生活垃圾等影响水质安全的污染物，保证居民的饮水安全。

二、排水

集镇共铺设雨污分离管网7680米，雨污水管道沿X002县道铺设，以但家庙村部、丁字街、三石路但家庙段路头为起点，以污水处理站为终点。其中，新铺设污水收集主管网3500米，支管网2500米，分别采用DN500和DN300的承插式有筋砼涵管，新建Φ1000圆形混凝土结构污水收集检查井20个；新建雨水管网D800Ⅱ级钢筋混凝土管1600米，D1000Ⅱ级钢筋混凝土管80米，Φ1250混凝土雨水检查井15座、砖砌检查井18座、单箅雨水进水井33座。2017年，新建污水处理厂1处，位于金天磁业西南侧，日处理污水规模为400吨，处理后污水达到排放标准。2020年，但家庙镇政府驻地建成区389户全部接入污水管网，生活污水处理率达100%。

三、供气

但家庙镇于2020年8月开始施工，于经济开发区经一路开始至但家庙镇内结束，全长7.5千米，市政管网采用PE200管道沿路铺设。霍山皖能天然气公司总投资335万元，历时4个多月，于2020年12月27日点火通气。至2021年年底，镇内街道已通气居民用户20户，已缴费待安装用户约15户。大河厂新村已通气居民用户70户。

四、路灯 绿化

路灯

2012年，大河厂美丽乡村安装路灯57盏。2014年，花石嘴美丽乡村安装路灯47盏。2015年，105国道（大河厂段）安装路灯37盏。2016年，胡大桥美丽乡村安装路灯38盏。2017年，观音岩美丽乡村安装路灯68盏。2018年，双拥路安装路灯396盏。2020年，但家庙美丽乡村安装路灯56盏（不含集镇段）。至2021年年底，全镇安装路灯总计达699盏。

绿化

2017年起，集镇对绿化进行改造提升，实施园林绿化景观项目，新建复览山公园、集镇东入口骑行驿站等节点，打造园林绿化景观，种植景观树、铺设景观石、草坪等。利用集镇建筑物之间的空地，合理配置灌木等树木植被，增加沿线绿化面积。但家庙集镇绿化树以银杏树为主，绿化带沿大张路、丁字街分布，株距5米。2021年年底，集镇绿化面积达到60.3%。

五、广场　公园

但家庙镇政府广场

政府广场　　（王玉生　摄）

政府广场位于但家庙镇政府门前，坐北朝南，南面直抵但家庙河，东西两侧是2018年年初完工的商住楼。该广场于2018年5月动工兴建，12月竣工，总投资200万元。广场总面积4000平方米，其中铺装大理石2000平方米。广场以镇政府大楼中心为中轴线，平面主要采用方形、圆形几何图形沿轴线对称布置，结合周边自由曲线，体现政府楼前广场稳重大气，在稳重氛围中不乏活泼。广场空间由放、收、动、静相结合。广场中央矗立着以金黄色的稻穗和农民收割庄稼为内容的“丰收”雕塑。“丰收”雕塑周围环绕着圆形的音乐喷泉。每当夜幕降临，音乐响起，喷泉变幻着不同造型，翩翩起舞，在灯光的映射下，流光溢彩。广场北面的东西两侧是两个大花坛，南面是绿化带。广场四角分别立有高杆灯。另外，在广场上安装了LED景观灯、LED草坪灯、LED射灯和生态仿树室外音响。修建该公园广场，不仅使得乡镇氛围浓厚的区域有了“呼吸空间”，而且为民众提供了休闲娱乐，文化健身的好去处。

复览山公园

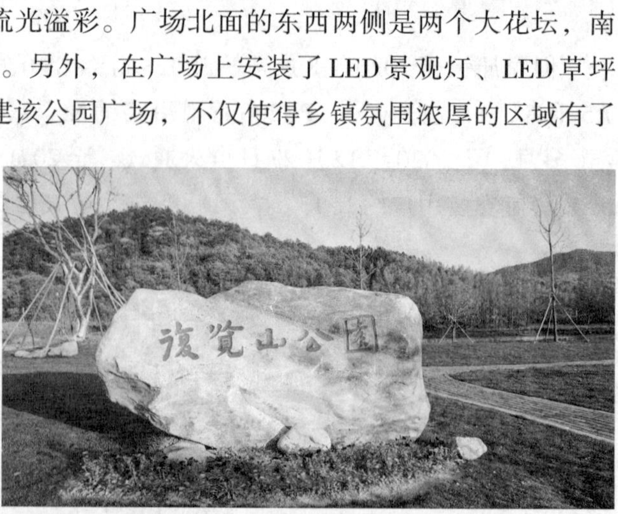

但家庙渡槽西端的复览山公园

（党政办　提供）

复览山公园位于原但家庙村和原花园畈村交界处的雨淋桥村民组，但家庙渡槽下游100米处。东侧和对面都是居民区，西侧是但家庙农民工创业园。该处原是村民所建的加工厂和养猪场，在但家庙集镇西入口处，既影响居民生活又影响小集镇镇容。为了整治集镇环境，2017年11月，镇政府在此兴建了复览山公园。总投资80万元，占地面积为3500平方米。公园东南角建有六角形木质小亭。中间设S形水池，池里有荷花、红鲤鱼，池上设5米跨度大理石小桥，为卢圩桥。小池周围遍铺草坪，种植花草，栽有各种树木，铺有砖道。公园西侧建有1座旅游公厕，公厕前设有停车场，共12个停车位。西北角有一巨大乳白色景观石，上有5个红色大字“复览山公园”。公园和上面的但家庙渡槽、东侧、北侧的居民小区以及西侧的但家庙镇农民创业园连为一体，与南边隔河相望的龙头遥相呼应，使人流连忘返，改变了原来的脏乱现象，达到了干净整洁的效果。

第六节　镇容管理

一、环境治理

围绕美丽集镇建设，开展公路沿线环境整治。2017年开始，全镇共配有40个保洁员、40辆电动保洁车，对全镇范围环境卫生做好常态化保洁工作。2017—2021年，多次组织干部群众对大张路沿线环境进行集中整治，清除路边杂草树枝，拆除路边违章搭设，营造整洁、安全的交通环境。与美丽乡村建设和美丽集镇建设工作相结合，完善基础设施，实施绿化、亮化、美化工程，实施农村垃圾、污水、厕所“三大革命”专项整治行动。

二、文明创建

但家庙镇围绕培育和践行社会主义核心价值观这条主线，结合“三线三边”城乡环境综合整治和移风易俗活动，以提高群众文明素质为抓手，深入开展文明创建活动。

丰富文明志愿活动

积极推进各类志愿服务队伍建设，动员志愿者积极投身到创建工作中来，将志愿服务工作常态化。推进志愿者网上注册，至2021年年底，全镇注册志愿者人数2600人次。积极开展志愿者活动，志愿队伍送文化、送戏到各村。“三八”妇女节期间，但家庙镇组织志愿者对镇敬老院开展慰问活动。为敬老院打扫卫生，陪老人聊天，帮助20多名贫困老人解决实际困难。为在校学生开展健康卫生教育，为广大

但家庙村志愿服务站　　（陆皖玉　提供）

村民开展计划生育等服务，采取多种形式向村民宣传卫生保健知识。帮助贫困学生申请了减免学费，通过多种渠道解决贫困学生就学难问题。志愿者们也为在观音岩村举办的“环江淮万人骑行大赛霍山站”贡献力量。

开展讲文明、树新风活动

但家庙镇在文明创建中，开展丰富多彩的活动，树立文明新风。开展了送戏下乡活动，举办“传诵红色经典，立我青年志向”诗歌朗诵比赛，开辟“走进新时代，建设新农村”道德讲堂，以及开展“大手拉小手”“庆七一树新风”党员干部签订移风易俗承诺书、“但家庙镇党员干部杜绝节礼集体承诺活动”等系列活动，狠刹婚丧嫁娶大操大办、互相攀比、铺张浪费等不良风气，努力践行社会主义荣辱观，倡导科学、文明、健康的生活方式。各村制定“村规民约”，完善村民议事会、红白理事会、道德评议会、禁毒禁赌会“四会”组织，推动移风易俗“软任务”变成“硬约束”。组织开展读书交流、“我们的节日”、结对帮扶、文明共建、四进社区、义务植树、“三关爱”志愿服务、文明餐桌、文明交通劝导、节水宣传等活动，努力提高全镇文明程度和创建水平。

宣传标牌 （陈 艳 提供）

胡大桥村叶六红家庭被授予“市级文明家庭”称号 （陈 艳 提供）

开展创先争优活动

以善行义举榜为平台，评比先进典型，宣传先进事例，用榜样力量引导干部职工自觉履行法定义务、社会责任、家庭责任。严抓考核机制，将百分量化月度绩效考核做出实效，以考核结果作为党员评优、发展对象的重要依据，提振全体党员积极向上的精气神。“星级文明户”“文明庭院”等评选活动，积极推报“身边好人”线索，创建文明集市、文明楼道、文明街巷；大力开展志愿者活动；畅通单位投诉机制。

附：但家庙村村规民约

为了维护社会的安定和谐，促进全村各项事业的全面发展，经村民代表会议讨论通过。订立如下村规民约，望全体村民共同遵守：

1.拥护中国共产党的领导，遵守国家法律法规，执行党和国家的路线、方针、政策。

2.遵守社会公德、家庭美德、职业道德，讲文明、讲礼貌、尊老爱幼、和睦相处，正确处理好村民之间的相互关系，不得惹是生非，拉帮结派，不得聚众闹事，打架斗殴。

3.弘扬正气，抵制歪风邪气，敢于同各种不良现象和违法犯罪行为作斗争，严禁赌博、吸毒、封建迷信等一切违法和不健康活动，提倡勤俭节约，反对铺张浪费。

4.关心集体，关心他人，关心村里公共事业，积极参加村民会议，商讨公共事务。

5.维护村容村貌，搞好环境卫生，美化生活环境，优化育人环境，严禁乱倒垃圾脏物。

6.村民积极履行各种义务，主动参与道路、交通、学校、水利等公益事业的修建维护工作，依法工作，依法服兵役和参加民兵组织，承担抚养教育子女和赡养老人，禁止家庭暴力和虐待行为发生。

7.自觉实行计划生育，提倡晚婚晚育。

8.认真搞好土地承包工作，落实生产责任制，不得弃耕抛荒。

9.搞好安全生产工作，注意防火防盗，注意交通安全，自觉服从对易燃、易爆、剧毒等危险物品和枪支、弹药、管制刀具的管理、

10.爱护公物，不准侵占集体财物，不准损坏水利、交通、供电、电视、生产等公共设施，严格用水用电管理，禁止偷电偷水，不得私自铺设电线、水管。

11.凡外来人员驻本村的，也必须服从本村管理，尽到应尽义务和遵守本村规民约。本村村民外出要办好《流动人口管理证》，要主动及时履行相关义务。

12.不参与邪教活动，积极支持配合有关部门的反邪教工作，发现邪教活动邪教宣传品及时报警。崇尚科学，远离邪教。

本村规民约由村民委员会负责执行，村民代表大会负责监督。对违反以上有关条款的村民，村民委员会有进行依法处罚、批评教育等权利。

但家庙村民委员会
2020年7月7日

三、执法管理

认真履行城市管理职能，坚持依法行政，严格管理，实行“教育与处罚相结合”，扎实组织开展各项执法活动。

整治乱设摊点。坚持“以人为本、堵疏结合”的原则，一方面狠抓重点整治，另一方面，强化疏导管理。对街道主干道乱设摊点进行全天候巡查监察。进行各项专项清理整治活动，重点取缔街道出店经营、马路市场、沿街叫卖、学校周边乱设摊点行为。实行正时与错时管理相结合等管理办法，巩固整治成果。

规范户外广告。宣传广告审批制度及流程，并对辖区内新设或更换门头未审批的，及时通知改正或按相关法规进行处罚。使辖区内户外广告及网点门头设置走向规范化。

杜绝乱贴乱画、乱摆乱放现象。以教育为目的，处罚为手段，在日常巡查过程中，及时对辖区内网点、路域等周边的乱贴乱画、乱摆乱放现象进行整治，做到发现一起，整治

一起，多次不改正的，坚决予以处罚，使辖区内的街道环境得到了很大改观。

治理路面污染、运输洒漏。对辖区内的建筑工地、拆迁区及过路运输车辆进行24小时监控，对建筑工地、拆迁户采取提前介入和后期监察的方式，预先告明白路运输相关要求，然后加强监管力度；对过路运输车辆采取流动巡查，发现未封盖或封盖不严车辆，坚决予以查处，杜绝了街道大面积路面污染。

推行城乡环卫一体化。遵循“城乡一体化、服务一条龙”的原则，核定职责区，核定工作量，全面实行定点定时和全封闭清运，要求镇内垃圾收集点做到日产日清，全天监控，垃圾清运率达100%。2021年，全镇清运生活垃圾400余吨，路面做到日清扫、日清洗。

四、管理机构

2012年12月16日，但家庙镇城管执法中队成立。其主要职责为：负责集镇管理法制宣传、集镇管理知识的普及教育工作。负责集镇市容秩序监督管理。负责镇域内主次干道两侧和广场周边等公共地段修建、搭建非永久性建筑物、构筑物或其他设施建设监督管理。负责集镇户外广告的设置管理。负责对城区停车点、洗车点的设置和管理。会同有关部门负责对集镇占用广场、绿化带、小游园、临时马路市场和占道摊点的监督管理。负责集镇环境卫生监督管理。负责生活垃圾、建筑垃圾和餐厨废弃物等终端处理设施的建设和管理。负责生活垃圾分类、道路清扫保洁、建筑垃圾处置等管理工作。历任中队长：汪家海（2012.12—2016.11）、李良三（2016.11— ）。

第七节 村居建设

一、村庄变迁

但家庙镇境内多丘陵低山，因而村民居住较为分散。当地居民有“天上神仙府、地下独庄村”的观念。所以，境域内单庄独户占大多数，剩下的是以自然村的形式聚居在一起，而且大多是聚族而居。如周家巷口、刘家行、舒家庙、赵老庄、董家楼、王冲、倪冲、马家畈、周家院等。

中华人民共和国成立前，居民住房只是“能蔽风雨”罢了。贫困人家搭建的是“合山棚”，“房子”没有墙体，用木头立在地上对合搭建，然后绑上草以挡风雨。家庭生活稍好一点的，采用“叉墙”的办法垒墙。就是把草和黏土糅合在一起，用专用的叉子，一叉一叉地挑起，慢慢往上搭，两边用叉子敲实，待墙体风干后，再往上架桁条和椽子，铺上草。有的铺稻草，有的铺麦秸，好一点的铺荒草（当地一种圆秆结实的草，高约1米，耐腐）。

中华人民共和国成立后，广大农民生活有了很大改善，开始注重改善居住条件了。

1950年到“文化大革命”前，但家庙镇居民主要也还是土墙草顶或土墙黑瓦房。甚至学校、医院、商店、村（大队部）等办公场所都是草房。中共十一届三中全会以后，农民生活大大改善，农村出现了把草房翻盖成黑瓦房的热潮。经济稍差的人家将木柱换成砖柱，砌在土墙体内。经济稍好的人家，将土墙换成砖墙，用钢筋混凝土在墙体中做柱子（叫构造柱子），还能抗震。20世纪80年代初到90年代中期，但家庙镇境内土墙草顶房逐渐被淘汰完毕。后来，人们把灰瓦换成红瓦，并把前面外墙贴上瓷砖。

20世纪末21世纪初，人们对住房有了更高的追求。一些居民把平房翻盖成楼房。一般人家房子的格局是：三间两层半，外加一个小包厢。有的二层上楼板，有的二层为现浇面，清一色红瓦盖顶。铝合金门窗，门阔窗大，采光很好。外贴瓷砖，室内贴地板砖或磨花石地面，美观大气。经济稍好一点的人家，盖的是小洋楼，造型别致精美，功能齐全。地基地脚梁做好后，上一层地空板，可以隔水防潮。二层在圈梁做好后，扎上钢筋网，铸成现浇面，使整个房子连成一体，坚固抗震。在二楼做天花板时，有的上楼板，也有现浇的。外墙面一律贴外墙瓷砖，各式各样，花样较多。为了美观，外墙砖还可以拼接成“幸福家庭”“国泰民安”“人寿年丰”“龙凤呈祥”等字样，也可以拼连成花纹。楼房盖好后，人们便注重改善人居环境，提升生活质量。家家户户改水改厕，打井抽取地下水，方便又卫生，同时新建厕所，修建道路。房屋周围进行绿化美化，建造花池，种养各种花草。

2010年前后，有少量楼房住户又将旧楼拆除，翻盖为“一层半”的房子。三间主屋，外加厢房、车库。正屋装落地门窗，有围墙、门楼。在此期间，但家庙小集镇建设稳步推进：2001年，世林小区建成；2003年，但家庙村民组集中居住房建成；2005年，“丁”字街建成；2008年，雨淋桥集中居住区建成，三根桥小区建成。这时有部分居民就近购房，住进了但家庙小集镇，也有去霍山县城购房的。据2017年7月统计，但家庙镇流动人口3840人，他们中也有在外地购房安家的。

2012年开始，随着乡村振兴战略的不断推进，各村都先后规划建设了中心村美丽乡村，村居建设进入了新的发展时期（详见本节“美丽乡村建设”）。

附：农村草房的传统建造

墙体。建墙主要有两种方式：一种土打墙。用两块长约2米、高约0.5米的厚木板，做成“墙板”，墙板的两头箍头可以根据墙体的厚度变化，中间有两道木条做成的“井”字形的勒箍将墙板固定。然后，将含有一定水分的黏土放进墙板里，一层一层地夯实。就这样一板接一板地往上垒墙。二是土坯墙。即先备好足量的土坯，再用土坯砌墙。制作土坯也有两种方式：一种是拓土坯。先用老牛把田泥踩黏，再用土坯模子一块一块地做，做大一点的房子，土坯模子就要大一点，拓出的土坯叫“三、六、九”的（即三寸厚、六寸宽、九寸长）；做小一点的房子，土坯模子就小一点，拓出的土坯叫“二、五、八”的（同上）。另一种叫“裁土坯”。一般在秋季稻子收割完之后，将稻茬等杂物除去，用老牛拉石磙在上反复碾轧，把土层压实，并轧出水分（一般要轧到一块土坯上有三个牛脚掌印）；用专门的裁刀裁出一块一块土坯。土坯准备好后，再由瓦匠和着泥浆一块一块地砌成墙。

屋面。屋面上的桁条要请木匠“方”（也就是就着树木的形状用斧子砍平整）。桁条一般是单数，称为“七步行”“九步行”“十一步行”。桁条整平后，还要钉上椽子。椽子是一把多粗的小树干，要事先剥皮，光节，沤泡。椽子钉好后，上面再铺上用竹黄编的旺巴，然后再铺上灰巴。制作灰巴比较麻烦，先找一块平地，将稻草抖匀，铺在地上，铲上和好的泥浆、抹平；等稍干，撒上轻灰（草木灰），用连枷反复拍打，后将边缘部分切除，用竹棍裹好，有力气的人扛到屋檐，用绳子拴住竹棍两端，另外有两个人在屋脊上往上拽，灰巴就铺到旺巴上。“上上旺，屋就像”、“上上巴，就像家”。这样，屋面就基本弄好了。最后一道工序是，铺上草，扎好屋飞，压好屋脊，屋面才算弄好。

墙光地坪。房子主体建好后，还要对室内外进行简易“装潢”。所谓装潢，即是将新建的草房予以墙光地坪。用稻瘪或切碎的稻草和泥抹平内外墙面，再把屋内地面进行平整。建房工序多、时间长，俗话说：“三间茅草房，七十二个卡腰工（浪费掉的工，也叫‘相工’）”。受当时“共产风”“浮夸风”和后来的“一平二调”的影响，农民的生产积极性受到影响，造成农村经济衰退，农民生活困苦，居民住房基本上没有变化。

建的草房开间小，低、昏暗。房子的根基是从周边捡拾的石头砌成，没有水泥填缝。墙头也不封檐，所以老鼠特别多，导致家家养猫。麻雀就在草房的屋檐里做窝，小孩们在大板凳上架条小板凳，伸手就能在屋檐的麻雀窝里掏到小麻雀或鸟蛋。门窗也是木头的，嵌在土坯墙里，晃晃就拿掉了。墙根的石块稍微撬一下就松开了。土墙不牢固，容易挖开。所以，那时的贼多，也容易得手。

二、美丽乡村建设

建设规划

但家庙镇在美丽乡村建设过程中，始终坚持规划先行。结合集镇总体规划和土地利用规划，编制具有地方特色的美好乡村建设专项规划。大河厂美丽乡村规划，充分挖掘文化旅游价值，按照保护为主、合理布局、适度开发的思想，结合全村实际，着力培育和打造农业观光型、娱乐休闲型的特色村。同时，各村按照村主导、分级负责、多元投入的原则，统筹推进农村基础设施和公共服务设施建设。人居环境达到“五化”标准。即：道路硬化、村庄绿化、路灯亮化、河道净化和环境美化。观音岩村美丽乡村规划，按照“村美、业兴、人富”的建设目标，在充分尊重群众意见、反复现场调研的基础上，结合本地实际，突出地方特色。先后多次邀请福州市规划设计研究院到村实地考察。同时，广泛听取市、县相关专家的建议和意见，总结各地美丽乡村规划的丰富经验，不断对初步规划加以修改和完善，保证了规划的科学性和可行性。

主要做法

按照“县指导、镇负责、村为主”的要求，一方面，在政策宣传上下功夫，开展形式多样的宣传活动，提高广大村民的政策知晓度。另一方面，充分发挥各村美丽乡村建设理事会的桥梁作用，进一步疏通言路，保证广大群众的知情权和建议权，从而提高决策的民主性和科学性。在美丽乡村建设中，调动群众参与热情，让群众在环境治理中人人动手、户户参与支持，从而形成了建设美丽乡村的强大合力。

环境清洁工程　紧紧围绕“路通起来、树栽起来、垃圾收起来、秩序管起来、当家塘清起来”的目标，着力推进乡村环境清洁整治。一是开展以“干净、整洁、有序、美观”为主要目标的村庄整治行动。二是开展杆线规范工程。确保杆线竖立和线路拉线走向规范。三是开展村庄公共场地美化工程。充分利用村内空闲地、建成集村民休闲、健身、娱乐等功能为一体的开放式文化广场并配套文化娱乐及健身器材等公共设施。四是开展村内塘坝扩挖整治工程。达到“流畅、水清、岸绿、景美”的效果。

产业富民工程　坚持以发展农村经济、建设新型农村、促进农民增收为核心，推进生产经营产业化、农业技术集约化、农业生产机械化、基础设施配套化、农业服务社会化，促进农业生产方式由小农生产向社会化大生产转变。充分利用环境特色、山水资源，田园景观，地域文化和人文传统、加强统一规划明确特色定位。按照“实际、实用、实效”的原则，积极开展新农村建设培训班。

引导乡村文明新风　在美丽乡村规划设计之初，就坚持尊重本地文化、保护民风民俗、彰显地方特色、建设适应当地农民生活习惯的美丽村庄。为进一步提升公共文化服务能力，村农家书屋全面对外免费开放，为周边居民提供一个读书学习的场所。农民室内外休闲健身广场建成以后，还适时组织召开农民相关专业培训会、文艺表演，丰富了广大农民的业余文化生活。

三、美丽乡村示范点选介

大河厂中心村　2006年，大河厂村被确定为省级新农村示范村。2010年，又被确定为市级新农村示范点。2013年，被评为省级美好乡村中心村。全村总体规划为5个区：民营工业集中区、商贸仓储服务区、综合商业开发区、现代农业示范区、人口文化展示区。大河厂美丽乡村建设包括断山堰村民组和大河厂新村，规划总面积0.8平方千米。

2012年，按照省委、省政府发出的“推进美好镇村建设，共建美好幸福家园”号召，镇党委、政府将全市首批新农村建设示范村大河厂中心村作为首批“美好乡村”示范村，按照“扮靓东大门，对接开发区，融入大城关”的发展定位，重点开展了对境内105国道沿线及断山堰自然村老庄进行集中整治和新村建设。一是老庄整治。该建设工程涉及120户420人。其中拆除旱厕猪圈12处，拆除旧房9处、新修水泥路2.5千米及到户水泥路1.2千米、清淤加固当家塘7口、建休闲娱乐广场2处、铺设草坪22000平方米、草坪砖3000平方米、铺设道

大河厂新村全貌

大河厂新村文化广场

边石2200米、建水冲式公厕4座、铺设下水道800米、垃圾桶30个、墙面刷白18000平方米、污水处理设施2处，共投入资金550.2万元（含县国土局、水务局、环保局及体育局投入资金及设备折款）。二是新村建设。结合土地置换项目，将项目区群众进行集中安置，在大河厂中心村建设新村。新村占地面积85.911亩，共建设安置房35幢184套，3.4万平方米，设计为现代风格，分别为两间两层和三间两层别墅型建筑。在中心村培育方面，镇政府对照“11+5”基本公共服务和基础设施建设开展工作。“11”是指11项公共服务。有明德小学及宝贝幼儿园各1所、高标准的村级卫生所及村级农家书屋、有金融服务网点2处、农资服务站1处、公共服务中心、客车停靠站台2处、便民超市4处。“5”是指5项基础设施建设。修建文体广场2处、客车停靠站2处、垃圾中转站1座、污水处理设施1处、公厕6座，设置了多处垃圾收集点，另外还建设微动力污水处理设施2处。

花石嘴中心村文明实践广场

花石嘴中心村 花石嘴中心村是2015年度省级美好乡村示范村，美好乡村建设自新开岭至曹桥大庄，共有83户，规划总面积600亩，投入资金200多万元。按照“村美、业兴、人富”的建设目标，力求规划的科学性和可行性。

花石嘴中心村新建农民文化乐园一处。结合高标准基本农田建设，新建长1.0千米水泥路、0.3千米到户水泥路，铺设600平方米人行道，铺设透水砖2000平方米，清淤加固当家塘8口，新建挡土墙300米；安装路灯30余盏，栽植绿化苗木800余株，铺设自来水管网1500多米；建设完成了5所公厕、新建休闲娱乐广场2处，县相关单位配套了篮球架、乒乓球桌、单双杠等健身器材。该村以农村垃圾处理工作和村庄环境整治为重点，推进美好乡村建设。一是开展集中整治。结合“三线三边”环境综合整治，组织全村200多名干部群众积极开展“三化”活动，解决柴草乱放、畜禽乱跑、脏水乱泼、粪土乱堆、垃圾乱倒等老大难问题，共移除草堆、杂物近40处，拆除厕所、猪圈、危旧房97处。二是做好垃圾处理。新设立垃圾桶50多个，添置1辆垃圾收集车及相关环卫工具。聘请两名保洁员，全职负责日常保洁和垃圾清运工作。

观音岩村美丽乡村——团墩中心村 团墩中心村是2017年度省级美丽乡村。团墩中心村美丽乡村建设南起杨行路、北至三石路跨浔阳河桥、西邻浔阳河、东距三石路210米处，包括团墩、谷畈、田院3个村民组，共91户360人，规划总面积269.2亩，总投资1100万元。中心村建设紧紧围绕“设施配套、村容整洁、生态优良、特色鲜明”四个方面，从广大农民看得见、摸得着的安居工程、环境整治等方面入手，着力改善农村人居环境，完善基础设施，提升服务功能，促进农民增收致富，并立足本地文化，大力引导乡村文明新风，全面提升群众生活水平和幸福指数。

团墩新村公园一角——传贤亭

团墩中心村

配套的基础设施有：硬化道路2千米，整治水塘5亩，街道绿化5千米，亮化1.5千米，修建排水沟2000米，雨水管道240米，污水管道500米，河道整治2.5千米，文化墙210平方米，拆除房屋26户，新建公厕3所，改厕5处。新建3000平方米村民健身广场、篮球运动场，安装路灯30盏，景观灯10盏。村室内健身室、图书室，休闲广场，对外直通万亩油茶基地，栽植树木110种，（树木种类：香樟、红叶李、红头石兰、桂花、美国红枫、国内红枫、罗汉松、千年矮、银杏、嫁接银杏、三角枫、朴树、广玉兰、福青等5000株），绿化面积达6000平方米。

2016年，在团墩中心村西部入口处，新建3000平方米村民休闲广场，观景亭2处，景观桥2座（其中1座是木桥），景观塘1口，内建有人工湖、人工岛、人工瀑布、喷泉、健身广场3处，内设置各种健身器材，停车位21个，自行车棚1处，内有古井2口。

胡大桥村但槽坊新村村口广场

（孙顺康　提供）

胡大桥村但槽坊中心村　胡大桥村但槽坊中心村是2019年度省级美丽乡村中心村。美丽乡村建设南起大路冲组、北至西尧冲组和大山陂组、西邻梁家畈组、东距涂家湾组，包括西尧冲、大路冲、大山陂、胡大桥共4个村民组，52户214人，规划总面积400亩。建设内容包括：村级文化广场建设，总投资89万元；房前屋后环境整治，拆除村口旧房3户7间，共投入15万元；道路建设，中心村范围内硬化道路2千米，新建1千米，改造提升1.2千米，总投资246万元；公共服务设施，总投资34万元建成村卫生服务室；污水处理，主要通过三格式化粪池收集处理；卫生改厕，改造户共52户；产业发展，全村发展虾稻连作产业面积共1700余亩，养虾户600余户，村年产龙虾15.3万公斤，年产优质稻米100万公斤。

胡大桥村新村村口标牌

（孙顺康　提供）

但家庙中心村　位于县城东北部15千米。2020年11月，但家庙美丽乡村中心村项目完成规划编制，规划确立了以生态、田园为基调，以乡村、稻虾文化为主题的建设目标，打造集生态农业与集体经济为一体的现代宜居新村。规划面积12.3公顷，59户，260人，是但家庙村人口最稠密的地区。规划范围内主要由村庄、农田和水域构成。

至2021年年底，但家庙中心村建设完成，党群服务中心建成并投入使用。完成入户道路硬化2200米，实现中心村内道路户户通。新建路灯50盏，完成道路两侧、水体沿岸、庭院和中心村周围绿化，铺设草坪1200平方米，绿化苗木50棵。对4口山塘和南侧河道进行清淤加固。总投资达350万元。同时，由霍山劲旅公司负责，建立了生活垃圾收运处置体系，聘请中心村保洁员1人，配备垃圾桶60个、清运车1辆，新建公共厕所2座。

第五章　农　业

但家庙镇属于丘陵畈区。全镇有耕地2.3万亩、山场6.7万亩。河谷宽阔，丘岗平地相间，光照、气候、土壤、水源等自然条件优越，是霍山县主要粮油产区，是产粮大镇，也是传统农业大镇。但家庙境内粮食作物种类较多，除水稻、小麦、玉米外，夏粮还有豌豆、蚕豆，秋粮有山芋、黄豆、绿豆、赤豆等，都是零星种植。这些小宗粮食作物是农民自发种植，面积时增时减，产量不高。中华人民共和国成立前，农民耕作方式落后，缺乏技术，种子老化，收获的粮食交完租子后已所剩无几，过着“半年糠菜半年粮”的凄凉生活。中华人民共和国成立后，广大农民分到了土地，在中国共产党和人民政府的领导下，经过农业合作化、公社化，发挥集体的力量和智慧，提高了科学种田水平，改善了水利条件，调整了农业内部的产业结构，添置了农业器械，增强了抗灾能力，粮、油、棉的产量逐年提高。中共十一届三中全会后，党和政府把主要精力放到生产建设中去，农业政策符合国情，分户联产承包责任制的方法深受人民的拥护，农村面貌发生了极大的变化。由于新品种、新技术、新机械的推广使用，农业取得了较快的发展。1992年，全乡粮食达到9000吨。1995年土地二轮承包以后，农业生产开始进入规模化经营。21世纪，随着土地流转的加快，一大批种植基地、产业园、农业生产合作社如雨后春笋般涌现，形成了“基地+公司+农户”现代产业发展模式。同时，畜禽、水产的规模化养殖蓬勃发展，但家庙镇的农业发展进入了现代农业的快车道。

第一节　农村经济体制改革

一、土地制度变革

中华人民共和国成立前，但家庙镇境内绝大部分土地所有权掌握在地主阶级手中。他们凭借占有的大量土地，通过包租、分租、议租等不同方式剥削和压榨农民。贫雇农既要给地主大课，还要承担转租的小课。但家庙一带的农民，大多数租种大地主李鸿章的田，通称为“积善堂”的田。每到秋收季节，就有伪县、区、乡派来的代理人（狗腿子）给他卖力收租。此外，还要受花样百出的变相剥削，如寄庄、押租、口号田、过期付租等，还有特种剥削，如大斗、鸡课、鱼课、茶课等。东家丧葬嫁娶，佃户除了送厚礼外，还要做义务工，地主清明扫墓祭祖，秋后定租，佃户要办酒席款待。地主还通过放高利贷、开当铺、经商，盘剥劳动人民。中华人民共和国成立前，占全镇80%以上的贫农、中农，仅占有不到30%的土地。无地、少地的农民通过土地革命，才有了自己的土地。

苏区土改

1930—1931年，霍山县苏维埃政权建立后，但家庙进行过3次土地改革。1930年4月、5月间进行了第一次土地革命：这次土地革命没收了豪绅、地主、反革命分子的土地以及祠堂、庙宇的一切公产、官地，并征收了富农多余的土地，把没收的土地分给无地、少地的农民以及愿耕种的工人和小商贩。对中农，严格按照《土地政纲实施细则》规定，不侵犯其利益。第二次土地改革：1930年5月，霍山县城被国民党新编第五旅占据，到8月，国民党军队侵占了包括但家庙在内的全县大部分地区。豪绅、地主疯狂反攻倒算，收回了全部被分掉的土地。1930年冬，红军反攻取得胜利，但家庙乡苏维埃政权恢复。1931年2月，进行第二次土地革命，重新没收地主的土地、财产，分给农民。第三次土地革命：1931年7月，中共鄂豫皖中央分局召开鄂豫皖全区第二次工农兵代表（苏维埃）大会，颁布了《土地法令》。但由于王明“左”倾错误路线的影响，实际上这次土地革命没有普遍开展，只按照建立“红军公田”的决定，在乡里划出好田作红军公田，并立石碑作标志。

中华人民共和国土改

1950年6月，国家颁布了《中华人民共和国土地改革法》。但家庙镇也全面展开了土地改革。这次土改分三个步骤：第一步，有领导地放手发动群众。在土改前派工作队进村，通过访贫问苦、诉苦串连、召开农民代表会议和举办积极分子培训班，逐步把农民发动起来，建立群众性农民协会，开展同地主阶级的斗争。第二步，划分阶级成分和没收、征收土地。先是组织农会组长以上的干部学习政策，贯彻执行中央人民政府颁布的关于划分农村阶级成分的决定，结合但家庙的具体情况，列出典型户，内部评好成分，再交给群众评议、评定，报区公所批准后张榜公布，同时在群众大会上通过。阶级成分划分好后，乡内设立没收、评议、调查、保管小组，没收地主的田地、房屋、粮食、耕畜、农具，征收富农、小土地出租者的土地和祠堂庙宇的公产。对中农（包括富裕中农），按《土地改革法》第七条规定，不动其占有高于当地每人平均数的土地，并分土地给部分缺地的中农，使他们占有土地的平均数比土改前有所增加，从而保证了贫农、雇农与中农的巩固团结，孤立了地主。对富农则按《土地改革法》第六条规定，对所有自耕和雇人耕种的土地及其他财产不动，使他们不再作为地主阶级的同盟军而中立起来。地主的土地和财产被没收后，政府也分给了他们与农民同样多的土地和生产资料，让他们在劳动中改造成自食其力的人。第三步，划分土地，确定地权，颁发土地证。无地、少地的农民通过土地改革，真正有了自己的土地。

集体土地所有制

随着农业社会主义改造运动的开展，本区域按照县委县政府要求，把以土地入股、统一经营为特点的半社会主义性质的初级农业生产合作社（以下简称“初级社”），转变为土地及主要生产资料归集体所有，取消土地报酬，实行各尽所能、按劳分配、男女同工同酬的完全社会主义性质的高级农业生产合作社（以下简称“高级社”）。到1956年春，本区域耕地、山场，除少量国有土地外，其余全部归集体所有。

二、农业合作化

土地改革虽然使农民分得了土地和一些生产资料，确立了雇农、贫农和下中农在农村中的领导优势，但经营方式仍然存在着小农经济结构的缺陷，土地生产量和农业劳动生产率很低。1952年，粮食亩产只有127.5公斤，每个农业劳动力生产的粮食只有500多公斤。为了推动农业生产，发展农村经济，中国共产党领导人民进行了艰辛的探索，不断改革完善农村经济体制。

农民互助组

为了解决大农具和耕畜等生产资料的缺乏及劳动力分布不均的矛盾，遵照自愿、互利、民主管理的三大原则，农村成立了简单的共同劳动的临时互助组和季节性互助组。在生产资料私有制和个体经营的基础上，实行劳动互助，产品归农户所有。临时互助组一般为3～5户，不超过10户。特点是忙时互助，闲时单干，农业互助，副业单干。随着农民认识的提高，在共同劳动的基础上实现了某些分工，并有了少许公共财产后，临时互助组逐渐转为常年互助组，一般7～10户。农业、副业都互助，并有全年和分季的农活计划，有常年的评工记分办法，收获的农副产品绝大部分归各户所有，农户之间多出的人工和畜工由少出户付给合理报酬。

农业合作社

1955年，中共中央发出指示："工业、农业、手工业私人资本主义工商业实行社会主义改造"。本地区陆续组成农业生产合作社，先初级（土地分红），后高级，以社为单位核算，社以下分组，以组为单位集体干活，社对组实行"三包""一奖"。从此农民的生产计划、收益分配和添置农具、耕牛等方面的支付，全部集权于农业社一级的管理委员会。大河厂乡人民首先响应党的号召，愿意走集体道路，在周基运的带领下，组办了霍山县第一个农业生产合作化社——红星初级农业合作化社。

三、人民公社

1958年冬，中共霍山县委在全县实行人民公社化。该区域但家庙乡和大河厂乡、团墩乡、花石嘴乡划归火箭人民公社（又称下符桥人民公社）。公社下辖生产大队，生产大队下辖生产队。人民公社初期以公社为核算单位，公社内部物资统一调配，社员统一劳动，评工记分，收益统一分配，吃"大锅饭"。后来改为大队核算。1961年，调整农村人民公社规模，实行"三级所有，队为基础"，以生产队为基本核算单位，统一劳动，统一分配。公社化后，由于经验不足，加之急功近利，实行了一系列过"左"的政策，在农村刮起了"五风"——共产风、浮夸风、命令风、特殊化风、生产瞎指挥风，在公社内和公社间大搞"一平二调"，严重挫伤了农民的生产积极性，造成农村经济衰退，农民生活困苦。为了改变这一状况，1961年春，贯彻安徽省委提出的“田间管理责任制加奖励的办法”（简称责任制），实行包工到户，定产到田，责任到人，超奖减赔的农业生产责任制，农业生产出现了转机，农民生活得到了改善。到1963年，“责任田”被收回，再次强化人民公社管理体制，继续实行公社、大队、生产队三级所有，仍以生产队为单位集体干活，以生产队为核算单位。分配方法为，在生产队、大队两级按一定比例提留后，再按工分配（由生产队申报分配方案，大队审核，公社批准）。

四、家庭联产承包责任制

1979年2月，中共霍山县委根据中共十一届三中全会精神，制定了推行农业生产责任制的12条原则。但家庙镇人民响应号召，先后推行过“小段包工”“划分作业组”“联产计酬责任制”等责任制形式。1982年，国家全面推行联产承包责任制，符合国情，顺应民心。其办法是按农业人口分田到户，以户为单位进行个体经营。国家和集体按田亩征收农业税、公益金、村一级干部工资等项资金。政府对农业着眼放宽、搞活，显示了农村中极大的经济活力。通过农业生产管理制度的改革，农民生产积极性空前高涨，产量成倍增加，多数农民已走上富裕道路，解决了数千年来没有解决的农民温饱问题。1983年，实行农村经济体制改革，政社分设，成立了乡人民政府，本区域的团墩公社和但家庙公社分别改为团墩乡、但家庙乡。人民公社不再是政社合一的组织，高度集体化经营体制宣告解体，统分结合的双层经营体制正式确立。

五、土地二轮承包

1995年，开展了土地二轮承包工作。其基本内容是强化土地集体所有权，明确发包权。村集体经济组织取得法人资格，履行土地发包职能，与农户签订承包合同，确定土地的产权关系，稳定承包关系。耕地新一轮承包期自1995年8月11日零时起再延长30年不变。山场、茶园按原定权属关系，承包期顺延50年。在承包期内，实行“增人不增地，减人不减地”的政策。同时，放活使用权，在坚持土地集体所有和不改变土地农业用途的前提下，经发包方同意，土地承包方在承包期内，对承包土地可以依法转包、转让、互换、入股等，逐步建立市场化的土地承包经营权流转机制。

所谓土地流转，就是允许农民以多种形式流转土地承包经营权，发展适度规模经营。土地流转新模式：“股份+合作”，有四大特点：（1）农户以土地经营权为股份共同组建合作社，村里按照“群众自愿、土地入股、集约经营、收益分红、利益保障”的原则，引导农民以土地承包经营权入股；（2）合作社按照民主原则对土地统一管理，不再由农民分散经营；（3）合作社挂靠龙头企业进行生产经营；（4）合作社实行按土地保底和按效益分红的方式。年度分红时，首先支付社员土地保底收益，留足公积公益金、风险金，然后再按股进行二次分红。

六、农村土地确权

土地所有权、土地使用权和他项权利的确认、确定，简称确权，是依照法律、政策的规定，确定某一范围内的土地（或称一宗地）的所有权、使用权的隶属关系和其他项权利的内容。每宗地的土地权属要经过土地登记申请、地籍调查、权属审核、登记注册、颁发土地证书等土地登记程序，才能得到最后的确认和确定。根据2013年中央一号文件《中共中央国务院关于加快发展现代农业进一步增强农村发展活力的若干意见》精神，全面开展农村土地确权登记颁证工作。依照《中华人民共和国土地管理法》第十六条的规定，确权的权利主体为乡级或县级以上人民政府，也就是说只有乡级或县级以上人民政府才具有确认所有权和使用权的权力。2014—2016年，但家庙镇完成了全境5个村的农村土地承包经营权确权登记颁证工作。对1995年农村二轮承包的土地，依据2012年的航拍图，如土地的形状、性质、用途等没有发生变化，由所在村民组的指界小组逐块现场指界，土地测绘规划公司对照航拍图进行标注整理，以组为单位绘出各农户的地块图的形状、面积以及四界标注等，然后张贴公示并进行纠错，修改后再张贴公示纠错，直至农户对所承包田地的块数、面积及空间位置等无异议后，农户签字确认。对2012年航拍后土地在形状、面积、用途、性质等有发生变化的，土地测绘规划公司用rtk仪器(一种高精度定位测量设备)进行现场测量、绘出地块的形状、面积及空间位置图形，指界小组再进行现场指界标注，同样经过公示、纠错、再公示、农户签字确认等程序，最后由县政府统一发放农村土地承包经营权确权证书，县、镇、村均保存相应的农村土地经营权确权登记颁证软件资料,以便查阅。

但家庙镇农村土地承包经营权确权登记汇总表

表5-1

村级名称	确权登记村民组数(个)	确权登记总户数(户)	承包方家庭人口总数(人)	二轮承包合同总面积(亩)	测绘总面积(亩)	承包地块总数(个)
大河厂村	21	656	2562	4216.05	4554.96	1045
但家庙村	35	865	3372	4173.69	5164.55	3548
花石嘴村	24	601	2549	2914.48	3751.21	3493
胡大桥村	24	639	2432	2478.97	3416.43	3053
观音岩村	44	1211	4787	5623	6959.94	5602
合计	148	3972	15702	19406.19	10376.37	16741

附：但家庙镇农村税费改革方案（节选）

农村税费改革是党中央、国务院作出的一项重大决策。为了使这项改革在我镇顺利实施，根据中共中央中发〔2000〕7号文件和《霍山县农村税费改革试点方案》的规定，结合我镇实际，制定但家庙镇农村税改方案。这次农村税费改革是对国家、集体、农民三者利益关系的一次重大调整，改革的根本目的是减轻农民负担、规范在收管理、稳定农村形势。进行农村税费改革，对调整利益分配、完善管理体制、促经济发展、增加农民收入、维护农村社会稳定都具有十分要的意义。

一、基本情况

全镇辖13个行政村、150个村民小组；农业人口15231人，其中从事农业生产人口14834人，从事其他产业农业人口397人；农民二轮承包合同土地24226亩（含无固定土地纳税面积），其中从事农业生产的土地24226亩；1993—1997年五年粮食总产57998吨，均产11660吨；1997年农业税收决算依率计征税额（含原附加）62.5万元；1998年农业特产税决算实际入库金13.4万元，计收入70.6万元；1997年乡统筹实际收取金额53万元，村提留费实际收取金额25万元，分别占1996年农民人均纯收入比重的2.3%、1.15%，其中村提留中村干部报酬实收金额18万元，五保户供养1.4万元，占村提留比重为78.8%；1996年农民人均纯收入1560元，1999年屠宰税决算实际入库数3.3万元；1999年教育集资数40.8万元；1999年“两工”实际使用数21万个。

二、指导思想和基本原则

这次农民税费改革的指导思想是：根据社会主义市场经济发展和推进农村民主法治建设的要求，从根本上治理对农民的乱收费，切实减轻农民负担并保持长期稳定，建立规范的农村分配制度。进一步加强农村基层组织建设，巩固农村社会基层政权。调动和保护农民生产积极性，促进农村社会稳定和农村经济健康发展。

按照上述指导思想，农村税费改革试点的基本原则是：总体部署，统筹安排，全面推进。从轻确定农民负担水平并保持长期稳定，兼顾镇政府及其基层组织正常运转的需要。采取简便易行的征收方式，规范征收行为。实行综合配套改革，积极推进我镇机构和教育体制改革，完善我镇财政体制，促进我镇财政良性循环。健全农民负担监督管理机制，坚持群众路线，促进农村民主与法治建设。

三、主要内容

（一）全面贯彻中央和省规定的减负硬措施

1.改革后农业税率最高不得超过7%。

2.改革后农业税不得突破原农业税、乡统筹费省、县核定的负担总额。

3.改革后的村三项费用采取农业税附加和农业特产税附加办法收取。农业税附加比例最高不超过改后农业税的20%，农业特产税附加比例也不得超过改后农业特产税的20%，同时收取的费用收入总额不得超过省、县核定定数。

4.改革后的农业特产税不能改变改革后农业特产税规定的税目和税率及征收环节。

5.以农民二轮承包合同耕地面积为基础，落实农业税计税耕地面积和任务。

6.取消乡统筹费等专门面向农民征收的行政性及事业性收费和政府性基金。

7.取消农村教育集资。

8.取消屠宰税。

9.三年内逐步取消统一规定的劳动积累和义务工。2000年，每个劳力每年承担义务工和劳动积累工最高分别不超过7个和13个，2001年不超过5个和10个，同时简化征收环节，促进产品流通，提高产品的市场占有率，在减负的同时努力增加农民收入。

第一、所有应征农业特产税的税目只在一道环节收。

第二、调整部分农业特产税的税率和征收环节。

第三、在农业税计税耕地上种植的应税农业特产品只征一种税，农业税和农业特产税不得重复征收。

第四、继续贯彻执行原规定的农业特产税减免政策。

（二）、改革村提留收取、使用办法

1.改革村提留收取办法。

①改革后农民上交村提留主要是以农业税和农业特产税附加形式随税一并征收，并按照规定原则测算我镇农业税附加比例为20%，农业特产税附加比例为20%。

②原本集体经营收入开支的仍继续保留，大致为1.9万元。

2.改革后村提留使用范围。主要是村干部报酬、五保户供养、办公经费，三项费用合计21.32万元，其中村干都报酬18万元，五保户供养1.4万元，办公经费1.92万元，人均负担金额14元、亩均负担金额8.8元。

3.完善镇财政体制，规范镇、村之间的分配关系。严禁挪用村级集体财务，严格各项资金管理，强化财政预算约束，坚持量入为出，提高财政运行质量，同时要加强镇村两级财务建设，培训财务人员，加强好完善财务核算和管理工作。

4.积极发展镇、村经济，培育和完善农产品市场体系。抓住税费改革这一契机，转变工作思路，调整工作重点，以市场为导向，通过制定全镇农村计划，引导农民合理调整农业种植结构，积极扶持和促进镇村经济的发展，通过发展农业生产和农村经济，逐步增强镇村财力，增加农民收入来源渠道，促进农民增收，提高农民生活水平。

5.规范征收行为，加强农业税征管。农村税费改革后，农业税收征管任务加重，要根据农村税费改革的基本原则，严格按照国家税法和税费改革的要求，制定操作规程，依率征税，依法减免。同时强化税收保全措施，完善农税征管体系，确保税收依法足额征收。

中共但家庙镇委员会

但家庙镇人民政府

2000年6月19日

第二节　耕地　劳动力　农机具

一、耕地

中华人民共和国成立初期，由于政府奖励开垦荒地，新开垦田地在一定年限内收入归个人所有，国家集体不征税收，提倡深耕细作，该区域耕地面积得到恢复和发展，耕地面积呈增长趋势。中华人民共和国成立后多次进行土地整修；1969年“农业学大寨”改河造田，对弯曲河道根据水性流向就地取直，逢山挖洞，难处筑摆，改变河滩造田。改革开放以后，由于各项事业的发展，修路、建房、办厂等，大量征用耕地，面积逐年减少。随着人口的增加、耕地减少，人均耕地面积递减幅度较大。但家庙镇耕地面积因为修建高速公路、省道、乡村道以及企事业单位、居民建房等占用，土地置换等因素，变动较大，总体数量呈减少状态。1992年撤区并乡时，全镇有耕地面积20928亩，其中水田18290亩、旱地2638亩。调整种植业结构，茶、桑、石斛、油茶等园地面积扩大。同时，小集镇建设、修路以及水利建设占去一定的耕地面积。

二、农业劳动力

但家庙镇农业劳动力、文化结构自中华人民共和国成立以来有着明显变化，文化素质不断提高。1949年，农村劳动力中文盲半文盲占比90.2%，小学占比8.6%，初中占比1.2%。1980年，农村劳动力中文盲半文盲占比25.3%，小学占比57%，初中占比12.5%，高中（中专）占比4.7%，高中以上占比0.5%。劳动力就业结构状况，也是随着不同历史阶段经济结构的不断优化而变化。在农村总劳动力中从事第一产业的比例：1949年占比96%，1980年占比70%，2016年占比29%。随着国家经济政策的变化和区域内外经济的发展，劳动力从业地域情况也发生变化：但家庙镇劳务输出，1978年占比3.5%，1985年占比20%，2017年占比39%。

三、农具农机

传统农具

但家庙镇的传统农具有犁（先是木犁，后来有铁犁、新式步犁，用来翻耕水田以及比较平整的旱地）、耙、耖、锹、锄、钉耙、朗耙、刮耙、刀；山镰刀（月牙形，锯齿口，主要用来收割水稻、麦子）、斧（板斧，木匠用的大斧；手斧，木匠用的小斧；条斧，用于砍树、砍竹子）、石磙、稻箩、粪篮、粪箕、土箕、挎篮、篓扒、筛子、簸箕、团簸、尖担、通担、扁担、木锨（稻场上扬稻、清除杂质用的）、漾锨（稻场上晒稻用的）、压刮（打谷场上晒稻谷、麦子等用的）、羊叉（先是木制的，后有铁制的）、连枷（用于小麦、油菜、黄豆等脱粒）、风簸（稻场、加工厂里清除稻谷等杂质用的）、擂（当地读第四声）子（内部是用坚木制成的带齿的磨盘，外打篾箍，用于除去谷物的外壳，主要是把稻谷舂成糙米）、兑窝子（与之配套使用的有兑槌，把糙米舂成熟米）、磨子（磨盘有上下两扇，与之配套使用的还有磨担、磨拐，把米碎成米粉）、粪桶、粪瓢、各类绳子（如担绳、据绳、牛绳等）、灌溉用的水车、运输用的手推车等。

农业机械

中华人民共和国成立后，农业机械化也逐步有了发展。合作化初期，半机械化工具开始使用：喷雾器、喷粉器、胶轮车、人力打谷机、双铧犁、条播器、抽水机等。稍后，以柴油机为动力的农业机械由少到多得到推广。先是排灌，继是粮食加工、脱粒，后是耕作运输用上机械。1975年4月成立团墩公社农机站，当时拥有中拖上海50一部；1976年4月成立但家庙公社农机站，拥有丰收-35拖拉机、东方红-40拖拉机、江淮-50拖拉机各一部，江淮汽车2部，农机修配厂一家。1990年6月，但家庙公社农机站和团墩公社农机站撤销，业务归下符桥农机站管理。1976年年末，但家庙公社拥有加工专用动力机械46台，碾米机14部，磨面机21部，轧花机1部，弹花机1部，榨油机2部，饲料粉碎机5部，打浆机4部，人力水稻插秧机1部，人力脱粒机32台，人力喷雾器100部，人力插秧器23部。1982年全镇实行了农业承包制，户置机械日增，除继续使用一些半机械化工具外，米、油加工已全部机械化，运输、排灌、脱粒已基本机械化。1992年10月撤区并乡，成立但家庙农机站，具体负责但家庙镇农机管理、推广、服务工作。2008年，但家庙镇被评为“平安农机”示范镇。2009年，但家庙镇获六安市农机局、安监局颁发的全市创平安农机先进乡镇，连续3年全县农机推进工程先进乡镇。截至2021年年底，全镇共成立农机专业合作社7家，其中胡大桥“桥上青”农机合作社为省市农机示范社，“迈腾”农机为市级农机示范社。全镇拥有农机专业户880户，农机维修网点3处，农机从业人员1890人。

耕作机械：20世纪80年代前，但家庙镇基本上都是用水牛耕作，机械使用极少，约占10%，以小型手扶拖拉机为主。但家庙镇属江淮丘陵地区，山区小田块，高差大，无机耕道配套的农田。20世纪80年代以后，加快农田基本建设，耕作机械不断增加。进入21世纪以来，有少数农户购买旋耕机，适用于小田块、烂泥田耕作。不仅自家使用，还为别人代耕。2011年，结合农业技术推广，创新现代化管理，但家庙镇注册成立了大江农机、林源农机、自刚农机、春胜农机等农机合作社。2018年，全镇用于耕作的小型拖拉机925台，中型拖拉机36台，配套农机具1353台，耕地面积24473亩。

脱粒机械：20世纪60年代开始，每个生产队都拥有了脚踏打稻机，这种机械轻便省力，脱粒干净，但效率不高，70年代后逐渐被电动脱粒机取代。到21世纪初，每逢秋收季节，就会有江苏等地的收割机到本镇有偿收割；本地少数种粮大户也有了自己的收割机。

加工机械：20世纪80年代，但家庙和团墩乡拥有粮、油、茶、棉等农副产加工机械56台。1996年董开明的佛山茶厂引进名优茶加工机械3套，苏福宝购买棉花加工机械1套。

2000年前，小型精洁米加工有倪世磊粮食加工厂和大龙井张庆粮油加工厂。2000年后，团墩倪世平精致米加工厂、大河厂石思忠精米加工厂等都配备了先进的加工机械。大河厂、胡大桥、花石嘴等地都有个体农户榨油点，拥有油料加工机械4套。

灌溉机械：20世纪80年代，引用湑源渠水灌溉，建有但家庙和花园畈排灌站，用大中型水泵，以电动机为动力，确保原但家庙乡粮食生产和生活用水。后但家庙排灌站处建但家庙公交公司，花园畈排灌站已废弃不用。

运输机械：20世纪70年代，但家庙乡和团墩乡各配一台东风55型大型拖拉机。80年代初，但家庙乡村出现了小型三轮运输车，方便人们城乡之间的交通往来。稍后，小三轮又逐渐被各式农用汽车代替。80年代中期，配有130柴油拖拉机。80年代中后期，私人购置的小四轮、农用拼装机（杂交车）逐渐增多，用于脱粒、运输。

但家庙镇2004—2021年农业机械总动力统计表

表5-2

年份	农业机械总动力(千瓦)	年份	农业机械总动力(千瓦)
2004	7060	2013	19254
2005	8127	2014	20402
2006	10634	2015	21292
2007	12020	2016	—
2008	13537	2017	—
2009	14849	2018	—
2010	17985	2019	—
2011	17824	2020	—
2012	18658	2021	—

第三节　种植业

一、耕作制度

中华人民共和国成立前，农业生产方式落后，耕作制度单一。水田为中稻一熟制，农谚“一年一季稻，割了上水泡”。旱地普遍为冬春季小麦、油菜，夏秋季玉米、山芋、芝麻、黄豆等，一年两熟。中华人民共和国成立后，耕作制度有较大的演变。水田逐步发展为油菜+水稻或绿肥+水稻、麦稻两熟制，改变了中稻一熟制的水田耕作制度。20世纪60

年代，主要进行以推广矮秆品种为主的耕作制度。70年代，推行双季稻，但由于光热条件差，不能满足双季稻的需要，因而双晚产量不高。1978年后，双季稻面积锐减。20世纪80年代，淘汰晚稻，推广种植桂朝二号和杂交稻，耕作制度改革进入了一个新阶段。1987年“改沤扩午”后，形成了一季水稻一季夏粮的一年两熟制。2015年以来，很多农民在个别大户的带领下，开始实行一季水稻一季龙虾的耕作模式。

二、粮食作物

水稻　但家庙镇是霍山县产粮大镇，种植水稻已有悠久的历史。中华人民共和国成立前用的是老品种，年年退化，不去更新，像麻壳籼、小红早、乌嘴川等高秆品种，一遇风灾暴雨，稻棵全部倒伏，有的连种子都收不回来。95%的水稻田都是沤水田，白水沧田，一年流到头，肥水都流走，所以每亩单产只有300斤左右。1949年后，人民政府提出“生产自救”的口号，农业生产成为人民政府在农村中的一项中心工作。县成立农业局，区成立农业技术推广站，层层抓农业，把农业生产放在首位。1949—1956年，水稻引进胜利籼、南1号（399）代替地方品种。1952年，水稻单产158公斤。1954年，水稻单产达173公斤。1957年，推广合式秧田、湿润育秧、小株密植等栽培技术和陆才号、莲塘早等良种，同时改善了水利条件，提高了施肥水平，当年水稻单产达200公斤。1962—1969年，主要推广水稻矮秆化，引种矮脚南特、珍珠矮、广场矮，糯稻有雪花糯、江西糯。1969年水稻单产208公斤。1970—1977年，大力推广双季稻，早稻品种有矮南早1号、二九青、先锋1号、踏青1号，双晚品种有桂花黄、农垦57、农垦58、早熟农垦、武农早，中稻有691、南特籼等，同时大面积种植绿肥红花草，广泛施用碳酸铵、尿素等化学肥料。1976年，但家庙公社、团墩公社粮食播种总面积26500亩，总产量118764担。1977年，水稻单产259公斤。1978—1985年，水稻进入推广杂交稻为主的新阶段，主要栽培品种为汕优3号、汕优6号、汕优63、协优696等。常规中稻引进了桂朝二号、双桂1号等高产良种，提高了常规中稻的生产水平。1983年，但家庙乡早稻种植面积6000亩，总产量达到42000担。1988年，杂交水稻亩产达425公斤。1992年，但家庙乡农技站调运杂交稻种420公斤，确立了优质高产水稻丰产片1000亩（大河厂、花园畈村）。对全乡2000亩沤水田普遍翻耕一遍。共积农家肥31万担，烧火粪7500堆。20世纪90年代末到21世纪初，全面栽培高产优质杂交稻，主要品种有汕优63、汕优77、Ⅱ优501、Ⅱ优838等。栽培上先后推广了水稻两段育秧、配方施肥、病虫害防治、旱育稀植、垄作免耕、塑料软盘抛秧等新技术。1995年，发展开发型农业，重点实施了粮食“双十工程”，大力发展“两高一优”农业。全乡累计推广杂交稻种植面积15000亩，占全乡水田面积83%，其中旱育稀植面积5000亩，占杂交稻面积的33%，推广杂交油菜面积2500亩。1996年，但家庙乡被评为“实施粮食自给工程先进乡镇”和“粮食订购工作先进乡镇”。1999—2005年，在中荷扶贫项目资助下，推广肥床旱育无盘抛秧技术。此项技术既提高了秧苗的质量，减轻了劳动强度，又降低了水稻生产成本，提高了水稻产量。2010年以后，水稻种植向优质稻转化，主要品种有丰两优4号、协两优198、源两优1562、深两优5814等。

小麦 在粮食生产落后、供应不足的年代，小麦是但家庙镇夏季“接口粮”的主要粮食作物种类。建国前，小麦都是自家留种，只有和尚头、三月黄这样的劣质品种，每亩产量不足50公斤。建国后，新品种不断引进，先后有矮粒多、丰产3号、矮秆早、万年2号、宁麦3号等，小麦的产量也逐年增加，亩产由1952年的55公斤到1969年的59公斤，再到1979年的97公斤。1983年，但家庙乡小麦播种面积3000亩，总产9000担。1987年开始，全乡掀起“改沤扩午”（改造沤水田，扩大午季作物）的热潮，引进杨麦5号、绵阳11号等优良品种，小麦产量有所提高。1996年，小麦产量1238吨，亩产达225公斤。20世纪90年代中期，停止了强力推行“改沤扩午”，小麦种植面积下降。

玉米 但家庙镇的耕地以水田居多，旱地相对较少，大面积种植玉米也较少。20世纪70年代以前，主要种植白眼猴、寒玉米等农家品种，亩产玉米由1957年的100公斤增加到1970年的138公斤。70年代后，引进了六安黄火燥玉米以及高产品种丹玉6号、鲁原单8号，1978年亩产高达167公斤。80年代到90年代中期，玉米品种以霍玉3、丹玉13、掖单13为主，这一期间玉米产量有所下降。1995年以后，推广杂交玉米，品种有丹玉13、掖单13、掖单19、农大108等，亩产量有大幅增长。21世纪，玉米作为饲料作物扩大了种植面积。

其他粮食作物 夏季有豌豆、蚕豆，秋季有山芋、高粱、黄豆、绿豆、豇豆等，但大都是零星种植，生产水平不高。豌豆、蚕豆、豇豆主要种在菜园地里，供自家做菜吃；黄豆种在田埂边或菜地里，自家食用之外，多余的也拿到市场上卖；山芋大多种在山地或河滩地，收获后很多都用来打粉，一部分留着平日里蒸着吃，也有挑到集市上卖的；绿豆种得很少，一般都是自家留着煮粥吃；高粱现在基本没有人种了，以前人们在地边种一点，主要用来扎扫帚。

但家庙镇2004—2020年粮食产量统计表

表5-3

年度	粮食产量(吨)	年度	粮食产量(吨)
2004	8500	2013	8853
2005	8224	2014	8886
2006	8411	2015	9136
2007	8751	2016	9195
2008	8857	2017	8865
2009	8793	2018	9530
2010	8875	2019	8354
2011	8969	2020	8508
2012	9618		

三、经济作物

但家庙镇属于丘陵畈区，各种类型耕地都有，经济作物种类较多。但除了油菜有较大面积种植外，芝麻、花生、棉花、麻类种植面积较小，瓜果蔬菜一般只供自家食用。

油菜　中华人民共和国成立前，油菜品种全是白菜型的大黄籽、小黄籽等农家品种，产量不高，出油率低。20世纪70年代后，引进芜湖104、湖北的甘蓝型浠水白，80年代又引进江油50、沪油15等新品种代替老品种，产量有所提高。1983年，油菜栽种面积3000亩，总产3600担。1989年，引进秦油2号杂交油菜品种（当地人称大根油菜），单产有较大提高。90年代初，先后引进油研七号和皖油9号高产优质油菜品种，同时推广育苗移栽、增施硼肥、病虫害防治等新技术。种植面积扩大，产量大增。1996年，油菜籽产量837吨，亩产144公斤。21世纪以来，但家庙镇种植的油菜都是甘蓝型杂交油菜，品种有秦油2号、秦油10号、丰油737等。

花生和芝麻　花生种植面积不大，一般都是在自留地里进行少量种植，产量也很小。1983年，但家庙全镇花生种植面积100亩，总产300担。以前花生多用于办喜事和过年过节招待客人，现在很多人用来榨油。芝麻种植相应更少，以前主要用来换食用油脂，现在也是用来榨油。

棉花与麻类　但家庙镇的棉花种植较少，产量也不高，一般都是自己家里嫁姑娘、娶媳妇或者盖新房的前几年，为了添置新被子才种。麻类以前只是零星种植，主要是为了家用——打麻绳、搓麻线。20世纪80年代后期，大河厂村村民叶其元创办了精制麻厂，几年间苎麻需求量大增，价格猛涨，全镇乃至全县范围内大量种植。后来由于诸多原因，麻厂停产，苎麻种植也随之骤停。90年代初期，但家庙镇人民因市场需求，曾大面积种植过红麻（1993年全乡栽种红麻500亩），但也没有维持几年时间。

烟草　但家庙地区以前很少种植烟草。1991年，但家庙乡政府在全镇推广种植。1992年，全镇13个村烟草种植面积达5310亩，各村、队都建有烟坑。烟草种植较为成功，但后期由于烘烤技术等多种原因，尤其是受市场经济的制约，遭受了一定的损失。

瓜果　早期但家庙镇无瓜果种植，农户只在房前屋后少量栽种当地普通瓜果，满足自己需要。20世纪90年代后期，先后推广了地膜西瓜和“油菜、西瓜、水稻一年三熟”栽培技术。2003年，全镇建成2000亩打瓜、西瓜基地。村民还自发引进大盖柿子新品种，多栽在宅前屋后。2015年以后，一些种植大户利用大棚种植草莓，效益很好；少数农民（如花园畈的卢明华、花石嘴的马德高）在自家田里用土法种植良种西瓜，品质好，价格也较高。

茶叶　民国时期，镇域内就盛产茶叶，茶叶是当地农民主要的经济作物。当时，但家庙集镇就有拐子行和刘姓制茶作坊，稍后，马氏祠、胡大桥也建有茶厂。本地茶叶久负盛名，胡大桥村的郭宏坤的制茶工艺获得了国家专利。20世纪70～80年代，原但家庙及团墩乡以生产炒青（小绿茶）、黄大茶为主。1986年以后，以生产兰花茶为主，当时也是不少茶农的主要经济来源。1986年，茶叶市场放开，购销市场活跃，主要集中在团墩、但家庙两街道。20世纪90年代，许多茶农进入市场（如霍山黄芽茶市等），买门面或租门面，收购、销售茶叶，也有一部分农民茶商到合肥、上海、广州、北京等地开茶庄，黄大茶主要销往淮南以及山西、山东等省。

2004—2021年但家庙镇茶叶产量统计表

表5-4

年度	茶叶产量(吨)	年度	茶叶产量(吨)
2004	250	2013	360
2005	265	2014	363
2006	272	2015	360
2007	338	2016	364
2008	338	2017	361
2009	343	2018	384
2010	353	2019	395
2011	354	2020	381
2012	361	2021	302

附：黑虎山佛山茶厂

黑虎山村民董开明充分利用但家庙镇茶叶资源丰富的优势，由茶叶粗加工发展到精加工，组建了“霍山佛山茶厂”，年销干茶10万公斤以上，创产值50万元，利税5万元。2000年，佛山茶厂积极拓宽销售渠道，当年销售干茶（大茶）15万公斤，创产值100万元，利税20万元，既解决了当地群众卖茶难的状况，又带动了周边群众共同致富。

板栗 板栗是但家庙镇主要果树。以前都是农家在庭前屋后或山场上零星种植，1986年后板栗发展加快步伐。20世纪90年代，农民利用山场、林地自发栽种，政府提供技术指导，后栽培面积不断扩大，逐渐发展为支柱产业之一。1993年，全年新栽种板栗2200亩。1995年，种植板栗620亩。1999年，镇党委、镇政府抓住春季植树造林的有利时机，狠抓板栗生产。组织了全镇板栗生产经营大户40余人前往金寨青山镇参观学习板栗嫁接、栗园管理技术，引进蜜蜂球、大红袍等优良穗条，聘请45名湖北罗田的板栗嫁接技术员，分成5个组，对花石嘴、团墩、小河嘴等7个村板栗嫁接基地进行嫁接，全镇嫁接5.8万枝穗条，共2160亩，由镇林业站牵头，负责指导栗园管理、病害防治，新嫁接果园成活率高，长势喜人。2001年，建成6000亩优质板栗丰产园。到2005年，栽培面积达到9000亩，产量有100多吨，全镇年经济收入达80多万元。2010年后，板栗产量逐年降低。

蚕桑 但家庙的蚕桑发展起始于20世纪90年代初。在但家庙乡政府领导下，由农技站提供技术指导，本乡农民连续4年栽种桑树，栽种桑树面积1210亩，栽种桑树121万株。1992年，有养蚕户320户，户均蚕桑收入722元，还有225户1993年才开始饲养。蚕桑技术培训达450人次，发送技术资料700份，张贴技术墙报7次，供应蚕需品1500余元。并在全乡培养蚕桑生产重点村、重点队、重点户，使蚕桑生产在农村经济中成为一个拳头产品，栽桑养蚕成了广大农户的致富之道。

1992年全乡蚕桑生产情况一览表

表5-5

村别	栽桑		育苗（万株）	嫁接（万株）	养蚕（张）	产茧（吨）	产值（万元）
	亩	万株					
团墩	260	22	12	3	221	7.7	7.24
花园畈	190	16	—	—	169	5.9	5.54
倪家畈	65	6	—	3	65	2.3	2.15
倪冲	95	8	5	3	51	1.8	1.7
小河嘴	70	65	83	36	23	0.8	0.75
大河厂	130	12.5	3	2	22	0.72	0.68
舒家庙	75	7	—	—	13	0.5	0.47
黄檀树	70	6.5	11	3	6	0.21	0.2
观音岩	20	2	—	—	2	0.07	0.07
花石嘴	10	1	6	5	—	—	—
胡大桥	10	1	—	—	—	—	—
但家庙	3	0.3	—	—	—	—	—
黑虎山	2	0.2	—	—	—	—	—
合计	1000	89	120	55	572	20	18.8

1992年但家庙乡蚕桑生产重点户栽桑、养蚕、收入情况表

表5-6

村别	人口	地址	栽桑（株）	养蚕（张）	产茧（斤）	产值（元）	嫁接（万株）	总收入（元）
吴佩林	5	年冲	5000	13	975	4680	3.45	11430
倪世军	9	和尚冲	10000	16	1120	5376	4.8	12656
郭宏坤	4	仓房	5000	10	750	3600	—	3600
但修林	4	王冲	4000	9	720	3456	—	3456

1993年春季蚕桑生产实绩：

1.农民栽桑自育自购桑苗3万株，嫁接11万株。上年截留自育苗28万株。

2.养蚕：全乡养蚕220张，产茧8.25吨，产值8.58万元，张值390元。

3.重点村：团墩村养蚕48张，产茧1.8吨，产值1.87万元。

4.重点队：王冲队养蚕22张，产茧0.84吨，产值0.87万元。

1993年，蚕茧价格由1992年秋茧收购价每斤3.50元上涨到春茧每斤5.20元，秋茧每斤6.00元。但家庙乡全年饲养种蚕520张，产茧18.75吨，创收入20万元。1994年，发生"蚕茧大战"，茧价一下上涨到8.95元。1995年后，蚕茧市场疲软，桑园面积锐减，养蚕户越来越少。

百合 从2006年开始，有霍山县大化坪、漫水河等地的百合种植户到但家庙镇租赁农户的田地大面积种植百合。到2009年，但家庙镇境内百合种植达到5000亩；2011年，全镇建成4个千亩连片百合生产基地。所产百合大多销往湖北、上海等地。百合的价格也曾一路飙升，2010年前后达到每斤13元。后来由于百合市场疲软，加之百合生产过程中使用药物太多，影响了百合的品质，百合价格下跌，百合种植面积也逐年减少。2015—2021年，但家庙镇基本上无百合种植。

灵芝 胡大桥村民汪家来从事灵芝种植多年，种植面积达30亩，花石嘴村徐炳全种植灵芝40亩，其他小户种植的也有不少。

四、农业技术推广

品种更新

但家庙镇农业种植品种丰富，有水稻、玉米、大豆、油菜、小麦、棉花、红薯、土豆等，其中水稻品种有籼稻、粳稻和糯稻。长期以来，水稻生产以产量为中心，农村土地承包责任制前，水稻生产以双季稻或中稻与小麦、中稻与油菜、中稻与棉花为主。1990年后，以更高产的杂交中稻为主体，冬季以小麦、油菜为二季生产。2000年以后，随着人们对稻米品质要求越来越高，群众以优质高产杂交中稻为生产主体。而流转土地的规模种植户以晚稻生产（专营粳稻）为主。近30年来水稻品种的更新：20世纪80年代，大都是常规稻种（每亩用种15~20斤），主要品种有二九青、踏青1号等，这期间开始引进杂交稻，如汕优6号、汕优63、协优696等。20世纪90年代至21世纪初，为杂交稻盛行期（每亩用种2~3斤），主要品种有汕优63、协优57、冈优22、Ⅱ优084、Ⅱ优838等，都是团粒常规品质杂交稻。2010年后，向优质稻转化，主要品种有丰两优4号、协两优198、源两优1562、深两优5814等。

种植方式和技术

水稻种植方式的变化：中华人民共和国成立以来一直沿用"秧塘（水田）育秧，大苗移栽"的种植方式；20世纪90年代后发展为"旱育移栽"（也称"旱育稀植"，即在旱地用薄膜育秧苗，一个月后移栽到田里）。农民们在劳动中不断总结经验技术，也有人采用掷秧、抛秧的方式。2010年以后，又引进了"直播"的种植方式（将稻种浸泡发芽后直接播种到平整的稻田里）。这种方式大大节省了劳动力，逐渐被广大农民使用。水稻种植技术的推广：1992年开始，但家庙镇大力推广良种，引进优质稻，压缩劣质品种。在水稻良种选择方面，杂交稻占主导地位。栽培上先后推广了水稻两段育秧、旱育稀植、塑料软盘抛秧等新技术。1999年实施科教兴农战略，抓好新品种、新技术的推广运用，实施“种子工程”，坚决淘汰老品种，大力推广旱育稀植、地膜覆盖等先进实用技术，全镇推广旱育稀植5000亩。继续狠抓农科教统筹，形成多渠道、多层次、多形式的农民培训基地，做到村村有农民技术员、组组有科技致富带头人、户户有科技明白人，逐步提高科技进步对农业的贡献率。1999—2005年，在中荷扶贫项目资助下，推广肥床旱育无盘抛秧技术。

肥料和农药的使用

中华人民共和国成立前，各种作物都施农家肥，水田以打青草或用饼肥和土杂肥作窖子做基肥，基本上不施追肥。秧田以锅台土和烧秧包作基肥，人粪尿作追施肥。饼肥大都用在旱地或茶园。1952年开始，农资部门调进硫酸铵，群众誉为“肥田粉”，但仍以农家肥为主，平均亩施肥量由1949年的8～10担增加到40多担。1954年，试种红花草（紫云英）绿肥，以后逐年扩大。

20世纪60年代，肥料以人畜肥、秸秆堆沤肥为主，施用量大，但养分不足，作物产量低。70年代有少量氮肥及其他化学肥料施用，但大量使用的还是农家肥。80年代后承包到户，农家肥使用逐渐减少，化学肥料品种增多，施用量逐年提高。到90年代，随着杂交稻的推广，化学肥料逐渐代替农家肥，而且品种繁多，氮、磷、钾比例随农作物品种而改变，一般复合肥比例为15∶15∶15，而纯氮肥以尿素为主，含氮量为46%，氮肥的含氨量为23%。

20世纪70年代至80年代农药以“六六粉”为主，90年代以甲胺磷、杀虫双、敌敌畏、乐果为主，2000年以后，以有机农药为主，高残留、剧毒农药逐渐减少直至不再使用。

农业机械的使用

农业合作化初期开始于使用农业机械，起初只是半机械化。20世纪60～70年代，以柴油机为动力的农业机械逐步推广应用。1992年10月，但家庙农机站成立，专门负责农机的管理、推广、服务。21世纪，农业机械得到广泛推广使用，传统农业生产方式发生根本改变，农业生产效率大大提高（详见本章第二节中的农具农机）。

第四节　养殖业

一、家畜

本区域的家畜主要是牛、猪、羊。

牛

但家庙的牛属地方品种的淮南水牛，体形比黄牛稍大，毛灰褐色，头大，角长，向后呈弧形弯曲。骨骼粗壮，躯干结实，肩宽，胸深，腹围大，蹄大而圆，属沼泽型，喜欢在水里休息。不同群体中的公牛相见喜好角斗，打斗非常残酷，直至一方惨败逃跑才罢休。

水牛力大，以前人们养牛主要用于耕田，极少食用。中华人民共和国成立前，农民家里很少有牛，农民的孩子帮地主放牛。中华人民共和国成立后，大集体时期，生产队买牛、盖牛棚，有社员专门放牛。家庭联产承包责任制以后，牛作为农业生产的主要牲畜，被分到农户家中。往往是几户农民分一头牛，轮流放养。1992年，政府要求农户为已扎鼻栓（方言读“劝”）的耕牛投保（每头牛20元），全乡共有924头耕牛投保。

水牛饲养需要有一间专门的牛屋，牛屋要保持干净、干燥，不能有牛屎、牛尿，所以主人每天都要打扫牛屋，牛也要定时被赶出牛屋去排便。（牛粪是很好的肥料，农民们把牛粪积在一起，上到田里。也有人把牛屎贴在墙上，晒干后用于烧稻田，作为秧田基肥。）冬天牛屋里还要铺上一层稻草以保暖。春夏秋农忙时节，牛基本上整天被役使耕田、打稻，很少得到放牧，靠牛主人割青草来喂养。农闲时节，每天早晨（主人起床后到上午九十点钟）、下午（两三点钟至太阳落山），牛都会被主人赶到山坡、草地，或被牵到田埂边放牧两三个小时。隆冬时节，暖和的白天，牛也会被拉出去遛遛，晒晒太阳，偶尔也会吃到荒草丛中的几棵青草，当地叫跑牛；晚上，加喂主人早已准备好的干稻草。

黄牛以前在但家庙没有人放养。从20世纪末开始，有农民从外地买进黄牛喂养。1999年1月，孟祥宏在花园畈村创办霍山县祥宏养殖场，在复览山北麓放养黄牛。2005年，胡大桥村高塘埂组汪家林、汪邦超父子买来10头黄牛，在苦麦冲一带散放。经过十几年的发展，至2020年，黄牛已经达到40头。

猪

土种猪属地方良种的淮南猪，全身黑毛，体形中等，体格健壮，头轻、面平，嘴直长，颈细长，耳大下垂到嘴角，四肢结实，背腰稍凹，腹大可垂地。成年公猪体长130~150厘米，体重120~150公斤；成年母猪体长120~130厘米，体重110~125公斤。土种猪能适应粗放的饲养管理条件，但生长速度缓慢，在青粗饲料为主的饲养条件下，育肥猪平均日增重0.2公斤。土种猪属肉脂兼用型，腹脂沉积能力强，90公斤猪的屠宰率为68%~70%，瘦肉率高达44%，肉鲜味美很受人们青睐。除了土猪外，本地还逐渐引进其他猪种。如民国时期，引进了圩猪、内江和皖南花猪；中华人民共和国成立后陆续引进中约克、巴克夏、长白、苏白及克罗米夫等品种。猪种多样化，多为杂交品种。杂交猪体型大，生长快，一般6个月长成肥猪，体重在130~150公斤。但家庙镇养猪历史悠久，过去因严重缺粮，养猪受到制约，主要依靠青粗饲料，一般农户一年养一头，过春节时宰杀，俗称“杀年猪”。也有的农户因为粮食不充足，两家在一起养一头猪，甚至也有压根养不起猪的。在20世纪70年代到80年代初，国家对生猪实行派购，规定生猪的收购、猪肉的销售主要经营权归县食品公司。本区域大河厂、但家庙、团墩都设有食品分站。社员出售生猪，由食品站按生猪的大小和肥瘦，分等级定价，并奖励一定数量的饲料、化肥和布票。嗣后，规定农民一户或几户要承包一头生猪交售任务。政府下达给每个大队、每个生产队生猪任务，社员们只有在完成了本队的生猪任务后才能自己宰杀、卖肉。70年代中期开始，为了响应县委、县政府“大力发展养猪事业”的号召，公社、大队、生产队三级办养猪场。全镇公社办养猪场2个（但家庙猪场有详细资料），生产大队办养猪场13个，生产队办养猪场92个，生猪饲养量达1500头。由于缺少技术、饲料匮乏、管理粗放等原因，生猪死亡率高，正常出栏率低，到1979年，集体猪场纷纷倒闭。80年代农村改革开放后，随着农业生产的快速发展，粮食产量不断提高，农户养猪积极性高涨，生猪饲养量大增。1985年起，随着市场进一步开放，允许生猪自由上市，允许个体屠宰户开业，生猪派购任务也随之取消。全镇养猪的数量逐年增加，养猪大户也开始出现。到21世纪初，全镇养猪几十头、上百头的养猪户有8个。2006年，国际小母牛项目落户但家庙镇胡大桥村，该村7个村民组56户成立5个互助生产小组，购买三元杂交仔猪287头，洋二元杂交母猪12头，开始规模养猪。2007年，发展到年出栏生猪7500头的大规模养殖。2009年，存栏母猪300多头，年出栏生猪100头以上的20多户，50头以上的50多户，30头以上的60多户，10头以上的养殖户130多户。2012年，全镇年养猪12000头，其中黑毛猪2000头。

但家庙公社养猪场　1977年创建，地址在花园畈大队杨家大摆生产队，大张公路南侧山岗上。占地面积100亩，喂养有仔猪、种猪1000多头。当时由但家庙大队雨淋桥生产队孟忠群任场长，负责具体工作，20世纪80年代中期，该养猪场关停。

羊

但家庙镇大部分是畈区，山地较少，过去养羊的也很少，只有但家庙、黑虎山、观音岩的一些依山而住的农户，有的会饲养1～2头，大多是用绳子拴在门前屋后靠山坡的树桩上，让羊自行啃吃杂草，晚上适当投喂一点饲料。改革开放以后，该镇花石嘴、黑虎山、观音岩等地有的农户依靠自家附近丰富的山林资源，从外地引进羊羔饲养。1996年10月，高宗炳在观音岩村创办霍山县但家庙镇晚霞渔牧场，依托观音岩水库和周围的山林，主养山羊，兼养鱼类，全年营业收入10万元。2003年，花石嘴村七星寨组涂如宏承包本组的山场和水库，在山林间散养山羊80只。2006年，胡大桥村张老院组赵先科、赵亮父子承包附近山坡，散养山羊。这些年在政府的扶持下，规模逐渐扩大，由开始的12只发展到2018年出栏50只。

二、家禽

但家庙镇的家禽品种主要有鸡、鸭、鹅等地方品种和引进品种。2012年，在观音岩、胡大桥、但家庙村形成养猪1万头、养鸡150万只的生态养殖示范区，认证的品牌畜禽产品有“伟亚”“复览山”土杂鸡等。

鸡

当地土鸡饲养历史悠久。土鸡体型较大，体躯丰满，胸深背宽，前躯发达，单冠直立。母鸡羽毛麻黄色，少有黑色，冠小。公鸡羽毛金红色，头尾羽毛绿色，上下冠大鲜红色。成年公鸡2.5公斤左右，成年母鸡2公斤左右。母鸡一般200～240日龄开产，年产蛋80～120枚，蛋重50～55克。土种鸡觅食能力强，适宜散放，肉质细嫩。成年老母鸡炖汤味道鲜美，营养丰富，是农家待客和宾馆饭店的上等佳肴。养土鸡是本地农民的习惯。农民养鸡可以通过卖鸡、卖鸡蛋来补贴家用，在过年过节和来客人时，也会偶尔杀一只鸡，用以改善生活、招待客人。即使在经济贫困、粮食紧缺的20世纪60～70年代，养鸡也没有中断，多则每户养十几只，少则三五只。改革开放后，群众养鸡越来越多，出现了一批规模化养鸡大户。2001年，观音岩村村民徐伟在原团墩电珠厂创办霍山县亚青生态养殖场，十几年来，规模不断扩大。随着企业的发展，徐伟、徐亚父子先后创办了伟亚生态养殖公司和“亚青农民合作社”。养鸡的品种也在不断优化中。由原来单一饲养的青脚麻鸡，逐步引进优质黄鸡和固始土鸡，以满足广大群众日益提高的生活质量的要求，同时也扩大了市场，提高了经济效益。从2010年开始，以亚青生态养殖公司为龙头，联合但家庙镇及周边区县的养殖单位，组成了亚青专业合作社。截至2016年，参加伟亚专业合作社的本镇饲养大户有王谋军、舒启成、桂方成、广家明、叶阳财等，镇外涉及山王河、裕安区、迎驾厂、柳林河等地的养殖单位。至2017年，建有鸡舍8000平方米，年产成品鸡30多万只，产值850万元。成品鸡以大批量销售为主，每期销售至少在1.5万只，主要销售到徐州、固始、阜阳、芜湖、马鞍山等地。

鸭

以本地麻鸭为主，引进少量肉鸭品种。地方麻鸭是肉蛋兼用型，偏重蛋用。麻鸭善潜水，觅食能力强，适于放牧饲养。成年公鸭体重2.6公斤，母鸭2.3公斤。在以放牧为主的饲养条件下，100日龄体重可达1.5～2公斤。母鸭200日龄左右开产，年均产蛋140枚，蛋均重70克。母鸭自身不孵蛋，繁育孵化由母鸡代替。但家庙镇属于畈区，河流、池塘较多，住家临近池塘、河流的村民大都养鸭，少则几只，多则一二十只。鸭子早晨放到河、塘里，晚上自己回家。但在稻子开花后到收割的一段时间，因为担心鸭子下田吃稻，主人不得不把鸭子关在鸭舍里，或者圈养在池塘边，喂给稻子或饲料。等稻子割完以后，鸭子就被赶到田里，觅食遗落在田里的稻子，晚上不需再喂食。20世纪80年代后期，开始出现了一些养鸭专业户。往往一户几百甚至上千只鸭子，由两三个人赶着，沿着河流和收割完的稻田放养，放到哪儿就在哪儿吃饭、住宿，当地人称“赶鸭棚”。21世纪以来，一些农民租赁大面积的水面（池塘、水库、河流）进行规模养殖。2008年，全镇养鸭200只以上的农户有13家。2021年，全镇养鸭总数超过20000只。

鹅

主要是白鹅，肉用型，属皖西白鹅系列中个体偏小的一种，产蛋性能较高。成年公鹅3～5公斤，210～300日开产，年产蛋4茬、25～40枚。雏鹅80～100天后体重达3～4公斤，即可上市。21世纪以前，农民一般都是每家养几只，冬里宰杀腌制，作为年货。21世纪以后，有个别村民开始大规模养鹅。2010年，寿县人贺名胜在大河厂村断山堰组租赁20亩土地，挖成池塘，放养皖西大白鹅。

三、水产养殖

成鱼养殖 但家庙镇养殖的鱼类主要是草鱼、鲢鱼、鳙鱼、鲤鱼、鲫鱼等。这几种鱼，饲料来源广，生长快，适应性强，易于饲养。根据不同食性和不同栖息场所，实行混养密放。水库养殖：但家庙镇有小（2）型水库7座，总面积近千亩。池塘养鱼：全镇有650口山塘，其中大型水塘168口，养殖水面2218亩。

野生鱼资源　但家庙镇境内大小河流纵横，20世纪80年代以前天然鱼类资源丰富，后来，一些人用药毒、电打等非法手段捕捞，野生鱼类越来越少。近年来，国家严厉禁止非法捕捞行为，野生鱼资源得到一定的保护。

小龙虾养殖　随着人们的经济水平的提高，人们的消费习惯也有了很大的改变，夜生活更加丰富，尤其在夏天‘喝啤酒吃龙虾’，已成为人们最爱的一道美食。2013年，年仅20岁的观音岩村女青年陈来凤选择水源比较充足的120亩稻田，尝试在稻田养殖小龙虾。正好赶上龙虾行情好，养龙虾比种水稻技术要求低，利润反而比种稻子高。在2014年安徽合肥举办的龙虾节中，陈来凤的养殖基地被授为“安徽省健康龙虾养殖示范基地”。在陈来凤的带动下，全镇农户渐渐改变了原来的传统种植模式，稻田养虾迅速发展起来。至2021年，但家庙镇90%以上的农户都进行了稻田养虾，每亩稻田增收达2500元，全镇共培育虾稻连作面积12000亩，年产值3600万元。稻田养虾成为全镇农民脱贫致富的重要产业。

2004—2020年但家庙镇肉类、水产品产量表

表5-7　　单位：吨

年度	肉类总产量	水产品产量	年度	肉类总产量	水产品产量
2004	497	190	2013	1148	112
2005	488	153	2014	1099	102
2006	563	150	2015	1104	106
2007	582	168	2016	1100	—
2008	596	116	2017	1039	—
2009	918	117	2018	1443	—
2010	1116	128	2019	1146	—
2011	741	130	2020	2306	—
2012	1137	130			

四、疫病防治

辖区内聘用4名有经验的老兽医作为防疫员，春、秋两季免费进行动物防疫服务，对镇内大型养殖场进行监管，对非正常死亡动物进行无害化处理。

第五节 现代农业

1995年土地二轮承包以后，农业经营规模化、专业合作化的新型经营主体开始出现。2009年5月，但家庙镇按照“依托资源、突出特色、产业先行、项目兴农”的思路，培育和建设“一村一品”特色产业，推行“基地+公司+农户”现代产业发展模式，先后创办了种植园、养殖场以及各类专业合作社。全镇建成优质水稻10000亩，百合5000亩，茶叶3000亩，油茶4000亩，大棚蔬菜600亩，水产养殖2000亩六大主导产业基地。从2013年起，稻田养虾产业异军突起。至2021年，全镇共培育虾稻连作面积12000亩，年产值3600万元，被省、市和国家级媒体多次报道，并作为市脱贫攻坚典型案例100例收录在册。2021年年底，全镇有农业龙头企业6家、家庭农场9家、农民专业合作社40家。其中，胡大桥生态养殖农民合作社被评为国家级农民合作社示范社，野山牧家庭农场荣获省级示范家庭农场称号，成凤生态农业专业合作社荣获2019全国稻渔综合种养优质稻米评比金奖，全省农村电商优化升级现场会在成凤生态农业专业合作社召开。

一、土地流转

2014年土地确权以后，但家庙镇党委、政府鼓励和支持农村土地依法有序流转，实现15家企业先后落户。其中包括百匠家坊公司1000亩生态农业珍稀植物示范基地，农艺公司2000亩良种油菜基地，小龙井1000亩山核桃基地，“桥上青”300亩大棚蔬菜基地。2014—2018年，通过土地流转观音岩村建起了万亩油茶基地。2019—2021年，花石嘴村流转土地400亩，用于种植菊花等中药材，流转山场350亩，种植油茶并套种中药材等经济作物，发展村集体经济。2006—2021年，全镇共流转土地17599亩，其中耕地7999亩，主要从事粮食种植、蔬菜种植及发展经济作物。有林地9600亩，主要种植油茶等经果林。

大河厂村土地流转 2010年，大河厂村15个村民组的3000余亩耕地进行整理，配套了灌溉和道路等设施，把高低不平、形状不规则的田块改成方块状的规则平整的田块，有利于机械化耕作。但是整理后的田块面临分配难的问题，直至2011年春耕季节来临，各村民组也没能把田分好，最终只能实行土地流转，将整理好的田块全部承包给种粮大户，由大户经营种植。

2011年4月，霍邱县种植大户陈守杰承包大河厂村15个村民组3000余亩的土地，成立了山野之谷农民专业合作社，由于经营不善，企业出现亏损。2012年，由合肥种粮大户武斌接着承包，成立金凤水稻农民专业合作社，至2013年，亏损100余万元。2014年，大河厂村民委员会成立霍山县河顺土地流转农民专业合作社，农民将土地先流转给合作社，再由合作社与承包人洽谈承包事宜，改变了以往农民与承包人直接发生关系的模式，大大提高了运作效率，农民的利益得到了保障，承包人也省去了许多事。2014年，舒城承包大户郭士金与霍山县河顺土地流转农民专业合作社签订10年的承包合同，每年每亩租金450元。

大河厂村的土地流转是霍山县第一个土地流转的成功范例，大大提高了农业生产的效率，让更多的农民从土地中解放出来，也有效解决了土地抛荒问题。

2006—2020年但家庙镇流转耕地50亩以上规模经营统计表

表5-8　单位：亩、元

主体名称	负责人姓名	所属村	流转面积	流转价格	流转期限	流转方式	流转用途
陈秀国	陈秀国	但家庙村	123	500	2020.3—2025.3	出租	水稻
卢明华	卢明华	但家庙村	50	500	2018.5—2025.12	出租	水稻
卢卫忠	卢卫忠	但家庙村	63	500	2019.5—2025.5	出租	水稻
成凤生态农业专业合作社	陈来凤	但家庙村	56	500	2020.3—2025.3	出租	水稻
周岐军	周岐军	大河厂村	61	500	2018.5—2025.10	出租	水稻
周必行	周必行	大河厂村	61	500	2018.5—2025.12	出租	水稻
王安权	王安权	大河厂村	60	500	2020.3—2025.3	出租	水稻
万佳生态农业专业合作社	万直勇	大河厂村	469	500	2020.3—2025.3	出租	水稻
河顺土地流转专业合作社	吴章祥	大河厂村	3000	500	2020.3—2025.3	入股	水稻红薯
明辉农机专业合作社	戴宗明	大河厂村	1211	500	2020.3—2025.3	出租	水稻
龙堰家庭农场	戴宗来	大河厂村	560	500	2020.3—2025.3	出租	水稻
回乡园家庭农场	代　建	观音岩村	150	500	2020.3—2025.3	出租	水稻
硕磊生态养殖家庭农场	倪守胜	观音岩村	550	500	2020.3—2025.3	出租	水稻
倪克金	倪克金	观音岩村	128	500	2018.5—2025.12	出租	水稻
辉乐生态养殖家庭农场	陈昌辉	观音岩村	175	500	2018.5—2025.12	出租	水稻
龙头山石斛开发有限公司	罗长林	但家庙村	53	500	2015.1—2025.12	出租	石斛

续表 5-8

主体名称	负责人姓名	所属村	流转面积	流转价格	流转期限	流转方式	流转用途
团墩生态农业发展有限公司	张　冉	观音岩村	200	500	2021.5—2031.12	出租	猕猴桃及水产
花石嘴艾草农民专业合作社	倪　勇	花石嘴村	370	450	2020.3—2025.3	出租	菊花及艾草
众益生态农业有限公司	但珠明	胡大桥村	169	650	2006.3—2025.3	出租	蔬菜种植
映山红农业科技有限公司	贺名胜	大河厂村	310	675	2011.3—2025.4	出租	蔬菜种植
福瑞祥生态农业发展有限公司	代文福	大河厂村	180	675	2013.3—2025.5	出租	蔬菜种植
合计			7999				

二、家庭农场、农业专业合作社

随着农业产业化经营的现代农业的发展，家庭农场和农民专业合作社应运而生。2008年，但家庙镇诞生了第一家农民专业合作社——胡大桥生态养殖农民专业合作社。至2021年年底，全镇登记在册的家庭农村农场33家，经营的产业种类有种植业、养殖业、种植业和养殖业综合经营。获得省级示范的家庭农场4家、县区级1家。全镇共注册各类农民专业合作社50家。成为但家庙镇农业产业化经营的重要支撑。

伟亚家庭农场 农场位于观音岩中心村西北约500米处，属青年村民组，地处牛屎河西岸。2000年春，徐伟在自家屋后养了1000只三黄鸡，在技术和市场都不成熟的情况下，依然给他带来了可喜的收入，这让徐伟看到了希望。为了扩大规模并带动更多农民共同致富，徐伟于2006年成立霍山县亚青生态养殖场，2011年成立亚青农民专业合作社，并于2015年7月14日注册成立霍山县伟业家庭农场。该农场为但家庙镇养殖业龙头企业，有管理人员、技术人员及职工15人。家庭农场是采取“养殖场+合作社+家庭农场”的经营模式，建筑面积

伟亚家庭农场的散养鸡　　（党政办　提供）

5000平方米，占地面积65000平方米，总投资500余万元。常年养鸡存量10万只左右，年出栏良种鸡40万只。主要饲养青脚麻鸡、黄公麻鸡和淮南麻鸡。养殖场历经了非典、禽流感、洪灾、火灾，闯过一道道难关。家庭农场是县级标准化养殖场，于2016年获得“霍山县农业产业化龙头企业”称号。2017年起，该农场开始从规模化生产到优质化养殖转型，以家禽为核心，以水产品、大别山黑毛猪和特种珍禽为依托，多元化经营，把家庭农场打造成集观光、旅游、度假为一体的现代化农业基地。家庭农场本着“诚信第一、质量第一”的理念，共带动20余户进行养殖。在养殖户中有4户贫困户入股分红，为脱贫致富创造条件。产品主要销往周边各个城市，及皖北、山东、河南等地。

家文生态综合养殖园 2007年7月，观音岩村油坊村民组农民王家文自筹资金10万多元，在本村民组建猪舍21间，占地面积420平方米，内设圈栏30个。当年购进12头母猪、1头公猪（种猪），繁殖仔猪苗自己喂养，常年存栏仔猪150多头。同时购买小型粉碎机2台，自配饲料进行生态养殖。当年又承包油坊组大公塘水面50亩，投放一万尾鱼苗。同年向市场出售150头（每头250斤左右）商品猪，净收入11万元。初尝“绿色、生态”养殖甜头的王家文，开始进行规模化养殖。2011年，扩建猪圈8间，养母猪20头，公种猪（黑毛种猪）2头。园内母猪自繁殖自饲养黑毛猪300多头，年向市场出售黑毛猪（商品猪）300多头。水产养殖特色鱼（黄鲢）1万多尾。该养殖园在大塘水面上安装直径3寸水管专供排猪尿。在猪舍北侧建二座沼气池。在离园较远的地方建猪粪存放池，供周边农民兄弟施有机家作肥料，供生态农业生产。2013年，随着绿色食品需求量大幅增加，养殖园的规模进一步扩大，又增建猪舍9间，内建猪栏圈22个。养殖园总猪舍面积940平方米，建猪栏62个，总存栏母猪30头，公种猪2头（黑毛种猪），存圈仔猪500头，自那时起，每年向市场提供商品猪500多头，春、秋两季出售仔猪（黑色毛）200头猪苗，获净牧业收入30多万元。此外，还种植5亩地蔬菜供母猪产前喂养青饲料。在水产养殖方面，王家文承包了50多亩水面，投放黄鲢等特色鱼苗15000多尾，安装7台增气泵，2台水泵调节水质。2016年，又流转5公顷水田养龙虾。

硕磊生态养殖家庭农场 2011年，倪守胜流转了观音岩村团墩村民组为中心的220多亩责任田，成立了春蕾农业生产合作社。合作社成立之初，招聘了农业技术人员2名，季节工20多名，购进了中型拖拉机1台、水泵2台（2.5寸管口）。秋收季节又购进了1台收割机，对农场所经营的200多亩农田全部进行了机耕，大面积种植杂交稻。当年收获了杂交稻18.6万斤以上，纯收入14万元。通过“农户+合作社+农场”生产经营模式，带动几十户农民增加了收入。2015年，成立硕磊生态养殖家庭农场。全农场农田机耕面积500亩，百合种植面积100亩。根据农业生产的需要，农忙时招收农业生产技术工人5名，招收季节农民工50多名，生产资料投入资金28万多元，购进大型拖拉机（雷奥1004号），大小型喷洒农药机具5部，中小型抽水泵3部，农场耕作、田管、提水灌溉全部实行机械化作业，当年收获百合5万多公斤，稻谷20万公斤以上，综合农业收入40万元，受益农户100多户。2016年，又发展了150亩龙虾养殖，并在虾田里种植晚稻。2021年，农场纯收入达50万元以上。

霍山富明家庭农场 位于但家庙镇但家庙村孟家冲村民组，是但家庙村村民但德明创办于2012年10月。农场的南面是但家庙镇境内主要山脉复览山，北面临但家庙河，东西两面皆粮田，地势宽阔平坦。水源接周家畈（原小河嘴村）千米水渠，交通便捷。原先，这里分属孟冲和陶院两个村民组。由于缺乏有效管理，以黄鳝塘为主体的50亩水域无人管辖，周边田块也因塘水无人看管而时常干旱。2012年10月，但德明和两村民组签订了为期30年的承包合同，对这一片闲置了20多年的水域进行开发利用。合同规定：以黄鳝塘主塘和原有的蓄水区在内（以塘后东、西两个四斗后埂为界），承包给甲方，承包期为30年（2012—2041年）。自2012年签订承包合同后，但德明投资25万元对塘进行清淤扩挖和加固维修，对进出道路进行了拓宽改造，建成循环路。并在道路和塘的四周栽种了花草树木。到2016年底，养殖水面年产各种鲜鱼1.5万公斤，龙虾1000公斤；饲养鸭子1000只，鸡1000只，年纯收入5万元。常年雇工2人，用工多的时候，每天10人。2018年，又把承包水面打造成旅游休闲垂钓中心。

徐秉全灵芝种植场 徐秉全灵芝种植场由花石嘴村民徐秉权创办于2005年。场址位于花石嘴村徐冲村民组，占地面积40亩，主要经营灵芝栽培。在长期的栽培实践中，徐秉权将灵芝的栽培技术要求和本地的土质、气候、水质等自然环境相结合，摸索出了一条适合本地的灵芝栽培技术。产品供不应求。年产值100余万元，常年雇用工人20人左右。

翁元兵龙虾养殖 翁元兵龙虾养殖场位于但家庙村雨淋桥村民组，但家庙渡槽北头，面积40亩。主要采用稻虾互养的方式，稻田周边开沟4～5米宽，1.2～1.5米深，中间种植水稻。平时灌水较深，龙虾可以到水稻中活动、觅食，还可以避光；捕捉的时候，可以将水排出一些，龙虾便集中到沟里，易于收集。翁元兵龙虾养殖从2015年开始，在当地算最早的，在实践过程中，翁元兵不断摸索经验，并主动向其他养殖户以及信息中学习技术，取得了很好的效益，每亩经济效益达3000元。

卢为忠农场 卢为忠住但家庙村卢家粉坊村民组，养殖、种植场地位于粉坊小冲里，下有大塘，上有山冲水田，两边是丘陵山地，地理位置优越，交通也很方便。2013—2015年以养成品鱼为主，2016年扩大养殖规模，改建为垂钓娱乐场所。在塘埂搭建遮阳棚，并建有供人们休息的地方。卢为忠还结合养殖，先后种植水稻160余亩，产优质稻8万公斤。除了自家做饲料之外，还可以出售一部分，但家庙镇部分企业和单位都由卢为忠常年供应大米。同时，饲养麻鸭和土鸡，年养鸭2000只，采用放养和自配饲料喂养，年收益4万元。卢为忠还利用场内的山林散养土鸡，2017年，饲养土鸡500只，利润3万元。2015年开始，稻田养虾60亩。虾苗是在野外收集的青龙虾（青龙虾属优质虾种，比普通龙虾每斤价格贵2～3元），年收益5万元。2018年，又养猪50头，均为长耳黑猪。

金勇养殖场 金勇养殖场位于但家庙街道北面余家塝上的一片洼地，距但家庙街道约700米，占地面积100亩。2010年冬开始创办，这里三面环山，中间为冲，冲中有田、有塘。两边山势平缓，风景非常优美，是但家庙集镇的后花园。水泥路（长420米、宽4米）自北向南贯穿农场。养殖场有养鱼塘30亩；草虾闸蟹共养池5亩（草虾为市场抢手食品，时价80元）；养猪400头，建有标准化猪舍7栋，每栋200平方米。同时，饲养皖西大白鹅

100只；当地土鸡500只。

马氏祠银贵小竹厂 马氏祠银贵小竹厂是花石嘴村马氏祠村民组村民方昌银、刘正贵夫妇经营。场址位于花石嘴村为民服务大厅对面，三石路旁。小竹厂创办于1998年。该厂利用本地丰富的小竹资源，进行小竹加工、销售。除收购但家庙镇农民的小竹外，还有霍山县与儿街镇、衡山镇，金安区的东河口、张家店到此出售小竹。每年收购小竹25万公斤以上。银贵小竹厂主要产品有矿笆、菜架、彩旗杆、棉拨（弹棉花垫在下面）、竹栅栏等。产品销售到淮南、蚌埠、山东省、江苏省徐州、河北省、山西省等地。2010年以后，进行网上销售，产品销量大幅攀升，原先是送货上门，后来到厂提货的客户多。2016年，年产值100余万元。

2021年但家庙镇家庭农场一览表

表5-9

序号	农场名称	注册日期	详细地址	场主	经营产业类型	示范等级	主要产品或服务
1	竹泉茶叶家庭农场	2014	但家庙村	董开权	种植业及相关—非粮食产业		茶叶种植、初加工、销售，水产、畜禽养殖、销售，餐饮服务
2	正星养殖家庭农场	2014	花石嘴村	马正运	种养结合		水产、家禽（白鹅）、牲畜（猪）养殖、销售
3	宏福家庭农场	2014	花石嘴村	孟幸福	畜牧业		苗木种植、畜禽综合养殖销售
4	富强家庭农场	2014	大河厂村	周　亮	种植业及相关—非粮食产业		家禽养殖、销售
5	光辉家庭农场	2014	但家庙村	戴光辉	种植业及相关—粮食产业		水稻、小麦种植、销售；农作物生产服务
6	观音岩村家文生态综合养殖园	2014	观音岩村	王家文	畜牧业		牲畜、家禽、水产养殖销售
7	绿宝石生态农业家庭农场	2015	大河厂村	贺中豪	种植业及相关—非粮食产业	省级	蔬菜、水果种植；家禽、家畜、水产养殖
8	飞跃桃园家庭农场	2015	观音岩村	彭　飞	种植业及相关—非粮食产业	县区级	桃树、油茶种植销售；家禽、水产、牲畜养殖销售
9	成凤家庭农场	2015	花石嘴村	陈来凤	种养结合	省级	粮食种植、水产养殖及销售
10	伟亚家庭农场	2015	观音岩村	徐　亚	畜牧业	省级	家禽养殖
11	永峰家庭农场	2016	但家庙村	程永峰	种植业及相关—非粮食产业		石斛、中药材种植；花木、盆景销售
12	兰欣中药材种植家庭农场	2016	观音岩村石嘴组	广家忠	种植业及相关—非粮食产业		中药材、石斛种植；蜜蜂养殖；石斛盆景零售
13	六霍家庭农场	2016	花石嘴村	涂必超	种植业及相关—粮食产业		水产、家禽、牲畜养殖

续表 5-9

序号	农场名称	注册日期	详细地址	场主	经营产业类型	示范等级	主要产品或服务
14	仙草谷家庭农场	2016	观音岩村大堰村民组	苏士群	种植业及相关—非粮食产业		家禽、水产养殖；石斛种植；木材、土特产销售
15	野山牧家庭农场	2017	大河厂村	姚　平	畜牧业	省级	家禽、水产养殖。果树及农产品种植
16	辉乐生态养殖家庭农场	2017	观音岩村	陈昌辉	种植业及相关—粮食产业		水产养殖、销售；水稻种植、销售
17	硕磊生态养殖家庭农场	2017	观音岩村	倪守胜	种植业及相关—粮食产业		水产养殖、销售；水稻种植、销售
18	回乡园家庭农场	2018	观音岩村	代　建	种养结合		水稻种植、销售，龙虾养殖、销售
19	霍山富明家庭农场	2018	但家庙村孟冲组	但德明	种养结合		水产养殖、销售，畜禽养殖、销售；蔬菜种植、销售；休闲垂钓等
20	悦祥家庭农场	2019	大河厂村胜利组	王安权	种养结合		水稻种植，水产、家禽、家畜养殖及销售
21	灿灿家庭农场	2020	但家庙村	刘海燕	种养结合		畜禽、水产养殖及销售，农作物种植及加工
22	雨琴家庭农场	2021	大河厂村杨家台组	郭传忠	种养结合		牲畜饲养；水产养殖。树木种植经营
23	逢生家庭农场	2021	大河厂村上湾组	代　娜	种植业及相关—非粮食产业		瓜果、蔬菜种植；家禽、水产养殖及销售
24	民益家庭农场	2021	胡大桥村高塘埂组	张　建	种养结合		生猪、家禽家畜养殖及销售
25	益启家庭农场	2021	大河厂村周家畈组	刘益启	种养结合		水产、牲畜、家禽饲养。蔬菜种植；农副产品、食用农产品零售；新鲜蔬菜、鲜肉、鲜蛋、水产品零售
26	姜老三家庭农场	2021	大河厂村周家塝组	姜自社	种植业及相关—粮食产业		水产养殖，谷物种植
27	龙堰家庭农场	2021	大河厂村断山堰组	戴宗来	种植业及相关—粮食产业		水产养殖，谷物种植
28	君兰家庭农场	2021	大河厂村杨家台组	周岐军	种养结合		水产养殖，谷物种植

续表 5-9

序号	农场名称	注册日期	详细地址	场主	经营产业类型	示范等级	主要产品或服务
29	德后生态农业家庭农场	2021	大河厂村下湾组	卢兴锋	种养结合		谷物、蔬菜、花卉种植；食用农产品初加工；初级农产品收购；食用农产品、农副产品销售
30	仓家家庭农场	2021	但家庙村粉坊组	张大成	种养结合		家禽饲养
31	正森家庭农场	2021	观音岩村黄家塝组	汪正森	畜牧业		家禽饲养
32	直勇家庭农场	2021	大河厂村广家台组	万直勇	种养结合		牲畜饲养；水产养殖、谷物种植

胡大桥生态养殖农民专业合作社　霍山县胡大桥村生态养殖农民专业合作社是一家在国际小母牛项目基础上成立的农民专业合作组织。会员涉及2个县区、3个乡镇。合作社包括小母牛项目户，扶贫协会会员、蔬菜种植户。体现了“以人为本，合作生金”的合作理念。该合作社拥有会员317人，其中从事养猪258户，从事大棚蔬菜生产27户，养鸡、养黄牛和其他种植户32户。形成了“猪（家禽）—沼—菜—鱼”的主体综合养殖经济模式。

胡大桥生态养殖农民专业合作社筹建了饲料加工厂。组织统购统销，从厂家订购米糠、玉米、麦麸等，为合作社成员每头猪节约养殖成本200元。合作社还为会员提供免费送货、入股分红、交易额返还、技术培训工作。年终召开全体会员会议，总结工作，吸纳意见，制定下一年工作方案，体现了合作社“利益共享，风险共担，自主经营，民主管理，自负盈亏，入社自愿，退社自由”的宗旨。

胡大桥村生态养殖农民专业合作社　（党政办　提供）

2010年，胡大桥村生态养殖农民专业合作社获得国家财政支持资金和财政扶持，成功注册了“桥上青”牌蔬菜商标，并申报绿色农产品认证。2016年，种植蔬菜120亩。其中，钢架大棚56个，露天蔬菜、莲藕60亩。合作社响应国家提倡的食品安全追溯制度，建立了农产品质量安全档案制度，从生产源头抓起，确保蔬菜农产品绿色无公害。每天有10多个品种的新鲜时令蔬菜销往县城各大农贸市场及超市，并同霍山文峰学校、应流集团、世林集团、文达公司等单位达成了长年供货协议。2010年，霍山县胡大桥村生态养殖农民专业合作社受到霍山县人民政府表彰，获“霍山县十佳种养大户”荣誉称号。合作社基地有20多名农民长年在此进行生产劳动，年用工7000多人次，每年发放工资30余万元。

复览山生态养殖专业合作社 复览山生态养殖专业合作社创办于2010年12月，是以畜禽水产养殖、果木油茶种植，及相关技术指导服务于一体的农民专业合作社。创办人是花石嘴村村民倪守怀。其养殖场位于复览山腹地，花石嘴村和尚冲村民组，拥有山场面积400亩，水面面积70亩。这里重峦叠嶂，绿树成荫，古木参天，翠竹成海，气候宜人。采用山场种植，林间饲养，水产品养殖的一体化生态养殖模式。具有成本低、产品质量好等优点。年出栏霍山地方品种白瓜土鸡5000余只，土猪（地方黑毛猪）100余头，皖西大白鹅1000余只。年产值100余万元。鲜鱼、小龙虾、大闸蟹、野生老鳖等水产品年销售额10多万元。合作社还种植各类果树1000棵，油茶100亩，中药材无花果2000余棵。每到春季，这里鸟语花香，碧波荡漾，似世外桃源。复览山生态养殖专业合作社于2011年获“霍山县十佳种植大户”荣誉称号。2013年，把“复览山”作为公司产品的品牌注册了商标。

霍山县成凤生态农业农民合作社 该合作社成立于2011年，坐落于优质稻米之乡——霍山县但家庙镇。通过流转土地种植优质稻米3000亩，稻田养虾1100余亩，池塘养殖100余亩。年产优质水稻1500吨，水产品200多吨。合作社是以种植、养殖、加工、销售及社会服务为一体的农民专业合作社。合作社主推的稻虾连作养殖模式，根据生态经济学原理，对稻田生态系统结构和功能进行改造，并通过水产养殖与水稻种植、农机和农艺的融合，实现水产养殖生物和水稻的共生互利，减少了农药、化肥的使用，保障了农产品质量安全，以稳定水稻生产、促进稻田综合效益及产品质量提升的一种实用技术，具有稳粮、促渔、增效、提质、生态、节能多重作用，大大提升了稻田的经济、社会和生态效益。合作社坚持生产绿色、有机农产品，并成功创建了自己的品牌。2012年12月，以产于下符桥镇圣人山村的绿色农产品，注册了“两超”系列农产品商标。核定的产品包括大米、西米、面粉、玉米粉、米粉、生糯粉、面条、大米花等。2014年，第十三届中国（合肥）龙虾节，该合作社的“稻田养虾”获得中国渔业协会淡水龙虾分会授予的“安徽省龙虾健

位于舒传贤家乡舒家庙的稻田养虾基地

（党政办 提供）

康养殖示范基地”称号。2017年，该合作社位于下符桥镇的稻鱼种养基地，被六安市农业委员会授予“安徽省稻渔综合种养双千工程千亩示范片”称号；2018年，该基地又获得安徽省农业委员会授予的“省级稻渔综合种养示范区”称号。2017年6月，霍山县成凤生态农业农民专业合作社，参加了中国渔业协会主办的2017中国国际现代渔业暨渔业科技博览会，该合作社种植的优质虾田粳米、黑米亮展博览会，深受与会者的关注与好评。2018年4月，合作社的“稻田养虾”，被共青团六安市委员会评为“六安市乡村振兴新青年计划产业振兴示范项目”。合作社先后获得“安徽省农业产业化龙头企业”，“安徽省诚信经营企业”等荣誉称号。2014年至2016年年底，合作社为23名贫困户提供了工作岗位，帮助69名贫困人口脱贫。合作社每年发放土地流转租金120万元；分红25万元，合作社平均每户获利3000元。邻近的下符桥镇，衡山镇有600多农户将土地流转给该合作社。

附："虾田米"简介

霍山县成凤生态农业农民合作社生产的“虾田米”，是采用“稻虾共生”的生态种养模式生产的高端生态大米。在“虾田米”的生产过程中，依托本地优良的生态环境和独特的气候条件，严格按照有机、优质、健康食品的标准，把水稻种植和龙虾养殖有机结合。稻田养殖龙虾，龙虾摄食害虫和虫卵，并在田间爬动过程中给稻禾松土，虾粪可以肥田，从而促进水稻生长。与此同时，按照水稻生长的规律，施以有机肥，进行人工除草。全程不使用农药和化肥，以保证虾田米的原生态品质，保障了稻米的质量安全。从水稻收割、晾晒，到加工、包装，均按照现代科学方法，杜绝二次污染。因此，“虾田米”符合天然、绿色、无公害的标准。2015年，“两超”虾田粳米获得了有机质量认证。

安徽首家稻田养虾培训实践学校　（王玉生　摄）

“两超”虾田粳米

名胜养殖农民专业合作社　霍山名胜养殖农民专业合作社成立于2012年，是以霍山县映山红农业科技有限公司为龙头，带动农民从事种养业的农民专业合作组织。采用“公司+农户”的经营模式。2016年，有合作成员15户，带动农户200余户。2013年，被六安市农村工作领导小组授予“市级示范社”荣誉称号。2015年，被授予“省级示范社”称号。

2021年但家庙镇农民专业合作社一览表

表5-10

序号	合作社名称	注册日期	详细地址	理事长	经营产业类型	示范等级	示范评定年度	主要产品或服务
1	霍山县金永生态养殖农民专业合作社	2011	但家庙村	刘海燕	畜牧业及其相关—生猪产业			猪、牲畜、家禽的饲养及销售以及成员间的信息咨询服务
2	田田百合农民专业合作社	2011	观音岩村	田绪军	种植业及其相关—粮食产业			百合、生姜等种植、销售以及成员间的生产技术咨询服务
3	明凤农机专业合作社	2011	花石嘴村	陈龙	种植业及其相关—粮食产业			农业机械化服务以及成员间的信息技术咨询
4	河顺土地流转农民专业合作社	2011	大河厂村	吴章祥	种植业及其相关—其他种植			经营本社成员土地流转及相关咨询服务
5	名胜养殖农民专业合作社	2012	大河厂村	贺名胜	种植业及其相关—其他种植	省级	2015	组织收购、销售社员种植的蔬菜、养殖的家禽(散养)、家畜(散养)和水产品;引进新品种、新技术;开展技术培训、技术交流和信息服务
6	正星白鹅生态养殖农民专业合作社	2012	花石嘴村	马正运	畜牧业及其相关—其他			组织收购、销售社员养殖的鹅等家禽(散养)、淡水鱼等水产品;引进新品种、新技术;开展技术培训和信息服务
7	大桥绿色蔬菜农民专业合作社	2009	胡大桥村	张真云	种植业及其相关—蔬菜产业			蔬菜种植、销售以及成员间技术咨询服务
8	但家有机茶叶农民专业合作社	2008	但家庙村	余宏由	林业及其相关			有机茶叶种植、销售以及成员间技术咨询服务
9	山野青青生态农业专业合作社	2012	大河厂村	周贝	种植业及其相关—其他种植			林木育苗(不得生产转基因农作物种子)、销售;茶叶、蔬菜种植、销售及成员间信息技术咨询服务

续表 5-10

序号	合作社名称	注册日期	详细地址	理事长	经营产业类型	示范等级	示范评定年度	主要产品或服务
10	双霍蔬菜农民专业合作社	2013	大河厂村	代士妮	种植业及其相关—蔬菜产业	县区级	2021	组织收购、销售社员种植的蔬菜；引进新品种、新技术；开展与蔬菜经营有关的技术培训、技术交流和信息服务
11	启成生态农业农民专业合作社	2010	观音岩村	舒启成	种植业及其相关—粮食产业			龙虾养殖；油菜的种植以及成员间的技术咨询服务
12	自刚农机专业合作社	2010	大河厂村	陈恩兵	种植业及其相关—其他种植			农业机械化服务以及成员间的信息技术咨询
13	胡洼黑猪养殖农民专业合作社	2009	但家庙村	朱景明	畜牧业及其相关—生猪产业			猪的饲养、销售以及成员间技术咨询服务
14	观音岩土地流转农民专业合作社	2009	观音岩村	汪帮满	种植业及其相关—粮食产业			经营本社成员土地流转及相关咨询服务
15	胡大桥生态养殖农民专业合作社	2008	胡大桥村	但珠明	种植业及其相关—蔬菜产业	国家级	2014	蔬菜种植、销售；苗木花卉种植、销售；生猪、畜禽养殖、销售；引进新品种、新技术；开展与上述经营有关的技术培训、技术交流和信息服务
16	新开岭农机专业合作社	2012	花石嘴村	马克全	种植业及其相关—粮食产业			社员间农业机械化服务以及成员间的信息技术咨询
17	开兵生态养殖农民专业合作社	2010	观音岩村	叶开兵	畜牧业及其相关—其他			蝗虫饲养、销售以及成员间的技术咨询服务
18	良友生态养殖农民专业合作社	2010	观音岩村	孙书宏	畜牧业及其相关—肉鸡产业			土鸡饲养、销售以及成员间的技术咨询服务
19	复览山生态农业农民专业合作社	2010	花石嘴村	倪守怀	畜牧业及其相关—肉鸡产业			畜禽养殖；油茶作物种植、销售以及成员间的技术咨询服务

续表 5-10

序号	合作社名称	注册日期	详细地址	理事长	经营产业类型	示范等级	示范评定年度	主要产品或服务
20	林源土地流转农民专业合作社	2010	但家庙村	胡邦林	种植业及其相关—其他种植			经营本社成员土地流转及相关咨询服务
21	万家山油茶农民专业合作社	2013	观音岩村	舒瞻	林业及其相关	县区级	2021	组织收购、销售社员种植的油茶、茶叶等农产品;引进新品种、新技术;开展与茶叶、油茶经营有关的技术培训、技术交流和信息服务
22	迈腾农机专业合作社	2013	大河厂村	贺中豪	种植业及其相关—其他种植			农业机械化服务以及成员间的信息技术咨询
23	百匠农机农民专业合作社	2013	大河厂村	周歧阳	种植业及其相关—粮食产业			农业机械化服务以及成员间的信息技术咨询;组织收购、销售社员种植的茶叶、油茶;开展技术培训、技术交流和信息服务
24	权秀生态农业专业合作社	2011	花石嘴村	许丙权	种植业及其相关—其他种植			黄鳝等水产、土鸡等家禽的养殖、销售;茶树、水稻、食用菌的种植、销售以及成员间的技术咨询服务
25	佛山茶叶农民专业合作社	2012	但家庙村佛山茶厂	董开权	种植业及其相关—其他种植			组织收购、销售成员种植的茶叶等农产品、养殖的牲畜、水产;组织采购、供应本社成员所需的化肥、种子等农业生产资料;引进新品种、新技术;开展技术培训和信息服务
26	宏福生态种植农民专业合作社	2014	花石嘴村	孟幸福	种植业及其相关—其他种植			组织收购、销售社员种植的苗木、花卉林果等农产品;引进新品种、新技术;开展与上述经营有关的技术培训、技术交流和信息服务

续表 5-10

序号	合作社名称	注册日期	详细地址	理事长	经营产业类型	示范等级	示范评定年度	主要产品或服务
27	霍山县宏福生态养殖农民专业合作社	2014	花石嘴村	翁兆林	种植业及其相关—其他种植			组织收购、销售社员养殖的家畜、家禽产品;引进新品种、新技术;开展与畜禽经营有关的技术培训、技术交流和信息服务
28	增华养殖农民专业合作社	2011	但家庙村	陈增华	畜牧业及其相关—生猪产业			黑毛生猪、家禽的饲养、销售以及成员间技术信息咨询服务
29	桥上青农机专业合作社	2012	胡大桥村	但珠明	畜牧业及其相关—生猪产业			社员间农业机械化服务及成信息技术咨询。组织收购、销售社员经营的蔬菜、花卉等产品;引进新品种、新技术;开展技术培训、技术交流和信息服务
30	中诚油茶农民专业合作社	2012	但家庙镇	朱世春	林业及其相关			组织收购、销售社员经营的油茶产品;开展与油茶经营有关的技术培训、技术交流和信息服务
31	成凤生态农业农民专业合作社	2011	农民工创业园	陈来凤	种植业及其相关—粮食产业			组织收购、销售成员种植的石斛等水稻、油菜、油茶等农产品,组织收购、销售成员养殖的家畜家禽及水产品;组织采购、供应本社成员所需的生产资料;引进新品种、新技术;开展技术培训和信息服务
32	龙头山石斛农民专业合作社	2014	但家庙村	单晓奇	种植业及其相关—其他种植	市级	2021	组织收购、销售成员种植的石斛、花卉苗木等产品;组织采购、供应本社成员所需的生产资料;引进新品种、新技术;开展技术培训和信息服务

续表 5-10

序号	合作社名称	注册日期	详细地址	理事长	经营产业类型	示范等级	示范评定年度	主要产品或服务
33	龙田石斛专业合作社	2014	胡大桥村	张作钧	种植业及其相关—其他种植			组织收购、销售成员种植的石斛等中药材(国家限制品种除外);组织采购、供应本社成员所需的生产资料;引进新品种、新技术;开展技术培训、和信息服务
34	和谐生态养殖农民专业合作社	2015	但家庙村	余龙乐	畜牧业及其相关—生猪产业			组织收购、销售成员养殖的兔、水产品,种植的经济作物;组织采购、供应本社成员所需的生产资料;引进新品种、新技术;开展技术培训和信息服务
35	金霍斗石斛农民专业合作社	2015	但家庙镇街道	马克敏	种植业及其相关—其他种植			组织收购、销售成员种植的石斛等中药材、苗木花卉、农副土特产品;组织采购、供应本社成员所需的生产资料;引进新品种、新技术;开展技术培训和信息服务
36	龙兴生态农业专业合作社	2016	大河厂村	葛晶晶	种植业及其相关—其他种植			茶叶、石斛、中草药、花卉、蔬菜、谷物、园艺产品种植;畜禽、初级农产品、水产品、中草药、农副产品、农业机械销售;农业机械服务等
37	幸运农业生物质回收专业合作社	2016	观音岩村	杨兴运	服务业—其他			以本社成员为服务对象:组织、采购、供应本社成员所需的林业生产资料,经济林、速生林、果蔬种植,中药材种植、销售,护林、育林服务,农、林废弃物收购、加工,开展技术培训、信息咨询服务

续表 5-10

序号	合作社名称	注册日期	详细地址	理事长	经营产业类型	示范等级	示范评定年度	主要产品或服务
38	野山牧白鹅养殖农民专业合作社	2017	胡大桥村委会办公楼	姚平	畜牧业及其相关—其他	省级	2019	组织收购、销售成员养殖的鹅等家禽;组织采购、供应本社成员所需的生产资料;引进新品种、新技术;开展技术培训、技术交流和信息服务
39	杨家山寨生态农业专业合作社	2018	观音岩村	杨友军	种植业及其相关—其他种植			组织收购、销售成员养殖的龙虾等水产品,组织收购、销售成员种植的石斛等中药材、茶叶、水稻、竹等农产品;组织采购、供应本社成员所需的生产资料等
40	但家庙金信农机专业合作社	2018	大河厂村	张红梅	种植业及其相关—其他种植			农业机械化服务以及成员间的技术培训、交流、信息咨询服务
41	绿漾生态养殖专业合作社	2019	观音岩村谷畈组	周自胜	种植业及其相关—粮食产业			组织收购、销售成员养殖的龙虾、鱼等水产品及畜禽产品;组织采购、供应本社成员所需的生产资料;引进新品种、新技术;开展技术培训和信息服务
42	鑫宏生态养殖专业合作社	2018	大河厂村街道	潘升宏	种植业及其相关—其他种植			组织收购、销售成员养殖的水产品、种植的水稻;组织采购、供应本社成员所需的生产资料;引进新品种、新技术;开展技术培训和信息服务
43	明辉农机专业合作社	2019	大河厂村李家塝组	戴宗明	种植业及其相关—粮食产业			农业机械服务以及信息技术咨询,农机维修服务;组织收购、销售成员种植的水稻等农产品;引进新品种、新技术;开展技术培训和信息服务

续表 5-10

序号	合作社名称	注册日期	详细地址	理事长	经营产业类型	示范等级	示范评定年度	主要产品或服务
44	王绪松生态养殖专业合作社	2019	霍观音岩村小广冲组	王绪松	种植业及其相关—其他种植			组织收购、销售成员养殖的龙虾、鱼等水产品及畜禽产品;组织采购、供应本社成员所需的生产资料;引进新品种、新技术;开展技术培训和信息服务
45	霍山县泰和祥生态农业专业合作社	2019	观音岩村大堰组	舒玲	林业及其相关			收购、销售成员种植的石斛、茶叶、毛竹、中药材、苗木等农产品;组织收购、销售成员养殖水产、畜禽;引进新产品新技术;开展技术培训、和信息服务
46	花石嘴艾草种植农民专业合作社	2019	花石嘴村委会办公楼	倪勇	种植业及其相关—其他种植			组织收购、销售成员种植的艾草;开展与艾草经营有关的技术培训、技术交流和信息服务
47	黑虎山生态农业专业合作社	2020	但家庙村代家院组	李全	种植业及其相关—其他种植			组织收购、销售成员种植的茶叶、石斛、中药材;组织成员进行农业生产,引进新技术、新品种;开展技术培训、技术交流和咨询服务
48	宝中生态农业专业合作社	2020	胡大桥村倪家畈组	张宝中	种植业及其相关—其他种植			组织收购、销售成员种植的茶叶、水稻、油菜、瓜果、苗木等农作物,石斛、天麻、灵芝等中药材,养殖的畜禽、水产、蜜蜂;开展技术培训、技术交流和信息服务
49	万佳生态农业专业合作社	2020	大河厂村广家台组	万直勇	种植业及其相关—其他种植			组织收购、销售成员种植的水稻、油菜、瓜果、苗木、茶叶等农作物,养殖的畜禽、水产;组织采购、供应本社成员所需的化肥、种子等农业生产资料;开展技术培训和信息服务

续表 5-10

序号	合作社名称	注册日期	详细地址	理事长	经营产业类型	示范等级	示范评定年度	主要产品或服务
50	金鑫运农业专业合作社	2021	但家庙村经济冲组	尹家淦	种植业及其相关—其他种植			茶叶、中草药、石斛、含油果、竹种植;农产品的生产、销售、加工、运输、贮藏等服务;农业生产资料的购买、使用;农业机械服务;农作物病虫害防治

三、现代农业园区

石斛生态园 但家庙镇石斛生态园坐落在但家庙镇但家庙村油坊村民组，紧邻镇工业集中区，占地面积300余亩。石斛生态园始建于2014年。石斛生态园采取招商引资的方式吸纳资本注入。至2021年，已有4家公司落地，分别是霍山县龙头山石斛开发有限公司、龙头山石斛农民专业合作社、安徽霍山金霍斗中药材开发有限公司、安徽霍山凯福堂生物科技产品有限公司。

位于但家庙村花园畈002县道边的石斛基地

（党政办 提供）

霍山县龙头山石斛开发有限公司由新疆阿克苏市罗长林于2014年9月创办，注册资本600万元，实际投资600万元。占地面积70亩，建设标准化生态石斛大棚75个，其中66个为米斛、9个为铁皮石斛。公司计划总投资2000万元，一期投资500万元，新建办公用房16间；二期致力于石斛中药饮品的研发。

龙头山石斛农民专业合作社由本镇企业家程永峰于2015年创办，建设标准化生态石斛大棚17个，其中15个为米斛、2个为铁皮石斛。

安徽霍山金霍斗中药材开发有限公司由本镇返乡农民工马克敏于2015年创办，现建设标准化生态石斛大棚23个，其中13个为米斛、10个为铁皮石斛。

安徽霍山凯福堂生物科技产品有限公司由太平畈乡人李有田于2016年创立，现建设标准化生态石斛大棚16个，其中12个为米斛、4个为铁皮石斛。

四、现代农业企业选介

2012年以后，农业产业化经营的发展，一部分农民专业合作社和家庭农场不断发展壮大，逐步成长为农业企业。至2021年年底，全镇共有农业企业12家。

映山红农业科技有限公司

霍山县映山红农业科技有限公司位于大河厂村小河桥村民组和上湾村民组，105国道西侧。公司成立于2011年3月，法人代表贺名胜。公司流转土地428亩，总投资达1000万元。至2016年，拥有连栋温室10000平方米，标准钢架大棚200亩，养殖水面50亩。种植区、养殖区、加工区、办公区合理安排，配套齐全，水、电、路、渠、自动肥、水、药一体化设备完善。专业从事生产人员65名。企业以蔬菜种植、良种实验推广、净菜加工销售、蔬果采摘、农业观光等产业为主。蔬菜等产品远销六安、合肥、南京等地，十余种产品成功注册商标，得到中国绿色发展中心认可，良种推广率达到100%。公司先后获得"省级示范合作社"、"市级示范社"、"市级龙头企业"、县"十佳种养大户"等荣誉称号。

霍山县野山牧业有限公司

霍山县野山牧业有限公司成立于2014年，位于但家庙镇大河厂村黄家垄村民组，占地100亩，并拥有草场近千亩。公司所在地环境优美，生态良好。至2018年，公司年出栏皖西白鹅1万只，年出栏鹅苗3万只。公司所聘用员工均为周边贫困农户人员，公司以"公司+农户"的形式，带动周边130余户农民养鹅致富，取得了良好的社会效益和经济效益。该公司拥有市级种畜禽生产经营许可证（霍山县家畜行业唯一企业）；获得了"六安市农业产业化龙头企业""六安市市级示范养殖场""六安市市级家禽农场"等称号。

霍山县宏福生态养殖有限公司

该公司成立于2012年10月，位于但家庙镇花石嘴村。公司注册资金500万元，是以江淮母牛、皖西黄牛繁殖为主的综合性养殖公司。2016年，公司有员工8人，兽医及养殖技术人员2人。该公司实行标准化养殖，是六安市霍山县农业产业化试点区，六安市重点扶持企业。公司总投资800多万元，规划面积200亩，建筑面积5800平方米，建有标准化厂房4000平方米，沼气池80平方米，配套养殖面积70亩。拥有各种机械11台（套），农用运输车2辆。2016年，出栏优质牛400头，销售收入30余万元，产出鲜鱼30000斤。公司自2014年开始与江西振邦养殖公司合作经营黑毛猪养殖项目，猪苗、防疫、生猪回收皆由振邦养殖公司负责，宏福生态养殖公司负责饲料配置，采用自种专用蔬菜喂养。130～140天出栏一次，年出栏量5000头，产值100万元，利润20万元。公司除正式员工10人外，用工高峰期有数十人。年创社会效益40万元以上，为当地经济发展和农民脱贫做出了贡献。

2021年但家庙镇农业公司一览表

表5-11

序号	村	农业公司全称	法人代表	主要业务范围	注册时间(年)
1	花石嘴村	安徽青山绿水生态农业有限公司	陈来凤	粮食种植,水产养殖	2014
2	大河厂村	霍山县映山红农业科技有限公司	贺名胜	蔬菜、水果、花卉种植、家禽家畜、水产养殖	2014

续表 5-11

序号	村	农业公司全称	法人代表	主要业务范围	注册时间(年)
3	观音岩村	霍山县成宏生态农业有限公司	徐　亚	家禽养殖	2015
4	观音岩村	安徽霍山县明飞生态农业有限公司	彭　飞	桃树、油茶种植，家禽养殖	2015
5	胡大桥村	安徽省霍山县众益生态农业有限公司	但珠明	蔬菜、水果、花卉种植、家禽家畜、水产养殖	
6	但家庙村	霍山县龙头山石斛开发有限公司	罗长林	石斛种植	
7	但家庙村	霍山凯福堂生物科技产品有限公司	李友田	石斛种植	
8	大河厂村	霍山福瑞祥生态农业发展有限公司	代文福	蔬菜、水果种植家禽家畜、水产养殖	
9	观音岩村	霍山县金马生态农业科技发展有限公司	舒　瞻	油茶种植	
10	观音岩村	霍山县团墩生态农业发展有限公司	张　冉	猕猴桃及水产养殖	
11	花石嘴村	霍山县花石嘴艾草种植农民专业合作社	倪　勇	菊花及艾草种植	
12	但家庙村	安徽霍山县润泽生态农业有限公司	龚　勇	油茶种植，苗木、花卉种植	

五、农业观光

2004年，但家庙镇党委政府就把“旅游兴镇”作为发展战略。至2021年，但家庙镇依托油茶、农业、乡村田园等自然资源，初步打造成了四大基地。

旅游观光基地

以油茶基地为中心，充分挖掘周边舒传贤革命烈士旧址、东观禅院牛鼻岩古庙、大别山矿泉水等优势旅游资源，以点带面、串点成面，通过提升红色、激活古色、做大绿色、开发白色资源，着力打造生态文化旅游品牌，做活乡村旅游文章。皖西革命根据地主要创始人、霍山县第一任县委书记舒传贤革命烈士纪念馆已建成，并被市委、市政府命名为“六安市爱国主义教育基地”。规划建设舒传贤烈士革命活动旧址群；始建于唐朝贞观年间的古刹东观禅院、佛教圣地牛鼻岩古庙，每年庙会单日游（香）客数千人，农副产品交易额达60余万元；大龙井天然矿泉水，出水量915吨/天，各项指标符合天然矿泉水生产需要，已注册商标，规划建设面积140亩，计划打造花园式生态工厂、水文化游园，并发展泉水鱼等观光项目。

农事体验基地

整合但家庙镇境内的映山红生态园、双霍生态农业园、百匠农坊木园和断山堰水库“三园一库”融入观光农业、创意农业、现代农业，完善休闲服务设施，挖掘西周古村落遗址的农耕文化，把大河厂现代农业示范园打造成全新的农业综合体。利用基地周边的蔬菜基地开辟开心菜园，市民认养菜地后，采用认养者亲自劳动耕作+委托当地农民管理的模式；利用观音岩高效油茶产业园和周边的林果产业园，吸引游客进行以油茶、瓜果采摘、种植养殖参观、农业农事体验为主要内容的采摘休闲体验游；传承发展传统压榨工艺，建设现代农业展示、娱乐设施体验多个功能区，进一步开发绿色旅游产品，提升绿色旅游产业附加值。

金黄的稻子　（陆皖玉　提供）

山地户外运动基地

依托观音岩万亩油茶基地，发挥适宜开展骑行运动的优势，建设骑游道、专业赛道和业余赛道，适时举办亚洲、全国、全省自行车赛事，挖掘自行车文化，带动群众体育运动蓬勃发展。规划在油茶基地脚下入口处建设山地自行车主题公园，包括山地自行车赛事广场、自行车展览馆（体现自行车交化）以及骑行服务部，旅游服务中心等。计划升级改造大张公路，设置自行车车道：在观音岩万亩油茶基地建设标准化山地自行车赛道。2018年10月，建成骑行驿站2处，并建有骑行景区入口雕塑、停车棚、公厕等设施。同年，实施山地自行车专业赛道建设项目，赛道全长6千米，投资60万元。赛道建成后，于2018年12月23日，成功举办了健康安徽2018环江淮万人骑行大赛霍山站暨中国·霍山大别山万亩油茶山地自行车越野挑战赛。

最美赛道——观音岩山地自行车赛道
（陆皖玉　提供）

休闲度假基地

依托油茶基地景观和良好的空气环境，利用油茶基地大、小两个平台，建立野外露营基地、房车营地。完善水电等设施配套，注重软件的提升，为游客提供全方位、周到细致而又人性化的服务。从整个营地景观的打造入手，开展具有地方特色民俗文化的互动表演、游戏活动，因地制宜地打造夜间休闲娱乐设施，体现生态、绿色的健康发展理念，展示生态美和休闲娱乐美，实现“营地园林化，道路游线化，基地景点化，设施小品化”。策划特色节庆活动，实现与营地的品牌互动，发挥活动宣传效应，同时打造露营地的文化旅游产品。依托悠南山养老度假区，在山下建立休闲木屋、民俗一条街，与舒传贤烈士革命活动旧址群遥相呼应。

附：但家庙镇现代农业及休闲农业发展方案（节选）

一、基本情况

但家庙镇位于霍山县东北部，紧邻县经济开发区，属典型的低山丘陵地形，交通便捷，105国道和商景高速穿境而过。境内盛产油茶、优质稻米、板栗、茶叶等，经过近年来的培育发展，现已建成2万亩高效油茶、1万亩优质稻米、3000亩茶叶、3000亩药百合、1000亩近郊蔬菜、1000亩水产养殖等六大主导产业，形成了油茶产业示范园、近郊蔬菜示范园、休闲农业示范园、畜禽水产养殖示范园、优质稻米示范园等五大产业园区。全镇农业人口1.6万，2015年农民人均纯收入10000元。

二、基本原则

1.发展现代农业与培育乡村旅游相结合的原则。充分利用我镇现代农业科普教育、爱国主义教育、大学生社会实践、亲农生活体验、山野田园风光、乡村文化品位、乡土饮食品尝等与旅游市场密切相关的内容，在规划建设中更多地注入乡土文化、乡情风俗等文化元素，促进特色农业和休闲农业与乡村旅游的有机统一。

2.现代科技与传统种养相结合的原则。在保持传统特色产业的同时，鼓励企业引进现代科技，综合运用现代农业科技成果、现代农业生产手段和现代经营管理方式，加快新品种新技术的引进和推广，提高农产品档次和质量，实现农业经济和现代科技的有机结合，提升农产品市场竞争力。

3.多元化投入和体制机制创新原则。以多部门、多渠道争取上级部门对乡村道路、水利设施、基本农田等基础设施建设投入为主，受益群众投资为辅，引导和鼓励民间资本、广大农民专业合作社、农业企业积极投资特色农业园区建设，充分发挥各种经济主体在建设特色农业中的主体作用。

4.产业转型和生态保持的原则。在现代农业发展的过程中，要实现产业转型、结构转移和模式转轨。即按照农业标准化建设，达到形态规模化、平台园区化、生产特色化、功能生态化、经营产业化、产业高端化和产品品牌化。在推进过程中要保持高度清醒，保护生态平衡，走现代农业可持续发展之路。

三、总体目标

我镇现代农业和休闲农业发展坚持做到“人无我有、人有我优、人优我特”，着力发展特色农业。以特色农产品生产上规模、上水平、树品牌、科学规划、合理布局为出发点，发挥各村的比较优势，实现一村一品。建立特色型产业示范园区和品牌型产业示范园区，以现代农业发展带动全镇乡村旅游发展。到2017年底全镇现代农业产业示范园基本建成，乡村旅游收入较2015年增加20%，特色农业综合效益明显提高，农民收益大幅度增加。

四、发展思路

重点围绕建设“1246”工程，即到2017年底，建成1个现代农业产业示范园，发挥2个作用，建设4大特色示范园区，实施6大项目。

1.建设1大园区：即但家庙镇现代农业产业示范园。

2.发挥2个作用：一是推动乡村旅游的发展；二是促进精准扶贫工作。

3.建设4个特色示范园区：以高效油茶为主的观音岩油茶产业园区；以反季节蔬菜大棚栽培为主的近郊蔬菜园区；以黑毛猪、土鸡养殖为主的胡大桥养殖园区；以珍稀苗木培植繁育为主的珍稀苗木示范园区，为全镇乡村旅游发展奠定良好的基础。

4.实施6大项目：

项目一：2千亩无公害蔬菜、水果。依托国家级农民专业示范社胡大桥合作社、大河厂映山红公司、双霍农民专业合作社等种植基地，加快土地流转，鼓励科技创新和管理水平提升，按照国家规定的无公害食品和绿色品牌认证标准进行生产；引进新品种、新技术，合理搭配、四季生产、四季销售，体现观赏性、娱乐性，发展自助采摘园、农耕乐园等项目；大力加强淠源渠灌渠但家庙段的建设，以村道、灌渠、山王河、浮阳河为纽带，致力打造标准化优质蔬菜生产基地，建成环境优美，以采摘体验为主的休闲体验园区。

项目二：1万亩有机水稻种植。但家庙镇是全县粮食主产区，素有“霍山粮仓”之称，在现有水稻种植的基础上，逐步提高有机水稻种植面积占比，提升机械化耕作和管理水平，建成1万亩有机水稻种植基地，扩大品牌的影响力和美誉度；纳入乡村旅游规划季节性线路。

项目三：2万亩油茶基地休闲观光。依托观音岩万亩高效油茶示范基地，大力发展林下经济，种植中药材5000亩。争取自行车赛道建设等项目，加大基地内循环路、步道、游客休闲中心等配套设施建设力度，建立油茶产业链条展示区，种植开发中药药膳等旅游产品，举办茶花节、婚纱摄影等旅游文化活动，形成油茶特色观光基地。

项目四：2千亩无公害畜禽养殖。在原有15个养殖场的基础上，规划扩大养殖规模和生猪、禽类粪水的综合利用，规划建设有机肥加工厂，将猪粪水加工生产成无公害及绿色蔬菜种植的专用肥料，实行“猪—沼—菜”循环经济模式；实施舍饲和网栏养殖，把肉食性和观赏性结合起来；引进少量珍稀禽类，提升项目观赏性。

项目五：珍稀苗木花卉种植。依托大河厂百匠农坊、曙光公司、一品园林等，以培育珍稀花卉苗木花卉为主，同时发展生态养殖，建设苗木培育、生态养殖、生态种植、休闲垂钓等功能区域，形成苗木观赏、休闲度假为特色的种植基地。

项目六：大别山矿泉水开发。加快观音岩大别山矿泉水项目的招商引资和建设力度，以生态矿泉水为核心，开发矿泉水开采生态工业观光旅游和“泉水鱼”等生态养殖旅游产品，丰富全镇乡村旅游内涵。

五、保障措施

为加快发展现代特色农业和休闲农业，促进乡村旅游发展，要着重突出如下几方面措施：

1.加强领导，健全机制。成立但家庙镇现代农业发展领导小组，指导全镇现代农业的发展工作，制定完善特色农业发展战略，制定有关支持政策，狠抓落实，协调解决现代农业发展中的重大问题。

2.积极宣传，多方发动。进一步解放思想，尤其要打破小农经济意识的思想束缚，大力宣传发展特色农业对改变农业经济增长方式，优化农业产业结构和增加农民收入的新观念，新思路，为实现全镇农业发展、农业增收打下良好的基础。

3.加强引导，政策扶持。坚持“政府引导、企业主导、市场运作、社会联动”的思路，加大资金投入，有效撬动社会投资，拓展融资渠道，对有发展前景的项目，放水养鱼，帮助其做大做强。在科学规划的基础上，加大招商引资力度，选择实力强、经验足、有长期投资意愿企业来我镇投资现代农业和乡村旅游开发，并全力为企业做好协调服务工作。

4.整体包装，全面宣传。一是树立统一的品牌形象。广泛宣传我镇已成功注册的“贺府农庄”、“桥上青”、“复览山”等绿色品牌，在各高速路口、景区道路口，统一设置广告宣传牌，积极打造品牌效应。二是加强现代媒体宣传。充分利用现代媒体和网络，创建现代农业和乡村旅游信息网站，开通微信、微博，建设智慧农业、智慧旅游，探索建立现代农业发展和乡村旅游公共服务信息平台，努力扩大我镇现代农业和乡村旅游的影响力，提高知名度。

第六章　林业　水利

民国以前，本区域的低山丘陵区，也是林木茂盛，参天古木较多。民国时期乱砍滥伐，森林遭毁坏严重。且大部分林木为地主、公堂、寺庙所有，利用率极低。树木少部分为私人栽种，大部分是飞籽成林的。树种也是单一的乡土树种马尾松，分布小片的松栎混交林。屋旁多植桑、槐、榆、乌柏、苦栎，伴以少量的桃、梨、杏、枣等果树。中华人民共和国成立以后，实行土地改革，山林连同耕地一起分给了农民。人民公社化以后，山林权属于集体所有。国家也重视林业发展，开展了植树造林，绿化荒山活动，森林有了一定恢复。1958年“大办钢铁”，大肆砍伐树木作为炼铁燃料，除成片砍伐山上的树木外，庄前宅后的果树、护宅树也难幸免。“文化大革命”时期，片面强调“以粮为纲”，大力开展“农业学大寨”，在低山丘陵打造“人工梯田”，林业资源再次遭到破坏。改革开放40年来，先后进行人工造林、封山育林、低产林改造和退耕还林，森林覆盖率逐年递增。全镇的森林积蓄量和森林质量大幅度提升，森林覆盖率由1976年的24.8%提高到2021年的63.35%。

1981年，全县推行“林业三定”（稳定山权林权、划定自留山、确定林业生产责任制），农户住家附近的山场，划为“自留山”，林权归农户所有，发给“自留山使用证”。远山、大山作为“责任山”，划到各户管理，林权仍归集体所有。通过几年实践，发现“责任山”管理存在明显缺陷。许多地方出现“自留山栽树，责任山砍树”的苗头。为了进一步调动群众管林、护林、造林的积极性，促进林业的发展，1984年，霍山县人民政府决定将“责任山”合并为“自留山”，补发了自留山使用证，山权归集体，林权归农户，长期不变。自留山使用证在全国不是统一的模式。2007年7月，霍山县在全国率先启动集体林权制度改革工作。主题是“山定权，树定根，人定心”。对已承包到户的山场换发全国统一的中华人民共和国林权证。没有承包到户的或者以其他方式经营的林权采取分股不分山的形式确权。

2009年以来，但家庙镇通过招商引资，先后吸引霍山县金马生态农业科技发展有限公司、霍山县中绿农林开发有限公司、霍山县润泽生态农业有限公司、霍山县曙光生态农业有限公司、合肥东之源园林绿化工程有限公司、霍山县明飞生态农业有限公司、安徽百匠农坊生态农业有限公司等十多家公司落户但家庙镇，建成了油茶、油桃、绿化苗木等林业基地。2010年，开始实施千万亩森林增长工程。但家庙镇90%的宜林山地都实施了造林工程，造林完成率和造林保存率均达85%以上。

2013—2014年，但家庙镇先后被评为“全县林业产业先进乡镇”“全省油茶生产发展重点乡镇”。

但家庙镇境内水资源丰富。全镇境内有小型水库24座、大小山塘600多口。全镇的水利设施较为完善，有效保障了全镇的工农业生产和人畜饮用水的需要。

第一节　林　业

一、林业资源

2021年年底，但家庙林业用地65991亩，其中有林地面积65817亩。森林覆盖率达到63.35%。

1975年底团墩公社林业基本情况统计表

表6-1　　单位：亩

类别		合计	团墩大队	观音岩大队	舒家庙大队	倪冲大队
国土总面积		38351	7901	9970	9838	10642
林业用地面积	合计	23901	4411	5711	5950	7829
	其中:有林地	9494	1620	2025	3906	1943
林木蓄积量		2908	563	536	1296	513

1975年底但家庙公社林业基本情况统计表

表6-2　　单位：亩

类别		合计	大河厂	黄檀树	但家庙	花园畈	黑虎山	胡大桥	倪家畈	花石嘴	小河嘴
国土总面积		66214	6708	5020	3987	8763	6292	9648	11317	8111	6368
林业用地面积	合计	28906	1322	1277	996	4109	3364	4466	6301	4375	2696
	其中：有林地	16133	706	750	664	1951	2590	2430	2628	2974	1440
林木蓄积量		10063	693	495	195	622	3134	425	2171	716	1612

2021年底但家庙镇林业基本情况统计表

表6-3　　单位：亩

类别	合计	大河厂村	但家庙村	观音岩村	胡大桥村	花石嘴村
村民组数(个)	148	21	35	44	24	24
户数(户)	4487	637	1395	1212	641	602

续表 6-3

类别		合计	大河厂村	但家庙村	观音岩村	胡大桥村	花石嘴村
国土总面积		103891	10619	19445	38133	21137	14557
林业用地面积	合计	65991	2719	11552	27267	15637	8816
	其中:有林地	65817	2719	11534	27197	15595	8772
林木蓄积量		148677	3465	28375	56390	43070	17377
退耕还林	合计	3909.7	331.4	1338.9	1245.8	417.8	575.8
	其中:生态林	3512.8	201.1	1198.8	1233.3	303.8	575.8
	其中:经济林	396.9	130.3	140.1	12.5	114	—
公益林	合计	25084	171	3125	14354.5	5218.5	2215
	其中:国家级	1788	—	—	—	1788	—
	其中:省级	23296	171	3125	14354.5	3430.5	2215
天然商品林停伐		4482	—	607	—	3409	466
森林覆盖率		63.35	25.60	59.32	71.32	73.78	60.26

二、林权制度改革

林业“三定”

1981年，林业“三定”工作全面开展，把集体山林划为责任山和自留山两部分，自留山部分到户由县人民政府发放自留山使用证；责任山部分将树木点数估值，到户看管，林木砍伐实行“一本账”管理，收益与生产队分成。1984年全县实行“两山并一山，都作自留山”，团墩、但家庙两乡除集体林场4179亩外，其余集体山林全部作为自留山划分承包到户，使山林有主、承包有责、经营有权，真正稳定了山林权，林业生产责任制得到基本完善。

集体林权制度改革

2007年，霍山县在全省率先实行集体林权制度改革，但家庙镇于同年8月2日印发《但家庙镇集体林权制度改革实施方案》。至2008年年底，但家庙镇集体林权制度改革工作基本结束，以林业“三定”时期确定的林地界隔为主要依据，对5个村、134个村民组2892户51073亩山场8089宗林地重新明确了权属，共发放中华人民共和国林权证3164本，使农民的承包权、经营权得到了实质性保障。

但家庙镇2007年集体林权证发放情况一览表

表6-4

村名	林地总面积（亩）	发证面积（亩）	村民组数（个）	户数（户）	人口（人）	宗地数（宗）	证本数（本）
观音岩村	27267	20870	42	1028	4605	3261	1172
但家庙村	11552	8139	32	676	3348	2017	729
大河厂村	2719	1856	13	143	2982	320	176
胡大桥村	15637	13062	23	546	2370	1261	562
花石嘴村	8816	7146	24	499	2396	1230	525
合计	65991	51073	134	2892	15701	8089	3164

三、营林造林

集体林场

中华人民共和国成立后，人民政府开始重视林业工作。经1958年“大办钢铁”，本地林业遭严重破坏。1962年，政府重新重视林业工作，各乡配备林业员1人专门管理林业。首先，广泛引种，自育自栽。机关学校、企事业单位带头建圃育苗，每年春节开展一次植树活动。其次，普及与提高并重，实行科学造林。在普及的前提下，大力引进杉、国外松、泡桐、法国梧桐及紫穗槐等新品种，以改变林种结构，调整布局，提高材质和山场利用率。后来，把宅旁隙地划到户栽、户管、户收，签订合同，确定使用范围和年限。20世纪70年代开始，以营建林场为主要形式，带动全民造林。自1974—1981年，但家庙公社和团墩公社共建集体林场24个，确定专业林工49人，营林面积4179亩。

1974—1981年但家庙、团墩公社集体林场一览表

表6-5

林场名称	建场年月	职工人数(人)	经营面积(亩)
大河厂	1974.3	6	120
黄檀树	1974.3	5	198
花园畈	1974.3	3	119
黑虎山	1975.2	5	64
胡大桥	1976.2	3	1400
小河嘴	1974.3	3	93
倪家畈	1974.2	1	84

续表 6-5

林场名称	建场年月	职工人数(人)	经营面积(亩)
花石嘴	1974.2	3	70
留道冲	1981.3	4	384
大马冲	1980.3	8	486
团墩	1974.3	2	250
舒家庙	1974.3	2	230
观音岩	1974.3	2	480
倪冲	1974.3	2	210
合计		49	4179

退耕还林

2002年，长江中下游地区坡耕地退耕还林项目启动。到2005年，全镇13个村2025户实施坡耕地退耕还林3909.7亩。其中，生态防护林3512.8亩，商品经济林396.9亩；国家按照每年每亩230元进行补贴，生态林补助8年，经济林补助5年。补助资金通过财政惠农资金“一卡通”账户直接发放到户。2008年起，到期生态林再延续8年、经济林再延续5年，补偿减半，资金发放渠道不变。

但家庙镇2002—2005年退耕还林情况一览表

表6-6　　　　单位：亩

村名	退耕还林面积	其中		2002年	2003年	2004年	2005年
		生态林	经济林				
观音岩村	1245.8	1233.3	12.5	1100	46	0	99.8
但家庙村	1338.9	1198.8	140.1	983.9	350	0	5
大河厂村	331.4	201.1	130.3	331.4	0	0	
胡大桥村	417.8	303.8	114	406.3	0	0	11.5
花石嘴村	575.8	575.8	0	565.7	0	0	10.1
合计	3909.7	3512.8	396.9	3387.3	396	0	126.4

特色经果林

板栗　1989年起，安徽省委、省政府作出了五年消灭荒山、八年绿化安徽的决定（简称“五·八规划”），号召各级领导干部都要创办绿化示范点，签订“军令状”。示范点规划要求必须突出经济效益，多建设一些周期短、见效快、有市场、效益好的经济林基地。

由于板栗在当地属于乡土树种，素有“铁杆庄稼”之称，被荒山造林首选。1989—1995年，但家庙镇累计完成板栗造林2820亩。1999年3月，但家庙镇聘请了45名湖北籍板栗嫁接农民技术员，在全镇范围嫁接板栗2160亩5.8万株。板栗低产林得到全面改造，受到林农欢迎。根据2005年统计年报显示，全镇板栗产值达80万元，一度成为支柱产业。

油茶　2010年8月4日，霍山县委、县政府为积极鼓励油茶产业发展，出台了《关于加快油茶产业发展的意见》，明确把“与儿街—但家庙—下符桥万亩油茶产业带”作为建设目标。但家庙镇响应号召，在全镇范围积极宣传动员，同时把“上规模、兴产业、创品牌”作为产业发展的基本目标；招商引资、创新基地建设机制，支持林地规范流转。到2016年年底，全镇形成以油茶生产为主业的经营公司4家，分别是霍山中绿农林开发有限公司、安徽金马农业科技发展有限公司、合肥东之源园林绿化工程有限公司、安徽家艺生态农业有限公司，共租赁经营林地面积5427亩，其中霍山中绿农林开发有限公司、安徽金马农业科技发展有限公司被评定为省级林业龙头企业。2018年，全镇油茶鲜果产量14万公斤。2013年，由金马公司发起成立霍山县万家山油茶农民专业合作社；2016年，该社被评为县级示范合作社。

2013年3月，县直机关干部在金马公司基地进行义务植树活动　（林业站　提供）

2006—2021年但家庙镇造林情况统计表

表6-7　单位：亩

造林年度	合计	造林树种		
		油茶	毛竹	其他
2006	535	0	35	500
2007	604	0	311	293
2008	390	0	207	183
2009	833	300	293	240
2010	798	690	108	0
2011	1234	488	164	582
2012	1322	1246	76	0
2013	2940	2493	8	439
2014	776	741	15	20

续表 6-7

造林年度	合计	造林树种		
		油茶	毛竹	其他
2015	2066.6	1990.9	15.6	60.1
2016	115.7	30	0	85.7
2017	60.9	39.9	0	21
2018	60.2	0	0	60.2
2019	19.5	19.5	0	0
2020	203.6	203.6	0	0
2021	18	18	0	0
总计	11976.5	8259.9	1232.6	2484

四、森林保护

森林分类经营

2001年，霍山县统一布置森林分类经营区划界定工作，但家庙镇地处但家庙河两侧，叶家河源头，生态区位明显。到2006年年底，全镇区划国家级公益林1788亩，省级公益林23296亩，签订公益林管护合同1314份。公益林部分由国家按照统一标准给予森林生态补偿资金补助，用于管护经费，让这一部分林木得到较好的保护。商品林部分则本着科学经营、合理开发利用的原则，保证林农生产生活需要。

天然商品林停伐

2018年6月28日，霍山县人民政府印发《霍山县天然商品林停伐区划界定及停伐资金发放工作方案》，同年7月，但家庙镇在胡大桥、花石嘴、但家庙3村部分生态脆弱地带，划定天然商品林停伐保护面积4482亩，与294户农民签订了《停止天然林采伐管护协议》，协议自2017年起，按每亩15元由财政惠民“一卡通”系统发放停伐补助资金到户，自此，重要生态区位的商品林也得到了有效保护。

林长制改革及生态护林员制度

2017年12月29日，中共霍山县委、霍山县人民政府印发《霍山县全面推进林长制工作方案》，但家庙镇于2018年3月制定出台了《但家庙镇全面推进林长制工作方案》，确定了镇、村两级党政主要负责人18人为林长。2018年12月，全镇在建档立卡贫困户中选聘专职生态护林员11名。2019年，增加到15名。实行划片包干、护林员全天候巡林、护林。县财政给予每人每年7700元工资补贴，分季度考核发放。

但家庙镇建档立卡贫困人口生态护林员建档登记表

表6-8

姓名	性别	管护地点	管护面积（亩）	年管护补助（元）	是否参加城乡居民基本养老保险	是否享受低保	备注
周启刚	男	大河厂	1274	7700	是	是	
张开成	男	大河厂	1445	7700	是	是	
马德江	男	但家庙	4493	7700	是	是	
冯德富	男	但家庙	3697	7700	是	否	
周基霞	女	但家庙	3362	7700	是	是	
桂方成	男	观音岩	4550	7700	是	否	
倪见仓	男	观音岩	6854	7700	是	是	
熊先圣	男	观音岩	5466	7700	是	是	
范俊祥	男	观音岩	5551	7700	是	否	
朱　斌	男	观音岩	4846	7700	是	否	
张　勇	男	胡大桥	5676	7700	是	否	
彭卢义	男	胡大桥	3009	7700	是	否	
涂必刚	男	胡大桥	4914	7700	是	否	
许丙忠	男	花石嘴	4487	7700	是	否	
吴忠红	女	花石嘴	4329	7700	是	否	
总计			63953	115500			部队2038亩

护林防火

中华人民共和国成立前，由于人们对森林防火意识淡薄，林区发生火灾，无人及时组织扑救。中华人民共和国成立后，随着森林覆盖率逐年递增，森林防火形势面临新的考验，尤其秋冬干燥季节和春季祭祖时期，是防火的关键时期，形势也颇为严峻。随着国家护林防火政策法规逐步健全，人们护林防火意识逐步增强，护林防火措施不断完善。1993年，县与乡（镇）就层层签订《领导干部护林防火

2019年4月，省政府参事室领导到金马公司基地调研

（林业站　提供）

2018年农历二月十九，林业部门工作人员会同村干部利用豪珠岭庙会进行护林防火宣传

（林业站　提供）

承包责任状》，明确政府和部门领导的责任和义务，制定防火细则，建立护林防火、救火组织，不断加大护林防火宣传力度，并加大对森林火灾犯罪的打击力度，增加对护林防火救火的装备投入，森林火灾逐步得到有效控制。2007年，但家庙建立镇级扑火专业队，队员由乡镇在职干部兼任，配备风力灭火机、对讲机等专业器材，队员统一着装。2011年，建立了但家庙镇森林消防中队，招聘五名专职防火队员，配齐了森林消防器材。2014年，但家庙镇护林防火专业中队在社会上公开招聘5名队员，在乡镇所在地设立专门办公室、器材室、物资储备库。2016年年底，专业中队有风力灭火机4台、水枪1台、油锯1台、其他专业灭火工具150余件；所需经费列入同级财政预算。2015年起，相继建立观音岩、花石嘴村级护林防火专业队，村级5名队员由村干部和应急小分队成员兼任，扑火机具乡镇统一配备，村级扑火经费由镇财政补贴。

林地保护

2013年，霍山县各地建立《保护发展森林资源目标责任制》，林地保护是列入年度目标考核的主要内容，同时每年接受国家、省级森林督查检查。2014年起，霍山县实行林地专管员制度，每个乡镇配备林地专管员1名，由林业站1名副站长兼任，主要职责是负责本辖区的林地管理、档案建立、数据更新，协助执法机构对林地违法案件的查处。

名木古树保护

2014年，但家庙镇对境内的古树进行全面普查，普查结果显示，全镇共存100年以上树龄的各种古树28株，全部被列入三级保护。

霍山县但家庙镇挂牌保护古树名木调查表

表6-9

序号	所在位置	编号	树种	树龄(年)	保护级别
1	观音岩村岭坎组何义权庄	4-1	枫香	155	三级
2	观音岩村岭坎组鲍家庄	4-2	枫香	135	三级
3	观音岩村大庄组塘埂	4-3	大叶冬青	155	三级
4	观音岩村大庄组塘埂	4-4	大叶冬青	205	三级
5	观音岩村白云组小张冲	4-5	枫香	155	三级

续表6-9

序号	所在位置	编号	树种	树龄（年）	保护级别
6	观音岩村白云组余家庄	4-6	枸骨冬青	205	三级
7	观音岩村枣树井组塘埂	4-7	枫香	125	三级
8	观音岩村枣树井组塘埂	4-8	枫香	125	三级
9	观音岩村枣树井组塘埂	4-9	枫香	125	三级
10	观音岩村枣树井组塘埂	4-10	枫香	125	三级
11	观音岩村沈院组塘埂	4-11	枫香	155	三级
12	观音岩村沈畈组大庄	4-12	枫香	125	三级
13	观音岩村观音岩组	4-13	枫香	155	三级
14	观音岩村毛岭组牛鼻岩	4-14	木瓜	105	三级
15	观音岩村陈塝组舒世虎庄	4-15	枫香	155	三级
16	观音岩村陈塝组油坊洼	4-16	枫香	205	三级
17	观音岩村石嘴组大塘路下	4-17	枫香	105	三级
18	观音岩村石嘴组大塘路上	4-18	枫香	125	三级
19	观音岩村石嘴组枫香树岭	4-19	枫香	125	三级
20	但家庙村长岭组	4-20	枫香	105	三级
21	但家庙村龙山组小岭子	4-21	枫香	155	三级
22	胡大桥村仓房组小桥	4-22	枫香	105	三级
23	胡大桥村仓房组张家湾	4-23	枫香	205	三级
24	胡大桥村高塘埂组汪老庄	4-24	枫香	155	三级
25	花石嘴村粉坊组九家冲	4-25	枫香	125	三级
26	花石嘴村大塘埂组许家冲	4-26	枫香	205	三级
27	花石嘴村粉坊组张家墩	4-27	黄连木	125	三级
28	观音岩村西冲组汤玉宝门前	4-28	小叶冬青	200	三级

五、林业企业

安徽金马农业科技发展有限公司　该公司地处观音岩村，创建于2012年。油茶基地的整地由国家负责，造林由公司负责。该公司有固定职工5人，每年人均工资30000元，计15万元；阶段性用工约5000个工日，每年工资支出35万元。该公司的油茶产量多，产品质量高，出油率高，属无公害油茶。

该公司的油茶示范基地涉及19个村民组528户，平均海拔95米，坡度15度，土壤深度80厘米，土壤类型为山地黄棕壤。原地类主要为荒山、灌丛地。规划区面积1万亩，分两期实施，其中2013年建成区面积4500亩，2014—2015年续建5500亩。基地利用国家农业综合开发项目800万元资金扶持，新建机耕桥5座，维修机耕桥2座，新建砂石循环路、生产路31千米，扩挖整治山塘44口，新建路涵155座，安装U型渠18500米、护岸2000米，修建沉砂池509座，并实施水保改梯，实现了山、水、田、林、路、渠综合治理。项目采用“基地+公司+农户”的现代农业发展模式，林地由村土地流转合作社发包给安徽霍山县中绿农林科技发展有限公司、霍山金马生态农业科技发展有限公司以及霍山县东之源农林科技有限公司承包经营，承包期40年。前8年按山场每亩每年50元一次性付给租金，8年后公司与农户按84：16进行收益分成。基地全部采用高效栽培模式，选用省定点育苗企业培育的两年生优质裸根油茶嫁接苗造林，主栽品种为金选1号、金引40号、金引53号、黄山27号、黄山40号、黄山166号6个品种，采用混栽和隔行栽植。建成丰产后，年生产优质茶油1000吨以上，油茶年收入5000万元，经济效益、生态效益、社会效益十分可观。

安徽百匠农坊生态农业有限公司 2011年，霍山县衡山镇人陈婉妮成立安徽百匠农坊生态农业有限公司。该公司流转大河厂村黄家垄村民组和下符桥镇沈家畈村杨岗头村民组总计500亩的山场和林地，种植珍稀苗木。苗木品种主要有羽毛枫、苦丁、鸡爪漆、红枫、红豆杉、紫薇、黄杨、蟠桃、桂花、龟背竹、白玉兰、广玉兰、银杏等。

安徽一品园林绿化有限公司 2013年，桑永菊流转大河厂村小河桥、上湾村民组230亩土地，成立安徽一品园林绿化有限公司，种植紫薇、红头石兰、广玉兰、鸡爪漆、桂花、映山红等绿化苗木。

六、林政管理

1963年，下符桥区林业站建立，由县林业局和当地政府共同管理，人、财、物关系隶属县林业局。但家庙乡、团墩乡林业工作均由区林业站统一指导。1973年，但家庙乡、团墩乡先后配备一名林业员，专职负责本乡林业生产管理，工资由区林业站统一发放。

1991年，霍山县成立39个乡（镇）林业站，但家庙乡、团墩乡分别建站，每个站3人，站长由区站下派技术员兼任，乡林业员改任副站长。1992年撤区并乡，但家庙、团墩两乡合并组建但家庙镇。同年5月，原下符桥区林业站拆分，成立下符桥镇林业站和但家庙乡林业站（1999年改为但家庙镇林业站），但家庙乡先在乡政府设立一间林业站办公室，后在但家庙老街靠近河沿租用民房三间作临时办公站房。2009年，县林业局出资在但家庙集镇购置镇林业站办公楼三层的二间，建筑面积230平方米。至此，林业站办公条件得到全面改善。

2001年霍山县实行乡镇机构改革，林业站人、财、物“三权”下放由乡镇管理，县编委实名核定但家庙镇林业工作站编制4人。2003年，县政府又决定将林业站“三权”收归县林业局管理，原人员编制不动。2016年年底，但家庙镇林业工作站有在岗人员4人，均为林业工程师职称。其中站长1人、副站长1人；财务由县林业局统一账户管理，人员定岗定责不另设内部机构。

根据2015年国家林业局《林业工作站管理办法》相关规定，霍山县政府决定乡镇林业工作站实行由县级林业主管部门和所在地乡镇人民政府双重领导的管理体制。林业工作站承担政策宣传、资源管理、林政执法、生产组织、科技推广和社会化服务等职能。具体职责是：（一）宣传与贯彻执行森林、野生动植物资源保护等法律、法规和各项林业方针、政策；（二）协助县级林业主管部门和乡镇人民政府制定和落实林业发展规划；（三）配合县级林业主管部门开展资源调查、档案管理、造林检查验收、林业统计等工作；（四）协助县级林业主管部门或者乡镇人民政府开展林木采伐等行政许可受理、审核和发证工作；（五）配合县级林业主管部门或者乡镇人民政府开展森林防火、林业有害生物防治、陆生野生动物疫源疫病防控、森林保险和林业重点建设工程等工作；（六）协助有关部门处理森林、林木和林地所有权或者使用权争议，查处破坏森林和野生动植物资源案件；（七）配合乡镇人民政府建立健全乡村护林网络和管理乡村护林队伍；（八）推广林业科学技术，开展林业技术培训、技术咨询和技术服务等林业社会化服务；（九）承担县级林业主管部门或者乡镇人民政府规定的其他职责。

但家庙镇林业站历任站长：

程朴银（1992.3—1995.3）

金先宝（1995.3—1996.30）

胡忠良（1996.3—1997.9）

张　敏（1997.9—2018.6）

陈以田（2018.6—　）

2012—2021年，但家庙镇林业站取得的荣誉有：2012年，林业站获县林业局授予“退耕还林工作先进单位”；2013年，林业站获县林业局授予“林业工作先进集体”称号；2013—2018年，林业站获中共但家庙镇委员会、但家庙镇人民政府颁发的“最佳服务单位”奖牌。2017—2018年，获全县“护林防火先进单位”；2021年，观音岩村党支部书记汪帮满获六安市“最美林长”称号；2021年，但家庙镇林业站工程师何玉环获六安市“最美护林人”称号。

附：但家庙镇全面推进林长制工作实施方案

根据《中共安徽省委、安徽省人民政府关于建立林长制的意见》（皖发〔2017〕32号）和《中共六安市委、六安市人民政府关于印发〈六安市全面推进林长制工作方案〉的通知》（六发〔2017〕29号）以及《中共霍山县委、霍山县人民政府关于印发〈霍山县全面推进林长制工作方案〉的通知》（霍发〔2017〕18号）精神，结合我镇实际，特制定本实施方案。

一、指导思想

以习近平新时代中国特色社会主义思想为指导，全面贯彻落实党的十九大精神，深入贯彻县委、县政府关于生态建设和林业工作的战略部署，加强城乡绿化建设，巩固我镇森林资源保护建设成果；落实以党政领导负责制为核心的林长责任制，建立镇、村二级林长制体系，突出“建、管、防、保”并举，构建起责任明确、协调有序、监管严格、保护有力、持续发展的林业保护发展责任体系。

二、基本原则

坚持党政同责、部门联动。建立健全以党政领导负责制为核心的责任体系，明确各级林长职责，强化部门协作，层层压实责任。

坚持生态优先、绿色发展。牢固树立绿水青山就是金山银山的理念，扎实开展林业增绿增质增效，有效促进绿色惠民富民，全面提升森林资源的生态效益、社会效益和经济效益。

坚持问题导向、因地施策。结合我镇情况，根据功能区划分实行对应管理，依据生态功能区产业准入负面清单限制相关产业的进入，对全镇森林资源分类保护、科学管理。

坚持依法治林、长效管护。依法治林管林，对各种破坏森林资源的违法犯罪行为，坚决严肃查处、严肃打击、严肃追究，健全完善长效管护机制，确保林区秩序稳定、生态环境优美。

坚持严格考核、问效追责。建立健全林业增绿增质增效、森林资源管理保护目标考核和责任追究制度，确保林长制的长效实施。

三、目标要求

到2018年3月，镇、村二级林长制组织体系全面建成，完成林长制工作考核奖惩办法及责任追究制度的制定。到2020年，完成人工造林0.1万亩，森林抚育1万亩，全镇森林覆盖率达到65%以上，林木绿化率达到65%以上，活立木蓄积总量达到15万立方米，林地保有量达到6.6万亩，林农综合收入年增长10%。到2025年，全镇森林资源保护管理体系健全完善，森林生态环境显著改善，森林资源管理能力和水平规范提升，林产品供给能力和产品多元化全面提升，基本实现保护优先、协调发展、绿色惠民的目标。

四、组织体系

按照属地管理、分级负责的原则，全面建立镇、村二级林长制组织体系，形成责任明确、监管有力的森林资源保护发展网格。

（一）分级设立林长

镇级设立林长、副林长。林长由镇党委、镇政府主要负责同志担任；副林长由镇党委、镇政府分管负责同志担任；镇区域性林长由镇党委、镇政府相关负责同志担任，协助林长开展工作。

村设立村级林长和副林长。

林业承包大户或企业设立林长，由大户承包人或企业负责人担任。

（二）落实护林员

各村民组承包山场的护林员，由各村民组长担任，经费由镇、村统筹解决；林业承包大户或企业按实际情况落实护林员，经费由所属单位落实解决，真正做到“一山一坡和一林一园”有人巡护看管。

（三）分级建立林长会议制度

镇级林长会议由镇林长、镇副林长、镇区域性林长、镇林长制成员单位主要负责同志组成。镇林长制成员单位为镇党政办、镇财政所、镇土管所、镇农综站、镇文广站、镇人社所、公安派出所、下符桥森林派出所、镇中心学校、镇卫计办、镇水保站、镇执法中队、镇安监办、镇林业站，各成员单位确定1名具体负责同志为联络员。镇级林长会议由镇林长负责召集，村级林长会议由村林长负责召集。林长会议原则上每半年至少召开一次，调度林长制工作进展情况。

（四）分级设立林长制办公室

镇林长制办公室设在镇林业站，镇林业站主要负责同志兼任办公室主任。村及承包大户或企业应结合实际，设立林长制办公室。

五、工作职责

（一）林长职责

镇林长承担林长制的督导、调度、协调职责。镇副林长、镇级区域性林长联系包保一个村或村林场，负责督促、指导所联系村、村林场林长制的落实和目标任务的完成，监督检查下一级林长履职情况，协调解决重点难点问题。

村林长负责落实本行政区域内森林资源保护发展的各项措施，重点承担生态功能区、公益林、退耕还林、重要区位水源涵养林等保护职责，落实上级交办的各项工作任务。

村林场林长负责经营范围内森林保护与发展工作，落实上级交办的各项工作任务。

（二）林长会议职责

研究全面推行林长制工作的有关重大问题；制定林长制的总目标、主要任务；协调解决推行林长制工作中的重点难点问题；研究制定林长制相关的配套工作制度和办法；组织开展执法监督和综合考核工作。

（三）林长制办公室职责

承担林长制实施工作的具体日常事务和组织协调工作；负责林长会议确定的决策事项和林长交办事项的督办落实；负责草拟林长制相关制度和考核办法；负责林长制的督查和考核工作，并将考核结果上报本级政府办公室，作为领导班子发展考核的重要内容。

六、主要任务

（一）加强森林防火工作。坚决做到宣传发动、领导重视、责任落实、物资储备、队伍建设、制度制定、值班值守、火灾扑救、责任追究、案件查处十到位，确保不发生较大森林火灾，火灾率控制在0.35‰之内。

（二）依法保护野生动植物。严禁非法采挖、假植、买卖、携带、运输野生植物；严禁乱捕滥猎和非法养殖、买卖、运输野生动物；加强集贸市场等交易场所、野生动物驯养繁殖场所和苗木生产经营场所日常监管。

（三）开展林业有害生物防治。枯、病死松树清理到位；松材线虫病防治到位；林业有害生物监测、检疫、防治到位。

（四）严格规范采伐管理。严格执行年度森林采伐限额和凭证采伐制度，加强采伐迹地监管；全面加强天然林保护和公益林管理，停止天然林商业性采伐；严禁偷盗、乱砍滥伐林木；严格活体大苗采挖、运输审批；严禁大树进城；加强对木材生产加工场所的监管。

（五）突出林地保护。坚守林地红线，严格按照林地保护利用规划，实行林地用途管理；严格执行建设项目使用林地审核审批制度，严禁未批先建、未批先采伐树木，非法使用林地；加强对农民建房、乡村道路建设的审批力度；建立临时使用林地恢复植被验收制度。

（六）加强林权管理。林地纠纷调处到位；林权流转宣传、监管服务到位；积极探索林权改革创新。

（七）开展造林绿化。完成年初下达的人工造林、封山育林、森林抚育、义务植树等任务；完成年度森林城镇、森林村庄创建任务；进一步抓好古树名木的保护工作。

（八）强化湿地保护。开展宣传教育活动，提高公民湿地保护意识，严格按照《安徽省湿地保护条例》规定，禁止挖沙、开（围）垦湿地；严格保护湿地上的野生动植物资源，完善保护机制，加大候鸟保护力度。

（九）实施绿色产业富民工程，助推脱贫攻坚。加快发展木本油料林，主攻油茶产业；优先发展经济林果，引导发展苗木花卉，培植乡土树种；大力发展林下经济，种植桔梗、黄芪、石斛等中药材；扶持发展林产工业，促进油茶产品深加工。

七、保障措施

（一）加强领导，明确责任。林长制是森林资源保护和发展的新模式，也是新时期对生态保护的新要求。各级党委政府是推进林长制的责任主体，各级林长是推进林长制的具体责任人，要坚持守林有责、守林尽责，抓好管理责任、管理人员和管理经费的落实；要完善林长制工作信息定期发布机制，通报典型事例；要层层签订责任状，一级抓一级，层层抓落实。在各级林长履行职责的同时，山林经营者负责对其经营的山林承担防火、防疫、防盗的管护责任，承担植树造林、还林和抚育管理责任。

（二）强化督查，严格考核。加强对林长制实施情况和林长履职情况的督查，对工作突出、成效明显的予以通报表扬，对工作不力的责令立即整改；将林长制纳入目标管理考核，考核结果作为评价党政领导班子政绩和干部选拔任用的重要依据；实行生态环境损害责任终身追究制，对造成生态环境损害的，严格按照有关规定追究责任。

（三）保障经费，完善机制。镇、村以及承包大户或企业要保障必要的工作经费，确保林长制有序推进；要建立林长制联席会议制度、信息共享制度、工作督查制度；要完善涉林项目建设管理，构建森林资源保护和发展长效机制。

（四）加强协调，部门联动。森林资源保护和发展涉及部门众多，各部门要在镇级林长的组织领导下，各司其职、各负其责，密切配合、协调联动，依法履行森林资源保护和发展的相关职责，建立部门联合执法机制，强化森林资源管护巡查，严厉打击破坏森林资源违法行为。

（五）大力宣传，广泛动员。建立林长制工作信息发布平台，通过主要媒体向社会公告林长名单，要在林区主要路口和重点地段设立林长制公示牌，标明林长职责、森林资源概况、监督电话等内容，接受社会群众监督；要切实加强森林资源保护和发展的法律法规宣传，积极引导广大群众参与和支持森林资源保护和发展，大力营造全社会共同关心、支持、参与和监督森林资源管理的良好氛围。

第二节　水　利

但家庙镇境内土地肥沃，水资源丰富。境内有主要河流两条——山王河和牛屎河（2015年改称浔阳河）。中华人民共和国成立前，本区域仅大河厂保拥有具有一定灌溉能力的水利设施——断山堰水库。断山堰水库引牛屎河水，设闸蓄水，灌溉面积2100亩。由于水利设施缺乏，本区域雨天易涝，晴天易旱，农业生产的基础十分薄弱，一般年份，也易成灾。中华人民共和国成立后，全民大力兴修水利。至2021年，全镇境内有小型水库24座，其中小（2）型水库7座、大小山塘600多口。全镇的水利设施较为完善，有效保障了全镇的工农业生产和人畜饮用水的需要。

一、水利设施

小流域治理

山王河流域治理　山王河位于但家庙镇境内，流域人口1.5万人，流域面积70.05平方千米，水土流失60.8平方千米。治理时间为1992—1996年，治理面积47.62平方千米，总投入463.9万元，其中国家和地方政府投入65万元。

浔阳河（牛屎河）流域治理　流经但家庙镇观音岩村团墩生态综合治理区，2005年，镇政府以团墩为中心，辐射观音岩、舒家庙、黑虎山，涵盖整个浔阳河（原牛屎河）小流域进行治理，总面积1.5万亩，其中山场0.95万亩、耕地0.55万亩，亩均投资480元，总投资720万元。2012年5月，浔阳河改造工程开始实施，修建了一条长100米、宽4米的箱涵和宽7米、高4米的挡土墙，保证坝内沟渠正常排水。

2015年8月9日，但家庙镇遭受特大洪涝灾害，面上水利工程毁坏严重，急需修复重建。同年9月21日，县政府下达但家庙镇“8·9”特大洪灾水毁面上水利项目恢复重建计划，重点为叶家河大岭坎恢复重建和倪家畈河涂家院堤防等恢复重建。后经现场勘测设计主要工程内容有：土方830.5立方米，砼挡墙115.83立方米，C30砼路面2268.26平方米。工程于2015年10月25日开工，同年12月9日完工。

淠源渠

渠首位于佛子岭镇梁家滩，渠道总长49.1千米，渠首设计流量7.05立方米／秒。设计灌溉面积6.9万亩。该工程始建于1959年冬，1960年4月因经济困难停建。1970年10月全线复工，干渠绕复览山西侧山脚，由洛阳河进入本镇的但家庙村，一路流经但家庙村的大冲、雨林桥、大圩、卢氏祠、卢家粉坊等村民组，和大河厂村的肖家圩、戴家院、周家塝等村民组，进入断山堰水库。但家庙境内建有但家庙渡槽、黄檀树渡槽和泄洪闸2座。1978年续建，干渠延伸9.1千米至下符桥镇三尖铺晁大堰，达到总长49.1千米的规模。淠源渠被誉为“生命之渠”。

但家庙渡槽 位于但家庙村雨淋桥村民组。于1973年7月动工兴建，1974年12月竣工。徐敬泰设计施工。总造价6.74万元。但家庙渡槽是湑源渠水利工程的重要组成部分。桥墩10个，槽体9节，九孔，每孔净跨10米，全长120米，槽身采用钢丝网薄壳U型，槽体宽2.4米，高1.6米（边陲0.7米，圆弧半径0.9米）过水量2.6立方米／秒，为便利沿河两岸行人与交通运输，在渡槽左侧附加1.5米宽板车桥一道。2012年8月，但家庙渡槽又重新进行了修建。全长129米（槽身长84米，进出口连接段45米），断面形式为矩形。槽内净宽2.5米，高2.5米，设计流量每秒3.9立方米。槽顶铺人行桥板，也可供小汽车通行。

2012年重建的但家庙渡槽 （王玉生 摄）

黄檀树渡槽 建七墩六孔，每孔净跨10米，全长70.2米，槽身为钢筋混凝土U型渡槽，高1.42米，圆弧半径0.8米，过水量2.1立方米／秒，槽顶覆以钢筋混凝土盖板，附加板车桥一道。

但家庙镇两座渡槽各项数据指标一览表

表6-10

名称	地址	修建日期	形式	长度	设计流量	集水面积	孔径尺寸
但家庙渡槽	但家庙村 雨淋桥村民组	1973.7—1974.10	U型	120米	2.6立方米/秒	86.5平方千米	高1.6米 宽0.9米
黄檀树渡槽	大河厂村 肖家圩村民组	1976.4—1977.6	U型	70.2米	2.1立方米/秒	27平方千米	高1.42米 宽0.8米

但家庙境内湑源渠泄洪闸及节制闸一览表

表6-11

闸名	坐落地址	动工时间	建成时间	型式	涵底闸高（米）	设计流量（立方米/秒）	集水面积（平方千米）	孔径尺寸	
								孔数	宽×高（米）
泄洪闸	但家庙村王冲	1977.8	1978.2	开敞式	17.7	16.5	0.8	2	2.0×1.8
	但家庙村外塝	1979.7	1979.12	盖板式	71.42	6.0	1.2	1	2.2×1.96
节制闸	大河厂村断山堰东	1979.1	1980.4	拱式	71.42	2.2		1	2.7×2.0
	大河厂村断山堰西	1979.1	1980.4	拱式	71.30	2.2		1	2.7×2.0

提水灌溉设施

花园畈排灌站 该站始建于1962年，位于原但家庙公社花园畈大队油坊生产队境内（现属但家庙村油坊村民组），大张路北侧，但家庙河下游。提水高度10米，泵径6进6出。电灌站引但家庙河水穿大但公路入蓄水池。当初在大但（大河厂至但家庙路）路下埋设两排直径1米的水泥涵管，供水至抽水池。排灌站为五间土墙瓦顶的房子，大致呈西南东北向。该站以抽水灌溉为主，兼为周边群众加工稻子、麦子等粮食作物和猪饲料。提灌站供水范围包括花园畈整个畈区的油坊、大摆、后院、但家庙、沙塘、小圩、大圩、卢祠、吴洼等生产队，面积1000多亩。泵管出口处有一个人工坝埂，长300米。1964年秋，全镇（公社）通高压电后之后才改变这种状况。花园畈电灌站在花园畈抗旱保丰收过程中起了重要作用。1974年7月发大水，将电灌站房屋全部冲毁。大队只得将电灌站重新建在原站址后面的田里，为五间砖墙瓦顶的房子，呈南北向。1984年，电灌站停止运营。

但家庙排灌站 该站始建于1964年，属原但家庙大队但家庙生产队，位于但家庙生产队和雨淋桥生产队交界处，现在的“丁”字街口，但家庙公交公司入口处。当时，由于水流冲击，但家庙生产队电灌站就建在大坝边上。出水口有一口窨井，水管从公路穿过（当时是沙土路），灌溉但家庙生产队、沙塘生产队、雨淋桥生产队大部农田，近1000亩。2009年，但家庙镇对小集镇进行规划，在这里筹建公站车站，才将存在45年的泵站拆除。

小河南电灌站 该站建于1965年，位于原但家庙大队陶家院生产队望花墩的小山包下。这里地处复览山北麓，有一片小畈区，受干旱困扰，粮食生产得不到保障，往往因缺水造成歉收。1965年上半年，汪家塝、陶院、孟家冲3个生产队共同集资，拉了1500米的电线，购置了设备，建成了这个电灌站。该站两进房子，共六间。抽水机就安装在前进东侧房子里，五进五出的管道从两进房子穿过。前面引水渠70米，扬程20米，主灌渠300米，下设支渠和排水沟。由于望花墩位置比较高，水被抽上去后，可以向南沿灌渠流到汪家塝、陶院、孟院3个生产队的绝大部分农田，总灌溉面积为350亩。

1969年10月，汪家塝、陶院、孟家冲合并为一个大生产队，叫陶家院生产队。为解决电灌站人员工资问题，决定电灌站以灌溉为主，兼营粮食加工。1995年“6·10”特大风暴，将房顶完全掀翻，有30年历史的小河南电灌站不复存在。

小水库

观音岩水库 观音岩水库始建于1955年8月，位于观音岩村境内，属淮河流域淠河水系，是一座以灌溉为主，兼有防洪、人饮、养殖等综合效益的小（2）型水库，集水面积1.01平方千米。设计洪水标准30年一遇，核校洪水标准300年一遇。主要建筑物由大坝、溢洪道、放水涵组成。工程等别为V等，建筑物级别为5级。水库大坝为均质土坝，坝顶高程164.07米，最大坝高16.07米。大坝长度70米，坝顶宽6米；迎水坡坡比1：3.0，背水坡坡比1：3.0；溢洪道为开敞式明渠，位于水库大坝的右侧，进口底板高程161.35米，宽5米，长88米，核校泄洪流量28.19立方米／秒；放水涵位于水库大坝右侧，设计流量0.2立方米／秒，为砼圆涵，断面尺寸直径0.25米，进口采用0.5米×0.5米铸铁闸门，配3T启

观音岩水库 （党政办 提供）

闭机，启闭机房6.25平方米。2011年10月，主体除险加固工程开工，2012年5月蓄水。主要加固内容：坝体土方培厚，迎水坡为12厘米厚砼预制块护坡，15厘米厚瓜子片，下铺防渗土工膜压入不透水层，背水坡采用草皮护坡，坝脚新建堆石排水体；溢洪道进口段维修加固，三面均采用砼护砌，进口新建交通桥一座；原放水设施维修加固，进出口涵管损坏更换并接长，进口闸门控制。工程加固后，运行良好，效益显著。水库保护下游2000人，耕地3000亩。水库灌溉面积为2000亩，养殖水面24亩，是但家庙和观音岩水厂的主要取水地。

观音岩二库 观音岩二库始建于1983年10月，位于观音岩村境内，属淮河流域浉河水系，是一座以灌溉为主，兼有防洪、养殖等综合效益的小（2）型水库，集水面积1.2平方千米。设计洪水标准30年一遇，核校洪水标准300年一遇。主要建筑物由大坝、溢洪道、放水涵组成。工程级别为V等，建筑物级别为5级。大坝为均质土坝，坝顶高程152.6米，最大坝高10.27米。大坝长度44米，坝顶宽5米；迎水坡坡比1：2.0，背水坡坡比1：1.6；溢洪道为开敞式明渠，位于水库大坝的左侧，进口底板高程148.72米，宽4.2米，长52米；放水涵位于水库大坝右侧，设计流量0.15立方米／秒，为砼圆涵，断面尺寸直径0.3米。水库保护人口2000人，耕地3000亩，灌溉农田2000亩。

白云水库 白云水库始建于1968年10月，位于观音岩村境内，属淮河流域浉河水系，是一座以灌溉为主，兼有防洪、养殖等综合效益的小（2）型水库，坝址以上控制流域面积0.17平方千米。设计洪水标准30年一遇，核校洪水标准300年一遇，最大下泄流量4.02立方米／秒。主要建筑物由大坝、溢洪道、放水涵组成。工程等别为V等，建筑物级别为5级。水库大坝为均质土坝，坝顶高程135.52米，最大坝高14.69米。大坝长度76米，坝顶宽6米；迎水坡坡比1：3.0，背水坡坡比1：3.0；溢洪道为开敞式明渠，位于水库大坝的左侧，进口底板高133.47米，宽2.5米，长52米，核校泄洪流量4.02立方米／秒；放水涵位于水库大坝左侧，设计流量0.046立方米／秒，为砼圆涵，长75.4米，进口采用0.5米×0.5米铸铁闸门，配3T启闭机，启闭机房6.25平方米。2012年10月，进行一次除险加固工程，2013年3月蓄水。

马岩水库 马岩水库始建于1965年10月，位于观音岩村境内，属淮河流域浉河水系，是一座以灌溉为主，兼有防洪、养殖等综合效益的小（2）型水库。坝址控制集雨面积0.48平方千米。设计洪水标准30年一遇，核校洪水标准300年一遇。主要建筑物由大坝、溢洪道、放水涵组成。工程等别为V等，建筑物级别为5级。水库大坝为均质土坝，坝顶高程137.08米，最大坝高12.08米。大坝长度70米，坝顶宽5米；迎水坡坡比1：3.0，背水坡坡比1∶3.0；溢洪道为开敞式明渠，位于水库大坝的左侧，进口底板高134.13米，宽2.5米，长150米，核校泄洪流量16.73立方米／秒；放水涵位于水库大坝左侧，设计流量0.1立方米／秒，为砼圆涵，长53米，断面尺寸直径0.3米。2010年10月，进行了一次除险加固工程，2011年5月蓄水。主要加固内容：坝体土方培厚，迎水坡为10厘米厚砼预制块护坡，30厘米厚砂壤土垫层，下铺防渗土工膜压入不透水层，背水坡采用草皮护坡，坝脚新建堆石排水体；溢洪道按进口段、陡坡段、消能段设计，泄洪道底板加固处理采用砼护底，两边侧墙为浆砌石结构；原放水实施拆除，重建梯级放水涵，进出口涵管损坏更换并接长。水库保护下游1500人，防护面积3500亩。灌溉面积为1000亩。

断山堰水库　断山堰水库始建于1958年10月，位于大河厂村境内，属淮河流域淠河水系，是一座以灌溉为主，兼有防洪、养殖等综合效益的小（2）型水库。坝址控制集雨面积1.67平方千米，最大下泄流量59.03立方米／秒。设计洪水标准30年一遇，核校洪水标准300年一遇。主要建筑物由大坝、溢洪道、放水涵组成。工程等别为V等，建筑物级别为5级。水库大坝为均质土坝，坝顶高程74.70米，最大坝高11.55米。大坝长度61米，坝顶宽5米；迎水坡坡比1∶3.0，背水坡坡比1∶3.0；溢洪道为开敞式明渠，位于水库大坝的左侧，进口底板高72.28米，宽5米，核校泄洪流量59.03立方米／秒；放水涵位于水库大坝右侧，设计流量0.1立方米／秒，为砼圆涵，长28米，进口采用0.5米×0.5米铸铁闸门，配1T启闭机，启闭机房4.0平方米。2007年10月，进行了除险加固工程，2008年5月蓄水。主要加固内容：坝体土方培厚，迎水坡为10厘米厚砼预制块护坡，下铺防渗土工膜压入不透水层，背水坡采用草皮护坡，坝脚新建堆石排水体；溢洪道拆除重建，泄洪道底板加固处理采用砼结构，两边侧墙为浆砌石结构。原放水涵管维修加固，进出口涵管损坏更换并接长，进口闸门控制，新建启闭机房。水库保护人口400人，耕地800亩，灌溉面积1000亩。

燕窝冲水库　燕窝冲水库始建于1965年9月，位于但家庙村境内，属淮河流域淠河水系，是一座以灌溉为主，兼有防洪、养殖等综合效益的小（2）型水库。坝址以上控制流域面积0.33平方千米，总库容24.28万立方米。设计洪水标准30年一遇，核校洪水标准300年一遇。主要建筑物由大坝、溢洪道、放水涵组成。工程等别为V等，建筑物级别为5级。水库大坝为均质土坝，坝顶高程162.68米，最大坝高11.61米。大坝长度56米，坝顶宽6米；迎水坡坡比1∶3.0，背水坡坡比1∶3.0；溢洪道为开敞式明渠，位于水库大坝的右侧，进口底板高160.66米，宽4米，长89.2米，核校泄洪流量11.76立方米／秒；放水涵位于水库大坝右侧，设计流量0.034立方米／秒，为钢筋砼箱涵结构，长47米，断面尺寸0.8米×1.2米，进口采用0.8×0.8米铸铁闸门，配5T启闭机，启闭机房6.25平方米。2012年11月除险加固工程主体工程开工，2013年4月蓄水。主要加固内容：坝体土方培厚，迎水坡为12厘米厚砼预制块护坡，下铺防渗土工膜压入不透水层，背水坡采用草皮护坡，坝脚新建堆石排水体；溢洪道及左岸采用砼护砌，进口建交通桥，出口新建消能防冲实施，原放水涵拆除，采用钢筋箱涵结构，进口闸门控制。水库保护人口1200人，保护耕地1000亩，灌溉面积为1500亩。

燕窝冲水库　（王玉生　摄）

陆冲水库　陆冲水库始建于1966年10月，位于胡大桥村境内，属淮河流域淠河水系，是一座以灌溉为主，兼有防洪、人饮、养殖等综合效益的小（2）型水库。坝址控制集雨面积1.2平方千米。设计洪水标准30年一遇，核校洪水标准300年一遇，最大下泄流量42.41立方米／秒。主要建筑物由大坝、溢洪道、放水涵组成。工程等别为Ⅴ等，建筑物级别为5级。水库大坝为均质土坝，坝顶高程120.52米，最大坝高16.30米。大坝长度53米，坝顶宽3米；迎水坡坡比1∶3.0，背水坡坡比1∶2.0；溢洪道为开敞式明渠，位于水库大坝的右侧，进口底板高117.42米，底宽5米，长86米，核校泄洪流量42.41立方米／秒；放水涵位于水库大坝右侧，设计流量0.07立方米／秒，为砼圆涵，直径0.3米。2008年10月进行了除险加固工程，2009年5月蓄水。主要加固内容：坝体土方培厚，迎水坡为10厘米厚砼预制块护坡，下铺防渗土工膜压入不透水层，背水坡采用草皮护坡，坝脚新建堆石排水体；维修加固溢洪道消能防冲设施，两边侧墙为浆砌石结构；原放水涵维修加固，进出口涵管损坏更换并接长，放水形式为梯级放水。水库保护人口1500人，防洪保护面积900亩，灌溉面积为700亩。2022年春季，对泄洪道、泄洪闸、抢险通道进行了维修重建。

潘冲水库　潘冲水库始建于1965年10月，位于胡大桥村境内，属淮河流域淠河水系，是一座以灌溉为主，兼有防洪、养殖等综合效益的小（2）型水库。坝址控制集雨面积0.54平方千米。设计洪水标准30年一遇，核校洪水标准300年一遇，最大下泄流量20.22立方米／秒。主要建筑物由大坝、溢洪道、放水涵组成。工程等别为Ⅴ等，建筑物级别为5级。水库大坝为均质土坝，坝顶高程122.51米，最大坝高14.11米。大坝长度59米，坝顶宽5米；迎水坡坡比1∶3.0，背水坡坡比1∶3.0；溢洪道为开敞式明渠，位于水库大坝的右侧，进口底板高120.08米，底宽3米，长64米，核校泄洪流量11.08立方米／秒；放水涵位于水库大坝左侧，设计流量0.12立方米／秒，为砼圆涵，长100米，进口采用0.5米×0.5米铸铁闸门，配1T启闭机，启闭机房4.0平方米。2007年10月，进行了除险加固工程，2008年5月蓄水。主要加固内容：坝体土方培厚，迎水坡为10厘米厚砼预制块护坡，下铺防渗土工膜压入不透水层，背水坡采用草皮护坡，坝脚新建堆石排水体。溢洪道拆除重建，泄洪道底板加固处理采用砼结构，两边侧墙为浆砌石结构。原放水涵管维修加固，进出口涵管损坏更换并接长，进口闸门控制，新建启闭机房。2021年冬，进行了坝体加固新建抢险通道等工程。水库受益人口1300人，防洪保护面积1200亩，灌溉面积1200亩。潘冲水库是但家庙水厂备用取水水源。

胡冲水库　胡冲水库始建于1969年10月，位于花石嘴村境内，属淮河流域淠河水系，是一座以灌溉为主，兼有防洪、养殖等综合效益的小（2）型水库。坝址以上控制流域面积0.11平方千米。设计洪水标准30年一遇，核校洪水标准300年一遇，最大下泄流量1.59立方米／秒。主要建筑物由大坝、溢洪道、放水涵组成。工程等别为V等，建筑物级别为5级。水库大坝为均质土坝，坝顶高程100.15米，最大坝高9.47米。大坝长度50米，坝顶宽4米；迎水坡坡比1：1.7，背水坡坡比1：2.7；溢洪道为开敞式明渠，位于水库大坝的右侧，进口底板高98.91米，底宽1米，长17米，核校泄洪流量1.59立方米／秒；放水涵位于水库大坝左侧，设计流量0.04立方米／秒，为砼圆涵，长46米，断面尺寸直径0.25米。大坝迎水坡为土坡，无护砌。溢洪道三面均为土坡，无护砌，无消能防冲设施；原放水涵为砼圆涵，放水形式为梯级放水。水库保护人口1000人，防洪保护面积800亩，灌溉面积500亩。

当家塘

全镇共有当家塘884口，5000立方米以上大山塘203口，5000立方米以下山塘681口。2014年，提升改造山塘64口、沟渠8条。2015年，提升改造山塘66口、沟渠1条。2016年，提升改造山塘90口、沟渠10条。2017年，提升改造山塘81口、沟渠5条。2015年秋，因遭受“6·28”特大洪灾和“8·9”苏迪罗台风的影响，造成胡大桥村张正连门前塘、花石嘴村胡冲大山塘、观音岩村芮家洼塘等山塘塘坝冲垮，放水涵损毁，无法蓄水。至年底水利兴修，经过连日奋战，这些水毁山塘得以修复。2014年起，政府拨款，对但家庙镇大小山塘进行维修清淤。至2021年年底，共完成对山唐维修清淤300余口。

二、农田水利建设

建设概况

中华人民共和国成立后，人民政府就很重视水利建设。农业合作化初期，就举全民之力兴修水利。除修、补、挖、扩原有塘、堰外，在山丘地区，利用沟壑峡谷特点，选择口子小、肚子大、地质坚的地段，筑坝建库；在平原地区，利用沟渠纵横特点，开长渠，筑河堤，建排灌站。其资金来源为民办公助，国家给予材料补助，是乡村自建自管自用的当家蓄水工程。施工技术指导由县水电局派员负责。1955年8月，但家庙域内第一座小（2）型水库——观音岩水库开始动工兴建。1958年10月，又开始兴建第二座水库——断山堰水库。20世纪60年代，又陆续兴建了马岩水库、燕窝冲水库、陆冲水库、潘冲水库、胡冲水库、白云水库。1967年，农业全部实现合作化。1971年，淠源渠贯通。至此，基本上解除了水旱灾害，达到了“修当家塘蓄近水，开渠道引远水，建机灌站提低水，筑河堤防害水”的目标。在建设水库的同时，20世纪50年代至70年代，各村、各生产队，还修建了大量山塘。至2021年，全镇境内有小型水库9座，5000立方米以上山塘203口，5000立方米以下山塘681口。

农田水利建设项目

观音岩中低产田改造项目。2005年10月开始实施，项目全称“霍山县国家农业综合开发2005年度但家庙镇观音岩中低产田改造项目”，位于但家庙镇观音岩村。工程总投资800万元，水利措施计划总投资296.74万元，农业措施计划总投资361.8万元。整治面积1.6万亩，其中集中整治2000亩，维修水库1座，山塘50口，堰坝12座，沟渠衬砌5.05千米，各类建筑物281座。工程量1.8万立方米，砌石0.7万立方米，混凝土0.2万立方米。2010年，实施了大河厂土地整理项目。对大河厂村15个村民组的3000余亩耕地进行了整理，配套了灌溉和道路等设施，把高低不平、形状不规则的田块改成方块状的规则平整的田块，有利于机械化耕作。

霍山县但家庙镇2019年高标准农田建设项目。项目区位于但家庙镇，涉及胡大桥、观音岩2个村、10个村民组、250户，涉及人口1000人，其中农业人口1000人（贫困人口51人）。项目区土地总面积3000亩，耕地面积1500亩（其中水田1000亩、旱地500亩），林地1500亩。项目区现有粮食作物以水稻为主，粮食单产平均400公斤，农业生产以传统耕作为主，机械化水平不高。项目建成后，恢复及改善灌溉面积1000亩，年节约用水量8万立方米，年节水节支效益0.8万元。年新增粮食5万公斤，年增效益14万元；除涝面积1000亩，除涝减灾年效益约3.0万元，年产经济效益17.8万元。

霍山县但家庙镇2020年高标准农田建设项目。位于但家庙镇大河厂村、观音岩村、但家庙村等3个村、41个村民组，项目区总面积9000亩，其中高标准农田4500亩，高效节水4500亩。项目主要建设内容为：土地整理130余亩，当家塘除险加固17口，新修水泥路9条，长10.5千米、改建碎石路5条，长4.8千米、沟渠清淤3500米、新建提水泵站10座、新建机耕桥5座，项目总投资1440万元。项目实施后，大大提高项目区群众出行条件，提升当地农业基础设施建设水平，为农业生产降低成本，为农民增收创造条件，夯实生态保护基础，提高项目区村民人居环境，社会效益、经济效益、生态效益十分显著。

三、水利管理

2012年10月之前，但家庙镇域水利管理工作归下符桥水利水保站管辖。2012年10月1日，但家庙镇水利水保站成立。其主要职责负责国家、省、市、区各级政府涉水法律和方针政策的贯彻落实，实行依法治水、依法管水；协助制定本镇范围的水利建设中长期规划、年度实施计划，组织制定水资源开发、配置和保护以及农田水利基本建设、水土保持、防洪等相关专业规划，并监督实施；负责本镇农业、工业、生活用水的计划制定与节水、水环境保护、水污染防治等涉水事务管理；组织、指导镇水利工程建设、管理、协助做好辖区内各类水利工程设施管理体制改革；承担镇防汛抗旱日常工作，做好防汛抗旱物资的筹集、调拨；组织指导镇范围内的水土保持；承担节水新技术、新措施的推广运用，发展节水灌溉，解决人畜饮水，推进实现人饮安全战略。但家庙水保站历任站长：袁森（2012.10—2017.12），李良三（2018.1— ）。

四、防汛抗旱

但家庙镇成立防汛抗旱指挥部和领导组，党委书记任政委，镇长任指挥长。指挥部下设办公室，由二级机构负责人担任主要成员。办公室负责收集、发布雨情、水情，防汛物资的筹备、运调，以及灌溉、防洪工程加固，并指导防汛抢险、抗旱保苗的协调服务等工作。

加强汛期安全监管，进行安全生产检查和隐患排查。每年汛期来临前，全镇都要进行一次全面细致的拉网式大排查，加大对自然灾害引发事故灾难领域的监控力度，督促其认真做好汛期安全生产工作。各单位要完善预警预报、应急联动机制，认真做好抢险救援物资、装备、器材的准备，并加强演练，一旦发生事故，能够迅速、有序、有效地开展救援工作。重点行业领域、重点企业要建立领导带班、24小时值班制度，发现险情要及时处理，并按规定及时如实上报。

第七章 工 业

中华人民共和国成立前，本区域内只有木匠、铁匠、篾匠、弹花、山烟丝、土纱织等民间手工业劳动者，以及油坊、糖坊、豆腐坊、面坊、砖瓦陶瓷窑等手工业小作坊。

从中华人民共和国成立到1986年，境内只有一些社办（集体）小型企业。主要是竹木加工、粮油加工、农机具维修、砖瓦生产和建筑等。1986年，但家庙第一个乡镇企业——霍山县灯泡厂创办，并在短短几年内取得空前的经济效益和社会效益。至20世纪90年代中期，镇域三分之一的家庭有人在灯泡厂上班，创造了“一人进厂，全家致富”的奇迹。也正是由于有霍山县灯泡厂，90年代后期，但家庙镇经济总量跻身“六安市十强乡镇”行列。20世纪80年代后期至90年代，本区域乡镇企业迅猛发展。先后创办了霍山县团墩电珠厂、霍山县雁江彩印厂、海宏电器厂、但家庙颗粒饲料厂、造纸厂、轮窑厂、水泥预制厂等。工业的发展使但家庙镇成为全县仅次于城关镇的工业强镇。1998年1月，霍山县灯泡厂在全镇率先改制，成为安徽世林电光源有限公司。至2000年年底，镇内所有乡镇企业都改制成为股份有限公司。2002年，全镇工业总产值达3.8亿元。2003年10月，全县乡镇区划调整，世林集团划归城关镇管辖，镇内的工业经济变得薄弱。此后，镇党委政府把招商引资作为重振工业经济的主要抓手。2008年开始，投资4000余万元，在花园畈的002县道两侧，建成了但家庙镇工业集中区——凤还巢农民工创业园。先后有宏翔织造有限公司、金天磁业有限公司等企业入驻。2017年，全镇规模工业总产值达到3.65亿元。2021年，为9869万元。

第一节 集体企业

一、发展概况

旧时，广大农村普遍是自给自足的自然经济，基本上没有工业，只有少量手工作坊和从事手工劳动的手工业者。中华人民共和国成立之初，乡村工业发展缓慢。大多是以手工作坊为主的小企业，主要为农民生产生活提供服务，如铁器社、木器社、粮油加工厂、茶厂、砖瓦厂等，都是由乡政府（公社）、生产大队或生产队集体创办。

1955年农业合作化的同时，政府对手工业进行了社会主义改造，组织了农业生产合作社。农业作坊和各类手工业由农业合作社经营，产供销纳入集体管理，绝大部分的原料、资金由集体支持和解决。但家庙乡在此基础上先后创办了一批手工作坊式小型企业。这些企业所有权归公社集体，生产及销售也完全按上面的计划进行。这是但家庙工业发展的起点。

20世纪70年代后，社、队企业开始兴办起来，机械设备也逐步取代部分手工业生产。但家庙乡办起了粮油加工厂、综合厂、砖瓦厂、养猪场。各大队办起了林厂、茶厂、粮食和饲料加工厂等。因为有许多厂、社是自力更生办起来的，后来在产、供、销方面发生了变化，原料、资金、技术等方面也各有不同的困难，所以中间一度不得不经常改变项目，以致转产、停产。

1980年后，按照新经济政策调整，关停了一些老企业，创办了一些新的企业。但家庙乡修配厂、建筑队、贸易货栈、轮窑厂都是在这前后创办的。这一时期的企业，但家庙乡有修配厂、木器厂、铁器社、建筑队、贸易货栈、砖瓦厂；团墩乡有砖瓦厂、草粉加工厂、锯木厂、贸易货栈、拖拉机站等。

1986年但家庙乡、团墩乡企业收入情况一览表

表7-1　　单位：万元

单位	企业类别	农业	工业	建筑	交通运输	其他	企业总产值	企业纯利润
但家庙乡	合计	4	88	21	23.5	57	193.5	19.55
	乡办		45.5	13		3.5	62	4
	村办	4	11.5			0.5	16	2.85
	联营个体		31	8	23.5	53	115.5	12.7
团墩乡	合计	0.8	36.3		2.6	21.78	63.2	9.48
	乡办		16.6	1.72	0.5	2	19.1	2.11
	村办	0.8	2.5				3.3	0.7
	联营个体		17.2	1.72	2.1	19.78	40.8	6.67

二、企业简介

粮油加工

花园畈油坊　花园畈油坊创建于中华人民共和国成立前，位于花园畈大队（现属但家庙村）油坊生产队。原先是董姓开办的，所以又叫董家油坊。据说老板仗义为民，声誉很好。中华人民共和国成立后由田思源、任朝奉（会计）、万正凡、沈世屏、陈绍箕、余昌和等在此任职。1984年，搬迁到但家庙雨淋桥生产队。后改名为但家庙乡油厂。曹俊英、梁和林先后任油厂厂长。1992年，油厂停办。

舒家庙大队油厂　建于20世纪60年代初，20世纪70年代末停业。油厂位于原舒氏祠堂内。在一幢草房长厅中，安装着大型圆盘石碾槽，用水牛拉石碾运转，碾碎原料，然后将原料上蒸锅加热，有油匠师傅用铁箍将其包成圆饼状，一块一块放进木榨中，再用檀树制成的木楔从小到大逐渐进行加压。撞击用的锤用粗绳吊在屋梁上，有两人或三人齐声唱着号子，用力撞击，直至油尽为止。每次可生产100多公斤油脂，油质很好。各生产队把生产的油料（如菜籽、棉籽、桐子、芝麻、油茶等）送到油厂，由生产队登记造册，分户记数字存于厂内，农户可直接去领取食用油。当时的油匠师傅有王化才、朱泽福、陈兆华，会计是舒绪明，舒启斌负责放牛。

花园畈粮食加工厂 1962年创建，位于当时的花园畈排灌站旁边。起先以柴油机为动力，1964年8月通电后以电力为动力。有碾米机1台、钢磨1台、饲料机1台，有工人2名。章传福、张纯和先后在这里负责，后来由余庆江私人承包，2018年仍在经营。

马氏祠粮食加工厂 建于1964年冬。主要机械有碾米机、面粉机，后又购置饲料加工机。生意一度十分兴隆，周边乡镇村民都来此排队加工。马克复、余昌宏、卢明初、邓兆发先后在这里工作。该厂于1987年停办。

团墩粮食加工厂 有厂房4间，碾米机1台、钢磨2台、饲料机1台、拆花机1台、弹花机1台，工人有王荣国、朱泽林、舒世明等。

团墩油厂 1967年建厂，1992年停办。该厂拥有厂房6间，木榨1桶、破碎机1台、铁油炸机1台、碾槽1副、锅台2座。有朱泽福、舒世银、黄文来、周自贵、陈兆毕5名工人。1967年至1980年，周自全任厂长兼会计；1981年至1992年，倪克胜任厂长，汤仁儒任会计。

但家庙饲料加工厂 1958年建厂，在但家庙村民组，由马德恕组建。梁和林、曹俊英、邓兆发先后在加工厂任职。1992年停办。

农用器具生产

但家庙铁器社 创办于1959年。位于但家庙老街（小地名“火神庙”）。铁器社生产农具和生活必需品。铁器社由王志荣主持创办。铁器社先后收进了几位精通煅打铁器的工匠，如黄仁和（潜山人）、叶录全、潘家财、江自升，都是远近闻名的匠人。铁器社的效益也很好，1988年因体制改革解体。铁器社的生产工具由潘家财承包经营。铁匠铺地点设在后街的潘家财家。后由潘家财侄子潘升宏继续经营，打制、维修大锄、薅锄、铁锹、镰刀、菜刀等生产生活器具。

位于但家庙老街的传统手工作坊铁匠铺

（王玉生 摄）

但家庙竹木器社 1959年创办，位于但家庙老街（小地名“庙岗头”）。当时生产原料（竹、木）由霍山县乡社企业局按计划供应。主要生产农业竹木器，产品除满足当地群众生产、生活需要，还销往下符桥、青山、凤凰台、横塘岗、洛阳河等地。鲁先臣、李家贵、万正凡、桑世林先后任厂长，冯修俊任会计。1986年，但家庙竹木器社开始筹办灯泡厂。1988年，灯泡厂办成后，竹木器社停办。

团墩铁器社　位于团墩小街，有厂房3间，打铁器材2套，工人有黄仁和、董新明、倪世宽等。

茶叶加工

马氏祠茶厂　1963年创建。通电前属于手工操作，通电后（1964年8月）改为机械制作。创建初期，制作红茶，出口苏联。后来生产绿茶、黄大茶。邓兆发、余昌宏、卢明初、马克复先后在此任厂长。

团墩茶厂　1967年，利用从张管冲庙宇拆来的建材，在谷畈村民组建成团墩茶厂。该厂拥有厂房23间，杀青滚筒1台，毛令滚筒2台，揉捻机1台，锅台20口，有职工11人，历任厂长倪世军（1967—1975）、卢德运（1975—1986）、倪克胜（1986—1992）。2009年平整土地时，厂房被彻底拆除。

胡大桥茶厂　于1973年建厂，地处胡大桥村但家槽坊，由马德恕负责筹建，年生产干茶叶量仅次于马氏祠茶厂。先后由胡安传、孟令国、邓启恕、卢世祥任厂长。

砖瓦生产

但家庙窑厂　但家庙公社窑厂经历了两个发展阶段。第一阶段，1981年年初创办的窑厂是小土窑，属于手工制作。厂址位于大河厂村李家塝生产队山岗上。用柴和煤炭作为燃料。主要烧制农用砖瓦，砖瓦质量差。窑厂于1986年倒闭，负责人杨德明。第二阶段（大河厂轮窑厂），1986年开始在大河厂村前进生产队创办新的轮窑厂，1988年年底建成投产。轮窑厂实行机械化生产，工人最多时达130人，年产值400万～500万元，最高峰年产值近800万元。张宜云、倪守祜、何从权、申祖平、张真元先后在此任厂长。至21世纪初，由于资源枯竭、环境恶劣、资金缺乏等原因，轮窑厂生产每况愈下，在停产几年之后，最终于2012年被拆除，原厂址平整土地，实现复耕。

团墩砖瓦厂　建于20世纪70年代，厂址在团墩小街岗头上，是当时团墩乡的一个大型集体企业。有烧砖瓦的土窑2座，厂房10间，职工50人。每天能生产2万块砖、1万块瓦。生产的砖是灰黑色的、瓦是青灰色的，结实耐用，除满足本地农户盖房需求，还能向外地出售。砖瓦厂的效益一直较好，但随着人们对砖瓦的颜色、品种要求不断提高，加之原料枯竭，砖瓦产量逐年减少，最后于1997年停产。陈守德曾任砖瓦厂厂长，刘义尧任会计，周自华任保管员。

机械生产和维修

马氏祠机械厂　1967年创建。机械厂能进行翻砂、制造模具，制犁头、犁铧、小型农具等，还能进行车辆和小型农具维修，发展快，设备比较齐全。当时工作人员有余昌权、马德荣、孟庆福、马德安等人。1990年年初倒闭，由马德安私人将部分设备运到但家庙雨淋桥村民组继续办厂，2000年企业关停。

团墩综合厂　1967年在团墩村谷畈组创办，包括茶厂、油厂、加工厂和铁器社。其中茶厂规模最大，有厂房23间，制茶机械为杀青滚筒1台、揉捻机10台、毛令滚筒2台、炒茶锅台20口。历任厂长为倪世军、卢德运、倪克胜，会计刘义尧、汤仁儒。油厂有厂房6间，榨油机械为木榨1桶、破碎机1台、铁油榨机1台、碾槽1副、锅台2口。1967—1980年，周自全任厂长兼会计；1981—1992年，倪克胜任厂长，汤仁儒任会计。加工厂有厂房4间，加工机械为碾米机1台、钢磨2台、饲料机1台、拆花机1台、弹花机1台。主要工作人员有王荣国、朱泽林、舒世明。铁器社有厂房3间，打铁器材2套，工作人员有黄仁和、董新明、倪世宽。团墩综合厂总的法人代表是倪克胜，会计汤仁儒。从1990年开始，以舒绪宝为厂长，在综合厂的原有厂房建立电珠厂，生产电珠。至1992年，团墩和但家庙两乡合并时，只有电珠厂继续生产，其他几个厂先后停产关闭。

拖拉机站 位于但家庙村三根桥生产队与原小河嘴村马氏祠生产队交界的山岗上。1971年年初创建。先后购置东方红牌大型拖拉机5台。1974年上半年(6月),但家庙公社购置了一辆江淮牌汽车。当时的驾驶员是退伍军人张宜来(胡大桥村高塘埂生产队人)。万正明、马德荣、陈业贵、孟庆福均担任过拖拉机站站长。拖拉机站于20世纪70年代末被撤销。

第二节 乡镇企业和私营企业

一、发展概况

改革开放以后，政府对发展工业越来越重视。1986年，但家庙公社竹木器社负责人桑世林、冯修俊等人开始创办但家庙第一个乡镇企业——霍山县灯泡厂。该厂建成后，迅速发展壮大。到1998年，霍山县灯泡厂年产值就达1亿元。同年，改制成为安徽世林电光源有限公司。20世纪90年代，本区域乡镇企业发展迅速：先后创办了霍山县团墩电珠厂、霍山县雁江彩印厂、海宏电器厂、但家庙颗粒饲料厂、造纸厂、轮窑厂、水泥预制厂等。工业的发展使但家庙镇成为全县仅次于城关镇的工业强镇。这期间，以灯泡厂为龙头，但家庙的工业有了快速的发展，但家庙镇曾一度成为六安市工业发展先进乡镇。

1992年，撤区并乡。该区域原团墩乡和但家庙乡合并，成立新的但家庙乡。与此同时，在全乡上下掀起“重工强工”的热潮。政府制定了《但家庙乡企业管理细则》，强化企业内部管理，加速调整产业产品结构，扩大适销对路产品。依托本地资源优势，开发本地的“名、优、新”拳头产品，打出安徽，走出国门。利用霍山县经济开发开放带的有利条件，办好大河厂工业小区，进行招商引资，鼓励和扶持合作办、户办企业的发展，实行乡办、村办、合作办、户办“四轮驱动”。全年新上马两个厂：槐叶粉颗粒加工厂、电珠组装厂；巩固挖潜4个茶厂、1个轮窑厂、1个砖瓦厂、1个建筑队。

1997年，但家庙乡按照“试点先行，分批实施”的方针，确定了参加改制企业5家，其中乡办4家、村办1家。1998年，在全乡首先完成了世林光源集团的股份制改造。2000

年，但家庙镇坚持“强工重农抓基础，兴镇活商促发展”的总体工作思路，大力实施“工业强镇”战略，个体私营企业增长明显。至2002年，全镇形成了以世林光源集团为龙头的电光源系列、服装成衣、建筑建材、彩印包装四大支柱产业。

2003年10月，随着但家庙镇的龙头企业世林光源集团被划归到工业园区，但家庙镇由一个全市工业强镇沦为全年工业总产值不足亿元的工业薄弱乡镇。2004年，全镇上下树立“工业兴镇、工业强镇”的观念，大力实施工业化战略。突出“引进项目、扶优造舰、盘活存量”三个重点，工业经济得到恢复和发展。2008年，镇党委、政府决定在但家庙镇工业集中区内建：凤还巢农民工创业园，总投资4000余万元，于2009年建成了初具规模的但家庙工业园，并采取一系列优惠政策，吸引农民工回乡创业。2008—2016年，先后有10多名该镇农民工返乡创业，兴办企业。宏翔织造、华成皮具、安全家私、华美服饰、金天磁业等企业先后入驻园区。

2017年年底，全镇有工业企业33家，其中重点企业12家、规模企业3家。基本形成镇工业集中区、大河厂雁江工业园区、世林集团老厂区三大工业基地，以建筑材料、箱包生产、服装加工、农副产品生产加工、羊毛纺织、家具生产为主导产品的工业发展格局。全年实现工业产值3.65亿元。2021年，新增民营企业27家，成功处置僵尸企业1家，盘活闲置厂房5200平方米，实现规模以上工业企业总产值2600万元，完成固定资产投资2000万元。新引进项目2个，其中亿元项目1个、3000万元项目1个，总投资额1.3亿元。

2008—2021年部分年份但家庙镇工业经济主要指标一览表

表7-2 单位：万元

年度	2008	2012	2015	2016	2017	2018增速（%）	2019增速（%）	2020增速（%）	2021增速（%）
规模工业产值	2873	9621	37390	37812	36500	-25.4	7.1	4.9	-68.5
固定资产投资	10360	32694	10925	11813	10962	74.8	100.9	10.1	167.0

二、企业介绍

霍山县灯泡厂（安徽世林集团） （详见本章第四节“安徽世林集团”）

霍山县华安建筑工程有限责任公司

前身是创办于1969年的但家庙公社建筑队（以下简称“建筑队”），是由霍山县生产指挥组批准组建而成，办公地点位于但家庙街道56号，下设但家庙预制场。起初，建筑队共有15人，但心科任队长。1982年，涂友功任队长。1987年，倪克元任队长。1992年3月，但家庙公社建筑队更名为“霍山县第五建筑工程公司”，倪克元任公司总经理。公司成立时，拥有固定资产45万元，职工260人，技术人员10人。1997年，霍山县第五建筑工程公司进行改制，成立霍山县华安建筑工程有限责任公司，倪克元任董事长兼总经理。

2004年，创办华安天使幼儿园（详见第十章第一节“教育”）。2018年，公司领导班子进行调整：倪克元任董事长，潘润生任总经理，余斌、涂友胜任副总经理，梁浩任财务总监，董开福任工会主席。霍山县华安建筑工程有限责任公司自成立以来，先后取得建筑工程施工专业承包二级资质，建筑装饰装修工程施工专业承包二级资质，市政公用工程施工总承包三级资质，公路公用三级资质，玻璃幕墙三级资质。2000年以来，通过质量、安全、环境管理体系认证。至2019年，公司拥有固定资产2600万元，流动资金2300万元，职工1860人。共有技术人员285人，其中本科学历16人，大中专学历136人，高级工程师5人，工程师65人，会计师4人，经济师5人，一级建造师4人，二级建造师26人，三级项目经理28人。1992年，公司成立党支部。至2020年，公司下设公司办、质检办、安全科、预算科、招投标办、财务科、成本部、档案室、党建办等机构，另有工程项目部11个，分别为：胡国军一项目部，卢明德二项目部，李厚成三项目部，潘东生四项目部，张福成五项目部，刘斌六项目部，王朋七项目部，吴思俊八项目部，陈林九项目部，舒世宇十项目部，冯德权十一项目部。公司拥有各类现代化机械设备35台（套）。2015年，公司迁入霍山县工业园区（原但家庙总部继续保留），拥有办公楼和商住楼各一栋。预算、财务、质量、安全等各项管理均实行信息化、科学化、规范化。公司特别注重质量管理和安全生产管理。2000—2020年，公司先后获得市级、省级“重合同、守信用企业”称号。同时，公司还多次荣获市级优良工程“皋城杯奖”“安全文明工地”“用户满意工程”和县级“优秀民营企业”等荣誉。

位于但家庙街道的霍山县华安建筑工程有限责任公司旧址

（王玉生 摄）

2001年至2020年的近20年，是公司不断实现跨越发展的时期，公司规模迅速扩张，产值逐年攀升。每年产值均以25%以上的速度递增。其中，2016—2019年，公司年产值分别为3.7亿元、4.1亿元、5.3亿元和6.2亿元，每年上缴税收分别为1479万元、1630万元、2300万元和3600万元。

公司立足本市，面向省内外，不断拓展业务，优良工程得到了广泛认可。主要代表工程有安徽世林集团一期、二期、三期工程，制衣公司办公楼，物流中心办公楼，上海嘉尼公司办公大楼；六安市毛坦厂中学实验楼，教学大楼A区、B区、C区，学生公寓（51000平方米）；与儿街中学教学楼，霍山山城宾馆；南潭苑3#、4#商住楼；大地花园三栋商住楼；73823部队营房楼；霍山嘉利星城B区、C区、D区、E区、F区；天地佳苑33#、34#楼；文峰学校学生公寓、教学楼；花园小区7#、14#楼；六安中世铝业所有车间、办公楼；和顺花园7#、13#楼；迎驾酒业制曲车间楼；圣地亚公馆工程（36000平方米）；金色衡山

6#、14#、17#楼；六安市腾逸·水岸名城（80000平方米）；霍山二中东侧安置房工程（23000平方米）；淠河新区16#～21#楼；利辛县金城华府公租房（33000平方米25层2栋）；利辛县金城蓝湾22#～29#（75000平方米）；利辛县金城蓝湾一期、二期住宅项目（112000平方米）；利辛天同紫金东莱郡小区项目（79700平方米）；合肥市奥福时代广场二期工程项目（123000平方米）；山东省菏泽市中丞玖璋台项目45层（176000平方米）等百余栋项目工程。市政工程主要有世林集团厂区道路，三石路A、B标段，金安区三十铺镇胜利路、利达包装厂沉淀池，霍山县经开区多条道路等众多工程。

位于霍山县工业园区的华安建筑工程有限责任公司办公大楼　（王玉生　摄）

华安建筑工程有限责任公司承建的居民小区——金色衡山　（王玉生　摄）

2005—2020年霍山县华安建筑工程有限责任公司获奖情况表

表7-3

序号	表彰单位	颁发时间(年)	表彰称号
1	中共霍山县委县政府	2005	先进民营企业
2	六安市建筑业协会	2007	六安市建筑业诚信企业
3	安徽省工商行政管理局	2007	守合同重信用单位
4	霍山县人民政府	2008	“安康杯”竞赛先进单位
5	中共霍山县委	2008	先进基层党组织
6	六安市总工会、市安监局	2009	六安市“安康杯”竞赛优胜企业
7	安徽省地税局、省国税局	2010	A级纳税信用单位
8	六安市建筑业协会、市消协	2011	建筑业诚信企业
9	中共霍山县委	2012	先进基层党组织
10	霍山县住房和城乡建设局	2012	住房和城乡建设行业先进企业
11	霍山县人民政府	2013	安全生产工作先进单位
12	六安市住房和城乡建设委员会	2013	六安市建筑施工安全质量示范工地
13	霍山县安全生产先进单位	2015	霍山县安全生产示范岗

续表 7-3

序号	表彰单位	颁发时间(年)	表彰称号
14	六安市建筑业协会	2015	六安市建筑业诚信企业
15	六安市工商行政和质监局	2015	守合同重信用企业
16	中共霍山县委、县政府	2016	十佳民营企业
17	六安市建筑业协会	2017	六安市建筑业协会第五届理事单位
18	中共霍山县委、县政府	2017	十佳民营企业
19	六安市建筑业协会	2018	六安市建筑业优秀企业
20	中共霍山县委、县政府	2018	十佳民营企业
21	六安市建筑业协会	2019	六安市建筑业诚信企业
22	霍山县安全生产委员会	2019	霍山县"安全生产月"优秀组织单位
23	中共霍山县委、县政府	2019	十佳民营企业
24	亳州市住房和城乡建设局	2019	芍花杯奖
25	六安市建筑业协会	2020	六安市建筑业优秀企业
26	霍山县人民政府	2020	安全生产先进单位

霍山县雁江印务有限公司

霍山县雁江印务有限公司坐落在大河厂村小河桥村民组境内，地处霍山县东大门，距省城合肥120千米，105国道东侧。公司创办于1995年8月，2001年完成股份制改造，注册资本700万元，总资产2000万元，占地面积44000平方米，建筑面积16400平方米，员工80人，其中大专以上学历16人，技术人员占30%。公司拥有四色胶印机和三色水印机等各种生产设备40余台（套），共有纸箱、彩盒、商标三大门类、五条生产线，实现流水化作业。公司经营范围：图文设计、商标标贴、瓦楞纸箱、彩盒提袋、不干胶类、条码吊牌。公司常年为世林集团配套生产各种包装，配套出口产品占70%。公司创办以来，与迎驾集团、世林集团、龙华集团、源牌集团、绍峰集团、六安轴承公司、上海昭关外贸公司等十几家知名企业形成了良好的合作伙伴关系。公司生产规模不断扩大，2012年，投资1500万元，新建3#、4#厂房，当年实现产值4200万元，创利税106万元。公司在扩大投资的同时进行技术改造，达到污染物零排放。通过了ISO 9001-2008质量管理体系认证，创建了“安全生

位于大河厂105国道东侧的霍山县雁江印务有限公司　（党政办　提供）

产标准化三级企业”，拥有了注册商标。雁江印务有限公司自主创新的“快捷特规纸板剪切机”和“快捷特规划痕机”技术，获得“国家高新技术企业”“高新产品”两项荣誉。2016年，又申报荣获三项实用专利和两项发明专利，大大提高了产品质量和工作效率。2006年，公司被县税务局评为“先进纳税集体”，2005—2018年，每年都受到镇政府表彰，多次受到县委县政府表彰。2006—2010年，连续被评为省级A级纳税信用单位，2010年，被市级认定为民营科技企业，被授予县、市、省级“守合同重信用单位”。

其他企业

团墩纸厂和纸箱厂　1994年，由陈守德在团墩老乡政府创办。开始时主要生产瓦楞纸，供给纸箱厂生产纸箱之用。随着1996年纸箱厂从纸厂分离迁至但家庙灯泡厂，纸厂改为生产大表纸。2004年，企业改制，纸厂改为私营企业。后来由于产品的销路问题，加之环保不能达标，2014年，宣布破产。

霍山县特种电珠厂　位于观音岩村谷畈村民组。1990年9月创办，同年11月建成投产，定名为团墩电珠厂。厂长先后由舒绪宝（1990—1994）、倪守祜（1995—1996）担任。该厂属于原团墩乡的乡办企业，是利用原团墩综合厂的厂房改建而成。初建时有厂房20余间，仅一条生产线。1991年10月，经扩建增加一条生产线。1991年，企业生产电珠4500万只，年产值90万元，利税10万元。1992年7月，团墩电珠厂更名为霍山县特种电珠厂。后来由于市场的原因，于1996年2月停产。

观音岩茶厂　1992年3月，由观音岩村承包经营。村负责人有吕自成、倪世平、卢家云、广家平。承包目标：完成产值5万元，完成销售收入4.8万元，创利税0.72万元，上缴财政所折旧0.15万元。

霍山县但家庙水泥预制场　建于1992年10月，厂址位于大河厂村丁家山坎队。负责人为六安市第六建筑工程公司韩远龙，产品销往六安等地。

霍山永发包装材料厂　1995年，但家庙居委会汪守法同志依据世林光源集团包装材料用量大的特点，积极创办了霍山永发包装材料厂。注册资金8.8万元，拥有资产总值18.3万元。该厂主要为世林集团配套生产内包装，产品不但就地销售，还打进了六安、合肥等地，生意十分红火，受到了党委、政府和周围群众的好评。1998年创产值45万元，实现利税5万元，年发放工人工资及福利6万元，社会效益和经济效益十分显著。1999年底创产值60万元，利税7.5万元，比上年同期分别增长23%和17%。1999年以后，该厂转产PVC（收缩膜），年产值80万元。

三龙黄酒厂　1998年年底，小河嘴村村民叶阳富从江苏引进技术人员，生产黄酒。镇政府无偿提供厂房，协助其办理了营业执照等各类证照，成立了私营企业三龙黄酒厂。所生产的黄酒以糯米为主要原料，土法酿造，工艺简单，酒味醇和，度数低，口感与市场上销售的白酒截然不同，且富有养生和营养价值，受到农村广大中老年人的喜爱。

倪世平米厂　米厂坐落在团墩街道北端，是倪世平独家经营，有厂房12间，有办公楼房，大院、仓库，设备有卷扬机、加工机、地磅秤、包装设备、运输车辆。常年均有自家人劳动也请工人帮忙。从2004年建厂以来，每年可收购稻谷2万多公斤，进行加工外运或村内销售，也帮助农户储存，到农户需要时来厂领取，同时在收购季节派车进农户家庭收购，大大方便了群众。

水泥预制场 改革开放以后，随着人民群众生产生活中对水泥预制品需求的日益增多，但家庙镇境内先后出现了多家水泥预制场。

但家庙镇水泥预制场一览表

表7-4

名称	厂址	法人	生产品种
但家庙五建公司预制场	镇政府东侧现华安幼儿园	方文学	水泥块、水泥砖、空心砖、门头枋、封檐砖、小口径涵管等
但家庙水泥预制场	花园畈油坊大河地	方文学	电杆、楼板
小河桥涵管场	大河厂村小河桥组	卢世家	各种口径涵管、六角块、U型涵、封檐砖、门头枋等
大河厂免烧砖厂	大河厂村大河厂组	周岐明	水泥块、水泥砖、空心砖
王永贵预制场	大河厂村王家院组	王永贵	水泥块、水泥砖、空心砖、门头枋、封檐砖、小口径涵管等
红星楼板预制场	大河厂村红星组	董开忠	水泥楼板、门头枋、封檐砖等
但家庙预制场	但家庙村但家庙组	周岐加	水泥砖、空心砖

第三节 工业集中区

一、基础设施建设

但家庙镇工业集中区（但家庙镇农民工创业园）始建于2007年，总体规划面积2.6平方千米。在集中区的建设上，镇政府始终坚持高标准、严要求的发展思路，做到超前谋划、超快发展，始终以超常的举措为集中区建设搞好服务。

2007—2011年，累计投入资金1200万元，征用平整土地100亩，铺设排水管道2000米，新建污水处理池

位于但家庙村油坊村民组的但家庙镇农民工创业园

（王玉生 摄）

1座，架设120千伏箱式变压器1台，安装路灯17盏，建成3000平方米轻钢结构标准化厂房。同时，投资近140万元完成了集中区长2千米、宽9米循环路路基工程，新建桥梁1座。镇工业集中区先后有宏翔织造、华安建材、华成皮具、三元精米加工、大冲石材、和胜建材、金天磁业、安宝家俬、华美服装等10余家企业落户。2011年，集中区企业实现产值1.3亿元，利税2000万元，带动就业900人。2017年，集中区企业总产值超过2亿元。2021年，产值9800余万元。

二、驻园企业

霍山宏翔织造有限公司　2007年12月，霍山宏翔织造有限公司成立于安徽省霍山县但家庙镇农民工创业园，占地面积8000多平方米，于2008年7月1日正式投产。创办人为花石嘴村返乡民工陈绪宏，后由郭后玉接手经营。2008年11月走进中央电视台，属皖西农民工回乡创业典型公司。产品远销欧美市场。公司吸纳了一批专业人员致力于原料的研发，并成功开发了一系列新型纱线。每季都会按照市场的要求开发出几十个新品种提供给客户，赢得了客户的一致信赖。公司拥有钢构车间、宿舍楼、食堂、办公楼，厂区环境优美、办公设备齐全。公司领导先后到广东、上海、江苏等地聘请人才，为公司的发展注入新的力量。2017年，公司有前整（板房、织机部、缝挑部）、横机共280台、缝盘机85台，前整工人200余人，后整（洗水、烫衣、查补衫、包装）工人70人、洗水机4台、烘干机8台、脱水机3台、烫斗36个、扫毛机1部。产品原料部分来自欧、美、日、韩等国家。至2017年年底，公司已生产羊毛衫数百万件，各种款式20余种。公司法人代表郭后玉从事织造业达15年，在广东、上海等地担任过同行业的高层管理者，培养了大批人才，有着丰富的生产、管理经验。公司与业内知名的上海华翔羊毛衫有限公司、江苏南通新华宁服饰以及六安地区的很多毛织企业都有亲密合作。公司先后荣获“安全生产先进单位”“六安市优秀企业”等称号。

安徽青山绿水生态农业有限公司　2018年8月，安徽青山绿水生态农业有限公司，由六安市“五四奖章”获得者、享有安徽省“巾帼创业之星”称号的但家庙镇观音岩村女青年陈来凤创办，注册资金800万元。公司位于霍山县但家庙镇工业集中区，占地面积10亩，拥有两条粮食烘干生产线和一个龙虾交易市场。公司规模：一是120吨/日的水稻烘干，持续约90天，总烘干量在1.08万吨，解决2.16万亩水稻烘干问题。二是25吨/日的龙虾交易市场，持续约60天，预计引进20位龙虾大客商，带动至少50个龙虾个体小商贩，繁荣周边4万多亩稻田虾的养殖。

但家庙镇创艺东方家具（有限）公司　创办于2018年，该公司的前身是三星木业（有限）公司和北京康威家具厂。1997年11月，但家庙镇花石嘴村（原小河嘴村）占家榜村民组青年农民倪昌明，自筹资金，在北京海淀区香山脚下（现在的西五环）组建了三星木业（有限）公司，主要经营家具生产和销售，成为但家庙镇第一个家具生产和销售的个人企业，也是本镇第一个在北京市创办的家具生产和销售企业。因为北京市规划改造，企业于

2004年从海淀区搬迁到通州区，企业规模不断扩大，并成功注册了北京康威家具厂，年销售额达4000万元。2018年6月，倪昌明带着技术和资金回乡创业。在但家庙镇农民工创业园创办了霍山县创艺东方家具（有限）公司，并在国家商标局成功注册“木甘心”商标。企业创办仅一年多时间，就已经形成了产、销两旺的良好势头。

霍山华成皮具有限公司　位于霍山县但家庙镇工业集中区内，2010年，由杭州华光皮具有限公司注册成立，占地面积6667平方米，建筑面积2200平方米，办公及仓库500平方米。总投资1400万元，年产值1200万元，其中实现利税220万元。霍山华成皮具有限公司属于外贸加工型企业，主要生产皮夹、箱包等小皮具，其产品远销于欧、美、韩等多个国家和地区。公司有员工230多人，年销售收入2500万元。2018年，因经营不善而倒闭。

安徽亿佳照明电器有限公司　安徽亿佳照明电器有限公司成立于2011年5月，是一家股份合作制招商企业，主要从事普通灯泡生产。公司占地面积15亩，拥有厂房2560平方米，拥有普通灯泡生产线3条，管理及技术操作人员85人，年产值2200万元，利税238万元。2011年，公司固定资产投入1000万元。2012年3月，公司再投入资金1000万元，新上节能灯项目。2018年，企业因市场和经营不善等原因倒闭。

第四节　安徽世林集团

一、发展历程

起步

安徽世林集团始创于1987年，其前身为霍山县灯泡厂。霍山县灯泡厂原来是一家生产木器家具的乡办木器社，主要进行木材加工和家具生产。1985—1986年，家具产品滞销，经济效益差，工厂处于半倒闭状态。面对这种状况，支部书记桑世林带领党员一方面做思想工作，稳定情绪；另一方面，积极寻找企业的出路。他们跑六安、上合肥，通过各种渠道调查了解，终于得到了一条好消息：国营灯泡厂都把经营方向转向效益好，注重高档、豪华灯泡生产，普通灯泡厂家逐渐减少，市场普通灯泡供应日趋紧张。普通灯泡是劳动密集型微利产品。作为有大量劳动力且后备资源丰富的乡镇企业，生产普通灯泡不仅能干，而且大有可为。他们在对灯泡生产工艺流程进行细致考察论证后，做出了转产灯泡的决定。决策定下来

世林集团全景

之后，他们又马不停蹄地上霍山、奔六安，争取国家资金支持。最终他们争取到国家22万元资金扶持，并得到了合肥灯泡总厂的技术支持。

条件成熟之后，他们便着手兴建厂房。全厂上下一起动手，担砖挑瓦，共完成土石300多立方米。全厂职工奋战3个月，终于完成了基建任务。基建完成，设备安装完毕，普通灯泡生产线正式投产。生产伊始，产品合格率只有65%，1990年产品合格率上升到98%；生产成本由1987年的每只普通灯泡0.32元下降到1988年的每只0.29元，1990年又下降到每只0.25元。能耗、物耗降低，各项指标均居省内同行业之首。截至1990年，但家庙灯泡厂有职工150人，固定资产138万元，流动资金46万元，年产灯泡900万只，产值500万元，上缴利税30万元。

发展

随着生产规模一年年地扩大，原厂址地理位置严重制约着企业的进一步发展。1991年，企业进行了厂址迁移，搬到了位于105国道西侧的但家庙乡大厂村果园场村民组，为企业规模进一步扩张奠定了基础。为走向国际市场，树立企业及产品形象，从1992年起，企业通过委托和代理渠道，开始小批量出口。凭着过硬的质量，优惠的价格，完善的服务，赢得了客商的信任与青睐，产品源源不断销往国外。1992年，但家庙灯泡厂利税首次超过500万元。1997年，在各种条件成熟的前提下，获得了自营进出口权，开始了首批自营出口业务。继而业务越做越大，出口量及创汇额成倍增长。照明灯泡、服装等产品，90%以上均出口，销往世界各地80多个国家和地区。

1987—1997年的10年时间里，公司累计投入资金1.5亿元用于扩大规模，新上了磨砂、纸箱、玻璃窑炉等项目，并进行厂址迁移。1997年企业进行了股份制改革，坚持人人参与，人人出资，将安徽省霍山县灯泡厂改制为安徽世林电光源有限公司，使职工成为股东，使企业成为自主经营、自负盈亏、自我发展、自我约束的法人实体和市场竞争主体，为企业长久发展奠定了基础、铺平了道路。同年，企业获得自营进出口经营权，在合肥设立了外贸部，自主开展自营进出口业务。1997年，世林公司拥有员工1080人，总资产1.2亿元，年产值9760万元，出口69万美元，利税585万元，成为全县骨干企业。

腾飞

1998年以后的两年内，世林集团筹集资金进行了多次扩建、新建和技改，增加了特种白炽灯生产线、磨砂生产线和玻璃窑炉生产线，建立新产品开发中心，进一步扩大了企业的规模，市场也不断拓宽。1998年1月22日，安徽省世林集团完成改制，原安徽省霍山县灯泡厂进行股份制改革，成立了安徽世林电光源有限公司。2000—2002年，投资5000万元新上制衣项目，成立了安徽世林制衣有限公司。与此同时，在上海创立了上海嘉尼照明电器有限公司，并很快打开了市场。2003年，企业进行第二次股份制改革，将安徽世林电光源有限公司整体变更改制为安徽世林照明股份有限公司，建立了现代企业制度，健全了企业的经营管理，构建了更为科学合理的管理架构，为今后上市融资打下了坚实的基础。2003年下半年，集团在多次考察论证的基础上，按照现代企业制度要求，整合原有股份，根据《中华人民共和国公司法》及上市公司的规范要求，将有限责任公司一次性转变为股份有限公司，经省工商局核准为安徽世林照明股份有限公司（以下简称“世林公司”）。为赢得更大发展，在多次市场调研和科学论证的基础上，集团决定走跨行业、跨区域发展之路。2003年，世林公司在县生态工业园区征购了500亩土地，以照明电器、服装、玻璃制品为投资主业，5年内完成4亿元投资，新上了玻璃器皿、拉管、直管荧光灯、电子节能灯、电光源设备、化妆品瓶深加工等项目。首期工程世林器皿项目，是与省内一家企业合资开展的，投资3000万元，成立了安徽世林玻璃器皿有限公司，并于2003年10月竣工投产。该公司生产、销售各种酒瓶、口杯等。截至2005年，集团总资产达5.5亿元，销售收入5亿元，利税3788万元，自营出口创汇1080万美元。企业一跃成为全国最大的灯泡生产及出口基地，同时跻身省内规范的服装外贸加工企业行列，连续5年为六安市第一出口创汇大户。2008年，公司创综合产值4.5亿元，营业收入39365万元，其中自营创汇2200万美元，上缴税金3426万元，发放工资6000万元，实现利润2190万元。世林公司实力位于全国同行业前列。

转型

2009—2021年，随着国家“白炽灯淘汰路线图”的出台，以及荧光灯因汞污染而被市场快速淘汰的行情，世林公司逐渐将产品重点放在LED高效节能照明产品上面，总投资超过3.5亿元，先后组建LED直管灯、球泡灯、灯丝灯、驱动电源工厂，智能化吸顶灯、面板灯工厂，灯带工厂，上马LED自动化光源和灯具生产线50余条，LED高效照明产品产销规模也达到公司总产销规模的95%以上。

世林公司在推动LED照明电光源产品发展的同时，不断向LED中上游产业发展。2015年，组建LED驱动电源工厂，自主研发生产LED高效照明产品核心部件驱动电源。同时，在合肥高新区成立合肥世林智徽电子有限公司，计划向LED智能照明控制系统、关键电子元器件、IC芯片封装等LED行业中上游产业延伸。2017年，公司在广东佛山成立广东世林照明有限公司，开始推动LED家居照明产品的生产及全国范围的渠道建设。2018年年底，在全国各地新建世林公司自主品牌形象店200余家。自2013年开始，世林公司与台湾健峰企业管理公司开展合作，选派中高层管理人员前往健峰开展全员管理培训学习，同时从2015年开始，公司先后引进5S现场管理、标准化管理、QCC（品管圈）、IE精益生产、TPM等管理项目，自下而上开展管理升级，全面提升全体员工特别是管理团队的综合素质和能力水平。2016年，世林公司还对ERP信息化系统进行全面升级，完成财务管理、供应商管理、生产管理、销售管理、仓储管理等模块建设，形成完善的产供销一体化的信息化系统。

成就

2021年年底，世林公司注册资本1.586亿元，拥有总资产近6.7亿元，占地总面积60余万平方米，经营场所分布于霍山、合肥、广东等地，员工总数1550余人。世林公司集设计、开发、制造、营销、工程服务于一体，主要产品为各类LED照明电光源及灯具产品，照明电光源设备及玻璃器皿等产品。自1987年创办至2021年年底，世林公司共计生产照明电光源产品104.5亿只，玻璃器皿12.8亿只。实现产值100多亿元，利税13.9亿元，发放工资22.3亿元，出口创汇3.59亿美元。

世林公司自创办以来，在创造巨大经济效益的同时，取得了显著的社会效益。公司先后吸纳就业超过10000人，其中本镇居民占三分之一左右。在改革开放后的很长一段时期内，世林公司不仅在但家庙的经济社会发展中起着中流砥柱的作用，同时，也是霍山县和六安市的龙头企业。但家庙镇及周边乡镇群众，都从世林公司的发展中获得利益。20世纪90年代至21世纪初，世林公司甚至创造了“一人进厂，全家致富”的奇迹。当周边地区绝大多数群众还在为温饱而奔波操劳时，但家庙镇人民群众就率先骑上了摩托车、开起了小轿车、住上了楼房和别墅，生产和生活条件发生了翻天覆地的变化。

世林公司是国家级高新技术企业，曾荣获“全国文明乡镇企业”“国家知识产权示范企业”“全国职工之家”“国家守合同重信用企业”“中国质量诚信企业”和安徽省“先进集体”“民营企业百强”“民营企业出口创汇企业百强”“技术创新示范企业”“创新型企业”“专、精、特、新企业”“十一五节能先进企业”“环境友好型企业”“优秀非公有制企业”“质量管理奖企业”“A级纳税信用企业”“制造业信息化二类示范企业”“和谐劳动关系示范单位”“职工职业道德建设标兵单位”等称号。

公司创始人桑世林荣获“全国劳动模范”、“全国优秀乡镇企业家”和“全国扶贫贡献奖”等称号。继任董事长桑永树曾获安徽省“劳动模范”“优秀民营企业家”“高新技术产业先进个人”“第四届非公有制经济人士优秀中国特色社会主义事业建设者”“战略性新兴产业技术领军人才”“第三批省特支计划创新领军人才”和六安市“突出贡献企业家”及霍山县“优秀共产党员”等称号。

位于霍山县工业园区的世林集团厂区　　（世林集团　提供）

二、管理　架构

管理

世林公司自始至终严把质量关，树立“质量大于一切、质量就是生命”的理念。质量管理部门严格按照国家标准对原材料、半成品、成品进行检验和检测：行使质量一票否决权。坚持车间首检、质监巡检、入库统检、出货抽检，坚持“不合格材料不投产，不合格半成品不流入下道工序，不合格成品不入库、不出厂”的质量管理制度。1998年，世林公司获得了ISO 9000国际质量保证体系系列认证，“世林”牌灯泡荣获安徽省“质量免检产品”称号，连续5年通过国家专项监督检测，并通过了欧洲共同体CE国际安全认证，北美CSA质量认证。2000年，获安徽省“名牌产品”称号，被省消费者协会作为“推荐产品”向广大费者推广。2003年，被国家质检总局命名为“国家免检产品”。世林公司在国内注册商标12个，国外注册商标3个。电光源产品出口率达65%，服装产品出口率达100%。1987年至2017年，世林公司以其高质量的产品，独特的管理方式，赢得了市场，创办初期只有十几人的小厂，发展成为年产值数亿元的集团公司，闯出了一条民营企业快速发展之路。

安徽世林集团（世林公司）重视对技术人员的培养。2017年，集团有各类专业技术人员600人，占职工总数的15%。为提高技术人员的技术水平，每年都派人到合肥工业大学、上海复旦大学和国内电光源科研院所及生产企业学习、培训，或从全国各地常年聘请有资质的电光源界高级工程师到集团培训人才，指导生产（现有10多名）。此外，还注意引进专业人才。同时，为巩固技术成果，使技术转化为生产力，在企业发展经营过程中，始终着力于技术改革和创新。每年都投入数百万元资金，在生产工艺、产品结构、设备更新、技术改造等方面进行改造、提高。由于世林公司重视技术创新，在电光源生产技术上日渐成熟，生产的产品技术含量和光电性能，可与国际光源标准制定者菲利普公司和欧斯朗公司的产品相媲美。

集团架构

安徽世林照明股份有限公司　总部位于安徽霍山县经济开发区，占地面积50万平方米，是一家集设计、开发、制造、营销、工程服务为一体的照明企业，拥有国内一流的LED光源和灯具生产与研发基地。公司注册资本金1亿元，职工2200人，年产各类LED光源及智能灯具5亿只。公司照明产品在国内具有完善的市场网络和销售渠道，并出口至欧洲、北美、南美、中东及非洲等海外市场。“SHILIN”商标荣获“中国驰名商标”、世林照明品牌荣获中国照明灯饰行业“十大年度品牌”称号。公司LED照明产销规模位居全国前15位、安徽省首位。世林照明是国家知识产权示范企业、省高新技术企业、省创新型企业和省技术创新示范企业，拥有省级企业技术中心、绿色照明工程技术研究中心、工业设计中心、产品研发中心、产品检测中心和博士后科研工作站，拥有发明等专利200余项，具有较强的技术研发和自主创新能力。安徽世林照明股份有限公司下辖5个子公司，分别是安徽世林电光源设备有限公司、安徽世林玻璃器皿有限公司、合肥世林智徽电子有限公司、广东世林照明有限公司、合肥世林融徽电子有限公司，5家全资子公司分别位于霍山、合肥、广东等地。

安徽世林电光源设备有限公司　成立于2006年，为安徽世林照明股份有限公司下属全资控股子公司，位于但家庙镇集镇南侧，是一家集开发、设计、制造、营销于一体的现代化新型照明设备生产企业，厂区占地面积7000平方米，拥有固定资产1000余万元，职工

80余人。公司拥有现代化的生产办公条件和一批专业化的机械设计人才队伍，熟悉各类光源的生产过程和工艺。公司设有技术科、生产质检科、精加工车间、组装车间等。拥有数控机床、加工中心等多种现代化生产设备近40台，并拥有自己的网络中心和CAD/CAM计算机辅助设计室。每一台设备都是从工艺出发设计，形成了较为完善的电光源机械设备制造技术体系。2009年，被认定为安徽省级高技术企业，先后开发出10多项科技成果，申请发明专利2项，实用新型专利10项，高新技术产品3项，获市县级科技进步奖2项。公司自主研制的“T5细管径高效节能荧光灯生产线设备”获得2011年度科技部中小企业技术创新项目。2016年，该公司搬迁至霍山县经济开发区。

位于但家庙街道南侧的安徽世电光源设备有限公司，原为1959年创办的但家庙竹木器社，是安徽世林集团的诞生地　（王玉生　摄）

安徽世林玻璃器皿有限公司　安徽世林玻璃器皿公司是由安徽世林照明股份有限公司100%出资控股的子公司，注册资本1000万元。是生产各类玻璃制品的专业制造厂，首期占地面积100亩，工程于2003年5月18日开工，2014年1月对玻璃器皿进行第三次改造，玻璃器皿窑炉集全国最先进的技术设计，重建40平方米玻璃窑炉一座；现有六组双滴料两台、四组双滴料一台、四组单滴料一台四条全自动化行列机生产线。公司以窑炉吹制为基础，以及配套了各种玻璃制品蒙砂、印刷、烫金、烫银等一系列深加工工艺，完成投资总额5000余万元。2021年有员工300余人，年生产各类玻璃制品1.5亿多只。公司以一台优质玻璃炉为基础，提高了产品后序配套服务，以生产多种化妆品瓶、香水瓶、乳液瓶、膏霜瓶等为主导，产品主要销往广州、上海、苏杭等地，部分中高档化妆品瓶及深加工品种通过外贸及自营出口国际市场。

安徽世林制衣有限公司　安徽世林制衣有限公司是由安徽世林照明股份（集团）有限公司投资创建于2000年，是一家以运动休闲夹克为主导，羽绒服、童装、长短裤等系列为配套，集设计、开发、生产、销售于一体的服饰公司。公司占地面积1万平方米，固定资产3000万元，有员工850人，专业技术人员占比40%。拥有现代化的生产设备600台（套），年生产能力100万件（套）。公司采用ISO 9002质量管理模式，通过美国VF和法国QUIKSILVER两家公司认证，并多次获得“守合同重信用单位”的称号，经过多年的潜心经营，得到业内人士的好评，产品畅销欧美及东南亚国家和地区。2019年，该公司搬迁至霍山县经济开发区。

广东世林照明有限公司　广东世林照明有限公司是安徽世林照明股份有限公司的全资子公司，成立于2017年12月11日，注册资本1000万元。公司依托世林照明强大的制造能力、技术资源、人才团队、品牌积淀，深耕广东照明灯饰行业前沿，服务全国。广东世林照明有限公司拥有业务团队120余人，致力于完善供应链系统、研发系统、质控系统、营销系统和渠道服务系统。广东世林照明公司具有强大的产品研发设计能力和供应链整合能力，公司秉承品牌价值、产品超值、服务增值的企业核心理念，服务于全国世林照明渠道商和专卖店平台，致力于打造一流家居照明领域类大众品牌。

世林集团LED驱动电源工厂

（世林集团　提供）

合肥世林智徽电子有限公司　合肥世林智徽电子有限公司是安徽世林照明股份有限公司的全资子公司，成立于2017年11月18日，注册资本1000万元。主营业务为LED光源、关键电子元器件、IC芯片等产品相关技术研发、技术延伸及应用产品的进出口业务等。2017年开始，公司陆续投资5.1亿元，建立占地50亩的LED照明控制系统及核心元器件、IC芯片等产品生产基地，新建15万平方米的洁净厂房，引进LED自动化设备、电子元器件自动化设备、IC芯片设计及制造自动化设备300余台（套），实现所研发技术、产品的应用化转化，形成年产LED高效照明产品2.2亿套、关键电子元器件10亿只的产能，至2021年年底，累计实现产值16亿元，销售收入15.8亿元，上缴税金1.1亿元，利润总额9000万元。

世林集团LED直管灯工厂

（世林集团　提供）

世林集团研发中心

（世林集团　提供）

三、主要产品

安徽世林集团是集设计、制造、销售和出口各类照明电器、服装、玻璃制品，并使之为一体的专业化、综合型企业。可稳定生产9大系列150多个品种的普通和特种照明灯泡，各种色彩和型号的装饰灯泡，以及系列夹克、休闲、运动、羽绒、西服、短裤等服装和鞋、袜、帽、床上用品等，此外还能生产各种灯用泡壳、酒瓶、口杯、化妆品瓶等。产品品牌有“世林”“SHILIN”“LUCKLCHT”“桑宝”“嘉尼”“百童”等。产品主要性能及质量指标已超过国家规定的标准，特别是灯泡寿命，超过1000小时。

企业先后通过ISO 9001质量管理体系、职业健康安全管理体系、环境管理体系、两化融合贯标体系、知识产权贯标体系及安全生产标准化认证，公司主导产品通过CCC、CE、CSA、UL、ROHS等国际质量、安全、环保及国内节能和安全认证，产品是安徽省高新技术产品、安徽省名牌产品、安徽出口名牌产品、安徽省工业精品、安徽省新产品等，公司主导品牌“SHILIN”商标获“中国驰名商标”，“世林”商标获“安徽省著名商标”称号。2018年10月，世林品牌登陆央视1套、4套、13套、15套主流频道黄金时段，将世林（SHILIN）“名牌”产品打造成真正的“民牌”产品。2021年年底，世林公司已在国内注册商标52个，境外注册商标4个。

LED照明光源及灯具　电光源是世林公司的支柱产业，至2021年，已有33年的专业制造历史。世林公司生产LED照明电光源及灯具20多个系列近200多个品种的产品，年综合产量4.5亿只，其中LED系列照明光源及灯具产销规模居全国同行业第15位，安徽省第1位。产品56%出口全球60多个国家和地区，44%销往国内20多个省份。LED照明光源及产值占全公司总产值的85%。

玻璃器皿　安徽世林玻璃器皿有限公司专业生产各类酒瓶、食品瓶罐、饮料瓶、牛奶瓶、化妆品瓶、香水瓶、乳液瓶、膏霜瓶等玻璃制品，年产量1.5亿只，产品畅销国内10多个省份并出口至20多个国家和地区。玻璃器皿产值占全公司总产值的10%。

照明设备　2004年2月，世林公司筹建了电光源设备制造厂。2006年10月，设立为安徽世林电光源设备有限公司。公司拥有数控机床、加工中心等多种现代化生产设备30台，设计、研制最新型的电光源自动化设备，2021年，有职工30余人。照明设备产值占全公司总产值的5%。

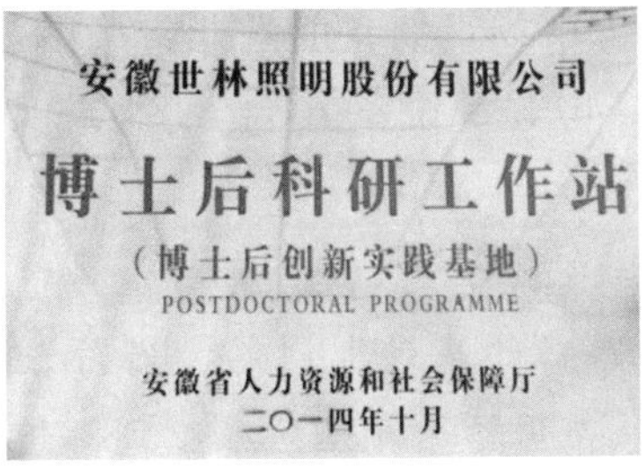

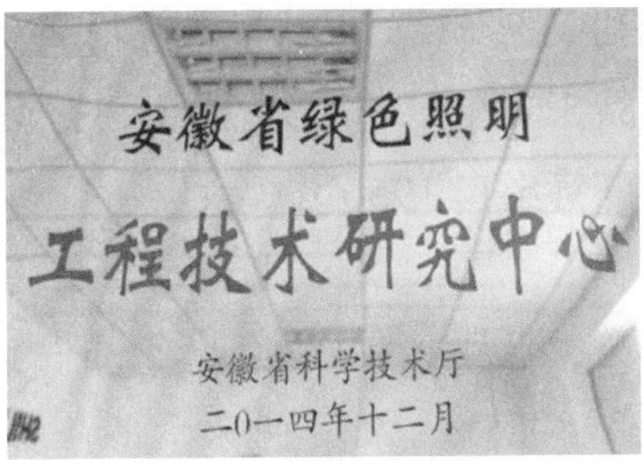

世林集团部分荣誉牌匾　　（世林集团　提供）

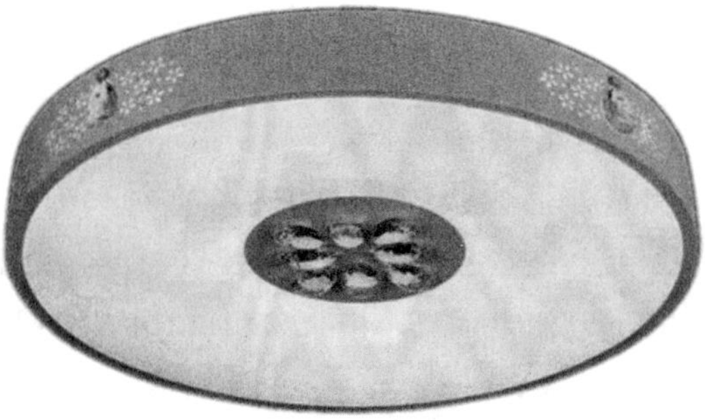

SL-KO-6208/520Y-LED现代灯

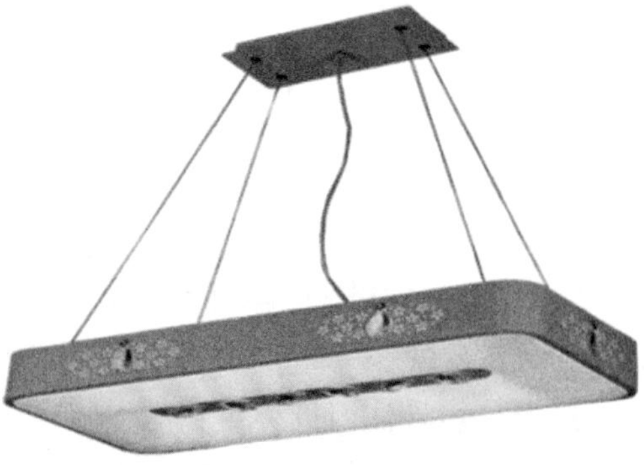

SL-KO-6208/700-LED餐吊灯

世林集团生产的两款灯具　　（世林集团　提供）

四、市场营销

1997年，企业进行了股份制改革，使企业成为自主经营、自负盈亏的法人实体和市场竞争主体，为企业长久发展奠定了基础、铺平了道路。同年，企业获得自营进出口经营权，在合肥设立了外贸部，自主开展自营进出口业务。

世林公司非常重视国内外市场开拓工作。一方面开拓内销市场，授权区域代理，开设世林自主品牌形象店，扩大内销覆盖面；另一方面开拓国际市场，参与国际市场竞争，走外向型发展之路。电光源产品56%出口全球60多个国家和地区，并打入欧、美等国际高端市场，44%销往国内20多个省份；玻璃器皿和电光源设备销售市场走俏，前景非常广阔。2020年，共销售光源及灯具产品5.5亿只，玻璃器皿1.6亿只，电光源设备70台（套），实现销售收入119165万元，其中自营出口1950万美元。

附：世林集团发展大事记

●1987年9月，公司前身霍山县灯泡厂在原但家庙竹木器社的基础上创建。当月21日，第一只普通白炽灯泡下线，企业创始人桑世林、冯修俊、鲁明贤等开始从艰难到辉煌的创业之路。

●1990年12月，企业获“安徽省乡镇企业思想政治工作先进单位”称号。

●1991年7月，企业获“安徽省明星企业”称号，这是企业首次获得的省级荣誉称号；同年10月，公司生产的白炽灯泡获得“安徽省优质产品”称号。

●1991年10月，霍山县灯泡厂厂址迁移到105国道边的大河厂村，扩大了生产规模，拓展了发展空间。

●1993年，企业产值突破1000万元、利税突破100万元。

●1994年5月，公司产品通过安徽轻工进出口公司等外贸公司代理出口，开始进军国际市场。

●1995年5月，企业委托霍山县劳动技工学校培训的首批对口技术学员参加工作，成为后来企业的技术中坚。

●1995年10月，公司引进玻璃窑炉技术，投资800万元兴建第一台玻璃窑炉，成为公司最大的投资项目，为加快企业发展打下基础。

●1997年2月，公司获得国家外经贸委授予自营进出口权，合肥进出口部挂牌运营，当年自营出口实现零的突破。

●1997年8月，企业获得“全国文明乡镇企业”称号，首次获得国家级荣誉表彰。

●1998年1月，霍山县灯泡厂成功改制为安徽世林电光源有限公司，注册资本增资为912万元，共44名股东持股。

●1998年12月，公司首次通过ISO 9001国际质量管理体系认证，提高了企业质量管理水平。

●1998年度，公司产值突破1亿元，利税超700万元，自营出口创汇突破100万美元。

●1999年10月，企业创始人、公司董事长桑世林获得“全国扶贫贡献奖”光荣称号，法人代表首次获得国家级表彰。

●1999年11月，公司投资成立安徽世林制衣有限公司，开始跨行业经营。

●2000年1月，公司增加注册资本至2672万元。

●2000年7月，公司投资成立上海嘉尼照明电器有限公司，并于2001年8月投产，开始跨区域发展，并和飞利浦照明公司合作。

●2001年2月，公司白炽灯泡首次获得“安徽省名牌产品”称号；同年7月，企业荣获“全国出口创汇先进企业”称号。

●2002年5月，公司董事长桑世林荣获“安徽省劳动模范”称号。

●2003年2月，公司在县经济开发区征购了500亩工业用地，投资成立了安徽世林玻璃器皿有限公司，2003年10月玻璃器皿项目投产。

●2003年4月，公司投入第二代照明光源，T8直管荧光灯、电子节能灯毛管和整灯项目投产，公司开始了主营产品战略转型。

●2003年8月，时任中共中央政治局常委、国家副主席曾庆红莅临公司视察指导。

●2003年11月，“世林”商标首次被认定为“安徽省著名商标”称号；同年12月，白炽灯泡首次荣获“国家质量免检产品”称号。

●2003年12月，安徽世林电光源有限公司整体变更设立成为安徽世林照明股份有限公司，注册资本增加至7000万元。

●2003年度，公司自营出口创汇突破1000万美元。

●2004年4月，世林电光源设备制造工厂和企业技术中心筹建。

●2004年10月，直管荧光灯和电子节能灯项目在开发区新厂扩产。

●2004年11月，安徽世林照明股份有限公司首次被认定为安徽省“高新技术企业”。

●2005年4月，企业创始人，公司董事长桑世林荣获“全国劳动模范”光荣称号。

●2005年8月，世林牌系列电光源产品首次被认定为“安徽省出口名牌”；同年12月，企业被评为“安徽省制造业信息化示范企业”。

●2006年5月，世林电光源设备制造工厂自行研制的第一条T8直管荧光灯自动化生产线投产；10月，“安徽世林电光源设备有限公司”成立，提升了电光源设备的制造能力和技改能力。

●2006年9月，T8直管荧光灯首次荣获“安徽省名牌产品”称号；12月T8直管荧光灯被认定为“国家质量免检产品”称号。

●2006年8月，公司转让所持全部安徽世林制衣有限公司股份。

●2006年度，公司产值突破4亿元，利税超2000万元，出口创汇突破2000万美元。

●2007年，公司加快实施战略转型：一是市场结构战略调整，从过度依赖出口向内外销并重的销售格局转型；二是产品结构战略转型，加大对节能照明产品的投入，使公司可持续发展能力显著增强。

●2007年4月，企业被省人民政府授予“安徽省先进集体”称号；同年6月，企业被授予“安徽省民营企业50强”和“安徽省民营企业出口创汇10强”企业；12月，“世林”商标和产品再次被认定为“安徽省著名商标”和“安徽省出口名牌”称号。

●2008年1月，企业被确定为安徽省重点培育的100户“专、精、特、新”企业之一。

●2008年3月，企业创始人桑世林辞去股份公司董事长职务，总经理桑永树任公司董事长、法定代表人。

●2008年9月，公司被授予“安徽省优秀非公有制企业”；同年12月，企业获得“安徽省质量奖”称号；2008年12月，公司被认定为“高新技术企业”，企业技术中心也被认定为“省级企业技术中心”。

●2009年6月，公司上马T5直管荧光灯项目；当年成功开发了T8/T5一体化灯具和LED高效节能照明产品，加速了产品战略转型的步伐。

●2009年12月，公司出售上海嘉尼照明电器有限公司全部固定资产。

●2006—2009年公司连续4年被评为“安徽省A及纳税信用单位”称号。

●公司2007、2008、2009年连续3年被评为“安徽省节能先进企业”称号。

●2011年2月被授予“安徽省‘十一五’节能先进企业”称号。

●2010年1月，公司组建了“绿色照明工程技术研究中心”，并获批为安徽省工程技术研究中心。

●2010年3月，中国照明电器协会理事长陈燕生率专家组莅临公司检查指导企业转型工作。

●2010年10月，公司中标国家发展和改革委员会/联合国开发计划署/全球环境基金共同实施的“中国逐步淘汰白炽灯、加快推广节能灯”国际合作项目的2个子项目：“白炽灯生产企业转型试点”“中小城市和农村地区节能灯营销网络体系建设”，得到了国际资金和国家政策的支持，公司加快了转型的步伐，扩大了节能照明产品的生产经营能力。

●2010年10月，公司投资成立安徽世林置业有限公司，作为策略投资，利用闲置资金进行房地产开发。

●2010年度，公司新增2条自主研制的T8直管荧光灯全自动生产线，使直管荧光灯产能跃居全国前3位。

●2010年12月，公司LED研发大楼建成，逐步加大了LED高效节能照明产品研发力度，产品战略转型继续深入开展。

●2010年度，公司实现综合产值9.6亿元，利税6000余万元。

●2011年8月，世林置业公司首个房地产项目建筑面积12万平方米的金色衡山住宅小区规划设计通过专家评审，进入开工建设阶段。

●2011年8月，公司首座大型马蹄焰全煤气玻璃窑炉（50平方米）开工建设，计划年出料量2万吨。

●2012年年初，公司上马卤素灯泡和灯珠项目；年底世林照明检测中心获Intertek天祥集团“全球卫星实验室”授牌。

●2013年，公司继续加大对LED项目的投入，成立LED工厂，新增生产线和检测设备，新上LED灯用玻管玻壳深加工项目，开展与LED上下游制造优势企业的合作。

●2013年9月，公司尝试开展电子商务营销渠道和平台建设，组建了网络营销部，开展B2B和B2C业务，为公司电子商务平台建设和O2O线上线下渠道互动做出有价值的探索。

●2013年，公司通过“安全生产标准化”验收，被认定为安徽省知识产权优势企业。

●2014年开始，公司加强企业文化建设和管理人员培训工作，逐步提高了企业凝聚力、管理水平和核心竞争力。

●2014年，公司不断加强与LED上下游知名企业在芯片封装、应用产品开发及零部件配套等方面的合作，充实并整合技术资源，组建广东佛山分公司和LED灯丝灯工厂，购置先进设备，增强研发力量，扩大LED高效照明产品的生产能力。

●2014年初，公司投资2200万元新建的世林家园公租房竣工，7月份正式投入使用。建成标准单间和套房420间，可解决1200余名职工住宿问题。

●2014年4月，公司在霍山县首家建立了知识产权管理体系，加强知识产权的管理、保护和运用工作，并于11月初通过安徽省知识产权局验收并获优秀等级。

●2014年7月，公司通过安徽省“高新技术企业”重新认定。

●2014年10月，公司获批设立“安徽省博士后科研工作站”，并启动相关工作。

●2014年12月，依托世林公司筹建的“安徽省绿色照明工程技术研究中心”通过省科技厅专家组验收，公司也被确定为“安徽省创新型企业”。

●2015年6月，在台湾健峰管理学校的指导下，公司引入企业5S现场管理项目，旨在进一步规范现场管理，改善公司内部工作环境，合理配置和利用资源，提高员工工作效率和整体素养，以进一步提升企业的管理水平和良好形象。

●2015年6月，公司自主品牌“SHILIN”商标被国家工商总局商标局认定为“中国驰名商标”。

●2015年7月，公司组建的工业设计中心被评为“安徽省级工业设计中心”；LED室内照明体验中心被评为“安徽省信息消费体验中心”；LED高效节能智能照明产品被认定为“安徽省信息消费创新产品”；“LED玻璃直管灯”被认定为安徽省首批“安徽工业精品”。

●2015年10月，公司申报的“国家知识产权优势企业”顺利通过评审，成为霍山县第一家国家知识产权优势企业。

●2017年11月18日，合肥世林智徽电子有限公司成立，该公司是安徽世林照明股份有限公司全资子公司，注册资本1000万元。

●2017年12月11日，广东世林照明有限公司成立，该公司是安徽世林照明股份有限公司全资子公司。

●2018年10月，世林品牌登陆央视1套、4套、13套、15套主流频道黄金时段，将世林（SHILIN）“名牌”产品打造成真正的“民牌”产品。

●2019年底，安徽世林制衣有限公司搬迁至霍山县经济开发区。

●2021年底，世林公司已在国内注册商标52个，境外注册商标4个。

第八章　商贸　财税　金融

明清和民国时期，但家庙有商道通往周边各地，但家庙集镇商贾云集，商业较为繁荣。中华人民共和国成立后，人民政府鼓励和保护私营工商业，使境域私营商业迅速恢复和发展。1956年，全部实行公私合营，供销商业，成为农村商业的主体。20世纪70年代，农村大队亦先后建立亦商亦农代购代销点。

20世纪80年代末开始，商业逐渐打破传统的计划经济模式，商品种类、数量日益增多，市场也开始活跃起来，除粮油、钢材、化肥、农药等主要生活、生产资料及紧俏工业日用品外，其他商品已放开经营。1993年前后，国有和集体商业先后实行了承包、租赁、转让、拍卖等产权制度改革，市场呈现物资丰富、物流通畅的新局面。尤其是21世纪初，随着社会主义市场经济体制的建立与完善，个体经济和第三产业发展迅速，市场更加繁荣、商业经济更加活跃。2021年，但家庙境内个体工商户452户，就业人数1000余人。

中华人民共和国成立以后至1998年以前，本地区财政支出主要用于支付人员工资和确保行政事业单位运转所需的各项经费支出。1998年之后，用于经济社会发展的支出不断增加，财政职能逐步有所转变，即由“吃饭型”财政向“建设型”财政逐步转变。2009年后，镇财政支出主要承担镇机关正常运转及其经济和社会事业发展所需支出。

1953年，镇域农村信用社成立。2014年10月，霍山县农村商业银行但家庙支行（简称“农商行”）成立，该行隶属于安徽霍山农村商业银行股份有限公司。服务本镇1.6万人口的农商行成立后，立足镇域经济发展，以支农、支小、服务小微企业为切入点，大力提升服务水平。

第一节　商贸服务业

一、商业体制改革

商业流通改革的起步阶段

商品流通改革的重点，是放开部分农副产品市场和对原有商业企业进行扩张让利。具体而言，包括国有商业企业内部经营机制和所有制改革，非公有制商业企业的发展，调整渠道单一状况，初步形成多种经济成分、多条流通渠道、多种经营方式并存的局面。1978年以前，商品生产短缺，工业生产资料以统配部管为主，国家对消费者实行凭证定量供应。凭证定量的商品大到粮食、棉花、棉布、食用油、猪肉，小到粉丝、麻油、豆制品等，“买难”“吃饭难”等困难重重，市场出现全面短缺的紧张状况。

1982年，家庭联产承包责任制确立，农村实行各种责任制，包括小段包工定额计酬，专业承包联产计酬，包产到户、到组，等等。1984年，提出有计划的商品经济，日用品及饮食服务业购销市场逐步放开，国有商业进入由计划经济向市场经济过渡阶段。下符桥区供销社采取“定购销任务，定费用水平，定实现利润”的“三定”改革方案，后来逐步改为“定额管理、柜组（站、部）核算，利润包干，超奖减赔”的形式，进一步细化管理，明确职责。但家庙公社进一步贯彻执行对内搞活经济，对外实行开放的方针，加快以集镇为重点的经济体制改革步伐。

农副产品流通体制改革，恢复发展农村集市贸易，但家庙境内农村集市贸易早在1980年便得到恢复和发展。允许试办和发展社队集体商业，如贸易货栈、联合供销经理部等。对农民完成统派任务后的产品和非统购产品，允许多渠道经营，可以进城，可以出县；允许有营业执照的商贩下乡采购、贩运农副产品。

生产资料流通体制改革，调整物资部门部分商品供应。发展定量定点供应，配套承包供应，凭票供应等多种形式，扩大市场调节范围。建材商品统配比例下降百分二十。

调整改革产品价格，部分产品价格以调整为主，调放结合的方式进行改革。先后大幅度地提高粮食、食油、棉花、木材、大豆、蔬菜的收购价格，对部分主要产品实行超购加价，其中对粮油加价50%，棉花加价30%。

有计划的商品经济阶段

1985年，国营商业企业开始整体推进企业内部经济承包责任制，逐渐取消凭证定量供应。1991年，终于结束长达38年凭粮票购粮的历史。但家庙境内居民消费结构不断升级，城乡零售市场不断发展，各种零售业如雨后春笋般纷纷出现，百货店、超市、综合超市、便利店、专业店、购物中心、厂家直销中心、社区综合服务中心以及菜市场、小商品市场等应有尽有。

商业管理体制的进一步改革 政企分开，简政放权，改革商业企业，放开行政管理体制。1984年以后，逐步扩大企业经营权，取消统购、派购，改革农副产品购销政策，进一步搞活农村经济。1985年1月1日，中共中央、国务院发布《关于进一步活跃农村经济的十项政策》，实行双轨价格并行的制度。1985年，取消粮食统购，改为合同定购，逐步取消生猪派购，实行自由买卖。改革商品管理体制，扩大市场调节范围。

改革多层次的批发体制 改革日用工业品一、二、三级批发层次。到1985年年底，这些批发机构都是自主经营的批发实体，彼此之间是平等的经济业务关系。经过1986年以后的治理整顿和深化改革，打破了国营批发企业延续30多年的封闭式经营，取消流通领域指令性计划和国家管理的价格品种。形成多种经济成分、多种流通渠道、多种经营方式的新的运行方式。

商业企业所有制改革 1985年，全面推行经营承包责任制；1986年，进行规范化管理试点。承包形式主要有：①上缴利税基数包干；②递增包干，超收分成。企业内部层层承包，强化企业和职工的经营积极性。也有的实行“改、转、租、卖”。

向社会主义市场经济转变阶段（1992—2000年）

1992年，商业系统有计划推行经营、价格、劳动用工和分配改革，各企业调整经营结构，扩大经营范围，形成批零合一，联购分销，分购联销等多种经营新格局，商品一律按市场供求状况自主定价，实行全员劳动合同化，优化组合，双向选择，竞争上岗，职工收入与劳动效率挂钩，上不封顶，下保基本生活费。

1992年，社会主义市场经济改革的提出，标志着中国改革开放和现代化建设进入一个新的发展阶段。经过1992—2000年的发展，商业经营主体更为多元化，商品流通渠道不断多样化，商业企业经营管理制度日益现代化、科学化，产品价格逐步市场化。

1993年8月，供销社按照六安地委、行署及霍山县委、霍山县人民政府有关文件精神，全面进行深化改革。改革的主要目的：理顺产权关系，实行政企分开，使经营者真正成为自主经营、自负盈亏、自我发展、自我约束的法人实体和市场竞争主体，提高竞争能力，彻底打破“大锅饭”。改革的形式是所有国营商业一律实行全面彻底的承包、租赁和拍卖，主要模式有：①“租壳卖瓤”；②门点拍卖；③集体经营，柜组承包；④自谋职业。

但家庙供销社采取以“租壳卖瓤”为主的改革形式，通过银行转贷方式，私人买断，将原有门点商品一次性作价出售，房屋及营业设施租赁给个人，租赁者在签订合同和预缴风险抵押后，自办营业执照，自主经营，自行纳税，自负盈亏。这次国合商业改革，是自供销社成立以来最深入、最具影响的一次改革，也是供销社从计划经济向市场经济转变的一次大跨越，它使供销社经营机制达到了彻底的转换，把职工全面推向市场，打破“铁饭碗”，但家庙由此发生根本性的转变。

1995年2月，中共中央、国务院《关于深化供销社改革的决定》，重点强调加强供销社社有资产的监管。下符桥区供销社对所属企业法人代表实行以社有资产保值、增值为中心的目标管理责任制，防止社有资产流失。1999年，国务院国发〔1995〕5号文件《中共中央　国务院关于深化供销社改革的决定》强调：把供销社办成农民的合作经济组织。区供销社及时调整改革思路，以服务“三农”为宗旨，抓好多种经营，促进经济发展。深入乡村，因地制宜，做好做实。

商品市场迅速发展。培育和发展商品市场体系，是中国商品流通体制改革的中心。1992年，提出建立社会主义市场经济体制的目标以后，但家庙镇的商品市场发展迅速，出现了综合商场、超市、货仓式超市、专卖店、邮购、网购等新型商业业态。涉及服装加工、食品饮料、家具、农机、木材、蔬菜、水产品、农业生产资料等20多个行业。

零售市场发展迅速。1992年以后，城乡集市贸易进入发展高潮时期，小商品以及多数工业用品全面放开。在此期间，零售业不断发展，不断转换经营机制，发展连锁化经营，出现了商业多种业态以及经销、代销、租赁多种形式。

流通体制改革深化阶段

2002年9月，商业系统率先启动企业产权和职工身份“双置换”改革，县政府对“双置换”中涉及相关政策问题作出了明确规定，按照等额资产接受等额债务的原则，承担原企业资产和债务。至2014年，全镇商业系统所有企业全部完成产权制度改革。已经形成国有、集体、个人及私营、外资多种所有制结构，多种经营方式，共同发展的新型商业流通格局。

进入21世纪以后，供销社根据《中华人民共和国农民专业合作社法》和全国总社提出的“四项改造”，按照科学发展观的总体要求，通过认真总结、反思过去改革的经验教训，完善改革发展思路，学习借鉴其他供销社的先进经验，寻找差距，纠正工作偏差，通过资源整合加强供销社的指导、协调和服务职能，紧紧围绕企业重组改造、“新网工程”建设、农民专业合作社建设，扎实推进经营服务组织体系的完善、经营服务功能、业务的恢复，在促进农业产业化经营，帮助农民持续增产增收，建设社会主义新农村和美好乡村建设中发挥应有的作用，使供销合作事业走上恢复性发展的轨道。

二、发展历程

但家庙地处霍山县东北角，境内有古商道通往霍山、下符桥、苏家埠、凤凰台、张家店、东河口、毛坦厂、六安、舒城等地，历史上商业较为繁荣。民国时期，但家庙集镇一条长600多米的老街开设不少商铺。比较有名气的有刘家茶行、刘银匠铺、芮染匠铺、殷铁匠铺、殷德祥药店、李奶奶饭店、刘记挂面等。

中华人民共和国成立后，在“发展经济、保障供给”的方针指导下，发展壮大农村供销合作社商业，形成了新的商业体系，发挥了农村商业主渠道的作用，农村生产生活必需品供应有了基本保障。中共十一届三中全会后，改革商业管理体制、流通体制、经营形式等，城乡市场逐步走向繁荣兴旺。1993年，对国营商业实行重大改革，采取“租壳卖瓤”、门点拍卖、集体经营、柜组承包、自谋职业等形式，改变原国营、集体商业经营体制，使经营者成为自主经营、自负盈亏、自我发展、自我约束的法人实体。至此，民营商业成为商业经营的主渠道，在社会商品零售额中，民营成分占90%以上。

中华人民共和国成立后，人民政府对工商业采取保护政策，使工商业很快复苏并逐步繁荣。通过“三反”、“五反”、合作化、社会主义改造等政治运动，贯彻“利用、限制、改造”的方针，使工商业者和其他劳动人民一样为生产建设服务。尽管在公社化、“文化大革命”中有过波折，“限制”“改造”过头，“利用”不足，但是该镇的商业还是有了很大发展。1950年成立中华合作总社，同年4月，霍山县成立了供销合作总社。霍山县供销社成立以后，遵循“积极发展、巩固提高、稳步前进”的方针，按照“就近集镇，方便群众，利于经济流动”的原则，组建基层社，发展社员，增加股金，扩大合作社在农村中的影响，为供销社的长期发展奠定了基础。1951年，成立下符桥供销合作社。本地区也办起了基层供销合作社，各村办起了亦商亦农代销店。其中1950—1952年为建社初期；1953—1957年为商业兴旺时期；1958—1961年为国合合并时期；1962—1969年为恢复供销社时期；1970—1975年为第二次国合合并时期；1976—1985年为第二次恢复供销社时期。

1953年，党在过渡时期对农业、手工业、资本主义工商业进行社会主义改造，但家庙供销社遵循中央政策，一方面，积极扩大购销业务，促进农业增产，支援国家建设；另一方面，围绕以农业互助合作运动为中心，贯彻党的“典型示范，积极领导，联营经销，稳步前进”的方针政策。同时采取“公司合营，委托代销、代购，联营经销，带资入股”等有效措施。在各级党政领导下，与下符桥供销社完成公司合营社会主义改造这个使命。1954—1955年，但家庙、团墩等地先后有20户个体商贩加入了供销合作社，参股投资，其中曹明建、赵玉甫、倪世如等入股资金近1万元。此举扩大了集体经济的范围，并对私营企业改制起到了一定的作用。

1958—1961年，下符桥区设置了国营商业分销处，包括门市部，统称为供销科，进行批发业务，并管理食品站和茶叶站业务。但家庙供销机构隶属于下符桥供销科。

1970—1975年，供销社经营业务主要是布、食品、糖、烟、酒、小五金、自行车、缝纫机、小板车、电器、塑料制品、日用品、生产用品、生活用品等，并经营猪肉、禽蛋以及茶叶。经营是统一的，设置专业收购门市部，收购农副土特产品。在经营上，物资是统一分配，统一经销，盈利收入归国营所有。

1978年，下符桥供销社下设6个供销社，其中但家庙供销社、团墩供销社、大河厂供销社隶属于下符桥供销社。1982年供体制改革，供销社机构不变，性质由国营改集体。但家庙地区的供销社设立的门市部有：百货门市部，经营大小百货、文化用品、日用品等；生产资料门市部，经营服装、农药、小板车、小五金、铁锅、竹木制品、麻类、石灰等；副食品门市部，经营有食品、糕点、糖、烟、酒、各种果品、粉丝、海带、食盐、瓜子、陶器用品、卫生用品等；收购门市部，经营的有羽毛、麻类、竹木制品、小药材、瓜子、桂花、废旧物资等，除此还有小旅社、理发室、服装加工（裁缝店）等。

中共十一届三中全会后，实行改革开放，贯彻“以计划经济为主，市场调节为辅”“多种流通渠道，多种经济成分，多种经营方式，减少商品流通环节”的方针，推行奖励制度、试行责任制，允许私人经营，个体商业有了发展。商业网点，商业人员大增，商品日益丰富，并迅速普及城乡，票证逐步取消，市场繁荣兴旺。1980年后，中共中央明文规定，恢复个体商业的合法社会地位，扶持个体商业的发展，市场空前繁荣，出现了国营、集体、个体全面发展的局面。但家庙境域内的供销社继续发挥作用的同时，但家庙集镇、大河厂集镇、团墩集镇的个体工商户日益增多，其市场份额渐渐超越供销社。20世纪90年代，供销社通过改革逐步退出历史舞台，广大乡村处处都有私人开设的商业网点。2010年前后，电商迅猛发展，网络购物很快成为人们消费的重要形式。同时，传统的商业模式受到极大冲击。

三、粮油购销

经营管理机构

中华人民共和国成立之初，由于经济条件的限制，本区域没有粮油管理站，县粮食局为方便人民缴纳公粮、出售余粮，在本地区分设收购点。1956年，下符桥成立粮油管理中心站，下设但家庙、团墩等五个分站，管理各地区的粮、油的购、销、储运和加工业务。20世纪80年代后，国家调整了农业政策，开放了粮油市场，在指令性统购任务之外，允许个人或集体经营粮、油。从此，粮油市场极为活跃，卖粮难的问题基本得到解决。2004年，实施国有粮食购销企业改革，原下符桥粮油收储公司和但家庙粮油收储公司合并为下符桥粮油购销有限公司。

粮油收购

1963年，按照中央决定，实行粮食征购，任务一定3年；1965年改为一定5年，先规定起征点，确定征购基数，再分配到队（人）。按国家政策规定，超购粮食实行加价收购。加价奖励幅度：1979年以前为高于统购价30%；1979年以后提高到50%。为了鼓励农民积极售粮，政府采取的经济激励政策是：1.超购加价；2.依质加价；3.发放预购定金；4.补贴超运送里程运费。为扩大粮食议价，经营收购落市粮和杂粮。1986—1997年，粮食收购的主要形式是合同订购、议价收购。国家订购任务由政府下达；1987—1990年，国家为了提高农民种粮的积极性和掌握充裕粮源，粮食收购实行了“三挂钩”，即每百千克供应平价优质化肥6千克，柴油3千克，粮食预购定金按合同定购价款的20%发放。1998年，国务院颁布《关于进一步深入粮食流通体制改革的决定》《粮食收购条例》《粮食购销违法行为处罚办法》，将粮食收购纳入法治化轨道。粮食收购的主要形式是保护价收购、议价收购。当市场粮价高于保护价格时则按市场价收，当市场价低于保护价时，粮食收储企业必须按保护价收购粮。这期间为了使粮食部门不再出现新的亏损挂账，国家实行了敞开收购，顺价销售，收购资金封闭运行三项政策。

油料油脂的收购形式主要是订购收购，1993—2005年，油脂油料市场开放，价格随行就市。

粮油销售

民国时期，粮油控制在官僚资本家手里，各处粮商乘机盘剥。每年新粮上市后，他们便低价囤积，一到青黄不接时，则高价出售，牟取暴利，造成经济崩溃，物价飞涨，货币在群众中失去信用，大米则成为市场流动中的主要筹码。霍山县解放不久，便成立了国营粮食公司，本地区由供销社代管，从事粮食购销，调剂市场，平抑物价。1954年，国家规定粮、油实行统购统销，对产粮、油农户规定统购任务，对非农业人口实行定点、定量供应，不准任何集体和个人经营粮、油业务。

随着粮食收购政策变化，粮食销售政策也相应发生变化。1991年以前以政策性粮食销售为主，议价粮销售为辅。1992年，继续实行凭证凭票制度，对城镇居民、专业菜农等凭户籍证明按月核证供应。1992年后，取消了城镇居民购粮的核证供应，停止粮票流通，粮食市场逐步开放。1993年以后，粮食销售以市场销售为主，价格逐步放开，政策性粮食销售也随之减少。

油脂销售：1986—1992年政策性销售。1993年国家决定油脂油料市场放开，国家不再下达收购和销售计划，完全由企业自主经营。

四、物资经营

农业生产资料

计划经济时期农药、化肥、薄膜、农机具等农业生产资料由供销社组织供应。20世纪50年代供销社销售硫酸铵，增产效果好，农民称为“肥田松”。20世纪70年代开始，科学种田水平提高，化肥需要量不断增长，供销社组织大量化肥，品种多样，适宜于不同作物、不同阶段的施肥需要，有碳酸铵、硝酸铵、氯化铵、碳酸氯铵、过磷酸钙、尿素等，有力地保障了农业生产的需要。1975—1978年，还从淮南调进桶装铵水，很适合大田玉米中期追肥。1983年，又供应三元复合肥，高浓度化肥和优质复合肥极受农民欢迎。20世纪80年代，尿素等优质化肥需凭券供应。农药、薄膜、农具、板车等的供应也保证了农业之需。改革开放后，农资购销，市场开放，实行多家经营。至2017年，但家庙镇每村均有1～2家农资经营店。

工业生产资料

1986年前，但家庙镇工业生产资料，由县物资局按计划组织订货供货为主，市场调节为辅。主要经营品种有煤炭、金属、建材化工、机电设备及其他工业生产资料15大类、179个品种。煤炭供应实行双轨制，计划内大部分是无烟煤，以供应城镇居民生活用煤为主，销售价国家给予一定的财政补贴，不足部分由县燃料公司自行消化。计划外煤炭供应价格随行就市，由县燃料公司报县物价局核批。到1992年，除煤炭、钢材、水泥、生铁等物资外，其余物资先后全部放开。1993年后，除火工产品外，其他工业生产资料供应完全按市场需求，由物资企业自行组织资源敞开供应。火工产品一直是物资部门专营，雷管、炸药以及易燃、易爆等危险品，均由化建公司统一购进、统一销售。所销售的火工产品均严格按照公安部开具的准购证进行销售，严格杜绝计划外零售经营。

日用百货购销

计划经济时期很多商品的紧缺。供销社（店）虽能保证食盐等一些生活用品供应，但还有一些物资须凭票供应，如糖、烟、火柴、肥皂、洗衣粉、胶鞋等。1954年起，发放棉票、布票。

布票在1955—1957年人均6.18米，1961年人均1.1米，1965年人均4.33米，1970年起人均5.33米。布类产品：1954年前销售白市布、斜纹、花贡呢、元贡呢、士令布、花平布、色平布等，白市布销量最大。1958年起，销售沙卡。1960年起，销售华达呢、咔叽布、灯芯绒。1966年，粘胶布投放市场，销量较大。1970年代中后期化棉、化纤布开始面市，“的确良”布成热销货。1975年起，涤卡、锦纶、腈纶等高档布种问世。1984年起，真丝绸缎销量增多。进入20世纪90年代，各类成品男女服装、童装充斥市场。

棉票每人每年200克，凭布票、棉票购买棉布、布制品、针棉织品和棉花，民用布票全省通用，年用布票全国通用。改革开放后，生产发展流通顺畅，市场活跃，商品供应丰富充足，布类等几大商品销售发生巨大变化。

钟表、自行车、缝纫机类产品在20世纪60年代前为稀有之物，但至70年代，“钟山牌”手表受到欢迎，逐渐打开市场。另外，20世纪70年代自行车有“永久”“凤凰”“飞鸽”等名牌。1980年，凭票供应商品有上海、天津名牌自行车，缝纫机，名优酒，名优彩电、电冰箱、白糖等。1981年起，省内产的“奔马”“王冠”“美奇”牌自行车也颇受欢迎。80年代中后期各种类型摩托车进入市场；其中著名品牌有“南方”“嘉陵”等。2000年以后，家用小汽车销量逐年上升。至2021年，境域内小汽车的保有量基本达到每户一辆。

家电产品

1960年起，销售电子管收音机。1965年起，销售晶体管收音机（半导体），但销量不大。1970年起，销量逐年上升。1980年起，收录机进入市场，且出现电视机；1983年，14英寸以上各种规格的彩色电视机在市场受到欢迎，“金星”“凯歌”“孔雀”“黄山”牌黑白电视机受到欢迎。“金星”、“虹英”、“黄山”和“日本三洋”牌彩色电视机一度成为热销货。2000年以后，手机、电脑、液晶平板彩电、电冰箱、洗衣机品牌各异，几乎普及家家户户。

五、服务业

中华人民共和国成立前，本地的服务业虽然不发达，但基本上能满足人们生产、生活的需求。主要有花塘埂客栈（位于但家庙村但家庙村民组余家塝）、李奶奶饭店（位于但家庙村三根桥村民组），但家庙街道有刘银匠、刘益民手工挂面店、金海波豆腐店、方家药店、殷家药店、曹家小百货布草店、周家肉案店。胡大桥有但家槽坊和梁家槽坊，花园畈有油坊，团墩、大河厂等地有油坊、豆腐店等。民间还有上门服务的代招（理发师），看门向、择日子、选坟场的地理先生。此外，还有木匠、瓦匠、漆匠等。中华人民共和国成立初期，这些服务行业有的倒闭，有的维持原状。社会主义改造以后，热门服务行业逐渐被组建到公社中，形成了最初的但家庙供销社、但家庙生资门市部、但家庙木竹社、但家庙铁业社等。而豆腐店、饮食业、屠户等只交少量的税就可以营业，没有被改造。茅匠（民间补草屋的匠人）、瓦匠、代招、染匠、巴锅补盆等，在不误生产队上班的情况下，可以自由开展服务。20世纪70年代后期，服务业又有新的发展，出现了贸易货栈。有但家庙贸易货栈、大河厂贸易货栈、团墩贸易货栈。此外，陆续出现了家电钟表维修点、食品站、自行车板车维修铺、补鞋制衣等。

中共十一届三中全会后，为了进一步搞活农村经济，政府全面落实原私营工商者的政策。1980年，无业人员准许经营摊点。无业人员先个人申请，工商行政管理部门批准，进行工商业登记，后发领营业执照，在经营中须接受工商行政部门的管理与监督，即可在便利群众购买的适中地点开启营业。因此，个体私营商业发展很快。1985年，除国家管理的计划商品外，降低批发起点，还允许到外地或工厂直接进货，促进了私营商业的发展和商品流通。至2021年，但家庙镇个体工商户已发展至400多家。

个体工商户、商店每个行政村都有，其中但家庙村及大河厂村因地理位置优势，个体工商户较多。且每个村均设有淘宝店、家庭农场、产销一条龙的专业合作（养殖、种植）社。肉食商品、牲畜交易、仔猪市场、豆制水产商品，遍布集镇、村落。集镇中规模较大的批发零售商品（场）有吴忠琴商店、乡村超市、张军百货、孙明百货、阳田百货等。由于政策对头、国营、集体、个体商户互助互利，渠道疏通、信息灵活、各尽其力，境内物畅其流、市场繁荣、物价稳定、人民满意。

饮食服务业。中华人民共和国成立前，但家庙镇内的饮食服务业，有私营酒店、客栈、饭馆、包子店、蒸炸店等。“文化大革命”时期，饮食业经营网点锐减。中共十一届三中全会后政策开放，但家庙的餐饮服务行业得到长足发展，大小饭店、酒楼和农家乐如雨后春笋般涌现，档次较高的有半山禾生态园、复览山庄、燕窝冲休闲中心、古月酒家、跃子饭店、欣冉食府、海漫大酒店、桥头堡宾馆等。

位于但家庙街道的古月酒家（王玉生　摄）

半山禾生态园（陆皖玉　提供）

休闲服务。20世纪80年代，境内理发店仅有三五家，从业人员20人左右，各村小集镇均为个体理发摊点和手提理发工具箱走村串户的“制头匠”。1990年以后，美容美发业兴起，私营、个体美容美发店、美容美发中心遍布但家庙集镇，服务项目由单纯的理发、剪发、光面，发展为理、剪、洗、染、烫、焗、美容养颜、健身按摩等功能服务，受到广大消费者的青睐。

集市贸易。20世纪50年代初期，但家庙集市贸易、商贩摆摊设定营业，农民则肩挑手提，上集市出售农副产品，日出为市，日中散去。上市农产品有粮、油、柴、水果、蔬菜、鱼、肉、禽、蛋、豆制品等，春、秋两季，政府、商业、供销社不定期地适时组织规模较大的物资交流会，组织物资交流，繁荣集市贸易。

中共十一届三中全会以后，重新开放自由市场，允许长途贩运，不限经营方式，搞活流通渠道，集市贸易蓬勃发展。全镇境内有两大贸易市场，但家庙街道贸易市场和大河厂集镇贸易，市场标准较高，规模较大，经营品种较多，极大地方便菜农和广大居民日常生活。

六、电子商务

21世纪，电子商务飞速发展，不断打破了传统商业营销模式，采用线上线下结合的方式，商业购销更加高效、快捷。霍山县是全国首批电商进农村综合示范县，但家庙镇作为全县经济建设重要乡镇，电子商务是经济发展的重要环节。2015年开始，但家庙镇把发展农村电商作为加快绿色发展、促进绿色减贫的重要抓手，培育了多家电商主体以及电子商务服务站，促进农业产业化发展。但家庙镇政府立足镇内稻田养虾、中药材种植等资源优势，加大对电商企业的引导，鼓励电商人员创业，不断完善村内基础设施和配套设施建设，建立物流站点，努力打造“龙头企业+合作社+基地+农户+电商”组织模式，推广“互联网+”发展模式，支持各类产业融合主体借力互联网积极打造农产品、加工产品、农业休闲旅游产品及服务的网上营销平台。2020年，但家庙镇花石嘴村先后被评为市级农村电商示范村、省级农村电商示范村。霍山县成凤生态农业农民合作社利用抖音直播加强宣传。至2022年8月，粉丝量达3.8万余人，有的单条视频播放量达40万次，合作社以及虾田米都受到越来越多人的关注。

第二节　财　政

一、财政体制

中华人民共和国成立初，县财政收支由省负责统筹，县收入上缴，支出报销。1953年，实行中央、省、县三级财政统一预算，分级管理，县财政始建立预决算制度。1954—1957年，实行划分税种固定比例，调剂分成，支出包干。1958年固定比例分成，以收定支。1959—1969年，先实行统一比例，后又固定收入，总额分成。1970年实行收支定额包干，超收和支出结余归县留用。1975—1979年，实行“定收定支，收支挂钩，总额分成，一年一定”的体制。

1980年，试行“划分收支，分级包干”，定额上交省，每年递增5%，其余收入由县安排支出。1983年，执行“统收统支”的财政“包干”管理政策，即收入一律上缴，支出一律由县财政下拨。1984—1985年，执行“定收定支，收入上交，超收分成，支出下拨，超支不补，结余留用，一年一定”的财政管理体制。1986—1991年，执行“核定收支，确定上交（补助），分级包干，超收分成”的财政管理体制。1992—1995年，执行“划分收支，收支挂钩，收入递增，超基数分成”的财政体制。1996—1997年，执行“超基数分别分成”的管理办法。1998年，执行“划分收支范围，核定收支基数，确定交补数额，上交不变，补助递减，计征税收返还，乡镇固定收入全留”的分税制财政体制，并设立乡镇国库。

2000年4月，全面实施农村税费改革，内容为“三个取消、一个逐步取消、两个调整、一项改革”。即：取消现行按农民上年纯收入一定比例征收的乡统筹费；取消农村教育集资等面向农民征收的行政事业性收费和政府基金、集资；取消屠宰税。用3年时间逐步取消统一规定的劳动积累工和义务工；村内兴办水利、修路架桥等集体生产和公益事业，遵循“量力而行、群众受益、民主决定、上限控制”的原则，实行“一事一议”，由村民大会讨论决定，除遇到特大防洪、抢险等紧急任务，经县级以上政府批准方可临时动用农村劳动力外，任何地方和部门不得无偿使用农村劳动力。调整农业税税率，农业税税率确定为7%；调整农业特产税政策，实行一个应税品种只在一个环节征税，农业税和特产税不重复征收。改革村提留征收和使用办法，采用农业税附加的方式收取，附加比例为改革后农业税的20%。2003年，取消“两工”（积累工和义务工）。2005年停止征收税改前的农业税费尾欠。

2003年10月，实行镇财政县管改革，“镇财县管”，取消镇总预算会计（改为财政结算员），镇财政预算收支业务由县集中统一核算。

二、财政收入

清代的财政收入主要有田赋、地丁、漕粮、当税、牙税等，保证宫廷和地方官吏支用。民国初沿用清末旧制，实行统收与承担上交。县一级政务经费依赖于省，地方性开支依赖各种附加和杂捐，自行筹集收入。民国初期，政府虽有“国家费用与地方费用标准”“税法草案”“县自治法”，但不能付诸实施。民国24年（1935），始编制地方岁入、岁出预算。县财政仍以各项杂捐及田赋附加为主，一部分仍旧依赖省拨款补助。

中华人民共和国成立初期，农业税实行累进税制。土地多累进税率翻高。当时以人均收入151斤为起征点。1956年以后，农业税以高级社为基本核算单位征收，根据土地面积定产定率计征。1959—1961年按包产指标征收公粮，因干部浮夸产量，农业税负担较重，1962年恢复按常产计征。1978年农业税进行调整，实行依率计算，依法减免，增产不增收的政策，适用至税费改革。1999年以前，镇财政收入主要由工商税收入、所得税收入和农业四税（农田农业税及其附加、农业特产税、耕地占用税和契税）收入构成。2005年起，镇财政收入主要包括地方工商税收入、国税收入，耕地占用税和契税收入所占比例微乎其微。根据财政管理体制规定，每年县财政对镇实行转移支付（1998年以前称为补助收入），这部分资金也是镇财政可用财力的重要来源。

2009年后，镇财政收入主要由固定收入和共享收入构成。固定收入为镇范围内原镇办企业，镇引进的外来投资企业，个体私营经济等缴纳的营业税（含试点期间营业税改征的增值税）、资源税、城市维护建设税、房产税、印花税、城镇土地使用税、土地增值税、车船税及其税款滞纳金和罚款收入；农民建房耕地占用税；房产契税；其他收入等。共享收入为列入镇收入范围的企业和个人缴纳的增值税、企业所得税、个人所得税。其中增值税中央分享75%、镇分享25%；企业所得税和个人所得税中央分享60%、省分享15%、镇分享25%。

镇财政预算内收入除个别年度较上年有所减少外，绝大部分年度都呈增长态势。2013年，全镇财政收入突破千万元大关。2017年，财政收入为679.7万元。2021年，财政收入为429.6万元。

2004—2021年但家庙镇财政收入统计表

表8-1

年度	年末总人口（人）	财政收入（万元）	人均财政收入(元)	年度	年末总人口（人）	财政收入（万元）	人均财政收入(元)
2004	15801	155	98	2013	15873	1034.4	652
2005	15827	119	75	2014	15858	906	571
2006	15767	131	83	2015	15878	870.6	548
2007	15741	169	107	2016	15914	861	548
2008	16182	248	156	2017	15953	679.7	541
2009	15953	305.3	191	2018	16076	314	195
2010	16231	380	234	2019	16078	592	368
2011	15891	504.2	317	2020	16028	187.9	117
2012	15840	692.2	437	2021	15972	429.6	269

三、财政支出

民国时期，县内地方性开支，依赖各种附加、杂捐。民国24年（1935年），虽有岁出预算，实际上仍采取坐支低解方式，以政府、公安、教育费用为大宗。

中华人民共和国成立以后，1998年以前，本地区财政支出主要用于支付人员工资和确保行政事业单位运转所需的各项经费支出，之后年度用于经济社会发展的支出不断增加，财政职能逐步有所转变，即由“吃饭型”财政向“建设型”财政逐步转变。除个别年度外，支出保持逐年增长态势，增加部分主要用于民生工程和经济建设与社会事业发展，以及人员经费支出的刚性需求。

1991—1997年，支出构成为支农支出、文教卫事业费、行政管理费、抚恤和救济费、其他部门事业费及上解支出，占比分别为1%、35%、7%、5%、3%和49%。1998年后，镇财政支出结构逐渐发生变化，主要支出项目为科学技术、城乡事务、交通运输、各类事业费，人口与计生、社会保障和行政管理费；用于科学技术、城乡事务、交通运输及社会保障等方面的支出。

2009年后，镇财政支出主要承担镇机关正常运转及其经济和社会事业发展所需支出。具体包括农业、文化广播、人口与计划生育、财政、抚恤和社会福利救济、行政事业单位离退休、行政事业单位职工医疗保险和失业保险、行政管理等行政事业经费支出和村级补助资金支出，农村五保供养经费；农村税费改革后纳入预算管理的原来由镇统筹开支的五项事业支出等。

2010—2021年但家庙镇财政支出统计表

表8-2

年度	年末总人口（人）	经费支出（万元）	人均经费支出(元)	年度	年末总人口（人）	经费支出（万元）	人均经费支出(元)
2010	16231	433.98	267	2016	15914	987.67	620
2011	15891	647.47	407	2017	15953	1086.66	681
2012	15840	813.43	513	2018	16076	1119.40	696
2013	15873	666.91	420	2019	16078	1539.20	957
2014	15858	868.00	548	2020	16028	1559.30	973
2015	15878	1097.35	691	2021	15972	1945.90	1218

四、财政管理

机构沿革

1983年之前，霍山县各乡镇只有一名财粮员职位，时任但家庙乡财粮员为万经文。1984年年底，但家庙乡财政所、团墩乡财政所正式挂牌成立。1983—1999年，但家庙乡（镇）财政所的主要职能是组织财政收入，管理乡镇支出和资金，监管乡镇企业财务。2000年以来，随着农村税费改革的不断深化和完善，财政所职能逐步削弱；2003年，全面取消农业特产税后，镇财政所收入职能大大削弱；2005年，财政所在原有职能的基础上，具体管理涉农资金，强化财政监管职能；2006年，推行为民服务全程代理制和涉农资金“一卡通”；2007年，推行涉农资金“一诚实”；2008—2021年，进一步规范提高为民服务全程代理制，全面开展清理化解农村义务教育债务工作，实施民生工程，开展“惠民直达工程”。

1983年至2021年年底，但家庙镇财政所历任所长为肖为民、叶祖明、广圣裕、操春波、张建中、张军、叶祥恕。

预算决算管理

1986年起，乡政府开始编制预算和决算。预算编制按照量入为出、收支平衡原则，不列赤字。每年在镇人代会召开期间将本级当年预算报告和上年决算报告提请代表审议通过。经镇人代会批准的年度财政预算，执行中因特殊情况需要增加支出或减少收入，经批准后再进行必要调整。对行政事业单位预算实行“零基预算”法，年初一次核定下达，执行中一般不予追加。

财政决算反映年度财政收支最终结果。镇财政部门每年12月开始着手准备财政决算工作，包括核对年度预算数字、清理本年度预算收支、清理往来款项、进行年终财政结算等。财政决算主要由决算报表和文字说明两部分组成。自镇级财政部门设立以来，一直保持财政收支平衡。

行政事业单位和村级财务管理

1996年以前，乡行政事业单位会计记账实行收付记账法，设置全额预算单位、差额预算单位和自收自支预算单位3套会计科目，对财政拨款安排的支出和预算外资金均实行单独核算。1997年起，根据有关规定将行政事业单位的资金收付记账法改为借贷记账法，事业单位和行政单位各设一套会计科目；把原来的资金来源、资金运用和资金结存3个会计要素改为资产、负债、净资产、收入和支出5个会计要素。同时，对行政、事业单位预算内外资金实行统一管理、统一核算。

1999年开始，镇政府建立行政事业单位综合财政预算管理制度，对单位预算内外资金及其他资金实行“统一编制、统一管理、统一核算、统一安排及使用”的预算编制方法，镇财政部门负责管理本级行政事业单位综合预算的审核、汇总、编报和决算。

2004年起，在实行综合预算的基础上，编制部门预算，即分部门编制预算收支，使预算的编制更加精细，执行过程中更科学规范。

2005年，设立霍山县会计中心，后更名为霍山县国库支付中心至今。所有行政事业单位及村级集体财务一律由镇财政和村“三资”代理服务中心（办公室及业务人员均在财政所）统一核算，镇村会计核算全面实行电算化，实行借贷记账法。镇财政和“三资”代理服务中心对镇、村级实行“报账制”，即镇、村级单位记账员每月报账一次或多次，由资金会计拨付资金，核算会计记账，并依据有关规定进行财务管理。镇、村相关单位会计档案也统一管理。

是年起，全镇所有财政用款单位和村集体一律取消存、取款账户，一切款项由财政专户统一管理，镇财政所在银行分别开设镇级资金管理专户和村级资金管理专户，单位用款需先提出申请，经批准后由镇会计分部资金会计核拨，并实行备用金制。

行政事业单位和村级收入管理，镇财政所设立票据管理员岗位，专门负责行政事业单位和村级领、核、销收款收据和往来结算票据，行政事业单位收取款项一律开具行政事业性收费收据或往来结算票据，村集体有收入来源时，一律开具农村集体经济组织收款收据。收入票据实行限量领用、专人保管、定期核销、以旧换新、台账管理。所有收入款项及时足额分别缴存镇村财政专户，实行“收支两条线”管理，杜绝以收抵支，做到票款同行。对单位财务每季度开展一次互审，每年开展一次收费专项检查，重点看各单位有无乱收费、乱集资、乱摊派现象。2000—2021年，共对农民负担情况进行多次全面检查，制止乱收费行为发生。

国有资产和村集体资产管理

1992年9月，镇政府成立产权登记领导小组，开始对企业产权进行登记。1995年，对全镇国有资产和集体企业资产开展清产核资，全面摸清全镇资产状况，并进行最终确认。1996年，依据上级政府有关规定，对进行改制的集体企业进行全面资产清查。为防止改制中集体资产流失，对企业的全部资产、负债及所有者权益进行评估，明确评估机构和评估人员的参评资格以及资产评估具体要求，严格按照申请立项、资产清查、资产评估程序进行操作。镇领导全程进行业务指导，实施具体监督。国有或集体资产需要处置的，一律履行严格的公示、评估程序，经批准后，采取拍卖方式进行公平交易，实现残值最大化。

2004年前，所有资产由所在单位进行保管、核算和使用。2005年起，国有资产由县会计中心负责核算。2007年，成立村级集体经济组织“三资”代理服务中心，加强对村集体资金、资产和资源的管理。但“三资”产权和使用权不变。主要内容有清产核资和产权登记、资产评估和资产处置三个方面。村级组织撤并过程中，镇政府成立工作组，进入有关村进行资产登记造册，明确管理责任人，并及时办理产权转移手续。是年起，国有资产和村集体资产都统一建立起台账，逐一登记，注明名称、计量单位、数量、单价、金额、存在场所和管理责任人。

至2016年年底，但家庙镇国有资产主要由固定资金（包括房屋及建筑物、土地及其他资金）、流动资金构成，总金额达8135.2万元，其中土地、房屋和建筑物304044.28平方米，价值7824.3885万元；通用设备233件，价值257.6747万元；其他资产53.14万元。

涉农补贴（助）资金管理

2005年起，按照上级政府统一布置，全镇实施以“统一渠道，统一方式，统一时间和公开补助项目、补助数额及政策依据”为核心内容的财政涉农补贴（助）资金管理和支付方式改革，通过“一卡制”（将各项财政补贴资金全部在原农村信用社开设的账户打入补贴对象存折）向农民直接发放粮食补贴、水稻良种补贴、农机具补贴、退耕还林补助等资金。财政所统一为每个农户开设账户，并将存折一一送到农民手中。财政部门依据各项补贴（助）的政策依据和发放标准，经逐户测算或调查，编制表册，张榜公布，再向县财政局申报，然后提请银行打卡到户，农民便可持存折到农商行（原农村信用社）领取补贴（补助）款。2012—2016年，由于涉农补贴（助）项目的不断增加，发放的补贴金额也逐年增加，总额已达9617.9万元，其中，2016年，共打卡38个项目，发放补贴资金1513.66万元。2017—2021年，补贴项目和金额趋于稳定。2021年，全镇发放补贴资金1509.28万元。

2012—2021年但家庙镇惠民资金补贴发放统计表

表8-3

年度	年末总人口（人）	惠民补贴（万元）	人均补贴（元）	年度	年末总人口（人）	惠民补贴（万元）	人均补贴（元）
2012	15840	879.92	555	2013	15873	977.88	616

续表 8-3

年度	年末总人口（人）	惠民补贴（万元）	人均补贴（元）	年度	年末总人口（人）	惠民补贴（万元）	人均补贴（元）
2014	15858	1171.59	729	2018	16076	1357.36	844.34
2015	15878	1013.18	638	2019	16078	1539.49	957.51
2016	15914	1513.66	951	2020	16028	1347.07	840.45
2017	15953	1508.20	945	2021	15973	1509.28	944.89

“一事一议”财政奖补资金管理

2009年开始，正式实施村级公益事业“一事一议”财政奖补项目建设，申报的项目主要是修建村级道路、农村水利工程建设。每年上半年对县政府有关部门申报即将施工的所有工程类项目，并进入县政府“一事一议”财政奖补项目库，经批准后组织实施。选择项目标准，主要看施工地的群众意愿、群众生产生活实际需要和施工后所能发挥的经济社会效益。项目实施前一般经过公示、招投标、进度和质量监督、检查验收几个主要环节。2012—2017年，但家庙镇实施此类项目56个，工程总投资达1241.59元，其中上级财政给予奖补734.21万元。

2012—2021年但家庙镇一事一议财政奖补统计表

表8-4

年度	项目个数	总投资（万元）	奖补资金（万元）	年度	项目个数	总投资（万元）	奖补资金（万元）
2012	12	189.30	63.10	2017	3	48.00	44.00
2013	9	159.10	88.50	2018	2	72.50	63.00
2014	5	109.52	84.00	2019	3	54.50	45.00
2015	5	82.48	62.50	2020	1	35.10	35.00
2016	2	76.00	53.00	2021	1	60.00	45.00

财务监督和经费管理

镇财政部门每年对用款单位进行一次财务检查，通过室内、室外结合的检查方式，看账实、账账、账表是否相符，看有无乱发奖金、补助和实物现象，看招待费、差旅费、包车费是否超标，看是否有收入不入账、公款私存、私设“小金库”、挪用公款等现象。1984—2017年，共对有关单位进行财务检查40次，纠正违纪违规行为20起，为国家和集体挽回经济损失100多万元。2013年起，将包车费、招待费等支出作为重要管理事项。单位车辆统一停放，安装卫星定位系统，严防公车私用，加油和维修一律实行定点制，单位招待费实行定额制，公务活动发生的招待行为须先请示单位领导，经批准后在规定的招待标准内报销。村级实行“零招待”管理。

第三节　税　收

一、机构

霍山明代始设税收机构，民国28年（1939）年设赋、营业税4股税，成立关税、盐税、国税（统税）、地方税和旧赋（农业税）5个税系，由中央和地方分级管理。

1950年4月，成立下符桥税务稽征所。1954年，更名为下符桥税务所，但家庙地区的税务工作归其管理。1994年7月，国地税机构分设。下符桥地税分局负责但家庙镇企事业单位和个体工商户的地方税费基金和社保基金的征收和管理。

二、税收管理

民国时期，国民政府虽制定了税收政策，但收效甚微，中华人民共和国成立后，各级税务部门在统一建立新税制的基础上，针对不同时期的经济特点，加强了税收稽征管理工作。1977年后，税收征管工作得到恢复和发展，整顿和完善了纳税纪律，经常开展税收大检查。1977年，税务局推出税务专责员“一定四包”责任制。进入21世纪，充分利用现代信息技术手段，以解决征纳双方信息不对称问题为重点，以对涉税信息的采集、分析、利用为主线，加强业务与技术的融合，健全税源管理体系，进而提高税法遵从度和税收征收率。高效推进数据大集中一次性成功上线，做到管理、运维和应用“三到位”，推进税收信息化建设。有序推进纳税评估。推进网上在线和远程技术服务。

三、农业税收

农业税

由财政部门独立征收的主要税种。中华人民共和国成立后，国家向一切从事农业生产获得农业收入的个人或单位征收农业税。农业税计征依据是人口、田亩、计税常产、税率，求得税额。土改前按户人均收入全额累进计征，税率分40级。1951年起，实行差额累进制，税率分24级。1957—1985年，由累进税制改为比例税制。农业税以征收稻谷为主，由粮食部门接收，随购代征，执行“先征后购”原则，按质论价，由财政部门分正、附税结算。

1981年实行多种形式的联产承包责任制后，农业税计征单位由生产队改为承包农户征收，试行粮食征收金额结算找补差价办法，平均百斤粮价为11.3元，达不上标准价者，应找补现金。1982年，实行按粮计价金额征收。1985年国家取消粮食统购，改为合同订购，促进农业内部结构的调整，农业税不再征粮食，改折征代金。按粮食收购价的“倒三七”比例价（即30%按统购价、70%按超购价）结算。

1986年，按照农户第一轮土地合同承包的田亩、计税常产、税率和当年粮食合同收购价（统购价30%，超购价70%）计算比例价折征代金，税率为5.5%；同时征收农业税附加，比例为农业税的15%。1986—1999年，国家对粮食合同收购价格的调整，同时调整农户的农业税税负。其间，农业税税率为5.5%。2000年，农业税计税土地面积以农民第二轮合同承包用于农业生产土地为基础确定，农业税计税常产以1998年前5年间农作物的平均产量为依据确定，农业税税率为7%，同时征收农业税附加，比例为农业税征税额的20%。

2004年，根据省政府规定，取消农业特产税，取消农业税附加，农业税税率为4.8%，税率下降2.2个百分点。2005年12月29日十届人大19次会议决定取消农业税及其附加，2006年1月1日施行。2006年2月22日，国家邮政局发行了一张《全面取消农业税》面值80分的纪念邮票，这意味着，在我国沿袭两千年之久的这项传统税收的终结。作为政府解决“三农”问题的重要举措，停止征收农业税不仅减少了农民的负担，增加了农民的公民权利，体现了现代税收中的“公平”原则，同时，还符合“工业反哺农业”的趋势。从1992年开始，中国改革开放正式对农业体制进行改革。2006年，废除延续千年的农业税，标志中国进入改革开放转型新时期。同时，停止对税改后农业税及其附加尾欠的追征，并将宣传材料印发到每一农户。至此，农民除承担农村公益事业建设的“一事一议”项目外，不再承担任何税费。村级集体干部误工补助、村级正常运转所需经费由上级政府转移支付，不足部分镇政府根据镇可用财力给予适当补助。

征收方式 1986—1992年，委托粮食部门按先征后购的原则折收代金，财政部门结算入库。1993—2000年，由财政部门组织乡镇财政干部和农业税代征员，按照农税征管程序征收入库。2000年起，由县农业税收征收管理局、乡镇农业税务所组织农税征管员、代征员按照“定点、定额、定时”的三定方式直接征收，直至税改结束。

减免照顾 灾情减免依照农业税减免政策和合理负担的原则，对遭受自然灾害及社会上的五保户、烈军属和困难户给予减免税照顾。因水、旱、风、雹等自然灾害造成歉收绝收的，根据农业歉收成数，按照轻灾少减、重灾多减、特重全免的原则，给予受灾农户减免照顾，方法是由村、乡（镇）逐级申报，经县财政、民政等部门组织人员实地勘察核实，张榜公布无误后，减免到户。对现役军人、军烈属、残疾军人和因公致残的农民、五保户、困难户按政策规定给予减免照顾。方法是按照先减后征的原则经村民民主评议，由村申报，乡（镇）审查，张榜公布无误后予以减免。为了合理负担农业税，在征收中，对遭受自然灾害及社会上的鳏寡孤独、烈军属、现役军人、供给制工作人员、因公牺牲的民工、民兵和困难户给予优待照顾，进行减免。宅基地、护堤地、军用基地和道路、水渠、堤坝及矿场占用地，免征农业税；依法新垦地扩大种植面积所得收入，从收入之年起，免征1～3年农业税；新垦茶园、菜园和其他经济林用地，从收入之年起免征5～7年；农业科研试验的土地，所得收入予以免征。对遭受水、旱、虫、风、雹等自然灾害，按国家规定灾情成数减免照顾，方法是按灾成数以户（队）求成，以成定额，轻灾少减，重灾多减，特灾全免，特轻不减。

社会减免　1952—1978年，社会减免控制在计征税额3%之内；1979年改为5%之内。1986—1999年，社会减免总额控制在计征税额4%以内，2000年税改后按依率计征税额5%，随着铁路、高速公路的开通，河道的治理，堤坝的兴修，城镇的扩建和经济建设的需要，征（占）用一些计税耕地，县政府相应核减被征用耕地农业税。

耕地占用税

为了保护耕地资源，严格控制占用耕地，1987年施行《中华人民共和国耕地占用税暂用条例》，县依据三类地区征税标准开始征收耕地占用税，建制镇菜地每亩适用税额4500元，其他应税耕地每亩3500元；乡村菜地和其他耕地每亩均为2500元。农业户口居民占用耕地新建住宅，按上述规定税额减半征收。征收方法是纳税人在经土地管理部门批准占用耕地之日起，30日内向财政征收机关缴纳耕地占用税。

农业特产税

1951—1955年，按地评定常产折算，列入公粮一并征收。棉田、烟田、麻田和固定收入的竹园、茶山、果园、菜田、药材、山场、苗圃等，按四邻同等土地评定常产计征，无四邻可比，则按收购牌价或市价折合主粮。茶叶、桐子、菜园按6折计算；药材、菱、藕、竹园按5折计算；芦苇、山场、草滩按4折计算。其他零星特产视不同情况，参照以上标准拟出折率。水面按规定随同公粮一并征收，1960年停止代征，由水利部门征收。

1986—1988年，农业特产税（1994年前为农林特产税）征收范围为园艺收入、林木收入、水产收入等，农林特产税的税率为5%～10%，其中，对少数获利大的产品，最高税率不得超过15%，农林特产税比照或参照粮田评定常年产量征收。1989年根据国家规定，对瓜果和海水养殖产品收入征收农林特产税。

1992年起，由财政部门直接组织征收。1994年，将部分农林牧水产品税转化为农业特产税，税目为烟叶、园艺、林木、牲畜、水产品和食用菌等，税率为5%～31%。农业特产税的应纳税额，按照农业特产品实际收入和规定的税率计算征收。

1998年，开展以“普查建档、据实征收，规范操作”为主要内容的农业特产税征管改革，杜绝按人头、田亩平摊税款的现象。2000年，开展农村税费改革试点，县调整农业特产税政策征收。2003年，根据省政府《关于开展农业特产税改征农业税试点工作的通知》，县政府制定《霍山县农业特产税改征农业税试点工作实施方案》。2005年，取消农业特产税和农业税附加。

契税

1986年开征契税，执行1950年国务院颁发的《契税暂行条例》至1996年。契税税率是：买契税，按买价征收6%；典当契税，按典价征收3%；赠予契税，按现值价格征收6%。1997年，按照国务院新颁发的《中华人民共和国契税暂行条例》，契税税率为3%～5%。征收方法是财政部门采取直接征收和委托代征相结合的方式，建立纳税申报制度和征管协调运行机制，规范契税征管工作。2003年11月1日，县农税局负责全县范围内土地契税和房产契税的征收管理。

四、工商税收

1950年，政务院颁发了《全国税改实施要则》规定全国税种14种（不含农业税），霍山县先开征货物税、营业税、工商所得税、印花税、牲畜交易税、屠宰税6种，后又增加存款利息所得税、交易税2种。

1953年，按照“保证税收，简化税制”的原则，将部分主要产品原来征收的货物税、营业税、印花税、棉纱经销税并入商品流通税。

1958年，将生产流通环节征纳的商品流通税、货物税、工商业税中的营业税、印花税合并简化为工商统一税，划出工商业税中的所得税另立工商所得税种。1973年，将原工商统一税收及其附加、房地产税、车船使用牌照税、盐税、屠宰税5种税种合并为“工商税”。

1983年，对国营企业实行第一步利改税，企业向国家缴纳55%的所得税，再加上税后交纳调节税，国家与企业总的分配比例是68.3、31.7。

1984年9月工商税制改革，开征流转税，即产品税、增值税、营业税。

1984年10月，对国营集体企业实行第二步利改税，确定国家与企业的分配。关系为67.7：32.3，计开征产品税、增值税、营业税、国营企业所得税、屠宰税、牲畜交易税等税种，停征工商税。

1994年，工商税制改革，实行分税制，按税种划分中央和地方财政收入，分设国家税务局和地方税务局，税制体系分为四大类，共21个税种，分别是商品劳务税，包括增值税消费税、营业税和关税；所得税类包括企业所得税、外商投资企业和外国企业所得税、个人所得税；财产税类，包括房地税、契税、土地增值税、城镇土地使用税和车船使用税；其他税类，包括资源税、固定资产投资方向调节税、印花税、城市维护建设税、耕地占用税、屠宰税、筵席税、农业税（含牧业税）。

五、税费改革

1992年撤区并乡后，农技、农机、畜牧水产，林业、农经、水利、教育、文化、广播、财政、土地、计生和乡镇卫生院，其人、财、物“三权”下放到乡镇。1995年县乡财政分灶吃饭，乡事乡办，乡镇财政负担加重，压力增大。财政税收年年增加，农村社会性支出规模逐年扩大，农民负担的税费逐年增多，主要税费负担有农业税、农林特产税、“三项提留”（村提留的公积金、公益金和管理费）；“五项统筹”（乡村办学、计划生育、优抚、民兵训练、修建乡村道路）。此外，每个劳动力每年还要承担10个标准工日的农村义务工和20个标准工日的劳动积累工，主要于植树造林、农田水利建设、公路建设、修建校舍等方面。

从2000年起，霍山县组织开展了农村税费改革，改革的内容为“三个取消，一个逐步取消，两个调整，一项改革”。取消乡统筹等专门面向农民征收的行政事业费和政府性基金，取消农村教育集资，取消屠宰税，分三年逐年取消统一规定的农义务工和积累工；调整农业税和农业特产税政策，改革村提留征收办法。在税费改革中，农业税以二轮承包合同土地面积为基础，农业特产税根据县下达到乡镇任务为税基数，结合各村民组资源状况，落实到村民组到户。另外取消了道路、教育等集资，2001年，县政府对下达乡镇农业特产税收任务进行调整，将茶叶、干果税率，由13%调整到8%，并拿出本次减员总额的10%，用以调剂税改中暴露的历史遗留问题和减负不明显的地方。

2003年，农林特产税改征农业税。2004年，取消农业税附加和农业税率下降2.2个百分点。2005年，决定全面取消农业税。到2006年，农民不但实际税赋和负担为零，而且还给农民良种补贴、种粮补贴、退耕还林补助等。

第四节　金　融

一、农商行但家庙支行

霍山县农村商业银行但家庙支行（以下简称“但家庙农商行”）前身是霍山县但家庙信用社，1953年成立。成立初期，主要是支持农民发展，贷款的重点是重灾区和土改区的贫雇农，着重提供购买口粮、耕牛、农具、种子、肥料的款项，优先扶持组织起来的互助组，适当照顾单干户，提供兴修水利，购买新式农具，改良种子的款项。1955—1956年，发放贫农合作基金贷款，贷款对象也由农民转向农业社集体。1958年人民公社后，贷款对象重点为生产大队和生产队。1959—1962年贷款支持困难生产队，解决温饱问题。“文化大革命”时期，出现农贷管理偏松问题，社队要多少，银行给多少，造成大量农贷资金沉淀。

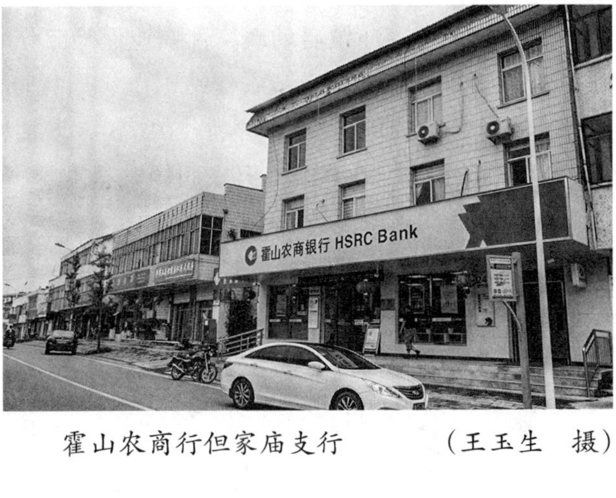

霍山农商行但家庙支行　　（王玉生　摄）

1979年，开始设立支持兴办发展社队企业的专项贷款，专款专用，还发放扶贫贴息。1981年起，贷款由指标控制，改变为“存贷挂钩”，多存多贷。农业大包干后，信用社的信贷从支持社队集体为主，转向支持承包户、专业户，从单纯支持粮食生产转向同时支持农、林、牧、副、渔全面发展。

1999年，农村信用社相继增设农户小额贷款、农户联保贷款、助学贷款项目。进入21世纪后，金融信贷业务迅速扩张，针对个人消费的各类信贷产品陆续出炉。如车贷、房贷、抵押贷款等。2014年10月，霍山县农村商业银行但家庙支行成立，该行隶属于安徽霍山农村商业银行股份有限公司。服务本镇1.6万人。但家庙农商行成立后，立足镇域经济发展，以支农、支小、服务小微企业为切入点，大力提升服务水平。

2012—2021年但家庙农商行贷款统计表

表8-5　　单位：万元

年度	2012	2013	2014	2015	2016	2017	2018	2019	2020	2021
金额	7033	5877	5711	6023	5035	10100	10682	11260	11415	12848

存储。1955年，农村信用社成立后，代理存储业务。“文化大革命”时期，信用社只办定期1年和活期储蓄两种。1979年，大办社队企业，信用社的储蓄额不断增加。中共十一届三中全会后，恢复多种有奖储蓄，增加储蓄种类，储蓄存款的形式主要有活期、定期、定活两便、零存整取、存本取息、保值储蓄等。

2006—2021年但家庙农商行存款统计表

表8-6　　单位：万元

年度	2006	2007	2008	2009	2010	2011	2012	2013
金额	5474	5523	5746	5931	6215	7909.7	8012.3	9098
年度	2014	2015	2016	2017	2018	2019	2020	2021
金额	11900	14100	16300	19200	22592	24269	26927	31474

二、保险

2009年，但家庙镇启动政策性农业保险工作，由镇村干部进村入户向农户宣传解释这项惠农政策，收取保费。镇农技站工作人员负责汇总、造册，上报给保险公司。2011年，开始实行种植大户单独投保理赔。2016年，增加种养大户补充保险。2016年，但家庙镇发生“6·30”洪灾。2020年，但家庙镇又遭受罕见的“7·18”洪灾，全镇农业遭受重大损失。保险公司在核准灾情后予以及时赔付。

2016—2020年但家庙镇农业保险统计表

表8-7

年度	品种	投保农户数(户)	投保面积(亩)	农户自缴保费(元)	理赔金额(元)
2016	水稻	2325	15959.08	63197.95	228667.49
	玉米	784	1958.6	5875.8	32571.64
	油菜	1320	5631.5	18246.06	—
	棉花	538	912.3	4313.35	—
2017	水稻	2100	14664.67	58072.09	341872.54
	玉米	643	1728.78	5186.34	25380
	油菜	1043	4198.5	13603.14	—
2018	油菜	516	—	6769.98	—
	水稻	1611	—	77289.99	148606.9
	玉米	44	—	389.16	1276.23
	小麦	1	—	99.09	—
2019	油菜	455	—	4566.29	9246.96
	水稻	1681	—	114282	565691.1
	玉米	213	—	1872.71	7643.68
	茶叶	110	—	5142.5	13739.5
2020	油菜	421	—	4273.56	10645.83
	水稻	1750	—	347419.17	528055.76
	玉米	187	—	1657.14	28065.84

第九章　文　化

中华人民共和国成立前，本区域人民群众生活困苦，文化事业非常落后。文化活动多为群众自发，如唱小戏、说书等。每逢新春节日，常有灯会之类的民间文艺表演，如红灯、讨米灯等。中华人民共和国成立后，广大群众的文化生活逐渐丰富起来。县剧团经常下乡演出，另外各村纷纷成立业余剧团。电影、广播也走进了人们的生活。

改革开放后，文化事业迅猛发展，电视逐渐普及，报纸杂志增多了，各种新的文化形式如雨后春笋，不断涌现，大大地丰富了人们的精神生活。作为皖西革命根据地的发祥地，但家庙镇的红色文化独具特色，红色遗迹众多。文物古迹得到较好保护。同时，民间文艺在传承中发展，为群众所喜闻乐见。

第一节　机构和设施

一、机构沿革

1969年10月，但家庙公社、团墩公社分别建广播站，其中但家庙公社广播站址在但家庙老街的公社机关内。1969—1973年，公社广播站改为公社广播放大站。1992年，撤区并乡，原团墩广播站与原但家庙广播站合并，建但家庙乡广播文化站。该站共有工作人员7名，站长先后是王祥富、黄必元、刘光友、宋柏华、徐福建、王玉生、沈勇、姜开拓。1999年9月，但家庙乡撤乡建镇，但家庙乡广播文化站改为但家庙镇广播文化站，实行一天3次播音。1999年9月，镇广播站开办《但家庙新闻》《计生科技》《文化在线》等栏目。2013年4月，六安市文广新局授予但家庙镇文化站“先进文化站”称号，成为安徽省第一批文化服务中心示范点。2016年，但家庙镇文化站提升为但家庙镇综合文化服务中心。

2004—2021年但家庙镇综合文化站获奖情况一览表

表9-1

序号	表彰单位	表彰年度	表彰称号
1	中共霍山县委 霍山县人民政府	2004	首届“中国·大别山民俗文化大奖赛”三等奖

续表 9-1

序号	表彰单位	表彰年度	表彰称号
2	中共霍山县委 霍山县人民政府	2004	首届“中国·大别山民俗文化大奖赛” 原味生态奖
3	中共霍山县委 霍山县人民政府	2008	宣传霍山贡献奖
4	中共霍山县委宣传部	2011	宣传霍山贡献奖先进集体
5	霍山县文化广电新闻出版局	2013	先进集体
6	霍山县文化广电新闻出版局	2014	“先进综合文化站”一等奖
7	霍山县文化广电新闻出版局	2015	“先进综合文化站”二等奖
8	霍山县文化广电新闻出版局	2016	“先进综合文化站”一等奖
9	霍山县文化广电新闻出版局	2017	“先进综合文化站”二等奖
10	中共霍山县委宣传部	2017	“宣传十九大，共圆中国梦” 乡镇文艺调演优秀组织奖
11	中共霍山县委宣传部 霍山县广电局	2018	霍山县“宣传十九大，共圆中国梦” 乡镇文艺调演三等奖
12	中共霍山县委宣传部 霍山县文化旅游体育局	2019	霍山县庆祝中华人民共和国成立 70周年乡镇文艺会演优秀组织奖
13	中共霍山县委宣传部 霍山县文化旅游体育局	2019	霍山县庆祝中华人民共和国成立 70周年乡镇文艺会演二等奖
14	六安市文化和旅游局 六安市文联 六安市广播电视台	2020	六安市《紫荆花健康杯》 第二十三届京剧票友节优秀组织奖

二、文化设施

但家庙镇文化服务中心

2009年3月，但家庙镇文化服务中心办公楼开工，6月底建成投入使用，总建筑面积520平方米。共建有五室一场：群众文化活动室、科技培训室、文化信息资源共享室、书报刊阅览室、文娱健身室、室外活动场。2014年，投入1.1万元对站内音响设备、乐器、文娱用品进行了全面更新。

但家庙镇文化服务中心　（王玉生　摄）

2015年，投入15万元新建羽毛球场地，购置了乒乓球台1组、羽毛球拍5套、视频音响系统1套、乐器30余件。

花石嘴村农民文化乐园

花石嘴村农民文化乐园是在美丽乡村建设的基础上，按照“为民、利民、便民”的要求和全省农民文化乐园标准化建设标准，于2015年11月开始动工建设，2016年6月竣工，主要包含“三场、两堂、三室、四墙”，即广场、礼堂、讲堂、文化活动室、图书阅览室、文化信息资源共享工程室，展览展示墙等功能区。农民文化乐园是满足花石嘴村学教礼仪、文体活动，乡风展示，议事聚会等多种需求的群众性综合文化活动中心。花石嘴村农民文化乐园主体工程占地面积808.4平方米，分为上下两层，共18间，总造价约130万元。在主体广场硬化同时，处理了健身广场10千伏高压供电裸线问题，迁移了广场前沿的电线杆，加固了文化乐园东南方河堤。主体工程内部装修后，配齐了两堂桌椅，空调，多媒体设备，建设室内室外舞台等。文化乐园周边绿化投入达20余万元。栽植行道树女贞380余棵、矮秆苗木千余棵。

文化墙及学校的廊壁文化

2012年，但家庙镇党委、政府确立把大河厂中心村作为镇首批美好乡村建设示范村。在文化建设方面，把农村墙体标语作为体现文明程度的窗口，将党建知识、精神文明、平安创建、计生国策、科普宣传等送进农村。加强各类培训，实施素质提升，引导群众积极争创“十星级文明户”“五好文明家庭”“好媳妇”“好婆婆”“平安家庭”文明村镇等一系列创建评选活动。2010—2017年间，但家庙镇共建成9处文化墙。分别建在但家庙镇文化站、但家庙镇中心学校、观音岩村部、大河厂村部、花石嘴村部、胡大桥村部、大河厂明德小学、团墩小学、胡大桥小学。文化站和村部的文化墙形式为图片加文字简介，内容为宣扬社会主义核心价值观、宣传党的惠民政策以及展现新时期干群的精神风貌。各学校的文化墙主要内容为宣扬社会主义核心价值观、宣传国家的教育方针政策、名人励志故事（《二十四孝图》）等。这些图文追溯历史、立足当今、展望未来，充满了正能量。师生们从中得到了孝、亲、礼、义等方面的熏陶。但家庙镇中心学校不仅注重文化墙的建设，更是充分利用校舍的廊壁及梁柱进行文化宣传。学校在教学楼的墙壁及梁柱上或绘画、或书法、或张贴定制的宣传材料。形式上也是图片加文字简介，初中部的内容主要是名言警句及名校介绍；小学部的内容多为经典古诗词。

文化墙 （王玉生 摄）

农家书屋

2009年，但家庙镇首先在文化站建起农家书屋，书屋内书刊文献（图书、报刊、音像制品、电子文献）对辖区内读者免费开放。每天的开放时间为星期一至星期五上午8:00至11:30，下午12:30至17:30；星期六、星期日上午8:30至下午16:30。书屋内藏书达5000册。至2010年，5个行政村陆续建起农家书屋，每村配有各类图书约3000册。每天对当地居民免费开放，大大方便了群众阅读。书屋内藏书有科技类、种植类、养殖类图书，经典小说、现代小说、党报和文摘周刊等。

农家书屋　（王玉生　摄）

休闲娱乐广场

通过合理布局，在做好文化广场绿化、美化、亮化的同时，文化站还兴建了广场文化长廊、广场石景、人行步道、文化墙、篮球场和乒乓球场，设置健身器材，积极筹建广场舞协会分会，把文化广场打造成娱乐休闲景点。

观音岩村篮球场　（王玉生　摄）

第二节　民间文艺

一、戏曲

中华人民共和国成立前，人民文化活动多属自发。每逢新春节日，常有灯会活动，有红灯、讨米灯。1950年春，各乡村业余剧团纷纷成立。到1951年土地改革前夕，农村业余剧团已经发展到了十几个，其中以团墩、舒家庙剧团最为正规完善。有班头，有导演，有主角，有司鼓，两剧团均有20余人。团墩剧团兼唱京剧，称“小乱弹”，亦称“三横两直”。舒家庙剧团以唱庐剧和小戏为主。其中一部分艺人（陈三、陈四、李井仙）是原霍山“三义班”拆散下来的，他们习惯于唱古装戏，如《打龙袍》《借东风》《黄鹤楼饮酒》《合同记》《薛凤英》等100多出戏曲。演出范围，除在下符桥区各乡镇外，还出外区以及六安、金寨等地演出。1958年以前，都演古装传统戏曲。1958—1966年期间，以演时装戏为主，古装戏逐渐减少。内容主要为抑强权、平冤狱、为民请命一类的传统节目。在此期间，又将原剧团一部分艺人以及重新招收的一部分爱好文艺活动的青年，重新组织起来，成立“毛泽东思想宣传队”。早期是重在演唱《语录歌》，跳“忠字舞”，后期是重在演出大型样板戏《红灯记》《智取威虎山》等，一度发展很快。1978年以后，但家庙、团墩等各乡村业余剧团先后恢复，曾多次在本区内演出一些古装传统节目，深受人民群众欢迎。20世纪80～90年代以后，本地剧团逐步解散。

庐剧

本区域民间唱戏主要是庐剧。庐剧的原名，本区域群众不称“倒七戏”，而都称“小戏”、“二小戏”、“三小戏”或“花篮戏”。这些古老的名称，是根据它的演唱形式和活动特点来命名的。最初，只是一些会唱民歌的穷苦农民在农闲时外出乞讨谋生，对民歌进行改编，结合花鼓形式，两人或三人自行组合，在广场或人家门口表演“二人唱”或“三人唱”，所以叫“二小戏”或“三小戏”。在流动时，他们多用一对花眼篮子，挑着简单的行李和服装道具，根据这一特点，所以又被称为“花篮戏”。随着艺术形式的不断发展，霍山县开始出现最初的班社，不仅人员增多，添置了服装，且改用木箱装运衣物。这时，“二小戏”“三小戏”“花篮戏”的旧称已经名不符实了，所以群众改称它为“小戏”。这个名称一直沿用到中华人民共和国成立初期。

“小戏”还有另一种俗称，叫“小dǎo戏”，但这个“dǎo”应该是“捣”而不是“倒七戏”的“倒”。这是因为“小戏”剧目，大多没有固定的说白和唱词，艺人演唱时可以略作增减和随便逗趣并且还有少数略带淫词秽语的荤戏，因而有人说，小戏是“七捣八捣”或“捣奔”（没正经的意思）。随着“小戏”（中路、东路称为“倒七戏”）的不断流传，名称也不断地演变。在安徽中部和东部等地区，又和当地的民歌结合，形成新的具有地方特色的中路、东路“倒七戏”。“倒七戏”是土生土长的安徽省地方戏，尤其是在中部合肥地区发展迅速，因合肥旧称庐州。1955年7月，安徽省政府正式批准，将安徽省倒七戏剧团更名为安徽省庐剧团，这样，“倒七戏”就正式被称为“庐剧”。

由于地方小戏多为口头传承，没有固定的唱本，一些艺人为了迎合一些人的低级趣味，往往在唱词和道白中夹杂一些淫词秽语，因而遭到达官贵人的鄙视和反对。清王朝有不准小戏进城之禁令，官宦人家也有禁止妇女听小戏之戒条。但家庙镇的涂氏宗族于清嘉庆十八年（1813）续修《涂氏宗谱》，载有阖族公约广家戒二十则（约束宗族的戒条），其中第九则写道“妇女不准入庙烧香、诵佛念经、看会听戏”。企图以此把妇女禁锢于封建礼教的枷锁之中。这则家戒中所说的“妇女不准听戏”，当时指不准妇女听看当时已经盛行的地方小戏了。

小戏的传统剧目多达180多个，分花腔小戏、折戏和本戏三大类，如《借罗衣》《点大麦》《采茶》《打长工》《讨学钱》等折子戏，都是优秀传统剧目。小戏几乎没有布景，道具也很少。小戏的乐器四件：小锣、大锣、板鼓、堂鼓。伴奏很简单，演唱时，只用敲小锣的竹片在板鼓上打拍，不唱时有锣鼓演奏。当时的演员都是男的，女角由男人反串。当时族规不准妇女看戏，更不准妇女唱戏。演戏的报酬，一为豪绅、大财主赞助，二为几个村庄合伙包场。

清道光年间（1821—1850），东北乡出现了一个小戏班——张家班。这是迄今发现最早成型的庐剧班社。因班头姓张，人们叫它张家班，成员有七八人。1918年，张家班传至第三代张毛子班，演员已经发展到10人，有罗金子、潘维进、潘长依等。

1956年春，高宗炳创作剧目《转变》，这是一出大型现代庐剧，作者根据当时农村从互助组走向合作化的新形势，着重描写了一个典型人物——懒婆娘，在合作化高潮中，通过大家的影响和教育，由懒惰变勤劳的过程。由于剧本有喜剧色彩，加上主要人物形象化的表演，给观众留下了深刻的印象。此剧参加了六安地区专业剧团会演，并被选拔参加了省里会演。在省会演中，获剧本创作奖、音乐创作奖。1958年，高宗炳又怀着对革命先烈无比崇敬的心情，满腔热忱地创作了大型庐剧《方小五》，歌颂革命时期英勇牺牲的革命烈士方小五（原名储德胜）的光辉业绩。该剧后被选拔参加了六安地区第二届戏曲观摩演出大会，获得了一致好评。1978年，由县庐剧团排演的大型现代庐剧《皖西风霜》，讲述了舒传贤领导皖西农民暴动的故事。该剧曾参加了六安地区调演。1979年，团墩公社观音岩大队业余庐剧团成立。时任团长储德同。

花鼓

花鼓是霍山县最古老而流行极广的曲种，其唱腔分山区和畈区两大类。本区域以东乡花鼓为主。较早的花鼓演唱形式是一男一女（男扮）对唱，女挎“花鼓”，双手握槌对击，男敲小锣配合，边唱边舞。后来有所发展，女的增到2～4人，称“兰花”；一男主唱，称“中搭”，女角只伴舞和音；花鼓改为大鼓小锣，另增大、小钹。演出时有的化妆，也有不化妆的。唱词有传统的《包公赞》《十二月花》等，更多是见什么唱什么，随唱随编，唱丰收、唱发财，都是吉利话。也有打趣逗笑的，但不粗俗。

二、民间文艺演出

花园畈村（大队）毛泽东思想宣传队

成立于1966年6月，是在时任霍山县文教局局长高宗炳的支持下组建的。宣传队员有李开道、叶荣富、李开美、黄治龙、沈昌萍、沈昌华、杨本锐、万直芳等，琴师杨本弟，乐队（锣鼓班子）有聂长青、桑世玉、倪守发。演出的形式有对口词、快板书、三句半、老歌曲演唱、反串、舞蹈、京剧演唱等。内容有《李双双》《在北京的金山上》《我的祖国》《红星照我去战斗》《洪湖水浪打浪》《手拿碟儿敲起来》《学习雷锋好榜样》《三大纪律八项注意》《山丹丹开花红艳艳》《北风吹》等群众耳熟能详的歌曲，还有《大海航行靠舵手》、《东方红》、样板戏选段等。当时的大队及公社有重大的活动或节日庆典，宣传队都要搭台演出，多次参加县、区抽调演出。宣传队坚持了10年之久，参演大小演出近100场。1976年，花园畈毛泽东思想宣传队自行解散。

民间戏班

20世纪40年代起，在本地有地方剧组两个班子，传承演绎历史戏院：舒家庙剧组、团墩剧组，由老艺人陈氏兄弟进行辅导传授，当时很有影响力。农闲季节，特别是农历正二月间演出频繁，有连本大戏《合同记》《薛凤英》《二度梅》《杨四郎探母回朝》等，主要演员汤存培、陈兆培、陈兆章、杨承全、张万廷、陈本务，演技水平高。

1968年，又有4个文艺团体诞生，主要演出新剧，用地方戏腔调演出。舒家庙剧组演《智取威虎山》《红色娘子军》，由史宗金、广存祥导演并担任主角。倪冲剧组演《红灯记》，有杨开支、倪玉兰担任主角。团墩剧组演《沙家浜》，由金贤成担任主角。1979年，舒家庙剧组又上演了历史剧《梁山伯与祝英台》《二度梅》，由舒启莲、程音华主演，深受当地人民喜爱。

舞蹈

20世纪50年代，该镇出现的舞蹈有狮子舞、打花鼓、高跷舞（踩高跷）。其中流行最盛的是狮子舞。每逢春节前后，当地群众自发组织狮舞队，挨家挨户表演，演出场地不大受限制，室内室外均可。本地的狮舞主要有两种形式：一种是单狮舞，需2人；一种是双狮舞，需4人。无论是何种形式，在何地表演，都是为了恭贺新春、祈求平安。另外，本地农民宋同春自己编排了舞蹈《捉蝴蝶》，该舞蹈动作简洁，滑稽诙谐，便于学习掌握，很受群众喜爱。

“文化大革命”期间，人们跳的主要是“忠字舞”，以《大海航行靠舵手》《敬爱的毛主席》、《在北京的金山上》和语录歌等歌曲为伴唱、伴奏。

进入21世纪，民间又兴起了广场舞。广场舞是在公共场合由群众自发组织，参与者多为中老年人，其中又以大妈居多，故又称“大妈舞”。这种舞蹈是一种有韵律的舞蹈，通常伴有高分贝、节奏感强的音乐伴奏。舞蹈元素多种多样，包括民族舞、现代舞、街舞、拉丁舞等。大河厂村部广场、观音岩村部广场、花石嘴村部广场是跳广场舞的主要场地。

民间乐队

但家庙震东演艺传媒　2004年3月，花石嘴村董家楼生产队青年程真全发起组建了但家庙震东民间管乐队。起初，乐队共有5人：但心文（萨克斯）、程业松（中音号）、程真宝（长号）、程真全（小号）、周自成（鼓镲）。2004年10月，该乐队又置办了电声乐器，在震东民间管乐队的基础上组建了电声乐队，电子琴手程业松，架子鼓手程真全，萨克斯演奏但心文，长号手程真宝，歌曲演唱程真全。其中，程业松为乐队首席电子琴琴师，可为各类流行歌曲编配伴奏，为歌手现场演唱进行伴奏。随着乐队业务的不断拓展及乡村对民间文艺需求的不断扩大，程真全紧紧把握发展的机遇，又于2008年6月置办了组合式舞台、音响及灯光设备，随即组建了但家庙震东大舞台。2010年，更名为但家庙震东演艺传媒。乐队的演出起初仅限于农村白事，后来逐步发展到乔迁之喜、老人寿诞、祠堂庆典及农村各类喜庆大事。后来，随着舞台及音响系统的升级和节目资源的不断丰富，开始涉足公共场合的大型演出活动，如楼盘开盘、奠基剪彩、各类商业促销活动等，演出范围也由本地向周边县区扩展，金寨、霍邱、寿县、六安遍布他们的足迹。每年，该乐队承办农家的红事、白事、小舞台演出达200场以上，大型的商业演出活动也有40～50场。乐队的管理模式为互助合作、资源共享。即大舞台的老板接到业务后，由老板通知有业务往来的演员（县内外），临时组成演出班子。演出结束后，演员按劳取酬，然后演出班子自行解散，至下次演出，再重新组建，如此继续，当然班子成员不是固定的。参与演出的艺人是各大舞台的备用资源，随请随演。参与演出的演员有很多，歌手主要有程真全、刘启文、金锋、彭仁全、杜剑、王灿、汪娟娟、汪新宏、张冉冉；戏曲主要有万家乐庐剧团表演的庐剧曲目《孙继高卖水》《讨学钱》《十八里相送》《打烟灯》；岳西映山红黄梅剧团表演的曲目《夫妻观灯》《打猪草》《补被褡》《王小六打豆腐》等；杂技魔术演员主要有舒启田、朱磊、周慧、静静、娜娜等。节目主要有《白纸变钞票》《人体分离》《人体漂浮》《车顶平衡》《头顶转碟》等，此外还有模仿秀、小品等。

民间小乐队　本地人称之为“锣鼓朋”，以打击乐器为主。每个乐队一般有一把唢呐（也有两把的）、大镲、小镲、大锣、二锣、鼓（先前是一人挑着鼓架走在前面，鼓手双手拿鼓槌在后面敲击。后来逐渐演变为一人，左手将鼓夹在腰间，右手拿鼓槌敲击）。民间小乐队表演的节目主要有《铁笼山》《春富贵》《贺翻》《得是令》等。这种小乐队在本地最为普遍，每村一般都有2～3套锣鼓朋。但家庙镇小乐队艺人有田绪龙、倪守发、吴正明、梁乃中、董亮、但心文、孟祥国、程真全、程业松、但修炳、冯则孔、龚万科、但修华、周自成、程真宝、但修法等。

三、民歌

但家庙镇民间流传一些歌谣，大多为当地人民群众在日常生产和生活中有感而发，即时即地吟诵，口口相传，后来大多渐渐失传。从收集的资料来看，这些民间歌谣题材多样，内容较为丰富，反映了老百姓的真实生活感受和美好愿望。

●春夏秋冬四季天，书生勤学莫贪眠；江中哪有回头水，人老何须转少年。

●天亦随我欲，我欲亦知足。几亩田，数间屋，前有池塘后有竹，妻能俭，子能读，春看桃花秋看菊。

●一寸光阴一寸金，寸金难买寸光阴；失落黄金有处找，错过光阴无处寻。

●莫笑我牙齿不关风，偏要唱个“东方红”；千句并作一句唱，感谢领袖毛泽东。

●千条大河万条江，共产党的恩情长，恩情编成山歌唱，山歌要用箩筐装。

●久不见娘心想娘，回家见娘也平常。睡到半夜心又急，明天队里要挑塘。

●一片春来一片黄，黄是麦子青是秧。是谁绣出花世界，劳动人民手一双。

●爷爷选种在田间，孙孙送茶又送烟；块块麦子比人高，惹得孙孙找半天。

●太阳下山万里黄，小妹出来收衣裳，双手放在竹竿上，带收衣裳带望郎。娘问女儿望么子，衣裳未干望太阳。

●天皇皇，地皇皇，我家有个吵夜郎；走路君子望一望，一觉睡到大天亮。

陈克哲，但家庙村仓坊村民组农民，生前常即景创作打油诗，在一定程度上反映了社会生活状况，表现了诙谐达观的人生态度。内容如下：

●耳聋倒听一老翁，东倒西歪到校中。不知先生哪里去，满堂儿童闹哄哄。

●八十老翁无所求，走走看看也自由。无力挣得解瘾钱，只好捡捡纸烟头。

（注：20世纪六七十年代，供应农村的香烟没有过滤嘴，“瘾君子”丢下的烟蒂有人捡起吸来过瘾）

●六月天气热辣辣，头戴草帽去山下。采得草药心中喜，换取银钱自已花。

●块条毛条（当时的纸质人民币）好几张，衣无口袋无处藏；枕下寻钱钱没了，孙孙摸去买了糖。

●昏昏然然过一生，世上小事莫要争。山石田土永远在，难免青山卧土眠。

四、剪纸

本地自古就流传着剪纸艺术。解放以后，一些心灵手巧的女子传承了前辈的剪纸手艺。21世纪以后，本地会剪纸的人已经很少，这项艺术将渐渐失传。剪纸艺术应用范围广。一种是在喜庆节日用红纸剪作装饰的，如窗花、门笺、灯花、喜花等，内容多系象征吉祥与喜悦、或隐喻；另一种是作为鞋帽、围嘴、兜肚等儿童服饰上的刺绣底样，取材一般为花卉、鸟、虫等。剪纸的作者都是土生土长，他们以自己的作品来表达生活情趣，美化周围环境。逢年过节，婚丧喜事，祝寿送礼，人们习惯用剪纸装饰物品。妇女们在鞋帮、衣帽、枕套、手帕、围裙上绣的花样，也喜欢用剪纸作底稿。朴素的审美观，形成了艺人剪纸风格和作品内容。多以吉祥喜庆、五谷丰登、六畜兴旺、年年有鱼（余）等民间题材为主。

剪纸艺人姜典桂（左）与爱人展示作品

（王玉生　摄）

第三节　文艺创作

镇域各个时代都有民间艺人创作的文艺作品。有乡土的口头创作在一定的范围内流传，但没能形成文字，大多失传。中华人民共和国成立后，域内具有较高学历的文化人，他们在业余时间进行创作。内容丰富，形式多样，涉及小说、散文、诗歌、绘画、摄影等各个方面，通过现代媒体广泛流传，不少作品具有一定艺术价值，也有不少公开发表，受到好评。

一、诗文

舒传贤诗文选辑

方曙青哀挽录

维中华民国12年（1923年），11月11日，传贤旅学日京，得同学方君曙青之噩耗，谨为文遥祭之曰：

噩耗传来，我心悲哀。三岛色变，万象形灰。我哭曙青，彼胡为哉。彼始助余，代鸣其哀。嗟我曙青，同学数年。志同道合，气洽神圆。胸空海阔，我愧比肩。生同死共，我愧昔贤。病既不知，敛（疑为“殓”）不在前。猝闻子死，我心如煎。我与子语，予胡舍我而不言。人心冷酷，社会肮脏。国几不国，目裂眦张。奔走呼号，气奋神扬。余心悲痛，子意洋洋。谓余不宜，过于悲伤。常相慰勉，侠骨义肠。感子之意，余体日强。子常谓余，意志太强。修养锻炼，张弛须详。其庶中坚，可鏖战于繁剧之场。东邻放肆，鱼肉我国。青年共奋，褫彼强魄。君实中坚，牺牲一切。商学冲突，君多施设。应付灵敏，用尽心血，卒得谅解，团体精神，继续发展而不绝。马贼蛮横，议员肆虐。杀戮吾侪，君忿几绝。持姜血衣，赴芜演说。省芜同情，惊动全国。教育经费，增加始得。人熟无良，能不永感而戴德。君奋（疑为“忿”）议员，唯利是获。狗肺狼心，天良丧竭。矢志澄清，同志联结。三届伪选，根本解决。实君之力，斯八皖异口而同说。余感人心，决与世绝。几希之间，为君救获。终日守护，未离片刻。劝慰百端，唇焦舌裂。我虽冥顽，焉能忍此而摧绝。君促慕渊，返回舒城，办理教育，花果由根。慕渊徘徊，君劝益殷。卒达目的，慕渊回去，而偿子之初心。吾去宜城，未抵日京。形与君别，神实未分。继得君信，谓返舒城。日近所得，百感横生。前途希望，须从儿童着手，而固根本。此次震灾，未得君信。方思念时，接君耗音。我哭无泪，我呼不应。呜呼曙青，我死君救，君死我悲。救我何益，悲子何知。我死而子不能不教，子死而我不能不悲者，皆有愧夫太上忘情。尚飨！

挽方曙青

兴教育，持正义，当年患难相同，故知家学渊源，人言无间

方华发，遽长逝，此际皖邦多难，最叹士林冷落，吾道亦孤

李燕来诗词选辑

作者简介：见本书“人物”之“人物简介”。

舒传贤故里

观音岩下水潺潺，玉道游龙入碧湾。

依岭老街存古韵，傍河小巷换新颜。
祠堂庙宇香火旺，亭阁楼台日月闲。
英烈点燃薪火处，红光依旧照山乡。

睡美人

美人酣睡几春秋，耄耋扶筇叹不休。
千载珠颜风范雅，万年仙体玉姿柔。
发丝墨墨灵光现，胸际峨峨神韵流。
魂与君王乘鹤去，沓来骚客放吟喉。

注：睡美人乃霍山境内一景。

冬晨霜韵

万山遍野着寒妆，黛绿红黄里面藏。
旭日盈盈风送暖，玉洋放彩溢流光。

闲　趣

举头闲望万天云，伏案难穷今古文。
不论红尘风月事，近水亲山触吟魂。

东风颂

今日东风尽兴颠，吹飞残叶散云烟。
转眸万里穹如洗，欲上楼头抚镜天。

赏彩菊

缤纷彩菊斗霜开，靓丽风流慕客来。
馥郁柔柔千万缕，丹霞朵朵恋香腮。

养老宜居霍山城

和颜静气小山城，颐养穷年冠首勋。
地绿穹蓝陶令境，峰灵水秀杏花村。
氧吧展臂拥群客，风景开怀迓众宾。
竹海林洋彭祖现，文豪泰斗访天神。

教师颂

讲堂七尺写春秋，细雨无声润九州。
首染霜华何所寄，万千桃李竞风流。

童年牧牛

狼吞虎咽饱饥肠，牧罢人牛地作床。
一梦夕阳西岭去，挥鞭策马遂尘扬。

雪后冬至

瑶山玉海满园银，除却琼沙径去尘。
喜鹊一双枝上语，缘由不速客临门。

窗冰花

拂帘惊喜一窗花，疑是丹青入我家。
瑞气寒风生墨韵，曦光着色泼红霞。

望 雪

铺天盖地絮缠绵，千缕万丝弹素弦。
院内一枝梅探首，粉妆含笑美人颜。

登大别山主峰白马尖

皖西胜景一奇峰，雪马飞奔上九重。
云海腾霞妆玉浪，温泉驾雾探龙宫。
虬松示臂邀遐客，怪石排空引瑞风。
唤友呼朋仙境走，层林鸟舞醉朦胧。

旗袍绣女

一身锦绣出阆斋，秀女旗袍出画来。
孔雀开屏郎欲醉，嫦娥羞涩现桃腮。

雾山遇翁

青峰耸立半空中，烟雾蒸腾怀搂风。
一扫浮云仙指路，瑶台之上老顽童。

游阿里山

车行盘绕半山腰，谷底峰巅万丈遥。
欲觅歌中如水女，云头忽见一红娇。

观太平洋

临崖探海阔无边，碧水青空接远烟。
一阵凉风何处起，精灵拍岸浪冲天。

深冬赏景

深冬未见玉花飘，岸树酡红把首摇。
日丽湖光山色暖，频来墨客钓风骚。

银杏叶黄吟

满树黄披满地金，初疑玉帝欲施恩。
忽然一阵柔风起，扇舞蝶飞迓客临。

冬梅暖香

西风温煦过晴楼，冰雪无踪水悠悠。
冬令琼枝弹一曲，梅开和韵暗香流。

吟爬山虎

条条纤体越墙头，个个红装美妙妞。
追梦途中驰浪影，翩翩曼舞竞风流。

香樟冬韵

朔风横扫自从容，黄绿赤橙一树融。
不畏霜刀迎雪剑，唯留春色战寒冬。

日月潭

碧峰翠嶂接苍天，日月相牵阿里山。
化作深潭装浩渺，盈盈慕客水云间。

皋陶文化

皋陶文化盛名扬，五教五刑济世昌。
父义母慈儿女孝，弟恭兄友意情长。
推行德政千年泰，崇尚民生万代芳。
霍邑西山风雅地，传承正道是沧桑。

祭奠英烈

花飞雨纵尽哀思，缓步观瞻悲壮移。
衡岳巍巍峰颔首，湃源脉脉泪成漪。
三千貔虎驱长夜，五万忠魂化远曦。
堪慰江山如画卷，亿民福祉梦圆期。

风　流

秀水奇山任我游，晨吟暮咏好风流。
兴来把盏三分醉，敢上云峰探五洲。

老家秋景

旭日当空照小楼，柳弹篱菊鸟声稠。
敲窗红叶情如火，香桂飞金伴水流。

重阳登高

脚下三千玉露凉，岭头红叶醉重阳。
秋风有意梳华发，更谢黄花送暗香。

半山禾生态园

半山伴水伴禾芳，如画如诗溢曙光。
此处堪称陶令境，声华早已漫城乡。

元旦寄语

雪霁天高气象新，苍鹰岸上接芳春。
一帆引领千帆竞，尽是征途逐梦人。

如梦令·鸣禽飞点玉流

（吴文英体）

鸣禽飞点玉流，鱼惊鼓浪悠悠。
身至绿荫下，意存远处芳洲。
闲游，闲游，化作一叶轻舟。

西江月·初夏

远岭近郊叠翠，新荷古苑流香。
柔风阵阵好清凉，撩得柳裙开放。
榴火点燃窗外，孩儿嬉戏身旁。
转眸鹰展伴牛羊，眼下满怀厚望。

送　别

依依柳下行，溪响诉离情。
影淡苍山远，月钩枝上明。

其他诗词作品

舒传贤颂

谢邦田

高举农民起义旗，
武装革命众心齐。
披荆斩棘红区创，
业绩辉煌万世垂。

忆秦娥·瞻仰舒传贤故居

杨从群

“七一节”，烈士故居怀先烈。怀先烈，遍山树绿，满天红白。
为民献身死犹活，高风亮节如明月。如明月，瞻仰遗照，倍加亲切。

鹧鸪天·瞻仰舒传贤烈士塑像

杨从群

淠水龙吟颂古今，衡山鸟语唱文明。当年浴血抛头处，今日江山天地新。
泉奏曲，树摇琴，清风明月伴英灵。大纲宏著今犹在，指点征程启后昆。

谒舒传贤雕像

谢宏碧

巍然屹立广场中，
大义凛然儒将风。
血染江淮功赫赫，
六州万代颂舒公。

浣溪沙·瞻仰舒传贤塑像

黎元传

气宇轩昂塑像宏，
陵中屹立似青松。
传播马列建丰功。
威震江淮惊敌胆，
含冤千古为工农。
今朝赤县赞英雄。

满江红·纪念六霍起义七十周年

潘惟俊

墨面蒿莱，工农愤，民团义举。
风雷激，拔刀操剑，扳枪拼斧。
鏖战皖西依托地，血睁圆眼冲锋怒。
打土豪，灭寇并锁奸，均田亩！
舒刘率，民做主。
除弊政，扶贫苦。
力推乾坤转，抗打嘴仗籍腐。
呐喊声高山岳动，挣开枷锁呼风雨。
深发展，华夏弄潮儿，降魔虎！

舒传贤颂

张书圣

一

江城五月起风潮，千里声援志气高。
学运佼佼堪为首，英雄才俊领风骚。

二

深山播火化冰川，夜校花红绿水前。
破晓枪声惊敌梦，千家万户乐开颜。

三

雄心志远气铮铮，踏遍青山献赤诚。
六霍起兵山岳动，一川风雨看潮生。

四

难解风风雨雨稠，男儿碧血染荒丘。
英年无奈西天去，怎见芳菲醉九州。

浣溪沙·安徽红色区域中心纪念园

刘运济

红色中心纪念园，绿林环绕小山峦。今日瞻仰颂传贤。
配套交通新路阔，浏览登顶大循环。观光娱乐集休闲。

谒舒传贤塑像

胡传宏

英仪肃立云冈，又忆当年战场。
血铸丰碑齐岳，光辉业绩流芳。

拜谒烈士舒传贤塑像

黄治江

塑像巍巍立墓园，肃然起敬接连连。
一门三烈垂千载，激励后昆永向前。

凭吊传贤淠西二先烈联

陈维国

不忘传贤遗志
长歌淠西豪情

悼修德传贤二烈士

项学著

先烈人人皆修德
后昆代代总传贤

战斗中的小伙伴

张靖武

准备好了吗？
时刻准备着！
我们是共产主义儿童团，
我们是未来的主人翁！
……
小兄弟们呀，
小姐妹们呀，
去建设伟大的新世界，
时刻准备着，前进！

注：这是土地革命时期流传在皖西苏区的儿童团歌。

浣溪沙·但家庙镇

张书圣

贫寨寒街育栋才，
工农唤起蜡梅开。
先驱故里报春来。
业伟家昌夸父子，
花明柳暗映楼台。
游人复览总徘徊。

复览山

（清）尤崧

但觉松杉近，浑忘登顿长。
山犹传汉帝，塔已认前王。
撒手貔貅散，归心龙象忙。
空余旧栽树，霜骨自苍苍。

登复览山（其一）

（清）孙国钧 增生

巡游胜迹纪当年，复览曾同副岳传。
日影高舂移石臼，岚光倒卷泻灵泉。
回峰侧向南山拱，列峰平随北斗悬。
两次登临情未了，山僧犹订再来缘。

登复览山（其二）

林余怪石抱虬松，寺有清泉注碧峰。
正为衡山开一面，当时汉帝不重封。

登复览山（其三）

驻跸遥传武帝踪，卜龟山复览衡峰。
灵泉味溢天池水，惊鹤声高石臼松。
路入仙源迷甲帐，林藏古寺出神钟。
为停玉辇留芳轨，名号无须羡指封。

登复览山有感

（清）沈玉琦 邑庠生

试拂前朝臼石痕，沧桑劫火不须论。
鸿名已没开山祖，丹沏徒传几代孙。
古井龙藏云旧护，深山人去鸟空喧。
指封副岳遥相望，烟雨苍茫汉畤存。

复览山

杨从群

一

汉王两次此山游，古刹千年香火稠。

锦绣江淮添胜景，春花秋月韵风流。

二

穿云踏雾临绝顶，深幽古寺隐葱茏。
山光彩影烟霞幻，人在蓬莱仙境中。

登复览山

朱显才

复览山连指封山，指封门畔百花繁。
游人迷恋风光美，尽兴归来笑语欢。

复览山

张书圣

登封巡狩帝王欢，千里兵骑踏露还。
回望巍峨留胜迹，乡人常忆落河湾。

赞世林集团

张书圣

电光源公司

当年创业历艰难，别样花开耀人间。
佳品远销达四海，云山添彩赞光源。

制衣公司

风暖枝俏绽春蕾，农户兴工有作为。
裁剪巧工夺海外，深山沟里凤凰飞。

赞世林电光源有限公司

荣治平

南岳一枝花，世林企业家。
珠联菲力浦，光照亚欧拉。
资产规模大，品牌效益佳。
创新谋发展，志在振中华。

世林集团

史红雨

中外名模竞试身，可教色彩饰华灯。
昔时灊霍山乡汉，今日漂洋入世林。

题世林集团

张书圣

光明世界

秀美丛林

采桑子·访故人高宗炳

何 贯

茫茫往事思千缕，一枕黄粱，几度沧桑。雨后松柏色更苍。

丹心未许闲中老，戈返斜阳，大块文章。对酒当歌学牧羊。

但家庙断山堰示范点

杨从群

美好乡村景色佳，红楼别墅小康家。

健身广场芳菲韵，满目清辉映彩霞。

题石斛黄芽

陈维国

神州药典推崇石斛多奇效，

赤县茶经标榜黄芽长芳香。

杨桂禄

佚 名

杨桂禄，杨桂禄，声声唤起群山绿。夫妻本是鸟同林，惨失故雄飞太促。郎恋黄金轻别离，妾感青春愁踯躅。红豆阑干泪总多，绿杨堤畔行偏速。卖花声里燕来词，采茶歌里鸟栖曲。都是生前相忆时，一字一珠吟断续。宾鸿不返锁愁眉，反舌无声刀割肉。生耶死耶为郎情，朝兮暮兮唯妾独。忽然泣诉有情天，天地为之泪盈掬。任化枯井无波澜，任化片石立山麓。任化阶前牵牛花，任化江上湘妃竹。任化鸳鸯锦翼飞，任化鹦鹉心经读。任化精卫填沧海，任化杜鹃啼巴蜀。况汝真魂落处香，红墙银汉无拘束。凄凄领命紫姑斑，渺渺飘归丹凤族。不愁雁阵隔衡阳，且逐莺簧吹古六。薄命今生妒画眉，往歌来哭同孤鹄。黄昏叫罢又黄昏，孤局如斯愁孤局。儿夫三字底难忘，啼断五更犹未足。一声声似杞梁妻，心里回文口里熟。杨桂禄，杨桂禄，霍山雀舌茶争鬻。风清月白声偶停，香巢有梦竞同宿。天涯浪子早回家，莫学当年杨桂禄。

注：杨桂禄——茶乡的民间故事。相传很久以前，有位外地茶商杨桂禄，来到大别山区买茶，不幸猝死茶乡，其妻在家日夜盼望不归，因愁愤而亡，遂化为一鸟，每年谷雨前后，便飞来茶乡，边飞边喊夫名“杨桂禄，杨桂禄”，日夜不止。茶事毕，此鸟亦随飞去，鸣声亦止，所以人们就把这种鸟叫“杨桂禄”。

花木吟

金银花

槿篱葱翠织成墙，银盏金花韵味长。
几处兰溪留素影，芳魂吹散醉山乡。

红　梅

横斜疏影傲西风，最喜寒天雪为朋。
岁尽犹觉冬意暖，花枝梅韵报春红。

夜来香

余晖收尽黯苍苔，夜化清魂满院开。
何羡南窗施粉黛，幽香雅韵入帘来。

茉莉花

雅芬淡淡璧无瑕，刻玉雕琼一枝花。
未肯名园争艳俏，但将清韵送千家。

映山红

声声凄厉诉西风，啼血凝枝几万丛。
应信此花开放后，朱霞焰焰满山红。

杏花

语软春温万户新，溪欢泉笑复弹琴。
红娇最是人缘好，情寄枝头第一春。

栀子花

雪魄冰花着玉装，东风款款送清凉。
轻姿素影化银蝶，寄予行人两袖香。

榴花

色染流霞映碧空，农家五月看榴红。
青枝绿叶经寒雨，炼就丹砂绽笑容。

紫薇花

庭间野径伴云飞，几树枝浓看紫薇。
无意园中争巧倩，只为春去送芳菲。

山茶花

宝珠鹤顶品名多，丽影扶疏献帝娥。
风雪寒阴偏自立，梦回喜对曼陀罗。

樱花

料峭春寒破梦时，蜡樱已笑几千枝。
花开花落留仙果，一串珍珠一串诗。

桂花

三秋桂子意绵长，百里庄村处处香。
且请嫦娥同品评，莫将金粟送吴刚。

木兰

素艳亭亭绿影间，辛夷却是女郎颜。
花神天遣迎春到，玉笔轻描二月天。

紫藤

蕾开蝶恋总相依，蟠曲终身不迟疑。
秋月春花连理梦，寒霜冷雨共朝夕。

合欢

红白开成淡若兰，双双对对夜合欢。
谁言花草无情意，缱绻相拥共苦甜。

迎春花

严冬未尽绽新花，纤叶柔枝任雪压。
虽逊红梅香几段，春风先遣第一家。

玉兰

东风无意送轻寒，已绽花枝白玉兰。
秾丽最宜新著雨，冰肌玉质独争先。

桃花

姹紫嫣红争艳华，人间到处是桃花。
芳园千载谁堪比，浓染轻施一片霞。

海棠

有意春风助海棠，桃羞杏懒逊天香。
十分姿色同西子，可爱新红艳艳妆。

月季花

香枝才谢又蕴新，借得梅花一缕魂。
别有风姿香影丽，四时长占满园春。

雨中观荷

亭亭玉立出泥巢，影丽姿妍分外娇。
扑面风来荷叶乱，红衣笑对雨潇潇

松

古干新枝掩翠阴，一生默默伴嶙峋。
风狂雨乱尤坚劲，万岭千山四季春。

柳

一番好雨洗春郊，淡淡鹅黄上柳条。
谁信娇柔花月妒，村前河畔尽妖娆。

红枫

零落残花满岳衡，南飞塞雁送寒声。
万丛红叶霜风染，献给家山一片情。

院中竹

小院幽筠色愈浓，贞心素影送清风。
依依常戏窗前月，闲伴书生入梦中。

梧桐

春深浓绿映华宅，摇曳花姿夏日开。
当是东风情意好，琼枝常有凤凰来。

木瓜

排排秋雁带风霜，万树千枝挂浅黄。
常伴君家随梦去，盘中佳味更清香。

褚进龙微型小说选辑

作者简介：见本书“人物”之“人物简介”。

大师级厨师

谢尝十八岁出门，揣着一张高中文凭就南下广州。找了一段时间工作，方知高中文凭只能进厂干力气活，心灰意冷之际便找了家饭店打零工，干洗盘子、跑堂的差事。

两月余，谢尝动了心思，偷闲时到后厨跟掌勺大师傅套近乎，帮他们擦汗递水。大师傅很喜欢他，说你去跟老板说，我收你做徒弟。他满心欢喜去说了。老板冷笑一声，行，每月给两千培训费！他傻眼了，工资一分不给还要倒贴一千，便在心里骂老板黑心肠。

徒弟做不成，他就偷着学。

谢尝开始留心客人们喜欢吃什么菜，然后悄悄地去厨房问大师傅，他记性特好，说一遍便能记住。半年过后，这家饭店的招牌菜菜谱他背得滚瓜烂熟。一天，他跑到后厨冲着大师傅深深地鞠了一躬，然后收铺盖走人了。

如此这般。谢尝在广州干了很多家饭店，少则三月五月，多则一年半载。

学会了粤菜，谢尝觉得川菜不错。那年，他去了四川学厨。没有厨师等级证书，他还是干刷盘子、跑堂之类的活儿。两年时间，他就将川菜菜谱烂熟于心。

接着，他又去山东学鲁菜，到安徽学徽菜。十年时间，他只回了三次家，跑遍了大半个中国，学了十几种菜系。但他却有一个心结，就是始终没有拿到厨师等级证书，所以没当过一天掌勺大师傅。为此，他常常唉声叹气。

有天，谢尝等到一个机会。饭店大师傅突然生病，老板安排他送大师傅回家，在路上大师傅焦急万分。原来大师傅今天预约去一家厨师培训学校讲课。谢尝主动请缨，为了解除大师傅的疑惑，就一口气背了五十多种菜肴的菜谱。大师傅惊诧地盯着他，然后一句话没说，就写了个条子给他。

讲课非常成功，甚至轰动学校。谢尝那天把南北菜系中几百个菜肴的由来以及制作程序说得分毫不差，学校的老师都佩服得五体投地。过了几天，校长亲自来到他打工的地方，送上一张聘书。他竟然成了这家学校的客座教授。很快，学校授予他大师级厨师的称号，当然这不是技术职称。

虽然谢尝成了大师级厨师，有客座教授的头衔，但内心始终不爽。他没当过掌勺的大师傅。很多大饭店、大宾馆慕名而来，高薪聘请让他掌勺，但他又不同意，只是答应当他们的顾问。于是，他又多了很多顾问的头衔。从此，他除了讲课，就是给那些大厨讲解菜谱。

谢尝的声名大噪。这消息自然传回老家。家乡的领导亲自赶来拜见，让他回家乡办学，还承诺要把他的手艺在家乡发扬光大，打造厨师之乡，向全国输送优秀厨师。领导的真诚和宏伟的计划让他动心。

在家乡领导的过问下，以他名字命名的学校——谢尝高级厨师培训学校诞生了，很多家长慕名而来，将孩子送到了学校。短训班、技师班相继开学。一年后，首期培训的学生被各大小饭店和宾馆抢聘一空。

那位请他回来的领导很是满意，经常来学校指导工作。一次，领导小心翼翼地说，谢校长是大师级厨师，做的菜肯定是天下第一美肴，一直没机会享受大师亲自做的菜。

谢尝抓了抓眉头，然后又笑了，喊个学生来做吧！领导诧异，似有不满。

还用我亲自做吗？学生的手艺就足够领导享受的了。谢尝淡淡地说，不过，我亲自下菜谱，现场指导，如我亲做！

对对。领导也怕谢尝不快。你是大师，让你掌勺确有不恭！

于是，厨房里，谢尝坐在学生搬来的一把特制大椅子上，几个学生一字排开，在他一声号令下，选菜的、净菜的、切菜的、团菜的，各自忙开。一切就绪，所有人都望向他，等着他定谁掌勺，这可是个荣誉，由他亲自指点掌勺，是学生们梦寐以求的。

被定为掌勺的学生在他面前深深地鞠躬行礼，然后在灶台前待命。

文火十秒，素油一两二入锅，加热二十秒许，七成开，菜下锅翻炒十五秒，一次盐十钱，醋小勺一次……

观摩的领导目瞪口呆，没想到一道菜竟然从他嘴里说出了几十道程序，精细的程度不亚于绣花。菜香不断，领导及一起观摩的人不时传出阵阵掌声。

最后一道菜了。谢尝突然对学生说，这道菜，我亲自做。领导高兴万分，又一次带头热烈地鼓掌。谢尝高声唱着菜谱，严格按照菜谱完成了最后一道菜。

入席，菜按照烧制顺序被端上桌子。谢尝一边吃，一边跟他们说美食的学问。人家频频点头，齐声夸赞他菜做得精致、好吃。

最后一道菜被端上来了，都听说能吃上谢大师亲自烹饪的菜肴是十年九不遇。大家急不可待地动筷子。突然，全桌人呆若木鸡，傻傻地看着谢尝。他以为大家被他的手艺震住了，就夹起自己亲自做的菜送到嘴里。

当舌尖触到菜的那一刻，谢尝的汗就从脊梁喷涌而出。最后一道菜他只顾着嘴里说菜谱，手上却漏掉了放盐的程序，那道菜什么味也没有。

一票村官

二柱跟爹闹别扭了，从小到大，爹没对他说过一句重话，他也从没顶撞过爹。

爹几天不理二柱，在一个桌上吃饭，总是胡乱地扒上几口，然后推碗离开了。

二柱媳妇见着眼急，就私下说，爹有爹的道理，还是退出吧。

二柱瞪眼，女人家懂什么！我就是要改改村里的规矩。媳妇轻叹，便不敢再言语。

这天晚上，爹到二柱屋里，一直闷头抽烟，神色凝重，许久不说话。

“爹，我知道你的心思，我这样做不是为自己当官。”二柱打破了沉寂。

“那你为啥？咱家现在地里活多，又搞了养殖场，眼下一大摊子事都忙不过来，你再揽村里的事，图个啥？”爹对二柱说。

“爹，你从小就教育我，做事要多为别人着想，我就图个为大伙儿！”二柱回敬爹。

“当村干部得罪人！你从小脾气犟，我们家人往上几代都没跟人红过脸，我就是不同意你去选！”爹抬高了嗓门儿。

“爹，这事我不应你。”二柱很倔强。

屋里又沉静。

过了会儿，爹突然问，“你知道老村长保叔的外甥在镇上当副镇长吧？”

“咋了？”二柱奇怪地看着爹。

“选举哪次不是镇上说了算，外甥能不帮舅？”爹似乎找到了很有说服力的理由。

“新来的镇长说这次是民主选举，尊重民意，我相信政府！”二柱语气坚定。

“你信？那你就等着现眼吧！”爹没能劝下二柱，气急败坏地走了。

二柱宣布参加选举村长的举动，把全村人吓了一跳。村里的气氛一下子变得紧张起来，白天没人敢串门了。

老村长保叔也没想到二柱会站出来竞选村长，气得几天不出门，偶尔下地，人们只看见他阴沉着脸，谁要是碰见了，打个招呼便慌忙离开。

没几天，大伙又看见保叔背着双手在村里转悠了，见人就笑嘻嘻地打招呼。保叔做了很多年村长，除了别人请到家吃饭，他是从不串门的，这些日子却一反常态，天一黑就从张家跑到李家，忙得不亦乐乎。但保叔一直没上二柱家串过门，让二柱爹很焦心。有人还偷偷地告诉二柱爹，说保叔最近经常骑车去镇上，更是让二柱爹揪心不已。

选举的日子近了。那晚，村里的文书突然来到二柱家。二柱爹很惶恐，似乎明白他的来意，便从头到尾赔着小心。文书东拉西扯，最终还是扯到了选举的事。

“村里人这些年对保叔还是承认的，他给村里做了不少好事，对吧？”文书对着二柱爹说活，不时拿眼瞟着二柱。

“对，对。”二柱爹忙应承。

“前两年二柱办养殖场，保叔可没少操心，还帮着跑货款，是吧？”文书提高了音调。

“是的是的，这事我们记着情呢！”二柱爹慌忙附和。

二柱在旁沉默，脸色越来越难看，几次想说话，都被爹的眼神给逼回。他想到那年货款被保叔吃回扣的事，一股怒火冲上心头，愤愤地站起离开。

“村里人都是支持保叔的啊！”文书的话砸在了二柱的身后。

几天后，选举开始。保叔以一票之差落选了。

村里轰动。晚上，爹来到二柱屋里。

没想到这次上面动真格的了，真发扬民主了！爹晃着脑袋看着二柱，似乎自言自语。

“爹，不能抱着老皇历不放了，我们要相信上面，更要相信自己。”

“你一票当上村长不易，要好好为大伙儿做事，对得起我那一票啊！”

“你投了我的票？”看着爹点头，二柱惊愕。

阮家宝诗文选辑

阮家宝，1966年出生于但家庙镇大河厂村，1987年毕业于六安师专，但家庙中学教师。闲暇之余，徜徉于乡间小路，有感于山水云壑而作文，藏于本中；行走于名山大川，摄风土人情，隐于盘间，以求自娱。

花伞不懂雨的泪

银色的世界
雪花升升
自由旋转于空中
数着星星

习惯了飞舞
看惯了山河
雨滴承受不堪
随红叶坠落降临
坠落、下沉
人们仰望乌云
满载丰收的希望
盼着久违的甘霖

雨痛快地飞跑
飘落于一纸花伞
随伞们起伏
仿佛未落的星辰
天空的彩虹
敲碎了雨的梦境
折起的花伞
洒落了满地的雨痕

伞下偎依一株桃花
映着墙上威武的虎巾
沁人心脾的四瓣花蕊
有一双遥望远山的眼睛

雨随地势入小溪
一路不舍泪深深

花伞不懂雨的泪
抬头憧憬天气晴

小溪汇成江河
无语哽咽有声
巧遇漩涡聚合处
伞下美景成蜃景

花伞不懂雨的泪
寒风惊醒懵懂人
他日再落花伞上
渗透伞布不飞腾

海之恋

我很小的时候，就向往大海。

我家门前有一口水塘，俗称“大塘”，意思是面积很大。家人说，我喜欢玩水，趁人不注意，就会跑到水塘边，洗洗手，洗洗脚。这些我都记得不太清楚，只是知道随时会有人看着我，对我擅自下水总是严惩不贷。挨打挨骂少不了。随着我上学，家人的管束少了，下水就成了每天例行的作业。

我喜欢坐在洗衣服用的码头边，把脚伸进水里，凉凉的。不一会儿就会有小鱼来凑热闹，嘬你的脚、你的腿，痒痒的。赶紧伸脚摆脱，左右东西地摆动，激起的浪花常常溅到脸上，舒服极了。

大塘太大，太深。看着大人们在夏天的时候，在水塘里翻腾潜跃，我羡慕的眼光洒满了世界。等到自己能够和大人一样征服整个水塘的时候，突然没有了小时候的激情和兴奋，因为所谓的大塘，也不过3分钟就能游一个来回。

“白日依山尽，黄河入海流。”老师教我们学诗。诗歌很快就背下来，默写出来。但是黄河在哪？有我家门前的牛屎河宽吗？海又在哪里？有我家门口大塘大吗？孩子的眼里，老师很神圣，他没有解释我心中的疑惑，我也不敢去问个结果。只是知道，黄河和大海肯定很有名、很美丽，不然怎么没有诗人写我家门前的大塘呢？

终于知道黄河了，还知道有长江，与我家门前的河不能相提并论。也终于知道大海了，要比我家门口的大塘大过成千上万倍。于是，像从小向往能够征服大塘一样，我有了瞭望大海、试水大海、游历大海的愿望和冲动。

文章中有关大海的描写，影视中大海直观的形象，进一步让我了解了大海，却没有减少我面朝大海的想法。

山东日照，黄海之滨，在那里我第一次亲吻大海。碧海蓝天，海风习习，海鸥翱翔，游人如织。这些梦幻般的景色，就展现在我的眼前。我赤脚走在海滩，小心翼翼，生怕碰坏了咬我腿脚的小鱼；海水终于如约而来，凉凉的、温柔的，像是和我极熟悉；转瞬，你又像一个羞涩的姑娘，怯怯地躲开，藏在大人的身后，像是和我很陌生。我终于握住你的手，和你诉说自己的思恋，和对你的仰慕。你微笑不语，拽着我摇晃着我，像是和我游戏，又像是和我亲热。一个孩童，一下子把你从我身边拽走，你恋恋不舍，却也只好无奈地离去。我看着你渐远的身影，第一次感受到了，你的胸襟，你的旷达，你的伟岸。

你和天是邻居。天有多高，你就有多远。我抬眼望去，你确实与天相连，连接着我的未来，和那些遥不可及的梦想。湛蓝湛蓝的水里，倒映着蓝蓝的天和洁白的云，远远的，高高的，让人心旷神怡。一望无际，无边无垠，那些前人在造词的时候，一定是在大海边发出的感慨吧。

我惊喜地拥抱着海，像是久别的亲人，又像是初恋的情人。我知道，喜欢你的人太多，但是你还能满足我的奢望，和我窃窃私语，倾诉衷肠；说道高兴的地方，你大笑我的痴情，温柔的拍打我的脸颊；你圆了我的梦，说我家门口的水塘，是你派去的看护员，照看我长大；还说在我梦到你的时候，你也梦到了我。

我似乎满足了，因为我想拥有的，都有了。是大海让我知道，我是大海的儿子，我是沧海一粟。大海答应我，可以随时把自己的烦恼、快乐、健康、糟粕，都倾泻出去，她会全部接收，化解，享受。我有了归宿，从此我不再孤单，因为有你陪我。

面朝大海，春暖花开。

又一个开始

大人的开始，一般为春节。新年里，总要种下希望的种子。买车买房，还是还账购物，孩子上学、就业找工作、找对象，林林总总，不一而足。

一年之计在于春，春天是梦想的开始。柳叶返青的时节，冰还没有融化，小鸟却可以穿越空气，沟通万物。小孩穿着新衣，不再矜持，早已让树枝挂出小洞。大人没工夫管这些事，让孩子自由地疯。

明天大多数学校开学，标志着一个新的开始。晒了两个月的太阳，忍受了难耐的酷暑，终于迎来了凉意。黑皮肤、明显长高的少男少女们，明天就将叽叽喳喳地闹腾。

他们怀揣心思，准备海边拾贝，准备海上冲浪，准备海水戏耍。憋足了劲，要大干一场，却往往陷入“春紧夏松秋耷拉，冬天耷拉滚回家”的怪圈。人生不如意者十之八九，挫折往往是成功者的试金石。坚持不懈，是通向理想的必经之路，是走向成功的阶梯。

9月，对于我，只是一个年轮。没有赶海的冲动，宅在家里，默默注视着钟摆，等着它赶我去球场；没有阅读的动力，看着书架上孤零零的几本书，无语地静默。只有步入自然，才会让我惊诧，让我流连，让我不舍。

远远地，就看到你。你一言不发，注视着小溪的水。优美的线条，勾画了无限的春色，像蝴蝶，扑闪扑闪地向我飞来。我看着你，你没有落在岸边的杨柳上，没有昂首飞向塔尖，也没有点映路旁高大的杉树。你落在我的肩，抚摸我的耳垂，痒痒的。我不知道怎么喂养你，因为我不知道你的习性；我不知道怎么带走你，因为我的手，不小心就会弄疼你。我就默默看着你，直到夜色降临，我和你融化在夜幕中。

我枕着你的梦入眠，醒来却发现，你就在窗外徘徊。阳光射进纱窗，我慵懒地起床，你用翅膀遮住刺眼的斜线，生怕伤了我的眼。我和你隔着窗子，在两个世界对望。我伸手吓你，叫你去楼下的树荫，那里才是你要去的地方；你却伸手邀我出来，要陪我去跳舞，去看桃花。

是啊，又一个开始，对于我，不只是一个年轮。

你若安好，便是晴天

今晚无月，时而零星雨点，让暑气躲避一时。漫步街道，行人依依，霓虹闪烁，仿佛山城的人都是那么美丽和帅气。

好久没有你的消息，虽然知道你就在山的那一端，却是那么遥不可及。一个招呼，不禁使我一颤：你若安好，便是晴天。

看霓虹缥缈闪烁，不禁感叹世象迷离。也许每个人，都没有属于自己的归宿。每个人，都是浮云一朵。明明有过交集，转身又成了陌路。我常常感慨：我们真是有缘无分啊！走过百转千回的山水，如果你真的慈悲，忍着痛不再去打听，谁在我的好友中消失，谁又去了哪里，好吗？

一念花开，一念花落。这山长水远的人世，终究还是要自己走下去。人在旅途，要不断地自我救赎。不是你倦了，就会有温暖的巢穴；不是你渴了，就会有潺潺的山泉；不是你冷了，就会有红泥小火炉。每个人的内心，都有几处不为人知的暗伤，等待时光将之复原。

时光如绣，岁月结茧。记忆里所认为应当的美好，与现实总是南辕北辙。尽管这样，这流云般的日子还是要固执地过下去，哪怕行至山穷水尽处，亦会有一个转弯的路口，让你走出来。只是那一剪挂在窗前的明月，醒时我知，醉后谁解？

茶一盏，诗一篇。其实我和你，只隔了一道雨巷如烟。你今为沧海，我已是桑田。如果可以，请许我预支一段如莲的时间。就算回不到从前，你也为我依旧红颜。时光如水，总是无言。你若安好，便是晴天。

细雨迷蒙，已不须记得是几度秋凉。时光薄如云水，旧事且随清风。既已从昨天的巷陌走出，再无谓那些擦肩的背影。以后的岁月，半场球，一盏茶，几卷经书。光阴似水，日子如禅。

给我一段老时光，独坐在绿苔滋长的木窗下，泡一壶闲茶。不去管，那南飞燕子，何日才可以返家。不去问，那一叶小舟，又会放逐到哪里的天涯。不去想，那些走过的岁月，到底多少是真，多少是假。如果可以，我只想做一株遗世的梅花，守着寂寞的年华，在老去的渡口，和某个归人，一起静看日落烟霞。

世事早已擦肩而过，我们又何必反复追忆，反复提起。是时候和昨天告别了，忘记一切，也原谅一切。是真的忘记，做到心平气和，在安稳的现世里，循规蹈矩地过日子。不再追求虚浮的奢华，不再喜好俏丽的颜色，不再渴望热烈的爱情。只愿在简约的四季里，穿粗布素衣，拎着破篮球，让汗水流过，那双曾经迷离的眼睛。

梦浮生，愿我们，都有一段属于自己的游园惊梦，醒后放下所有执念。在皎皎月光下，洁净安宁，厮守一世。

二、绘画

万江涛，生于1966年10月，1984年毕业于霍山师范普师班，曾师从乐建成学习美术。2004年，本科毕业于安徽省教育学院美术教育专业。爱好中国画创作，尤其擅长画“虾”；兼修油画风景画。业余爱好各类设计，擅长稻田画、油菜花海等景观设计，作品深受好评。

中国画《硕果》

油画《山清水秀》

丙烯颜料画《日出》，采用中国画技法，尝试新的绘画方式方法创作的一幅风景画

《大美花石嘴》是利用花期不同的菊花打造的“菊花花海”，金丝皇菊是一种集观赏性和经济价值高于一身的植物，该花海对于花石嘴村提升乡村知名度的宣传意义非凡

《百年感恩》是为庆祝“中国共产党建党100周年”打造的“稻田画花海”，图案文字都是用彩色水稻栽培而成。不仅具有观赏性，而且优质的彩色水稻产品经济价值很高，实现了带动乡村旅游和实现集体经济转型双丰收

《美丽山王河》用彩色水稻和普通杂交稻相配合打造而成的“稻田画”

第四节　广播　电影　电视

一、广播

1969年10月，团墩公社、但家庙公社分别建广播站。其中，但家庙广播站设在但家庙老街（后街）的公社机关内。从广播站开始建成到20世纪80年代，广播一直是农村最主要的宣传工具，也是广大农民了解外界信息和国家方针政策的最主要渠道。同时，也是人们业余文化生活的重要依托。20世纪80年代以后，随着收音机、电视机的逐渐普及，广播的作用相对越来越小。

初建时站内人员及相关设施

人员配备：站内由2人组成，线务员、播音员各1名。

广播设备：有AG-275扩音机2部、前级机1部、25瓦扩音机1部、调压器1台并配套维修工具。

线路建设：公社至大队级的传播广播专线52千米，其中专杆专线31千米、电网线杆下挂21千米；大队至农户广播传输专线150千米。公社广播站先是安装10瓦大喇叭2只，后改为25瓦高音喇叭。全社农户安装舌簧小喇叭3500只。

1969—1972年，线务员为彭以行，播音员为周旋。

1972—1976年，线务员为王祥富，播音员先后为周旋、卢翠萍、余永珍、朱贵芳、刘光友。

1976—2001年，线务员为杨富贵，播音员先后为朱贵芳、刘光友。

1974—1992年，但家庙大乡划为2个小乡，其中团墩乡广播站人员和设备配备齐全，线务员先后是汪全兴、马金贵、黄必元，播音员先后是汪大运、周自如、岳广如、靳华。为保证广播通畅，各大队均配备一名广播维护人员，即“赤脚”广播维护员，他们的报酬由各大队承担。

花石嘴大队为吴中林、倪家畈大队为马维凤、复览山大队为倪守祜、花园畈大队为张纯和、大河厂大队为汪仁山、小河嘴大队为马德军、胡大桥大队为刘光友、舒家庙大队为吴启明、黄檀树大队为曹显祥、团墩大队为陈华清。

各村广播室建设

1997年4月，各村开始建广播室，并统一配备相应广播设备。

1997—2003年但家庙各村广播室建设情况表

表9-2

村名	设备型号	数量	值机员	建室时间
大河厂	ZK—94C	1	刘富银	1997.4
花园畈	ZK—94C	1	卢世菊	1997.4
但家庙	ZK—94C	1	汪　霞	1997.4
小河嘴	ZK—94C	1	张宏霞	1997.4
花石嘴	ZK—94C	1	叶祥云	1997.4
胡大桥	ZK—94C	1	周　霞	1997.4
倪家畈	ZK—94C	1	彭宜香	1997.4
黑虎山	ZK—94C	1	张本凤	1997.4
团墩	ZK—94C	1	杨先珍	1997.4
观音岩	ZK—94C	1	刘泽云	1997.4
舒家庙	ZK—94C	1	姜　慧	1997.4

2004—2021年但家庙镇各村广播室建设情况表

表9-3

村名	设备型号	数量	值机员	建室时间
大河厂	ZK—94C	1	刘富银	1997.4
但家庙	ZK—94C	1	汪　霞	1997.4
花石嘴	ZK—94C	1	涂友慧	1997.4

续表 9-3

村名	设备型号	数量	值机员	建室时间
胡大桥	ZK—94C	1	周　霞	1997.4
观音岩	ZK—94C	1	刘泽云	1997.4

二、电影

20世纪50年代，本区域没有电影。20世纪60年代初期，县电影队下乡放电影，那时的电影是黑白片，无声的。60年代后期有了彩色电影。1971年后，但家庙公社和团墩公社相继成立电影放映队。电影队根据所有制性质分为国办、集体办和私办三种类型。电影队大多使用8.75毫米放映机，少数是16毫米。1987年以后，电影队逐渐萎缩。1990年，但家庙乡电影队撤销，人员调回县电影公司上班。进入21世纪，县电影队经常下乡放电影，影片的内容多为战争片、破除迷信的科技片、寓教于乐的戏曲片。随着社会的发展，电视的普及以及农村文化事业的繁荣，电影队逐步退出农村。

但家庙乡（公社）放映队

电影队成立　1970年10月，霍山县政治工作组（霍政〔1970〕号）文件下发全县各公社，要求公社成立农村电影放映队，并招收亦工亦农放映员（属集体性质）。经公社党委研究决定，从但家庙中学招收首届毕业生马维银、吴启明为公社电影放映员，吴启明任电影队队长。1970年11月15日，县电影管理站（县电影公司前身）集中培训放映员。培训班结束后，于1971年1月回公社开始电影放映。

电影放映情况　电影队刚成立时，县里分配1套放映设备：长江F16-Ⅰ型16毫米流动式放映机及LD75型汽油发动发电机1台，这两台机器都是我国首次设计，由南京电影机械厂生产的试用品（五六十年代我国的电影设备都是仿照苏联的图纸生产）。由于该放映机和发动发电机刚问世，技术性能极不稳定，在放映中常发生故障。放映机收片装置不能完整地收紧影片，只能依靠放映员手摇完成，放映两部影片就要站着手摇5个小时。发动发电机是绳拽启动，发动难，在严寒的冬天启动更困难。放映队放映的第一场电影是京剧《智取威虎山》，地点在公社门口，观众从四面八方涌来，人山人海，把整个街道挤得水泄不通。

公社电影队在全社19个大队（大河厂、黄檀树、花园畈、但家庙、黑虎山、小河嘴、花石嘴、胡大桥、倪家畈、团墩、倪冲、观音岩、舒家庙。1969年撤区并社后，卧龙岗、沈家畈、落阳河、马厂岗、复览山、打鼓山，隶属但家庙公社）巡回放映，每月一次，全年放映300余场，观众达30万人次。电影队还充分发挥电影宣传平台的作用，积极宣传党和政府的方针和政策，配合公社和大队中心工作。在电影放映前，大队领导宣读人民日报社论和公社关于春耕、秋种、“双抢”等会议精神，有的还在放映前开短会，布置工作。

电影队每到一个放映点都受到观众热情欢迎，有的老人和小孩天未黑就到电影场，摆好板凳，等着看电影，有的年轻观众连续赶几个电影场。放映的影片主要有：1.样板戏：《红灯记》《智取威虎山》《沙家浜》《白毛女》《杜娟山》《红色娘子军》《龙江颂》《奇袭白虎团》；2.抗日战争故事片：《地雷战》《地道战》《铁道游击队》《平原枪声》《血战台儿庄》《狼牙山五壮士》《三进山城》《小兵张嘎》《三毛从军记》《敌后武工队》《绝境逢生》《屠城血证》等；3.解放战争故事片：《南征北战》《渡江侦察记》《永不消逝的电波》《洪湖赤卫队》《侦察兵》《奇袭》《战上海》《保密局的枪声》《兵临城下》《林海雪原》《大战宁沪杭》；4.科教片：《安全用电》《计划生育》《安全使用农药》《杂交水稻》等；5.纪录片：《红旗渠》《大寨田》；6.喜剧片：《喜盈门》《难兄难弟》《家有喜事》《济公》等；7.外国片：苏联的《列宁在十月》《列宁在1918》；朝鲜的《鲜花盛开的村庄》《卖花姑娘》；美国的《谍影疑云》；法国的《总统失踪记》《电视杀手》；日本的《侦探故事》等。

20世纪80年代，“文化大革命”期间禁映的影片陆续上映，有《红楼梦》《刘三姐》《天山配》《三打白骨精》《梁山伯与祝英台》等。

纪录片《红旗渠》《大寨田》等的放映在观众中引起强烈反响，纷纷表示要发扬“红旗渠”人的精神，大寨人的干劲，改河造田，建设家乡。在兴修湑源渠工地上放映这两部影片时，对指挥部和广大民工鼓舞很大，掀起了“苦战十五天”，提前完成任务的热潮；科教影片放映是农民科学种田、丰富科学技术知识的重要途径。不仅如此，放映队还充分利用科教电影，把影片里的先进技术和知识普及到农民的生产实践中去，如科教片《安全用电》在有的大队先后放映几场，并印发影片内容宣传单，农民从中学到了用电知识，提高了安全用电意识。

每逢春节，电影队从大年三十开始，就为群众送去电影文化大餐，如小河嘴大队五星生产队每年三十晚上都放电影，吸引了四面八方群众来看电影。20世纪80年代，原但家庙公社干部宿舍改造成电影放映大礼堂，售票放映，每张票价1角钱，观众自带板凳，每晚观众在200人左右。同时，电影队利用大礼堂白天能放映的条件，将但家庙、花园畈、黑虎山、小河嘴等小学师生，分期分批安排到大礼堂观看爱国主义教育影片，如《小兵张嘎》《鸡毛信》《地雷战》《地道战》《南征北战》等。

但家庙公社电影队于1972年12月转为国营电影队，马维银、吴启明转为正式职工（仍留在公社放映），马维银于1976年调县电影公司，张之才任但家庙公社电影队队长，到1980年电影队撤回县电影公司。随后，公社成立8.75毫米电影队（社办），章永华、马维凤任放映员。

电影宣传 电影宣传工作分两部分。一是电影节目内容的宣传，为了使观众看懂、看好电影，自制流动电影宣传幕，宣传幕长3米、宽2米，宣传幕上贴满了影片内容介绍、人物头像、电影海报和抄摘人民日报社论等宣传材料。每到一个放映点，提前挂在电影场就近的墙壁或电杆上，起到映前宣传作用。在放映外国影片时，经常映中插话，引导观众理解影片内容，提高观众审美能力。二是配合党和政府的中心任务开展宣传工作，每场电影放映前必须放映一段《新闻简报》(约10分钟，其内容是全国各地工业、农业和其他行业的先进生产经验和成果及国家领导人视察工作的新闻)。

从1970年电影队成立到1990年间，电影队重点放映宣传主旋律影片，开展了多种形式的电影宣传。如开展《学雷锋扫六害》电影宣传，促进了社会风气好转；放映《英雄儿女》等革命历史影片，使观众受到了英雄主义和爱国主义思想教育。

幻灯宣传是电影宣传的重要组成部分，除了电影公司统一订制的幻灯片外，电影队还自制了滚动式幻灯片。将宣传内容写在很薄且透光性好的胶纸上，卷在圆筒（利用老照相机废胶卷轴芯）中，固定在自制的滚动装置（手动和电动）上，由该装置把胶纸往下拉，再通过幻灯机放出。观众在银幕上能看到清晰的字幕向上移动，字幕上内容篇幅大大延长，解决了固定单一幻灯机只能容纳口号式短篇之弊。幻灯片内容是宣传党的中心工作、计划生育、"农业学大寨"、植树造林、生产进度以及当地的人和事。

电影事业的发展

中共十一届三中全会以后至20世纪80年代初，农村电影事业蓬勃发展，形成了"村村挂银幕，人人看电影"的局面，农户家有喜事一般都包场放电影。经常是多家农户在同一天晚上要求放电影，公社一个电影队已经不能满足放映的需求了。于是，先后成立了团墩电影队（个体），放映员陈守福；大河厂电影队（个体），放映员汪德林；花石嘴电影队（个体），放映员吴启秀、徐发霞。各电影队在规划区域内开展工作，队与队之间相互合作，调配放映点，在放映新影片时，队与队之间跑片放映（同一个拷贝在两个放映点同晚上放映），这样观众能尽早看上新影片。这一时期，放映的国产武打影片有《少林寺》《少林弟子》《武当》《武林志》《自古英雄出少年》《少林小子》《新方世玉》《木棉袈裟》《侠女十三妹》《岳家小将》《东方第一剑》《一代枪王》《神丐》《白龙剑》《八百罗汉》《过江龙》《神秘的大佛》《南拳王》《乱世英雄》等。农民观众最喜看这些武打电影，每场都在1000人以上，观看《少林寺》的更是高达2000人，甚至有从十里以外赶来观看的，有的电影迷跟着电影队辗转几个放映点看。

20世纪90年代，国家电影体制改革，电影全面走向市场，加上电视的发展和录像等娱乐活动的兴起，农村电影放映走向低谷，电影队先后停映。1998年，国家广电总局和文化部联合提出实施农村电影放映"2131"工程，即一村一月一场电影。但家庙镇"2131工程"由县电影公司实施放映，按照"市场运作、政府买单"的模式进行，每村全年组织放映12场电影。进入21世纪，镇文化站和各村组织开展数字电影定点及流动影片放映，内容主要选取能够反映党的方针政策、爱国主义教育、民族团结、先进模范人物事迹及科技等题材进行放映，把收看电影当作教育培训群众、丰富知识、提高建设社会主义新农村思想觉悟的有效载体。2015年以后，电影放映在农村日益减少并逐步退出。

（马维银　吴启明提供，陈廷璋整理）

三、电视

但家庙镇于20世纪70年代末有了电视。本区域第一台黑白电视机是花石嘴村林业大户倪世军购买的。1988年，黑白、彩色电视机实行敞开销售。至80年代末，黑白电视机逐步退出本地市场，彩色电视机逐步成为农村娶媳妇的新鲜电器。那时信号由电视台直接发送，电视机带有两根短线接收信号。1995年年底，但家庙开通有线电视信号，转播8～10套电视节目。1998年，为适应节目传输套数更多、覆盖范围更广的要求，县广播电视局决定对城网进行光纤网升级改造。并逐步实现全县乡、镇光纤联网。该工程分为3期，但家庙于2期工程中实现了光纤联网。1999年，广播电视“村村通”（村村通广播电视的简称）工程启动。后在但家庙镇的团墩村建设“村村通广播电视”小局域网，尔后并入县光纤网。2008年6月，根据国家发展和改革委员会办公厅和国家广电总局办公厅《关于扎实做好“十一五”广播电视村村通工程建设有关工作的通知》精神和有关要求，结合霍山县山区、库区面积大、用户居住分散等实际情况，县发展和改革委员会、县广播电视局联合编制了《霍山县“十一五”期间广播电视村村通工程建设实施方案》（以下简称《方案》），《方案》采取适合本地特点的直播卫星技术手段实现“村村通”，使盲点村居民能够收听收看到4套以上广播节目和8套以上电视节目。但家庙镇戴家院组、李家塝组、小河桥组、丁山坎组、张新庄组、高塘埂组、西尧冲组、大路冲组安装直播卫星接收设施。2008年年底，但家庙镇基本实现了由模拟电视到数字电视的整体转换。

第五节 文物 遗址 寺庙

一、遗物

1977年4月，原团墩公社鲍家洼生产队熊姓家拆墙时，发现舒传贤烈士遗物：烈士舒传贤生前用的防护武器手刀1把；书籍《革命理论大纲》、《省港罢工工人代表大会第一百次纪念册》、《中国共产党广东区委对国民党第二次会议宣言》、日文《资本论》、《中国民族革命运动及其策略》，这些物品均保存在霍山县革命纪念馆。其中《革命理论大纲》系舒传贤用毛笔手写本，近2万字。

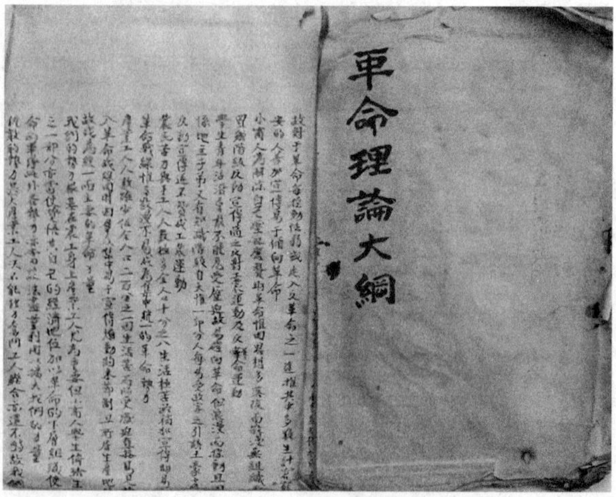

舒传贤撰写的《革命理论大纲》手稿

（陆皖玉 提供）

二、遗址

舒传贤故居

舒传贤故居位于但家庙镇观音岩村舒家庙李院组（原小吴冲三河塘），距离但家庙集镇约10千米。原有房3间，小瓦土木结构，毁于“文化大革命”时期。现其孙舒绪美在原址建有砖墙瓦顶结构房3间居住。该遗址南距村村通水泥路200米，距观音岩村部2千米，交通便利，坐北朝南，背靠丘陵山包，周围为水田、民房。属县级文物保护单位。

舒传贤出生地——舒家庙三河塘

中共霍山县首届委员会成立旧址

位于霍山县但家庙镇观音岩村桂花冲村民组。1929年1月，中共霍山特别区委在舒家庙肖家冲杨伯平家召开霍山县第一次党的代表大会，贯彻中共六大精神，选举产生中共霍山县第一届委员会。该遗址坐落于观音岩村肖家冲，两边为丘陵灌木山冈，中间为村组道路和水田，交通不便。该遗址原为杨伯平住宅，有旧瓦房5间，后为其侄儿舒绪尚居住。

霍山第一次党代会旧址——舒家庙桂花冲杨伯平家

舒家庙农民夜校遗址

位于霍山县但家庙镇观音岩村舒氏祠村民组。原为舒氏宗祠。1919—1921年，舒传贤联系朱体仁等利用假期回乡在此开展马克思主义宣传活动。1927年秋，舒传贤受党组织派遣回到家乡舒家庙，在六安、霍山两县从事革命活动。他利用东北乡自治公所主任的合法身份作掩护，以舒氏宗祠为中心，在舒家庙创办农民义务学校（简称“农民夜校”），吸收广大贫苦农民入校，并将其中的进步分子组成农协小组，后发展成为区农民协会，秘密筹建党的组织。1930年2月，霍山自卫团趁三十三师

舒家庙农民夜校旧址——原舒家庙小学

主动撤走的时机，放火烧了学校中进、后进房屋，学校遂告停办。

中共舒家庙支部成立、豪珠岭会议旧址

位于霍山县但家庙镇观音岩村岭坎村民组。该旧址位于六安市裕安区、霍山两县交界的丘陵地带，有一条“村村通”水泥路直达庙宇，周围居民稠密，离霍山观音岩风景区2千米，离但家庙镇政府7.5千米，交通方便。

豪珠岭会议旧址

1927年秋，舒传贤贯彻中共八七会议精神，在东北乡成立学术研究会，以豪珠岭、舒家庙为中心开展秘密建党活动。1927年冬，舒传贤在豪珠岭大庙内召开第一次党员会议，与会9人，成立了中共舒家庙党支部，舒传贤任书记。1929年8月5日，中共中央巡视员方英主持在豪珠岭召开了六安、霍山、霍邱、寿县、英山、合肥六县党的负责人会议，成立中共六安中心县委，全面部署六霍起义。1930年7月，六安中心县委在豪珠岭召开六霍两县党的联席会议，贯彻立三“左”倾冒险主义路线。会议讨论了中央和鄂豫边区特委决议，提出“截断长江，打到武汉过中秋”的口号。

东北乡暴动遗址

位于霍山县但家庙镇大河厂村。1930年3月下旬，中共霍山县委准备在东北乡继续发动农民暴动，目标直指霍山县城。4月6日，六安县自卫团到下符桥一带搜捕农协会员，自卫队进剿舒家庙，抄了中共六安中心县委书记舒传贤的家，激战数小时。县委决定派舒传贤亲自指挥，联系红三十二师、三十三师支援，并号召三、四、七区响应，发动东北乡暴动。此次暴动困敌四昼夜，打垮民团数次进攻，直追到苏家埠的马家庵，解放东北乡。红一军主力在军长许继慎领导下于4月12日第二次攻占霍山城。4月中旬，东北乡暴动胜利。

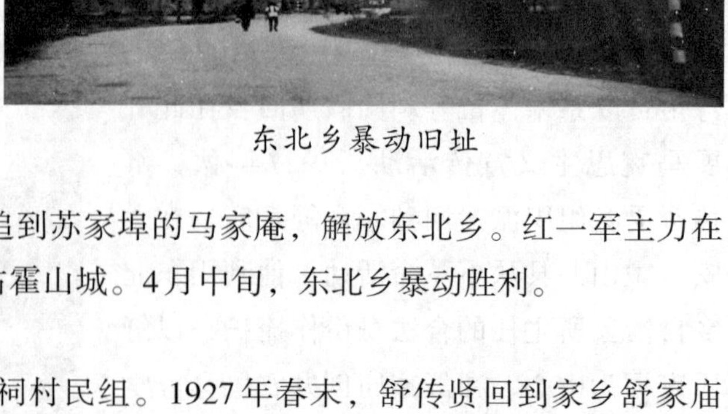

东北乡暴动旧址

舒传贤创办的学术研究会遗址

位于霍山县但家庙镇观音岩村舒氏祠村民组。1927年春末，舒传贤回到家乡舒家庙后，即以“结盟”的方式，联络戴克隆、戴克杰、广燕申、舒盛仓、余东平、程贤德、倪大让、朱雅清、朱体仁等10多个进步知识青年，在舒家庙成立了以“交换知识，联络感情，砥砺学术，主张公道”为公开宗旨的学术研究会，表面上是补习功课，为报考学校或

舒传贤创办的学术研究会旧址——舒家庙小街上三和堂药店

谋求职业做准备，实际上是研讨马克思主义，灌输革命思想，秘密进行革命活动。不久，该会成员都由舒传贤介绍加入共产党组织。该遗址位于观音岩村东200米，有一条“村村通”水泥路直达学校，周围均为民房，离105国道10千米。该遗址原为舒家庙老街三和堂药店。

戴家院遗址

在六安—潜山高速公路建设中，2010年10—12月，安徽省文物局、省文物考古研究所在大河厂村戴家院遗址举办了全省第二期田野考古培训班，并对该遗址进行了正式发掘。发掘面积600多平方米，发现西周时期的祭坛1座以及与之相关的红烧土建筑3处、大型排房1座、木桩遗迹3个，另有大量柱洞、少量灰坑，此外还发现了较多的木头堆积、苇席及其他植物遗存等。出土了数量较多的小件青铜器、陶器，以及少量木器、石器和铸铜石范，并发现了龟甲等。

经发掘得知，遗址的四周边缘系用黄色生土逐渐堆垫而成，略高于中间，几乎没有包含遗物。在遗址的最早期，黄土围绕的中间地带略低洼，为一层类似淤泥的堆积，其间保留了较多的木头堆积，还有少量木器，部分木头上可见简单加工的痕迹。在木头堆积中间，可见不少芦苇秆，并发现了数片应为苇席类的编织物，龟甲也出土于附近。其后四周黄土逐渐垫高，中间低洼处则相应堆积多层十分疏松的黑色土层，因夹杂大量炭粒或草木灰而显黑色，并有一定量的陶片等遗物。每层黑土层之上常垫有一层厚薄不等的黄土，形成一个相对平整而硬实的活动面。

祭坛位于遗址的东部中间，叠压在早期淤泥层上。已全面揭露的祭坛属最晚期，平面近圆形，顶部已被破坏，长径约5.6米、短径约4.7米。底径约8米、现存高度约1米。在祭坛北侧的表面，发现3级略凸出而平缓的堆筑土，疑与台阶有关。从解剖的情况看，祭坛应经过了3次大的修建，每次修建前，在原先的坛体上都覆有一层范围较大、延伸至坛体外的地层。最早的坛较小，台面似圆形，其后不断在其外侧堆土而逐渐增高、增大。祭坛用的堆筑土十分讲究，最早是用灰白色土（与遗址底部的淤土相似）和少量浅红色粉沙土堆筑，第

2005年，发掘大河厂村戴家院西周遗址

（王玉生　摄）

二次系用十分纯净的浅黄色和浅红色粉沙土相间堆筑，第三次是用黄色夹锈斑土堆筑。在祭坛的西南侧和东北侧最晚时期的堆筑土中，还发现每堆筑一至数层后在表面有火烧后残留的面积较小的夹炭层。

在祭坛的南、西南、西面，发现了3处红烧土堆积，其中2处有少量柱洞，应属简易房屋建筑，它们半绕着祭坛，其与祭坛之间的空地上，相对密集地分布着数十块大型房址、大小不一的石块。

位于遗址的西半部是遗址上最早的遗迹。F2呈弧形，已揭露出的一段弧长约30米、宽约3米，至少可以分6间，每间的面积不等，其间均有基槽连接，应属排房类。在房内发现3处烧结面，当为灶。F2系在黄色生土面上先铺垫一层较薄的黄土后，再采用先挖基槽、后埋柱的方法建筑而成。初步分析该房北似经过了两次修建，第一次似未挖基槽，而是以柱为主体，其后在原房址附近再挖基槽重新修建。

出土的遗物数量不多，陶片的数量非常少，小件陶器只有个别的纺轮、拍、垫，可复原的器形有鬲、豆、罐、盂、瓯等。其中盂的把手呈卷尾状，尾部上翘，部分尾端饰成鸟形，是皖西一带的典型器形。石器只有极少量的残镰、残刀等，另有一件形制完整的石范，为两片合范，范上的铸口、捆扎凹口均保存完好。铜器及残铜片发现了近20件，器形有斧、凿、镞、刀等。此外，还发现了一件木槌形器，保存较为完好。芦苇席残片发现较多，出土时编织形状十分清晰。另外还有少量竹子、一片龟腹甲，龟甲已严重炭化。

戴家院遗址的年代大体为西周时期，早期可能要追溯到西周的早中期，晚期应属西周晚期。祭坛是本次发掘最主要的发现之一，这种平地起建、堆筑讲究的形式较为罕见，年代应在西周中晚期，延续时间较长。分间清晰、体量较大的弧形排房也颇有特点，年代为西周早中期。从遗址发掘的情况看，它与以往安徽发掘的10余处同类型遗址明显不同：一是陶片出土数量大大少于其他遗址。而铜器出土数量则明显多于其他遗址；二是出土的木、竹和其他植物遗存多于其他遗址；三是未发现与祭坛同时期的可作普通居住用的房屋建筑。因此，该遗址在功能上可能与其他遗址并不相同。为了解祭坛的功用，考古工作者还在不同的农历节气日（大寒、冬至等）对遗址东南方向复览山上的日出方位进行了观测。在发掘过程中和发掘结束后，在附近几千米范围内进行了一次调查，了解到在其周围还有至少4处同时代、同类型的遗址。

赵新农古宅

位于胡大桥村赵老庄村民组。清光绪年间，二品大夫赵宗道（详见“人物”篇）弃官归隐，到但家庙胡大桥村的张冲，选中此山清水秀之地建宅，以颐养天年。据赵宗道第六代嫡孙女赵观荣回忆，赵老庄建宅规模较大，主体为三重回字形庭园，南北三进，分前厅、中进、后堂。前厅家仆居住，中进会客，后堂主人起居。东西两重，厢房及耳房，西厢耳房是家眷居住，东厢耳房为饭厅及厨房。中间是花园。墙体及室内地面都是由清代的方形灰砖砌筑，根基都是长约2米的红石条，室外过道及花园都是有大小均匀的鹅卵石铺就，房梁为大小梁结构，梁体较大，主梁有一成人合抱之圆，门窗都是木格穿花，雕龙刻凤，庭院修建有约2亩的长方形水塘，水塘与院落地下水道相通，所有雨水及生活用水都有地下水道淌归水塘，有“肥水不流外人田”的寓意。庭院和水塘外围建有红毛石条院墙，宅院大门朝东，门头有三石簪，左右石鼓，庄严大气。

位于胡大桥村赵老庄村民组的赵新农古宅

（王玉生　摄）

土地改革后，大多数房舍都由政府分给同村百姓所有。后来村民改建，再加上年代久远，多有拆建，没有完整保存下来，仅有第六代嫡孙赵新农住房（后堂及东厢房）保存较好。

胡大桥大柳树古桥

该桥距离但家庙镇约2.5千米，位于但家庙至张冲的水泥路旁。该桥建于清朝末期，桥面由两块人工打磨石条铺成，整个桥长8米、宽0.7米、厚0.7米，架在一块菱形石墩上，桥墩长1.3米。小河由北向南流下，大柳树桥横跨在小河上，呈东西走向，桥的东西两侧有南北走向的小山系，中间是河谷。小河紧邻东侧山脚，小桥西端连接水泥路，另一端架在小山坡上，连接两边8个村民组。石桥由于年代久远，有一定的损毁。

胡大桥村高塘埂古桥　（王玉生　摄）

胡大桥三步两个桥

石桥位于但家庙镇政府东2.5千米的胡大桥村，始建于清代。桥面由4块石条铺成，每块石条长约3米、宽0.7米、厚0.7米，架在一个菱形石墩上。整个石桥长7.8米，桥面宽0.66米。桥墩高1.4米，宽0.6米，桥高2.1米，为条石垒成。小河自北向南流下，桥为东西走向。该桥连接两边6个村民组，经历多年洪水仍屹立不倒。桥

位于胡大桥村新庄村民组的三步两个桥

（王玉生　摄）

面由于受洪水冲击，加上生产生活对桥体的影响，又年久失修，导致桥体部分受损。

团墩遗址

位于但家庙镇团墩村，在县城的东北方，距城约14千米。遗址现存一个大高墩，面积约3400平方米，相对高度4米多，南北长，东西窄，呈椭圆形。大土墩的北侧于2005年12月初农田规范化改造中被挖开，裸露出4米多高的文化层。其中灰层自上至下深4米多，分为多层，灰层中夹杂着大量的陶片、残器等。陶片有红陶片、灰陶片、黑陶片、褐陶片；有的陶片内侧装饰有白色的装饰色。红、褐、黑陶片外呈素面绳纹和弦纹装饰。红陶片为夹沙陶，鬲足为黑陶绳纹装饰。从发现的遗物分析，该遗址的年代为西周时期。

卢家院遗址

位于但家庙镇但家庙村卢家院村民组，在县城东北方，距城约10千米。遗址为高出水田3~4米的土墩一座，呈椭圆形，南北长，东西窄，面积约2000平方米，四周空旷。现为打谷场，从采集的陶片分析，此为西周时期聚落遗址，于2005年12月文物调查时被发现。该遗址于2011年被县政府公布为文物保护单位（见彩图第32页）。

但家庙镇不可移动文物登记表

表9-4

代码	名称	年代	类别	地址	面积（平方米）	现状评估	保护级别	所有权	照片（张）	图纸（张）
341525-001	卢家院遗址	西周	古遗址	但家庙村卢家院队	2750	较好	尚未核定	集体	2	2
341525-002	赵新龙古宅	清	古建筑	胡大桥村赵老庄队	406.43	较差	尚未核定	个人	2	2
341525-003	胡大桥村柳树古桥	清	古建筑	胡大桥村高墩队	10	一般	尚未核定	集体	1	2
341525-004	胡大桥三步二个桥	清	古建筑	但家庙镇胡大桥村	10	一般	尚未核定	集体	1	2
341525-005	豪珠岭会议旧址	中华民国	近现代重要史迹及代表性建筑	观音岩村舒家庙	64.5	一般	县级	国家	1	2
341525-006	团墩遗址	西周	古遗址	观音岩村团墩	2800	一般	尚未核定	国家	2	2
341525-007	戴家院遗址	西周	古遗址	大河厂戴家院村民组	1920	一般	尚未核定	国家	2	2

（录自《霍山旅游大辞典》）

三、寺庙

自古以来，但家庙就有相当一部分民众信奉宗教。境域内，现存寺庙及寺庙遗址就有11处。有的几经劫难，幸而保存下来，有的已被历史风雨淹没，只剩下遗址，也有的仅存留在人们的传说和记忆中。

东观禅院　（王玉生　摄）

其中复览山寺位于但家庙镇境内的复览山上，旧时又称龙泉寺。四合院式的庙宇，根基为条石垒砌，砖木结构，前后殿各5间，东西包厢各2间，中间是天井院。寺内供奉菩萨40余尊，竖立石碑20多块。墙壁上端雕花镂纹，图案细致，现仍清晰可见。寺庙1930年被大火所焚，今残存寺庙门楼上正面书刻“汉帝重游”，背面书刻“龙泉禅林”，为细青石镌刻，是当时建庙时所嵌。

但家庙镇境内寺庙及寺庙遗址一览表

表9-5

寺庙名称	所在村	具体位置	现存状况
东观禅院	观音岩村	岭坎村民组北,与六安横塘岗交界	待开发
牛鼻岩	观音岩村	毛岭生产队东边	待开发
舒家庙	观音岩村	舒家庙村民组,原舒家庙老街	已无存留
龙泉禅院	但家庙村	复览山顶端,与洛阳河交界	待开发
南阳禅寺(火神庙)	但家庙村	三根桥村民组,原灯泡厂厂房	留有遗址
财神庙	但家庙村	政府广场南边河沿	仅留旗杆座一个
猪福庵	但家庙村	汪家塝村民组上侧小冲	已无存留
极乐庵	胡大桥村	旱冲村民组北边	留有遗址
东旺庙	胡大桥村	高塘埂村民组与赵老庄村民组之间	留有遗址
黄土庙	花石嘴村	和尚冲村民组,黄鳝塘东边	留有遗址
蛇胆寺	花石嘴村	曹桥村民组,原小河嘴小学旧址	留有遗址

附：猪福庵的传说

从前，有个姓汪的财主杀年猪，猪毛已褪去，但猪突然窜起，顺冲而上，倒卧在一块平地死去。汪家就地掩埋了它，并在此建了一庵，起名“猪福庵”。

第十章 教育 卫生 体育

中华人民共和国成立以前，乡村虽有私塾，但其学俸昂贵，穷苦人无力承担。

中华人民共和国成立以后，教育事业逐步发展起来。至2021年，但家庙镇教育形成了以中心学校为核心、3所完全小学和3所幼儿园为支撑的教育布局，办学条件和教育管理实现了标准化。

中华人民共和国成立以前，该区域没有医院，医疗卫生条件极差，缺医少药，人民群众有病得不到及时治疗，更谈不上预防。中华人民共和国成立以后，卫生事业从无到有，逐步发展起来。先后建立了公费医疗和合作医疗制度。改革开放以后，特别是进入21世纪，国家对基层医疗卫生事业的投入逐步加大，医疗设备不断更新、专业人才不断充实，医疗保障制度更加完善，人民群众的健康有了切实保障。

中华人民共和国成立以前，该区域体育发展滞后，只有民间体育。中华人民共和国成立后，体育活动项目逐渐多了起来，如篮球、乒乓球、跳高、跳远等。其中，篮球、乒乓球较为普及。

第一节 教 育

一、发展历程

清末民国初期，封建统治阶级把“读经尊孔”作为统治手段的精神支柱，把读书识字作为立身的必要条件，所以那时但家庙私塾遍布乡村，但其学俸昂贵，穷苦人无力承担。因此，当时读书识字者大多是富贵人家子弟，贫苦者识字很少，赤贫者则是目不识丁。

乡村私塾所开设的课程极为单调，以《四书》《五经》为主要教学材料；学写作文、练毛笔字是其主要日间作业。学生所学拘而不化，不能学以致用。1926年北伐战争胜利后，该区域虽建立了初级小学及私立小学，但数量极少，所以乡村教育仍以私塾为主。抗日战争时期，在抗日救亡图存思想的感召下，各地掀起兴学热潮，通令取缔了私塾，本区域设立中心国民小学和保一级的小学。开设文、史、地、数、音、体、美、社会及公民等课程。这对宣传抗日救亡起了一定的作用。解放战争时期，由于该区域属于“国统区”，保一级的小学几乎全部停办。

中华人民共和国成立后，但家庙镇教育事业逐步发展起来。1950年，政府先后在花园畈、舒家庙、小河嘴、倪家畈、胡大桥办了5所小学。起初为1～3年级的初小，后来逐步发展成完全小学。但由于条件差，教育管理体制不完善，适龄儿童入学率很低。随着经济的发展及适龄儿童人数的增加，20世纪50～70年代，各地借用民房、祠堂陆续办起了民办单班和教学点。单班和教学点年级逐年递增，后来陆续合并，建成了完小。1969年，马氏祠农中创建，这是本地初中教育的雏形。1970年，但家庙初级中学正式建成招生。但“文化大革命”时期，学校秩序混乱，国家停止发行统一教材，原教育部颁发的教学计划、学生守则、教学常规全部废除。1968年，各学校成立革命委员会，配合社会活动，开展清理阶级队伍运动。同时，各校成立群众专政队，将成分不好的教师划为异己分子，立专案审查。那时，教学秩序略有好转，但无教材和计划，早晚一度以唱《东方红》和做“四首先”替代教学活动，课堂上以《毛主席语录》为主要教学内容。师生间的正常礼节仍未得到恢复。1974—1976年，教学质量下降。

中共十一届三中全会以后，通过拨乱反正，国家颁布了教学大纲和计划，恢复了考试制度，发行了统编教材，建立了各项规章制度。自此教学秩序井然，基础教育重新步入正轨，教学质量显著提高。至20世纪80年代初，各大队（村）都有一所完小，并置办了黑板、课桌凳等必要的简陋设施。这些民办学校实行民办公助，招聘了民办教师、代职教师。民办教师国家财政每月补助12元，其余由大队（村）负责统筹。代职教师工资由地方政府发放，起初每月24元，80年代末涨到60元。各村有了民办学校，儿童入学率也逐年攀升。1985年，本地区通过了普及初等教育（小学教育）省级验收。

1992年，霍山县争创全国基础教育先进县，各学校进行了“六配套”建设，全镇中小学不仅消灭了危房，兴建了砖墙瓦顶结构校舍，购置了全新的课桌凳、教学仪器、图书，而且建设了标准化厕所、旗杆台。教学设施基本齐备，校园环境焕然一新。1995年，通过“两基”（基本普及九年义务教育、基本扫除青壮年文盲）国家级验收，本镇的适龄儿童入学率、教育完成率均达到了国家规定的标准。1991—1996年，解决了初中、小学开设实验课问题。在实施“六配套”过程中，但家庙初中及乡中心小学建立了实验室、图书室，各村小学购置了小学教学学具箱和小学自然实验箱，并添置了音乐、体育、美术器材。1996年，本镇在中心小学创办了第一所幼儿园。由于学生数量的下降，从20世纪90年代后期开始，渐进式地进行了学校布局调整。至2009年9月，全镇仅保留1个九年一贯制中心学校、3所完小。

进入21世纪，全镇的适龄儿童入学率每年均达到100%。初中教育完成率99%以上。2004年，霍山启动“农村中小学现代远程教育工程”，但家庙初中配备了计算机教室、多媒体教室和卫星教学收视系统。至2005年，但家庙初中建立了物理、化学、生物实验室、多媒体教室、图书阅览室（藏书19000册）。2007年，但家庙中心小学与但家庙初中合并，组建了九年一贯制学校——但家庙中心学校，全镇的教育事业进入了新的发展时期。至2010年年底，但家庙中心学校有教学用计算机110台，体育场地1个。2011—2014年，该镇的基础教育进入了新的发展时期。全镇各学校完成了标准化建设，通过了教育均衡发展的验收。2012年，中心学校本部为义务教育阶段标准化建设项目学校，学校利用2010—

2013年3个暑假，先后完成本部维修改造和除险加固工程，校园硬化、绿化、亮化和美化目标基本实现；按义务教育标准化建设标准，添置一大批教学器材和办公设备，安装了“班班通”设备，师生办公条件和学习条件得到极大改善。中心学校总投资180多万元用于维修改造，投资80万元用于添置设备。至2014年，学校已拥有教学楼3幢、学生宿舍楼2幢、乡村学校少年宫1座、标准化餐厅和运动场各1个。

大河厂明德小学、中心学校和团墩小学、胡大桥小学分别为2011年、2012年及2013年义务教育阶段标准化建设项目学校。3年累计投资近400万元，相继完成大河厂明德小学扩建改造，新建1500平方米教学楼1幢，完成平房、厕所、操场硬化等配套工程；完成团墩小学“三化”工程及附属园、围墙等配套项目；完成胡大桥小学“三化”工程及暑期维修工程。全镇“一个中心三个完小”的布点格局形成。2014年秋学期，全镇在册中、小学生1159人，教职工125人。镇中心校本部占地面积37762平方米，校舍建筑面积8806平方米，在校生666人，其中初中部学生333人，设9个教学班；小学部学生333人，设10个教学班。全校教职工82名，初中部65人，小学部17人。中心校校舍建筑面积8806平方米，小学、初中学生生均拥有校舍建筑面积分别达7.23平方米、7.96平方米；生均运动场地面积：中心校建有6500平方米体育场，小学、初中学生生均运动场地面积分别达9.31平方米、10.21平方米；生均图书册数：中心学校设有2个图书室，2名图书管理员，共有图书19000册，小学、初中学生生均图书册数分别为27.02册和30.03册，达到省级评估标准；中心学校有计算机110台、学生用90台，小学、初中学生生机比分别为7.93∶1和6.94∶1；接入互联网宽带：中心学校建有100兆局域网，计算机全部上网，校园实现了网络化；教学软件资源配备量：中心校拥有超过400课时教学光盘和85G软件资源；实验室配备：中心学校建有小学科学实验室、初中物理实验室、初中化学实验室、初中生物实验室等，功能齐备；教师学历合格率：中心校82名教师学历全部达标，学历合格率100%；多媒体教室：中心学校建有计算机教室2个、多媒体教室1个、“班班通”23套。各项指标均达到省级评估标准。2017年，但家庙中心学校建成了录播教室，实现了校园网络全覆盖，并通过了“数字化校园”验收。

二、学前教育

发展概况

民国时期，本区域无学前教育，无幼儿教育机构。中华人民共和国成立后至20世纪80年代初，学前教育仍然没有办起来。由于儿童入学年龄没有严格限制，有不少未到小学入学年龄的儿童到学校随班就读。20世纪80年代后期至90年代，各村小学办起了学前班，规定满6周岁方可报名进学前班就读，由于没有专任幼儿教师，学前班一般都由小学教师兼课。

1996年，但家庙乡创办幼儿园1所、学前班12个。幼儿园附设在但家庙中心小学，设大、中、小班，聘教师张莉、舒晓丽、张真玲、王云4人，全乡在园（班）幼儿307名。

随着全乡普及初等义务教育水平的提高，尤其是实施初等义务教育新的基本标准以后，幼儿教育得到较快发展。伴随政府鼓励社会力量办学，2002年起，全镇先后办起了2所民办幼儿园：华安天使幼儿园、宝贝幼儿园。幼儿入园率逐年提高。2004年8月，但家庙中心小学附属幼儿园停办。至2021年年底，华安天使幼儿园有8个班、宝贝幼儿园有12个班、团墩小学附属幼儿园2个班，全镇在园幼儿516名，幼儿入园率达95.6%。

幼儿园选介

宝贝幼儿园 创办于2001年，坐落于但家庙镇大河厂村，大河厂明德小学东侧，北临002县道，交通便利，环境优美。建园后历经两次扩建改造，办园条件不断改善。2021年，宝贝幼儿园占地面积2500平方米，教学楼、图书室、食堂、户内活动室、户外运动场、大型游乐玩具、专用校车一应俱全。设有标准化教学班12个，在园幼儿363人，建有教师教学管理全程监控系统，电视机、DVD、饮水机、空调等教学生活设施配置完善。该园始终坚持“以爱心对待孩子，用真心回馈家长”的办学宗旨，努力提升保教水平，促进幼儿快乐成长，为孩子一生的幸福奠基！

宝贝幼儿园

华安天使幼儿园 创办于2004年，位于但家庙街道，镇政府东侧。原为霍山县华安公司兴建，是一所民办幼儿园。至2021年，华安天使幼儿园占地面积4000平方米，教学用房1260平方米，塑胶地面1300平方米，可容纳300名幼儿。有8个教学班，教职工20余名，有校车3辆、大型玩具3部，并配有幼儿食堂、幼儿活动室、休息室、舞蹈室、衣帽间等。该园以“爱生活、健身心、显活力、同成长”为园训，走出了一条以健康教育为特色的道路，使幼儿园成为孩子们快乐生活、健康成长的阳光乐园。

但家庙华安天使幼儿园

团墩小学附属幼儿园 是一所隶属但家庙中心学校管理的公办幼儿园，位于团墩小学内，直属团墩小学校长管辖。该园建于2013年，拥有3间校舍和1个单独幼儿卫生间。2021年，该园有1名保育员、3名在编教师。该园秉承着“一切为了孩子”的宗旨，以“培养幼儿素质”为办园方向，以保育为基础，以育人为中心，以“团结、务实、上进、奉献”为园风，以“安全、快乐、启智、向上”为目标。该园地处农村，环境优美，设施齐全，室内外布置合理，很好地利用了农村自然资源培养幼儿从小爱劳动的良好品质。

三、小学教育

民国时期的小学教育

初级小学 民国时期，该区域已出现小学教育。民国17年（1928年），在舒家庙办有东北乡第三初小，学生20余人。民国20年（1931年），霍山县苏维埃政权第一区在舒家庙建立，随后，舒传贤在舒家庙创办了一所列宁小学。民国中后期，有的保（相当于村）办起了“保小”。“保小”是初级小学，对学生进行启蒙教育。民国时期本区域的小学如下：

霍山县立大河厂初级小学 1940年，更名为霍山县下符桥乡大河厂保小学，原任校长李亚夫，改后校长叶荫廷。

霍山县立黄檀树保初级小学 1940年，更名为霍山县下符桥乡黄檀树保小学，原任校长施伦继，改后校长施伦继。

霍山县立舒家庙保初级小学 1940年，更名为霍山县下符桥乡舒家庙保小学，原任校长倪荚如，改后校长倪荚如。

霍山县立团墩店保初级小学 1940年，更名为霍山县下符桥乡团墩店保小学，原任校长周宇维，改后校长周宇维。

私塾教育

私塾，时称书房，多为单班，也有两个班的规模。执教人称为先生。一个班的私塾，请一个先生；两个班的，请两个先生。一所单班的私塾学校，学生少则七八名，多则20名。私塾分两种：一为蒙馆，一为经馆。初级的称为蒙馆，对学生进行启蒙教育。高级一点儿的称为经馆，对学生进行知识和写作技巧的教育、伦理道德的教育，并进行习作训练。私塾教材为文言文，从短句到长句，从短文到长文，循序渐进。教学没有黑板，不用粉笔。教材版式：先生用的是印刷本。教材里的文章没有标点符号。为了断句，先生用红笔在书上点一下。私塾教学生读文章、写字、写文章，不教数学和自然科学知识。教学内容方面，蒙馆先生从《三字经》《百家姓》《千字文》《增广贤文》《幼学》读到“四书”（《大学》《中庸》《论语》《孟子》）。男孩要学《小蒙童》《教儿经》，以懂规矩，知礼仪；女孩要学《女儿经》，以学针线，学“三从四德”（“三从”，在家从父母，出嫁从丈夫，夫死从儿子）。聪明的学生第三年学《千家诗》，接受能力差的学生第五年学《千家诗》。经馆学生读“五经”（《诗经》《书经》《礼记》《易经》《春秋》）。教学方式方面，私塾先生对学生实行一对一，个别教学。学生把先生教的这一段文字会认、会背诵了，先生再教下一段。由此往前学。由于各个学生的接受能力不同，所以同时入学的学生在私塾的学习进度不同。蒙馆的教学方法一般为认、读、背、讲、写5个阶段。认，就是认字；读，就是朗读；背，就是背诵；讲，就是开讲，先生讲解字意、句意，讲怎么作文。讲字意、句意，是在教新课时讲。讲习作，又分两个步骤，先是对对子，先生出上联，学生对下联。这样使学生初步掌握写作素材和技巧。紧接着，先生出题，并讲解如何围绕题目去构思写作；写，就是写字，写作文。写字，开始是先生教如何握笔，握笔时，手心攥一团纸以便以后写字时手心为空，运笔有力。写字，一般安排在午饭后。写字分为三个阶段：第一阶段描红。先生用毛笔蘸上大红水，把文字写在本子上，然后学生用毛笔蘸上黑墨水进行描写。第二阶段：写印本，先生在一张纸上用毛笔蘸上黑墨水写好文字，夹在学生写字本的两页纸之间，或插在未裁开的双面纸之间，纸上能清晰地看到先生所写的字，学生在上面依样描写，这叫写印本。第三阶段，单手写。学生经过前面两个阶段的写字训练，初步掌握了写字的要领，可以自己写字了，这叫单手写。接受能力正常的学生在蒙馆读到第三年，开始学些简单的作文。经馆的教学步骤，除了认、读、背、写外，主要是开讲和习作训练。这里的讲，是讲文章的句意，整篇文章的结构，使学生在“讲解”中领会文章的意思，潜移默化中学到写作技巧。在封建社会，一个人在经馆念上几年书，就可以考秀才了。在封建社会和半封建半殖民地社会，人们重男轻女，一般只给男孩子念书，认为女孩子终归要嫁人的，给女孩念书不划算。只有官宦之家或有钱人家，专请家庭教师到家中给女孩子授课。所以，女孩子有文化的很少。那时，男孩上得起学的，一般也是比较富裕的人家子弟，穷苦人家孩子上不起学。除非一个宗族为了培养个把有文化的人，大家一起出钱来供养一两个人读书，以光宗耀祖，为本宗族办事。经馆里的先生收学生，也是看学生家的光景（经济状况）来决定收还是不收。

私塾先生的待遇报酬 蒙馆先生一般为本地人，也有少数从外地请来的。先生的伙食由学生家轮流供给，叫“管月伙”。一个学生家吃几天，轮换着管伙食，稍远一点的学生家带米带菜给先生。念经馆的学生少，所以经馆的数量也少。蒙馆先生的报酬、学生进蒙馆，第一年，交纳学费为1石稻（约75公斤），第二年交纳1.5石，第三年、第四年每年交学费2石稻。每年端午、中秋，家长请先生到家吃饭。两个节日，学生家长一般要送红包给先生。经馆先生的报酬，每个学生每年交学费为3石稻。

私塾学校的规程 私塾学校内必用红纸书写“孔圣人”3个大字，贴于墙上，有的贴在横梁上。每年开学之际，由办馆人主持仪式，学生进行“三拜（磕头）”。一拜天地，二拜圣人，三拜先生（先生坐在椅子上，学生下跪向他磕头）。拜完之后，学生回座位，先生授课。蒙馆、经馆都一样进行三拜。学生上课时，朗读声音小了，先生便用自制的惊堂木往桌上一拍，并大声喊：“下劲念。”学生朗读声音又变大了起来，如此反复。如有学生念错或写错了，先生便用长条木板打学生手掌，进行惩罚。民国时期，由于社会动乱，私塾学校办办停停，场地不断变更，给孩子上学带来了不便。因此，中华人民共和国成立前本地有文化的人很少。

中华人民共和国成立后的小学教育

发展概况 1949年，但家庙全境解放。不久，党和政府派出宣传队到各私塾宣传马列主义和党的方针政策。同时，将各私塾学校进行登记，名为改良私塾。后来，由于人民政府禁读“四书五经”，一些塾师对党的方针政策还认识不足，遂纷纷解馆。1950—1952年，本地部分村先后办起了民办小学，村成立了校董会，由校董会聘用教师，筹措经费。不久，民办小学被国家统一接收，改为公立学校。学生统一读国家的统编教材，各校建立了正规的教学秩序。1969年，但家庙人民公社有小学（含单班、教学点）26所，在校学生1217人，小学适龄儿童入学率为85.6%。1992年之前，小学招生由各区、乡（镇）教研组制定招生计划。1992年撤区并乡（镇）后，由各乡镇教育办公室（后改为中心学校）制定招生计划，根据就近入学的原则，在乡内各小学分别组织招生。自1994年实行基本普及九年义务教育开始，但家庙乡相继撤销一部分教学点。

1999年，中小学布局调整工作正式启动，由于适龄儿童人数的逐年减少，全镇中小学陆续进行撤并。至2009年，全镇小学撤并调整为4所，即但家庙中心小学、团墩小学、大河厂明德学校、胡大桥小学。在校学生967人，适龄儿童入学率达100%。2001年秋开始，全镇实行由五年制向六年制过渡的学制改制，至2005年，全镇小学“五改六”工作完成。伴随小学学制“五改六”，儿童入学年龄由原来的7周岁改为6周岁。

随着教育改革的不断深化，小学课程的开设几经变动。2001年，教育部印发《基础教育课程改革纲要（试行）》，新一轮课程改革启动。2003年，霍山县被列入市级新课程改革实验区。是年9月，全镇小学一年级正式进入新课改实验，新课程的结构为：整体设置九年一贯制的义务教育课程。小学阶段以综合课程为主，小学低年级开设品德与生活、语文、数学、体育、艺术（或分开音乐、美术）等课程；小学高年级开设思想品德与社会、语文、数学、科学、外语、综合实践活动、体育、艺术（或分开音乐、美术）等课程。

部分小学简介

但家庙小学 但家庙小学前身为“三根桥”单班，创办于1964年上半年，位于但家庙大队部。始建时，学校有3间草房，胡安传任校长。1968年6月，在但家庙大队三根桥生产队公路北侧一块空地上重新修建校舍，校舍是两进南北向，房屋18间，包括教室、办公室、寝室、厨房等场所。此时的但家庙小学已经成为完全小学，有5个教学班，校长胡安传，教师有蒋忠祥、舒绪康、翁明成等。1973年12月，因为但家庙初中扩建的需要，将学校整体迁址到但家庙生产队与但家垅生产队交界的山岗上，学校为四合院，校内建有宿舍、厕所、水塔等附属设施。1978年9月，黑虎山小学四、五年级学生并入但家庙小学。1998年9月，黑虎山小学一、二、三年级完全并入但家庙小学。随着教育的发展，2007年7月，但家庙小学完全并入但家庙中心学校。

周家巷口小学 1953年创办，位于周家巷口东侧。1959年，因修建淠源渠迁到龚家祠堂（上湾龚宗祥家），1962年搬回周家巷口。1978—1980年，曾办过初中班。20世纪80～90年代，该校学生达200多人。90年代后期，学生数逐渐减少。1996年9月，该校三、四、五年级并入原小河桥小学，组建成大河厂希望小学。2003年，周家巷口小学剩下的一、二年级全部并入大河厂希望小学。在周家巷口小学担任校长的先后有涂时学、孟言友、戴平、梁乃明、刘友佳、但德平、叶发涛、桑世明。

小河嘴小学 1950年，始创于马氏祠。1958年，迁至小河嘴大庄。1964年，又由小河嘴大庄迁到社禅寺（在曹家桥大庄西，马徐路东侧），建有四合院，院内有回廊。大门向南开，马徐路修好后，校门改向西面。历任校长先后有王侯田、张秉杰、马克权、方先明等。教师有王素珍、杨春元、张宜华、张显模、陈久谙、吴怀付等。1990年，并入但家庙小学。

花石嘴小学　花石嘴小学前身为七星寨小学（单班），校址位于花石嘴大队部，由知青陈世露创办。1968年秋，但家院单班、旗杆院单班、七星寨单班合并，改称为花石嘴小学。2005年，花石嘴小学并入但家庙中心学校。

倪家畈小学　1950年，但正荣在叶家院朱言三家开办工农识字班。1952年，但正荣因成分高被罢职。1953年单班迁到张家老院，校舍是分五大财主时留下的五间公房，教师仅有马先范1人，学生32人。1956年春，因缺教师停办半年，秋季，陈光海及其家属熊士琼来校任教，小学得以恢复正常。1960年秋，陈光海调走，朱修华来校任教。1964年，该校开始办复式班，张业增任教师。1976年春，联冲单班并入，单班教师同时调入，成为初小。此时的教师增至4人，分别为高业金、张业增、倪克露、万琴。后来，在此任教的还有马正廉、陈习明、张秉胜、马德华、高业金、马东明等。2003年，因布局调整，倪家畈小学撤并至胡大桥小学。

舒家庙小学　舒家庙小学历史悠久。1928年，舒传贤在舒氏私塾基础上创办东北乡第三初小，招收学生20多名，教员2人，戴克杰为校长，余东平专职负责教学。舒传贤以小学为基地传播马克思主义。1930年2月，霍山自卫团进剿舒家庙，将学校所在地舒家祠堂焚毁，学校停办。1939年恢复办学，定名为舒家庙小学。中华人民共和国成立后，党和政府在舒氏祠堂创办了舒家庙小学，开始创办时，只是初小（一至三年级），到了20世纪50年代中后期，逐步发展为完小（一至五年级），校长由沈善修担任，教师有周大兵、项玉伦、丁善夫、宋宜春等。1969年，大庄单班成立，由舒绪明负责并任教，隶属于舒家庙小学，高峰时期，大庄单班学生近30人。1990年，大庄单班撤并至舒家庙小学。1974年4月，鲍丙林开始任教舒家庙小学，根据学校负责人周大祥的分配，他天天跑单班进行流动教学，上午从胡家洼到下院再到小广冲，中午返回舒家庙小学吃午饭，午饭后再教中午班，下午从李家院到三拐塘。2004年，因布局调整，舒家庙小学撤并至团墩小学。

肖家圩小学　1962年创办，先是单班，后渐渐发展成完小，复式班教学。后来学生陆续转到周家巷口小学，只保留一、二年级。1975年，该学校停办。

小河桥小学　1964年，姜典桂在大河厂大队下湾生产队办单班，学生15人。1965年，刘友佳在大河厂大队果园生产队办单班，学生12人。1971年，两个单班合并至小河桥，遂成立小河桥小学，刘友佳、姜典桂分别任校长、教师。随着教育的发展和学生人数的增加，教育主管部门选派了4名下乡知识青年到校任教，该校逐渐成为完全小学。1996年，周巷口小学四、五年级并入该校，成立南京军区后勤部霍山希望小学。1997年5月，学校整体搬迁至大河厂村杨家台生产队。

黑虎山小学　20世纪60年代，原黑虎山村共有2个单班：一个是1960年创办的刘家行单班，另一个是1964年创办的长岭单班。由于学生数量的增加，两个教学点不便于管理。1973年，两个教学点合并，在张家行生产队创建黑虎山小学。学校有1～4年级共计4个教学班，学生134人。至1974年，该校发展为一所完全小学，教师有张荫生、陆玉森、桑世明、曹显凤、曹显珍等。1998年下半学期，因教育布局调整，黑虎山小学并入但家庙小学。

观音岩小学 20世纪60年代，观音岩共有4所单班，分别是：茅岭单班，创办于1964年；中行单班，创办于1966年；小进上单班，创办于1968年；尧观单班，创办于1968年。随着学生数的增加，1972年9月至1978年8月，茅岭、中行、尧观3个单班合并至油坊洼知青驻点旧址，开设1～4年级，学生70余人。时任校长王启鑫，教师有舒圣玉（公办教师）、倪俊华、周自银、倪克和。1979年9月，在观音岩村旧址旁，新建校舍24间，生活用房2间，正式挂牌成立观音岩小学，有1～5年级共计5个班，学生120余人。时任校长王启鑫，教师有舒圣玉、倪俊辉、周自银、周大祥、倪克和、孟琳、严帮华、广圣田等。1989年9月，小进上单班并入观音岩小学。2002年，该校并入团墩小学。

倪冲小学 20世纪60年代初，华从英在倪冲大队部旁的倪世良家创建教学点，开设一、二年级，学生10余人。后来，华从英调走，由本村人倪世祥任教。20世纪60年代末至70年代初，倪世祥辞职到大队办的粮食加工厂任职，遂由本村人董德华、倪世忠等人接替任教。此为倪冲小学前身。20世纪70年代初，倪大友在八斗冲生产队周自忠家创办单班，学生仅数人。1973年，该单班搬迁至洪堰生产队知青点。1975年，洪堰单班撤并至但家院倪冲大队大队部，成立倪冲小学，有1～3年级，学生50余人，教师有大韩、小韩（大韩、小韩为亲兄弟，学名已无从考证）、张在荣及本地的倪大友、倪守忠等人。1976年，因知青陆续返城，翟本和、张作宏、邹善藏等人先后调入倪冲小学。学校负责人先后有翟本和、倪守余、张讲银、王启鑫、何龙海、孙从升、马克权、何龙平、舒世银等人。2001年，因布局调整，倪冲小学并入团墩小学。

花园畈小学 花园畈小学创办于中华人民共和国成立初期，先后并入两个教学点，规模不断扩大。一个是余家湾教学点，创办于1964年，校址位于原花园畈村余家湾生产队枫树岭，孟令纯任负责人，学校开设1～2年级复式班，学生38人，教师有黄治龙、翁明成。该教学点于1982年并入花园畈小学。另一个是卢家院教学点，创办于1969年，杨本弟任负责人，学生12人，于1978年并入花园畈小学。合并后的花园畈小学有5个教学班，加之地处畈区，交通便利，生源丰富，最高峰学生近180人。在此任教的还有高之和、何家富、杨本兴、项昌祥、俞玉衡等。该校曾几度被评为教育先进单位。由于教育布局调整，该校于2009年并入但家庙中心学校。

团墩小学 团墩小学前身为叶家河小学，创办于1970年，位于团墩乡（今但家庙镇观音岩村）杨家行生产队叶氏祠堂。1972年，改名为团墩小学，是一所全日制小学（一～五年级）。是年，刘山教学点并入团墩小学，在校生近百人。2002年，团墩小学迁至原团墩中学。

胡大桥小学 胡大桥小学位于但家庙镇胡大桥村的但家槽坊，地处霍山县东大门，与金安区的张家店镇毗邻。该校始建于1950年。20世纪90年代中期，原倪家畈小学、小河嘴小学相继并入胡大桥小学，该校覆盖人口3000余人。学校占地面积2200平方米；建筑面积840平方米（教学楼两层，每层11间，面积660平方米，附属房150平方米）；活动场地由原来的643平方米增加到1752平方米。另外，该校在2010年暑假共投入40000元改造了教学楼前空地，铺上了彩砖，设置了宣传栏，并把整个教学楼安上了防盗窗。操场上安装了篮球架、单双杠及乒乓球台。2012年完成了标准化建设，拥有农远工程、班班通、图书室、阅览室，图书存量达1000余册。

大河厂明德小学　霍山县大河厂明德小学于1997年由原但家庙镇大河厂小学和小河桥小学合并迁至现址（大河厂村杨家台组）。随着学校教育功能多元发展以及标准化校园建设的推进，当时由南京军区后勤部队投资兴建的校名为南京军区后勤部霍山希望小学已不能满足需求。2010年，由政府和明德项目投资兴建的现学校（霍山县大河厂明德小学）于2011年秋学期投入使用。该校占地面积9200平方米，校舍建筑面积2552平方米。学校建有教学楼1幢，教辅用房1栋和运动场1个，校内实验室、微机室、图书馆、多媒体教室等教学设施配置齐备。2017年，学校有在校生300余人，设7个教学班（包括1个学前班），全校共有专任教师15名。

大河厂明德小学　（王玉生　摄）

1950—1979年部分单班、教学点、完全小学表

表10-1

学校名称	类别	创办时间(年)	创办地点	学生数	教师
小河嘴小学	完小	1950	马氏祠	100余人	张宜华、张显模、陈久谙等
倪家畈小学	完小	1950	叶家院	70余人	但正荣
但家庙小学	完小	1964	但家庙大队部	100余人	胡安传、翁明成等
茅岭单班	单班	1964	卢先文家	10余人	王启鑫
中行单班	单班	1966	油坊生产队	10余人	刘义权、周自银
大堰教学点	教学点	1967	大堰生产队	20余人	周自保
刘山教学点	教学点	1967	刘山生产队	20余人	周自银
叶氏祠教学点	教学点	1967	叶氏祠堂	20余人	王素珍
五星单班	单班	1968	马家畈生产队	16人	马克全
小进上单班	单班	1968	小进上	20余人	王开和
尧观单班	单班	1968	尧观稻场	20余人	王启鑫

续表 10-1

学校名称	类别	创办时间(年)	创办地点	学生数	教师
花石嘴小学	完小	1968	花石嘴大队部	100余人	涂必松、但德仁、涂必章
联冲单班	单班	1970	联冲生产队	8人	吴万枝、高业金
东王庙单班	单班	1971	高塘埂生产队	8人	陈绍云、张秉胜
小河桥小学	完小	1971	小河桥生产队	100余人	刘友佳、姜典桂
团墩小学	完小	1972	叶氏祠堂	100余人	周大兵、张讲银、周自保
黑虎山小学	完小	1973	胡家洼生产队	134人	桑世明、曹显凤、曹显珍等
倪冲小学	完小	1975	倪冲大队部	50余人	张讲银、翟本和等
观音岩小学	完小	1979	观音岩村部	120余人	周大祥、王启鑫、倪克和等
舒家庙小学	完小	1950	舒氏祠堂	100余人	沈善修、周大兵、项玉伦、丁善夫、宋宜春
花园畈小学	完小	1950	卢氏祠	100余人	黄治龙　杨本弟等
胡大桥小学	完小	1950	但家槽坊	100余人	涂修权、梁乃宏、张秉胜、曹俊杰等

四、初中教育

发展概况

民国时期，该区域没有初中教育。20世纪60年代，但家庙开办初中教育。1969年，小河嘴大队书记马德炉在小河嘴大队的马氏祠创办了马氏祠农中。1970年，马氏祠农中迁址至但家庙街道并更名为但家庙初级中学。1976年，在胡大桥小学创办“戴帽子”初中（即小学生毕业后直接在原来小学读初中课程），时任校长涂修权。1977年，团墩初级中学成立，时任校长蒋本祥。1993年，全县取消小学升初中考试，小学毕业生直接升入初中，初步普及了初中教育。1995年，普及了九年义务教育，初中适龄人口入学率达到98%以上。2001年之前，但家庙乡有普通初中2所，在校学生600余人，初中入学率98.3%。2001年9月，按照霍山县教委“原则上每个乡镇只保留1所初中”的要求，团墩初中撤销并入但家庙初中。但家庙初中在校学生达973人，入学率达99%以上，初中招生由县教育主管部门制定计划，初级中学组织实施。初中学制3年。1992年前后开设的课程有思想政治、语文、数学、物理、化学、外语、历史、地理、生物、体育、音乐、美术、劳动技术等。2003年9月，全县初中起始年级进入新课改实验，课程设置为思想政治、语文、数学、科学（或分开物理、化学、生物）、外语、历史与社会（或分开历史、地理）、体育与健康、艺术（或分开音乐、美术）以及综合实践活动等。2007年，但家庙初级中学与但家庙中心小学合并，成立但家庙中心学校。原但家庙初级中学改称为但家庙中心学校初中部。2007年以来，但家庙中心学校初中部始终以教育教学为中心，狠抓常规管理，教育教学质量一直在全县名列前茅。2010—2017年，连续8年获得县教育局颁发的“教学成果奖”。

学校简介

但家庙初级中学 1969年，小河嘴大队支部书记马德炉，在马氏祠创办马氏祠农中，并任第一任校长。由于马氏祠地势低洼，易受水灾，不适宜办学校。因此，1969年春，但家庙公社党委按照“相对适中，不占耕地”的原则，决定迁址于但家庙街道东侧三根桥生产队北部的荒石山下，由党委委员、教育学区负责人陈继礼负责建校工程。1970年2月，学校建成投入使用，并更名为但家庙初级中学，徐基全调至此校任校长。学校占地面积约3亩，拥有校舍19间，呈丁字形分布。随后，按照“教育与生产劳动相结合，培养社会主义新型农民”的办学思想，公社划给学校水田5亩，旱地近20亩，为学生提供教育与劳动结合的场所，遂取名为但家庙五七农中。1976年，复更名为但家庙初级中学。1970—1976年，教育教学工作逐渐趋于正规化、制度化，教育教学质量在一定程度上保持稳定。起初有1个教学班，后来发展为4个教学班，为当地培养了一批实用人才。

自1977年恢复考试制度后，在历任校长徐贵珊、马怀信、吴正怀、鲍敏等的领导下，学校坚决贯彻落实党的教育方针，艰苦创业，争取外援，校园面积扩大到20亩，校舍增加到36间，班级由原来的4个发展到6个。1982年，达9个教学班，在校生约560人。学校规模逐渐扩大，拥有的资产达20余万元，教学仪器设备基本齐全。1978—1986年，但家庙初中考入重点高中的有65名，考入中专、师范的有118名，升上普通高中的有135名，考入其他中等技术学校的有68名，这些学生中，经继续教育升入大学的有66名。1985年，初三升学考试，录取中专、师范达17人，重点高中10人，中考成绩名列全县初级中学的前茅。1992年，实施“六配套”工程，总投资10万余元，改造了危房，对所有校舍打了天花地平、油漆门窗，并添置课桌凳200余套，添置了图书、教学仪器，校园环境焕然一新，逐步向标准化方向发展。校园内基本上实现了净化、美化、香化。1993年，国家教委副主任柳斌及省、地、县领导一行视察学校，对“创建”及学校的教育教学工作给予充分肯定。1994年，民盟中央副主席丁石森到校调研。是年，学校顺利通过了省“六配套”复查验收。1995—1997年，一度落入低谷的教学质量又迎来了一个新的高潮：中专、师范和重点高中录取率名列全县前茅，3年考入省内县内中专、重点高中学校的达75名。1995年，学校成立校办工厂。当年就获产值23万元，创利税3万元。1997年春，乡党委政府投入资金90余万元，兴建了一幢4层51间教学楼，总建筑面积1600平方米。2000年，征地10亩，扩大运动场地。2001年，又新建教学楼1幢（教学西楼），教学楼的落成极大地改善了师生学习和办公环境，推动了教学质量更上一个新台阶。2007年9月，与但家庙中心小学合并，组建成但家庙中心学校。

但家庙初级中学历任校长一览表

表10-2

任届	姓名	任职起止年限	学校名称	说明
1	陈继礼	1969.2—1970.1	但家庙“五七”学校	
2	徐基全	1970.2—1976.1	但家庙“五七”学校	
3	徐贵珊	1976.2—1978.8	但家庙初级中学	
4	马怀信	1978.9—1981.8	但家庙初级中学	
5	吴正怀	1981.9—1983.8	但家庙初级中学	
6	鲍　敏	1983.9—1989.8	但家庙初级中学	
7	但修成	1989.9—1990.8	但家庙初级中学	
8	吴绪山	1990.9—1993.4	但家庙初级中学	后由董昌涛代校长至1993年7月
9	李燕来	1993.7—1998.7	但家庙初级中学	
10	张宜发	1998.8—2008.8	但家庙初级中学	2007年并入但家庙镇中心学校

团墩初级中学 团墩初级中学成立于1977年，时任校长蒋本祥，教务主任杨尚煜，创办时有教师12人，8个教学班。1979年，黄成厚担任团墩初级中学校长，李学平任教导主任。本年度，公社投入2400元，征地5亩，新建11间校舍，其中6间教室、5间教师宿舍。1984年，李学平任团墩初级中学校长，吴绪山任教导主任。1986年，吴绪山任团墩初级中学校长，吴淼担任教导主任。2001年9月，团墩初级中学并入但家庙初级中学。

五、“两基”工作

“两基”是基本普及九年义务教育和基本扫除青壮年文盲的简称。1986年，《中华人民共和国义务教育法》颁布，掀起了普及义务教育的新热潮。1993年，中共中央、国务院颁布《中国教育改革和发展纲要》，正式将基本普及九年义务教育和基本扫除青壮年文盲作为新的奋斗目标。

基本扫除青壮年文盲

1950年冬，全国掀起了大办冬学（农民夜校）的高潮，学生绝大部分是世世代代没有上过学的农民。他们首次接受了文化学习，尤其是女性农民。1952年冬，政府推行速成识字法，培训了一批会用注音字母识字的教师，分配到各村工作，称为“扫盲教师”。在各自然村先后办起了常年民校，以此作为常设性的农民夜校。1960年后，扫盲教师更名为扫盲干部，各乡配备一名扫盲干部。“文化大革命”时期，常年民校改为政治夜校。后来通过拨乱反正，政府重新提出扫除文盲的号召，配备了专职干部。以校为单位，包学包教。年初订立合同，年末按合同验收。通过考试，发给合格证，达到教者有责任感，学者有求知欲，使扫盲教育真正得到恢复和发展。1983年，但家庙乡通过创办简易小学、夜校等形式对全乡文盲进行扫盲教育。1984年，但家庙乡普及初等教育通过省级验收。1985年，全乡12～40周岁文盲、半文盲人数锐减，青壮年非文盲率大幅提高。1985年，该区域通过下符桥区的扫盲验收。1988年，通过省政府扫除文盲验收。1992年，在创建全国基础教育先进县工作中彻底消灭危房，改善办学条件，完成全乡中小学“六配套”任务。1994年，但家庙乡“两基”工作通过省级验收。此后，乡党委、政府进一步加大扫盲工作力度。规定：文盲、半文盲，通过学习如达脱盲标准，参加学习的时间即按八小时完成一个义务工计酬，并根据剩余文盲、半文盲人数少的特点，采取乡村干部和学校教师“人盯人”的方法，采用多种形式，利用各种机会，对文盲、半文盲进行辅导，对外出打工的文盲利用春节时间进行集中上课，并规定：未脱盲的不准外出打工。另外，对脱盲人员继续加强巩固提高工作，以乡农民文化技术学校为主，以村级成人学校为辅，不断地对脱盲人员继续巩固提高教育，向他们传授科学文化知识。1993—1998年，但家庙乡通过办扫盲班、农民文化技术学校等方式，先后使7199名青壮年农民（除失能人口外）脱盲，脱盲率达98.8%。如期实现了“基本扫除青壮年文盲”的目标。

基本普及九年义务教育

1994年，县委、县政府作出了《关于实现基本普及九年义务教育，基本扫除青壮年文盲的决定》（霍〔1994〕15号文件），即实现“两基”。乡教育办公室根据上级文件精神，制定“普九”实施方案，在全乡范围内大力宣传贯彻《中华人民共和国义务教育法》，并将每年的3月、9月确定为“收回流生突击月”。1994年，顺利通过省“两基”验收，并荣获“两基”工作先进乡称号。自1994年通过“两基”验收后，为确保“两基”工作不走下坡路，乡党委、政府继续强化政府行为，乡、村两级均成立了“两基”巩固提高工作领导组。做到一把手亲自抓，实行乡长、村长、校长、家长“四长”负责制，成立收回流生工作领导小组，并将收回流生工作作为乡、村干部考核的重要条件之一，每出一个流生在年终综合考评中扣除5分。对流生超标的村和乡驻村干部，不得参加任何评优、评模，并追究其责任。乡党委、政府还把流生家长请到乡政府，由乡主要负责人亲自主持召开流生家长座谈会，敦促他们尽快送子女返校，对拒不送子女返校者，则依法给予批评教育，严重者则给予必要的处罚，直至返校为止。对17岁以下、未达到初中毕业或相当初中毕业程度而停学者，责令其按每学期300元缴纳补偿教育费，直至其返校或达到初中毕业程度为止。

1995年，全乡7～11周岁适龄儿童1139人，入学1139人，入学率100%；12～14周岁适龄人口537人，升入初中就读516人，12人因小升初考试不合格仍在小学复读；1995年，15周岁人口248人，全部达到小学程度，完成率100%；17周岁人口181人，初中毕业172人，完成率95%；1995—1996年，本区域残疾儿童15人，入学10人，入学率66.7%。2000年以来，但家庙镇“普九”工作不断巩固发展：小学、初中入学率每年均达到100%；小学、初中完成率100%。

六、教师队伍

中华人民共和国成立前，该区域只有少量塾师。中华人民共和国成立初期，该区域教育事业刚刚起步，只有一些识字班和初级小学。没有正式的专业教师，只是当地一些有点文化基础的人承担教识字等简单的教学任务。20世纪60年代后期至70年代初期，适龄儿童数量激增，各大队公办学校校舍不够用，公办教师少，满足不了教育需求。于是，各大队便设立单班或教学点，在社会上招聘初、高中毕业生为民办教师、代职教师。改革开放后，霍山县中等师范学校创办，并于1979年开始在全县应届和历届初中生中择优招收师范生，以培养具有专业技能的小学教师。1981年，首批毕业的师范生开始走上工作岗位，每年向全县输送专业教师100余人。该区域每年接收师范毕业生5～8人。经过10余年发展，一批高素质的教师队伍初步形成，基本满足了本地基础教育的需要。至20世纪80年代末，但家庙有专任小学教师87人，学历合格85人，学历合格率97.7%；初中教师37人，学历合格34人，学历合格率91.9%。其中民办教师52人，教师学历合格率低。为改善教师知识结构，提高师资队伍整体水平，党委、政府采取多项措施，特别是对民办教师进行考核、筛选，将符合条件的民办教师转为公办教师。至1998年年底，全乡民办教师直转公办教师18人，选送师范学校学习21人，退养23人。至此，民办教师问题得以彻底解决，教师队伍得以优化。为尊师重教，提高教师待遇，稳定教师队伍，从1996年起，中小学、幼儿园按现行的工资标准提高了10%。通过上述努力，全镇教师队伍不断壮大，教师结构显著改善，整体教育教学水平不断提高。至2021年，全镇小学教师专科学历达100%，初中教师本科学历达95%。

2008—2018年但家庙镇教师人数、学历、职称状况

2008年，小学教师69人，其中本科学历11人，大专学历24人，中专学历34人，小学高级职称42人；中学教师60人，其中本科学历41人，专科学历19人，中学高级职称8人；工勤人员1人。

2009年，小学教师67人，其中本科学历11人，大专学历24人，中专学历32人，小学高级职称41人；中学教师63人，其中本科学历41人，专科学历22人，中学高级职称7人；工勤人员1人。

2010年，小学教师64人，其中本科学历11人，大专学历24人，中专学历29人，小学高级职称41人；中学教师65人，其中本科学历41人，专科学历24人，中学高级职称7人；工勤人员4人。

2011年，小学教师64人，其中本科学历11人，大专学历24人，中专学历29人，小学高级职称41人；中学教师64人，其中本科学历41人，专科学历23人，中学高级职称7人；工勤人员1人。

2012年，小学教师58人，其中本科学历8人，中专学历12人，小学高级职称41人；中学教师67人，其中本科学历51人，专科学历16人，中学高级职称11人。

2013年，小学教师58人，其中本科学历8人，大专学历28人，中专学历12人，小学高级职称41人；中学教师67人，其中本科学历51人，中学高级职称11人，专科学历17人。

2014年，小学教师57人，其中本科学历8人，大专学历37人，中专学历12人，小学高级职称41人；中学教师68人，其中本科学历5人，专科学历17人，中学高级职称11人。

2015年，幼儿教师1人，大专学历；小学教师59人，其中本科学历11人，大专学历37人，中专学历12人，小学高级教师41人；中学教师60人，其中本科学历51人，专科学历9人，中学高级职称11人。

2016年，幼儿教师2人，中师学历1人，大专学历1人；小学教师57人，其中本科学历11人，大专学历36人，中专学历10，小学高级教师43人；中学教师60人，其中本科学历51人，专科学历9人，中学高级职称11人。

2017年，幼儿教师3人，大专学历2人，中师学历1人；小学教师55人，其中本科学历11人，大专学历36人，中专学历8人，小学高级教师38人；中学教师59人，其中本科学历51人，专科学历8人，中学高级职称13人。

2018年，幼儿教师3人，大专学历2人，中师学历1人；小学教师54人，其中本科学历11人，大专学历36人，中专学历7人，小学高级教师37人；中学教师61人，其中本科学历52人，专科学历9人，中学高级职称13人。

2018年但家庙镇中小学中级职称以上教师表

表10-3

序号	姓名	性别	民族	出生年月	参加工作时间	最高学历	毕业时间	专业技术资格
1	刘宜文	男	汉	1964.5	1985.8	本科	2000.6	高级教师
2	刘全军	男	汉	1966.6	1984.7	本科	2002.7	高级教师
3	郑兴福	男	汉	1967.10	1991.7	本科	2004.7	高级教师
4	马正平	男	汉	1968.2	1986.7	本科	2002.7	高级教师
5	万江涛	男	汉	1966.10	1984.7	本科	2002.7	高级教师
6	周青羊	男	汉	1968.5	1992.7	本科	1992.7	高级教师
7	倪守钊	男	汉	1967.5	1987.7	本科	2001.6	高级教师
8	阮家宝	男	汉	1966.10	1987.7	本科	2004.6	高级教师
9	王民富	男	汉	1965.7	1988.7	大专	1988.7	高级教师
10	程业清	男	汉	1969.7	1988.8	本科	2000.6	高级教师
11	陈廷璋	男	汉	1955.3	1975.12	大专	1998.7	中级教师
12	陈　灿	男	汉	1966.10	1986.7	大专	1993.7	中级教师

续表 10-3

序号	姓名	性别	民族	出生年月	参加工作时间	最高学历	毕业时间	专业技术资格
13	孟祥如	女	汉	1968.3	1986.7	大专	1993.7	中级教师
14	何龙书	男	汉	1965.3	1982.7	大专	1995.12	中级教师
15	付本法	男	汉	1967.9	1986.8	中专	2003.7	高级教师
16	何祥如	女	汉	1966.9	1986.8	大专	1996.12	高级教师
17	李良明	男	汉	1971.5	1991.8	大专	1994.6	中级教师
18	余宏潮	男	汉	1971.12	1990.8	大专	2002.7	中级教师
19	马东明	男	汉	1968.10	1988.8	大专	2004.12	高级教师
20	刘　莉	女	汉	1968.9	1988.8	大专	2003.7	高级教师
21	涂必成	男	汉	1968.10	1988.8	大专	2003.7	中级教师
22	张江淮	男	汉	1974.6	1994.8	大专	2004.7	中级教师
23	李金华	女	汉	1978.12	1996.8	本科	2009.1	高级教师
24	汪帮霞	女	汉	1978.6	1998.8	大专	2003.7	中级教师
25	舒世银	男	汉	1958.12	1978.10	大专	2008.7	中级教师
26	何家林	男	汉	1973.2	1992.8	本科	2003.12	中级教师
27	汪成松	男	汉	1973.9	1993.8	本科	2007.1	中级教师
28	吕永忠	男	汉	1969.1	1988.8	中师	1988.8	中级教师
29	彭旭光	男	汉	1962.7	1980.4	大专	2004.2	高级教师
30	舒文军	男	汉	1974.12	1994.8	中师	1994.7	中级教师
31	万光清	男	汉	1965.10	1988.8	本科	2000.6	中级教师
32	倪克慧	男	汉	1970.11	1989.8	本科	2002.6	中级教师
33	桑　慧	女	汉	1966.4	1985.3	大专	2002.7	中级教师
34	涂修霞	女	汉	1968.10	1988.8	大专	2002.6	中级教师
35	杨志伦	男	汉	1962.12	1980.3	大专	2009.7	中级教师
36	吴晓玲	女	汉	1972.3	1993.8	大专	2004.7	中级教师
37	汪　宏	男	汉	1977.11	1997.8	本科	2005.12	中级教师
38	戚宝琴	女	汉	1971.10	1990.8	本科	2003.12	中级教师
39	周歧发	男	汉	1967.9	1990.7	本科	2004.7	高级教师
40	张晓东	男	汉	1968.9	1987.7	本科	2000.12	中级教师
41	沈善宝	男	汉	1975.10	1993.7	本科	2003.7	中级教师
42	卢明华	男	汉	1972.7	1991.7	本科	2004.7	中级教师
43	马克胜(小)	男	汉	1965.5	1983.8	本科	2002.7	高级教师

续表 10-3

序号	姓名	性别	民族	出生年月	参加工作时间	最高学历	毕业时间	专业技术资格
44	杨承玲	女	汉	1969.3	1992.7	本科	2002.7	高级教师
45	马克胜(大)	男	汉	1962.3	1981.8	本科	2006.12	高级教师
46	杨　亮	男	汉	1967.10	1991.7	本科	2002.7	高级教师
47	倪克刚	男	汉	1967.8	1986.8	本科	2002.7	高级教师
48	陈廷锋	男	汉	1968.9	1987.7	本科	2001.12	高级教师
49	陈世仓	男	汉	1971.10	1992.7	本科	2002.6	高级教师
50	但修发	男	汉	1967.2	1990.7	本科	2000.6	高级教师
51	杨奉华	女	汉	1970.8	1992.7	本科	2000.12	高级教师
52	朱益宏	女	汉	1976.12	1995.7	本科	2008.6	中级教师
53	沈善武	男	汉	1970.11	1992.7	大专	1992.7	高级教师
54	金先虎	男	汉	1967.10	1988.7	大专	1992.7	高级教师
55	卢土祥	男	汉	1964.4	1989.7	本科	2003.7	高级教师
56	杨德龙	男	汉	1976.12	1995.7	本科	2005.6	中级教师
57	涂友莉	女	汉	1981.9	1999.8	大专	2003.7	中级教师
58	陈玮玮	女	汉	1981.3	1999.8	本科	2006.12	中级教师
59	储成忠	男	汉	1955.11	1977.8	大专	1993.5	中级教师
60	徐礼成	男	汉	1965.12	1982.9	大专	2003.11	中级教师
61	刘春海	男	汉	1976.08	1994.8	大专	2003.11	中级教师
62	刘　星	男	汉	1977.8	1996.8	大专	2003.11	中级教师
63	马贤明	男	汉	1979.9	1997.8	大专	2005.7	中级教师
64	沈善前	男	汉	1978.12	1997.8	大专	2004.7	中级教师
65	秦本厚	男	汉	1973.7	1993.8	本科	2008.12	中级教师
66	卢兴念	男	汉	1973.4	1995.7	本科	2009.1	中级教师
67	鲍秉一	男	汉	1971.9	1990.8	本科	2004.7	中级教师
68	王建庭	男	汉	1974.9	1993.7	本科	2006.12	中级教师
69	彭传发	男	汉	1970.1	1992.7	本科	2004.1	中级教师
70	周扬海	男	汉	1973.11	1997.7	本科	2002.6	中级教师
71	卢世潮	男	汉	1969.5	1993.7	本科	2003.5	中级教师
72	芦　俊	男	汉	1968.11	1988.7	本科	2001.6	中级教师
73	马先安	男	汉	1959.4	1977.3	大专	1997.6	中级教师
74	陈进卉	男	汉	1972.10	1996.7	本科	2001.12	中级教师

续表 10-3

序号	姓名	性别	民族	出生年月	参加工作时间	最高学历	毕业时间	专业技术资格
75	程　勇	男	汉	1974.6	1997.7	本科	2000.7	中级教师
76	何　涛	男	汉	1976.12	1995.7	本科	2001.12	中级教师
77	倪昌森	男	汉	1978.5	1996.7	本科	2008.8	中级教师
78	张正云	女	汉	1976.5	2000.7	本科	2009.1	中级教师

2017年但家庙镇教师"一师一优课，一课一名师"获奖表

表 10-4

时间	学校	教师姓名	等级	晒课名称	学科
2017年	团墩小学	华　艺	县优	入学教育	小学语文
2017年	中心学校	卢世潮	县优	艰难的国运与雄健的国民	初中语文
2017年	中心学校	杨冬妹	县优	第一节　中东	初中地理
2017年	中心学校	孟祥胜	县优	话说千古风流人物	初中语文
2017年	中心学校	涂友莉	县优	认识图形	小学数学
2017年	中心学校	马贤明	县优	螳螂捕蝉	小学语文
2017年	中心学校	李金华	县优	木兰从军	小学语文
2017年	中心学校	王建庭	县优	sectionB，3a-3b，selfchek	初中英语
2017年	中心学校	余宏生	县优	圆周角定理及其推论	初中数学
2017年	中心学校	郑兴福	县优	桃花源记	初中语文
2017年	中心学校	何　涛	县优	单项式与多项式相乘	初中数学
2017年	中心学校	马启俊	县优	青年友谊圆舞曲	初中音乐
2017年	中心学校	张　军	县优	sectionA　1a-2d	初中英语
2017年	中心学校	朱益宏	县优	sectionA　1a-2d	初中英语
2017年	中心学校	周青羊	县优	最后的姿势	小学语文
2017年	中心学校	刘莉莉	县优	去打开大自然绿色的课本	小学语文
2017年	中心学校	马东明	县优	古诗两首	小学语文
2017年	中心学校	阮　俊	县优	sectionA　1a-2d	初中英语
2017年	中心学校	刘全军	县优	我们怎样区分声音(续)	初中物理
2017年	中心学校	张晓东	县优	中华文化　传承创新	初中思品
2017年	中心学校	涂　云	县优	唱歌，我们的田野	小学音乐
2017年	明德小学	杨　敏	县优	台湾的蝴蝶谷	小学语文
2017年	明德小学	余宏美	县优	天游峰的扫路人	小学语文

续表 10-4

时间	学校	教师姓名	等级	晒课名称	学科
2017年	明德小学	汪帮霞	县优	梅兰芳学艺	小学语文
2017年	胡大桥小学	李良明	县优	时间在流逝	小学科学
2017年	胡大桥小学	程耀平	县优	快乐的午餐	小学数学
2017年	胡大桥小学	李良明	县优	成语故事	小学语文
2017年	中心学校	沈善宝	省优	爱莲说	初中语文
2017年	中心学校	娄晓梅	省优	快乐的节日	小学语文
2017年	明德小学	杨　敏	市优	春笋	小学语文
2017年	中心学校	余学斌	市优	Have you ever been to a museum?	初中英语
2017年	中心学校	徐益武	市优	走进化学世界	初中化学
2017年	中心学校	王建庭	市优	How can I get there?	初中英语
2017年	中心学校	汪正兵	市优	图形在坐标系中的平移	初中数学
2017年	中心学校	李金华	市优	李广射虎	小学语文
2017年	中心学校	董俊英	市优	分数混合运算一	初中数学
2017年	明德小学	余宏美	县优	雨后	小学语文
2017年	明德小学	汪帮霞	县优	梅兰芳学艺	小学语文
2017年	明德小学	秦本厚	县优	真想变成大大的荷叶	小学语文
2017年	中心学校	张晓东	县优	负起我们的社会责任	初中思品
2017年	中心学校	张　军	县优	Teenages should lowed to choose their own clothes?	初中英语
2017年	中心学校	余宏生	县优	分式方程	初中数学
2017年	中心学校	杨　亮	县优	神奇的升力	初中物理
2017年	中心学校	杨承玲	县优	免疫与计划免疫	初中生物
2017年	中心学校	谢章秀	县优	认识电功率	初中物理
2017年	中心学校	吴海峰	县优	三个小伙伴	小学语文
2017年	中心学校	舒文军	县优	古诗两首	小学语文
2017年	中心学校	倪昌淼	县优	I rember meeting Grade7	初中英语
2017年	中心学校	孟祥胜	县优	写作审题和立意	初中语文
2017年	中心学校	马启俊	县优	唱脸谱	初中音乐
2017年	中心学校	马克胜	县优	Unit3 Where did you go?	初中英语
2017年	中心学校	芦　俊	县优	冷战与热战	初中历史
2017年	中心学校	卢兴念	县优	新能源	初中物理

续表 10-4

时间	学校	教师姓名	等级	晒课名称	学科
2017年	中心学校	卢世潮	县优	吆喝	初中语文
2017年	中心学校	卢士祥	县优	民族精神　发扬光大	初中思品
2017年	中心学校	卢明华	县优	阅读　端午的鸭蛋	初中语文
2017年	中心学校	刘全军	县优	认识浮力	初中物理
2017年	中心学校	金先虎	县优	愚公移山	初中语文
2017年	中心学校	程业清	县优	伟大的悲剧	初中语文
2017年	中心学校	鲍秉一	县优	What does he look like?	初中英语
2017年	胡大桥小学	程耀平	县优	加与减(三)　图书馆	小学数学
2017年	团墩小学	徐礼成	县优	莫泊桑拜师	小学语文
2017年	团墩小学	王先宁	县优	圆圆的世界	小学美术
2017年	团墩小学	李素芬	县优	世界多美呀!	小学语文

七、教育管理

教育管理机构沿革

1992年，撤区并乡前，团墩、但家庙两乡各有辅导校长1名、兼职会计1名。先后任团墩乡辅导校长的是李学平、刘全华、王其贵。先后任但家庙乡辅导校长的是杨本兴、但修钊、梁乃明、王其贵、马德溥。

1992年2月，撤区并乡，团墩乡与但家庙乡合并，成立教育办公室（教育组），负责人先后为张儒成、李燕来、董昌涛。

2000年因机构改革，撤销教育办公室。2001年，重新设立但家庙镇教育组，设组长1名、副组长2名、办公室主任1名、会计1名。教育组长先后是李燕来、董昌涛。

2003年，实行农村义务教育管理体制改革，撤销但家庙镇教育组，成立但家庙镇中心学校，建立了由中心学校管理幼儿园、小学、初中的新的管理模式。截至2021年年底，全镇共有1个初中部、1个小学部、3所完小、2所幼儿园、1所附属幼儿班。

但家庙镇中心学校

中心学校的组建及管理体制　但家庙镇中心学校于2003年组建，开始是由镇教育组改组成但家庙镇中心学校，办公地点仍在镇政府办公楼，并延续教育组对全镇中小学、幼儿园的管理职能（基本上是原来的镇教育组改换一下名称、调整几个人员）。2007年，镇中心小学与初中合并，组建全县第一所九年一贯制学校，校址即原但家庙初中，原先的镇中心学校也由镇政府搬迁到但家庙初中内办公。至此，中心校组建完毕，新的管理机制形成。中心学校在做好本校小学部和初中部常规管理的同时，还承担着全镇3所完全小学、2所幼儿园的管理。中心校整个学区覆盖但家庙镇全境5个行政村、1.6万人。下辖3所完小为大河厂明德小学、团墩小学、胡大桥小学；2所私立幼儿园为华安天使幼儿园、宝贝幼儿园；1所附属幼儿园为团墩小学附属园。2018年，全镇有教职工118人，在校学生1060人，在园幼儿639人。2004年2月但家庙中心校成立至2021年9月，历任校长为：董昌涛（2003.10—2008.8）、秦修培（2008.8—2009.8）、万光明（2009.8—2014.8）、郑兴强（2014.8—2018.8）、严思胜（2018.8—2020.8）、谢家明（2020.9—　）。

硬件设施　2017年，中心校本部占地面积37762平方米，校舍建筑面积8806平方米。全校教职工82名，在校生600余人，拥有教学楼3幢，学生宿舍楼2幢，教师宿舍楼1幢，乡村学校少年宫1所，标准化餐厅和运动场各1个，校内小学科学实验室，初中理、化、生实验室、微机室、图书室、多媒体、录播、在线课堂接收教室等教学设施、设备，配置齐全。

中心学校图书室　（杨　琦　提供）

中心学校化学实验室　（杨　琦　提供）

中心学校儿童之家被全国妇联、教育部、中央文明办授予“全国基层示范儿童之家”称号　（杨　琦　提供）

中心学校电脑教室　（杨　琦　提供）

办学情况　2003年，中心学校建立后，坚持“科学发展、兴教惠民”的办学宗旨，秉承“一切为了学生、为了一切学生、为了学生一切”的办学理念，以“打造一流队伍、创设一流环境、培育一流人才”的办学目标，学校教育教学实现了跨越式的发展。2011—2021年，但家庙中心校初中部中考成绩连续11年稳居全县前列。

2011年，但家庙中心学校中考报名301人，实际参加考试300人，总分700分以上10

人，600分以上83人，达普通高中建档线共计232人。其中，26人达省示范高中统招线（670分），62人超过省示范高中定向分数线（620分），学生卢世银在合肥一中自主招生考试中以优异成绩被录取。

2012年，但家庙中心学校中考报名180人，总分700分以上7人，600分以上81人。达普通高中建档线共167人，普高达线率为92.8%。考生中13人达省示范高中统招线（682分），55人超过省示范高中定向分数线（632分），省示范高中达线率30.6%，比上年提高近10个百分点。

2013年，但家庙中心学校中考报名145人，总分700分以上7人，比上年提高2个百分点；600分以上52人。其中，达普通高中建档线共计127人，普高达线率为87.6%。考生中10人达省示范高中统招线（690分），比上年提高0.7个百分点；32人超过省示范高中定向分数线（640分）。

2014年，但家庙中心学校中考报名83人，总分700分以上9人，630分以上38人，600分以上50人，470分普通高中建档线以上共计72人，其中，6人达省示范高中统招线（710分），并有1人被六安一中录取，省示范达线率及总平均分均有大幅提高。

2015年，但家庙中心学校中考报名68人，总分700分以上11人，达省示范高中定向分数线（652分）31人，以上两项人数所占比例均居全县第三位；全校600分以上46人，总平均分621分，位居全县第五。8人进入霍山中学实验班。

2016年，但家庙中心学校中考报名72人，700分以上13人，达省示范高中统招分数线6人，定向分数线（649分）32人，以上3项人数所占比例均居全县前列；全校600分以上52人，总平均分628分；6人进入霍山中学实验班，2人被高等师范院校录取；数学平均分122.2分、语文平均分118.9分、化学平均分48.7分、政治平均分65.1分等四学科平均分远高于全县。

2017年，但家庙中心校中考报名68人。最高分754分，700分以上14人，1人达六安一中定向分数线，10人达霍山中学统招分数线，27人达霍山中学定向分数线，6人达霍山中学职普联办分数线。

2018年，但家庙中心校中考报名56人。最高分755分，700分以上12人，650分以上29人。考生均分近650分。各项成绩均居全县前列。3人达霍山中学领军班分数线，12人达霍山中学实验班分数线，30多人达霍山中学定向分数线。

2019年，但家庙中心校中考报名48人。最高分751分，700分以上3人，618分以上33人。考生均分630分。2人达霍山中学领军班分数线，3人达霍山中学实验班分数线。其中余欣雅统招录取六安一中，沈心如、张雨萌考入定向培养师范院校，胡彪等28人考入霍山中学。

2020年，但家庙中心校中考报名46人。满分760分，最高分692分，600分以上31人，考生均分614分。5人达霍山中学实验班分数线，万浩然等25人考入霍山中学。

2021年，但家庙中心校中考报名48人。满分760分，最高分683分，600分以上26人，考生均分608分，6人达霍山中学统招分数线。但笑容等31人考入霍山中学。

但家庙中心学校教学楼　（王玉生　摄）

但家庙镇中心学校初中毕业生升入985大学表（部分）

表10-5

姓名	届别	大学名称	说明
何　昊	2003	北京理工大学	
陈　诚	2005	大连理工大学	
胡　斌	2005	大连理工大学	创新班
刘　萍	2008	中国科学技术大学	在读博士
涂润春	2008	华中科技大学	
刘　涛	2008	中山大学	
孙先孟	2008	湖南大学	
刘静雅	2008	山东大学	
郑文龙	2009	西北农林科技大学	
余　森	2009	同济大学	
倪　萍	2010	北京理工大学	
张　悦	2011	大连理工大学	
汪　洋	2011	东南大学	
张　勇	2011	南京航空航天大学	
卢世康	2011	北京外国语大学	
张庆丰	2011	西安交通大学	
卢世银	2011	中国科学技术大学	
孙　超	2011	清华大学	
曹德金	2012	武汉大学	
徐　玉	2014	中南大学	
董　悦	2014	武汉大学	

续表 10-5

姓名	届别	大学名称	说明
涂　雅	2014	北京大学	
邓晓燕	2014	华中科技大学	
梁辛宇	2015	中南大学	
卢世冉	2015	哈尔滨工业大学	
倪　婉	2018	中国人民大学	

2009—2021年但家庙中心学校所获各项荣誉一览表

表 10-6

获奖时间	获奖名称	颁发单位
2009.12	“党是阳光我是苗”少幼儿书画大赛组织奖	霍山县关工委
2010.11	全县关心下一代工作先进单位	霍山县关工委
2011.2	留守儿童之家建设与管理先进单位	霍山县教育局
2011.2	农村义务教育经费保障机制改革先进单位	霍山县教育局
2011.7	“党是阳光我是苗”少幼儿书画大赛组织奖	霍山县关工委、县教育局
2012.1	霍山县第三届文明单位	霍山县委、县人民政府
2012.1	初中教学工作综合考评二等奖	霍山县教育局
2012.8	“安全在我心”征文比赛优秀组织奖	霍山县教育局
2012.8	全国基层示范儿童之家	全国妇联、教育部、中央文明办
2013.1	中职招生先进单位(一等奖)	霍山县教育局
2013.2	初中教学工作综合考评三等奖	霍山县教育局
2013.3	示范留守儿童之家	安徽省教育厅
2013.3	校务公开先进单位	六安市教育局、市教育工会
2013.5	全县关心下一代工作先进单位	霍山县委、县政府
2013.5	五四红旗团支部(总支)	共青团六安市委
2013.6	义务教育阶段学校控流保学工作市级先进单位	六安市教育局
2013.12	中职招生二等奖	霍山县教育局
2014.1	“实施有效教学、打造高效课堂”先进单位	霍山县教育局
2014.3	校方责任险工作先进单位	六安市教育局
2014.5	青少年普法教育活动“零犯罪学校”	中央关工会 司法部 中央综治委

续表 10-6

获奖时间	获奖名称	颁发单位
2014.11	安徽省优秀乡村学校少年宫	安徽省文明办 安徽省财政厅 安徽省教育厅
2015.1	中职招生先进单位	霍山县教育局
2015.2	教育教学工作先进单位	霍山县教育局
2015.2	学校安全管理工作先进单位	霍山县教育局
2015.12	霍山县语言文字规范化示范学校	霍山县语言文字工作委员会 霍山县教育局
2016.1	中职招生先进单位	霍山县教育局
2016.2	教育教学工作先进单位	霍山县教育局
2016.2	义务教育经费保障机制改革先进单位	霍山县教育局
2016.11	第三届中小学华经典诗文朗诵比赛三等奖	霍山县教育局、新华书店、 县青少年活动中心
2016.11	六安市语言文字规范化示范学校	六安市语委、六安市教育局
2017.1	中职招生先进单位	霍山县教育局
2017.1	教育教学工作先进单位	霍山县教育局
2017.11	第十二届全国少儿书信文化活动优秀组织奖	共青团霍山县委、县教育局、 霍山县邮政分公司
2017年	霍山县中小学幼儿园啦啦操比赛三等奖	霍山县教育局
2018.1	六安市示范性数字化校园	六安市教育局
2017.2	2017年度校园及学生安全管理工作先进单位	霍山县教育局
2018.2	2017年度教育教学工作先进单位	霍山县教育局
2018.10	2017—2018学年度教育教学管理工作先进单位	镇党委、镇政府
2018.3	最佳服务单位	镇党委、镇政府
2018.11	霍山县第九届中学生运动会优秀组织奖	霍山县教育局、县文广新局
2018.12	六安市示范乡镇成人文化技术学校	六安市教育局
2019.2	2018年度教育教学管理工作先进单位	霍山县教育局
2019.4	五四红旗团(总)支部	共青团霍山县委
2019.3	霍山县“国培计划(2018)”	霍山县教育局
2019.3 2020.5 2021.6	安徽省霍山中学优质生源基地校本研修示范学校 五四红旗团(总支部) 2020年度基层党组织建设先进单位	霍山县教育局 共青团六安市委 中共霍山县委教育工委

乡村少年宫　但家庙镇中心学校乡村少年宫是安徽省六安市2011年得到中央专项彩票公益金支持的项目，筹建工作于2011年8月下旬启动。学校依托原有的场地、设备、师资等资源，通过整合、修缮和添置，硬件条件已基本达到“办宫”要求。至2017年，少年宫拥有田径场、篮球场等室外活动面积10000平方米，手工、书画等室内活动面积1100平方米（其中专用场所345平方米），共开辟了7个专用辅导室和10个兼用活动室。少年宫各类器材和设备价值90万元，有专、兼职辅导教师47名。但家庙镇乡村学校少年宫本着公益性、普及性使用原则和覆盖广、抓得住的工作要领，围绕加强农村未成年人思想道德建设这一核心任务和丰富校园文化、推进素质教育两大工作目标，针对实际，着眼长远，面向全体学生，设置了四大类十五个活动项目。少年宫自2011年10月开班，按照“内容多元化”“活动趣味化”“时间课外化”的思路开展活动。至2018年年底，辅导学员5万多人次，组织展演活动近200场，日常管理和活动开展步入规范化、常态化运行轨道。作为农村孩子们学习和娱乐的第二课堂，但家庙中心学校少年宫建设成果惠及全镇其他小学。2011年，中心学校还设立了“道德大讲堂”，对师生进行德育教育。

但家庙镇中心学校乡村少年宫　（杨　琦　提供）

中心学校道德讲堂教室　（杨　琦　提供）

留守儿童之家　20世纪90年代以后，随着大量农民工涌入城市，乡村出现了留守儿童这个群体。为了加强对留守儿童的关爱，帮助留守儿童群体解决学习、生活等各方面的困难，自2010年9月开始，但家庙镇在中心学校及所辖3所学校建立了留守儿童之家。实行校长负责制，每学期更新留守儿童信息档案，成立了由教师和社会爱心人士共同参与的关爱留守儿童队伍。留守儿童之家设立亲情电话、

校外辅导员王玉生为留守儿童辅导摄影　（杨　琦　提供）

活动室、心理疏导室等。配备了文体活动器材，图书学习资料，方便留守儿童的学习和生活。2013年，但家庙镇中心学校留守儿童之家获“全国基层示范留守儿童之家”殊荣。

2016—2019年但家庙镇学生获奖及辅导老师一览表

表10-7

时间	受表彰名称	表彰单位	等级	学生姓名	校(部)	辅导教师	项目
2016.9	迎驾教育基石工程奖	安徽迎驾集团	优秀	但孝娜	中心学校		
2016.9	迎驾教育基石工程奖	安徽迎驾集团	优秀	胡星宇	中心学校		
2016.11	“新华杯”写字比赛	县教研室	一等奖	周思洁	明德小学	孟祥会	小学铅笔字
2016.11	“新华杯”写字比赛	县教研室	二等奖	杜孟雪	明德小学	孟祥会	小学铅笔字
2016.11	“新华杯”写字比赛	县教研室	一等奖	余婷婷	中心学校	周　蕊	小学钢笔字
2016.11	“新华杯”写字比赛	县教研室	一等奖	董晓露	中心学校	陈廷锋	小学钢笔字
2016.11	“新华杯”写字比赛	县教研室	二等奖	黄宁静	明德小学	汪　宏	小学钢笔字
2016.11	“新华杯”写字比赛	县教研室	二等奖	叶晓冉	胡大桥小学	刘春海	小学毛笔字
2016.11	“新华杯”写字比赛	县教研室	二等奖	王远娟	中心学校	陈廷锋	小学毛笔字
2016.11	“新华杯”写字比赛	县教研室	三等奖	汤靓颖	团墩小学	周基苍	小学毛笔字
2016.11	“新华杯”写字比赛	县教研室	一等奖	卢羽婷	中心学校	沈善宝	中学钢笔字
2016.11	“新华杯”写字比赛	县教研室	二等奖	孙玉娇	中心学校	沈善宝	中学钢笔字
2016.11	“新华杯”写字比赛	县教研室	二等奖	陈祺愿	中心学校	卢世潮	中学钢笔字
2016.11	“新华杯”写字比赛	县教研室	一等奖	汪帮连	中心学校	马正平	中学毛笔字
2016.11	“新华杯”写字比赛	县教研室	二等奖	孟　彤	中心学校	卢世潮	中学毛笔字
2016.11	“新华杯”写字比赛	县教研室	二等奖	刘　羽	中心学校	孟祥胜	中学毛笔字
2016.11	“新华杯”写字比赛	县教研室	二等奖	汪　静	中心学校	金先虎	中学毛笔字
2016.11	“新华杯”写字比赛	县教研室	三等奖	俞　彬	中心学校	卢明华	中学毛笔字
2016.11	“安美杯”纪念红军长征胜利80周年书法比赛	市教育局	三等奖	卢羽婷	中心学校	沈善宝	中学钢笔字

续表 10-7

时间	受表彰名称	表彰单位	等级	学生姓名	校(部)	辅导教师	项目
2016.11	“安美杯”纪念红军长征胜利80周年书法比赛	市教育局	三等奖	汪邦连	中心学校	卢世潮	中学毛笔字
2016.11	“新华杯”写字比赛	县教研室	优秀组织奖		中心学校		
2017.6	县第三届“娃娃乐”故事会	县教研室	三等奖	陈雨涵	团墩小学	李素芬	幼儿故事
2017.11	第十二届少儿书信大赛	县教育局	二等奖	马晓娇	中心学校	程业清	七(1)班
2017.11	第十二届少儿书信大赛	县教育局	二等奖	李　娜	中心学校	金先虎	九(1)班
2017.11	第十二届少儿书信大赛	县教育局	三等奖	陈祈愿	中心学校	卢世潮	八(3)班
2017.11	第十二届少儿书信大赛	县教育局	三等奖	余欣雅	中心学校	沈善宝	七(2)班
2017.11	第十二届少儿书信大赛	县教育局	一等奖	王远娟	中心学校	陈廷锋	六(1)班
2017.11	第十二届少儿书信大赛	县教育局	二等奖	万浩然	明德小学	戚宝琴	五(2)班
2017.11	第十二届少儿书信大赛	县教育局	二等奖	周永庆	明德小学	汪　宏	五(2)班
2017.11	第十二届少儿书信大赛	县教育局	三等奖	许　林	中心学校	周青羊	六(2)班
2017.11	第十二届少儿书信大赛	县教育局	三等奖	徐馨妍	中心学校	马东明	五(1)班
2017.11	第十二届少儿书信大赛	县教育局	三等奖	舒启蕊	团墩小学	马贤明	四年级
2017.11	第十二届少儿书信大赛	县教育局	三等奖	卢　会	团墩小学	徐礼成	六年级
2017.11	第十二届少儿书信大赛	县教育局	优秀组织奖		中心学校		
2017.12	“新华杯”写字比赛	县教育局	一等奖	万　薇	明德小学	秦本厚	小学铅笔字
2017.12	“新华杯”写字比赛	县教育局	二等奖	杨勋悦	胡大桥小学	陈大伟	小学铅笔字
2017.12	“新华杯”写字比赛	县教育局	二等奖	龚灿灿	明德小学	余宏美	小学铅笔字
2017.12	“新华杯”写字比赛	县教育局	三等奖	陶星月	明德小学	涂友莉	小学铅笔字
2017.12	“新华杯”写字比赛	县教育局	三等奖	李紫涵	明德小学	倪克慧	小学铅笔字
2017.12	“新华杯”写字比赛	县教育局	一等奖	余婷婷	中心学校	周　蕊	小学钢笔字
2017.12	“新华杯”写字比赛	县教育局	一等奖	黄宁静	明德小学	万光清	小学钢笔字
2017.12	“新华杯”写字比赛	县教育局	二等奖	刘李婷	明德小学	方乾芳	小学钢笔字

续表 10-7

时间	受表彰名称	表彰单位	等级	学生姓名	校(部)	辅导教师	项目
2017.12	“新华杯”写字比赛	县教育局	二等奖	谢冬娜	明德小学	方乾芳	小学钢笔字
2017.12	“新华杯”写字比赛	县教育局	三等奖	马安琪	明德小学	但孝鸿	小学钢笔字
2017.12	“新华杯”写字比赛	县教育局	二等奖	马玉婷	中心学校	孟祥胜	小学毛笔字
2017.12	“新华杯”写字比赛	县教育局	一等奖	孙玉娇	中心学校	余宏生	中学钢笔字
2017.12	“新华杯”写字比赛	县教育局	二等奖	吴招洁	中心学校	程业清	中学钢笔字
2017.12	“新华杯”写字比赛	县教育局	三等奖	卢羽婷	中心学校	沈善宝	中学钢笔字
2017.12	“新华杯”写字比赛	县教育局	三等奖	周　浩	中心学校	卢世潮	中学钢笔字
2017.12	“新华杯”写字比赛	县教育局	一等奖	汪邦连	中心学校	马正平	中学毛笔字
2017.12	“新华杯”写字比赛	县教育局	一等奖	宋洋洋	中心学校	付本发	中学毛笔字
2017.12	“新华杯”写字比赛	县教育局	二等奖	孟　彤	中心学校	卢世潮	中学毛笔字
2017.12	“新华杯”写字比赛	县教育局	二等奖	俞　彬	中心学校	卢明华	中学毛笔字
2017.12	“新华杯”写字比赛	县教育局	三等奖	卢　圳	中心学校	马正平	中学毛笔字
2017.12	“新华杯”写字比赛	县教育局	三等奖	周永正	中心学校	卢世潮	中学毛笔字
2018.9	迎驾教育基石工程奖	县教育局 迎驾集团	卓越 学子奖	倪睿泽	中心学校		
2018.9	迎驾教育基石工程奖	县教育局 迎驾集团	卓越 学子奖	余欣雅	中心学校		
2018.11	“新华杯”写字比赛	县教育局	一等奖	孙玉娇	中心学校	沈善宝	中学钢笔字
2018.11	“新华杯”写字比赛	县教育局	三等奖	储　智	团墩小学	马贤明	小学毛笔字
2018.11	“新华杯”写字比赛	县教育局	三等奖	舒启蕊	团墩小学	马贤明	小学钢笔字
2018.11	“新华杯”写字比赛	县教育局	一等奖	朱鲲翔	明德小学	余宏美	小学铅笔字
2018.11	“新华杯”写字比赛	县教育局	二等奖	汪俊贤	明德小学	杨　敏	小学铅笔字
2018.11	“新华杯”写字比赛	县教育局	二等奖	吴玉洁	明德小学	方乾芳	小学铅笔字
2018.11	“新华杯”写字比赛	县教育局	二等奖	何欣雨	明德小学	杨　敏	小学钢笔字
2018.11	“新华杯”写字比赛	县教育局	三等奖	赵萌萌	明德小学	秦本厚	小学铅笔字
2018.11	“新华杯”写字比赛	县教育局	三等奖	杨舒涵	明德小学	汪帮霞	小学钢笔字

续表 10-7

时间	受表彰名称	表彰单位	等级	学生姓名	校(部)	辅导教师	项目
2018.11	“新华杯”写字比赛	县教育局	三等奖	马　凯	团墩小学	马贤明	小学钢笔字
2018.11	“新华杯”写字比赛	县教育局	三等奖	马如秀	中心学校	卢世潮	小学毛笔字
2018.11	“新华杯”写字比赛	县教育局	三等奖	倪传鹏	中心学校	孟祥胜	小学钢笔字
2018.11	“新华杯”写字比赛	县教育局	三等奖	但友莉	中心学校	阮家宝	中学毛笔字
2018.11	“新华杯”写字比赛	县教育局	三等奖	王远娟	中心学校	董俊英	中学毛笔字
2018.11	“新华杯”写字比赛	县教育局	二等奖	刘　然	中心学校	程业清	中学毛笔字
2018.11	“新华杯”写字比赛	县教育局	二等奖	谢冬纳	中心学校	卢明华	中学钢笔字
2018.11	“新华杯”写字比赛	县教育局	二等奖	卢羽婷	中心学校	董俊英	中学钢笔字
2018.11	“新华杯”写字比赛	县教育局	一等奖	黄宁静	中心学校	刘圣兵	中学钢笔字
2018.11	“新华杯”写字比赛	县教育局	一等奖	余婷婷	中心学校	卢世潮	小学钢笔字
2018.11	“安美杯”写字比赛	市教育局	三等奖	孙玉娇	中心学校	沈善宝	中学钢笔字
2018.11	“安美杯”写字比赛	市教育局	三等奖	黄宁静	中心学校	刘圣兵	中学钢笔字
2018.11	“安美杯”写字比赛	市教育局	二等奖	朱鲲翔	明德小学	余宏美	小学铅笔字
2018.11	“安美杯”写字比赛	市教育局	二等奖	余婷婷	中心学校	卢世潮	小学钢笔字
2019.5	“进入新时代　改革开新篇”读书征文	读书活动组委会	三等奖	余婷婷	中心学校	卢世潮	
2019.5	“进入新时代　改革开新篇”读书征文	读书活动组委会	三等奖	马玉婷	中心学校	卢明华	

校舍建设

中华人民共和国成立初期，本区域没有专门校舍，只能借用民房、祠堂、庙宇等来设立学校和教学点、单班。1950年，本区域只有舒家庙、小河嘴、倪家畈3所完全小学。学校的设施简陋，没有课桌椅，学生从家里带桌凳。教室里往往只有一块简易黑板，几张破旧的课桌凳和少量的粉笔。教学用具有许多是教师自制的，教学仪器几乎为零。20世纪60~70年代，学龄儿童人数激增，教学点和单班快速增加，原先的学校已完全不能满足需求，各大队开始建民办学校。校舍基本上是土墙茅草房，虽添置了一些课桌凳，但远远不能满足需求。一般高年级学生需要从家里自带课桌凳。至20世纪70年代末，每个大队都有一所完全小学。

1980年，南京军区后勤部张冲驻军与但家庙政府合力共建军民小学1所，建筑所需材料由部队提供，地方群众出工出力。1991年12月，军民小学并入胡大桥小学，原校舍改建为但家庙敬老院。

1984年，团墩乡发生特大洪涝灾害，观音岩小学（今但家庙镇观音岩村）受损严重，倒塌校舍19间，损毁课桌凳100余套，加上仪器、图书等直接经济损失达2万多元，财政部门按每间校舍补助400元，乡政府自筹资金每间400元，在异地重新建起了观音岩小学。1993年，霍山县实施“希望工程”。1996年3月，南京军区后勤部捐款20万元，在大河厂兴建教学楼一幢及配套教学设施，后此学校更名为南京军区后勤部大河厂希望小学，该校于1997年5月正式投入使用。2010年，由台商王永庆捐资兴建教学楼一幢及相关配套设施，后此校再次更名为大河厂明德小学。

1998年8月，但家庙初级中学新建教学楼一幢，总建筑面积1620平方米；建筑长、宽、高度分别为52.44米、9.6米、14.4米；层高3.6米，共3层（局部4层）。2001年8月，但家庙初中部再建教学楼一幢，总建筑面积840平方米。建筑长、宽、高度分别为27米、8.5米、14.4米；层高3.6米，共4层。2002年11月，但家庙初中新建男生宿舍楼一幢，总建筑面积500平方米。建筑长、宽、高度分别为28米、8.7米、7.2米；层高3.6米，共2层。

2007年4月，学校新建小学部教学楼一幢，总建筑面积1184平方米。建筑长、宽、度分别为38.6米、12米、12.3米；层高3.6米，共3层。2007年，镇中心小学与初中合并。自此，中心校学区覆盖但家庙镇5个行政村。中心校本部占地面积37762平方米，校舍建筑面积8806平方米，全校教职工82人，在校生600余人，拥有教学楼3幢、学生宿舍楼2幢、教师宿舍楼1幢、乡村学校少年宫1所、标准化餐厅和运动场各1个，校内小学科学实验室、初中理化生实验室、微机室、图书室、多媒体教室、录播教室、在线课堂等教学设施与设备配置齐全。

2009年8月，但家庙中心校新建餐厅一幢，总建筑面积592平方米。餐厅的落成，极大地改善了师生的就餐条件。同年，学校又新建女生宿舍楼一幢，总建筑面积880平方米。建筑长、宽、高度分别为31.5米、9.3米、13.2米；层高3.6米，共3层。2010年暑期，学校多方筹集资金80余万元改造教学楼前广场及校大门前水泥路。东西两侧各建花坛一座。2011年6月，由安徽五维空间建筑设计咨询公司设计，安徽建华建设集团施工的但家庙镇中心学校初中部教学楼安全工程加固项目正式启动，总投资100余万元，加固面积2460平方米，同年8月竣工。2011年，但家庙初中部各项设施实现了标准化。2012年9月，又开通了“班班通”。学校设施基本满足了现代化教育教学的需要。2012年8月，为满足学校日益增长的用电需求，但家庙中心学校架设160千伏安变压器一台，改造校内外高压线路570米，低压线路760米。2016年10月，学校为改善教师的住宿条件，拆除原教师居住的宿舍（危房），在原址上兴建新的教师宿舍楼一幢，总建筑面积997.11平方米，为框架结构。并建造砖混结构浴室一个，建筑面积81.74平方米。此举极大地改善了教师的住宿条件。2021—2022年，新建教师暂住房一栋，共48套。

八、老年教育

但家庙镇老年学校成立于1997年5月，校址在但家庙镇综合文化站。2021年，共有教师12人，学员131人。按照老年学校年度教学计划，分为4个教学班：老干部活动班，学员37人；新型农技推广班，学员35人；文化书法艺术班，学员27人；广场健身舞蹈班，学员32人。

为抓好老年教育工作，镇专门成立了老年教育委员会，镇党委书记任名誉校长，副书记任校长，党委委员和文化站站长分别任常务副校长和副校长，中学退休教师任教导主任。但家庙镇老年学校以镇综合文化站为依托，同时负责5所村老年学校的工作。

自创办至2021年，镇先后投资200万元，着力改善办学条件。一是对老年学校综合楼重新进行装修改造。二是添置和更新了投影仪、电脑、KTV、灯光、摄影机等教学设备。学校内阅览室藏书近1万册，有报刊和音像作品20余种。娱乐健身室配有二胡、京胡、打击乐、电子琴、葫芦丝等乐器。三是在室外活动场所安装了老年健身器材，配备了乒乓球台及羽毛球、篮球、足球、排球等场地。

在近年的创建活动中，根据老年学校的教学方针和目标，制定教学计划，调整课时安排，充实教学内容，使老年学校取得实实在在的教学效果。要求做到“八个一”：一份授课教师名册和学员花名册，一份内容完善的教学计划，一本备课笔记，一套授课教材，一间专门的授课教室，一个设施完善的活动场所，一套学习制度和一套授课设备。根据学员的实际情况，老年学校还开展了有针对性的、灵活有效的教学活动。先后邀请省、市、县科技专家来校作“稻虾连作”技术培训，组织学员实地观摩观音岩、胡大桥省级美丽乡村建设示范点、舒传贤革命烈士纪念馆、张冲驻军部队、大河厂古西周遗址等。老年学校进行“政治立校”，先后组织老年学员开展“高歌十九大，欢乐重阳节”，“宣传十九大，共圆中国梦”等活动。组织学员参观渡江战役纪念馆、安徽名人馆、金寨革命烈士纪念馆、凤阳小岗村等，激发老年学员“不忘初心、牵记使命”情怀。在庆祝建党100周年前夕，老年学校成立了“但家庙镇老年学校东乡艺术班”。主要以黑虎山原狮子舞班为班底，抢救拓展一些具有地方特色的传统艺术。该班学员共有49人，都具一定的文艺爱好和专业技能。这个班的开办，促进了东乡传统文化的继承和发展，如狮子舞、摇旱船、捉蝴蝶、玩龙、玩灯等重新焕发生机。建党100周年，老年学校举办了诗歌、朗诵比赛、广场舞比赛、红歌演唱会等文艺活动。老年学校还要求老年学

镇党委书记高阳为获奖学员颁奖

（王玉生　摄）

员利用自身工作经验和人格魅力，在乡村振兴中发挥积极作用，如遵纪守法，积极宣传党的方针、政策，参与当地各项有益的社会活动，在创建美好乡村和社会文明建设中发挥应有的作用。

但家庙镇老年学校自创办以来，获得了多项荣誉。在霍山县“平安医药杯”第二届舞蹈大赛中，荣获“优秀组织奖”；六安市“紫金花健康杯”第二十三届京剧票友会获“优秀组织奖”；2004年，在首届中国·大别山民俗文化大赛中，学员姜典桂的剪纸艺术获得“原味生态奖”；2016年，获中共霍山县委、县人民政府授予的“老年教育先进集体”荣誉称号，同时获中共六安市委、市人民政府授予的“老年教育先进集体”称号；镇老年学校常务副校长王玉生被省文化厅评为优秀群众文化辅导员，被六安市委、市政府评为“十二五”期间全市老年教育工作先进个人；老年学校优秀学员马克军被评为2016年度“安徽好人”；2017年，获六安市老年教育委员会、中共六安市委老干局授予的“六安市乡镇街老年学校示范校”称号；2019年9月，荣获霍山县老年教育系统庆祝中华人民共和国成立70周年文艺会演三等奖；2020年1月，获安徽省老年大学协会授予的“省级示范校”称号。

第二节　卫　生

一、医疗制度改革

公费医疗

根据1952年6月27日政务院《关于全国各级政府、党派、团体及所属事业单位的国家工作人员实行公费医疗预防的通知》精神，同年7月，霍山县开始实行公费医疗制度。“文化大革命”前期，医疗管理工作瘫痪。1973年，重建管理委员会，坚持行之有效的规章制度。1975年，建立公费医疗办公室。医疗费由县财政拨付，卫生部门掌握使用。患者到指定医院就医，医院同卫生局结算，外出就医凭单据报销。1983年起到20世纪末，为简化管理手续，实行经费包干，医疗费发到各单位，自行掌握使用。公费医疗制度一直实行到2000年6月结束。进入21世纪，医疗费打入享受公费医疗人员的医保卡上。2017年起，打入个人社会保障卡上。这个医疗费是治疗小病用的，大病实行全县统筹，费用有县级医保中心管理和使用。

20世纪50年代初期，建起了村一级医疗室（一直到1965年，群众习惯称为“大队医疗室”），为群众防病、治病发挥了作用。当时由大队投资，购进药品和简易医疗器械（如听诊器、体温表、血压表等），医生、药剂师由上级主管部门选调、配备。社员（农民）不出资，享受免费治疗。医疗室设在大队部内的房子里。

同时，在各生产队配备卫生员、接生员，由公社医院培训。生产队卫生员职责是从大队医疗室领取治疗地方病（如粗脖子病等）和传染病（如天花、麻风等）的药品，回生产队发放并监督用药；对小损伤进行简易消毒、包扎；报告地方病和传染病的治疗情况和痊愈情况；宣传普及卫生防疫知识。

生产队接生员是中年妇女，接生员经过公社医院培训后，回本队免费替人接生，采用消毒接生新方法，改变了传统的接生方法，大大降低了母婴染病的概率，提高了新生儿的存活率。

“文化大革命”前，群众在大队医疗室治病是免费的，但只能医治一些小病，大病必须去公社、县医院治疗，是需要付费的。

1969年，推行第二轮合作医疗。参合者每人每年缴纳1元，国家补贴每人每年2元，生产队从公益金中每人每年按0.5元补贴，分午、秋两季统筹缴费。大队发给医疗证。群众治病时，所用药品、材料、检验、注射、小手术、外伤消炎、包扎，实行药品零差价。医药费超过20元的，采取“三结合”办法解决，即合作医疗、生产队、个人各付三分之一。其他费用自理，在大队记账。转院或在外地就医的，经批准，凭单据报销。为了解决医疗人员不足的问题，各大队选派一名社员到县“卫生学校”卫生班进行短期培训，后回大队从医，不脱产，叫“赤脚医生”。同时，各生产队选派两名社员（必须有一名中年妇女）到区医院办的卫生培训班学习，回生产队后担任卫生员和接生员。培训不需交纳费用，车旅费由大队支付。1980年后，这轮合作医疗解体，村级卫生室转为个人承包或个体经营。

2009年，推行新型农村合作医疗，简称“新农合”，实现了乡村一体化，并对各村的医疗点进行合并，村民每年每人交纳30元，即可享受合作医疗保险。治病的医疗费报销比例，由30%增加到2016年的乡镇医院报销70%、县医院报销60%、省级医院报销50%，大大减轻了病人家庭的经济压力，基本上做到了群众小病治疗不出村，一般治疗不出乡镇，大病治疗不出县，基本上解决了“看病难”的问题。同时还开展了对结核病患者的排查救治工作。各村建立了村级卫生服务中心，进一步改善了村民就医购药条件。计划免疫和住院分娩也得到了全面普及。2017年，但家庙镇大病统筹救助100余人，救助款达200万元。

2019年，霍山县组建并实施了医疗服务共同体（以下简称“医共体”），但家庙镇卫生院成为“医共体”的重要组成部分，从而建立了“六统一、一融合”的运行管理机制。

统一功能定位，建立了分级诊疗、双向转诊机制。通过理事会的统一协调，统筹规划医共体内各理事单位的功能定位和职能分工，根据省医改办《关于印发开展县域医疗服务共同体试点工作的指导意见》（皖医改办〔2015〕6号）、《关于进一步深化基层医药卫生体制综合改革的意见》（皖医改办〔2015〕5号）、《霍山县县域医疗服务共同体工作实施方案》精神，采用分级负责、双向转诊的办法，形成了急重症病人在县级核心医院住院、慢性病人和恢复期病人在基层医疗卫生机构康复、维持治疗的服务模式。进一步完善了医共体内急救转诊流程，建立了双向转诊绿色通道。核心医院为基层医疗机构上转的患者提供“一站式”医疗服务，对转诊患者实施优先诊疗。实行分级诊疗制度后，患者住院流向逐步趋于合理，基本实现了“小病不出村，常见病不出乡，大病不出县”的目的。

统一资源配置，建立了卫生人员双向流动机制。县中医院按计划选派医务人员到基层医疗机构开展帮扶工作，每个工作日有1名骨干的医生在岗。通过轮换、互换等方式开展医师多点执业，以减轻核心医院的工作压力。

统一业务管理，建立了医护质量管理体系。中医院专家组每年组织人员对但家庙卫生院进行督导检查。督导考评中围绕医护质量、公共卫生服务等方面存在的问题进行重点检查考核、反复指导，提高了镇卫生院的服务质量。

统一信息平台，建立了医疗机构间医疗信息的共享。2021年，但家庙卫生院已运行远程会诊系统，调试运行后实现医共体内的所有医疗机构医疗信息能够互通。

强化县中医院的龙头作用，建立稳定的协作机制。通过签订长期协作协议，落实了首诊在基层、大病进医院的就医格局，建立了分工协作的有效机制，实现了“医共体”内核心医院与基层医疗卫生机构资源纵向流动和业务分工协作，进一步减轻了核心医院门诊压力，发挥了核心医院的作用。

突出专业特色，建立技术帮扶机制。县中医院定期组织专家对基层医疗机构进行针对性的指导，做到了管理、技术下沉基层。技术指导突出了公共卫生、预防保健与医疗诊治的结合，做到关口前移。结合实施公共卫生服务项目，对医疗诊治中发现的重点传染病、慢性病、多发病进行有重点的健康教育宣传，通过公共卫生档案管理筛查疾病人群，将医疗诊治与公共卫生服务紧密结合，突出公共卫生的预防作用，实行早筛查、早诊断、早治疗，降低疾病治疗成本，减轻群众负担。

通过实施医共体的服务模式，常见病、多发病在基层得到有效治疗；疑难病症及时转诊，得到专科医生诊治，这对引导居民基层首诊起到了积极的推进作用，逐步改变了部分群众小病直接到大医院找专家的就医观念和习惯。实行分级诊疗后，有效缓解群众“看病难”问题，逐步形成分级诊疗、有序就医的格局。同时，实施医共体服务模式，促进了基层卫生人才的培养。县级医院变成了培养优秀基层医生的“孵化器”。

二、医疗机构

团墩医院

1954年，团墩乡成立团墩联合诊所。1961年，团墩联合诊所改为团墩公社卫生公所，时任院长为芮士清，医护人员有吴怀绵、田维春等。1964年，团墩联合诊所改为团墩公社卫生院。1969年并入大公社时，撤销了团墩公社卫生院，并入但家庙公社卫生院。1972年，大公社撤销后再建团墩公社，复成立团墩公社卫生院。1983年，团墩公社更名为团墩乡，团墩公社卫生院遂又更名为团墩乡卫生院。1983—1985年，团墩乡卫生院的院长为吴怀绵，医护人员有刘永清、芮长荣、黄大有、田维春、阳术英、卢士阳等。1985—1988年院长为田维春，医护人员有刘永清、芮长荣、黄大有、阳术英、卢士阳等。1989—2003年院长为刘永清，医护人员有芮长荣、黄大有、阳术英、田维春、卢士阳等。2003年8月因乡镇区划调整，团墩乡卫生院合并到但家庙镇卫生院，除黄大有、阳术英、田维春退休外，其他人员分流至但家庙镇卫生院。

胡大桥卫生所

1958年成立，时任所长为张贞操，成员有孟庆凡、张中奇、张德明（学徒）、张宜平（学徒）、涂林仙。2008年8月实行乡村一体化管理，将卫生所与村室合并，部分人员分流到但家庙镇卫生院。

村卫生室

但家庙村卫生室 2009年6月，为霍山县首家实行乡村一体化管理的村卫生室。将花园畈、但家庙、黑虎山3个村室合并为但家庙村卫生室，室址在但家庙村大长冲村民组，村医人数4人，服务人口约3000人，2021年，室长马克生（执业助理）。成员为张本凤（执业助理）、周正国、叶其家。（周正国、叶其家均已到龄退休）。科室设置为诊断室、西药房、治疗室、换药室、观察室、资料室，业务用房160平方米。因但家庙无村卫生室，由马克生家房屋改造成村卫生室。后于2007年申报村卫生室项目资金，重新选址再建。基本设备有血压计、听诊器、体温表、氧气瓶、健康一体机、电脑、打印机、档案柜等。业务开展以农村常见病、多发病的诊治和为辖区居民开展健康体检、建立健康档案，提供慢性病随访、签约服务等为主。

但家庙村卫生室 （卫计办 提供）

观音岩村卫生室 2008年9月实行乡村一体化，将观音岩、舒家庙、团墩、倪冲4个村室合并为观音岩村卫生室，室址在团墩街道，村医人数4人，服务人口约5000人，室长余道宏，2012年离职后由芮守宝（执业医师）任室长。成员有余道宏（2008.9—2012.12）、何维阳、周基朴、余道江。科室设置为诊断室、西药房、治疗室、换药室、观察室、资料室。业务用房200平方米，用房为但家庙镇医院购买私人建房三上三下楼房加附属房。基本设备有血压计、听诊器、体温表、氧气瓶、健康一体机、电脑、打印机、档案柜等。业务开展以农村常见病、多发病的诊治和为辖区居民开展健康体检、建立健康档案，提供慢性病随访、签约服务等为主。

花石嘴村卫生室 2009年5月实行乡村一体化管理，将原小河嘴村与花石嘴村二村室合并成立花石嘴村卫生室，室址在花石嘴村三石路边，服务人口约3000人。室长马克波，成员有孟庆勋、潘跃洋。2021年，室长为潘跃洋。科室设置为诊断室、西药房、治疗室、换药室、观察室、资料室。业务用房为200平方米。基本设备有血压计、听诊器、体温表、氧气瓶、健康一体机、电脑、打印机、档案柜等。业务开展以农村常见病、多发病的诊治和为辖区居民开展健康体检、建立健康档案，提供慢性病随访、签约服务等为主。

大河厂村卫生室 2009年9月实行乡村一体化，由大河厂村和黄檀树二村室合并为大河厂村卫生室，室址在大河厂街道，服务人口约4000人。室长为龚勋（中医助理），成员有龚本国、戴绍运。科室设置为诊断室、西药房、治疗室、换药室、观察室、资料室。业务用房为160平方米，是但家庙医院筹资购买大河厂村部六间房屋。基本设备有血压计、听诊器、体温表、氧气瓶、健康一体机、电脑、打印机、档案柜等。业务开展以农村常见病、多发病的诊治和为辖区居民开展健康体检、建立健康档案，提供慢性病随访、签约服务等为主。

胡大桥村卫生室　2009年7月实行乡村一体化管理，将原胡大桥、倪家畈二村室合并为胡大桥村卫生室，室址在新塘埂，村医人数2人，服务人口约3000人。至2021年年底，室长为张兆应，成员有张宜平。科室设置为诊断室、西药房、治疗室、换药室、观察室、资料室。业务用房为220平方米，用房为但家庙镇医院在原但家庙胡大桥分院改造，上下共6间。基本设备有血压计、听诊器、体温表、氧气瓶、健康一体机、电脑、打印机、档案柜等。业务开展以农村常见病、多发病的诊治和为辖区居民开展健康体检、建立健康档案，提供慢性病随访、签约服务等为主。

胡大桥村卫生室（卫计办　提供）

三、但家庙镇卫生院

历史沿革

1954年成立但家庙联合诊所，地点在但家庙后街。1961年，更名为但家庙公社卫生公所。1964年，但家庙联合诊所改为但家庙公社卫生院，院址搬迁至卢氏祠。1969年，团墩、落阳河两公社并入但家庙，建立但家庙公社，由此但家庙公社卫生院又进一步扩大，医院迁至雨淋桥生产队重建。1973年实行合作医疗，组建新的但家庙公社卫生院。1983年，但家庙公社更名为但家庙乡，但家庙公社卫生院遂更名为但家庙乡卫生院（后改为医院家属区）。1998年，医院因业务拓展，规模扩大，院址又迁至但家庙集镇“丁”字街东侧，并进行了标准化建设。1999年撤乡建镇，但家庙乡卫生院更名为但家庙镇卫生院。2003年与原团墩卫生院合并，成立新的但家庙镇卫生院。但家庙镇卫生院的职责是：贯彻落实国家卫生工作的方针、政策和法律、法规、规章，拟订本地区卫生方面规范性文件和规章制度，并监督执行；负责本地区医护人员职

但家庙镇卫生院　（卫计办　提供）

称评定、资格认定审核和呈报，人员退休管理；对医护人员进行岗位培训、医德教育、事故处理；承办政府及主管部门交办的其他事宜（如疾病防控等）；负责本区域医院的行政事务、人事安排、药品供应和质量监管、医疗器械配备、医疗技术指导；定期到各村为60岁以上老人和贫困户进行免费体检。

村医疗室（卫生室）接受镇卫生部门的监管、岗位培训、技术指导，负责各村的防疫、地方病防治、药品的发放、配合做好计划生育工作和体检工作，治疗伤风感冒等常见小病和高血压、高血脂、糖尿病和心脏病等慢性病，医治跌打损伤等小型意外伤害等症，积极配合县镇卫生部门开展流行病的防控。

进入21世纪，但家庙镇的医疗事业快速发展。1999年该院争取项目资金，兴建门诊楼一栋（内设门诊、放射、化验、B超、心电图、药房等），面积724平方米，于2000年7月投入使用。2001年在原门诊楼两侧加盖上下4间，面积300平方米。2006年5月经多方筹资，在原医院新建职工宿舍楼一栋，大大改善了职工的居住条件。2008年1月，经县政府批准、县发改委立项，在门诊楼右侧新建一幢医院防保综合楼，总体设计为5间4层，面积1476平方米，总造价约104万元（含内外装潢），由霍山县华安建筑工程有限公司中标承建。防保综合楼的建成并使用，使防保站设置布局更合理，功能更完善。2014年5月，经市发改委同意，县发改委批复，新建职工周转宿舍楼一幢，项目资金来源为财政补助110万元、自筹资金30万元，于2015年3月竣工投入使用。

但家庙卫生院历任院（所）长：但鸣高（1953—1955），万以州（1955—1973），李道宇（1973—1975），郭厚贵（1976—1978），刘光淳（1978—1983），翁兴开（1983—1995），万士煌（1995—2001），张藻忠（2001—2006），王军（2006—2009），叶其兵（2009—2013），夏道仓（2013—2017），陈久浩（2017—　）。

医疗条件

技术设备　20世纪50～60年代，医疗设备简陋。医生看病，中医仍然用望、闻、问、切的方法；西医用体温计、听诊器、血压表和临床经验。20世纪80年代，医疗设备逐渐多了起来。90年代，医疗设备更加先进、更加完善。进入21世纪，医疗设备一应俱全，各村卫生室也有一定数量的医疗设备和器材。

2021年年底，但家庙镇卫生院有职工28人，其中卫生专业技术人员25人。高级职称3人，中级职称5人。本科学历6人，大专学历15人，中专学历7人。医疗业务用房达2500余平方米，内设病床25张，其中高档病房五间，内有卫生间、冷热淋浴器、空调、有线电视和多功能病床，服务人口1.8万余人。在医疗器械方面拥有原装意大利百胜彩超机、DR、多功能麻醉机、12道心电图机、高频手术电刀、双臂整体全反射手术无影灯、心电监护仪、微波治疗仪、胎心监护仪、新生儿辐射台、电动洗胃机、电子阴道镜、全自动生化分析仪、全自动血球仪、尿液分析仪、血凝仪、电解质分析仪等设备。

医院设有中西医结合的内科、普外科、泌尿外科、骨科、妇产科、儿科、肠道门诊、发热门诊等临床科室及超声诊断、心电图、放射、检验等医技科室等共12个科室，下设防保站1所。能够开展常见病和地方病的诊治，能进行疑难病例的诊断和危重病（包括呼吸衰竭、心力衰竭、休克、农药中毒等）的急救。

药品　20世纪50年代，药品缺乏，主要是中草药，西药很少。20世纪60年代前期，药品供应稍有好转，但也满足不了治病的需求。20世纪70年代中期，国民经济停滞不前，国家和公社都无资金投入合作医疗，社员劳务计工分，每劳动日10分工单价最多1元，少的只有0.2元，收入很低，大部分农户还是缺粮户，医保资金收不上来，合作医疗难以维持。到了80年代，实行改革开放，药品也逐渐丰富起来，中成药、西药品种多、数量足，能够满足预防和治疗常见病、慢性病、中轻度外伤、计生服务、疾病防控的需求。

该医院药房由专职的药剂人员负责药品的管理、中药的炮制、划价等工作，并订立药房工作制度。制度规定：药剂人员在按方抓药时要严格执行“三查、三对、三交代”，做到细心谨慎，称量准确；在购进药品时要有验收手续和与临床医生取得联系，介绍新进药品；药剂人员不得自行开处方，不得自行收费；账目日清月结，半年清查一次；毒麻药品实行专人专柜保管，由被指定的有使用毒、麻药品处方权的医师开出专用处方，并登记后方可付药。

1985年各医院药品购进和使用总额表

表10-8　　单位：元

院名	上年库存	本年进购	本年结存	本年使用
但家庙乡医院	4582	19860	4135.72	21304.50
团墩乡医院	3409.31	7050.69	3300.80	6796.58

科室简介

普外科　普外科是医院的重点科室，能开展常规胃癌根治术、乳癌根治术、胆囊切除术、胆总管探查术、脾切除术、肠切除术和肠吻合术、甲状腺次全切除术、无张力疝修补术（补片）、阑尾切除、下肢静脉曲张高位结扎和抽剥离术等普外科二、三类手术。

综合内科　能开展口服或肌注和静脉滴注药物，超声雾化吸入等方式治疗相关系统疾病。同时开展X光机透视、心电图、B超等提高对疾病的诊断，常年收治常见慢性病及常见病，如慢性支气管炎、COPD（慢性阻塞性肺疾病）、常见心律失常、心力衰竭、糖尿病等其他疾病。

检验科　检验科能开展三大常规检查（血、尿、糖）、血沉、ABO和Rh血型鉴定、肝功能、肾功能、血糖、血脂分析、血尿酸、血尿淀粉酶、抗“O”及类风湿因子、凝血四项、甲肝抗体、乙肝五项指标、艾滋病、梅毒抗体等检查。

骨科　骨科能开展关节脱位人工手法复位、四肢骨折切开复位内固定及腰椎间盘突出髓核摘除等手术。

妇产科　妇产科可在外院专家指导下开展子宫全切和次全切除术、剖宫产术、卵巢肿瘤切除等手术。

儿科 儿科能够治疗儿科常见病，如小儿肺炎、腹泻、贫血、扁桃体炎等相关疾病，能独立开展小儿腹股沟疝的高位结扎。

麻醉科 麻醉科能够独立开展连续硬膜外阻滞、锁骨上臂丛神经阻滞局部麻醉，并能在外院专家的指导下进行全身麻醉。

B超室 B超室能够熟练对常规腹部B超、妊娠B超检查，还可开展浅部位小器官检查，如眼、甲状腺、乳腺、体表包块等。

但家庙卫生院开展爱心义诊活动

（陆皖玉 提供）

中医科 2017年9月，但家庙镇卫生院根据《安徽省基层中医馆建设基本标准》，建立了中医馆。主要功能：集中开展基本医疗、预防保健、养生康复等一体化中医药服务，同时向群众宣传中医养生保健知识。中医馆设中医诊室2个，中医推拿室1间，康复室1间，养生保健室1间，理疗室2间，中药房1间，煎药室1间，炮制室1间，中草药库1间，中医药宣教室1间，简易卫生间1间。医疗设备：诊断床、听诊器、血压表、温度计、治疗推车、电冰箱、计算机等基本设备和针灸器具、智能通络治疗仪、颈腰椎牵设备、中药熏蒸设备、TDP神灯、中药雾化吸入设备等；中医特色康复治疗室配备针灸治疗床、推拿治疗床等中医康复治疗设备。中药房配备中药饮片柜、药架、调剂台、药戥、电子秤等。

人员配备：中西医结合执业医师1人，中医推拿技师1人（中医推拿专业进修），中药师1人，中医护理1人。外部环境与内部装饰：悬挂“中医馆”木质牌匾，悬挂科室标识，出示医师公示牌；体现中医文化特色，诊区内设备融入中医药元素，体现中华传统文化风格。

护理 联合诊所时期，无专职的护理人员，1958年建大公社医院时，配备了护士等专职护理人员。1985年，但家庙乡卫生院有护士1人，初级卫生人员5人；团墩乡卫生院没有护理人员。2021年，但家庙镇卫生院有护理人员4名。

2020年但家庙镇卫生院高级专业技术人员表

表10-9

姓名	性别	出生年月	职称	取得时间	所在科室
陈久浩	男	1965年4月	副主任医师	2013年	外科
李明龙	男	1962年10月	副主任医师	2015年	外科
汪 敏	女	1972年10月	副主任医师	2016年	妇产科
朱长红	女	1976年8月	副主任医师	2016年	护理部

四、卫生防疫

传染病防控

在清末民国时期，由于统治阶级的腐朽没落，根本谈不上防疫工作。民国19年(1930)，但家庙地区天花流行，很多人因此被夺去了生命，偶尔一些老中医也弄一点牛痘苗，但价格昂贵，一支苗要两块银圆，贫苦百姓哪能用得起。中华人民共和国成立后，党和政府提倡“预防为主”的方针，积极防治各种传染病。

20世纪50年代，针对本地流行的各种传染病，如天花、霍乱、疟疾、梅毒、肺结核等，政府派了医疗队，全面排查。一旦确诊，免费发放药品进行治疗和防控，严禁扩散和蔓延。

2003年4月，镇医务人员积极投入抗击非典斗争中，根据县指挥部的统一部署，在大河厂岔路口设立监测站，抽调张藻忠、张宜耕等参加监测点值班。

2020年1月至2022年，但家庙卫生院在疫情防控工作中主要做了以下工作：一是医务人员闻令而动，积极参与疫情防控与救治工作。二是严格院区疫情防控管理。三是做好防控物资储备，筑牢“保障防线”。四是加大信息发布力度，做好疫情防控知识科普。

疾病预防

但家庙镇卫生院肩负着常态化的疾病防控任务。具体工作有：全镇的计划免疫、地方病和传染病的防治、食品卫生监督、餐饮的卫生检查、餐饮业从业人员的健康体检和培训；每年夏季对60岁以上老人和贫困户免费体检一次；对慢性病人体检一次，随访四次；每月15—20日为该院接种日，为幼儿进行疫苗接种。该院设有专门的妇幼保健部门。妇保主要是指导避孕节育，孕产妇建卡，孕产妇保健等工作。同时引进妇女保健仪器，对妇女进行体检及疾病治疗。医院还提供每位新生儿的保健及护理工作。宣传幼儿的疾病防治工作；每年为学龄儿童及初一新生进行体检，同时也对幼儿园教师进行体检。

妇幼保健

中华人民共和国成立前，妇女地位低下，妇女保健工作十分落后。中华人民共和国成立后，在新法接生、妇女五期保健、妇科病查治方面做了大量工作。1990年，霍山县争取到联合国儿童基金会（妇幼保健及计划生育服务）合作项目，加大推广新法接生、五期保健力度，提倡住院分娩。1991年3月推行母子系列保健，全面开展孕产妇系统管理，对所有村配备了“三位一体”人员（计生宣传员、保健员、妇干）。1995年，政府明确规定，婚姻保健、计划生育技术服务、孕产期保健、儿童保健等母子系列保健服务由乡卫生院承担。1997年3月后，实现了卫生院与计生服务所的合并，从而改善了乡卫生院妇产科妇幼保健、计划生育服务条件。1998年，在大力开展妇女保健教育、普及卫生知识的同时，开展了妇科病的查治工作。

中华人民共和国成立后，党和政府一直高度重视儿童保健工作。从20世纪50年代初开始的预防接种至70年代的计划免疫，重点一直是儿童。学校卫生一直是卫生检测重点。

1991年，但家庙乡每个村都配备了妇幼保健专职人员。1990—1995年，但家庙乡儿保医生每年都参加儿童营养和管理、小儿生长和发育、儿童常见传染病的防治、计划免疫、儿童用药知识方面的培训。

健康脱贫

2015—2020年，但家庙镇卫生院承担640户，共计2327名贫困人口的健康脱贫工作，进行医疗扶贫，使贫困人口有一个健康的身体。

家庭医生签约

2017年夏季，但家庙镇推行家庭医生签约工作。该年度，该院共有偿签约2806人次（每人交50元），每年为签约户全面体检一次，建起了防病治病的医疗卫生网络。

五、民间名医

中医方志秉 方志秉是清朝后期本地著名中医。家住但家庙集镇，他饱读医书，熟谙药理，临床经验非常丰富。方志秉能把医药常识灵活运用到治疗过程中，特别是对疑难杂症，有独到的治疗方法。有时不到病人家，方志秉能根据病者家属介绍的情况分析出病情，并为其治愈，人称“方大猜”。三尖铺吴姓人家有一疯病人，久治不愈，方老先生将其治好；鲍儿岭有一妇人，六月生产，产后病入膏肓，多处寻医无效，也是方老先生为之治愈。过往但家庙街道的商人也经常去求医问药。老人医德好，有求必应，且收费很少，穷苦人家求医，可以免费。先生所留医学典籍及总结出的单方、偏方，在“文化大革命”时期被烧毁。

周墨香 清朝末年，团墩人周墨香有“八降丹”一方，外用主治瘰疬及其他疾病。他还开设药店，店号“周谦益堂”，店堂对联用中药名组成“时至生地神方大治寻事业，春来芙蓉红花远志即经营”。

张真操中医世家 张真操，但家庙镇胡大桥村汪冲村民组人，1921年出生。1938年开始学医，师从张家老院中医张业三，学成后独立行医。中华人民共和国成立初期曾在潜山粮站工作，1955年回到胡大桥，担任胡大桥大队会计。1961年继续行医。“文化大革命”时期一度中断，至1979年，县卫生局恢复其工作，先后在但家庙、团墩乡卫生院工作。1986年退休，1988年去世。张真操医术高明，尤其擅长中医内科、妇科，曾医治过很多疑难杂症，在原东北乡非常有名，甚至远在几十里外的其他乡镇百姓都来请他看病。

张中奇，张真操之侄，1946年出生。1961年开始跟随张真操学医，1965年独立行医。张中奇擅长中医内科、妇科，曾在但家庙、团墩、落阳河等地工作，2004年退休。

张藻忠，张中奇之侄，1966年生，1982年学医，师从叔父张中奇，后在霍山卫校（大别山中医学校）进修，1989年参加工作，先后在胡大桥村卫生院、但家庙镇、磨子潭镇、黑石渡镇卫生院工作，现任霍山县南岳医院院长，主治骨科，副主任医师。

张会中，张中奇之侄，张早忠之弟，1969年生。六安卫校毕业，一直在六安二院工作，副主任医师，主治骨科。

张厚成，张中奇之子，1970年出生。始从父学医，后在六安卫校学习。1989年6月参加工作，先后在但家庙、磨子潭、下符桥等地工作。医师职称，主治骨科。2019年，任下符桥镇卫生院副院长。

张厚柱，张中奇之侄，1975年出生。始从叔父张中奇学医，后在霍山卫校学习，又去合肥105医院进修一年，1994年参加工作，一直在胡大桥村卫生院、但家庙镇卫生院，主攻内科。

张菊，张中奇小儿之女，1997年出生，六安卫校毕业，在六安二院工作，护理专业。

第三节 体 育

一、民间体育

斗跔 斗跔是一种青少年玩的传统游戏，城乡皆流行。方法是：一条腿支撑身体，双手屈起，另一条腿用膝盖与他人相斗。有两人斗和多人斗，斗时可以智取亦可力战，以将对方击成双脚落地为胜。

抵棍 抵棍是一种角力游戏。方法是：取一根一把来粗、2米多长的棍子，两人互抵，以后退为败。可以单手握棍相抵；也可以双手握棍，棍端顶腹部互抵，或一人弓步刹住，另一人进攻。

翻花 翻花是妇女、小孩玩的一种游戏。把一根细绳的两端接起来，攀在手上，翻出各种不同的图案，可锻炼手指和大脑的灵活性。《聊斋志异·梅女》篇中有“交线之戏”，即指此。本区域女童多爱玩。

打鳖 打鳖是一种儿童游戏。把纸叠成三角形，叫“鳖”。一种是两人游戏：先用“剪刀、锤子、布”或其他办法决定胜负，负者把“鳖”丢在地上，让胜者用“鳖”打，如果被打的“鳖”翻了身，则“鳖”归打者所有，对方重新“下注”；如果没有翻身，则负者拿起自己的“鳖”打对方的“”。一种是多人游戏：在地上画一个圆圈，将“鳖”放在圆圈中心，再于两三米外画一横线，竞赛者站在横线处，用片状物打“鳖”，打出圈的“鳖”即为打者所有。

踢毽子 踢毽子这项运动冬闲和初春在青少年中尤为盛行。其种类有沙布袋毽、鸡毛毽、皮革毽等，踢法有前踢、后踢、单脚踢、双脚轮换踢、脚尖和膝盖交替踢等。主要比赛连踢的次数和花样。

竹枪 竹枪是一种儿童玩具。有两种，一种打石子的。取一头带节的约一把粗的毛竹筒，在靠竹节处凿一孔，在筒中偏前凿寸许长孔，两孔在一条直线上。削一竹弓插于两孔中。再于长孔相对的下方靠后凿一小孔。使用时，将竹弓后扳，插于下面小孔中，弓前放小石子，扣动小孔中的弓顶，弓即将石子弹出。另一种是以黄柞栎树籽作为子弹的。选无节笔直竹管一截（要孔与树籽相适应的），在粗的一头寸许地方凿一小孔（以能放进树籽为准），削一根比竹管略短的竹棍，使用时，在小孔中放树籽，用小竹棍推向前，在推第二颗树子时，第一颗受到空气压力，迅速射出竹管；还可在小孔上面装一竹筒，像子弹梭子，可以打连发。竹棍一头用竹管装饰，便于推握。黄柞栎树籽大小一样，有股药味。

踩高跷 踩高跷这项体育活动在民国时期盛行。身穿艳服的男女青年，双脚踩在高跷（与脚大小相当的两块木板，板下钉有木棍作腿）上，边行走，边扭舞。高跷越高，技术要求就越高，难度就越大，也越惊险。

台球 兴起于20世纪80年代中期。1988年达到鼎盛，街道村镇随处可见，夜晚也灯火通明。1989年，全县取缔个体经营，只允许集体性质的在室内营业。后随着其他各种娱乐项目的出现，台球逐渐被冷落。1993年，对个体解禁。2005—2010年，但家庙街道有零星经营。

二、校园体育

民国时期，但家庙域内私塾书房里没有体育课。中华人民共和国成立后，该镇内完全小学和初级小学，每周设2节体育课，完全小学配备专职体育教师。1951年，推行国家体委颁布的第一套广播体操，并开展了课外体育活动。1954年，实行国家体委颁布的《准备劳动与卫国体育锻炼制度》（以下简称“劳卫制”），学校体育日趋兴盛。1955年，贯彻执行《中、小学体育教学大纲》，并对完小专职体育教师和初小兼职体育教师进行了分批培训，学校体育教学有了统一的要求，逐步走上了正轨。1964年，“劳卫制”改为“青少年体育锻炼标准”，全镇各小学都设专职体育教师。“文化大革命”开始后，学校体育课和活动一度停止。1970年，中、小学执行教育部颁《全日制十年制中、小学教学计划（草案）》，每周2节体育课和1~2节课外活动，坚持每日做广播体操和眼保健操。1975年，在中、小学生中推行了《国家体育锻炼标准》。根据这个条例，中小学在体育课中有意识地进行训练。1984年，全镇中、小学贯彻执行《中、小学体育工作暂行规定（试行草案）》和《中、小学卫生工作暂行规定（草案）》，体育教学和达标活动进一步加强。1985—1986年，中学生达标率达到77%。20世纪90年代到21世纪初期，初中学生升高中必须进行体育加试，达标率达90%。

三、体育比赛

1952年6月1日儿童节，花园畈中心小学参加了下符桥区首次小学生运动会，并取得了较好的成绩。

1977年，本区域的下放知识青年参加了由下符桥区委领导，区“五七”小组主办，区教育组配合的知识青年运动会。比赛项目有篮球、乒乓球以及跳高、跳远等田径项目。该次运动会历时7天。

自此之后，政府号召全民参加体育健身运动，各乡每年举行一次学生运动会。小学生运动会由中心小学组织，中学生有初中学校单独举行或几校联合举行。后来，把篮球活动由机关学校推及农村，以各校教师做教练，培训农民篮球队，虽成绩不显著，但“发展体育运动，增强人民体质”的宗旨得以宣传贯彻。

20世纪70～80年代，本区域农村由于受条件限制，体育发展必须以学校为主要活动场所，而各级学校又因体育设备差，无专职教练，所以不能正常持续开展，直至21世纪，体育运动才蓬勃发展起来。

2010年秋，但家庙镇中心学校第一届中小学生田径运动会在中心校初中部操场举行，共有但家庙中心学校初中部、小学部、大河厂明德小学、团墩小学、胡大桥小学5支代表队参赛。竞赛项目有100米短跑、400米接力赛、女子800米跑、男子1500米及3000米长跑、铅球、实心球、跳高、跳远、立定跳远、跳绳等。比赛分为小学组和初中组进行。2012年、2014年、2016年、2018年、2020年，中心学校又分别组织了第二、三、四、五、六届中小学生田径运动会。

2011年秋，但家庙镇中心学校组织举行了中小学生第一届校园文化节。文化节设置了羽毛球、乒乓球等竞赛项目，各小学选派学生参加。2013年、2015年、2017年，中心学校又分别举办了第二、三、四届校园文化节。

2016年，但家庙镇政府从镇直单位、中心校选派人员参加县组织的篮球友谊赛。

2017年5月，但家庙镇首届“华安杯”农民运动会在花石嘴中心村举行。比赛项目有拔河、插秧等。

2018年9月，但家庙镇首届“华安杯”篮球友谊赛在观音岩中心村举行。参赛队伍共有5支，为镇政府队、镇直单位联队、村级联合队、中心学校队和解放军队。比赛采用单循环赛制，最终，解放军队获得冠军。

2018年12月23日，“健康安徽”2018环江淮万人骑行大赛霍山站暨中国·霍山大别山万亩油茶山地自行车越野挑战赛在风景如画的霍山县但家庙镇观音岩村激情开赛。

2019年11月17日，“徽商银行杯‘健康安徽’2019环江淮万人骑行大赛·霍山站暨第二届中国·霍山大别山万亩油茶山地自行车越野挑战赛”

2017年春，在花石嘴村农民文化乐园举办首届华安杯农民运动会　　（党政办　提供）

2018环江淮万人骑行大赛颁奖仪式

（党政办　提供）

在音岩村举行，安徽省体育局副局长王大军、六安市人民政府副市长王岚、省体育局产业处处长杨晨曦、省竞赛管理中心主任徐广峰、六安市人民政府副秘书长王勇、省体育局体育产业发展处调研员蔡维燕、六安市教体局副局长郑大好、霍山县委副书记县长赵珞、县人大常委会副主任郑为鹏、副县长朱静、县政协副主席叶登江等出席开幕式。开幕式由六安市人民政府副秘书长王勇主持，该次比赛为山地绕圈赛，起终点为舒传贤革命烈士遗址广场前，赛道围绕景色宜人的万亩油茶地。共设置4个组别，男子甲组、男子乙组、男子丙组、女子组。参赛者在体验比赛紧张与刺激的同时，还能饱览秀美的油茶山地风光和古朴的人文民风。

四、体育设施

学校体育设施

2001年，征地10亩，建成但家庙初中运动场。内有全长260米跑道、2个标准化篮球场、1个小型足球场、1个沙池，场地内还设有单杠、双杠、高低杠、乒乓球桌以及爬杆等若干，极大地满足了学生开展体育活动的需求。同时，在中心校小学部、大河厂明德小学、团墩小学以及胡大桥小学都建有篮球场、乒乓球桌、单双杠等，体育设施一应俱全。各校都根据需要采购了篮球、足球、羽毛球、乒乓球以及跳绳等体育器材。

农民体育健身广场 （王玉生 摄）

农民体育健身工程

自2000年起，国家将发展体育纳入全面建成小康社会和社会主义新农村建设规划，统筹城乡全民健身事业发展，促进城乡体育资源和公共体育服务的均衡配置，逐步建成城乡一体化的全民健身服务体系。但家庙镇第一个农民体育健身工程于2010年在大河厂村启动建设。至2017年，全镇5个村全面完成了体育健身工程。每个村分别建有标准化篮球场1个，乒乓球台2个，单、双杠各1副，以及其他多种健身器材。

第十一章　社会生活

千百年来，在但家庙镇境域内，广大人民辛勤劳作，生生不息。他们以自己的勤劳和智慧，创造着属于自己的生活。

中华人民共和国成立后，党委、政府遵循“民生为本、回应关切，多元参与、共建共享”的原则，一直重视社会救助和社会保障工作，认真落实低保、五保供养、贫困救助、重度残疾人生活特别救助等保障政策，助困、助医、助学、助残等各项工作力度不断加大，全力扎牢民生保障网，基本实现“老有所养，住有所居，病有所医，学有所教，劳有所得”的民生保障目标。对农村丧失劳动能力、无依无靠的孤寡老人和没有生活来源的残疾者，实行五保（保吃、保住、保穿、保医、保葬）供养，使他们幸福安度晚年，免除后顾之忧。但家庙镇主动协助社会保险经办机构做好基本养老保险、基本医疗保险、失业保险、工伤保险、生育保险、农村社会养老保险工作。参保率达90%以上。

2014年至2020年年底，但家庙镇实施脱贫攻坚战略，全镇贫困人口“两不愁、三保障、一安全”问题得到全部解决，贫困发生率从2013年的12.16%下降到0%。

第一节　居民生活

一、居民收入

中华人民共和国成立前，本地人民除少数从事商业、手工业外，90%以上靠农业生产作为经济来源。农业的主要生产资料是土地，可是土地却被占总人口百分之几的地主、富农、官僚资本家等少数人所霸占，这些人靠剥削他人，过着奢华的生活。而占总人口95%以上的贫苦农民没有或仅有少量的土地，绝大多数农民靠出卖劳动力和租种地主土地为生。他们的农业收入在交租纳税之后，已所剩无几，再加上水旱灾害的袭击，苛捐杂税的暴敛，官僚资本的盘剥，生活极为困苦。

中华人民共和国成立后，经过土地改革，农业合作化运动，均衡了生产资料，满足了人民对生活的最基本需求，收入有了明显的增长。1958—1960年，出现了严重饥荒。1962—1966年，由于国家切实实行了减轻农民负担的有力措施，广大农民得以休养生息。1966—1976年，生产力遭到破坏。在中华人民共和国成立后至中共十一届三中全会以前的近30年时间里，农民生活虽有根本改善，但高度集中的计划经济体制束缚了人们的手脚，长期实行“以粮为纲”单一的经济结构，多种经营的农村经济得不到发展，居民收入徘徊不前。改革开放前，该地区居民的年人均收入不足100元。劳动力的每日工价不足1元。有的生产队劳动力人均工价甚至仅0.2元左右。中共十一届三中全会后，该地区很快实行了家庭联产承包责任制，打破了传统经济管理体制的束缚，农民积极性被广泛调动起来，多种经营快速发展。特别是20世纪80年代开始，本地大力发展开发性农业。除传统的粮食生产稳定增长外，茶、桑、栗、西瓜、蔬菜等经济作物大规模种植。鸡、鱼、猪、羊等特色养殖渐成规模。同时，农村剩余劳动力走向社会，走向市场，从事第二、第三产业，进一步拓宽了农民增收渠道，全镇居民收入大幅度提高。20世纪80~90年代，该区域的乡镇企业异军突起，尤其是全县乡镇企业龙头世林集团的横空出世，解决了本地大量的农民子弟就业问题。当时的机关事业单位工作人员月工资仅300~400元，在农民总体收入普遍不高的情况下，世林集团的普通职工年收入就已经超过10000元，部分技术工人和管理人员年收入达20000元以上，形成了“一人进厂，全家致富”的增收模式。进入21世纪，随着国家的农村政策不断改革推进，农民得到的实惠也越来越多。2005年，沿袭几千年的农业税取消，面向农民收取的各项税费归零。同时，国家加强了对农民和农业的反哺，粮食补贴、良种补贴、退耕还林补贴、农业机械补贴、危房改造补贴、农民养老金补贴等多项惠农政策落实到位。通过做好“减法”和“加法”两篇文章，农民增收有了保障，收入稳步提高。与此同时，农村剩余劳动力也转移到了城市，他们在各行各业辛勤劳作。其中从事建筑业的居大多数。另外，还有不少农民工在各类企业做工，在城里从事服务业。也有少数自己创业成功，带动了一批人致富。统计显示，2017年，但家庙镇农民人均年收入达12164元。2021年，农民人均年收入达14000元。

但家庙镇部分年度居民收入情况表

表11-1　　单位：元

年度	人均财政收入	农民人均纯收入	在岗职工平均工资	农村居民人均可支配收入
2004	98	2459		
2005	75	2823		
2006	83	3156		
2007	107	3750		
2008	156	4205		
2009	191	4652		
2010	234	5466		
2011	317	6229	28968	
2012	437	7668	34835	
2013	652	8643	39869	8407

续表 11-1

年度	人均财政收入	农民人均纯收入	在岗职工平均工资	农村居民人均可支配收入
2014	571	9594	—	9449
2015	548	—	—	10328
2016	541	—	—	11175
2017	—	—	—	12164
2018	—	—	—	—
2019	—	—	—	—
2020	—	13000	—	—
2021	—	14000	—	—

二、居民消费

改革开放以前，农村经济落后，该区域人民群众收入极其有限。人们的最主要消费在于购买粮油、布料等最基本的生活资料和必备的生产工具，约占70%以上。其次，是医疗、教育、人情往来、婚丧嫁娶等支出，约占30%。农民家庭年消费总额与收入基本持平，但也有不少家庭超支。家庭消费结构简单，消费水平低，大批农民长期在贫困线上徘徊。改革开放后，农村经济得到了空前发展，农民增收渠道拓宽，收入持续大幅增长，消费水平也不断提高，消费结构不断优化。居民生活需求逐渐由低级向高级发展，消费也由生存型向发展型和享受型转化。新建房屋和进城买房，改善居住条件的支出逐渐成为大项。同时，子女教育费用、医疗费用、人情往来费用也大幅增长。吃穿等生活性开支比例逐年下降，至2021年，本地居民的恩格尔系数约为29。

三、衣食住行

衣

中华人民共和国成立前，农村经济十分落后，农民群众缺衣少被，穿的是自家织的粗布（俗称老布）。一般是农民自家种一点棉花，自纺织成粗布（或兑换），用青、蓝、灰、黑等颜料染一下，颜色也很单一。到了快过年时，做一件衣服，往往是“大人穿了小孩穿，老大穿了老二穿”，破了，就补一补，再穿；再破，再补，补丁加补丁，一直到补不起来，也舍不得扔。一件棉衣，春天来了抽掉棉花作夹袄，夏天内外拆开做单衣。衣服都是手工缝制，没有缝纫机。鞋子，大部分人穿的是自家做的草鞋，出门穿草鞋，干活穿草鞋，冬天大雪时打草包（用稻草缠在脚上）。也有少数人家将布鞋外涂上桐油（桐油鞋），经久耐用，但很硬，穿在脚上不舒服，硌脚背。也有的用木板和布条做成木拖鞋（木屐）。

旧时，妇女缠足，外套布鞋。农民干活时用的雨具只有用茅草编织的蓑衣和斗笠（用竹篾编成双层圆形夹层，里面均匀地布上箬叶）。

中华人民共和国成立后，农民穿着有了很大改善，品种样式逐渐多起来。布料有黑色、蓝色平布，斜纹、直拱呢、卡基、灯芯绒等。在计划经济时期，要凭布票购买。20世纪60年代后期，有了化学纤维布料“的确良”“的卡”等。男女上衣都是对襟样式。鞋类变化也很大。在家有布鞋（千层底），出门有解放鞋（黄球鞋），雨雪天有胶鞋和筒靴。有少数干部人员穿牛皮鞋。床上用品不仅有盖被，而且有垫被、床单、蚊帐等。后来，农村老年人睡木板床，也很讲究，下面有垫被，上面盖的更舒适。年轻人睡上了席梦思，还有毛毯、电热毯、羽绒被等高档床上用品应有尽有，老百姓真正过上了幸福生活。

改革开放后至21世纪，人们服装、鞋类、首饰等穿戴用品极大地丰富了。服装方面，各种档次的面料令人眼花缭乱的花色图案，各种时尚的款式应有尽有，极大满足了人民群众的需求。鞋类，从材质到款式、用途等种类花样也是层出不穷。手表各种档次都有，几百元到几万元不等。钻石、玉、金、银等贵重首饰进入寻常百姓家。

食

中华人民共和国成立前，农民辛辛苦苦种的粮食，除去缴纳地租和各种苛捐杂税后，所剩无几，过着“半年糠菜半年粮”的生活。有的人家有时不得已，就到地主家借粮，又一次忍受剥削。“糯米当人参，鸡蛋当大荤，要想吃上肉，只有等来生”是当时人民群众悲苦生活的真实写照。贫穷人家只有在过年期间才能买上几斤肉、几斤豆腐用于待客。鱼类更少，一般只能在过年时买点毛鱼，有的人家没钱买鱼，就用粉丝、豆腐、豆皮做成“面鱼”。以前还有这样一种习俗，把木头刻成鱼形，新春、正月期间，客人来了，就把木鱼放在碗里，作为一种摆设敬客。

中华人民共和国成立后，农民的温饱基本解决，部分农民家里养起了猪、鸡、鸭、鹅等家禽、家畜。由于物资的匮乏、经济的拮据，绝大多数家庭“养猪为过年，鸡蛋换油盐”，吃上大鱼大肉仍然是一种奢望。

改革开放后，农民温饱问题得到了根本解决的同时，家家户户开始搞多种经营，生活大大改善。农民的餐桌上逐渐丰富起来。一般人家过年前都会杀猪、腌制腊肉、猪头（俗称“元宝”）。大年三十年夜饭，鸡、鱼、鸭、鹅、牛、羊等肉类一应俱全，十分丰盛。正月初一鸡汤（或其他肉汤）下面。随着生活水平的不断提高，生活条件好的人家平时食品比旧时代一般人家过年还要丰盛。农村婚丧嫁娶办酒席，过去以豆腐、粉丝等素食为主，现在是先上4个冷盘，后依次上炒菜、烧鸡、牛肉、梳扁肉、红烧肉等。荤菜占大多数。饮酒方面，20世纪60～80年代，基本上是散装白酒。20世纪90年代，开始喝瓶装佛子岭酒（迎驾酒），档次也逐年提高。从几元钱一瓶上升到2016年前后的几十元一瓶，也有一百多元的好酒。啤酒、葡萄酒在宴席中一般也备齐。喝茶方面，过去，人们喝的多是老茶叶，经过炒制、烘干后研成粉末（也叫茶叶面），放进茶壶用开水冲泡，然后把茶壶放进木制茶壶桶内，塞上棉絮保温，随喝随倒。20世纪60年代后，暖水瓶取代了茶壶桶。从20世纪80年代以后，农民喝上了绿茶、黄大茶，以及霍山黄芽等名优茶。

住

中华人民共和国成立前，人民的居住条件极差，对于绝大多数贫苦农民来说，能有遮蔽风雨的栖身之所就满足了。中华人民共和国成立后，所有人都有了住房，但一般都是土墙草房。少数人家是土墙小瓦房。房子大多是三开间，分别为堂屋、卧室、厨房，也有一间堂屋、两间卧室外加一厢房作厨房。

20世纪50年代的农民住房　（王玉生　摄）

人口多的农户有多间房子。改革开放后的80年代，出现了草房换瓦房的热潮，起初，大多是土墙瓦顶。后来，随着集体性质的轮窑厂大量发展，农民有条件建砖墙瓦顶房子。房内也开始有了简单的装修，做天花顶棚、水泥地坪，装上玻璃窗，内外墙刷白，屋旁建厕所。家家建有猪圈鸡舍，居住的环境卫生明显改善。到90年代初，茅草房基本上没有了。农村住房焕然一新。旧时代，堂屋正面墙上贴着红纸写的"天地国亲师位"。中华人民共和国成立后，一直到70年代末，贴毛泽东主席肖像。80年代起，挂山水画，两边是对联。

从90年代中后期开始，农村建楼房的逐渐增多。至2021年，但家庙居民基本上都住楼房，平房很少见到了。那时的楼房一般设计为三带两，即一楼三间，二楼两间。起初，一般是楼板房，2008年汶川特大地震后，人们防震意识空前增强，普遍建更加牢固安全的框架结构楼房。房子设计更加讲究，仿欧式别墅随处可见。进入21世纪，房子装修越来越讲究：外墙贴瓷砖、室内有吊顶、豪华灯具、窗帘，地板铺大理石、瓷砖、木地板，卫生间、厨房设施一律现代化，家具、家电一应俱全。在室内装潢越来越讲究的同时，对于室外的居住环境也讲究绿化、美化。有的农民不仅城里买了商品房，农村（老家）还有住宅

2012年建成的大河厂村断山堰美好乡村

（党政办　提供）

2019年建成的胡大桥村农民新居

（党政办　提供）

楼、农家小院。

行

中华人民共和国成立前，但家庙镇的道路交通十分落后，境内只有20世纪30年代修建的六（安）霍（山）公路、舒（城）霍（山）公路，且都是沙土路，通行能力很差。广大乡村只有乡间小路，农民出行只能步行。中华人民共和国成立后，尤其是改革开放后，交通建设空前发展，2017年，基本上实行了公路村村通、水泥路户户通。人们的出行更加便捷，加快了农民融入现代生活的进程。随着经济、社会的发展，广大居民的出行工具也在不断发生变化：20世纪80年代，农民出行，短途骑三轮车，长途乘客车。同时，自行车也日渐增多。90年代，摩托车普及，一般短途和上下班人们基本上骑摩托车。21世纪初，但家庙镇开始有农民买小轿车。至2021年年底，80%以上的农户拥有私家车。

出行工具 自行车。20世纪60年代起，只有邮电单位有公用自行车。80年代，广大农村推行联产承包责任制，农民生活水平不断提高，公路和机耕路延伸到乡村，自行车逐渐成为农民的主要交通工具。热销自行车有上海的“永久牌”“凤凰牌”，天津产的“飞鸽牌”。后来，安徽省产的“奔马牌”“王冠牌”“美奇牌”等品牌自行车纷纷进入寻常百姓家。90年代后期至21世纪初，各种型号、各种类型的自行车除了作为交通工具外，还成为人民群众休闲、健身、娱乐的工具。

摩托车。20世纪80年代末，但家庙镇居民开始有人购买摩托车。至90年代，陆续有“幸福125”“嘉陵50”“嘉陵70”“嘉陵90”“嘉陵125”“钱江125”“大洋90”“大洋110”“力帆”系列等。由于摩托车驾驶简单，方便、快捷，很快成为家家户户最通用的代步工具，自行车逐步被取而代之。

三轮车。20世纪70年代，各公社和大队按计划陆续配备了手扶拖拉机（一种三轮拖拉机），主要用于耕田，兼作农村生产资料的运输工具。80年代，开始有了小三轮黄包车（三轮车顶部蒙上黄色雨布）。1984年，但家庙街道王邦林买回了但家庙镇第一辆黄包车，用于运送货物，并逐渐用于旅客运输，方便群众出行。此后，陆续有人购买黄包车。在80年代至90年代中期，黄包车大军扮演了农村客货运输的重要角色。同期，四轮拖拉机在农村运输中也占据重要地位（只进行货物运输）。20世纪90年代后期，黄包车、小四轮逐渐被专用客车和汽车取代。

汽车。80年代后期至90年代，伴随但家庙镇乡镇企业的迅猛发展，汽车运输也从无到有，从小到大快速发展起来。1987年，霍山县灯泡厂建成投产，厂子也购置了货运汽车。此后，但家庙的肖世英、董开平、王邦明、大河厂的刘涛、团墩的倪丹等一批运输个体户如雨后春笋般发展起来。他们有的与企业订立常年运输协议，如霍山县灯泡厂（世林集团）车队，专门负责该企业的原材料和产品运输，队长是万直海，负责车队任务分工、车辆调配。90年代末，一部分先富起来的群体开始购买了家庭小汽车。但家庙镇最先买上家庭小汽车的是先富起来的世林集团员工。进入21世纪，尤其是2010年以后，家庭小汽车快速进入寻常百姓家。至2021年，除少数贫困户外，家庭轿车已经基本取代了摩托车，成为人民群众出行的主要工具。在倡导低碳、环保的背景下，作为新能源交通工具，电动车在21世纪才开始进入市场。一开始是两轮电动车，用于群众普通代步工具，并在一定程度上逐步取代了摩托车。后来电动三轮车、电动汽车也逐步发展起来。其特点是环保、节能、方便、快捷，车辆的设计款式多样，功能各异，能满足群众的各种不同需要。

精神生活

中华人民共和国成立前，广大人民地位低下，忍受各种剥削和压迫，生活极其贫困，大多数人在温饱甚至死亡线上挣扎，精神生活也很枯燥单调。中华人民共和国成后，人民当家做了主人，精神面貌随之焕然一新。农民分到土地以后，拥有了自己的生产资料，生产积极性被调动起来。同时，在中国共产党领导下，人民拥有了自由、民主。1950年以后新《婚姻法》的贯彻实施，使广大青年男女有了婚姻自主权，"父母之命，媒妁之言"的封建婚姻习俗逐渐被打破，男尊女卑的不平等现象逐渐消除。广大人民冲破了各种封建枷锁的桎梏，开始扬眉吐气。20世纪50年代，歌颂社会主义、革命英雄主义、赞美新生活为主题的歌曲、电影、戏剧等，通过遍布乡村广播网在群众中广泛传播。人们的爱国热情和建设社会主义的激情被广泛调动起来。

20世纪60年代至70年代，各公社成立了电影放映队，组建了文艺宣传队，地方小戏戏班。电影队在各村、各生产队巡回放映。每逢放电影，在生产队稻场或其他平坦开阔的地方，挂起银幕，露天放映。地方戏班、文艺宣传队在群众中广受欢迎。"文化大革命"时期，胡大桥、花园畈、但家庙、团墩等大队先后组建了"毛泽东思想宣传队"，他们表演的节目政治思想性强，也有一些较好的节目为群众所喜闻乐见。改革开放后，随着物质生活水平的提高，人民的精神文化生活的需求不断增强，农民的生活观念发生了明显转变。

20世纪80年代开始，收音机、收录机进入千家万户，群众通过丰富的广播节目，在愉悦身心的同时，更及时、广泛、深入地了解社会的发展、时代的进步、致富的信息。在收音机刚刚进入寻常百姓家的20世纪80年代，评书连播是广大农民最喜爱的广播节目之一。刘兰芳、单田芳等的经典评书《杨家将》《岳飞传》《三国演义》等大受欢迎。20世纪80年代中后期开始，电视迅速普及，广大人民群众的精神生活得到了进一步满足。随着农业技术的进步、农村经济的发展、物质水平的提高，农民有了更多的休闲、娱乐时间，开展打扑克、打麻将、打桌球等活动。春节时期，农村有舞龙灯、舞狮子、唱小戏的文化娱乐项目。农家的丧事、庆典活动都会请专门的表演班子"大舞台"进行表演。节目有歌曲、戏剧、杂技等，内容丰富多彩，乡土气息浓厚，时代特色鲜明，群众喜闻乐见。市、县还定期组织文化、科技、医疗"三下乡"活动为广大群众送来了文化大餐。以"三下乡"为载体，组织开展文艺会演活动，从一定程度上满足了农民精神文化需求。

2005年以后，但家庙镇实施了农民健身工程，各村在新农村建设中，都建有农民健身广场，安装了各类健身器材。农民的健身条件得到极大改善。2009年，镇文化综合服务站建成。站内设施完善，功能齐全，设有图书室、电子阅览室、老年活动室等。各村均建成了农家书屋，每个农家书屋藏书均达3000册以上。2016年，花石嘴村建成了农民文化乐园。这是全县第一个标准化的农民文化乐园，是集文化娱乐、休闲健身、文化展示于一体的综合性文化设施。农民的精神文化生活有了更好的现代化平台。为了革除陈腐观念，倡导文明新风，在广大乡村以建设节约型和谐社会为抓手，开展反对赌博和封建迷信，反对讲排场比阔气等不良习俗，以及评选“十星户”“双文明户”等活动。镇共青团经常组织学校、机关事业单位开展演讲比赛、志愿者服务等活动。镇文化站每年在六一、国庆、元旦等重大节日，都组织学生、机关工作人员进行文艺会演。

进入21世纪，但家庙镇外出旅游的人越来越多，大多是境内游，出境游也逐年增多。这些丰富多彩的精神文化生活，不仅使农民性格更加开朗，精神更加愉悦，身体更加健康，而且也开阔了眼界，提高了整体素质。20世纪90年代以后，外出打工人数一直较多。2017年，全镇出门打工人数约占青壮年劳动力的三分之一。为了给留守儿童送去关爱，2011年，但家庙中心校建立了留守儿童之家、乡村少年宫，各小学也都有留守儿童之家。这些，为丰富农村各类人群的精神生活发挥着作用。

四、刘家安农户家庭生活变迁

刘家安，但家庙村仓坊村民组村民，出生于1955年。民国时期，为了躲避战乱，刘家安的祖父辈从金寨斑竹园逃到这里定居。全家人住在仓坊大庄西头的三间草房里，经常是吃了上顿没有下顿。中华人民共和国成立后，虽然农民的日子好了很多，但刘家安小时候兄弟姐妹多（有一个姐姐、一个哥哥，两个妹妹和一个弟弟），还有一位双目失明的奶奶，全家总共9口人生活的重担都压在父母两个人肩上，生活依然贫困。父母每天起早贪黑地干活，没时间照顾孩子，刘家安兄妹全靠盲人奶奶一个人拉扯。一件衣服，大的穿了小的穿，补到最后都没有原形了。三间草房，也是漏了又补，补了又漏。桁条变形了，椽子望巴因年久失修都困了烂了。刘家安家里人口多，粮食不够吃。春天，就去山上挖野菜充饥；冬天，甚至去拔油菜秧煮着吃。

20世纪80年代，农村实行了联产承包责任制，刘家安家的生活状况也发生了翻天覆地变化，衣食住行都有了保障。后来，大姐嫁给一位退伍军人，家里有房子，育有一子一女；大哥被国家招工在地质队工作，并娶了个贤淑的嫂子，生有两个儿子；大妹妹出嫁在舒城东石笋风景区，那里在做旅游开发，家庭生活也很好；小妹婿是当地建筑工人，带领一班人承包工程，日子过得红红火火；弟弟在霍山应流集团上班，工资和福利待遇都很不错。刘家安在家务农，农闲季节，还可以搞搞养殖，跑跑运输，打打零工，年收入也有3万~4万元，生活蒸蒸日上。

20世纪90年代，但家庙及周边地区兴起了打井热。刘家安跟随庐江来的师傅学到了一套打井技术，并组建了一个打井班子。通过为村民和单位打井，每年收入3万多元，家庭农业及其他收入2万元。他家先后盖起了六间两层楼房。两个儿子娶了媳妇成了家，并且都有了孩子。

21世纪以后，党和国家又不断推出新的惠民政策，种粮多赚钱多，各种补贴也多。刘家安种水稻20亩、旱地5亩、茶叶5亩，每年农业收入（含小龙虾收入）4~5万元。同时，刘家安又承担了一份卫生保洁工作。空余时间，他随妻弟或妹婿做做零工，也有一笔可观的收入。

2010年，刘家安大儿媳患病，先后到霍山、六安、合肥、上海等地治疗，花费30多万元，政府报销25万多元。

2017年，刘家安大儿子花40余万元购买了一辆工程车，在巢湖从事运输，两个孩子都在校读书，大女儿是体育专业，成绩很优秀，在参加的比赛中，获得了很多奖励，小的学习成绩也很好。刘家安小儿子在外承包工程，主要在江苏一带做园林建设，年收入几十万元。休闲的时候，刘家安带上家属到两个儿子那转一圈。逢年过节，孩子们开着私家车都回来了。儿孙绕膝，老两口享受着天伦之乐，笑得合不拢嘴。

第二节　民政事务

一、组织机构

但家庙镇民政办成立于1992年，业务上接受霍山县民政局指导。历任民政办负责人有张之才、杜习怀、曹德友、吴义云、吴厚丽、吴平、余宏菊、周自刚、叶宇进。

二、社会救助

临时救助

临时救助，是指政府对遭遇突发事件、意外伤害、重大疾病或其他特殊原因导致基本生活陷入困境，其他社会救助制度暂时无法覆盖或救助之后基本生活暂时仍有严重困难的家庭或个人给予的应急性、过渡性的救助。

2016—2021年但家庙镇临时救助统计表

表11-2

年度	救助人次	救助总额(万元)
2016	58	12.3
2017	40	8.8
2018	30	6.1
2019	51	11.7
2020	63	12.7
2021	40	11.1

医疗救助

资助困难群众参保全覆盖，住院救助和门诊救助应救尽救，以保障困难群众基本医疗权益为目标，最大限度减轻困难群众医疗支出负担。救助对象包括最低生活保障对象（以下简称“低保对象”），特困供养人员，农村建档立卡贫困人口（以下简称“贫困人口”）；低收入家庭的老年人、未成年人、重病患者、重度残疾人（以下简称“低收入医疗救助对象”），因病致贫家庭重病患者（指因医疗费用支出超过家庭负担能力，导致基本生活出现严重困难家庭中的重病患者），当地政府规定的其他特殊困难人员。

2016—2021年但家庙镇医疗救助统计表

表11-3

年度	救助人次	救助总额(万元)
2016	76	19.4
2017	384(含建档立卡贫困户医疗保险缴费补贴)	34
2018	63	17.9
2019	37	12.8
2020	43	12.6
2021	61	21.4

孤儿救助

孤儿，指失去父母、查找不到生父母且未被依法收养的未满18周岁的未成年人。包括：机构集中养育和社会散居孤儿（含亲属抚养、独立生活等）。年满18周岁，但仍在普通高中、中等职业学校、高等职业学校、全日制普通高校就读、正在服义务兵役的孤儿可继续享受孤儿基本生活保障。

事实无人抚养儿童，指父母因重大困难无法履行抚养和监护责任的儿童。包括父母双方均符合重残、重病、服刑在押、强制隔离戒毒、被执行其他限制人身自由的措施、失联、被撤销监护资格、被遣送（驱逐）出境、患有精神性疾病及完全丧失劳动能力情形之一的儿童；或者父母一方死亡、失踪或失联，另一方符合重残、重病、服刑在押、强制隔离戒毒、被执行其他限制人身自由的措施、失联、被撤销监护资格、被遣送（驱逐）出境、患有精神性疾病及完全丧失劳动能力的家庭中，未满18周岁的未成年人；未满18周岁的感染艾滋病病毒的未成年人。年满18周岁，但仍在普通高中、中等职业学校、高等职业学校、全日制普通高校就读、正在服义务兵役的事实无人抚养的可继续参照孤儿基本生活保障。

2016—2021年但家庙镇孤儿救助统计表

表11-4

年度	救助人次	救助标准(元/年)	救助总额(万元)
2016	11	7200	7.9
2017	10	7200	7.2
2018	6	10800	6.5
2019	7	11250	7.3
2020	8	12600	9.8
2021	8	13900	10.4

残疾人救助

困难残疾人生活补贴，指具有霍山县户籍的最低生活保障对象、建档立卡贫困户中，持有中华人民共和国残疾人证且残疾等级在四级以上（含四级）的残疾人。困难残疾人生活补贴标准为：一级、二级残疾人为每人每年800元；三级、四级残疾人为每人每年400元。

2016—2021年但家庙镇残疾人生活补贴发放统计表

表11-5

年度	救助人数(人)	救助总额(万元)
2016	197	14.4
2017	196	14.4
2018	260	19.4
2019	220	15.9
2020	175	12.7
2021	173	12.3

重度残疾人护理补贴，指具有霍山县户籍，持有中华人民共和国残疾人证，残疾等级被评定为一级、二级且需要长期照护的重度残疾人。重度残疾人护理补贴标准为每人每月60元。

2016—2021年但家庙镇重度残疾人护理补贴发放统计表

表11-6

年度	救助人数(人)	救助总额(万元)
2016	246	17.7
2017	246	17.7
2018	263	18.9
2019	264	18.9
2020	270	19.4
2021	273	19.1

三、"双拥"工作

拥军优属，拥政爱民（简称"双拥"），是我国军民在长期革命斗争和社会主义建设中形成的光荣传统。

强化宣传教育。利用政务公开宣传栏、大型电子屏、人流市口，张贴悬挂双拥、征兵宣传标语和军人军属权益维护、优抚待遇等相关政策，增强群众国防观念、双拥意识和爱国情怀；有力宣传优秀退役军人创业典型、先进事迹，激励表彰在疫情防控、抢险救灾、应急行动中作出贡献的退役军人民兵、退役军人志愿者、退役军人镇村干部，为社会树立正确导向，积极营造浓厚的双拥氛围。

完善工作制度。建立由镇党委书记任组长，镇长任副组长，镇人武部部长、党政办、财政所、广文站、社会事务办、退役军人服务站等相关部门负责人为成员的双拥工作领导组，并由退役军人服务站具体负责、组织协调全镇双拥工作的日常工作。紧贴退役军人工作的新形势新任务，完善镇双拥工作制度、退役军人服务站职责和落实退役军人八项工作制度，梳理"政策落实、帮扶援助、信访登记、矛盾化解、权益维护、法律援助、信息采集"等十项流程，制定下发《年度双拥工作计划》《双拥工作目标管理考评细则》和《双拥工作实施方案》，为落实双拥工作提供依据。

2021年建军节前夕，镇领导到32515部队慰问

（李　文　提供）

开展双拥活动。经常邀请张冲部队连队骨干为但家庙镇中心学校组织学生军训，加强迎七一校园安保组织民兵护岗行动；定期开展退役军人和

优抚对象座谈会，组织优抚对象、驻军官兵对“双拥”工作满意度评价；为新增退役军人、现役军人家属悬挂光荣牌；“八一”前夕，镇主要领导、镇驻村领导、村干部上门走访慰问部分困难退役军人、重点优抚对象，为他们送上慰问金；党委政府指定班子成员带队登门入户奉送立功受奖喜报和慰问金，同军属合影留念。

做好军民共建。依照拥军优属政策法规，加强同驻地部队的联络交流，军地双方签订军民共建协议书，建立防汛、防火、自然灾害等联防联控和拥军支前机制。每年3月5日，张冲部队组织官兵一行到镇敬老院开展学雷锋活动。32515部队多次参与文明村镇创建活动。“八一”前夕，但家庙镇党委、政府领导班子率队到霍山县人武部、32515部队开展走访慰问活动。2015年“8·9”特大洪涝灾害、2016年“6·30”洪灾、2020年“7·18”洪灾，驻地部队派出官兵300余人次，排除险情20余处，紧急转移群众4000余人次。2017年9月，但家庙镇文化送军营活动。2018年8月，文艺进军营双拥晚会。2019年，胡大桥拥军广场建成开放。2020年8月1日，10千米二级公路大张双拥路竣工。2020年“7·18”洪灾，32515部队参加抗洪救灾，灾后参与街道文明创建。2021年6月29日，部队官兵参加但家庙镇庆祝建党100周年文艺演出。2021年，秋季开学前，霍山县人武部为13名贫困大学生发放慰问金。下半年，无锡联勤保障中心、安徽省军区率工作组一行走访帮扶胡大桥村。

2021年7月，镇领导为立功军属送去喜报和慰问金　（李　文　提供）

落实优待政策。镇党委、政府切实维护广大优抚对象的合法权益。2021年，落实义务兵家庭、残疾军人、“三属”、老烈子女、带病回乡退伍军人、参战参试人员、农村籍60岁退役士兵老年生活补助的优待政策，年度共发放优抚定补40余万元；为大学生义务兵打卡发放一次性奖励金70000元；为退役军人重点优抚对象申报医疗救助资金2万余元；为家庭困难农村退役士兵申请子女、孙辈大学生教育专项救助；为医疗困难退役军人家庭申请六安市退役军人关爱帮扶资金；为住房困难退役军人申请迎驾基石工程关爱帮扶资金；为生活困难退役军人家庭申报霍山县2021年度革命老区农村综合保障体系建设专项资金。为5名残疾军人更换新版残疾军人证。

四、殡葬改革

殡葬改革的方针是：推行火葬，改革土葬，破除封建迷信等丧葬陋俗，提倡文明节俭办丧事。镇内于2008年兴建公益性公墓一座，位于但家庙村卢氏祠组庙山，规划用地面积20亩，实际占地面积10亩。土地性质为租赁。

第三节 社会保障

一、五保供养

五保是农村最早实行的一项保障制度。1956年中共中央颁布的《高级农业生活合作社示范章程》规定就对农村缺乏劳动能力或完全丧失劳动能力、生活无依无靠的老弱、孤、寡、残疾社员实行五保（保住、保吃、保穿、保烧、保葬）。在公社化时期，对五保对象的生活供养主要有所在生产队负责，乡村每年在社会救济中给予一定照顾。1980年，对五保户进行深入检查，逐户登记，颁发五保证书，建立档案。1984年开展五保工作大检查，帮助五保户解决口粮，修房屋，救济棉衣、棉被等。

2010—2021年但家庙镇五保供养情况统计表

表11-7　　单位：人、元/人、个

年份	五保总人数	已保情况					敬老院个数
		合计人数	分散供养		集中供养		
			人数	年供养标准	人数	年供养标准	
2016	144	144	122	2900	22	4200	1
2017	143	143	123	3500	20	4750	1
2018	157	157	137	3800	20	5100	1
2019	153	153	134	6720	19	8040	1
2020	124	124	105	7800	19	8040	1
2021	120	120	101	10824	19	10284	1

随着社会经济发展，居民生活水平提高，五保户供养方式和供养标准，也不断变化和提高。1991年，但家庙乡创办了敬老院，将全乡五保老人集中供养。2020年，镇敬老院通过升级改造，在原有服务设施的基础上，建成但家庙镇养老服务中心，实行“一个机构，两块牌子”。2021年7月，但家庙镇人民政府将但家庙镇养老服务中心的运营管理权以“公建民营”的形式交给安徽兴林壹号养老服务有限公司，并将养老服务中心的不动产和动产全部交给公司有偿使用。同时，将原养老服务中心现有和将来的符合条件的五保集中供养人员交由安徽兴林壹号养老服务有限公司管理。至2021年年底，全镇五保老人集中供养19人、分散供养97人。供养标准2016年为集中供养4200元/（人·年），分散供养标准为2900元/

但家庙镇敬老院　　（王玉生　摄）

（人·年），2017年集中供养标准调整为4750元/（人·年），分散供养标准调整为3500元/（人·年），2018年集中供养标准调整为5100元/（人·年），分散供养标准调整为3800元/（人·年），2019年集中供养标准调整为8040元/（人·年），分散供养标准调整为6720元/（人·年），2020年集中供养标准调整为8040元/（人·年），分散供养标准调整为7800元/（人·年），2021年集中供养标准调整为10284元/（人·年），分散供养标准调整为10284元/（人·年）。

2016—2021年但家庙镇敬老院统计情况

表11-8

年份	住院人数（人）	房屋间数（间）	床位数（张）	占地面积（平方米）	护理人员（人）	批准日期
2016	22	30	60	2800	5	2010年5月14日
2017	20	30	60	2800	5	
2018	20	30	60	2800	5	
2019	19	30	60	2800	5	
2020	19	30	60	2800	5	
2021	19	30	60	2800	5	

二、农村低保

农村税费改革后，对农村共同生活家庭成员年人均纯收入低于3000元的家庭，政府陆续给予最低生活保障。保障对象每年由村民代表会议评定经镇政府审核确定后，向社会公布，实行动态调整机制，每年调整一次。2016年，全镇有458户688人享受低保。2017年，全镇有460户690人享受低保。2018年，全镇有463户705人享受低保。2019年，全镇有452户688人享受低保。2020年，全镇有296户445人享受低保。2021年，全镇有290户434人享受低保，低保金按月打卡发放。

2016—2021年但家庙镇农村低保情况统计表

表11-9

年度	保障人数(人)	保障标准	保障总额(万元)
2016	688	A类270元/月;B类220元/月;C类170元/月	135.6
2017	690	A类310元/月;B类250元/月;C类190元/月	204.1
2018	705	A类350元/月;B类290元/月;C类230元/月	241.7
2019	688	A类430元/月;B类350元/月;C类260元/月	270
2020	445	A类460元/月;B类360元/月;C类270元/月	192.9
2021	434	A类550元/月;B类510元/月;C类280元/月	230.4

三、社会养老保险

但家庙镇按照《安徽省人民政府关于进一步完善城乡居民基本养老保险制度的实施意见》(皖政〔2014〕84号),积极引导年满16周岁(不含在校学生),非国家机关和事业单位工作人员及不属于职工基本养老保险制度覆盖范围的城乡居民,参加城乡居民养老保险。在资金筹集上,实行统筹与个人账户相结合的模式,实行个人缴费、集体补助、政府补贴相结合的资金筹集渠道,完善基础养老金和个人账户养老金相结合的待遇支付政策,强化长缴多得、多缴多得的激励机制,建立基础养老金正常调整机制,提高管理水平,为参保居民提供方便快捷的服务。

个人缴费:标准设为每年100元、200元、300元、400元、500元、600元、700元、800元、900元、1000元、1500元、2000元、3000元、4000元、5000元、6000元16个档次,参保人员自主选择缴费档次,多缴多得。

集体补助:有条件的村集体经济组织对参保人缴费给予补助,补助标准由村民委员会召开村民会议民主确定。鼓励有条件的村将集体补助纳入村公益事业资金筹集范围。鼓励其他社会经济组织、公益慈善组织、个人参保人缴费提供帮助。补助、资助金额不超过目前设定的最高缴费档次标准。

政府补贴:1.政府对符合待遇领取条件的参保人员全额支付城乡居民社会养老保险基础养老金,中央财政按照确定的基础养老金标准给予金额补贴。2021年为每人每月70元。

2.省、市、县人民政府对参保人缴费给予补贴,每人每年最低缴费补贴标准为缴100元补30元,缴200元补35元,缴300元补40元,缴400元补50元,缴500元以上的补60元。对重度(二级以上)残疾人、独生子女死亡或伤残(三级以上)、后来再生育夫妻(女方年满49周岁)、节育手术并发症人员(三级以上)等缴费困难群体,县人民政府还在缴费档次范围内为其代缴部分养老保险费,并按代缴养老保险费档次给予补贴。对领取独生子女父母光荣证的独生子女父母和落实绝育措施的农村双女父母参保缴费,还相应提高补贴标准。

2014—2021年但家庙镇城乡居民养老参保情况一览表

表11-10

年度	参保人数(人)	人均交费水平(元)	交费总额(元)
2014	7077	131	927087
2015	7169	144	1032336
2016	6635	146	968910
2017	7990	217	1735830
2018	5952	339	2022400
2019	5842	355	2078800
2020	5330	398	2125300
2021	4874	550	2680700

2014—2021年但家庙镇养老金发放一览表

表11-11

年度	享受人数(人)	人均养老金水平(元)	发放总金额(元)
2014	2625	57.9	151987.5
2015	2801	74.2	207834.2
2016	2865	75.7	216880.5
2017	2986	80.8	241268.8
2018	3002	116.6	350033.2
2019	2969	126.4	375281.6
2020	2905	135	392175
2021	2893	154.2	446100.6

丧葬补贴　根据相关规定，城乡居民养老保险待遇领取人死亡的，从次月起停止支付其养老金。参保人死亡的，一次性支付丧葬补助金，补助最低标准为中央确定的基础养老金8个月的金额。

四、医疗保险

新型农村合作医疗保险（以下简称“新农合”），是由政府组织、引导、支持，农民自愿参加，个人、集体、政府等多方面筹资，全县统筹，以解决住院医疗等费用报销为主的居民合作医疗互助共济制度。新型农村合作医疗基金由以下部分组成：中央财政每人每年资助20元，财政每人每年资助20元，每人每年缴纳10元。2008年开始，中央财政每人每年资助50元，省、市、县财政每人每年资助30元，个人每年缴纳20元。2016年，个人每年缴纳120元。参保对象为：（一）具有该镇户籍，但未参加该镇职工基本医疗保险的城乡居民（含在学校学生和外出务工人员）。（二）非该镇户籍，但属于该镇各类中小学、中等职业学校在册学生和托幼机构在园幼儿。（三）非该镇户籍，但长期居住在该镇的城乡居民，可以自愿参加该镇居民保险。2021年，但家庙镇参保总人数达13472人，连续10年实现"应保尽保"目标。

2015—2021年但家庙镇参加医保情况统计表

表11-12

年度	筹集个人资金(元)	参保人数(人)	参保比例(%)
2015	1498300	15223	96.84
2016	1775640	15038	94.04
2017	1780560	15097	93.22
2018	2324520	14645	96.84
2019	2750440	14695	96.38
2020	3228500	14327	95.86
2021	3492160	13472	93.42

为完善农村居民医疗保障制度，做好基本保险、大病保险和医疗救助的有效衔接，实现居民医疗保障待遇均等化、医疗救助精准化，根据市、县人民政府关于统筹城乡居民医疗保障相关文件精神，自2017年起，该镇居民医疗保险和新型农村合作医疗并轨整合为城乡居民基本医疗保险，统一划归县人力资源和社会保障局管理。

五、组织机构

机构设置

2004年但家庙镇劳动保障所成立，此后先后更名为就业和社会保障事务所、人力资源和社会保障服务所（以下简称"人社所"）。人社所业务上接受霍山县劳动保障局（后更名为霍山县人力资源和社会保障局）指导。至2021年年底，人社所历任所长分别为梁强胜、周勇、田祥俊。

工作开展

人社所积极开展政策法规宣传咨询服务。宣传国家地方劳动保障法律、法规、政策；为劳动者提供劳动保障法律法规和政策业务咨询服务；宣传转移就业、自谋职业、回乡创业的先进典型，引导农村富余劳动力转移就业、登记失业人员再就业。

收集、发布技能培训、就业岗位信息，组织辖区内农业富余劳动力、登记失业人员参加职业技能培训、职业技能鉴定，提供职业介绍、职业指导服务，组织其转移就业。每年腊月农民工返乡招聘会活动通知，张贴招工信息，翌年正月初八、初九两天组织各村求职人员到现场参加招聘活动。每月在政务公开栏张贴用工信息，负责流动就业人员的登记备案、权益维护和管理服务工作，负责对辖区内就业困难人员实施帮助，重点帮助零就业家庭。

提供社会保险服务。协助社会保险经办机构做好基本养老保险、基本医疗保险、失业保险、工伤保险、生育保险等社会保险参保接续工作。协助县社会保险经办机构做好农村社会养老保险、被征地农民养老保险和城镇居民基本医疗保险工作，组织各村16～60周岁人员参加城乡居民养老保险，参保率达90%以上，保障群众老有所养。自2010年城乡居民60周岁以上老人发放养老金以来，每月上报到龄人员信息，让每个老人都按时领取到养老金，截至2021年，全镇领取养老金人数达3320人。每年10月开展城乡居民医疗保险的参保缴费工作。负责辖区内企业退休人员社会化管理服务工作，接收、管理辖区内企业退休人员劳动人事档案和党组织关系，建立基本信息库和工作台账，跟踪了解退休人员健康和生活状况，协助县社会保险经办机构做好养老金领取资格认证和发放工作。

开展农民工维权工作。为保障农民工合法权益，镇劳动人事调解中心及劳动保障监察中队，负责劳动人事争议调解及农民工维权工作。督促辖区内用人单位与劳动者签订劳动合同、购买社会保险、执行劳动保障法律法规。负责辖区内劳动保障信访、劳动争议的调查、调解工作。自2016年至2021年年底，共计为200多名农民工依法追讨欠薪500余万元。做好基础管理服务。负责建立各项基础台账，做好统计报表填报工作。负责做好档案管理工作。负责做好劳动保障信息系统的有关数据的收集、录入和更新工作。

第四节　民生工程

一、工作开展

自2007年起，安徽省开始实施民生工程，当年实施12项民生工程，主要解决“学有所教、病有所医、老有所养”问题。2008年，实施18项民生工程，包括社会保障类6个项目，主要解决“老有所养、住有所居”问题；医疗卫生类6个项目，主要解决“病有所医”问题；农村基础设施类3个项目，主要解决“通水通路通电视”问题；教育资助类3个项目。2009年实施28项，逐步将民生工程项目覆盖到“住有所居”和“劳有所得”范畴。同时，为促进文化大发展、大繁荣，提高农村劳动者素质，建立农业保护体系，分别实施乡镇文化站、农民工培训、政策性农业保险等项目。2010—2016年，每年实施省民生工程33

项。同时，还有市、县的民生工程在镇得到落实。

但家庙镇党委、政府把保障和改善民生作为第一要务，始终将民生工程建设作为“民心工程”“德政工程”来抓，加强和推进省定33项民生工程建设。镇政府成立由镇长任组长，相关分管负责人担任副组长，财政、教育、民政、水利卫生、计生、监察等有关部门负责人为成员的民生工程协调组，协调小组下设民生工程办公室，全镇各级各部门不断强化责任意识和目标意识，上下联动，横向互助，创新举措，合力攻坚，让各项惠民政策落地生根。紧盯民生方面的主要矛盾和薄弱环节，始终坚持每年突出一些重点，抓住一些要点，解决一些难点，不断探索、积极实施，形成一整套科学系统的民生工程工作思路。

二、主要内容

2007年：农村居民最低生活保障制度、农村五保户供养制度、计划生育家庭奖励扶助制度、城乡义务教育经费保障机制改革、新型农村合作医疗制度、城镇居民基本医疗保险制度、城乡医疗救助制度。

2008年：农村居民最低生活保障制度、农村五保户供养制度、新型农村合作医疗制度、城镇居民基本医疗保障制度、城乡义务教育经费保障机制改革、农村计划生育家庭奖励扶助制度、大中型水库移民后期扶持政策、农村公路“村村通”工程。

2009年：农村居民最低生活保障制度、农村五保户供养制度、计划生育家庭奖励扶助制度、大中型水库移民后期扶持政策、城乡义务教育经费保障机制改革、新型农村合作医疗制度、城镇居民基本医疗保险制度、政策性农业保险制度、农村公路“村村通”工程、“农家书屋”工程。

2010年：农村居民最低生活保障制度、农村五保户供养制度、计划生育家庭奖励扶助制度、大中型水库移民后期扶持政策、城乡义务教育经费保障机制、新型农村合作医疗制度、城镇居民基本医疗保险制度、政策性农业保险制度、农村饮水安全工程、农村公路“村村通”工程、农村沼气建设工程、“农家书屋”工程、乡镇综合文化站建设、农民体育健身工程。

2011年：农村居民最低生活保障、农村五保户供养、计划生育家庭奖励扶助、大中型水库移民后期扶持、城乡义务教育经费保障机制改革、农村留守儿童之家建设、新型农村合作医疗、城镇居民基本医疗保险、政策性农业保险、农村饮水安全工程、农村沼气建设、病险水库除险加固工程、农村危房改造和清洁工程、一事一议财政奖补试点、广播电视“村村通”工程、家电下乡和家电以旧换新。

2012年：农村居民最低生活保障制度、农村五保户供养制度、计划生育家庭奖励扶助制度、城乡居民养老保险、城乡义务教育经费保障机制改革、农村沼气建设工程、校舍安全工程、农村留守儿童之家建设、新型农村合作医疗制度、城镇居民基本医疗保险制度、政策性农业保险制度、农村饮水安全工程、农村危房改造和清洁工程、一事一议财政奖补试点、广播电视“村村通”工程、家电下乡。

2013年：义务教育经费保障、公共文化场馆开放、农村文化建设专项补助、城乡居民养老保险、新型农村合作医疗、城镇居民基本医疗保险、农村居民最低生活保障、贫困重度残疾人生活特别救助、计划生育家庭奖励扶助、农村危房改造、政策性农业保险、一事一议财政奖补、农村清洁工程。

2014年：农村五保供养及敬老院建设、农村危房改造、政策性农业保险、一事一议财政奖补、农村居民最低生活保障、计划生育家庭特别扶助、义务教育经费保障机制、公共文化场馆开放、农村文化建设专项补助、城镇居民基本医疗保险、新型农村合作医疗、城乡居民社会养老保险、农村清洁工程。

2015年：义务教育经费保障机制、新型农村合作医疗、城镇居民基本医疗保险、城乡居民基本养老保险、计划生育家庭特别扶助、农村危房改造、政策性农业保险、美好乡村公共服务体系奖补、小型水利工程改造提升、一事一议财政奖补、农村居民最低生活保障、公共文化场馆开放、农村文化建设专项补助。

2016年：农村道路畅通工程、农村危房改造、农村居民最低生活保障、农村五保供养及运行维护、重度残疾人护理补贴、计划生育家庭特别扶助、美丽乡村建设工程、小型水利工程改造提升、政策性农业保险、新型农村合作医疗、城镇居民基本医疗保险、城乡居民基本养老保险、义务教育经费保障机制、公共文化场馆开放、农村文化建设专项补助。

2017年：农村道路畅通工程、农村危房改造、农村饮水安全巩固提升工程、健康脱贫兜底“351”及建档立卡贫困患者慢性病费用补充医疗保障“180”工程、农村居民最低生活保障、残疾人生活和护理补贴、美丽乡村建设工程、小型水利工程改造提升、政策性农业保险、城乡居民基本医疗保险、城乡居民基本养老保险、公共卫生服务及妇幼健康、计生特扶、义务教育经费保障机制、农村文化建设专项补助、水利薄弱环节治理三年行动、农产品食品安全工程。

2018年：党建引领扶贫工程、资产收益扶贫工程、“四好农村路”建设、农村危房改造、健康脱贫兜底“351”和“180”工程、农村环境“三大革命”、美丽乡村建设政策性、农业保险、智慧医疗与家庭医生签约服务、城乡居民基本医疗保险、城乡居民基本养老保险、妇幼健康、计生特扶和职业病防治、义务教育经费保障机制、农村文化建设专项补助、秸秆综合利用提升工程。

2019年：资产收益扶贫工程、“四好农村路”建设、农村危房改造、健康脱贫兜底“351”和“180”、农村环境“三大革命”、美丽乡村建设、智慧医疗与家庭医生签约服务、城乡居民基本医疗保险、城乡居民基本养老保险、妇幼健康、计生特扶和职业病防治、义务教育经费保障机制。

2020年：资产收益扶贫、“四好农村路”建设、农村危房改造、健康脱贫综合医疗保障、美丽乡村建设、农村改厕及废弃物资源化利用、城乡居民基本医疗保险、城乡居民基本养老保险。

2021年：城乡居民基本养老保险、“安康码”应用、城乡居民基本医疗保险、城乡适龄妇女“两癌”免费筛查、义务教育经费保障、农村危房改造、美丽乡村建设、“四好农村路”建设工程、农村厕所改造及粪污资源化利用、水环境生态补偿、小型病险水库除险加固。

第五节 脱贫攻坚

改革开放后，国家加大对贫困地区扶贫开发工作的力度，从《国家八七扶贫攻坚计划（1994年—2000年）》到《中国农村扶贫开发纲要（2001年—2010年）》的实施，制定了各种扶贫开发的政策，扶贫方式从小规模的救济式扶贫，向以体制改革为主导的参与式扶贫转变；从以“输血”为主的扶贫到以“造血”为主的扶贫，再到“输血”和“造血”并重的综合性扶贫开发；特别是精准扶贫政策的实施，困难群众的生产生活条件普遍得到改善。

自2014年起至2020年，按照精准扶贫要求，镇党委、政府切实开展“单位包村、干部包户”定点扶贫，明确帮扶对象，建立帮扶渠道，扎实开展特色农业扶贫、乡村旅游扶贫、易地搬迁扶贫、光伏扶贫、电商扶贫、就业扶贫等一系列扶贫措施，全镇贫困人口全部脱贫，扶贫工作取得历史性突破。

一、贫困状况及致贫原因

但家庙镇是一个低山丘陵区，也是一个传统的农业大镇。在包产到户前，相当一部分农民过的是“吃粮靠供应，生活靠救济，花钱靠贷款”的“三靠”生活。1978年，本地区农民人均年纯收入不足100元。2014年，但家庙镇全镇人口1.6万人，其中建档立卡贫困户671户1863人，含五保户134户143人，低保户233户798人，因病致贫人员284户956人，因残致贫111户394人。贫困发生率12.16%。

造成贫困的原因主要有五个方面：一是缺乏劳动力，文化水平低。据调查统计，80%以上的贫困户，主要以五保户、老人户（子女不尽赡养义务）为主，家庭缺乏劳动力；拥有的少量劳动力，大多数都未念过初中，文化程度低，接受新知识、掌握新技术能力差。贫困群体思维方式落后，易满足现状，“等、靠、要”思想严重。二是因病、因残、因灾致贫、返贫。由于农业生产的自然、市场风险始终存在，农村公共服务、社会保障呈现广覆盖低保障特点，群众因病、因残、因灾致贫、返贫的现象时有发生。三是供养负担重。这种现象比较常见，通常是1～2个劳动力供养3～6个人生活。四是耕地面积较少。全镇人均耕地面积1.4亩，而绝大多数贫困户人均耕地低于1亩，再加上退耕还林项目的实施，又缩减了农户的可耕地面积。贫困村（胡大桥村）地处偏远，交通不便，信息不灵，基础设施建设滞后。他们对外界了解得少，掌握信息迟钝。

二、扶贫开发方式

但家庙镇扶贫开发始终坚持开发式扶贫和社会保障相结合，专项扶贫和行业扶贫相结合，外部支持与自力更生相结合，从而形成了以整村推进、产业扶贫、社会扶贫、搬迁扶贫、科技扶贫等为主的扶贫模式。

整村推进

为实现《中国农村扶贫开发纲要（2011—2020年）》提出的目标，国务院扶贫办根据各地实践经验，以贫困村整村推进扶贫规划为切入点，在全国范围全面开展“参与式整村推进扶贫”工作。“整村推进”，是以村级社会、经济、文化的全面发展为目标，坚持开发与发展并举，一次规划，分步实施，重点突出，整体推进。在建设内容上以发展经济和增加贫困人口的收入为中心，力求山、水、田、林、路综合治理，教育、文化、卫生和社区精神文明共同发展；在资金投入和扶持上，以政府投入为引导，以村级物质资源和劳动力资源为基础，充分调动政府各部门和社会各界的力量，使各方面的扶贫资金相互配套、形成合力，集中投向贫困村需要建设的项目，达到“集小钱办大事”的目的。胡大桥村作为试点贫困村，在充分征求群众意见和建议的基础上，根据对村级现状和未来脱贫目标的分析，确定发展目标，制定具体脱贫措施，完善脱贫资金使用办法，确保整村脱贫的顺利推进。

胡大桥村是霍山县43个贫困村之一，也是但家庙镇唯一的贫困村。2016年，经但家庙镇政府精准核查后，建档立卡贫困户96户282人（其中，一般贫困户25户96人；低保贫困户34户140人；低保户9户18人；五保户28户28人。因病致贫40户181人；因残致贫30户116人；因灾致贫3户12人；因学致贫16户71人；因缺劳动力致贫31户35人）。

胡大桥村农民经济收入主要依靠种植业和养殖业，其中种植业主要包括水稻和茶叶。由于耕地面积有限，人均耕地仅0.84亩，水田多数为低产田，亩产水稻不足400千克，2014年，人均占有粮食仅为350千克，稍遇自然灾害便有15%的农户在温饱线下徘徊，在贫困中度日。另一项经济收入是茶叶，由于本村农户采摘茶叶主要出售鲜叶，导致经济效益低下，年收入人均不足500元。养殖业依靠国际小母牛项目带动，形成了一定规模的生猪养殖业，但近几年生猪价格较低，一直在盈亏平衡点徘徊，农户很难靠生猪养殖脱贫。多数农户在外打工，也只能获得微薄的收入。因此，全村2015年人均纯收入仅为6200元；二是基础设施条件差，道路交通与周边村相比，差距很大。水利设施缺乏，农户基本靠天吃饭；三是文化水平低。全村很少有人懂得1～2门实用技术，落后的生产方式限制了农业生产的技术进步，同时也制约了生产力的发展，影响了外出打工的人数和收入。另外，医疗卫生条件差，教育落后，经济发展受到严重制约；四是贫困户缺乏劳动力，家庭成员年老或残疾，长期患病或突患重病。2016年，全村现有贫困户中，该类人口比重为24%。导致家庭长期陷入贫困之中，很难通过自己的努力脱贫，就是脱了贫也容易返贫；五是贫困户缺资金、短项目。胡大桥村有15%贫困户的经济状况处在脱贫的临界线上，有发展经济的强烈愿望，且有一定的技能水平，唯缺乏资金和项目，停滞不前，亟须政府提供增收项目，并在资金、信息方面给予帮助，使其尽快摆脱贫困。

主要做法 精准识别贫困户。严格户申请、组评议、村民代表大会表决程序。初选建档立卡贫困户100户284人，再扎实开展回头看、精准核查等方法调减不符合标准16户48人，调进12户45人，做到“两公示一公告”，接受群众监督。

精细落实“双包”工作。全村有县信访局、县体育局、徽商银行霍山支行和镇村帮扶干部46人，实行定期走访，了解贫困户家庭的基本情况和致贫原因，理清贫困户脱贫路径，制定有针对性的帮扶措施和脱贫计划：确保68户284人通过发展生产和促进就业脱贫；11户39人通过易地搬迁实现脱贫；16户71人通过发展教育脱贫。

精致档案管理。注重日常工作资料的收集，对扶贫各项档案分类管理，严格按照镇村脱贫攻坚表及档案统一规范管理，一户一档，整理好村民代表大会民主评议等会议记录，为下一步工作提供依据。

精选发展到户产业。以产业发展带动贫困户脱贫增收。2016年，全村共有42户贫困户发展养鱼、养猪、种植甜玉米等种植养殖产业，占全村贫困户的45%。共发放产业补助资金8.5万元，户均发放2000元。2017年，全村有50户贫困户发展的养龙虾、养猪、养鱼等产业项目通过验收。共发放产业补助资金13万元。有21户贫困户发展的产业项目通过村级验收，并落实了产业发展项目。

精心做好易地扶贫搬迁。2016年，共筹集资金114万元完成5户20人的大路冲易地扶贫搬迁安置点建设，水泥路，池塘，供电，供水等设施全部到位。并对安置点周边环境进行了绿化、美化。另外6户易地扶贫搬迁住房主体工程于2017年8月完成。

落实各项扶贫政策。健康扶贫。为全村所有贫困户代缴新农合；帮助申请新农合报销；申请大病救助、办理大病保险；帮助申请慢性病补助；发放医疗就诊卡、服务证；实行“351”政策（指贫困人口通过基本医保、大病保险、医疗救助“两免两降四提高”等综合补偿后，在县级医院看病，按医保政策分次报销，一年内自己最多付3000元，其余费用分别由大病保险、民政救助和政府兜底承担；在市级医院看病，按医保政策分次报销，一年内自己最多付5000元，其余费用分别由大病保险、民政救助和政府兜底承担；在省级医院看病，按医保政策分次报销，一年内自己最多付10000元，其余费用分别由大病保险、民政救助和政府兜底承担。剩余合规医药费用实行政府兜底保障）和“180”工程（在健康脱贫兜底“351”的基础上，对建档立卡的贫困患者1年内慢性病自付医药费再按80%给予补偿，发挥政府主导作用，推动解决因病返贫问题。1指一年内，80指80%，这项政策简称“180”工程）。为18周岁以上贫困户人口购买人身意外保险，解决贫困户因灾致贫、因灾返贫问题。

教育扶贫。帮助全村在校贫困生申报各种补助（包括雨露计划、免除学杂费、贫困生寄宿补助、职业教育助学金、大学新生车旅费补助、国家助学金等)，每生最低补助400元，确保贫困家庭学生不因贫产生辍学现象。

其他扶贫措施。通过实施资产收益型项目，为已经脱贫户提供收入。2017年，该村有两个资产收益型项目，年收入4.48万元；2018年，新增2个资产收益型项目，新增收入5.52万元，为25个贫困户每户增加4000元收入。

危房改造扶贫。为贫困户申报危房改造项目，确保贫困户住房安全。

2018年年底，胡大桥作为整村推进的贫困村，顺利出列。整村推进扶贫模式的优势在于集中有限资源，解决重点问题，强调民主参与“真扶贫”，贫困农户参与扶贫开发的积极性高。但由于整村推进模式存在门槛设置过高、资金投入与贫困程度不同步、无力解决区域性的贫困等问题，难以保证最贫困的人口得到最大的帮扶。

2016—2018年胡大桥村财政扶贫项目一览表

表11-13

项目名称	建设性质	建设规模及内容	投资情况(万元)			实际资金情况(万元)		
			合计	扶贫资金	自筹资金	审定资金	结余资金	缺口资金
大路冲河道治理	新建	河道清理500米,新建挡土墙300米,基础宽2米,高0.8米,墙体下底1.5米,上口0.5米,高1.5米	48	44	4	40.60	3.40	
赵老庄河道清理	新建	河道清理500米,新建挡土墙280米,基础1.5米,高0.3米。墙体下底1.3米,上口0.5米,高1.8米	48	40	8	34.60	5.40	
倪仓河道综合治理	改建	河道清淤600米,建设挡土墙600米,底座1.4米宽,0.5米高,挡土墙宽0.4米,下宽1米,高1.5米	46	46	0	47.90		1.90
倪仓水毁	改建	全长0.6千米,新建挡土墙10立方米	0.45	0.45	0	0.43	0.02	
村自来水升级	改造	对胡大桥村自来水升级改造,维修管道1000米,新铺设入户管道200户,300米	30	20	10	30.72		0.72
合计							8.8	2.62

胡大桥村驻村工作队扶贫工作纪实　霍山但家庙镇胡大桥村驻村工作队由市纪委派驻的3名队员和县信访局派驻的1名队员组成。

因人施策谋出路。工作队坚持每天走村入户调研走访，掌握了该村贫困情况的第一手资料，并结合实际为所有建档立卡贫困户制订了脱贫计划，积极与霍山农商行对接，为贫困户争取贷款，指导贫困户发展养鱼、养鸡等相关产业；积极与县内、镇内企业联系，牵线搭桥为贫困户介绍务工，针对不同的情况采取不同的帮扶措施。

争资引项促发展。工作队充分发挥职能优势，为胡大桥协调到位项目资金300余万元，新建两条水泥路，完成了新村部绿化工程，改善了村级基础设施；对部分河道进行整治，从根本上解决村里年年有水患的问题，改善村民的生产生活条件；为村部争取赞助，购置新电脑、打印机，改善了办公条件；重组了胡大桥村扶贫互助协会，吸纳了2家合作社和全村贫困户，盘活了村民闲置资金，解决了贫困户缺少发展项目的问题。

深学政策做宣传。工作队坚持每天集体学习扶贫政策，提高自身对扶贫政策的理解和把握。采取编制顺口溜、入户讲解、发放宣传单等形式，向群众宣传扶贫政策，将精准扶贫政策宣传工作做到全覆盖，把政策落到实处，让贫困户充分了解扶贫政策，明明白白享受实惠；牢牢抓住"扶志"这个关键点，通过宣传教育帮助贫困户摒弃"以贫为荣"，争当贫困户的懒汉思想，多次组织茶话会，鼓励贫困户依靠勤劳双手，奋斗脱贫，树立正确的脱贫观念，提升贫困户脱贫意愿。

树立典型助攻坚。工作队高度重视扶贫工作中的典型示范作用，积极树立典型，营造良好的社会舆论环境。树立脱贫典型，总结脱贫户成功脱贫致富经验，将成功的脱贫途径、脱贫模式归纳出来，形成以就业脱贫、产业脱贫、教育脱贫、健康脱贫、金融脱贫为内容的五大脱贫方式。树立帮扶典型，不断加强对帮扶干部的教育培训，定期组织开展帮扶干部集体学习；设置村级脱贫攻坚奖，将帮扶工作中涌现的先进方法、感人事迹发扬出来，形成了主动帮扶、用心帮扶的脱贫攻坚氛围。

附：磨破了鞋子　试出了路子——霍山县但家庙镇胡大桥村扶贫路径

"真是多亏了工作队给我争取的这5万元资金，解了我的燃眉之急。"近日，记者驱车来到霍山县但家庙镇胡大桥村，在养殖大户涂必超的农场里，谈起这几年的养殖经历，他感慨万千。

涂必超是村里较早从事特色养殖的大户，从最早养猪、养鱼，再到现在的稻田养虾，数十年的养殖生涯不仅没使他富裕起来，反而让他欠下了不少债，让他家变成了贫困户。今年，为偿还欠下的外债，尽快脱贫，他咬着牙承包了周边的近80亩水田，开始从事稻田养虾。然而，由于前几年的经营问题，本地银行拒绝向有不良信用记录的涂必超发放贷款，养殖场经营一度停滞，涂必超每天急得吃不下饭、睡不着觉。

得知这种情况后，该村驻村扶贫工作队主动来到他家，在详细了解他的困难后，工作队积极与霍山农商银行联系对接，经过多次沟通协商并按程序考察审核后为他争取了5万元的贷款。如今，涂必超的80亩水田里稻旺虾肥，光每天卖虾的纯收入就能达到300—400元，预计年底养殖场可盈利20多万元，当年就能实现脱贫。

"这几年干养殖真是遭了不少罪，前几年养猪赶上市场价格下跌，去年养鱼又赶上发洪水，不仅没赚到钱，还把家底都赔进去了。今年多亏了工作队，这80亩的稻虾共养水田才能张罗起来，没有他们的帮助，别说5万块钱了，500块钱我都贷不到!"

涂必超口中的工作队便是市纪委派驻该村的扶贫工作队，这个由3名队员组成的工作队自入驻以来，就坚持每天走村入户调研走访，每一位农户，每一条道路，每一座山场，乃至每一口山塘都留下了他们的足迹，鞋子磨破了几双，该村的脱贫路径也渐渐清晰起来。“我们村位于但家庙镇的东北部，水田142公顷，旱地35公顷，山塘200多口，全村经济以水稻种植为主，村里有不少农户从事生猪、麻鸭、小龙虾和淡水鱼等特色种养业，可以说脱贫的基础比较好。”该村扶贫工作队长、第一书记黄家中告诉记者，初到胡大桥村时，面对该村是但家庙镇唯一的贫困村的现状，他们感到“压力山大”。

前两年，胡大桥村像涂必超这样因暴雨受灾的农户不在少数。2015年、2016年夏天，但家庙镇连续遭遇洪涝灾害，连日的降雨让河道水位暴涨，村里不少农房、庄稼受损严重。“村里的这段河道还是好几十年前加固维修的，有些地方遇到雨水冲刷极易垮塌，河道两边有水田，还有蔬菜大棚，前两年水灾，两边的村民损失较大。”胡大桥村支书彭义香告诉记者，目前，村里已经申请了资金，准备对辖区内的3个小型水库进行除险加固，另外要对河道作一次全面清理。“我们工作队还协调联系了霍山县水务局到潘冲水库下游河道搞了一次整治工作调研，现在计划安排人员对河道进行杂物清理。”黄家中告诉记者，村里要通过河道整治，从根本上解决长期困扰附近几个村民组的水患问题，改善村民的生产生活条件。

“相对于部分山区的贫困村，我们村的自然条件算是不错的，而且大多数贫困户的脱贫愿望也比较强烈，如果不能实现如期脱贫，按时出列，就是我们工作队的失职。”为加快胡大桥村的脱贫步伐，尽快进入工作状态，工作队迅速掌握了该村贫困情况的第一手资料，并结合实际为所有建档立卡贫困户制订了脱贫计划。

56岁的张传明于2014年被确诊出肺部肿瘤，数万元的手术费用让原本不富裕的家庭陷入贫困，为帮助该户尽快脱贫，工作队会同村“两委”多方联系协调，让张传明家承包了周边的5亩水塘从事渔业养殖，并为张传明本人争取各类健康脱贫政策，减免了部分医疗费用。如今的张传明家已经顺利脱贫，盖了新房还买了汽车，今年，他又喂养了80多只麻鸭，准备在脱贫的基础上致富奔小康。

“涂必超、张传明都是很有想法的贫困户，像他们这样的贫困户在我们村还有很多，虽然由于各种原因他们曾经遭受了贫困，但只要信念不倒，我们就要尽全力帮助他们，在胡大桥村的脱贫道路上，每一个贫困户都不能掉队。”黄家中坚定地说。

在该村的脱贫攻坚战役中，一条7米宽的高标准道路建设规划也被提上了日程。“路基宽8米，路面宽7米。”黄家中站在村部外指着眼前的水泥路告诉记者，贫困户有脱贫意愿，村里的基础设施建设更要跟上，将来，这条道路将按照旅游通道的标准建设。“这正好跟但家庙镇、下符桥镇等几处乡镇的旅游小镇建设无缝对接，特色的乡村景点、农家乐等休闲娱乐场所将沿着这条道路依次铺开，带动沿线的贫困户发展旅游业，脱贫致富。”

产业扶贫

产业扶贫是新时期农村开发式扶贫的主要模式之一。产业扶贫以市场经济为导向，以科技为支撑，以农产品为原料，以加工或销售企业为龙头，发展具有地方特色的支柱产业，通过拳头产品带动基地建设，通过基地建设联系千家万户，从整体上解决贫困户的温饱问题。产业扶贫的优势是实现政府、企业和农户共赢，具有区域优势的特色产业迅速发展，贫困农户收入明显增加。在产业扶持下，优势产业形成规模，区域特色经济布局初显轮廓，以特色产品生产、加工、销售为主的扶贫龙头企业逐步发展壮大，辐射、带动能力增强，扶贫产业链条延伸，参与主导产业经营的农户不断增多，主导产业产品的商品率不断提高，贫困农户的收入明显增加。镇党委、政府把产业结构调整作为一个重点，在农业生产上实行压粮扩经。在畈区推广种植西瓜、打瓜、大棚蔬菜、莲藕等，鼓励养鱼、养鸭、养鹅；低岗丘陵区，发展板栗、茶，注重食用菌、百合、石斛、油茶、中药材生产，鼓励养鸡、养牛、养羊。在上级各项扶贫资金的扶持下，一些种养大户如雨后春笋般地涌现出来，并逐渐向四周辐射，带动整体脱贫。但家庙镇党委、镇政府在扶贫工作中逐渐认识到产业扶贫的重要性。于是结合镇域实际在产业扶贫方向下功夫，做文章，改变以往的救济式扶贫方式，使贫困人群由“输血型”向“造血型”转变，形成了具有本地特色的产业扶贫模式。2013年至2020年年底，全镇共实施扶贫项目50个，投入扶贫资金1099万元；其中到村项目30个，投入扶贫资金611万元，发放产业扶持资金392万元。

自主发展模式 对于那些有意愿自主发展的贫困户给予帮助扶持。首先是资金支持，根据贫困户发展项目的不同，给予一定的资金补贴，解决贫困户发展产业起步难的问题；其次是技术技能培训，全面开展“雨露计划”，通过多部门协调合作，为贫困户提供更加务实的个人培训，摆脱传统的“靠天收”模式，用科学让传统农业焕发活力。如观音岩村贫困户熊先圣、桂芳成先后通过镇扶贫办、人社所联合组织的培训，掌握了科学养殖技术，经过个人的勤劳努力，在龙虾养殖和肉鸡养殖上取得不错的成效，实现年增收2万元，即将摆脱贫困的帽子。

抱团经营发展模式 实现“捆绑抱团+合作经营”带动贫困户发展，通过合作社、能人、大户，将有劳动能力有技术无资金的贫困户组织起来，集中互保贷款，发展产业。既能解决贫困户无钱创业问题，又解决了生产分散、产品销售无门的问题。如胡大桥村生态养殖农民专业合作社，集体通过互助协会贷款60余万元，发展有机蔬菜和生猪养殖，带动全村20余户农民增收。

租赁返聘模式 龙头企业或者农业园通过流转贫困户的土地并吸纳贫困户务工，增加贫困户财产性收入和工资性收入，实现“一块土地两份收入”。如大河厂村映山红生态园，从农户手中流转土地236亩，同时又返聘十余户贫困户务工，带动农户每年增收2000余元。

引进外资，集体分红模式 发挥市场在产业发展中的引领作用，利用企业的市场和技术优势发展产业，带领贫困户增收。如观音岩村引入外资，投资建立了万亩油茶基地，使全村农户受益。

积极探索新型发展模式 利用“互联网+产业链”带动贫困户，开发电商扶贫。目前但家庙镇的电商扶贫正处于起步阶段，下一步将充分挖掘本地特色，实现农产品、特色种植在网上销售。同时，进一步大力开发休闲体验旅游，实现农家乐等特色服务网络订购。

2006年，在县扶贫办领导及但家庙镇党委政府关心和帮助下，国际小母牛项目落户但家庙镇胡大桥村，累计投入项目发展资金18.17万元。不但扶持了本村养殖业的发展，同时也惠及周边贫困人群达400多户，传递爱心，增加收入。胡大桥村老院组张宜寿儿子残疾，是小母牛项目首批受援户（项目资金支持3000元），累计借用扶贫资金4次达2万余元，当年出栏生猪100头，产值10万元，纯收入3万元，人均增收上万元。创新“资产收益”扶贫，带动贫困户增收。鼓励贫困户将土地等生产资料租赁给龙头企业、专业大户、农村合作社等新型经营主体，获得租金收入；鼓励贫困户以山场土地、奖补资金、小额信贷等资产、资金入股，获得固定收益和股本分红；新型经营主体为贫困户提供就业机会；多管齐下推动贫困户增收脱贫。但家庙镇观音岩村根据当地自然资源，采取“公司+农户”扶贫模式，引进金马、中绿、东芝源3家油茶公司，流转1.5万亩荒山和林地，其中涉及贫困户有33户95人，农户可得林地租金（每亩50元）、油茶收益分红（农户占16%）和公司劳工（平均每工50元）3份收入。以霍山名胜养殖农民专业合作社为龙头，带动农民从事种养业，采用“公司+农户”的经营模式，带动大河厂村周边农户200余户，人均年收入增加10000余元。2016年，以霍山县成凤生态农业农民专业合作社为龙头，联合了周边150户群众，流转承包田地3000多亩，范围涉及但家庙、下符桥、与儿街等数个乡镇推广“虾稻一体”模式，获得了巨大的成功，每亩增产1000余元，带动了周边的12户贫困户靠养虾脱贫致富。

搬迁式扶贫

搬迁式扶贫模式不同于传统意义上的救济式扶贫和开发式扶贫，它是对生存条件极其恶劣地区的贫困农民实施移民搬迁、易地开发而开辟的移民扶贫新途径。其特征是实现人地分离，让人离开已不再适宜人类生存和发展的地区，另辟生产、生活条件较好的地区居住、发展。但家庙镇的搬迁式扶贫主要有三种模式：一是政府组织。即由政府统一规划，选择经济发展条件较好、基础设施较完善、生态环境较优美的地方，组织迁出移民建房安置，让搬迁户住得下、能发展、不返贫；二是插户移民。即由贫困户自行投靠亲友，分散安置，政府给予一定补助；三是分阶段搬迁。即采取搬迁初期两头有家的形式，待移民点得到开发，生产、生活基本稳定后再实现整体搬迁。搬迁式扶贫模式的优势是摆脱恶劣的生产生活环境，加快脱贫致富，搬迁后就业增收的平台更广阔，加快城乡一体化进程。2015年至2020年年底，全镇易地搬迁38户78人，实施危旧房改造项目349户，实现贫困群众住房有保障。

易地搬迁大河厂安置点　（王玉生　摄）

易地搬迁胡大桥安置点　（王玉生　摄）

2017年但家庙镇危房改造资金发放情况汇总表

表11-14

村名	农村贫困户危房重建补贴			农村贫困户危房修缮加固补贴			合计补贴	
	补贴标准	补贴户数	补贴金额	补贴标准	补贴户数	补贴金额	户数	金额
观音岩	2万/户	16户	32万元	0.6万/户	2户	1.2万元	18户	33.2万元
大河厂	2万/户	5户	10万元	0.6万/户	6户	3.6万元	11户	13.6万元
胡大桥	2万/户	13户	26万元	0.6万/户	7户	4.2万元	20户	30.2万元
花石嘴	2万/户	6户	12万元	0.6万/户	4户	2.4万元	10户	14.4万元
但家庙	2万/户	8户	16万元	0.6万/户	1户	0.6万元	9户	16.6万元
合计		48户	96万元		20户	12万元	68户	108万元

社会扶贫

组织和动员社会力量积极参与扶贫开发，共同推进减贫事业发展。社会扶贫模式的优势是参与帮扶的群体巨大，扶贫形式多样，扶贫资源广泛，既有国家专项扶贫资金的投入，又有各种渠道募集争取来的本土资源，还有从外部渠道引进的资源，既有有形的资金和物资投入，也有无形的科技、信息的支持等。

举办技术培训班，提高劳务输出质量，增加劳务收入。出门打工是提高农民收入最直接、最有效的办法，它能短期内实现农户脱贫。从2017年7月的双向创业调查显示，但家庙镇外出创业者有4778人，占农村从业人数的50%以上，打工成为农村剩余劳动力就业的主导方向。对贫困户中留守的年轻力壮的有文化的劳动力，则由镇政府组织安排参加专业技术培训，人人掌握1～2项技术，可解决30%贫困户的脱贫问题。积极争取扶贫单位的援助，加强贫困村的扶贫设施建设。县有关单位向对口帮扶的贫困村，不仅提供项目援助，而且提供经费、技术，修桥筑堰，维修公路，架通电信等，做到从“输血”到“造血”，“输血”和“造血”并重。贫困户收入逐年增加，贫困人口逐年减少，社会发展更加和谐。

根据县卫计委的统一部署，开展对贫困户免费集中健康体检，除常年在外的贫困人口外，对在家贫困人口均完成健康体检。有效防止因病致贫、因病返贫的现象发生。开展了家庭医生签约活动，村民自愿与乡村医生签订服务协议，享受签约服务，全镇贫困人口签约率达到100%。健全农村医疗体系，方便群众就医，基本享受初级医疗保健，提高农户抗御大病能力。开展人身意外险服务工作，为全镇18周岁以上贫困人口购买人身意外保险。2015年至2020年年底，全镇实施医疗救助225人，医疗费报销45.1357万元。

进一步加大教育投入，增加教学设备，改善办学条件，保证适龄儿童100%上学；建档立卡在校生176人，无因贫辍学学生。落实“雨露计划”职业教育补助政策，多方督促各项补助具体落实。2017年，全镇共有230名建档立卡贫困学生，其中学前儿童18人，小学57人，初中51人，高中32人，中职20人，高校52人，均享受到贫困学生教育补助。2017年享受“雨露计划”补助29户，发放补助资金8.7万元；2018年享受“雨露计划”补助43户，发放补助资金13.9万元；2019年享受“雨露计划”补助49户，发放补助资金14.7万元；2020年享受“雨露计划”补助50户，发放补助资金15万元。累计171人享受“雨露计划”补助，发放补助资金52.3万元。

进一步扩大敬老院规模，完善供养体系。2015年至2020年年底，全镇低保帮扶581人，发放帮扶金522.703万元；特困供养支出183.1866万元，救助122人；进一步加强结对帮扶的工作力度，重点对有能力脱贫的贫困户进行帮扶，在资金、技术、项目上给予支持，使其较短时间脱贫。

2015年但家庙镇水库移民扶持项目登记表

表11-15　　单位：万元

项目名称	建设地址	主要建设内容	投资金额	项目实施效益
燕窝冲循环路	但家庙村	新修水泥路2千米，宽3.5米，厚0.18米	46	受益1个村，3个村民组630人，其中移民92人
花石嘴大桥	花石嘴村	新修水泥桥1座，长32米，宽5米	48	受益1个村，3个村民组480人，其中移民60人
岭坎水泥路	观音岩村	新修水泥路2千米，宽3.5米，厚0.18米	48	受益1个村，2个村民组300人，其中移民55人
新李水泥路	大河厂村	新修水泥路1千米，宽3.5米，厚0.18米	24	受益1个村，2个村民组280人，其中移民41人
朱传富庄水泥路	大河厂村	新修水泥路0.6千米，宽3.5米，厚0.18米	15	受益1个村，1个村民组150人，其中移民30人
牛鼻岩水泥路	观音岩村	新修水泥路1千米，宽3.5米，厚0.18米（含路基）	24	受益1个村，2个村民组220人，其中移民18人
草塘冲水泥路	但家庙村	新修水泥路1.2千米，宽3.5米，厚0.18米（含路基）	33	受益1个村，2个村民组410人，其中移民56人
农林水泥路	花石嘴村	新修水泥路1.1千米，宽4米，厚0.18米（含路基）	30	受益1个村，3个村民组370人，其中移民44人

2017年但家庙镇财政扶贫基础建设资金项目表

表11-16　　单位：万元

村名	项目名称	项目内容	总投资	受益人数
胡大桥	赵老庄河道治理工程	清理河道500米，新建挡土墙280米，基础宽1.5米，高0.3米，墙体下底1.3米，上口宽0.5米，高1.8米	48	300人

续表 11-16

村名	项目名称	项目内容	总投资	受益人数
胡大桥	马尾桥加固工程	长10米,宽3.5米,厚0.18米	10.34	
花石嘴	花石嘴村安置点配套设施建设工程	铺设渗水砖500平方米,浇筑水泥路面2600平方米,安装仿汉白玉栏杆65米,建垃圾转运站1座	30	985人
大河厂	杨家台大塘扩建	扩挖荒塘一口5000平方米,四周修筑挡土墙,塘埂修筑宽2.5米的步道;新修长400米,宽4米的水泥路通道,建活动板房3间	28	535人(其中移民83人)
但家庙	下塝水泥路	新修长90米,宽4米,厚0.20米的水泥路	28	380人(其中移民29人)
花石嘴	大塘埂水泥路	长1100米,宽4米,厚0.20米	33	390人(其中移民16人)
但家庙	龙山水泥路	长1000米,宽4米,厚0.20米	30	260人
但家庙	上塝水泥路	长1000米,宽4米,厚0.20米	30	受益280人(其中移民28人)
但家庙	污水管网建设项目	主管网1500米,支管网1000米,建集水池1座、泵房1座	100	200户1000人的生活污水处理

三、脱贫措施

脱贫目标

根据《中国农村扶贫开发纲要（2011—2020年）》要求，到2020年要稳定实现扶贫对象不愁吃、不愁穿，保障其义务教育、基本医疗和住房，即“两不愁 三保障”的总体指导思想。镇党委、政府立足镇情、村情、户情，把握和利用好国家扶贫开发的方针政策，围绕一个中心，服务大局，坚持科学发展，统筹兼顾；坚持艰苦奋斗、自力更生的原则，依靠本身资源，努力挖掘自身潜力，同时积极争取上级部门扶持和外界支持，争取早日全面脱贫，为“加快发展，富民强镇”，全面建设小康但家庙而奋斗。

按照“项目到村，措施到户”的原则，做到“扶真贫”和“真扶贫”，将扶贫措施逐一落实到户。为加快脱贫工作步伐，镇党委、政府对贫困村进行整体规划，重新制定具体的脱贫工作目标：(1)基础设施有较大改善，能满足农户生产生活的基本需要；(2)贫困人口粮食能够自给；(3)居住条件得到改善，能住上砖瓦结构的房屋；(4)教育环境和水平得到进一步提高，就医得到保障；(5)基本解决特困户和贫困户脱贫问题。

脱贫措施

扎实推进项目建设 2013年至2020年年底，但家庙镇共实施扶贫项目50个，总投入扶贫资金1099万元；其中到村项目30个，投入扶贫资金611万元，通过大力实施基础设施建设，使得水、电、房、渠、路、林、卫生室等基础设施条件得到极大改善，基础薄弱制约发展的问题不断解决，镇村面貌发生巨大改变，群众满意度不断提升。尤其是乡村道路建设，2016年以来，新改建乡村公路25千米，直接受益人口6000人，惠及全镇所有贫困村、贫困户，打通了发展的“最后一千米”，铺出了贫困户的“致富路”。

优化产业布局 特色产业助农增收作为脱贫攻坚的重中之重，依托资源优势，发挥生态优势，大力发展特色种养业，增强贫困群众的“造血功能”，走出了一条靠产业脱贫之路。

一是发展特色产业。首先对各村的地理环境以及贫困户的发展意向进行详细摸底排查，然后结合各村的状况，研究发展方向，确立发展项目。大河厂村水资源丰富，通过举办养鱼技术培训班、发放养殖技术资料、现场技术指导，使村民掌握了养殖的基本技术，调动了村民生态养鱼的积极性，生态养鱼已成为该村的主要产业。观音岩村、但家庙村稻田面积广，农户有农虾养殖经验，在这两个村推行虾稻共养，并为贫困户拓宽销售渠道助力脱贫工作。花石嘴村家家都养有家畜家禽，镇政府以建档立卡贫困户为扶持重点，鼓励贫困户发展家禽养殖，促进户内增收。

二是全面提供支持。为所有想要扩大生产经营规模的贫困户，办理小额扶贫贷款。全镇5个村均成立扶贫互助协会，并由村内的能人大户担任理事长，村两委积极参与，结合本村实际，重点支持群众发展种植、养殖、乡村旅游等特色优势产业，在资金和技术上提供双重帮助。扶贫互助协会资金发放采取“两个”流程，即一张借条就能申请最高6000元的借款，一天内借款打卡到位。“小银行”的“短平快”模式，有效解决了贫困群众发展道路上的燃眉之急。2020年，该镇已累计发放借款150余万元，为70余户贫困户提供了资金支持。2015年至2020年12月，共计办理小额贷款给贫困户用于生产资金1589.91万元。充分发挥农业经营主体的带动作用，鼓励镇内企业参与扶贫。通过争取财政扶贫专项资金投资企业资产收益项目和运用“企业+农户”模式的方式，既为贫困户提供了更多的就业机会，提高了收入，又为企业扩大了生产规模，激发了新的发展潜能。镇内映山红生态农业科技有限公司、野山牧业公司、众益生态农业公司等多家企业积极参与，累积获得扶贫专项资金100万元，每年给予贫困户固定分红7.4万元，吸纳70余户贫困户就业，户均增收3000元。映山生态农业科技有限公司、野山牧业公司还多次开展了送鹅苗、果苗等活动，帮助贫困户发展特色产业，实现由被动“输血”变主动“造血”。2018年4月至2020年年底，野山牧业、双霍公司、映山红公司分别免费为贫困户发放鹅苗480只、鸭苗780只、辣椒及茄苗2万余株。同时，农业经营主体与农户建立技术联结，帮助他们解决实际生产问题和销路问题。镇扶贫工作领导小组与镇农技站联手，专门聘请了一批农业专业技术经验丰富的教授，针对贫困户的实际情况和知识结构，精心打造了一批浅显易懂、适用性广、操作性强的农业课程，为农户的产业发展提供技术支撑。

2017年但家庙镇首批省级和县级财政专项扶贫资金表

表11-17

项目名称	具体数字	说明
低产茶园改造	35亩	但家庙镇贫困户产业发展补助项目，涵盖一个贫困村和四个非贫困村，总投入扶贫资金55万元，受益贫困人口230户825人
毛竹扶育	3亩	
种植甜玉米	8亩	
养牛	2头	
养母猪	30头	
养子猪	413头	
养羊	54头	
养鸡	5007只	
养鸭	2191只	
养鹅	722只	
养鱼	710.5亩	
养龙虾	378亩	

加强民生保障 坚持以人民为中心，采取有力措施确保上级各项政策落地生花，发挥效益，真正惠及贫困户群众，使贫困群众获得感和幸福感进一步提升。2015—2020年，在实施易地搬迁和危房改造工程的基础上，扶持贫困户319户，发放产业扶持资金392万元。医疗救助225人，医疗费报销45.1357万元。低保帮扶581人，发放帮扶资金522.703万元。特困供养支出183.1866万元，救助122人。建档立卡在校生176人，无因贫辍学学生。

落实“两不愁、三保障、一安全”政策 精准扶贫以来，但家庙镇紧盯“两不愁、三保障、一安全”，全面解决存在的问题，为决战决胜脱贫攻坚打造坚实堡垒。精准排查，摸清底数。对照贫困户“两不愁三保障”及饮水安全的基本要求和核心指标，镇扶贫工作站逐村逐户、逐人逐项开展大排查，全面“过筛子”，做到村不漏户、户不漏人、人不漏项，找准问题症结，建好问题台账。精准施策，对账销号。针对排查发现的问题，制定详细的解决方案，狠抓落实。全镇实施危房改造349户，住房提升81户，全面消除住房安全隐患；投资200余万元，新接通贫困户自来水423户，实现自来水管道村民组全覆盖，确保群众喝上放心水、安全水；积极开展建档立卡贫困人口集中免费健康体检活动，通过广泛宣传，引导全镇420户签约建档立卡贫困户参与体检活动，并做好后续治疗工作。精准帮扶，不落一户。加强后续帮扶，根据脱贫户的实际情况，动态更新“一户一方案，一人一措施”确保脱贫不脱帮扶，脱贫不脱感情。2015年至2020年年底，全镇累计开展50余次贫困户劳动技能培训，帮助贫困户掌握一技之长。利用光伏扶贫资金，新设立13个公益性岗位，为居家贫困户提供就业机会。成立易地扶贫安置点管委会，方便搬迁贫困户的生产生活。

写好“志智双扶”文章　但家庙镇始终把改善贫困群众精神面貌放在突出位置，加大“志智双扶”工作力度，通过工作“三到位”，着力激发贫困群众内生动力，调动贫困户脱贫积极性，实现贫困户物质、精神“双脱贫”。一是宣传引导到位。通过印发明白纸、宣传单，通过“大喇叭”广播、公开栏、入户走访等方式，广泛宣传，传导“自力更生、脱贫光荣”的正确价值取向，积极营造良好氛围。二是结对帮扶到位。发挥帮扶责任人积极作用，深入贫困户家中，关爱鼓励他们自立自强，通过自己的努力增加收入，改善家庭卫生状况、生活习惯、提升精神面貌。三是典型示范到位。积极开展先进典型评选表彰、观摩学习等活动，深挖勤劳致富、互助友爱贫困先进典型，不断增强贫困户的幸福感、获得感。

加大后续帮扶力度　围绕产业发展、就业扶持、社区治理、公共服务四大方面，加大对易地搬迁群众的后续扶持力度，大力提升搬迁群众的获得感和安全感，确保搬得出、稳得住、能致富。一是大力发展特色产业。利用安置点的区位、资源优势，因地制宜，鼓励“虾稻共作”产业发展模式，邀请县农业农村局相关技术人员开展养殖技能培训，帮助贫困户拓宽销路。观音岩村团墩新街安置点的倪守胜户，搬迁后发展规模较大，承包了周边190亩稻田，进行龙虾养殖，年收入7万余元，稳定增加家庭收入，顺利实现脱贫。二是持续推进就业扶持。建立易地搬迁劳动力人口就业台账，摸清就业底数，强化就业服务。对于已经实现就业的，逐户逐人建立就业台账，实时跟踪就业状况；对于暂未就业的，核实登记劳动力学历水平、就业技能及就业意愿等相关情况，及时与人社部门对接，提供相关岗位信息，帮助实现就业。三是逐步实现社区自治。成立安置点管委会，民主选举管委会主任及委员。由管委会对安置点进行自治管理，组建微信群，定期向搬迁户发布扶贫惠民政策、招工就业信息等内容。同时，收集搬迁户的意见建议及时反馈给镇村两级，帮助解决相关问题，实现良性互动。四是稳步提高公共服务。对安置点的通水设施、电力保障、通信服务等基础设施进行定期巡查，进一步查漏补缺，满足搬迁群众生产生活和后续发展需求。逐步完善安置点周边公共文体设施，提升改造图书室、广播室、健身步道、农民体育健身工程等设施，满足搬迁群众休闲娱乐需求。按照“脱贫不脱政策，脱贫不脱帮扶”的原则，建立健全防止返贫监测帮扶机制。全面排查，做实动态管理，把防止返贫致贫的关口前移，确保不出新的绝对贫困，适时调整完善医疗保障、住房安全、义务教育和饮水安全等救助帮扶政策，实时关注贫困户就业信息变动，确保务工就业贫困户不因疫情灾情造成收入减低。

附：扶贫政策顺口溜

产业扶贫政策

产业扶贫政策明，“三十六计”蚕鱼禽。五类三十三小项，奖补上限三千整。

低产茶园深改造，老的茶园可转包。连片流转成规模，三百一亩真不少。

养猪养鸡真合算，政府支持还给钱。生猪一头五百整，土鸡一只补十元。

扶贫小额信贷

邮政储蓄农商行，小额贷款来帮忙。信用额度分三等，一、三、五万现金放。

乡村旅游扶贫

依托家乡好资源，旅游扶贫大发展。优秀示范乡镇村，一次奖补十万元。

四星、五星农家乐，再奖三万和五万；十个房间以上者，每间补助一千元。

电商扶贫

电商设立服务站，贫困农户可开点。产品流通费用减，还可申请办贷款。

易地搬迁扶贫

居住没有好环境，易地搬迁来改进。纳入规划递申请，每人补助两万整。

住房建设有标准，宅基不超一六零。人均二十五平米，拆除旧房要复耕。

就业扶贫

自主创业有新招，免费培训作指导。贷款一年十万元，还给贴息扶持好。

教育扶贫

教育扶贫助贫困，条件须是寄宿生。小学每人一千元，初中一二五零整。

普高、完中高中生，建档立卡解贫困。全免在校学杂费，特困资助三千整。

中等职教学籍生，一、二年级在校生。贫困家庭免学费，每人三千助学金。

当年普高大学生，一次资助三千整。政策贴息办贷款，本专每人八千整。

如若就读研究生，一人一万二千整。

雨露计划

“雨露计划”政策新，专门资助职教生。中职每年补两千，高职每人三千整。

健康扶贫

精准识别“351”，住院押金不用交。病好出院一起算，医保兜底同步报。

县内自掏三千块，市内自掏五千了。省级医院一万元，超出部分全报销。

贫困人口慢性病，年度医疗在门诊。综合医保补偿后，还可再去报八成。

一个年度加八成，简称医保“180”。

贫困识别标准

扶贫标准国家定，人均收入为基准。二〇一六年预计，标准三千三百整。

贫困户退出标准

两个不愁三保障，脱贫解困有希望。不愁吃来不愁穿，教育、医疗、安全房。

四、总体成效

2013年以来，但家庙镇党委、政府坚持精准扶贫精准脱贫基本方略，把脱贫攻坚作为第一民生工程、第一要务和头等大事，以不忘为民的初心，砥砺奋进，风雨兼程，实现了奋斗千年的脱贫梦。

2015—2020年，实施脱贫攻坚战略，但家庙镇完成了一场贫困群众由贫致富的“大转变”，产业扶贫、电商扶贫、健康扶贫、教育扶贫等精准扶贫措施处处发力。贫困户人口

“两不愁三保障一安全”问题得到全部解决，贫困发生率从2013年的12.16%下降到0%，圆满实现了贫困村全部退出、贫困人口全部脱贫的“清零”目标。

附1：但家庙镇：五年脱贫攻坚，决胜全面小康

2016—2020年“十三五”期间，但家庙镇完成了一场587户2056人的“大转变”，产业扶贫、电商扶贫、健康扶贫、教育扶贫等精准扶贫措施也处处发力。贫困发生率从2016年精准识别的8%下降到0%，圆满实现了贫困村全部退出、贫困人口全部脱贫的“清零”目标。

五年以来，镇村面貌改变巨大

从落后村落到美丽乡村，从泥泞曲折到笔直大道，从杂乱无章到绿树成荫，如今的但家庙镇，目光所及，皆是美景。

2016年以来，但家庙镇共实施扶贫项目50个，总投入扶贫资金1099万元；其中到村项目40个，投入扶贫资金611万元，通过大力实施基础设施建设，使得水、电、房、渠、路、林、卫生室等基础设施条件得到极大改善，基础薄弱制约发展的问题不断得到解决，镇村面貌发生巨大改变，群众满意度不断提升。尤其是乡村道路建设，2016年以来，新改建乡村公路25千米，直接受益人口6000人，惠及全镇所有贫困村、贫困户，打通了发展的“最后一千米”，铺出了贫困户的“致富路”。

五年来，产业布局渐趋优化

但家庙镇以调整优化产业结构为主线，统筹布局积极推进设施农业和特色产业发展，牢固树立“扶产业就是扶根本”的理念，大力发展特色种养业、农畜产品加工业、生态旅游业、特色手工业等扶贫主导产业，采取资金入股和资产入股的方式投资映山红生态有限科技公司、众益生态科技有限公司、野山牧业公司等镇内龙头企业以及伟亚家庭农场等发展大户，利用“企业+农户”“分红+务工”模式不断释放产业扶贫力量；因地制宜培育各村发展特色农业发展，形成了稻虾连作和艾草种植两大特色农业基地。2016年以来，投入资金350余万元，探索出光伏增收、产业带动、企业联动、资源整合四种集体经济发展模式，增加村级集体经济收入每年达10万元以上，带动贫困户群众增收户均3000元以上，真正实现了从量变到质变的跨越，啃下了脱贫攻坚中的硬骨头。

五年来，民生保障不断加强

通过易地搬迁解决38户78人、危旧房改造项目349户，实现贫困群众住房有保障；扶持贫困户319户，发放产业扶持资金392万元；医疗救助225人，医疗费报销45.1357万元；低保帮扶581人，发放帮扶金522.703万元；特困供养支出183.1866万元，救助122人；金融扶持170户，发放小额扶贫贷款995万元；利用光伏扶贫资金设立公益性岗位13个；建档立卡在校生176人，无因贫辍学学生。但家庙镇始终坚持以人民为中心，采取有力措施确保上级各项政策落地生花，发挥效益，真正惠及贫困户群众，使贫困群众获得感和幸福感进一步提升。

五年来，脱贫成色不断提升

但家庙镇围绕催生贫困群众内生动力，采取内外结合的方式，增强自我“造血”能力，营造自我发展环境，帮助贫困群众实现自力更生。自2016年以来，累计邀请市县农技专家开展专业技术培训30余次，累计参训人员达1000余次。按照“脱贫不脱政策，脱贫不脱帮扶”的原则，建立健全防止返贫监测帮扶机制，加强全面排查，做实动态管理，把防止返贫致贫的关口前移，确保不出新的绝对贫困，适时调整完善医疗保障、住房安全、义务教育和饮水安全等救助帮扶政策，实时关注贫困户就业信息变动，确保务工就业贫困户不因疫情灾情造成收入减低，全镇脱贫质量过硬、脱贫成色十足。

2020年是“十三五”的收官之年，回首这五年，但家庙镇干群一心，谱写了伟大的脱贫攻坚事业，2020年也是“十四五”的开局之年，展望未来，但家庙镇干群将携手共进，在乡村振兴之路上继续乘风破浪，再创佳绩。

（李笑雨）

附2：脱贫攻坚，一直在路上

贫困户的蜕变

熊先圣是我来到这里第一次接触的贫困户，也是我第一个结对帮扶的贫困户，从小在城市里长大的我，那时还不清楚“贫困”以及“贫困户”的概念，在村书记的带领下我来到了他的家里。“这是镇上新来的小伙子，小李，以后他就是你的帮扶干部了”村书记向熊先圣介绍我。“你好你好，快进来坐坐”，熊先圣给我的第一印象就是很热情，在他的带领下，我第一次来到他的家里，两层的楼房，还有个院子，看起来不错。这也是贫困户吗？我在心里犯着迷惑。然而推开院子门却是另外一幅景象，院子里堆满杂物，鸡屎、狗屎随处可见。房间虽然不小，但是家电很少，脏乱程度比院子也差不了太多。那一刻，我好像明白了他为什么是贫困户了。经过一番交谈后，我了解到，他家是4口人，一个精神病的哥哥，一个身体残疾的老婆，还有一个正在上小学的女儿。家庭的所有担子可以说都是他一个人在挑着，而且他没读过什么书，不认识太多的字。

那天在他家里并没有待太长时间，村书记便带着我离开了，因为还有其他3户贫困户也是我的结对帮扶户，需要我去认识。接触的贫困户越多，心里越是慌张，我不知道该去如何帮助他们。不过好在有人知道。随着精准扶贫工作的不断深入，县里、镇上的对于这些有劳动能力的贫困户组织劳动技能培训，既给补助资金，又教生产技术。

“熊老板，这个月龙虾又卖了多少钱？”“哈哈，还不错还不错”。自从熊先圣参加过龙虾养殖培训后，每次我去他家，这两句话便成我们固定的招呼。“明年我准备扩大规模，再多养10亩龙虾。”一次我去走访的时候，他略显激动地对我说。“有把握吗，别亏本了。”“肯定不会，我现在会养了，肯定赚钱。”熊先圣一脸自信。

2018年，熊先圣脱贫了。在他脱贫之后，我因工作原因将不再结对帮扶他了，挑了个晴天，也没有提前告诉他，我去他家里准备跟他说一下帮扶的情况，不巧的是，他并不在家，自从龙虾成功以后，熊老板干劲儿更足了，开始养猪养羊，不提前跟他联系好的话，基本是找不到他的，不过门是开的，我便进去了，院子里东西依然很多，但看起来却不那么杂乱了，看得出来，地面也是经常冲洗，走进客厅发现个大家伙，应该是熊老板新购置的背投电视机，看起来就非常好，那天虽然没有见到他，但心里却格外踏实。

贫困村的摘帽

我所在的乡镇属于小镇，只有5个行政村，其中胡大桥村是唯一一个贫困村。为了协助村里做好扶贫工作，镇领导决定将镇扶贫工作站的5个人分别定点联系一个村。我联系的就是胡大桥村。全县每一个贫困村都有市县下派驻村工作队。胡大桥村的驻村工作是由市纪委黄常委带队下来的。虽然有工作队，刚开始镇上领导并不放心贫困村。然而当真正开展工作的时候，我才发现并不是这样。在工作队驻村后的第一时间，黄常委便率领工作队成员走民串户，访谈调研，掌握村情，草帽跟电瓶车成为了工作队每天的工作必备品。在一个月内，他们便走访了全村24个村民组的所有的建档立卡贫困户。每到一家，都与他们促膝长谈，“我也是农村出生，后来工作了也到过农村调研，也没感觉到农村有多落后。但自从来到胡大桥驻村扶贫，让我一下感受了乡下与城市的差距，跟我想象的完全不一样”。巨大的反差，让工作队深感压力巨大。压力之下，工作队的脚步也越来越快，村里的变化也越来越多。村党支部书记感触很深：“自从黄书记来了后，村里这一年来发生了很大的变化，新建了水泥路，把村里经常泛滥的河道修好了，还建了村级光伏扶贫电站。村里的集体经济收入有了保障，贫困户脱贫有了信心。”

胡大桥村计划于2018年年底与全县其他41个贫困村一同摘帽。基础设施和集体经济收入已经没有问题，但是摆在摘帽面前的一道难题就是主导产业。胡大桥村产业发展虽多，但是没有形成主导产业。这种分散式发展极大影响产业发展的质量。同时，这将是年底评估验收摘帽的硬伤。为了解决这个问题，镇上多次下去调研，开会研究布局主导产业。“我建议发展养猪，胡大桥村养猪的人多，先天条件好”，“养猪不行，养猪成本高，风险大，还是茶叶好”，“茶叶不行，村里地理位置不是特别好，种的茶叶以后没有竞争力”。会上镇领导班子为了确定胡大桥村的主导产业争得面红耳赤，意见始终不统一。于是，就再调研、再考察，去兄弟乡镇学习。最终，胡大桥的主导产业，定了——稻田养虾。

要形成稻田养虾主导产业，就需要更多农户把自己的稻田里养上龙虾，抓紧宣传便成了当务之急。说干就干，镇上把全体镇干部分成12个走访组，每晚8点开始，在茶余饭后把群众召集起来，通过组织召开村民会议的形式，听取意见，给他们宣传稻田养虾的优势、技术，引导群众新发展稻田养虾。那段时间，每天晚上7点多时候，镇上的走访大部队就出动了。车灯闪烁在每一个村民组。夜晚，每一个村民组长家里都挤满了人，其中也有不少持怀疑态度的。“我都种上稻了，怎么还能养虾子呢”，“稻田养虾只要在田埂上挖一圈50～100厘米的沟渠就行，不影响种稻，而且这样的虾子长得快长得大，一亩田两份收入多好呀”。走访干部的耐心解释，最终换来了1200多亩的新发展稻田养虾。就这样，胡大桥村的稻田养虾主导产业，成了。

2018年10月31日。省第三方评估组如期而至，经过一天的实地考察、资料核对，确认了胡大桥村的脱贫摘帽，陪同评估组离开时，镇党委葛书记对我们说了一句“恭喜你们，胡大桥村脱贫了”，大家都开心地笑了。

熊先圣脱贫了，胡大桥村出列了，但是我的脱贫攻坚之旅仍然在路上。

（李笑雨）

附3：扶贫政策暖人心

我叫广龙兴，家住但家庙镇胡大桥村汪冲组，是一名特困供养贫困户。我年龄大了，劳动力又弱，建档之初，靠着微薄的收入维持着生活，日子过得非常艰难。这些年来，得亏党的扶贫好政策，使我对生活充满了信心，并在2019年成功脱贫。

村里帮助我申请了分散供养补贴资金，每个月能有650元，这些钱已经足够解决我的吃喝问题；另外还帮助我申请了养老保险金，每个月最少都有115元，既改善了我的生活质量，又让我感受到了党的关心，让我对以后的生活更有盼头。不仅如此，村里每年还帮助我代缴了城乡居民基本医疗保险，使我基本医疗得到了保障，每隔一段时间，帮扶责任人就会到我家进行走访慰问，与我拉拉家常，有时候还给我打扫打扫卫生，给我的生活带来了很大的帮助。

这些年来，镇村一直关心关爱像我们这样的孤寡老人，将党的好政策落到实处，让我们实实在在地感受到党和政府的温暖。衷心感谢党和政府一系列好政策支撑着我，感谢那些帮助过我的人。

附4：但家庙镇大河厂村贫困户的“变形记”

大河厂村有建档立卡贫困户64户161人，贫困发生率6%。近年来，镇村两级精准施策，靶向治疗，“三变”推动贫困户华丽转身。

授之以渔　农民变“渔民”

“我家放的鱼现在基本都有三四斤重了，大的估计能有五六斤，现在鱼市价格特别好，周末来这钓鱼的人也多，我这20几亩鱼塘的销路也不愁啊……”曹家友笑着说道。曹家友是大河厂村的一名贫困户，自己年过半百身体一直不好，家属患有严重精神病，长期卧床不能干活，一家5口人，老母亲需要照顾，2个小孩正在上学，生活十分艰苦。

2017年，在镇村干部的帮扶下，他利用家里有的6亩水塘养起了鱼。“我放的鱼不仅死的少，长得也快、也大”，说起养鱼，老曹一脸喜悦，“我参加过两次镇上举办的养殖技术培训班，今年，村里又帮我租了15亩鱼塘，现在我们家真的算是稳定脱贫了”。如今，大河厂村越来越多的贫困户开始养鱼。没有鱼塘，政府帮助协调租赁；没有资金，政府给予协调贷款和产业补助；没有技术，政府开展技术培训。“养鱼热”犹如炎炎夏季里的阵阵凉风，缓缓地吹进百姓的心田，让更多的贫困户看到了生活的希望。据统计，大河厂村有41户贫困户发展养鱼244.5亩，户均增收2000元以上，农民变“渔民”，脱贫指日可待。

公司加农户　农民变“工人”

“我丈夫去世早，一个人身体不太好，还要照顾孩子，一年四季围着4亩多地转，操心受累不说，连孩子的学费都交不起，现在土地流转给映山红公司后，一年租金2000多元，我还能在公司园子上班，收入1万多，租金按年领，工资当月算，在家门口就能领上两份

‘工资’，不愁脱不了贫。”贫困户许信清说起土地流转给自己带来的幸福生活，高兴得合不拢嘴。

在精准扶贫工作上，大河厂村积极引进具有发展前景的农业企业，大力扶持本地企业大户，将土地流转与脱贫攻坚巧妙结合起来，既盘活了村里土地资源，又解放了劳动力，让贫困户能在家门口就业，有了双份的收入。同时，也增加了村集体的经济收入。“目前，全村80%的贫困户都将田地流转给公司及大户种养，户人均增收1000元以上，村集体也增收3万多元，像许信清这样通过土地流转、就地务工拿‘双份’收入的贫困户达10多户”，大河厂村书记陈恩兵深有感触地说。

政企农联姻　农户变“股东”

“农历六月二十四签的协议，我也成了映山红生态科技公司的股东，以后3年，每年我都能从公司领取4000元的股东分红了。”贫困户周启刚说起这事喜上眉梢。他所说的“协议”，是指和霍山映山红生态科技公司签订的《但家庙镇金融扶贫四方协议》，包括周启刚在内的20名贫困户将县邮政储蓄银行提供的每人5万元的扶贫贷款，以入股的形式交由映山红公司使用，并按协议每年领取“分红”。

为解决“三无”人员增收问题，但家庙镇政府积极与霍山邮政储蓄银行、霍山映山红生态科技有限公司对接，积极推进“政府、银行、企业+贫困户”金融扶贫，政府担保、贫困户分贷集中入股分红，确保稳定收益。该镇还在积极谋划实施自来水厂、蔬菜大棚、茶叶加工厂等资产收益性项目，力争带动35户“三无户”户均增收2000元以上。

附5：但家庙镇：艾草产业扎下“扶贫根”

2021年以来，但家庙镇紧盯县委政府扶贫产业规划，结合本地实际积极联系对接艾草产业引进，并于近日完成了花石嘴村首期110亩艾草种根入地种植，艾草产业正式在但家庙镇扎下“扶贫根”。

算好产业发展的“经济账”。艾草用途广泛，在饮食方面、美容方面以及养生保健方面都有需求。但家庙镇有较多旱田种植玉米、红薯等作物收益较低，土质却非常适合艾草生长。首期种植的110亩艾草明年就将进入6年丰产期，预计年产艾草180吨，产值将达到72万元。

干好艾草种植的“技术活”。按照县委书记项跃文调研艾草种植时“一定要降低艾草种植风险”的指示精神，该镇选择了水利设施较为完善的地块，与安徽楚艾农业科技有限公司合作，签订种苗供应、技术服务和回购协议，由企业派驻技术员从种植到收获加工全程进行技术指导，将种植风险降到最低。

管好产业扶贫的“爱心草”。为最大限度发挥艾草种植助力脱贫攻坚的带动作用，该镇成立了霍山县花石嘴艾草种植农民专业合作社。通过吸收社员土地和资金入股，规范开展花石嘴村艾草种植基地的运营，每年将带动周边50户群众户均增收2500元，其中6户贫困户将通过土地流转、基地务工等方式户均增收3000元。

第六节　宗族　宗谱　宗祠

一、宗族　宗谱

宗谱续修，古已有之。改革开放以后，续修宗谱更是蔚然成风。境域许多宗族续谱工作一直在民间进行。族谱，不仅是一个氏族的历史，同时，也从一定程度反映了地方历史的变迁。境域的但氏、马氏、涂氏、刘氏、周氏、陈氏等大多数宗族都陆续完成了宗谱续修。

陈氏　陈姓源远流长。传说周武王灭商以后，追封前代圣王的后人，找到了舜帝的后裔妫满。武王把大女儿元姫嫁给了他，并封他为陈（河南淮阳）侯，让他奉守舜帝的宗祀。妫满后世，谥号陈胡公。陈氏是他的后代，历代视为正宗。东周初年，陈国与郑国、蔡国同为中原大国，国都在宛丘（今河南淮阳县城东），后来陈国人便以国为姓，从中原扩展到祖国各地，成为中华大地上第五大姓氏。陈氏《九修宗谱序言》中说："吾陈氏先祖原居河南陈州，受姓于周之胡公满。至实公四十五世后又分五十八庄；至江州又数十世矣。聚以同居十三世，后奉旨分为二百九十余庄。始至元英公生子五名：径仁、径义、径礼、径智、径信。唯径智生子一名鼎。鼎公因元末兵燹，自江州迁六安之南，同山之侧，营室为生。鼎公乃迁始祖矣，迄今已有六百余载，相传二十六世矣。现尚有七世存在，四百余户，三千人口，为六安南一大族矣。其中唯六安青山、石堰、横塘较为集中。"有传说称：陈氏有历时332年，传承15代，共有3900余口不分家的历史记录。又有："一犬不至，百犬不食"的传奇，"义门"家风竟然影响到了家犬，表明陈氏宗族为忠义的典范。

民国时期，陈氏第二十世孙庶裕次子克哲，三子克华，因避难，佃租积善堂田亩，率家从青山陈家老洼（其中在今三尖铺榆树店和半个店暂住过），迁徙到但家庙镇但家庄（现但家庙村仓坊村民组陈庄）居住。陈氏这一支系共有人口近40人。据2019年户籍统计，全镇境内有陈氏人口508人，不是同一支系，其发源地也不详，但都遵纪守法，勤勉务实，勇于吃苦，忠孝敬业。和其他居民一起，创造享受美好生活。

程氏　据程氏宗谱"程氏起源"载："程氏出自黄帝，再传至颛顼。高阳氏颛顼次妃胜溃氏生三子；伯称、卷章、季禺。二子卷章取根水氏生二子：黎、回。帝命黎为祝融主火，唐虞之际诏重黎之后，使复典火正。子孙至夏商皆世其官。及周，裔孙伯符为周日正。周正作成周，定帮郏鄏，修和周郊。伯符献所为祥者，其类有三。王命分宝玉归禾于周，周公作嘉禾。伯符始有蒲璧，以朝，封于程，是为程伯。子孙遂以程为氏。故应以伯符公为程氏始祖。程氏宗谱《寻宗记》载："吾程自元季徙居孝感，开基者朝俊公，又迁孝感横乐乡。传太乙为朝俊子，所以，今开基碑称太乙，祠祭也始自太乙。太乙至弼九世。之后在霍山障山（无查）发现万二公墓，即伊川先生八世孙。先世相传，程氏一支居应山（应为‘英山’），又至霍山。适霍县令黄守经，豫章人，为叔祖学庸乡校门下士，出霍山志、六安志所载端中及万二、万三公墓俱合总志。称端中为伊川先生长子，举进士。随高宗南渡，靖康末知六安军事。金人寇六，公亲御之。寇败，逐三百五十里至霍县撞山下，寇巢穴也，寇复败，寇穷反斗，公遂死，失其首，天子哀之，铸金首以合其驱，谕葬于撞山下。夫人亦以身殉，合封焉，次子晃世守其墓，七纪孙万二、万三俱显贵。云先家世繁盛，后渐微，散于六、于英、于霍而居。”自“靖康之变”程氏“随高宗南渡”，到六安、英山、霍山已近千年的历史。程氏在不断发展壮大之中，遍布在城市、乡村的每条战线，每个行业。霍山境内程氏主要分布在大化坪、佛子岭、牛角冲等地。19世纪中叶，大化坪程家老屋一支迁居到牛角冲；1944年，由于战乱，牛角冲一支迁徙到但家庙镇境内，现分布于花石嘴村董家楼村民组和大河厂一带。2019年人口统计显示，但家庙镇境内程氏人口计229人。他们敬业守德、奋发进取，勤勉自强、克己奉公，为社会做出了积极贡献。其中教师程业清，在编修《但家庙镇志》工作中，成绩突出，被评为“霍山县地方志工作先进个人”。

但氏　2019年户籍统计数据显示，在但家庙镇域内居住的但姓人口有651人，占全镇总人口的4%，是除张、倪、马、周、刘以外的第六大姓。《但氏宗谱》记载：追思但氏族史，乃上古轩辕黄帝之后裔。黄帝二十五子，得姓者十四人。吾祖含宏公是黄帝之次子，奉命讨伐蚩尤部落，战于河北涿鹿，大获全胜。班师回朝，群臣请赐姓赏功，唯次子含宏生而奇异，左手掌纹“人”字，右手掌纹“旦”字，因而黄帝赐姓为“但”，即为但姓之源。含宏公受赐姓之后，封地冀州。后因黄帝年迈，欲禅让含宏；含宏闻之避让，隐居南阳郡。故此，但氏统称为“南阳世家”。旧时，但氏宗祠、宗谱上都注有“南阳世泽长，涿鹿家声远”。但氏居家春联也常常出现“南阳世家”字样。随着氏系的繁衍发展，但氏已不局限于河南南阳，逐渐扩展到全国12个省、168个县（市）。宋太平兴国八年（983），但成琨携子但公信，由江西都昌县盐田畈，徙居六安州南乡花石嘴。由于战乱、通婚、经商、佃租等原因，逐渐向周边扩散，六霍等地已传至广公43世。但姓自北宗初迁徙到花石嘴境内以后，和当地居民和睦相处，安居乐业，用自己的勤劳智慧，辛勤劳作，家族不断发展壮大，有的已成为当地地主或商界精英。如但正谷（现花石嘴村小河嘴村民组）当时已有良田700余亩（如但业芸、但业畴皆是民国时期安徽省第一届议会议员；但芳修为国民时期安徽省政府秘书）。但氏一族出于为众生息灾祈福安祥增慧的目的，并为感恩这片土地，便集资置地，在人口比较集中的现但家庙集镇东侧修建了一座寺庙，叫“南阳禅寺”，距今已有数百年历史（详见“第十二章风土民情”第四节中的“南阳禅寺”）。

刘氏　安徽省六安市金安区双河刘氏，来源于南昌梓溪，乃光武帝刘秀后裔。其流源如下：汉高祖刘邦第四子刘恒，在铲除吕氏集团后，被大臣拥立为皇帝，是为汉文帝，汉文帝之子刘启是为汉景帝，父子两代执政期间，就是历史上著名的“文景之治”。汉景帝刘启有14个儿子，其中第六子叫刘发，封长沙定王。长沙定王的六世孙刘秀，在王莽篡汉以后，起兵夺取了天下，重新恢复汉朝，史称“光武中兴”。刘秀就是东汉光武帝，光武帝刘秀的皇后名阴丽华，是春秋时期名相管仲后裔。刘秀和阴丽华所生的第三子刘荆被封为广陵王，七世孙刘会，晋朝时任琅琊内史，五胡乱华时期和琅琊王司马叡（音义：同“睿”）一同渡江至南京，司马叡即为晋元帝。刘会任丹阳伊，居丹阳。刘会的后裔刘祎之，任武则天时的宰相，北宋欧阳修撰写的《宰相世系》中清楚地记载了刘祎之的家族历史。刘祎之的后代刘奭在唐末为避战乱，迁到了江西信州玉山（现江西上饶）。刘奭的后代刘允迪，任江西德安县令，与当时的大儒学家朱熹交好，经朱熹做媒，刘允迪之子刘从礼与南昌大儒章克明之女婚配，落户南昌梓溪，是为梓溪刘氏一世祖。明朝，梓溪刘氏第十代刘季成，至南京谋官，暂居句容，结识潘氏，婚后生子刘珊，后来刘珊迁六安双河地定居，生有三个儿子，刘恭、刘宽、刘信。形成双河刘氏恭、宽、信三大门系。明万历年间，信门长孙刘国翰首建双河刘氏祠堂，位于双河镇许楼村与谢郢村交界处。双河刘氏世居双河及周边县市，已有六百余年。在国民党统治时期，兵荒马乱，民不聊生，为了躲避壮丁或逃难到外地居住，其中有一部分来到但家庙境内，居住和生活在胡大桥、但家庙小集镇一带。子孙从事教育的较多，他们安分守己，敬业立德，和其他姓氏融为一体，共同创造和享受美好生活。2019年户籍统计，全镇境内刘姓人口总共661人。但他们不是同一个支系，因各种原因，从不同的地方，在不同的时间搬迁而来，生活在同一块土地上。

马氏 马姓历史上出自嬴姓。是上古时期颛顼裔伯益的后人。伯益的后人在战国时建立了赵国，历代任国王。其中一位赵王之子名奢，初在赵惠文王时担任田税官，尽管地位不高，权势不大，但能秉公执法，不惧权贵。赵王为嘉奖赵奢，封他为马服（现在河北邯郸西北处）君。于是赵奢的子孙即取封地名“马服”第一字“马”字为姓。赵奢为马姓的始祖。马姓在发展中形成了（扶风）一个郡望。出自这一郡望的人，在东北三国时有名将马武、马援、马超、马谡，经学家马融，发明家马钧，唐代名臣马周，元朝史学家马端临，剧作家马致远等，一批史上有名人物。霍山马姓属五福堂马姓，马虎为始祖。明洪武十六年（1383）从江西万历县万年坝迁桐，由马龙、马虎二翁自桐再迁六安复览山麓合龙畈（现花石嘴村马氏祠），后马龙又迁至陕西。马虎后裔，今分布在山王河、花石嘴一带（部分后裔迁徙至黑石渡、铜陵、甘肃兰州、芜湖等地），他们开山耕种，历经风雨沧桑，以其聪明才智和坚韧不拔的毅力，生存繁衍，兴旺发达，绵绵世泽，业已五百余年。在中华人民共和国成立前后，当地的马氏一族，对社会的发展进步作出了重大贡献。在中华人民共和国成立之初，霍山县民政部门收录的但家庙镇革命先烈名录中就有马先宜、马先来、马德友、马先修、马先棋、马先峰、马先敁7人。在社会主义革命和建设时期，但家庙马氏一族在县乡（镇）领导阶层，教育卫生领域，创业致富方面都不乏出类拔萃之人才，为地方和家乡的发展进步做出了突出贡献。据2019年人口统计显示，但家庙镇境内马姓人口达755人，约占全镇总人口的4.7%，属全镇第三大姓。

倪氏 倪氏，黄帝的后裔颛顼之嫡系，源出于曹姓，直系尚有朱邹二姓。据《百家姓通志》《百家姓探密》记载，周宣王二年（前827），颛顼帝玄孙陆终有六子，第五子曹安的后裔曹挟于周武王时受封郝国，传至郝武公夷文颜时，因有功于周平王，另封其子肥（或称友），即良公于兒。兒国传至兒黎来（约于鲁庄公五年，前689），他从始尊周朝鲁，列为诸侯小郳子（周朝的诸侯国）。就郳国世系来说，从开国君曹挟和后来的君主郳武公夷文颜传至郳恒公止，传位14代，立国483年。郳属山东一地点，郳姓受封于此，遂以郳为国名，后人又以国名郳为姓。所以，郳良公是倪姓始祖。郳被灭于楚，后为避仇，将“郳”右边挂耳旁舍去，又在左边加上站人边，演变为今天的“倪”姓。（关于倪姓起源，倪氏宗谱在“概述”“分述”和多个《序》中都说法不一。概述中也说道：“我倪姓起源的说法，多有大同小异的，因年代久远，说法也有不一”。这里仅选择一例，刊于此）。倪氏但家庙世系，谱序中说：自一世倪郳武（约前769）至三十八世明末（1619）的但万鸿，历经2300年左右，应有80世左右，但只有38世，缺少世次很多，断层明显，著名的祖先只有闵公。倪世在但家庙一支，经过漫长的发展，枝繁叶茂，兴旺发达。在中华人民共和国成立初期的自治组织中，但家庙镇境内的13个村（大队）就有2个以倪姓命名的，分别是团墩的倪冲村、但家庙的倪家畈村。在2019年的人口统计中，全境倪姓人口783人，是全镇除张氏之外第二大姓氏，约占全镇总人口的5%；主要分布在胡大桥村的倪家畈和观音岩村的倪冲一带；花石嘴村、但家庙村等地也有少量分布。倪大如、倪大让、倪世永，追随舒传贤，积极从事革命活动，并担任重要职务，先后被敌人杀害；在中华人民共和国成立初期，民政部门确认的但家庙镇境内的193名革命烈士中就有11名是倪姓。在社会主义建设时期，但家庙倪氏积极融入社会大潮中，在建筑、医疗、教育等行业中均作出了突出贡献。

吕氏　吕姓为中华百家姓之一，在流传甚广的《百家姓》中排在第三十位。以国为氏，始祖为伯夷。帝舜晚年赐伯夷姓姜，赐氏为吕，并封他为吕侯，形成吕氏部族。原始社会末期，吕部族由羌人分出，在商朝末年已有了吕姓，吕尚为吕侯的支系子孙，曾辅佐周文王、武王。这时期是吕姓的发端。吕尚，在当时又称姜尚，人们仍以其祖姓姜称呼他。商朝末年、吕国成为周人的同盟，周武王为奖赏吕人的功劳，建立周朝后封吕他为吕侯，建立吕国，后被多次吞并迁移，最终灭于楚国，吕国子孙均以国为氏，形成吕姓的主脉。吕侯支系孙吕尚所建的齐国灭亡后，其裔孙分别以吕、齐为姓。秦、汉至隋唐以来，吕氏一门书香传家，世代为官者很多，随着家族分散迁移以及其他来源吕姓人员繁衍，吕姓人氏逐渐分布到全国各地，以安徽、河南、山西、山东、浙江、福建为最，吕姓后辈贤才辈出，比较著名的有吕不韦、吕布、吕蒙、吕洞宾、蓝田四吕、吕留良、吕蒙正、吕本中、吕祖谦等，近现代有吕碧城、吕正操等。不管是哪个地方的吕姓，他们都把耕读作为传家之宝，把忠孝作为立身之本，追求学问和道德的修养，从而为国为君建功立业，为家族光宗耀祖。

涂氏　华夏涂氏一族自上古涂山氏国得姓以来，就繁衍生息在中华大地上。有史以来自涂山氏国第八位国君涂朴（夏禹之妻，涂山娇之父）传至中华涂姓东南始祖豫章郡涂钦已历76世，涂钦再传至涂国漠下涂万应又历36世。迁潜始祖涂万应生于至正五年（1345），明洪武元年（1368）任太湖教谕（正八品文官），于元末明初携妻儿迁居潜山之牵羊山，自此瓜瓞绵绵，源远流长，传至当下已达28代，3万余众，历沧桑600多年。霍山县但家庙涂氏一族源自潜山始祖涂万应之孙涂福（生于明洪武二十三年，即1390年）之直系后人，时至今日已历26代，人丁万余。明朝初年，国之初定，战祸连连。为保家族安危，涂福于永乐十三年（1415）前后自潜迁至霍山山王河定居，史称霍山山王河涂氏一族（建有涂氏祖祠，中华人民共和国成立后捐献给地方政府，现为霍山县山王河小学）。600年来，霍山山王河涂氏一族人丁兴旺，大部分居住在霍山县但家庙山王河一带（沿复览山北麓居住），除上祖福二公夫妇回原籍潜山安葬外，其后世子孙逝世后均安葬在但家庙镇花石嘴村周边，涂氏在此境内的大小老坟群均保存完好。据涂氏宗谱及老人口述相传，但家庙涂氏，世代与当地但姓联姻，情系一家。霍山但家庙涂氏一族，几百年来人才辈出，多从事教育教学工作，其代表人物当选涂万应之第十九代孙涂宗瀛（涂时泰）（详见本书“人物”第二节“人物传略”）。

二、宗祠

倪氏祠 倪氏祠位于胡大桥村汪冲组，建于清朝后期，坐西朝东，背靠大横梁山，东边为东洼山，西边为西洼山，对面为河嘴和南塘湾。祠堂整体为正方形。后排大殿为五间，前排也是五间，为“一进翻两重”的建筑（一种同脊两进的房子，中间不设墙），左右厢房各两间。民国19年（1930），国民党为“清共”，将汪冲内所有村庄烧光，倪氏宗祠也被付之一炬。后倪氏再次集资，按原样重建了倪氏祠。墙体由大灰砖砌成，设有风簸山，雕梁画栋，石条门框，石鼓门枕。祠田从河四斗至水井檐七斗，祠山从东洼到西洼；还有部分属于祠堂的旱地（注：祠田，祠堂通过祠田收一点租，供开支用。文中祠山，祠地作用相同）；后期祠护（日常看护宗祠的人）叫倪敬普。1958年全民“大炼钢铁”运动时，因马氏祠办厂需要增添厂房，将倪氏祠部分房屋拆除，木料等被拆搬到马氏祠建厂房；剩余砖瓦条石等陆续被周边群众运走，倪氏祠不复存在，仅留遗址。（张贞和口述）

舒氏祠 舒氏宗祠位于观音岩村舒家庙，初建于明永乐年间，坐北朝南，背靠龙山，前临明塘约3亩。左、右及塘前均为祠田。宗祠为三进：后进五间为大殿，牌位占据中三间，左右各一间为空置；中进和前进分别为三间；宗祠西侧建有包厢四间。整个建筑为徽派建筑，墙体均由灰砖建成，两侧山墙为马头墙，可以防火防风。民国时期，宗祠在原基础上进行了重建，重建时基本上保持了原貌。1927年冬，革命先驱舒传贤在祠堂的西厢房举办了农民夜校，宣传马列主义。原团墩公社在“三结合”建校时，对舒氏宗祠进行了改建，并部分拆除，创建了舒家庙村完全小学。2004年全县教育布局调整，舒家庙小学撤并到团墩小学。2014年舒氏宗祠开始重建，将原留存建筑物完全拆除，筹资兴建了舒氏宗祠及舒传贤纪念馆，于2017年竣工。建筑格局基本上保留了原状，后五间为大殿，中间三间为舒传贤纪念馆，前三间为工作室等；西侧厢房四间，按原样建有舒传贤农民夜校，并陈列了部分遗物，供人们瞻仰、缅怀。其宗祠为防古灰砖砌成，墙体连接处有院墙，围成一个方形。古朴、庄严，和前面的但家庙红色旅游集散中心相呼应，是舒传贤革命活动旧址群的重要组成部分。（舒绪宝口述）

卢氏祠 卢氏祠建于民国10年（1921），位于原花园畈村，现在的卢氏祠村民组，坐西面东。宗祠左侧（即北边）山边有一凸起的石墩，叫玉玺印；对面的山叫笔架山（即现在的庙山)。祠堂的规模较大，后排大殿五间，高大宽敞，均有直径过尺的高约10米的大柱支撑，俗称牌山牌柱。前排五间，中间为大门进口，左右各两间都建有木板阁楼，有木质楼梯。左右两间厢房，把宗祠围成一个矩形。左右厢房各开一道偏门对外。祠堂西北角有一口古井，井水甘甜清冽，有意开送在祠外，可供外人饮水；祠堂大门外有一明塘，长方形，2亩，和上拐草塘冲大塘、叶家门口塘相连，常年清水不断，塘边垂柳依依。整个祠堂为大灰砖砌成，石灰勾缝。风簸山，门枕为石鼓状，高及齐胸。宗祠建成后就设有私塾，当地很多著名私塾先生都曾在这里任教，这里也走出了许多乡贤和名流，沈东屏（详见第十四章“人物”的“人物传略”）曾在此就读。中华人民共和国成立后到2009年，一直为学校，现卢氏祠留有部分建筑。(卢明坦口述)

马氏祠 位于花石嘴村马氏祠村民组，三石路北侧。始建于清嘉庆年间，坐北朝南。整个祠堂呈方形。前进三间为木楼，后进三间是大殿，中间是天井院，东西两侧厢房，每边7间。整个建筑规模宏大，八角朝天，雕梁画栋。祠堂原有祠田100亩（收入归祠堂所有)，祠护（专门看守祠堂的人）2人。中华人民共和国成立后，马氏祠改为马氏祠茶林中学。1958年全民“大炼钢铁”时，这里改为小炼钢厂。1964年8月，但家庙公社从大河厂架设的高压电线直通到这里，这里安装了公社第一台变压器。“文化大革命”时期，祠堂屡遭破坏。雕梁画栋，飞檐翘壁损毁殆尽。后来，在马氏祠内又相继开办茶厂、粮食加工厂、黄酒厂、机械厂等。2010年，又在此建造纸厂。只有马氏祠村民组还以此祠堂命名(详见第十三章“辖村概况”中的“花石嘴村”)。

第十二章 风土民情

境域内大多是移民，中原迁来较多，受行政区划、自然环境等方面影响，民间风俗各有不同。既有吴、楚遗风，又有各地乡韵，故有“五里不同风，十里不同俗”之说。但在长期的生产生活中，彼此吸收，大同小异。

中华人民共和国成立后，一些封建迷信、消极腐朽的习俗有所改变，但民俗的传承性仍十分明显。“文化大革命”时期，有些传统习俗受到冲击。

改革开放以后，人们的思想观念也随之更新。但家庙境域内的传统风俗、民间礼仪和生活习俗在沿袭中变革，在变革中继承。

第一节 民风民俗

一、生产习俗

耕种习俗

犁田 秋季稻子收割完了以后，就将田蓄上水，然后起板田。从外向内（顺时针）犁，本地叫披双犁。第二年正月底至二月初，犁老黄田。一般先犁秧塘田，叫打老黄，由内向外转圈犁，也叫开双犁。开双犁的开双要根据田块的形状，从中间先犁出田的样子，再往周围犁，如果“双”开歪掉了，半边田就犁不完，必须“讨哂犁”（“讨哂”即讨趟子），耽误工夫了。所以，开双犁比披双犁难度大些。这时田里一般不能断水。开春气温回升后就要开始做埂，埂上种一路（意思是“行”）黄豆。有的田里用洋沟泥、家禽家畜的粪及青稞之类的作粪窖子，也应该在二交田之后挑完散开。如果是两个人担粪窖子，上锹和挑担子的轮换着进行。如果是一个人担，则把扁担放在事先准备好的木叉或凳子上，将粪箕装满再挑，同时清除窖埂子。在栽秧之前一周左右，要用耖将田耖平，将大土渣耖碎。这时是用牛的高峰时段，因为青田犁早了长草，人们往往都赶在栽秧前几天犁最后一次田，共用一头牛的几户人家会临时安排一下用牛次序。人们也会给耕牛加些料，如找些青草喂牛或用米糠、稻面等做成粑粑喂牛。栽秧前一天，把田再耖一次，并打上肥料，叫“撵浑水”，认为浑水栽秧扎根快些。在犁第二次田的时候，要将田后埂的柴枝和草铲掉，叫“铲埂”，在犁第三次田的时候，要将前埂铲齐了，叫“灭埂”，还要将耖带到一块的成堆的泥土铲走，叫“戽窝埂泥”。但家庙镇境内水田绝大部分种植水稻，在田里种旱粮的叫“水改旱”。“水改旱”劳力投入大，成本高，除极少数“撂边田”之外，很少水改旱。20世纪90年代之前，都是牛耕。21世纪初，开始用拖拉机（先是手扶拖拉机，再是大拖拉机）耕作。2005年，本地基本上实现了机耕全覆盖。随着机耕的全面推广，耕牛的饲养从少到无。截至2014年，全镇基本上无耕牛饲养了，牛用农具也渐渐消失。

栽秧 被农民视为一项重要的农事活动。栽秧的第一步是拔秧，栽秧任务完成的早迟关键是拔秧（又叫“起秧”）。栽秧技术好、手快的首先下田（有时也客气地拉扯推让一番），栽开晒秧，一排4棵（20世纪70年代开始“合理密植”，栽5棵），最后下田的一般是家主或年纪大手慢的人，叫“巴晒”，也叫“收巴晒”。一般栽秧在下午三四点钟就收工了，叫“秧半天”。

施肥 农家所积的肥料有人畜粪、沤肥、火粪、绿肥。20世纪50年代开始出现化学肥料，80年代便大面积使用了。采积农家肥（有机肥料）费时费工，使用化肥省事又速效，渐渐地人们便不去积农家肥了，完全由化肥代替。这样造成了农业生产成本的提高，在育秧和栽种的过程中，政府和农技部门也作了很多的尝试，在以适用性为主的情况下，方式方法也在不断发展变化。

薅草（薅秧） 原先用刮耙薅，20世纪80年代以后使用除草剂，除不掉的草用手拔，很少用刮耙子。20世纪90年代，刮耙基本上不见踪迹了。秧一般要薅三次，一直要薅到稻子打苞，当地有“宁到田里绊稻花，不在家里抱娃娃”之说。薅秧不歇盘，半下午加一餐稀饭（即“吃下昼”），唱薅秧歌，有时两家薅秧的对唱。

割稻 割稻要选择晴天。如当天撸把子，要等露水干了再下田；如当天不准备撸把子，下田不分时间（也称“放露水铺子”）。割稻要做到“三齐”：晒子齐、茬子齐、铺子齐。

打稻（也叫“打场”） 打稻的场地叫“稻床”，打一次叫“一床”。打稻前，要把稻床重新做一下，中间稍鼓些，便于走水；稻床中间还要留两个凸子，叫“鸡心包子”，为堆稻把子或堆稻谷用。打把子先要散床，稻铺子要抖匀，而且晒子要齐，不然，翻床翻不动。“床”散好过后直到翻床，这中间有一段休息时间，人们可以歇息、抽烟、喝茶，干些别的事；有的还进行如斗跑、抵棍、扳跤等活动，劳动场面生龙活虎。顺时针方向打转轧，一遍轧完了，翻过来再轧一遍。翻稻草叫“翻床”，把稻草打成堆抬走叫“起床”。“起床”时，用扬叉把稻子抖掉，稻草打成人高的垛。用两根杆子（“抬草杆”，有木质和竹质两种）把草抬到旁边等待晒干。经过叉、划、扒、扫等环节，稻子基本上干净了。再用押刮（一种木制的，用绳子拉着的农具）把稻子堆起来，这时“打床”就结束了。打下的稻子还有一些杂质，要扬场（也叫扬稻）。扬场要利用风向，扬的幅度要基本一致。扬尽晒干，就可以进仓了。如遇下雨或场子打不下，还要将稻把子堆起来盖好，等下次再打。稻草要晒干、捆好，堆起来，作为老牛过冬的粮草。有时在捆草的时候，还要将稻草再用石滚轧一遍，叫“打复床”，稻草不能轧得太干净，如果一粒稻子都没有，牛吃了没有营养。当地有这种说法，如果一口草里吃不到三粒稻，老牛会淌眼水的。

二层稻 有的田底墒情好，稻茬会再长出稻子，叫“二层稻”。养“二层稻”的田可以用大条把（竹丝扫帚）头子竖插在田里做标记，人家看到这个标记，就不在这里放牛或放家禽了。二层稻子虽籽粒小，但米质好，煮出的饭筋道有味。

双季稻 20世纪70年代，政府大力推行双季稻种植，由于早晚稻之间时间紧，劳力不够用，处于非常紧张的状况（称为“双抢”，即抢收、抢种），而且收成又取决于当年的气候，到80年代末基本取消了双季稻的种植。在大力提倡双季稻的时候，为了提高劳动效率，将田块划成格子，每格评出工分值，社员不分白天黑夜进行劳作。20世纪90年代，全面推广杂交水稻和旱育稀植技术。

旱育种植 旱育种植在但家庙这块土地上也经过了实践、改进、发展的过程。20世纪90年代，在中荷扶贫项目资助下，开始实行抛秧。抛秧对田块的要求高，如果田块不平，高处秧苗被晒死，低处秧苗不扎根，特别是遇到刮风，抛下的秧苗被风刮成堆，不但补苗浪费时间，而且造成整块秧田苗不齐的状况。到2000年，当地农民结合实际经验，发明了抛秧。把秧分成棵，按趟子抛在田里，能控制株行距，又能使秧苗入栽泥土中，不至于漂浮，劳动者能站立操作，减轻了劳动强度，又节约了补秧的时间，是得到人们共识的做法。

水稻直播 自2005年始，当地又出现了水稻直播的方法。首先将大田平整好，并施上基肥。开好沟（沟一般分为围沟和子沟），将明水排尽，低洼处，再作引沟。最后将种子撒上。天气好，种子蘸水之后就可以播撒。如果天气不好，种子要进行催芽，芽一般不可太长，到“谷嘴”（又称“破胸”，即稻粒上长出小芽）为止，芽过长，缠绕在一起，撒不均匀。种子播下之后，要晒田。田晒到开纹裂，方可放水浸田。一般采用白天浅灌，夜晚放水的方法，促进苗芽的生长。在稻种撒下2~4天之内要注重除草工作。这种种植方法确实省去了很多人工。但是这种方法只适用于畈区或光照好的田块，沤泥田及不熟泛的田不适宜，主要是影响出苗和除草；再则，种子的用量也比较大，造成生产成本提高。在不适于大规模机械生产的小区域内，农民对种植技术的提高及田块整治的期盼很高。

养殖习俗

养牛 牛是庄稼本。农家养牛为耕田。当地有“庄稼无牛客无本”之说。一家养牛为多家代田，秋后付牛课（代耕费），有现金和稻子两种。但家庙境内多养水牛，以“沙牛”（母牛）为主，有“沙牛过沙牛，三年满岗头”的说法，满3年沙牛可以代耕，小牛可以出售。牛的年龄从牙齿中可以判定，称为“牙口”。牯牛可阉割。养牛不养背有“旋”的牛，认为是“驼尸旋”，凶相，易伤人。牛一般为黑色，也有极少数为白色。20世纪80年代，但家庙村仓坊生产队社员陈绍球饲养了一头白色的牛。自2000年以来，随着农机的广泛使用，耕牛逐渐减少，到2015年，农村基本上没有养牛的了。

养猪 农民养猪以自食为主。饲料多用野菜或菜边皮等拌米糠、玉米面等煮成的猪食，也有的直接喂生食。20世纪60年代以前，一般是拴养，白天拉出去，晚上拉回家；20世纪60年代以后，逐渐有了猪圈，形成了圈养，改善了家庭卫生条件及周边环境。猪在“出窝”（即30~40天左右）后要进行阉割。一般来讲，疼猪（雌性猪）温驯一些，牙猪（雄性的猪）抗病性强一些。20世纪80年代以前，有两家或三家合养一头猪的现象，因为一家喂养糠食不够用。

农村习惯不养“五爪猪”（身上有旋叫天五爪，蹄下多长一趾为地五爪）。说是“五爪猪”生性急躁，容易伤人。一百斤左右的猪叫“二级梁子”猪，生长特慢的猪叫“僵”猪。过年杀猪叫杀年猪（杀年猪最忌讳捅第二刀），叫邻里或亲戚来吃一餐叫“打猪盂”。杀猪叫人家来帮忙，叫闹（本地方言“拽”的意思）猪腿子。猪肉大部分都用盐腌制成腊肉，猪油腌制成腊油，便于保存到第二年食用。猪头腌制过后，用烟熏制，叫“元宝”，过年食用，有发财的意思。猪头和猪身连接部分叫“颈圈”，尾巴座子叫“老鳖”。猪头、颈圈、尾巴座子都留自家用，不卖，意思是有头有尾。尾巴座子也是最后吃。如果猪肉自家用不完，要卖掉一些，事先须约好，叫“汇堌子”。屠户的工资用肉代付，叫“刀头肉”，另外猪鬃、猪毛、猪小肠也归屠户。

养家禽　因为鹅喜欢叫唤且是直肠子，吃得多拉得多，影响休息和环境卫生，鸡则不然，所以民间便有“近水多养鹅鸭，远水多养鸡”及“与人不和，劝人养鹅”的说法。一般人家不饲养白色鸡，特别是白公鸡。公鸡一般在凌晨叫唤，晚上或半夜也叫，认为不祥。有的公鸡隔一段时间叫唤一次，叫报时鸡，但很少见。母鸡在孵小鸡的时候，公鸡不能杀掉，要等小鸡完全出壳才能杀，孵小鸡的窝里还需放块生铁（如铁锅、犁铧等碎片或者是秤砣）。还有一种翻毛鸡，据说能治皮肤过敏，不养翘毛鸡。鸭被称为“鸭撮子”，意指其食量大，故而农家养鸭的即使有量也不大。

养鱼　但家庙境内中华人民共和国成立前养鱼主要靠水塘，鲜鱼产量很少，池塘、水库少的地方很少能吃到鱼，导致请客时有用木刻假鱼代替真鱼的现象（见本章第一节“礼仪习俗”中的“看碗子”）。当地有“斤鸡斗米家家喂，白水养鱼人不知”的说法，表明当时不重视养鱼。那时候吃鱼很困难，有时办酒席需要用鱼，只得用小毛鱼来代替。20世纪80年代开始，但家庙镇兴建了很多小型水库，扩修了水塘，特别是联产承包责任制以后，养鱼业有了很大的发展，产量也有较大提升。到2000年以后，稻田养鱼兴起，也有将稻田挖成塘养鱼的、鱼虾混养的，鱼的产量虽然大增，但市场上出售的鱼，大都还是来自镇外大型养殖场或水库，本地养鱼不能自给。

林业习俗

但家庙镇地处丘陵地区，山场竹木繁茂，品种很多，村居散落在其间。村民多喜爱栽种竹木，特别是在村居附近，因地制宜，种植各种名贵树种和果木，在千百年的种植过程中，形成了一些传统的习俗。

农家屋前不栽桑，屋后不插柳，院子中间喜欢栽梅、桂、天竹、冬青等。人们喜欢把果树、桂花树、万年青和枫树栽在住宅旁边（又称为“护宅树”），所以百年老屋周围多有参天古木。年轻人一般不栽白果（银杏）、棕巴（棕榈）树，要栽的话，也要戴上斗笠栽（迷信的说法，这两种树长到有栽树人脖子粗的时候，栽树人必定死亡，所以要戴上斗笠）。新时期以来，人们又喜欢在宅旁栽种木瓜树“护宅”，特别是新建住房和农家庭院，多见碗口粗细的木瓜树，到了深秋，树叶落去，满树的木瓜，泛着金黄色。

旧时的祠堂、庙、寺、庵的周围多栽刺柏、扁柏。现在宅地周围喜欢栽种竹子，俗话说："家有千棵竹，根根肋巴骨"，讲的就是竹子为家庭收入支柱。竹子栽培要早，一般在开年过后。俗话说："正月能栽竹，最好不过正月二十六"。栽竹时，竹根要带宿土，"去根"（对外长的根）要留长一些。砍竹要砍四（年）留三（年）不过七（年）。竹笋根据生长的先后，也分一笋、二笋、三笋。"三笋"一般长不成竹子，多被挖出当菜吃。坟山附近不栽竹，有"竹有暴节，后代会出偷盗之辈"的说法。

栽松树根部土壤要捶紧，有"月月能栽松，只要捶得不透风"之说。"松树科（本地方言，'砍'的意思）桩、杂树科光"，修剪松树要留一截枝子，不能靠近树干，否则，流油会影响松树生长。田头、地边不栽松，认为松毛水影响庄稼生长。中华人民共和国成立前只插杉树，不栽松树，因为松树可以飞籽成林，杉树多在惊蛰后栽插。

砍柴选在六月和立秋之后。六月砍柴为砍"火柴"。柴火紧张的时候要在落叶之前砍，"起捆"些；2005年前后，柴火多了，砍柴要等叶子落了过后。砍柴不能光山，要留一点粗的、直的作为树苗。砍柴时，树桩要低、要平，尽量不用锯子。另外，砍伐住宅或坟山树，必须在"大寒"后三天，俗称"乱岁"（当地有"大寒三天交乱岁"之说）。

手工业习俗

中华人民共和国成立以前，农民生财无路，就业困难，农民子女选择拜师求艺的多。投师的时候要征得师傅的同意，送一定的礼物，烧香跪拜，写下投师的帖子（合约之类），注明徒弟在学艺期间出现任何事故，师傅概不负责，并且无偿为师傅做家务事。如犯错误，师傅可以任意打骂，甚至可以在家长面前打骂徒弟，反之也可以在家长面前为徒弟讨情，但家长不可以在师傅面前打骂徒弟，也不能在师傅面前为孩子求情。学艺时长一般为三年，在学艺的三年中，师傅管吃不管穿，有时师傅视徒弟学艺和劳动情况，付给徒弟一点零花钱。三年期满后，徒弟要和师傅干一年活，工钱属于师傅，叫谢师。此后徒弟才能单独做手艺，或者有报酬地跟师傅干活。师徒相处好的，期满后师傅会送给徒弟一套工具。中华人民共和国成立后，特别是三大改造以后，艺人组成了单位，学员均由单位招收，视工作情况付给工资，以往的陋习逐渐消亡。

理发（旧社会称理发为漂行） 以前理发师傅叫"待招"，待招的工具有剃刀、推子、剪子、梳子、荡刀布子、耳扒子（装耳扒的筒子是竹子做的，比拇指稍粗，两头留节。一个节锯开后连一点竹皮，稍撕一下，做成盖子，方便实用）等。所有工具都装在小木盒里，用荡刀布裹着，称"刀包"。"荡刀布"（一般是色布做成，红布居多，5厘米宽，50厘米长。上头有一个横担，拴有细绳，便于挂在板凳头上；下端为三角形装饰，上绣花纹，并缀有用各色丝线做成的须缕）。

20世纪60年代以前，但家庙境内理发师傅下乡理发，早、中餐可以在主家吃，但不留晚餐，更不留宿。20世纪60年代，一个理发师傅承包一片理发任务，一般是理光头半个月一次，理西装头一个月一回。中华人民共和国成立前付稻或米算工钱，中华人民共和国成立后付现金。中华人民共和国成立前后，粮食紧张，也有吃饭时不揭锅，等"待招"走了以后才吃饭的。大集体干活，"待招"理发时，有的人家不愿意供应温水。遇到主家办喜事，"待招"没有作客、陪客的资格。

待招一般正月初四开工，剃完第一刀头过元宵节。当地习俗："第一刀头不找，最后一刀头不卯"。婴儿剃第一刀头叫剃胎头，一般要简单地招待一下师傅（打鸡蛋、煮面条、泡冬米等），还要给香烟、红蛋或红包。剃完后，剃头师傅将婴儿理下的胎毛（头发）搓揉成团交给家主，家主将胎毛缝制在一个小布口袋中，或挂在婴儿胸前或存留。

20世纪后期，特别是21世纪以来，下乡理发逐渐消失，取而代之的是理发店、美容店。理发师傅作为社会一员，受到尊重。

裁缝　中华人民共和国成立前，裁缝男性居多。中华人民共和国成立后，裁缝中渐渐有了女性。20世纪60年代以前，人们穿的基本上是手工缝制衣服，如大腰裤、大襟褂、布扣子等，后来随着缝纫机的出现，缝制的衣服讲究多了，西服、喇叭裤等一些正装和潮装也纷纷涌现。主家请裁缝缝制衣服，要到刚做完衣服的那家去挑机子。做喜服的话，要请先生择日子，开工的头一天，还要宴请一下师傅。做完衣服，除付工钱之外，有的人家还给喜糖喜烟。做寿衣，时间要选择在闰月，一般不量尺寸而且最好不剩布料，线留得越长越好。主活做完后，主家添加的小活叫"打招"，有时也叫"打疤子"。20世纪70～80年代，请人到家做衣服的情况逐渐消失，衣服大部分都到商店去买。城镇街道虽仍有个体裁缝店，备有布料，帮人缝制衣服，但服务对象主要是老人。关于裁缝还有"两个裁缝打架——真（针）干"和"裁缝掉了剪子——只落个吃（尺）"等歇后语。

木匠　木匠又称木秀才。中华人民共和国成立前，农历七月二十日，木匠在鲁班庙做庙会。他们最精贵的工具是斧子（斧子有两种：小斧头和大斧头），斧子的口往往用麻线编的兜子套着。木匠有一种不常用的工具叫锛，是挖内径用的。用时，右脚踩着木头，双手向下向内用力。有些木匠手艺精巧，能雕会刻，如把围裙垫在木头下，用斧砍剁木头，围裙不破。木匠对工程材料的选择有一定的讲究。做家具的木料以松、枣、榆、槐最好；杉树（当地叫劲树）、苦楝不做脊桁（有"尽头"，苦到"顶"之说）；房柱不可倒立；香椿为树王，不可用在污秽的地方。木匠对所做家具尺寸用料的数字也有规矩。如"桌不离九（酒）"、"床不离半（伴）"、大桌桌板取单数，门板锅盖一般也取单数，三块为"三及（弟）"、五块为"五福同堂"等。木匠在下料的时候，往往把料下得长一点，俗话说："长木匠、短铁匠。"木匠对所做器物程序更有一定的说道。建房子上梁时，木匠站在西头，并在主家给的红子上撕下一条（约2厘米宽）垫在梁口上。另外木匠用的丈杆要天天量一下，以防别人做手脚；做寿器（棺材），第一斧砍的木屑不能蹦开了；在做镶堂桌子的时候，边框为槐木，中间镶梓木（意为"怀抱子"）为最好。

砌匠　也叫瓦匠。20世纪50年代以前，建筑材料简单，瓦匠的工具也极其简单，仅一把瓦刀，一个泥居（泥墙用的盟子），一个泥撮，在工匠中，瓦匠的工具最简单。随着生产力水平的提高，建筑材料的多样化和建筑器械的创新，砌匠单独施工的也少了，基本上都集中到一起，完成一些工程项目，分工更细，新工种也不断出现。瓦匠的主要活计是盖房子。盖房子要择日开工，开工后的第一件事是"放线"（丈量场地），最后一件事是补跳眼（搭跳用的墙洞）。老瓦匠师傅（有经验的）的本领更是了得，他们能将歪了的土墙修理正，叫"犨墙"。具体做法为：贴墙放一长木板，用粗绳兜在斜撑着的树上，然后在树的根部用铁钎等往前移，歪着的墙体撑直后会出现一些缝隙，再将扁平的木屑钉进去，然后用稻瘪或断草和泥抹平即可。不仅如此，老瓦匠还有偷根换脚的功夫。墙根脚如出现松动或变形，承受不住墙体重量，可从根脚的一头开始换石头，掏掉一个，换上一个，而且要楔紧，这样连续换，可以在不动墙体的情况下，把整个根脚换完。在农村关于砌匠有“十包九不尽”的说法，如开工、上梁、安大门、起灶等，要主家给烟、喜钱和管酒食的，也有主家叫瓦匠干一点包工外事情，如搭锅台不付工资的等。中华人民共和国成立前，农历七月二十日，砌匠也在鲁班庙做庙会。

篾匠 篾匠的工具有篾刀、竹锯、刮刀、竹锥、篾尺、剪刀、牛皮（护膝用）。他们做活时是蹲着的，小臂套袖箍，腰系白围裙，左手拇指和食指套箍（竹筒做成），以防篾子磨手。另外清晨做活不言语，避讳“牙”“鼠”“兔”等破口语。篾匠做活是非常精细的，竹篾可以用八层。筛、席用青和二黄两层；圆簸依子编成菱形，筛依做成六角形；打佛棚、编针线篮子、福禄寿禧以及富人家打的嫁席则更为精致，有时一件物品要七八个工才能制成。1959年以前，篾匠为个体手工业，主要下乡服务，后来但家庙乡境内的篾匠，集中到但家庙竹木器社，组成社办企业，以件计酬，学徒为集体招收。1988年竹木社解体，又变为个体。到21世纪，篾匠已屈指可数，多为六七十岁老人，几乎没有学徒了，篾匠手艺面临失传。

铁匠 本地铁匠以外地人居多，工艺也多为外地人相传。铁匠的沾火（淬火，又叫“zàn火”）是关键技术，很多人难以掌握，如剁骨头的片刀，不是一般师傅可以打制的。

中华人民共和国成立前，铁匠都是手工作业，以打制农用铁具为主。大部分为客户订做，也有生产好待售的。有的铁具需加倍付钱，如打鳖叉或杀猪刀；如需打寿圈（棺材边上的提手）和嫁妆上盆桶用的箍、铁筷（耖火用的）等，还要另外付喜钱。1956年三大改造时，铁匠被组成社、组；改革开放以后，社、组逐渐解体，成为个体手工业者。原先烧炭改为烧煤，也出现了一些机械生产的情况。成语“趁热打铁”，歇后语“铁匠的围裙——到处都是眼子”，都是源自铁匠的行业。

传说，小贼子打撬棍（偷盗工具），不便和铁匠师傅见面，就把钱（旧时为铜钱）摆在铁匠铺的门槛肚下，钱摆多长，铁撬棍就打多长。打好之后，铁匠将铁撬棍放在原先放钱的地方，小贼子晚上来取，铁匠不可声张。

二、生活习俗

服饰

服饰的变化 中华人民共和国成立前，但家庙一带人们的服装布料大多为棉麻织品，男女穿大腰裤，大襟上装，颜色多为灰、蓝、黑、黄、白等基色调。婚娶时，新娘穿红布衣。中华人民共和国成立后，男装以中山装、军干服、便装为多，女装有列宁装，翻领装。在重大节日或重要场合，青年男女也会西装革履。随着社会经济的不断发展，服饰的材料也逐渐多样化，除了棉麻制品、化纤制品，开始出现了毛制品和皮制品。20世纪80年代后期，在青年男女中流行喇叭裤、健美裤；90年代初，流行T恤衫、夹克衫。进入21世纪，随着人们健康意识的增强，化纤制品逐渐减少，棉制品重新受到人们的青睐。这个时期，休闲装成了成年人的主导服装。青少年服装款式更加新颖，色调更为鲜艳，特别是女性赶潮流，着装外露，夏季穿短衫、超短裙的随处可见。

服饰与年龄　中华人民共和国成立前，老年男女多穿大腰裤，大襟上衣，布扣子，腰身尺码大，布质结实耐穿，布色主要是耐脏的青、蓝、黑色。20世纪80年代后，青年男女多穿时髦的西装，裤口小，身腰细，色彩鲜艳，布质纤维化。20世纪90年代至21世纪初，随着经济的快速发展，人们生活水平的不断提高，面料的种类、衣服的款式极大地丰富起来。人们，尤其是年轻人，在服装的选择上，不仅追求舒适美观，而且体现个性特点。

服饰与季节　春天，人们去棉衣，添夹衣，内着春秋衫或球衫球裤；夏天，多穿浅颜色单衣，男子上穿短袖褂或短袖衫，下穿薄长裤或短裤；女子穿连衣裙，或上穿短袖衫，下穿超短裙，凉快又时髦；秋冬季节，老人一般外穿棉袄棉裤，内穿毛线衣裤或保暖内衣，青年人外穿羽绒服，内穿保暖衣裤。农村一些老人仍旧习惯穿宽松的衣服，系围巾，能压风保暖，免受风寒。

喜庆服饰　婚嫁寿诞，历来为人们所重视。逢喜庆之事，不管男女老幼都会添置新衣服，以示庄重，即便生活拮据，没有添置新衣，也要将旧衣服清洗干净穿上。过去男女结婚时，男着新长袍，腰系红腰带，胸前佩戴大红花；女穿红布衫，头戴大红花。中华人民共和国成立后，喜庆习俗有所改变。男子穿西装，打领带，胸前戴红花（上面有“新郎”二字），女子穿红色、白色婚纱或红色套装，胸前戴红花（上面有“新娘”二字）。

丧葬服饰　过去，但家庙一带人家有死丧时，晚辈皆穿孝服（白土布做成的衣服），故名孝衫，儿女的腰间系反劲草绳。中华人民共和国成立后，不再穿孝服，但亲人都佩戴黑纱袖装，死者子女头上顶着或颈部围着长而宽的白布带，有的腰间还系着白布带，晚辈亲戚在颈部围着窄一点的白布条。超过四代的后辈，皆围红布条或头顶红布。

饮食

宴会的礼仪和菜肴：先前，人家大多是方桌，也称八仙桌，八人一桌。席次分一、二席及上横（音：huán）、下横。进门右手位为一席，来客最尊贵者就座一席上一位置（俗称首席）；一席对面称为二席，就座者一般是主家专门请来陪首席客人的，又称陪席。上横坐长者，以进门右侧位为尊，坐德高望重之长者；下横坐晚辈，负责端菜倒酒。席面菜皆是十碗（七荤三素），俗称十大醯。用菜盘依次奉上，上三碗菜（圆子）时，主人到席面前拱拱手，讲讲客气话，此时全桌人站起答礼，主人奉烟一圈，客人落座，宴席继续。婚丧宴席，都会请来专门礼生（司仪）主持活动。丧事宴席，孝子会在上第三碗菜时叩头致谢。

出行

中华人民共和国成立前，有身份、有地位的人，出门时要么坐轿子，要么骑马，徒步行走的都是普通群众。中华人民共和国成立后，人人平等，大家普遍骑自行车或坐公交车。到20世纪90年代，摩托车逐渐走进千家万户；进入21世纪，轿车也开始走进农家。

通常情况下，男女同行，女士在先，男人在后；老少同行，老人在先，少年在后；领导和群众同行，领导在先，群众在后。

庙会

东都禅院据传唐朝时开始兴建。建成以后，每年农历二月十九日、九月十九日都要举行盛大庙会，中华人民共和国成立前尤为兴盛。每期庙会历时3天，从十八日到二十日，热闹非凡。十八日起，香客、信徒即从四面八方赶来，居士们都要在寺庙居住一些日子。四面客商也云集于此，有从六安来的、有从苏家埠、霍山等地来的。所售食品有木制品、竹制品、农副产品，衣帽鞋袜、香烛鞭炮、各色食品，先选好经营摊点，然后将所经营物品摆设停当，进行叫卖。还有地方戏剧演出等文艺活动，三天三夜灯火不熄、彻夜哄闹。

2019年农历九月十九豪珠珠岭东观禅院庙会盛况 （王玉生 摄）

“文化大革命”时期，寺庙完全毁坏，一直冷落了20余年，庙会也就此中断。20世纪80年代后期，有本地村民自发集资筹款，重建了庙宇，先只是三间土墙瓦顶，后来在有关部门的支持下，扩建了大殿五间与偏房。东都禅院又恢复了往日的兴盛。每年农历二月十九日和九月十九日前后，庙会更为热闹非凡。2012年以后，水泥循环路从舒家庙直通寺庙，内山上建有停车场，并有宽敞的经营场地来做生意的，可任意摆放所售物品，游客和香客可自由进行活动。周边饮食业空前繁荣，各种风味小吃、农家土菜吸引远近游人。

三、礼仪习俗

日常礼仪

待客 家里来客人了，要到门口迎接，进门让座，双手敬茶、奉烟；继而捧出花生、瓜子或者糕点什么的招待客人。（如果没有什么招待的，或者觉得不丰盛，送客时则会说“让你空坐了”。）在夏天，要为客人送上扇子，在寒冷的冬天，要为客人递上烘篮子。如果来的是远方客人或是稀客，还要打洗脸水，陪坐说话，递、接东西要起身，以双手为敬。家里人要出来打招呼、续茶，表示热情。来客不论是认识或是不认识的，赶上吃饭，邀请同吃。贵客来了，如果是下午，则打鸡蛋、下汤圆、下面或做其他的给客人吃（俗称“打打尖”，也叫“吃下昼”）。遇到尊亲挚友，自己平时舍不得吃的好东西都会拿出来待客（民间玩笑：藏在墙洞眼的东西都掏出来了）。席间，第一杯酒、第一碗饭先敬客人。春节时，陪新亲的席间，有“砍饭”（也叫“央饭”）的习俗，也就是盛一碗饭，趁客人不注意倒入他的饭碗里，本意是怕客人因拘谨而吃不饱，后来也带有点“恶搞”的意思。如果客人在家里住几天，就要换干净的被子，或者主人让出自己的床铺。送客人到大门外，要招呼客人“慢走”“有空再来”，等等。逢大的喜事，如访亲、定亲（也叫“起媒”）、结婚，另一方来人时，或者上庄、生孩子、孩子过周、做十岁等，女主人娘家来人时，迎客和送客都要放鞭炮。对远来或远行的客人、朋友，也有接风和饯行的习俗。

做客　到人家做客，至主人家门外先高声询问主人是否在家，主人迎客后方可进屋。客随主便，服从主人安排落座，不能跷二郎腿，不能颠脚，女士双腿并拢，不能脱鞋、赤脚。不能到处乱窜，非请不能进入主人家卧室。女士的手帕等随身物品不能乱丢。接、递东西要双手为敬，并要起身。临时客不能久坐，给主人添麻烦。住家客不能评价饭菜酒食等，以免让主人不悦。吃饭时主人没有请不能动筷子，不能狼吞虎咽，挑精拣肥，碗里不能剩饭菜，饮酒要适可而止，不能拖延时间。对女主人要尊重，入门时要招呼，吃饭时要请女主人上桌。有他人进屋来，要起身相迎。告别时要跟所有人打招呼，出门时要请主人留步。

见面　见面礼古今有：下跪，鞠躬，作揖，握手。它有一个变化过程：清朝衙门有半跪礼，民间一般不用。握手是清朝末期西风东传。辛亥革命后，临时大总统孙中山宣传取消跪拜之礼，代之以鞠躬礼。但在婚礼、丧礼、祭祀活动中，我们这个区域，仍然保留着跪拜的习俗。鞠躬主要是晚辈对长辈，个体对群体。作揖主要用在平辈之间，长者对群体也用，握手多为同志之间，此外还有“点头”礼。握手最忌讳把手伸给别人握，自己手指不打弯，这是极不礼貌的行为。

吃饭　吃饭时嘴不能发出声音，“吧唧吧唧”的响声被视为不主贵（不吉祥），最好是抿嘴咀嚼；不能直接对饭桌咳嗽，更不能打喷嚏、擤鼻涕；不能越过别人的筷子夹菜；不能剩饭；不能抓头掏耳朵。吃饭时来了客人，要请客人同吃。客人已经吃过了，主人则说“又偏了”，客人则说“当偏当偏”。家无常礼，但有客人在桌，先吃完的双手握筷，招呼大家或客人“请慢慢吃”，而还在吃的人就要答“你要吃饱”（忌讳“你不吃了”）。主人一定要陪客人吃完才放筷子。筷子放在桌上，表示吃完了，放在碗上，表示还在吃（即使什么也没吃了），所以陪客的必须等客人吃完方可将筷子放在桌子上，本地有俗语“一席不放碗，撑死上下横”。女人和孩子一般不上桌陪客，现在没有这个讲究了。

安装大门　本镇人家的大门门向，极其讲究，一般门向是朝南略偏西最佳，门向朝北最差（有“有钱不买张北房，冬不暖夏不凉”一说）。有“坟对包，门对凹”的说法，大门要对山凹，不能对着山尖。门向忌对厨房、烟囱、厕所、墙角、山墙尖、大树、木桩一类物体。大门忌对笔直的大路（所谓“路箭”）和笔直的河流（所谓“水箭”）。有的人家将大门内缩，以防大门淋雨，在大门右上方留有一个小长方形的神龛，内放泥塑的菩萨（俗称土地老爷）。大多数人家在大门头上放一面镜子，意在照出妖魔邪祟，使之不能进家。如家里有人故去，办事须从别人家里进出，往往要在那家人的门头上挂红布或筛子。过去，只有富裕人家在办喜事或逢年过节时，在大门两旁挂红灯笼，现在，家家都挂，或是红灯笼，或是红灯泡。

改口叫 孩子出生后，如果经常生病，父母会拿出生辰八字（孩子的出生年月日时的天干地支），请算命先生推演，如与父母八字相生相克，就要改口叫：父亲不叫“爸爸”，改叫“大大”（即叔叔的意思）或“姑爷”（即姑父）等，母亲不叫“妈”，改叫“娘娘”（即姑姑）或“姨娘”等。

上梁 盖房子架正屋（堂屋）脊桁称为“上梁”。上梁要举行仪式，请风水先生择定吉日吉时，大梁正中贴红纸或红布，上书“吉星高照”“紫薇高照”“上梁大吉”“紫星高照”等吉语，两边柱上（或大门两边）贴红对联：“上梁欣逢黄道日，竖柱正遇紫薇星。”堂屋的正上方焚香点烛。梁的两头分别系着红布包，布包内装有糕饼、糖、烟和喜钱，一包送木匠，一包送瓦匠。送木匠的包里放有墙线。上梁时一般是瓦匠站在东边，木匠站在西边（意思是先有土后有木）。主梁在落位时瓦匠、木匠要从红包边撕下一条红布垫在梁口下边。亲朋邻友送礼祝贺，上梁时放鞭炮，撒小糖，主家设酒席招待来客。21世纪以后，一切从简，不再搞祭梁仪式，但还要放鞭炮、烟花。

乔迁 乔迁，也称“上庄”，即搬家。择定吉日，午夜前搬进新房（夜间12点，一般提前几分钟，如11点58分等）。搬家先搬梯子（梯子的阶梯上用红布缠着糕，这通常是女主人的娘家买的），表示“步步高升”；随后是一盆烧旺的炭火，寓意红红火火；还有烧好的整锅的饭、香炉、大桌子以及其他一些家具。搬家要选定路线，快到新家时要兜水上。离开旧屋、来到新房都要放鞭炮、烟花，主人进新屋时要明烛烧香。当天晚上，通常是正路亲戚、左邻右舍带着烟花爆竹或其他礼品来“送上庄”，主家办酒席招待。而正规酒席安排在第二天中午。

逢生认干亲 家里孩子刚出生，有人无意中到家串门，新生儿遇到的第一个外姓人，叫“逢生”。主人家就会奉上红糖水，如果喝了，就等于认了干亲。爱热闹的人家，干亲是当亲戚走动的，亲密程度可能好过大多数亲戚。俗语说“干娘干老子，一年一件花袄子”“小鸡要米，干亲要礼”。如果不喝糖水，就表示不认同这门干亲，主家也不会计较。

避杀生 小孩子未满12周岁以前不准看杀生，如杀猪、杀鸡等。大人告诉他们那是可怕的事情，不能看，看了没记性，将来念不出书（指考不上大学之类）。这不只是迷信，也是对孩子的一种惜生教育。“文化大革命”以后多不讲究了。

避太岁 大年初一避太岁。民间认为太岁是一种恶神，每年一姓，新年初一出门碰上该姓的人，则一年晦气。所以，当年跟太岁同姓的人初一不出门，而其他人怕碰见，也多不出门。据传，太岁之说源于清魏明远《象吉通书》，有六十个姓，随甲子轮转，现载于旧历书在民间流传。

拜年 中华人民共和国成立前，晚辈到长辈家拜年，长辈要点蜡烛烧香，晚辈三叩首。平辈拜年互相作揖。20世纪下半叶以来，不再有叩头、作揖的习俗，拜年就是串串门，说声“向你拜年”“新年好”等就行了。

看碗子 看碗子亦称看菜，只能看，不能吃。旧时物资匮乏，正月间家里待客，放在桌子上充数的菜，如猪耳、猪舌、木鱼等，有的是真正的食物，也有用木头雕刻成的。正月间做客，要看桌上菜有没有放蒜，放了的则可以吃，没有放的即为看碗子，不能吃，吃了会被人笑话的。改革开放以后，物质生活丰富，凡菜皆可吃，不再有这种习俗。

打猪肓（音：huāng）　也叫“闹猪腿子”。杀猪那天，请左邻右舍或亲朋好友来帮忙，主人拿现成的猪肓、猪肉以及其他的食物和烟酒招待大家，叫打猪肓。后来，随着人们生活越来越富裕，也有好客的人家在杀猪过后（猪大多是自家喂养的，也有买来的），分批地请亲朋好友来“打猪肓”。席间虽然少不了猪肓、猪肉，但更有鸡、鸭、鱼、牛肉等美味佳肴。“打猪肓”已成了冬月（一般农村杀年猪都在冬月）里亲友间加强联系、喝酒热闹的一种形式。

看风水　农村盖房子、葬坟，事先要请“地理先生”（风水先生）根据方位、山形、水向（即来龙去脉）择地。地理先生以《罗经透解》《奇门遁甲》等作为理论依据，用罗盘定位来确定位置、方向。本镇看风水习俗比较普遍。

择日子　婚嫁喜庆、建屋上庄、葬坟等大事，多预先选择好日子。日子一般会请算命先生推演择定，盖房子请地理先生推算，葬坟请道士或地理先生选择。具体是把天干地支、五行、星宿、黄道、黑道、神煞等排列推演，再结合家庭实际需要进行选择。婚嫁要结合男女的生辰八字，葬坟要结合直系亲属的生辰八字，以互不相克为吉利。现在随意自选的逐渐增多，婚嫁多在五一、十一、元旦、春节等重大节假日举行。

喜庆民俗

自古以来，人们对婚嫁都非常重视，虽经历代沿革，嫁娶习俗不但没有消失，还随着物质生活的逐渐富有和精神文明程度的提高而不断发展变化。

订婚　中华人民共和国成立前，男女婚姻完全由父母包办，自己无权作主，甚至出现拜堂成亲之时，男女双方都互不相识的情况。家长看上了某家的男孩，想把女儿嫁过去，或者看上了某家的女儿，想把她娶过来，就要委托至亲好友或地方上有一定声望的人去“沟通”，即说媒，也叫提亲。俗话说：“天上无云不下雨，地上无媒不成婚。”一般来说，提亲时，男女双方家长不亲自去，请别人（即“老红”也叫“红娘”，“媒人”）去，代为传达意思。媒人要有两个人（无特殊情况，中途不得更换），一般由男女双方各选一人。媒人主要负责提亲，传达男女双方的（特别是女家对男家的）要求，并在中间起协调联系作用。媒人带着烟酒礼茶到女方家确定讲亲，并和对方交换“年庚”（即男女双方的出生年月日时，俗称“八字”）。如果推算男女双方“八字”相合（也称“合八字”）就正式举行订婚仪式。当地叫“访亲”，也叫“看门楼子”。订婚仪式一般是男家操办，在双方商定的日子（也有请算命先生择日子的），男方邀请两位老红、女方家的主要亲属（一般都是女性），女孩及其母亲到男方家做客，男方要请人作陪，并做成席饭（即“十大醢”）进行款待。因为是女方家人及主要亲戚首次上门，各方面接待都必须十分注重，礼节必须到位。在女方离开时，还要“回礼”。给姑娘红包，红包的钱数随经济的发展和家庭经济状况不同而不同。20世纪80年代，一般为50元；90年代为100元；2000年前后为1000元；21世纪以后逐渐增长到1万元甚至更多。值得注重的是，不论钱多钱少，都要有一张5角的纸币，意为“伴”。随姑娘到男家访亲的每一位都有一份礼，一般要四个样子。20世纪前期，生活水平不高，四个样子都很简单，像手帕、香皂、雪花膏、糖果等。21世纪以后，经济发展了，生活水平提高了，四个样子的物品变化了，价值也增高了：有整条的香烟、红包、糕、化妆品等，总计在500元钱。

经过一段时间（或若干年，具体视孩子年龄及其他因素而定）后，男方会请两位老红到女方家去商讨孩子结婚的事（当地称作“要人”）。有时老红要跑很多趟（这可能也是男家在给老红的礼物中有鞋子的原因吧），女方才会答应下来。所谓“好女嫁三年”“一家有女千家求”说的就是这个意思。还有一种说法：“低头娶媳妇，抬头嫁姑娘”，所以女方的家长叫“硬亲家”，男方的家长叫“软亲家”。女方同意于某年大约什么时候完婚，男方便请算命先生根据男女孩子的年庚，选择吉日迎娶，一般“活年”（当年不打春）不结婚。吉日择妥之后，征得女方同意，男方需请人写一封“预报佳期”的帖子，帖子是纵写形式的，从右至左读。一般格式为：封面为“龙凤佳期”或“预报佳期”，写在一条纵25厘米，横4厘米的封条上，封条粘贴在纵20厘米，横14厘米的信袋中缝上，封条上与信袋口平齐，下要长出信袋4厘米（纵横长度可自己安排，但应美观、大方），均用红纸写成。内签为整张红纸纵长和信袋长度一致，叠成的折数要为双数，且最后一页不能将红纸反面对外。内签要与信袋长度一致。

<table>
<tr><td></td><td>令嫒×××</td><td></td><td></td></tr>
<tr><td>龙凤佳期：</td><td></td><td>合于×年×月×日大吉</td><td>恭维</td></tr>
<tr><td></td><td>犬子×××</td><td></td><td></td></tr>
</table>

内签的内容常为：大德望，贵府德高望重，震皖名门，礼乐人家，不弃寒舍鄙陋，屈从冰人（媒人，当地指“老红”）媒语。令嫒素息母贤，教育懿良，愧犬子农愚刍荛（割草打柴的人），结为朱陈之好。秦晋联姻，敝戚高攀。今将尊亲令嫒合于佳期，夙卜良辰。

内签的字数应该是偶数（即双数）。由两位老红送到女方家中（又叫“送日子”）。送“日子”时，要根据女方家客人的多少，配送一定数量的礼茶（即猪肉、香烟、酒、糖果等），又称“小茶小礼”。男女双方都要置办酒席，款待客人（客人一般都是主家亲自请来的亲邻、至亲、好友），均不受礼。

出嫁 女孩子出嫁这天（也称“正期”）是婚嫁的重要日子。亲朋聚会，热闹非凡。这一天，也被认为是人的一生中最重要的一天。早饭后，男方去女家接亲，随去的人员有：两位老红，接亲的女孩两人，搬抬嫁妆的若干人员。随带的物品（又叫彩礼）包括：肉，分为给女家下厨的猪肉、礼条（送给女方主要亲戚的条形肉块；一块猪肉上附一小团猪肉，贴上红纸条）、连儿肉（两块猪肉连在一起，越长越好，染上红色或贴上红纸条）；上轿鱼（一般为两条鲢鱼，用红绳拴在一起，意思是“两姓联姻，连年有鱼”）；上轿米（一般为一斗，中华人民共和国成立前后的若干年里，是用洋炒炒的东米，新世纪以后，改为大米了，一袋米装）；糍粑（在竹筛里把煮熟的糯米饭按成圆形，上面用红笔写上“囍”字，或贴上用红纸剪成的“囍”，在糍粑的周围和红“囍”字周围的缝隙插上大枣、花生、棉籽等，以示团团圆圆，黏黏糊糊，早生贵子，有男有女）；拜盒（装盛物品的小盒子。内装：艾蒿、锡、葱、蒜、扁柏枝、各色丝线。以表示爱媳，儿媳聪明，会过日子，万古长青，连绵不绝之意，盒内还装有香烟、雅霜、红包、手绢，是给为新娘穿嫁衣的亲属的）；还附装请帖，如拜盒装盛不下，可放在拜盒的上面。请帖是请女方接“回门”和“看三”的。请帖在但家庙镇境内的一般写法是：

恭请	于×年×月×日，洁治粗茗薄酒
恭候光临	
	姻愚戚××率子××携孙××致鞠躬

也是纵写，从右至左读，为红纸写成，右侧文字顶格写。左侧无内容。中缝上“光临”二字也是顶格写。“光临”为通用词，一般写在全帖上。单帖根据对象身份不同，用词也不同。“文旌”指有文化或从事文化职业的人；“舆驾”指有官职坐车子来的意思；“冰驾”一般指从事体力劳动的人。通常可用“台光”。分帖写在一张单页红纸上，不须折叠。它和全帖一样，装在红纸信袋里。单帖封条要根据收帖人辈分的不同，作不同称呼，如“老太爷”“老先生”“先生”“少先生”等。现在的请帖（请柬）是印制好的，填上姓名日期就可以了。请帖有全帖、分帖之分，全帖前一般写“全福”。另外还有香烟、酒、爆竹、铜镜（新娘挂在胸前，驱邪避害）等物品。有时，男女双方商议好，烟酒礼茶由女家置办，男家付给女家一些现金，当地叫“折干”。接亲的一行必须在中饭前赶到女家，女家开宴一般要等男方接亲的来到时才进行。午饭前要点烛烧香、放鞭炮，以示正式开饭。农村场地小餐具碗筷比较少，客人一次不能坐完，必须分几轮（几槽）坐。一轮叫“一槽”。一般情况下，主事的会安排男方来接亲的客人坐第一槽；而且主要亲戚坐首席，有相应的人作陪。下午1点左右、2点左右均要放鞭炮，叫“催妆炮”，女家选择有福气的女性亲戚赶紧帮新娘穿衣和梳洗，要“发轿”了，也叫“发亲”。饭毕以后（如男家较远，有时也不等饭放完就提前发轿，有时赶到几家都是同一天结婚，也会提前发轿，因为要跟别人“抢日子”），女方会安排男方来的客人和老红再到桌子上坐坐，摆上糕点，倒上茶水，双方叙叙，互相讲讲客气话，老红和女家喜主要互相道别，女方会把第二天去男家接亲的人员情况告诉老红，老红转告男家，好提前作好接待准备。新娘临走时要和父母、兄弟姐妹合吃一碗饭（象征性地吃一点），叫吃“分家饭”，意思是以后就和婆家的人在一起生活了。新娘从家到轿子或车上，需要弟弟或哥哥等背一段路（大约50米），意思是脚不沾泥，不把娘家的财气带走。背新娘的时候，从闺房出来，必须经过正屋，正屋地上放有团簸，团簸里放上斗，把男家带来的上轿米倒在斗里（米可以溢出），新娘用脚在斗上蹭一下，然后把新娘用脚蹭下的米和其中的一条上轿鱼带到婆家，意思是富贵足食，年年有余。背新娘的哥哥或弟弟由男方代表（一般是老红）给一个红包。新娘和接亲的队伍出门时，一般选择往上走，新娘到男家，一般也选择由下往上的路（意思是向上）。新娘在出嫁的路上还必须带上事先叫人家准备好的火篮子。中华人民共和国成立前及中华人民共和国成立初期也有拦轿凑热闹的，只要给一点糖果或散一下香烟之类的就放行了；到21世纪以后，拦轿（拦车）索要的东西就多些了，要整包或整条烟，甚至还要红包，有时纠缠的时间过长。如男女两家离得较近，还要选择道路绕一下，意思是出门图转（“赚”的

意思）。

迎娶 在但家庙镇境内，婚娶是一个复杂的过程，有很多繁文缛节。随着社会的发展变化，移风易俗、新事新办的意识被人们接受，一些陈旧的做法逐渐被舍弃或简化，但婚娶中一些传统的、具有地方特色的程序仍然存在。

头一天是“陪老红”，也叫老红进门。从早晨开始，男家就请人（多是本家亲友）帮忙，摆好桌椅，贴上对联和双“喜”；妇女们准备做饭食（现在有专门到家里为人制作宴席的，叫“流动宴席”，俗称“红棚”）。从上午开始，受邀请的亲戚、朋友陆续到来。中午一般都是便饭，简单实惠。饭后亲友们在一起谈谈心，打打牌，恭候“老红”的到来。“老红”一般在下午三四钟到达男家；快到家门口的时候，要叫几个人去迎接一下，以示尊重，同时鸣放鞭炮。“老红”进门后，要安排在堂屋就座，先打洗脸水，给老红洗脸洗手；然后端上装有瓜子、花生的果盘，再次倒茶敬烟。两位“老红”分坐一、二席，有人陪坐、聊天、讲客气话，如“拖步”“辛苦”“烦神”“耽误百忙工夫”等。喜主请来的司礼官（即“喊礼的”）把桌子转一下方向（把桌缝由上下转为左右，叫“虚放”，意思是两位老红不分主次），由新郎向“老红”叩拜，叫“拜老红”。然后拉正桌子，有人陪同打牌、闲谈等。到晚上六点左右，陪“老红”的酒席就正式开始了（这天晚上一般不收礼，也叫“不动账”）。“老红”分别被安排在首席就座，坐在“老红”一桌的人员往往是经过选择的，都是“支宾”（主家选择的管事人）用心安排的。三堂之亲也应安排在首席就座，年长的坐上席，年轻或辈分小的坐下席作陪，上第三碗菜——圆子的时候，拿盘子的人，用空碗装上红纸（有时也在红纸上放两个圆子）端到坐着“老红”的桌子上，“老红”会在空碗里放上喜烟和喜钱（叫“下厨礼”，是给厨师和拿盘子的，喜烟和喜钱有时一次给，有时分作两次给），拿盘子的再端上圆子；同时有司礼官（喊礼的）引领新郎上前三叩头，现在改为行鞠躬礼；最后老喜主挨桌散烟，讲客气话，叫大家多饮一杯（此后的正期三碗菜的情况也大致相同。“下厨礼”一般都是对方准备，现在有流动宴席和在饭店承办的情况，“下厨礼”可以免去）。席间，杯来盏往，觥筹交错，十分热闹。晚上，两位“老红”要在男方家住，并睡在新娘的床上，本地区叫“压床”。从20世纪80年代以后，这种情况逐渐减少了；2000年以后，酒席散了，“老红”也就回去了。如“老红”是远道而来，便另行安排住宿。

正期那天，男家要准备早餐。早饭后，接亲的一行就要准备出发了：有“老红”、两位接亲的女子、盘（抬）嫁妆的，（去的人数必须是单数）大家带上所有准备好的东西（不能遗忘了，如缺什么，女方会叫“老红”回男家讨的），赶到女家吃中饭。到了20世纪90年代，由于经济的发展，路通车多，接亲就用车子了，很方便。车子的档次和数量也在不断攀升。从2000年前后开始，婚车要去花店攀花，装饰一番，新娘也要去美容店化妆、穿婚纱。新娘一行到达男家时，男家要点上蜡烛，烧上香，放鞭炮（20世纪60年代以前，炮仗有两种，一种叫小炮仗，也就是鞭炮；一种是大炮仗，分个的，点燃后迅速扔向空中，放这种爆竹很危险，必须是反应灵敏的年轻人才能放。70年代后有连响的叫“二踢脚”。21世纪以后，当地就有燃放烟花的了）。新娘进门必须“转火盆”：正门稍后一点放一盆烧得很旺的炭火，新娘要从火盆上跨过去，并绕火盆转一周。火是驱邪祛害的，暗示日后生活美满，红红火火。现在新娘穿有婚纱，在“转火盆”时，必须要有伴娘将婚纱撩起，以免烧破。有时也有人恶搞寻开心，在火盆上撒盐粉或辣椒粉，导致火星乱溅，烟雾缭绕，大人小孩双眼流泪，呛咳不止，这种不够文明的做法，现在也少见了。此时，有人会将房门从里面关上，暂时将新娘挡在门外，当地称“育性子”，意思是让新娘性子憨下来，做事不要着急。待老喜主拿出喜烟喜糖，房门才打开。新娘进入新房后，新郎的妹妹（也就是新娘的小姑子）要敬三次茶，叫“捧茶”，但家庙镇境内所捧奉的茶是糖水，新娘象征性地饮一点，以示如糖似蜜的生活即将开始。新娘或老喜主要给捧茶人一个红包，表示酬谢（红包一般在最后一次捧茶时放在茶盘上）。从这时开始，就有人唱喜诀，一直贯穿到拜堂成亲之后（具体见本章“喜诀”）。从20世纪50年代以后这种习俗逐渐消失了，取而代之的是20世纪60年代到21世纪初的结婚典礼。仪程有所减少，较好地体现了移风易俗新事新办的风尚，但乡风民俗、结婚的热闹气氛仍然不减。从21世纪初开始，很多人家请婚庆公司来主持婚典，（这种形式由城市流行到乡下，程序和内容也逐渐丰富起来）原来男家单方筹办婚宴的情况，也逐渐发展到女方亲戚好友也参与其中，出现了“满堂筵席两本账”的情况（即男方收礼记在男方账上，女方收礼记女方账上），筵席开销完全由男方负责。

中华人民共和国成立以前，多是包办婚姻，男女都无婚姻自由。有些穷人家因为养不起孩子，往往在女儿很小的时候就把她送人家当童养媳。女孩在男方家里遭受侮辱和虐待，有的甚至被折磨致死。那时还有“换亲”的情况，男女双方毫无感情而言，为了生活而生活在一起。还有买卖婚姻的，或因赌博抽大烟，或因天灾人祸，导致极度贫困，无法生活，而把自己的妻子、女儿卖给别人做妻或为妾的。在“三从四德”的束缚下，女子受尽折磨，生活极端痛苦。中华人民共和国成立以后，国家制定的第一部法律就是婚姻法。这时开始，妇女才真正有了人格尊严，也才有了真正意义上的“男女平等、婚姻自由”。当时有人作了一副对联叫“民主风高，男女平等；共和日永，花放自由”。自愿结婚的男女双方只要符合婚姻法的有关规定，到政府领取结婚证就算结婚了。结婚是人生中的大事，随时代的变化和经济的发展，婚事的风俗也在不断发展变化中。陪嫁的物品，由20世纪50年代前后的木制家具、手工制成的衣物，到20世纪80年代前后的“三转一响”，再到2015年前后的电器、汽车、信用卡；运嫁妆的方式也不同：20世纪80年代以前是人工搬运，80年代至2000年年初是三轮车、手扶拖拉机运，2010年后是小汽车运；婚庆时筵席的规模也在不断扩大，20世纪50年代一般在一两桌饭；1980年前后为七八桌，2010年后有10桌、20桌，甚至30桌以上的；送礼的金额也在不断攀升，20世纪50年代1元、2元；1980年以后20元、30元；2000年以后就100元、200元了；至亲一般在300～1000元不等。

喜诀　喜诀，也称喜歌，喜语，是在婚庆仪程中，一人吟唱不同的赞辞，众人跟随其后，同声道“好”，如此一唱一和，本地称为“喜诀”。本区域内婚丧嫁娶风俗历史悠久，在历史的发展过程中不断创新和演进。其中，结婚仪程中的喜诀，不仅增添了婚庆中的喜庆气氛，而且反映了旧时结婚仪式中的一些程序。

1.谢轿神　新娘坐轿，从娘家来到婆家，坐在轿子里，暂时不下来。新郎要谢轿神，请新娘下轿。唱道：

新姑娘坐香轿来到府门，
请新郎整衣冠来谢轿神，
府门前摆香案佛光高照，
紫金炉燃檀香雾气腾腾。
黄金烛照新人长生不老，
白玉烛照新人不老长生，
上照得九龙庭天宫赐福，
下照得玉华堂指日高升，
再照那麒麟连年送子，
生儿子、子生孙又出贵人，
新郎谢轿神礼恭毕敬，
新姑娘坐香轿渐渐起身（此时鸣炮）。
炮响三声吉利开，
喜色明灯掌上来，
喜色明灯喜连连，
进前几步到堂前，
尊福尊寿当堂坐，
长生不老两边排，
金丝灯笼有一对，
银丝灯笼有一双，
远望好似金龙眼，
近看好似宝一双。
上明灯金门有两扇，
下明灯遍地生豪光，
福禄寿喜今犹在，
子子孙孙站朝堂，
新人缓步往前走，
挑起盖头见红妆。

2.挑盖头　新娘头顶红色盖头，缓缓出轿后，先生用秤杆等物（用秤杆是本地习俗，为何不用其他东西，无从考证）将盖头挑起，边挑边唱。新娘下轿进入婆家大门时，婆婆有一个小动作，悄悄地将挂在腰间的“左嘴荷包”的口拉紧，意思是“封口”，以后婆媳无隙，能和睦相处了。此时喜诀唱道：

一顶宝轿四仙抬，相府抬到贵府来，
轿里坐的天仙女，好似观音坐莲台，

抬到堂前落彩轿，彩轿落地地生财，
生财从大道，福禄寿喜财，
五福堂中久常乐，二马阶前福门开，
笙箫鼓乐赐仙府，天宫仙女下凡来，
宝壶玉瓶显贵气，金花银花两边排，
奉请新人怀中抱，敬请新人下轿来，
请一遍身未动假装不睬，请二遍似观音稳坐莲台，
请三遍鞠躬如也欠起来（新娘从轿中慢慢站起来）。
知书礼好比那前朝诸葛，未曾动步礼当先。
喜气朱帘（轿帘）来揭开，金童玉女两边排。
小小秤杆放异彩，金星滚来银星排。
我帮新人挑花盖，挑花盖来，挑花盖，挑起花盖观人才。
我观得新人不是凡间女，好似那仙女下尘埃，
下轿脚踏罗地砖，步步生风撒金钱。
金钱撒在银钱上，金钱银钱装成袋，
高堂传旨一声报，双双状元来传代，
传一代，龙门开，披红挂彩；金龙玉凤下天台。
传二代二朵莲花配成对，是才子迎贵人同合心怀。
传三代生三子，御笔点三甲，状元游街（gāi）。
传四代合四喜，似牛郎配织女千秋万代，
传五代生五子，五子登科好运来，
传六代生六子，六合长春显富贵。钱生贵，贵生钱，富贵绵绵两双全。
传七代生七子，七巧彩云，合五男并二女个个美才，
传八代生八子，白宝珠霞光涌现，八洞神仙贺福来，
传九代生九子，九十九世，为前朝张公义九世同台（堂），
传十代生十子，十全十美，御笔钦点个个是状元，
一代传十代，十代传百代，百代传千代，千代传万代，子子孙孙万万代。

3.转火盆　在送亲的搀扶下，挑了盖头以后，新娘在烧着了的炭火盆边转一周，或者从火盆上跨过去，称“转火盆”，意思有二：其一，驱病辟邪；其二，今后的生活红红火火。此时喜诀唱道：

诸亲六眷都站开，好让新人火盆转过来。
新人火盆转一趟，礼仪得体太周详，
新人火盆转两趟，好似前朝苏娘娘。
领兵挂帅去征反，肚疼寨上降小王。
新人火盆转三趟，新姑娘不要慌来不要忙，
洞房就在面当场，一对红烛前面照，我送新人进洞房。

洞房摆设真排场，红漆柜来黑漆箱，上檐又摆八步床，百宝金丝红罗帐。

绿色走水（帐门上饰品）钉上方，一对金帐钩分挂两旁。

五色帐须拖在床沿上，爱坏青春少年郎。

看不完洞房美丽景，说不尽新人好风光，

天长又地久，日月来同堂。

等到来年春三月，桃花红，杏花香，怀中抱子笑汪汪。

我唱喜诀不忙走，等候新人散喜糖。

注：“送亲的”相当于现在的伴娘，旧时是指女子出嫁时，陪伴新娘的两位女子；“接亲的”是指男方到女方家去迎亲的两位女性。双方的两位女性，需一位“毛脸”，一位“光脸”。“毛脸”是指未结婚的姑娘，旧时结了的女子需用线等将脸上汗毛绞去，俗称“光脸”。

4.请新人站堂　又叫“拜堂”，这是婚庆中重要的程序，通过“站堂”仪程后，新郎新娘便正式成为夫妻，所谓“拜堂成亲”。此时唱道：

小小红烛放豪光，我请新人出洞房。

出了洞房高堂上，拜拜家堂配成双。

诸亲六眷分左右，各位太爷站两旁。

好让新人出洞房，鞠躬如也拜高堂。

行一步似河边春风摆柳，

行二步似兰花开放满岗，

行三步似桃花三月初放，

行四步福寿花开得满堂，

行五步柳条花花开富贵，

行六步小金莲（中华人民共和国成立前女子裹脚，故称）来出洞房。

一步走来一步行，走走行行到高堂，

毡挑（地上铺的红布）来了双鸳鸯。

新姑娘昨日在娘家拜父母，今日里到婆家要拜高堂。

一拜天，天官赐福；

二拜地，地久天长；

三拜公公，年纪久；

四拜婆婆，福寿长；

五拜五男并二女，

六拜六子站朝堂，

七拜朝中为丞相，

八拜八仙过海洋，

九拜家门多兴旺，

十拜太公与文王。

夫妻对拜情意深，鸳鸯成对人成双。

拜了高堂成夫妻，地又久来天又长。

5. 十杯酒　拜了堂成了亲，而后还要给新娘新郎敬酒，有时也敬茶。如果敬酒敬茶的是晚辈，新娘新郎要给用红布或红纸包着的喜钱。此时唱道：

一杯酒来奉新人，好似清官上大人，
新郎好比孔夫子，一家和顺万福生。
一门天赐平安福，四海人间富贵春，
二杯酒来奉新人，好似杨家父子兵。
新人饮我此杯酒，早生贵子站朝门。
五风十雨皆为瑞，万紫千红总是春。
三杯酒来倒满盅，桃园结义三弟兄，
桃园结义三国志，又有刘备会关公。
又是一年芳草绿，依然十里杏花红。
四杯酒来奉新郎，新郎对我笑汪汪，
二人同饮此杯酒，福又高来寿又长，
寿比南山松不老，福如东海水流长。
五杯酒来庆端阳，武松打虎景阳冈，
武松本是英雄汉，他在梁山保宋王，
积善堂中无限乐，长春花下有余香。
六杯酒来酒盅装，好比三关杨六郎。
六郎把住三关口，天下太平乐洋洋。
燕到重门留好语，花飞上院吐其香。
七杯酒来倒满盅，七姐下凡配董永，
槐荫树下结恩爱，千古流传美名扬，
千年修得同船渡，百年修得结鸾俦，
并蒂红莲映绿水，双飞黄鹂鸣翠柳。
八杯酒来是四双，卧冰本是小王祥，
孝心感动天和地，惊动海边老龙王。
人品应该行孝道，处世还须播仁光。
敬天地万物赐福，祈神祖百代流芳。
九杯酒来菊花黄，菊花酿酒香满缸。
新人好比花仙子，新郎好比醉酒郎，
喜鹊喜期报喜讯，新燕新春闹新房，
一堂香火乾坤大，万代宗支日月长。
十杯酒来奉十盅，刘备东吴去招亲，
东吴招亲刘皇叔，保驾臣子赵子龙。

清朝有个乾隆帝，乾隆皇帝下南京。

有好儿孙方是福，无多田地不为贫。

富贵三春景，平安两字金。

我赞喜歌奉美酒，杯杯奉的是新人。

6.闹房　以上仪程过后，新娘新郎入了洞房，还要闹房。这是婚礼中最后一个程序，也是最热闹的时候，老幼皆可参与。当地有“结婚三天无大小”之说。突出的是一个“闹”字。更为突出的是“揭安子”，即在“闹洞房”的时候，有人乘其不备，躲藏在新房的柜子后面或其他隐蔽的地方，等“闹”完了以后，偷听新郎和新娘的情话等，为此，也“闹”出了不少笑话。这种不文明和侵犯他人隐私的做法，中华人民共和国成立以后逐渐消除，如今不存在了。闹洞房的“喜诀”种类很多，形式也各异。如在唱的过程中，有人用棉籽（子孙绵延）、花生（男、女交叉生）、瓜子（子孙多）、红枣（早生）等撒向蚊帐。这里仅辑录部分喜诀唱词：

（一）

正在庭前谈闲心，或听诸位去看新人。

言字着青是请字，敬请诸公随我行。

全字去王是人字，人人贺喜在府门。

否字去口是不字，不陪诸位谈闲心。

佳字着走是进字，进到重门（二门）喜十分。

化字下面着十字，华堂鼓乐闹迎春。

西字着女是要字，要到洞房看新人。

门字着井是开字，开门举目看分明。

洞房摆设多齐整，象牙床来泛光明。

红绫花被铺床上，花色鲜艳爱坏人。

四季梅兰和竹菊，多样花色不同形。

春有桃花满园红，夏有荷花绿池中。

秋有丹桂香千里，冬有寒梅开得新。

恭喜新郎得佳女，贺喜新人进府门。

但愿及早生贵子，传宗接代耀门庭。

（二）

上花烛进洞房衣冠戴帽，大家女知礼仪渐起身来。

人人说新姑娘聪明可爱，孔圣贤依四书读满心怀。

夫今日小登科披红挂彩，子午年大登科身坐高台。

代一省众黎民身扬四海，三年内生下来贵子两胎。

千人上一人下黄金难买，立功名为家乡众人爱戴。

妻贤淑子孝顺个个成才，进翰林点状元跨马游街。

新姑娘穿彩裙凤冠头戴，三寸三小金莲红缎绣鞋。

生五男并二女七子团圆，耀门庭振家声名扬在外。
到后来松鹤寿高龄百载，子孙们来相拜满堂喝彩。
今日里迎佳人同堂来拜，作一对好夫妻到老同偕。
仁义堂三更后楼上酒摆，新郎官饮三杯喜上心怀。
知心话倒想说有口难开，红绫被金丝床好梦早来。
情又重恩又深喜满心怀，好夫妻似鸳鸯百年千载。

（三）

今日洞房亮堂堂，我看新人好牙床。
此地木匠手段巧，十个雀名都雕上。
一雕凤凰她为王，二雕鹌鹑草中藏。
三雕麻雀喳喳叫，四雕仙鹤叫姑娘。
五雕鹭鸶身穿白，六雕绿翠花衣裳。
七雕莺哥（鹦鹉）会讲话，八雕八哥叫嚷嚷。
九雕鸳鸯又成对，十雕喜鹊又成双。
众鸟欢喜景致好，乐得洞房喜洋洋。
喜诀唱得嘴又苦，快拿喜糖我尝尝。

（四）

今日府上有喜气，我们在此讲吉利。
别的书来我不表，我从百家姓来讲几句：
新人头云苏潘葛，新人眼郝邬安常。
新人脸印宿百怀，新人鼻闻人东方。
新人腰俞任袁柳，新人手描凤花方。
新人腿计伏成戴，新人脚周吴郑王。
处家常和穆萧尹，待丈夫宗政濮阳。
待公婆芮羿储靳，处妯娌皮卞齐康。
上牙床淳于单于，生贵子上官欧阳。
早生贵子，独占高堂。

（五）

手拿蜡烛高又高，诸亲六眷你知道。
新人第一心肠好，孝敬公婆尽妇道，自来贤德家中少；
新人第二性情好；言不多来声不高，自小在家父母教；
新人第三礼仪好，又敬老来又爱小，个个称赞评价高；
新人第四学问好，读过书习过道，吟诗作对口才高；
新人第五梳妆好，梳油头燕尾俏，黑黑青丝放光豪；
新人第六手艺好，裁得衣来绣得草，描龙绘凤样样巧；
新人第七身体好，罗裙下金莲小，不歪不趔不后倒；

新人第八命运好，娘家富来婆家豪，一生洪福享不了；
新人第九福分好，配得丈夫做官高，夫妻双双同到老。
新人听我说得好，打开箱子拿果糕，
新人问我要几包，十包不多八包也不少。
你把喜糕交与我，我打发他们都走了。
喜糕喜烟不与我，今天晚上有得吵，一直吵到大明朝。

（六）

喜连连来笔连连，新郎官想你（指新娘）到今天。
那一天，请个裁缝做衣服，缝了裤子缝梳肩（背心）。
身上背个梢把裢（褡裢），假装朝奉（商家管事的）去要钱。
抬起头来看见你，就想上前招呼你。
看见你娘在面前，泪眼汪汪往回颠，
躺在床上睡不着，床里边滚到床外边。
那一天打发伙计去看你，偷偷走到后门前。
看到你坐在廊檐（走廊）里，细针细脚做针线，
面如桃花迎春色，发似浓墨染乌金。
伙计回来跟我讲，件件样样记在心。
今天终于成婚配，万般相思成了真。
夫妻双双情意长，白头到老恩爱深。

（七）

手拿红烛亮堂堂，照在新人面中央。
五百年前婚姻定，今日二人配成双。
白日里似周公不言不语，到晚间新夫妻走进新房。
眼观得桌案上灯光掌亮，吹熄灯配夫妻谈谈家常。
讲的是一读书二耕田饲鸡养羊，
谈的是恩如山意如海夜短天长。
不觉得时光快金鸡叫响，
牙床上惊醒了一对鸳鸯。
整衣襟，梳洗净迈出新房，
新夫妇手牵手走进高堂。
按规矩依礼仪拜过尊长，
既谦恭又温顺常理不忘。
三日后忙家务样样在行，
洒扫地做饭菜又奉茶汤。
敬公公爱婆婆就像亲爹娘，
好儿媳做事情很是停当。

到头来生五男并二女，

七子团圆在府上。

今天诸位都到齐，欢欢喜喜来闹房。

来闹房，来闹房。我请大家吃喜糖。

（陈绍箕口述，陈廷璋整理）

婴儿降生　家里生孩子，女婿要向岳父家报喜：若生男孩则准备公鸡1只，红蛋（煮熟的鸡蛋染成红色）若干，生女孩则准备母鸡一只及红蛋若干，送到婴儿外婆家。（后来，此风俗有了一些变化：不论男孩女孩，报喜都准备公鸡、母鸡各1只，鸡蛋若干，报喜的鸡必须等到婴儿一周岁以后方可宰杀。）然后择定日期，诸亲好友“送篮子礼”。篮子礼一般包括母鸡1只，鸡蛋若干，红糖1斤，挂面若干等4样礼品，关系进一层的人家，还会给孩子买一套衣服或1匹布料（俗称“毛衫”），关系好的亲友还会给婴儿掏见面钱。“送篮子礼”也称“送逐门礼”。“送逐门礼”的宴席同别的喜宴不同的是，开席前各人先吃一碗红糖泡冬米（膨化糯米）。

寿庆　人到花甲或古稀之年，多举行寿庆志喜（做寿），诸亲好友送寿联寿礼。农村有拜寿典礼，做寿老人衣冠整齐，端坐正堂之上，受亲族晚辈逐个礼拜，寿子寿孙伏地答礼，还有专人司礼，鼓乐伴奏。礼罢，大摆寿宴，恭祝长寿。后来老人过生日，一般就是家里子女、亲朋好友，在一起吃吃饭、喝喝酒、讲讲祝福的好话，就结束了。

过继子嗣　年老而膝下无子者，须从近族本门中抱子继嗣。先由双方协议就绪，再经诸亲族做证，当众立下承佻过继书一式二份，双方各执一份，空口无凭，立字为证。自承佻过继后，老人所有财产，均归入继子继承，外人不得干涉，过继子女要承担赡养老人的义务。

丧葬习俗

生老病死是人生的必然过程，诞生和死亡都要举行隆重的仪式。但家庙镇境内的丧葬习俗与周边地区相比虽有共同之处，但也有其自身特点。

停尸仪程　在病人临终前的弥留之际，亲属要为其洗抹干净，乘其没有咽气之时，穿上事先准备好的寿衣（也称“老衣”）。通常要穿“五领三腰”（即上衣五件，下服三件）。随着时代的发展变化，有时也根据亡者生前的喜好为其穿戴寿衣。亡者洗抹更衣过后，将其生前用过的被褥连同尸体一并抬放在厅屋（一般安放在堂屋），下面垫上稻草，男左女右（即男放在大厅左边，女放在大厅右侧）。亡人咽气时，要及时把去世的年、月、日、时填写在褡裢上，然后装满纸钱，放在事先准备好的“老盆”（“老盆”是专为亡者烧纸钱的瓦盆）里烧掉。亡者的双脚要换上“老鞋”，并用白线（俗称“绊脚线”）系好，两只胳膊也要用白线从胸前系好（该线根数和亡者岁数相同，一岁一根线）。以上程序就绪后，要把死者的尸体盖上掩被（红色的小条被，一般由亡者女儿购买），抬进棺材内，进棺要鸣炮，子女要跪下磕头。从20世纪90年代开始，本地已使用冰棺，将遗体暂停冰棺放存，到出殡或火化时再从冰棺将遗体取出进行下一程序。

灵堂设置　入殓后，棺材要用板凳支起来。中华人民共和国成立以前，还有将棺材放在香柜（条机）方桌上的。一般人家棺材的大头朝向大门，当地但姓和涂姓人家棺材的大头朝房屋的上方。枨前（“枨”指装殓死者的棺材）要悬挂帐幔，上书“奠”字或“音容宛在”字样。帐前摆一小桌，桌上放死者照片，点上香、蜡烛，摆放灵牌和贡果，还有两碗“到头饭”。用三根筷子穿三只煮熟了的鸡蛋（其中一根筷子穿两只鸡蛋，而另两只筷子穿一只鸡蛋），把穿好了鸡蛋的筷子插在饭碗上平摆，放在遗像前。棺材肚下要放一页磨子，上面点上香油灯（用棉花絮或皮纸捻成三角形的灯芯）。放在盛有植物油的灯盏或小碗点燃，意为逝者照路。

报丧 报丧对象是亡者的直系亲属，亲邻好友，不论居住远近、是否已经知道消息，必须进行礼节性的报丧（即通知）。一般请近邻或朋友（死者亲属不去报丧）登门通知，通知要讲清逝者死亡时间，吊唁地点或其他安排（如是否安排“抬子”、锣鼓等）。接到报丧的人家要给报丧人准备一些食物，如煮鸡蛋下面等，不能让报丧人空腹而归。后来通信比较发达，也可用手机、微信等进行报丧，但这是要在对方“不怪乎”的前提下才行。

穿戴孝布 亡者的子女称孝男孝女，婿、侄、孙等以序类称，都要戴孝布。孝布（也称“戴孝”“戴头布”“戴白”等）穿戴也有讲究。如亡者是男性，孝布从头顶披挂到脚后跟；如亡者是女性，头布披到肩下（前胸）。孝布的长度分为孝子、孝女（包括孝媳、孝婿，义子、女，义媳、婿）为八尺长，侄辈们一律七尺，孙辈们都是三尺（红色或在白布上染点红色）。应该注意的是，在丧事期间亡者家人不能戴着孝布进入别人家，必须要去的话也要将孝布取下，孝布不能随便扔掉，一般要求在满“五七”烧完库（本志《传统节日》栏“七月半”中有说明）以后和纸钱一起焚烧。中华人民共和国成立前，当地还流传着亡者下葬穿白鞋或穿着蒙了半截（前半截）白布的鞋子，一般要穿三年，表示对亡者的悼念。这种习俗，现已不复存在。

守灵 又称“守夜”。亡者的棺材一般要在灵堂停放三天两夜，都必须要有人陪护。特别是夜晚，亲朋好友守护在灵前，要护油灯，添油添芯，保持灯火不熄，烧纸上香。在有人前来灵堂吊唁或送吊唁物品时，必须“哭灵”；有人向亡者叩头时，孝子、孝女要双膝跪下还礼，孝子、女还要向前来吊唁的人磕头致谢。

墓地的选择 2005年以前，但家庙镇未实施遗体火化，殡葬分为两个阶段：第一阶段不入土，在预先选择的场地，用砖、瓦（以往条件差，也用土坯和草）搭建一个棺材大小的房子，当地叫“丘地”或“丘季”，暂时停放遗体。一般停放时间不超过三年，选择单年埋葬；第二阶段，请专人根据“年向”和“月向”，选择一块朝阳避风、周围无障碍的地方将死者尸骨安葬，叫“入土为安”。2005年但家庙镇区域内实行殡葬改革后，死者遗体一律实行火化。遗体经火化后，骨灰直接装入棺木，埋入土中。

锣鼓和舞台 中华人民共和国成立之前，丧家要请专门人员做丧事，如“观灯”“打醮”等。用人之多少、时间之长短、规模之大小，可根据家庭经济情况进行选择，少则三天，多则一周。中华人民共和国成立以后，特别是“文化大革命”时期，这些内容逐渐减少至消失。改革开放以后，农村经济发展了，生活水平提高了，丧事又有了新的发展。除了请乐队，有的人家还请来地方演唱班子，俗称“大舞台”，表演一些老百姓喜闻乐见的地方戏、歌舞、杂技等，还可以请演员“哭灵”，增添了丧事的气氛，表达了子女或家人对逝者的追念。所请的锣鼓班子必须陪送亡者往返殡仪馆，并到墓地；先到的锣鼓班子要礼节性地接一下后到的锣鼓班子。在丧事基本结束时，锣鼓班子还要敲打起锣鼓，吹起喇叭，挨亡者所居房间到一次，叫“扫场”。

祭牲　祭牲又叫“三牲”，是丧葬中重要的祭品。到丧家吊唁亡者操办祭牲的大多是亡者的娘家（或岳父家）或者是女儿的婆家、儿媳的娘家，一般亲戚不置办祭牲。所谓“牲”，即猪头、火鸡和鲤鱼，俗称“三牲”，再配上帐幔、香烛、表纸，有的配有烟酒爆竹等物品，还有天竹、柏枝也是必不可少的，摆放在桌案上。桌子用两根竹竿绑着，这就是所谓的“抬子”。每个抬子，还要请一个锣鼓班子，一路吹打，伴随着到丧家。到达时，丧家会安排专人接台子。抬子放下后（背对大门），有专门的司仪“喊礼”，随着有节奏的锣鼓和唢呐声，孝子对着台子“三拜九叩”，三次进香，进香完以后，孝子还要用菜盘将三牲顶起，伴随锣鼓和唢呐绕灵三圈，完毕后，将三牲放到灵前桌子上。

出殡　是在亡者死亡的第三天早晨。出殡的时间，通常是亡者年纪大的迟些，亡者年纪轻的，出殡就早些进行。这是亡者最后离开家的时刻，所以和咽气时一样，亲邻好友都极其悲痛，因为这一别就成永久。出殡前，要进行“开祭”，就是亡者子女、亲属依次进行跪拜。完毕后，由“抬重”的人将棺柩抬到灵堂之外，放在两条板凳上，再用龙杠绑扎好，抬着，送葬的人打着引路幡，抬着台子，拿着花圈，举着幛幔、彩旗跟随一起，一直到墓地，当地人叫“浪白”。墓穴挖好后，要在穴内烧纸钱、芝麻秸（节节高）、棉花柴（子孙绵延）等，寓意后代发财、兴旺，还有向墓穴抛撒硬币的。

完火　坟修好的当天下午，客人也已散去，死者子女亲属要去上坟。去时要带上三碗死者生前爱吃的菜、一瓶酒、一副碗筷、一只酒杯，摆放在坟前，然后烧纸钱、放鞭炮，女儿、儿媳等人哭坟，这算是和亡者做最后道别，这个过程叫“完火”。

超度亡灵　在亡者去世后，丧家摆下酒席，张灯结彩，道士鸣锣击磬，为亡者诵经礼忏。所念诵的经文通常有《金刚经》《往生咒》等，当地称“观灯”。“观灯”根据丧家要求、时间长短、出席道士人数、诵经多少的不同，分为“分客灯”“坐方三圆灯”和“出方三圆灯”。中华人民共和国成立前，但家庙镇域内主持丧事和操持“观灯”的有三家：汪家、杨家和程家。这三家都设有坛界，做小法事，分开进行；如果做大法事，三家联合起来进行，场面很大，非常热闹，往往要进行一周时间。中华人民共和国成立以后，特别是改革开放以来，“观灯”已经不存在了，取而代之的是“大舞台”，地方戏、民间说唱、杂技等老百姓喜闻乐见的形式都是“大舞台”的演出内容。（程真宝提供，陈廷璋整理）

禁忌

吃饭　先吃完饭的人，招呼还在用餐的人“请慢吃”，并把一双筷子并排放在碗上，表示陪吃之意。还在就餐的人会礼貌地说“吃饱”，而不能说“你不吃了”。

早起　起床到早饭时一段时间，不能乱讲话，忌说梦里的话，忌说牙齿，忌说破话（不吉利的话），忌打骂孩子。一般人认为：一天之始预兆全天吉凶祸福，各行各业都非常注意。现在的老年人还比较讲究，但年轻人多不再注意这方面了。

称呼 年龄相仿、辈分相同的，忌直呼对方父母的名字；忌直呼长辈姓名，因为“三字连呼”既是对别人的不敬，也显得自己很没有修养。对成年人忌呼小名（乳名）。

洗衣 旧时上身衣服和下身衣服要分开洗，晾晒时，男人的衣物晾在前，下身的衣物不能超过人头，女性的内衣要挂在不显眼处。

贵在头部（贵头） 过去认为，人最尊贵的是头部，忌随意摸他人的头，最忌女人摸男人的头，女人内衣弄到男人头上被认为极度晦气。

借宿 本地有“宁给人停丧，不给人成双”一说，就是说借宿男女不得同床过夜。

借物 借别人钱物应及时归还，并说“承情、多谢”。但借药罐、龙杠（抬棺材的大杠）、拐杖，婴儿用品（摇窝、坐架之类），忌送还，须得主家上门讨要。

拾物 在路上遇见刀、斧、剪刀等利器，不能捡拾回家。

杀牲 过年杀牲畜，要一刀杀死，特别是杀猪，忌杀第二刀。当地人认为杀第二刀预示着来年办事不顺利，彩头不好。

过年语言 过年期间禁忌说“死、鬼、杀”一类的话，遇到这样的词则用吉词代替，如“杀猪”“杀鸡”称为“牵猪”“牵鸡”，“猪头”要说“元宝”，等等。如果小孩犯忌，大人就说“童言无忌”以禳解。有的人家还会写“百无禁忌”或“童言无忌”这样的小红纸条张贴在墙上。

满月 本地习俗，新娘子结婚未满一个月、妇女生孩子还没坐完月子、孝子贤孙服丧没有过“五七”（一七扣一天，刚好一个月），都禁忌进入别人家门。现在很多人也不讲究了。

其他禁忌 被子要横着缝（本地方言，“横”音同“环”，“缝”也说成“zhai”，四声，“横缝”寓意“还债”），不可竖缝（寓意“背债”）。妇女尽量不坐别人家上横（“横”音同“环”）。与别人握手要把戴着的手套摘下来。帮人家栽秧时，不能唱歌。抛秧把子不能抛到栽秧人的背上了。栽秧只能栽到下午4点左右，不能栽满工秧。栽秧不能栽“破田”（一个田未栽完），一个田要在一天之内栽完。男怕蹲缸，女怕梳妆（指每年第一次听到布谷鸟叫唤的时候，男人上厕所不好，女子梳妆不吉利）。人赶猪，猪不赶人（指猪圈一般要建在房前侧，不可建在屋后）。正当门前不栽花（据说散财）。前不栽桑，后不栽柳，房前屋后不栽“鬼招手”（大叶杨树）。嫁出门的姑娘，忌在娘家生孩子；姑娘和女婿回娘家，忌同床过夜，忌回娘家上坟。现在多不讲究。

四、节令习俗

但家庙镇的节日习俗有独特的地方特色，表现出了人民热爱生活、乐观向上的精神风貌。

过小年 农历腊月二十三为“小年”。中华人民共和国成立前，供奉灶君牌位、摆设祭品、烧香、磕头以及祷告之形式已不复存在。但从中华人民共和国成立以来，过年的喜庆气氛日渐浓厚，过年的准备工作（如打扫卫生、洗晒衣物、置办年货）基本就绪，也有部分家庭在中午或晚上小聚来进行庆祝。并写有对联“上天言好事，下界保平安”贴在灶上。

过大年　农历腊月最后一天（三十或二十九），称为除夕，俗称过大年。当日早上，男人们忙着擦洗门窗，贴春联、福字，挂灯笼，贴年画，家里布置一新。女人（主妇）准备年饭。根据约定俗成的规矩，年饭时间不一，有的在早上，大部分在中午，也有的在晚上。还有兄弟多人的，年饭每家轮流办，从农历腊月二十九晚上到三十的早中晚直至年初一，弟兄们轮流吃年饭，热闹非常。中华人民共和国成立前，每家堂屋供桌上方挂有“天地国亲师位”的中堂，在供柜上放置祖宗牌位。张贴的春联，多数以本姓始封郡名和出名人物事迹为内容编写。饭前，要在供桌上焚香点烛，叩头礼拜，后将准备好的美味佳肴摆到桌上，席间不可缺少的有鱼（寓意年年有余）、圆子（团团圆圆）、粉丝（长寿），一般还多放一些碗筷，表示来年添丁进口的意思。饭前燃放鞭炮，以示喜庆。为了图“彩头”，每家还贴“吉利条”。

过年期间，不准说不吉利的话。为了防止失言，写有“童言妇语概不禁忌”或“百无禁忌”等字条，贴在墙柱上。有的人家把年饭做得多多的，够大年三天食用。有的人家铲一点年饭给鸡吃，据说让鸡来年不抱窝多下蛋。有的人家把年饭锅巴留下来挂在通风的地方晾干，留作家人肚子疼的时候熬水喝。除夕晚上，每个家庭都要烧火。俗话说：“三十晚上火，十五晚上灯”。富人家大多烧炭火，一般人家烧树根火：在避风房间的角落，把地下挖一个浅坑，叫“火垄凼”，用事先准备好的柴根放在上面烧，柴根越大越好，预示来年养大猪。除夕晚上，还有“辞岁”活动，晚辈要向长辈“辞岁”，长辈则把预先准备好的红包拿给晚辈，叫“压岁钱”。晚上一般都要坐到十二点以后，俗称“守岁”。

初一早晨，起来后先接灶神，在灶君牌位摆上供品，烧香、点烛、叩头、祈福，祈求灶君回到人间保平安。洗漱完毕，一家人围坐在桌子边吃面（通常都是炖老母鸡下面）。之后，一般都要到长辈家和左邻右舍拜年，说一些吉利话，恭贺新春。然后再到去年有人故去的亲友家拜访，叫“拜新灵”。

正月初二，通常都是到正路亲戚（老丈人、姥爷姥娘）家拜年。从这天到正月十五，亲友间互相拜年，互请春酒，到处洋溢着浓厚的节日气氛，亲友之间的情感也在这一期间得到联络和加强。

从初一到十五，会有民间艺人到处说唱、舞狮子，挨家挨户进行。后来，发展到选定一个场地，搭台举行。乡民们自筹一点钱财或食品，作报酬。

中华人民共和国成立后，党和人民政府提倡移风易俗，春节习俗变化很大。

春联的内容随着时代的变迁，也在不断变化。现在的春联多以歌颂党的好政策、人民的美好生活以及对自然景物的赞美为主题，中堂多挂山水画、伟人像、名人诗词等。

烧香也有改进。原先是烧封香（六股为一封），为的是拜寿敬神、免灾祈福；后来烧的是卫生香，具有清神醒脑，杀菌、净化空气的作用。

拜年的形式也有改变。每到春节前后，各级政府组织干部慰问军烈属、老干部、五保户、困难户。

春节期间，人们焚香燃烛、挂门灯、放烟花爆竹、穿新衣，既是为了烘托节日气氛，也是为了表现激动和喜悦的心情。

亲戚、朋友间互相拜年仍然存在。往来过程中，往往都准备佳肴、美酒，饱食丰酌一餐。去人家做客时，还随带糕点、烟酒等，作为拜年礼物。现在随着人们提倡移风易俗，正月里亲戚间走访渐渐不再带着物品，而是各家准备一顿丰盛的家宴，大家轮流做东请客，称为“推磨饭”。

以前，在农历腊月三十日，人们都要进行“接祖”。接祖也就是祭祖，请祖宗“回家过年”，共同庆祝一年结束。接祖的仪式大致是这样的：在香火桌中间烧一炉香，两边点红蜡烛，桌上摆满菜肴美酒。由一位亲人背着凳子出门迎祖（来到祖坟前），一边走一边喊“老祖宗回来过年啊”。祖宗“回来”后，人们击磬放鞭炮，掩上大门，斟酒三道，盛上饭，叩头。然后全家人喝酒，吃年饭。次日早晨再“送走”老祖宗，整个仪式结束。现在这样的做法已经很少了，只是在一些山区的老年人家还有少量举行。

元宵节 农历正月十五日为元宵节。“正月十五大似年”，自古以来人们对元宵节就十分重视。早中晚要点烛焚香，上供品，鸣炮，叩头。

以前，在正月十五的清晨，会有一些农村妇女到附近的庙上抢“红子”，送给久婚不孕之家，预兆新年报个胖小子。近年来，这种抢“红子”的风俗已经不存在了。

早餐一般都会吃元宵（也就是大汤果子）。中午，人们一般会带着礼品再到岳父岳母、父母家看望。中午饭和年饭差不多，佳肴美酒，食品丰盛。因为过了这一天，大人们都要上班干活，小孩们也都要上学读书。就如那句俗话所说的：“吃了元宵饭，各人把事干。”

十五的晚上，家家户户张灯结彩，鞭炮齐鸣。政府或民间也会在广场组织一些舞狮子、赏花灯、猜谜语的活动，叫作“闹元宵”。

清明节 在二十四节气中，清明节是唯一的既是节气、又是节日的日子。清明节这天早晨，家家户户将柳条插在门头上，有的放在供桌上；妇女和幼儿头上要戴柳帽。有“清明不插柳，死后变成狗”之说，现在“戴柳帽”这种风俗已不存在了。清明节扫墓，是人们传统的对已故者的祭奠活动。每逢清明节期间（清明节前十天开始到后十天结束，但寒食节那天除外），人们携带儿孙，到祖坟上砍除杂树杂草，清理坟沟，给坟茔培上新土，并在坟头上放上帽子（带草皮的土块），插上标子，子孙们还要在坟前叩头，烧纸，放烟花爆竹。有的人家还选择在这个时候给坟中的祖辈立碑。中华人民共和国成立后，特别是20世纪80年代以来，清明节被赋予了新的内容，一些机关、团体、部队和学校在清明节前后会组织干部、战士、学生，给革命先烈扫墓，同时进行爱国主义和英雄主义教育。扫墓时，通常都会向烈士敬献花圈花篮，鸣放鞭炮，人们恭立在墓前默哀致敬。领队的人或职工、学生代表，有时还会发表一些简短的讲话，表达对先烈的怀念之情和学习他们精神品质的决心。

端午节 农历五月初五为端午节，又叫端阳节。传统习俗是每家每户在这一天都会挂上张天师手握宝剑的画像，在大门两旁和中堂两边插蒲挂艾，小孩子在胸前挂上香囊，脸上涂雄黄，都是为了驱灾祈福，除凶卜吉。中华人民共和国成立后，斩妖贴符的迷信习俗已被破除，但家家包粽子依旧。随着人们生活水平的提高，粽子的原料丰富多样，如腊肉丁、腊鸭、腊鹅丁、大枣、绿豆等。端午节的早晨一般就以粽子作早餐；中餐就丰富多了，有鸡、鱼、肉、蛋，好酒，为妇女儿童还备有饮料。这一天，女儿和女婿带着孩子们回娘家过端午，并带上糕点、烟酒作节礼。

三月三　“三月三”就是农历三月初三。当地流传说“三月三”是鬼魂活动最活跃的日子，往往人的鬼魂跑掉就难以找回来了。解放以前，有“招魂”的说法：将左脚的鞋子扣在头上，用右脚的鞋子往面前搲（音：wǎ），据说能把游离的魂魄召回来。中华人民共和国成立后，也还有一些具有迷信色彩的做法：三月三晚上睡觉时，把脱下的鞋子翻转过来倒扣在地上，这样鬼魂因为穿不上鞋子，就跑不掉了。本地还有习俗，三月初三吃蒿子粑粑，一直流传至今。具体做法：采摘新鲜的野蒿，碾碎，清洗，去掉苦涩味，剁碎，然后加入腊肉丁、米面，混合均匀，加入适量开水烫面，用柴草锅做成蒿子粑粑。蒿子粑粑吃起来清香可口，满嘴留香，为本地特色食品。

吃蒿子粑粑，据说也是为了“巴魂”（防止鬼魂跑失）用。相传这天不能下雨，如果下雨，人就容易生病。

七月半　农历七月十五日，叫“七月半”，又称中元节、鬼节，是本地区的一个比较重要的节日，主要是对新丧的亲友进行祭奠。这天上午，众亲朋带着大表纸、爆竹、烟酒等到主家（大表纸和爆竹是不能拿进家里的），中午主家好酒好饭招待。下午，大家一起到亡者坟前上坟，烧纸，放爆竹、烟花，向亡者叩头致哀思。在“七月半”这天还有“烧纸库”的习俗。“纸库”是亲人烧给亡者的纸糊的房子及生活设施，用麻秸和纸（有的纸库因过于庞大而采用小杉木作为支架）糊成，其中房屋、院落、家具用品一应俱全，现在还有家用电器、网络设备、轿车、仆人等，应有尽有。

中秋节　农历八月十五日是中秋节，又叫团圆节。这一天，家家买月饼，因为月饼寓意着团圆，是中秋节必备的食品。在过节时，亲朋好友在送礼中必有月饼，这是标志，也是对亲朋的最好的祝愿：幸福、团圆。晚上烧香对月朝拜，吃月饼，品桂花茶，名为“赏月”。中秋“摸瓜”习俗在本地盛行。民谣说：摸到丝瓜生男孩，摸到冬瓜生女孩，摸到辣椒不害眼病。中华人民共和国成立后，这种习俗没有了。中秋月饼仍然盛行，而且样式、质量也不尽相同。中秋节前，有父母接出嫁的女儿回家过节的习俗，女儿回娘家过节也会带上月饼等礼品。

第二节　方言土语

由于历史原因，但家庙镇境内居民由三部分构成：一是祖居于此的原籍居民；二是由于战乱逃难至此地定居下来的；三是到此地做生意的商人或做手工的艺人。所以，但家庙镇居民文化是各地文化的交汇融合，包罗极广。各种方言土语、俚语、熟语极为丰富，具有鲜明的地域特色和深厚的文化底蕴。

一、方言词汇

【可照】：行不行的意思。
【意赖人】：使人难受，不舒服。
【滴溜沙拐的】：长短不一，不整齐。
【日连日弄的】：脏，不干净。
【黄蒯蒯的】：黄巴巴的。
【快活来的】：不愿干，不想干。
【来头】：地位，职位很高。
【里光滚】：自己吃亏，不对外张扬。
【日鬼】：没想到，出乎意料。
【纠头】：依靠，依赖。
【抓捞】：依托、依靠。
【晒子】：趟子。
【虚卵泡】：夸大事实。
【寒畏】：可怜的意思。
【弥（音：mǐ）一盅】：喝一杯
【石弥掉了】：堵住，不通了。
【则拧着】：侧着。
【还（音：huán）着】：横着。
【扁着】扁着：躺着，睡着。
【坎着】坎着：翻过来放。
【央饭】：乘人不备，往别人碗里加饭。
【不知纳（音：nè）识】：不懂情理，情商低下。
【按了】：迟了的意思。
【黑胡】：多的意思。
【麻熊】：很多。
【麻卵】：多，很多。
【忽来个】：然后，过一会儿。
【各绕】：乱动，乱扰动。
【歪歪煞煞】：不周正，歪斜。
【彬彬服服】：服帖，平服。
【扯经谄】：不行。
【海扯】：胡扯。
【不上串子】：讲不到名堂。

【半吊子】：不明事理的人，也说二百五。
【掏揽其事】：不该自己做的事情瞎忙活，没事找事。
【摇尾（音：yǐ）巴汤汤】：尾巴摇个不停，指牲畜很健康、悠闲的样子。
【屎泡嘴】：嘴快，喜欢讲。
【叨上了】：盯上了。
【怀混】：不行了，没办成。如事情怀混掉了。
【老颈把子】：颈子。
【家班子】：同宗的人，有时也对同姓不同宗的称呼。
【多咱（音：zǎn）子】：什么时候（又称“好咱子”）。
【糊答子】：面糊糊。
【缺巴】：讲话刻薄。
【阴乎头天】：阴天。
【河令子】：河中的深水潭。
【物蛋九】：鹅卵石。
【半矬子】：半截子。
【瓦折（zhé）子】：碎瓦片。
【凹敲子】：山头上的低洼地方。
【拐拉子】：拐角。
【春上】：春天。
【麻个】：明天。
【皆个】：今天。
【上昼】：上午。
【下昼】：下午。
【中晌】：中午。
【大大（音：dà）】：母亲，有时也称大伯母为大大。
【大大（音 dǎ）】：叔叔。
【重子】：（音：chóng）重孙。
【灰子】：曾孙。
【差乎】：差劲。
【老窝子】：排行最小的儿子。
【老马子】：媳妇。
【皮儿】：再婚女方带来的儿子。
【待招】：理发的人。
【尖头吧唧】：吝啬、小气。
【勺】：精神不正常。
【稻叼子】稻穗。

【牛劝】：穿在牛鼻子上，用来拴牛绳的栓子。

【玉芦】：玉米。

【毛狗子】：狐狸。

【老巴子】：豹子。

【曲鳝】：蚯蚓。

【豁拉子】：缺口。

【遮（音：zhei）蝼】（遮，音：zhēi）：蝉。

【牛翁】：牛虻。

【黄判命】：黄色稍小的牛虻。

【屎冈秕子】：鳑鲏鱼。

【顺深】：房子的长度。

【进深】：房子的深度。

【披厦子】：搭在正房旁的，屋面向外倾斜的小房子。属于附属房的一种。

【窗洪】：窗子

【巴子叶】：芭蕉扇。

【忙槌】：棒槌。

【扁篮】：采茶用的一种可挎在身上的竹器。

【刷箸把子】：洗锅、刷灶台等用的小把子。

【稀蒯蒯的】：很稀，拿不上手。

【踋乎乎的】：显得傲慢，看不起人。

【薄篮子】：装东西的小浅筐。

【煽小扇子】：背后挑事。

【吹阴风】：背地里讲人家的坏话。

【糊弄人】：搪塞，敷衍。

【顺毛驴】：爱听别人讲好话。

【葫芦仓子】：用来装东西的干葫芦。

【活闹】：灵活，圆滑。

【乌龟骚】：儿童后脑勺上的小辫子，一般由胎毛养成。

【渣肉】：米粉肉。

【火亮虫子】：萤火虫。

【跟屁虫】：指小孩跟随不离开。

【考底骨】：说到底，事实上。

【搞幌子】：干什么。

【怄别鼓眼气】：一般指家庭不和谐，相互生暗气。

【上坎不挣（音：zèn）下坎挣，拐弓弯子搁大劲】：帮倒忙。

【日白】：说谎话，假话。

【放铳】：说不合时宜的话。

【大锄楔（xué）子】：指人讲话蠢，不讲道理。

【干巴讲】：说假话。

【办办讷讷的】：说话做事招人反感，不稳重。

【撇子】：说假话，骗人的人。

【心太猴】心太狠、太大。

【下摆摆】：与人竞争不占上风。

【坐劲】：办法点子。

【瞎讲】：乱讲。

【拐】：指人阴险，暗中使坏。

【寒心】伤心。

【老抠】：非常吝啬、小气。

【筋郎】：做事不果断，喜欢斤斤计较。

【搅嘴】：为了自己的利益争辩不休。

【坏水】：坏主意。

【假大马】：表面做做样子。

【黑里黑答】：不光明正大。

【急出来快】：突然想出的办法。

【跩文】：装作有文采的样子。

【花连花答的】：稀疏，不稠密。

【很轴】：性情古怪，执拗。

【开胃】：好玩的样子。

【调酸酒】：挑起是非。

【抹烂药】说人家坏话。

【闪经】：夸大事实，使人紧张。

【离经】不守规矩，做出格的事。

【赞个】：这时，现在。

【没（mò）机了（liǎo）】：最后，末尾。

【倒拉劳】：倒过来。

【忽赖个】：过会儿，等等。

【期必】：已经。

【轴手】：事情很难办。

【拐固】：刁拐，刁钻。

【沙马神道】：说这说那，讲个不停。

【忽里倒东】：指办事不稳重，一会这样，一会那样。

【死眼子】：做事呆板，不懂得变通。

【咪吗】：做事不决断，任其发展。

【得蹬子】：台阶。

【大回】：棺材大头子。

【小回】：棺材小头子。

【子孙路子】：棺材的侧面与底结合处外边留的位置（当地人认为这里留得越宽，子孙的路就越宽）。

【寿器】：棺材，寿材。

【龙杠】：抬棺材的大杠。

【寿圈】：钉在棺材底边上，用手搬动棺材的圆环。

【丘子】：暂时停放尸体的地方，又叫厝。

【老盆】：给死者烧纸钱的盆子。

【摇虎头】：抬棺材走在前头的人。

【掉小尾】：抬棺材走在最后面的人。

【倒头蛋】：放在死者棺材头煮熟了的鸡蛋，一般是三个。

【纺棉车】纺车，纺纱车。

【皮糯头】：没有充分干燥的物品（一般指食物）有韧性，不脆。

【鸡打皮】：地衣。

【白连叫】：说话无效果。

【涨锅】：指食物膨化，体积增大。

【盐巴卤】：腌制牲口、猪肉等产生的卤水，也指一身的汗水。

【猴急】：很着急。

【死精巴子】：纯精肉。

【下作】：做事不光明正大。

【装咪吗】：假装不知道。

【日弄】：脏，不干净。

【捣喉】：吃东西（对别人不友好的说法）。

【毛掐掐】：估算，大约。

【烂不几】："不管怎么说"的意思。

【夹烧纸】：旧时指千层底布鞋因受潮，鞋底一层层烂开。

【大烟冒杠】：烟很浓，很大。

【离蓄】：差距很大。

【豁拉】：开支、花费。

【斡（wó）隔】：相差。

【随囱】：不管怎么样。如：1+2随囱也不会等于4。

【却怪】：出乎意料，不同寻常。

【被录】：旧时指失火。

【稀泡】：不注意，不细心。
【淡不几】：突如其来。
【呵卵泡】向有钱有势的人献媚。
【洋董董的】：说话做事虚浮，不踏实。
【臊（音：sào）堂】：快的意思。有时单用一个臊字。
【奥啊奥】：哄小孩睡觉。有时也指睡觉。
【笔溜丝直】：指很直。
【毛经啦呼】：指毛没有拔干净。
【零各】：一点，一些的意思。
【寒淡】：可怜，破败的样子。
【莫耐】：很，非常。
【轴经】：不听话，别扭。
【连腿坎子】小腿迎面骨。
【波罗盖子】：膝盖。
【脚骨拐】：踝骨。
【打赤爬子】：赤脚，光脚。
【不好过】：病了，生病（一般指感冒等小病）。
【航吧（攮吧）】：身体虚弱，体质差。
【作麻冷】身子发冷。
【气竹】：哮喘。
【作翻】：反胃。
【吊气】：疝气。
【打摆子】：害疟疾。
【挑花】：接种牛痘苗。
【蛤蟆气（炸腮）】：腮腺炎。
【偷针】：角膜炎。
【近区眼】：近视眼。
【豁舂子】：豁唇，兔唇。
【怂不拉几的】：没精神，不振作。
【老骚窝】：后脑勺。
【招毛子】：刘海（额头前的头发）。
【腮半子】：腮帮。
【鼻窟窿】：鼻孔。
【太阳经】：太阳穴。
【淌浓鼻子】：流鼻涕。
【板牙】：臼齿。

【嗓根台子】：嗓子，咽喉。

【脊梁沟子】：脊背。

【起蛟】：因雨水引发的山崩。

【地动】：地震。

【浸眼】：泉眼。

【凑】：往上托。

【撅人】：骂人。

【嗦一下】：吸吮一下。

【磨一下】：转动一下。

【烧昴（有时也说消渺）】：用俏皮话打击人。

【港】：虫子咬，蛀。

【瓪】：动物拱。

【掼（音：guàn）】：使劲摔。

【疼嘴】：接吻。

【肯头】：低头。

【蹚蹚】：试试。

【扑扒】：向前跌倒。

【仰巴敲】：仰八叉，脸向上向后跌倒。

【闹】：拉，拽。

【筒一下】：移动一下。

【顶明心】：头顶盖。

【赚头】：猪舌头。

【刀菜】：用筷子夹菜。

【写酒】：在酒桌上给客人倒酒。

【滚水】：开水。

【温汤水】：温热水。

【油果子】：油条。

【撮一顿】：吃一顿。

【老红】：红娘，媒人。

【接媳妇】：娶儿媳妇。

【看门楼子】：访亲，相亲，女方家女眷首次到男方家相亲。

【开怀】：生第一胎。

【花不见叶】：遗腹子。

【巧】：便宜，不贵。如：昨天晚上逛街，服装店衣服打折，好巧哦！

【空（音：kòng）着】：欠着。

【打笑人】：取笑人。

【语（yū）经】：谈心，也叫拉呱或刮淡。
【日色】：斥责。
【嗔怪】：痛斥。
【烧毛人】：指桑骂槐。
【杵色人】：用语言或行动使人难堪。
【逮人】：①疾病传染；②捉人。
【梭肩子】：棉背心或夹背心。
【插（chǎ）居子】：木屐。
【麻线陀】：打麻线用的陀（大部分是兽骨制成的）。
【隔巴子】：用碎布粘成的布块，做鞋用的。
【走水子】：窗帘、帐帘的檐。
【被条笼子】：被窝。
【单被页子（被单页子）】：被单。
【敲扁（又称摇扁）】：①手工缝制衣服；②找毛病。
【玉米糊哒子】：玉米糊。
【现饭（陈饭）】：剩饭。
【饮汤】：米汤。
【挑皮子】：腐竹。
【盃子】：猪等动物的血。
【东米】：爆米花。
【顺风】：猪耳朵。
【猪元宝】：猪头。
【挨皮】：拖拉、不着急。
【秀眼】：刺眼。
【羊茶灰】：房顶和四壁常年累积的灰尘。
【捋】：理睬。
【曹】：踩、踏。
【特生拉瓜】：讲话粗俗，不文明。
【利郎】：利落。做事麻利，不拖拉。
【奸】：吝啬，舍不得；投机取巧
【缺巴漏猴】：讲话做事不合常规。
【失头撞脑】：做事毛糙，快而无序。
【掐小脚】：对事物进行归纳、强调，以防变化。
【抽冷子】：专找别人缺点；乘人不备。
【咬人】：讲话抓住要害，刺痛人。
【洋和】：不老实，刁拐。

【担疼】：指小孩长得可爱，讨人喜欢。

【瓤巴】：软，不硬实。

【酣人】：与皮肤接触时感觉很冷。

【找决】：干脆，不过分客气。

【抽】：很。如：这一阶段累抽了。

【颇只】：率性，不节制。

【罢心故意的】：有意。

【拜】：不要。

【上来（头上来）】：开始，开头。

【基酸】：身体某部位累得很酸痛。

【帮紧】：很紧。

【黢黑】：很黑。

【点大哥】：受人摆弄的人。

【有偏你】：吃过饭见面的客气话。

【一席】：宴请宾客的首席。

【二席】：宴请宾客的陪席。

【破蒙】：开始上学。

【黑墨盘】：砚台。

【山始】：样子。

【撑杆子】：雨伞。

【踢（tiè）】：系。

【资摆】：在亲人面前装小（一般指小孩）。

【包祖】：责备人。

【遗面】：死者留下可作纪念的物件。

【写钱】：用钱，花费钱。

【拿搪】：故意谦让，不主动承担。

【过身了】：事情过去了。

【交】：遍，完。

【烟洪筒子】：烟囱。

【火煤子】：火炭；又称打火纸。

【水催子】：烧水的壶。

【碗独子】：碗底子。

【锅独子（锅脐子）】：锅底子。

【盆独子】：盆底子。

【胰子】：指肥皂。

【颈罐坛子】：颈罐（安装在灶上装水的器具）。

【肘衣服】：拧衣服。
【搁到】：放下。
【提一下】：拣一下。
【悠悠】：甩甩。
【经赤膊】：赤膊。
【请打工子】：代替别人帮人家干活。
【舅头】：妻兄弟。
【小毛仔】：婴儿。
【尖头巴子】：小气，吝啬。
【老头镜子】：小气，不大方。恶怪怪的不通情理的样子。
【小毛贼】：小偷。
【点地】：种地。
【搂簸子】：簸箕。
【春头】：香椿。
【扁毛枝】：柏树。
【松毛丫子】：松枝。
【黄姑娘（黄大仙）】：黄鼠狼。
【燕老鼠】：蝙蝠。
【嘻嘻子】：墙上爬的扁形的蜘蛛。
【土狗子】：蝼蛄。
【草鞋爬子】：百足虫。
【滚山珠】：马陆虫。
【杨拉子（洋辣子）】：灰刺蛾的幼虫，有毒的毛毛虫。
【灶麻子】：喜欢在灶台爬行的蟑螂。
【开窝】：母鸡开始下蛋。
【出窝】：小猪长到一定程度开始出售。
【锅门口】：锅台一侧放柴的地方。
【皮纸刮】：油纸扇。
【顶顶子】：顶针。
【大底针】：纳鞋底、缝被子用的大针。
【站筒】：一种圆木桶，底层放有火篮子或火盆，供小孩站在里面取暖。
【坐筒】：一种有靠子的圆木桶，底层放有火盆，供人们坐着取暖。
【眼展毛】：眼睫毛。
【促】：看。
【橡皮糙子】：橡皮擦子。
【糙子】：小孩顽皮。

【坐红板凳】：考试成绩不及格。

【克巴】：是吧。

【叉（chǎ）】：动物大口地咬食东西。

【斗居】：打居子。一种单腿独立对撞的游戏。

【抓子】：一种玩小石子的游戏。

【年成】：年景。

【好歹】：不管怎么样。

【沓色】：邋遢，不讲究。

【顶个大】：很小。

【搁劲】：用力。

【将好】：刚好。

【蹦黄】：很黄。

【温臭】：很臭。

【尖头八几的】：做事不大方，怕花钱。

【翘尾巴】：有点成绩就了不起的样子。

【走人家】：走亲戚。

【后头人】：对人称自己的妻子。

【有喜】：指怀孕。

【临月】：临产。

【坐月子】：妇女产后一个月（休息、调养）。

【不挂左岔】：根本不行的意思。

【老兄】：指弟弟。

【脚踏车、钢丝车】：自行车。

【鞋色子】：拖鞋。

【火剪】：火钳。

【火锹】：灶膛上用的铁锹。

【水量子】：水舀子。

【通担】：尖担（两头用铁皮包成尖状的扁担，用来担柴等用）。

【热水瓶】：暖水瓶。

【门鼻子】：门搭扣。

【大尾巴羊】：指爱摆架子、自以为是的人。

【嘴滥奶香】：没成年，幼稚。

【鸡虾命】：鸡吃的再饱，也到处去虾（虾，指用爪子在地上乱扒拉）。

【红眼挣子】：遇事不冷静，好争执。

【鬼不生蛋】：指荒凉，没有人烟。

【脚抵手扒窝】：忙个不停，没空休息。

【三根经索齐】：做农活的行家。
【手脚不稳】：小偷小摸。
【胡里马堂】：没条理，没规矩。
【烧高香】：干好事。
【眉高眼低】：指对人没有好脸色，为难人，使人受气。
【黑麻拄天】：天色很黑，没有亮光。
【惹一身骚】：把不好的事物引到了自己身上。
【狗连亲家母】：相处得很近，很亲密。
【赶鬼上店子】：催赶，急急忙忙。
【三不打的】：不重要，可有可无。
【贼有贼见识】：小贼也有自己的计谋。
【一眼看交干】：看得明明白白。
【扑地吹灰】：一败涂地。
【鹰眼鱼耳】：指鹰的眼尖，鱼的耳朵灵。
【一磨三谎】：很会撒谎。
【泛白股眼】：很吃力，很受苦的样子。
【挖五捣六】：想尽点子干坏事。
【针尖对麦芒】：互不相让。
【五马泛六羊】：不安分。
【认夙到拐】：彻底认输。
【说漏了嘴】：说出来不应该说的话。
【没居子料】：没有能力，没办法弄倒对方。

二、俚语　俗语

只要心宽，不要屋亮。
给你三分颜色，就能开染坊。
三根毛打五股辫子。
买根针，要看看有没有鼻子。
一句话讲人笑，一句话讲人跳。
半夜起来上扬州，摸来摸去还在锅台后头。
千日胡琴百日萧，笛子只要一早朝。
黑眼珠见不得白银子。
三步不远，两步不近。
狗养的狗疼，猫养的猫疼，黄鼠狼养的尖着嘴疼。
鸡嘴有药，吃了难发。

扯冬瓜闹葫芦。

东扯葫芦西扯瓢。

满嘴牙齿。

十件褂子不如一件袄子，十个叔子不如一个老子。

天有甲子管着，人有命运管着。

跑不过影子犟不过命。

羊吃碰头草。

人财不爱，自财不丢。

打肿脸充胖子。

吃不安睡不眠。

人硬伤钱，琴硬伤弦。

慢人自有慢人福。

深也深不得，浅也浅不得。

宁丢祖上三担田，不丢饭后一袋烟。

棒槌不响，浑水不淌。

宁催人过岭，不催人过颈。

人怕当面，树怕剥皮。

猫吃猫的，狗吃狗的。

一个茅草叶子，顶一个露水珠子。

一拳打到心窝上。

冷锅蹦出个热豆子。

病汉听不得鬼叫唤。

提起针却没得鼻子。

扯起荷叶满塘转。

鸡蛋又小又淌渗。

扯着被子横着盖。

七下冒火，八下冒烟。

不想柴开，只想斧脱。

针鼻大的眼，斗粗大的风。

针鼻子大的洞透过斗粗的风。

去时两块豆腐，回来豆腐两块。

老子不狠舅子狠。

两头一般大，一头二尺五。

出头的椽子先烂。

要饱早上饱，要好祖上好。

天干没有雨行头，人穷没有真朋友。

皇帝没有白用人的。
捡一冬干柴，被一锅腊八粥烧掉了。
命中有三分，不要起五更。
竹子不铰杪，还要拄上天。
起家好似针挑土，败家犹如浪淘沙。
骑马不知坐轿的难，坐轿不知自走的难。
满塘鱼，半塘虾。
三根火枪都搼不下。
棒槌落地有一头生根。
讲不到个胖头大鲢子。
坏猫肚子有刺。
葫芦要挂在墙上，不要挂在颈子上。
葫芦挂在墙上不好，非要挂在颈子上。
平时不烧香，临时抱佛脚。
紧睁眼，慢张口。
一娘生九子，九子九条心。
小鸡要米，干亲要礼。
霍山地皮浅，说着说着到跟前。
三九天冻死爱俏人。
喝酒的没忙到，把壶的忙到了。
大路上讲话，草稞子里有人听。
临渴凿井。
老猫不服倒头死。
有理讲不弯。
有菜摆在碗头上吃。

三、谚语　歇后语

谚语

天气谚语

早哇晴，晚哇阴，半夜哇哇水淋淋（“哇”指鹭鸶一类的鸟鸣叫声）。
春雾雨，夏雾热，秋雾凉风，冬雾雪。
早烧等不到中，晚烧一场空（“烧”指天空的火烧云）。
云从东北起，不是风就是雨。
东边雨救不了西边田。
云走东，一场空；云走西，雨凄凄；云走南，涨破塘涵；云走北，好行差。

蚂蚁搬家蛇过道，不久必有大雨到。

雷打中，一场空。

黄风黑雨（“黄”“黑”指天空颜色的变化）。

乌云拦东，无雨便是风。

天上扫帚云，三五天内雨淋淋。

云下山顶将有雨，云上高山可晒衣。

天上鱼鳞斑，明日晒谷不用翻。

今晚花花云，明日晒死人。

晚看星星稀，明日晒死鸡。

乌云不接地，明日晒谷季。

乌云接日头，半夜雨不愁。

乌云当空，有雨不凶。

日落云连天，必有大雨到。

早怕南云涨，晚怕北云推。

西北明，来日晴。

早上朵朵云，下午晒死人。

云从东北涨，下雨不过晌。

早阴阴，午阴晴，半夜阴天不到明。

浓雾三天必有大雨。

昼雾阴，晚雾晴。

春起东风雨涟涟。

夏起东风晒干田。

咸菜坛子出汗，要下雨。

日出淡红，无雨即风。

有雨四方亮，无雨顶上光。

大雪年年有，不在三九在四九。

雷打立秋，五谷歉收。

立冬晴，一冬晴。

头九晴，九九晴。

春东夏西，飞马送雨衣（指风）。

春南夏北，有风必雨（指风）。

南转北，天不测（指风）。

斑鸠咕咕叫，必有大雨到。

鸟雀洗澡，大雨飘飘。

蛤蟆乱跑，大雨要到。

蜘蛛结网天必晴，蚂蚁搬家天要阴。

蜻蜓低飞，必有雨水。

东风主雨。

不怕初一下，就怕初二阴，初三下雨十三晴，二十四五泛光明。

天黄有雨，人黄有病。

五月南风发大水，六月南风井底干。

春寒多有雨，夏寒水断流。

正月二十阴，阴阴达达到清明。

清明要明不得明，谷雨要雨不得雨。

南风脚下存大雨。

乌云接月亮，大小有一场（雨）。

东虹日头西虹雨。

日晕三更雨，月晕午时风。

月亮戴戴帽，有雨在明朝。

三月桃花雪，四月柳条霜。

三月天气难，秧要暖和麦要寒。

有钱难买五月旱，六月连阴吃饱饭。

复览山戴帽（指要下雨），停工睡觉。

水缸出汗大雨到。

鸡冷上架，鸭冷下水，鹅冷蜷腿。

鸡早晴，鸭早阴（指进笼）。

粪缸臭翻天，必有大雨到。

三九四九中心腊，塘里冻死连毛鸭。

五九六九沿河看柳。

七九六十三，行人把衣担。

重阳无雨看十三，十三无雨一冬干。

早上朵朵云，下午晒死人。

夜里星光明，明天仍天晴。

早看东南，晚看西北（有云必有雨）。

正午现一现，三天不见面（连阴不见太阳）。

农业谚语

立夏不下，无水洗耙。

六月六（lu），能晒鸡蛋熟。

吃了端午粽，才把寒衣送。

春打六九头，家家卖老牛（年成荒）。

春打五九尾，家家啃火腿。

七月杨桃八月楂，九月毛栗笑哈哈。

桃三杏四梨五年，枣树当年就赚钱。
家有千棵竹，根根肋巴骨。
家有千棵柳，砍柴不要走。
家有千棵桐，子孙不受穷。
看羊不要本，绳子要一捆。
庄稼无牛客无本（客指生意人）。
富不离书，穷不离猪。
看（读第一声，饲养）猪不赚钱，回头看看田。
麦怕半夜雨，稻怕午时风。
在家抱娃娃，不如稻田里绊稻花（指薅秧）。
油菜浇花麦浇芽，玉芦（玉米）锄棵豆锄花。
庄稼一枝花，全靠肥当家。
九（九九节气）尽桃花开，燕子飞回来。
过了正月半，人人找事干。
正月十五大似年，吃块肥肉好下田。
春分秋分，昼夜平分。
清明不断雪，谷雨必有霜。
清明浸种，谷雨下秧。
芒种芒种，样样要种。
春寒多存雨，夏寒水断流。
夏天不热，五谷不结。
大暑前，小暑后，两暑之间种绿豆。
稻打苞，水齐腰（灌溉）。
九月桂花黄，家家种麦忙。
十月小阳春。
交了十月节，不是雨就是雪。
冬至栽竹，立春栽树。
上肥不如勤调种。
锄口有粪，越锄越盛。
黄金难买五月旱。
稠芝麻，稀绿豆，棉花棵里睡牯牛。
棉锄五交（相当于五遍）白如云。
三分种，七分管。
稀稀闹闹结大稻。
桐子开花，冻死娃娃。
晒死和尚没油得，晒死芝麻没锄得。

地无三寸土（指庄稼全靠地表土）。
斤鸡斗米家家喂，白水养鱼人不知。
七月胡（指红薯长的须根），八月坨，九月十月扛大锄（挖红薯）。
蚕豆不用问，八月土里混。
早芝麻，迟绿豆，结起果来无估头。
粗茶细喝，细茶粗喝。
童子活了八百八（岁），宜的是早稻早麦。
油瓶（金樱子）开花，正种棉花。
寒露油菜霜降麦，闰月不点十月麦。
瑞雪兆丰年。
麦压三床被（指下雪），头枕馒头睡。
谷雨前，种籽棉。
再收，收不净种子（指收割庄稼总有丢失的，收不尽）。
人勤地不懒。
春天播种，夏天成长；秋天收获，冬天贮藏。
九成熟，十成收（获）；十成熟，九成收（获）。
小满栽秧家把家（很少的几家），芒种栽秧满天下。
黄金难买漂秧手（浅栽）。
不怕埂晒（靠田埂第一位栽秧手）走得狠，就怕扒晒（最后一位栽秧手）撵得紧。
田兴埂，地兴岭。
稻薅三交（遍）涨破壳，棉锄九交（遍）白如雪。
二月清明满山青，三月清明半山青。
黄土见了沙，就像孩子见了妈（庄稼喜欢沙土地）。
秧栽腰扎，到老不发。
清明前后，栽秧种豆。
打鱼人看海，种地人看天。
头伏萝卜二伏菜。
头伏看秧哭啼啼，二伏看秧笑嘻嘻。
豆子锄三遍，豆角结成串。
秋耕深一寸，顶上一茬儿粪。
旱绿豆，水小豆，不旱不涝种扁豆。
过了谷雨节，种地不停歇。
粪是地中宝，没它长不好。
立春多栽树，勤劳能致富。
稀三棵，稠三棵，不如均匀收得多。
谷锄三遍籽饱满，豆锄三遍长得圆。

菜浇花，麦浇芽。

春旱不算旱，秋旱丢一半。

闰月年，早种田。

谷雨没得摘（黄大茶），立夏摘不撤（音 ché）。

六月草，棍打倒。

六月扯连阴，遍地出黄金。

月月能栽松，只要捶得不通风。

三伏天不热也是热，三九天不冷也是冷。

玉芦不搭叶，棒子赛牛角（音 gé）。

霜打油菜荚，到老都不发。

牛怕寒露风。

吃到闰月饭，做不到闰月活（闰月那年好下雨）。

头耙紧，二耙松，三耙四耙往上拢（搭田埂）。

割稻三齐：穗齐、铺齐，茬齐。

蓼子开花你不做，十冬腊月把脚跺。

秋分不露头（稻子），割了喂老牛。

一天一个暴，田埂都结稻。

吃了冬至面，一天长一线。

立夏三天连枷响，立秋三天滚上场。

麦到小满稻到秋。

好种出好苗，好葫芦结好瓢。

一滴春水一滴油。

肥料到处有，就怕不动手。

霜前冷，雪后寒。

田埂上一天三趟不为稠，亲戚家三年一趟不为稀。

歇后语

乱草岗打墙——箍搅穷鬼。

豁牙巴啃骨头——沾光微细。

歪嘴吃锅巴——随（斜）着。

钓鱼钓到板凳——有做（坐）的无吃的。

老公公背大媳妇过河——吃力不讨好。

豆腐渣炒藕——糊眼子。

独眼龙打枪——一眼瞅定。

睡在床上弓着腰——想起来讲。

过年不戴帽子——敞着头。

蚊子叮菩萨——认错人了。

小和尚拜堂——第一回。

六指子抓痒——多一道。

麻布口袋装菱角——里戳外捣。

郭呆子看画眉——有谈有讲。

郭呆子看大水——不涨也不退。

郭呆子卖老坟——看堆垛。

癞大姑子养蚕——只够供嘴。

土公蛇咬板凳腿——空出一口毒气。

麻秸掉到水井里——站着怄（沤）。

老奶奶下井——尖（坚）脚（决）到底。

黄鳝剁掉头——不是出血筒子。

黄鼠狼泥墙——小手小脚。

穿钉鞋拄拐棍——步步生根。

叫花子背二斗米——自讨的。

小孩屌虾子——一凼归一凼。

两个裁缝打架——真（针）干。

六月心穿棉鞋——甩独势。

蚊子打呵欠——好大的口气。

花篮装泥鳅——跑的跑，溜的溜。

买斗笠问把子——散（伞）捣。

南瓜花炒鸡蛋——正配色。

花果山开批斗会——斗（逗）猴。

小孩子扛口袋——直肠（扛）直倒。

瞎子看戏——人笑我笑。

腊鹅汤泡锅巴——有（油）言（盐）在先。

罩里的鸡——不愁捉。

睡猪槽盖冰冻——没有一面热人的。

黄仁模吃盐黄豆——判日子不过。

半夜起来做皇帝——快活一时是一时。

秃子头上的虱子——明摆着。

秃子头上打苍蝇——来一个死一个。

茶壶煮饺子——有货倒不出。

复览山戴帽子（指天上有云）——要变天了。

虾子趴在犁 yàn（方言，即犁湾子）上——正合湾子。

王八爬犁铧——圆套圆。

小和尚打伞——无法（发）无天。

蓼子花揩屁股——绕眼子（意指胡差事）。

小猫上锅台——老熟路。

黄牛押田——尽力而为。

长草短草——一把窝倒。

泥巴头子冒水——土眼子。

麻秸打狗——两头怕。

黑狗尾巴扎锅圈子——厌了一转子。

老公鸡上书案——多（哆）话（画）。

胡子吹喇叭——毛鼓（估）着。

有油无盐——吃死不甜。

灶君奶奶上西天——好话多讲，坏话少言。

千里送鹅毛——礼轻情意重。

热锅上的蚂蚁——走投无路。

四两棉花——不谈（弹）。

沈万三打死人——把钱瘗。

哈巴狗吃冷粥——浑身都颤。

买布不带尺——胡扯。

墙头上犁田——就一趟。

王麻子搭锅台——一夜不睡觉。

王木匠箍桶——多把人来。

镜子里头的钱——拿不到。

穿蓑衣救火——惹火（祸）上身。

反穿皮袄——毛对外。

小秃子害蜡烛穗子——没有一头是好的。

头顶碓（duì）窝唱小旦——累死累活不中看。

大街上掉裤子——会计（快系）。

两个哑巴一头睡——没话讲。

正月十五贴门神——迟了半个月。

哑巴打呵鼾——要讲话。

麦秸草拴鸡蛋——一头脱一头抹。

年三十借砧板——家家都要用。

一斧头不砍——尽作（凿）。

萝卜缨子上桌——不成席。

黄鼠狼没打到——弄个一身骚。

眨巴眼烧松毛——喷劲大（好吹牛，说大话的意思）。

驴子三条筋——驮重不驮轻。

卖窑货断扁担——没有一个好货。
白颈老鸹——张嘴是祸。
老鼠上秤钩——自己掂量自己。
裁缝不带剪刀——就落个吃（尺）。
乌龟过门槛——总有一跤跌。
老鼠拖木掀——大头在后。
老鼠嫁丫头——叽叽喳喳的。
老鼠钻风箱——越钻越紧。
碓窝养泥鳅——混不进去了。
虾子过河——慌了大爪。
瓦瓮罐子养乌龟——越养越缩。
火钳打小孩——夹皮。
芮草洼锣鼓——各打各的。
苏家埠挂面——搭上就扯。
三个钱买个猴——盘死掉了。
瞎子磨刀——快了快了。
张天师求雨——可葫芦甩。
郭呆子翻嘴——有一句讲一句。
看戏不见了孩子——背掉了。
郭呆子看走马灯——来的来，去的去。
锅灶门前的烧火棍——一般高。
郭呆子卖祖宗牌子——天地寒心。
郭呆子犁田——认屄到拐。
郭呆子认不得吊罐——黑壶（很多的意思）。
头上长疮，脚下流脓——坏透了。
光屁股坐板凳——有板有眼。
土地爷放屁——神气。
土地爷吃经锁——用着神（绳）在。
矮子推车——搭不上绊。
看人家吃豆腐——牙快。
倪品三的礼帽——揭烂的（倪对人客气，见人总脱帽）。
家有贤妻——不招昏事。
门对大山尖——客奉主家烟。
柳树条子串王八——一路货色。
戴斗笠打伞——多此一举。
麻子当军师——点子多。

哑巴吃汤果——心里有数。

土地爷没有肩膀子——不是担财鬼。

狗咬刺猬——无处下牙。

癞蛤蟆垫桌腿——死活撑着。

擀面杖吹火——一窍不通。

猴子拈到一块姜——吃不好吃，装不好装。

第三节 故事传闻

一、革命故事

陈家楼除暴

舒家庙附近最顽固的封建堡垒——陈家楼子，庄内设有炮楼，拥有快枪10余支。大土豪陈本道，横行乡里，称霸一方。舒传贤和地方党组织在组织农民协会时，陈本道威胁恐吓，不许农民参加，扬言："谁要入会，就别种我的地，给我滚出舒家庙。"农民敢怒不敢言，只得忍气吞声。陈本道是当时农民运动发展的最大障碍，舒传贤和他的战友们深知陈本道不除，将后患无穷。经过精心谋划，一个铲除陈本道的计划形成了。

1928年秋天的一个夜里，武装小分队分三路悄悄摸进陈家楼，由队长舒传笏带领，埋伏于陈家庄园的唯一出口处。副队长潘成带着神枪手郑世杰摸到岗楼边。约半小时，守门的庄丁未见下一班的人来换岗，便朝屋里走去。潘成戳了一下郑世杰，两人遂闪身进入院内。灯火阑珊处，迎面走来一个穿长袍短褂的人。潘成定睛一看，心中一惊，来人正是他要找的陈本道。说时迟，那时快，潘成一个箭步跨到陈本道跟前，用手枪抵住他的腰间，低声喝道："不许动，跟我们走，不老实就崩了你。"陈本道吓得腿都软了，乖乖地举起手来，在潘成、郑世杰的押解下向庄外走去。出了陈家楼，小分队一起涌上前来，舒传笏手起刀落，陈本道还没来得及哼一声，便身首异处（程业清根据《下符桥区志》手稿整理）。

风雪杨家庄

盘踞在花园畈的杨大老爷，是当地的一个土豪，家有千亩良田，平时剥削、压迫农民，残酷无情，横行乡里，作恶多端。群众对他恨之入骨，但慑于他的势力强大，当地没有人敢得罪他。当地的党组织找到舒传贤，要求派赤卫队除掉杨大老爷。

1929年2月10日正是农历年三十，鹅毛似的大雪下个不停，赤卫队雪夜从舒家庙出发，午夜到达杨家庄附近。只见杨家庄大门紧闭，庄内锣鼓喧天，鞭炮声阵阵，庄内正在上演迎接新年的狂欢。不过杨大老爷做梦也没有想到，他的末日就在眼前。到了下半夜，杨家庄内安静了下来，小分队绕到庄后，猛力撞门。两扇大门轰然倒下，队员们鱼贯而入，进入庄内。舒传笏一行3人摸到西厢房，踹开房门。刚从梦中惊醒的杨大老爷刚要喊人，就被舒传笏一把从床上揪了起来。小分队在庄内搜缴了武器后，把杨大老爷连同武器一同带走，刚走到庄外，只见刀光闪处，杨大老爷便去见了阎王（程业清根据《下符桥区志》手稿整理）。

风雷激荡舒家庙

舒传贤家乡在地处六安市南部的霍山县，东北部是但家庙镇。该镇北部的观音岩村与金安区、裕安区接壤。这里群山起伏，青翠叠嶂，有被当地人所津津乐道的“九峰十三洞”。村北部的豪珠岭，为霍山县与金安区、裕安区的分水岭，山的西北坡属裕安区，东北坡属金安区，南面属霍山县。岭上建有寺庙曰“东观禅院”。从豪珠岭向南约5里地有个仅20余户人家的小村庄，叫舒家庙。这里是革命先驱、皖西革命根据地主要创始人舒传贤的家乡。村子东、西各有一条小河缓缓流过，两条小河在南面村口汇合，然后一路向西南流入东淠河，这条河就是牛屎河。

1927年秋至1930年，舒传贤在以家乡舒家庙为中心的霍山东北地区传播马克思主义、建立霍山最早的共产党组织，组建共产党领导的以农民为主体的革命队伍，进行土地革命，开展武装斗争，建立苏维埃政权。舒家庙这片古老贫穷的土地上风雷激荡，革命的星星之火被点燃，并很快在皖西大地呈现燎原之势。

一

1927年8月中旬的一个黄昏，虽然已经立秋，但暑气似乎一点儿也未消。舒传贤背着简单的行李，大步流星走在大河厂通往舒家庙的小路上。为了贯彻八七会议的精神，舒传贤受党的派遣，回到霍山自己的家乡，开展革命活动。“近乡情更怯”，这熟悉的小路，把舒传贤的思绪又带回到以前那难忘的时光：

幼年时期，舒传贤就由父亲教识字，读《三字经》《千字文》。9岁入私塾读书，其间，与贫苦农家子弟吴泽民、万子元等人一起放牛、一起玩耍。13岁时，因家境日窘而停学，在家劳动一年。环境的熏陶、父母的教育、贫苦生活的磨炼，使传贤从小就养成了朴素、勤劳、不怕吃苦、不畏强暴的优良品质。1915年秋，传贤考入霍山县第一高等小学校（简称“一高”），与同乡的戴克杰、朱体仁、卢宜炯、吴泽民等一起入学。在学校，传贤深受一高校长、爱国民主人士黄楚三影响，思想境界大大提高，经常和老师、同学们讨论国家前途、民族命运的大问题，深得校长黄楚三赏识。

传贤的父亲舒家夔是个晚清秀才，精通医术，心地善良。他让儿子读书的目的就是早日成家立业。1917年秋，经亲戚撮合，邻近的三尖铺白云庵村陈家有个叫春如的姑娘嫁到了舒家，与传贤结为夫妻。天资聪慧、勤劳善良的春如与传贤情投意合，感情甚笃。1918年秋，传贤以优异成绩考取省立甲种工业学校（简称“甲工”）。1919年春节刚过，传贤就告别慈祥的父母、贤惠的妻子、勤劳朴实的哥哥和咿呀学语的儿子，冒着料峭的春寒，踏着初春的残雪，来到省城安庆读书。

自从到“甲工”读书以来，一晃将近9年。这9年，舒传贤经历了一系列的斗争，每一次运动和斗争，传贤总是冲在最前面。在斗争中，他先后成为安庆学生运动领袖、旅日留学生领袖、安徽工人运动领袖。经过斗争的洗礼，28岁的舒传贤已经成长为一个坚定的共产主义战士和具有丰富斗争经验的职业革命家。此次回到家乡，他将迎接新的挑战，他要将革命的火种播撒在他深情爱着的这片土地上。

舒传贤沿着牛屎河一路北上，清清的河水时而发出哗哗的声音，像是唱着歌迎接游子归来。离家越来越近了，传贤极目搜索着家的方向。苍茫中，舒家庙已隐约可见。他在心里想象着家里现在的状况。父亲身体一直不好，现在已年近花甲，母亲为了这个家总是任劳任怨；想到妻子和离家时刚满月的儿子，传贤心里涌起一阵阵愧疚……天色不知不觉暗下来了，星星在夜幕中眨着眼睛。经过两个多小时急行，舒家庙小村庄就在眼前。在靠近村南的几间小瓦房里，透出了昏暗的灯光，这就是自己最熟悉的家啊！传贤一阵激动，禁不住连声喊道：“爹、娘、哥、春如，我回来了，我是传贤啊，我回来了！”

二

1927年，由于蒋介石、汪精卫背叛孙中山的三民主义，大革命失败。舒传贤深知中国革命目前所面临的艰难处境，但坚定的信念在他心底坚如磐石。他深信，只要按照党的既定方针，把斗争的阵地转向农村，广泛发动群众开展土地革命，推翻黑暗的反动统治，中国革命一定会胜利。而当前最迫切的，就是要创建农村共产党组织，形成领导核心。舒传贤回到家乡，顾不上为父母分担家里的农活，顾不上与妻儿享受天伦之乐，立即投入新的火热的斗争中去了。他要在自己的家乡首先播下革命的火种，要为广大劳苦大众砸碎枷锁，让他们彻底获得解放。

回到舒家庙自己的家里，还没来得及洗去满身的征尘，舒传贤就立即联系了几个同乡好友，他们在一起叙旧情，聊对社会现实的看法，深入交流思想。

戴克杰、朱体仁、卢宜炯、吴泽民，都是舒传贤在霍山一高读书时的同学、好友，毕业后都在家艰难谋生，忍受地主豪绅的剥削压迫。他们接受过进步思想的熏陶，对社会的黑暗深恶痛绝，此次老友重逢，彼此有着说不完的话。

舒盛苍，是舒传贤的远房侄儿，与舒传贤年龄相仿，家住离舒家庙三四里地的白云冲，从小读过私塾，极为聪明好学，但因家里太穷，只读了几年就回家放牛了。他和舒传贤从小就是要好的伙伴。

广燕申，读过几年书，后来在舒家庙设馆教书。他性情刚烈，看不惯地主豪绅横行乡里，欺压贫苦农民。舒传贤这次回来，他们很快见了面。舒传贤非凡的眼光，进步的思想，让广燕申既钦佩又羡慕。

此外，舒传贤还陆续结识了一大批本地和周边的许多年轻人，他们是朱雅清、倪大让、汪正发、程贤德、刘海彬、赵小波、戴克隆……他们都是乡下穷苦农民的孩子，或多或少读过一些书，对社会的黑暗强烈不满，但凭自己的能力又无力抗争，他们为找不到出路而苦闷。舒传贤认为，中国共产党在农村革命，就要先把这些有一定思想觉悟的年轻人组织起来，通过学习马克思主义提高他们的思想觉悟，把他们引上革命的道路。

1927年8月的一天下午，火热的太阳炙烤着大地，路上几乎没有什么行人，知了的叫声让人烦躁。朱体仁、朱雅清等十几个年轻人，来到了离舒家庙不远的张管冲一个名为永兴寺的小庙上，听舒传贤宣讲革命道理。舒传贤渊博的知识、雄辩的口才给这些年轻人以极其深刻的印象。就在这次聚会上，舒传贤提议："咱们都是有理想的年轻人，为了改变自己的命运，让咱穷人真正翻身，我们应该组织起来，经常集合在一起，共同学习、讨论，共同提高思想觉悟……"大家纷纷赞成。经过热烈讨论，一个叫"学术研究会"的进步团体组成了。他们对外宣称学术研究会的宗旨是"交换知识、联络感情、砥砺学术、主张公道"。表面上是为失学、失业青年补习文化，实际上是由舒传贤向他们讲解马列主义，宣传共产党的政治主张，培养其中的骨干分子加入中国共产党。

学术研究会成立后，参加的人越来越多，影响不断扩大。参加学习的人通过理论学习和舒传贤的启发诱导，革命思想由萌发到坚定，革命觉悟日益提高。在创办农民义务学校的同时，舒传贤还仿照广州、长沙等地农民运动讲习所的方法，办起了农民义务学校，吸收舒家庙及其周边90多名贫苦农民入学。义校设在村口的舒家祠堂里，在义校的大门上，贴了一副引人注目的对联："枪毙小土豪，刀砍大劣绅。"舒传贤亲自给义务学校上课。该学校由学术研究会骨干舒盛苍全面负责。农民们在义务学校既学文化，又学革命理论，思想认识不断提高，革命热情不断高涨。

1927年冬，舒传贤经过认真考察，吸收了吴泽民、朱体仁、舒盛苍、余东平、朱雅清、张少清等12人入党，成立了舒家庙党小组，舒传贤任组长。不久，舒传贤在豪珠岭宝珠寺召开了第一次党员会议，将原舒家庙党小组改为支部。舒传贤创建的舒家庙支部，是霍山县最早建立的党组织之一。

年底，舒传贤又在舒家庙召集全县党员开会，成立了霍山支部，舒传贤任书记。1928年初，舒传贤又在豪珠岭召开霍山党员代表会议，将霍山县支部改为特别支部，书记为舒传贤。1929年1月，经中共安徽省第二届临时委员会批准，舒传贤在舒家庙肖家冲舒盛苍家召开了霍山县第一次代表大会，选举产生了中共霍山县第一届委员会，舒传贤当选为书记。在舒传贤卓有成效的努力下，霍山县早期党组织在舒家庙建成并逐步发展，使舒家庙成为霍山县土地革命斗争的摇篮。

舒传贤在抓党的建设的同时，着手组织农民协会，组建农民革命武装。1927年冬，舒传贤从学术研究会和农民义务学校中挑选了邓海清、李茂明、舒传笏等9人组成了武装小分队，在偏僻的金杯山邓海清家秘密进行军事训练。小分队成立时，只有1支长枪、6把大刀。这是霍山县第一支完全由农民组成的革命武装队伍。武装小分队成立不久，在舒传贤的精心指导下，采用夜间偷袭的方式，处决了一批劣绅恶霸。此后，在舒传贤的领导下，农民赤卫队、游击队先后建立。有了党的正确领导，以舒家庙为中心的霍山县东北地区，革命的风暴一阵猛似一阵，斗争的规模越来越大，很快形成了滚滚洪流，从根本上动摇了反动统治的基础，激荡着腐朽黑暗的旧社会秩序。

1928年秋至1929年，舒传贤亲自领导发动了以舒家庙为中心的霍山县东北乡大规模的抗租、抗税、抗捐、抗债、抗夫的"五抗"斗争和扒粮斗争。

1930年4月6日，六安县民团队长罗子和率自卫队到舒家庙附近的下符桥一带搜捕农协会员，杨甲三率自卫队进剿舒家庙。自卫队刚到，就被农协会员数千人围住。4月7日，东北乡暴动全面爆发，舒传贤亲自指挥。赤卫队与民团激战数日，打退了敌人的多次进攻。12日，刚刚攻克霍山县城的红一军在许继慎的指挥下，支援赤卫队作战，全歼被围困的反动民团，东北乡暴动获得全胜。随即，在舒家庙南3千米的团墩成立了霍山县第一区苏维埃政府。舒传贤家乡的舒家庙及附近的但家庙、大河厂、下符桥也相继成立了乡苏维埃政府。舒传贤的家乡终于变了天，广大贫苦农民翻身做了主人！

此时的舒传贤，不仅是在自己的家乡，而且是在皖西大地这个更广阔的大地上领导革命事业，为创建皖西革命根据地而进行艰苦卓绝的英勇斗争，为革命做出了重要贡献。

（此文获2020年六安市关工委、市教育局红色故事征文一等奖。作者：但家庙镇中心学校　程业清）

二、逸闻趣事

卖窑货的喷嚏

卖窑货的，就是把瓦窑厂烧制的农家生活中用的瓦器（如瓦盆、瓦罐、瓦缸、瓦醢等）挑下乡去售卖的人。他们很辛苦，挑着窑货，走街串巷或是翻山涉水，赚些小钱来换取一些粮食养家糊口。由于负重走村串户，卖窑货的不论春夏秋冬都要随身携带一条三尺长的家机布大手巾，冷天束腰，夏天揩汗。话说有两位卖窑货的，时间长了，混熟了，在一起爱讲笑话，爱开玩笑。有一天，其中一个卖窑货的感冒了，老是打喷嚏。就对另外一个年龄比较大的同行说："我媳妇老是想我，在家就是唠叨我。"另一个问："你怎么知道的？"回答说："你没听说过，被人想、被人念叨，就打喷嚏吗？你看我就打喷嚏。我媳妇对我太好了，不像你媳妇，肯定有人了，一天到晚不想你，也不念叨你，看你一天到晚一个嚏也不打。"这个老实些的卖窑货的默默无语，心想，原来是这样的。我怎么一个嚏都不打呢？不禁怀疑他的妻子来。一挑窑货卖完了，晚上回家了，把卖货的钱往桌子上一放，硬硬地坐到板凳上抽烟，一言不发。他的妻子很奇怪，今天怎么啦，往常回来又讲又笑的，还讲些当天看到的笑话什么的。于是就问："喂，今天你怎么这么不高兴，受到什么气啦？"丈夫回击道："受到你的气了！""我也没和你一起去卖窑货，怎么惹你生气的？"丈夫就一股脑儿把那位卖窑货人讲的话重复了一遍。他妻子又好气，又好笑，也没有和丈夫争辩，只是嗔嗔地说："好呀，我明天想你，在家念叨你，行吗？"晚上，他妻子就在丈夫的大手巾上撒了一些辣椒粉，并搓揉了几下。第二天，她丈夫像往常一样，到窑场典了货，挑着满满两个筐窑货上路了。一里地光景，前面有条河，河宽约三丈，河里没有桥，只有用大石块摆的石步子，他振了振肩，捋起大手巾在脸上从上往下擦了几次汗，准备跨石步过河。刚跨到河心，辣椒粉起作用了，"啊嚏……"嚏个不停，眼泪流出来了，鼻涕流出来了，连口水也凑热闹地流出来了，眼也看不清了，腰也直不起来了。正想再跨一个石步，不料又一个“啊嚏”，他的一只脚在没有伸到下一个石步上落空了，一个趔趄把窑货摔个精光。他穿着湿衣服，挑着两个空筐，没精打采地回到家。看到妻子就大叫：“你！你！为什么早不想我，迟不想我，非得在我过石步子时候想我！”当他妻子知道事情的原委后，又好笑，又心疼。好笑自己的丈夫太痴憨了，心疼的是一担窑货摔碎了，更心疼的是自己丈夫艰辛的付出。但这位痴憨的丈夫到现在恐怕也不知道这是辣椒面起的作用。

契约上的文章

这是流传很广的故事：在但家庙镇胡大桥村张家冲，住着一户殷实的人家，姓鲍，家中有弟兄四个，二十多口人。全家主要从事农业生产，一家人勤奋劳作，日子过得也还红火，节省下一点钱就用来置田买地。田地山场面积不断扩大，但就是不重视读书，全家人都是大字不识一个。按照当地人的说法，是一个典型的“乌龟财主”。当地一个张姓人家也是大户，总共有弟兄八个，老当家的规划要给八个儿子每人盖一个新庄子（现在胡大桥村的张新庄就是其中之一），就准备把自己在老山冲里的宅子卖掉，到别处重建。张家在当时可以说是称雄一方，其老七就是伪保长。鲍家是个有钱人家，弟兄也多，要开枝（分户），打听到张家出卖房产，就联系去买。毕竟是关于庄居、山场等大宗买卖，要请人写个合约，过去叫“地契”，也就是契约，以后有什么弄不清的地方或者违约等，也有个证据可查。于是就请来了当地一位“歪屁股讼司”（讲歪理的读书人，此人已被张家买通），伏案写下了一份“契约”。“契约”中说明有三样东西不卖：堂屋大桌不卖，塘埂榆树不卖，稻场石磙不卖。鲍家人不识几个字，不知道其中有诈，就同意了，于是就埋下了祸根。契约签字生效。鲍家也一箩一担地搬了过来，并接受了亲邻近友的恭贺。谁知几个月过后，张家找上门来，说鲍家霸占了张家的财产。鲍家知道张家惹不起，也明白“来者不善，善者不来”，就请当事人前来劝说。谁知张家长期居住此地，俗话说“有三尺硬地”，且当事人都和张家有千丝万缕的关系，怎肯为鲍家讲话？鲍家无奈，只好拿出了“契约”，地界、田地、山场都写得一清二楚，钱也全部付出，算两清了，还有什么“霸占财产”之说呢？不拿契约也罢，拿出了以后，张家人更是理直气壮，拍着桌子，指着契约说：“堂屋、大桌、塘埂、榆树、稻场、石磙都不卖，你们为什么住着堂屋，用着稻场，占着塘埂？”这时鲍家人才知道受骗上当了，哑巴吃黄连，有苦吐不出。按现代汉语知识来解释，就是把并列结构当作偏正结构来理解了。这一谬解不要紧，但让鲍家吃了太大的亏。因为自己家才搬过来，张家及周边的人得罪不起，而契约上的文字这样解释也通，就只好火烧乌龟——肚里忍疼，好歹钱还是有的，再多付一笔钱，买个平安，这事也算了结。交过了学费，鲍家也明白了一个道理：不但要创造物质财富，而更重要的是学习文化知识。打这以后，鲍家就重视对晚辈的教育，曾出现了一代名医鲍全章等读书人。中华人民共和国成立后，鲍家很多人在文化教育、交通、建筑等方面都有所建树。

“磨兵造反”之零星记忆

从小听爷爷和二爷闲谈时说过占家塝磨兵造反的故事，他们总是讲得津津有味，眉飞色舞。占家塝就在花石嘴村占家塝生产队。明清时期，有位对朝廷不满的人，在这里打造兵器，准备造反。他广搜铁匠，聚铁开炉，昼夜不停地打制兵械（大概是刀、矛、箭、戟之类）。因担心打铁声被人听到后告发，就买了一些鹅和驴子，号称“八百头叫鹅和叫驴”。专门让人在那里打、撵，迫使它们大叫，叫声方圆一里都能听到，以此来掩盖打造兵械的“叮当”声。以后，打造了多少兵器，是否举行起义了，是什么人组织的，可惜不得而知了。2017年春，我有幸受但家庙镇政府邀请参加镇志修纂工作，才有目的地去当地采访。知道原先庄子很大，有围墙将门前的大塘（六亩）围在里面，门楼正前面还有一口大塘（现在塘中已长满芦柴）。当问起打造兵器一事，受访者只是说听老人讲过，其余的也不是很清楚了。时过境迁，庄子里还留有大灰砖墙、石头窗子和一些毛石条等。据说还有一个旗杆座子，但没有找到。这是当地与军事有关的一个故事，像七星寨、黄土庙局子一样，可惜无从考证了。

石猴与石蛋

大约在100多年以前，现在的方家塝（但家庙镇但家庙村仓坊生产队）叫何家塝，是何姓人家在那居住；现在的陈庄（同上）叫但家庄，是但姓人家在那居住（屋后多但家老坟，下拐山叫但家山）。何家塝面对北边（即但家庄），但家庄面对南边（即何家塝），中间是百亩良田的平畈。两姓的田都在畈上，田连阡陌，纵横交错。本来两姓人家都彼此尊重，相安无事地生活。大概就是因为共用一河水（即陡山陂大堰，位于畈东边，陡山陂山脚北），引起了纠纷，以致矛盾不断发展，甚至于引起械斗。所以但、何两家互为冤家，怨恨极深，想方设法把对方打压下去。于是但家就请方士作法，看怎样处置对面何家。方士说：“可以用石头打制一个石猴，面对何庄，这样何家被长期‘猴着’，就会家运衰落。”何家知道这件事后，很是生气，另请方士来想个破解的办法。酒足饭饱之后，方士摸着胡子说：“只要凿一只像卵一样的石块，放在门头上就行了，这叫‘你猴我蛋’，保管平安无事，而但家会倒霉的！”于是“石猴”和“石蛋”就形成了“你猴我蛋”的传说，一直流传至今。但是，但家和何家最后怎么样了，为什么都搬走了，笔者也弄不清楚了，地方的逸事很多，也很有趣，反映了地方文化和历史，可惜失传的太多。

痴人说“梦”

话说有一位老乡，不知是真傻还是假孬，整天疯疯癫癫的，说话也让人费解。这人住家的地方倒也算得上宜居之地，三间草房，左侧有厨屋，屋后有茅厕，右侧有猪圈。门前空场有一大块菜地，周边都是竹树环绕，用竹丝扎成的篱笆绕菜地一周，开有小门，方便进出。自然形成的院内有石桌、石凳，靠近篱笆边上还有一口古井，井水清澈见底，甘甜可口，井边有井台、井栏。据说这家人祖上是忠厚的农民，勤劳节俭，生活殷实。有一次晚上，刮起了大风，越刮越厉害，院内的大树也被刮歪了，小树的枝条也被刮断了不少。竹丝扎的篱笆也被刮移了位。篱笆本在水井右边，被刮到了水井左边，水井便在篱笆的外面了。这傻大哥左看右看，不得其解，这风真是大，昨天水井还在院子里，怎么一夜大风，把水井刮到院子外面去了？于是逢人便说："乖乖，昨夜的风太大了，把我家的水井刮到篱笆墙外面去了。"有的人不相信，因为这个人本来就傻乎乎的，把他的话当成耳边风，一笑了之；但也有人半信半疑，想知道个究竟。跑去一看：哎呀！不是风把水井刮到篱笆外，而是风把篱笆刮到水井那边去了，唉！虚惊一场。

孩子喜欢热闹

说的是有一个人家，妇人难产，很长时间都没生出来孩子，母子生命受到威胁。这时来了一位自称能助产的老头。但过去男人是不能进产房的，一是男人不能见妇人生孩子；二是怕沾上霉气。但人命关天，也就不忌讳这些事情了，病急乱投医嘛！所以，产妇家的人就叫老人试试，并问还需要什么？这位老人说："给我准备一扇铜锣，但不要告诉产妇。"无奈之中主人家就借来了一扇铜锣交给老人。只见老人提着铜锣，一进大门就使劲地敲，边敲边向房间走，而且声音越来越大，锣点越来越紧。那产妇听到突如其来的锣声，非常紧张和恐惧，浑身紧缩，好像立马就要站立起来。但这一紧张不要紧，只听得"哇"的一声，那孩子生下来了。全家人欢天喜地，母子终于平安了。所以，主人家设下酒宴，千恩万谢，酒过三巡，主人家不禁问道："高师，你是怎么想出这个主意的？"只见老人悠然自得地说："这还不简单，小孩都喜欢热闹，这一敲锣，他还不出来了！"说得众人面面相觑。

盲人和蛇

有一位盲人，本来就圆滑，到了中年的时候，因在黑暗中度日，又遇诸多社会中的黑暗事，所以学会了"搭顺就顺，得滚就滚"的为人方式。作为弱势之人，也只有这样处世了。有一天，和他相处很好的一位朋友又过来了。这位朋友，在他困难时能帮忙弄水弄柴的，屋子漏水了，他也能帮忙添添草。但有时，也会和这位盲人朋友逗逗趣。就有这么一次，盲人饭汤开了，急着要捞米汤，就是摸不到葫芦瓢了（盲人有一个规矩，用的东西都会放在一定的地方，用完送回原处，凭记性，一摸就找到），是他的这位朋友把米汤捞好，再把瓢移了位，盲人知道是这位朋友干的，也只好说："哎呀！吃不成饭就叫粥吧"（因为米汤未捞，可不煮成粥了）。然后又到灶门口去找火钳添火，却又找不到了，又是他的这位朋友把火添好，又把火钳移了位。等吃饭的时候，饭正好不硬不烂，很可口。盲人便说："难为你了！"那位朋友说："我走了，下回再来。"盲人口中虽说："下回甭来了"，但他还是感激他的。有一次，他的朋友又来了，逗盲人说："蛇！蛇！"盲人两脚直跳应声道："是蛇，一条蛇！"朋友又说："从我脚上钻过去了。"盲人说："是的，我听到'嘶啦'一声。"朋友说："被我打死了！"盲人说："是的，怪不得这么臭（死蛇是最臭的）。"哈哈，刚被打死，怎么会臭得这么快呢？朋友又说："被我甩掉了。"盲人说："是的，刚才'呜啦'一声，我听到了。"朋友又说："我甩到树上去了。"盲人说："是的，还悠打悠打的。"盲人本看不见东西的，怎么会看到死蛇挂在树上"悠打悠打"的呢！由此可以看到盲人眼盲心明啊！

访　亲

但家庙这个地方流传的故事多，反映了劳动人民的智慧、机灵、俏皮，这里讲一个访亲的故事。先前不像现在，男女自讲亲开始，以至于什么订婚、结婚，那时必有媒婆，正所谓“天上无云不下雨，地上无媒不成婚”。下的择日文书，也有“屈从冰人媒语”之言，媒婆成了一种职业。大多数媒婆都是巧舌如簧，能说得“干鱼眨眼，死汉翻身”。话说一位媒婆为一个男子撮合媳妇，这男孩家里人都实在，有什么说什么。男孩快三十了，因为背有点驼、腿有些瘸，没能说到媳妇。这媒婆为他物色到了一位女子倒还般配，但就担心背和腿的问题。定好访亲的日子，媒婆要那男子听她的安排，见机行事。这一天，姑娘和她的家人来了。媒婆叫那男子说：“来了客人，地这样脏，还不去扫扫”，于是男子躬下身去扫地，驼背也不怎么显眼了。倒是男孩的爸爸忠实，连说：“背、背”，女方及家人以为是讲背的后面有什么，便纷纷掉过头，看看都是一起来的，就说：“都是自己人，背前背后（意思是上前在后）都一样，不要客气。”扫地遮盖掉驼背的毛病，但必然不能老是扫地呀。腿瘸怎么办呢？正好门前有一个拴牛的木桩，媒婆急中生智，叫男孩将瘸腿踩在牛桩上，这样真的看不到那条腿短了。又是老实巴交的父亲提醒说：“腿！腿！”大家都以为主人讲的是叫大家注意，别让狗咬了腿。女方来的人也误解了这件事，连连说：“腿没事，腿没事！这些人都看着呢！”就这样，这门亲事就定了下来。“男大当婚，女大当嫁”，一年之后，经过了一些程序，姑娘便“过门”（结婚）了。第二天，根据本地风俗，女方至亲接新姑娘新姑爷“回门”。女方三堂之亲、表叔二大爷都来陪新亲，看看府上的新姑爷是个什么样子。一看，却发现新姑爷又驼又瘸。老丈母娘气不打一处来，找来媒婆一阵臭骂。媒婆不无委屈地说：“访亲那天，你亲家已跟你们讲了，说：‘背！背！’”你们说：“‘都是自己人，背前背后都一样’；又说‘腿！腿！’”你们说：‘腿没事，我们这些人都看着呢！’，你们当面说好，怎么现在又怪起我来了？”丈母娘哑口无言，无话可答。现在水已成渠，木已成舟，何况，丫头也没说什么，就顺水推舟说：“算了吧，就这样了。”

“打的”“渣的”

以往家里请师傅（如木匠、篾匠、瓦匠等）做活，吃饭非常讲究：除了让师傅坐在首席之外，还要家里老板坐上横陪着用餐，家里妇女、大师傅（请来帮工的）不能上桌。如果让他们在桌上就座吃饭，就说明看不起师傅，会让师傅生气，影响工程进度或质量。特别是小孩子，如果小孩子在桌上乱用筷子，弄得满桌菜饭，又是口水，又是鼻涕，这是最忌讳的事了。有的师傅脾气不好，会发火或借故生事的。话说有一姓刘的人家，请了一位姓董的篾匠，这位董老师傅脾气很怪，最喜欢讲调调子（但家庙地区指的是讲精味、讲小节）。到吃饭的时候，老板娘将烧好的菜一碗碗往桌上端，菜还没端齐，她家小孩子就顺着板凳爬到了桌子上，手也没洗，就抓起菜来往嘴里送。董老师傅发现后非常生气，拿起筷子夹了一块肉塞到孩子的嘴里，然后在孩子的屁股上（也有人讲打在头上，不论打在什么部位，打孩子是不足取的）狠狠打了两巴掌。孩子受到惊吓，就大哭起来。这时，孩子的母亲从厨房跑出来，连连说："怎么啦！怎么啦！"孩子嘴里含着肉，语言不清楚地说："打的，打的。"这时董老师傅说："这孩子也真是的，吃炒的都堵不住嘴，还要渣的，渣的。"老板娘以为真是这样，也没有再说什么。可这孩子远远地躲着这位董师傅，再不敢上桌抓菜了。

"石头肥田，万古千年"

动物都是有灵性的，它们也知道感恩，人们常说"羊有跪乳之恩、鸦有反哺之意""狗念恩情、猫念食"等。传说动物修炼到一定程度能成"仙"、成"精"，虽没有"聊斋"那么生动感人，但也不乏一些精彩传说。比如说，有一户人家放生了一只乌龟，放生时，在龟甲上刻上了日期。几年之后，这只乌龟为了感恩又爬回了主人家。还有一个流传在但家庙地区的关于黄鼠狼的传说。据说这家人堆码了--堆树根，有很长时间了。所以，一对黄鼠狼就带着它的儿女们住到这里，一住就是几年。这里避风朝阳，又远离闹市，而且周边河沟、田凼、池塘里小鱼小虾、小动物很多，足够"儿孙"们享用，家族也日渐旺盛。可好景不长，这家人担心时间长了，这堆树根烂掉可惜，就卖给了别人。这样，它们的"家"被主人卖了，安逸舒适的家庭没有了，这令这些黄鼠狼很生气，决定想个办法来报复这家主人。商议好之后，决定举全家之力，去搬石头，扔到主人家的田里。满田的石头，看你如何兴种。不多时，这家人的田里、地里都是小石块，主人不知原委。这一天，帮工的大师傅看到主人家的田地边上黄黄的一片，而且还在动，细看都是黄鼠狼举着大小不一的石块投向田里。大师傅立马报告了老板。老板知道后，想：肯定是我们得罪了它们，动物虽然有灵性，但毕竟是动物，终归不及人的智慧。所以，他就叫小放牛和大师傅不要惊动它们，在田边地头小声地、不停念叨："石头肥田、万古千年，只有狗屎烂秧根""石头肥田、万古千年，只有狗屎烂秧根。"这些黄鼠狼听懂了他俩的话，纷纷停下了手头的活，两位老黄鼠狼把小的们召集起来说："我跟大家讲，我们弄错了，你们听到了吗？'石头肥田、万古千年，只有狗屎烂秧根'，现在我们把投到田里地里的石块统统搬上来，再去寻找狗屎，放在老板的田里，把他家的秧根统统烂掉，看他吃什么？"听了两个老黄鼠狼的话，那些小的摇摇尾巴，抹抹脸，就立即行动起来。不多时，田里地里的石块都被它们捞了上去，然后满田都被撒上了狗屎。有小黄鼠狼认不得也找不到许多狗屎，凡是臭的、难闻的屎都被叼来扔到田里。不到一个月，田里、地里的庄稼陡长，都合了缝。两个老黄鼠狼非常不理解：石头肥田，怎么狗屎也肥田么？看来，我们报复不了老板了，他运气太好了，我们赶紧另找新家吧！所以，它们搬走了。老板、小放牛还有大师傅都暗中高兴："感谢黄大仙（当地人对黄鼠狼的另一称呼，有时也称'老干爷'）给庄稼上了肥，也算付给我们的'房租'吧！"

"不怕死"的老头

话说一个冬天的早晨，有几个老人在墙脚下晒太阳，东扯葫芦西扯瓢，天南地北、山高海远地谈着，慢慢地就谈到了生死的话题。有位老人说："我都这把年纪了，整天吃闲饭，不如死了好。”另一个老人劝他说：“好死不如赖活着，能活一天都是好的，讲什么死呀！”这老头又说：“死怕什么？多活一天两天也没多大意思，现在叫我死，我都不怕。”这时，过路的一位年轻人听到了老头们的对话，想逗一逗他们。于是就大声喊道：“喂，快跑！那墙要倒了，快跑！”老头们听说“墙要倒了”，这还得了，真的倒了，不死要伤呀！所以，你看他们连滚带爬，连小板凳也不要了，拼命地跑开了。讲“不怕死”的那个小老头跑得最快，冲在最前面。

“冬瓜”“肉”没分清

这是一个让人感到心酸的笑话：中华人民共和国成立前，老百姓没有土地，靠租种地主的土地或给地主帮工为生，他们吃不饱，穿不暖，有时是吃了上顿没下顿，至于肉，更是难得吃上一次。我奶奶就曾跟我说，她小的时候，有一年过年，家里只买了两斤肉，居然维持了一个正月，还招待了一位“新亲”。那肉是怎么吃的，真得算一个奇迹。这里所要说的故事，就发生在这样的社会背景下。有一户人家，中午红烧了一锅冬瓜。那冬瓜被切成块状，放上辣椒酱，烧出来可不就似红烧肉一般？这时他家的邻居来串门，看到这一锅“肉”，口水都要流出来了，真想吃上几块解解馋，但又不好直接讲出来。于是他假装打饱嗝，一边打饱嗝，一边自言自语地说：“哎呀！你看，我还是昨天晚上吃的，怎么现在还在打饱嗝，真是的。”主人家听出了邻居的意思，反正也没有什么好菜，不过就是锅冬瓜，最多赔他两碗饭吃。于是就多盛了一碗饭，叫邻居坐下吃饭。邻居心中暗喜，假意推让了一番，就坐下吃了。他伸筷就从耳锅里夹了一箸“肉”，放到碗头，然后选中了其中的一块，夹起来送到早已张开的嘴里。但嚼着嚼着，不是滋味，这哪是肉，分明是冬瓜嘛？再看看耳锅，又看看碗里，一样的呀！没夹错呀！这时他忍不住拍了一下自己的后脑门，又自言自语地说：“哎呀！真是糊涂了，冬瓜、肉我都分不清了。”这时主人家才恍然大悟。噢，他把我们的烧冬瓜当成烧猪肉了。

“破锣破鼓好救月”的传说

“破锣破鼓好救月”是但家庙地区的一句俗语，指用过的、破旧的物品也有起作用的时候或者是不被看好的物品也有其价值意义。这句俗话源自一个传说：以往科学不发达，人们不知道天体运行和变化的情况，将月食说成是天上的恶狗把月亮吃了。并且还有栩栩如生、绘声绘色的描述，说是天狗吃月的时候，尾巴乱摇，而月亮疼得发抖；那复圆的月亮是天狗屙出来的，屙出来的月亮是猩红的，没有什么光彩。每当人们发现月食开始（即初蚀）的时候，就大声地喊叫“天狗吃月了！天狗吃月了”！为了驱赶天狗救出月亮，人们就拼命地嘶喊，蹦、跳、拍手，并取出锣、鼓（哪怕是破的也行）以及其他能发出声音的东西（如盆、桶、竹竿、犁、铧等）使劲敲打，以使月亮不被吃完或尽快地把月亮屙出来。在这呐喊和敲打中，看到月食的人，听到这些声的人，一传十、十传百、百传千、千传万；一里传两里、两里传五里、五里传十里、十里传百里，叫喊声和敲击声连成一片，形成了一个惊天动地的声响的海洋，声嘶力竭之状如临末日之恐慌，场景瘆人。随着科学知识的发展和普及，这种奇怪的现象已永远成为了历史，但“破锣破鼓好救月”的俗话却被人们流传了下来。

砍掉一半

中华人民共和国成立前，这里有一位长工，身大力不亏，干活也是行家里手，但就是饭量很大，东家安排给他的活计也很多。一年秋天，东家在西洼有一块玉米成熟了，就吩咐这位长工去砍玉米。中午吃饭时，东家问长工：“玉米砍掉多少了？”长工回答说：“砍掉一半了。”东家很高兴，这可是两个人半天才能干完的活啊。这位长工端起饭碗就吃饭了，吃了一碗又一碗，连续吃了五大碗，把东家和东家娘子眼珠都吃大了：照这样吃下去还了得，不被吃穷才怪呢。结果，东家把这位长工给辞了。

第二年，他们总算找到一个饭量小的长工，一顿只吃一碗饭。玉米又成熟了，老板照样吩咐长工去砍这里的玉米。吃中饭的时候，这位长工照常下班吃饭了。老板又问：“玉米砍了多少了？”长工一边吃饭一边回答说：“砍掉一半了。”老板很高兴，老板娘更高兴：去年的长工一顿要吃掉我五碗饭，一上午也只砍掉一半；今年的长工每顿只要一碗饭，不也照样砍掉一半吗？这时长工放下筷子说：“一根玉米我砍掉一半了，刀还夹在玉米秸秆上，我拔不下来了，麻烦老板帮我一下，把刀取下来……”听到这里，老板、老板娘被气得半死。

这是为什么呢？

从前，有一个老头儿喜欢抽烟。老奶奶怎么也阻止不了。为了报复老头儿，每当老头抽一根烟，老奶奶就往准备好的罐子里放一把米。长年累月，到了年关就装满一罐子了。过去，穷人家过年没有年饭米是正常的事，往往要到地主家借。这不，眼看就要过年了，老头子为年饭米的事渐渐着急起来。可是老奶奶却不着急。老头子有些犯嘀咕了：每年过年之前老奶奶催着去东赊西借，今年怎么不着急了呢?在老头的再三追问下，老奶奶才说出实情。当老头子看到老奶奶拿出这么多米，老头可心疼了：“乖乖，我抽烟抽掉这么多米，明年坚决不抽了。”

第二年，老头真的不抽烟了，老奶奶也不存米了。转眼又到过年了，今年真的没有年饭米了，罐子都是空的。老头说：“老婆子，去年过年多亏我抽烟，咱们还有一罐米，今年我不抽烟，可一把米也没有了。”

老奶奶犯糊涂了：这是为什么呢？老头子，明年你还接着抽吧！

师傅和徒弟

从前，外地来了两个铁匠，一个师傅，一个徒弟。他俩住在一处破旧的房子里。有一天晚上，师徒两个白天干活都累了，早早地睡觉了。夜里，进去一个小偷。师傅瞌睡小，就听到了响声，但不想起床，就问徒弟：“什么响？”徒弟更不想起床，就敷衍地回答：“猪擦痒。”又过了一会，小偷见师徒俩没有动静，就打着了亮，来寻找东西。这时，又是师傅发觉了，于是问徒弟："什么亮?"徒弟懒洋洋地回答："打闪。"师傅接着问："打闪怎么不打雷?""雷打得远"，徒弟不耐烦地回答。

第二天天亮，师徒俩发现东西丢了。于是，师傅就数落起徒弟来："昨晚小贼来了，我说'什么响'，你说'猪擦痒'，我说'什么亮'，你说'打闪'，我说'打闪怎么不打雷'，你说'雷打得远'。好啦，东西被贼偷走了吧?"徒弟叽咕道："知道贼来了，你不起来?"

误事的蜻蜓尾巴

传说当地有一位先生眼神不好。有一次，他去油坊打油回来，顺路来到一家茶馆喝茶。一只蜻蜓立在茶馆厅堂的柱子上，尾巴翘得老高，这位先生以为是柱子上的一个钉子。于是，他想把油瓶挂在上面。哪知往上一挂，蜻蜓飞走了，油瓶"啪"的一声掉下，摔烂了，油泼了一地。先生吃了一个闷亏，怏怏不乐地走了。他走后，茶馆老板叫伙计在这柱子上钉了一颗钉子，并说："这里应该有个桩。"

过了一段时间，那位先生又来茶馆喝茶。他走进茶馆，下意识地瞅瞅那根柱子，当看到这个钉子时，他误以为又是蜻蜓趴在上面，非常生气，便恶狠狠地说："上次吃你亏，把油瓶都打碎了，这次你还想骗我……"先生上去就是一巴掌，结果疼得直甩手，一看，手掌心戳了一个血眼，先生当场气晕。

拔　牙

从前，此地有一位胆大的乡村游医，他在给人治病的时候，往往采用一些人们想象不到的手法。

一天，有一位牙疼患者来找这位游医拔牙，游医答应了。于是，就开始进行手术了。医生用一根细绳将这位患者的牙系好，叫患者趴在方桌边。他把绳子的另一头拴在桌档子上，并叫患者不要动，只管睡觉，说等一觉醒来，疼牙就自然被拔掉了。

只见游医自己只顾往烟窝里掩烟点火，吸个不停。吸着吸着，铜烟窝烧红了。这时，游医将烧红了的铜烟袋窝子放到趴在桌边的患者后脑窝。患者正迷迷糊糊地睡觉呢，受到这突如其来的一烫，便猛地抬起头来。这一抬头不要紧，那颗疼牙真的被拽了下来。

张公忍得金人

张姓是本地的几大姓之一，在但家庙镇胡大桥村聚居的较多。他们自称"义门张"。他们都以本家"张公忍得金人"的传说而自豪。

据传，张公一家从未分过家，百余口人居住在一起。张公的家训就是：凡事以"忍"为重。大家庭共同生活，敬老爱幼，其乐融融。

有一次，张公家娶媳妇，宾朋满座，热闹非凡。其时，来了一个烂腿的叫花子，浑身脏兮兮的，在主家要吃要喝，都得到了充分的满足。酒足饭饱之后，竟然向张公提出了一个不近情理的要求：晚上不但要住在张公家，还要睡在新娘的新床上。这是常人不可能答应的事情。但张公并没有拒绝，而是叫来了新郎和新娘，向他们说明了事情的原委。众人都以为这对新人要发火的，但他们不但没发火，还平静地说："一切听从父亲大人的安排。我们的新床让这位老伯睡，我家房子多，我们另选地方休息就是了。"众人听了，赞不绝口，都说："难得的一家人啊。"第二天早上，张公叫家人去请这位叫花子用饭，可是家人怎么也喊不醒这叫花子，只当他昨晚酒喝醉了。当家人掀开被子看时，才发现叫花子不见了，床上睡的是一个金光闪闪的"金人"。

从此，张公一家这种"忍"的家风传遍乡里，代代相传，教化着乡民。

（以上为陈廷璋编撰）

小七畈闯馆

明初，小七畈属六安州。一日，有一个薛姓人到学馆馆来人闯馆（与私塾先生斗学问，胜者执掌学馆，叫作"闯馆"），馆师邱某出上联"六安地暖难存雪（薛）"。薛某对不出，闯馆不成，回家苦读。许多年过去，薛某学有成就，成了考官。邱某仍是以老童生参加考试，薛某见了说："你那对联，我现在对上了：七畈田多不数丘（邱）"。

妈妈差错

"妈妈差错"是一种鸟的叫声。故事说的是，从前有一个后母，虐待前妻的儿子，宠溺自己的儿子。有一天，她叫弟兄俩上山种芝麻，说谁种的芝麻发芽了，谁回来。但是她给前妻儿子的是炒过的熟芝麻。不料小儿子见哥哥的芝麻香，就偷换了过来，结果大儿子回了家。小儿子种的芝麻没发芽，孩子守在山上，被野兽吃了。后母痛不欲生，一头撞死，化作一只鸟儿，昼夜叫着"妈妈差错"。

三　九

有个老头小名叫三九，他不仅忌讳别人喊他的小名，连"三"和"九"两个字都不愿别人讲。他的老伴几十年来从来不讲三和九，"三"就讲二加一，"九"就讲十减一。邻居三个老头商量怎样让三九的老伴讲三和九。重阳节这天，三九不在家，三个老头一人拎了一壶酒，一人拿了一把韭菜，一人提了一块肉，敲开三九家的门，对三九的老伴说："今天本是九月九，三个老头找三九，请他去喝一盅酒，韭菜炒肉就烧酒。"说完便躲到后窗下，听她怎么对三九讲。三九回来后问："今天有人找我吗？"老伴说："有！"三九问："几个人找我有什么事?"老伴说："两个老头和一翁，手里拿着扁叶葱，今天本是重阳节，请你过去喝一盅。"就是没讲三和九两个数。躲在后窗下的三个老头走过来对三九的老伴说："佩服!佩服!"

机智的长工

东家肚子里有点墨水，平时喜欢卖弄。这天兴致特别高，便叫长工请他的一个财主朋友来家里喝酒。财主请来了，长工就去干自己的活去了。两个人酒过三巡，东家提出各人讲个四言八句，以助酒兴。财主极表赞同。

东家想了想便说："金字旁，铜和铅，出字拆开两山尖，一座山出铜，一座山出铅。"

财主接着说："雨字头，霜和雪，朋字拆开两个月，一个月下霜，一个月下雪。"

长工拿一把粪叉走过前厅。东家想戏弄一下长工，叫长工也讲个四言八句，并说："讲得好，赏一碗酒，讲不上来扣掉这个月工钱。"东家以为长工一个大字不识，一定讲不出来，输定了。

长工也听见他们俩讲四言八句，便说："我讲得不好，请二位不要见笑。"他看看手里拿的粪叉，便说："站人旁，你和他，爻字拆开两把叉，一把叉叉你，一把叉叉他。"说完拎起酒壶，扛着粪叉头也不回地走了。

两个人听了瞠目结舌，不欢而散。

（摘自《霍山县旅游大辞典》）

三、地名掌故

但家庙的传说

"但家庙"之名来源于此地但姓家族。传说，某年某月某天这里来了一个年轻貌美的姑娘，说要与姓但的小伙子结婚。多数但姓小伙认为此女来历不明，不敢应允。而有一位但姓公子看中姑娘，表示愿意与她结为连理。但婚后不到三天，就有一个姓钱的公子找上门来，说此女是自己未过门的媳妇，逃婚到这里，要与但公子理论，并将他告上县衙。县太爷看过状纸，认为此案不大，并且事实清楚，不必细审。便将二人招来，简单问明情况后，就提笔写了判文："但钱之案，立庙见晓。一书在前，庙成事了!"原来这是一个带有同音双关和藏头语的判文，"前"与"钱"同音，各句首字分别是"但""立""一""庙"。意即钱家要写一封休书，但家要建一座寺庙，此官司便可了结。钱公子见后，不解其意；但公子一看，什么话也没说，立即回家筹资，修了一座庙，后与其妻白头偕老。庙是但家修的，便称"但家庙"，年深日久就成了地名。

龙头山的传说（之一）

龙头山原本不叫龙头山。它的得名，源于一个神奇而美丽的传说。

一年夏天，但家庙一带遭遇了百年不遇的大旱，连着一个多月不下雨，田里的禾苗干得枯黄，好像点一把火就可以烧着；池塘、河流都已干涸，就连这一带最深的那口井都快见底了，人畜的饮水都成了问题。大家眼巴巴地盼着老天能下一场救命雨。

一天夜里，随着一阵"轰隆"的雷声，果然下起了大雨。人们高兴得欢呼雀跃，有的甚至喜极而泣，都说老天有眼，总算救了大家一命。但那雨一下起来却如同天空被捅了个洞似的，没完没了，到了第二天还没有停歇的意思。此时，田野、沟渠、江河都水满为患了，有些低洼的地方早已积起了很深的水。人们刚刚摆脱了干旱，现在却又担心着会发生洪涝了。傍晚时分，有些住在河边的人家就开始准备逃水灾了。到了第三天早晨，但家庙街道一带已成为一片汪洋，一些低矮的村庄已被水淹没，连夜逃出来的人们都聚集在高地上、山坡上，但那雨还在不停地下着。这时，逃难的人群中，一个孩子突然叫了起来："你们看，那山头上是什么？"人们顺着孩子手指的方向望去，在大河边离着复览山不远的那个山头上，烟雾迷蒙之中，好像是有一个什么怪物卧在那儿，口里还在不停地吐着水。这时，人群中的一个老人突然叫了起来："哎呀，这是龙啊！你们看，它的眼睛大得像灯笼，它嘴边的胡须都看得清清楚楚呀！""那为什么只有龙头？龙身和龙尾呢？"有人问道。"这是神龙啊。你没听说'神龙见首不见尾吗'？""那我们赶紧向神龙祈求，让它不要再下雨了吧。"于是人们急忙找来香烛，面对龙头所在的那座山点燃，然后一起跪下叩头，高声喊道："神龙，请求你发发慈悲，不要再下雨了，救我们一命吧。"说来也神奇，那龙好像真的听懂了人们的话似的，口中不再吐水，然后一转头，消失在云雾之中了。接着山顶上的云雾也消散了，雨终于停下来了。

不到一天的时间，洪水消退，人们都回到了自己的家中。又过了两天，水位回到了正常的位置，人们也过上了正常的生活。这时，有个细心的人发现，在那天神龙所卧的那座山靠近河流这边的山脚下，出现了两眼泉水，其中一眼的水非常的清，而另一眼稍微浑浊一点。于是，人们便依着这两眼泉挖了两口井。清澈的那口井供大家饮用，而稍浑浊的那口井供人们洗衣服。让人们感到不解的是，这两口井永不干涸，即便再干旱，塘里、河里没水了，这两口井的水始终都是满满的。因此，每逢大旱时节，周围十里八乡的都到这里来取水喝。

到这时，人们才恍然大悟，当初那山头上的不仅是条神龙，而且是一条有情有义的龙：它为了解人间之大旱而降水，但又因为降水过多而感到自责，因而就留下了这两口井，这两口井是连通着大海的呢。

为了感谢并纪念那条龙，人们便把那座山改名叫龙头山。据说，在离龙头山不远的复览山顶上，也有两口终年不枯的井。人们说，那也是那条神龙的杰作。

（卢世潮）

三更桥的由来

但家庙中学的所在地，是但家庙镇但家庙村三更桥村民组。但家庙街道原来依水而建，现在的后街可以看到当年的布局。三更桥，就是张冲小河与但家庙河的交汇处的一座桥，由六块石板组成，三三排列而成，中间有一块大石墩。因为桥宽三块石，所以叫"三根桥"，而不是"三更桥"。这是为什么呢？这里有一个美丽的传说。

相传汉帝重游复览山，主要原因是，这里曾经出过一位仙人，留下了三件宝物：仙书、令牌、宝剑。只要能够得到其中一件，就可以建功立业，成为人中龙凤。那这三件宝物是怎么回事呢？仙人又是谁呢？这位仙人，是战国时楚人，素有才，因看不惯秦朝统治的暴戾，隐居在但家庙花石嘴，不愿为仕，过着普通的农耕生活。他的名字叫但思胡。

农闲时，他就放牛看书，听鸟语吟唱，赏山水美景，嗅山花清香。一日，但思胡赶着牛来到王冲，在月亮石边吃草。那里有两件奇怪的事，引起了但思胡的注意。一件是月亮石边的草又嫩又绿，牛吃了就长，吃了就长，永远也吃不完。另一件是，石头上有一只猴子，学着但思胡的样子，也拿着本书在看。第一天，但思胡没有理这只猴子。第二天，猴子仍然和第一天一样，学着但思胡看书。但思胡很奇怪，就偷偷跑到猴子的身后，看看书上到底写着什么，只见密密麻麻篆字，隐约看到有自己的名字。猴子很精，感觉有人近前，就要逃走。然而但思胡手疾眼快，一把抓住了猴子。奇怪的是，猴子转瞬即逝，只留下了那本书。原来这是本仙书，写出了上下千年的秘事。

回到家以后，但思胡没有和任何人提起，和往常一样过着农民的生活。有一天，万里无云，但思胡牛耕水田，准备春种。犁着犁着，感觉身后有一块木板跟着自己，你要停，它就停；你要走，它就走。但思胡停下来，弯腰拾起这块木头，用清水洗干净，只见上面写着“诸神听命”数语。时一道晴天霹雳，霎时暴雨倾盆。但思胡心中默念，雨停就好，转眼间，果然风停雨歇。

那么，宝剑又是怎么回事呢？在古代，一把削铁如泥的宝剑，就相当于最先进的武器了。干将莫邪的弟子，曾经就造出了这样一把剑。但是又不敢轻易展示，以免天下人争抢，招来杀身之祸，就把它藏在一块石头里。但思胡从仙书中知道，这把剑就藏在“三根桥”中的一块石板里。他知道后，收为己用。

由于学术渊博，再加上通识古今，疑难杂症，多手到病除，但思胡被乡人奉为“仙人”。现在的新开岭上有一棵树，上面挂着很多红布，就是因为当地人认为是仙人显灵。每每有所祷告，心诚则灵，乡人挂红以谢。

那么，“三根桥”为什么现在叫“三更桥”呢？

但思胡终究是凡人，是凡人就有人老病死。传说，但思胡一百多岁了，感觉自己将不久人世，就安排了自己的后事。他叫人打了24口棺材，外形完全一样，在他死后，把他的尸体和一个长方形木盒放在一口棺里，其他的都放上一样大小的木盒。埋棺下葬的时间，选择在三更时分。下葬的地点在但家庙的前山后岭，其中有一口就葬在但家庙中心校现在的运动场。很多朝代，但家庙中心校这块地，都被称为“仙人滩场”。从此，“三根桥”因而改为“三更桥”。

陶 家 院

复览山北麓有一座美丽的村庄，四周绿树成荫，碧水环绕，如一颗璀璨的明珠镶嵌在青山白云间，这就是但家庙镇小河南的陶家院。

你说怪不怪？找遍陶家院，马、但两姓占70%，还有曹、汪、余、田姓，就是无一家陶姓。

传说清康熙年间，这里有一户人家，房屋坐北朝南，雕梁画栋数十间，高墙大院，朱红大门，门前一对高达三米的石狮子蹲坐两旁，良田数千亩，男丁兴旺，家丁长工用人几十人，恶犬数条。就是大名鼎鼎的陶家大院。

陶家仗着朝廷有人做官，欺男霸女，无恶不作，乡邻无不退而避之。几年之后，因贪赃枉法，在朝廷做官的官员抄家入狱，靠山倒台。更为蹊跷的是，一年之中家中男丁因病或无故死亡十之八九。翌年，陶家正收割水稻，当稻子铺上稻场快要脱完粒子的时候，万里无云的天空突然狂风大作，雷电交加，村民见此心中暗喜，无一帮忙。大雨连下四五天，雨后将剩下不到十分之一的稻草翻开，稻子已变成绿绿的稻芽。恶霸眼睛一黑昏倒在地，家眷哭声连天，家丁连忙将其抬进屋，放到楠木床上，请大夫治疗。

数十天后，恶霸意识慢慢清醒一点。这天夜里他做了一个梦，一个看不清面容的人站在他床前，哭泣道："你害苦我了……是你让我妻离子散，家破人亡……"

恶霸连忙磕头哭泣道："仙人，请恕罪，请恕罪，都是我的错呀""仙人请饶了我，饶了我家人，我再也不做坏事了！""请仙人指点，我该怎么做，我家才免于更大的灾难，呜呜……"

哀求了数个小时后，那人道："你只有悔过的想法，还不行，关键要有补救的行动。"恶霸再一次磕头谢道："请高人指点。""那好，你的财产都是不择手段从乡邻那里抢来的，哪里来还回哪里去……"说罢一股青烟随风而去。

恶霸突然醒来，跳下床立即召集家人，不拿任何东西，乘着黑夜偷偷逃走了。

至此，此处虽无陶姓，但地名及故事却流传了下来。

王 家 冲

霍山县但家庙镇但家庙村王家冲村民组位于复览山北脚下，植被茂盛，竹树环合，鸟语花香，一条清澈的小溪贯穿整个王家冲，一年四季风光旖旎。可这以前并不叫王家冲，而叫赵家冲。民国初年，这里居住着一位乡儒，名叫余汉成，此人博学多才，在此地办私塾讲学，那个时代为当地培养了一批人才。可此人也迷信风水，因此地叫"赵家冲"谐音"罩"，而这家姓"余"，谐音"鱼"。余汉成想，此处虽依山傍水，人杰地灵，但"鱼"在"罩"里，怎能人丁兴旺、家族繁荣呢？遂将此地更名为"王家冲"（取"王"字，似乎有更深一层意思）。

"留道冲"的传说

复览山在尾梢处北麓的新庄、农林村民组，派生出多条南北向的山脉，山峰很多，比邻矗立，地势险要。这里植被很好，绿树成荫，有数株参天古木。乡民住房散落其间，山间有良田、山地、池塘、水坝。人们在这里生活繁衍，安居乐业。

传说在雍正三年（1725），明朝遗臣后裔曹平章，为辅助宗王孙南下潜霍山，带领妻室来到这里（当时叫八万寨）安营扎寨，招募兵马、囤积粮草，进行防守。曹平章军纪严格，防护严谨。为防密探潜入，工事之内，除本家兵丁活动之外，不让任何人进入。但为了方便居住在这里的民众生活，特地在居民比较集中的地方留下一道山冲，供人们进出。这里往来通行自由，不受兵丁管制。人们就把这道小山冲叫"留道冲"，并沿用至今。

虎 踏 石

虎踏石是但家庙镇胡大桥村山脚下的一块石头，此石在但家庙颇有名气。关于虎踏石，有一段美好而凄婉的故事，感动着世人。

传说很久以前，在山脚下的村庄里有一位年迈的老人，他与儿子相依为命，居住在一间小木屋内。家境虽不富裕，但两人极为善良，富有爱心，乐善好施，很受村里人尊敬。

为了维持生计，老人每天上山拾柴火、挖草药。一天，他正行进在山路上，因年老体衰，不得不走一步，歇一步。这时，他忽见路边有一只小虎蜷为一团，痛苦呻吟。老人只觉这只小虎有些与众不同，可又道不出原因。他决心救助这条生命。老人面对老虎，毫不害怕，将它放到隐蔽的山洞中，悉心照料，也不顾劳累，时不时地上山给它喂食。这只老虎极通人性，颇有灵气，老人又非常仁义和善。在老人的关心呵护下，老虎慢慢长大，丝毫没有兽性，视老人为亲人。老人死后，这只灵虎修炼成精，在山中默默守护山脚下的村庄，以谢老人养育之恩。整个村庄长期处于一片安宁祥和中。

一日，老虎下山观望，不料被村民发现踪迹。村民又惊又怕，很快将这件事传开了。村子里弥漫着紧张的气氛，人人都担心老虎祸害百姓。为了消除人们内心的恐惧，村中一位年轻壮士挺身而出，下定决心上山驱虎。他召集村民，拿好棍棒，向山中进发。老虎此时正趴在地上小憩，它敏锐地察觉到有人靠近。它的眼前果真出现了一群拿着棍棒的人，向它冲来。它未曾攻击，也没有后退，一棍又一棍，一下又一下，打在幼虎身上，它动也不动。壮士忽然迟疑了，这老虎为什么不发威呢？老虎伤痕累累，一跃而起，准备攻击，可脑海中浮现出老人的面庞。它向远方跑去，悲愤交加，筋疲力尽，沉重地踏在一块石头上，向着夕阳，余辉映在它的脸上……

此时，天雷滚滚，老虎朝天吼叫，忽然一道白光乍现，老虎不见了。原来，老虎积德已深，受上天垂怜，飞升成仙了。那位年轻壮士回到村中，抑郁而终。

此后，那块石头上便留下了老虎踏下的脚印，就有了“虎踏石”的地名。

极 乐 庵

极乐庵位于但家庙镇胡大桥村东部旱冲村民组罗家大包山下，始建于清朝中期。此庵堂规模宏大，两进两台阶。庵堂前是一个广场，向上的第一台阶是五间瓦房，最东边的一间是通向二进的台阶，西边的房子用来接待香客。两进之间是大院子，院东厢房是僧侣厨房，院西厢房六间，南四间为僧侣生活区域，北两间为香客占卜吉凶的地方（老佛推沙），内设祭坛、沙盘，是香客烧香拜佛的地方。沿着台阶向北进二进，即大殿共五间。院中有一棵二人合抱的望春树，院东西种有奇花异草。此庵堂闻名六霍，每逢初一、十五香客云集，香烟缭绕，梵音不绝……可惜“文化大革命”时被毁，庙址后有了杨姓、张姓在此建房居住。

（陈廷璋）

马　头　山

马头山坐落在但家庙镇胡大桥村东北，这里地处江淮分水岭，与皖西石窟、皖西大峡谷属同一山脉。这里群峰环绕，岩石裸露。其中一峰山势形似高昂的马头，因此得名。

相传很久以前，在距此不远的山下岩洞中，有一匹修炼多年得道成仙的小马驹。它不仅聪明伶俐，而且乐善好施，尤其对待穷苦人家，往往尽力给予支持与帮助，时而引水上岗，灌溉良田；时而呼风唤雨，普降甘霖，使得五谷丰登，村民安居乐业。附近有一倪姓老年夫妇，膝下无子女，守着几亩薄地，生活十分困苦。小马驹知道后，不仅帮他们精耕细作，在收获季节还帮他们驮运谷物，喜得老人心花怒放，笑逐颜开，然而这却招致了一个财主的忌恨。

这个大财主居住在距此地十余里的张店镇，方圆几十里几乎都是他家的良田，在贪婪心理作用下，他还想趁机抢占剩余田地。大财主认为小马驹的善举搅扰了他的好事，为此重金请来玄学之人，利用咒符之法将小马驹困在山脚下。

经过一段痛苦煎熬，在一个月黑风高之夜小马狗趁看守熟睡之机，挣脱了枷锁，外出觅食。小马驹毕竟被咒符所困，被财主的家人发现，在一片追杀声中，可怜的小马驹受了重伤。当它奔到当今的马头山时，马头突然坠落，因其精灵不散，故化作一座山头突兀而起。后来附近村民为了纪念小马驹，便把这个山头命名为马头山。

白石岩的传说

在但家庙镇胡大桥村境内，有一个叫白石岩的村民组。这里山峦连绵，山石嶙峋，白石岩是当地最高的一座山峰。由于它一面形如斧劈，高约百丈，山体分泌石灰岩质的物质，呈现白色的岩体，当地居民就称之为白石岩。攀上白石岩之巅，胡大桥一览无余。就在这白石岩之下，曾经广为流传着一个美丽的爱情故事。

据说在很早以前，白石岩下有位财主，养育一女，年方十八，貌美如花，心地善良。老财主把这个女儿视若掌上明珠。财主家中有位长工叫马小宝，小宝自幼丧父，母亲含辛茹苦将其养大。小宝勤快、聪明、勇敢。两个年轻人在朝夕相处中，互生情愫。这年秋天，小姐身患重病，老财主虽遍请名医，女儿的病还是日趋加重。老财主许下诺言，谁能医治好小姐，就可以无偿迎娶小姐，并赠送丰厚的嫁妆。入夜，小宝因感念小姐对他的平日的照顾，看到小姐的病情加重自己却束手无策，深感愧疚，辗转难眠。睡梦中忽见一位手持拂尘的道人出现在他的床前，告诉他在白石岩的绝崖之上，有一个凹窝，窝中有一株仙草，采来可救小姐一命。第二天天刚亮，小宝就带上绳索，攀崖附壁，战恶鹰、斗毒蛇，取回仙草。小姐得救了，可是老财主不甘将女儿嫁给穷小子，千方百计想毁约，拆开他们。小姐感恩于小宝的救命之情，与之私奔，结果被财主发现，便和家丁一路追赶，将小宝和小姐追赶到白石岩畔。小姐苦苦哀求，老财主怒火冲天，叫家丁绑上小宝，扬言送交官府。突然一道电光划破夜空，雷声大作，一位道人出现在对面的岩体上，身着白色的道袍。财主被突如其来的变化吓破了胆，带着家丁边跑边喊：“天意、天意啊！”小姐和小宝也被眼前的景象惊呆了，赶紧向道士跪拜。随后他们远走他乡，留下了白石岩下美丽的爱情传说。

如今的白石岩，山水环绕，宽阔的水泥路串联着栋栋别墅，村头几口池塘，或方或圆，白鹅在荷花边戏水，好一幅静谧的乡村风景画！

鬼门关的来历

鬼门关是中国神话传说中阴曹地府的一个关隘。在但家庙镇胡大桥村大山陂和高塘埂两个村民组交界处，也有一个被当地人叫作此名的地方。这里双峰对峙，形成关门，其间宽不过十来步。由于地处偏僻，林木丛生，松涛阵阵，每到夜晚，凄厉的猫头鹰的叫声时时传来，让路过此地的人不寒而栗。当地的人夜晚途经此处时常常迷路，在山谷间东跑西奔，直至天明方才头脑清醒，寻路而回。回想前晚的情形，一概不知。当地人把这种现象俗称“山撞子”，民间传说魑魅魍魉喜欢驻留在荒野无人的深山，孤坟四野之地更多，古老的森林则更是所爱。鬼门关这个地方恰恰符合了“鬼怪”的出没环境。而今，宽阔的村村通水泥路从这里穿过，僻静幽美的自然风光成为人们寻幽探秘的好去处，昔日的鬼门关，如今成了通畅的大道。

龙　井

龙井在胡大桥村龙井村民组但德新门前，这口井已经很多年了，看起来平平常常，但是这口井不管是在多么干旱的天气里也有水。这口井底还有一个小洞，水是从小洞里面流出来的。听说这个洞是龙的“眼睛”。在很久以前，这口井曾居住一条龙，小洞就是龙的“眼睛”，本身有一对“眼睛”，结果被陈家打掉了一只，现在就剩下一只“眼睛”了。泉水就是龙的眼泪，故此有龙井之名。云峰寺（位于张家店镇凤凰台）的和尚经常到这里烧香，来取井水，做法事，为小龙供斋。当时特别热闹，和尚还敲锣打鼓的，在井前念经，看热闹的人特别多。这口井在附近小有名气，许多人都知道龙井。龙井的泉水清澈、甘甜。

现在的龙井已进行整修，井旁有一棵直径约1米的大柳树，枝叶繁茂，成为美丽乡村的一道亮丽风景。

赵　老　庄

胡大桥村北边约2千米处，有一个村庄叫赵老庄。赵老庄三面环山，地势平坦开阔，古树参天。据说，在清乾隆年间，本地有一位姓赵的四品大员，官至道员（俗称“道台”），在当时的直隶省任河务道，专门协助黄河河道总督和地方官员管理黄河的河道工程及抗洪抢险等。当时的黄河由于上游植被破坏严重，且一直没有得到彻底治理，几乎年年决口，清政府投入的治河、救灾钱款也大部分被各级官员中饱私囊。赵道员恪尽职守，兢兢业业，从不与贪官同流合污，深得百姓爱戴。赵大人衣锦还乡以后，便寻得此处，盖了一处庄园颐养天年。平时他教附近的孩童读书认字，给他们讲《四书》《五经》，村民们亲切地称呼他为“赵老大人”，此处也就被称为“赵老庄”。

旗　杆　院

距花石嘴村村部北约2千米处，有一处地名叫旗杆院。据相关资料记载，1912年，一幼儿跟随母亲下嫁至涂姓人家，取名涂勤南。1941年，涂勤南通过苦读，取得功名，被举荐为官，光宗耀祖，为了显示威名，在所住大院内树立一对旗杆，所居大院被百姓称为“涂氏旗杆院”，简称“旗杆院”，后作为地名沿用至今。

肖家圩子遗址

肖家圩子位于大河厂村肖家圩子村民组境内。西侧约100米是浔阳河，东临近大团路，北面紧邻淠源渠，占地面积10余亩。民国时期，这里是霍山商会会长、大恶霸肖子瑜的庄园。庄园四周是宽约10米的护庄水围子，只留北面一个出口。庄园坐南朝北。北面的大门两侧分别有一旗杆。旗杆座为圆柱形石墩。直径约1米、高约0.7米。1949年，霍山全境解放，12月，双手沾满革命烈士鲜血的肖子瑜被镇压。他的庄园和所有财产被分给贫苦农民。在“文化大革命”时期的“除四旧，立四新”运动中，肖家圩子里的一些建筑和家具遭到破坏。住在肖子瑜庄园里的农户先后搬迁到周边建房子，老宅渐次被拆除。至20世纪90年代末，肖子瑜庄园里的建筑全部消失，只留下四周的水围子，还有两座笨重的旗杆座。2010年，大河厂村实施土地置换工程，肖家圩子被平整为耕地，护庄的水围子被填平，两个石墩从此也不见了踪影。至此，肖家圩子彻底消失，昔日名震四方的地主庄园被历史的洪流淹没。

周家巷口的传说

周家巷口大庄位于大河厂村周家巷口村民组。地处大河厂村西北部。西临断山堰，北靠小山丘，南面是浔阳河。这里依山傍水，是远近闻名的风水宝地。先前，庄内两座南北走向的并排的城墙，将整个庄园分为东、西两部分。两座城墙之间形成一个可供行人、车马通行的巷道，又因这里居住的都是周姓人家，因此，人们把这里取名为周家巷口，并一直沿袭下来。

周家巷口是个古老的庄园，有着悠久的历史和动人的传说。

相传明朝初年，周氏家族便聚居在这里。后来，有人仿照帝王宫殿在此建“长沙殿”，拟建100间，但最终只建成99间，剩下1间怎么也建不起来。同时，庄内还挖了9口水井。长沙殿刚建起来，便远近闻名，后来，传到了皇帝朱元璋的耳朵里，朱元璋大惊，认定周氏家族有人要谋反、篡权，便派大臣刘伯温到周家巷口查抄。刘伯温到此地，发现从豪珠岭沿卧龙岗直到周家巷口形成一道完整的龙脉。周家巷口正处于龙头的位置。刘伯温掐指一算，这里不久将要出真龙天子。同时，西边的李家湾（即现在的大河厂村卢家湾）将要出娘娘……这还了得！刘伯温一怒之下，挥鞭抽断了龙脉，为皇帝铲除了后患，这便有了断山堰水库大坝东西两端的“断山”。周氏家族除少数人逃脱，大多被处以极刑。又过了很长时间，周家的后人又在此生生不息，繁衍下来。庄园又重建起来，人丁也渐渐兴旺。清咸丰年间，这里又出了一个武进士，据说在安庆府任职。

肖家圩子遗址　　（王玉生　2022年7月摄）

后来，历经战乱和“文化大革命”，周家巷口渐渐衰败，庄园往日的繁荣荡然无存。只留下遍地的瓦砾、青砖，以及陆续被掘出的青砖石条砌成的古墙根，还在讲述着昨天的故事。当人们凭吊古老庄园内残存的毛竹跟制成的箭弓、石制的马槽、上马石、马套、石制子，以及依稀可寻的跑马场的旧址，很容易使人产生想象：这里曾经显赫的周氏家族的兴旺，武功超群的进士的威武，庄园内的一派繁荣景象……

据吴运海和周启实（当地老人）介绍，快要解放时，这里的地主把自己家的财产都埋在地下，然后远走高飞。相传，埋在地下的金银财宝共有99篓13缸。埋藏的具体位置谁也不知道。不过，要想寻找宝藏，倒有一个口诀：“东起老柴（即东侧有一棵古老的皂荚树），西起老槐（一棵古槐树）。如要不通，问问老松（即皂荚树与老槐树之间有一棵老柏树）。”后人是否寻得宝藏，人们不得而知。如果那些宝藏还沉睡在地下，何时才能重见天日呢？

牌坊岗记忆

说起牌坊岗，后来的年轻人都不知道，或者只有少数人听长辈们说起过。但年纪在80岁以上的但家庙、大河厂，甚至六安凤凰台、张家店一代的老人都有所耳闻，这里在民国时期甚至更远的清朝末年曾经是一个繁华热闹的集市，方圆几十里都小有名气。

牌坊岗旧址在现在大河厂村李家榜岗头上，沿大张路（双拥路）两旁从西向东绵延一里多路。那时的道路是弯曲的黄土路，道路两边是一家挨一家的商铺。有糖坊、油坊、米行、做挂面的、卖豆腐干的、卖肉的、卖日用百货的，还有饭店、客栈，等等，可以说是商贾云集，应有尽有。从早到晚，集市上人来人往，叫卖声、吆喝声不绝于耳。来自周围十里八乡的商贩推着车、挑着担在这里兜售各种商品，远近的村民扶老携幼、提篮挎包，在集市上闲游、购物。当时政府还在这里设立了驿站，骑马送信的邮差在这里换马，然后再骑往下一个驿站张家店。

牌坊岗繁荣了近百年。但1948年冬天的一天晚上，一股国民党溃兵途经这里，洗劫了这里的商铺，商贩们四处逃生，生意从此萧条冷落下来。曾经兴盛一时的牌坊岗渐渐淡出了人们的记忆。

牌坊岗的得名源于这里有一座贞节牌坊。牌坊建于清朝时期，据传是一位戴姓女子嫁入胡家，婚后不久，其夫因疾病去世，没有儿女。虽然包括她的公婆在内的很多人都劝她改嫁，但戴氏誓死不改嫁，愿意侍奉公婆终生。她的感人事迹被地方官上报给朝廷，皇帝也深受感动，敕造贞节牌坊一座。牌坊建在驿路边上。整个牌坊由青石雕刻拼装而成。牌坊底座石块长3.5米，宽1.2米，高0.5米（埋入土中）；牌坊主体碑身高3米，宽2.8米。碑上方镶有一块长0.8米、宽0.5米的汉白玉碑堂，刻的是胡氏的事迹以及朝廷对她褒奖的铭文。碑身两边（各为0.4米）刻着一副对文，也是对胡氏的赞颂之辞。碑身的上面是长3米、高0.6米、上宽0.4米、下宽1.2米的石雕帽子，帽子四角翘起，中有一个石顶子，石顶子通过石槽嵌在碑帽上（碑帽现在还保存在李家榜村民吴跃兵家门前，但顶子已经不见了。）这牌坊在路边矗立了100多年，直到1958年，因为修建秋缺塘和朱家大塘，民工们把牌坊推倒了，石块用于修建秋缺塘的堤坝。碑身中镶嵌的那块汉白玉也不知去向。2010年前再次修塘时，已沉入塘底的碑帽被挖起来，村民吴跃兵把碑帽移到自家门前存放起来。

肚 疼 山

肚疼山位于但家庙镇观音岩村境内。据说元顺帝昏庸无道。他有一位巫师，宣称自己上通天文，下知地理。一天，巫师急着求见顺帝，顺帝便问："何事如此慌张？"巫师说："启禀皇上，臣夜观天象，预测到在今年出生的婴儿中有人长大后可能会夺你的江山啊。"顺帝听后，寝食难安，前思后想，决定在冬天杀死所有孕妇。屠杀孕妇的日子就快要到了。城里已经有大批的官兵开始抓孕妇了。孕妇知道过不了多久自己会被斩杀，都想逃跑。其中，朱元璋的母亲怀着他也被关在一间房子里。她在心里默默念着：这墙壁要是有一道裂缝，我就能钻出去了。谁知，她靠着墙，墙上果真出现了一道裂缝。她就从裂缝中跑了出来。官兵很快就发现了，立即去追她。天越来越暗，雪也越下越大，朱元璋母亲越跑越累。当她跑到现在观音岩的一个大山前时，就再也跑不动了。这时，她的肚子一阵疼痛，她知道自己马上就要生了。想想这个小生命即将诞生，她又忍痛跑了下去，躲到了山林中，生下了朱元璋（此地关于朱元璋的类似传说还有很多，如落儿岭、洗儿塘、倒趿冲、鹿吐石铺、太子庙等）。

朱元璋当上皇帝后，为纪念母亲生育之苦，就把那座山称为肚疼山，众人也就这样叫了起来。

三星拱月

当地有"十里一铺，五里三墩"之说。这些墩是民间自筹工用土或石块垒成，每个土墩高约2米，圆柱形，直径200～300米，这圆形顶面平坦。在这平坦地面上建有凉亭，供农历新年时玩龙灯舞狮子，上演地方戏，隆重庆贺新年，平时供集市贸易。

团墩三墩分别由粮站西侧一墩，团墩小街南头一墩，西头一墩，它们成等边三角形的三个顶点，每墩距离200米，中间有一口月牙塘，故称三星拱月。团墩小街的地名起源于此。

2005年农田基本改造时，将三角形中间的明塘迁至三角形东南一条边上。

团 墩

团墩位于观音岩村。关于这个名字可有一段神奇的传说。

此处有一条小街道，在街道的背后有一个天然的墩子，形状是圆的，表面是黄土，里面是岩石。传说在岩石下有一条正在修炼的大蜈蚣。在这个墩子的西北角100米处，也有一个形状相似的墩子（现粮站背后的墩子），不过里面全是土，据说里面有一条正在修炼的两头蛇。蛇和蜈蚣是冤家，有朝一日修炼成功的话，就会针锋相对，打起架来，那么当地的老百姓就要受牵连。有仙人驾临并指点迷津，为了让它们两个在各自的墩子继续修炼又不出来祸害居民，取地名团墩：一是警示这两个修炼者在各自的团墩里安心修行，不出来祸害百姓；二是提醒百姓团结一心，安居乐业。

现在，在团墩入口处的墩子上还建造了凉亭，这里已经是省级美好乡村示范村了。

舒家庙神钟

舒家庙街南边庙山上有一棵直径1米的枫树，树旁有座古庙，古庙中有一口大钟。

传说，人们在逢年过节习惯到古庙擂鼓、撞钟。这座无僧的古庙有时夜间传出撞击的钟声。

后来人们隐约听到了古庙里传出的钟声，便把它神话为“舒庙神钟”。

自从“文化大革命”时期拆去了神庙，舒庙神钟这桩神话故事没有人再谈论了，神钟便杳无音信了。

大 龙 井

大龙井距但家庙镇中心集镇7千米左右，隶属于观音岩行政村。传说在很久以前，有一条恶龙给这片土地上的所有生物带来灾难。它毁坏庄稼、伤害人畜，幸存的人民并没放弃希望，努力与恶龙斗，而恶龙却藏在地底深处，并向水里投毒。人畜饮后死伤惨重，人们也陷入绝望的境地。后来一条不知何处而来的龙，人们叫它光明之龙。它化作人类的模样，带领大家与恶龙战斗。人们历经千难万苦，找到了恶龙的藏身之地。光明之龙现出原身与恶龙拼死一搏。在大家的共同努力下大战三天三夜之后，恶龙被消灭了。光明之龙也身受重伤，在大家欢庆的时候悄悄隐去了。

虽然战胜了恶龙，但毒症仍在传播，人们纷纷染病身亡。如果再找不到解决的方法，可能所有生物自此走向灭绝。就在这时，光明之龙再次出现。它不忍看到人类悲惨的样子，下定决心要拯救这片土地上的生灵。于是用自己的龙筋造了一口通往水源的井；再用自己的龙鳞化作许多颗守护石，保护水井不被破坏；最后将全身的血液注入水源，用以解毒。

毒解了，人类和其他生物得以生存，可光明之龙却离我们而去。人们为了纪念它，在水井周围建了村子，让子孙后代生生世世守护那口井。这村子也因这条伟大的龙得名——大龙井。

关于大龙井还有另一传说：

在很久很久以前，有一个村庄里有位小伙子，叫龙记，村里人都叫他小记。龙记对隔壁王老伯家的小女儿心生爱慕，便追求她。最终王老伯的小女儿被龙记感动了，于是他们喜结连理，过着非常幸福的生活。

三年后，龙记的妻子为他生了一个可爱的男孩和一个漂亮的女孩。又过了五年，天降旱灾，很多树木枯死了。村里的人终于扛不住了，商量着准备搬走。龙记一家也很无奈，实在没有办法，也只好去收拾行李。就在搬家的途中，龙记的儿子发现有一处地方有花，便说了出来。龙记想：这么热的天，草木都枯死了，怎么会有花呢？于是便在儿子发现有花的地方挖出了一处泉眼。泉眼的水很清，甘甜可口。自从发现泉眼，村里人看到了希望，龙记和大家都留了下来，依靠泉眼流出的水生活。

但是从泉眼接水很慢，村里的人每天都起早贪黑去接水，龙记便想了一个好法子：他向村里的人提出打一口井，这样一来就方便多了。村里人起初并不支持，认为龙记不可能会成功。可龙记不服输，他说服了村里几个年轻力壮的小伙子和他一起打井，每天坚持不懈。终于，在大家的努力下井打好了。村里的人无一不佩服龙记，但龙记却因为过度劳累，永远倒下了。后来，人们为了纪念龙记，便给那口井命名为“龙井”，那个地方也被人叫作“大龙井”。

黄檀树

黄檀树位于大河厂村境内，这里风光秀丽，景色宜人。古时候，这个村庄有个黄姓老人在这里种下了一棵檀树。种时很小，也不起眼，没有多少人注意到它。它慢慢地生长，直到有一天，它长得很大很高，许多人都看到了它，但都不往心里去，他们以为不就是棵树嘛，没什么大不了的。但他们并不知道，这树并不是棵普通的树。有一天傍晚，村庄里的一个孩子突然跑到檀树下，双腿跪下，双手合十，面向檀树，他嘴里祷告着：“檀树爷爷，求您保佑我妈妈能够安稳渡过难关……”原来，他的妈妈得了病，家里已经没钱治了，所以他到这里来祈求檀树。第二天，孩子给富人家打完杂回到了家，却发现桌子上的早餐都已经做好了，还没来得及疑惑，屋里便传来了声音：“儿子，你回来了?”孩子冲进房里，看见他的妈妈正一针一线地缝织衣服呢!“妈妈，你的病……”还没等孩子说完，妈妈就说：“昨晚我正翻来覆去睡不了觉，后来，我的身体突然不疼了!也不知怎么回事。”孩子喜极而泣，一下子投入妈妈的怀抱。一传十，十传百，从此，这棵檀树的神奇家喻户晓。不吃食的猪、得病的孩子、久旱的天气，通过人们的祈祷都一一好了起来。人们受到檀树的护佑，而这棵树是由黄姓人种下的，所以，人们将这个地方称为“黄檀树”。

燕窝冲

但家庙镇的燕窝冲，绿水青山，景色优美。附近有许多景点：黑虎山、鬼门关、复览山等。燕窝冲是个小山冲，位于黑虎山的东边，山冲很像燕子做的窝，所以取名燕窝冲。这里有个水库，旁边是山山相连。旁边有养马寨、黑虎山、团磨山等景点。每一个景点都静静地讲述着自己的传奇，燕窝冲也不例外。传说在中华人民共和国成立前，为了消灭国民党军48师，解放张家店，有一支秘密侦察小分队，他们经过燕窝冲，并住进燕窝冲的农民家里，侦察张家店兵力布置，为解放张家店做出了重要贡献。从此燕窝冲也被披上了红色传奇。有人曾经看到过这里百燕齐飞的景观。等到快日落的时候，百燕惊醒，一起飞向远方，人们感到惊叹。

枫 树 岭

相传远古时，枫树岭山中住着一个勤劳的猎人，以打猎为生。一次他在山中打猎，发现了一只受了伤的白兔。善良淳朴的猎人见白兔可怜的模样，于心不忍，将白兔带回了家并悉心照料。可不久之后，奇怪的事发生了，当打猎回家时猎人惊奇地发现：家中被收拾得十分整洁，桌上摆满了美味佳肴！猎人决定一探究竟。一次打猎后，他提前回到了家，只见白兔幻化成了一位美丽的少女，少女翩翩起舞，流光从指尖迸发，变出了食物，灰尘被清扫。原来少女竟是天宫下凡的仙子。猎人见到眼前婀娜多姿的少女，爱上了她，而少女也因为猎人的朴实而芳心暗许。从此两人相爱了，在山中过着平淡而幸福的生活。

后来天宫的王母娘娘知道此事，大为震怒，派遣了天兵捉拿少女。猎人看着被天兵押解越行越远的少女，痛苦万分。猎人心系少女，每天诚心参拜观音大士，诉说自己的心愿，猎人的执着感动了观音。观音带着猎人上了天宫，见了王母，观音向王母求情，看在观音的面子上，王母答应让两人在一起了，可是天规难违呀！作为惩罚，少女被贬为凡人，王母娘娘把猎人变成了一棵枫树。少女陪在枫树边，每天依偎着变成枫树的猎人。为了让猎人在少女死后不孤单，少女又在山谷中种下了更多的枫树。如今这里枫树漫山遍岭，每当秋季，满山艳红的枫叶绚烂如火，秋风拂过，枫叶哗哗作响，似乎是猎人对少女爱的呢喃。枫树岭这个地名也跟着留在人间。

仙人脚水库与箱子石

观音岩村附近有一条大岭在两山之间，岭长、陡峭。因为山高阻挡了降水，山北村民饱受干旱困扰，村里经常有一些年轻人，企图翻山越岭去找水，可就是没有一人回来过。仙人看到这里缺水，决定帮助他们，便用法宝吸取了大量的水，帮助老百姓渡过难关。老百姓十分感激仙人。王母娘娘不愿仙人帮助老百姓，便下令不准仙人下凡。

仙人不忍百姓受苦，私自逃到凡间。由于用法术失败，便用可以装载万物的箱子装了水。在归途中，扁担断了，箱子也滚落了。仙人被王母娘娘发现了，将他化作一座大山，山下留有仙人的脚印，而那两个箱子也化为石头，据说只有有缘人才可以打开，并获得财宝。中华人民共和国成立后在这里修建一座小型水库，彻底解决了山北缺水状况。为了纪念仙人，取名仙人脚水库。

黄 家 垅

黄家垅在大河厂村境内。这里山环水绕，风景秀美，春天桃花争艳，秋天瓜果飘香。

村中20多户居民散居在黄家垅下，世代流传着久远的黄家垅传奇。盘古开天辟地，一个年轻人的身体变为江河、山川树木，他的头变成了一条龙。后来，龙修炼成了精，从此便称霸天宫，人称玉帝。玉帝的权欲越来越大，害怕兄弟姐妹篡夺他的帝位，就暗地里派人去杀兄弟姐妹。小弟黄金侥幸逃到了人间，为了不让玉帝发现，便化为周姓农民。从此，周姓人家便在此处繁衍生息。

时光飞逝，一转眼若干年过去了，玉帝下凡间来巡视，来到那周姓人家生活的地方，看到人们供奉在桌子上的贡品，正准备拿来享用，却被小孩将桌子推倒，贡品洒了一地，玉帝龙颜大怒，打道回天庭。一查，这里根本就没有人居住，玉帝很纳闷，这些人是从哪里来的呢？于是又派属下去探个究竟。查访者来到人间，适逢周姓人家正在上香祭天，他定睛一看，坐在中间的老者让他大吃一惊，这不正是玉帝的兄弟黄金吗？于是查访使速回天界，回奏玉帝。玉帝大怒，马上派天兵天将前去捉拿弟弟。黄金看到情况不好，变成了一条满身金光的金龙。与天兵天将大战了三百回合，结果不敌，被射死，后变为一座山。后人为了纪念黄金，便将这个地方命名为“黄金垅”或“黄家垅”。如今的黄家垅，宽阔的水泥路穿庄而过，路边绿树成荫，一栋栋别墅风格各异，村民安居乐业。这里是但家庙镇美好乡村之一。

水　冲

但家庙镇有个小山坳，叫水冲，位于胡大桥村北面。这里山清水秀，鸟语花香。以前这里不叫水冲，后来之所以改名为水冲，里面还有一段故事呢！

以前水资源特别缺乏，农民种的庄稼很少有收获，遇上干旱更是颗粒无收，老百姓的生活十分贫苦。突然有一天，老天像是发怒了，电闪雷鸣，风雨交加，所有的村民都紧闭门窗，人们心里想：今年辛苦种的庄稼又要被毁了。第二天黎明，太阳升起时，早起的村民纷纷去查看田地的受损情况。这时一个眼尖的村民发现在距村口五十米的田埂旁多了一口水井，大家便都跑去看。只见那口水井是由青石堆砌而成的，井口不大，井深约3米。里面的水清澈见底，喝上一口无比甘甜凉爽。

那年干旱，池塘干涸，大部分水井干枯见底。别说庄稼，就连人的饮水都成了问题。在大家绝望时，一位村民突然喊道：“快看，田边那口井上的水雾。”于是大家都跑去看，井水源源不断地涌着。大家见状，便争先恐后地回家拿桶来打水。第三天早晨，邻村庄的人得知了这个消息，也来这口井打水喝。来打水的人很多，村庄里的人担心那救命井会干枯，但那口井犹如神助，井水始终不减，汪汪泉水从井底涌出。因为这口井当年挽救了很多人的生命，于是人们把这口井命名为“救命井”，将这个村庄改名为“水冲”（其实原来这里叫旱冲，20世纪80年代，县驻点领导方汉章在这里带领群众，手提肩扛，修建了旱冲水库。从此，改变了这里经常受旱的局面，遂改旱冲为水冲）。

八　斗　冲

八斗冲是黑虎山村的一个小山冲，冲里有八斗水田，冲口有个小树林。

传说在很久以前，这村子十分贫穷，山冲一片荒芜。有一天，从天上下来八位神仙。他们是玉帝派下来巡视人间的。正当他们准备回去的时候，忽然发现各自的神功都平白无故地消失了，个个都十分着急。一位村民发现了他们，将他们带回村子。村民们的热情感动了他们，使他们爱上了人间的生活。之后他们便与村民们幸福地生活在了一起，并带领村民过上富裕生活。地上一年，天上一日，一年已经过去了，玉帝发现这八位神仙还未回来，于是便派天将下凡接他们回去。可谁知他们不想回去，天兵天将无奈，只好强行捉拿他们回天庭。他们回望村民，不禁流下眼泪，奇特的是这些眼泪落在大地上形成了八块大田。于是，人们为了纪念这八位神仙，便将这个小村改叫为“八斗冲”。

景 门 山

在观音岩村，有一座山叫作“景门山”，它的原名为“金门山”，因为“景”和“金”的读音差不多，流传下来的就是“景门山”。传说，玉皇大帝的贴身侍卫向往人间生活。有一天，他用迷药把玉皇大帝迷倒。心想着天上一天，地下一年，便偷了许多财宝，想去人间玩上一年。并且，还对外宣称玉皇大帝要休息一整天，任何人都不可以去打扰。下到凡间后，他马上找到了一个隐秘的山洞，把财宝都藏到这个山洞中，然后四处去尽情玩乐。玉皇大帝喝的迷药较少，不到半天便醒了。看到自己的寝宫内竟没有一个人，出去一问才知道自己的贴身侍卫说自己要休息，不让别人打扰。过了好大一会儿，他都没有看到自己的贴身侍卫。便令千里眼去找，千里眼找了半日，发现那侍卫正在凡间的一个山洞中取财宝。玉皇大帝一怒之下，命天神将那侍卫变成一块石头，封堵在山洞口，永世不得超生。因此，人们就叫那座山为“金门山”，流传到今日，就成了“景门山”。

第四节　但家庙集镇古驿道拾遗

但家庙小集镇古驿道位于但家庙镇但家庙村境内，复览山北麓，但家庙河北侧，呈东西走向，全长约1千米。东出口经小河嘴、花石嘴、山王河达凤凰台、毛坦厂、六安；西出口分两个方向：西北方经团墩达横塘、青山、苏家埠；西南方达霍山。据《霍山县志》载，在清雍正年间，兵部设传递公文的机构——铺递，全县14个。其中北望山铺就设在但家庙镇境内（“县东北20千米，通六安州”）。霍山—六安的邮路也是清光绪末年设的霍山县最早的一条邮路。邮路经下符桥、三尖铺、青山、戚家桥，逐日班，2人驰走，每班1人，今去明回。光绪二十六年（1900），县城到桐城邮路开通后，改经但家庙、山王河、东河口，隔日班。根据现存遗址、遗物和对附近老人的采访，可见明清时期的但家庙小集镇商贾云集，店铺众多，行业齐全，生意兴盛。这里还建有牌坊、寺庙、石桥、戏台，构成了小集镇独特的风貌。特将相关的故事传说、物件，记录整理并志之于后。

一、老街记忆

但家庙老街的变迁 处在古驿道上的老街，长600余米，平均宽度3.2米，最宽处4.2米，最窄处2.2米。街心铺毛石条，每块石条宽约0.35米，长短不一，中有车辙，因常年有车辆在此通行，辙印很深。2018年，经实地测量，辙印深达2厘米，现存石条21块。据居民说："不止这些，有的被埋在土里了。"原明清时期所建房屋也留存不多。

遗留下的房子都是大梁驮小梁的结构，并有防火山墙。屋面缶瓦作底，小青瓦覆盖。墙体为青砖，一斗一卧。房子一般为1～3进，中间有小院，周边用毛石或青砖砌成，院中大多有井，房屋不高，具有大别山古民居的特色。历经时代变迁，这些古民居已变得阴暗，苔蕨布满砖面和缝隙。20世纪60年代以后，随着生活水平的逐渐提高，住在这里的居民，有的对原房进行改造。后来，人们陆续从这里搬迁到新街大张公路两侧建房。随着大张公路的兴建，老街背后（北面）逐步兴起了新街。至改革开放后，一大批商户及党政机关落户新街，并开辟了广场。但家庙集镇建设快速发展，老街也在历史的风雨中逐渐衰微。老街已破烂不堪，面目全非，居住人家不足10户（胡安定、王思英、但修国、黄书法、胡安胜、方良标口述，陈廷璋整理）。

南阳禅寺 南阳禅寺又称火神庙，《中国城池史》称："火神庙，即火神之庙。据《汉书·五行志》曰：'帝喾则有祝融，尧时有阏伯，民赖真德，死则以为火祖，配祭火星。'尧为火德王，又曰火德真君，实际上就是火神爷。秦汉之间，关于火神之说尤其昌盛。以后传到明清两代，都供奉火神爷为火神庙。"地处但家庙村三更桥村民组，原但家庙灯泡厂（后期为机械厂，现已搬迁）东侧大屋处，古驿道北侧。正房四间，排山排柱，上苫小瓦，房子宽大，坐北朝南；东西两侧设有包厢，各两间，共四间。正房为主殿，殿内供奉两座巨木雕刻的菩萨（人称"温""和"二匠），2米高，坐在轿子里，能移动，人们可以抬着木像去求雨、看戏。两位菩萨都穿着长袍，但长袍的颜色不一样，一位是红色的，一位是紫色的，都是粗布制成。据说，一位商人为了还愿，愿望实现之后，给两位菩萨"装金换袍"，才穿上"蟒袍玉带"的。殿内设香坛，远近香客，接踵而至。两边厢房是贮藏室、僧侣住房、厨房、柴房。直到中华人民共和国成立初期，禅院里仍有张姓和但姓两位尼姑住在这里。中华人民共和国成立后，反对封建迷信，这里香客渐少。20世纪50年代，实行社会主义"三大改造"，各地社（人民公社）办企业发展很快。20世纪60年代，但家庙人民公社在这里新建了一家社办企业——但家庙公社铁器社。为了腾出场地，将两尊菩萨放在屋梁上架起来，其余物件全部损毁。1966年，两尊木雕菩萨被当柴火烧了。20世纪80年代后期，但家庙铁器社解体。霍山县灯泡厂（世林集团）在这里新建了包装厂（后改为机械厂），将旧禅院完全拆除。笔者经走访老人并多次到旧址探寻，只发现南阳禅寺断牌匾"南阳禅"三字石刻。

从"南阳禅"断牌匾推断，完整的牌匾可能是"南阳禅寺"。此牌匾现存留在禅寺原址。世林集团新建厂房时，牌匾被当作毛石砌在东侧墙根脚里。幸亏遇到有心的瓦匠师

历经风雨的但家庙老街

（王玉生　2022年7月摄）

傅，将牌匾字面向外，才有可考。“南阳禅”为阳字。从“禅”（本字及本字边框完整）后断开，后一字憾无可查。现存断牌匾长1.34米。按右边现存情况测算，断失部分应该在0.33米，此牌匾长度为1.67米，宽0.37米，厚度无测（因填埋在建筑物根脚里）。每字一框，呈正方形，边长0.33米；边框拐角刻有图饰，字体为行楷，笔画宽度为0.035米，圆润苍劲，虽历经风雨，却清晰可见。字与字间隔0.14米，整个匾面端庄凝重，古色古香。

财神庙　原财神庙坐落在现镇政府对面财神庙河（但家河财神庙段）北边，古驿道从财神庙门前经过。庙很大，主殿三大间，内设财神爷佛像，全名叫“增福财神之神位”。坐北朝南。门前绿水，再往前是层层青山，复览山古刹依稀可见；庙后粮田成片，田连青山，风景无限。往来商人和远近香客络绎不绝，前来烧香跪拜，祈求赏金赐福。正月初五是财神爷生日，当地人在初四晚上就置办酒席，烧香跪拜，庆贺财神爷诞辰；大家也可以借此机会搭台唱戏，设宴请酒，祝贺新年的到来，祈盼新的一年风调雨顺，人财两旺。该庙和距小集镇东边500米的南阳禅院相应，体现了佛教文化在当时的繁荣状况，寺庙是那时人们唯一的精神寄托。据老人们回忆，该庙是1914年被洪水冲毁的。当时水很大，一直漾到花塘埂坎下的稻田，但家庙下街头一片汪洋。大水过后，财神庙仅剩根脚的毛石和一对旗杆座子了。从那以后，由于战乱和人民生活的动荡，财神庙就再也没得到重建了；墙根脚的毛石也被移作他用，两只旗杆座已经丢失一只，仅有的一只被小集镇方姓人家收存在旧房（老街道）的院子里。这只旗杆座整体高度为0.45米，分上、下两个部分，上半部分为鼓状，高0.3米，直径0.6米；下半部分是基座，呈正方形，边长0.6米。中间有孔，贯通上下，直径为0.075米，是插旗杆用的。重450斤，从中间孔的直径和杆座的重量，可以推测当时的旗杆是很粗、很高的。

残存的南阳禅寺牌匾

（王玉生　2022年7月摄）

古戏台　但家庙古驿道商贸发达，民间文化也很丰富，仅古戏台就有两处。一处在但家庙小集镇原灯泡厂院内。院内靠南（居民李俊丰屋后），有一块隆起的石块，30平方米，高出地面2米。形成一个天然的台子，叫“庙岗头”（前面所说的乌龟地的龟背）。如果有小型活动，当地居民就在这里唱戏。有时也把南阳禅院的菩萨请去看戏。另一处戏台位于三根桥村民组东南面，在但家庙河和张冲河交汇处的河滩上，那里有一处高地。要演出的时候，人们就地铲一些草渣堆在上面，再铺上木板（是专用木板，由汪家塝一户人家代为保管），戏台就搭好了；有时也从周围村民家借来大桌拼在一起，搭成戏台。按照地方风俗，戏台的口一般不对正向，也不对人家大门，要稍偏一点。河滩面积大，能容纳很多人。南阳寺的两位菩萨是一定要“请”去的。除了当地戏班子外，还要请外地戏班子，例如张家店著名的尹和榜戏班子。唱的都是传统的老戏，如《薛凤英》《穆桂英挂帅》《三请樊梨花》等。人们往往把这些对人有教化意义的台上戏，称为“高台劝话”。戏有时一连唱好多天。费用都是筹集的，大部分开支都是街上做生意或有钱人家捐助的。唱戏时，有很多外地人来观看，过往商人往往住下来，一边看戏，一面招徕生意，很热闹。

花塘埂　花塘埂在但家庙村民组余家塝余家庄，位于现但家庙镇政府背后。这里是但家庙小集镇的西入口处，处于古商道北侧。埂后有塘，塘后有庄，三面环山，中间一洼地，面积约5亩。建有两进房子，后进为小瓦房6间，前进是荒草房6间，庄前池塘为月牙形，水面2亩，塘内养有鲤鱼，种有荷花。塘埂栽有黄栗树，每棵两人合抱粗，最大的一棵三人合抱，长势茂盛，枝丫交错，塘边生有一棵紫藤，主藤有小瓦盆粗，屈曲遒劲，碗粗杯粗的侧藤攀附于树干之上。每逢春季，紫藤花开，满树青枝绿叶，夹杂着串串紫藤花，形成了满塘埂的春色，一塘埂的花。因此，人们就把这里叫花塘埂。庄子左、右两边各有一条林荫小道，通往塘埂下的驿道。村庄里设有娱乐场所，供过往商人歇脚、住宿、娱乐。常住这里的有：推独轮车的（独轮车又叫王八盖车、歪歪车，木轮加铁箍，搬运货物用），有担鹅毛挑子的（用鹅毛鸡毛锡皮废铜烂铁等换针头线脑），赶老驴的（用驴驮运货物），担窖货的（卖坛坛罐罐），拉骆驼的（算命看相迷信活动），说书卖唱的等。在这里经营服务的有3名妇人，陪客人打牌，提供茶水、食宿和其他服务。到这里来玩乐的过往行人大部分是外地商人，居住的时间长短不一，有暂住的，有住几天或更长一些时间的。每逢节日或集市，这里客人很多，忙不过来的时候，请别的女子前来帮忙。花塘埂名副其实，虽有糟粕，但它是但家庙小集镇古驿道上的一处风景。

仙人滩场　位于但家庙中心学校教学楼前操场。长150米，宽80米，高3～4米，是用黄土垒成的土堆，人称“仙人滩场”。垒堆的黄土细腻结实，在周边没有发现这种土质，有可能是从远处运来。滩场上面全是高大的坟茔，坐北朝南，整齐地自东向西排列。中华人民共和国成立后，该处建有小学、大队部，坟茔被毁。20世纪60年代末到70年代初，在“深挖洞、广积粮、不称霸”的号召下，当地开展了大挖防空洞的活动。因这里是自然土堆，又属黄泥土质，但家庙“五七”中学（现在的但家庙中心学校）就选择在这里挖防空洞。挖洞期间，发现里面石条，再往前挖，里面有棺椁。仙人滩下两米，墓葬为南北向，呈东西排列。墓葬并排摆放，应该为墓葬群，全为青石砌成，棺椁之间距离较近，且有洞口相通。墓葬均由毛石条砌成，上层穹顶毛石为斧状，缝隙均有石灰披缝。后为安全起见，接上级通知，洞口被封闭。自1972年封闭以后，此地上、地下古建筑事宜无人问津，亟待有朝一日，重现真相。

石桥 但家庙集镇依水而建，南侧是但家庙河，河上石桥、石步较多。修建最早的石桥有两座。一座位于汪家塝现大桥上侧，据老人回忆，1914年，大水之前这座石桥已经被洪水冲毁，桥墩桥梁横乱地躺在河里，百年有余。后人们盖房取石或打河摆把这些石头基本用完了。2017年12月，仅存建桥墩的3块石头，散落在下游100米北岸草丛里。桥墩石呈楔形，最宽处0.9米，最窄处0.7米，前面是三角形，总长度1.8米、厚0.5米。桥墩石上有两个孔，宽处孔直径0.3米，窄处孔直径0.2米，两孔距离0.3米。两个孔可能是为了运输方便或加固桥墩之用。从桥墩石可知，当时该桥规模较大，因为要跨越这里30米宽的河面，5米长的桥梁也要达6组，桥墩5个（靠岸边的两个除外）。中华人民共和国成立初，桥遗址南岸原桥头一棵巨型柳树还在，有水缸粗，枝丫繁茂，绿荫如盖，“大炼钢铁”期间被砍。此桥建于何时，毁于何日，惜无查证。另一座石桥建在三根桥村民组东侧，是陆家冲河下游桥，位于新开岭山脚下，是但家庙小集镇古驿道上东出口桥。共有3个桥墩、2组桥梁，每组3根，每根长4米。当地称该桥为“三根桥”。因军工需要，1976年，中国人民解放军83485部队投资16万元修建但家庙到张冲（4.5千米）公路时，在原石桥上方100米处修有水泥桥，将此桥拆除。现建有但家庙村三根桥村民组。这座水泥桥在2019年双拥路改造升级时拆除重建。

石牌坊 石牌坊位于但家庙小集镇老街最东头。高3米，宽2米，中间有堂子，上刻碑文，两旁各有一尊石头狮子。在“文化大革命”时被毁，建碑的毛石被砌成河摆，碑堂也没有下落。对此碑有各种传说，有人说这是敬孝牌坊；有人说这是贞节牌坊；更多的人说这里靠山王河边，经常发大水，当地是乌龟地，一遇水就遭灾。所以在这里（被称作乌龟颈，龟背是灯泡厂院内的石凸，人称“庙岗头”）建一石牌坊，压在乌龟颈上，使它动不了，就可以避免水灾了。据说石牌坊是董姓人家所建（这里的石牌坊和复览山大庙同时被毁）。

拐子行 拐子行是但家庙小集镇西出口靠右拐的一家茶行，是清朝晚期一刘姓人家在这里经营的。由于本地茶叶资源丰富，又地处古商道，老板善于经营，因此，生意很好，茶叶从古商道销往霍山、六安、凤凰台、毛坦厂、张家店等地，甚至通过“挑茶篓子”（茶叶装在用篾编成，内衬箬竹叶的篓子里，由茶贩肩担步行销售），远销到山东等地。只要提到拐子行，人们都知道是刘家茶行。

拐子行门口塘 即拐子行（茶行）门前塘。塘呈长方形，东至茶行门前，西到财神庙东侧，占地面积5亩，是但家庙小集镇上唯一的一口“街心塘”，塘边垂柳拂水，人来人往，水中鹅鸭游弋，荷花绽放。这是一口古老的塘，塘与街道居民生活紧密相连。20世纪70年代大生产队挑塘泥（积肥）时，在塘底挖出了大量的陶质水壶，水壶呈亚腰葫芦形，高约0.20米。水壶外有凸起的“韩信”二字。发现时，破碎的较多，并成堆地聚在一起。可惜，当时人们文物保护意识差，没有引起重视。走访当事人，也都说：“当时是有，现在不知哪里去了。”“韩信壶”是什么时候、什么情况下丢到这里的，都无从考证了。2018

年，在小城镇改造时该塘被填埋，建成了广场。

鹰不下河　但家庙小集镇地处但家庙河北岸，集镇人生活用水都在这段河里。这里的人们特别珍爱这段河，污水、脏物绝不往河里倒，并且在下游进入小集镇的河边立了一块警示牌：从财神庙到上街头这段河里禁止鱼鹰捕鱼（可惜这块碑早已不见了）。在中华人民共和国成立前后的百余年间，捕鱼人都自觉遵守当地人的规矩，不在这段河里放鹰，不在这段河里撒网。当时河水很深，大人恐吓小孩，不让在这里玩水时说："河水深噢，四两黄丝都打不到底!"河水一直很清，河里的鱼虾蟹鳝也很多。"鹰不下河"成了但家庙小集镇人自觉遵守的不成文规定，也成了附近捕鱼人的自觉行为。这是此地具有地方特色的乡规民约。到20世纪50—60年代，碑消失，这一乡规民约也渐渐被人们淡忘。

二、古驿道旧事

古驿道上的运输队　但家庙小集镇自古以来就是当地东西交通的要隘。往东，扼守去山王河、抱儿岭、横塘、凤凰台、张家店、毛坦厂直到舒城的要道；往西，控制往团墩、三尖铺、青山、苏家埠、大河厂、霍山以及六安的咽喉。这里人来人往，车水马龙。其中，小毛驴运输队和独轮车运输队就是这段古驿道上特有的风景。

小毛驴运输队。驴子在民国时期以及更久以前，是当地重要的运输工具。由于品种的不同，饲养时间长短的差异，驴子体型大小不一，负重量也不一样。大的壮实的能驮三四百斤，小的瘦弱的只能驮二百斤左右。一般是把货物装在叫褡子的长袋子里，然后横跨在驴背上，放在中间的大一些，叫大褡子，另外还有两个小一点的，装上货物后，交叉搭在驴背上。两边要一样重，这样，驴子行走起来会舒服些，褡子也不会掉下来。赶驴人为蓄护（爱护）驴子，自己会扛一点，大约三四十斤。这样，从张家店米行到霍山米行，一趟能偿二升米。在路上，一般不给驴子喂料；到了站点（如米行等），用随身带来的米糠、粮食等，加水浸泡后喂（赶驴人一般在行老板那免费吃喝）。如半道要歇歇脚，必须把驴背上的货物取下来，让驴子在有草有水的地方吃草、饮水。赶驴人也可以休息一下，顺带检查一下口袋破了没有、驴子的背是否被磨伤等。驴子走热了，特别是夏天，不能直接让它泡到水里，否则，会造成驴子寒筋把胯（即痉挛）。有时，驴子没驮东西，人也可以骑一程。赶驴人上路，至少有五六个人，甚至十几个人一队，所以叫"赶驴队"。人多一点，相互有个照应，如上货、卸货，也可以防止强人索取财物。赶驴人有男有女，他们脚穿草鞋，腰束手巾，头戴草帽。路途较远时，还会自备一双草鞋，有时草鞋穿破了，还要在休息时脱下来用布条补一补，或者将旧草鞋翻转过来再穿。赶驴人中，有一位有经验或德高望重大家信得过的人为"头人"，由他安排生活和起居，联系业务等。驴子中，也是有经验的带队，它认得路，甚至认识人和货桩。一驴在前，其余驴子跟随其后。人也在驴子的后边，所以赶驴人叫"赶老驴的"，不叫"牵老驴的"。驴子有时也发脾气，踢人或咬人，特别是陌生人要注意安全。驴子晚上是不能躺下睡觉的，须在驴房的上方架一横木，到晚上，用一根粗绳（经索）将驴子从肚子上兜起来，让它呈站立状态。站着睡觉是驴子的习性，睡觉时，驴子的头就搭在进食的木槽上。有时，驴子高兴起来，还将四蹄蜷起，在驴房里荡起秋千。驴子在行走时，一般迈的“碎步”，蹄子敲击在路面上，发出“的哒的哒”的脚步声，很有节奏感。

独轮车。当时也是该地一种重要的运输工具。据传，独轮车（也叫歪歪车、狗头车）的出现比毛驴队稍迟一些，大概与路的改善有关。独轮车就中间一只木头轮子支撑全部重量。轮子安装在一个木架子里面，架子上安装有小栏杆，护住轮子，不让轮子受损，也避免轮子转动时磨损货物。轮子是独轮车的主要部件，用厚木板拼接而成，中间的轴也是木质的。为了省力，尽量减少轮子与地面的接触面，所以，木轮的边缘做得很薄，不经磨，往往也容易损坏。后来，就叫铁匠打制一些类似抓钉样的钉子，钉在木轮的边缘上。这样，既省力，也不容易坏了。但这样一来，很伤路面。原但家庙小集镇中铺墁的石条和镇东侧石桥（三根桥石桥、老鼠刺店石桥）都碾轧出两三厘米深的沟槽。在车把的稍后方，各安有一条木腿，是供停放车子时用的；木腿不能过长，不然行走起来会碍事。车前拴有一根绳子，供上坡时别人帮助拉扯用的；后把也拴有带子之类的东西，挂在推车人的脖子上，为减轻推车人胳膊的负担。尽管车子全是用硬实的杂木制成，但毕竟是木质的，难免在路途中出现损坏；所以在一个“车队”里，都至少有一位会修车的人员，并自带修理工具。独轮车往往是请老木匠到家打制的，出售的很少。独轮车队也是结队而行的，和小毛驴队有些相似。如在前行的时候，遇到路坎，后面的人会立马歇住车，挽起前面车上的绳索帮助拉上坎；放稳车后，就又回到后面，同样帮助后面的人拉上坎；坎小，两人一组；坎大，三人一组（一人背绳拉，一人掌把，一人协助往上推）；这都是自觉的，不需要临时安排。一车最轻的要推两三百斤，最多的能推五六百斤。有时，“驴队”和“车队”会“狭路相逢”，往往会让不开，这样，“驴队”要避让“车队”。“驴队”会找一处比较宽敞的地方停下，让“车队”过去后，再继续赶路，显示着约定俗成的交通文明。推独轮车很累人，也需要一定的技术。据当地老人介绍：车往哪边歪，人就要哪边扭，“推车就靠腰”。独轮车的轴是木质的，由于木质不同，新旧程度不同，车在行走时因摩擦会发出“给呀，给呀”“咕斥”“咕斥”等声音。毛驴队和独轮车队有时也需要住店。有钱人往往住在但家庙小集镇西北角的花塘埂，这里除住宿之外，还有诸如打牌、听打鼓书等娱乐活动；没钱人就在小集镇最东站老鼠刺店李奶奶饭店住。看着不断从这段驿道上过往的毛驴队和独轮车队，耳听着驴蹄和车轱辘发出的声响，这就是古驿道上的风景。

（梁和林口述　陈廷璋整理）

众多店铺　中华人民共和国成立前和初期，但家庙小集镇有一些小型手工业作坊和商铺。手工作坊有刘银匠店、曹家布草店、王家友染布店、芮染匠店、拐子行（茶行）等；小商铺有周家肉案店、李奶奶饭店、花塘埂饭店、金海波油炸店；药店、诊所有殷德祥药店、方家诊所。此外，小集镇上还有铁匠铺、小百货店、豆腐店等。当时但家庙小集镇是周边居民购物、交易、娱乐的中心，商铺聚集、生意兴旺，人来人往，热闹非凡。

但家庙小集镇定居的外乡人　在当地流传着这样一句话：“但家庙扁担城（一条依河而建的直街），富的都是外乡人。”但家庙这里自然条件优越，民风淳朴，人民勤劳，善于交际来往。所以，很多商人来这里做生意之后，就在这里居住下来，和当地人融为一体。外地人口约占当地人口的20%。这些商人定居以后，带来了一些经商经验和手工业技术，促进和繁荣了当地经济。较有名的如下：

王家友，“挑八根系”又叫货郎挑，原籍寿县朱家巷子，在该地定居后主要经营衣物染色。

张福如，原籍桐城，在此地定居后主要经营巴锅补盆。

刘银匠，名不详，原住水口寺，定居后主要经营金银首饰的打造。

徐国炳：原籍北徐州，在此地定居后以篾匠为业。

殷铁匠，兄弟二人，哥哥叫殷段功，弟弟名不详。因两位老人都留有胡须，人称“大胡子”“二胡子”，总称两人“殷胡子”。原籍安庆市太湖县，在此地定居后，以打制铁器为营生，手艺很好，远近有名，为人很厚道，和当地人相处得很好。据传二胡子还会巫术。

刘益民，原籍舒城县，在此地定居后，以制作手工挂面为业。

这些外地人在此居住，繁衍子孙，和当地人一起，创造着但家庙的过去和未来。

李奶奶饭店　处于但家庙小集镇古驿道东入口处，共5间房子，墙壁全部用竹丝扎成，外用草筋泥抹平。内设桌椅、板凳、灶具，提供食宿，房屋布置整洁、干净；李奶奶心地善良，待人厚道，做事伶俐，饭菜口味好，又收费合理，过往客人都愿意在这里就餐住宿。有一位商人，因为酒喝多了，在如厕的时候，将系在腰间的钱丢在了厕所，李奶奶发现后，分文不少地将钱还给了失主。后来又雇了一位姓潘的单身男子帮忙。他们在日常生活中建立了感情，就住到一起了。中华人民共和国成立以后，交通方便了，驿路上过往商人少了，李奶奶饭店便倒闭了。那时，李奶奶饭店远近闻名。潘老头先离世，后李奶奶被确认为五保户，住在三根桥生产队仓库，20世纪80年代初病逝。李奶奶名字叫李清茹。

第五节　美食特产

一、特色美食

但家庙镇物产丰富，各种富有地方特色的风味美食广受欢迎。

梳边肉　梳边肉与扣肉相似，但做法却不一样，口味也有所不同。梳边肉的做法是，取猪肋条肉一块，削去大部分肉白，仅留约1厘米，切成15厘米大小方块，洗净涂上糖色，放入油锅把肉皮炸出小泡泡即可起锅，或用炭火烤出小泡泡也可。放入炒锅，加上盐、酱油等焖熟，起锅切成条状，排入盘中，上面放上一些去仁红枣和姜、蒜末，端上餐桌食用。

干笋烧腊肉　把腌好晒干的腊肉切成片状，烧制半熟。再把干笋洗净用开水浸泡后与腊肉一起烧，放入火锅，端上餐桌食用。味道鲜美，下酒佐饭，增添食趣。

红烧黄牛肉　乡村里卖的牛肉都是不注水的黄牛肉，所以牛肉比城市卖得还要贵。先将取好的牛肉块用开水烫后去腥，再将牛肉切成小三角块用于红烧，将黄牛肉红烧至七八成熟备用，既可与萝卜配合红烧，也可取部分作火锅底料加入萝卜块炖汤，味道鲜美。

青椒小河鱼　本地小河溪流众多，盛产无污染的小河鱼。取本地或山区长15厘米左右的小河鱼，先去内脏，洗净再炕干，最后曝晒数日即可。青椒小河鱼色香味俱佳，鲜爽可口，回味悠长。

大别山老母鸡汤　采用农家散养一年以上老母鸡清炖，不加任何添加剂，香气浓郁，味道醇厚。如果加入霍山石斛一起炖制，更是滋补佳品。

板栗烧鸡　板栗烧鸡是一道有名的大别山土菜。主要材料：鸡（土鸡，家养）、鲜栗子。板栗烧鸡有营养丰富、鸡肉鲜滑、板栗香甜、汁浓醇厚、色泽红亮的特点，补脾胃、强筋骨、止泄泻。一般人群均可食用，老人、病人、体弱者更宜食用。

做法：

①栗子入锅煮开后继续煮10分钟左右，捞出去衣备用。

②鸡肉提前洗干净斩件，用少许盐、姜丝、葱腌制20分钟左右。

③备好其他的配料，姜、蒜、葱头通通拍碎。辣椒切不规则小块。

④起锅热油，爆香配料，下鸡肉翻炒。

⑤加入少许米酒，两匙生抽，继续翻炒香后，加入半碗水，下白糖。

⑥烧开水后转中火，放入栗子，不要随意翻炒，用铲子轻轻推匀就好，继续烧至开始收汁，放入红辣椒。

⑦再用铲子轻推，尝一尝鸡肉是否入味，不入味的调入少许盐，转大火收汁至浓稠，不需要全部烧干，即可出锅。

红烧土猪肉　主要材料：五花土猪肉500克、桂皮1根、八角3颗、姜5片、红枣6颗；调料：老抽2汤匙、盐1茶匙、糖3茶匙。

做法：

①五花肉切成2厘米大小的块，姜去皮切片。锅中倒入油，趁油凉时放入桂皮和八角用小火炒出香味后，改成大火，倒入五花肉翻炒变色后，继续煸炒2分钟直到出油。如果用的五花肉肥肉多，出油多的话，为了避免油腻，可以将部分油盛出来，另外炒菜用。

②倒入老抽、糖和盐，把所有调料炒拌均匀后，小火慢炒至糖融化，其间要不断地翻炒，一是避免糖粘锅，二是使糖汁裹在肉块上，继续翻炒5分钟，以便上色和入味。然后倒入开水（一定用开水焖），水量要淹没过肉表面，煮开后撇去浮沫。

③放入红枣和姜片，盖上盖子转小火炖40分钟，其间要留意锅中的水量，不够时添加少许开水。40分钟后转中火（动作快的可以用大火），加1勺老抽、适量盐，不停翻炒。

④最后收汁的这一步很关键，一定不能走开，要不停翻炒，使汤汁包裹在每块肉上。

⑤最后撒上葱花装盘即可。

风干羊肉锅　风干羊肉锅是大别山地区最有特色的菜肴之一。家养的山羊风干后羊肉醇香，羊膻味不重，加上烧成辣香，是冬季最好的保暖和滋补食品。羊肉要多放调料，能吃辣尽量加辣。羊汤放多点，这样羊肉吃完了，可以烫菜。这道菜羊肉吃完，烫菜最鲜美。烫菜首选粉丝，还有菠菜、香菜、小乌菜。

做法：

①将风干的羊肉剁成块，洗净，在温水浸泡2个小时，放锅里，加八角、花椒、生姜、大葱炖1个小时。

②将炖好的羊肉拿出，晾一会，用手将肉拆出丝，备用。

③备好葱、姜、干辣椒、八角、花椒（锅炒香）、胡椒粉。

④放羊肉一起炒，加胡椒粉、黄酒、老抽酱油，加羊汤稍微焖会儿。

⑤放入足够的羊汤，加盐、大葱，小火慢煮5分钟，加点鸡精，放火锅里煮。

虾米汤　虾米汤做法简单。先备齐原料，主要有：炕好的干丁、炒熟的肉丁和虾仁、搅匀的鸡蛋，切好的作料如姜末、蒜末、辣椒末，拌好的粉浆、炒熟的花生米等，烧适量开水，放入少许酱油和适量食盐、猪油，把备齐的原料放入开水中，再度烧开，搅上粉浆，盛入盘中，面上加上少许葱、蒜等末，即可食用。此菜与其他炒菜相配而食用，味感滋润，可添酒兴增食欲。

麵鱼　主要配料是豆腐皮、粉丝、糯米、肉、豆腐、生姜末、香菜末。

做法：

①先把豆腐皮打湿后摊平，再将糯米、粉丝、肉、豆腐、生姜末、香蒜末均匀摊放在豆腐皮上。

②把豆腐皮连同配料包裹成一长条，然后放入锅里炕。

③吃时切成方块状即可。麵鱼进口绵软，香味扑鼻，虽没鲜鱼的真材实料，但俗称麵鱼。

香椿炒鸡蛋　香椿炒鸡蛋是本地一道常见菜，因其取材方便、做法简单、味美可口而受人喜爱。

食材：香椿（新发的嫩芽，两寸长左右为佳）、鸡蛋、植物油、食盐。

做法：

①香椿100～200克洗净，过开水焯烫1分钟，看香椿芽由红变绿即可。

②捞出香椿，过凉水浸泡，滤干水分，切成碎末。

③鸡蛋（一般3～4颗）打散放入小容器中，切碎的香椿也放进容器中，加适当的食盐，搅拌均匀。

④锅中倒入植物油，待油烧热后，放入搅匀的香椿、鸡蛋，不断翻炒，至炒熟盛出。

香椿炒鸡蛋

包心粑粑　包心粑粑是但家庙特有风味小吃。食材：面粉、玉米粉或米粉、白菜、豆腐、猪肉等。

做法：

①做馅。白菜洗净备用，再烧开水，把白菜倒进去烫熟了，捞出来用冷水清洗一下，挤去水分再用刀剁碎，如有水分可再挤一次。

②把切成丁的分成肥肉和瘦肉，先把肥肉丁倒入锅内，炒出油后倒入瘦肉，放盐。再把事先切好的豆腐干和豆腐皮倒入锅内，放入调料，烧好后倒入白菜搅拌。最后再放点蒜和葱碎搅拌，就可以关火，馅就做好了。

③先放适量的水烧开，放入面粉，用木勺拌一下，锅中间留点水，盖上锅盖。等要熟了，为丰富颜色，增加食欲，放一点玉米粉（不放也可）。再拌，直到把热面放到事先准备好的干净的面盆里，再用一条干净的湿毛巾把面弄成型，再做成粑粑大小的面疙瘩。

④把面团搓圆，用大拇指配合做成碗状，再放上馅，封口，做成型。

⑤再放入锅中煎制成熟品，在煎制过程中锅里先放油，再放上粑粑烧热，放少量的水，煎好一面，可用筷子翻一下。

蒿子粑粑 蒿子粑粑口感香脆，味鲜色美，为霍山独有。相传三月三这一天是一切亡灵的节日，俗称“小鬼节”，这天晚上很多鬼魂都出来游荡，晚上人们在荒郊野外甚至还会看到“鬼火”。而人的灵魂也有可能被吸引而游离人体，所以必须吃蒿子粑粑来“粑魂”。

配料：野生蒿子、米粉、腊肉、香蒜等。

做法：

①采摘回来的新鲜蒿子，清理干净杂草，洗净捣碎，揉搓，沥去汁液（去掉其中的苦味）。

②待汁液去尽后剁碎，加入适量的米粉、切成丁状的腊肉（有肥有瘦）以及切碎的蒜，加水搅拌均匀。和成的面不能太干，也不能太稀，以能团做成型为好。把锅洗干净，锅底放一点水（一般农村家都是凹底的大锅），开始做粑粑。

③把面团挤压团做成扁圆形，从锅底（不能没入水中）开始一圈一圈往上做，一般能做2～3圈。

④做好后盖上锅盖，锅下用大火烧。等锅上冒出大热汽（俗称“上汽了”），掀开锅盖，用锅铲把锅底还剩的沸水均匀地泼洒到四周的粑粑上，再盖上锅盖，用小火慢烧。此时锅灶内的火要烧得均匀，保证锅内的粑粑受热均匀，特别是上圈的粑粑都能结壳。这时粑粑的香味早已飘出，然后再焐10分钟左右，就可以揭锅开吃了。

腌洋姜 腌洋姜是本地的一道小菜，香甜可口，口感爽脆，很多人都喜欢吃。但因为种洋姜的人不多，加上腌制也不是很容易，所以平时吃到的较少。

腌洋姜

腌制方法：

①挖回来的鲜洋姜先别急着用清水洗，应该把它带土放在通风地方风干一下，时间需要七八天，让它的皮发皱以后，再用清水把它表面的泥沙洗掉。

②拿一个坛或罐，把洗好的洋姜去掉水分放进去，加入准备好的辣椒丝和晒了一天的香葱（切成小段），再加白糖和少量的生抽，加冷开水，让冷开水浸泡到洋姜块的表面为止，放置大约15天以后，里面洋姜块就能入味。

③整块洋姜腌好以后，想吃时可以取出切成片状（也可不切），加适量的香油提味，直接食用就可以。

炸油香 冬至吃油香，是本地的一大风俗。因为在这个时候，各种谷物已经归仓，农民的闲暇时间很多，有时间制作这些小吃，同时也是为了庆祝丰收。

做法：

①发酵粉用温水化开，面粉中间挖个坑，加入白糖，发酵。

②分次倒入水，和成软硬适中的面团，揉匀揉透。放在温暖处，发至两倍大。

③把发好的面团，揉匀，搓成长条，案板上抹些油，切成大小均匀的剂子。

④把剂子揉圆，按扁，擀成约一厘米厚的圆饼（有碗口大小），用刀在圆饼上划三刀（划透）。

⑤锅置火上，放油。烧至七成热时，放入擀好的饼坯，待锅中油香略有变黄后，翻面儿，当两面鼓起焦黄后，即可捞出；后来，人们所炸的油香已不限于面饼了，例如油条、糍糕、锅巴、红薯（煮熟的）等都可以通过油炸而称为油香。

炸油香

制作油香的2个关键点：

1.和油香面讲究“三光”——面光、手光、盆光。

2.炸制过程中的火候不宜过大，油温太高，油香表皮容易炸焦，所以有“慢火炸油香，两面都发亮”“爆油炸油香，里生皮焦不发亮”的说法。

二、土特名产

肉类 黑毛猪肉、黑毛仔猪肉、腊猪肉、野猪肉、黄牛肉、水牛肉、狗肉、山养羊肉、土鸡、三黄鸡、麻鸭、皖西大白鹅、鲤鱼、鲢鱼、草鱼、鲇鱼、鲫鱼、黑鱼、小河鱼、黄鳝、泥鳅、米虾、爪虾（青虾）、龙虾。

蛋类 山养老母鸡蛋、鸭蛋、鹅蛋。

植物类 霍山石斛、黄芽茶、绿茶、野蒜、小个子、野生苦菜、野芹菜、鲜竹笋、干竹笋、野生小竹笋、金针菜（黄花菜）、鲜蒿子、干蒿子、马兰头、马齿苋、金银花、蒲公英、香椿头、松菇、燕来菇、雷菇、神豆腐。

果类 大板栗、野生小毛栗、油栗（家种、野生）、南瓜子、向日葵瓜子、四月桃、五月桃、野生猕猴桃、核桃、寸子桃、山楂、八月楂、春头果、秧头果。

粉类 红芋粉、橡子粉、葛根粉、蕨粉。

土特产选介

黑毛猪肉 当地的黑毛猪属于淮猪的一个体系，是但家庙镇传统饲养的猪种。黑毛猪体形中等，体干较长，体质健壮，耳大下垂，成猪后尾盈尺。黑毛猪特别适应大别山区的山地环境，猪肉肉质细腻，吃起来非常香，品质好。饲养时，选择45天左右出栏的仔猪，先喂精饲料，一般用米汤、剩饭剩菜加上事先煮好的米糠等，用手捏成糊状喂食，稍微加温，不吃冷食。养到七八十斤的时候，叫“二级梁子”猪。喂食时，精饲料就少一些了，多加粗饲料；除人工兴种的青饲料外，还有各种野菜野草、水生植物等，有时也将黄豆秸、玉芦芯、红芋藤等晒干，加工成粉状进行喂食，多半烀熟了再喂。到了200斤左右，快要出栏（称“出圈”）的时候，进行短时间的催肥。一般在食料中加入碎米、麦麸、米皮糠等。整个饲养过程需10个月的时间，有时甚至更长，达16个月以上。一般采取放养、拴养。黑毛猪肉皮薄肉厚，色泽红润，带有美丽的大理石纹理，层次分明。肉质清香，一家炒肉，满院飘香，营养价值丰富，是但家庙境内及周边乡镇乡民传统的美食佳肴，其价格也比一般猪肉高三分之一。

葛根粉 葛根粉性凉，味甘辛，具有解热除烦、生津止渴、发表解肌、升阳透疹、沼血疗疮、止血痢、通小肠、排脓破血、解酒等功能，是滋养身体、抗衰老、降血压、降血糖、降血脂，增加皮肤弹性，滋润皮肤的好食品。但家庙地区地处大别山余脉，境内地形以低山丘陵为主，植被完好，为葛根的生长创造了有利的条件。自古以来，这里的人们就有挖葛根打葛粉的传统。将葛根（黄泥地里最好，含粉量高）挖出，剔除杂质，用清水洗净，剁成段，放入容器里杵捣（有的也用碓窝舂），使之成糊状。然后用筛网过滤；渣子再次进行搓揉，使粉质充分溢出，再筛。把过滤后的浆水放到缸里沉淀，待粉充分沉淀后，将上面的水除去，再放上清水，充分搅拌，再让其充分沉淀。这样，反复多次，可以除去粉中异味。后将粉一块块铲起，放置在布袋中，挂起沥水，称为“沥粉坨”。等粉砣沥干胎水后，掰成块状，放到团簸或别的器具上晒干即可食用。从21世纪开始，当地打葛粉的很少了，因为封山育林后，山上树木浓密，葛根资源渐少，而且打葛粉的成本很高，所以手工葛粉十分珍贵。

咸鹅 但家庙镇境内土特美食很多，不得不提的是咸鹅。咸鹅的选材很有讲究：要选择当地的“四季鹅”，且体形中等，10斤左右的鹅最好。过大则皮厚脂肪厚、水分重，制成后香味不佳；过小，骨多肉少，影响口感。选择好鹅体后，要清除内外杂质，用清水漂洗干净，除去血水及异味。待沥尽水分后，加入一定量的用花椒等炒制的精盐腌制，腌制时，需反复用手将盐搓揉均匀，再码放到缸（缸需敞口，或用有孔的器具遮盖，保持通风），压实。腌制的咸鹅要经常调换位置（即上下翻动）。等一段时间（约一周），盐化成水了，要经常给咸鹅“洗澡”（即用盐水浇淋鹅体），使咸鹅保持湿润，以免长霉变色。腌制时间要在20天左右，不可急于出缸（关键之一）。出缸后，将外面盐水沥干，放在阴凉通风处，不可在太阳光下久晒。可晒一天，晾几天，如此循环。这样，香味渐出。煮食时，将咸鹅放置水中，待水烧开后，用文火慢慢煮，千万不能用大火。等煮到用筷子能插进肉里即可捞出上盘。有条件的话，可以蒸食，则更香。这样做出的咸鹅皮似红玉，透明，外面渗出一层鹅油；肉质褐墨色，成丝状；骨头疏脆，久嚼久香。这是一道绝美的佳肴，也是但家庙镇境内乡邻招待客人的上等菜。

咸麻鸭蛋　麻鸭是但家庙地区人们喜欢饲养的家禽之一，只要住处临塘近水，都会饲养。但产蛋鸭一般养殖的量不大，少则两三只，多则五六只。产蛋鸭一般喂养的时间较长，最多达十几年。一般采用散放的形式，晚上喂食。麻鸭产的蛋大，每只在0.12～0.15斤。经过腌制的麻鸭蛋更是餐桌上的珍品，蛋白细嫩，蛋黄呈层状，越经里层越硬实，咀嚼时有嚼劲儿，并充满蛋黄油，色泽鲜艳。制作时要选择比较新鲜的鸭蛋，清洗干净，晾干外表水分；用老黄土兑水和成糊状，把清洗好的鸭蛋外表滚上黄泥浆，再在鸭蛋的两头蘸上适量的精盐（盐的多少应适量，否则影响口味），放在坛子里贮藏，两周后即可食用。咸鸭蛋是但家庙地区的传统食品，营养丰富，口味极佳，是进食稀饭、面条等的好菜，也是下酒好菜。同时，还是馈赠亲友的佳品。

第十三章 辖村概况

第一节 但家庙村

一、概况

历史沿革

但家庙村位于但家庙镇东南部，该村的但家庙村民组是但家庙镇政府所在地。中华人民共和国成立至1955年，但家庙村隶属花园畈乡，系沿用旧制。1955年设但家庙乡以后，隶属但家庙乡。但家庙村（大队）和相邻的黑虎山村（大队）、花园畈村（大队）合并、拆分过多次。1967年，黑虎山大队和花园畈大队并入但家庙大队。1968年，3个大队分开。1969年撤区并社时，黑虎山大队并入但家庙大队，全大队辖20个生产队。1972年12月，原黑虎山大队与但家庙大队又分开。2004年村级规模调整时，原黑虎山村、花园畈村、但家庙村三村合并，组成新的但家庙村。本村东与胡大桥村相邻，南与落阳河村相连，西与大河厂村接壤，北与观音岩村毗邻，总面积17.5平方千米。下辖大岭坎、经济冲、草塘冲、卢氏祠、大圩、卢粉坊、上塝、下塝、吴家洼、卢家院、油坊、王家冲、龙山、余家湾、大冲、长冲岭、张家粉坊、大长冲、吴家小岭、张家行、陈家老庄、胡家洼、刘家行、杨大塘、八斗冲、戴家院、雨淋桥、沙塘、但家庙、三根桥、但家垅、陶家院子、汪家塝、孟家冲、仓坊35个村民组。境内有连片的山场，宽阔平坦的畈区，人口集中的小区，商贸繁荣的集镇，四通八达的路网，各具特色的产业。还是全镇政务、教育、卫生、文化、通信中心。

荣誉称号

2005—2021年但家庙村所获荣誉称号表

表13-1

名称	授予单位	时间
先进基层党组织	中共霍山县委	2005.7

续表 13-1

名称	授予单位	时间
2007年度综合考评先进村	中共但家庙镇委员会 但家庙镇人民政府	2008.3
2008年度村务公开工作先进单位	霍山县村务公开领导小组	2009.2
2008年度综合考评先进村	中共但家庙镇委员会 但家庙镇人民政府	2009.2
2008年度集体林权制度改革先进村	霍山县集体林权制度改革领导组	2009.3
“五个好”村党组织标兵	六安市基层党建工作领导组	2009.4
先进基层党组织	中共霍山县委	2009.7
“平安农机”创建先进单位	六安市农业机械管理局 六安市安全生产监督管理局	2010.1
先进扶贫互助协会	霍山县扶贫开发工作领导组	2011.5
2011年度综合考评先进村	中共但家庙镇委员会 但家庙镇人民政府	2012.2
迎驾创先争优基石工程先进村党组织	中共霍山县委组织部 中共安徽迎驾集团委员会	2012.6
全县关心下一代工作先进单位	中共霍山县委 霍山县人民政府	2013.5
全国科普惠农兴村先进单位	中国科协 财政部	2015.6
2021年度农业农村先进村一等奖	中共但家庙镇委员会 但家庙镇人民政府	2022.2
2021年度平安建设先进村	中共但家庙镇委员会 但家庙镇人民政府	2022.2
2021年度征兵工作先进村	中共但家庙镇委员会 但家庙镇人民政府	2022.2

但家庙村小康工程大事记

2010年　但家庙村成立土地流转合作社，理事长胡邦林，流转承包土地800多亩，涉及范围：上塝、下塝、经济冲、卢粉坊村民组。

2012年　3月，但家庙村花园畈莲花塘新建加油站，来往车辆增加，流动性增大，带动当地经济发展。

10月，燕窝冲水库实施除险加固工程，2013年3月底完工。

2015年 3月，油坊新村动工新建，年底搬迁入住，保障了农民生产和生活安康，提高了农民的生活水平以及就业能力，让城市生活的优点和美丽愉快的乡村环境和谐地组合在一起，实现城乡一体化。

2016年 6月，但家庙新村部办公大楼于三石路段沙塘组建设完成，3日正式投入使用。新办公楼的建成改善了办公条件，提高了但家庙村的整体形象。

2017年 但家庙村复览山公园建成。公园绿化布局合理，设施配套齐全，建筑精美，管理完善，运转有序，加上绿茵遍地，繁花似锦，四季葱翠。

同年，但家庙村新建经济冲光伏电站。

2019年 7月，但家庙村卫生室建成投入使用，方便广大村民就医看病，提高人民群众幸福感。

9月，全村35个村民组实现组组通水泥路。

2020年 9月6日，八斗冲组村民退伍军人李全利用燕窝冲水库资源开发，建成一个旅游度假山庄，带动贫困户8人就业。

2021年 9月，但家庙村成立霍山县乡兴建筑劳务有限公司，实施无污染可回收的快递包裹中转袋项目，以增加集体经济收入，带动本地群众就业。

2022年 1月，但家庙村成立家有土地流转合作社，实施万亩油茶种植项目。

二、自然环境

但家庙村属低山丘陵区，山势低矮平缓，多在海拔200米以下。淠源渠和但家庙河流经但家庙村境内，流经长度分别为3.2千米和3.5千米，河谷宽广。原黑虎山村共11个村民组，土地确权水田面积1454.16亩。这里以低山丘陵为主，山丘绵延相连，或并排或纵横交错，山与山之间或形成小冲，或形成盆地。田块都较小，位于两山丘之间，小的仅如“蓑衣冚（‘盖’的意思）斗笠盖”。（本地方言，意为蓑衣铺开或斗笠就可以把它盖上，形容田块极小）。茶园、栗园、经济林都处于山脚平洼处和25度以下的坡地。村民的住宅、菜园、鸡棚、牛舍也分布在这些地方，较大的山坳建有小型水库或大型山塘，村庄附近依形就势，都建有池塘，以供生活用水和牲畜饮水。这里林业资源丰富，土质肥沃、深厚，盛产茶叶，茶叶产量占全镇的三分之一，且质量好。原花园畈村在中华人民共和国成立前，这里因建有熊家花园而得名，共14个村民组，土地确权水田面积2448.23亩，约占但家庙村水田面积的一半。这里除上塝、下塝、经济冲、粉坊、吴家洼、卢家院6个村民组有矮小山包，大冲、余家湾、龙山村民组地处复览山北麓以外，其余全部为畈区水田。如大圩村民组和油坊村民组不但无山，连旱地也没有。这两个村民组和邻近的卢家院、草塘冲、卢氏祠、雨淋桥村民组绝大部分田块连成一片，形成了一个开阔的畈区，面积达千亩，故称“花园畈”。这里土质优良，地势平坦，水源丰沛（南有但家庙河贯通其间，北有淠河渠道穿越而过），交通便捷，阳光充足，是但家庙镇农业开发的首选之地，是但家庙镇重要粮食基地。原但家庙村，属于但家庙镇的一个老村，辖村民组9个。全村土地确权水田面积1262.17亩。这里半是低山，半是畈区。汪家塝、孟家冲、陶家院子3个村民组，地处复览山北麓，山场相对集中，林业资源比较丰富。这里先后建有孟冲水库、乌梅冲水库，但家庙河从北侧经过，田、地旱涝保丰收。仓坊、但家垅、三根桥、但家庙4个村民组田连边埂，都属于典型的丘陵地区。其特点是山势平缓，丘陵与丘陵之间距离较大，形成比较宽敞的大冲（如但家垅村民组95%的水田都集中在垄冲里），或者是田畈（如仓坊、但家庙村民组）。这里临近但家庙镇政府，双拥路和龙井路（"丁"字街路）穿越三根桥和但家庙村民组，交通便利，区位优势明显。山、水、田、村庄相得益彰，道路四通八达，绿水青山，环境优美，宜居、宜耕、宜商。

三、人口

2017年12月，但家庙全村1631户，人口4409人（其中男2366人、女2043人，含街道非农户口）。其中，0～14周岁465人；15～60周岁2577人；61～80周岁564人；81～90周岁77人；90周岁以上6人；无100岁以上人口。

2017年但家庙村各村民组人口分布统计表

表13-2　　单位：户、人

街道或村民组名称	总户数	总人口数	其中		性别比
			男	女	
但家庙街道	686	1049	607	442	138
雨淋桥	18	71	37	34	109
沙塘	24	102	52	50	104
但家庙	47	187	97	90	108
三根桥	29	80	40	40	100
但家垄	14	50	26	24	108
仓坊	49	160	80	80	100
汪家塝	27	88	45	43	105
陶家院	43	141	76	65	117
孟家冲	42	150	78	72	108
长冲岭	29	110	56	54	104
张粉坊	21	68	35	33	109
大长冲	21	69	35	34	103
吴小岭	29	101	53	48	110

续表 13-2

街道或村民组名称	总户数	总人口数	其中		性别比
			男	女	
张家行	23	80	42	38	132
陈老庄	15	56	29	27	107
胡家洼	16	59	34	25	136
刘家行	17	62	33	29	136
杨大塘	26	102	53	49	108
八斗冲	22	83	43	40	108
戴家院	19	58	31	27	115
王冲	28	105	55	50	110
龙山	19	57	29	28	104
余家湾	18	65	34	31	110
大冲	18	60	31	29	107
油坊	42	147	76	71	107
卢家院	64	241	125	116	108
吴家洼	36	156	87	69	126
卢氏祠	15	67	34	33	103
大圩	17	39	21	18	117
卢粉坊	26	80	51	29	176
草塘冲	28	117	62	55	128
经济冲	24	102	52	50	104
上塝	21	68	35	33	106
下塝	24	77	40	37	108
大岭坎	26	102	52	50	104
合计	1623	4409	2366	2043	143

2017 年但家庙村全村劳动力就业情况表

表 13-3　　单位：人

留村人员实际就业人数	其中		
	农业从业人数	从事养殖业人员	其他行业人数
1022	901	14	107

四、基础设施

中心村

但家庙村部先后进行5次搬迁。中华人民共和国成立以后至1965年，村部（原大队部）设在现但家庙中心学校院内东南部，原但家庙小学（1973年12月拆迁）内；1966—1993年，村部建在但家庙村民组后山，原但家庙道班东侧。当时村部条件极差，仅四间平房，又地处偏僻，多次被盗，不能满足形势发展需要。1994年6月，将村部搬迁到但家庙镇政务大厅对面二楼，条件有所改善。2004年村级规模调整以后，原黑虎山村、花园畈村、但家庙村合并，组成新的但家庙村。村委会又搬迁到三根桥村民组东侧，双拥路北端。地处但家庙村与花石嘴村交界处，位置极偏。2015年10月，但家庙村党群服务中心开始在沙塘村民组兴建，2016年5月底竣工。但家庙村党群服务中心占地面积4.5亩，总投资130万元，建筑面积808平方米。一楼设置为便民服务大厅，140平方米。扶贫工作室共90平方米，设备齐全。二楼有农家书屋、综合治理办公室、党员活动室、计生服务室和人口学校。村部门前1200平方米的场地全部硬化，做成了水泥平地，建有标准停车位7个，草坪400平方米，栽植红叶石楠树50棵。新建公开栏13平方米，村部食堂也正式投入使用。党群服务中心于2016年6月3日正式启用办公。

但家庙村党群服务中心　　（王玉生　摄）

交通建设

道路建设　但家庙村是但家庙镇政府所在地，道路建设相对较快，特别是“村村通”工程实施以来，水泥路实现了组组通。至2021年，基本实现了户户通。

2010—2021年但家庙村水泥路建设一览表

表13-4　　单位：米、万元

水泥路名称	道路长度	道路宽度	工程造价	修建时间	位置
陈老庄路	587	4	15	2010	
吴粉坊路	406	3	7.5	2013	
大圩至卢祠路	707	5	21.5	2013	
桃园至孟冲路	1073	4	26	2013	

续表 13-4

水泥路名称	道路长度	道路宽度	工程造价	修建时间	位置
张粉坊路	730	4	18	2013	
卢家院路	310	4	7.5	2013	
卢粉坊路	406	3	7.5	2013	
胡家洼路	2010	4	49	2014	
吴小岭路	1850	4	45	2014	
园区路	505	5	15.5	2014	
桃园路	644	5	20	2014	
大冲路	536	5	16	2015	
滠河路	1320	3	24	2015	
仓坊路	516	4	12.5	2016	
大岭坎路	654	4	16	2016	
马家老庄路	415	3	7.5	2016	
草塘冲路	799	4	19.5	2016	
龙山路	598	4	15	2017	
村部路	320	4	8	2017	沙塘
但余路	822	4	20	2017	但家庄至余家湾
汪家塝路	639	4	15.5	2017	
龙山路	598	4	15	2017	
吴家洼路	345	4	8.5	2017	
但家庙组循环路	700	4	51.2	2018	
经济冲水泥路	1007	4	62.8	2018	
大岭坎水泥路	1171	4	53.81	2019	
卢家院组合路	1035	4	48.09	2019	
燕窝冲组合路	1045	4	48.98	2019	
上吴组合路	1755	4	86.74	2020	
八胡路	1410	4	69.34	2020	
油坊组组合路	1.5	4	95.15	2021	

2010—2017年但家庙村砂石路修建情况一览表

表13-5　　单位：米

砂石路名称	道路长度	位置
沙塘路	390	至梁志生家
大长冲路	393	至张姓家
长刘路	200	长岭至刘家行
大岭坎路	1380	水冲
但行路	360	已修水泥路687米
桃园路	347	上塝
但家庙后街路	346	
雨余路	355	雨淋桥至余家塝
卢院路	358	
吴洼至沈庄路	237	
吴洼至河边路	456	
上塝路	755	
卢粉坊路	441	
经济冲路	1950	

主要桥梁　汪家塝一桥（原小河南大桥）　位于但家庙村陶家院组的孟冲，跨越但家庙河，是但家庙村对外通行的主干道之一，承载着花石嘴村和尚冲村民组、但家庙村孟家冲、陶家院村民组村民的出入通行。该桥先后经过3次修建。1975年第一次在这里修桥，当时是平板桥，桥面狭窄，只能过手扶拖拉机和平板车。1989年第二次修的水泥桥，用毛石水泥垒砌的桥墩，用钢筋水泥预制的桥板，桥墩5座，高3米，桥面宽3米，这次修建投资10万元。从2006年开始，但家庙镇“村村通”工程全面展开，水泥路已延伸到孟冲路。由于小河南原桥选址偏上，且桥面窄，施工标准低，与新建道路建设衔接不当，2016年“6·30”特大洪水又将老桥冲毁。因此，2016年，投资70万元在老桥下游100米处新建了一座水泥大桥。这座桥是安徽恒源交通工程设计咨询有限公司于2014年3月设计的，2015年动工，2016年10月竣工。新桥设计采用2～16米预应力混凝土T梁，全长38.04米，桥面宽6米，护栏0.5米。2021年，为了适应发展的需要，再次投资370余万元，重建汪家塝大桥。新桥长49.5米，宽14米。

汪家塝二桥　但家庙村汪家塝大桥位于但家庙后街南侧，距上游小河南大桥500米，是原但家庙村境内（除但家庙渡槽外）两座横跨但家庙河的大桥之一。是余家湾、汪家塝两村民组出行的主要通道，距大张公路（即但家庙街道）100米。汪家榜大桥修建于2000

年，桥高2米，宽2.4米，长25米，总投资10万元。由于桥窄，人员车辆通行频率高，安全隐患严重。2015年，又投资2万元在桥面两侧焊接护栏。

沙塘村部水泥桥　大桥位于三石路沙塘段西侧，距村部50米。2016年5月，但家庙村开始在沙塘新建党群服务中心，为运输、人员进出方便，在村部东侧小河上修建了一座桥，为了节省资金，用直径1米的水泥涵管并排放在河道上，然后用水泥砂浆在涵管上作桥面。2016年“6·30”特大洪水将桥和桥两边的土石完全冲走。2017年8月，又筹集资金16万元，在原桥址上重新修建了一座水泥桥。桥高3米，宽5米，长7米。新桥建成后，将三石路沙塘段和村部、梁姓自然村庄连接起来。

五、经济发展

种植养殖

全村水田5164.55亩（土地确权面积），旱地750亩，茶园800亩，栗园1500亩，毛竹700亩，油茶2000亩，石斛300亩，龙虾及水产养殖1000亩。

但家庙村各村民组水田面积和人均占有水田情况表

表13-6　　单位：人、亩

村民组名称	水田面积	人口数	人均占有	说明
雨淋桥	89.32	71	1.26	
沙塘	115.61	102	1.13	
但家庙	168.12	167	1.00	
三根桥	95.44	80	1.19	
仓坊	214.21	160	1.34	
汪家塝	128.4	88	1.46	
陶家院	215.17	141	1.53	
孟家冲	161.01	150	1.07	
但家垄	64.91	50	1.30	
长岭	185.23	110	1.68	
张粉坊	111.36	68	1.63	
大长冲	140.2	69	2.03	
吴小岭	140.69	101	1.39	
张家行	185.09	80	2.31	

续表 13-6

村民组名称	水田面积	人口数	人均占有	说明
陈老庄	104.87	56	1.87	
胡家洼	89.03	59	1.50	
刘家行	122.28	62	1.97	
杨大塘	155.53	102	1.52	
八斗冲	135.44	83	1.63	
戴家院	94.41	58	1.62	
王冲	60.52	105	0.59	山场最多,占水田面积平均最少的村民组
龙山	65.42	57	1.15	
余家湾	73.28	65	1.13	
大冲	82.68	60	1.38	
油坊	259.65	147	1.77	
卢家院	372.31	241	1.54	人口最多,水田面积最大的村民组
吴家洼	218.36	156	1.40	
卢氏祠	132.32	67	1.97	
大圩	136.04	39	3.49	人口最少,占水田面积平均最多的村民组
卢粉坊	175.1	100	1.75	
草塘冲	168.51	117	1.44	
经济冲	170.89	102	1.68	
上塝	188.69	68	2.77	
下塝	193.17	77	2.50	
大岭坎	151.29	102	1.48	
合计	5164.55	3360	1.44	

说明：人口统计数据按但家庙村提供材料为准，时间截至2017年12月底

2017年但家庙村粮食作物生产情况统计表

表13-7 单位：亩、吨

序号	村民组名称	稻谷		玉米		豆类		薯类	
		面积	产量	面积	产量	面积	产量	面积	产量
1	雨淋桥	64	26	21	4	8	0.8	8	0.8
2	沙塘	78	34	18	3.5	10	1	7	0.7
3	但家庙	165	71	19	4	11	1.1	8	0.8
4	三根桥	77	36	18	3.8	6	0.6	11	1.1
5	但家垄	48	34	15	3.5	5	0.4	6	0.6
6	仓坊	198	79	20	4	14	1.4	8	0.8
7	汪家塝	195	78	21	4	10	1	7	0.7
8	陶家院	123	51	23	4.5	7	0.7	10	1
9	孟家冲	134	57	22	4.4	8	0.8	8	0.8
10	长冲岭	77	34	15	3.5	8	0.8	9	0.9
11	张粉坊	100	46	16	3.6	5	0.4	9	0.9
12	大长冲	88	40	20	4	5	0.4	6	0.6
13	吴小岭	104	21	12	3	6	0.5	5	0.5
14	张家行	98	17	12	3	6	0.5	6	0.6
15	陈老庄	100	49	14	3	5	0.5	3	0.3
16	胡家洼	78	30	12	2.7	5	0.5	6	0.6
17	刘家行	82	31	14	3	5	0.5	5	0.5
18	杨大塘	98	42	17	3.5	7	0.7	8	0.8
19	八斗冲	92	40	16	3.2	7	0.7	9	0.9
20	戴家院	75	34	21	4	6	0.6	6	0.6
21	王冲	112	45	20	4	6	0.6	4	0.4
22	龙山	75	35	13	3	5	0.5	5	0.5
23	余家湾	66	25	25	5	4	0.4	6	0.6
24	大冲	73	32	20	4	4	0.4	7	0.7
25	油坊	212	98	21	4	9	0.9	10	1

续表 13-7

序号	村民组名称	稻谷		玉米		豆类		薯类	
		面积	产量	面积	产量	面积	产量	面积	产量
26	卢家院	278	131	20	4	14	1.4	12	1.2
27	吴家洼	198	89	18	3.8	12	1.2	7	0.7
28	卢氏祠	87	38	15	3.2	7	0.7	6	0.6
29	大圩	76	35	9	2	3	0.3	7	0.7
30	卢粉坊	142	65	10	2.1	5	0.5	6	0.6
31	草塘冲	150	67	15	3	6	0.6	8	0.8
32	经济冲	84	36	15	3	6	0.6	8	0.8
33	上塝	81	33	14	3	5	0.5	5	0.5
34	下塝	82	34	15	3	5	0.5	4	0.4
35	大岭坎	95	39	20	4	7	0.7	6	0.6
合计		3885	1652	596	123.3	242	35	246	27

说明：以上数据收集于但家庙村2017年12月30日《霍山县农村统计调查年报》

2010—2021年，但家庙村现代农业快速发展，尤其是生态养殖为农民致富和农村经济的发展提供了新的动力。这里有全镇最大的石斛生态园，有李安平龙虾养殖场、翁元兵龙虾养殖、卢为忠家庭农场、金勇养殖场等。

安徽霍山润泽生态农业有限公司　安徽霍山润泽生态农业有限公司位于但家庙村经济冲、上塝、下塝、粉坊4个村民组境内，占地面积2000亩，注册资金1000万元。2010年1月1日开始施工，至2013年12月30日完成整地、油茶苗栽种各项工作。采用分阶段实施的方式，错开用人高峰，工程进展顺利。3～4年的管理，油茶树已挂果，并获丰收。2016年，收鲜果3万公斤，每斤鲜果1.50元，收益10万元；2017年，在境内遭遇特大雪灾的情况下，收鲜果1.5万公斤，收益5万元。

但修富鱼、龙虾养殖和中药材、油茶种植　但修富住但家庙村胡家洼村民组。2012年，开始在自家鱼塘和稻田养殖鱼和龙虾，当年收益1万元。2013—2017年，规模逐渐扩大，除自家稻田全部养虾之外，还到周边村民组（但家垄组）租田养殖龙虾。2018年，已有养虾田80亩，年创产值10万余元。但修富在养虾获益后，还带动附近居民进行养殖，特别是向贫困户提供虾苗，传授养殖技术，提供销售渠道，创造了一定的社会效益。2015年冬，但修富又开始在山上进行种植项目的尝试，当地山势平缓，土层较深，他便利用这一有利条件种植中药材和油茶树。到2016年春，种植中药材（苍术）10亩，油茶树20亩。

潘声龙养殖场　潘声龙养殖场在但家庙村汪家塝大桥南边，是综合养殖模式。2016

年，开始建猪舍100平方米，饲养生猪50头，饲料是自购成品粮（玉米、稻子等），自己配制加工而成，每斤成本降低5毛钱，又提高了猪肉的质量。每头猪可获利200~600元。2016年冬天，潘声龙又开挖40亩养龙虾田，除去购虾苗、饲料外，2017年净收入6万元，田里还有1000公斤龙虾。养殖场还饲养鸭150只、鹅50只。

村级集体经济

但家庙村快递袋加工项目 根据霍水移〔2021〕13号《关于2021年度第二批大中型水库移民后期扶持项目计划的批复》，项目资金来自大中型水库移民后期扶持项目资金及地方投资，主要建设内容为：采购90套同步车、10套花样机、2套大花样机、6套打扣机、2套普通单杆双针机、3套热切机以及其他配套设备，并对现有场房进行改造，总投资78万元。2021年9月30日开工建设，2021年12月30日投产。项目实施到村，促进了但家庙村的产业发展，从而带动区域群众增加产业收入，增加集体经济收入。

但家庙村大棚草莓项目 2021年，投入扶贫资金120万元，建设30亩草莓钢构大棚、50亩葡萄钢构大棚，主要生产水果。资产归村集体所有，通过对外出租取得收益。村集体年收益不低于7.2万元，且综合收益率不低于8%。受益60户180人。

燕窝冲度假山庄

燕窝冲度假山庄位于但家庙村代家院村民组，东侧是黑虎山，西侧是养马寨（又叫杨马寨），北侧是高大突兀燕窝石，南侧是山冲水田。山庄坐北朝南，整个项目区占地面积335亩，其中水库面积35亩。东面、北面、西面环山。这里植被很好，山上都是松栗相间的林地，北侧燕窝石半山腰和山脚还生长着茶杯粗细的油茶树，终年不落叶子，夏末初冬果实累累。

燕窝山庄 （王玉生 摄）

山脚下的燕窝冲水库控制流域面积0.33平方千米，水体清澈，倒映着周边的山峰和景物。2019年8月，但家庙村八斗冲村民组村民李全，租赁这片山场和水面，新建了燕窝冲度假山庄，这里集垂钓、餐饮、休闲、娱乐于一体。项目规划总投资12060万元（资金来自企业自筹及贷款），分3期进行建设。一期以游客休闲服务为主，包括游客服务中心、餐饮中心、垂钓平台、水上活动场地，浮桥、亲水漫步道，无动力乐园和民宿体验等。至2021年年底，一期工程结束，取得了一定的经济效益和社会效益。2022年，开始筹备二期工程，并争取政府支持，扩建从但家庙集镇到燕窝冲度假山庄的旅游通道。

六、基层组织

原黑虎山村主要领导人任职情况表

表13-8

姓名	任职时间		任职	说明
	起(年、月)	止(年、月)		
叶长应	1949.2	1985.10	大队长、主任、书记	
张德余	1949	1953	村长	
但心科	1950	1978.6	大队长、书记	后任公社建筑队书记
王志训	1972	1983.10	主任	
王思山	1983	1988.10	书记	
董开明	1985.10	1988.2	主任	
苏福贵	1984	1991.11	主任	
周正国	1985.12	1987.3	主任	
倪守祜	1988	1991	主任	
范成仓	1988	1994	主任、书记	
尤帮福	1990.3	2004.12	主任	
马德驰	1994	1999	主任、书记	
陈衍寿	1995.3	2001.3	主任、书记	
刘光宏	1969	1985	主任	

原花园畈村主要领导人任职情况表

表13-9

姓名	任职时间		任职	说明
	起(年、月)	止(年、月)		
沈世屏	1949	1952	村长	
马承春	1959	1966	主任	
万正凡	1961	1971	书记	
余在江	1972	1977	书记	
董德美	1974	1985	主任	
万正友	1986.12	1988.12	书记	

续表 13-9

姓名	任职时间		任职	说明
	起(年、月)	止(年、月)		
方昌跃	1986	2004.10	主任、书记	
聂长清	1988	1998.12	书记	
卢明华	1990	2004.10	主任	
刘传金	1993	1998	主任	
马德炉	1958	1962	书记	原小河嘴村人
王习之	1976	1986	书记	

原但家庙村主要领导人任职情况表

表 13-10

姓名	任职时间		任职	说明
	起(年、月)	止(年、月)		
詹学球	1958	1984	书记	
卢世祥	1985	1991	主任、书记	
汪守发	1999	2005	书记	
胡帮友	1993	1999	主任	
涂必权	1993	1999	书记	
马克友	1982	1989	书记	
卢明初	1957	1972	副大队长、主任	后去公社茶厂
王正清	1957	1982	主任	

说明：以 1、2、3 表材料参照 2009 年 12 月《但家庙镇离职村干部公示表》编写

2004 年村级规模调整，原黑虎山村、花园畈村与但家庙村合并，组成新的但家庙厂村。

2004—2021 年但家庙村主要领导人任职情况表

表 13-11

姓名	任职时间		任职	说明
	起(年、月)	止(年、月)		
董前锋	2004.10	2018.7	村委会主任、党总支书记	
方昌跃	2004.10	2018.7	村委会主任	

续表 13-11

姓名	任职时间		任职	说明
	起(年、月)	止(年、月)		
尤帮福	2004.10	2021.12	村委会主任、副书记	
胡帮林	2006.6	2017.12	党总支书记	
周自刚	2018.7	2021.12	党总支书记	
汪　钰	2021.12		党总支书记、村委会主任	
马玉梅	2021.12		党总支委员、监委主任	本志书下限时间

中共但家庙村总支部　2021年年底，有党员127人，支部书记汪钰。下设支部3个：村务支部，有党员41人，支部书记舒世映；农业支部，有党员43人，支部书记马玉梅；乡村振兴支部，有党员43名。2008—2011年，每年发展党员2人；2012—2021年，每年发展党员1人，14年发展党员18人。

七、古迹遗址

但家庙老街　位于但家庙街道东段，但家庙河北岸。古驿道经过此处，道上铺的石板依稀可见。在长约600米的街道上，有南阳禅寺、财神庙、花塘埂、石牌坊、拐子行等遗址（详见第十二章第四节“但家庙集镇古驿道拾遗”）。

卢氏祠　位于但家庙街道西约600米，建于清朝，是当地卢氏宗祠，中华人民共和国成立后为花园畈乡政府所在地。后改建为花园畈小学，现已废弃。

梁家仓房　位于但家庙村仓房村民组，原为李鸿章的积善堂，用于储藏粮食作物。后经改建，原貌不复存在。

第二节　大河厂村

一、概况

位置、面积

大河厂村位于但家庙镇西南部。2004年村级规模调整时，由原大河厂村、黄檀树村合并而成。东面与但家庙村相邻，南面与霍山县经济开发区隔河相望，西与下符桥镇沈家畈村交界，北边与本镇观音岩村相连。大河厂村距离城关7千米，距离但家庙镇5千米，区位优势非常明显。大河厂村总面积11.2平方千米，下辖黄檀树、周家畈、灯盏窝、肖家圩、广家台、周家塝、戴家院、周家巷口、新塘、大河厂、李家塝、杨家台、胜利、前进、红星、王家院、黄家垄、断山堰、上湾、下湾、小河桥21个村民组。全村境内地势平坦，田畈宽阔，道路通畅，水资源丰富，阳光充沛，是但家庙镇的鱼米之乡，是省级美好乡村示范村。

荣誉表彰

2005—2021年大河厂村所获荣誉称号表(部分)

表13-12

名称	授予单位	时间
六安市民主法治示范村	六安市司法局 六安市民政局	2005.1
“五个好”村党组织标兵	六安市基层党组织建设工作领导小组	2011.6
迎驾创先争优基石工程先进村党组织	中共霍山县委组织部 中共安徽迎驾集团委员会	2011.7
2011年度新农村建设先进单位	霍山县农业工作领导组	2012.2
2010—2012年创先争优先进基层党组织	中共霍山县委	2012.6
2012年度全市基层党组织建设先进村党组织	中共六安市委组织部	2013.8
基层党建工作先进单位	中共但家庙镇委员会 但家庙镇人民政府	2014.3
农田水利基本建设工作二等奖	中共但家庙镇委员会 但家庙镇人民政府	2014.3
综合考评先进村	中共但家庙镇委员会 但家庙镇人民政府	2014.3
2014年基层党建工作先进单位	中共但家庙镇委员会 但家庙镇人民政府	2015.3
安徽省民主法治示范村（社区）	安徽省司法厅 安徽省民政厅	2015.3
2014年度综合考评先进村	中共但家庙镇委员会 但家庙镇人民政府	2015.3

续表 13-12

名称	授予单位	时间
2015年度精神文明建设先进单位	中共但家庙镇委员会 但家庙镇人民政府	2016.4
2015年综合考评先进村	中共但家庙镇委员会 但家庙镇人民政府	2016.4
全市先进基层党组织	中共六安市委	2016.6
2016年度发展现代农业先进村	中共但家庙镇委员会 但家庙镇人民政府	2017.2
2016年度综合考评先进村	中共但家庙镇委员会 但家庙镇人民政府	2017.2
“平安家庭”创建活动先进示范村	六安市维护妇女儿童权益联席会议办公室	2017.9
六安市2016年“法律进乡村”示范点	六安市法治宣传教育工作领导小组	2017.11
社会治安综合治理先进单位	中共但家庙镇委员会 但家庙镇人民政府	2018.3
基层党建工作先进村	中共但家庙镇委员会 但家庙镇人民政府	2018.3
脱贫攻坚工作先进村二等奖	中共但家庙镇委员会 但家庙镇人民政府	2018.3
2018年度发展现代农业先进村	中共但家庙镇委员会 但家庙镇人民政府	2019.5
2020年度社会治安综合治理工作先进村	中共但家庙镇委员会 但家庙镇人民政府	2021.4

二、自然环境

大河厂村是全镇水田最集中、道路最密集、河流最多的村。大河厂村地势由东北向西南倾斜，东、西、北三面较高，南边稍低，基本上可分为中山区、平地区、低山丘陵三大地貌，上湾、下湾、小河桥村民组部分区域距南河河床高2～3米，是但家庙镇最低区域，经常受洪涝影响。村自东北向西南方向分布的村民组分别是黄檀树、周家畈、灯盏窝、肖家圩、广家台、周家塝、戴家院、周巷口、断山堰、上湾、下湾11个村民组；向内（即东南面）分别是新塘、李家塝、胜利、红星、前进、杨家台、大河厂、小河桥、王家院9个村民组。以上20个村民组连片成了一个靴形的大畈区，总面积3200亩（包括原黄檀树村复垦的200亩和原大河厂村复垦的100亩）。这里地势平坦，土地肥沃，宜于机耕；另外一个村民组黄家垄村民组，好似这只靴子上的一个装饰，隔一些起伏的小山丘，与下符桥镇沈家畈村杨家岗头村民组相邻。淠源渠人工河经断山堰贯穿黄家垄村民组。但家庙镇著名的野山牧业、百匠农坊都坐落于此。流经大河厂村的河流有3条，分别是南河（但家庙河）、浔阳河（牛屎河）和人工修建淠源渠。南河流经胜利、杨家台、大河厂、小河桥村民组，与浔阳河交汇入熊家河，流经本村2千米；浔阳河流经黄檀树、肖家圩、广家台、周家塝、灯盏窝、戴家院、周巷口、王家院、大河厂、小河桥、下湾村民组，流经本村6千米；淠源渠流经肖家圩、周家塝、周巷口、断山堰、黄家垄村民组，流经本村5千米；三河流经全村的总长度13千米。

大河厂村境内交通非常发达，六潜高速公路和105国道从村境内通过。其中六潜高速公路贯穿黄家垄、周家塝、周巷口、戴家院、李家塝、前进、胜利7个村民组，长2.2千米。这段高速公路有两座高架桥，东北入口处在周家塝村民组，西南出口处在戴家院村民组。105国道北从上湾经小河桥、大河厂村民组，长1.5千米；县道（002）大张路自东至西经新塘、李家塝、前进、红星、杨家台、大河厂，全长2.5千米，是一条东北方向连接南京军区仓库、但家庙镇政府、凤凰台、张家店，西南至霍山，西北至六安的主干道。村村通水泥路自东北向西南，贯通全村，经黄檀树、周家畈、灯盏窝、肖家圩、广家台、周家塝、戴家院、周巷口、王家院到小河桥；经过村部，连接105国道，这条水泥路是大河厂村的主干道，修建于2006年，宽3.5米，长5千米，每千米投资22万元，中标金额为108万元。由于经济的发展，车辆的增多，原水泥路不能适应形势发展的需要，村两委又筹措资金，分两次对原水泥路进行拓宽，拓宽度为1.5米，现在水泥路宽度为5米，并对危桥进行改造加宽。这条水泥路宽阔、平坦，连接105国道和观音岩旅游开发区。

三、人口

2016年年底，全村共703户2677人，非农业人口65人，流出人口529人，流入人口79人。其中，0～14周岁392人，15～60岁1841人，61～80岁395人，81～90岁46人，90岁2人，91岁1人，男1383人、女1294人。

2016年大河厂村各村民组人口情况表

表13-13　　单位：户、人

村民组名称	总户数	总人口数	其中		性别比	相关说明
			男	女		
黄檀树	27	99	52	47	111	
周家畈	40	139	67	72	93	性别比最低

续表 13-13

村民组名称	总户数	总人口数	其中		性别比	相关说明
			男	女		
灯盏窝	40	152	79	73	108	
肖家圩	28	134	73	61	120	
广家台	32	133	70	63	111	
周家塝	28	109	56	53	106	
戴家院	26	91	48	43	117	人口最少
周家巷口	27	97	49	48	102	
新塘	27	90	50	40	125	性别比最高
大河厂	39	158	80	78	103	
李家塝	28	115	58	57	102	
杨家台	34	126	63	63	100	
胜利	51	183	94	89	106	人口最多
前进	34	132	69	63	110	
红星	32	130	65	65	100	
王家院	32	125	68	57	120	
黄家垄	28	92	48	44	109	
断山堰	36	152	79	73	108	
上湾	35	116	63	53	119	
下湾	32	133	68	65	105	
小河桥	47	171	84	87	97	

四、基础设施

党群服务中心

大河厂村原村委会在地处本村果园场村民组。2003年，乡镇区划调整时，该村果园场、丁家山坎村民组划归城关镇管辖，大河厂村委会在杨家台村民组大张公路南侧重建。2013年，结合大河厂新村建设，兴建大河厂村党群服务中心，并与大河厂新村建设统一规划、统一施工，于2014年启用。新建大河厂村党群服务中心占地面积1869.55平方米，总计投入资金206万元。办公大楼上下两层14间，内设服务大厅、计划生育服务室、党员活动室、会议室、食堂等。服务中心（村委会）前有宽阔的广场，广场两侧铺有4块草坪

（即4个小广场）分别为计生广场、人口文化广场、法制广场、农民文化广场，每个小广场都设有主题背景橱窗，橱窗里不断更换相关内容，宣传相关知识，图文并茂，群众喜闻乐见。广场内有停车场，总面积600平方米，村委办公楼前碧水环绕，绿树成荫，花草连片，风景如画。

大河厂村党群服务中心 （王玉生 摄）

交通建设

105国道和六潜高速公路在该村境内纵贯南北，霍山服务区即位于大河厂村的黄家塝村民组。大河厂历史上是古商道的岔路口，交通发达。向西北经下符桥至青山、芮草洼、六安方向；向北经团墩、舒家庙至青山，六安方向；向东北经但家庙至山王河、毛坦厂。道路多是泥沙路，崎岖不平。

2008年大团路修建以来，大河厂村积极谋划，多方面争取项目资金，修建多条水泥路。至2021年，已实现“村村通、组组通、户户通”。新农村小区有10多条纵横交错的区间道路，以及断山堰小河桥到户水泥路，本村水泥路网已经形成。

2008—2021年大河厂村水泥路建设一览表

表13-14

名称	长度(米)	宽度(米)	工程造价(元)	修筑时间(年)	说明
大团路	4800	3.5	1008000	2008	村村通项目工程
南河堤路	800	5	240000	—	村村通项目工程
广家台路	1500	3.5	315000	—	村村通项目工程
上下湾路	1600	5	480000	—	土地整理项目
断山堰路	800	3.5	168000	—	土地整理项目
中埂路	800	4	192000	—	土地整理项目
黄家垄路	2000	4	480000	—	土地整理项目
变电所路	500	3.5	105000	—	土地整理项目
胜利路	2500	3.5	525000	—	土地整理项目
胜利2号路	400	18	432000	—	土地整理项目
红星路	800	8	384000	—	土地整理项目
浔阳河路	800	5	240000	—	土地整理项目

续表 13-14

名称	长度(米)	宽度(米)	工程造价(元)	修筑时间(年)	说明
下前路	0.578	—	282722	2020	—
小河桥沿河路	0.7	—	412572.46	2021	—

说明：工程造价只是路面价格，不含路基建设投资

1932年，民国政府修建六霍路，在熊家河和牛屎河分别建了简易石桥。中华人民共和国成立后，该路多次改造升级，两河上的桥梁也随着升级。2015年，建成双向四车道钢筋混凝土桥梁。2007—2017年，大河厂村利用国土资源项目资金，陆续建了多座桥梁：李家湾大桥（原名胜利桥）、红星大桥、胜利大桥、广家台大桥。此外，全村陆续建造了小型水泥平板桥有11座：黄家垄周照行门前桥、张维林门前桥、黄家垄桥、周自洋门前桥、陈恩兵门前桥、徐光祥门前桥、刘守和门前桥、马兰桥、汪家安门前桥、汪家松门前桥、灯盏窝桥。大小桥梁的修建，方便了河渠两边的村民出行，对乡村经济的发展起了重要的作用。

大河厂桥简介　大河厂桥位于国道105线大河厂段的熊家河上，始建于1964年，为6孔板桥。1998年，因线路改道，在上游10米处建设新桥，为空心板桥，4孔，跨径16米，长75.9米，宽16.3米，桥下净高5.6米，设计荷载汽车-20级。2014—2015年进行重建。为钢筋混凝土结构，桥面为双向四车道。

五、经济发展

大河厂村耕地面积5079.32亩，其中水田面积4440.32亩（土地确权面积），旱地639亩，茶园327亩，栗园300亩，林地面积2001.7亩。

大河厂村各村民组耕地面积一览表

表13-15

村民组名称	耕地面积(亩)	人口(人)	人均耕地(亩)	相关说明
黄檀树	198.27	99	2	
周家畈	266.75	139	1.92	
灯盏窝	287.49	152	1.89	
肖家圩	277.53	134	2.07	
广家台	305.80	133	2.30	
周家塝	143.31	109	1.31	
戴家院	187.11	91	2.06	

续表 13-15

村民组名称	耕地面积(亩)	人口(人)	人均耕地(亩)	相关说明
周家巷口	169.20	97	1.74	
新塘	219.86	93	2.36	
大河厂	99.06	158	0.63	人均耕地面积最少
李家塝	172.04	115	1.50	
杨家台	110.22	126	0.87	
胜利	277.53	183	1.52	
前进	252.27	132	1.91	
红星	206.26	130	1.59	
王家院	118.94	125	0.95	
黄家垄	284.03	92	3.09	人均耕地面积最多
断山堰	118.94	152	0.78	
上湾	178.86	116	1.54	
下湾	219.67	133	1.65	
小河桥	347.09	171	2.03	

说明：根据大河厂村统计年报材料整理（上同）

本地居民历来以种植为主。中华人民共和国成立前，农民租种地主土地，交租后所得剩余养家糊口，生活举步维艰，有的季节只得吞糠咽菜。中华人民共和国成立后，生活有所好转。中共十一届三中全会后，实行一轮二轮承包，农民的家庭收入逐年提高。随着国家改革开放的不断深入，沿海经济繁荣，吸引了青壮年劳动力外出，江苏、上海、广东等经济发达地区务工，外出务工人员达250多人，致使在家劳动力减少，耕种的多是年老体弱的人。根据这种情况，村两委引导农民进行土地流转。2011年4月，霍邱县种植大户陈守杰，成立山野三谷农民专业合作社，从农民手中流转土地3000亩，由于经营不善，企业出现亏损，2012年由合肥种植大户武久斌接着承包，成立金凤水稻农民专业合作社，2013年亏损100万元。针对这种情况，2014年，村委会成立霍山县河顺土地流转农民合作社，农民将土地流转给合作社，再由合作社与承包大户洽谈承包事宜。2014年，舒城承包大户郭士金与河顺合作社签订了10年合同，农民的利益得到了保障。同时，大河厂村紧紧抓住百匠农坊、曙光、映山红、双霍等特色农业产业建设，建立优质稻米农业园、珍稀植物园、近郊蔬菜产业园、休闲观光农业园等四大园区，实现了经济多元化，基地园区化，建设规模化，农业现代化，环境优美化的格局。

2017年大河厂村粮食作物生产情况统计表

表13-16　　单位：亩、吨

序号	村民组名称	稻谷		玉米		豆类谷物		薯类	
		面积	产量	面积	产量	面积	产量	面积	产量
1	黄檀树	175	78	5	1.3	9	1.2	10	0.9
2	周家畈	198	84	7	1.4	15	1.8	11	1.1
3	灯盏窝	215	88	10	2.1	16	1.8	12	1.3
4	肖家圩	202	88	7	1.7	15	1.8	7	0.8
5	广家台	240	90	12	2.7	12	1.5	8	1
6	周家塝	117	69	4	0.8	10	1.2	8.5	0.8
7	戴家院	175	73	7	1.8	8	1	9	0.9
8	周巷口	121	63	4	0.9	11	1.4	9	0.9
9	新塘	187	84	9	1.9	12	1.4	8	0.8
10	李家塝	170	76	9	1.4	12	1.3	8	0.8
11	大河厂	93	32	10	2.2	6	1	10.5	1.2
12	杨家台	165	69	6	1.1	11	1.5	11	1.3
13	胜利	255	107	15	3	17	2.2	6.5	0.7
14	前进	235	110	12	2.4	15	1.8	7	0.8
15	红星	182	86	9	1.8	14	1.6	18	1.3
16	王家院	105	39	10	2.2	11	1.3	8.5	0.9
17	黄家垄	181	84	6	1	12	1.3	7	0.8
18	断山堰	101	37	9	1.9	3	0.5	0.5	0.1
19	上湾	161	67	7	1.4	21	2.6	7	0.5
20	下湾	172	81	9	2	14	1.6	7	0.6
21	小河桥	204	99	9	2	15	1.8	8	0.9
	合计	3654	1604	173	37	269	31.6	181.5	18.4

霍山县映山红农业科技有限公司　公司成立于2011年3月，流转土地428亩，总投资约1000万元，现有连栋温室1万平方米，标准钢架大棚200亩，养殖水面50亩。种植区、养殖区、加工区、办公区配套齐全，水、电、路、渠、肥、水、药一体化设备完善。有专业从事生产人员60余名。企业以蔬菜种植、良种试验推广、净菜加工销售、蔬菜采摘、农业观光产业为主。企业管理有序，各项制度健全，生产正积极向标准化、规模化、产业化

推进。2011年、2012年，被评为霍山县“十佳种植大户”；2014年，被授予“市级龙头企业”；2016年，获得“霍山县基层创建工作先进单位”荣誉称号。2020年，被授予“市级龙头企业”称号。

霍山县名胜养殖农民专业合作社 2012年，以“公司+农户”模式成立一家以种养相结合的农民专业合作社。至2018年，有合作社成员15户，带动农民从事种养业200多户。2013年，被授予“市级示范合作社”。2015年，被授予“省级示范社”。2016年。被授予“省级先进农民专业合作社”等称号。2022年，被授予“乡村振兴示范基地”称号。

六、社会事业

基层组织 村（大队）党组织及村民委员会主要负责人：

原大河厂村（大队）主要负责人：

支部书记：赵守祥（1957—1985）
张维林（1985—1988）
梁传松（1989—1993）
张维林（1994—2004）

村委会主任（大队长）：
但心玉（1957—1985）
王开发（1985—1993）
梁传松（1994—1998）
周自刚（1999—2004）

原黄檀树村（大队）主要负责人：

支部书记：张学生（1958—1963）
洪贤文（1964—1968）
赵守祥（1969—1972）
万士支（1972—1985）
窦为全（1985—1991）
曹贤祥（1969—1972）

村委会主任（大队长）：
胡帮本（1958—1963）
刘义财（1964—1968）
但兴玉（1969—1972）
刘义财（1972—1985）
刘昌应（1985—1991）
戴绍秀（1972—1998）
陈恩兵（1999—2004）

2004年村级规模调整，原大河厂村与黄檀树村合并，组成新的大河厂村。

2004—2021年大河厂村主要领导任职情况表

表13–17

姓名	任职时间		任职
	起(年、月)	止(年、月)	
周自刚	2004.10	2014.12	党总支书记
陈恩兵	2004.12	2021.12	党总支书记、村委会主任
吴章祥	2015.12	2021.12	党总支书记、村委会主任
匡四新	2021.12		党总支书记、村委会主任
刘富银	2021.12		党总支委员、监委主任

中共大河厂村总支部　2021年年底，有党员95人，总支部书记匡四新。下辖支部2个：一是村务支部，有党员45人，支部书记匡四新；二是特色农业支部，有党员40人，支部书记贺明胜。

七、精神文明建设

2012年，村“两委”把文化墙建设作为建设新农村，开展精神文明建设活动的一项重要内容，大力宣传党和国家的惠农政策，活跃了村民文化生活，以开展文明村建设为突破口，把农村墙体标语作为体现文明程度的窗口来抓，引导农村树新风；把农村墙壁作为弘扬先进文化的有效载体，将党建知识、精神文明、平安创建、计生国策、科普宣传等送进农村。2012—2021年，大河厂村以各类培训为契机，大力实施素质提升工程，引导群众积极争创“十星级文明户”“五好文明家庭”“好媳妇”“好婆婆”“平安家庭”“文明村”等一系列创建评选活动，倡导文明新风。

第三节　观音岩村

一、概况

观音岩村位于但家庙镇北部，距离但家庙集镇5千米，距霍山县城关19千米。东邻但家庙镇胡大桥村，西与下符桥镇花凉村相接，北与金安区横塘乡铜山村为界，南接但家庙村。中华人民共和国成立后至1992年前为团墩乡（公社），下辖舒家庙、观音岩、倪冲、团墩4个村（大队）。1992年2月撤区并乡，撤销团墩乡，舒家庙、观音岩、倪冲、团墩4个村整体并入但家庙乡。2004年10月，全县村级规模调整，舒家庙、观音岩、倪冲、团墩4个村合并，命名为观音岩村。

观音岩村总面积28平方千米，耕地面积6679.9亩，山场面积27207亩，其中油茶园13360亩，栗园120亩，高山茶园600亩，药园130亩。自然村庄369个，分为44个村民组：八斗冲、白云、大龙井、大堰、大庄、但院、邓塝、谷家畈、观音岩、桂花冲、洪堰、胡洼、黄冲、董家塝、老庙冲、李冲、李院、岭坎、六房院、毛岭、倪院、刘山、青年、沈家畈、沈院、石咀、舒祠、舒家庙、田院、团墩、西冲、下院、小广冲、小龙井、小吴冲、杨行、尧观、叶河、尤畈、油坊、糟坊、枣树井、张管冲、陈家塝。

观音岩村所获荣誉称号表（部分）

表13-18

名称	授予单位	时间
2014年度社会管理综合治理工作先进村	中共但家庙镇委员会 但家庙镇人民政府	2015.3
2014年农田水利基本建设工作先进村	中共但家庙镇委员会 但家庙镇人民政府	2015.3
2017年度综合考评先进村	中共但家庙镇委员会 但家庙镇人民政府	2018.3
2017年度全市基层组织建设“三级联创”活动先进基层党组织	六安市基层党组织建设工作领导组	2018.5
2017年度县级“双比双争”先进社会组织党组织	中共霍山县委组织部 中共霍山县非公有制经济和社会组织工作委员会	2018.12
2018年度发展现代农业工作先进村	中共但家庙镇委员会 但家庙镇人民政府	2019.5
2018年度社会治安综合治理工作先进村	中共但家庙镇委员会 但家庙镇人民政府	2019.5
2018年度脱贫攻坚工作先进村二等奖	中共但家庙镇委员会 但家庙镇人民政府	2019.5
第五届六安市文明村镇	六安市精神文明建设指导委员会	2020.12
观音岩村老年学校县级示范校	霍山县老年教育委员会	2020
全县关心下一代工作先进单位	霍山县委、霍山县民政局	2020.12
先进基层党组织	中共霍山县委	2021.6

续表 13–18

名称	授予单位	时间
先进基层党组织	中共但家庙镇委员会 但家庙镇人民政府	2021.6
2021年度集体经济发展先进村	中共但家庙镇委员会 但家庙镇人民政府	2022.2
2021年度精神文明建设先进村	中共但家庙镇委员会 但家庙镇人民政府	2022.2
2021年度农业农村先进村一等奖	中共但家庙镇委员会 但家庙镇人民政府	2022.2
2021年度民生工程建设先进村	中共但家庙镇委员会 但家庙镇人民政府	2022.2

二、自然环境

观音岩村地处霍山县北部，属丘陵地区，总体地势是东部高、西部低。东边，自北向南是多山区，大山连绵，沟壑纵横，崖壁陡峭。岭坎、大庄、白云、桂花冲、观音岩、毛岭、石嘴、黄冲、六房院、但院、尤家畈村民组。山上山下树木茂盛，山中岩石裸露，多石洞。在河谷宽阔处有小片畈区，土质多为棕紫色或黄棕色，是由山石风化成土，土壤贫瘠，周围山高林深，光照不足，田地作物单产低。西边是低山丘陵，多为黄棕土，田地主要集中在东部山区与西部丘陵之间的牛屎河冲积平原畈区，这里阳光充足，土层较厚，水源充足，是观音岩村的主要粮食产区。观音岩村东部自北向南是山区，山高谷深，水资源丰富。北部浔阳河上游的支流，东部倪冲河支流，在团墩汇入牛屎河。

本村的林区主要集中在东北部。山场面积大，森林覆盖状态好。20世纪70年代，改梯造林，建成舒家庙、观音岩、倪冲、团墩四大林场。全村树木种类多样，常见的有枫杨树、板栗树、松树、青檀树、檀树、杉树、白花树、桦树等几十种。还有成片的毛竹。林间山崖生长稀有药材，品种多、品质优，如贝母、黄精、天冬、麦冬（大、小）、木灵芝、金银花、丹竹、桔梗、苍术、鹿茸、七叶一枝花、何首乌、石斛、金钱草等。韭菜沟的韭菜是当地的特殊品种。农家房前屋后，毛竹成片，长势喜人。林中活动的动物有豹、野猪、灵猫、狗獾、猪獾、豪猪（又叫响铃猪）、黄羊、野兔、野鸡、黄鼠狼、蛇类等，多为国家Ⅱ级保护动物。本村旅游资源丰富。寺庙有东观禅院、牛鼻岩。红色遗址有舒传贤革命烈士纪念馆，中共霍山县第一次党代会旧址，农民夜校旧址。此外，还有团墩古村落遗址。自然景观主要有“九峰十三洞”（详见第一章第三节“自然资源”）。休闲观光农业有万亩油茶基地。

三、人口

2017年年底，全村总人口4802人1232户，其中男性2549人、女性2253人，人口总性别比为113。全村以倪姓、鲍姓、舒姓、广姓四大姓为主，居住人口多。还有张、王、李、赵、杨、汤、周、肖、沈、汪、卢、戴、刘、康、江、高、董、徐、黄、陆、金、孔、孙、毛姓，居住人口较少。

2017年观音岩村各村民组人口一览表

表13-19 单位：人、户

村民组名称	人口总数	男	女	户数
八斗冲	165	94	71	47
白云	156	82	74	39
大龙井	156	86	70	45
大堰	124	65	59	33
大庄	61	34	27	16
但院	88	48	40	23
邓塝	59	29	30	23
谷家畈	96	51	45	23
观音岩	137	69	68	34
桂花冲	37	21	16	8
洪堰	74	41	33	22
胡洼	97	54	43	25
黄冲	125	63	62	32
董家塝	151	80	71	40
老庙冲	110	56	54	29
李冲	82	48	34	21
李院	75	36	39	20
岭坎	137	69	68	31
六房院	191	97	94	49
毛岭	77	39	38	18
倪院	135	69	66	33
刘山	81	43	38	18

续表 13-19

村民组名称	人口总数	男	女	户数
青年	122	69	53	30
沈家畈	65	35	30	15
沈院	92	52	40	24
石嘴	143	73	70	35
舒祠	117	63	54	29
舒家庙	99	53	46	23
田院	110	58	52	31
团墩	94	48	46	28
西冲	79	41	38	21
下院	158	86	72	39
小广冲	106	61	45	29
小龙井	101	52	49	24
小吴冲	70	34	36	20
杨行	133	68	65	37
尧观	89	49	40	22
叶河	175	91	84	42
尤畈	79	41	38	22
油坊	108	57	51	27
糟坊	92	49	43	23
枣树井	183	103	80	42
张管冲	51	28	23	12
陈家塝	122	64	58	28

2017年观音岩村人口结构统计表

表13-20　单位：人

年龄段	总人数	男	女	性别比
0 ~ 14	645	371	274	135
15 ~ 60	3263	1759	1502	117
61 ~ 70	519	253	266	95

续表 13-20

年龄段	总人数	男	女	性别比
71～80	299	160	139	115
81以上	114	46	68	67

四、基础设施

观音岩村党群服务中心

位于团墩小学南侧。2012年9月兴建动工，2014年1月完工。建筑面积1070平方米，造价135万元。办公大楼九间三层，钢混框架结构。在主体建筑后20米，建有10间附属房，3.7米×8米，建筑面积296平方米，砖混结构，造价35万元，2013年5月完工。同年7月，新大楼启用。新楼一层：设70平方米为民办事大厅，另外出租给两个油茶公司：金马公司和合肥东之源公司作办公用房。二层：设计生服务室、人大代表活动室、党代表活动室、综合信访维稳办公室。三层：设140平方米大会议室，105平方米的图书室以及老人活动室、扶贫协会办公室。附属房出租给村民开饭店，东乡农家院对外开放，这是观音岩村唯一的一家饭店。

观音岩村党群服务中心 （王玉生 摄）

休闲广场

观音岩村部广场。观音岩村部广场位于观豪路和村委会大楼之间，呈长方形（南北长62.5米、东西宽49米），总占地面积3062.5平方米。从村委会大门前台阶向下，是一条宽15米的水泥路（是广场的主干道，处于广场偏南位置）。广场南边建有一个全封闭（铁丝网）的标准化灯光篮球场，球场南侧建有看台，设有7排橙色塑胶座椅，每排43座（分为东、西区），呈阶梯状排列。球场其他三方都有绿化带，种植花草和常绿灌木。中心路北侧面积较南侧稍大一些，布置和设施也多。东侧有8个停车位，其余部分用大理石块分割成若干小区，用土垒成小丘，似山有坳，如岭含坡，均用草皮覆盖，并因地制宜，栽有桂花、五角枫、女贞、红枫、石兰等，草木茂盛，绿树成荫，其间还择地摆放一些观赏石，更是锦上添花。在草坪边缘开阔地带，设有各种体育健身器材15台（套）。广场北面围墙，开辟文化走廊，采用画配诗的形式，宣传移风易俗、积极向上的思想。内容包括婚丧嫁娶、尊老爱幼、环境保护、厉行节约、卫生健康、科学普及、社会保障、文化教育等方面在广场的西北角建有一座村标，高9米，宽4.3米。村标的右边书写“省级美丽乡村中心村观音岩”几个黑色行书大字，圆润醒目；村标的左侧有一块用仿古瓦片对合而成的镂空墙体，宽1.2米，高6米，整个村标古朴典雅，端庄秀气。

交通建设

道路建设　改革开放后，随着经济的发展，国家对农村基本建设的投入，自2007年9月至2021年，观音岩村采用国家资金扶持与村民集资相结合的办法，修了40条水泥路，实现了组组通，基本实现了“户户通”。

观音岩村村组道路一览表

表13-21

序号	路名	总长(千米)	宽(米)	厚度(米)	起	止	竣工时间
1	观豪路	3.4	4	0.18	老村部	豪猪岭	2007.11.30
2	大团路	2.2	3.5	0.18			2010.5.20
3	刘山路	0.6	3.5	0.18	三石路	刘山组	2013.9.11
4	李冲路	1.6		0.18			2010.1.15
5	旅游路	4		0.18			2010.7.10
6	团倪路	3.5	4	0.18			2008.10.30
7	团倪路	2.5	3.5	0.15			2008.1.30
8	舒桐路	2.5	4	0.18			2008.11.10
9	八斗冲路	1.4		0.18			2010.1.30
10	石嘴路	1.45		0.18			2010.1.15
11	青尧路	1	3.5	0.18			2008.10.30
12	牛鼻岩旅游路	1.2	5	0.18			2015.11.30
13	桂花冲白云路	1.5	4	0.18			
14	叶龙路	—	4	0.18			
15	周冲路	—	4	0.18			
16	老庙冲路	—	4	0.18			
17	黄塝中路	0.3	4	0.18			
18	孙冲路	1.5	4	0.18			
19	杨行中路	0.5	4	0.18			
20	杨行河堤路	0.8	4	0.18			
21	粮站路	0.3	4	0.18			
22	陈塝路	—	4	0.18			

续表 13-21

序号	路名	总长（千米）	宽（米）	厚度（米）	起	止	竣工时间
23	舒绪连路	0.5	4	0.18			
24	青年路	0.2	4	0.18			
25	油坊路	0.35	4	0.18			
26	小吴冲路	—	4	0.18			
27	沈畈路	0.4	4	0.18			
28	邓塝路	—	4	0.18			
29	倪院路	—	4	0.18			
30	张管路	1.2	4	0.18			
31	下院路	0.8	4	0.18			
32	枣树井东西、下院东西、胡洼组合路	2		0.18			2019
33	油坊至小广冲	3.571		0.18			2019
34	李家院至倪院、鲍家洼组合路	1.378		0.18			2019
35	黄塝东路、大堰、老庙冲组合路	2.731		0.18			2019
36	白云循环路	1.188		0.18			2020
37	大庄马岩水库组合路	0.72		0.18			2020
38	吴冲、西冲循环路	1.0		0.18			2020
39	叶家河五塘冲组合路	0.535		0.18			2020
40	小龙井油茶基地循环路	1.857		0.18			2021

桥梁建设　20世纪60年代前，观音岩村山河小溪都是木板架桥，有的是独木桥，一遇大水就会漂走，只有汤家湾（现李院组）有一座石桥。改革开放后，修筑了但家庙到团墩主干道的团墩大桥。20世纪末至21世纪初，观音岩村共修建了20座水泥桥，解决村民出行难题。

观音岩村主要桥梁一览表

表13-22　　单位：米

序号	桥梁名称	所在路线情况			河流名称
		路线名称	路基宽	路面宽	
1	杨行大桥	大团路	5	3.5	牛屎河
2	团墩老街桥	团墩—青年	5	3.5	牛屎河
3	沈院桥	观豪路	5	3.5	舒家庙河
4	油坊人行桥	青尧路	4	3	牛屎河
5	槽坊桥	青尧路	5	3.5	槽坊河
6	人行观光桥	团墩中心村	5	3.5	倪冲河
7	尤畈桥	团倪路	3	2	倪冲河
8	六房院桥	团倪路	5	3.5	石嘴河
9	石嘴桥1	石嘴路	5	3.5	石嘴河
10	石嘴桥2	石嘴路	5	3.5	石嘴河
11	李冲路桥	李冲路	5	3.5	洪堰河
12	但院杨大堰桥	团倪路	5	3.5	倪冲河
13	倪院机耕桥	旅游路	4	3.5	观音岩河
14	刘山桥	团倪路	5	3.5	倪冲河
15	叶河水井桥	大团路	5	3.5	叶河
16	八斗冲桥1	八斗冲路	5	3.5	倪冲河
17	八斗冲桥2	八斗冲路	5	3.5	倪冲河
18	沈院桥2	观豪路	5	3.5	舒家庙河
19	大庄桥	观豪路	5	3.5	舒家庙河
20	舒祠桥	观豪路	5	3.5	舒家庙河

水利设施

20世纪60年代开始，共修建中小型水库8座，即：观音岩一库、二库；白云水库、张管冲水库、乌洪洼水库、马岩水库、大龙井水库、小龙井水库。自1982年起，政府支持，对老区水利设施进行改造，在浔阳河支流的团墩至舒家庙、倪冲河支流上，护堤筑坝，共建混凝土大小水坝11座，其中较大有9座，是下院一坝、二坝，舒氏祠引水坝，舒家庙拦水坝，沈院引水坝，李院拦水坝，油坊拦水坝，杨家行引水坝，叶家河拦水坝。

本村境内的观音岩水厂始建于2008年，政府投入资金50万元，安装管道14千米。2015年改扩建，又投资114万元兴建饮水工程，解决了但家庙镇大部分村民组安全饮水问题，其中观音岩村90%以上的都用上了自来水。2020—2021年，观音一库、白水水库分别进行了除险加固，挖了排水道，新建了水闸。但家庙镇进行除险加固的小（2）型水库仅3座，观音岩村就占了2座。

2020年，村争取资金280万元为金马公司新建了贮水池4座，为茶园安装了喷灌，修建茶园水泥路3千米。2021年，村争取项目资金10万元，在倪冲河上修建了三道堰，其中洪堰村民组两道，李冲村民组一道。给两组村民生产和生活带来了方便。三道堰灌溉面积近300亩。

五、经济发展

中华人民共和国成立前，本村土地掌握在中小地主、富农手中，农民拥有少量的土地。中华人民共和国成立后，土地收归国有，分属农民耕种。20世纪80年代开始，在各级政府的领导下，观音村已全面建立家庭联产承包责任制。1995年，实行了农村土地的第二次承包。随着改革不断深入，土地开始流转于种植大户，农民从事第二、第三产业。养殖、种植大户产生，传统农业发生根本性的变化，养殖业、种植业成了本村的支柱产业。

种植业 牛屎河上游两岸平畈及东西部山谷的冲田，以种植水稻为主。2015年后，为发展经济，提高村民收入，村委引导农民在种水稻的同时兼养龙虾，实行稻虾并作。山地主要是种植油菜、玉米、大豆、蔬菜、药材等经济作物。

2017年观音岩村粮食作物生产情况统计表

表13-23 单位：亩、吨

序号	村民组名称	稻谷		玉米		豆类		薯类	
		面积	产量	面积	产量	面积	产量	面积	产量
1	黄冲	159.6	79.8	12.6	3.4	22.4	2.4	8	2.2
2	黄塝	158.7	79.35	18.4	4.1	22	2.2	8	2.2
3	小广冲	187.3	93.65	17.2	3.9	27.6	3.1	5	1.4
4	杨行	181.2	90.6	15.9	4.4	38.4	4.6	6	1.6
5	田院	149.8	74.9	15.9	4.4	14.6	1.8	6	1.6
6	老庙冲	165.1	82.55	8.9	2.4	16.4	1.9	10	2.6
7	刘山	126.5	75.9	8.9	1.8	12.4	1.8	8	2.4
8	团墩	155	77.5	26.7	7.8	12.4	1.6	6	1.6
9	八斗冲	70.3	35.15	26.6	7.8	29.8	3.2	10	2.4
10	洪堰	114.3	57.15	8.8	2.6	24.5	2.9	10	2.4

续表 13-23

序号	村民组名称	稻谷		玉米		豆类		薯类	
		面积	产量	面积	产量	面积	产量	面积	产量
11	尤畈	126.4	63.2	12.8	3.4	12.4	1.8	6	1.6
12	李冲	127.7	63.85	22.6	6.4	27.6	3.1	8	2.4
13	但院	158	79	21.7	5.9	29.8	3.3	6	1.6
14	石嘴	172.3	86.25	26.2	6.2	29	3.1	10	2.6
15	六房院	126.6	63.3	25.4	5.8	20	2.6	10	2.6
16	胡洼	126.3	63.3	13.6	3.8	12.4	1.4	8	2.4
17	下院	129.3	64.75	14.4	3.4	15	1.8	6	1.6
18	西冲	157.1	78.55	13.6	3.1	11.5	1.6	10	2.6
19	舒祠	112	56	13.6	3.2	15	1.2	10	2.6
20	邓塝	126.6	63.3	10.3	2.1	25	2.2	6	1.8
21	舒家庙	111.1	55.55	17.8	4.0	15.5	1.4	4	1.2
22	沈院	126.6	63.3	13.6	2.9	22.4	2.6	10	2.6
23	枣井	114.4	57.2	13.6	3.6	12.5	2.1	8	2.2
24	白云	183.1	91.55	17.8	4.1	25	2.6	6	1.6
25	大庄	126.8	63.4	9.9	2.0	25	2.6	8	2.1
26	岭坎	126.8	63.4	13.6	3.7	14	1.8	8	2.4
27	小龙井	142.7	71.35	16.7	4.4	14	1.8	6	1.8
28	大龙井	212	10.6	26.7	6.4	25	2.6	8	2.6
29	大堰	117.7	58.85	26.4	6.1	25	2.6	4	1.6
30	毛岭	117.4	58.7	19.4	4.6	12.5	2.1	7	1.9
31	观音岩	172.1	86.05	17.6	4.4	25	2.6	8	1.7
32	倪家院	161.1	80.55	14.3	3.8	25	2.6	8	1.6
33	李院	149.5	74.75	18.3	4.2	14	1.8	10	2.3
34	沈畈	150.3	75.25	18.4	4.2	14	1.8	10	2.2
35	小吴冲	140.8	70.4	14.7	3.9	16.4	2.4	6	1.6
36	陈塝	158.7	79.37	13.6	3.6	22.4	3.8	4	1.2
37	油坊	126.6	63.3	8.4	2.6	22.4	3.8	10	3.2
38	谷畈	112.8	56.4	18.7	4.3	19.3	3.4	8	2.0

续表 13-23

序号	村民组名称	稻谷		玉米		豆类		薯类	
		面积	产量	面积	产量	面积	产量	面积	产量
39	青年	142.9	71.45	19.4	5.1	15	1.6	6	1.4
40	槽坊	112.9	56.45	13.6	2.8	22.4	2.4	8	3
41	尧观	84.5	42.25	14.5	3.9	22.4	3	8	3
42	桂花冲	126.3	63.15	8.9	2.7	4.5	1.6	8	3.1
43	张管冲	42.9	21.45	37.5	6.6	4.3	1.6	4	1.6
44	叶家河	121.5	60.75	18.6	4.8	13.6	1.4	6	1.4
合计		6011.6	2981.7	746.1	184.1	849.8	103.6	330	91.5

养殖业 随着国家政策的不断放开，农村经济不断繁荣，以伟亚家庭农场、舒磊养殖家庭农场、家文综合养殖园为代表的观音岩村个体养殖大户不断涌现。另外，大堰组的陈功宝，2014年开始养鸡，2021年产值10万元；广家俊，2009年开始养鸡，2021年产值近10万元；黄塝组的汪之家，2012年开始养猪，2021年产值10万元；蒋斯平，2000年开始养鸡，2021年产值20余万元；老庙冲组的倪守稳，2013年开始养猪，2021年产值10余万元。2012年春，村两委多次研究，利用村闲置的小（2）型观音岩水库优质水源的优势，大力发展优质特色水产、家禽养殖。筹集资金13万元用于道路维修、桥梁铺架、扩岸加固及水库清淤，以促进养殖业发展。2015—2021年，在陈来凤等该村养殖大户的带动下，稻田养殖小龙虾快速发展，家家户户的稻田几乎都养起了龙虾，户均增收3000余元。

经济林 20世纪70年代，团墩乡建有四大林场，每处都在百亩以上。林场建制齐全，有场长、会计、护林员。政府发放林权证，责权分明。2012—2014年，在村的西部丘陵地区，霍山县生态农业科技发展有限公司、东之源公司开发了万亩油茶基地，上至小广冲，下至大堰，共涉及13个村民组。2013年开始种植油茶，定期除草施肥，适时补植，由于精心管理，2016年，收获12500公斤茶籽，收益37500元。2021年，收获茶籽40000多公斤。

商贸 历史上观音村民经商人少，自清末民国初后，霍山、英山商客挑运货物，去六安方向销售经过此地，需住宿餐饮。在原团墩小街西房有康家大杂货店（康贵宏、康复泰）、张家饭店、朱姓豆腐店、肉案店等；原舒家庙小街，是一条曲尺形的街道，有孔家饭店，内可住宿，有宋氏药铺，有鲍姓杂货店、肉案店等。中华人民共和国成立后，团墩设立团墩供销合作社，在倪冲、舒家庙设立代销店。20世纪80年代末90年代初，团墩街道有老田饭店、张大元饭店。2021年，全村有15家小超市，其中白云、舒祠、观音岩、陈塝、尧观、青年、岭头、街道、洪堰、但院、田院、田绪军、叶河、黄塝、农机百货超市等，基本满足了全村村民的日常生活需求，方便了民众。

六、乡村振兴战略

在完成脱贫攻坚历史任务以后，全村村民实现脱贫目标。新农村建设进入新的历史阶段，就是大力实施乡村振兴战略。在这样的背景下，村级集体经济发展也进入快车道。同时，基础建设持续加强。

2019年11月7日，观音岩村委会为了加快贫困户脱贫致富步伐，增加村集体经济收入，和东乡农家大院经营人签订合同，村委会将财政专项扶贫资金20万元，量化资产入股东乡农家大院。合同期暂定3年（2019年9月至2022年9月），协议期满后，经双方协商同意，可继续延期承包。在承包期内，东乡农家大院按照双方投入资金的8%的年收益率支付给村委会分红。合同要求，经营方必须按照项目实施内容从事生产经营，不得擅自改变项目实施内容。必须管理到位，经济效益好。

2021年5月15日，观音岩村委会与霍山县金马生态农业科技发展有限公司签订合同，村投入金马公司资金80万元，要求金马公司将所投入资金用于建设和生产经营，确保按照项目实施内容从事经营活动。金马公司按照甲、乙双方共同投入的资金总额的7%的年收益率支付给村委会分红；受益年限从2021年5月至2031年5月，计10年。如果经营效益好，经双方协商，可适当提高分红比例。

2021年7月5日，观音岩村委会与霍山县团墩生态农业发展有限公司又签订了一份合同。本着村委会“参股不控股、投资不经营、分红不担险”的原则，将争取到的财政专项资金80万元，通过投标的方式，投入霍山县团墩金马生态农业发展有限公司（以下简称乙方）。合同年限为10年（2021年7月至2031年7月）。为了确保收益底线，在一个经营年度内，乙方要按照双方共同投入资产总额6%的年收益支付（固定收益4.8万元）给村委会分红。如果经营效益好，可适当提高分红比例。

2021年11月10日，观音岩村委会和团墩生态农业发展有限公司签订了水产精品养殖合同，将争取到的220万元资金投入公司，流转土地119亩，涉及3个村民组、33户。合同有效时间为3年，即从2021年10月到2023年10月。公司按照甲乙双方共同投入资金总额6%的年收益支付（固定收益13.2万元）给村委会分红。合同规定，如果经营效益好，能按合同项目实施生产经营，可适当提高分红比例，可延期承包合同。

2021年，观音岩村争取资金80万元，投入猕猴桃生产该项目涉及2个村民组、25户。在猕猴桃树下套种豇豆、水果玉米等，充分利用土地空间，提升土地经济效益。豇豆、玉米采用消费者自己采摘的方式，让他们体验到田园风光和劳动的乐趣，又能让游客品尝到绿色食品。这也是观音岩村旅游观光项目内容之一。村委会和项目责任人签订的合同规定：乙方（承包方）要按照甲乙双方共同投资总额的6%年收益付给村委会分红。虽是初始阶段，但效益比较明显。

七、基层组织

村（大队）党组织及村民委员会主要负责人：

原观音岩村（大队）主要负责人

支部书记：舒绪贤（1962.1—1963.3）
孔凡宝（1963.3—1984.11）
卢先文（1984.11—1985.11）
舒绪宝（1985.11—1990.1）
吕自成（1990.2—1995.8）
卢家云（1995.9—2000.12）
倪世平（2001.1—2004.6）

村委会主任（大队长）：
周自华（1962.1—1984.11）
舒绪宝（1984.11—1985.11）
吕自成（1985.11—1990.1）
卢家云（1990.9—1995.8）
倪世平（1995.9—2000.12）
广家平（2001.1—2004.6）

原倪冲村（大队）主要负责人

支部书记：张宜明（1963.3—1969.12）

村委会主任（大队长）：倪世才（1963.3—1969.12）

1969—1972年，倪冲大队与团墩大队合并，至1972年5月又分开。

支部书记：肖龙召（1972.5—1975.3）
陆秀炎（1975.5—1978.3）
杨开枝（1978.5—1989.3）
倪世磊（1989.4—2004.6）

村委会主任（大队长）：
经廷良（1972.5—1975.3）
张宜明（1975.5—1989.3）
吴昌发（1989.4—1995.3）
吴昌才（1995.4—2004.6）

原舒家庙村（大队）主要负责人

支部书记：熊中银（1958—1975）
陈兆中（1976.1—1977.1）
鲍远平（1977.1—1982）

广存祥（1983—1991）
鲍远平（1992—2004）
村委会主任（大队长）：
广存祥（1958—1982）
杨绍江（1975.5—1989.3）
高绪国（1991—1998）
广圣发（1998—2004.6）
原团墩村（大队）主要负责人
支部书记：晨玉宽（1950—1973）
倪长清（193—1975）
金贤成（1975—1978）
戴光鼎（1979—1980）
倪世献（1981—1982）
金贤成（1983—2004）
村委会主任（大队长）：
广存宏（1950—1966）
戴光鼎（1973—1978）
倪长清（1979—1982）
倪成龙（1982—1990）
江道明（1990—2004）

2004年6月村级规模调整，原观音岩村、倪冲村、舒家庙村、团墩村合并，组成新的观音岩村。并通过选举，组建了村“两委”班子。

2004—2021年观音岩村主要领导人任职情况表

表13-24

姓名	任职时间		任职	说明
	起（年、月）	止（年、月）		
鲍远平	2004.10	2014.12	党总支书记	
舒绪宝	2004.12	2014.12	村委会主任	
倪克春	2014.12	2017.12	党总支书记	
汪帮满	2015.12	2021.12	党总支书记、村委会主任	
张　冉	2018.7		党总支书记、村委会主任	
潘　兰	2021.12		党总支委员、监委主任	本志书下限时间

中共观音岩村总支部 2021年年底，有党员168人，总支部书记张冉。下辖支部4个：一是村务支部，有党员42人，支部书记余荧；二是扶贫协会支部，有党员41人，支部书记广圣仓；三是股份经济合作社支部，有党员45人，支部书记汪帮满；四是金马公司支部，共有党员40人，支部书记广圣发。

八、红色旧址

革命先驱舒传贤出生于观音岩村的舒家庙。1927—1930年，舒传贤在家乡创办了霍山县最早的中共党组织，领导农民进行土地革命斗争，是皖西革命根据地的重要策源地。境内有许多革命旧址，主要有舒传贤故居，舒传贤创办的学术研究会旧址，舒家庙农民夜校旧址，中共舒家庙支部成立、豪珠岭会议旧址，中共霍山县首届委员会成立旧址，红军小道等。2022年，在舒家庙建成了占地面积30亩的舒传贤广场，广场上建有红培楼、游客中心等设施。

舒传贤故居 位于但家庙镇观音岩村李院组，距但家庙集镇约8千米。原正房3间，小瓦土木结构，左、右各一个厢房，分别为厨房及马厩。1930年4月，国民党军队围攻六霍苏区，放火将舒传贤的家烧为灰烬。2019年，但家庙镇党委、政府根据舒传贤后人等人回忆，房屋按修旧如故的原则进行建设。复建正房3间为东西向的小瓦土木结构，正房南侧卯榫结构的木质框架建筑为马厩，北侧的厨房正在复原施工中。正房为卯榫结构的木质框架、土墙瓦顶结合的建筑，屋内北侧房间为舒传贤夫妇居住，南侧房间为舒传贤父亲舒家夔和母亲夏氏的居所。屋内收集了当年舒家的旧物，堂屋内有供柜、桌椅、油灯等，卧室内有架子床、衣橱、木箱、部分农具等，厨房复原了土灶等厨具用品。

九、旅游开发

观音岩村具有得天独厚的旅游资源。自然环境优美，境内“九峰十三洞，两沟一线天”闻名遐迩，充满野趣，吸引了周边省市众多驴友来此探险；万亩油茶形成一片绿色海洋，骑行赛道穿行其间，成为江淮最美赛道。2018年12月，这里成功举办了环江淮骑行大赛。2019年11月16日，这里又成功举办了纪念舒传贤诞辰120周年乡村越野赛。观音岩村不仅红色资源丰富，而且古迹也有不少，豪珠岭上东观禅院、牛鼻岩的古佛禅寺吸引远近香客。截至2022年，观音岩村初步形成了“一个中心区，三大板块，三条精品路线”的旅游开发格局。2022年9月，但家庙集镇通往舒传贤广场的旅游路也建成通车。

东乡农家大院 大院在观音岩村村委会背后，这里远离城市的喧闹。农家特色菜和野味常供常新，有本地土鸡、黑毛猪、老腊肉、野生中药材、小河鱼、南瓜、红薯、香菇、白菜、野猪肉等特色菜。大院内拥有室外停车位20个，3个包间、1个大厅可同时容纳150人就餐，室外设有简单健身器材、篮球场、垂钓休闲池塘等。

附：但家庙镇观音岩村旅游发展总体规划（摘要）

规划性质

《霍山县但家庙镇观音岩村旅游发展总体规划》把但家庙镇观音岩村作为一个大旅游区来规划，规划性质属村域总体规划。

规划范围

本规划范围为观音岩村行政辖区，下辖毛岭、观音岩、倪院、李院、沈畈、小吴冲、陈榜、油坊、谷畈、青年、槽坊、尧观冲、桂花冲、张管冲、胡洼、下院、小广冲、西冲、舒祠、邓榜、舒庙、沈院、枣树井、白云、岭坎、小龙井、大龙井、大堰、叶河、大庄、黄塝、杨行、田院、老庙冲、刘山、团墩、八斗冲、洪堰、尤畈、李冲、但院、石嘴、六房院、黄冲等44个村民组，1164户，自然村庄364个，人口为4692人，规划面积约23.4平方千米。

规划期限

规划期限为2016—2030年，分为：近期为2016—2020年：基础建设与产业起步阶段中期为2021—2025年；重点建设与产业发展阶段远期为2016—2030年；品牌树立与产业成熟阶段。

规划原则

坚持开发与保护相结合，把旅游项目发展放在观音岩村全域发展和大盘中进行综合考虑，积极开展环境综合整治、森林生态和文化遗产保护，确保本规划与土地规划、美丽乡村建设规划和但家庙镇总体规划衔接，实现规划项目具有实施性、落地性、可操作性，以生态效益、社会效益和经济效益的共赢促进乡村旅游可持续发展。

立足观音岩村资源禀赋和区域旅游市场发展趋势，挖掘观音岩村生态和文化的内涵，突出观音岩村的农业生态、油茶基地、矿泉水、乡村建筑、民俗节庆、红色文化等地域特色，实现以差异化项目，形成与金安区及周边乡村相依存而又不同的发展格局。

综合应用现代旅游科学新理论、新观点、新方法、新技术，提出前瞻性规划目标，策划具有震撼力的旅游项目和旅游产品，引领城郊型、景郊型乡村旅游目的地的旅游市场热点。

地域特色原则、市场引领原则、可持续性原则

以满足本地居民社会、经济、文化发展需求为主要诉求，突出美丽乡村建设、和谐村落文化建设、休闲生活建设；以适应日益增长的城乡居民旅游休闲需求依托，发展现代休闲产业，促进旅游与农业、文化、地产等产业融合。

资源分析与评价

地文景观

岩洞主要有白云韭菜边洞、白云水库边洞、白云新路边菜地洞、观音岩石梢岩洞群、六安洞、毛岭组天然溶洞、水寨岩洞、牛鼻岩岩洞等。岩石主要有白云组岩石群、毛岭组岩石群、雷打石头、一线天等。矿泉水探矿工作取得突破性进展，其中1号井已探明日出

水量达到600吨以上，经检测机构检测，各项主要微量元素指标均达到或超国家标准要求。

水域景观

白云水库位于白云村民组，观音岩水库位于观音岩村民组，为小（2）型水库。这里山水相映成趣，远离喧嚣，保持天然的宁静；空气清新，是天然的氧吧。

遗迹遗址类

舒家庙农民夜校遗址，该遗址位于舒氏祠村民组。

霍山县第一次党代会成立遗址，该遗址位于桂花冲村民组。

皖西党小组会会址，该遗址位于白云村民组。

红色暴动活动遗址，该遗址位于白云村民组。

舒家庙农民夜校遗址

霍山县第一次党代会成立遗址

建筑设施类　主要包括舒传贤故居、东观禅院及民居等。

旅游商品类　主要有地域美食、传统手工产品、大别山土特产等。

人文活动类　主要有人事记录和民间习俗。具体有舒传贤等人物传记，以及教育文化设施、节日庆典活动等。

旅游资源综合评价

观音岩村现有旅游资源丰富、类型多样，与周边地域旅游资源既有一定相似性，又具有自身独特的优势。同周边相比，观音岩村旅游资源最大特点是其具有较强的乡村野趣。从总体上来看，观音岩村旅游资源单体不突出，品位不高，应发挥山、水、林、田、村的组合优势，充分利用和开发，将产生较大影响。

一、市场环境分析

合肥都市圈旅游市场分析

1.经济状况

合肥都市圈连南接北、承东启西，地理位置特殊，城市类型丰富，是长三角带动中西部地区发展的重要传导区域，在国家长江经济带发展战略中具有重要地位。按照现行规划，预测到2020年，合肥都市圈总人口约为2400万人，城镇人口约为1580万人；2030年，合肥都市圈总人口约为2635万人，城镇人口约为1990万人。同时，城镇化水平在2020年达到65%～68%，2030年达到75%～78%。合肥都市圈将成为安徽乃至中国腹地发展的核心，并为内地提供大量的游客输出。

2.消费特征

感受真情——旅游家庭化回归自然——乡村旅游互动参与——体验旅游来去自如——近郊旅游、一日游……

二、市场定位

1.国内旅游市场

重点市场：合肥都市圈城市及六安本地。重点拓展市场：华中（武汉）地区、长三角地区、中原地区。机会市场：全国其他区域的客群（珠三角、成渝城市群、京津冀城市群）。

2.入境旅游市场

基础市场　中国香港、澳门、台湾地区。重点拓展市场日本、韩国、新马泰等。

机会市场　欧美等其他客源。

家庭市场　寒暑假是家庭市场出游的重要时期；活动内容偏亲子、体验；自驾游为旅游主要方式。

白领市场　有稳定的职业和较高的收入，旅游消费潜力大；网络、杂志和朋友推介为主要的信息渠道；对旅游服务设施质量要求高，自驾游、自助游成为旅游主要方式。休闲、度假、户外运动、文化体验、避暑。

学生市场　思维活跃，求知欲强，精力旺盛、热爱体验，偏向参与性强的活动；对旅游服务设施要求不高。

银发市场　时间较充裕，一般有着一定的经济基础；对生态环境、交通条件要求高；跟团游仍然是主要旅游方式。

儿童市场　出行时间以周末和寒暑假为主，并且多在家长的陪同下；要求出行活动趣味性较强，中间穿插适宜成年人休息的场所。

个性化自助游市场　旅游经验丰富、休闲时间较多，对体验有较高的期望。体验、户外运动露营旅游产品、探险旅游产品。

三、发展思路

油茶运动休闲区、乡村休闲体验区、郊野公园游憩区三区联动发展。

从观光体验走向休闲度假：油茶运动休闲区强化运动休闲度假，乡村休闲区强化高品质乡村休闲体验，郊野公园游憩区强化休闲游憩。

从大众走向精品：乡村休闲体验区和郊野公园游憩区针对亲子家庭出游市场、周末游憩市场；油茶运动休闲区针对专业客户市场。

动静结合：油茶运动休闲区、乡村休闲体验区重在体验，聚人气；郊野公园游憩区康体养生度假区域更注重静谧的氛围。

项目围绕“乡村野趣、运动乐趣、游憩情趣”主题打造挖掘野趣、健康主题，打造户外运动、健康养生、户外游憩、农耕体验等为重点的项目体系。

四、发展定位

依托油茶、矿泉水、农业、乡村田园等自然资源，深入挖掘红色文化、乡村文化、宗教文化，打造观光、休闲、文化、娱乐、运动、度假等旅游产品体系，形成运动养生、乡村休闲体验、郊野公园游憩等项目支撑，以宗教聚集人气，油茶产业、矿泉水产业聚集财气，将观音岩村打造成六安环城游憩带上最具野趣的节点、合肥都市圈的城市郊野公园、大别山的健康发展战略。

第四节 花石嘴村

一、基本村情

历史沿革、位置

1950年设花石嘴乡，属与儿街区。1956年，花石嘴乡撤销，设为花石嘴大队、小河嘴大队，划归花园畈公社管辖。花园畈公社撤销后，归但家庙公社管辖。1983年，花石嘴大队、小河嘴大队分别更名为花石嘴村、小河嘴村，归但家庙乡管辖。2004年10月，全县村级规模调整，花石嘴村与小河嘴村合并，组成新的花石嘴村。

花石嘴村位于但家庙镇东南部，是但家庙镇的东大门。距离镇政府不足1千米，东与六安市金安区东河口镇花石嘴村相邻，南与本县与儿街镇相接，西接本镇但家庙村，北连胡大桥村。全村面积8.7平方千米。

表彰荣誉

2016—2021年花石嘴村所获荣誉称号表(部分)

表13-25

名称	授予单位	时间
2016年度社会管理综合治理工作先进单位	中共但家庙镇委员会 但家庙镇人民政府	2017.2
2018年基层党建设工作先进村	中共但家庙镇委员会 但家庙镇人民政府	2019.5
2018年度社会治安综合治理工作先进村	中共但家庙镇委员会 但家庙镇人民政府	2019.5
2018年度综合考评先进村	中共但家庙镇委员会 但家庙镇人民政府	2019.5
花石嘴村老年学校县级示范校	霍山县老年教育委员会	2020.1
农村电商优化升级工作省级示范村	安徽省推进“电商” 安徽“建设领导小组办公室”	2020.11

续表 13-25

名称	授予单位	时间
农村电商优化升级工作市级示范村	六安市电子商务工作领导小组	2020.12
第五届六安市文明村镇	六安市精神文明建设指导委员会	2020.12
2020年度精神文明建设工作先进村	中共但家庙镇委员会 但家庙镇人民政府	2021.4
2020年度综合考评先进村	中共但家庙镇委员会 但家庙镇人民政府	2021.4
2020年度脱贫攻坚最强带贫主体	中共但家庙镇委员会 但家庙镇人民政府	2021.4
2020年度脱贫攻坚先进村一等奖	中共但家庙镇委员会 但家庙镇人民政府	2021.4
先进基层党组织	中共但家庙镇委员会	2021.6
先进基层党组织	中共霍山县委	2021.6
2021年度综合考评先进村	中共但家庙镇委员会 但家庙镇人民政府	2022.2
2021年度农业农村先进村二等奖	中共但家庙镇委员会 但家庙镇人民政府	2022.2
2021年度巩固脱贫成果先进村二等奖	中共但家庙镇委员会 但家庙镇人民政府	2022.2
2021年度基层党建工作先进单位	中共但家庙镇委员会 但家庙镇人民政府	2022.2

二、地理环境

花石嘴村地处复览山北麓，抱儿岭小分水岭以西。但家庙河自东向西穿境而过，将全村劈成南北两面。东南山势较陡，海拔50～400米。北部地区多丘陵，丘与丘之间自然形成众多溪流、平地乃至小畈区。花石嘴村耕地面积3751.02亩，山场2911亩，水面300亩。

分布于董家楼丘陵的千亩马尾松

（王玉生 摄）

但家庙河流经本村形成了一块冲积平原，约2000亩稻田，属于沙质土壤。占家塝畈区属于黑色油泥土壤，土层深，土质肥沃。本村耕地相对集中，土质优良，光照充足，适于种植。水资源较丰富。境内有5座水库（即草塘冲水库、胡冲水库、三房院水库、涂家大洼水库、猛虎跳涧水库），有182口大小山塘、18道大小河流。另有但家庙河和陆冲水库的水源源不断，有力保障了全村生产和生活用水。

流经本村的但家庙河沿岸，是本村最大的畈区。在南岸，因为历史聚居的原因，由东向西形成了七星寨、大塘埂、鲤鱼嘴、农林、新庄、老粉坊、马冲、孟家院、马家畈、周家院、三房院、和尚冲12个自然村，依据自然村，划分为12个村民组。这12个村民组，耕地面积1250亩。占全村的48%；山林面积2890亩，占全村的79.6%；水面面积137亩，占全村的46%。这里地处复览山北坡，是但家庙全镇山势最高的地区。中华人民共和国成立后，这里建有多处林场。全村的林木资源主要集中在这一区域。在北岸，自东向西有3.5千米长的宽阔地带。从东西向依次是花石嘴村民组、吴家院村民组、老坟河村民组、大院墙村民组、草塘冲村民组、小河嘴村民组和马氏祠村民组。耕地面积738亩，占全村的28.4%；山林面积460亩，占全村的12.67%；水面面积93亩，占全村的31%。沿河的南北两岸，共有耕地1988亩，占全村耕地面积的76.4%。这里集中了连片的良田，土质松软，土地肥沃。水库、山塘星罗棋布，水源十分丰富，种植条件良好。也是全镇的粮食主要产区之一。本村的其他5个村民组，位于西北部，属丘陵地区。耕地面积613亩，占全村的23.6%；山林面积280亩，占全村的7.7%；水面面积70亩，占全村的23%。这5个村民组中，位于陆冲水库下游，大张公路西侧的占家塝村民组，耕地最多，共260.59亩，占全村耕地面积的6.95%，人均耕地面积达2.54亩。土质为黑色油泥土，土层深厚，十分肥沃，便于机械耕作。该村民组有当家塘5口，并由陆冲水库常年供水，即便在历史上几次严重的旱灾年份，粮食产量也没有减收。董家楼村民组位于本村西北角，与胡大桥村的赵老庄村民组隔山（肚脐岭）而居。西南面与但家庙村的仓坊村民组相邻。该村民组境内有三道较大山梁，皆由肚脐岭向西南方向延伸，山势平缓。该组的农田大都集中在三山所夹的两道大冲（东为董家楼冲，西为程世祥冲）里。董家楼冲脑还有三道岔冲，自东向西分别是舒世武小冲，张立芳小冲，西冲。两道大冲都较宽，最宽处约300米。东边冲长约1.5千米，西边冲长约1千米。这里田块面积较大。在董家楼大庄下游的冲田，土质松软而深厚，含水量大，终年不旱。甚至牛不能下田耕作，先民只得将软泥挖出，埋入树木再将泥土覆盖方可耕作。1984年“改沤扩午”时，当地农民曾挖出先民埋入的树木。另外，本村的徐冲、城隍岭、曹家桥3个村民组田连阡陌，都处于半山半田的状况。

花石嘴村是但家庙镇林业资源最集中的一个村。位于复览山北麓的有七星寨、鲤鱼嘴、农林、新庄、老粉坊、马冲、三房院、孟家院等村民组，山场面积均达300亩左右。这里山清水秀，土质肥沃，林木茂盛，竹林成海。村北的董家楼村民组是全镇马尾松生长最集中的地方之一。全组有3条东北—西南走向的丘陵，土质松软，冈上90%以上是马尾松。站在北端的肚脐岭向南眺望，满目郁郁葱葱，风起林动，松涛阵阵，煞是壮观。

董家楼橡树　在董家楼村庄以南约100米的大路边，有两棵，胸围分别达1.65米、1.55米。树冠覆盖面积超过100平方米。这两棵树常年葱绿，树干遒劲，枝丫交错繁密，是董家楼村庄的镇庄之宝，远近闻名。相传，从前有人来盗伐，因看到树被砍的伤口流出了血而害怕，从而使其幸免于难。

董家楼橡树　（王玉生　摄）

三、人口

2016年花石嘴村各村民组人口状况一览表

表13-26　单位：户、人

村民组名称	户数	人口数	男	女
大塘埂	32	108	56	52
七星寨	28	103	53	50
鲤鱼嘴	37	123	64	59
农林	20	65	34	31
新庄	18	74	38	36
老粉坊	16	84	43	41
花石嘴	22	88	45	43
吴家院	31	111	56	55
大院墙	31	132	71	61
老坟河	32	132	69	63
马冲	33	132	68	64
孟家院	31	111	56	55
马家畈	17	73	38	35
周家院	32	132	69	63

续表 13-26

村民组名称	户数	人口数	男	女
三房院	27	103	52	51
和尚冲	16	62	33	29
草塘冲	30	103	57	46
小河嘴	24	91	49	42
马氏祠	20	74	38	36
徐冲	18	81	45	36
曹家桥	35	140	75	65
城隍岭	9	26	15	11
占家塝	28	103	56	47
董家楼	38	133	70	63

说明：上表为花石嘴村2016年年底报表数据

2016年花石嘴村人口结构一览表

表 13-27　　单位：人

年龄段	人口数	男性人数	女性人数	性别比
0～14岁	314	179	135	133
15～60岁	1713	888	825	108
61～81岁	398	204	194	105
81～90岁	57	28	29	97

2016年花石嘴村流动人口统计表

表 13-28　　单位：人

全村总人口	男	女	流出总人口	跨省流动人口	省内流动人口
2384	1220	1164	832	697	135

四、基础设施

花石嘴中心村

位于马氏祠村民组境内，三石路南侧。地处全村的中心地带。这里距但家庙镇政府1.5千米。1964年8月，但家庙公社首次通电，输入高压即直通这里的马氏祠。20世纪70年代，马氏祠内建有茶叶加工厂和粮食加工厂、机械厂（属社办集体经济），生意一度十分红火。改革开放后，随着经济的快速发展，这里汇聚了全村大部分个体工商户，以及种植、养殖大户，成为全村最热闹繁华的地方。

2011年，按照现代化、标准化的总体要求，花石嘴村在马氏祠村民组境内实施了中心村建设工程。并与美丽乡村建设、农民文化乐园建设有机结合，统一规划布局，统一实施管理。以中心村为依托，向徐冲村民组、曹家桥村民组、马氏祠村民组辐射，进行彻底的环境整治和基础配套建设，形成了美丽乡村的示范区域。小区约1平方千米，人口300余人。区域内道路宽敞、路灯齐备，村容整洁，环境优美，卫生安全，绿化到位，硬件设施，样样齐备，成为但家庙镇的一个风景。

党群服务中心

2013年年底，总投资110万元的为民服务大厅建成并投入使用。服务大厅建筑总面积610.8平方米。内设综合服务大厅。此外，还设有综治办公室、民事调解室、监控室、档案室、计划生育服务室、图书阅览室、党员活动室。

花石嘴村党群服务中心　　（王玉生　摄）

交通建设

道路建设　花石嘴村自2010年至2021年，在政府和各部门的支持下，投入资金达700余万元，以贯穿全村的三石路为主干，先后修建了直达各村民组和自然村的水泥路22条，总长度达29.32千米。村内水泥路四通八达，私家车基本可以到达各家各户。

花石嘴村主要道路建设一览表

表13-29　　单位：千米、万元

道路名称	长度	总投资	道路名称	长度	总投资
三石路	5.6	135	鲤鱼嘴路	1.2	28
小河嘴路	0.285	6.5	大院墙路	1.1	26
马徐路	1.26	30	董家楼路	1.38	33
马冲孟家院路	2.24	54	和尚冲路	0.81	19
城隍岭路	0.314	7.5	马家畈路	0.8	19
占家塝路	1.427	30	老坟河路	1.0	24
吴家院循环路	1.21	26	大塘埂路	1.1	25
周三路	1.4	31	七星寨路	1.1	26
农林路	1.5	36	草塘冲路	0.3	7

续表 13-29

道路名称	长度	总投资	道路名称	长度	总投资
三石路加宽工程	3.2	79.9	董家楼、鲤鱼嘴路	1.13	55.67
七星寨水泥路	0.5	20.3	涂小庄、草塘冲鲤鱼嘴组合路	0.464	22.19

桥梁建设 山王河是流经花石嘴村的主要河流，域内长度达6000多米，最宽处50米。沿岸人口较密集。历史上，这里的桥梁就很少，群众出行非常不便。中华人民共和国成立前，河道上仅有的一座石桥被冲毁。20世纪70年代，河上曾修过几座水泥桥，到21世纪初也已损毁，不能通行。同时，本村内还有有名字的、宽2米以上的小河16条。河道上桥梁极少。改革开放以来，特别是2000年以后，随着“村村通”工程的实施，桥梁建设也进入快速发展时期。据不完全统计，2001—2014年，花石嘴村通过农民集资和政府投入修建的桥梁就有11座，总长度321米，总投入近100万元。这些桥梁的兴建，使本村的道路得以连贯畅通。此后，随着村村通工程的不断实施，桥梁建设发展很快。至2021年年底，但家庙河在花石嘴村境内共有7座大桥：周家院大桥、马家畈（原名孔山嘴）大桥、孟家院大桥、花石嘴大桥、大塘埂大桥、鲤鱼嘴大桥、大院墙大桥。其中，2021年新建改建的大桥有3座，分别是马家畈大桥、大院墙大桥、老粉坊大桥。

1974—2014年花石嘴村主要桥梁一览表

表13-30 单位：米、万元

桥梁名称	建造时间	长度	宽度	造价	桥梁名称	建造时间	长度	宽度	造价
孔山嘴桥	1974.6	36	2.8	7.6	老坟河桥	1974.8	36	2.8	7.5
鲤鱼嘴桥	2001.12	38	2.5	8	大塘埂桥	2001.12	38	2.8	10
孟家院桥	2002.12	36	2.8	8	花石嘴桥	2005.10	36	2.5	5.4
周家院桥	2007.10	35	2.8	12	马家畈桥	2008.2	35	2.8	13
占家塝桥	2010.5	10	4.5	5	董志家桥	2010.8	10	4	5
但修务门口桥	2014.10	10	2	3					

河道改造

花石嘴村境内河道多条。除但家庙河以外，长度达1000米以上的小河就有7条。1973年冬天，原胡大桥大队和小河嘴大队在水利冬修时，对流经张新庄生产队和占家塝生产队的占家塝河进行了改造。原河道从畈中间蜿蜒流过，由于河道弯曲，水流不畅，1000多米长的河道占了百余亩土地。两个大队经过商量，决定将河道改到北面的山脚边，从赵老庄下拐到张新庄门口，再凿通张新庄下拐石山嘴，到董家老家庄子，经庄前而流入仓坊河。改道时，利用凿下的石块，砌成了河摆1500米。此次改道，缩短了河道700余米，复垦良田100亩，净增良田40亩。

1973年2月至1974年年初，原小河嘴大队五星生产队调集200余名劳动力，靠手挖肩挑，在一年内建成了从三房院到和尚冲的引水渠。渠长1000米，宽4米，深3米，最大坡高10米。总土方3万立方米。渠道修成后，能将华冲及三房院水库的水最远引到黄鳝塘。灌溉面积达1000亩。水渠的西端建有提水站。遇到干旱缺水，又可以从但家庙河抽水，倒灌到三房院。从而保障了“三院”（孟家院、周家院、三房院）“一畈”（马家畈）近千亩良田旱涝保收。

1975—2014年，花石嘴村的河道整修分为两个阶段：一是1975—1980年，这一期间是以生产队为单位，小整小修，没有大的变化；二是1980—2014年是农户管理，只是维持现状或任其损毁。2015年以后，随着国家加大对农业基础设施建设的投入，河道整治又进入新的发展时期。2015—2016年，先后投入47万元对大院墙河道进行了整修，打石摆100米；对农林河道进行改造，采用六边形预制件，砌了600米的护坡坝。2021年，对村境内但家庙河道进行整治，修建了护坡坝（从孟家院至汪家塝），护坡坝高0.8米，宽0.5米。

五、经济发展

概况

中华人民共和国成立前，本区域一直属于以传统的农业为主的自然经济。“一家一户，有帮有顾”。生产方式落后，生产效率低下。土地主要集中在少数大户（即地主）手里。而大多数农民只得租种地主家的土地，或帮地主干活，充当雇农。土地改革，让所有农民真正实现了“耕者有其田”。农民拥有了自己的生产和生活资料，他们创造新生活的热情被极大地调动起来。1956年，成立人民公社，农民土地归生产队集体所有，由生产队集体组织生产，即成立了花石嘴大队和小河嘴大队。1967年，花石嘴大队的11个生产队平均工分单价为0.44元，小河嘴大队的13个生产队平均工分单价为0.45元。最高的工分单价是鲤鱼嘴生产队达0.60元；最低的工分单价是董家楼生产队只有0.13元。

1969年，小河嘴大队支部书记马德炉为了集中劳动力大修农田水利设施，将孟家院、周家院、马家畈、三房院、和尚冲5个生产队合并，组建成一个大生产队，取名为五星生产队。队长为马先鹏。五星生产队人口达500人，耕地面积达724.67亩。这是但家庙公社的首创，成为全公社农业发展的龙头单位。五星生产队社员在党员干部的带领下，凭着简陋的生产工具，手挖肩挑，先后修建了胡冲水库、华冲水库、东草塘冲水库；建三房院至和尚冲的引水渠1000米，并建有排灌站1座；建立了集体林场，大规模植树造林；添置了农机具。中共十一届三中全会以后，农村改革拉开序幕，五星生产队解散。

1980—1982年，原花石嘴大队和小河嘴大队的各生产队，陆续完成了“家庭联产承包责任制”的改革，农民的生产积极性被充分调动起来。他们从精耕细作到精选良种，从注重粮食生产到注重多种经营。至1989年年底，原花石嘴村和小河嘴村（1983年人民公社改为乡人民政府时，大队即改为村民委员会）98%的农户住上了新瓦房，70%的农户购买了黑白电视机，80%的农户家有了电风扇。至2000年，全村农民基本上达到了小康社会水平。至2016年年底，全村（2004年合并后的花石嘴村）农民人均纯收入8000元，近三分之一的农户有了小汽车，95%以上的家庭住进了楼房。新花石嘴村组建后，村“两委”规划并建成了优质稻米、茶叶、板栗、特色养殖等产业化基地，培育种植养殖大户，发展农民专业合作社。2004年至2016年年底，花石嘴村先后涌现了一批生态农业专业合作社，农业龙头企业，种植养殖专业户。传统农业向现代农业快速转变，农村经济持续发展。人民生活水平不断提高。为了达到共同富裕的目标，2015年开始实行了精准扶贫，当年进行易地搬迁16户，其中搬迁在本村8户、搬到大河厂规划区8户，11户共35人成功脱贫。2020年年底，全村贫困人口全部脱贫。

花石嘴村各村民组土地分布情况表

表13-31　　单位：亩

村民组名称	总面积	耕地	山林	村民组名称	总面积	耕地	山林
七星寨	365	162.96	202.04	马家畈	279	99.89	179.11
大塘埂	199	162.96	36.04	周家院	357	185.82	171.18
鲤鱼嘴	480	198.10	281.9	三房院	419	154.18	264.82
农林	360	124.90	235.1	和尚冲	296	142.42	153.58
新庄	360	128.26	231.74	草塘冲	170	124.14	45.86
老粉坊	413	134.21	278.39	小河嘴	181	122.95	58.05
花石嘴	201	147.38	53.62	马氏祠	200	121.20	78.80
吴家院	241	177.52	63.48	徐冲	174	125.52	48.48
大院墙	230	174.25	55.75	曹家桥	183	143.51	39.49
老坟河	240	168.17	71.83	城隍岭	121	91.05	29.95
马冲	458	239.20	218.3	占家塝	364	260.59	103.41
孟家院	312	142.36	169.64	董家楼	355	219.85	135.15
				合计	6958	3751.39	3206.61

2017年花石嘴村粮食作物生产情况统计表

表13-32　　单位：亩、吨

村民组名称	稻谷		玉米		豆类		薯类	
	面积	产量	面积	产量	面积	产量	面积	产量
七星寨	82	36.5	21	4.5	8	0.5	7.5	0.9

续表 13-32

村民组名称	稻谷		玉米		豆类		薯类	
	面积	产量	面积	产量	面积	产量	面积	产量
大塘埂	110	48.5	35	6.5	11	1	12.5	1.4
鲤鱼嘴	123	54.5	41	7	8	0.5	13.1	1.5
农林	76	34.5	21	4.5	7	0.5	8.3	0.9
新庄	77	34.5	21	4.5	9	1	8.3	0.9
老粉坊	77	34.5	19	4	10	1	6.5	0.9
花石嘴	77	34.5	22	4	10	1	7.5	0.9
吴院	75	34.5	31	6	10	1	10	1.2
大院墙	105	46.5	33	6	10	1	11	1.3
老坟河	117	50.5	36	8	10	1	11.5	1.4
马冲	116	50.5	36	8	10	11	11.5	1.4
孟家院	89	51.5	25	5	10	1	8.5	1
马家畈	58	23.5	16	4	10	1	5.5	0.6
周家院	62	39.5	20	4	10	1	6.5	0.7
三房院	93	40.5	29	6	9	0.5	8.5	1
和尚冲	68	29.5	25	4.5	11	1.5	7.1	0.8
草塘冲	78	34.5	25	4.5	12	2	6.5	0.7
小河嘴	95	41.5	27	5	10	1.5	7.5	0.9
马氏祠	60	26.5	18	3	11	1.5	5	0.6
徐冲	73	31.5	22	5	11	1.5	6.1	0.8
曹家桥	107	46.5	30	7	12	1.5	8.5	1
城隍岭	72	31.5	22	5	13	2.5	6.1	0.8
占家塝	204	93.5	57	9	7	0.5	16.5	2
董家楼	158	68.5	42	8	17	3.5	12	1.4
合计	2252	1018	674	133	246	41	204.5	24

说明：以上数据根据但家庙镇花石嘴村2017年《霍山县农村统计调查年报》表统计整理

花石嘴村林场一览表

表13-33　　单位：亩

林场名称	创办时间	创办人	林场面积	所有制性质
七星寨林场	1977.3	聂长青	1000	镇属
留道冲林场	1974.5	马德茂	400	生产队集体
三房院林场	1974.5	马德恕	600	生产队集体
桦冲林场	1976.6	马德香	850	村集体

村集体经济

2018年开始，村“两委”班子把发展壮大村级集体经济作为发展的重点。在盘点家底、明确思路、统一思想的基础上，创办合作社、发展种植业。成立了花石嘴农业科技发展有限公司，注册了“花石嘴”牌商标。形成了“一二三”经营格局，即：一个品牌——注册了“花石嘴”牌商标；两大实体——霍山县花石嘴艾草种植农民专业合作社、霍山县花石嘴农业科技发展有限公司，三种产品——艾草、菊花、办公用纸。2020年，村集体经济实现63万余元的收入，一朝告别“空白村”历史。通过土地流转和吸纳用工，带动困难家庭就业实现户均增收达3000元。2021年春节前夕，花石嘴村从集体经济收入中列支近2万元，给全村80岁以上老人颁发“长寿金”，赢得了老百姓的赞誉。

艾草种植项目　2019年7月，注册成立霍山县花石嘴艾草种植农民专业合作社，流转农林等村民组115亩集中连片、生产条件便利的土地用于艾草种植。2020年共收割两茬，实现收入8万元。2021年收割3茬，收入22万元。

菊花项目　2020年4月，新增流转土地50亩，引进种植黄山金丝皇菊，收获鲜菊花28吨，烘制干花2500公斤，实现销售收入19.5万元。同年12月，沿但家庙河两岸又流转了5个区块共200亩土地进行菊花种植。为填补金丝皇菊、徽州贡菊等花种的栽种空白期，提高土地利用效益，当年试种中药材洋甘菊作为过渡。2021年5月，采摘烘制出货，共获收入6.7万元。

烘干房项目　2020年9月，经镇政府协调，村委会与镇中心校就原花石嘴小学不动产权移交一事达成协议，村委会取得该学校校舍的所有权。投资38.9万元对校舍进行改造，新建了高标准烘干房，购置了设备两台。2021年，追加投资100万元，按照行业先进标准建设拥有8台烘干设备和500平方米流转区的烘制车间，并于同年10月投入使用。该项目的建成不仅可以承担自种菊花的烘干任务，也可以面向周边承接金银花、红芋、豌豆荚等药、食材的烘干业务。

办公用纸项目　2020年6月，投资20余万元购置双辊式切纸机1台，上马办公用纸项目，分切包装75克防静电A3、A4复印纸。注册了“花石嘴”牌商标，取得了包装专利权，并与县内外多家机关事业单位、迎驾、回音必等大型知名企业建立了稳定的采供关系，2020年，公司实现经营收入40.8万元。2021年，实现产值60万元。

劳务公司　2021年，村委会抓住白江（白鹤滩至江苏）高压输电线过境但家庙镇的机会，注册了霍山花石嘴建筑工程劳务公司，承担但家庙镇的拆迁任务。同时，参与但家庙镇30万元以下的劳务工程，当年获利20余万元。

六、基层组织

历任村（大队）支部书记

原花石嘴村（大队）支部书记任职情况：

张宜道（1961—1970）

何从权（1970—1996）

涂必松（1996—2000）

罗会松（2000—2004）

原小河嘴村（大队）支部书记任职情况：

马先瑞（1958—19630）

马德炉（1963—1976）

张丙豪（1976—1995）

马克军（1995—2004）

2004年村级规模调整，原花石嘴村与原小河嘴村合并，组成新的花石嘴村。经选举，产生新的花石嘴村中共党支部（总支）。

书　记：马克军（2004.6—2018.6）

　　　　倪　勇（2018.6—　）

2004—2021年花石嘴村主要领导人任职情况表

表13-34

姓名	任职时间		任职
	起(年、月)	止(年、月)	
马克军	2004.10	2018.7	党总支书记
倪　勇	2018.7		党总支书记、村委会主任
叶阳明	2018.7		村委会主任、监委主任

党组织建设　2021年年底，花石嘴村有1个党总支，共有党员78人，书记倪勇。下辖3个支部：艾草种植专业合作社支部，有党员30人，支部书记余宏阳；村务支部，有党员46人，支部书记但银修；华丽服饰有限公司支部，有党员5人，支部书记但德义。

七、农民文化乐园

花石嘴村农民文化乐园与为民服务大厅并排，处于为民服务大厅东南侧。2015年11月动工兴建，2016年6月竣工，总投资100万元。农民文化乐园主体工程占地面积1亩，建设占地面积264平方米（长24米、宽11米）。农民文化乐园包括“一场、两堂、三室、四墙”。“一场”，即室外综合文化广场。广场有篮球场1个，安装户外健身器材10台（套）。广场东侧建有永久性群众大舞台。舞台高1米、宽10米，长20米。周围有铝合金护栏。舞台有长16米、高6米的背景墙，背景墙呈徽派建筑特色，其上覆蓝色琉璃瓦，显得古朴大方。墙体为白色，正上方画有“农民文化乐园”图标，图标下书“立德奉献，创新图强”8个红色大字。2017年，在中央电视台播出的大型专题片《将改革进行到底》中，就有花石嘴村农民文化乐园的镜头。“二堂”，即一个文化礼堂和一个大讲堂。满足了群众举办各类文化活动及村民议事、集会等需求。“三室”，即文化活动室、图书阅览室、文化信息资源共享室。其中，文化活动室配有各种娱乐活动器材，琴棋书画应有尽有。图书阅览室藏书5000多册，村民借阅十分方便。文化信息资源共享室，有电脑、远程教学设施，可供群众查找各类信息。“四墙”，一是村情村史展示墙：主要介绍村情、先贤故事，物产资源等；二是乡风民俗展示墙：主要展示乡村风貌、地方方言、家谱族谱、地方风俗、长寿之星等；三是崇德尚贤展示墙：主要展示本地文化名人、身边好人、致富能手、成功人士等；四是美好家园展示墙：主要展示美好乡村风貌，农村发展振兴远景规划等。文化乐园内还收藏了具有本地特色的农耕器具，如牛轭头、刮耙、耖等；收藏的旧时生活用品，如站桶，坐桶、风簸、杆秤、木印；农村文化用品，如舞狮子的头饰，胡琴、竹笛、大鼓、铜锣、唢呐等。花石嘴村农民文化乐园已成为群众开展文体活动的舞台，成为展示乡村风貌的新窗口，成为宣传党的方针政策的新阵地。

花石嘴中心村农民文化乐园

（王玉生　摄）

在花石嘴村农民文化乐园举行的群众文化活动

（王玉生　摄）

第五节　胡大桥村

一、基本村情

概况

胡大桥村位于但家庙镇东部。东与六安市金安区东河口镇相邻，西、南与但家庙镇花石嘴村相接，北与观音岩村倪冲村民组相连。2004年10月村级规模调整时，胡大桥村由原倪家畈村和胡大桥村合并而成。全村面积14.1平方千米。

表彰荣誉

2010—2021年胡大桥村所获荣誉称号表(部分)

表13-35

名称	授予单位	时间
平安农机创建先进单位	六安市农业机械管理局 六安市安全生产监督管理局	2010.1
2011年度发展现代农业工作先进村	中共但家庙镇委员会 但家庙镇人民政府	2012.2
发展现代农业工作先进村	中共但家庙镇委员会 但家庙镇人民政府	2013.3
实施民生工程工作先进村	中共但家庙镇委员会 但家庙镇人民政府	2013.3
基层民生工程工作先进村	中共但家庙镇委员会 但家庙镇人民政府	2014.3
精神文明建设先进单位	中共但家庙镇委员会 但家庙镇人民政府	2014.3
发展现代农业工作先进村	中共但家庙镇委员会 但家庙镇人民政府	2014.3
2014年度发展现代农业工作先进村	中共但家庙镇委员会 但家庙镇人民政府	2015.3

续表 13-35

名称	授予单位	时间
2014年度社会管理综合治理工作先进村	中共但家庙镇委员会 但家庙镇人民政府	2015.3
2015年度人口与计划生育工作先进村	中共但家庙镇委员会 但家庙镇人民政府	2016.4
2016年度脱贫攻坚工作先进村一等奖	中共但家庙镇委员会 但家庙镇人民政府	2017.3
人口与计划生育工作先进村一等奖	中共但家庙镇委员会 但家庙镇人民政府	2018.3
脱贫攻坚工作先进村一等奖	中共但家庙镇委员会 但家庙镇人民政府	2018.3
2018年度脱贫攻坚工作先进村一等奖	中共但家庙镇委员会 但家庙镇人民政府	2019.4
2020年度社会治安综合治理工作先进村	中共但家庙镇委员会 但家庙镇人民政府	2021.4
2020年度征兵工作先进村	中共但家庙镇委员会 但家庙镇人民政府	2021.4
2021年度人居环境整治先进村	中共但家庙镇委员会 但家庙镇人民政府	2022.2
2021年度平安建设先进村	中共但家庙镇委员会 但家庙镇人民政府	2022.2
2021年度巩固脱贫成果先进村一等奖	中共但家庙镇委员会 但家庙镇人民政府	2022.2

二、自然环境

胡大桥村属低山丘陵地区，东北地势相对较高。山与山挨得很近，山谷散布一些田地，但日照时间较短，光照不足，各种农作物产量较低。山上多为岩石，不利于乔木等植物生长。这一地区包括连冲、葛冲、倪家畈、大山陂、高塘埂、赵家老庄等村民组。西南地势平缓，地形开阔，丘与田地相间，甚至有小片畈区。这一地区土地肥沃，光照充足，是本村的粮食主要产区。包括梁家畈、胡家院、张老院、大路冲、张家新庄等村民组。

三、人口

2017年度胡大桥村村民组人口情况统计表

表13-36 单位：户、人

村民组	户数	人口总数	男	女	乡村劳动力资源			性别比
					合计	男	女	
汪冲	37	141	79	62	105	55	50	127
仓坊	41	145	83	62	100	54	46	133
倪家畈	47	170	95	75	133	70	63	127
涂家湾	18	58	29	29	40	21	19	100
龙井	28	109	63	46	78	42	36	147
白石岩	15	51	27	24	25	16	9	126
联冲	27	112	59	53	96	50	46	111
旱冲	17	59	35	24	35	21	14	146
张老院	14	57	30	27	49	25	24	111
马头山	9	37	20	17	31	16	15	118
东尧冲	15	60	33	27	52	27	25	120
叶院	35	136	70	66	109	59	50	106
十字岭	13	52	27	25	46	25	21	108
黄家塝	24	95	49	46	82	43	39	107
邓冲	27	114	56	58	95	55	40	96
梁家畈	40	143	80	63	117	59	58	127
胡院	25	96	53	43	72	36	36	123
胡大桥	32	103	53	50	68	35	33	106
大山陂	30	139	70	69	120	59	61	101
大路冲	36	118	59	59	89	45	44	100
西尧冲	16	54	28	26	47	27	20	108
新庄	31	108	51	57	90	46	44	89
合计	577	2157	1149	1008	1679	886	793	

说明：根据胡大桥村委会上报的《霍山县农村统计调查年报》整理

四、基础设施

胡大桥中心村

2016年5月投入使用的胡大桥村党群服务中心
（王玉生　摄）

包括党群服务中心和文体广场两部分。党群服务中心占地面积470平方米。2015年6月动工兴建，2016年3月竣工，2016年5月18日启用。服务中心内设为民办事大厅、扶贫工作站、计划生育服务室、会议室、图书室、食堂等。其后，又投入60余万元兴建了文体广场。文体广场占地面积2400平方米，由体育健身区、幸福林、和谐湾三部分组成，体现“一年四季花似锦，绿意盎然胡大桥”的主题。与此同时，建停车位和1500平方米绿地；新增标准化垃圾箱20只；新增高杆路灯1盏，水冲式旅游公厕1座，并完善了卫生改厕20户，完成了试点区内的基本配备设施，在原有绿化基础上，补种红叶石兰及其他花卉苗木200多株。梁家畈村民组、胡大桥村部至扶贫安置点一线实现了绿化、净化、亮化。

胡大桥中心村被确定为2016年县级美丽乡村建设试点村。按照“五整治，三提升，一保护”要求，以开展村庄环境整治为抓手，不断完善农村基础设施建设。开展了生活垃圾集中处理为主要内容的农村清洁工程，改善乡村人口居住环境。采取“户集、村收、乡运、县集中处理”方法。在主要公共场所建水冲式厕所6座，在新建的健身广场配套了相应的健身器材；对规划区内的梁家畈门前当家塘进行了清淤加固；新建户户通水泥路300米；建筑河道、渠道混凝土挡土墙960米；完善庄前屋后的绿化以及健身广场的绿化工程；对道路沿线的村民屋面及墙面实施了美化工程。2016年7月，对中心村附近小河全面清理改造，铺设路面彩砖3000平方米。

双拥广场

位于新塘埂村民组双拥路与但凤路岔路口，2019年，由镇政府整合资金80多万元兴建。广场的建设成为最活跃的娱乐休闲场所。丰富多样的广场文化增加了城乡的动感与色彩，彰显了文化个性，开创了政府、军民与百姓之间互动共创的新思路，成为当代新农村文化不可忽视的新资源。

道路建设

胡大桥村原有两条主干道，一条是东西走向：新塘埂—大路冲—大山陂—黄家塝—张老院；另一条是南北走向：梁家畈—胡大桥—倪家畈—何冲。两条路纵横交错，沟通东西南北。2010—2021年，投入资金达830余万元，新建水泥路19条，总长度达17.7千米，家家户户基本通了水泥路。

2011—2020年胡大桥村水泥路建设一览表（部分）

表13-37　　　　单位：米、万元

水泥路名称	道路长度	道路宽度	工程造价	修建时间
张联路	3120	4	81.12	2011
邓冲路	1500	4	30	2013
倪仓路	600	4	15.6	2014
叶院路	1200	4	20	2014
胡院路	650	4	13	2015
新庄路	500	4	13	2015
马头山路	700	4	30	2016
大山陂循环路	2270	4	54.7	2016
龙井路	350	4.5	18.1	2018
黄家塝路	320	4.5	16.5	2018
倪家畈路	1200	3.5	48.3	2018
西尧冲循环路	700	4	32.2	2018
十字岭路	1200	4.5	62.1	2019
张家湾路	1200	3.5	48.3	2019
白石岩循环路	400	4.5	20.7	2019
但凤路	3600	5	246.1	2019
白石岩循环路	1267		67.5	2019
但老庄至黄家垄组合路	854		45.2	2019
赵高路	709		34.62	2020

说明：以上工程造价不含路基建设资金

水利建设

境内有3大水库：陆冲水库、潘冲水库、旱冲水库，分别建于20世纪50—60年代，总蓄水量达4万立方米。2016—2017年，投入120万元对潘冲水库、陆冲水库下游河道进行清淤、除险、加固。同时，又争取资金130余万元对境内40口山塘进行清淤扩容。确保了全村的农业灌溉用水。2015年，投资100万元建成了胡大桥村饮水安全工程。解决了胡大桥、梁家畈、大山陂等19个村民组1900多人的饮水问题。2016年，又投资20万元实施剩余5个村民组的自来水入户改造工程。至此，全村24个村民组2400多人的安全饮水有了保障。2016年至2019年年底，对168口山塘进行清淤、除险、加固。2016年“6·30”洪灾、2017年6·28洪灾、2020年“7·18”洪灾过后，连续对潘冲河、陆冲河、赵老庄河、大路冲河、叶家河河堤进行维修加固，修筑堤坝约2000米。

五、经济发展

农业经济

胡大桥村大部分区域处于凤凰台与但家庙分水岭，耕地面积1647亩（水田1100亩、旱地537亩、茶地210亩），山场2983亩。土层薄，墒情差，耕地少，全村人均耕地不足1亩，且大部分是低产田。三大水库的水面面积分别是：潘冲水库40亩，陆冲水库35亩，旱冲水库20亩。

本村地处较为偏远，经济文化相对落后。在1956年成立人民公社时，生产力水平很低，50%的村民生活在温饱线以下。中共十一届三中全会以后，随着农村经济体制改革的不断深化，广大村民的生产积极性被充分调动起来，他们依托本地资源，因地制宜，在确保粮食生产的同时，发展经济作物。2000年以来，现代农业得到长足发展，涌现出一批种植、养殖大户。2006年，国际小母牛项目落户胡大桥村，进一步加快了该村农业产业化进程。胡大桥村农民有了自己的专业合作社，他们在龙头企业的带领下，有组织地种蔬菜、搞养殖，脱贫致富的步子迈得十分坚实。同时，一大批新型农民也迅速成长起来，他们摆脱了土地的束缚，有的自主创业，有的出外打工，有的跑运输、承包工程……他们创造的财富每年达数千万元，远超全村的农业收入。2016年，全村外出务工人员848人，全村居民人均纯收入达7200元。2018年年底，作为但家庙镇唯一的贫困村，顺利摘帽。2020年年底，全村贫困人口全部摆脱贫困。

2016年胡大桥村农林牧副渔业收入一览表

表13-38　　单位：万元

指标名称	序号	产值	指标名称	序号	产值
农林牧副渔总产值	01	1358.56	油菜籽	11	10.8
一、农业产值	02		(4)豆类	12	1
1.谷物及其他作物	03		其中：大豆	13	0
(1)谷物	04	256.36	(5)棉花	14	—
其中：小麦	05	0	(6)麻类	15	—
稻谷	06	226.36	(7)糖类	16	—
玉米	07	28	(8)烟草	17	—
(2)薯类	08	2	2.蔬菜园艺作物	18	78
(3)油料	09	12.8	(1)蔬菜	19	78
其中：花生	10	1	(2)食用菌	20	—

续表 13-38

指标名称	序号	产值	指标名称	序号	产值
(3)花卉	21	—	2.羊的饲养	35	—
3.水果坚果茶饮料	22	26.5	3.其他牲畜饲养	36	—
(1)坚果	23	2	4.奶产品	37	—
(2)茶及其他饮料	24	24.5	5.猪的饲养	38	370
4.中草药材	25	—	6.家禽饲养	39	180
二、林业产值	26	161	(1)肉禽	40	165
(一)林木栽培种植	27	—	(2)禽蛋	41	15
(1)育种育苗	28	—	7.狩猎	42	—
(2)造林	29	15	8.其他畜牧业	43	—
(3)抚育和管理	30	—	四、渔业产品	44	—
(二)竹木采运	31	45	内陆水域水产品	45	52.4
(三)林产品	32	105	其中:养殖	46	—
三、牧业产值	33	400	1.鱼类	47	52.4
1.牛的饲养	34	30	五、农林牧渔服务业	48	—

胡大桥村集体山羊养殖项目 2021年年初，胡大桥村投入乡村振兴资金80万元，在本村倪家畈村民组筹建胡大桥生态山羊养殖基地。基地选择在该组一个叫“牛班房”（“班房”是监狱或拘留所的俗称）的地方。这里三面环山，仅有一个出口，封闭性很好；而且松树杂木稠密茂盛，各种灌木野草药物遍布林间，山下流水长年不断，冬暖夏凉，是发展生态养羊的好地方。养殖场主要采用自繁自养的方式，初建时买回大小山羊100余只。小羊羔（出栏时每只约15公斤）每只1000元；成品羊根据出栏时的重量不等，可以卖到1500～2500元。2021年年底到2022年年初，村里又争取到资金145万元对养殖场进行了扩建，总面积达200亩，并增添了一些基础设施。养殖场周围用荷兰网进行打桩箍围，避免羊只丢失和野兽咬噬羊只，也减少了饲养人员，压减了饲养成本。还建有羊舍、饲料房、羊产品粗加工车间等。

位于倪家畈村民组的胡大桥生态山羊养殖基地
（王玉生 摄）

“桥上青”蔬菜项目 （详见第五章“农业”的第五节“现代农业”）

国际小母牛项目 2006年，在霍山县扶贫办公室负责人和但家庙镇党委、政府的扶持下，国际小母牛项目落户胡大桥村，投入项目资金18.17万元，成立了胡大桥社区管委会，加强对该项目的实施管理。全村设立5个互助生产小组。项目实施的第一年涉及7个村民组56户，购买三元杂交仔猪287头，洋二元杂交母猪12头，大别山黄牛10头。向农户发放购畜资金9.12万元。项目围绕“人人为我，我助人人，关爱地球，共享未来”的小母牛12条基本精神，采取“礼品传递”的扶贫方式，每年进行礼品传递一次。到2016年，全村24个村民组围绕着小母牛项目积极发展养殖业、种植业。项目举办多期科技培训（养猪、卫生、沼气、防疫、管理）50多次，参训人员4000人次。先后组织农民到蚌埠、合肥、山东烟台、北京乡村建设培训中心参观交流学习；免费向农民提供消毒工具、药品、建圈补贴。社区农户纷纷改圈、建沼气，改善畜舍环境卫生，主攻生猪生态养殖经济。形成了自繁自养、自宰自售的经营模式，减少了疫病传播。全村从2006年前（项目实施前）年出栏生猪不足200头的分散养殖。至2016年，发展到年出栏生猪7500头的规模养殖，成为全县知名的养猪专业村，为全村贡献了2000元左右的人均收入。为贫困户的脱贫作出了较大的贡献。胡大桥村曾两次获得国际小母牛中国办公室颁发的“互助行动”三等奖。国内各地小母牛项目伙伴实施单位也纷纷前来参观。在带动农民脱贫致富的同时，小母牛项目农民合作社还承担了相应的社会义务：2008年四川汶川特大地震发生后，农户自发组织捐款，奉献爱心；2010年，向但家庙中心学校第一届运动会捐款；2011年春节、三八妇女节，向但家庙镇敬老院捐款。累计捐出5000元，真正体现了“人人助我，我为人人”的小母牛精神。

胡大桥村生态养殖农民专业合作社 （党政办 提供）

扶贫互助协会 在国际小母牛项目的扶持下，参与项目的农户于项目实施的当年都拿到了购畜资金，同时也学到了很多养殖知识。小母牛项目通过管委会组织农户到外地学习交流，养殖技能提高快，促进了养猪事业发展快。为解决饲料购买等资金问题，全村20位养殖户每户拿出200元，共集资4000元，组建了小母牛互助资金小组，将互助资金贷给困难养殖户，以解决无钱购买饲料的困难。2007年8月，该互助小组被霍山县村民生产互助资金协会接收为会员，注册资金40000元。2008年，财政支持资金6.7万元。2009年，将原胡大桥村仓坊村民组小母牛互助资金小组合并，成立胡大桥扶贫互助协会，财政支持资金总额29.5万元，农户交互助金1.58万元，占用转入资金1.22万元。至2010年年底，互助资金总额达32.3万元。胡大桥村扶贫互助协会在霍山县民政局正式注册，取得了合法地位，在农村合作银行设立了集体银行账号。互助协会成立了33个互助联保小组，进行了5～7户联保。借款期限为6个月至一年，借款上限额为6000元，利率0.7%。农民有了自己的银行，有效地解决了发展生产的资金问题，特别是生猪养殖及大棚蔬菜种植的资金问题。截至2016年，累计发放互助资金100.94万元，利息2.96万元。资金发放和回收率达100%。互助资金使用实例：胡大桥村老院村民组张宜寿是因残致贫户，是小母牛项目首批受援户（项目资金支持3000元），累计借用扶贫资金4次，达2万元。到2016年，出栏生猪100余头，产值10万余元，纯收入3万元。胡大桥村邓冲村民组涂必超，是在册贫困户，累计借用资金1万元，外加小母牛礼品款1500元，从而很好地解决了资金缺乏问题。胡大桥村尧冲组村民广家明累计借用资金3万元，发展养鸡业。2016年，租用土地新建鸡舍1000多平方米，养鸡2万只，出栏5.5万只，纯收入6万余元。

霍山县宏坤茶厂　霍山县宏坤茶厂位于但家庙镇胡大桥村东部。这里山清水秀、土地肥沃，是但家庙镇的主要茶叶产区。宏坤茶厂充分利用这一区域的茶叶资源，采用独特的制作工艺，于2014年申请了国家专利。并推出了系列茶叶精品。“全心全意制好茶，服务天下饮茶人”是宏坤茶厂的宗旨和目奋斗标。茶厂生产的“宏坤牌”系列产品，销往山东蒙阴、平邑、新泰、莱芜，山西临汾、洪洞、长治等地。茶厂年产干茶5万余公斤，产值100余万元，利润10余万元。宏坤茶厂不仅为周边村民鲜茶销售提供了方便，也为胡大桥村农民脱贫和地方经济发展做出了一定贡献。

养殖大户汪家来　汪家来是胡大桥村赵家老庄生产队村民，是远近有名的灵芝种植能手、养猪大户，原先一直在外打工。2012年，他试种灵芝5亩，当年收益10万元。除了种子、材料费2万元，人工费3万元，纯收入5万元。经过一年的尝试，汪家来摸索到了一定经验，再加上不断学习，拜访其他灵芝种植户，渐渐成为当地灵芝种植能手。2016年，汪家来扩大了种植规模，以每亩500元1年的租金流转了本地农户12亩土地用于种灵芝，当年总收入32万元，除去各种成本，纯收入达19万元。汪家来在灵芝种植的过程中，因地制宜，通过总结创新，在提高资源利用率同时，产品质量也大幅提高。原先覆盖灵芝的大棚都是芭毛草（当地叫“芭王草”），要一年一换。从2017年开始，改用遮阳网，一层光线太强，就上两层（中间间隔40厘米）。用遮阳网覆盖的灵芝，生长均匀，个头大，质量好。一般情况下，遮阳网可反复使用2～3年。汪家来在灵芝种植的过程中，吸收周边年老体弱村民和或农闲时无活可做的人员帮忙，供应中餐，发给工资。

汪家来在种植灵芝的同时，还进行生猪饲养，也很成功。2012年，汪家来投资10万元，建猪圈300平方米，饲养母猪4头，仔猪100头。他和霍山县畜牧兽医局、霍山畜牧技术服务中心联系，由他们负责卫生防疫工作。仔猪饲养6个月出栏，毛重70～75公斤，纯收入5万元。2016年，汪家来扩大了养殖规模，养了8头母猪，仔猪存栏量保持在200头，年出栏100头，每年毛收入22万～25万元，纯收入每年8万元以上。汪家来采用的是自繁自养、自配饲养（配料、加工、投食都是他一人负责）、技术部门负责防疫的模式。他还建有一个20立方米的粪池，猪粪全部收集在池子里，发酵过后浇菜，用菜喂猪，这样良性循环，既解决了部分饲料问题，又减少了对环境的污染。2017年下半年，随着灵芝种植规模的扩大，非洲猪瘟的出现，养猪规模逐渐缩小。2019年，汪家来在进行灵芝种植的同时，趁国家鼓励生猪养殖的好政策，拟进一步扩大养猪规模。

2020年，汪家来还承包了胡大桥村200亩山场，年交承包费1万元，承包期30年。山场位于陆冲水库上游东南边，山场上半部分是油茶，下半部分是杉树。

村集体资产收益项目

村集体和胡大桥生态养殖专业合作社农业发展财政资金投资收益合作项目 为了更好地贯彻“三变”改革和农民土地股份合作试点，推动当地精准扶贫，提升合作社自身管理能力、市场竞争能力和服务带动能力，加快促进产业发展，按照村委会“参股不控股、投资不经营、分红不担险”的原则，2018年5月17日，将中央财政支持农业生产发展项目资金30万元，投入胡大桥生态养殖农业合作社。其中10万元归合作社，可无偿长期使用；20万元权属归村委会，作为壮大村集体经济发展的一部分。合作社每年必须在12月31日前按资产的8%保底收益（固定收益1.6万元）上缴给村委会。村委会前三年（2018—2020年）必须将投资收益用于当地精准脱贫项目。三年后收益可用于发展壮大村集体经济。如合作社经营效果好，可适当提高分红比例。项目合同还明确规定：合作社必须将30万元资金用足用好，可用于农民土地入股、基地建设、购置设备、生产与经营等，不得挪作与生产经营无关的开支；如果违约，村委会有权将投入资金收回。

胡大桥村委会、霍山县映山红农业科技有限公司及但家庙镇人民政府资产收益扶贫合作项目 2017年8月30日，胡大桥村委会和但家庙镇人民政府将共同争取的财政专项扶贫资金35万元交付给霍山县映山红农业科技有限公司，用于基地建设、生产与经营。协议期为三年（2017年7月到2020年9月）。为确保贫困村及贫困户收益底线，在一个经营年度内，公司要按照村委会和公司双方共同投入股金的8%的年收益率（固定收益2.8万元）给村委会分红。村委会负责将固定分红资金每年给14户无发展能力贫困户2000元，受益年限3年（2017—2019年）。如经营效果好，可适当提高贫困村贫困户分红比例。协议期满后，公司无条件将村和镇入股的股金全额退还，退还资金归但家庙镇政府所有。

胡大桥村委会和霍山县众益生态农业有限公司资产收益扶贫项目 2017年10月12日，胡大桥村委会将争取到的财政专项扶贫资金21万元交付给霍山县众益生态农业有限公司，从事生产经营。公司对于这笔资金的使用，只能用于基地建设、生产与经营，不得擅自改变项目实施内容，从而进行与本项目无关的其他经营内容。如果有违反合约的事情出现，村委会有权收回所有的股权。协议期三年（2017年10月到2020年12月）。协议期间，为确保贫困村及贫困户收益底线，在一个经营年度内，公司要按照双方共同投入股金的8%的年收益支付（固定收益1.68万元）给村委会分红，并负责将固定分红资金每年给8户无发展能力的贫困户2100元，受益年限3年（2017年10月至2019年10月）。如经营效果好，可适当提高贫困村的贫困户分红比例。从实施情况看，效果很好，为无发展能力的贫困户解决了生活和生产上的许多困难。

胡大桥村委会和霍山野山牧业有限公司资产收益项目　2018年4月2日，胡大桥村委会将争取到的40万元财政扶贫资金投入霍山野山牧业有限公司，协议期限为3年（2018年4月到2021年6月）。野山牧业对这笔资金只能用于基地建设、生产和经营，不可改变项目实施内容。项目完工后，须明确村资产规模内容，确保村所投入的资金获得相应的资产。在合同期内，野山牧业公司应按照双方共同投入股金的8%年收益在每年的8月30日前支付（固定收入3.2万元）给村分红，村委会将固定分红资金每年给16户无发展能力贫困户2000元。如经营效果好，可适当提高贫困村贫困户分红比例，若经双方同意，可重新签订延期协议。

六、基层组织

村（大队）党组织及村民委员会（大队）主要负责人

1958年人民公社化时，本区域设倪家畈、胡大桥两个大队。1969年，倪家畈、胡大桥两个大队合并，组成胡大桥大队。1972年12月，两个大队分开。1983年5月，倪家畈大队、胡大桥大队分别改称为倪家畈村、胡大桥村。2004年，全县村级规模调整，倪家畈村、胡大桥村再次合并，组成新的胡大桥村。

原胡大桥村（大队）主要负责人：

支部书记：涂玉如（1958—1961）
余明元（1961—1963）
马德恕（1963—1966）
杨光发（1966—1969）
梁和林（1969—1972）
张宜云（1972—1984）
王成林（1984—2004）

村委会主任（大队长）：杨光发（1958—1961）
梁乃仓（1961—1966）
梁和林（1966—1969）
刘友文（1969—1984）
刘传来（1984—2004）

原倪家畈村（大队）主要负责人：

支部书记：杨光发（1961—1969）

1969—1972年，倪家畈大队与胡大桥大队合并，成为胡大桥大队。

杨光发（1972—1984）
周自成（1984—1990）

汪显来（1990—2002）

葛子俊（2002—2003）（镇下派干部）

村委会主任（大队长）：马先存（1961—1969）

周自成（1972—1984）

汪显来（1984—1990）

但修明（1990—2002）

涂修忠（2002—2003）

2004年全县村级规模调整，倪家畈村、胡大桥村再次合并，组成新的胡大桥村。并村后，成立临时管理委员会。主要成员有：

支部书记：葛子俊

副 书 记：胡国忠

主　　任：彭义香

经选举后产生新的村两委：

支部书记：葛子俊（2004—2005）（镇下派干部）

胡国忠（2006—2007）

涂必武（2007—2008）（镇下派干部）

梁志江（2008—2011）

彭义香（2011—2021）

张益民（2021—　）

陈　莉（2021.12—　）（党总支委员、监委主任）

村委会主任：彭义香（2004—2011）

张益民（2011—2021）

党组织　2021年，胡大桥村总支部共有党员104人，总支部书记张益民。下辖3个支部：村务支部，有党员44名，支部书记邓贤兵；农业支部，有党员37名；股份经济合作社支部，有党员23名，支部书记陈莉。

七、古迹文物

赵新农古宅　兴建于清光绪时期，为二品大夫赵宗道故居。

但家糟坊　兴建于清朝，原为但氏开办的吊酒糟坊。中华人民共和国成立后改为茶厂，后来在此建成胡大桥小学。

张家新庄　明清时期古民居，青砖小瓦房，后经改建，原貌不再，只剩遗址。

三步两个桥　位于张家新庄村民组，建于清朝，桥面由4块石条铺成，中间有一个桥墩支撑。

大柳树古桥　位于高塘埂村民组大张公路东侧，建于清朝末期。

八、整村脱贫

胡大桥村是霍山县43个建档立卡贫困村之一，也是但家庙镇唯一的贫困村。2014年，全村建档立卡贫困户117户360人。通过基础建设、易地搬迁、发展产业、发展村级集体经济、社保兜底扶贫、就业扶贫、社会扶贫等措施，扶贫工作取得历史性成就。至2018年年底，胡大桥村顺利整村脱贫出列。其中，2014年脱贫10户40人，2015年脱贫14户56人，2016年脱贫10户51人，2017年脱贫23户94人，2018年脱贫39户103人，2019年脱贫20户23人，实现全部贫困人口顺利脱贫。至2020年年底，胡大桥村有脱贫人口92户283人。

第十四章　人　物

但家庙镇境域内人杰地灵。在清朝，就有官至湖广总督为官清廉正直的涂宗瀛；有先后任江苏金匮县县令、江苏盐运使、上海道道台，诰封通奉大夫、晋二品的赵宗道。新民主主义革命时期，涌现了以舒传贤、朱体仁、朱雅清、舒盛苍、戴克隆等为代表的一大批革命先驱。他们当中绝大多数在风华正茂的时候就为革命事业献出了宝贵生命。他们坚守理想、不怕牺牲、英勇斗争、为劳苦大众求解放的革命精神，永远是我们的宝贵财富。中华人民共和国成立后，又不断涌现许多行业先锋和各类英雄模范人物。他们是永远值得人们学习的榜样。

本章设革命先驱舒传贤、人物传略、人物简介、人物表录四节，共收录人物840人（含重叠）。其中革命先驱舒传贤为本志特色内容，单设一节以突出舒传贤作为皖西革命根据地主要创始人的历史功绩和重要地位；人物传略有涂宗瀛、赵宗道、朱体仁、舒盛苍、朱雅清、戴克杰等47人；人物简介有孟德恕、桑世林、倪克元、涂必国、梁东、倪克胜等48人；烈士英名录有戴克隆、刘发枝等168人；人物表有578人。

第一节　革命先驱舒传贤

舒传贤

清光绪二十五年（1899）七月三十日，舒传贤出生于舒家庙一个农民家庭。15岁在当地开馆读书，由于传贤勤奋好学、成绩优异，舒姓家族见他有培养前途，遂筹款资助，送他到霍山县城第一高等小学读书。1919年小学毕业后，又考入安徽省立甲种工业学校（简称“甲工”，校址在安庆）。舒传贤在安庆读书时，曾用名公甫，回皖西从事革命，化名夏唯宁，党内人都喜欢亲切地叫他“宁子”。他是劳动人民的忠诚儿子，无产阶级的坚强战士。十月革命后，舒传贤便积极传播马克思主义，是皖西革命的启蒙者。五四运动后，他在安庆领导反帝反封建的爱国学生运动，参与组建了安庆社会主义青年团组织。留学日本期间，他潜心钻研革命理论，并成为留日学生运动的骨干。大革命时期，他积极从事工人运动和统一战线工作。土地革命战争时期，根据党的八七会议精神和党组织的部署，他回到皖西发展党的组织，开展农民运动，发动了声势浩大的六（安）霍（山）起义，创建了安徽省第一支正规红军——中国工农红军第11军第33师，开辟了鄂豫皖苏区的重要组成部分皖西革命根据地。1931年冬，舒传贤遭受“左”倾错误路线迫害，被秘密杀害于皖西山区，年仅32岁。

舒传贤的名字，与鄂豫皖革命历史紧紧连在一起，他的革命实践，对安徽、对鄂豫皖边区乃至中国革命事业做出了重大贡献。

一、家世

舒氏溯源

据《舒氏宗谱》记载，舒姓是一个多民族、多源流的姓氏群体。周惠王二十年（前657），徐国灭舒。春秋末期，复国后的舒国再次被楚灭亡。此后，舒氏家族在很长一段时间内，均以安徽庐江为其繁衍中心，后逐渐昌盛。因此，安徽庐江为舒姓在历史上的第一大郡望。另有舒姓子孙逐渐播迁于当时楚国的腹地——今湖南、湖北一带。秦汉时期，当时长安（今陕西西安）为全国政治、经济、文化的中心，故有舒姓子孙迁居该地，并逐渐兴旺昌盛起来。三国时，陈留人舒燮播迁江南。两晋南北朝时，由于社会动荡，避居江南之舒姓渐多，并与原居于南方的舒姓相融合，使舒姓成为南方大姓之一。隋唐时期，见诸史册之舒姓渐多。明初，山西舒姓作为明朝洪洞大槐树迁民姓氏之一，被分迁到湖北、江苏、安徽、河南、山东等地。清朝中叶，舒姓分布之地更广，并有远播海外者。另据舒氏《六修宗谱跋》：“始祖以来……舒沈确实同宗。其一，舒沈二姓自明清至今，数百年来，行派世次不乱；其二，数百年两姓之子孙咸遵同礼同姓不婚之制，从不联姻。事实所在，毋庸分辨。数百年两姓子孙久已默认同宗。”

据舒氏《霍山县舒氏族谱原序》所载：“世溯源自元舆公至道珊公由豫章迁籍于霍山，迄今十有七传矣。”“道珊公自豫章隶于衡霍，迁居于下符桥，建立舒家庙（今观音岩村境内），为霍邑之首保迨至十二世祖。”由此推算，当地舒氏家族大约是明弘治、正德年间由豫章（今江西省南昌市东湖区）迁来的。又据《霍山县舒氏族谱原序》载：“舒氏十九世孙揖堂（舒传贤）自日本留学归国（1926年），与李大钊等组织革命，宣传马列主义，积极参加反日讨张（作霖）运动……”可知舒传贤为舒道珊以下第十九世孙。

舒传贤家传

舒传贤是舒家的次子，名传贤，字揖堂。舒家庙是本地常见的小村，村子的北面有一座山叫金杯山，该山一直向南延伸至舒家庙。舒传贤家就坐落在金杯山余脉的藕节地。一条窄窄的鹅卵石铺成的街道，十几户人家，依山傍水，周围阡陌纵横，因这里有一座舒氏宗祠，本地俗称宗祠为“庙”，故小街名为“舒家庙”。舒传贤

舒传贤出生地　（王玉生　摄）

的童年就是在这里度过的。

其父舒家燮，又名理臣，字费扬，号醒奥，弟兄三人，家燮排行三，为晚清秀才，是一位不得志的乡村文人。后来舒家祖屋为清末李鸿章之后所侵占。舒家庙小街上的房子，就是舒家燮与李鸿章后代打官司败诉后迁来的居所。舒家燮父亲有田4石5斗，分给3个儿子，家燮得田1石5斗（约合9亩）。舒家燮即以行医谋生。

舒传贤的母亲夏夫人是位勤劳、简朴善于持家的农村妇女。她共生二子，长子舒传泗，次子舒传贤。舒传贤的哥哥舒传泗，字东山，传承父业，在舒家庙小街开过药铺，他为人忠厚，医术高明，解除了当地许多人的病痛。后来，舒传泗跟随弟弟传贤参加革命。1931年，在肃反中，舒传泗在西山被杀害。其妻何氏没有生育。舒传贤于1917年结婚。其妻陈清如出身于东北乡（民国时期行政区划，今属下符桥镇、但家庙镇一带）一贫苦农民家庭。六霍起义前，六安中心县委机关建立在她家，重要会议常在她家召开。她有四个哥哥，大哥、三哥是党员，二哥、四哥都是农协会员，二嫂、三嫂以及她本人也是农协会员。1931年冬，张国焘在鄂豫皖推行王明“左”倾路线，迫害舒传贤，陈清如受株连，被杀害于闻家店（今属金寨县）。舒传贤、陈清如生二子，长子舒圣樾，次子舒圣国。1928年秋，王步文、方启坤夫妇曾在舒传贤家住过几天，当时舒圣樾约10岁，舒传贤、陈清如牺牲后，舒传泗遗孀何氏与舒母在极其艰难的情况下将舒圣樾、舒圣国两个孙子抚养成人。舒圣樾、舒圣国于1960年先后病逝。舒圣樾无子，舒圣国遗二子，长子舒绪美曾在霍山塑料厂工作，2008年退休，于舒传贤故居三河塘附近居住养老。次子舒绪孝，曾在安徽迎驾酒业集团工作。

二、学生运动领袖

1919年，舒传贤于霍山一高修业三年毕业，并以优异成绩考取省立甲种工业学校。安庆当时是安徽省会，是全省政治、经济、文化的中心。舒传贤在这里接触了新思想、新学说。他爱读陈独秀的《新青年》。这些，为他走上反帝反封建的道路，并成为一位爱国的民主主义者奠定了坚实的思想基础。五四运动爆发后，舒传贤身为省学联成员学生代表，始终站在斗争的前列。

1921年，舒传贤领导了“六二”学潮，并被选为学生联合会会长，负责领导全省学生运动。同年10月，在安庆组织安庆共产主义青年团，这是安徽最早的共青团组织。1922年，舒传贤与一大批学运骨干离开安庆，赴日本留学，成为留日学生运动的骨干。

响应“五四”

就在舒传贤到达安庆不久，北京爆发了震惊全国的五四爱国运动。消息传到安庆，群情激愤，数千学生热血沸腾。舒传贤和广大学生一起走出课堂，走上街头，迅速行动起来，积极响应五四爱国运动。

5月6日，安庆各中等以上学校推出代表在法政专门学校召开紧急会议。出席会议的有50余人，舒传贤代表甲工学生参加了会议。当会议主席报告北京学生为争国权、惩国贼游行请愿而横遭军阀政府殴打、逮捕时，舒传贤等各校代表争先发声，一致痛斥卖国政府的行径激情慷慨、悲愤无比，很多人当场痛哭失声。

5月8日上午，省会安庆各中等学校学生3000余人，按时齐集黄家操场开会。学生代表纷纷登台作慷慨激昂的发言，通过了声援北京学生的宣言，致电国际联盟大会力争国权；致电警告北洋政府不准在卖国和约上签字，要求立即免曹、章、陆，立即释放被捕学生。大会还宣布成立安徽学生团。会后，学生结队游行示威，一路散发传单，高呼口号。5月9日，舒传贤等安庆各校学生代表再次开会，研究如何将学生运动引向深入。10日中午，接到旅沪安徽同乡会传来的"北京被捕学生数日内将处死刑"的传单，安庆各校合组安庆学生团，公推舒传贤等7人为代表，到省长公署请救北京被捕学生。省长吕调元在学生的压力下，被迫表示"照商会、教育拍电力争"。

5月11日，省学生团开会，改学生团筹备会为省学生联合会（简称"省学联"）筹备会，并发表了《宣言》《泣告六十县学生书》和《安徽学生联合会简章》。15日，安庆各校代表齐集圣保罗学校开会，正式成立安徽省学生联合会，并决定18日召开成立大会，再次游行示威。省学联为加强与各校联系，又推选了王步文、舒传贤等人为各校的固定代表，负责与省学联联系。舒传贤身为省学联成员学生代表，在响应五四运动、抵制日货等斗争中始终站在前列。

领导"六二"学潮

1921年春，因北洋军阀政府克扣教育经费，拖欠北京和安徽公立大学教职员薪金，引起北京八校教职员的同盟罢工和学生的抗议。5月4日，方乐舟、舒传贤等人发动安庆学生为纪念五四运动两周年，向省署请愿，游行示威，要求增加教育经费。6月2日，安庆终于爆发了一起为争取教育经费反对军阀的流血冲突。这就是震惊全国的"六二"学潮，也称"六二"惨案。

安徽经济凋敝，教育事业更显落后。1913年倪嗣冲任督院之初，将全省各级学校与教育机关全部停闭，致使数万学子入学无门。后经全省人民斗争，虽稍有恢复，但仍很落后。至1921年，全省教育几成奄奄一息之状。其中最主要的原因是军阀祸皖，将教育经费任意挪作军费，致使很多学校经费无着，濒于停办边缘。1921年，经教育界进步人士全力争取，省教育厅才编制了当年92万元教育经费计划，但须经省议会通过方可实施。另据教育界多方调查，发现民国六年、七年两年尚有77.3万元教育经费结存。教育界遂公请以该款加诸年教育经费，以补历年空缺。但该款却被垫作军费。消息传出，全省朝野大为震惊，经省教联及各校校长多次向教育厅请愿，不但未获解决，省议会竟将教育经费预算案不予开会通过。

就在此时，倪嗣冲在蚌埠的生祠建成，定于6月7日举行落成典礼，多数议员将赴蚌埠祝贺。各校师生听到这一消息非常着急，唯恐议员去蚌埠，省议会无法开会，教育经费预算案将被继续搁置，拖到即将到来的暑假，师生离校，此案也可能将被无形取消。于是，在省教联的支持下，舒传贤等学联骨干便于5月底每日到车站码头阻止议员离开安庆，劝说他们及早召开省议会通过教育经费预算案。

6月2日下午5时左右，省学联得知省议会迎合倪道烺、马联甲等军阀意图，打算提议削减教育经费，群情愤慨，推选方乐舟、戴文秀等12名学生代表去省议会请愿。数千热血青年潮水般涌向省议会，谁知马联甲已打电话调集驻在城外的史俊玉旅3个营，荷枪实弹、刺刀出鞘，正跑步向城里开来。在马的严令下，士兵入城后，不问青红皂白见学生就刺，向手无寸铁的学生开始了残酷的镇压。学生们奋不顾身与士兵搏斗，前仆后继、宁死不屈。当时天黑，士兵竟借手电筒之光追刺学生。一师学生姜高琦被刺7刀，后送同仁医院抢救无效死亡，周肇基、戴文秀受重伤危在旦夕。计有205人受伤，其中受重伤者50余人。舒传贤率甲工学生列队于一师队伍之后，也遭士兵追逐。舒传贤不顾个人安危，迅速赶到杨家拐、韦家巷一线学生最拥挤之处，镇静地指挥拥挤的同学撤退，救护受伤同学。当他最后撤退时，已被军警盯住。他急中生智，急速跑入一豆腐坊，在这家人的帮助下，才得以从后门脱险。

惨案发生后，舒传贤等学联骨干迅速研究决定：（一）派出学生代表往沪、宁、京、津各地揭露惨案情况，呼请各地支援安庆学生，声讨军阀；（二）向法庭起诉，要求惩办副议长赵继椿等；马联甲务须由陆军部褫职，交军事法庭判罪；（三）解散现议会。教育经费案照原案施行，待新议会成立再行追认；（四）迅速宣布全省60个县学生会及各界人士，请一致行动，支援安庆学生。

“六二”学潮导致了安徽各界反军阀斗争的总爆发。一时间，学生罢课、教师罢教、商界罢市、工人罢工席卷全省，甚至提出全省抗税的口号。安徽乃至全国立即掀起了声讨倪、马的怒潮。

“六二”学潮是一起大规模的与反动封建军阀针锋相对进行流血抗争的群众运动，其声势之大、时间之长、影响之广在安徽学运史上是空前的，在安徽现代史上也占有重要位置。在“六二”运动中，舒传贤、王步文等是运动的主要领导人，他们研究对策，奔走呼号于各界之间，每次斗争都站在最前列。为加强对学运的领导，各校学生推舒传贤、许茂骍、范治农、皮言智、许继慎、彭干臣等人为学联固定代表，并对学联领导机构进行了改造，舒传贤当选为省学生联合会会长，负责领导和指挥全省的学生运动。

为了动员全省人民及旅外皖人抗议军阀暴行，舒传贤还派省学联交际部主任王镜衡、一师学生方曙青等人手持姜高琦血衣及军阀残杀学生照片8帧，赴芜湖、南京、上海等地公开展出，以血的事实唤起民众与军阀斗争。

7月1日，“六二”惨案中受重伤的一师学生姜高琦抢救无效，在同仁医院逝世。7月3日，省城各校学生代表及芜湖来省学界代表数十人，在舒传贤、许继慎等人率领下，赴检察厅催办拘凶，行至警务处东首，遇该厅厅长刘以弗外出。舒传贤等人向刘质询，刘即令卫队招来法警10余人，携带手铐铁链，声言拘捕，反诬陷学生侮辱官长。舒传贤等人怒不可遏，将刘扭至省长公署，当聂宪藩面验明刘身并无受辱痕迹，揭穿了刘的反诬。并再次强烈要求拘捕凶手。迫于学生的压力，聂宪藩当场表示“迅速赶办，依法判决”。12日，安庆各界1200余人在黄家操场为姜高琦行致祭典礼。

经过全省学生、教师、工人的坚决斗争，增加教育经费的斗争最终取得了胜利。北洋政府大理寺也被迫受理姜案，移江西检察厅办理。

加入党组织

1921年10月，经过“六二”学潮，舒传贤被选为学生联合会会长，负责领导全省学生运动。继“六二”学潮后，又发动了推翻贿选的第三届省议会、驱逐反动省长李兆珍等斗争。

1922年春，舒传贤与上海临时青年团中央政治局取得了联系，在临时团中央指导下建立了由舒传贤、周新民、查文浩、詹善良、王逸龙、皮言智、张本国、宋世龙、储应时计9人组成的安庆社会主义青年团地方组织，密称“安庆地支”或“安庆地方史校”。当时团员很少，活动极端秘密。4月，舒传贤担任“学生运动委员会”委员长。

1923年8月，中共中央派柯庆施到安庆，领导安庆的社会主义青年团工作。柯庆施来到安庆后，先后会见了王步文、舒传贤、许继慎等青年骨干，商讨建立安庆社会主义青年团的筹备工作。同年9月，安庆社会主义青年团成立大会在菱湖公园的湖心亭召开，将安庆团组织正式定名为中国社会主义青年团安庆支部，柯庆施任书记，舒传贤任联合支部书记，直属上海团中央领导。在当时安徽的共产党组织尚未建立的情况下，社会主义青年团组织实际上起到了领导民众进行反帝反封建斗争的核心作用。舒传贤在安庆参与创建社会主义青年团的实践，表明他开始了世界观的转变，这是他思想发展中的一次飞跃，他已从自发要求变革社会的爱国的民主主义者，逐步成长为信仰马克思主义，并以马克思主义为指导，组织革命团体、领导群众运动的自觉的革命者。

1923年冬，安庆社会主义青年团人数已发展到四五十人。中共中央指示柯庆施在安庆建立中共党组织。12月，在安庆北门万安局一号濮家老屋召开建党会议。参加这次会议的有10人，他们是柯庆施、王步文、濮德治、濮德毅、许继慎、杨溥泉、舒传贤、彭干臣、高永春（高一涵的堂弟）和姚光鼐。安庆党组织正式建立，定名为中国共产党安庆支部，柯庆施任总书记。安庆支部直属上海党中央领导，设3个支部，舒传贤任第三支部书记。

留日生涯

1923年年底，舒传贤等一大批学运骨干离开安庆，赴日本留学，进入东京高等工业学校学习，后转入高工本科到东京后，舒传贤与国内团组织关系中断。

其间，舒传贤潜心研读了马克思主义的主要著作，他认为只有找到最适合中国实际的革命理论，才能正确指导中国革命，才能少走弯路，避免挫折。并根据中共三大精神，以个人身份加入了国民党，协助王步文改组了国民党东京总支部。王步文任政治部常委，舒传贤参加总支工作。王步文、舒传贤等人还建立健全了东京留学生组织，发动广大爱国学生开展革命活动。舒传贤任留日学生总会交际部长，是留日学生运动的骨干分子和活跃人物。他同时还积极参加安徽学生会工作，组织成立了社会科学研究院，出版《皖声》《皖江潮》等刊物，成为安徽留日学生重要的宣传阵地。

1925年5月30日，英帝国主义在上海制造了“五卅”惨案，激起了全国人民的极大义愤，集会声讨、示威、游行、罢工、罢课、罢市，掀起了全国性的反帝爱国运动。消息传到日本，舒传贤、王步文等人在神田青年会召开了1000多名中国留学生参加的声讨日英帝国主义罪行大会。中共东京特支和国民党总支部把废除不平等条约与声讨日本军警杀害华人的罪行结合起来，矛头直指日本反动当局。东京进步学生、进步人士以及在日的华工华侨都派代表参加了这次大会。王步文、舒传贤等在日本的中国留学生中贯彻中共三大精神，宣传孙中山的三大政策，与日本当局及国民党右派进行激烈的斗争，在某种意义上说也是推动了中国国内革命运动，他们中的很多人回国后走上了革命道路，领导了各地的革命斗争。

1926年3月12日，国内爆发了日军舰支持军阀张作霖炮轰大沽口的事件，消息传到日本，在中国留学生中引起了强烈的反响，进步学生无比愤慨，主张辍学回国，以示对日本帝国主义的抗议。中共东京特支和国民党左派东京总支部认真研究，决定组织留日学生“讨张（作霖）反日”代表团回国参加斗争。舒传贤被推选为代表团总团书记，率团立即离开东京回国。

三、安徽工人运动领袖

1926年春，舒传贤从日本回国，参加了北京“三一八”学生运动，随后加入了中国共产党。1927年2月，舒传贤任安庆总工会委员长兼安徽省总工会筹备委员会委员长，领导安徽工人运动。6月20—23日，舒传贤作为安徽省总工会代表，出席了在汉口召开的全国第四次劳动大会，当选为全国总工会执行委员。

见到李大钊

1926年3月中旬，舒传贤率代表团离开东京，日夜兼程赶到北京。他持王步文的信函，与北京党组织取得联系，见到了他久已敬仰的李大钊。他不顾旅途辛劳，在李大钊统一领导下，迅速投入与段祺瑞反动当局的斗争。舒传贤及代表团成员分别到北京各大学参加学生集会，代表留日学生声讨日本帝国主义的侵略罪行，介绍东京留学生的反日愤怒情绪，进一步激起了北京学生对日本帝国主义武装干涉中国内政和段祺瑞政府对日腐败妥协的愤慨。

3月18日，舒传贤同北京学生一起在天安门广场举行盛大集会，并到总统府、国务院及日本驻华大使馆前请愿、示威。段祺瑞命令军警开枪镇压学生，酿成17人死亡、150多人受伤的惨案。这就是震惊中外的“三一八”惨案。舒传贤在斗争中奋勇当先，在集合中受伤被捕。不久，在全国人民舆论的强大压力下，经北京党组织全力营救，舒传贤等被捕学生获释。

舒传贤获释后，北京党组织根据王步文的函介及舒传贤在北京的积极表现，任命舒传贤为北京党组织支部书记。从此，他自觉地在党组织的领导下走上了职业革命家的道路。3月26日，安庆学联联合国民党左派召集各团体民众1万多人在公共体育场开会，声援北京学生，抗议段祺瑞反动当局在“三一八”惨案中的暴行，会后进行了示威游行。4月，北京白色恐怖严重，革命处于低潮。为保存革命力量，大部分党员撤离北京。舒传贤根据党组织的统一部署，回到了阔别4年的安庆。

领导安徽工人运动

1926年7月，国共两党共同领导的北伐战争开始。广州急需军事、政治及宣传人才。舒传贤在安庆接到北京党组织的通知，他被调到广州工作。舒传贤于是年11月又南下广州。

1927年2月，舒传贤在广州任支部干事。1927年3月，舒传贤又奉命到达武汉，参与驻汉口的国民党安徽临时省党部（左派）工作。此时盘踞在安徽的军阀陈调元已于上年秋在江西被北伐军打得落花流水，惊魂未定，面对北伐军势不可当、即将入皖的形势，陈调元归顺蒋介石，其部被编为国民革命军第三十七军，陈为军长。由于陈调元换旗，北伐军便一枪未发进入安徽，3月4日，由江右军总指挥程潜率领的第六军、第十军和江左军总指挥李宗仁率领的第七军、第二十九军第三十三军先后进驻安庆。舒传贤亦从武汉随国民党安徽临时省党部（左派）与北伐军同期回到安庆。

北伐的军队进驻安庆后，安徽革命形势迅速好转，工农运动蓬勃发展起来。由于共产党员的推动，国民党临时省党部（左派）积极筹建省总工会、省农会、妇女会等群众团体。舒传贤任安庆总工会委员长兼安徽省总工会筹备委员会委员长。他深入工厂，了解情况，发动群众，与各行各业工会联系。当时安庆的工会组织尚处分散状态，仅总工会就有3处：一处设在杨家塘，一处设在曾公祠，一处设在省农会内，缺乏统一领导，舒传贤回安庆后及时召集了上述3处总工会代表在省党部开会，将3处总工会合并为安徽省总工会筹备委员会，选举委员7人，在省教育工会内办公。舒传贤当选为委员长，负责筹备工作。同时安庆市总工会也宣告成立，舒传贤兼任委员长（后由王少虞负责）。这样，全省及安庆市的工人运动就有了统一的领导机构。

舒传贤组建省市工会后，积极与北伐军总政治部副主任郭沫若等革命力量配合，于3月22日召开了总政治部、第七军政治部、省市党部（左派）、省市总工会、省农会、省妇女会等党、政，军、社会团体的联席会议。舒传贤代表省总工会出席了会议，会议决定成立安徽省社会运动委员会，负责统一领导全市的工、农、商、学、妇女等各项社会运动，为安徽社会运动最高机关。该委员会的决议案交各军政治部、各级党部及各社会团体分别执行。同时，还决定设立工运训练班筹委会，由总政治部、省市党部工人部、省市总工会派代表组成，训练时间每期1个月，60人参与，专门培养工运骨干。为了维护社会秩序，舒传贤以总工会的名义还组织了工人纠察队，计1个大队，下辖3个区队，起初参加的有50余人，大队长夏葵。

舒传贤还以省工会的名义，在安庆印刷工人的支持下创办了《安徽工人导报》，旨在指导安徽工人运动，揭露国民党右派的反革命罪行。

舒传贤回安庆后在极短的时间内，在工人运动方面做了大量工作，使安庆的工人运动出现了新的局面，全市110余个行业，全都成立了工会组织，工会会员达15000多人。同时也指导了芜湖、大通及全省各县的工人运动工作，推动了全省工运的发展。

从武汉到芜湖

1927年4月，当舒传贤等人在安庆坚持斗争时，参加国民党安徽省第一次代表大会的绝大多数代表在郭沫若的帮助下转移到武汉继续开会。舒传贤抵武汉后，国民党安徽省第一次代表大会尚未闭幕，舒传贤在会上详细揭露了安庆"三二三"事件的经过及内幕，汇报了在安庆坚持斗争情况，使代表们对蒋介石的反动面目有了更进一步的认识，激起了代表们的极大愤慨。4月中旬，国民党安徽省第一次代表大会闭幕，选举产生了正式省党部。1927年5月下旬，中共安徽省临时委员会在武汉成立，柯庆施任书记。舒传贤任省委工委书记并参加芜湖市委。他在武汉与蒋介石新军阀势力、国民党右派进行坚决的斗争。

6月20—23日，舒传贤作为安徽省总工会代表，出席了在汉口召开的全国第四次劳动大会（中华全国总工会于是年2月由广州迁驻武汉），当选为全国总工会执行委员。不久武汉形势也迅速恶化，到处传闻国共即将分家。安徽清党委员会已于6月20日在安庆成立，率先在安徽捕杀共产党人和国民党左派，中共安徽省临委为保存革命力量，决定疏散党员，转入地下。在汪精卫发动"七一五"反革命政变前夕，舒传贤按照党组织安排，与钱杏邨（阿英）等人离开武汉。因长江已被汪精卫封锁，他们只得由陆路途经罗田、英山、霍山，回到芜湖。与此同时，中共安徽省临委亦由武汉迁到芜湖。

舒传贤路经家乡霍山时，钱杏邨劝他回家看看。他也很想念他的父母、妻子和两个儿子。但是他想到目前政治形势如此突变，中国共产党和中国革命正处于危难之际，党组织肯定会有重大决策和应变措施，芜湖的省临委也盼望着他们早日到达，所以他强忍住个人感情，仅在霍山狮山中学（现上土市中学）应师生要求作了一场报告，过家门而不入，迅速赶到芜湖。舒传贤在芜湖市委工作不久，中共八七紧急会议在武汉召开，确定了土地革命和武装反抗国民党统治的总方针，并要求"中国共产党及中国共产主义青年团应当在极短时间内调最积极的、坚强的、革命性稳定的、有斗争经验的同志尽量分配到主要省份做农民暴动的组织者"。中共安徽省临委根据这一精神，选派了舒传贤、王步文等一批共产党员回皖西开展农民武装斗争。从此，舒传贤回皖西开始了新的战斗历程。

四、皖西革命的开拓者

1927年秋，舒传贤从芜湖回到了家乡。他肩负着党交给的任务：推翻土豪劣绅的政权，没收大地主及反动派的土地，以农民为中坚，建立工农政权，在皖西开拓新的战场。舒传贤在家乡舒家庙创办了学术研究会，组建了霍山县最早的党组织，发动农民进行武装斗争。经过近两年的准备，到1929年春，皖西大地出现了一派生机勃勃、方兴未艾的革命局面。

打入国民党统治内部

1927年8月中共六安特别区委成立，负责指导六安、霍山、霍邱、合肥四县党的工作。特别区委及时分析研究了皖西的形势，认为在形势越来越严峻的情况下，刚刚回乡的一大批共产党员要有一个立足之地，既可避免损失，又可作掩护开展革命活动。有条件的要利用各种关系，设法打入国民党统治内部，分别在城乡进行隐蔽活动。

舒传贤的家舒家庙与六安毗连，他回乡不久就与六安特别区委取得了联系。这时，霍山在外地读书或从事革命活动的共产党员、共青团员刘湃西、刘时佑、徐育三、伍淑和、徐轩、喻石泉、汪维裕等20余人也陆续回乡。如何安插这些革命者，成了当务之急。舒传贤按照六安特别区委的布置，抓住这一有利时机，迅速打入国民党统治内部。

他回乡不久，正赶上霍山县区乡政权换届，他以上年夏曾任国民党临时省党部（左派）视察员来霍山推动组建党部及省国民党一大代表的资格和留学生的声望，在霍山进步力量的支持下，取得了东北乡自治公所主任的职务。与此同时，其他回乡的共产党员大多凭其所学的文化知识，或利用家庭地位，或利用社会关系，都先后获得了各种社会职务。回乡的很多共产党员大多数比较顺利地进入学校，当了校长或教师，他们以教书为掩护，以学校为基地，团结进步力量，宣传马列主义和共产党的政治主张，揭露国民党新军阀和地方豪绅的倒行逆施。不久，进步人士王逊甫、黄楚三先后提任教育局局长，共产党员汪维裕担任县督学。霍山县的教育界基本为共产党员和进步力量所掌握。

1928年6月，国民党霍山县党务指导委员会由于一直受省党部派系斗争的直接影响，内部斗争激烈，被迫进行改组。舒传贤团结国民党左派和进步人士，经过艰苦的工作和尖锐的斗争，终于赶走了反动的组织部长张春国等人，削弱了反动势力。舒传贤、刘湃西、陈法汉、伍淑和被选为县党务指导委员会执行委员，赵辅仁、张本国（在安庆与舒传贤一起创建青年团）、张洪基（庐江人）3人为常务委员。舒传贤任民运部长，陈法汉任组织部长，伍淑和任民训部长。在7名委员中，除张洪基为国民党右派外，其余都是国民党左派和共产党员。

1928年夏、河南李老末率匪万余人侵扰六（安）霍（山），地主豪绅为保护家产，纷纷集资兴办民团。1929年春末，陈调元的第五十六师桂正远旅进驻霍山，扶植蒋系人物甘达用当了县长，甘达用为了扩充县政府势力，要求全县大办民团，并企图借桂旅之势将各民团控制在自己手中。共产党员刘湃西凭其黄埔军校毕业生，曾在国民革命军第十三军某团任团副及县党指委委员的资格，担任了全县最大的诸佛庵民团团总，朱体仁经舒传贤举荐，担任了舒家庙民团队长（后调任戴家河民团队长），胡祥仁担任了管驾渡民团队长，刘湃西还被选为诸（佛庵）石（家河）乡国民代表，刘仁辅当选为县议会议员。这样，在霍山的党、政、军和教育界有相当一部分权力为共产党员所掌握。这种局面一直维持到1929年春。

创办学术研究会

1927年秋，回到家乡的舒传贤带回了留声机。一天，舒传贤在家一边放着音乐，一边还在思考着怎样才能深入发动群众、打开局面。附近的舒盛仓、戴克杰等几个年轻人听到音乐，便来打探究竟。这些土生土长的年轻人整天面朝黄土背朝天，没有见过留声机。一传十，十传百，舒家庙一带的乡亲们，都知道了留洋回来的舒传贤带回了一个会唱好多曲子的洋玩意儿，纷纷来到舒传贤家。此时，舒传贤心里已经有了想法。他热情邀请远近的年轻伙伴们到舒家祠堂欣赏留声机，并与他们交朋友、谈心。渐渐地，舒传贤身边聚集了一批当地的年轻人。他们都是农家子弟，家境贫苦，有的还是传贤的少年朋友、小学同学。他们升学无望，就业无门，思想苦闷，对黑暗社会都有强烈的不满情绪，但苦于不知路在何方。舒传贤了解他们的思想情绪，认为对这些青年最重要的是要将他们组织起来，通过学习马克思主义提高他们的思想觉悟，把他们引上革命之路。于是舒传贤便联络了戴克杰、朱体仁、朱雅清、吴泽民，余东平，张少清、刘海彬、广燕申、程贤德、倪大让，汪正发等10余人，组成了一个名为学术研究会的进步团体。他们对外宣传称学术研究会的宗旨是“交换知识，联络感情，砥砺学术，主张公道”，表面上是为失学、失业青年补习文化知识，以帮助他们将来升学或就业，实际上是由舒传贤向他们讲解马列主义，宣传共产党的政治主张，提高他们的思想觉悟和阶级意识，培养其中的骨干分子加入中国共产党。舒传贤的目的是把学术研究会办成一所培养党员、训练革命骨干的学校。

在舒传贤耐心的宣传教育下，最先加入学术研究会的十几位青年的思想觉悟都有了很大的提高，基本上懂得了团结起来，通过革命手段推翻国民党反动统治、人民当家作主的道理；知道了十月革命道路是一切被压迫人民和民族获得解放的唯一正确道路；中国共产党是为全中国人民谋利益的革命政党；当前的主要任务就是在中国共产党的领导下用暴力推翻国民党反动统治，实行土地革命等等闻所未闻的革命理论。

创建霍山早期中共党组织

霍山最早党支部　学术研究会学员在舒传贤的教育引导下，都表示希望能加入中国共产党。舒传贤经过认真考察，吸收了吴泽民、朱体仁、舒盛仓、余东平、朱雅清、张少清等12人入党。1927年10月，成立了舒家庙党小组，舒传贤任组长。不久，舒传贤在豪珠岭宝珠寺召开了第一次党员会议，到会9人。为便于党的活动，舒传贤根据党员驻地，将原舒家庙党小组改为支部，舒传贤任支部书记，隶属六安特别区委，支部下辖3个党小组：舒家庙党小组，组长舒盛仓；团墩党小组，组长广燕申；水口寺党小组，组长余东平。舒传贤创建的舒家庙党支部是霍山县最早建立的党组织之一。

中共霍山县支部　在舒传贤创建舒家庙党支部的同时，霍山西南山区还建立了两个党支部：徐育三创建的漫水河党支部和刘仁辅创建的燕子河党支部。这两个党支部与舒家庙相距近百里，山区交通不便，所以与舒家庙党支部暂无联系。此外，共产党员刘淠西、刘白驹等在西乡，喻石泉、刘时佑在南乡，陈法汉、朱大林等在城关，都积极而慎重地进行党员的发展工作。到1927年10月，据不完全统计，全县已有党员40人，建立全县统一的党组织显得十分必要了。1927年10月底，舒传贤与徐育三、刘仁辅、刘淠西、喻石泉等全县各地的党组织负责人协商，在舒家庙召集全县党员开会，统一全县党组织，成立了中共霍山县支部，舒传贤任书记。该支部隶属中共六安特别区委，下辖东北乡、西镇、西乡、南乡、城关5个分支部：东北乡分支部，书记吴承先（化名端平），有党员12人；西镇分支部，书记刘仁辅，有党员20余人；西乡分支部，书记郝修德，有党员10余人；南乡分支部，书记胡祥仁，有党员10余人；城关分支部，书记朱大林，有党员数人。全县党员发展到50余人，中共霍山县支部的成立是霍山历史上的一件大事。自此，全县有了统一的党组织，形成了核心领导，肩负起了领导霍山人民进行土地革命的历史重任。

中共霍山特支和中共霍山县特别区委　1927年11月，尹宽实际主持了安徽党务。1928年1月29日，尹宽在六安南岳庙召开了六安、霍山、霍邱三县党的活动分子会议，舒传贤代表霍山党组织出席了会议。会议讨论了皖西的形势和任务，确定党的当前任务是健全党的组织，吸收优秀工人农民入党；发动工农运动，建立工会和农民协会；发动罢工、抗租、抗债等经济斗争，准备武装暴动。会议决定撤销中共皖中特别委员会，将六安、霍山、霍邱三县党组织合并，成立中共六霍县委（亦称六安县委），选王逸常为书记。不久，增补舒传贤为县委候补执行委员，参与三县党的领导工作，他的工作重点仍在霍山。

南岳庙会议后，舒传贤在豪珠岭召开了霍山党员代表会议，主要议题是从优秀工人农民中发展党员，改变党员绝大多数是知识分子的状况。会议宣布将中共霍山县支部改为特别支部，书记由舒传贤兼任。舒传贤自此在党内用“夏唯宁”的化名。

1928年7月，六霍县委在舒家庙召开党的代表会议，省临委委员王步文（化名朱华）出席了会议。会议讨论了继续在工农运动中发展党员，抗租、反霸，争取群众，夺取敌人武装，建立皖西根据地等问题，对部分破产农民的绑票、摸瓜（暗杀）等行为要求通过农协加以纠正。这次王步文到霍山，住在舒传贤家。舒家庙会后，舒传贤及时召开了霍山特支各分支负责人会议，贯彻了会议精神，根据六霍县委决定，将霍山特支改组为中共霍山县特别区委（又称中共六安县委第五区区委），书记仍由舒传贤兼任。组织、宣传、军事、文化委员由原干事担任，下辖5个支部由原分支部改成，人员也基本未动。全县党员50余人，农民占半数以上。

中共霍山第一、第二届县委

中共霍山特别区委成立后，舒传贤带领全体党员在全县深入发动群众，组建农民协会和农民武装，领导农民群众开展经济政治斗争，霍山革命蓬勃发展。

随着革命形势的迅猛发展，党的队伍不断壮大，区委的组织形式已不能适应领导全县人民进行革命斗争的需要，霍山单独成立县委已提到了党的议事日程。

1929年1月，经中共安徽第二届省临委批准，舒传贤在舒家庙肖家冲舒盛仓（化名杨伯平）家召开了霍山县第一次代表大会。会议讨论了中共六大发布的反对帝国主义、封建主义，实行土地革命，建立工农专政的民主革命十大纲领，分析了皖西及霍山的革命形势，确定了霍山党组织当前的中心任务是扩大群众斗争，肃清封建势力，推翻国民党新军阀统治，建立苏维埃政权。会议还对农民的“五抗”（抗租、抗税、抗捐、抗债，抗夫）斗争、“发展工农武装夺取政权”等问题作出了决议，选举产生了中共霍山县第一届委员会，舒传贤当选为书记，刘淠西、徐育三、高维琪、蔡世钊、胡祥仁、刘时佑、伍淑和、喻石泉、朱体仁、朱雅清11人为委员。县委设立了组织部、宣传部、农民运动委员会、职工委员会等工作机构。县委隶属中共安徽省第二届临委，下辖3个区委、2个特委：东北区区委，书记吴承先（后万子元），有7个支部，党员30余人；西镇区委，书记刘仁辅，党员20余人；南乡区委，书记高维琪，党员30余人；西乡特支，书记郝修德，党员20余人；城关特支，书记朱大林，党员10余人。此届县委成立时，全县党员120人。县委成立后，党员发展迅速，到9月，全县党员已发展到293人。区委、特支及支部的干部基本配备，党的领导核心力量和战斗力大为增强。

9月，中共霍山县委在东北乡枣树井（但家庙镇观音岩村）召开了第二次党员代表大会，舒传贤在会上传达了6县联席会议精神，着重部署了武装起义工作，并确定首先在西镇一带发动武装暴动，要求县委积极准备。由于舒传贤即将调任六安中心县委书记，不能继续担任霍山县委书记，会议对县委进行了改选，选举喻石泉（原名喻本立，化名喻宁）接任县委书记，吴仲孚（化名芦舒）等15人为县委委员。

县委成立不久，省临委任命舒传贤为巡视员，负责巡视、指导六霍等县党的工作。他经常奔波于崇山峻岭之中，风餐露宿。舒传贤在霍山建党过程中，十分注重党的思想、组织和作风等方面的建设，所以霍山的党组织和广大党员政治素质都比较高。很多党员经过斗争的锻炼和考验，在以后的斗争中，有的走上领导岗位，走出霍山，为革命做出了很大的贡献。在霍山早期党员中，没有出现过叛变或自首的现象。据1929年安徽省委的统计，全省党的85名干部中，霍山籍干部就有舒传贤、朱雅清（化名鲍益）、戴亢君（即戴克杰）、舒子杰（即舒盛仓）、林森、陈法权、高维琪、姚文彬（即姚家华）、喻宁（即喻石泉）、慧媛、刘湃西、姜茂林、孙光壁、朱体仁、吴泽民、徐育三、徐轩骥、广存禄18人。

领导农民武装斗争

从武装小分队到游击队 舒传贤回乡后，在抓党的建设、组织农民协会的过程中，十分注重抓紧组建农民革命武装。1927年冬，舒传贤从学术研究会和农民义务学校中挑选了邓海清、鲍传尧、黄敬初、郑世杰、李茂明、舒传笏等9名机智勇敢的青年农民，组成了武装小分队，在偏僻的金杯山邓海清家秘密进行军事训练。舒传贤还从六安请来了军事教员。小分队初成立时，只有1支长枪、6把大刀，其他装备一无所有。但队员们训练认真，不怕吃苦。经过了一个多月的苦练，基本上都能掌握操典要领。这是霍山县第一支完全由农民组成的革命武装雏形。

武装小分队组建不久，在舒传贤的精心指导下，采取出其不意的夜间偷袭方式，打掉了距舒家庙不远的鲍家楼子民团小队，处决了小队长陈本道，夺了几支钢枪。贫苦农民拍手称快，地主豪绅却终日恐慌，他们称农民武装为“黑队”“摸瓜队”。

从1928年夏开始，舒传贤和霍山党组织就在东北乡、西镇、西乡农协中挑选年富力强、忠实勇敢、革命坚决的农协会员、共产党员、共青团员建立起赤卫队、钢枪队、别动队、敢死队、游击队等名称不一的农民革命武装。舒传贤在东北乡赤卫队中组织“特别组织侦察队、纠察队”，公开出面向地主豪绅借粮、扒稻，防范地主的反抗。对那些危害最大、民愤极大的地主劣绅及其他反命分子进行秘密处决，俗称“摸瓜”。东北乡的赤卫队就曾先后用此方式，处决了杨家大圩子、吴保生堂、陈家门楼等处劣绅吴家宏、秦献之等反动分子数十人。霍山这一情况，当时上海的《字林西报》都作过报道，可知对反动派的震慑力之大。农民武装对一般地主则实行警告、绑票、罚款。在霍山，出现了大豪绅大地主逃亡安庆、芜湖、南京等地，中地主逃到县城，而那些逃不了的小地主则向农协投降的现象。

在打击地主的过程中，一些地方也发生过打击面过宽的现象，加上反动派的造谣诬蔑，因而曾引起社会上的恐怖情绪。舒传贤发现后，立即加以纠正，并逐步把各种名称不一的秘密农民武装改建为游击队。游击队里建有党组织，队长多由党员担任，要求党员在游击队里发挥先锋模范作用，加强思想政治工作，禁止队长打骂队员，军事行动要经上级批准，要按照党的政策开展对敌斗争，尽量不使用“摸瓜”方式。经过不断整顿，农民武装斗争逐步走上正轨，组织纪律性及战斗力都得以增强。在舒传贤的指导下，霍山最早组建的农民武装有东北乡游击队、西镇游击队、西乡游击队等，他们一般以本乡为活动基地，配合农协在“五抗”和春荒扒粮斗争中起了重要作用。

由于党的政策和策略的正确，农民群众中的混乱思想很快得到澄清。农民协会和游击队以防匪为名，纷纷公开或半公开地发展起来。到1929年春，霍山县游击队就发展到1000多人，其中较大规模的有：东北乡游击队300多人，西镇游击队200多人，桃源河游击队140多人，诸佛庵游击队100多人，大化坪游击队130多人，南乡游击队300多人。此外，还有部分民团武装为共产党掌握，如诸佛庵、戴家河、舒家庙、管驾渡、黄栗杪等地民团。各地农民武装的普遍组建，为大规模的武装斗争准备了力量。

“五抗”和春荒扒粮斗争 1927年冬，舒传贤在创办学术研究会的同时，在舒家庙还办了一所农民义务学校，宗旨是培训农运骨干。他仿照广州、武汉、长沙等地农民运动讲习所的方法，办起了这所农民义务学校，吸收六霍两县边境地区90多名贫苦农民入学。义校的大门上贴了一副引人注目的对联：“枪毙小土豪，刀砍大劣绅。”舒传贤经常到校讲课，用通俗易懂的事例讲解革命道理。如穷人为什么穷、富人为什么富、人的贫富是不是命运注定，等等，很受学员欢迎。学术研究会的其他成员，轮流去义校讲课，由余东平任专职文化教员，教农民识字，舒传贤还要求学术研究会成员和刚刚入党的人，以与农民交朋友、拜兄弟等方式，将义校中的进步分子秘密组织起来，建立起初名称不一的农民团体，如“穷人会”“互助会”等，后来逐步发展，统一称为“农民协会”。

1928年10月霍山东北乡区农协成立，由共产党员戴亢君（即戴克杰，大河厂人）担任委员，会员近1000人。到1929年冬，霍山东北乡成立了3个区农协会，会员4000人；西乡有会员1400人；西镇在暴动前有会员500人，暴动后成立了区农协会；南乡有会员300人，有1个区农协。农协的组织在全县有5个区农协，共有14000名会员，其成分佃农占60%，半自耕农占20%，自耕农占10%，雇农占10%。农协已成为农民革命的领导机关，区、乡农协的负责人多由共产党员担任，组织活动也由秘密转为逐步公开。

在农协组织的带领下，农村中的赤卫队、儿童团、妇女会等组织也普遍建立起来，不仅成为农民与地主豪绅作斗争的主要力量，而且为武装暴动作了组织上的准备。

随着农民协会的建立和发展，舒传贤和霍山党组织从发动与群众切身利益密切相关的经济斗争入手，领导群众进行了大规模的抗租、抗税、抗捐、抗债，抗夫（简称“五抗”）斗争和春荒扒粮斗争。

1928年霍山旱灾严重，收成大减，平均只收六成。加之军阀混战，津浦路阻塞，霍山同山东、天津的茶商贸易中断，年产约200万元的茶叶销不出去。以蚌埠、正阳关为来源的食盐、布匹等生活日用品运不进来，农民生活极端困难，地主豪绅又乘机逼租逼债、加税增捐，全县上下，民怨沸腾。自10月开始，舒传贤和霍山特区委与各区农协研究，决定发动秋收斗争，并首先在产粮区的东、北两乡（即今但家庙、下符桥地区）实行，其策略是：（1）对大地主实行抗租；（2）对小地主实行减租；（3）若大小地主不能接受我们的主张，即行全体具退庄字，如地主受退一致离庄，不许他人来批种；（4）实行抗债利息的规定，结果大地主十租只收三租、二租，小地主只收四成租课。1928年秋，东北乡农会主席吴宏观还带领3000多名农民，拦截了六安县小皇冲地主储华峰从霍山复览山收的5000多公斤租稻，分给贫苦农民。对农民所欠地主的，一律免去利息或拒不偿还，提出“穷人不还富人钱”的口号，所欠税款一律不交，余捐一概不认。全县其他地区也进行了不同形式的抗租，抗税抗捐、抗债斗争，并取得了胜利。

由于1928年收成锐减，1929年春荒更显严重，舒传贤和霍山县委适时制定了春荒斗争计划，把借粮、分粮、抗租上升到强行扒粮。三尖铺、下符桥、大河厂，水口寺、团墩、舒家庙、山王河、棠树岗、洛阳河等地党组织和农协，根据县委部署组织侦探、扒粮、纠察等分队，首先对扒粮对象进行周密侦查，由纠察队秘密分布于地主庄园四周，隔绝内外联系。然后由几十人到三五百人组成的扒粮队到地主家开仓扒粮，东北乡一次就扒掉地主倪家炳和李鸿章“积善堂”稻子几百石，扒粮斗争延续两个多月，而且发展到闻家店、张家冲，横塘岗、凤凰台等地。扒粮30多次，扒掉稻谷3000多石。在抗租扒粮斗争的同时，还进行了清账斗争。由农协召集群众大会责令保董交代经收账目，清算其侵吞公款。地主豪绅再也不敢随意收捐收税。一连串的经济斗争，均取得了胜利，极大地鼓舞了农民。他们为表达喜悦之情，自编了一首《扒粮歌》：

十八年，天大旱，地主家中粮满圈；
斗米价，四五块，我们穷人真可怜；
忍饥受饿去种田，去掉租子没工钱；
老婆哭，孩子吵，越想越思越可恼；
活着不如死了罢，饿死不如拼命吧!
结起队来把粮扒，颗颗粮食回老家。

农民在抗租、扒粮、抗捐、抗债、抗税斗争中获得了经济利益，从而进一步发展到更为强硬的抗夫斗争。1929年2月，军阀朱绍良的部队由六安经霍山往湖北，向每保要200名民夫，北乡农民不堪其苦，决心起来斗争。舒传贤和霍山县委研究制定了灵活斗争策略：“如差役下乡，我们就置之不理；如军队下乡，我们事前先让，使他们一个也捉不着。”并组织武装自卫，县政府差役方子平到水口寺催夫，群众不理，方捆绑群众，被农协会员陈乐厚等痛打一顿。县政府又派自卫团数十团丁，由保董秦献之带到水口寺抓夫，虽然遭到农协会的伏击，仍强行抓走了13个农民。农协会忍无可忍，准备举行暴动。舒传贤和县委认为暴动条件不成熟，未予同意，遂发动13名被捕农民家属，向县政府提起申诉：“我们处土匪出没无常，我们的土枪是防匪的。你们到乡间来既不通知群众，又不通知地保，我们认为是土匪，是误打的。”并由在原县农会任常委的中共党员戴亢君召开全县11个公团会议，以“自卫团夜间撞门入宅，无异强盗”“保董借要夫为名，故意摧残农民”等理由向各界发出呼吁。在群众压力下，保董吴家红、秦献之被传讯，豪绅肖子瑜向群众认错，13名被捕农民被无条件释放，抗夫斗争获得全胜。

1928年秋，霍山全县农村斗争风起云涌，仅东、北两区，大小斗争就有200多次，大都是舒传贤直接指挥。这些斗争不仅解决了农民的饥荒，使农民得到了一定的经济利益，打击了地主豪绅及国民党反动统治，而且使涣散的农民群众得到了锻炼和考验，懂得了组织起来的巨大作用，为大规模的农民武装斗争准备了力量、积累了经验。

东北乡“浪团”运动

1928年6月6日，舒传贤在霍山东北乡利用自治公所主任的职务和地主豪绅对李老末土匪的恐惧心理，组织了一次声势浩大的农民示威游行俗称“浪团”。团墩、舒家庙、水口寺、黄檀树等村2000多名农民扛着大刀、长矛、还抬着太平军留下的两尊土炮，敲锣打鼓，高呼：“打倒帝国主义!”“打倒军阀!”“打倒贪官污吏、土豪劣绅!”“实行减租减息，抵制苛捐杂税!”“农友们团结起来，实行耕者有其田!”等口号，途经六霍边境7个乡。浩浩荡荡的队伍，激昂的口号声犹如阵阵春雷，震撼着大地，响彻云天。这次游行表面上是反对李老末土匪，实际上演变成对地主豪绅国民党新军阀的示威，显示了农民群众的威力，震慑了反动统治阶级，教育和锻炼了农民群众，使之看到农民团结起来的力量，也是舒传贤对群众发动情况的一次检验。

五、六霍起义总指挥

自1929年11月开始，舒传贤作为六安中心县委书记（六安中心县委于10月初成立），领导了声势浩大的六（安）霍（山）等县农民武装起义，史称“六霍起义”，创建了鄂豫皖边区第三支正规红军——中国工农红军第十一军第三十三师，建立了各级苏维埃政权。六（安）霍（山）起义是鄂豫皖边区继黄（安）麻（城）商（城）南起义后第三次大规模农民武装起义，在中国革命史上占有重要位置，是安徽土地革命战争时期最威武雄壮的革命篇章。舒传贤作为起义的主要领导人，从起义的精心准备、统一部署、全面发动乃至直接指挥战斗，创建主力红军，倾注了大量心血，发挥了重要作用，建立了卓著的功勋。

诸佛庵民团起义

1929年年初，蒋介石新军阀势力进一步深入皖西，六安、霍山等县政权完全由蒋系势力的县政府从新旧豪绅手中夺去。春末，军阀陈调元的第五十六师桂正远旅进驻六霍等县，加强对皖西的军事控制。刚到任不久的霍山反动县长甘达用为了扩充新军阀统治权力，欲借桂旅力量，企图收缴被刘淠西掌握的诸佛庵民团枪支。此时群众已发动起来，正积极准备武装暴动，但苦于缺乏枪支。于是舒传贤及时指导霍山县委，因势利导，发动了诸佛庵民团起义。自此，拉开了“六霍起义”的序幕。

霍山县诸佛庵镇在县城西40华里处，故又称西乡。该镇的商家、士绅为了保护其商品、财产，维持贸易，免遭土匪抢掠，自1924年起，由商会出面，商绅富户集资购枪，招募团丁组织民团局（又称“自卫团”）。不久，民团被大刀会击散。1928年，为防河南李老末土匪侵扰，民团再度组建，刘淠西担任了诸佛庵民团团总。1929年春，诸佛庵民团扩充了力量，有枪30多支，成为全县最大的民团武装。任中共霍山县委委员的刘淠西根据舒传贤及霍山县委布置，积极在团丁中做发动工作，准备相机发动兵变。为协助刘湃西举行兵变，舒传贤又将另一名霍山县委委员、原东北乡民团队长朱体仁安排到诸佛庵附近的戴家河民团当队长。

5月初，霍山县县长甘达用欲借桂旅势力将民团枪支收归县政府掌管，而桂旅亦觊觎六霍两县各民团总共1300多支枪。诸佛庵民团枪支当然也是桂旅猎获对象之一。此时，刚刚组建的商南红三十二师正向皖西边境游击，革命与反革命的武装冲突一触即发，迅速夺取民团枪支，避免被反动势力抢去就越发显得迫切。

就在此时，六安县红枪会（习惯称“红学”）头目陈乾士带着30多名徒众（有快枪4支、盒子枪1支，其余都是大刀、钢锥）到诸佛庵附近的新店河设香堂收学生，扩充势力，也有意于诸佛庵民团枪支。在此紧急情况下，舒传贤决定立即发动诸佛庵民团起义。

舒传贤、刘湃西的策略是：利用诸佛庵绅商富户豪绅拥枪自保的心理，以防止民团枪支被红学夺去为借口，将民团30多支枪全部秘密藏起，对外说是为保枪支，实际上是防止被县政府或桂旅夺去，先保住这批枪支，用以武装赤卫队。刘湃西派朱体仁带一班人到新店河以师生关系拜会陈乾士并相机将陈处决。舒传贤调东北乡游击队数十人火速奔赴诸佛庵，朱体仁率戴家河民团一举将陈乾士徒众缴械，逐出霍山县境后，亦火速赶到诸佛庵，协助刘湃西举事。

县长甘达用得知朱体仁打死陈乾士并缴了其徒众的枪械消息后，便派胡月斋、戴启明等3人带县自卫队一个班来到诸佛庵，以调查为名，准备借机夺取民团兵权，拿办刘湃西、朱体仁。城内党组织立即将此情况通知了刘湃西，刘一面设宴与胡、戴周旋，一面令朱体仁配合东北乡游击队控制了县自卫队一班人，当晚，刘湃西宣布民团起义，缴了县自卫队的枪，胡、戴连夜逃回县城。

驻县城的桂旅闻讯后，迅速扑向诸佛庵，敌大军压境，刚刚起义的民团无法与之抗衡，携快枪40多支迅速转移。刘湃西等6名共产党员因身份暴露被迫离开诸佛庵，中共西乡区委也改组成立特支。

5月中旬，红三十二师已游击到金家赛、黄石河一带，舒传贤为加强党对革命武装的领导，便以中共安徽省临委巡视员名义，成立了中共六（安）霍（山）军事委员会，他兼任书记。军委会设组织部、训练部、枪械部、交通部及士兵运动委员会、游民无产阶级运动委员会。同时还成立了军委特务队，共32名队员，有长枪30多支、短枪10支。特务队的枪支大多是诸佛庵民团起义中所获得的。这标志着舒传贤已把革命武装置于党组织的直接领导下。

六霍起义

自1929年11月8日，六安独山暴动爆发至翌年春，以舒传贤为首的六安中心县委在六安、霍山、霍邱等县发动了数十起农民武装暴动和民团兵变，史称“六霍起义”。

独山暴动 11月7日晚，六安县三区（河口）二乡农协常委兼秘书何寿全等3人因唱苏俄歌曲被独山自卫团魏祝三部拘捕。何身上带有农协会员名单，区委决定由区农协出面保释，但魏部勒要5000元和5支盒子枪才肯交保放人，激起群众愤怒。当时在该区巡视工作的中心县委委员吴干才、朱体仁与三区区委书记许希孟等紧急磋商，认为农协会名单不能落入敌手，何寿全等3人必须救回，决定以群众示威方式前往营救，同时写信将情况及意见火速报告中心县委。舒传贤、周狷之等人获悉后，决定立即暴动，于是原定于11月中旬的暴动计划提前行动。

8日晨，全区15个乡数千名农协会员按区委通知，手持大刀、长矛、钢锥、土枪从四面八方涌向独山镇。中心县委成员和区委当即在清水塘召开了紧急会议，根据舒传贤等人指示，规定了暴动口令，研究了暴动方法。下午，数千名群众押着几个豪绅在前，土枪、大刀在后，将魏部驻地马氏祠团团围住，并缴了卫兵的2支枪。敌人慑于群众的强大声威，释放了何寿全等人，但愤怒的群众一发不可收拾，冲进马氏祠，又缴了十几支枪，并要敌全部缴械投降。敌人登上房顶，负隅顽抗，双方对峙到深夜。南岳庙民团百余人闻枪声赶来援敌，群众奋起抗击，激战1个多小时，毙敌4人，群众死伤10余人，但群众情绪并不消沉，且愈战愈勇，把整个独山镇包围起来，敌人胆怯遂放火逃走，起义群众占领了独山镇。

9日，舒传贤、周狷之赶到独山主持召开了中心县委、三区区委、区农协紧急联席会议。为了扩大这一斗争成果，当日发出通知，要求六安县各区和邻近各县立即举行暴动，独山附近的两河口、龙门冲、郝家集等地农民迅速揭竿而起，响应独山暴动。12日上午，舒传贤在独山镇主持召开了有2万多人参加的群众大会，追悼死难群众，号召大家继续战斗。

舒传贤为巩固独山暴动成果，指导成立了六安县三区革命委员会，推选出委员15人，内设政治部、参谋部、财政部、总指挥部，朱雅清任总指挥部指挥，黎本益、朱体仁任副总指挥，方英任党代表。把起义武装编为6个游击队，每队12支枪。又从农协会员中挑选出2300人组成赤卫队。六霍两县各地党组织接到中心县委9日紧急通知后，纷纷举事响应。11月16日，六安六区区委发动古牌冲、南庄畈、七邻湾一带农民暴动，以区游击队为主力，又一次击溃汪东阁民团，缴枪40多支，成立了游击大队和行使政权的六区农民协会。霍山县委和东北乡区委发动农民扒地主稻谷700石、米商大米100多石，准备运往独山作军粮。

西镇暴动 舒传贤在独山布置工作后，立即赶到霍山与县委研究决定发动西镇暴动。西镇是霍山县西部山区的统称。包括现在仍属霍山县的漫水河、大化坪一部分、原属霍山现属金寨县的燕子河、闻家店一带，纵横100余里。因西镇位于大别山腹地，与湖北、河南相接，是沟通鄂、豫、皖三省的交通要道，所以战略地位十分重要。

西镇在暴动前，被刘佐廷为首的刘、郑、孙、王四大姓豪绅所把持。他们横行乡里，左右县府，俨然是一个“山高皇帝远”的独立王国，对人民实行极端残酷的统治。经过西镇党组织和党员的长期艰苦的工作，人民反压迫、反剥削的要求日益增长，并成立了一支游击队，发展农协会员500余人，为西镇暴动打下了基础。

独山暴动后，舒传贤和霍山县委书记喻石泉、县委委员吴仲孚等人到燕子河，与早在西镇工作的共产党员伍淑和等人开会，具体研究布置西镇武装暴动问题。会后，进入紧张的起义准备工作。舒传贤吸取了独山暴动教训，认为暴动要得到红军三十二师支持，否则游击队力量太弱，难以取胜。正当西镇暴动处于一触即发之际，国民党西镇事务所秘密开会，决定对革命分子实行总逮捕，被列入反动派的黑名单、认为“可杀”的就达190多人。消息传出，群情激愤，区委根据县委指示精神，当机立断，决定先发制人，立即举行暴动。

11月19日，红三十二师师长周维炯带领红军80人，星夜赶到十区闻家店，配合当地的农民赤卫队200余人，一举将驻在闻家店的十区民团包围缴械，逮捕队长陈先觉，俘官兵20多人，缴获步枪32支。接着又打掉楼房湾豪绅地主余良池的反动武装，得钢枪20多支。捉住在长山冲周家院子吃“同心酒”的西镇地区反动的乡保长和团总王多宏等5个反动分子。起义队伍乘胜进军八区防地太子庙、良善铺、新铺沟、歇马台，最后进到西镇地区政治、经济中心漫水河。

第二日，缴八区民团枪械，俘获自卫团官兵70多人，西镇事务所、经济维持会等反动机构被捣毁。随后，又一鼓作气进入九区回头岭、上土市到黄栗杪、深沟铺、太平畈、何家坊。第三日，打垮九区民团。西镇暴动获得全胜。红三十二师回师丁家埠，途中又捎带打了三个保安团。暴动范围由闻家店、燕子河扩大到深沟鱼铺（现名古佛堂）、黄栗杪、上土市、杨家河、包家河、高山铺、太平畈、道士冲、新铺沟、烂泥坳等地，方圆百余里完全被农民武装占领，各乡都建立了苏维埃政权。赤卫队所到之处，豪绅地主纷纷逃到县城。西镇暴动的胜利，沉重地打击了反动势力，人民扬眉吐气。霍山民间歌手创作了这样一首革命歌谣，群众到处传唱：

河南老红军，来到我西镇。
钢枪打前提，后跟赤卫军。
先打闻家店，后打楼房湾。
回头捎带打了三个保安团，
打土豪，杀劣绅，
团总、反动消灭净。

由于西镇战略地位的重要，所以六安中心县委十分重视巩固西镇暴动的胜利，把西镇作为皖根据地的中心来建设。暴动后，在漫水河成立了霍山县第五区苏维埃政府，在闻家店成立了霍山县第六区苏维埃政府。统一了军事指挥，把游击队扩充到360人，分为60个小分队，由徐育三任总指挥。西镇暴动胜利后，1930年1月，中共六安中心县委机关和六霍县委由六安龙门冲迁驻闻家店附近的灵岩寺。西镇成为皖西地区的革命中心区域和一块巩固的根据地。

桃源河暴动　独山、西镇暴动后，六安中心县委为了打通独山与西镇的障碍，使赤区连成一片，决定发动桃源河暴动。桃源河是刘淠西的家乡，到1929年冬，已发展了1000多名农协会员，组织有100余人的赤卫队。1929年12月16日，徐育三带领西镇游击队一部100余人游击到桃源河，共产党员程学禄立即在程家老屋开会发动农协会员和赤卫队员与西镇游击队一起行动，开始暴动。当晚在蔡家山打了熊家大土豪，捉住劣绅熊士灿，没收

9支快枪和一些子弹，武装了赤卫队40余人。次日，便将桃源河一带的枪支（快枪30多支）、弹药、刀矛等武器全部集中起来，武装了300多名赤卫队员。接着又打了刘长义、刘少林、刘长舫、程为之、程为贤、程理伦、程理福、程理纯等8个豪绅，将其财产全部没收，处死了罪大恶极的土顽杨老八、汪学华。

斗争持续了一个多月，这支农民武装西进赶跑了小堰口的民团，向东击溃了盘踞诸佛庵的国民党常备队，向南协助徐育三的“扁担队”打了落儿岭的盐店。将独山与西镇连接起来，使淠河以西的霍山境内成为赤区。

桃源河暴动一打响，诸佛庵共产党员陈德宏、张景惠、田兴文等人领导100多名赤卫队员首先响应，赶走了王瑞芝的民团。新店河的共产党员郝修德、刘伯驹、胡开业等人将名为团练实为赤卫队的300多人集中起来，参加了六安三区负责人程跃亭领导的龙门冲暴动。打了土豪张家浩、俞德成、王德宝、王德为等人，并将劣绅王均丰当众处死。

经过以桃源河为代表的西乡一连串暴动，北到独山、东临淠河、南抵下符桥、西到西镇均成为赤区。霍山七区苏维埃政府随之成立，刘伯驹任主席，张景惠任赤卫队长。桃源河、新店河、戴家河、黑石渡、落儿岭等乡苏维埃政府或农民协会公开掌权，将赤区逐步扩大到县城边缘。经过西镇、桃源河两起大暴动，霍山全县出现了连锁反应，爆发了一系列农民暴动，遍及全县东、西、南北，形成了燎原之势。

六、皖西根据地创建者

组建正规红军

六霍等县农民暴动和民团起义的连续爆发与胜利，引起了反动统治阶级的恐慌。在此情势下，将介石改变了从皖西抽调军队去鄂豫作战的计划，以陈耀汉独立旅为主力，集中近千名反动武装于1929年12月中旬向六霍苏区反扑。敌人仅在独山一地就杀害了共产党员和革命群众200多人，中心县委及各地领导干部有多人英勇牺牲。

面对这一严峻形势，舒传贤等中心县委成员认识到：只有群众性的半脱产的赤卫队、游击队武装，已不能对付强大的、装备完好的敌人正规部队，要保卫并发展暴动成果、扩大苏区，必须在群众武装的基础上，像豫东南根据地一样，建立一支主力红军。舒传贤认识到建立主力红军是农村武装割据的必不可少的先决条件，皖西根据地是靠枪杆子开创的，而保卫根据地也必须用枪杆子。面对敌人疯狂进攻，建立主力红军益显迫切。

创建红三十三师　1930年1月6日，舒传贤在六安县横塘岗九里冲召开了中心县委第二次全体委员会议，讨论了军事组织原则，并向合肥特别区委要一位懂军事的人到皖西负责军事工作。不久，合肥特别区委派特区委委员、黄埔军校毕业生、曾参加南昌起义、广州起义及海陆丰暴动的徐百川（化名张开泰）到皖西，参与六安中心县委筹建主力红军。紧接着，六安中心县委第十次常委会决定把西镇游击队编为安徽省游击队第二纵队，徐育三任纵队长；把中心县委直接指挥的独山起义武装编为安徽省游击队第一纵队，冯晓山任纵队长，并确定在流波𬀩、麻埠一带建立军事中心，着手组建正式红军。

1月20日，中心县委研究决定，将第一、第二两支游击纵队集中到流波碓，中心县委在此又召开了常委会与游击纵队党团会议，决定改纵队为三十三师，指定中心县委书记舒传贤改编各部队。舒传贤立即主持召开了游击纵队、游击大队党团负责人联席会议，将西镇、独山及金家寨等地游击队合编，取消原安徽省游击纵队番号，宣布成立中国工农红军第十一军第三十三师，组建了安徽省第一支正规红军，也是鄂豫皖边区继红三十一、三十二师之后的第三支主力红军。徐百川任红三十三师师长、张健民任政治部主任（数日后改由姜镜堂担任）。师部设政治部、军务处、军需处、参谋处、副官处及直属特务队。全师辖2个团：原第一游击纵队和六安六区游击大队（即金家寨游击队）编为一〇六团，冯晓山任团长，余爱民为党代表，高廷栋为副团长；原第二游击纵队编为一〇七团，徐育三任团长，孙能武（原名汪维裕）为党代表，李锡三为副团长。全师共200多人，内有党员40多人，建立了师党委。全师有长枪139支、短枪6支。每团设3个中队，中队下设小队。

红三十三师的组建，使皖西根据地有了正规主力红军。舒传贤在建军伊始，就很注意加强党对红军的领导。红三十三师直接归中心县委指挥，师部成立党委，每团都配备了党代表，中队建有党支部，党组织负责部队的思想政治工作。同时，他还十分注意红军战士的素质，从政治思想组织纪律、勇敢精神等方面对红军战士从严要求，使红三十三师真正成为对革命忠诚勇敢、特别能战斗的人民军队。该师的建立不仅对巩固和扩大皖西根据地起了重大作用，而且与三十一、三十二师形成犄角之势，互相配合，对保卫和巩固鄂豫皖根据地起了很大的作用。

1931年1月，红十一军与红十五军合编为中国工农红军第四军。1931年11月，第四军又与红二十军一起编入中国工农红军第四方面军。

组建三十五师和独立一师　在皖西革命向前发展、革命武装逐渐扩大之际，如何对待土匪成为六安党的政治上的严重问题。舒传贤认为，皖西产生土匪的根源是统治阶级残酷的压迫和剥削，匪众大多为破产的农民，他们没有阶级意识，其抢掠行为不仅会引起人民群众的恐惧，而且对革命的发展也是一个障碍。在3月下旬召开的六安中心县委及所辖六县、红三十三师联席会议上确定了收编土匪的策略和条件，并主动派人去做土匪的工作，积极争取土匪接受改编。

六安中心县委对盘踞于六安龙穴山，活动于寿县三觉寺、六安东南乡和舒城晓天一带的权广义股匪，作了认真的分析，认为出身农民的权广义于1929年春因不满豪绅地主的压迫，被逼为匪。他打富济贫，处决了同宗大地主权少堂；攻打驻三觉寺的商团，连攻三日未克，怒而火烧三觉寺庙宇；转移到六安东乡、枪杀了大地主史野琴。舒传贤及六安中心县委研究决定对权广义土匪进行收编。1930年4月中旬，中心县委即派余干臣、汤衡等3人前往六安东乡的高庙冲、月牙塘一带找到权广义部，商谈改编事宜，权欣然接受。中心县委遂以中国工农红军第十一军东路指挥部的名义，收编权的部队为工农革命军第三十五师，委任权广义为师长，全师千余人。不久，权率部第一次攻打国民党重兵把守的六安县城，与敌激战于城北十五里墩到二十铺一线，很多人在战斗中英勇牺牲。

5月23日，红一军军部召集六安中心县委和红三十三师师委开会，改编三十三师，舒传贤参加了改编工作。会议决定从三十二师抽一〇一、一〇三团与三十三师合编为中国工农红军第一军第三师师长周维炯，政治委员兼政治部主任姜镜堂，全师300多人。该师自此为红一军建制，改编后开往豫南。

红三十三师改编归红一军指挥后，舒传贤为加强皖西防御力量，又着手组建了中央独立第一师，作为皖西地方武装的主力。6月，舒传贤代表六安中心县委与中央军委巡视员朱瑞、红一军前委，在霍山县城举行联席会议，成立了编制委员会，决定以红二师编余的一个大队和皖西地方武装组建中央独立第一师，师长徐百川，政治委员王文生（即梁仲明），全师辖5个团，共3000多人、500多支枪，归六安中心县委指挥。不久，朱瑞又改该师与中心县委为横的关系，但实际上该师还是全靠皖西苏区供给，其活动范围也仍在六霍等县。舒传贤在组建工农革命军第三十五师和中央独立第一师的同时，还指导皖西各地大力发展赤卫队、游击队、少年先锋队等群众性的地方革命武装，分别由各地党组织和苏维埃政府指挥。

指挥红军攻克霍山县城

六霍起义全面爆发，六霍等县基层苏维埃政权相继建立，必然受到反动统治阶级的疯狂报复。舒传贤的家先后6次被查抄，最后被放火烧为灰烬。哥哥舒传泗和妻子陈清如毅然参加革命，年迈的舒母带着孙儿（传贤之子）避难于霍山西乡。各地的共产党员、农协会员和基层干部经常被反动派捕杀。舒传贤与中心县委成员面对严峻形势，研究决定：一方面要扩大红三十三师的军事力量，并与红三十二师合作，锻炼三十三师的战斗力，打退敌人的军事进攻与经济封锁，保卫以流波礚、麻埠、闻家店、燕子河为中心的赤区（长140余里、宽60余里），恢复被敌侵占的郝家集、独山之中心区域；另一方面要继续发动武装暴动，扩大六霍起义成果，壮大地方革命武装，普遍建立苏维埃政权。

舒传贤根据这一精神，1930年1月30日，红三十三师在赤卫队的配合下，首次攻克霍山县城。2—4月，又先后发动霍山东南乡和东北乡农民暴动，集中红三十二师、三十三师、潜山独立师主力再次攻克霍山县城，成立了霍山县苏维埃政府。

首克霍山县城　红三十三师成立后，舒传贤建议将统治阶级力量比较薄弱的霍山县城作为首攻目标。1930年1月30日（农历正月初一）凌晨，红三十三师向西门发起进攻，霍山县委集中游击队、赤卫队协同红军作战。当日午前，红三十三师由西门强攻入城，在城内与敌激战于北门，赤卫队围攻东门。红军英勇激战至下午4时，敌军败退。刚刚组建的红三十三师首战告捷。这是安徽历史上红军攻克的第一座县城。为避免牺牲、保存实力，随后，红军主动撤出霍山县城。

舞旗河、大化坪暴动　1930年2月29日（农历二月初二），红三十三师游击到霍山南乡舞旗河一带，舒传贤和霍山县委通知大化坪党组织，配合红军游击，举行暴动。大化坪党支部书记程玉清和党员江茂林率130多人、47支枪的赤卫队，往迎三十三师，立即暴动。活动在舞旗河、芦柴湾一带的共产党员解宗涛等人也率领农协会员起而响应。当日，红军和赤卫队击溃舞旗河镇自卫团数十人，处决自卫团队长黎元炳和反动地主李华俊，缴枪13支，占领了舞旗河镇，并乘胜进占大化坪镇，暴动取得胜利。中共山南区区委负责人胡祥仁、王发德在程氏宗祠主持召开群众大会，宣布成立霍山县第三区苏维埃政府，万世忠任主席，江茂林等人为委员。下辖良善铺、王家畈、留驾园、大化坪、俞家畈5个乡，各乡苏维埃政府也相继成立。

与此同时，共产党员方小五、金学未、吴成信等人发动了管驾渡、汪家冲暴动。从此，霍山南乡成为赤区，并与西镇联结起来。

东北乡大暴动与再克霍山县城　霍山东北乡是舒传贤的故乡，群众基础好，但处于六安、霍山县城之间，距两县县城都不甚远，且地属丘陵地带，无高山密林的自然屏障，故屡遭敌人摧残。1930年4月6日，六安县民团队长罗子和率自卫队到霍山东北乡下符桥一带搜捕农协会员，杨甲三率自卫队进剿舒家庙。民团刚到，就被农协会员数千人围住，东北乡赤卫队也迅速从西镇回师东北乡，与民团激战数小时，双方成对峙局面。六安中心县委常委会紧急开会研究决定，由舒传贤赶到东北乡亲自指挥。自7日开始，赤卫队与自卫团呈胶着状态，舒家庙、团墩、但家庙等地相继暴动，二、三、七区有四五万名群众纷纷赶来援助。

六安中心县委在舒传贤建议下，调三十三师、西镇游击队日夜兼程，向霍山东北乡进发。9日，红三十三师与西镇游击队、潜山独立师返回西镇，与刚刚到达西镇的红三十二师会合，急速向霍山东北乡进发。

4月11日，在红一军（1930年3月由原红十一军改编）军长许继慎、三十二师师长周维炯、红三十三师师长徐百川、潜山独立师师长王效亭等率领下，抵达霍山县城西20里的黑石渡和城南30里的管驾渡，与守敌激战，击溃两地阻敌，直逼霍山城下。此时，六安自卫团已在东北乡被赤卫队围困4天。红军抵达县城后，东北乡赤卫队亦迅速分兵一部，赶到县城东门外，配合红军攻城。当时围城群众达5万人（占全县总人口的1/4），战斗部队3000人，其规模之大、人数之多在皖西地区是空前的。

4月12日上午6时，红军首先从西门发起猛攻，激战至中午12时，敌溃退出城。是役，红军计击毙敌100多人，缴获钢枪80多支，银圆4000元。红军打开监狱，没收县政府及富商财产。红军攻克县城后，乘胜进兵下符桥、三尖铺、舒家庙，全歼被赤卫队围困的六安两队民团。至此，霍山东北乡暴动获得全胜。霍山县第一区（东北区）苏维埃政府即在团墩成立，主席朱祥太。下符桥、大河厂、但家庙、舒家庙、三尖铺等9个乡苏维埃政府相继成立，霍山东北部全成为苏区。霍山县第二区（城区）苏维埃政府同时在城关成立，主席王燮。

红军攻占霍山县城，群众一片欢腾，杀猪宰羊犒劳红军。舒传贤于当日下午，在数万人参加的群众庆祝大会上，宣布了霍山县苏维埃政府成立。这是皖西地区以及安徽省的第一个县级苏维埃政府，机关设于西大街。县委机关也迁入城内。六安中心县委大部分成员、红一军、三十三师、三十二师、潜山独立师领导干部均集于霍山县城内。中心县委与上述各部举行了联席会议，总结了东北乡大暴动及攻占霍山县城的经验，研究了下一步行动计划。根据联席会议布置，红三十二师仍回商南，红三十三师配合潜山独立师向霍山东南游击，协助潜山建立苏区。于是，又发动了霍山东南乡的农民暴动。东北乡农民大暴动及红军首次攻克霍山县城，是在舒传贤直接指挥下的一次大胜利。

建设苏维埃政权

政权组织建设 土地革命战争的中心任务是武装摧毁国民党反动政权，建立工农专政的苏维埃政权。舒传贤及皖西各级党组织对这一中心任务十分明确。六霍起义中，六安中心县委就及时指出："现在我们暴动，打土豪，杀劣绅，不仅是把富人打倒就算事，我们还要把富人用来杀穷人的一把刀夺过来，拿在穷人手里，这样才能永远不受富人欺。苏维埃政权也就是从富人手中夺过来的一把刀。"在这一思想指导下，各级党组织在准备发动武装暴动中，一般都秘密筹建了相应级别的苏维埃政府或革命委员会，暴动一胜利，立即向群众公布，并行使政府职权。这也是皖西苏维埃政权建设的一个显著特点。独山暴动后，立即建立了六安县三区革命委员会；西镇暴动胜利后，马上宣布西镇革命委员会成立，不久就在燕子河建立了霍山县六区苏维埃政府，在漫水河建立了霍山县五区苏维埃政府，"行一切政治"。到1930年春，在皖西各县，凡举行武装暴动并取得胜利的区、乡基本上都建立了相应级别的苏维埃政府，或先建立临时行使政权职能的革命委员会（或办事处），随后便通过选举正式建立苏维埃政府。区苏维埃政府一般选举执行委员13～15人，其中常委5～10人，每区辖9～15个乡不等，大部分乡成立了苏维埃政府，有少数乡仍由农协组织行使政权。村一级政权一般仍保留农协支会，由农协支会行使政权。

1930年4月12日，红军攻克霍山县城，赶跑了国民党反动县长甘达用，立即宣布成立霍山县苏维埃政府。这是安徽省历史上成立的第一个县级苏维埃政权，其组织者就是舒传贤。早在1930年2月（农历正月），红军第一次攻克霍山县城后，在革命形势迅速发展、县境西部已经建立了3个区级苏维埃政权的条件下，舒传贤准备建立县级苏维埃政权。于是在闻家店与霍山县委一起着手筹建霍山县苏维埃政府，在燕子河主持召开了霍山县各区、乡干部和积极分子会议，选举产生了霍山县第一届苏维埃政府委员会。所以在4月12日下午，即红军攻克县城、肃清守敌后，即召开了有数万军民参加的县苏维埃政府成立大会，设政府机关于城内西大街。主席曹品三（原名汪正发），政府委员会执行委员21人，候补委员5人。并从执委中选出曹品三、高维琪等9人组成常委会。县苏维埃政府设立土地、经济、裁判兼肃反、粮食、武装、财政、文化、交通、赤卫等委员会，分管全县各项行政。下辖一区（舒家庙）、二区（城关）、三区（管驾渡）、四区（杨家河）、五区（漫水河）、六区（燕子河）、七区（诸佛庵）区苏维埃政府、70多个乡苏维埃政府（或农协）。区、乡苏维埃政府机构设置大体与县相同。霍山全县近20万名人民群众获得翻身解放。

舒传贤和六安中心县委认识到，新生的苏维埃政权在本质上不同于历史上任何剥削阶级的政权，它是工农民主专政的政权，是彻底替工农兵谋解放的政权，与地主资产阶级国民党政权完全对立，它的组织原则是立法行政合一，完全运用民主集中制。人民群众破天荒地当家作主，享有充分的民主权利，首先是选举权和被选举权。舒传贤会同中心县委成员根据皖西实际情况制定了《苏维埃选举权和选举法》，规定苏维埃代表由工农群众和其他劳动者选举产生，凡年满16岁的工人、"不以剥削为目的而自己劳动的农民"（包括雇农、佃农、贫农、中农）、"小学教师、学生店员、医生以及其他自由职业者"、"过去努力无产阶级、努力的革命者"，"不论种族、男女、居住之久暂"，"均有苏维埃选举权及被选举权"。而"土豪劣绅地主反动派"当过统治阶级警察、宪兵、马弁，有反革命行为者，皆剥夺其选举权和被选举权。这就从根本上确定了劳动人民的政治地位和民主权利，而剥夺了一切反动阶级的政治权利。

舒传贤指导制定的苏维埃选举法规定："区苏维埃政府确定五百农民选举代表一人，工人和士兵皆五十人之中选举代表一人，并由区苏维埃政府划定若干选区开群众选举大会，以到会人数多寡来决定产生代表若干人，由会场群众提出人选，再由主席团提交大会，以得票（举手）最多者为当选。区苏维埃政府代表大会产生执委的办法，由代表大会共同提出若干人，经主席团审查后，再交大会付表决。乡苏维埃政府产生执委与区苏维埃相同。"县苏维埃政府选举时，则决定每区出席县代表大会一定代表人数，并限定"中农贫农要占十分之六，工人要占十分之二（雇农、店员、职工），革命知识分子要占十分之二，但党员要占全数之半"，各级执委中"劳动妇女要占十分之三"。这种用民主选举产生代表的方法，使苏维埃政权具有广泛的代表性，不仅确保了无产阶级在苏维埃政府中的领导地位和工农联盟的坚实基础，而且充分体现了苏维埃政权的工农民主专政的实质。

苏维埃政权组织严密，有一套组织系统。苏维埃代表大会是最高权力机关，在大会休会期间由选举出的执行委员会行使权力。对苏维埃政府机关要求"须具诚朴敏捷的精神，坚决地防止官僚主义之发生"。因此，要求"谨慎地选择自己的工作人员""选举最忠实可靠的领袖充当"。并实行苏维埃工作人员定期参加劳动的制度，对脱产人员数额严格控制，工作人员的报酬也很微薄。在这种严密的组织程序和严格的组织纪律的指导下，各级政府工作人员大都能做到努力工作、廉洁奉公作风正派、接受人民的监督，表现不好的可以通过组织程序予以撤换。

舒传贤始终注意加强党对苏维埃政府的领导，经常检查指导苏维埃政府的工作，政府的重大决定必须通过相应的党组织，但党组织不包办苏维埃。这样，既坚持了党的领导，又发挥了苏维埃政府的职能作用。

开展土地革命 舒传贤对皖西苏区的土地革命高度重视，他认识到进行土地制度的彻底变革，是一场深刻的革命，不仅为肃清封建势力，动摇统治阶级根基，铲除封建土地所有制的重要手段，而且是发动群众进行武装斗争，发展和巩固苏维埃政权的基本武器。

1930年3月下旬，舒传贤和六安中心县委在所辖六县与红三十三师联席会上，提出了"彻底执行土地政纲的任务"，争取"农民组织于我们口号之下"。将土地分配正式提上了党的议事日程。并选择了群众基础好的六安六区作为苏维埃建设和土地革命的试点。经过积极筹备，4月13日六安六区召开了苏维埃代表大会，通过了《土地政纲实施细则》《森林办法》等6个地方性法规。自此，土地分配工作在皖西各苏维埃区域普遍展开。

《土地政纲实施细则》对土地革命各项政策作了具体规定。《土地政纲实施细则》是舒传贤及六安中心县委依据中共六大所通过的《土地问题决议案》精神，参照1930年年初的《鄂豫边革命委员会土地政纲实施细则》结合皖西实际情况制定的，其政策精神是基本正确的。它彻底摧毁了几千年封建土地所有制，其意义是极其深远的。

1930年8—9月，皖西苏区几乎全被敌占，豪绅地主疯狂反攻倒算，土地革命成果丢失殆尽。是年冬，皖西苏区第一次反围攻胜利，收复失地，重建苏维埃政权。接着又普遍掀起了分配土地的热潮。舒传贤认真总结了皖西1930年春土地分配中的经验与教训。在1931年春，皖西苏区第二次大规模土地分配中便修正了有关政策，如给地主、富农分配一定的土地，让他们自食其力；改单纯按人口平均分配土地为按人口和劳动力为标准分配土地等。这些新的规定使土地分配政策更完善，也更受广大群众的欢迎，土地革命运动迅速发展。

皖西苏区土地革命的全面开展，摧毁了几千年的封建土地制度。广大农民在政治上、经济上翻了身，农村生产力得到了解放，农民生活得到了明显改善，他们把自己的命运与共产党、红军和苏维埃紧紧地联系起来，到处都出现拥护红军、踊跃参军的动人情景。

土地革命是一场前所未有的伟大革命，作为皖西苏区党的主要领导者的舒传贤的主要功绩在于：一是集中集体智慧制定正确的政策，他所指导制定的六安六区《土地政纲实施细则》《森林办法》既符合党中央的《土地问题决议案》精神，又符合皖西实际情况，因而深受群众欢迎，发挥了巨大的威力，取得了显著的成绩；二是在实践中不断总结经验，发现问题及时纠正，使政策更加完善，更加符合实际情况，因而能更好地指导土地革命运动健康地向前发展。

苏区建设 经济建设 皖西交通闭塞，经济落后，加之国民党反动统治，残酷剥削、水旱之灾、兵匪之乱，经济全面崩溃，人民生活十分困苦。各地苏维埃政权建立后，国民党反动派在军事“围剿”的同时，对苏区实行严密的经济封锁，粮食，食盐、布匹、药品等一些生活必需品严重匮乏。针对这一严重的经济形势，舒传贤和六安县委采取了一系列鼓励生产、鼓励贸易的经济政策。

首先，舒传贤带领苏区人民开展经济斗争。1930年3月下旬，六安中心县委在六县联席会议上，针对当时军阀战争已经大规模地爆发起来，工农群众的生活愈加恶化的形势，作出了《关于春荒斗争的策略路线》的决议案，要求各县各级党创立组织斗争委员会，领导群众进行经济斗争。

其次，规定了实行单一累进税，废除了国民党的多如牛毛的苛捐杂税。

最后，鼓励贸易。为打破敌人的经济封锁，舒传贤和中心县委于1930年3月将过去“保护中小商人的利益”的政策改为“中小商人营业自由”。为便于流通，六安中心县委在尚无条件发行货币的情况下，规定在苏区除不用国民党中央银行发行的钞票外，交通银行和中国银行的票子可以通用。由于这一系列的鼓励贸易的政策和措施的实行，使得皖西苏区大量积存的木、茶等得以售出，苏区急需的米，盐、布、药品等得以通过各种渠道和方式输入。在诸佛庵、麻埠，漫水河，燕子河、闻家店等中心区域的市场上，挤满了从四乡来的农民、外埠商人，成为当时皖西苏区最热闹的集市。此外，大量的、经常的贸易则是在赤白交界的地区，如霍山新店河、霍邱的叶家集等地，通过各种渠道和各种关系秘密贸易。这对解决苏区经济困难、打破敌人经济封锁起了很大的作用。

文化建设 皖西苏区的劳动人民祖祖辈辈被剥夺了受教育的权利，饱尝无文化之苦。

他们在政治上、经济上翻了身，对学文化受教育的要求更加迫切。当时的革命运动也需要一大批有一定文化水平的干部。因此，舒传贤和六安中心县委十分重视苏区文化教育事业的发展，各级苏维埃政府都设立了文化教育委员会（乡、村设专职文化教育委员），专司文教之责。1930年3月下旬，在七邻湾六县联席会议上，专门作出了《宣传教育工作决议案》，强调发展文化教育事业，提出“扩大识字运动”“加紧文化运动”“依据无产阶级教育原则普及农村小学的教育”等任务。

舒传贤、周狷之、桂伯炎等中心县委主要成员都直接参与组织教学活动，有的兼任校长，有的为学校（或训练班）编写教材，甚至亲自讲课。在他们的努力下，在每个乡苏维埃政府驻地设立农村小学三四所，学校的学生有七八十人至120人之多，有些乡村农校设有夜校，专收成年男女来校读书。苏维埃政府还规定：工农子女优先入学，除笔、墨，纸，砚由学生自备外，不收学杂费，实行义务教育。对守法的地主富农子女也准其入学，但要收学杂费。贫苦农民子女的入学率很高，几乎达到普及。

随着群众文化程度的提高，破除迷信、废除封建礼教也越来越多地成为苏区群众的自觉行动。六安中心县委于1930年初制定了《妇女条例》，规定“凡未结婚的婚约一律作废，听凭男女自由，并在‘三·八’大会通过男女结婚、离婚绝对自由的原则。但在目前要经过苏维埃政府手续，在苏维埃执行的方面是采取双方同意（残废者例外），并严厉禁止买卖妇女和虐待童养媳等”。这一条例废除了自古以来的包办买卖婚姻，深受青年男女欢迎。再如提倡妇女放足、剪发、同等分配土地等等都大大提高了妇女地位，激发了广大劳动妇女的革命热情，舒传贤赞扬他们：“妇女对革命热诚和努力较男子强之。”此外，还有打菩萨、禁吸鸦片烟、禁赌等活动，使苏区群众的文化娱乐活动也蓬勃开展起来，各乡苏维埃政府都建有俱乐部，唱歌、读报、演戏、组织讲演会等活动十分普遍。在六霍苏区，无论男女老少，几乎没有不会唱红色歌谣的。这些歌谣，一般是就地取材，采用群众喜闻乐见的曲调，反映工农群众在反动统治下的悲惨生活，反映广大人民要求翻身解放的革命热情和斗争胜利后的喜悦心情，歌颂共产党，歌颂红军和苏维埃，易学好记，深切感人，流传至今仍不减其政治意义和艺术价值。

七、热血铸忠魂

就在皖西革命迅速发展的大好形势下，1930年秋，李立三“左”倾路线开始推行到皖西。为了党的事业和人民利益，舒传贤与错误路线展开了一场激烈的斗争，后惨遭张国焘秘密杀害。

抵制“左”倾盲动主义和冒险主义错误

根据立三路线占统治地位的中共中央及“长江总行动委员会”的指令，1930年8月，鄂豫皖特委和红一军前委合并组成京汉行动委员会，其任务是支援鄂中暴动及切断京汉铁路，执行李立三的“以武汉为中心的全国总暴动”指示。京汉行委又指令皖西党、团及群众组织相应合并，组成六英霍行动委员会并组建六霍暴动总指挥部，由舒传贤担任总指挥。在“一支枪也要集中到红军中去”的口号下，去执行“截断长江，打到武汉过中秋”的军事冒险计划。皖西红军和地方武装全被西调。此前，舒传贤虽在六霍组建独立第一师，虽有2000余人，但武器严重缺乏，战斗力薄弱。在这一“左”倾错误路线的指导下，红军不是紧紧依托根据地向外发展，而是集中在敌占城市周围和交通沿线活动，致使根据地不能进一步发展，游击战争也遭到削弱，造成皖西革命根据地空虚。

自7月开始，敌新编第五旅纠集颍上、寿县、合肥等地红枪会5000人及六霍等县自卫团600多人进攻苏区。7月上旬，敌围攻霍山县城，激战一天，县城失守。27日，敌围攻英山，次日英山县城又被敌占，敌人进攻有增无减，根据地一天天缩小。

然而正当敌人进攻皖西之际，8月，根据鄂豫皖特委指示，六霍两县却调集17000名赤卫队员，仅有300支枪（且多数不能用），并将中心县委、各群众团体机关的全体工作人员编队随征，加之随队行动的地方干部、避难群众近万人，由六霍暴动总指挥部指挥，浩浩荡荡去执行“攻打武汉”的冒险计划。赤卫队从闻家店、燕子河、漫水河等地出发，经道士冲、烂泥坳，打算夺回霍山县城并与东北乡游击队接应，再西征攻打武汉。队伍抵达落儿岭时，与敌某部激战数小时，敌退守黑石渡。霍山县城守敌闻讯派兵增援，赤卫队进攻黑石渡苦战数日不克，伤亡很大，被迫撤回土地岭以西。敌乘势压迫我赤卫队、干部、群众于闻家店、燕子河一带狭窄山冲。此时红一军已全部远征出击京汉线，独立一师在麻埠、流波𥔲、抱儿山等地苦战月余，终因武器低劣，组建后又未经训练，缺乏实战经验等原因，屡战失利，损失很大，被迫转移豫南。到8月底，皖西苏区几乎全被敌占，基层党的组织及苏维埃政权被破坏殆尽。仅六安、霍山两县留守的干部就被杀470多人，群众被杀达19600多人，妇女被卖1690多人，革命中心区域的舒家庙、团墩、郝家集、独山等地变成了无人区，而且敌人仍在向闻家店、燕子河一带数万人的群众、干部和赤卫队队员一步步进逼，形势十分危急。

在革命的紧急关头，舒传贤看到立三“左”倾路线所带来的严重损失，他不顾个人风险，毅然于9月3日解散了六霍暴动总指挥部，停止了攻打武汉的错误军事冒险。为了保存力量，避免更大牺牲，决定暂时撤离皖西根据地。舒传贤率中心县委、六霍两县部分干部及赤卫队队员、少先队队员3000余人，避难群众万余人，转移到商南根据地；霍山县苏维埃政府带领部分群众由漫水河向英山转移，后又转移到潜山境内与独立第二师会合。转移商南的决定只是暂时撤出了皖西苏区，避免了与敌硬拼、全军覆没的恶果，保存了革命力量，并为反围攻重返皖西积蓄力量。

舒传贤率赤卫队、干部、群众退到商南后，子弹及粮食极端缺乏，这一问题严峻地摆在舒传贤及六安中心县委面前。在商城、六安、霍山县委和独立一师师委的联席会议上，有人主张率部继续往黄安、金刚山方向退却，舒传贤在会上极力反对。为了保护人民群众，保存革命力量，舒传贤据理力争，坚持把革命队伍撤回皖西。12月16日，红一军由罗田挥师东进，独立一师配合作战，回师皖西。到年底，霍山县城收复，淠河以西大片苏区恢复。

巡视非苏区

1930年9月下旬，舒传贤根据六安中心县委第三十八次常委会和六霍县委、商城县委及独立师联席会议决定，去巡视白区工作，并去上海向中央回报皖西情况。他沿途对商城、英山、霍山、六安4个苏区县及霍邱、寿县、合肥、舒城等非苏区县进行了认真的调查、考察。通过调查研究，他更加坚信立三路线的错误及其对皖西革命的严重危害。

1930年12月10日，舒传贤根据自己沿途4个月的实地考察情况，在写给中共中央的近2万字的长篇综合报告中，除全面汇报了皖西苏区、非苏区工作、斗争情况外，还专门分析了“六英霍的苏维埃区坍台的原因和工作上的错误”，对由于推行立三路线致使皖西苏区丢失作了全面的检讨。如：对于红三十三师西调攻打武汉问题，舒传贤指出：“三十三师调走后，六英霍的武装非常之单薄，敌人一天天地压迫，所以六英霍的苏维埃只有一天天地缩小，群众感觉没有武装来与敌人对抗，因之起恐慌，以致赤区动摇。如果该师不调走，即使皖西赤区坍台，亦不会如此快，六霍的干部亦不致牺牲470余人，群众的牺牲亦不能有如此多，并且对邻县的工作，也有相当的推动。”“过去赤区军事人才（斗争中的干部）统统由三十三师带去了，所以缺乏军事人才。”“忽视购买子弹，到了军事吃紧时，需要子弹时，三元一排尚且不容易购得。”明确红三十三师执行长江行委命令西调是导致皖西苏区坍台的主要原因。

舒传贤沿途调查考察，于1931年2月中旬（农历春节前夕）到达中共中央所在地上海。他根据自己的实际考察，以皖西苏区大量血的事实，向中共中央揭露立三路线给皖西革命造成的巨大损失。

遭到迫害

1931年1月，在中共六届四中全会上，王明在共产国际代表的支持下，取得了在党内的领导权。他打着“反对立三路线”的幌子，推行一条比立三路线更“左”的路线。3月，张国焘等人被王明派往鄂豫皖苏区组建中央分局，张任分局书记兼军委主席。舒传贤亦陪同沈泽民等回到皖西。3月23日舒传贤在合肥恢复了中共皖西北中心县委，岂料等待他的却是皖西北特委给他“开除党籍”的处分决定。

原来在舒传贤离开商城往白区视察并赴中央汇报工作期间，1931年1月，皖西分特临委成立（4月改为皖西北分特委），取代了原六安中心县委，领导4个苏区县和15个非苏区县的工作。皖西分特委在第一次扩大会上，开始贯彻王明“左”倾机会主义路线。少数领导人在舒传贤缺席的情况下，罗织罪名，给舒传贤以“开除党籍”的处分。在分特内大多数同志的坚持下，产生了审查委员会详细审查了舒传贤的问题，经过全体会议的认真讨论，大家认为分特委过去对舒传贤的处罚，是不切实际的。在第三次扩大会上，撤销了原处分决定，但重新决定对舒传贤书面警告，并在大会上公开承认其错误，交分局批准。也就是留了一条“尾巴”，这就给张国焘迫害舒传贤抓到了把柄。

舒传贤对皖西北特委强加给他的诬蔑不实之词，毫不屈服，据理力争，并在4月27日和7月23日两次给中央写出申述报告，对原处分决定原文逐条加以批驳，概括起来，除了

“脱离群众跑反”及所谓“妥协改组派首领王變”，反对用暗杀手段处决张静峰、秦伦阁外，大部分是工作方法上的问题，甚至将他的妻子陈清如代替手上生疮的机关炊事员烧饭，有人提出意见后，舒立即要陈回家了，也成了一条“罪状”。

张国焘到鄂豫皖根据地，对皖西的党、红军和苏维埃全盘否定。中共中央决定舒传贤任中央分局委员、组织部部长，但张国焘借口舒传贤“对改组派曾有不坚定不敏捷的政治错误”，撤销了舒传贤的职务，暂不分配工作，并组织一审查委员会来审查舒传贤的错误，蓄意陷害这位皖西革命根据地的主要创始人。

6月28—30日，鄂豫皖中央分局召开第一次扩大会议，仍然无视舒传贤的申述，不顾事实，重弹皖西北特委老调，对舒传贤作出三点结论：“（一）给唯宁最后的严重警告；（二）开除唯宁的中央分局委员；（三）由分局支配唯宁到下层工作”，强迫舒传贤接受，甚至连他要求在会上申辩的权利也被粗暴地剥夺了。6月30日，张国焘代表中央分局在会议总结报告中，又点名批评舒传贤，并给他捏造了一个“改组派元老”的大帽子。

7月23日，舒传贤对强加给他的诬蔑不实之词，再次据理反驳，他在职权被无理解除、身处逆境的情况下，又一次给中共中央写申述报告，明确表示：“我认为审查委员会仅把审查结论四点错误向大会报告，主席又不许我做个简单报告”，分局不能解决的问题（如擅自撤销党中央对舒传贤的任命等），又蓄意拖延不上报中央，“开除我的中央分局委员，又给我最后严重警告，这个处罚确实过火，我认为是不正确的”。并强烈要求中央分局上报中央政治局。但张国焘却违反组织原则，加重对他的迫害。作为组织原则性很强的舒传贤，即使在这样险恶的处境下，仍然表示：“在中央未答复之前，我当然服从大会决议，现已由分局分配我到光山砖桥区，该区是游击区，是赤白界区，这个艰苦的工作，我当不懈怠地努力工作”，舒传贤到砖桥区，初任苏维埃政府主席，后又任区委书记，工作仍积极努力，很快就赢得了当地群众的信任和尊敬。

舒传贤《为被处分给中央的报告第二号》成了他留下的最后的文字。不久，张国焘在鄂豫皖苏区掀起“大肃反”的狂潮，凡被加上“改组派”“A、B团”“第三党”等莫须有罪名者，几乎全被杀害。1931年冬，舒传贤被张国焘秘密杀害于皖西山区，终年32岁，为捍卫党的正确路线献出了年轻的生命。

八、传承红色基因

中华人民共和国成立后，舒传贤被安徽省人民政府第一批追认为革命烈士。1987年，中共中央军委编的《中国大百科全书·军事卷》，将舒传贤列入无产阶级军事家行列。民政部将其卓著功绩载入《中华英烈大辞典》等权威历史辞书。有关他的革命事迹的图片、资料在皖西各地纪念馆中展出。中共霍山县委、县人民政府为舒传贤建了陵园，立了塑像，每年都有大批的工人、农民、战士、干部、学生前来瞻仰纪念。2020年起，在他的家乡舒家庙开始新建舒传贤广场。舒传贤的英雄事迹在大别山、皖西大地讴歌传颂。

纪念设施

主要有皖西各地建立的革命纪念馆都陈列有关舒传贤革命活动的内容。霍山烈士陵园、但家庙镇观音岩村舒家庙的舒氏宗祠内陈列的有舒传贤遗物，以及各个时期舒传贤革命斗争经历的图片、文字。漫水河的西镇暴动纪念馆、裕安区独山镇的六霍起义纪念馆、金寨县的烈士纪念馆等，都分别从不同侧面展示了舒传贤光辉的战斗业绩。2019年，在舒家庙开始兴建占地面积30亩的舒传贤广场。

安徽红色区域中心纪念园 霍山县委、县政府于1986年兴建霍山县烈士陵园，先后成为安徽省重点烈士纪念建筑物保护单位、安徽省爱国主义教育基地。2008年，按照“集中展示、分散保护、红绿古结合”的旅游发展思路，兴建了安徽红色区域中心纪念园。该园位于霍山县城西南角，四周山峦起伏，绿林环绕，流水潺潺，鸟雀啼鸣，占地面积17.1公顷，广场面积1.5公顷，工程总投资2500余万元，于2009年5月建成。纪念园分为山上和山下两个部分。山下为安徽红色区域中心纪念园广场，命名为红源广场，主要包括9个部分：滚滚洪流、8块革命史记墙、4个第一历史丰碑柱、安徽红色区域中心地图、大别山革命英雄群雕、大别山革命史浮雕墙、舒传贤烈士塑像、英烈墙与烈士墓、碑廊。山上部分主要包括：安徽红色区域中心纪念馆（4幢两平行一层建筑，面积800余平方米）、六霍起义纪念亭、传贤亭、淠西亭4个部分。纪念馆内集中展示了舒传贤在霍山及皖西大地波澜壮阔的革命斗争历史。

矗立于红源广场的舒传贤雕像

位于独山镇的六霍起义纪念塔

学生祭扫六霍起义纪念塔

霍山烈士陵园的传贤亭

舒传贤纪念馆　即位于舒家庙小街的舒氏宗祠。1927年，舒传贤在此创办学术研究会，开办农民夜校。20世纪50年代，改为舒家庙小学。2015年，在原址重建舒氏宗祠。2017年，该纪念馆被六安市人民政府批准为第三批市级文物保护单位，设为青少年爱国主义教育基地。内设“舒传贤烈士革命活动旧址”展厅。展厅正中是一幅“六霍起义”浮雕，然后是展板，自西向东依次是舒传贤“生平简介”“行知合一”“求真索理”“返乡建党肩负使命”“运筹帷幄、决胜千里”“血雨腥风、将星陨落”，全面介绍了舒传贤光辉战斗的一生。展柜还陈列了一些珍贵的文物。在宗祠的西厢房，按原样设置了中共舒家庙党支部办公室和“农民夜校”。里面陈列有桌子、板凳、椅子、马灯、蓑衣、斗笠、长矛、茶具等。

位于舒家庙的舒传贤革命活动旧址——舒氏宗祠（2015年重建）

舒氏宗祠内的舒家庙农民夜校旧址（2015年重建）

传贤广场及红色旅游集散中心　该项目2019年动工兴建，2022年年底建成。设计原则为“顺应山水，契合地貌，有机布局，景观和谐”。传贤广场作为但家庙红色旅游核心，以追思小道为内环，以重走红军路为外环。传贤广场以入口标志、红源雕塑、红色旅游集

兴建中的舒传贤广场 （王玉生 摄）

散中心（舒传贤纪念馆）、舒氏祠堂为主轴。在中轴线上，从南至北依次分布广场标志、红源雕塑、红色旅游集散中心（舒传贤纪念馆）、舒氏祠堂、红培中心等重要建筑。建筑风格厚重、庄严。具体到每件构筑物，根据功能和需要，建筑风格又各有不同，体现着不同时代的内涵和精神。广场周边设计了花溪飘香、层峦叠翠、荷风柳浪、海棠春坞、金莲映日等景观节点，恰当衬托了主体建筑。

红色旅游集散中心是徽风汉韵风格，分为两层，每层面积1100多平方米。其中一层主题大厅365平方米，设置舒传贤雕塑、生平事迹浮雕。其余为多功能厅、会议室、接待室、配套设施等，约700平方米。二楼舒传贤生平展，面积800平方米，临展教研区100平方米，挑空区220平方米。舒传贤生平展分为6个区，除了序厅外，借鉴舞台剧结构，以舒传贤追求和献身信仰之光为主线，构建遇见光、追寻光、成为光、献身光、传承光五幕布局，再现舒传贤波澜壮阔的一生。

传贤路 位于衡山镇的衡山南路至淠河西路之间，即起于九丫树，经南岳山庄、霍山首府北侧，一直向东北延伸并与淠河西路相接。这条路是为纪念中共霍山县委第一任书记舒传贤而命名的。

舒传贤革命活动旧址群开发

在但家庙镇境域内，以舒家庙为中心分布着多处舒传贤烈士革命活动旧址。2016年，镇党委政府按照“红色+绿色”“红色+古色”的模式进行规划建设，把舒传贤红色精神与万亩油茶绿色发展、东观禅院的古色有机结合，打造集爱国教育、观光休闲等功能为一体的红色文化旅游区，使其成为霍山县红色文化的一面旗帜。建设内容主要为“一个中心区，三大板块，三条精品路线”。

“一个中心区”：中心区为传贤广场，包括舒传贤故居、舒传贤农民夜校旧址、学术研究会旧址、东北乡暴动旧址。建设舒传贤铜像、东北乡暴动群雕、舒传贤纪念馆，霍山县第一次党代会旧址、东北乡暴动指挥部、游客接待中心。

“三大板块”：第一板块为“桂花冲”，位于传贤广场的东面，为中共县委第一次党代会旧址，规划建设传贤广场、传贤书屋等。

第二板块为“东观禅院”，位于传贤广场的北面。包括六县联席会议及霍山县第一个党支部成立旧址。规划建设生态停车场、花海及六县联席会议旧址等。

第三板块为万亩油茶基地，位于传贤广场的西面，规划建设红车露营地。

“三条精品路线”：第一条精品路线为：从传贤广场至桂花冲，一线天，天然岩洞，观音岩水库、牛鼻岩，观赏秀美自然风光。

第二条精品路线为：从观音岩村口沿观豪路至传贤广场到东观禅院，感受红色文化的熏陶。

第三条精品路线为：从传贤广场沿舒桐路、小广冲路至万亩油茶基地，体验专业骑行线路。

纪念活动

1979年3月，团墩公社召开纪念大会，纪念舒家庙农民暴动50周年，在舒家庙举行大型群众集会，以纪念舒传贤烈士。连续一周在舒家庙上演地方戏，吸引了远近数十里的群众前来观看。

2015年4月5日，霍山红源广场举行盛大集会，有解放军、干部、群众、学生3000余人参加，祭奠包括舒传贤在内的霍山5万名英烈，CCTV-4同步直播。

2019年11月16日，在舒传贤诞辰120周年之际，由中共霍山县委“不忘初心、牢记使命”主题教育领导小组、县委宣传部主办，但家庙镇党委政府、县文化旅游体育局、县委史志室等单位承办，在舒传贤的家乡舒家庙举行了以“缅怀革命先烈、传承红色文化”为主题的系列纪念活动。包括召开纪念大会，举行群众性“纪念舒传贤诞辰120周年八千米

2019年11月16日，纪念舒传贤诞辰120周年大会在舒家庙舒传贤广场举行，纪念活动开始时，全体人员齐唱国歌

在纪念舒传贤诞辰120周年大会上，舒传贤之孙舒绪美发表感言

在纪念舒传贤诞辰120周年大会上，霍山县委“不忘初心、牢记使命”宣讲团成员宣讲舒传贤革命故事

越野赛”。纪念大会上，全体干部群众和舒传贤后人一起缅怀了舒传贤的丰功伟绩，开展了丰富多彩的文艺会演活动。

2021年清明节前夕，但家庙镇中心学校学生参观舒传贤纪念馆，接受红色教育

纪念舒传贤烈士诞辰120周年暨“华安”杯八千米乡村越野赛即刻开赛

（杨　琦　提供）

第二节　人物传略

涂宗瀛　（1812—1894），字阆仙，号郎轩，原名涂时泰（谱名），霍山县但家庙镇花石嘴村（原属六安，现属霍山）人。清道光二十四年（1844）中举。同治元年（1862）大挑一等，六年知江宁府，九年升任苏松太道员，十年升湖南按察使。清光绪三年（1877）任广西巡抚，后改任河南巡抚，七年调任湖南巡抚，后升湖广总督。

1812年12月30日，涂宗瀛出生于六安东河口花石嘴村。父亲涂蕴辉，清增贡生，为乡村私塾先生。涂宗瀛从小在霍山山王河涂氏祖祠先跟其父读书。二十岁起，先后在六安桑家畈、羊山寨开馆为生。因学生偷窃当地汪姓豪绅玉芦棰（玉米棒），师生共享，汪姓得知后，誓不罢休。涂宗瀛被迫出走，立志走仕途之路。清道光二十四年（1844）乡试，中恩科举人，但无官可做。第二年会试（即京试）又落榜，只得去投奔刑部主事吴廷栋，讲习研究朱子理学。乡人传他去找吴时，衣衫褴褛，雪地草履步行至吴府，还被吴府家丁挡在门外。这位同乡加远亲的吴大人，见涂宗瀛久立在门外雪地里，深受感动，后将他留用。

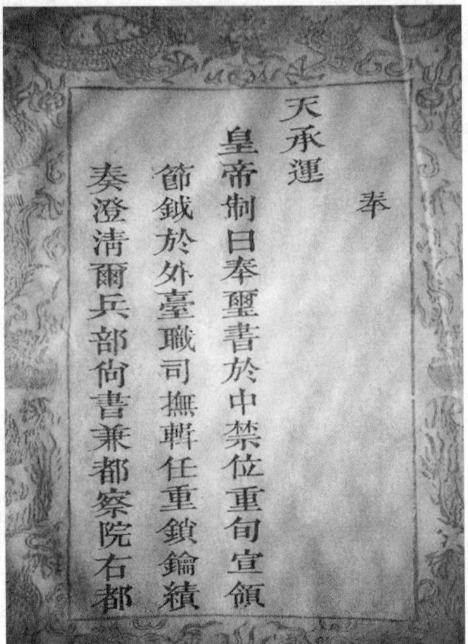
奉
天承運
皇帝制曰奉璽書於中禁位重旬宣領
節鉞於外臺職司撫轄任重鎮鑰績
奏澄清爾兵部尙書兼都察院右都

光绪帝对涂宗瀛的任命诏书原文

清道光二十七年（1847），京城好友窦序之兄窦

塾任江苏华亭县县令，窦氏兄弟邀请涂宗瀛入华亭县幕。二十九年（1849），苏州知府桂超万升用，留下侄子在苏州读书，应乡试（即省试），请涂宗瀛教授。其后涂两次入京会试，均不中。就又在编修陈升祺的京师公寓中开馆教书。不久，太平军由广西推进湖南，声威远播，涂宗瀛急忙返回家中。咸丰三年（1853）正月十七日，太平军攻占安庆，安徽各地农民纷纷起义响应。涂宗瀛与来自京师的好友何慎修等人，商办团练（地方安全武装），建立社仓（又称“义仓”，储谷备荒）。次年冬，道员何桂珍带清兵数百人至霍山，因何涂为京师老友，即带团练往助。捻军李昭寿部数千人进攻霍山，为涂何二兵败。咸丰五年（1855）四月，太平军攻占舒城、六安，涂携一家到今六安南项家冲亲戚家避居。咸丰六年正月，涂宗瀛率三十二保团练助清军打败太平军，重占舒城。涂宗瀛以此功得保蓝翎。涂率团攻打起义军的目的，只是为“家乡安全”，并未想以此建功发迹（参看《淮系人物列传》所述）。咸丰八年（1858）正月，涂宗瀛一家应吴廷栋（吴时任山东布政使）之约，避难到了山东淄川，在泰安岳麓书院讲学。后吴廷栋调任直隶察使，请涂宗瀛教其两个孙子读书。

同治元年（1862）二月，涂宗瀛第四次至京会试，虽然又未入榜，但这次却得“大挑一等，签分江苏知县”。受封后，先回六安老家探亲，再去安庆拜会京师旧交、两江总督曾国藩。曾国藩即奏准将涂宗瀛“留营办理谷米局事务”（湘军军需官），开始从政。51岁的涂宗瀛从此成为曾国藩幕府中“三圣七贤之目”的三圣之一。曾国藩向朝廷呈递《保荐人才疏》，称赞涂“践履笃实，治官事如家事”，奏保涂宗瀛任直隶州知州。同治七年（1868年）后不久，升苏松太道台（就是乡人所说“上海道台”）。次年八月二十六日，赴上海任职，并兼任江海关道台。同治十年（1871）六月，升援朝南按察史，积极革除旧弊，成绩卓著，遂于同治十二年（1873）十二月升至湖南布政使。涂宗瀛遇事公平办理，不诡随，不矫激，相处得宜。他建仓贮谷，备荒为民，还将城内积存的火药，在五里以外，建库贮之，以防伤民（他在湖南这些功绩，《清史稿》均有记载）。光绪二年（1876）三月，升任广西巡抚，十一月调任河南巡抚。他教化少数民族，广建学塾。自撰歌词倡劝民众，助赈、招亡、供籽（种子）、设场收置老幼无依者，功绩卓越，史有记载。光绪七年（1881）九月，又调任湖南巡抚，干事老练、持重、稳操大局，相机建功之能力非同凡响。据《涂氏宗谱》载：他还受清廷“特赠通义大夫，晋升振威将军、光禄大夫、兵部尚书”。其妻沈氏为诰封一品夫人。乡人传其妻常拿私银救助贫困，非常贤良。光绪九年（1883）五月，72岁的涂宗瀛，因数次遇政敌纠弹，故称病辞官返乡。据《六安州志》和《清史稿》载，他辞官回乡后，以“六安斋”“求我斋”为堂号，帮吴廷栋刊印遗集。常居六安毛坦厂，并编著《涂大司马年谱》《涂郎轩尚书政书》《种桑新约》《重建江宁普育堂志》《童蒙必读书》等书20多种，并以宣讲理学而著称。清光绪二十年（1894）七月二十七日，涂宗瀛“薨死于是里第正寝，享年八十有三”。

三年后，由次子习恪（忠献大夫，候选郎中）敬事父母，合葬于今毛坦厂镇邻面河冲村黄塘埂组“仙鹤磨云”宝地。1958年找宝被农民掘开，原来是一大型石椁墓。现存有3米×0.5米长方形石刻墓志盖一块，存于坟前塘边，碑文曰：“光禄大夫、兵部尚书、湖广总督涂公，一品夫人涂母沈夫人之墓。”此件文物被涂氏后人涂必盖收藏保管。

赵宗道 生卒年不详，字镜川，清咸丰、光绪年间人。原籍肥西县柿树岗乡（原为舒城县龙潭河）。清同治年间，迁居霍山县但家庙张冲（位于胡大桥村赵老庄村民组。其故居有部分被保存下来，并在全国文物普查中被定为不可移动文物）。咸丰年间，赵宗道与刘铭传、刘盛藻、唐殿魁同为淮军铭字营统领，赵宗道总理营务。先后任江苏金匮县县令，江苏盐运使，上海道道台，诰封通奉大夫，晋二品。清光绪二十年（1894），张振轩在苏州增建安徽先贤祠，李鸿章拨巨款，命赵宗道修园，该园即苏州蕙荫园，位于苏州市临顿路南显子巷18号，1963年被列为苏州市文物保护单位。

舒家燮 （？—1928），又名理臣，晚清秀才，革命先驱舒传贤之父，是一位不得志的乡村文人。民国以来专以医道活人无数，医术高明，他还懂星相学，行医之余为他人相宅基地、墓址。为人正直、平易近人，为邻里所欢。

朱体仁 （1904—1929），又名本端，化名张锐，清光绪三十年（1904）出生在舒家庙，皖西革命的启蒙者。1927年秋，共产党人舒传贤回到故乡创办了“学术研究会”，朱体仁是“学术研究会的第一批成员”。在“学术研究会”里，朱体仁孜孜不倦地学习马克思主义，思想觉悟有了飞快的提高，并加入了伟大的中国共产党。为了掌握武装，朱体仁在党的安排下打入了国民党霍山县党务指导委员会，被任命为东北乡民团队长。1929年1月，中国共产党霍山县第一次代表大会选举产生了第一届霍山县委，朱体仁当选为县委委员。代表们热烈讨论了建立革命武装和举行武装暴动的问题，一致认为，由于共产党员刘淠西艰苦细致的工作，诸佛庵民团已经具备了向革命转化的条件，应该把握适当时机，把诸佛庵民团拉出来，使之成为革命武装。为了诸佛庵民团起义成功的把握更大，在代表大会前，舒传贤就以国民党党务指导委员会的名义，调朱体仁到诸佛庵任戴家河民团队长，协助刘淠西在民团中加速进行策反工作。1929年7月，在决定皖西革命由经济斗争、政治斗争向武装暴动发展的中共六安县第三次代表大会上，决定成立中共六安中心县委，年轻的共产党员、中共霍山县委委员、霍山县游击队队长朱体仁当选为中心县委执行委员兼军委主任。同年11月8日，独山镇爆发了大规模的暴动。舒传贤命令朱体仁率领游击队立即驰援。朱体仁和他领导的游击队在独山暴动和暴动后攻打麻埠的战斗中，起了重要作用。

11月16日，朱体仁等3人正在高永成衣店商谈工作，敌自卫团派100多名士兵把郝家集围住，朱体仁等被堵在成衣店内，无法逃出。在敌人冲进成衣店时，朱体仁拔枪打伤士兵两人，敌人开枪当场打死朱体仁，并将朱体仁的头割下，同被捕到独山杀害的吴干才、许希孟的头高悬在一起游乡示众。

戴克杰 （1900—1929），号戴天齐，参加革命后曾用名戴亢君、戴抗君，化名胡威，胡勇、胡政，清光绪二十六年（1900）出生在大河厂戴家院子，与舒传贤是同乡。1919年前，与舒传贤同在霍山县第一高等小学读书。这所小学是当时霍山传播马克思主义的据点之一，校长和部分教师都是进步的知识分子。戴克杰在校期间，经常与舒传贤探讨救国救民真理，相处甚笃。戴克杰于1920年毕业后辍学，在霍山城内豫泰恒和西街刘汗源京广杂货店学徒，此时霍山知识界正掀起响应五四运动、声援安庆“六二学潮”等运动。戴克杰思想进步，善于宣传鼓动，是公认的活跃人物。1923年，霍山教育界、商界进步人士发起“反对七项附加，争取教育经费”斗争，戴克杰积极宣传鼓动，奔走于霍山四所高等小学师生组织的请愿团之间，参与发动工作。1924年第一次国共合作，戴克杰在霍山积极响应，采用多种方式积极宣传孙中山的三大政策和国民革命，推动了国民党霍山县党部的建立。1925年“五卅”运动后，霍山进步人士积极响应，发动青年检查日货、当众销毁，戴克杰经常在群众会上讲演，并发动商界一致抵制日货。

1927年3月，北伐军从湖北英山进入霍山，戴党杰率领县城各界人士数千人出城迎接，县知事王建常也坐四人大轿出城表示“欢迎”。群众平日对王建常高高在上，朋比豪绅，作威作福早已深恶痛绝，敢怒而不敢言。今见其在革命军队面前，又摆出官僚架势更加愤怒，戴克杰认为王建常是抖威风，是对北伐军的莫大侮辱。他一声喊打，群众蜂拥而上，砸烂大轿，将王建常痛打，并用绳子将王建常拴回城内。在北伐军的支持下，当即将王建常赶跑，通令捉拿劣绅龚静轩、郭杞人、刘铭三等人，将他们家门封了。自此，戴克杰名声大震。同时也遭到地主豪绅的嫉恨。北伐军走后，戴克杰遭反动势力逮捕。不久，柏文蔚率三十三军进驻六安、霍山，经过中共党组织营救，戴克杰获释。

1927年秋，舒传贤回乡以组织“学术研究会”作掩护，从事革命活动，戴克杰是最早参加的十二个成员之一。后来学术研究会成员大部分参加了中国共产党，成为霍山革命骨干。1928年初，戴克杰由舒传贤介绍入党，并与舒传贤一起发动了东北乡声势浩大的“五抗”斗争，组织农民协会，戴克杰当选为霍山东北区农协委员。是年春夏间，霍山王夔在岳相如独立旅内谋了个“营长”头衔，回霍山招兵，戴克杰担任王营第一连连长。离开霍山仅几个月，戴克杰深感该军腐败，脱离军职，回到霍山。此时正值组建国民党霍山县党务指导委员会之际，很多共产党员都打入该委员会内，利用合法身份从事革命活动。该会7个委员，就有6个共产党员，戴克杰是其中之一，负责农会、工会工作。1929年2月，军阀朱绍良向武汉开拔，途经霍山，县政府要每保出夫200名，为朱部效力，群众不服，县府派差役下乡抓去13位农民。舒传贤、戴克杰一面发动被捕农民家属到县告状，一面召开十一公团会议，呼吁各界支持，在群众压力下，13位被捕农民被无条件释放。

1929年5月中旬，为积极准备六霍总暴动，急需军事人才，戴克杰受六安中心县委和霍山县委的派遣，到商城红三十二师学习军事。7月，商城临时县委成立，戴克杰为县临委委员；8月初，商城县委正式成立，他仍是县委委员。8月中旬，红三十二师首任党代表徐其虚被杀后，戴克杰被商城县委指定为该师第二任党代表。9月中旬，戴克杰在红三十二师向光山转移途中被错杀，终年29岁。

卢宜炯　(1903—1930)，字鉴卿，化名魏磊，清光绪二十九年（1903）出生于大河厂卢家湾的一个贫穷的塾师家庭。由于家境贫寒，卢宜炯对当时贫富悬殊，为富不仁以及社会上的不合理现象深感不满，时常流露于言谈之间。在城内第一高等小学读书时，与舒传贤同学，两人相处很好。卢宜炯在第一高小毕业后，随父在家读书。1921年继承父业教私塾。1927年，舒传贤受党的派遣回到家乡从事地下革命活动。卢宜炯在舒传贤的启发教导下，阶级觉悟得到很大提高，以塾师身份为掩护，协助舒传贤创办“学术研究会”和

卢宜炯

“农民夜校”，并由舒传贤介绍加入中国共产党。入党后，和翁子扬、陈光烈、汪正发等在盛家冲老虎洞一带从事党的活动。1928年，卢宜炯参加了舒传贤领导的抗租、抗夫、抗捐、扒粮等各种斗争，并扩大农协组织，建立了赤卫队。6月，曾和朱雅清等以反对土匪李老末为名，发动和组织舒家庙、团墩、水口寺、大河厂四个保的农民群众，开展声势浩大的反帝反封建的游行示威。1929年任中共霍山东北区委员，协助舒传贤等组织武装暴动。1930年4月，红军攻克霍山县城，全县赤化。卢宜炯遵照党的决定，留在东北乡组织和领导赤卫队。同年5月，国民党反动部队潘旅侵入霍山，卢宜炯率领部分赤卫队和群众转移到西南山区。8月底在闻家店受六安中心县委的派遣，携带组织上的文件、书刊和活动经费，潜赴霍、六、舒交界地区，进行地下活动，路经小七畈被当地“铲共队”发现，“铲共队”头子张北平、宋道中随即率领队丁进行围捕，卢宜炯眼看逃脱不掉，遂将文件送到口中，吞入腹内。书刊和经费来不及掩藏就被逮捕，押送到城内反共总指挥部——军民稽查处。在敌人面前，卢宜炯英勇顽强，坚贞不屈。反共头子肖子瑜嚣张地说：“不杀卢宜炯，东北乡又要闹红半个天”，卢宜炯横眉怒斥肖子瑜：“你们这批反动家伙，末日即将来临。我死了，自有同志们替我报仇！”并在狱中遗书给其妻说：“我为革命而死，死无遗憾，望你不要悲伤，善抚遗孤，光明不久就会到来。”9月21日，卢宜炯在霍山西门外英勇就义，时年28岁。

朱雅清 （1900—1931），又名朱本涛，化名鲍益三，生于六安县城西大街，18岁时随父母迁来舒家庙定居。朱雅清少年时曾读过几年私塾，因家境贫寒，朱雅清兄弟四人只好辍学在家放牛、做农活，勉强糊口，饥一餐饱一餐，生活特别艰难。就在朱雅清全家迁来舒家庙的这一年夏天，舒传贤回到了故乡。舒传贤结识了朱雅清等血气方刚、对旧社会失望之极，但又苦于找不到出路的十多个青年人，并经常同这些青年人在一起谈古论今，指点江山，向他们传播马克思主义，宣传革命道理。在舒传贤的教育和引导下，朱雅清成为舒传贤发展的第一批共产党员。从此，他积极地协助舒传贤组织和恢复农民协会和组建人民自己的武装——赤卫队。

1928年农历六月初六，在东北乡以反对河南土匪李老末为名举行的示威游行，范围、声势、规模在霍山农运史上都是空前的。朱雅清则是东北乡这次大规模行动的组织发动者之一。1929年1月，首届霍山县委成立时，他当选县委委员。1929年10月，六安中心县委成立，朱雅清被中心县委委以独山暴动总指挥的重任。六安独山暴动打响了六霍暴动的第一枪，宣告皖西人民武装反抗国民党反动派斗争的开始。由于意外情况，独山暴动不得不提前十多天举行。朱雅清一面尽量做好提前暴动的准备，一面把面临的新情况迅速报告给六霍暴动总指挥部以及六安中心县委，中心县委书记舒传贤坚定地支持提前举行暴动。为了尽可能地把损失减到最小，他要求独山一带的党团员立即到群众中去，充分发动群众。暴动终于提前举行。在朱雅清和副指挥黎本益的指挥下，在朱体仁率领的霍山游击队的支援下，无数群众从四面八方向独山冲击。经过激战，打垮了反动自卫团，暴动成功了。紧接着霍山西镇暴动、桃源河暴动相继成功，皖西苏区初步形成。此后，朱雅清一直在为皖西苏区的巩固和发展而不遗余力地工作。

1930年，朱雅清当选中心县委委员。1931年2月，任安徽省委巡视员，负责巡视皖西北的工作。4月，与黎本益、方英、薛英等组成皖西北特别委员会。后来，因不满和抵制张国焘的极“左”政策，遭到了张国焘的极端仇恨，最终被张国焘以“改组派”的莫须有罪名而秘密杀害。

陈清如

陈清如　(1900—1931)，女，清光绪二十六年(1900)生于三尖铺白衣庵村。家境清贫，幼年帮助母亲做家务活，没读过书。但生性聪颖，能说会道，善结人缘。同舒传贤结婚后，受舒传贤的教育和影响，其间又刻苦学习，粗通文字。舒传贤离家去安庆读书，后又东渡日本求学，直到民国16年(1927年)秋回故乡开展农民运动的数年间，陈清如在家侍奉婆母，抚育孩子，操持家务，耕田种地，终日默默地承担着家庭生活的重担，表现了中国传统女性的高尚情操。1927年秋后，舒传贤回乡后，陈清如也走出了家门，参加农民夜校学习。还常邀约舒怀、舒莲、黎兴如等贫苦姐妹协助其丈夫舒传贤秘密组织农协和妇女组织，常以“走亲戚”为名，从事革命活动。这期间，清如的三哥、四哥、二嫂、三嫂在陈清如的启发下都先后加入了农协，二哥还加入了中国共产党。1928年1月，六霍县委成立后，霍山特支成立。党的许多重要的会议常在她家召开，许多重要文件一般都交陈清如保管。1929年1月，中共霍山县委成立，陈清如任汤河乡妇女主任，时年夏，任霍山一区妇女主任。1930年春，任六霍县委妇女组织负责人。6月，由于执行立三“左”倾路线，红军主力奉命西征，白匪乘虚而入。舒传贤此时已带领县委机关转移到皖西革命的心脏地区——闻家店。农历六月初六，陈清如率全家7口人先后转移到诸佛庵、流波礚、闻家店等地，与舒传贤共同坚持斗争。在闻家店期间，传贤为建设苏区日夜工作，积劳成疾。陈清如一方面要照顾舒传贤，一方面要坚持工作，生活十分辛苦，但她总以革命工作为重，对工作无私奉献，任劳任怨。1931年，陈清如调中共鄂豫皖特委妇女部工作。1931年冬，在大肃反中，党的好女儿、好干部陈清如被无辜杀害，时年31岁。

舒盛仓　(1902—1931)，又名舒子杰，化名杨伯平。出生于霍山县舒家庙肖家冲一个颇为殷实的农民家庭。上过几年私塾，受过比较好的教育，有相当高的文化素养。大革命失败后，中国共产党把工作重心从城市转移到农村，共产党员舒传贤回到了家乡霍山。不久，他便在舒家庙舒盛仓家成立了学术研究会，秘密进行革命活动。舒盛仓便和戴克杰、广燕申、余东平、朱雅清、朱体仁等积极参加了这个学术团体，推动了“学术研究会”活动的广泛开展。舒盛仓通过理论学习和舒传贤的启发诱导，革命思想更加坚定，政治觉悟也日益提高。为了提高更多的农民思想觉悟，在舒传贤的指导下，舒盛仓等又具体筹办了舒家庙“农民夜校”，舒盛仓等人担任夜校教员。农民们在夜校里既学文化，又学革命理论，思想认识有了明显提高。革命热情也空前高涨，为后来的“五抗”运动及农民暴动打下了坚实的思想基础。不久，舒盛仓、朱雅清、朱体仁等先后被吸收为共产党员，舒盛仓为舒家庙党小组长。1928年1月29日，舒盛仓随舒传贤参加了党在六安南岳庙召开的重要会议。不久，六安县委执行委员舒传贤在豪珠岭召开了霍山县第一次党员代表会议，成立了中共霍山特别支部，舒传贤为书记，舒盛仓当选为文化干事。7月，霍山特支根据六安县委（又称六霍县委）决定改组为霍山特别区委，舒盛仓任文化委员。舒盛仓既是党的干部，又是党的机要员。他的家是霍山特支、区委、县委的常设会场。1929年1月，霍山县第一次党的代表大会在他家召开，选举产生了中共霍山县第一届县委，县委机关也在舒盛仓家办公。不久，霍山县委又召集所属三个区委、两个特支、东北区十七个党支部在他家召开扩大会议，制定了“春荒斗争计划”。他的家实际上是当时霍山县党组织初期活动联络站和集中地点。舒盛仓为严守党的秘密，保障安全，做了许多工作，他为党组织保管了许多重要文件，并承担舒传贤的秘书工作。1930年2月，舒家庙地区第一次暴动失败后，大部分人转移至淠河西面活动，舒盛仓坚持留守白区，带领当地群众，坚持对敌斗争。4月7日舒家庙农民暴动爆发，舒盛仓和其他人带领农民赤卫队打垮了民团的数次进攻，踩掉了青山街的反动局子。12日晨，舒盛仓带领的赤卫队和前来支援的红三十二师、三十三师及潜山工农革命军等3000多人，一举攻克了霍山县城，成立了霍山县首届苏维埃政府。7月上旬，敌潘善斋新编第五旅围攻霍山县城激战一天，县城失守，县委和县苏维埃政府转移到诸佛庵，舒盛仓全家7人，随县委、县政府转移，在转移途中，舒盛仓一家牺牲3人，房屋被焚，家具财产被洗劫一空，而舒盛仓则仍抱定革命必胜的坚强信念，忠心耿耿地为党日夜工作。1931年冬，在张国焘制造的大“肃反”冤案中被无辜杀害于麻埠，时年29岁。

戴克隆 （1899—1932），字子兴，化名项国平，霍山县大河厂戴家院子人。戴克隆身材魁梧，勇猛有智谋。早年曾在岳相如“安徽讨倪军”中当过兵，后又在团墩茶厘局工作过一段时间。军旅的磨炼和商贾的奔波，使这个原先识字不多的男子汉，逐渐提高了文化程度。面对统治阶级的欺诈和盘剥，心中早已燃烧起斗争的怒火，萌发出革命的根芽。1927年7月，共产党员舒传贤受党的派遣，从外地回到家乡霍山，建立秘密农协，发展党的组织，进行革命斗争。1927年秋，他积极协助舒传贤筹办“学术研究会”和“农民夜校”。同年，在舒传贤的介绍下加入了中国共产党。1928年1月，根据中共六霍县委的决定，六霍县委执行委员舒传贤在豪珠岭召开了霍山县第一次党员代表会议，选举成立了中共霍山特别支部，戴克隆当选为大河厂党支部书记，负责经济、土地等方面的工作。1929年1月，中共霍山县第一届县委成立，戴克隆当选为东北区执委。先后出席了六县联席会议、六霍两县会议和六安中心县委会议，讨论加强党组织，深入开展农民运动，举行农民武装暴动等问题。戴克隆在几次会议上，以自己的军事知识和经验向党组织提出了许多有价值的建议，深得县委的信任。1930年4月7日，霍山东北乡暴动（又名南乡暴动）在舒家庙举行时，戴克隆任暴动指挥部副指挥。戴克隆带领农民赤卫队会同舒盛苍等率领的赤卫队，在舒传贤的亲自指挥下，打垮了民团的数次进攻。踩掉了青山街的反动局子，并一直打到苏家埠东的马家庵子。4月12日，东北乡赤卫队数千人、群众数万人，又配合红军攻克霍山县城，暴动获得全面胜利。接着第一区苏维埃政府在团墩成立。4月27日，戴克隆当选为中共霍山县第三届县委委员。7月，敌潘善斋旅进犯苏区，县委和县苏维埃退至西山，戴克隆带领群众随县委转移。12月，戴克隆受党组织的派遣，又只身潜回家乡，历经千难万险，做党的恢复和发展工作。1931年2月，反"围攻"胜利后，中共霍山县委在诸佛庵成立（仍为第三届县委），戴克隆为县委委员兼任县委机关报《雪花报》社长，主编出版《怒吼》报，积极宣传党的方针政策，对苏区建设起了很好的宣传鼓动作用。9月，任流波碹郊区区委书记。1932年3月8日，为了加强对六安、霍山、英山、罗田、商城五县接壤边区的领导，皖西北道委根据鄂豫皖省委的指示，新设置了五星县。韩承宏任县委书记，戴克隆调入县委工作。12月又转移到湖北一带。1932年10月，戴克隆随红军在湖北与国民党军会战于英山张家嘴，在战斗中被俘牺牲。时年33岁。

赵小波 （？—1932），复览山人。赵小波出身贫苦家庭，以做土烟为业。低下的社会地位和贫困的生活，使赵小波很早就产生要摆脱被奴役的愿望。1927年，参加了"农民义务学校"和"学术研究会"。不久，赵小波在舒家庙加入了中国共产党。1927年9月当选为舒家庙党支部委员。

赵小波以做烟为由，走乡串户，秘密进行革命活动，虽然没有念过书，但人很聪明，会编歌谣，他把亲眼见到的事实编成了《十二月叙苦歌》："正月里来正月正，家家户户迎新春，财主家里鱼和肉，穷人家里冷清清，二月里来是花朝，杏花开罢李花飘，穷人饿得面黄瘦，只恨地主和土豪……"这歌反映了民间疾苦，形式又为群众喜闻乐见，赵小波走到哪里教唱到哪里，歌声就在那里传开，唤醒了广大贫苦农民的阶级觉悟。在赵小波积极宣传和组织下，洛阳河地区成立了赤卫队、农民协会、儿童团等组织，与东北乡其他地区的农协等组织遥相呼应，颇有声势，遂使东北乡逐渐成为全县革命中心。为了打击豪绅地主，消灭反动气焰，1929年5月，赵小波从赤卫队中挑选一批精明强干的人组成"摸瓜队"，活动于复览山周围地带，先后处决了与儿街大地主涂敬初，三里店大恶霸杨基清等，还端掉了大龙岗大地主涂敬龙的老巢，缴得长短枪各1支、"十三太保"双管钢枪1支、双响洋炮1台，接着又抄了宝生堂一带地主的家，获得土枪300余支，在当时枪支极为缺乏的情况下，赤卫队得了这些武器，无异于如虎添翼。

1930年1月30日（农历春节），赵小波奉中共霍山县委之命，率领赤卫队截断霍山通往六安、舒城的大道，并割断这条路上的电话线，以配合红三十三师攻打霍山县城。3月，赵小波率领赤卫队利用阴晦的夜晚，奔袭毛坦厂，将国民党两个排的武装队打得落花流水。是年夏，敌潘善斋旅乘红军主力西调之时，大举向苏区进犯，逃亡的豪绅地主纷纷组织还乡团、反共队，他们互相勾结，狼狈为奸，制造白色恐怖，人民生命财产受到极大的摧残。为了打击匪徒的残暴行为，赵小波面对险恶的形势，以一个共产党员的胆略，又一次组织“摸瓜队”，杀掉了大恶霸还乡团长吴应发、吴应贵。接着，赵小波带领这支“摸瓜队”越过复览山，穿过但家庙，踩掉黄土庙“反共”局子后，时隐时现，铲除恶霸地主，扩大红军影响，一直游击到苏家埠。1931年年初，红一军在鄂豫皖苏区军民的配合下，举行第二次东征，粉碎了国民党反动派等二次“围剿”，淠河以西的苏区全部恢复，而且又有了新的发展，2月15日被省委确定为安徽红色区域中心。5月22日霍山县第二届苏维埃政府在诸佛庵宣告成立，赵小波当选为县苏维埃政府主席。霍山县第二届苏维埃政府在国民党反动派多次疯狂围剿的艰苦条件下，紧紧依靠全县人民，组织群众，建立人民武装，打击敌人的破坏活动，在进行土改、发展生产、鼓励贸易、发展教育事业、开展文化运动、兴办卫生事业等方面做了大量工作，取得了显著成绩。因此，赵小波后来被选为皖西北道区革命法庭主席和皖西北特委委员。1932年3月，红四方面军在徐向前总指挥的率领下，再次东征皖西，为粉碎敌人的第三次“围剿”，发动了著名的苏家埠战役，赵小波组织军民，大力支援前线，并亲自率领地方武装配合作战，不幸于战斗中壮烈牺牲。

吴泽民 （1902—1932），名跃玉，化名潘臣，清光绪二十八年（1902）出生在舒家庙，为人正直刚强，勇于进取。1927年参加革命，同年加入中国共产党，积极协助舒传贤在舒家庙创办“学术研究会”和“农民夜校”，宣传革命，并秘密吸收其骨干分子入党。1928年1月，中共霍山特支成立，吴泽民任宣传干事兼舒家庙支部书记。7月，特支改组为特别区委，仍负责宣传工作。

为了建立地下武装，组织赤卫队、游击队，吴泽民从伪军中搞到40把大刀，从党员及农协会员中挑选一批人，于1928年冬，集中在豪珠岭脚下郑海清家与史淠东秘密进行军事训练月余。军训后与李茂明、史淠东、余昆白、韩世友等组成武装小分队，先后攻打了鲍家平楼、花园畈地主庄子、山王河一带土围子和青山伪保安队，进行三次夺枪，都取得胜利。随着武装斗争形势的发展，又在小分队的基础上建立了东北区赤卫队。

1929年1月，中共霍山第一届县委成立，吴泽民任县委委员兼东北区区委委员，后历任二届、三届县委常委。同年冬，六霍起义首先在六安独山和霍山西镇爆发，国民党反动派对东北区进行疯狂报复。为了反击国民党反动派，吴泽民派陈光烈、韩世友带领赤卫队在洪家山伏击了六安县望江湾反共队长杨杰三带领的反共队，缴步枪两支，又派余昆白带领赤卫队袭击伪霍山自卫团，击毙伪兵一名。1930年1月30日（农历春节），红军第一次攻打霍山县城，东北区赤卫队按照县委的布置积极行动，砍倒了霍山通往六安大路两旁的电线杆，并埋伏在大路两侧，准备阻击反动派的援兵，有力地配合了红军攻城。3月下旬，和县委书记喻石泉出席六安中心县委在六安金家寨七邻湾召开的皖西六县党组织联席会议，讨论了在皖西实行全面武装暴动及创建皖西革命根据地问题，吴泽民受到很大的鼓舞。会议结束，回到东北乡，立即筹划暴动。4月7日，东北乡的农民群众在舒传贤和吴泽民的领导下举行了声势浩大的武装暴动。东北乡暴动胜利后，成立了赤卫队，吴泽民任队长。5月，吴泽民又派遣史淠东等率领赤卫队攻打山王河，并处决了大地主秦献之。此时，霍山的南乡、东乡以及同霍山东北、东南交界的六安、舒城一些地方的农民暴动都相继成功，实现了霍山全境赤化。

1930年6月以后，由于贯彻立三“左”倾路线，六霍革命武装西调，白匪潘善斋旅乘虚而入，大片根据地沦入敌手，人民陷于水深火热之中。为了恢复苏区，吴泽民受六安中心县委的派遣，潜赴六霍两县交界的白区开展工作。经过辛勤努力，1931年1月20日，中共六霍县委在霍山东北区成立，吴泽民任书记，负责领导淠河以东白区工作。趁1931年元宵节玩灯之时，吴泽民指挥游击队长李茂明等在舒家庙的灯场上，当众处决了气焰最为嚣张、民愤也最大的联保主任舒传钊等三人，从而震慑了敌人反动气焰，鼓舞了群众斗争情绪，白区工作得以逐步展开。1931年秋，吴泽民调赴黄安（今红安）鄂豫皖中央分局学习，1932年9月随红军到英山，在英山战斗中壮烈牺牲，终年30岁。

李茂明

李茂明　（？—1932），团墩人。1927年与舒传贤、戴克隆、戴克杰等10余人在官冲结盟，十月参加旨在宣传马列主义的“学术研究会”。是年冬参加中国共产党。1928年冬在鲍家洼接受秘密培训月余。1929年至1930年3月任六霍暴动总指挥部特务队长，积极配合吴泽民、史淠东、余昆白、陈光烈等领导的二区游击队、赤卫队开展活动，曾处决当地恶霸周燕青、吴保质的老大、老三、老四，地主潘维山、杨大少、杨二少，叛徒曹承和、王可进，特务周张民等人，并参加攻克六安县陶家河吴保同反动局子的战斗。1931年春，任六霍县委常委。是年农历腊月二十四，李茂明率领游击队300余人在水口寺与驻霍山的伪警备旅遭遇，激战中因敌强我弱，遂率部转移河西苏区。1932年8月，在蒋介石发动的对鄂豫皖苏区的第四次反革命围剿期间，李茂明组织了200多人的伏击队，活动于六、霍、舒边界，在坚持斗争中不幸被捕，惨遭杀害。

周光汉　生卒年不详，出身于兽医世家，医术高超，医德高尚，在民间广受欢迎。其子周正合、周正雄，继承先辈之业，也是一代兽医精英。

陈三、陈四、李进仙　民间艺人，3人是原霍山“三叉班”剧团拆散下来的，住舒家庙街道（一生无传），后地方政府按五保户待遇一生，习惯于唱古装戏。如：《打龙袍》《借东风》《黄鹤楼饮酒》《合同记》《薛凤英》，能唱100多本戏，除在本地区演出外，经常到六安、金寨、霍山等地演出，技艺高超，并在中华人民共和国成立后组建了舒家庙、团墩两个新剧团进行传艺，活跃在社会上。

杨晓春　（1904—1929），东北乡大河厂（今但家庙镇大河厂村）人，1928年参加革命，曾任东北一区区委书记，1929年1月牺牲。

舒传华　（？—1930），东北乡但家庙（今但家庙镇但家庙村）人。1928年参加农协会，后加入独立团，任连长。1930年在英山作战时牺牲。

鲍祖才　（1906—1930），东北乡观音岩（今但家庙镇观音岩村）人，1928年参加革命，后任六安二区区委副书记，1930年9月在燕子河作战时牺牲。

马先来　（？—1930），东北乡花石嘴（今但家庙镇花石嘴村）人，1929年加入农协会和赤卫队，任乡主席，1930年5月被敌杀害。

周基年 （1909—1930），东北乡但家庙（今但家庙镇但家庙村）人。1928年加入农协会后加入游击队，任连长。1930年6月在湖北黄安作战时牺牲。

陈炳仙 （？—1930），东北乡观音岩（今但家庙镇观音岩）人。1927年参加革命，曾任县委委员，1930年9月在六安被敌杀害。

刘发证 （1909—？），东北乡黄檀树（今但家庙镇大河厂村）人，1928年参加革命，后任六霍游击师某营营长，1931年随军到燕子河后无音信。

倪大如 （1896—1931），东北乡但家庙（今但家庙镇但家庙村）人。1927年参加舒传贤学术研究会，后任霍山县委委员，1931年5月在霍山被敌杀害。

倪世永 （？—1931），东北乡但家庙（今但家庙镇但家庙村）人。1930年任游击连长，1931年在鲜花岭作战时牺牲。

陈少周 （？—1931），东北乡但家庙（今但家庙镇但家庙村）人。1927年参加革命，曾任游击队大队长，1931年8月在鲜花岭作战时牺牲。

周厚培 （1902—1931），东北乡大河厂（今但家庙镇大河厂村）人，1927年1月参加赤卫队，后任六霍游击队特务营指挥，1931年9月在张家店（今属六安市金安区）作战时牺牲。

倪大让 （1902—1932），东北乡但家庙（今但家庙镇但家庙村）人。1927年参加舒传贤学术研究会，后任红三十三师经济主任。1932年在汤业地作战牺牲。

徐汉章 （1903—1932），东北乡观音岩（今但家庙镇观音岩）人。1928年参加革命，曾任区苏维埃主席，1932年4月在大河厂被敌杀害。

石富成 （？—1932），东北乡大河厂（今但家庙镇大河厂）人，1928年3月参加革命，1930年任独立团营长，1932年9月牺牲。

周正喜 （1895—1932），东北乡但家庙（今但家庙镇但家庙村）人。1927年参加工作，曾任摸瓜队队长。红军七十三师排、营长，1932年秋在湖北黄安作战时牺牲。

周基国 （1901—1932），东北乡观音岩（今但家庙镇观音岩）人。1928年参加革命，历任乡农会主任，乡苏维埃常委，第五区工会委员长。1932年在湖北黄安作战时牺牲。

潘承银

潘承银 （1901—1932），东北乡大河厂（今但家庙镇大河厂村）人。1927年春加入农协会，1928年冬加入中国共产党，1929年在柳塘冲发展农会，吸收党员，宣传革命思想。是年冬成立柳塘冲乡苏维埃政府，任乡苏维埃执委。1931年，随红军转移闻家店，白道河，麒麟湾，牛食畈，双成等地，1931年5月任霍山县第二届苏维埃赤卫队指挥员，后任皖西北道苏维埃常委。1932年随军转战于皖西、鄂东一带，9月在英山杨柳湾作战时阵亡。

刘发枝

刘发枝 （1908—1932），清光绪三十四年（1908）出生在大河厂黄檀树。父亲刘为祖是乡村艺人，刘发枝幼年时曾跟父亲学戏，稍长给地主家放牛当长工。1928年，加入当地的秘密游击队并任小队长，常与戴克隆、潘承银等密切来往，策划当地的革命工作。1930年，离开东北一区游击队参加红军，任团级指挥员。1932年，第一次攻克黄冈后，由团长升任红四方面军某师副师长。第二次攻打黄冈，在登云梯爬城指挥进攻时，被敌人用抓钩抓去，壮烈牺牲。

董德章 （1903—1933），东北乡但家庙（今但家庙镇但家庙村）人。1929年参加赤卫队，后任红军某营营长，1933年在宿县作战牺牲。

舒传轼 （约1895—1960），外号舒天趣，舒传贤族兄。霍山县但家庙镇舒家庙人。1924年毕业于北京大学。1926年创办霍山师范讲习所。1930年参加全国县长考试及格，任省民政厅视察，后任铜陵县县长、中学教师。抗日战争时期，任省民政厅禁烟局秘书、霍山县政府主任秘书。1949年在南京入中国革命大学，后分配到山西某中学教书。1958年错划为“右派”，后病逝家中。曾参与民国《霍山县志》的编写、审订、校补工作。著有《庄子研究》。

广燕深 （1907—1960），又名存录，私塾先生，早期中国共产党党员，由舒传贤介绍入党，并担任党小组长，一生性情刚强火暴，在民国期间，由伪省政府派来所谓“宣传队”刁难村民，他不顾一切将其中一人打入水田中，后被伪班会追究，尔后就在鲍家院办学任教。

张 萍 （1915—1972），团墩人，中共党员，1931年3月参加中国工农红军第四方面军。曾任陕甘宁边区连指导员，赤峰市公安大队大队长，华东局保卫科科长、上海市委保卫科科长、上海市公安局警卫处副处长等职务。2015年清明，其遗骸迁归霍山县安徽红色区域中心纪念园红军墓园。

杨承全 （1923—1979），团墩剧团组建人与负责人，住团墩杨家行，自幼聪明活泼，其父从事革命在外牺牲，9岁时随母亲生活。在艰苦的环境中磨炼智慧，才能集“吹、弹、打、拉、唱”于一身，特别是吹、打功精湛，京胡伴唱灵活，很受观众喜爱。

鲍传发 （1923—1987），出生于岭坎村民组，曾任大化坪区委书记、与儿街区委书记、县公安局局长等职，退休后一直生活在农村。

翁明成 （1924—1990），但家庙镇但家庙村雨淋桥生产队人。他原是但家庙小学的民办教师，琴、棋、书、画样样精通，尤其擅长音乐，特别是拉得一手好二胡。后来，弃文从工，师从霍山西街袁师傅学习鞭炮制作，学成后自己开办了制作鞭炮的手工作坊。由于技艺精湛，所造鞭炮质量高，民间素有“翁明成的鞭炮没有药都响”之说。

胡邦本 生卒年不详，东北乡但家庙（今但家庙镇但家庙村）人，父母均为革命牺牲，称为双烈属。1951年10月1日，参加了北京天安门国庆典礼大会，在北京18天，先后三次受到中央领导人的接见。会议期间参观了万寿山，故宫，各大工厂。会议结束后，分别参观了天津、南京、蚌埠、合肥等各大城市。

沈东屏

沈东屏 （1909—2005），但家庙镇花园畈人。1931年3月加入中国共产主义青年团，11月转为中国共产党党员，中共七大正式代表。1930年3月参加六（安）霍（山）农民暴动。1931年1月任本县郊区四乡少先队中队长。任区委组织部部长兼区委秘书。1932年8月参加中国工农红军。担任过伙夫、文书、干事，参加了鄂豫皖第四、第五次反“围剿”，随红二十五军参加长征。到达陕北后，参加了榆林桥和山城堡等战役战斗及东征、西征。1936年4月任红七十四师政治处民运干事。1937年2月，任红七十三师第二一九团团总支书记。担任八路军第一一五师第三四四旅第六八七团政治处干事、第六八七团第二营政治教导员。参加了平型关战役、晋东南反敌“九路围攻”战役。1939年1月，任八路军冀鲁豫支队第二大队政治处组织股股长。1940年4月任八路军第二纵队新编第五团政治处主任。6月任八路军第四纵队第五团政治处主任。8月任八路军第五纵队第二支队第五团政治处主任。1941年2月任新四军第三师第八旅第二十三团政治处主任。其间，1941年5月入华中党校学习。1942年4月后任新四军第三师第八旅兼盐阜军分区第二十四团政治委员。1943年10月到延安。后入延安中央党校四部第十一支部学习。1945年初被增补为中共七大代表。同年4月至6月作为华中代表团成员出席中共七大。1945年9月任东北自治军第十旅第二十八团政治委员。1947年6月后任西满军区独立第四师第十三团政治委员，东北民主联军独立第五师政治部主任。1948年3月任东北野战军第十二纵队第三十六师政治部主任。1948年11月至1949年3月任东北野战军第四十九军第一四七师政治部主任。1949年3月任中国人民解放军第四野战军第四十九军第一四七师政治部主任。参加“三下江南、四保临江”等战役并负重伤。参加辽沈战役和平津战役。后随部队南下，参加长沙战役、衡宝战役、广西战役。1949年12月至1950年6月任中南军区桂林军分区副政治委员。1950年1月起任中共广西桂林地委委员。同年5月至1951年7月任中共广西桂林地委第二副书记；1950年6月至1951年7月任中共广西桂林军分区党委书记；1950年9月起任中南军区桂林军分区副政治委员兼政治部主任，并兼第四十九军第一四七师政治部主任。领导清剿残匪，组织群众开展生产自救等工作。1952年4月任中南军区公安第十二师政治委员。同年任中南行政委员会公安部政治部副主任。1954年年底进中南军区速成中学高干班学习。1956年6月起任中南建筑工程总局党委副书记。1958年2月至1959年3月任中共武汉市国营农场管理委员会书记。1958年10月至1959年3月任中共武汉东西湖农场党委书记。1959年3月至5月任农场书记处第一书记。同年任六机部武东工业区党委副书记兼副指挥长。1962年任杭州船舶学院党委书记。1968年12月任六机部华南办事组副组长。1973年后，任六机部政治部副主任。1980年，任六机部党组纪律检查组副组长。1982年12月离休。写有《二十年戎马生涯》《我爱造船工业》等回忆录。

周基运　(1924—2007)，东北乡大河厂（今但家庙镇大河厂村）人，1949年参加革命，1951年3月加入中国共产党。中华人民共和国成立后，历任乡农会组长，民兵班长，大队书记，公社副主任、主任等职。先后四次出席省劳动模范表彰大会，1955年冬，评为特等劳动模范。曾出席华东区个人劳动模范表彰大会，荣获金质奖章1枚，金边奖旗1面，奖金120元。1981年6月退休。

高宗炳　(1922—2009)，霍山县但家庙镇观音岩村人，中共党员。1948年11月参加革命，任霍山县民主政府秘书，1949年12月后，历任大化坪区副区长、文教科副科长、县文教局副局长，1966年7月下放，1973年4月任教育局副局长、局长。1982年12月离休，享受县处级待遇。并任县关心下一代工作委员会副主任。1956年、1958年，先后创作现代庐剧《转变》《方小五》，在省地会演中获奖。离休后，摸索出养羊的一套成功经验，带领当地百姓脱贫致富。1989年，荣获全国“老有所为”奖。

广存珠　(1916—2010)，篾匠，一生以竹制产品为业，如箩筐、竹筛、团簸、篾席、凉床等都能制作精细，经久耐用，外形美观，直到晚年身体仍很健壮，生命不止，操业不息，德高望重。

黄友端　(1915—2018)，但家庙镇观音岩村人，1932年参加红军，1935年参加长征，1936年加入中国共产党。先后任鄂豫皖红军十一师三十二团一营勤务兵、红四方面军司令部电话总队电话兵。抗战时期，先后任军委三局通信连班长、陕甘宁边区警备五团通信排长兼技师、延安通信学校学员、班主任等。1945年后，先后任围场县电话局局长、林西县电话局局长、冀热辽军区前方指挥部通信参谋、河北迁西县电池厂副厂长、东北军区通信教导大队副队长、辽西军区通信科科长、东北军区通信枢纽部主任兼党委书记等职。1955年1月被授予中校军衔，后晋升为上校。1960年转业辽宁省邮电管理局，先后任副局长、党组副书记、顾问、党组成员等职，1982年离休。

黄友端

第三节　人物简介

但修谅　(1932—　)，但家庙镇胡大桥村人，中共党员，初中文化。1950年6月参加工作，历任百福庵乡乡长，城关公安派出所所长，县公安局治安股副股长。1954年调省公安厅工作，先后任科员、副科长、科长。1970年，下派任霍山县革委会信访组组长。1973年，调任巢湖铸造厂政治处主任，党委常委。1978年，调省公安厅任政治部副主任，后任老干部处处长。

潘家才　(1932—2002)，但家庙街道人。幼时师从山王河干父魏师傅学习打铁技艺，学艺3年。学成后在但家庙铁器社当工人，擅长打刀，刀口极其锋利。因此，民间素有

“潘家才的刀没有钢都快”之说。

张有春 （1936— ），但家庙镇但家庙村人，中共党员，高小文化。1953年参加兴修佛子岭水库，后又参加梅山、响洪甸、陈村、江西万安等水电站建设。1977年，工程队转为部队编制，任代指导员、指导员、团协理员、管理股副股长。1976年修建陈村水库时，获安徽省革命委员会授予的“工业学大庆先进生产者”（省级劳模）称号。

倪世民 （1938— ），但家庙镇观音岩村人，副主任医师。1962年，于安徽医学院医疗系毕业后分配至霍邱县第一人民医院，长期从事传染病科工作，历任医师、主治医师、传染科主任。

朱涌钊 生卒年不详，木匠，观音岩村李冲村民组人，一生以做木制家具为业，无论柜、厨、箱、凳、桌椅、板门、木床等样样精通，并善于雕花装潢，农具犁耙耖、风簸等都在技术上领先，很有名气。

康福泰 生卒年不详，商贾巨户，住团墩小街道，生意兴隆，并以商业为掩护，多次保护共产党活动，解救危局，为革命事业做出了贡献。

姜典桂 （1944— ），女，但家庙镇退休教师。1965年，成为民办小学教师。2000年7月退休。姜典桂自幼酷爱剪纸艺术，兴趣所致，几近痴迷。制品内容极其丰富，充满奇思妙想，散发着浓厚的传统文化气息。2005年1月，在首届中国·大别山民俗文化大奖赛上获得“原味生态奖”。

郭宏坤 （1946— ），祖籍合肥，中华人民共和国成立后定居在但家庙镇胡大桥村老院子村民组。佛子岭中学64届初中毕业生。1968年，郭宏坤参军入伍，在部队时就加入了中国共产党，荣立三等功一次，荣获南京军区“活学活用毛泽东思想积极分子”和“模范士兵”称号。1973年复员回乡。担任过胡大桥村党支部副书记（主持工作），第二、三、四届县政协委员。改革开放以后，先后开店经商，办过养猪场、粉丝厂、粮食加工厂。20世纪80年代伊始，他就经营当时下符桥区第一家个体商店，不久又办起了全县民营规模最大的养猪场，生猪存栏40多头。接着，粉丝厂、粮食加工厂相继投产，给当地群众生活带来了很大便利，且为养猪场提供了充足的精饲料。这期间，他已经成了远近闻名的专业户、万元户。1992年，郭宏坤投资5万元创办了全县第一个私营茶厂，主导产品黄大茶远销山西、河北等省。1999年，在山东莱芜开办茶庄，在激烈的市场竞争中，郭家的茶庄以质优价廉的优势站稳了脚跟。郭宏坤不满足现状，又向更高的目标发起冲击。他翻阅了大量的参考资料，走访中科大、安农大，以及上海、江苏的科研机构，经过反复试制，于2009年研制成功创新型养生黄茶，并于2014年成功申请国家专利。

桑世林 （1948— ），但家庙镇但家庙村人，中共党员，合肥工业大学经济管理专业函授毕业，大学学历。1963年参加工作，历任霍山县但家庙竹木器社社长，霍山县灯泡厂厂长，安徽世林电光源有限公司董事长兼总经理，安徽世林集团董事长。县人大多届代表，县政协第七届委员会常委。1999年10月，中共扶贫基金会与半月谈杂志社授予第六届（1999年度）全国“扶贫贡献奖”。2000年，被评为全国“计划生育协会先进志愿工作者”。1999年3月和2000年7月，先后被省委、省政府记三等功一次。2001年8月，被省委、省政府授予“全国发展乡镇企业先进个人”称号。2002年3月，被省委、省政府授予“八七”扶贫攻坚先进个人，并记二等功。10月，省发展乡镇企业领导小组授予2001年度发展乡镇企业先进个人。同年，被省政府授予“劳动模范”称号。2005年4月，被全国总工会授予“五一劳动奖章”。

刘友佳 （1948—2012），但家庙镇大河厂村人，中共党员，小学高级教师。1965年9月参加工作，任大河厂小学民办教师，进修于霍山县教师进修学校。1990年中专毕业并转为国家教师，先后获县委、县政府记功，记大功、授予“优秀教师”等奖励7次。1983年、1987年，被六安地委、行署先后授予“先进教育工作者”“优秀教师”称号。1993年9月，被教育部、人事部授予“全国优秀教师”称号。1995年，被中国青少年基金会授予“希望工程园丁奖”。

但心厚 （1950— ），霍山县但家庙镇花石嘴村人，中共党员。1969年12月参军，历任战士、班长、副指导员，股长、团政治处书记（正营）。1985年转业回霍山，先后任县政府办公室秘书、副主任，县体改办主任，县卫生局局长，党组书记，县政协办公室主任，政协常委等职。在担任县卫生局长期间，多次受到省、市卫生部门的表彰。2002年10月，被卫生部、国家发展计划委员会、农业部、国家环境保护总局、全国爱卫会评为“全国农村初级卫生保健工作先进个人”。

李燕来 （1953— ），男，但家庙镇花石嘴村人。大专学历，曾服役于济南军区某部，退伍后在但家庙初中工作，历任语文教师，教导主任，校长，但家庙镇教育办公室主任，霍山雁江印务有限公司董事长兼总经理，省诗词协会驻六安办事处副主任，皋陶诗词学会副会长，西山诗词楹联研究院常务副院长。擅长诗歌创作，系中华诗词学会、省诗协、皋陶诗词学会、霍山诗联会员，所写作品发表于省《诗词论坛》《六安诗联》《霍山诗苑》《霍山风韵》《西山风韵》等刊物，共500余首。

张真平 （1955— ），但家庙镇观音岩村倪家冲人，中共党员，内科副主任医师。1978年7月于安徽医学院医疗系毕业后，历任但家庙公社卫生院、下符桥区医院医师，南岳乡卫生院主治医师，县中医院副主任医师、副院长，县医院副主任医师。在《实用儿科杂志》《中国乡村医生》《中华老年心血管杂志》《海南医学》等刊物发表文章多篇。是省、市、县多个卫生行业委员会（专家组）的成员，市医学会第五届理事。

倪克元 （1954— ），但家庙镇胡大桥村倪家畈人，中共党员（1991年3月入党），大专学历（2007年1月中央广播电视大学土木工程专业毕业）。1972年参加工作。1985年，任但家庙公社建筑队副队长，1987年任队长。1992年，霍山县第五建筑工程公司成立时任经理。1997年，霍山县第五建筑工程公司改制为股份制企业，成立霍山县华安建筑有限责任公司，任公司董事长兼总经理。在其带领下，霍山县华安建筑有限责任公司不断发展壮大，逐步由一个乡镇建筑队成长为全县明星企业、纳税大户。2019年，公司总产值达6.2亿元，创造税收3600余万元。霍山县第十五届、十六届人大代表。先后为但家庙镇中小学捐课桌凳2300套，为但家庙村、花石嘴村捐款建桥，为观音岩村、三尖铺村贫困党员捐助扶贫资金，总计达3万元。2008年，被中共但家庙镇委员会授予“优秀共产党员”荣誉称号。2010年、2011年、2012年、2013年，连续4年荣获但家庙镇党委、政府授予的“突出贡献企业家”称号。2010年，被县关工委授予“关心下一代工作先进个人”。2013年，被霍山县基层党组织建设领导小组授予“优秀党务工作者”。2016年7月，被中共霍山县委授予“优秀党务工作者”等荣誉称号。

田先凤 （1954—2001），女，但家庙镇但家庙村油坊生产队人。她嫁入董家时，公公就已身患重病，长年卧床不起，生活不能自理。她便担负起照顾公公的重任，这一照顾便是30年。她30年如一日，丝毫没有怨言，直至老人生病离世。每天天不亮，当别人还在睡梦中时，她便起床做早饭，洗衣服，然后送一双儿女去上学。回来后，便一门心思服侍公公起居，态度谦恭和蔼。那时，家庭贫困，生活条件极其恶劣，公公身体虚弱需要补充营养，她便省吃俭用想尽一切办法做一些好吃的、合口味的饭菜孝顺公公。也正是她的悉心照料，延续了公公的生命。但令人扼腕叹息的是，她也因此感染了皮肤病，最终不治身亡。

孟德恕 （1955— ），但家庙镇胡大桥村人，中共党员，大学学历，武警少将警衔。1974年12月参军。1976年10月加入中国共产党，历任武警上海总队战士、班长、排长、政治部干部处处长、政治部副主任、主任，武警上海总队副政治委员、党委常委，政协上海市十一届委员。2008年4月，任武警指挥学院政治部主任。2009年7月，晋升武警少将警衔。2010年，任武警指挥学院副政委。2011年3月，任武警宁夏总队政委。孟德恕是中华人民共和国成立后培养出来的将领，他勤奋好学，善做思想政治工作，为提高上海武警部队的政治思想水平，培养新一代武警指挥人才探索出了不少新的路子。如深入基层，实行官兵交友、师生结对等。

曹俊卿 （1956— ），但家庙镇但家庙村人，大学学历，中共党员，政工师。1974年参加工作，历任中学代课教师、乡文化站干事、区供销社主任、县供销社副主任、县茧丝绸办公室副主任。于1987年函授毕业于安徽财贸学院。1991年，荣获“全国蚕茧工作收烘工作先进个人”称号。

马克军 （1956— ），但家庙镇花石嘴村人。历任小河嘴村民兵营长、村主任、村党支部书记、花石嘴村党总支书记。2016年7月1日，霍山县但家庙镇遭遇特大洪水，花石嘴村62岁的党支部书记马克军不顾个人安危，身先士卒，带领全村党员干部为群众筑起一座坚固“堡垒”，让群众在洪水面前有个安全的港湾。他在路上巡查时，发现妇女郁建萍正欲蹚水过河，眼看就要被肆虐的洪水冲走，就在这千钧一发之际，老书记不顾个人安危，冲进齐腰的水中把人从洪水中拉了上来。马克军担任村干部30多年，担任党支部书记20多年来，在困难面前他始终把安全留给他人，把危险留给自己，组织群众转移，布置险段防治，以对群众生命财产安全的高度责任感，值守岗位；查灾报灾深入现场，坚持以实而报，村里人信任他、尊重他。他用实际行动践行着作为共产党员的誓言。2016年，马克军被评为“安徽好人”。

周基潮 （1957— ），但家庙镇观音岩村人，中共党员，大学学历。1977年3月参加工作，历任团墩初中教师，团墩乡团委书记、党委秘书，三尖铺乡党委委员，但家庙乡党委副书记、乡长，撤区并乡后任落儿岭镇镇党委副书记、镇长，镇党委书记，城关镇党委副书记、镇长，镇党委书记，县政府党组成员，县财政局局长、党组书记，县委督查组副组长，县政协八届常务副主席。

翁元标　（1957—　），但家庙镇但家庙村人。中学一级教师。高中毕业后于1977年3月参加工作，任代课教师，1987年转为国家教师。参加安徽师范大学美术专业自学考试，1996年获专科学历。先后任教于但家庙初中、上土市中学、霍山中学。是中国翰墨文化促进会会员、安徽省书法家协会会员、安徽省硬笔书法家协会理事、六安市书协理事、县书法美术家协会副主席。书法作品多次在省级以上报纸、杂志发表。1994年，“全国首届黄河杯书画大赛”书法获铜牌奖，作品被黄河书画院收藏并赴新加坡展览；1999年，获“全国青少年书法教育成果奖”三等奖。多年担任全县美术教育教学论文评选及中小学美术教师资格认定和全县中小学师生书画大赛评委。县政协第四届、五届委员，县政府曾授予“先进教育工作者”称号。

刘清平　（1957—　），男，但家庙村长岭村民组人，1976年2月入伍，中共党员。1979年2月参加对越自卫反击战，并荣立三等功一次。1984年5月参加者阴山战斗，并受师级嘉奖一次。1994年12月，立三等功一次。历任陆军十一军三师九十二团三营营部书记、师正连级干事、师后勤部行政科科长等职。

广业贵　（1957—　），大河厂村肖家圩人。1978年11月加入中国共产党。1976年12月到1986年12月，在83232部队服役，历任战士、排长、南京陆军学院政治系学员、83232部队政治处书记、组织干事。1987年1月到1994年6月，任安徽省合肥市烟草公司新工程基建组组长、烟草大厦常务副总经理。1994年7月至1997年，在安徽省党校中部实业开发总公司任总经理助理。1997年8月，到海南经商，先后创建安徽省中兴经济贸易发展公司、安徽省合肥威震酒业有限公司、安徽省霍山康尔美油脂有限公司和安徽霍山恒鑫金属有限公司，分别担任董事长和总经理。1997—1998年，广业贵个人出资，先后为大团路（大河到团墩路）路基进行了拓宽并垫填石子，为大河厂村肖家圩组境内的村道垒摆30米，并新修一座长8米、宽2米的水泥桥，为当地群众出行提供了方便。

王玉生　（1963—　），男，中共党员，1976年参加工作。1976—1992年，任职霍山文工团。1992年，撤区并乡后调入上土市文化站。1996—2017年，任但家庙镇文化站站长一职。他致力于但家庙镇文化事业的发展，尤其擅长京剧“净”角。1992年，荣获六安地区第二届艺术节演唱奖。1994年，参加六安地区“江淮红绿灯”文艺演出，荣获表演奖。1996年，在霍山县首届“化冶杯”广播电视歌手大奖赛中，荣获戏曲组第一名。2017年，应邀参加“大化坪黄芽茶文化节”活动，成绩突出。他曾多次参加安徽电视台《相约花戏楼》栏目，成功守擂两期，并获优秀奖。

戴宗友　（1964—　），但家庙村人，中共党员，副教授。1985年7月，安徽大学计算机专业毕业后分配到中国人民解放军炮兵学院任教。安徽大学计算机专业在职研究生，2001年毕业。历任教研室副主任、主任。编写的有关计算机专业类教材曾由清华大学出版社出版发行。

彭义香 （1964— ），女，住胡大桥村倪家畈组。2001年7月，加入中国共产党。2000年3月，任原倪家畈村主考专干，妇联主任。2004年9月村级规模调整，原倪家畈村和胡大桥村合并，建胡大桥村，彭义香任胡大桥村委会主任。2011年7月村两委换届，彭义香当选为胡大桥村党总支书记。2005年、2011年、2016年，连续当选为霍山县第十五届、十六届、第十七届人民代表大会代表。彭义香在村工作的17年间，心系广大村民甘苦，勇于创新，乐于奉献，使偏远、落后的胡大桥村发生了前所未有的变化，脱贫工作取得了显著成绩。

褚进龙 （1964— ），但家庙村人，中共党员，大学本科学历，经济师，作家，财经与投资专家。安徽省作家协会会员，中国报告文学学会会员。2010年，客居江苏南京市。1983年，开始文学创作。1984年10月，任霍山小南岳文学社社长，2011年辍笔。先后创作小说、散文作品400余篇，其中100余篇是在全国有影响的文学刊物发表和转载，如：《小说月刊》《百花园》《小说大世界》《故事会》《小说界》《小小说选刊》《微型小说选刊》等。其中有10余篇小说入选年度最佳作品和年度百篇经典作品，数十篇作品入选各类作品集和佳作选。《心锁》《左边站右边站》《一场特殊的战役》等部分作品曾被数十家报刊转载。曾被《小小说选刊》主编杨晓敏、作家陈永林及小小说评论家雪弟誉为安徽小小说创作新生代领军人物之一。获得过全省、全国各类文学大奖30余次。

1983年参加工作，曾在霍山县国企当过工人、营业员、保管员。1989年起，在国企担任业务科长、办公室主任、总经理助理、副总经理、总经理、执行董事、支部书记等职。2005年起，受聘在合肥嘉里置业有限公司担任常务副总经理，从事旧城改造和房地产开发工作。2010年起，应聘在南京市雨润集团担任区域投资总监，负责西南区域投资和项目公司管理工作。2012年起，受邀加入先声药业集团，担任投资发展部总经理、兼任基建办总经理、百家汇科技创业社区园区项目总监等职。2019年退出职场，从事独立投资和项目策划工作。2020年起，再次受邀加入雨润集团，担任控股集团资深副总裁，负责华东、华南区的投资和项目管理工作，为集团管培生导师。

江源声 （1964— ），但家庙镇花石嘴村人，高级设计师。1981年，霍山高中毕业后考入重庆建筑工程学院。1985年，本科毕业后分配到电子工业部第十一设计研究院。后任信息产业部第十一设计研究院总设计师。

李　军 （1964— ），霍山县但家庙镇但家庙村人，祖籍长丰，神经外科副主任医师，霍山县人民医院副院长。1988年7月，于皖南医学院医疗系本科毕业后分配到安徽省大别山中药学校任教。1999年，调霍山县医院工作至今。1998年在省立医院进修一年，2003年8月，安徽医科大学在职研究生。先后在《中国医药杂志》等刊物发表论文5篇。是中国神经外科医师协会会员、六安市危急重医学会委员、霍山县医院医务科科长、县政协第八届委员会常委。

涂必江 （1966— ），霍山县但家庙镇花石嘴村旗杆院村民组人，中共党员，林业高级工程师。1987年7月于浙江林学院经济林专业毕业后参加工作，历任与儿街区林业站技工，县苗圃主任，佛子岭林场场长，县林业局副局长兼板栗生产办公室主任，县委宣传部副部长兼县社会主义精神文明建设指导委员会办公室主任，宣传部副部长兼城市管理行政执法局局长。有论文在相关刊物发表。1992年，省林业厅授予“五八”绿化先进个人，曾享受县政府特殊津贴。2007年，县委授予“优秀党务工作者”。2005年3月至2013年9月，县文明办主任、城管执法局局长、党组书记、宣传部副部长。2013年9月至2018年12月，诸佛庵镇党委书记（副县级）。

舒世忠　（1966—　），霍山县但家庙镇观音岩村舒家庙人，中共党员。1988年7月，安徽大学计算机专业本科毕业后参加工作，历任安徽省建设银行科员、科长，招商银行助理经理。2002年2月调中国银联，历任助理总裁，市场部总经理。

万江涛　（1966—　），中共党员，中学高级教师。1983年7月，霍山师范毕业后分配到但家庙初中任教至今。1986年，加入霍山县书画协会。国画作品《拼搏》《群虾图》获得县书画协会书画作品一等奖，六安市迎国庆美术作品展二等奖。2003年，国画作品《家乡》获得省教院毕业生优秀作品一等奖。2004年，发表的论文《论美术教育的人文化与学生素质培养》获市教学论文二等奖。2006年，油画作品《乡音》获市迎国庆美术作品优秀奖。

倪早红　（1966—），男，观音岩村人，1983年5月加入中国共产主义青年团，先后任霍山县电珠广技工、技术副厂长等职，后从事个体经营。1993年5月13日子夜，霍山县特种电珠厂一号工作台旁边的输氢油管道的接口处突然破裂，气雾状的氢油呈一个圆弧喷薄而出，迅速弥漫整个车间，氢油遇着工作台上的明火立即燃烧，火头“呼呼”地向前直窜。双手紧紧抱住滚烫的油管，用身体挡住裂口，阻止氢油喷出……火龙被封住了，倪早红却成一个火人，在其他同事的帮助下，油路切断了，大火扑灭了，10名女工的生命和50多万元的工厂设备得救了，电珠厂避免了一场重大恶性事故的发生。但全身喷满氢油的倪早红在烈火中足足烧了5分钟！倪早红全身烧伤65%以上，平均烧伤二度。1993年，省委、省政府、省军区授予倪早红“学雷锋先进个人”荣誉称号。1994年3月，县委、县政府、县人武部授予倪早红“舍身扑火好民兵”光荣称号。

董昌庆　（1968—　），男，汉族。霍山县但家庙镇人，中共党员，大学学历，大校军衔。1983年10月入伍，历任中国人民解放军某部政治通讯员，后勤工程学院学员，解放军汽车管理学院营房科助理员，解放军某司令部管理保障局营房物资处助理员。其间，于2002年9月赴欧洲学习交流参观。后来，先后任解放军某司令部管理保障局营房物资处副处长（副师职），并担任过空军某导弹部队第11团代理团长，党委常委。在《军队基建营房》先后发表论文3篇，1993年、2005年，先后两次荣立三等功。2004年，被全国绿化委员会授予“全国绿化奖章”。

涂必国　（1968—　），政工专业本科学历。1984年10月参军，历任连、营文书，排长，教员，军级单位宣传干事，旅政治部副主任，团政治处主任，中校军衔。在军内外报刊发表理论文章、新闻作品百余万字，其中30余件作品在不同规格的征文比赛中获一、二、三等奖，著有《笔剑风流》《写作与美》《前路如歌》，并组织主编了《机关常用文书》

《基层应知应会手册》和《舆论战、法律战、心理战》系列教育丛书。先后荣立二等功一次、三等功9次，20余次被兵种部等单位评为报道工作先进个人、科学文化教育先进个人、优秀机关干部和优秀党务工作者。

陈廷宝 （1971— ），但家庙镇但家庙村仓坊组人，民盟成员。1994年，毕业于安徽理工大学地球与环境学院，大学本科学历，高级工程师，注册建筑师，绍兴市岩土力学与工程学会会员。浙江省有色金属地质勘查局公司经理。主要从事岩土工程勘察、设计、施工的经营与管理。工作以来，参与国家、省、市重点工程十余项，部分工程获钱江杯、鲁班奖。

戚宝琴 （1971— ），女，霍山县太阳乡人，但家庙镇大河厂明德小学教师。1990年7月，戚宝琴毕业于霍山师范，一直扎根在农村小学。她是位爱心大使。20多年来，她尽自己所能用自己的爱心温暖着需要关心的人。她还牵头组建QQ群，发挥集体力量，资助贫困女童。2016年，被评为“安徽好人”。

程真全 （1972— ），男，但家庙镇花石嘴村董家楼村民组人。程真全自幼酷爱音乐，在小学读书时，就自制竹笛、胡琴，并请教懂乐器的当地人潜心学习。成年后，跟民间艺人学会了唢呐、小号、萨克斯、架子鼓，并跟随录音机学会了唱歌。2004年3月，组建了但家庙镇第一个管乐队。同年10月，又组建了但家庙镇第一个电声乐队。2008年，创办了本镇第一个民间大舞台——但家庙震东大舞台。2010年，创办了但家庙震东演艺传媒公司，公司的演出遍布周边各区县。程真全多才多艺，不仅精通多种乐器，还能表演魔术、杂技、客串主持。2009年，首届“宏达电器杯”唱响山城文化节中，程真全演唱的通俗歌曲获得文化节第三名。

广家权 （1973— ），霍山县但家庙镇观音岩村人，中共党员。1995年参加工作。1996年调佛子岭酒厂，不久从流水线员工调到厂科技处担任品酒、勾兑、新产品开发任务，多年来成功开发出迎驾酒和100多个品种的迎驾系列白酒，为企业赢得了市场。1998年，获六安市科技精英奖。2001年，全国总工会授予“五一劳动奖章”。2007年，酒处理工艺获六安市科技成果二等奖。广家权带领的迎驾酒业人只做了一件事，酿一味好酒。广家权现任安徽迎驾贡酒股份有限公司直属机关党支部组织委员、副总经理、总工程师，兼任中国白酒专业委员会委员，安徽省白酒专家委员会副主任，国家级高级品酒师、国家级白酒评委等。其撰写的论文《浅析优质低度浓香型白酒的质量控制》在“张弓杯”中国低度白酒生产技术征文活动中获三等奖，《浓香型迎驾贡酒生产技术研究》获安徽酒业协会优秀技术论文一等奖，“白酒活性炭复合多元膜酒处理工艺”获省科技成果鉴定，参加的《白酒灌装现代工业物流体系优化》获得省级科技成果、荣获国家酿酒协会科技进步二等奖、霍山县科技进步一等奖，参加的《六安瓜片绿茶冷饮料生产关键技术研究》获得省级科技成果。他先后获得发明专利2项、实用新型专利8项。

桑永树 （1973— ），霍山县但家庙镇但家庙村人，2001年7月，毕业于中国政法大学，获法学学士学位。2007年7月，获得合肥工业大学工商管理硕士学位，安徽省政协委员、霍山县人大代表。2001年9月，进入世林公司担任副总经理，后任安徽世林照明股份有限公司董事长兼总经理。桑永树先后荣获安徽省“劳动模范”、“高新技术产业先进个人”、“第四届非公有制经济人士优秀中国特色社会主义事业建设者”、“战略性新兴产业技术领军人才”、“第三批特支计划创新领军人才”、“科技进步三等奖”、六安市“劳动模范”“突出贡献民营企业家”、“安康企业家”等荣誉称号。

梁　东　（1975—　），霍山县但家庙镇胡大桥村人，中共党员。1993—1995年，在皖西联大企业管理系学习。1995年7月至2001年12月，汪家冲乡团委书记、纪委副书记。2001年12月至2004年3月，任磨子潭镇副镇长。2004年3月至2008年3月，任太阳乡副书记、人大主席。2008年3月至2012年2月，任太平畈乡副书记、乡长。2012年3月至2016年3月，任衡山镇党委副书记、衡山工业园主任。2016年3月起，先后担任与儿街镇党委副书记、镇长、党委书记。

倪克胜　（1979—　），霍山县但家庙镇观音岩村人，中共党员，大学学历，中学高级教师。1998年参加工作。历任霍山县西门畈小学校长、城东小学校长、城西小学校长、霍山县衡山镇东城中心学校校长。从2016年开始，他依托华东师范大学，负责国家社科基金重点项目“聚焦深化教育领域综合改革中的青少年体育问题及对策研究”子项目，进行实验研究。2017年，负责国家社科基金重大项目“中国儿童青少年体育健康大数据平台建设研究”，开展学生体质健康大数据研究，城西小学成为全国首批20所实验校之一。2019年，倪克胜在总结前期课题研究成果的基础上，立项了安徽省教育厅“以健康促进为主综合防控小学生近视的实验研究”的省级课题。并以课题为引领，开展一系列近视防控、课程改革工作。他努力构建多样化课程，将国家课程、地方课程和校本课程相融合，努力发掘课程中的育人因素，实现课程育人。

2016年、2018年，倪克胜两次在北京师范大学的讲堂上交流、展示“构建多样化课程，实现课程育人”案例。2017年，在华东师范大学、重庆珊瑚小学汇报学校“构建活力校园、培育幸福学生”的课题研究成功经验，受到专家们一致认可。2017—2019年，倪克胜先后获得安徽省课堂教学大赛一等奖1次、六安市课堂教学大赛一等奖2次。2017年，他撰写的“构建活力校园，培育幸福学生”案例，在教育部2017全国优秀案例评选中荣获了“活动创新”和“国际交流”两项大奖。先后荣获中宣部授予的“2017中国好校长”、教育部授予的“活力校园大使”等荣誉称号，被评为安徽省“语言文字先进个人”“六安市模范教师”“六安市拔尖人才”“六安市倪克胜名师工作室首席名师”。

陈　玉　（1979—　），男，但家庙镇但家庙村仓房村民组人，中共党员。1997年12月入伍。2002年7月，毕业于武汉军械士官学校步兵武器专业，毕业后服役于西藏军区装备部，入伍20年以来，10余次被评为“优秀士兵”“优秀学员”“优秀士官”。2013年、2015年，各荣立三等功一次。2016年，参加了朱日和大阅兵。2021年年初，晋升为一级军士长。

陈来凤　（1991—　），女，但家庙镇观音岩人。因为家庭的变故，2008年，正在读高一的她不得不辍学回家种田，并学会多种农机的操作。2011年，她开始流转承包土地，尝试着在稻田养虾。2014年，陈来凤的养虾稻田被确定为“安徽省龙虾健康养殖示范基地”。2015年，陈来凤被安徽省妇联评为“巾帼创业之星”。2017年，共青团六安市委授予她“六安青年五四奖章”。2018年4月，陈来凤的“稻田养虾”被共青团六安市委评为“六安市乡村振兴青年计划振兴示范项目”。2018年8月，陈来凤投资800万元，成立了安徽省青山绿水生态农业有限公司，公司拥有日烘干120吨粮食的生产线。陈来凤的先进事迹先后被《皖西日报》、《安徽日报》、《中国青年报》、CCTV-7等多家媒体报道。

第四节 人物表录

但家庙镇革命烈士英名录

表14-1

序号	姓名	性别	籍贯	出生年月	参加革命时间	烈士生前所在单位职务	牺牲时间、地点、原因
1	李书庭	男	倪家畈	不详	1929	赤卫队、队长	1930年5月，被敌人杀害。
2	但业喜	男	胡大桥	1894	1928	赤卫队、队员	1930年，在东家倪敬发家做长工，被捕后在横塘岗被杀害。
3	马先宜	男	小河嘴	不详	1929	赤卫队、队员	1930年春，参加赤卫队，在石岭被捕后在霍山县城被杀。
4	周基国	男	但家庙	1901	1928	区工会委员长	1932年，在湖北黄安作战牺牲
5	刘宜春	男	但家庙	1906	1929	红军二营三连四排六班班长	1931年，被捕牺牲。
6	倪世永	男	但家庙	不详	1930	红军连长	1931年，在鲜花岭与敌作战牺牲。
7	游心海	男	黑虎山	不详	不详	红四军战士	不详
8	李学孝	男	黑虎山	1903	1928	游击队班长	1931年2月，在卫家店双桥与敌作战阵亡。
9	叶长和	男	花园畈	1892	1928	独立师二营班长	1929年8月14日，在严家渡店与潘团作战牺牲。
10	刘定秀	男	花园畈	不详	1928	农民协会队员	1930年9月，在落儿岭与敌作战牺牲。
11	陈宏斋	男	花园畈	1892	1929.3	新25军，战士	1929年，在陶家河战斗中被捕牺牲。
12	董德章	男	花园畈	1903	1929.8	红军营长	1933年，在宿县与匪兵作战牺牲。
13	戴克仙	男	花园畈	不详	1928	红军战士	1933年，回山王河一带筹粮后下落不明。
14	吴长保	男	花园畈	不详	1928	农民协会队员	1931年8月，在青田坪与敌作战牺牲。

续表14-1

序号	姓名	性别	籍贯	出生年月	参加革命时间	烈士生前所在单位职务	牺牲时间、地点、原因
15	马先来	男	小河嘴	不详	1929	乡苏维埃主席	1930年5月，被反动团练逮捕于凤凰台，被杀害。
16	但业翠	男	花石嘴	1889	1928	不详	1928年，被捕牺牲。
17	马先修	男	花石嘴	不详	1929	赤卫队，队员	1930年5月5日，在三板桥被捕，在大沙埂被杀害。
18	张秀江	男	黄檀树	1879	1929.11	赤卫队，文书	1930年做地下工作，被匪军余俊南捕去杀害。
19	周大方	男	黄檀树	1900	1927.1	乡苏维埃委员	1930年5月24日，加入红军73师，撤到河西失踪。
20	周基年	男	但家庙	1909	1928	游击队，连长	1930年6月，游击队退到文家店后，在黄安与敌作战中牺牲。
21	杨登荣	男	黄檀树	1919	1937.8	赤卫队，中队长	1937年8月，回乡做地下工作，被匪首周姜齐杀害于叶家河。
22	吴道应	男	黄檀树	1908	1928	童子团团长	1930年元12日，被反共队长万吉逢逮捕，后在大河厂被枪杀。
23	芦殿户	男	黄檀树	1873	1930	赤卫队战士	1930年6月，随红军撤退，在落儿岭受伤牺牲。
24	周开钱	男	黄檀树	1905	1928.6	红军战士	1930年9月，在双城县叶义集与敌交战牺牲。
25	张本信	男	大河厂	1900	1929.2	红军战士	1930年6月，在英山光罗山与敌作战牺牲。
26	黄志业	男	大河厂	1906	1928.1	乡苏维埃委员	1930年9月14日晚，在张家塝领导十几个人进行秘密工作，被反共卫队围剿时杀死。
27	李同发	男	但家庙	1902	1929	红军战士	1929年5月，在黄家大岭与敌作战牺牲。
28	吴克培	男	但家庙	1893	1931	红军炊事员	1932年5月23日，任红军某部炊事员，9月底在信阳南关铁路沿线作战牺牲。
29	赵启应	男	但家庙	1902	1929	乡苏维埃侦察员	1930年5月7日，大队住黑虎山，被肖子玉部队袭击牺牲。
30	邓其昌	男	黄檀树	1892	1926	吊桥乡党委书记	1930年4月14日，被反共队逮捕，在凤凰台街头被杀害。

续表14-1

序号	姓名	性别	籍贯	出生年月	参加革命时间	烈士生前所在单位职务	牺牲时间、地点、原因
31	戴子宽	男	戴家院	1885	1928.3	乡农民协会主席	1931年，在周巷口被捕牺牲。
32	戴克顺	男	黄檀树	1897	1929.12	凤凰台赤卫队队员	1932年6月，部队撤退时失踪。
33	刘发祥	男	黄檀树	1910	1929	红军交通员	1932年9月，在六霍游击队撤到太湖时失踪。
34	胡本恒	男	黄檀树	1902	1929.1	县委委员	1931年，在张家店被捕，被杀害于六安。
35	杨登伍	男	黄檀树	1902	1927.7	红军事务长	1930年6月，在戴家河与敌作战受伤牺牲。
36	周自成	男	黄檀树	1910	1929.12	红军战士	1930年5月24日，随红军撤退到河西失踪。
37	吴道模	男	黄檀树	1900	1928.07	复览山农民协会赤卫队队员	1930年6月，在河西被敌包围逮捕，在诸佛庵河沿被杀害。
38	周开益	男	黄檀树	1904	1928	赤卫队队长	1930年8月，秘密返乡开展工作，16日被捕，在叶家河被杀害。
39	刘发证	男	黄檀树	1909	1929.1	红军营长	1931年，小七畈当模范营当营长，撤到燕子河后失踪。
40	戴克隆	男	大河厂	1899	1929	霍山县苏维埃书记	1932年10月，在英山张家嘴被匪首夏三峰逮捕枪杀。
41	张本祥	男	大河厂	1906	1929	红军班长	1932年8月，在湖北西门外作战阵亡。
42	孟泽阳	男	小河嘴	不详	1929	游击队队员	1930年，在家中被捕牺牲。
43	周基凤	男	胡大桥	不详	1930	民兵会员	1930年6月，在部队病亡。
44	刘为香	男	花园畈	不详	1928	红25军战士	1930年9月6日，在柳林湾与敌作战牺牲。
45	周厚培	男	大河厂	1902	1927	红军营指挥	1931年9月20日，由六家店到九里冲途中被肖子玉部队逮捕，在张家店被割头示众。
46	芦传海	男	花园畈	1907	1929.2	赤卫队班长	1930年，在戴家河与敌潘团作战牺牲。
47	金先发	男	但家庙	1908	1929	游击队战士	1931年，在燕子河战斗中牺牲。
48	吴可英	女	黄檀树	1902	1929	桃源河乡妇女委员	1932年，在英山杨家湾战斗中牺牲。
49	马先棋	男	花石嘴	1908	1929	赤卫队队长	1930年农历五月初二，在山王河被捕牺牲。

续表14-1

序号	姓名	性别	籍贯	出生年月	参加革命时间	烈士生前所在单位职务	牺牲时间、地点、原因
50	陈克宽	男	倪冲	1889	1928	红军班长	1930年9月，在九公寨与敌潘团作战牺牲。
51	宛茂财	男	观音岩	1905	1928	红四军1师28团班长	1929年4月，在东周角大庙作战牺牲。
52	陈荷花	男	倪冲	不详	1930	童子团团员	1930年9月20日，与父亲陈克宽一起参加战斗牺牲。
53	蒋同太	男	团墩	1901	1927	乡党委委员	1930年2月，被青山陈光炳匪军逮捕，杀害于苏家埠。
54	杨克成	男	团墩	1902	1929	六安一区秘书	1931年，在青山被捕牺牲。
55	董宏轩	男	但家庙	1883	1930	红军炊事员	1932年，在麻埠与敌作战失踪。
56	戴作银	男	但家庙	不详	1929	赤卫队队员	1929年5月，任侦察工作，后在董家小店被捕牺牲。
57	周大秉	男	但家庙	不详	1929	游击队事务长	1930年6月，在管家渡被地方民团逮捕牺牲。
58	任凤山	男	但家庙	1907	1924	赤卫队队员	1930年农历正月，在下符桥开会被捕，被杀害于霍山县城。
59	任凤群	男	但家庙	1910	1929	赤卫队队员	1931年农历正月，在下符桥开会被捕，被杀害于霍山县城。
60	刘明才	男	但家庙	1907	1929	平安街赤卫队队员	1930年7月，在沈家大岭被捕，被杀害于霍山县城。
61	张老五	男	但家庙	1898	1929	沈家畈支队队员	1930年6月，在沈家务坊被捕，7月，被杀害于霍山县城。
62	刘发枝	男	黄檀树	1908	1927.4	红军副师长	1932年7月，在湖北黄冈指挥战斗时牺牲。
63	刘双子	男	但家庙	不详	1930	马夫	不祥
64	马先峰	男	但家庙	不详	1929	赤卫队队员	1930年5月，被敌潘团军队在三板桥逮捕，被杀害于大沙埂。
65	曹春发	男	但家庙	1899	1927	宣传员	1930年8月，在成龙岗被捕，被杀害于但家庙。
66	周正喜	男	但家庙	1895	1927.8	摸瓜队队长	1930年，敌潘团进攻霍山，于同年3月撤到河西失踪。
67	但少祥	男	但家庙	1902	1928.12	红军战士	1930年6月，与敌潘团在会营嘴作战撤退河西失踪。

续表14-1

序号	姓名	性别	籍贯	出生年月	参加革命时间	烈士生前所在单位职务	牺牲时间、地点、原因
68	李开甲	男	团墩	不详	1928	赤卫队班长	1932年4月，作战牺牲。
69	黄永治	男	团墩	不详	1928	游击队事务长	1932年，作战牺牲。
70	黄德全	男	团墩	不详	1930	游击队队员	1931年，作战牺牲。
71	吴泽民	男	团墩	1902	1929	县委书记	1932年，在英山战斗中牺牲
72	胡成安	男	团墩	不详	1928	红军战士	1930年，随红军撤退后失踪。
73	刘孝悦	男	团墩	不详	1929	赤卫队侦察员	1932年被捕，在团墩被杀害。
74	戴绍凡	男	团墩	1909	1929	赤卫队队员	1930年2月初，在马兰桥战斗中牺牲。
75	王家义	男	团墩	1902	1928	赤卫队队员	1930年农历九月初十，在舒家庙被肖子瑜杀害。
76	张少清	男	团墩	1902	1928	赤卫队副队长	1932年在横塘岗被杀害。
77	王应科	男	舒家庙	1910	1928	红军战士	1930年7月在宿松县战斗中牺牲。
78	郭光廷	男	观音岩	不详	不详	不详	不详
79	周明清	男	观音岩	1886	1927	农民协会常委	1930年，在霍山县城被杀害。
80	王仁贵	男	观音岩	1889	1929	六霍六通队交通员	1930年6月，在青山柏树塝被杀害。
81	赵启贤	男	团墩	1882	1930	农会会员	1931年，在团墩被捕杀害。
82	倪世传	男	团墩	1915	1929	少先队队长	1930年，在陶家河战斗中牺牲。
83	倪守扑	男	团墩	不详	1930	红军战士	1930年8月30日，在老欢岭战斗中牺牲。
84	李正荣	男	观音岩	1912	1949	担架队任队员	1950年，在铜陵病故。
85	倪大让	男	倪冲队	1902	1927	师部任经济主任	1932年，在汤叶地和匪军作战失踪。
86	广恒炉	男	但家庙	1902	1928	红军32师运粮主任	1932年，红军撤退后失踪。
87	邹庆如	女	倪冲队	1909	1929	省委会计科工作员	1932年，在四川作战牺牲。
88	吴克发	男	观音岩	1902	1929	乡农会主席	1930年，在霍山南门被杀害。
89	倪大如	男	团墩	1896	1927	县委委员	1931年5月，回团墩做发展工作，被肖子玉发现带到霍山枪杀。
90	汪开荣	男	团墩	1900	1929	游击队大队长	1930年7月，被匪军清剿捕到花石嘴枪杀。
91	彭德申	男	团墩	1901	1927	龙井乡支委	1930年，回团墩做秘密工作，被伪军搜山逮捕，在团墩街头被枪杀。

续表14-1

序号	姓名	性别	籍贯	出生年月	参加革命时间	烈士生前所在单位职务	牺牲时间、地点、原因
92	广恒如	男	舒家庙	1896	1928	乡常委委员	1930年，回六安潘岗做工作，在帮助老百姓割稻时被褚法友捕去，在霍山被杀。
93	刘志高	男	观音岩	1894	1930	赤卫队队长	1930年4月，在黄檀树被敌人枪杀。
94	董德如	男	团墩	1913	1930	少年国际队班长	1931年7月，在徐集与匪军作战，在河边站岗时被敌军发现开枪打死。
95	鲍远宏	男	舒家庙	1914	1929	游击队队员	1930年农历二月初，在马兰桥与敌军作战中牺牲。
96	陈维坤	男	团墩	不详	1928	乡苏维埃事务长	1931年，革命处于低潮往羊山寨避难，走到苏埠病故。
97	陈本存	男	团墩	1907	1928	赤卫队队员	1930年6月6日，革命处于低潮跟红军过河，在西小亭牺牲。
98	代克富	男	团墩	1917	1948	解放军运输队战士	1953年，在福建省二十九军八十七师五十九团病故。
99	周正必	男	团墩	1902	1928	游击队队员	1935年，在陕西省商县工作，红四军25部来信在陕西牺牲。
100	王左成	男	团墩	1901	1928	红军排长	1932年，在陕西作战受伤，治愈后在长途行军中伤口复发不治身亡。
101	倪家珠	男	团墩	1898	1929	游击队队员	1932年，被反共队长陈光秉捕去，在霍山枪杀。
102	桂连方	男	团墩	1912	1929	红军通信员	1931年，在红军七十三师一二八团，以后没有音讯。
103	赵德芝	男	团墩	不详	1929	红二十五军七十四师战士	1932年，与卫立煌部队作战牺牲。
104	广本善	男	团墩	1864	1930	独山街县政府炊事员	1931年，在阴山与匪军作战，送饭给部队战士吃，被敌人开枪打死。
105	高永由	男	团墩	1913	1930	红军战士	1930年12月，在麻城独豹山战斗中牺牲。
106	周基明	男	团墩	1910	1928	赤卫队队员	1930年10月，在黄檀树与肖子玉部队作战时牺牲。
107	广恒义	男	团墩	不详	1928	农民协会会员	1930年4月，肖子玉带兵清剿，在岭坎被捕，在霍山枪杀。

续表14-1

序号	姓名	性别	籍贯	出生年月	参加革命时间	烈士生前所在单位职务	牺牲时间、地点、原因
108	汤业坤	男	团墩	1911	1929	红军战士	1932年，由游击队转到红四军，回来探望母亲，后失踪。
109	李道福	男	团墩	1914	1928	中央总部通讯队员	1936年，在延安，西安事变后不知下落。
110	寿光喜	男	团墩	1918	1929	红军探报员	1932年8月，在油坊店被敌人杀死。
111	鲍家四	男	团墩	1887	1929	乡苏维埃主席	1932年，革命处于低潮时，在舞旗河避难被东街参民团捕去后被杀害。
112	吕文忠	男	三尖铺	1913	1929	红四军十一师三十一团排长	1934年，在英山作战中牺牲。
113	广恒西	男	团墩	1903	1928	运粮队班长	1930年7月，被肖子瑜捕到霍山枪杀。
114	倪世应	男	团墩	1888	1928	赤卫队班长	1930年6月，在黄龙沟被伪军逮捕，在霍山被枪杀。
115	储茂荣	男	团墩	1902	1929	赤卫队班长	1930年3月17日，配合游击队攻打胜家岭作战牺牲。
116	沈清常	男	团墩	1908	1928	红军战士	1931年4月，调到红四军后失踪。
117	胡必全	男	团墩	1903	1930	游击队班长	1931年11月，到青山探信，在九公寨遇陈光炳反共团当场被杀死。
118	胡必有	男	团墩	1911	1930	红军号兵	1930年冬，跟随红军过河失踪。
119	吴其申	男	团墩	1899	1921.2	赤卫队队员	1930年8月，在黄檀树被肖子瑜杀害。
120	黄仁喜	男	团墩	不详	1928	红军班长	1931年10月，在向阳张家桥与伪军32师作战中牺牲。
121	广存志	男	团墩	1906	1928	赤卫队班长	1930年2月，被肖子瑜清剿捉住，在霍山被枪杀。
122	杨克祥	男	团墩	1912	1927	独立团战士	1931年，在五指山与敌军作战中牺牲。
123	广存林	男	团墩	1906	1928	乡农会村长	1930年，在杨家坊避难，在杨家寨被杨杰三捉住，被枪杀。
124	舒传贤	男	舒有庙	1899	1927	中央特派员	详见第二章《革命先驱舒传贤》
125	朱雅清	男	团墩	1902	1927	红军战士	1931年，在黄川战斗中牺牲。

续表14-1

序号	姓名	性别	籍贯	出生年月	参加革命时间	烈士生前所在单位职务	牺牲时间、地点、原因
126	陈宏模	男	团墩	不详	1927	区委秘书	1930年7月19日，回到家乡做秘密工作，被肖子玉在西河外枪杀。
127	倪世则	男	团墩	不详	1927	农民协会中心乡常委	1930年，到地方做秘密工作，被横塘岗反共队带到寿家庄被害。
128	陈少周	男	但家庙	不详	1927	游击队大队长	1931年8月，在鲜花岭与梁官英部队作战牺牲。
129	王应发	男	团墩	1912	1929	赤卫队班长	1930年8月，被徐玉周捕去带到横塘岗杀害。
130	邓华顺	男	团墩	1909	1928	游击队队员	1930年，被储达友清剿时捕住，当年10月，在霍山被杀害。
131	朱体仁	男	舒家庙	1904	1927	游击队大队长	1929年11月，在六安县郝集镇与杨杰三部队作战时牺牲。
132	鲍家琪	男	团墩	1924	1949	区部队战士	1949年4月，在营家渡与小保队作战时牺牲。
133	王仁宏	男	团墩	1906	1929	赤卫队队员	1935年5月，在与兰桥与反动派作战时牺牲。
134	黄传贵	男	团墩	不详	1927	赤卫队班长	1929年，在三尖铺被反共队吴佩云部队杀害。
135	黄传宗	男	团墩	1902	1927	摸瓜队队长	1929年，在黄传相家开会被敌军抓住，在横塘岗被害。
136	舒传华	男	但家庙	不详	1928	红军连长	1930年，到英山运粮，与敌军作战时牺牲。
137	雷长山	男	团墩	不详	1929	乡支委	1931年9月，被敌人杀害。
138	雷英杰	男	团墩	不详	1929	乡苏维埃交通员	1932年，执行任务时被害。
139	黄承志	男	团墩	不详	1928	红军事务长	1932年3月24日，在马兰桥战斗中牺牲。
140	戴克能	男	团墩	不详	1928	红军战士	1930年，随红军转移后失踪。
141	周大总	男	团墩	不详	1927	红军战士	1930年，编入红25军后失踪。
142	叶中海	男	团墩	不详	1929	乡苏维埃秘书	1930年8月，被捕在大河厂被杀。
143	程尔珊	男	团墩	不详	1930	红军战士	1932年，与敌作战牺牲。

续表14-1

序号	姓名	性别	籍贯	出生年月	参加革命时间	烈士生前所在单位职务	牺牲时间、地点、原因
144	舒圣保	男	团墩	1893	1928	乡常委	1930年6月，在青山被杀死。
145	董如金	男	团墩	1905	1928	游击队战士	1930年2月，在青山战斗中受伤牺牲。
146	董如容	男	团墩	1907	1929	霍山独立团五排连长	1931年，被捕杀害于六安横塘岗。
147	鲍祖才	男	团墩	1906	1928	六安县第二区副书记	1930年9月，在涯子河与敌潘团作战牺牲。
148	戴子宏	男	但家庙	不详	1928	红军排长	1931年春，在山王河战斗中牺牲。
149	俞荣华	男	花园畈	1895	1929	红军班长	1930年12月22日，在太湖同台畈战斗中牺牲。
150	余世金	男	花园畈	1909	1929.1	六霍独立一师班长	1930年7月，在东石门打仗退到管家渡被捕牺牲。
151	傅维训	男	花园畈	1900	1929	复览山赤卫队队员	1930年，枪走火受伤，在霍山治疗时被捕牺牲。
152	邓白全	男	但家庙	1882	1928	马头山支委	1930年，在板龙庵被肖子瑜逮捕杀害于霍山县城。
153	高瑞仙	男	但家庙	1897	1928	游击队中队长	1930年农历7月，回乡做地下工作被捕，被杀害于凤凰台。
154	马先启	男	但家庙	1878	1929	赤卫队小队长	1930年5月，在三板桥被捕杀害于霍山。
155	张明科	男	但家庙	不详	1929.2	红军管理排长	1933年7月，在汉中与杨虎城部队作战牺牲。
156	叶德应	男	大河厂	1890	1929.6	事务工作人员	1929年8月14日，在汪家牌坊院子战斗时受伤牺牲。
157	刘远宏	男	大河厂	1908.12	1938.7	桃园乡农民协会常委	1938年5月25日，因肖子瑜带兵追捕跳到赵士湾大塘淹死。
158	吴道修	男	黄檀树	1894	1928.12	龙山乡农会常委	1930年4月4日，敌潘团进攻龙山乡在岩头中弹身亡。
159	戴昌全	男	花园畈	1878	1929	赤卫队侦查员	1930年5月13日，被捕被杀害于但家庙。
160	刘安福	男	但家庙	1897	1928	农民协会会员	1930年6月，在河西文家店一带筹粮此后失踪。
161	郑大恒	男	黄檀树	不详	不详	不详	不详
162	芦宜贤	男	但家庙	1905	不详	队长	1930年在霍山西外被敌杀害。

续表14-1

序号	姓名	性别	籍贯	出生年月	参加革命时间	烈士生前所在单位职务	牺牲时间、地点、原因
163	赵小波	男	但家庙	不详	不详	特委	1932年春在苏家埠战役牺牲。
164	汪光华	男	但家庙	不详	1929	赤卫队队员	1930年农历五月初九，在汪家凹被捕，被杀害于山王河。
165	戴克杰	男	但家庙	1900	1927	县委副书记、红四军十二师政委	1929年9月，在红三十二师向光山转移途中被暗杀。
166	陈清如	女	三尖铺	1900	1927	霍山县妇女协会负责人	1931年在黄安被害。
167	萧应洲	男	团墩	1912	不详	村长	1932年在凤鸣台被敌杀害。
168	张少清	男	舒家庙	1904	1928	游击队副队长	1932年，被捕杀害于六安横塘岗。

但家庙镇中华人民共和国成立后健在的老红军表

表14-2

姓名	性别	入伍年月	工作单位、职务	原住址
马正先	男	1928	中国人民解放军第28军供给处处长	但家庙
沈东屏	男	1929	第六机械工业部政治部主任（详见人物简介）	花园畈
何永忠	男	1929	中国人民解放军河北省军区后勤部部长	团墩
黄友端	男	1930	辽宁省邮电局局长（详见人物简介）	团墩
黄胜全	男	1930	江苏省无锡市人武部部长	团墩
张　萍	男	1931	上海市委保卫科科长（详见人物简介）	团墩

但家庙镇个人受表彰情况一览表（部分）

表14-3

序号	姓名	性别	工作单位职务或住址	表彰单位	表彰年度	表彰称号
1	刘为奇	男		霍山县革命委员会	1969	抗洪抢险、英勇战斗英雄
2	邓兆荣	女		霍山县革命委员会	1969	抗洪抢险、英勇战斗英雄
3	唐扬发	男		霍山县革命委员会	1969	抗洪抢险、英勇战斗英雄
4	王帮岭	男		中共霍山县委	1986	优秀共产党员
5	陆秀兰	女		中共霍山县委	1986	优秀共产党员
6	戴宗友	男		中共霍山县委	1986	优秀共产党员

续表 14-3

序号	姓名	性别	工作单位职务或住址	表彰单位	表彰年度	表彰称号
7	沈家祥	男		中共霍山县委	1986	优秀共产党员
8	广存祥	男		霍山县委组织部	1989	优秀共产党员
9	陈久香	女		霍山县委组织部	1989	优秀共产党员
9	李学平	男	团墩初中	中共霍山县委	1985	事业单位先进个人
10	李燕来	男	但家庙初中	中共霍山县委	1985	事业单位先进个人
11	刘光松	男	但家庙初中	霍山县委、人民政府	1986	先进个人
12	马克友	男	但家庙村	中共霍山县委	1991	优秀共产党员
13	卢明华	男	花石嘴村	中共霍山县委	1991	优秀共产党员
14	舒绪宝	男	观音岩村	中共霍山县委	1991	优秀共产党员
15	刘友佳	男	大河厂希望小学	国家教委、人事部	1993	全国优秀教师
16	杨奉海	男	但家庙乡政府	安徽省政府	1997	全省农田基本建设优秀基层领导
17	杨奉海	男	但家庙镇政府	中共安徽省委省政府	2002	“八七”扶贫攻坚先进个人
18	高宗炳	男	离休老干部	全国老龄委	1998	老有所为奉献奖
19	桑世林	男	世林集团	安徽省政府	1997	优秀乡镇企业家
20	桑世林	男	世林集团	国务院扶贫办	1999	全国扶贫贡献奖
21	桑世林	男	世林集团		2000	全国乡镇企业家
22	曹俊卿	男	霍山县茧丝绸公司		2001	全国蚕茧收烘工作先进个人
23	广家权	男	迎驾酒业	全国总工会	2001	“五一”劳动奖章
24	桑世林	男	世林集团	安徽省政府	2002	劳动模范 优秀民营企业家
25	桑世林	男	世林集团	霍山县委、人民政府	2002	县两个文明建设先进个人
26	桑世林	男	世林集团	全国总工会	2005	“五一”劳动奖章
27	马克军	男	小河嘴村	霍山县委、人民政府	2002	优秀村干部
28	但心厚	男	卫生局	卫生部等五部委	2002	全国农村初级卫生保健工作先进个人
29	张维林	男	大河厂村支部书记	霍山县委、人民政府	2002	优秀村干部

续表 14–3

序号	姓名	性别	工作单位职务或住址	表彰单位	表彰年度	表彰称号
30	周基潮	男	镇书记	全国第五次人口普查领导小组	2002	第五次普查先进个人
31	桑世林	男	世林集团	中共霍山县委	2004	招商引资先进个人
32	叶　俊	男	镇书记	中共霍山县委	2004	招商引资先进个人
33	汪守发	男	但家庙村	中共霍山县委	2004	优秀村干部
34	鲍远平	男	观音岩村	中共霍山县委	2004	优秀村干部
35	阮成国	男	镇政府	中共霍山县委	2004	优秀共产党员
36	倪克元	男	华安公司	中共霍山县委	2004	优秀共产党员
37	胡国忠	男	胡大桥村	中共霍山县委	2004	优秀共产党员
38	何秀兰	女	镇政府	霍山县计划生育工作领导组	2005	2004年度全县人口与计划生育先进个人
39	董前锋	男	但家庙村	中共霍山县委	2005	优秀共产党员
40	叶阳富	男	小河嘴村	中共霍山县委	2005	优秀共产党员
41	耿毅	男	镇政府	中共霍山县委	2005	优秀共产党员
42	梁祥胜	男	镇政府	中共霍山县委	2005	优秀共产党员
43	倪克元	男	华安公司	中共霍山县委	2006	优秀共产党员
44	周　霞	女	胡大桥村	中共霍山县委	2006	优秀共产党员
45	周自刚	男	大河厂村	中共霍山县委	2006	优秀共产党员
46	朱景武	男	镇政府	霍山县扶贫办公室	2008	扶贫开发工作先进个人
47	苏玉东	男	镇政府	霍山县人民政府	2008	优秀共产党员
48	卢向阳	男	镇政府	霍山县人民政府	2008	优秀共产党员
49	周自刚	男	镇政府	霍山县人民政府	2008	优秀共产党员
50	曹衍昭	男	人大主席	霍山县人民政府	2008	优秀公务员
51	陈海军	男	镇政府	霍山县人民政府	2008	优秀公务员
52	汪发茹	女	镇政府	霍〔2008〕48号	2008	争创全省文明县城工作先进个人
53	胡邦林	男	但家庙村	霍山县委组织部	2009	基石工程优秀村干部
54	陈恩兵	男	大河厂村	霍山县委组织部	2009	优秀村干部

续表 14-3

序号	姓名	性别	工作单位职务或住址	表彰单位	表彰年度	表彰称号
55	广圣玉	男	镇政府	中共霍山县委	2009	“长安杯”先进个人
56	朱昌才	男	镇政府	中共霍山县委	2009	“长安杯”先进个人
57	胡朝友	男	镇政府	中共霍山县委	2009	“长安杯”先进个人
58	吴启敬	男	镇政府	中共霍山县委	2009	“长安杯”先进个人
59	倪克余	男	镇政府	中共霍山县委	2009	“长安杯”先进个人
60	卢向阳	男	镇政府	霍山县人民政府	2009	优秀公务员
61	郑凤琴	女	镇政府	霍山县人民政府	2009	优秀公务员
62	陈海军	男	镇政府	中共霍山县委	2009	优秀共产党员
63	王安胜	男	镇土管所	中共霍山县委	2009	优秀共产党员
64	周道成	男	华成皮具	中共霍山县委	2009	优秀共产党员
65	何必山	男	镇政府	中共霍山县委	2009	优秀党务工作者
66	汪家海	男	镇土管所	中共霍山县委	2010	优秀共产党员
67	万光明	男	镇中心学校	中共霍山县委	2010	优秀共产党员
68	董前锋	男	但家庙村	中共霍山县委	2010	优秀共产党员
69	耿　毅	男	镇政府	中共霍山县委	2010	优秀共产党员
70	涂修明	男	镇政府	中共霍山县委	2010	优秀党务工作者
71	余宏菊	女	镇政府	中共霍山县委	2010	全市优秀基层统计工作者
72	朱松如	男	镇政府	中共霍山县委	2010	征兵工作先进个人
73	彭良清	男	镇政府	中共霍山县委	2012	优秀共产党员
74	周自刚	男	大河厂村	中共六安市委组织部	2012	全市创先争优基石工程优秀基层干部
75	张　敏	男	镇林业站	霍山县人民政府	2012	全县森林防火先进个人
76	桑永树	男	世林集团	中共霍山县委	2012	突出贡献企业家
77	董前锋	男	但家庙村	中共霍山县委	2012	优秀村(社区)干部
78	刘富银	女	大河厂村	中共霍山县委组织部、迎驾集团	2012	迎驾创先争优基石工程优秀村干部
79	朱兴好	男	镇政府	中共霍山县委	2013	优秀共产党员
80	吴启敬	男	镇政府	中共霍山县委	2013	优秀共产党员

续表 14-3

序号	姓名	性别	工作单位职务或住址	表彰单位	表彰年度	表彰称号
81	俞 静	女	镇政府	中共霍山县委	2013	优秀共产党员
82	刘 军	男	世林集团	中共霍山县委	2013	优秀党务工作者
83	余显平	男	镇人大主席	霍山县委、人社局	2013	综治先进工作者
84	倪克春	男	观音岩村	霍山县委、人社局	2013	优秀综治协管员
85	方增如	男	镇政府	霍山县人民政府	2013	全县国土资源先进个人
86	张建中	男	镇财政所	霍山县人民政府	2013	民生工程实施工作先进个人
87	雷能菊	女	雁江彩印	霍山县妇联	2013	三八红旗手
88	刘益平	男	镇政府	霍综治〔2014〕7号	2014	全县平安建设工作先进工作者
89	罗 彬	男	镇政协联络主任	霍法治〔2014〕1号	2014	全县“六五”普法先进个人
90	曹安平	男	镇司法所	霍法治〔2014〕1号	2014	全县“六五”普法先进个人
91	郑之金	男	镇计生办		2014	计划生育工作先进个人
92	曹安平	男	镇司法所	霍司字〔2014〕	2014	综合考评先进个人
93	王玉生	男	镇文化站	霍山县人民政府	2015	争创全国文化先进县先进个人
94	叶启志	男		霍山县人民政府	2015	县“文明庭院”示范户
95	卢明双	男		霍山县人民政府	2015	县“文明庭院”示范户
96	何祥府	男		霍山县人民政府	2015	县“文明庭院”示范户
97	周扬楼	男		霍山县人民政府	2015	县“文明庭院”示范户
98	刘文科	男		霍山县人民政府	2015	县“文明庭院”示范户
99	王玉生	男	镇文化站	六安市委、市政府	2016	“十二五”期间全市老年教育工作先进个人
100	倪克胜	男	城西小学	中共中央宣传部	2017	中国好校长
101	倪克胜	男	城西小学	教育部	2017	活力校园大使

但家庙镇历届大学生情况登记表(部分)

表14-4

姓名	性别	出生年月	家庭住址	毕业学校	毕业去向
王　俊	男	1976.2	大河厂村小河桥组	安徽师范大学	应流集团
汪　灿	男	1991.10	大河厂村胜利组	进昌工学院	杭州
刘　畅	女	1990.1	大河厂村上湾组	2014年北京大学	虹口工业区控投股公司
刘　颖	女	2000.9	大河厂村上湾组	江西财政大学	上学
叶锐祥	男	1988.8	大河厂村红星组	安徽大学	合肥
叶娇娇	女	1990.4	大河厂村红星组	安徽医科大学	合肥
程　娟	女	1987.3	大河厂村上湾组	安徽师范学院	梯梯电子集团
卢　军	男	1977.1	大河厂村小河桥组	合工大	上海
夏升旺	男	1993.11	大河厂村小河桥组	苏州大学研究生	2020年研究生毕业
卢世潮	男	1969.5	大河厂村小河桥组	安西大	教师
卢玮琦	女	1997.8	大河厂村小河桥组	合肥师范学院	实习中合肥
程　亮	男	1988.7	大河厂村上湾组	上海华通政法大学	上海
程胜军	男	1977.7	大河厂村上湾组	中科大学计算机学院	中科大学新媒体研究院
卢兴安	男	1988.8	大河厂村上湾组	皖西学院	金寨县古碑镇
程道明	男	1996.9	大河厂村上湾组	芜湖工程机电学院	上海外企
赵凌云	女	1992.9	大河厂村上湾组	安庆师范	霍山胜华达事务所
赵冬青	女	1999.1	大河厂村上湾组	巢湖学院	在校生
刘富勤	男	1964.10	大河厂村上湾组	安徽大学研究生	霍山一中
程　波	男	1993.12	大河厂村上湾组	嘉兴大学,英国纽卡斯尔大学	奥托立夫(上海)汽车安全系统研究公司
程　杰	男	1989.8	大河厂村上湾组	南京理工、英国留学	沈阳飞机制造中心
卢士兴	男	1965.3	大河厂村下湾组	长沙中南矿野学院	浙江
卢新宇	男	1994.6	大河厂村下湾组	湖南科技大学	淮北皖北煤电
代立成	男	1990.10	大河厂村下湾组	安徽工程大学	磨子潭镇政府
代方珍	女	1989.2	大河厂村下湾组	西安培华学院	上海事务所
张　炎	男	1998.7	大河厂村下湾组	合肥师范学院	在读生
卢贝贝	女	1996.9	大河厂村下湾组	阜阳师范学院	文峰学校实习
卢晶晶	女	1998.12	大河厂村下湾组	安徽外国语学院	在读生
卢文碧	女	2001.7	大河厂村下湾组	井冈山大学	厦门市

续表 14-4

姓名	性别	出生年月	家庭住址	毕业学校	毕业去向
卢文裕	女	2000.8	大河厂村下湾组	安徽农业大学	在读生
戴　浩	男	2000.6	大河厂村断山堰组	北方工业大学	在读生
卢晓敏	女	2001.10	大河厂村断山堰组	阜阳师范学院	在校生
朱如俊	男	1989.9	大河厂村断山堰组	安徽大学	中铁四局
卢晓冬	女	1995.9	大河厂村断山堰组	四川艺术学院	迎驾酒业
王　杰	女	1997.10	大河厂村小河桥组	安徽三联	在校生
赵　玲	女	1985.8	大河厂村上湾组	安庆师范大学	文峰教师
代光宇	男	1995.12	大河厂村断山堰组	南京河海大学	读博中
杨　亮	男	1967.6	大河厂村杨家台组	安徽师大	但中教师
杨　柳	男	1990.9	大河厂村杨家台组	武汉华中农业大学	六安毛坦厂镇工作
周自波	男	1976.10	大河厂村杨家台组	南昌航空学院	中国科学院
周　健	男	1988.9	大河厂村杨家台组	四川成都航空学院	军工企业
杨晓宇	男	1995.12	大河厂村杨家台组	安徽财经大学	
叶晓宣	女	1997.10	大河厂村杨家台组	铜陵学院	
叶晓慧	女	1999.10	大河厂村杨家台组	安徽财经大学	在读
汪新宇	男	1995.8	大河厂村杨家台组	天津理工	在成都工作
汪新文	男	2000.2	大河厂村杨家台组	合工大	在读
周　航	男	1999.9	大河厂村杨家台组	山东青岛潜艇学院	在读
汪　菲	女		大河厂村杨家台组	六安皖西学院	记者
万　俊	男		大河厂村代家院组	安徽师范大学	
代光俊	男		大河厂村代家院组	淮南师范	上海
代　峰	男		大河厂村戴家院组	文达信息工程学院	合肥
周　伟	男		大河厂村戴家院组	合肥邮电学院	
叶其松	男		大河厂村戴家院组	安徽大学	哈尔滨
周　涛	男		大河厂村戴家院组	宿州学院	霍山
代　兵	男		大河厂村戴家院组	安徽师范大学	常州
代　苗	女		大河厂村戴家院组	安庆师范	合肥
代　军	男		大河厂村戴家院组	新华学院	上海
郑　锐	男		大河厂村周巷口组	大连海事大学	山东
周　浩	男		大河厂村周巷口组	合工大	南京

续表 14-4

姓名	性别	出生年月	家庭住址	毕业学校	毕业去向
周　伟	男		大河厂村周巷口组	安徽大学	北京
周　宇	男		大河厂村周巷口组	江苏大学	在校
周　迅	女		大河厂村周巷口组	滁州学院	在校
周　超	男		大河厂村红星组	宣城职业技术学院	
周杨艺	男		大河厂村杨家台组	安庆职业学院	
黄　苗	男		大河厂村胜利组	池州职业技术学院	
汪　胜	男		大河厂村胜利组	安大	
杨　筱	男		大河厂村杨家台组	安徽机电职业学院	
黄东杰	男		大河厂村大河厂组	海南大学	
汪新文	男		大河厂村杨家台组	合工大	
夏先旺	男		大河厂村大河厂组	安工大	霍山
张　敏	男		大河厂村大河厂组	安徽医学院	六安
王鹏飞	男		大河厂村前进组	安徽建筑大学	
陈　灿	女	1991.1	大河厂村周家榜组	安徽工程大学	合肥
陈　亚	女	1994.12	大河厂村周家榜组	淮南师范学院	合肥
姜云鹏	男	1995.9	大河厂村周家榜组	安徽新华学院	宣城
杨明佳	男	1997.3	大河厂村周家榜组	安徽理工大学	
周扬辉	男	1989	大河厂村周家榜组	阜阳师范大学	杭州教书
陈　诚	男	1989.8	大河厂村周家榜组	大连理工大学	合肥
阮家舒	男	1988.9	大河厂村周家榜组	合肥新华学院	合肥
阮　浩	男	1987.2	大河厂村周家榜组	安徽科技学院	合肥
王晓雅	女	1999.11	大河厂村王院组	黄山学院	
王昌阳	男	1993.1	大河厂村王院组	淮北大学	广州
王婷婷	女	1999.10	大河厂村王院组	大连理工	
阮永杰	男	1995.8	大河厂村王院组	马鞍山河海天文学院	池州市管理执法局
张　娜	女	1995.8	大河厂村王院组	安徽工业大学	合肥
张宗楼	男	1992.12	大河厂村王院组	淮南理工	杭州
阮家胜	男	1998.9	大河厂村王院组	安徽工程大学	
蒋书东	男	1989.8	大河厂村王院组	同济大学	上海
李良源	男		大河厂村新塘组	合肥工业大学	

续表 14-4

姓名	性别	出生年月	家庭住址	毕业学校	毕业去向
胡启炳	男		大河厂村广家台组	安庆师范大学	
朱寿权	男			滁州学院	
吴友锐	男		大河厂村李家榜组		
吴晓龙	男		大河厂村李家榜组	安徽师范学院	
王　安	男		大河厂村		
王开先	男		大河厂村		
戴光敏	女		大河厂村		
杨　波	男		大河厂村		
杨德洋	男		大河厂村		
朱　江	男		大河厂村		
黄　杰			大河厂村	黄河科技学院	合肥华艺园
龚善凤			大河厂村	马鞍山商业学院	六安青岛啤酒厂
董翠运	女		大河厂村	济宁医学院	待业
董运叁	男		大河厂村	六安职业学校	工厂技术员
黄　茁			大河厂村	池州职业学校	合肥
黄从慧			大河厂村	安徽师范大学	
龚玲玲			大河厂村	安徽三联学院	
龚　欢			大河厂村	安徽中医药专科学校	医院
汪　敏			大河厂村	安徽淮南	
汪　胜			大河厂村	安徽大学	
龚　素			大河厂村	安徽工业大学	合肥
汪　俞			大河厂村	铜陵职业技术学院	合肥
汪　瑜			大河厂村	芜湖职业技术学院	杭州
余宏运			大河厂村	合肥新华学院	合肥
龚　敏			大河厂村	安庆大学	合肥
代　玉	女		大河厂村黄家垅组	淮南师范	
周　运	男		大河厂村黄家垅组	安徽大学	
周　冉	男		大河厂村黄家垅组	湖北理工	深圳
周浩扬	男		大河厂村黄家垅组	安徽医学院	
周　静	女		大河厂村黄家垅组	安徽大学	

续表 14-4

姓名	性别	出生年月	家庭住址	毕业学校	毕业去向
周永峰	男		大河厂村黄家垅组	安徽农业大学	
周梦婷	女		大河厂村黄家垅组	文达学院	
马　瑞	男	1990.9	花石嘴村马氏祠组	江汉大学	合肥美团
马正周	男	1988.11	花石嘴村马氏祠组	江西理工大学	上海工作
马　洋	男	1991.2	花石嘴村马氏祠组	南昌大学	霍山
马正升	男	1990.10	花石嘴村马氏祠组	安徽理工大学	上海工作
马振彬	男	1992.10	花石嘴村马氏祠组	蚌埠医学院医科大学	霍山中医院
涂成林	男	1998.1	花石嘴村大塘埂组	淮南师范	
许修柱	男	1998.1	花石嘴村大塘埂组	安徽江淮学院	刚毕业
涂润春	男	1993.10	花石嘴村七星寨组	华中科技大学	东莞华为
孙先孟	男	1992.9	花石嘴村七星寨组	湖南大学	合肥机器人研究院
吴正刚	男	1984.5	花石嘴村鲤鱼嘴组	新疆师范大学	合肥
何小波	男	1989.12	花石嘴村鲤鱼嘴组	安徽工业大学	宁波专利公司
孟齐石	男	1993.12	花石嘴村孟家院组	安徽工业大学	杭州
孟　洋	女	1995.1	花石嘴村孟家院组	华南农业大学	广州
孟　军	男	1987.2	花石嘴村孟家院组	滁州学院	六安
孟　伟	男	1995.10	花石嘴村孟家院组	滁州学院	滁州
马　彬	男	1993.9	花石嘴村马家畈组	安徽工程大学	安徽应流集团
马继儒	男	1996.12	花石嘴村马家畈组	中国矿业大学	读研
涂　敏	女	1991.11	花石嘴村马家畈组	安徽三联学院	文峰教师
涂旺成	男	1996.5	花石嘴村老坟河组	安徽工业大学	霍山
涂　陈	男	1994.3	花石嘴村老坟河组	淮南师范学院	迎驾集团
涂　苗	女	1995.6	花石嘴村老坟河组	齐鲁工业大学	安大读研(文学院)
涂成玉	女	1995.9	花石嘴村老坟河组	巢湖学院	文峰教师
马志远	男	1995.9	花石嘴村马冲组	安徽大学	广东
马　浩	男	1995.4	花石嘴村马冲组	合肥师范学院	文峰教师
涂小明	男	1991.3	花石嘴村大院墙组	安徽科技学院	宁夏
涂成明	男	1988.4	花石嘴村大院墙组	西安美术学院	北京
涂友平	男	1992.5	花石嘴村大院墙组	铜陵学院	徽商银行霍山支行
涂有宝	男	1992.6	花石嘴村大院墙组	皖南医学院	浙江丽水

续表 14-4

姓名	性别	出生年月	家庭住址	毕业学校	毕业去向
涂佳成	男	1993.7	花石嘴村老坟河组	铜陵学院	江家店镇中心校
舒文杰	男	1986.12	花石嘴村董家楼组	湖南科技大学	永州市永运县二中任教
舒文旭	男	1991.10	花石嘴村董家楼组	天津财经大学	中国农业银行六安分行
舒文成	女	1997.1	花石嘴村董家楼组	合肥学院	中信银行
舒汉文	男	1990.10	花石嘴村董家楼组	安徽师范大学	顺丰公司
祝　雨	男	1995.5	花石嘴村董家楼组	延安大学	合肥学院任教
张　浩	男	1995.10	花石嘴村董家楼组	安徽巢湖学院	创业
杨　康	男	1995.2	花石嘴村董家楼组	四川师范大学	创业皮具公司
葛　闰	男	1999.1	花石嘴村董家楼组	北京化工大学	在校
解玉光	女	1995.10	花石嘴村董家楼组	合肥工业大学	在读研究生
张　郁	女	1999.3	花石嘴村董家楼组	黄山学院	在校
程建邦	男	1996.6	花石嘴村董家楼组	东北大学	杭州市春风动力研发部
杨　玥	女				
王昌耀	男	1986.10	花石嘴村和尚冲组	安徽工业大学	自主就业
王昌荣	男	1986.10	花石嘴村和尚冲组	合肥师范学校	自主就业
马克存	男	1978.4	花石嘴村三房院组	湖北长江大学	大庆化工研究中心
凌　月	女	1993.9	花石嘴村和尚冲组	江南大学	自主就业
马骏锋	男	1994.4	花石嘴村小河嘴组	芜湖工程大学	合肥惠尔普公司
孟亚运	男	1990.6	花石嘴村小河嘴组	郑州杭院	县扶贫移民局
程　莉	女	1996.2	花石嘴村小河嘴组	安徽工程大学	浙江星火教育
潘玉生	男	1989.4	花石嘴村城隍岭组	陕西中北大学	长鑫存储有限公司
孟　明	男	1988.4	花石嘴村草塘冲组	长安大学	苏州美迪公司
叶少波	男	1991.12	花石嘴村徐冲组	安徽工业大学	永安保险公司
邓晓燕	女	1999.5	花石嘴村曹桥组	华中科技大	在校
马　洋	男	1996.1	花石嘴村草塘冲组	安徽文达	安徽森米诺公司
梁萍萍	女	1995.12	花石嘴村小河嘴组	安徽铜陵	上海雷默广告公司
但孝欢	女	1995.8	花石嘴村曹桥组	皖南医学校	六安市人民医院
章　雯	女	1989.11	花石嘴村小河嘴组	湖南工程学院	苏州云艺美术
黄　震	男	1994.9	花石嘴村新庄组	滁州学院	南京中科创达
余宏波	男	1987.12	花石嘴村新庄组	皖西学院	教师

续表 14-4

姓名	性别	出生年月	家庭住址	毕业学校	毕业去向
但德苗	女	1996.6	花石嘴村新庄组	江苏大学	
彭　倩	女	1995.1	花石嘴村新庄组		
马正承	男		花石嘴村老粉坊组	东华大学	埃森哲有限公司
但孝稳	男	1988.10	花石嘴村吴院组	德国钢能堡大学	美国通用公司
储苏颖	女	1996.3	花石嘴村吴院组		
吴正旺	男	1987.9	花石嘴村吴院组	皖西学院	金寨县纪委
吴　昊	男	1990.10	花石嘴村吴院组		
但德志	男	1990.9	花石嘴村吴院组		
吴正造	男	1989.10	花石嘴村吴院组	安徽科技学院	县农业农村局
吴梦涵	女	1994.5	花石嘴村吴院组	河海大学天文学院	南京雨花台区水务局
吴正东	男	1994.12	花石嘴村吴院组	安徽科技学院	杭州正晟工业设计公司
吴正富	男	1995.4	花石嘴村吴院组		
但晓冉	男	1995.5	花石嘴村吴院组		
余　祥	男	1988.6	花石嘴村农林组	安师大	个体户
余晓伦	男	1996.1	花石嘴村农林组	淮北师范大学	中国工商银行
马寅生	男	1989.8	花石嘴村农林组	北京石化工学院	村委会
朱　敏	女	1990.12	花石嘴村农林组	安庆师范大学	县住建局
余　瑞	男	1998.2	花石嘴村农林组	淮南师范学院	
余　奇	男	2000.4	花石嘴村农林组	中国地质大学	
余　莹	女	1996.2	花石嘴村农林组	山东大学财经学院	合肥
余　淼	女		花石嘴村农林组	研究生	
江双双	女		花石嘴村农林组	安师大	个体户
金　馨	女		花石嘴村农林组	铜陵学院	霍山农业银行
但德安	男	1990.10	花石嘴村花石嘴组	中南大学	合肥澳时电子
但孝鹏	男	1996.1	花石嘴村花石嘴组	中国海洋大学	在读
但笑森	男	1982.10	花石嘴村花石嘴组	皖西学院	上海张江集团
黄从军	男	1994.1	花石嘴村花石嘴组	淮南师范学院	
张　勇	男	1987.7	胡大桥村大山陂组	西安第四军医大学	邯郸部队军医
曹显标	男		胡大桥村大山陂组	阜阳武警消防	裕安区林业局副局长
梁　伟	男	1991.8	胡大桥村梁家畈组	安徽工业大学	合肥高新开发区

续表 14-4

姓名	性别	出生年月	家庭住址	毕业学校	毕业去向
吴显元	男	2001.1	胡大桥村邓冲组	合肥中医大学	在读
吴绪根	男		胡大桥村邓冲组	六安大江机械学院	合肥东风机械厂
邓　玉	女	1997.12	胡大桥村邓冲组	武汉大学	北京大学地球与空间科学学院博士研究生
李　波	男	1988.11	胡大桥村梁家畈组	阜阳师范学院	上土市农村信用社
胡　金	男	1995.1	胡大桥村胡院组	佳木斯大学	杭州日报集团
叶阳丰	男	1988.11	胡大桥村胡院组	安徽大学	下符桥农村信用合作社
叶　舟	男	1989.6	胡大桥村胡院组	安徽中医学院	六安中医院
张　柳	女	1996.6	胡大桥村西尧冲组	安徽工业大学	南京银行
张玉琳	女	2001.3	胡大桥村西尧冲组	安大江淮学院	在读
张沛中	男		胡大桥村西尧冲组	阜阳师范学院	阜阳职业技术学院
张治中	男		胡大桥村西尧冲组	淮南矿业学院	山东省宁阳县煤炭局
赵　林	男		胡大桥村西尧冲组	山东矿业学院	山东省宁阳砘矿
张满中	男		胡大桥村西尧冲组	南京大学	合肥国家高新技术开发区招商局
张淳中	男		胡大桥村西尧冲组	安徽广播电视学校	霍山县广播电视台
胡　磊	女	1992.2	胡大桥村胡大桥组	铜陵学院	艺龙信息技术(合肥)有限公司
杨　萍	女	1992.4	胡大桥村胡大桥组	安徽工业大学	南德认证检测(中国)有限公司上海分公司
梁　旭	男	1996.11	胡大桥村胡大桥组	安徽理工大学	安徽邦德公司
梁　佳	男	1991.3	胡大桥村胡大桥组	安庆医药专科学校	安徽万光生物科技公司
杨德龙	男	1975.12	胡大桥村胡大桥组	六安师范学校	但家庙镇中心学校
胡云飞	男	1980.8	胡大桥村胡大桥组	六安师范学校	但家庙镇中心学校
梁　月	女	1989.12	胡大桥村胡大桥组	西南政法大学	苏州工业园区人民法院
汪　波	男	1995.1	胡大桥村高塘埂组	滁州学院	合肥私企
张婷婷	女	1999.4	胡大桥村高塘埂组	阜阳师范学院	在校学生
张斌斌	男	1990.9	胡大桥村高塘埂组	西安航空电子学院	深圳
张　钦	男	1998.4	胡大桥村高塘埂组	齐齐哈尔大学	在校学生
孟德林	男	1992.10	胡大桥村马头山组	山东枣庄学院	安徽翰茗分析检测公司

续表 14-4

姓名	性别	出生年月	家庭住址	毕业学校	毕业去向
朱　娟	女	1999.8	胡大桥村马头山组	宿州美术学院	在校学生
罗晓玉	女	1997.12	胡大桥村联冲组	皖西学院	在校学生
王业林	男	1987.9	胡大桥村联冲组	江西财经大学	霍山大别山文化旅游发民投资有限公司
张家勇	男	1988.9	胡大桥村旱冲组	西南民族大学	中国民生银行合肥分行
张家海	男	1995.9	胡大桥村张老院组	安徽新华学院	安徽屹创智能科技公司
张志伟	男	1992.4	胡大桥村张老院组	安师大皖江学院	太平洋人寿保险股份有限公司阜南营销服务部
邓金良	男	1997.8	胡大桥村张老院组	合肥三联学院	在校学生
郭　琳	女	1997.8	胡大桥村张老院组	宿州学院	在校学生
张　磊	男	1993.9	胡大桥村叶院组	铜陵学院	但家庙派出所
张露露	女		胡大桥村叶院组	合肥三联学院	常熟
涂小玉	女	1998.10	胡大桥村高塘埂组	天津师范学院	在校学生
汪小莉	女	1992.5	胡大桥村高塘埂组	淮南师范	杭州
张　悦	女	1996.6	胡大桥村汪冲组	大连理工	在合肥上班
张忠国	男	1966.5	胡大桥村汪冲组	北京化工学院	六安企业工程师
张厚胜	男	1978.10	胡大桥村汪冲组	黄冈林校	
张成林	男	1998.2	胡大桥村汪冲组	安徽农业大学	大三
张锦秀	女	1989.10	胡大桥村汪冲组	安徽大学	上海交通银行
张前程	男	1994.10	胡大桥村汪冲组	安徽理工大学	合肥建筑设计院
广兴秀	女	1983.7	胡大桥村汪冲组	合肥安医大	但家庙镇卫生院
汪　超	男	1990.6	胡大桥村汪冲组	安徽工程大学	广德县市场监督管理局
汪　好	女	1987.12	胡大桥村汪冲组	合肥财贸学院	格力空调有限公司合肥
汪　勇	男	1996.1	胡大桥村汪冲组	安徽工业大学	大四
张　菊	女	1997.2	胡大桥村汪冲组	皖西卫生职业学院	六安二院
张　可	女	1996.11	胡大桥村汪冲组	安师大皖江学院	合肥国际人才城
邵良颖	女	1997.2	胡大桥村汪冲组	合肥财经学院	合肥肥东学校文员
张良浩	男	1975	胡大桥村汪冲组	六安外语学院	杭州国泰外语学院校长
广中杰	男	1995.9	胡大桥村汪冲组	淮南师范	待业
戴宇菲	女	1996.4	胡大桥村汪冲组	海南海洋学院	大四

续表 14-4

姓名	性别	出生年月	家庭住址	毕业学校	毕业去向
张厚清	男	1974.9	胡大桥村汪冲组	安徽交通学校	县交通运输局运管所所长
吴大钊	男	1988.3	胡大桥村仓坊组	合肥汽车工业学校	亳州汽车销售
曹　锐	男	1990.9	胡大桥村仓坊组	南昌理工	张家港汽车配件质管
叶　韬	男	1995.7	胡大桥村仓坊组	安徽大学	江苏电脑软件开发
倪昌富	男	1993.9	胡大桥村仓坊组	常州大学	2019.7月毕业
但孝鑫	男	1995.1	胡大桥村仓坊组	安徽职业技术学院	上海
张承国	男	1996.7	胡大桥村仓坊组	九江学院	杭州银行
但孝琼	女	1988.11	胡大桥村仓坊组	万博学院	待业
陈公滟	女	2000.3	胡大桥村仓坊组	湖北理工学院	大二
倪　琳	女	1999.4	胡大桥村仓坊组	阜阳师范大学	大三
但孝勇	女	1993.11	胡大桥村仓坊组	安徽职业技术学院	合肥
涂友将	男	1989.7	胡大桥村涂家湾组	安徽财经大学	霍山住建局
涂友志	男	1994.7	胡大桥村涂家湾组	铜陵学院	淮河水利委员会
曹志远	男	1998.4	胡大桥村涂家湾组	天水师范学院	大三
涂友旭	男	1994.9	胡大桥村涂家湾组	南华大学	上海
卢　宏	男	1995.6	胡大桥村涂家湾组	内江师范学院	读研
倪宝元	男	2001.11	胡大桥村涂家湾组	合肥医科大学	大二
涂思佳	女	1998.7	胡大桥村涂家湾组	北京科技大学	读研
高　丹	女	1989.10	胡大桥村涂家湾组	合肥三联学院	上海
刘　亚	女	1991.9	胡大桥村涂家湾组	西北民族大学	东西溪中学教书
涂晓媚	女	1997.1	胡大桥村涂家湾组	安徽国际贸易学院	合肥誉鼎信用评价公司
但德磊	男	1992.1	胡大桥村倪家畈组	安徽电子信息学校	合肥平安保险
倪传宏	男	1990.8	胡大桥村倪家畈组	黄山学院	中金投资集团
张成中	男	1987.7	胡大桥村倪家畈组	铜陵职业技术学院	苏州吴江淞陵饭店
张宝中	男	1986.10	胡大桥村倪家畈组	安徽工业职业学院	浙江新剑精密制品公司
涂友佳	男	1993.12	胡大桥村倪家畈组	池州学院	六安知识产权
倪昌清	男	1978.2	胡大桥村倪家畈组	合肥团校	执法局
倪昌龙	男	1981.8	胡大桥村倪家畈组	巢湖卫校	卫生局
涂必胜	男	1963.2	胡大桥村倪家畈组	杭州商学院	杭州商业大学副教授
彭传锁	男	1992.10	胡大桥村倪家畈组	中国矿业大学	安徽江淮汽车公司

续表 14–4

姓名	性别	出生年月	家庭住址	毕业学校	毕业去向
涂友帅	男	1992.9	胡大桥村倪家畈组	铜陵学院	安徽锐翔建设有限公司
涂必冬	男	1988.12	胡大桥村倪家畈组	山东青岛大学	江苏德威新材料公司
彭　刚	男	1996.6	胡大桥村倪家畈组	武汉大学	
涂巧巧	女	1996.9	胡大桥村倪家畈组	安徽中医药大学	徐州中医院
张　俊	男	1994.8	胡大桥村倪家畈组	安农大	山东德州
倪苗苗	女	1998.12	胡大桥村倪家畈组	云南大学	大三
彭　飞	男		胡大桥村倪家畈组	苏州大学	
杨　浩	男	1986.5	胡大桥村倪家畈组	上海中侨学院	
但孝杰	男	1995.8	胡大桥村龙井组	太原理工大学	芜湖汽车集团
但孝春	女	1994.7	胡大桥村龙井组	合肥旅游管理学院	霍山电信局
但晓东	男	1989.12	胡大桥村龙井组	西安电子科技大学	中电38组
但宏玲	女	1994.9	胡大桥村龙井组	铜陵安工学院	待业
但晓峰	男	1994.9	胡大桥村龙井组	六安师范大学	霍山文峰中学
但亚岭	女	1989.8	胡大桥村龙井组	中奥科技职业学院	亚际星通讯公司
但巧玲	女	1996.9	胡大桥村龙井组	安徽科技学院	待业
邓　杰	男	1989.9	胡大桥村龙井组	安庆职业技术学院	大别山野岭饮料公司
邓婷婷	女	1999.1	胡大桥村龙井组	池州技术学院	待业
邓宏利	女	1997.5	胡大桥村龙井组	合肥滨湖职业学院	待业
邓玉洁	男	1994.10	胡大桥村龙井组	南昌职业学院	六安消防
但孝勇	男	1984.10	胡大桥村黄家榜组	淮北煤碳师范学院	叶集消防大队
涂友潮	男	1988.11	胡大桥村黄家榜组	安徽工业大学	霍山装饰公司
但德尉	男	1994.5	胡大桥村黄家榜组	山东工商学院	杭州
张　毅	男	1982.9	胡大桥村黄家榜组	安徽医科大学	霍山张毅口腔诊所
但红霞	女	1995.9	胡大桥村黄家榜组	新华学院	文峰中学
但孝年	男	1986.8	胡大桥村黄家榜组	六安皖西学院	江苏益星海福集团
涂友彬	男	1992.11	胡大桥村黄家榜组	合肥学院	杭州
但孝雨	男	1997.8	胡大桥村黄家榜组	南昌大学	待业
涂亚伟	男	1997.4	胡大桥村黄家榜组	淮南理工大学	待业
郑心福	男	1967.10	胡大桥村十字岭组	安徽教育学院	但家庙中学
吴芳芳	女	1995.10	胡大桥村十字岭组	霍山广播电视学院	东西溪幼儿园

续表 14-4

姓名	性别	出生年月	家庭住址	毕业学校	毕业去向
邓启伟	男	1992.3	胡大桥村十字岭组	蚌埠电子学院	常州电子厂
郑 睿	男	1994.10	胡大桥村十字岭组	合肥工业大学	上海通用集团
郑文芳	女	1989.4	胡大桥村十字岭组	安徽中奥学院	广州立白集团
杨 海	男	1989.2	胡大桥村十字岭组	新华学院	创业(海森文化传媒)
张 颖	女	1994.9	胡大桥村东尧冲组	新华学院	合肥
张 欢	男	1995.8	胡大桥村东尧冲组	新华学院	待业
汪 裕	男	1996.9	胡大桥村东尧冲组	安徽理工大学	待业
张真仓	男	1996.9	胡大桥村东尧冲组	安徽三联学院	待业
但德仓	男	1996.9	胡大桥村东尧冲组	合肥水电水利学院	合肥婚纱摄影
但德敏	女	1994.10	胡大桥村白石岩组	华东大学(硕士生)	北京律师事务所
但慧慧	女	1996.2	胡大桥村白石岩组	合肥师范学院	翡翠小学
熊宗德	男		但家庙村卢院组		
熊宗成	男		但家庙村卢院组		
杨卫东	男		但家庙村卢院组		
董开乐	男		但家庙村油坊组		
董昌乐	男		但家庙村油坊组		
董晓飞	女		但家庙村油坊组		
曹德友	男		但家庙村卢氏祠组		
刘 存	男		但家庙村大圩组		
汪 阳	男		但家庙村大冲组		
黄 浩	男	1987.9	但家庙村大冲组		
董开友	男		但家庙村油坊组		
张 星	女		但家庙村油坊组		
刘 莉	女		但家庙村大圩组		
王 萌	女		但家庙村王冲组	厦门大学	浙江省
吴 坤	男	1988.8	但家庙村吴洼组	六安皖西学院	上土市中学
沈 阳	男	1989.9	但家庙村吴洼组		
卢韦军	男		但家庙村卢粉坊组		
佘 俊	男		但家庙村草塘冲组		
卢 莉	女		但家庙村上榜组		

续表 14-4

姓名	性别	出生年月	家庭住址	毕业学校	毕业去向
翁海燕	女		但家庙村沙塘组		
吴　娟	女		但家庙村吴洼组		
鲁学智	男		但家庙村吴洼组		
吴蓉蓉	女		但家庙村吴洼组		
卢　兵	男		但家庙村卢粉坊组		
刘　萍	女	1992.3	但家庙村经济冲组		
刘　超	男	1996.6	但家庙村经济冲组		
范治国	男		但家庙村大长冲组		合肥工业大学教授
徐兆金	男		但家庙村大长冲组		霍山县中医院医师
倪昌勇	男		但家庙村长岭组		芜湖市南陵县农行行长
潘显成	男		但家庙村吴小岭组		合肥工业大学教师
刘圣兵	男		但家庙村大岭坎组		但家庙中心学校教师
马正平	男		但家庙村但家庙组		但家庙中心学校教师
胡国兵	男		但家庙村但家庙组		霍山文峰学校教师
马克益	男		但家庙村陈老庄组		寿县卫健委副主任
刘源峰			观音岩村	江苏江南大学	江苏无锡万达
刘源武			观音岩村	中南大学	江苏镇江大泵业
周歧超			观音岩村	安徽财经大学	上海中国平安
舒丹丹			观音岩村	福建中医药大学	安中医大第三附院
舒小坡			观音岩村	福州大学	厦门航空公司
施兆全			观音岩村	重庆水电大学	四川三峡电力
王舒停			观音岩村	合肥学院	霍山县移动公司
舒莉莉			观音岩村	合肥工业大学	六安计矿局
舒曙光			观音岩村	安徽师范大学	蜀区笔架山街道办
汪书敏			观音岩村	安徽医院	杭州医院
陈　露			观音岩村	安庆师范学院	霍山县农商银行
舒世东			观音岩村	安徽师范大学	霍山文峰学校
周扬奇			观音岩村	江西南昌	霍山县世林集团
周扬峰			观音岩村	合肥工业大学	安徽荣士达集团
王家将			观音岩村	安徽滁州学院	博西华家用电器公司

续表 14-4

姓名	性别	出生年月	家庭住址	毕业学校	毕业去向
卢猶兵			观音岩村	安徽财经大学	安徽马鞍山
黄方程			观音岩村	中国科技大学	宁波科研所
杨永生			观音岩村	北京化工学院	加拿大
鲍远勤			观音岩村	北京钢铁学院	北京办学
鲍炳亮			观音岩村	安徽财经大学	安徽合肥
鲍炳磊			观音岩村	安徽芜湖华东工学院	安徽合肥建筑公司
卢猶鸿			观音岩村	安徽财经大学	安徽马鞍山
杨永祥			观音岩村	辽宁鞍钢学院	深圳
鲍炳楼			观音岩村	新疆石河子大学	重庆
黄　娟			观音岩村	江西财经大学	江苏南京
陈华树			观音岩村	安徽财经大学	合肥平安保险
舒启淦			观音岩村	安徽皖西学院	霍山佛子岭水库
周　林			观音岩村	天津大学	天津兵工厂
舒晓刚			观音岩村	辽宁大学	上海
王　刚			观音岩村	上海商学院	上海电子公司
何开权			观音岩村	安徽蚌埠医学院	霍山县医院
广丽媛			观音岩村	安徽淮北师范学院	安徽合肥
舒晓刚			观音岩村	安徽蚌埠医学院	六安市第二人民医院
胡　军			观音岩村	阜阳师范学院	霍山中学
刘中远			观音岩村	江苏淮安工业大学	江苏无锡中证有限公司
罗　涛			观音岩村	池州学院	江西南昌海瑞集团公司
陈　阳			观音岩村	安徽巢湖学院	霍山县律师事务所
孙军军			观音岩村	安徽阜阳师范学院	上海铁路公安局蚌埠公安处
周鲁清			观音岩村	安徽工程大学	安徽合肥中烟公司
倪守延			观音岩村	安徽农业大学（六四届）	安徽农业大学教学
周歧龙			观音岩村	同济大学（八三届）	蚌埠物理研究所
倪世明			观音岩村	安徽医科大学（六三届）	安徽霍邱县医院科主任
陆皖玉			观音岩村	安徽师范大学	霍山县但家庙镇政府办

续表 14-4

姓名	性别	出生年月	家庭住址	毕业学校	毕业去向
周自潮			观音岩村	安徽宿州学院	江苏徐州批发
周　权			观音岩村	江苏常熟理工学院	霍山县漫水河市场监管
杨　俊			观音岩村	吉林航空学院	江苏省盐城市
杨　杰			观音岩村	安徽合肥工业大学	六安市农商银行
杨　玉			观音岩村	芜湖师范大学	南京电子公司
汪子元			观音岩村	淮南矿业学院	江苏徐州矿务局
江　鲲			观音岩村	辽宁工程科技大学	安徽合肥安达创展科技有限公司
肖德炳			观音岩村	安徽农业大学（六四届）	霍山县粮食局股长
周　洋			观音岩村	中国农业大学	西南大学
周自然			观音岩村	安徽铜陵学院	浙江海螺集团
周　泉			观音岩村	黑龙江大庆师范学院	万广传媒有限公司
周　俊			观音岩村	安徽师范大学	上海中交建融租赁公司
邹　欣			观音岩村	南开大学	
倪宏达			观音岩村	湖南大学	
鲍克勇			观音岩村	广东中医药大学	
汪　浩			观音岩村	湖南湘潭大学	
汤仁文			观音岩村	湖北江汉石油大学	宁夏银川行俊油田
周苗苗			观音岩村	安徽蚌埠医学院	霍山县大沙埂幼儿园
周　颖			观音岩村	南昌理工学院	
戴宗友			观音岩村	安徽大学（八二届）	合肥炮兵学院
戴　超			观音岩村	安徽巢湖学院	安徽电信工程公司
王开寿			观音岩村	皖南大学（六四届）	铜冠有色池州有色公司
江　涛			观音岩村	北京科技大学	芜湖星星博物馆
舒　怀			观音岩村	福建江夏学院	上海向心网络科技有限公司
汤志美			观音岩村	安徽铜陵学院	上海
舒文海			观音岩村	湖南中南大学	中铁木土工程监理
张西逊			观音岩村	福建福州大学（八八届）	淮北市油桥煤矿

续表 14-4

姓名	性别	出生年月	家庭住址	毕业学校	毕业去向
倪良智			观音岩村	安徽大学	上海华为公司
倪良菊			观音岩村	安徽师范大学	南京实验小学
倪良浩			观音岩村	海南大学	南京软通公司
任已宏			观音岩村	阜阳师范学院	上海美的公司
广圣芳			观音岩村	蚌埠医学院	六安市人民医院
倪良金			观音岩村	云南昆明工学院	安徽铜陵矿山
广家兵			观音岩村	安徽蚌埠医学院	上海市医院
臧良仓			观音岩村	安徽马鞍山学院	安徽合肥建设银行
陈　雷			观音岩村	重庆政法大学	合肥
舒世忠			观音岩村	安徽大学	安徽银行

附 录

一、但家庙镇若干年份获得的部分荣誉奖牌

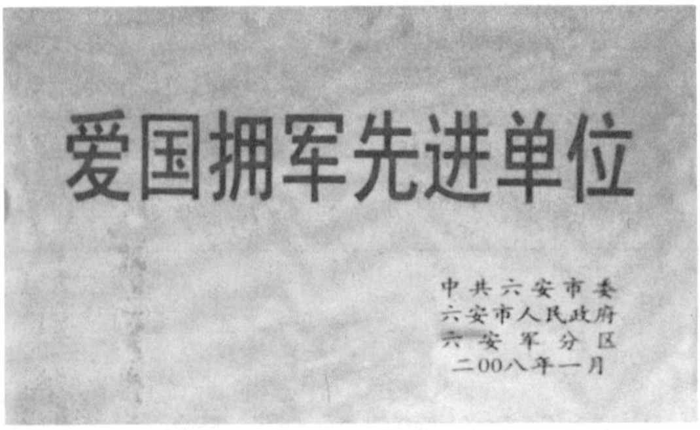

爱国拥军先进单位

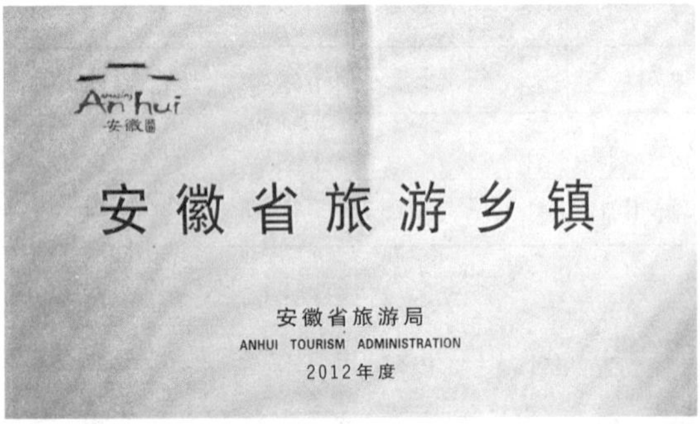

安徽省旅游乡镇

安徽省环境优美镇

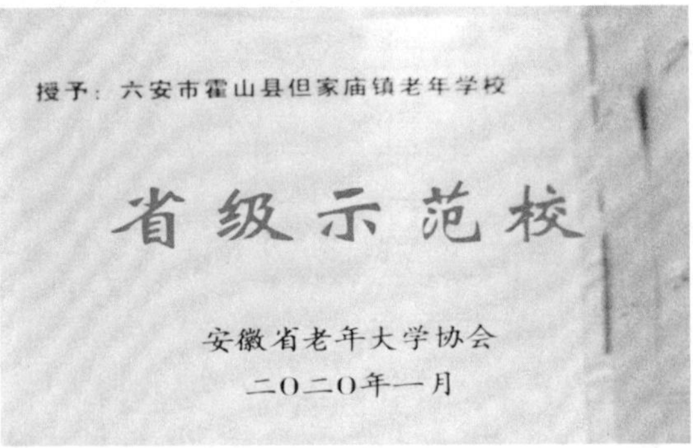

老年大学获省级示范校

平安乡镇（街道）

"五个好"乡镇党委

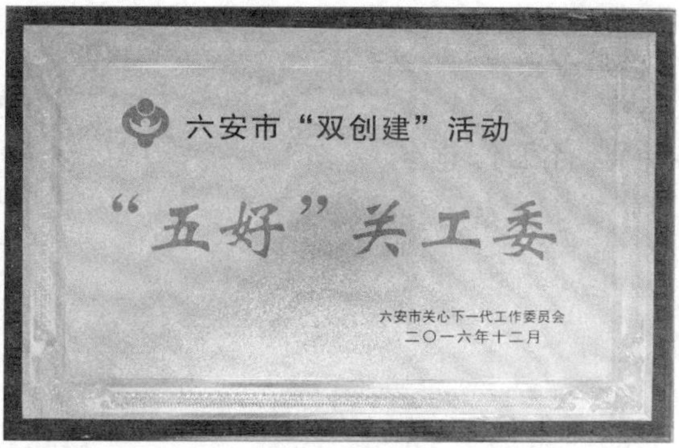

“五好”关工委

综合实力20强乡镇

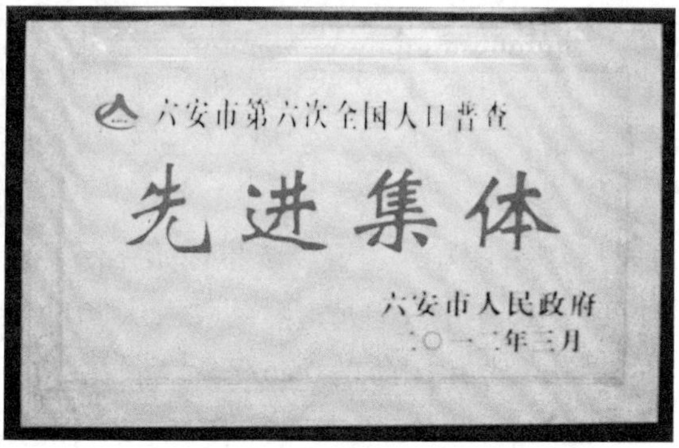

全国人口普查先进集体

“阳光村务工程”建设工作先进集体

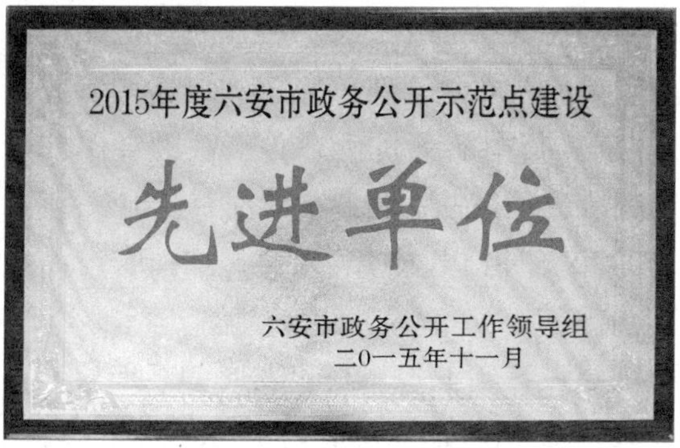

政务公开示范点建设先进单位

关心下一代工作先进集体

二、文件辑存

一、但家庙镇2016年政府工作报告

——在但家庙镇第十八届人民代表大会第六次会议上

葛子俊

（2016年4月21日）

“十二五”时期工作回顾

“十二五”时期，我们在县委、县政府和镇党委的正确领导下，在镇人大的监督支持下，团结带领广大干部群众，深入贯彻党的十八大和十八届三中、四中、五中全会精神，主动适应新常态，全力推进“稳增长、调结构、促改革、惠民生”，大力实施“工业强镇、招商兴镇、农业富镇、和谐建镇”四大战略，凝心聚力，真抓实干，实现了经济较快发展和社会全面进步。

一、经济实力明显增强。五年来，全镇经济发展势头良好，主要经济指标始终保持在合理区间。地区生产总值从2011年的4.5亿元增长到2015年的8亿元；财政收入从2011年的412万元增长到2015年的1010万元；规模工业总产值从2011年的0.25亿元增长到2015年的3.6亿元；城镇居民人均可支配收入从2011年的8511元增长到2015年的15000元；农民人均纯收入从2011年的5921元增长到2015年的9800元。2015年，镇农村商业银行存款总额达1.9亿元，贷款总额达3500万元。

二、农业经济彰显特色。积极推进土地流转，实行大户承包，大力推广农业机械化作业，5000亩优质水稻连年丰收。实行“公司+基地+农户”的种养业经营模式，新增农业龙头企业6家、家庭农场9家、农民专业合作社40家，其中胡大桥生态养殖农民合作社于2013年被评为国家级农民合作社示范社。扶持发展特色种植业，新建高效油茶基地2万亩，新建霍山米斛种植基地200余亩，种植药百合2500亩，种植草莓100余亩。加强农产品质量安全监管，全面开展春秋两季动物防疫工作，防疫密度达98%。

三、工业经济蓬勃发展。强力推进工业集中区建设，工业经济稳步发展，五年累计实现工业总产值20亿元。全镇个体工商户发展到242家，私营企业发展到61家。雁江印务、华成皮具、宏翔织造、亿佳照明四家规模工业企业健康发展。华安建筑有限公司发展稳健，效益逐年攀升，连续多年获得“全县先进民营企业”称号，年利税达800余万元。五年来，共招商引进特色农业、生态旅游等项目20个，累计到位资金5.78亿元。

四、现代服务业快速成长。五年来，我们紧跟全县旅游兴县战略步伐，大力发展休闲观光农业和乡村旅游，全镇农家乐数量达20家。抓住舒传贤故居被市委、市政府命名“六

安市爱国主义教育基地”的机遇，投资100余万元的舒传贤故居项目开工新建。积极申报红色旅游项目，规划建设霍山县第一次党代会旧址等旅游景点。大力招商引资，积极打造东观禅院、牛鼻岩、洞天湖等人文景观。扶持映山红、双霍、百匠农坊、龙头山石斛等公司壮大，支持中绿、金马、东之源公司做优万亩油茶示范基地，打造一批休闲农业产业示范园。电子商务健康发展，建立农村电商服务站5个，网络交易额达300万元。

五、基础设施建设成效明显。五年来，共争取移民扶贫项目资金2000余万元、“一事一议”财政奖补资金400余万元、土地整理和土地置换项目资金3100万元、农田水利建设项目资金7000余万元。全镇新修村村通水泥路91.6千米，实施路面硬化20余千米。投资800万元完成20个台区农村电网改造。大力推进新农村建设。累计投入8000余万元，完成第一批美丽乡村示范点大河厂中心村建设，新建社区活动中心、卫生院、文化休闲广场。初步完成第二批省级美丽乡村示范点花石嘴中心村建设，并同步建设花石嘴村农民文化乐园，新建“一场二堂三室四墙”，为村民提供健身、集会场所，宣传展示全镇的历史文化和民风民俗。

六、民生工程亮点纷呈。五年来，共实施农村危房改造600余户，投资60余万元建设标准化留守儿童活动室和5个留守儿童之家。扎实开展病险水库加固、集镇饮用水、农村沼气和清洁工程等项目，经济效益、社会效益凸显。完善社会保障体系。全镇新农保参保人数达6541人，领取2752人，新农合参合1.48万人。经过民主评议，全镇享受农村低保688人、城镇低保38人、“五保老人”152人。全面推进惠民资金发放“一卡通”，惠民资金管理“一线实”，累计打卡发放各种涉农补偿、补贴资金4000余万元。

七、社会事业和谐发展。大力实施精准扶贫精准脱贫工程。规范开展民主评议，对辖区内的贫困户建档立册，科学制定脱贫计划。民政优抚工作有序开展，救灾款发放做到专款专用、公开透明，城镇和农村低保、医疗救助、优抚对象救助款按时发放。文教卫生健康发展，教育教学环境不断改善，师德师风明显提高，教学质量稳中有升。组织开展送科技文化下乡40余次，放电影30余场次。计划生育管理服务水平进一步提高，五年来共出生人口738人，出生率为9.27‰，符合新政策生育率为98.9%。认真落实安全生产“党政同责，一岗双责”责任制，强化安全监管，全镇安全态势平稳，五年来无特大事故发生。大力开展社会治安综合治理，建立“一村一警”工作机制，深入开展“六五”普法，加大人民调解力度，群众安全感明显增强。积极发挥工会、共青团、妇联等人民团体的作用，妇女、儿童和残疾人的合法权益得到依法保护。

八、政府自身建设全面加强。狠抓机关作风建设，严格落实中央八项规定，“三公经费”得到有效控制，2015年比2012年同比下降40%。扎实开展监督执纪“四种形态”专项行动，使批评和自我批评成为常事，“红红脸、出出汗”成为常态。加强机关效能建设，强化干部日常管理，保持政令畅通。加强重点项目全程监督，规范资金管理和权力运行，扎实推进政务、村务公开。强化干部为民服务意识，规范办事行为，提高办事效率。

各位代表、同志们，在看到成绩的同时，我们也必须清醒地看到存在的困难和问题，主要表现在：全镇经济总量仍然较小，结构性矛盾依然突出，脱贫攻坚工作任务艰巨，美丽乡村建设任重道远；农业基础薄弱，抗御自然灾害的能力较差；财政收入匮乏，可用财力十分紧张；部分村工作发展不平衡、群众反映的一些热点、难点问题亟待解决；在政府工作人员中，还存在着工作作风不实、学习氛围不浓、精神状态不佳、创新能力不强、解决实际问题方法不多等问题。这些都要求我们必须以高度的责任感，采取有效措施，认真加以解决。

“十三五”时期发展规划

“十三五”期间，我们将以全面建成小康社会为总揽，坚持发展是第一要务，统筹推进经济建设、政治建设、文化建设、社会建设、生态文明建设和党的建设，落实“全面建成小康社会、全面深化改革、全面依法治国、全面从严治党”，“四个全面”战略布局，贯彻“创新、协调、绿色、开放、共享”五大发展理念，奋力开创全面小康建设新局面。

一、围绕一个目标。全面建成小康社会。紧紧围绕经济发展、社会和谐、生活质量、民主法制、文化教育、资源环境等六大指标，深入开展全面建设小康创建活动。保障和改善民生，让全镇群众有更好的教育、更稳定的工作、更满意的收入、更可靠的社会保障、更高水平的医疗卫生服务和更优美的生活环境。

二、突出两大主题。一是加快发展。发展才是硬道理，只有发展才能壮大地方财力，才能带动群众增收，才能让群众实现“幸福梦”。我们要抢抓加快发展的大好机遇，聚精会神搞建设，一心一意谋发展，做大做强全镇经济规模，提升镇域综合实力。二是改善民生。坚持把群众当作工作的出发点、落脚点，把群众满意作为工作的评价标准，解决群众最关心最直接最现实的利益问题，把保障和改善民生作为长期任务来抓。要规划好、实施好、管理好各项民生工程项目，真正为群众解忧谋利，提升群众的幸福指数。

三、做强三大产业。（一）全面提升现代农业发展水平。培育壮大种养大户、农民专业合作社和龙头企业，推动农业生产向集约化、规模化发展。发挥示范企业的带动作用，突出抓好生态养殖和观光农业的特色培育。完善农技推广体系，推进农田水利基础设施建设，提升农业综合保障能力和抗风险能力。（二）推进工业转型升级。探索培育以商招商、产业招商、资源招商、专业招商，扶持发展返乡创业项目，力争大别山矿泉水等一批大项目顺利实施。进一步做好暖企服务，帮助企业争取项目和资金，指导企业健康运营。（三）加快推进服务业发展。充分利用区位优势，挖掘我镇农业观光、红色旅游等资源，打造集观光、旅游、垂钓、餐饮、采摘、居住一体的现代服务产业链。

四、实施四大工程。（一）精准扶贫工程。扶贫工作是当前的首要政治任务，也是我们义不容辞的职责。我们要按照“对象精准、目标精准、内容精准、方式精准、考评精准、保障精准”“六个精准”的要求，实行镇村干部包户到人，采取有效帮扶措施，坚决实现全镇1287个贫困人口成功脱贫。（二）集镇改造工程。立足镇情，集思广益，高标准、高起点规划集镇布局，积极争取项目资金，加快推进集镇道路、污水管道建设，改善乡镇面貌和人居环境，努力打造“环境优美、功能完备、和谐文明”的新型集镇。（三）美丽乡村建设。完善花石嘴村美丽乡村建设后续工作，分步实施但家庙、胡大桥、观音岩美丽乡村建设。引导群众广泛参与，大力推进城乡环境综合整治，全面提升美丽乡村建设水平。（四）民生工程。严格落实责任，加强资金管理，完善政策措施，创新管养机制，细化管理方式，确保各项民生政策按要求、按时限、有成果地落实到位，真正惠及群众。

五、强化五大保障。一是强化思想保障。思想是行动的先导，观念变则思路变，思路变则出路通。地方发展不可能一蹴而就，需要全镇人民团结一心、群策群力，需要各位代表和全镇人民出智出力。全镇上下要形成拧成一股绳，攻坚克难、强势推进，形成想发展、敢发展、会发展的浓厚氛围。二是强化资金保障。项目是拉动经济的“火车头”、项目建设是一个地方发展的重要支撑。我们要充分利用区位优势、资源优势和人脉优势，大力开展招商引资，积极谋划大项目、好项目，加大资金争取力度，优化发展环境，拓展发展空间。三是强化社会治安综合治理。经济要发展，社会要繁荣，必须有一个安定的环境。要扎实做好矛盾纠纷排查化解工作，妥善处理信访问题。深入开展法制宣传，打击违法犯罪，深入开展平安创建。狠抓安全生产，强化隐患排查整改，健全自然灾害应急机制，统筹做好森林防火和防汛工作。四是加强党员干部队伍建设。深入开展“两学一做”学习教育活动，教育广大党员干部敢字为先、抓字当头，率先垂范、以身作则。加强业务培训，提高基层干部的能力水平。认真落实党风廉政建设责任制，严格遵守中央八项规定，坚决纠正各种不正之风，严肃查处各类违法违纪案件，努力做到干部清正、政府清廉。五是强化宣传和舆论引导。建设美丽但家庙是全镇人民的共同责任，要加大宣传力度，引导社会各界人士关心家乡发展，支持家乡建设。要拓展宣传渠道，全方位宣传我镇经济社会发展成就，宣传亮点和特色，展现我镇的良好形象。

2016年重点工作

2016年是“十三五”规划的开局之年，也是全面建成小康社会的关键之年，我们要抢抓发展机遇，以时不我待的紧迫感扎实做好今年工作，为“十三五”发展开好局、起好步。重点做好十件事：

一是做好集镇规划设计。广泛听取群众意见，做好集镇停车场、集贸市场、健身广场选址设计，科学布局集镇功能区，研究制定集镇立面改造方案，为2017年实施乡镇政府所在地改造工程奠定基础。二是完成花石嘴美丽乡村建设收尾工程。完成花石嘴美丽乡村健身广场建设及绿化工作。借鉴金寨县南溪镇经验，设计建设花石嘴农民文化乐园，汇聚乡村文化底蕴，打造本地特色。三是完成胡大桥村、但家庙村为民服务中心建设。做好胡大桥村服务中心内部装修和广场建设，确保今年投入使用，启动胡大桥农民文化乐园规划设计。但家庙村为民服务中心开工建设，力争年内竣工使用。四是推进三线三边环境综合整治。落实好公路养护机制改革措施，用好市场化手段，加强督查检查，建立三线三边环境综合整治长效机制，着力优化人居环境。五是扎实开展精准脱贫工作。发挥帮扶干部作用，克服畏难思想，吃透吃准扶贫政策精神，用足用好帮扶措施，确保全面完成全年扶贫工作任务。六是大力推进项目建设。实施移民、“一事一议”和农村道路畅通等项目，对大团路进行升级改造，兴修大岭坎、大山陂等村组道路，加快推进基础设施建设。七是大力发展现代农业。扶持胡大桥、映山红、百匠、双霍等专业合作社扩大生产规模，打造特色品牌，建立现代农业科技示范园区。八是支持企业健康发展。强化服务意识，加强调研指导，帮助企业理清生产和经营思路，帮助企业解决发展中遇到的难题。九是加强安全生产和社会治安综合治理。牢固树立“隐患就是事故”的意识，经常开展安全生产大检查。加强社会治安综合治理，深入开展普法宣传，加强矛盾纠纷调解，依法打击各类违法犯罪活动，确保社会稳定。十是深入开展“两学一做”学习教育。在全镇党员干部中开展“学党章党规、学系列讲话，做合格党员”学习教育，教育引导党员尊崇党章、遵守党规，加强执纪问责，着力解决党员干部在思想、组织、作风、纪律方面存在的突出问题。

各位代表、同志们，新机遇新挑战催人奋进，新目标新任务鼓舞人心！让我们在县委、县政府的坚强领导下，凝聚全镇人民的智慧和力量，以饱满的热情、昂扬的斗志，锐意进取、扎实工作，共同谱写但家庙镇“十三五”建设发展新篇章！

二、但家庙镇2019政府工作报告

——在但家庙镇第十九届人民代表大会第四次会议上

储著时

2019年12月28日

2019年以来工作回顾

2019年是中华人民共和国成立70周年，是全面建成小康社会的关键之年。一年来，在县委、县政府和镇党委的坚强领导下，在镇人大的有力监督下，我们坚持以习近平新时代中国特色社会主义思想为指导，深入贯彻落实党的十九大和十九届二中、三中、四中全会精神，凝心聚力谋发展、勠力同心求突破、砥砺奋进谱新篇。2019年，全镇实现地区生产总值9.4亿元，增长8%；财政收入584万元，增长71.9%；预计农民人均纯收入12000元，增长7.5%；完成固定资产投资6373万元，增长0.49%，较好地完成年初制定的目标任务。

回顾过去一年的工作，令人高兴的是我们代表全县接受了国务院人居环境整治工作大督查、全省人居环境整治示范村工作督查、全省环保大督查、全省脱贫攻坚市级交叉互查等重大检查，都受到高度评价。令人兴奋的是争取多年的大张路（拥军大道）终于开工建设，但家庙人民出门大道将更加宽广更加明亮。令人鼓舞的是8月2日省长李国英率全省农村电商优化升级现场会观摩团来我镇成凤农业现场参观指导，8月6日省委常委、市委书记孙云飞到但家庙村、胡大桥村调研督查脱贫攻坚及基层党建工作，9月17日县委书记项跃文主持召开但家庙镇农村人居环境改善现场办公会，但家庙的发展受到越来越多领导的关心和重视。令人振奋的是我们镇村干部的精神状态持续提升、全镇对外的形象持续提升、人民群众的幸福感也在持续提升。

过去的一年，我们主要做了以下五个方面工作：

一、高起点定位，乡村振兴初显成效

生态农业特色彰显。全镇稻虾养殖面积持续扩大，已达12000亩，产值3600万元，带动养殖户户均增收8000元。成凤生态农业专业合作社荣获2019全国稻渔综合种养优质稻米评比金奖。映山红生态园成功转型，观音岩万亩油茶基地、经济冲千亩油茶示范片效益持续提升，年产量达到260吨，总投资1200万元的油茶产业体验馆正在建设。花石嘴百亩艾草种植园栽植完成，明年将首见效益。

工业经济加速转型。预计全年实现规模工业总产值1.78亿元，增长5.9%。雁江印务技改完成，效益稳健；宏翔织造健康发展，订单充足；华安建筑全年实现利税4000万元。成功处置僵尸企业1家，盘活闲置土地10亩，投资3800万元的环宇包装试投产；总投资5亿元的大别山矿泉水建设项目、总投资1亿元的油茶产业园及深加工项目正在对接推进。

乡村旅游蓬勃发展。启动观音岩村旅游发展规划编制工作，观音岩万亩油茶自行车赛道全面升级，观景平台、停车场等基础设施进一步完善，成功举办纪念舒传贤烈士诞辰120周年8千米乡村越野赛、2019年“健康安徽”环江淮万人骑行大赛荣获“最美骑行赛道”。投资2000万元的舒传贤革命烈士旧址群项目，已完成场地平整、规划设计工作，即将开工建设。悠然时光健康生态养老旅居基地2019年已接待游客1000多人次。“九峰十三洞”声名鹊起，半山禾生态园正式开园，全镇乡村旅游的节点更加丰富。

二、高站位推动，三大战役纵深推进

脱贫攻坚连战连捷。认真学习贯彻习近平总书记关于扶贫工作重要论述，全力抓好中央脱贫攻坚巡视等专项问题整改，扎实推进“四季攻势”，全面完成140户206人的年度脱贫任务。以“两不愁三保障一安全”为重点，筹集资金300万元，升级改造镇自来水厂，延伸自来水管道3万米，为80户贫困户、300户居民新接通自来水；实施危房改造53户，一般户危房消除47户；发放教育资助33万元，报销贫困人口医疗费用15.07万元；发放产业补助86.37万元、光伏收益26.63万元。注重就业扶贫，开发公益性岗位25个。花石嘴就业扶贫驿站二期建成运营，解决22人就业，其中贫困户9人。强化志智双扶，引导贫困群众摒弃“等、靠、要”思想，营造自强不息、争相脱贫的浓厚氛围，确保稳定脱贫不返贫。

生态环保不断加强。扎实推进中央及省市环保督察反馈问题整改，大冲、桃园石料厂关停并完成修复，集镇污水管网3期、集镇污水处理厂建成并投入使用。实施但家庙村生态环境综合治理，治理黑臭水体1处，清淤疏浚渠道2千米。全面落实林长制、河长制，扎实推进农村人居环境“三大革命”，常态化运行城乡环卫一体化，实现了干净整洁有序的目标。全面治理畜禽养殖废弃物，拆迁禁养区内养殖场1家，加强对小规模养殖场监管，全镇畜禽养殖废弃物综合利用率90%以上。

风险防控不断化解。坚持底线思维，着力防范化解重大风险，强化政府系统意识形态领域工作，按时按质参加镇党委理论中心组理论学习。大力推广“金农信e贷”、“兴农贷”、党员贷等金融产品，新增贷款3361万元。稳步推进“劝耕贷”，授信新型农业经营主体14家，发放贷款305万元，荣获安徽农业信贷担保“劝耕贷”先进单位。加强政府债务风险化解，化解政府债务71.38万元。

三、高标准推进，镇村环境不断改善

基础设施日趋完善。投资7104万元的大张路开工建设，明年五一即将建成。投资1200万元，新修“四好农村路”扩面延伸工程11条17.4千米，实施“四好农村路”大中修1条7.7千米，实施“生命安全防护工程”3条16千米。投入220万元，新建村卫生室5个；投入500万元，整治农田2800亩；投入420万元，实施农田水利最后一千米3000亩；投入300万元，扩挖山塘82口，疏浚河道4条。

农村人居环境整治全面铺开。完成570户无害化厕所改造，整治自然村庄131个，房前屋后绿化35亩，路旁水旁绿化35千米；结合美丽乡村建设、易地扶贫搬迁等项目，新建公共厕所10个，基本实现中心村卫生厕所全覆盖。深入开展“五清一改”行动，发动干群2000人次，清理各类塘沟190处、乱堆乱放乱搭乱建241处、废旧广告牌110处、拆除无功能建筑102处10000平方米。全面开展农村存量垃圾集中清理行动，清理各类垃圾4000余吨。新铺污水管网4千米，实施美丽乡村中心村污水处理工程，实现集镇及省级中心村污水集中处理全覆盖。

美丽乡村提档升级。完成5个中心村建设规划编制工作。花石嘴农林环境整治点清爽亮相；但家庙县级美丽乡村中心村建成并投入使用；胡大桥但槽坊省级中心村开工建设，建成广场1个，整修道路3000平方米，改水改厕23户；观音岩美丽乡村重点示范村通过认定，并成功入选第十二批全省“一村一品”示范村。

四、高质量管理，社会治理更加有效

民生工程扎实开展。精心实施33项民生工程，综合考核稳居全县前列。就业和再就业工作全面开展，荣获全市充分就业乡镇，花石嘴、观音岩荣获全市转移就业示范村。城乡居民养老保险参保8719人，参保率99%。认真开展各类惠民惠农财政补贴资金“一卡通”专项治理，零差错发放各类补助补偿类惠民资金1485.6万元。精准实施资产收益类和绿色减贫类扶贫资金项目2个。全面完成农村集体产权制度和“三变”改革，村级集体经济村村超10万元。推进土地节约利用，完成增减挂72亩、新增耕地326亩。

社会事业齐头并进。教育教学稳步提升，荣获全县教育教学管理先进单位。县中医院紧密型医共体建设顺利推进，全镇群众有了更加优质的医疗资源。胡大桥拥军广场建成开放，双拥优抚氛围更加浓厚。但家庙镇新时代文明实践所、花石嘴村新时代文明实践站建成使用，庆祝中华人民共和国成立70周年系列活动圆满举行。胡大桥文明超市正式运营，群众身边的“小真小善小美”得到弘扬。镇老年学校成功争创全省基层老年大学省级示范校。

社会治理和谐稳定。扎实开展“深重促”活动，妥善处置亿佳照明、华成皮具等企业拖欠农民工工资问题，各类矛盾纠纷及时化解，荣获全县无越级上访乡镇。深入推进扫黑除恶专项斗争，查处赌博案件2起，行政处罚9人，查处非法采砂2人，社会环境得到有效净化。认真开展“1+7+N”安全生产专项检查，广泛开展“安全生产月”等宣传教育活动，加强安全生产隐患排查治理力度，全镇安全生产形势持续稳定。此外，民族宗教、档案方志、消防应急、国土规划、政务公开、工会、共青团、妇女儿童、“五老”和关心下一代工作、科协、计生协等各项工作都取得了新进步。

五、高水平服务，自身建设持续加强

政治建设不断增强。坚持把政治建设摆在首位，旗帜鲜明讲政治，扎实开展“不忘初心、牢记使命”主题教育，围绕担当作为、绿色发展等专题开展大讨论，引导干部树牢

"四个意识"，坚定"四个自信"，坚决做到"两个维护"，不折不扣地贯彻执行上级党委政府各项决策部署。

政府职能加快转变。深化"放、管、服"，增强政府公信力和执行力，提高办事效率，建设人民满意的服务型政府。创优"四最"营商环境，率先开展"一个8年办不下来的证"大讨论，召开企业主座谈会、涉企服务部门任务交办会，建立领导干部帮扶联系企业联系点13个，帮助解决各类问题20余个，争取资金支持30万元。

政府形象切实提升。扎实开展"严强转"专项行动，大力整治形式主义官僚主义，常态化开展督查检查，印发督查通报42期，通报典型案例2个，精简政府发文45%，减少会议20%，进一步营造务实高效的干事环境。加强政府系统党风廉政建设，强化"一岗双责"，持之以恒遵守中央八项规定，进一步压缩"三公经费"和一般性支出，严格规范各项资金的管理使用，严格执行"三重一大"和"领导干部重大事项报告"制度，强化公共资源交易管理，加强招标、采购等关键环节领域监管，政府形象切实提升。

各位代表，过去一年的奋斗历历在目，成绩来之不易，这是县委县政府和镇党委坚强领导的结果，是镇人大和社会各界监督与支持的结果，凝聚了各位代表的智慧和力量，饱含了全镇人民的心血和汗水。借此机会，向各位代表、向所有关心、支持、参与但家庙发展的各界人士，表示衷心的感谢，并致以崇高的敬意！

在充分肯定成绩的同时，我们也认识到前进的道路上还有不少的困难和问题，主要是脱贫攻坚任重道远，脱贫成效巩固还需持续发力；全镇经济发展后劲乏力，经济总量不大，结构不优，经济增长缺乏强有力的支撑点；少数干部干事创业劲头不足，工作精神状态不佳，担当意识和创新能力有待进一步提升。下一步，我们将立足新时代，正确面对新情况，准确把握新问题，积极应对，采取有效措施，认真加以解决。

2020年重点工作打算

2020年是全面建成小康社会和"十三五"规划收官之年，是实现第一个百年奋斗目标，为"十四五"良好开局打下更好基础的关键之年。做好2020年工作，事关全局、意义重大。2020年镇政府工作的总体要求是：坚持以习近平新时代中国特色社会主义思想为指导，全面贯彻党的十九大和十九届二中、三中、四中全会精神，坚决落实中央和省、市、县决策部署，坚持新发展理念，聚焦乡村振兴战略，深入实施"生态立镇、旅游兴镇、工业强镇、农业富镇、文化活镇"五大战略，抢抓机遇，乘势而上，努力打造幸福和谐但家庙。

主要预期目标是：实现地区生产总值增长8%，规模工业增加值增长6%，固定资产投资增长6%，农民人均纯收入增长6%，财政收入484万元。

为实现上述目标，重点要做好以下几项工作：

一是突出产业融合，聚焦经济发展提质量

大规模提效特色农业。大力实施农业综合开发项目，打造现代生态循环农业发展新模式，推动油茶、艾草、稻虾综合养殖等一批特色农业继续向规模化、品牌化、产业化发展，不断提升产业融合附加值，全面实现稳粮增产、提质增效、助农增收。布局发展一批以观光、休闲、采摘、体验为主题的田园综合体，重点提升映山红生态农业园、半山禾生态园、成凤家庭农场等特色农业园品质，扶持一个、带动一批、发展一片。

深层次提振规模工业。强化规划用地、安全环保、投资强度、社会贡献度等刚性约束，持续抓好招商引资工作。盘活闲置厂房，积极引导木材加工、服装加工等产业集聚。扶优扶强镇内规模企业，服务支持雁江印务、宏翔织造稳产增益。全力推进大别山矿泉水早日开工建设，积极培育金马公司油茶深加工项目，推动全镇经济高质量发展。

全方位提升乡村旅游业。充分发挥红色文化、绿色生态、古色资源的载体优势，加快舒传贤革命烈士旧址群建设力度，加大观音岩九峰十三洞开发力度，加速复览山保护性开发规划编制，推动观音岩悠南山精品民宿快速发展，鼓励支持半山禾生态园等农家乐提档升级，争取燕窝冲乡村旅游项目早日落地。进一步优化升级观音岩山地自行车赛道，承办好“健康安徽”环江淮万人骑行大赛，积极承接更多更高水平的体育赛事。

二是突出生态宜居，聚力集镇建设优环境

致力集镇功能优化。实施拥军大道入口改造提升和大河厂人居环境整治工程，实施熊家河排污口整治、滨河小区、大河厂新村、希望小学等污水治理工程，提升大河厂集镇建设品位。重新编制但家庙集镇发展规划，实施但家庙集镇改造工程，新增绿化、亮化5千米，升级集镇公交换乘中心，新增违停监控拍摄，多措施全力治理流动摊贩、违法搭建尤其是镇内各校区、幼儿园门口违章停车等顽疾，把集镇管精、管细、管优。启动实施但家庙省级美丽乡村中心村建设工作。

致力乡村振兴发展。充分发挥观音岩省级美丽乡村示范带动作用，有序推进胡大桥但槽坊美丽乡村中心村建设。继续以“五清一改”为重点，持续抓实抓紧抓好农村人居环境整治三年行动，配套完善基础设施，开展连片整治，建立健全长效治理和监管保洁机制，切实解决农村“脏乱差”问题。巩固农村集体产权制度改革及“三变”改革成果，稳步开展农村房地一体登记发证工作。

致力基础设施提升。提前谋划一批重大基础设施建设项目，全力做好大张战备路白改黑争取工作，积极做好霍山至六安高铁站快速通道前期工作。实施观豪路大中修、张冲路、椿石路生命防护工程，新修白云路、八胡路等村组道路12千米。实施农田水利最后一千米1500亩。实施高标准农田建设5000亩。

三是突出社会建设，聚心民生改善促和谐

稳步推进脱贫攻坚。全面落实中央和省市县脱贫攻坚各项决策部署，力戒形式主义、官僚主义，坚持“四个不脱”“四个不减”，坚决打赢脱贫攻坚战。健全稳定脱贫和防范返贫长效机制，继续落实好教育、就业、健康、危改、产业、安全饮水等行业部门资助政策，推动产业扶贫再提升，工作责任再压实，坚决完成9户31人年度脱贫任务，彻底消除贫困户“两不愁三保障一安全”问题。

持续推动民生保障。坚持民生导向，聚焦民生实事，认真实施好33项民生工程。不折不扣完成城乡居民医保参保目标任务，扎实开展社会救助工作，加强退役军人服务管理，保障妇女儿童和残疾人合法权益，积极发展老年教育和关心下一代事业。认真做好防灾减灾、民族宗教等工作。启动镇敬老院升级改造、镇中心校运动场塑胶化改造和寄宿制建设。加快镇农商行营业网点升级改造。完成4个村“文明超市”建设，打响“东乡民间艺术团”文化品牌。

着力优化社会治理。深入推进扫黑除恶专项斗争，突出抓好重点行业、重点场所集中整治。强化安全生产、食品安全、社会治安、信访维稳等底线工作，深入开展重点行业领域风险隐患排查治理，健全应急管理处置机制，全力保障人民健康财产安全，保持社会大局和谐稳定。支持驻区部队建设，全面加强国防教育，努力提高国防动员和后备力量建设质量。

四是突出激发活力，聚效自身建设增动能

旗帜鲜明讲政治。树牢“四个意识”，坚定“四个自信”，做到“两个维护”，在思想上政治上行动上同以习近平同志为核心的党中央保持高度一致。坚定执行党的政治路线，严守政治纪律和政治规矩，加强思想政治建设和意识形态工作，增强斗争本领，永葆斗争精神。

依法行政促规范。切实将政府工作纳入法治轨道，全面实施“七五”普法规划，严格按程序决策、按规矩办事。依法接受镇人大监督，并定期报告工作，认真办理人大代表议案建议。自觉接受监察监督，主动接受社会和舆论监督。推进政务公开、村务公开，规范行政执法行为，让权力公开透明、阳光运行。

求真务实转作风。巩固深化“不忘初心、牢记使命”主题教育成果，强化检视问题整改落实。加强机关效能建设力度，发挥周督查通报作用，切实改进会风、文风，减少会议、发文和宣传标语。认真落实“四送一服”双千工程，着力改善营商环境，增强服务意识，提升服务能力，提高服务质量。严格落实全面从严治党政治责任，推进党风廉政建设，严厉整治漠视侵害群众利益和群众身边腐败问题。

各位代表、同志们！志士惜日短，勇者常为新，实干书写精彩答卷，奋斗开创幸福未来！让我们在县委、县政府和镇党委的坚强领导下，紧紧团结全镇人民，不忘初心、牢记使命，为建设美丽幸福但家庙而努力奋斗！

三、坚持红色领航　加快绿色发展

为全面打造“四区一园”而努力奋斗

——在中国共产党但家庙镇第十八次代表大会上的报告

储著时

2021年5月27日

中国共产党但家庙镇第十八次代表大会，是在全镇上下深入开展党史学习教育，奋力推动“十四五”开好局、起好步的关键时期召开的一次十分重要的会议。大会的主要任务是：深入贯彻落实党的十九大、十九届二中、三中、四中、五中全会和习近平总书记考察安徽重要讲话指示精神，回顾总结过去五年工作，研究部署今后五年任务，选举产生中国共产党但家庙镇第十八届委员会和纪律检查委员会，动员全镇人民坚持红色领航、加快绿色发展、为全面打造“四区一园”而努力奋斗！

一、过去五年工作回顾

镇第十七次党代会以来，在县委县政府的正确领导下，镇党委积极应对“6·30”“7·18”洪灾和新冠肺炎疫情等形势异常严峻复杂的大战大考，团结带领全镇人民凝心聚力谋发展、攻坚克难求突破，经济社会发展和党的建设取得了新的成就。

这五年，综合实力跃上新台阶。我们牢固树立新发展理念，积极调结构、转方式、促升级，综合实力显著增强。全镇地区生产总值从2016年的8亿元增长到2020年的9.9亿元，增长率23.75%；规模工业总产值从2016年的4.2亿元增长到2020年的5.2亿元，增长率23.8%；农民人均纯收入从2016年的9800元增长到2020年的13000元，增长率32.7%，较好地完成了“十三五”的目标任务。

这五年，镇村面貌发生新变化。我们注重以点带面、从线到片、全面开花，不断提升镇村“颜值”，整体形象焕然一新。基础设施不断夯实，累计投入资金9738.8万元，新修、加宽村组道路65.6千米，但凤路升级改造顺利竣工，大张路（拥军大道）建成使用，但家庙人民的出门大道更加宽广明亮；集镇强弱电入地、敬老院升级改造、农村饮水安全、小水库除险加固、“7·18”水毁修复等重点民生工程稳步实施。美丽乡村魅力绽放，统筹推进美丽集镇、美丽乡村中心村建设和自然村庄整治，多次代表全县迎接国务院和省、市美丽乡村专项督查，建成省级美丽集镇1个、美丽乡村中心村4个，观音岩团墩中心村被评为2019年省级“一村一品”示范村。人居环境明显改善，全面落实林长制、河长制，常态化运行城乡环卫一体化，扎实推进农村人居环境“三大革命”，累计完成844户无害化厕所改造；坚守生态红线，先后关停并修复大冲、桃园2家石料厂，加强入河排污口监管，治理淠源渠大河厂段、但家庙村沟塘黑臭水体，实施畜禽养殖废弃物综合利用，全镇利用率达90%以上。

这五年，社会发展取得新进步。我们主动适应经济发展新常态，扎实做好“六稳”工作，全面落实“六保”任务，转型发展步伐不断加快。现代农业快速发展，发展稻田养虾产业，培育虾稻连作面积12000亩，产值3600万元，被省、市和国家级媒体多次报道，并作为市脱贫攻坚典型案例100例收录在册；推行“基地+公司+农户”现代产业发展模式，培育农业龙头企业6家、家庭农场9家、农民专业合作社40家，其中胡大桥生态养殖农民合作社被评为国家级农民合作社示范社，野山牧家庭农场荣获省级示范家庭农场称号，成凤生态农业专业合作社荣获2019全国稻渔综合种养优质稻米评比金奖，全省农村电商优化升级现场会在成凤生态农业专业合作社召开。工业经济加速转型，雁江印务技改完成，效益稳健；宏翔织造健康发展，订单充足；华安建筑五年来实现利税超亿元。招商引资推进有力，累计引进千万元以上项目7个，实际到位资金1.7亿元，悠然时光生态旅居、金马公司油茶深加工、玖顺消防、燕窝冲乡村旅游等一批重点项目落地生根。全域旅游蓬勃发展，观音岩万亩油茶山地自行车基地连续2年成功举办“健康安徽”环江淮万人骑行大赛，荣获“最美骑行赛道”称号；舒传贤革命烈士故居已经建成开放，九峰十三洞正在探索开发，半山禾生态园、燕窝冲度假山庄年接待游客5000余人次。

这五年，群众幸福指数得到新提升。我们始终坚持把保障和改善民生作为一切工作的出发点和落脚点，大力发展社会事业，补齐民生短板，创新社会治理，全面提升群众幸福感和获得感。脱贫攻坚全面胜利，全镇523户1563名建档立卡贫困户实现脱贫，贫困村胡大桥村成功出列；实施光伏电站、绿色减贫等项目，累计带动贫困户300余户，户均增收5000元，荣获“脱贫攻坚先进乡镇”称号。社会事业长足进步，深入实施33项民生工程，累计投入民生工程资金2.5亿元，发展成果更多惠及人民群众；教育教学稳步提升，荣获全县教学管理先进单位；盘活闲置校舍，改善办学条件，支持中心校建成教职工周转房。稳步推进县中医院紧密型医共体建设，不断提高群众医疗健康保障水平，全镇五个村卫生室完成标准化建设。加强就业创业及技能培训政策宣传，确保就业创业惠民政策落地见效。注重妇女、儿童、老人、残疾人合法权益保障。精神文明建设亮点纷呈，不断推进新时代文明实践站所建设，全面完成五个村“文明超市”全覆盖规范化建设运行；开展“脱贫之星”“身边好人”等评选活动，成立东乡民间艺术团，举办乡村春晚，定期开展志愿服务活动、文艺会演、送戏下乡等群众喜闻乐见的活动；开展移风易俗，整治丧葬陋习，切实发挥“一约四会”作用，弘扬文明新风，引导群众向上向善。平安建设成果丰硕，扎实推进扫黑除恶专项斗争，常态化开展重点地段夜巡活动，群众安全感、满意度进一步提升，连续5年实现“零”越级上访，并被评为平安建设工作先进乡镇。疫情防控期间，全镇实现“双零”目标，无一例确诊和疑似病例；妥善应对2016年“6·30”和2020年“7·18”洪灾等自然灾害，做到救灾抢险零伤亡，灾后重建高效率。

这五年，党的建设实现新加强。我们坚定不移把从严治党作为推动各项工作的根本保障，真正把党建工作放在心上、扛在肩上、抓在手上。政治理论建设不断加强，认真学习宣传贯彻党的十九大、十九届二中、三中、四中、五中全会和习近平总书记系列重要讲话精神，扎实推进“两学一做”学习教育常态化制度化，巩固深化“不忘初心、牢记使命”主题教育成果，坚持用党的最新理论成果武装头脑、指导实践、推动工作。党委班子建设不断加强，坚决贯彻执行民主集中制，集体领导和个人分工负责制有效落实，全面推行主要领导“五个不直接分管”和“末位表态”制度，不断完善党委领导班子议事规则和决策机制。民主政治建设不断加强，支持保障人大依法履行职责，充分发挥乡镇政协民情联络员作用。统筹抓好武装、统战、群团、“五老”等工作，被评为全县关心下一代工作先进关工委，镇老年学校荣获“省级示范校”。基层组织建设不断加强，村级党组织服务能力有效提升，全镇五个村级党组织活动场所均达到标准化规范化建设标准；扶持壮大村级集体经济，花石嘴村级集体经济收入超过63万元，全镇村均集体经济收入超25万元；干部周转房建成入住，干部职工生活环境得到改善；常态化开展二级机构负责人和村党组织负责人抓党建述职评议活动；把“四联四帮”工程与主题党日活动、“双培双带”先锋工程等工作载体中的具体内容有机结合起来，不断扩大“联”的主体，拓展“帮”的内容，引导广大农村党员和村级党组织在决战决胜脱贫攻坚、实施乡村振兴战略、打赢疫情防控阻击战、抗洪抢险救灾中发挥出了磅礴力量。党风廉政建设不断加强，严格执行中央八项规定精神和省市县相关要求，坚决整治群众身边腐败和作风问题，扎实开展“讲重作”“讲严立”专题警示教育和“严强转”专项行动，持续深化“三个以案”警示教育。全面深化监察体制改革，不折不扣抓好巡视巡察反馈问题整改。加大案件查处力度，五年来累计立案25件，给予党纪处分33人，问责党总支2个；规范村级小微权力运行，累计开展各类监督600余次；镇纪委2018年、2019年、2020年连续3年被评为“全县纪检监察工作先进集体”。

各位代表、同志们，五年来，在但家庙这片红色热土上，洒下了大家辛勤工作的汗水，留下了同志们坚实有力的脚印。我们共同经历了创业的艰辛和发展的坎坷，也共同分享着干事的激情与收获的喜悦。但家庙镇今天的发展，是上级党委政府亲切关怀、正确领导的结果，是各村各部门、镇直各单位团结一心、共同努力的结果，是全镇广大党员干部群众凝心聚力、扎实苦干的结果，是社会各界热忱关心、大力支持的结果。在此，我代表中共但家庙镇第十七届委员会，向全镇广大党员干部群众，向关心支持但家庙发展的各级领导和社会各界人士，向为但家庙发展作出贡献的老领导、老同志，表示衷心的感谢并致以崇高的敬意！

成绩来之不易，发展令人振奋；奋斗永无止境，经验弥足珍贵。总结五年奋斗历程，我们深深体会到：必须坚持党的领导不动摇，坚定信念才能凝聚力量、勇往直前。我们突出党建引领，进一步增强思想和行动自觉，提升核心和看齐意识，激励广大党员干部充分发挥先锋模范作用，勇于作为、敢于担当，形成了人心思干、齐心进取的良好氛围，凝聚了干事创业的强大力量。必须坚持改革创新不停步，明确方向才能彰显特色、激发活力。我们着力改革创新，充分发挥地方优势和特色，不断拓宽发展思路，创新发展举措，释放发展活力，逐渐走出了一条符合上级要求、切合镇情实际的发展路径。必须坚持担当作为不畏难，苦干实干才能攻坚克难、砥砺奋进。我们强化担当作为，以锲而不舍的精神推动工作开展，以百折不挠的韧劲破解发展难题，攻克了一个又一个难关，打赢了一场又一场硬仗。

在总结成绩和经验的同时，还必须清醒地看到，我们的工作中还存在着一些差距和不足。主要表现在：经济总量偏小，加快发展的任务仍然十分艰巨；发展不快不优，同其他乡镇相比特色不明显、基础较薄弱；少数党员干部自我要求不严，工作作风不实，担当精神不够，等等。这些问题，我们将高度重视，举一反三，积极采取措施，切实加以解决。

二、未来五年的奋斗目标和工作打算

未来五年，全镇工作总体思路和奋斗目标是：高举习近平新时代中国特色社会主义思想伟大旗帜，全面贯彻党的十九大，十九届二中、三中、四中、五中全会和习近平总书记考察安徽重要讲话指示精神，认真落实省委、市委、县委决策部署，准确把握新发展阶段，深入贯彻新发展理念，加快构建新发展格局，强力推进生态立镇、旅游兴镇、工业强镇、农业富镇、文化活镇“五镇战略”，切实加强经济建设、政治建设、文化建设、社会建设、生态文明建设和党的建设，奋力打造红色旅游引领区、稳定脱贫示范区、美丽乡村样板区、乡村振兴先行区和正大（但家庙）现代农业产业园！

未来五年，我们的总体战略和发展定位是“四区一园”建设：

（一）激活文化资源，塑造红色旅游引领区。坚持高起点定位、高标准规划，高水平推进，全面启动传贤广场建设，打造安徽领先、皖西第一、华东知名的党员干部教育基地，红色文化宣传基地，党史革命史研究基地和重要的红色旅游目的地。擦亮“红源”品牌。用好红色资源，讲好传贤故事，重新认识舒传贤在霍山乃至皖西革命史上的重要地位（舒传贤是首任霍山县委书记、六霍中心县委书记、鄂豫皖中央分局成员，更是安徽第一支主力红军红三十三师创建人），确立但家庙在霍山红色旅游的源头位置，使但家庙镇成为名副其实的皖西红色旅游朝圣地，霍山红色旅游第一站。开发文创产品。以自然景色为基础，红色文化为核心，引进长三角先进文创研发理念，持续开发但家庙镇特色文创产品、建设文创产业链，不断提高附加值。建设研学基地。以弘扬大别山精神及皖西三十年革命史和西山文化系列为载体，把研究、弘扬传承红色文化、红色基因植根于教育培训之中。打造智慧旅游。利用云计算、物联网等新技术，实现景区的基本信息、历史文化背景、旅游资源等情况和景区最新动态、活动信息等在线发布，全方位展示景区景点细节，实现游客在线畅游景区，增强景区的对外吸引力。

（二）巩固脱贫成果，构造稳定脱贫示范区。严格落实“四个不摘”要求，保持现有帮扶政策、资金支持、帮扶力量总体稳定，不断巩固拓展脱贫攻坚成果。坚持动态监测，及时发现风险隐患。健全完善防止返贫监测和帮扶机制，继续加强易返贫致贫人口监测预警，尤其是脱贫不稳定户、边缘易致贫户和因病因残因灾因意外事故等刚性支出较大或收入大幅缩减导致基本生活出现严重困难户等特殊困难群体，持续跟踪收入变化和“两不愁三保障一安全”巩固情况，制定“一户一方案，一人一措施”，建立监测台账，实时更新、定期核查，及时开展有针对性的帮扶，发现问题，立即解决，动态清零。落实分类施策，重点解决突出问题。持续开展“拉网式”大排查和及时帮扶工作。按照“缺什么补什么”的原则，逐户分析、研判最突出问题，开展实时帮扶，给予困难群众医疗、教育、住房、就业等专项救助。对脱贫人口中完全丧失劳动能力或部分丧失劳动能力且无法通过产业就业获得稳定收入的人口，以及低收入家庭中的重度残疾人、重病患者，按规定纳入农村低保或特困人员救助供养范围，根据困难类型及时救助，应保尽保，应兜尽兜。激活内生动力，探索建立长效机制。持续发展壮大扶贫产业，推广“四带一自”“三有一网”模式，促进特色扶贫产业可持续发展。加大对脱贫人口职业技能培训力度，推广“三业一岗”就业帮扶模式，发挥镇村公共就业服务平台作用，鼓励各村利用村集体收益等资金开发公益性岗位，促进弱劳力、半劳力等家庭就近就地解决就业。加强易地搬迁后续扶持，完善安置区公共服务和配套基础设施，因地制宜发展产业，确保搬迁群众稳得住、有就业、能致富。兜住民生底线，保障贫困群众基本生活。

（三）践行两山理论，铸造美丽乡村样板区。牢固树立“绿水青山就是金山银山”理念，因地制宜打造美丽乡村升级版，让“一处美一时美”变成“一片美持久美”，实现全域范围宜居宜业宜游。守护绿水青山，描绘全域美丽新画卷。实施但家庙镇人居环境综合整治项目，巩固大河厂、花石嘴、观音岩、胡大桥省级美丽乡村建设成果，推进但家庙村省级美丽乡村建设，深入开展以“三大革命”“三大行动”为重点的农村人居环境提升行动，着力提升集镇品质和村容村貌。积极推进城乡环卫一体化，鼓励实行农村生活垃圾源头分类和资源化利用。实施但家庙镇污水处理项目，优化污水集中处理设施布局，推动集镇污水管网向周边村庄延伸，努力打造“水清、河畅、岸绿、景美”的村庄水环境。践行习近平生态文明思想，狠抓中央环保督察反馈问题整改，筑牢绿色生态屏障，规划实施淠源渠水生态文明治理但家庙段工程和复览山北坡水土流失治理项目，着力改善生态环境，促进经济社会的可持续发展。建设基础设施，奏响民生幸福新乐章。实施但家庙河综合治理项目，新建汪家塝、老粉坊等4座桥梁，清淤疏浚沟渠，加固河道堤坝，保障河道的防洪、排涝、灌溉、供水等各项功能；实施拥军大道集镇段改线、三石路升级改造、霍山至六安快速通道但家庙段建设工程、但家庙至张店段升级改造工程等项目，进一步拉伸集镇空间，提高对外交通运输能力。

（四）抢抓发展机遇，打造乡村振兴先行区。坚持一盘棋谋划、一体化推进，着力强优势、补短板，创新探索一条“气象新、面貌美、活力足、前景好”的乡村振兴“但家庙路径”。突出规划先行。启动但家庙国土空间规划、集镇修建详规、村庄建设规划编制工作，结合但家庙全域土地综合整治项目，合理调整集镇规划布局，为乡村振兴奠定基础。同时，立足打基础、顾长远，围绕群众所愿、所想、所盼，突出实用性和功能性，规划实施村组道路硬化加宽工程、农村饮用水管网提升、卫生院医疗服务能力提升等项目，启动但家庙集镇新区建设，规划建设但家庙中心幼儿园、客运集散中心，促进基本公共服务向农村延伸，打造百姓安居乐业的田园乡村。强化产业带动。让农业成为希望的“田野”，实施全域土地综合整治项目，建设千亩紫薯基地、千亩金丝黄菊基地、千亩龙虾养殖基地；谋划配套实施“十二五”高标准农田提升工程、农村水系综合整治工程、水土保持工程等，提升项目区农业生产能力。让工业点燃发展的“引擎”，大力推介观音岩矿泉水项目，培养镇域经济新的增长极；依托油茶种植、稻虾养殖等，积极招引深加工企业，延伸产业链条，提高产品附加值。让融合催生振兴的“硕果”，创建与下但农业生态观光体育运动主题板块，招商开发燕窝冲乡村旅游项目，打造集休闲度假、旅游运动、儿童娱乐等功能于一体的乡村幸福实践区；招商开发观音岩“九峰十三洞”、万亩高效油茶基地山地自行车公园项目等。

（五）做好安商稳商，创造正大（但家庙）现代农业产业园。超前介入谋划，主动对接服务，积极引进正大集团项目，借势借力深化拓展合作领域，以我镇为产业核心，围绕农业产业提升、农村发展、农旅融合三大方面，布局发展三大产业。建设国家级生态粮油功能示范区。做大优质稻米产业，新建5000亩优质稻米生产示范基地，建立水稻社会化服务体系；发展稻渔综合种养产业，新建1000亩稻渔综合种养示范基地；做强绿色油茶产业，搭建“1+N”示范带动产业发展平台，在观音岩村建立1000亩种子苗繁育示范基地和2000亩全国一流的创新示范基地、在但家庙村建设1000亩低效林改造示范基地，建设油茶产业技术中心、品牌发展中心、产业质量中心和双创孵化中心。打造50万头现代4.0生态肉猪全产业链。引进正大育种中心，使用智能化养殖系统，总投资13.5亿元，力争三年时间逐步建成50万头生猪养殖及配套屠宰厂、饲料厂，并实现满建、满产、满销。推动农旅融合发展。将镇内农业资源与旅游资源相结合，作为全县全域旅游农旅板块的有机补充，形成产品互补，流量共享，促进全域旅游发展。建成宜药宜景宜游的道地药材观赏区和油茶生态休闲园，形成一片林一个景，一个基地一个实业。挖掘农业多样化游憩价值，开发集土地认养、农耕体验、农业科普、农业创意、萌宠嬉戏、共享农庄、精品民宿于一体的市民休闲农场，打造油菜花海、稻田彩绘，定期举办小龙虾垂钓、品鉴活动和农民丰收节，提升土地附加值，提高园区知名度。

三、全面加强党的建设

今年是中国共产党建党100周年。百年征程波澜壮阔，百年初心历久弥坚。站在新起点、履行新使命、实现新跨越，关键在党，核心在人。全镇各级党组织要切实增强“四个意识”、坚定“四个自信”、做到“两个维护”，全面推进党的政治建设、思想建设、组织建设、作风建设、纪律建设和制度建设，持续推动全面从严治党走向纵深，努力为打造“四区一园”、实现跨越发展提供坚强的政治保障。

（一）持续加强党的领导，在统揽全局中凝聚合力。镇党委将充分发挥总揽全局、协调各方的领导核心作用，坚定不移把方向、谋全局、作决策、保落实，不断加强自身建设，提高执政能力和领导水平。继续坚持民主集中制原则，进一步健全党委会决策程序和议事规则，增强镇党委领导班子的整体合力。加强改善党对人大工作的领导，支持镇人大依法履行职能，保障人大代表依法行使职权。全力支持政协民情联络员发挥职能作用、积极建言献策。巩固壮大爱国统一战线，认真做好民族、宗教工作。持续推动党管武装落在实处，加强国防后备力量建设，积极推进“双拥”共建，大力促进军地军民融合发展。坚决支持工会、共青团、妇联等群团组织依法独立自主地开展工作。一如既往重视“五老”工作，为实现跨越发展提供更多的力量支持和精神动力。

（二）持续突出基层党组织政治功能建设，在建强堡垒中激发动力。以提升党的组织力为重点，把基层党组织建设成为宣传党的主张、贯彻党的决定、领导基层治理、团结动员群众、推动改革发展的坚强战斗堡垒。以村“两委”换届为契机，选优配强基层党组织带头人，加强村级后备干部和村民组长队伍建设，在增强政治功能中提升组织力。深入推进抓党建促稳定脱贫，全面助力、精准服务乡村振兴，在推动改革发展中提升组织力。创新非公经济和社会组织党组织设置形式和活动方式，不断扩大党建工作覆盖面，在统筹推进各领域基层党建中增强组织力。大力实施党支部建设提升行动，不断完善党委领导班子成员党支部工作联系点制度，促进党支部活动正常化、规范化。

（三）持续强化思想理论武装建设，在守望初心中增强内力。持续完善党委理论学习中心组学习制度，精心制定学习计划，采取集中学习、个人自学、案例教学、主题研讨等多种学习方式，规范开展理论学习活动，力求学深悟透，融会贯通。不断巩固“不忘初心、牢记使命”主题教育成果，推进“两学一做”学习教育常态化制度化，经常性开展政治体检。扎实开展党史学习教育，依托传贤广场、传贤故居等红色基地，加强革命传统教育，把“我为群众办实事”主题实践活动落到实处，引导广大党员干部汲取伟大精神、传承红色基因。从严落实党管意识形态主体责任，加强社会主义核心价值观教育，牢牢把握正确的舆论导向，弘扬主旋律，传递正能量。切实加强新时代文明实践中心建设，依托新时代文明实践站所，开展移风易俗等乡风文明宣传教育。

（四）持续推进基层党组织建设，在强基固本中释放活力。严格落实乡镇党委抓基层党建“三个清单”，扎实开展二级机构负责人和村书记抓基层党建工作述职评议，全面压实各级书记抓党建工作“第一责任人”责任。充实乡镇党建工作力量，推进党建工作办公室实体化运作，全面激活基层党建活力。继续扶持壮大村级集体经济发展，力争未来五年全镇5个村集体经济收入均超过50万元，培育3个百万元村。深化软弱涣散村党组织整顿，加强村干部队伍建设，落实村干部目标管理和绩效考核制度，逐步提高村干部报酬待遇和村级运转保障能力。做好发展党员工作，切实增强党员队伍的生机和活力。严格落实“三会一课”、主题党日、组织生活会、民主评议党员等党内组织生活制度，继续推深做实主题党日活动和四联四帮工程，为农村党员发挥作用提供广阔舞台。

（五）持续促进干部队伍建设，在担当作为中提升能力。树立鲜明的选人用人导向，结合村“两委”换届，选优配强村党组织书记，加大从致富能手、外出务工经商人员、大学毕业生、复员退伍军人中培养选拔村干部的力度，把讲政治、能力强、善经营、会管理的人才选进“两委”班子，加强村级后备干部的储备培养，不断优化村级干部队伍结构。聚焦提高干部综合素质，运用轮岗、驻村等方式，推动干部到招商引资、城乡建设、征地拆迁、信访维稳等工作一线。坚持严管和厚爱相结合，建立健全容错纠错机制，进一步激励广大干部在想事干事上展现作为、在谋事成事上体现价值，促使广大干部在思想上同心同德、目标上同心同向、行动上同心同行。进一步加强优秀党外干部、妇女干部和年轻干部的培养使用工作，认真做好老干部及党管人才工作。

（六）持续推动党风廉政建设，在正本清源中优化效力。长期坚持“严”的主基调，坚决整治群众身边的腐败行为和不正之风，不断规范村级小微权力运行，充分发挥村务监督委员会和村级纪检委员、监察联络员“监督哨兵”作用，织密织牢村级监督网络；深化民生领域、农村基层“微腐败”专项治理，重拳惩治涉黑涉恶腐败和“保护伞”，构建一体推进“三不”的体制机制，巩固发展反腐败斗争压倒性胜利。有效落实“硬”的铁规矩，持续抓好中央八项规定精神落实，精准运用监督执纪“四种形态”，紧盯“关键少数”，教育警醒“绝大多数”，让党员、干部习惯在受监督和约束的环境中工作生活；推动镇党委主体责任与镇纪委监督责任同频共振、同向发力，形成全面从严治党的“责任共同体”。全面构建“清”的好生态，坚持严管厚爱、激励约束相结合，把监督融入日常、做在经常，常态化推进受处分党员干部教育关怀工作，让干部感受到监督无处不在、组织关怀就在身边，着力营造干部清正、政府清廉、政治清明、社会清朗的政治生态和良好发展环境。

各位代表、同志们，形势催人奋进，使命光荣艰巨，未来前景可期。风劲潮涌，自当扬帆破浪；任重道远，更需策马扬鞭。让我们紧密团结在以习近平同志为核心的党中央周围，在省委、市委、县委的坚强领导下，团结带领全镇广大党员干部群众，乘势而上、锐意进取，攻坚克难、苦干实干，奋力打造“四区一园”、努力实现跨越发展！

四、2021年但家庙镇政府工作报告

——在但家庙镇第二十届人民代表大会第一次会议上的讲话

张　焱

2021年12月29日

一、2021年和过去五年工作回顾

2021年是中国共产党成立100周年，也是“十四五”规划开局之年。一年来，在县委、县政府和镇党委的坚强领导下，在镇人大的监督支持下，镇政府坚持以习近平新时代中国特色社会主义思想为指导，紧密团结依靠全镇人民，接续奋斗、锐意进取，较好地完成了全年目标任务。预计全年地区生产总值增长7%，一般公共预算收入增长92.4%，固定资产投资增长11%，农村居民人均可支配收入增长7.7%。

这一年，我们坚持稳中求进、奋发作为，镇域经济实力提档升级。农业产业全面开花。累计争取各类项目资金3520万元，实施产业项目11个；发展稻田养虾面积1.2万亩，累计收益2000万元；新建红薯种植实验基地400亩，累计收益160万元；新增葡萄基地80亩、猕猴桃基地50亩、茶园200亩、蔬菜500亩、生猪年出栏1.5万余头；推深做实“138+N”和“6969”工程，新培育农业产业带头人5名、新型农业经营主体5家；花石嘴村集体经济成功突破100万元大关。工业经济蹄疾步稳。全年新增民营企业27家、个体工商户49家；成功处置僵尸企业一家，盘活闲置厂房5200平方米；实现规模以上工业企业总产值2600万元，全镇工业固定资产投资完成2000万元。招商引资成效显著。持续创优“四最”营商环境，坚持开展“四送一服”双千工程，镇领导班子成员累计包保联系企业18家，解决企业实际困难68件，确保镇域企业稳得住，发展好；全年新引进项目2个，其中亿元项目1个、3000万元项目1个，总投资额1.3亿元。线上经济量质并举。但家庙镇乡村振兴直播基地建成使用，新增电商经营主体9家，培育乡村带货达人2名，用直播带货为农产品插上“云翅膀”。

这一年，我们坚持尽锐出战、开创新局，民生福祉保障全面提升。创业就业持续发展。多举措助力霍山县“春风行动”招聘会，协助企业招工宣传1500余人次，集中输送150人次，帮助204人次群众就近就业，实现稳就业389人；开发脱贫人口公益性岗位，解决71人就业问题。社会保障持续完善。实现城乡居民医保、基本养老保险全覆盖；全面落实农村基本医疗保障政策，大力落实医疗救助措施；持续推动民生保障，发放补助补偿类惠民资金1326.02万元，惠及全镇4056户；实施农村危房改造2户，发放危改资金2.6万元；优化镇敬老院建设管理，实现社会化运行。教育事业持续进步。认真落实“双减”政策，课后服务全面展开，兑现教育扶贫资助资金192人次52.4万元，基础教育均衡发展显著提高。脱贫成果持续巩固。建立健全防返贫动态监测和帮扶机制，统筹推进各项工作，为292户脱贫户发放产业奖补资金81.64万元，全镇无一返贫致贫。

这一年，我们坚持绵绵用力、久久为功，镇村面貌颜值焕然一新。基础设施整体提升。实施“四好农村路”扩面延伸道路6.05千米、生命安全防护工程8.8千米、大中修工程2千米；投资965万元，新建汪家塝、老粉坊等桥梁4座。城乡环境明显改善。但家庙村省级美丽乡村中心村建设完成；闲置八年的大河厂新村安置房处置工作顺利推进，圆满完成白江线27户房屋征迁及塔基站的征收工作；加强人居环境整治，清理废旧广告100余处，清运农村生活垃圾2.4万吨，完成全镇农村改厕280户；加强污水治理，铺设污水主管网1500米，支管网2000米，新修检查井40个；扎实开展创城整治行动，完成105国道沿线绿化和环境整治工作，新建违停抓拍摄像头8处，有效治理流动摊贩、违法搭建、违章停车等顽疾。生态建设不断优化。践行“两山理论”，严守生态红线，全面落实“林长制”，认真做好林权类不动产登记试点工作；严格落实“河长制”，建立健全镇村两级河长工作机制，全年累计巡河180余次。

这一年，我们坚持防化结合、综合施治，社会发展大局和谐稳定。平安建设成效明显。持续深化“重畅决”专项行动，成立信访工作联席会议及办公室，推行党政领导班子坐班接访制度，累计排查化解矛盾纠纷50余起；扎实推进扫黑除恶专项斗争，常态化开展重点地段夜巡活动200余次，“平安但家庙”建设成效明显。安全生产常抓不懈。累计组织开展安全生产大检查6次，共排查安全隐患20例，当场整改19例，责令限期整改1例，全年无重大安全事故发生。与此同时，征兵、退役军人、统战、政协、团委、妇联、工会、关工委、计生、统计等各项工作也取得了新成绩、新进步。

这一年，我们坚持全面从严、求真务实，政府自身建设全面过硬。强化思想引领。扎实推进党史学习教育常态化制度化，深入学习贯彻习近平总书记“七一”重要讲话精神，自觉用习近平新时代中国特色社会主义思想武装头脑，不断加强理论学习，进一步树牢“四个意识”，坚定“四个自信”，坚决做到“两个维护”。改进工作作风。先后制定出台了《但家庙镇机关考勤、值班和请销假制度》《但家庙镇办公物品管理制度》《但家庙镇会议制度》等规章制度，坚持执行重点工作调度，有力开展效能督查；积极开展“大学习、大研讨、大转变”活动，对标学习沪苏浙工作经验，不断提高解决实际问题和现代化治理能力。深化政务公开。累计公开政务信息659条，处理市长热线48件，做好“互联网+政务服务”工作，认领服务事项172条，办理申请事项22634件，位居全县前列，充分保障人民群众的知情权、参与权、表达权和监督权，切实提高了人民群众对党和政府的信任度、满意度。

各位代表！即将过去的2021年，我们深入贯彻习近平总书记“七一”重要讲话精神，准确研判形势，奋力担当作为，稳住了经济发展基本盘，守住了人民群众生命安全健康防线，实现了“十四五”良好开局。回首过去五年，我们坚持补短板、强弱项、增后劲，镇域综合实力迈上新台阶。

过去五年，我们不断优化布局，现代产业体系加速构建。工业经济加速转型。雁江印务技改完成，效益稳健；宏翔织造健康发展，订单充足；华安建筑五年来实现利税超亿元。现代农业提质增效。发展稻田养虾产业，培育虾稻连作面积12000亩，产值3600万元，被省、市和国家级媒体多次报道，并作为市脱贫攻坚典型案例100例收录在册；推行“基地+公司+农户”现代产业发展模式，培育农业龙头企业6家、家庭农场9家、农民专业合作社40家，其中胡大桥生态养殖农民合作社被评为国家级农民合作社示范社，野山牧业家庭农场荣获省级示范家庭农场称号，成凤生态农业专业合作社荣获2019全国稻渔综合种养优质稻米评比金奖，全省农村电商优化升级现场会在成凤生态农业专业合作社召开；农业总产值达2.3亿元，年均增长10.4%，农民人均纯收入从2017年的9800元增长到2021年的14000元，增长率30%。招商引资推进有力。全镇地区生产总值从2017年的9.1亿元增长到2021年的10.6亿元，增长率16%；累计引进千万元以上项目7个，实际到位资金1.7亿元，悠然时光生态旅居、金马公司油茶深加工、玖顺消防、燕窝冲乡村旅游等一批重点项目落地生根。全域旅游蓬勃发展。观音岩万亩油茶山地自行车基地连续2年成功举办“健康安徽”环江淮万人骑行大赛，荣获“最美骑行赛道”称号；舒传贤革命烈士故居已经建成开放，九峰十三洞正在探索开发，半山禾生态园、燕窝冲度假山庄声名鹊起。

过去五年，我们狠抓基础设施，城乡面貌发生巨大变化。基础设施不断夯实。累计投入资金9738.8万元，新修、加宽村组道路65.6千米，但凤路升级改造顺利竣工，大张路（拥军大道）建成使用，但家庙人民的出门大道更加宽广明亮；集镇强弱电入地、敬老院升级改造、农村饮水安全、小水库除险加固、“7·18”水毁修复等重点民生工程稳步实施。美丽乡村魅力绽放。统筹推进美丽集镇、美丽乡村中心村建设和自然村庄整治，多次代表全县迎接国务院和省、市美丽乡村专项督查，建成省级美丽集镇1个、美丽乡村中心村4个，观音岩团墩中心村被评为2019年省级“一村一品”示范村；常态化运行城乡环卫一体化，扎实推进农村人居环境“三大革命”，累计完成844户无害化厕所改造。生态环境持续向优。扎实抓好省环保督察反馈问题整改，全力做好大气污染防治，严控秸秆焚烧，实行秸秆禁烧保证金制度，强化秸秆综合利用；全面落实河长制、林长制，强化松材线虫病防控工作，推动生态环境持续改善；坚守生态红线，先后关停并修复大冲、桃园2家石料厂，加强入河排污口监管，治理淠源渠大河厂段、但家庙村沟塘黑臭水体，实施畜禽养殖废弃物综合利用，全镇利用率达90%以上。

过去五年，我们致力共建共享，社会各项事业协同进步。脱贫攻坚全面胜利。全镇523户1563名建档立卡贫困户实现脱贫，贫困村胡大桥村成功出列；实施光伏电站、绿色减贫等项目，累计带动贫困户300余户，户均增收5000元，荣获“脱贫攻坚先进乡镇”称号。社会事业长足进步。深入实施33项民生工程，累计投入民生工程资金2.5亿元，发展成果更多惠及人民群众；教育教学稳步提升，荣获全县教学管理先进单位；盘活闲置校舍，改善办学条件，支持中心校建成教职工周转房；稳步推进县中医院紧密型医共体建设，不断提高群众医疗健康保障水平，全镇五个村卫生室完成标准化建设；加强就业创业及技能培训政策宣传，确保就业创业惠民政策落地见效。精神文明建设亮点纷呈。不断推进新时代文明实践所（站）建设，全面完成五个村“文明超市”全覆盖规范化建设运行；开展“脱贫之星”“身边好人”等评选活动，成立东乡民间艺术团，举办乡村春晚，定期开展志愿服务活动、文艺会演、送戏下乡等群众喜闻乐见的活动；开展移风易俗，整治丧葬陋习，切实发挥“一约四会”作用，弘扬文明新风，引导群众向上向善。平安建设成果丰硕。扎实推进扫黑除恶专项斗争，常态化开展重点地段夜巡活动，群众安全感、满意度进一步提升，连续5年实现“零”越级上访，并被评为平安建设工作先进乡镇。疫情防控期间，全镇实现“双零”目标，无一例确诊和疑似病例；妥善应对2016年“6·30”和2020年“7·18”洪灾等自然灾害，做到救灾抢险零伤亡，灾后重建高效率。

过去五年，我们积极转变职能，政府自身建设不断加强。始终把政治建设摆在首位。持续加强政策理论水平学习，扎实开展党史学习教育，不断深化“不忘初心、牢记使命”主题教育，持续巩固“严强转”专项行动、“三个以案”警示教育成果，深入推进“两学一做”学习教育常态化制度化，全面加强意识形态工作，进一步增强“四个意识”、坚定“四个自信”、做到“两个维护”。始终把法治建设贯穿到底。不断完善领导干部学法用法机制建设，规范行政执法程序，规范政府重大事项决策行为，认真办理人大代表议案、建议，使政府工作步入法治化、规范化、科学化轨道。始终把廉政建设挺在最前。认真履行政府系统全面从严治党主体责任，全面加强各重点领域和重点环节的监管，持续推动政府系统党风廉政建设和反腐败工作向纵深发展，严格落实中央八项规定精神，强化财政预算管理，“三公经费”持续下降；深入推行政务公开，对农村三资管理、征地拆迁补偿等重要事项及时向社会公布，主动接受群众监督，严格贯彻落实廉洁自律各项规定，自觉抵制不正之风，树立清正廉洁形象。

各位代表，艰难方显勇毅，磨砺始得玉成。五年来的成就，是在新冠疫情突如其来、各类风险交织叠加、转型发展较劲爬坡、经济下行压力持续加大的情况下取得的，这是县委、县政府和镇党委坚强领导的结果，是镇人大支持和监督的结果，是全镇人民团结奋斗的结果，也是社会各界共同努力的结果。在此，我代表但家庙镇人民政府，向所有关心、支持、参与全镇经济社会发展的各位代表、广大党员干部群众、社会各界朋友致以崇高的敬意和衷心的感谢!

在肯定成绩的同时，我们也清醒地看到发展中存在的困难和问题：一是经济整体实力不强，重大项目和龙头企业不多，优势产业的支撑力和带动力不够；二是基础设施建设、优质教育、医疗和养老等配套资源与群众的需求还有较大差距；三是少数干部服务意识不强、责任担当不够、落实效率低下。对于存在的问题，我们将采取更加有力有效的措施，认真加以解决，决不辜负全镇人民的期望。

二、未来五年工作安排

今后五年是推动但家庙镇经济社会赶超跨越、进位争先，实现蝶变跃升的关键五年，各村、镇直各机关单位要紧紧围绕建设幸福美丽但家庙任务目标，认真落实县委、县政府和镇党委的各项决策部署，高扬“树正气，提效率，凝神聚力谋发展；重落实，求实效，奋力拼搏创伟业”主旋律，突出高质量发展主题，坚持生态、宜居、繁荣、平安、和谐发展导向，加快社会事业发展和民生改善，加大行政职能转变力度，把但家庙镇的经济建设和社会各项事业不断推向前进，为霍山县绿色高质量发展作出积极贡献。

今后五年经济社会发展的主要预期目标是：地区生产总值年均递增6%以上，财政收入年均递增8%，固定资产投资年均递增10%，其他经济指标每年增幅高于全县平均水平。

为实现上述目标，今后五年政府工作的主要任务是：

（一）激活文化资源，塑造红色旅游引领区。依托舒传贤红色资源，新建纪念馆、传贤故居，修缮农民夜校旧址，实施传贤广场、但家庙红色旅游集散中心建设，遵循“一心两环”的发展布局，以传贤广场作为但家庙红色旅游核心，以追思小镇为内环，重走红军路为外环，打造一条“传承红色文化、探寻红色足迹”的红色体验线路，重新认识舒传贤在霍山乃至皖西革命史上的重要地位，确立但家庙在霍山红色旅游的源头位置。

（二）巩固脱贫成果，构造稳定脱贫示范区。严格落实“四个不摘”要求，保持现有帮扶政策、资金支持、帮扶力量总体稳定，不断巩固拓展脱贫攻坚成果；健全完善防止返贫监测和帮扶机制，制定“一户一方案，一人一措施”，建立监测台账，实时更新、定期核查，及时开展有针对性的帮扶，发现问题，立即解决，动态清零；持续发展壮大扶贫产业，推广“四带一自”“三有一网”模式，促进特色扶贫产业可持续发展；加大对脱贫人口职业技能培训力度，推广“三业一岗”就业帮扶模式，发挥镇村公共就业服务平台作用，促进弱劳力、半劳力等家庭就近就地解决就业。

（三）践行两山理论，铸造美丽乡村样板区。实施但家庙镇人居环境综合整治项目，推进但家庙村省级美丽乡村建设，深入开展以“三大革命”“三大行动”为重点的农村人居环境提升行动，着力提升集镇品质和村容村貌；积极推进城乡环卫一体化，鼓励实行农村生活垃圾源头分类和资源化利用；实施但家庙镇污水处理项目，优化污水集中处理设施布局，推动集镇污水管网向周边村庄延伸，努力打造“水清、河畅、岸绿、景美”的村庄水环境。践行习近平生态文明思想，狠抓中央环保督察反馈问题整改，规划实施淠源渠水生态文明治理但家庙段工程和复览山北坡水土流失治理项目，着力改善生态环境，促进经济社会的可持续发展。

（四）抢抓发展机遇，打造乡村振兴先行区。启动但家庙国土空间规划、集镇修建详规、村庄建设规划编制工作，结合但家庙全域土地综合整治项目，合理调整集镇规划布局，为乡村振兴奠定基础。同时，立足打基础、顾长远，围绕群众所愿、所想、所盼，突出实用性和功能性，规划实施村组道路硬化加宽工程、农村饮用水管网提升、卫生院医疗服务能力提升等项目，启动但家庙集镇新区建设，规划建设但家庙中心幼儿园、客运集散中心，促进基本公共服务向农村延伸，打造百姓安居乐业的田园乡村。谋划配套实施“十二五”高标准农田提升工程、农村水系综合整治工程、水土保持工程等，提升项目区农业生产能力。

（五）做好安商稳商，创造正大（但家庙）现代农业产业园。超前介入谋划，主动对接服务，积极引进正大集团项目，借势借力深化拓展合作领域，以我镇为产业核心，做大优质稻米产业、发展稻渔综合种养产业、做强绿色油茶产业，建设国家级生态粮油功能示范区；引进正大育种中心，使用智能化养殖系统，力争三年时间逐步建成50万头生猪养殖及配套屠宰厂、饲料厂，打造50万头现代4.0生态肉猪全产业链；将镇内农业资源与旅游资源相结合，作为全县全域旅游农旅板块的有机补充，形成产品互补，流量共享，促进全域旅游发展，建成宜药宜景宜游的道地药材观赏区和油茶生态休闲园，形成一片林一个景，一个基地一个实业。

三、2022年工作安排

2022年，我镇正处于经济社会发展的重大时期，要准确把握新发展阶段，深入贯彻新发展理念，加快构建新发展格局，推动高质量发展，坚持以习近平新时代中国特色社会主义思想为指导，按照产业强、百姓富、生态美、社会稳，重点做好以下四个方面的工作：

（一）聚焦产业升级，拓展高质量发展新增量

大力发展现代农业。全面推进但家庙镇全域土地整治国家试点项目，新增水田不低于100亩，实施增减挂不少于45亩。持续推进农村产业的综合发展，努力向规模型、融合型、品牌型转变，成立村级土地流转合作社，集中土地资源，积极培育家庭农场、种养大户、合作社、农业企业等新主体，推进土地入股、土地流转、土地托管等多种经营方式，提升农业适度规模经营水平。实施农产品品牌战略，做大做强本土企业，培育壮大成凤虾田米、野山牧鹅蛋、启飞茶油等乡土品牌，对重点企业和品牌产品给予重点培育、重点扶持，促进规模企业早出名牌、多出名牌。围绕“生态”“绿色”“有机”主题，积极整合特色资源，大力实施千亩油茶基地，探索经济林经营权抵押新模式，尝试建立村级集体经济、县乡村振兴平台利益链接新机制。

创新驱动工业发展。持续加大工业技改力度，发挥镇域现有工业企业的内生动力，激活存量，扩大增量，壮大工业经济实力，力争年内培育入库规上企业2家；发挥企业创新主体作用，引导民营企业采用新技术、新工艺、新材料，加快产品升级换代。

持续狠抓招商推介。充分发挥高铁新城区位优势，围绕大别山矿泉水、油茶深加工、龙虾深加工，实施精准招商，延伸产业链条。积极招引正大集团产业项目，发展融合型农业，全力打造花石嘴千亩菊花产业园、观音岩千亩稻虾综合种养基地、千亩种苗繁育示范基地、大河厂千亩蔬菜产业基地等，提升农产品附加值。创优营商环境，当好“店小二”，持续实施“四送一服”双千工程，帮助企业解决发展中面临的困难和问题，构建“亲”“清”政企关系，推动全镇经济快速健康发展。

（二）聚焦乡村振兴，走好高质量发展新路子

着力提升农村环境。实施乡村建设行动，对大河厂中心村进行垃圾处理、改厕治污、庭院环境整治等全面提升改造；实施集镇污水处理项目，新建生活污水管网7140米及检查井179座；接续推进农村环境“三大革命”“三大行动”，实施农村改厕350户，实现后续管护全覆盖；加快水系连通及水美乡村建设，积极推进城乡供水一体化；加快三石路升级改造及“白改黑”建设步伐，完成拥军大道集镇段改线项目，不断提升集镇对外形象；深入开展花石嘴村数字乡村建设，为乡村振兴赋能，提高基层公共服务水平。

持续促进农民增收。巩固拓展脱贫攻坚成果同乡村振兴有效衔接，严格落实“四个不摘”要求，建立低收入群体监测预警机制，分层分类帮扶农村低收入人口，持续提升“两不愁三保障一安全”水平，坚守不发生规模性返贫底线；动态调整衔接资金项目库，确保产业项目资金占比达50%以上；持续壮大村级集体经济，力争村均收入突破50万元；鼓励

发展农村电商，加大“新农人”培养力度，力争实现“培育一个，带富一村”。

高质量推动文旅融合。充分发挥红色文化、绿色生态、古色资源的载体优势，依托观音岩万亩高效油茶示范基地，打造徒步越野、山地自行车赛等系列体育赛事；全面启动但家庙红色旅游集散中心建设，积极开发观音岩九峰十三洞红色革命遗迹，提档升级燕窝冲乡村旅游中心；打造观音岩村休闲农业产业园，流转油坊、青年等7个村民组1200亩土地，建设稻虾连作示范基地、龙虾垂钓体验园、龙虾饮食中心等，搜集大别山区猕猴桃各类品种，打造青少年户外实践猕猴桃品种科普园，与传贤广场青少年爱国主义教育基地实现联动。

（三）聚焦民生福祉，共享高质量发展新成果

让民生幸福更有温度。高标准实施33项民生工程，持续推动民生保障；整合优化农村医保、养老、救助等各类资源，加大困难群体关爱救济力度，完善救助保障制度；积极落实支持和鼓励学子、长期外出务工人员返乡创业政策，不断提高全镇群众收入水平和生活品质。着力优化营商环境，完善镇村便民服务中心运行机制，让数据多跑腿，群众少跑路，逐步实现“只进一扇门、最多跑一次”。

让群众生活更有质感。启动但家庙中心卫生院改扩建项目，提升基层医疗服务水平；加强食品药品安全工作，确保人民群众“舌尖上的安全”；实施文化惠民工程，广泛开展“三下乡”、乡村春晚、广场舞大赛等文体活动，加快推进应急广播体系等公共文化体育设施建设，为全面推进乡村振兴、构建新型工农城乡关系提供强大精神力量。

让社会稳定更有秩序。推深做实“重畅决”专项行动，建立健全“四早”工作机制，着力解决人民群众急难愁盼问题和信访维稳突出问题，确保事事有回音、件件有结果；坚持和发展新时代枫桥经验，常态化推进扫黑除恶专项斗争，严厉打击新型电信网络诈骗等违法犯罪行为；切实抓好法制宣传教育，巩固平安乡镇创建成果；持续强化重点行业领域安全监管，严格落实安全生产责任制，确保全镇无重大安全事故发生；全力维护好退役军人合法权益，扎实开展兵员征集、双拥优抚等工作，支持工会、妇联、共青团、科协、残联等人民团体开展工作，统筹抓好统计、民族宗教、消防安全、防震减灾、防汛抗旱等各项工作。

（四）聚焦政府建设，开创高质量发展新局面

更加注重依法行政。认真贯彻习近平法治思想，深入开展“八五”普法规划，带头尊法学法守法用法，确保政府工作始终在法治轨道上运行。严格执行“三重一大”集体决策制度，自觉接受人大以及社会各界的监督，完善依法行政和法治政府建设。

更加注重为民执政。把民心作为最大的政治，沉下身心、转变作风，建立健全乡镇职责清单，及时回应群众关切，提高网站留言、市长热线办理时效，下气力解决好群众“急难愁盼”问题。严控“三公”经费和一般性支出，把有限财力更多用到保民生上，以政府的“紧日子”换取群众的“好日子”。

更加注重实干兴政。牢固树立抓落实就是抓发展的理念，发扬求真务实的作风，大力弘扬孺子牛、拓荒牛、老黄牛的实干精神，增强“八项本领”，提高“七种能力”，在矛盾困难面前善于解放思想、敢于迎难而上，以实实在在的工作成效诠释对党忠诚。

更加注重从严治政。坚决落实全面从严治党主体责任和监督责任，严守政治纪律和政治规矩，力戒形式主义、官僚主义，抓好政府系统党风廉政建设和意识形态工作，始终保持反腐高压态势，树牢红线意识，扎紧制度笼子，确保政治清明、政府清廉、干部清正。

各位代表！我们已经踏上了实现第二个百年奋斗目标的新的赶考之路，征途漫漫，惟有奋斗。建设幸福美丽但家庙的蓝图已经绘就，任务艰巨而繁重，责任重大而光荣。让我们更加紧密地团结在以习近平同志为核心的党中央周围，坚持以习近平新时代中国特色社会主义思想为指导，在县委、县政府和镇党委的坚强领导下，在各位代表的监督帮助下，坚定信心不动摇，咬定目标不放松，造福人民不停步，担当作为不懈怠，清正廉洁不越线，凝心聚力加油干，以优异成绩迎接党的二十大胜利召开！

五、2022年但家庙镇政府工作报告

——在但家庙镇第二十届人民代表大会第二次会议上

熊义宏

2022年7月30日

上半年工作回顾

今年以来，在县委、县政府和镇党委的坚强领导下，在镇人大的有力监督下，全镇上下奋勇争先、埋头苦干，始终坚持以习近平新时代中国特色社会主义思想为指导，深入贯彻党的十九大和十九届历次全会精神，全面落实习近平总书记对安徽作出的系列重要讲话指示批示，以乡村振兴为统揽，以产业发展为主线，以作风建设为保障，创新思路，加压奋进，顺利实现了各项既定目标任务双过半。上半年，全镇实现地区生产总值5.5亿元，规模工业总产值906万元，财政收入105万元，预计农民人均可支配收入9000元。

一、加快推进项目建设，发展后劲不断夯实

营商环境持续优化。推深做实“四送一服”专项行动，对企业实行“点对点”精准帮扶，累计完成走访110余次，把惠企政策精准落到企业急需处；深入开展助企纾困“大走访、大调研、大帮扶”行动及“优环境、稳经济”现场集中办公活动，组织开展银企对接会、企业家座谈会等，为镇域内企业解决各类问题60多条。上半年，全镇共完成固定资产投资1440万元，民营企业总数达136家，个体工商户474家，农业合作社52家。

重点项目进展有序。万亩创新+油茶基地项目第一、二期累计2400亩建设任务如期完成，三期项目正在规划设计；但家庙红色旅游集散中心主体工程顺利竣工，内部布展及配套工程正在招标；舒传贤红色启蒙营沥青循环路改建项目不分昼夜快速推进；大河厂村小河桥省级美丽乡村中心村一期项目全面完成，二期项目准备招标。

二、全面实施乡村振兴，脱贫成果持续巩固

防返贫机制不断健全。严格落实“四个不摘”要求，保持政策不断档、工作不脱节；

开展农村房屋安全排查整治，提升农房建设质量；积极开发公益性岗位，安置脱贫人口185人稳定就业；共发展到户产业290户，发放产业补助资金81.9万元；为全镇528户1568名脱贫户和监测对象购买“防贫保”综合保险，坚决守住不发生规模性返贫的底线。

现代农业稳产增收。严格落实粮食安全责任制，超额完成全年粮食生产任务，完成水稻种植19838亩、大豆种植3100亩、玉米种植2360亩、小麦种植340亩、薯类及杂粮种植1675亩；建立5000亩优质水稻种植示范片，以点带面辐射全镇均衡增产，实现水稻生产普遍提质增效；扎实开展基本农田“非粮化”“非农化”专项整治，全面推进“撂荒田”复耕复种；严格落实耕地保护，8000亩高标准农田稳产增收，地力等级持续提升。

特色产业提质增效。紧密结合“138+N”和“6969”工程，紧抓“红色”和“绿色”两条主线，大力发展油茶产业，谋划实施万亩创新+油茶基地项目，用时三个月完成2400亩油茶种植任务，可关联带动农户1000户，其中脱贫户380户1000余人实现居家稳定就业，年户均增收可达5000元。积极发展林下经济，“向森林要食物”，已完成林下大豆种植近2000亩，菊花种植200多亩，预计可实现村级集体经济增收300万元。

三、统筹城乡协调发展，农村面貌焕然一新

基础设施建设提档升级。累计投资501.8万元，持续实施“四好农村路”项目，新建道路5.3千米，杨家行桥危桥改造工程即将完工；观音岩水库、陆冲水库等小水库除险加固、但家庙河但家庙段治理工程、城乡一体化供水项目有序进行；水美乡村及水系连通项目浔阳河段已进场施工，但家庙河段前期规划设计、测量工作圆满完成。

农村人居环境显著改善。大力实施“非常6+1”行动，即每两个月开展一次环境整治突击行动，同时探索建立农村人居环境整治常态化、长效化，已累计拆违120余户，清除破旧广告牌180余块，清理垃圾卫生死角和乱堆乱放800余处，清理农村生活垃圾540吨，完成但家庙河清淤约4.1千米，大河厂新村乱搭乱建“老大难”问题得到有效解决；顺利完成全镇农村改厕350户。

精神文明建设不断提升。拓展新时代文明实践所（站）建设，常态化开展“我们的节日”主题活动，丰富群众精神文化生活；建立和规范“一约四会”组织，完善村规民约，广泛开展议事协商，持续推进移风易俗，倡导红白喜事节俭办宴，设立“家宴中心”，有效减轻普通家庭经济负担；推行环境卫生“红黑榜”“积分制”等活动，已累计评选“清洁卫生户”168户、“美丽庭院”示范户31户、文明家庭2个，发放文明积分5000余分，用先进典型引导群众向上向善，激发乡风文明。

四、把握人民群众期盼，社会大局和谐稳定

民生保障切实有效。落实兜底保障政策，累计发放低保金117.9万元、分散供养补助49.6万元、困难残疾人生活补贴6.14万元；多举措助力霍山县“春风行动”招聘会，协助企业招工宣传800余人次，集中输送220人次，帮助80人次群众就近就业，实现稳就业45人。

社会治理纵深推进。扎实开展养老领域诈骗打击整治专项行动，推广国家反诈App安装使用，筑牢防诈反诈安全堤坝，帮助守好群众的“钱袋子”。严格落实安全生产各项工作，定期不定期开展安全生产、食品安全、消防安全、农药安全、农机安全、燃气使用安全等专项排查检查，共排查安全隐患26起，已全部整治完成；扎实开展预防青少年防溺水工作，累计摸排重点水域166处，严格落实“四个一”防护措施，探索建立生态护林员、秸秆焚烧巡查员、防溺水劝导员“三员合一”新模式，筑牢政府、村居、学校、家长“四级”责任防线。

五、扎实开展自身建设，作风效能明显提升

牢记人民立场，坚持问政于民、问需于民、问计于民，扎实开展“以人民为中心的发展思想”专题学习教育活动，在全镇范围内开展村干部队伍“激浊扬清”专项行动，查摆问题59条并全部整改完成，推动广大党员干部自觉接受思想政治洗礼，激发干事创业的“精气神”；着力强化依法行政理念，严格按照法定权限和程序行使权利，履行职责；严守中央八项规定及其实施细则，驰而不息纠治“四风”，严控一般性支出和“三公”经费，强力推进法治政府、廉洁政府建设。深化政务公开，主动公开政府信息1017条，积极开展“基层小微权利监督一点通”推广工作，保障人民群众的知情权、参与权和监督权，让权力在阳光下运行。

各位代表，从总体上看，上半年经济运行平稳，项目推进有力，社会大局稳定，成绩的取得，是习近平新时代中国特色社会主义思想科学指引的结果，是县委、县政府关心支持的结果，是镇党委正确领导的结果，更是全镇广大干部群众共同奋斗的结果。在此，我谨代表但家庙镇人民政府，向全体人大代表，向全镇党员干部群众，向所有关心支持但家庙发展的各界人士致以崇高的敬意和衷心的感谢！

在总结成绩的同时，我们也清醒地认识到，前进道路上还存在一些困难和不足：一是经济基础依然薄弱，产业结构单一，特色产业优势尚未充分发掘；二是人居环境整治还需持续推进，长效管护机制不够健全；三是少数干部创新意识、斗争精神、主动性积极性和“精气神”还不够强，与新时代工作要求不相符合，等等。对此，我们一定会采取有力措施加以解决和改进。

下半年重点工作打算

今年是党的二十大召开之年，是“十四五”规划承上启下之年，也是我镇发展进程中极不平凡的一年，“纵向比”，今年事情最多任务最重，“横向比”，我们今年是最忙的一个乡镇，做好全年工作意义重大。下半年，我们要立足新发展阶段，贯彻新发展理念，构建新发展格局，咬紧牙关、攻坚克难、继续发扬“不分昼夜、风雪无阻”的干事创业精神，紧抓但家庙新的发展机遇，奋力打造乡村振兴城郊先行示范区。为实现上述目标，重点做好以下几项工作：

一是大力发展农业农村，开创乡村振兴新局面。开展新一轮村庄规划，推进美丽乡村新一轮提档升级建设；持续改善人居环境，定期对全镇各主干道和各村环境进行全面整治，重点整治105国道、大张路、村主干道等交通要道环境卫生，深入整治各村庄、农户的居住环境，引导广大群众养成良好的生活习惯。大力推进产业发展和产业振兴，围绕油茶、稻虾、菊花等中药材、蔬菜水果等重点，培育“一镇一业”“一村一品”产业发展格局，形成多元产业遍地开花的现代农业产业体系。利用安徽省院士专家联谊会的技术优势，科学选用优良品种，发展功能水稻，培育高端优质稻米，打造长三角健康食材供应基地，为进一步创建省级现代农业示范园打好基础。

二是全力推动项目建设，打造经济发展新引擎。牢固树立“项目为王”理念，全力以赴加快项目建设，坚持“日计划、周调度、月研判”推动机制，加速推进但家庙红色旅游集散中心布展、舒传贤红色启蒙营、红培中心等重点项目建设，统筹协调好水美乡村、全域土地综合整治等项目建设。以打造“油茶小镇”为抓手，依托油茶绿色资源、舒传贤红色资源、九峰十三洞山水资源，大力招引旅游及农文旅结合型项目，做大做强油茶等产业。

三是不断深化基层治理，把握平安发展新态势。不断深化平安建设，加强群众矛盾纠纷的排查化解，对存在的问题早发现、早介入。严格落实领导干部包案化解及坐班接访制度，狠抓重复信访案件化解。筑牢安全生产防线，加大重点行业和领域的安全隐患排查治理力度，落实长效管理机制，为全镇经济社会发展创造安全稳定的环境。

四是切实加强自身建设，展现政府作风新气象。强化政治建设，提升忠诚履职能力；严格落实意识形态工作责任制，始终坚持正确的政治方向、舆论导向、价值取向；强化法治建设，坚持把法治理念、法治思维、法治方式贯穿政府工作始终，提升依法行政能力；强化作风建设，提升高效执行能力。发扬“立说立行、马上就办”的工作作风，心无旁骛谋发展，扑下身子抓落实，推动各项决策部署迅速落地生根；强化廉政建设，提升干净干事能力；严格落实中央八项规定及其实施细则精神，力戒形式主义、官僚主义，坚决防止“四风”问题变异反弹。

各位代表，九万里风鹏正举，新征程砥砺初心。让我们更加紧密地团结在以习近平同志为核心的党中央周围，在县委、县政府和镇党委的坚强领导下，继往开来、接续奋斗，开拓创新、勇毅前行，奋力打造乡村振兴城郊先行示范区，以优异成绩迎接党的二十大胜利召开！

编纂始末

2017年，《但家庙镇志》编纂工作开始启动。根据《全国地方志事业发展规划纲要（2015—2020年）》文件精神，按照省、市、县相关文件要求，2017年年初，但家庙镇党委政府决定编修《但家庙镇志》和《观音岩村名村志》。7月12日，但家庙镇政府召开了《但家庙镇志》编纂工作动员会，镇长储著时在会上做了动员报告。镇党委、政府成立了以党委书记葛子俊为顾问、镇长储著时为主任的镇志编纂工作委员会，并由一名班子成员专门负责。很快形成了全社会参与、上下联动的工作机制，确保了镇志编写工作的顺利推进。尽管后来镇主要领导和分管领导有变动，但编纂委员会都及时做了调整，镇党委政府对此项工作始终没有放松。因此，镇志编纂工作基本没有受到影响。

镇志的编写小组有4人，都是本镇的教师，其中陈廷璋老师已退休。虽然编写镇志对于我们来说是一个全新的挑战，但作为土生土长的本镇人，大家都有一个坚定的信念：为编写有史以来但家庙镇的第一部镇志做出自己的贡献。不管有多大的困难、多大的阻力，只要有不怕吃苦、不怕吃亏的精神，坚持到底，就没有完不成的任务。经过5年的努力，《但家庙镇志》终于面世！

资料的收集是编好镇志的前提，也是工作的重点和难点。在镇内各部门、企事业单位提供各种资料的同时，编写组也想尽一切办法搜集整理了各类资料。2017年暑假期间，但家庙镇中心学校共有9名教师参与了资料的搜集。在近两个月时间里，搜集并整理了大量的资料，为下一步编纂打下了较为扎实的基础。一是查阅镇档案室保存的海量档案资料，对自20世纪50年代以来的所有档案、文件进行拉网式梳理。7位老师用了将近一个月时间，整理笔记100多万字。二是查阅了县档案局资料和调阅大量出版物。对档案局留存的文件、档案有关信息进行全面梳理，获得了宝贵的历史文献，包括各时期的文件。同时，在县直许多单位调阅了《下符桥区志》《霍山县志》《中共霍山县组织史》《霍山革命史》《红色霍山》《舒传贤传》《霍山县大辞典》《霍山县情县力》等本县所有能找到的出版物20余种。三是通过开座谈会，走访当事人或知情人所获得的各方面资料。先后召开20余场座谈会，走访各类知情人各类专业户、能工巧匠、文化名人300多人次，访谈记录达20余万字。编写组陈廷璋老师的老父亲对本地的风土民情颇有研究。为了把这些民风民俗文化抢救性地记录下来，陈廷璋老师在父亲病重期间，陪护在父亲身边，通过父亲口述，记录整理了近2万字的内容。另外，我们还跑遍了全镇5个村，有的村甚至去了20多次，镇内的所有企业、种养基地、各类建设工地、基础设施、风景名胜等都经过详细的考查，得出最准确的第一手资料。在收集资料过程中，我们遇到了许多困难，但大家都没有气馁，千方百计想办法克服。本着对历史负责的态度，有的材料要进行反复多次求证，存疑的资料绝不使用，没有得到印证的材料也不轻易使用。

编纂《但家庙镇志》，对于但家庙镇人民来说是一项前无古人的文化工程。为了使镇志内容接地气，彰显地域特色，展示但家庙镇的独特优势，我们在领导和专家的建议下，突出了但家庙镇“红色资源大镇”的地位和“安徽世林集团”两个方面内容，分别单独设为一节。在第十四章设置“革命先驱舒传贤”一节，第七章“工业”一章中设置了“安徽世林集团”一节。为了使特色内容具体、全面，我们想了很多办法来积累资料。编纂过程中，一边编写一边补充完善，反复打磨。经过数易其稿，总体上说，这两方面内容还是比较充实的。

由于编纂人员平时都有自己的本职工作，所以编纂镇志工作只能在业余时间进行。至2018年年底，完成了40余万字的初稿。初稿形成后，资料的补充收集、内容的充实完善一直没有停止。在相关单位提供资料的同时，编写组成员还利用双休日和节假日去采集资料。2019年暑假，编写组又集中两个月时间进行修改、补充，形成了50余万字的征求意见稿。2020年暑假，再次集中时间对书稿进行较大幅度修改，进一步充实内容，形成了65万字的评议稿。上报给专家审读后，2021年11月10日，在镇政府召开了《但家庙镇志》评议会。在评议会上，县、市地方志专家对《但家庙镇志》的成功之处给予了肯定，并提出了下一步修改完善意见。接着，编写组按照专家的要求进行修改。2022年4月14日，镇政府再次召开《但家庙镇志》编纂工作促进会，将需要进一步补充完善的内容进行了任务分解，责任到人。经过全镇上下的共同努力，至7月底，终于完成《但家庙镇志》的编纂工作。

其间，六安市委史志室、霍山县史志室的领导先后5次到但家庙镇给予督查和指导。

在编写《但家庙镇志》的五年中，在镇党委、政府的领导下，许多单位和个人给予了大力支持，提供了大量宝贵的资料。由于编写人员水平有限，时间仓促，志书肯定存在不少缺漏甚至是错误。欢迎大家给予批评指正！

编　者

2022年8月